2026 특별개정판

한국사
능력검정시험

기본 4·5·6급

+ 무료 동영상 강의

기출 **최다 수록** + 빅데이터 50가지 테마 **미니북**

한국사수험연구소 편저

기출문제집
800제
16회분 (75~51회)

문제편

시대에듀

2026 특별개정판

PASSCODE ver 7.0

한국사
능력검정시험

기본 4·5·6급

+ 무료 동영상 강의

기출 **최다 수록** + 빅데이터 50가지 테마 **미니북**

한국사수험연구소 편저

기출문제집
# 800제
16회분(75~51회)

시대에듀

코딩·SW·AI 이해에 꼭 필요한

초등 코딩 사고력 수학 시리즈

수학을 기반으로 한 **SW** 융합 학습서

초등 **SW** 교육과정 완벽 반영

언플러그드 코딩을 통한 흥미 유발

초등 컴퓨팅 사고력 + 수학 사고력 동시 향상

한국사
능력검정시험

기본 4·5·6급

기출문제집

시대에듀

한국사능력검정시험 알아보기

❋ 한국사능력검정시험이란?

한국사능력검정시험은 한 나라의 국민으로서 가져야 하는 기본적인 역사적 소양을 측정하고, 역사에 대한 전 국민적 공감대를 형성하기 위한 시험입니다. 한국사능력검정시험은 한국사에 관한 유일한 국가자격 시험으로, 국가기관인 교육부 직속 국사편찬위원회에서 직접 주관·시행하고 있습니다. 국사편찬위원회에서는 우리 역사에 대한 관심을 제고하고, 한국사 전반에 걸쳐 역사적 사고력을 평가하는 다양한 유형의 문항을 개발하고 있으며, 이를 통해 한국사 교육의 올바른 방향을 제공하고 있습니다. 특히, 한국사능력검정시험은 관공서나 기업체의 신규 채용, 승진 시험 등에 다양하게 활용되면서 많은 사람들의 주목을 받고 있습니다.

❋ 한국사능력검정시험의 목적

1	우리 역사에 대한 관심을 확산·심화시키는 계기를 마련함	2	균형 잡힌 역사의식을 갖도록 함
3	역사 교육의 올바른 방향을 제시함	4	고차원적 사고력과 문제해결능력을 육성함

❋ 한국사능력검정시험의 특징

❶ 응시자의 계층이 매우 다양합니다.

한국사능력검정시험은 입시생이나 각종 채용 시험 준비생과 같은 동일한 집단이 아니라, 다양한 연령층과 직업군을 가진 사람들이 응시하고 있습니다. 한국사에 대한 관심과 애정만 있다면 응시자의 학력 수준이나 연령 등은 더욱 다양해질 것입니다.

❷ 국가기관인 국사편찬위원회가 주관합니다.

국사편찬위원회는 우리 역사에 대한 자료를 관장하고 있는 교육부 직속 기관입니다. 한국사능력검정시험은 우리나라 역사에 관한 자료를 조사·연구·편찬하는 국사편찬위원회가 주관·시행하여 문항의 수준이 높고 참신하며, 공신력 있는 관리를 통해 안정적으로 시험을 운영하고 있습니다.

❸ 참신한 문항 개발에 노력하고 있습니다.

매회 시험마다 단순 암기 위주의 보편적인 문항보다는, 다양한 영역에서 여러 접근 방법을 통해 풀 수 있는 참신한 문항을 새로 개발하고 있습니다. 또한, 탐구력을 증진할 수 있는 문항 개발을 통해 기존 시험의 틀을 탈피하려고 노력하고 있습니다.

❹ '선발 시험'이 아니라 '인증 시험'입니다.

합격의 당락을 결정하는 선발 시험의 성격이 아니라, 한국사의 학습 능력을 인증하는 시험입니다. 제시된 문제의 성격과 목적을 고려하여 절차와 방법에 따라 역사 탐구를 설계하고 수행할 수 있는 능력이 있는가를 묻고 있습니다.

한국사능력검정시험 종류 및 인증 등급

시험 종류	인증 등급	평가 수준	문항 수
심화	1급(80점 이상) / 2급(70~79점) / 3급(60~69점)	고등학교 심화 수준, 대학교 교양 및 전공 학습	50문항(5지 택1형)
기본	4급(80점 이상) / 5급(70~79점) / 6급(60~69점)	초등학교 심화 수준, 중·고등학교 학습	50문항(4지 택1형)

※ 배점: 100점 만점(문항별 1~3점 차등 배점)

한국사능력검정시험 시간

시험 종류	시간	내용	소요 시간
심화	10:00~10:10	오리엔테이션(시험 시 주의 사항)	10분
	10:10~10:15	신분증 확인(감독관)	5분
	10:15~10:20	문제지 배부	5분
	10:20~11:40	시험 실시(50문항)	80분
기본	10:00~10:10	오리엔테이션(시험 시 주의 사항)	10분
	10:10~10:15	신분증 확인(감독관)	5분
	10:15~10:20	문제지 배부	5분
	10:20~11:30	시험 실시(50문항)	70분

※ 시험 당일 시험장(시험실이 위치한 건물)은 08:30부터 10:00까지 입장 가능합니다.
※ 10:20(시험 시작) 이후에는 시험실에 들어갈 수 없습니다.

한국사능력검정시험 활용 및 특전

❶ 3급 이상 합격자에 한해 교원임용시험 응시 자격 부여
❷ 2급 이상 합격자에 한해 인사혁신처 시행 5급 공무원 공개경쟁채용시험 및 외교관 후보자 선발 시험 응시 자격 부여
❸ 2급 이상 합격자에 한해 인사혁신처 시행 지역인재 7급 수습직원 선발 시험 추천 자격 요건 부여
❹ 공무원 경력경쟁채용시험에 가산점 부여
❺ 군무원 공개경쟁채용시험에서 한국사 과목을 한국사능력검정시험으로 대체
❻ 국가직·지방직 공무원 7급 공개경쟁채용시험에서 한국사 과목을 한국사능력검정시험으로 대체
❼ 국비 유학생, 해외파견 공무원, 이공계 전문연구요원(병역) 선발 시 한국사 시험을 한국사능력검정시험(3급 이상 합격)으로 대체
❽ 2022년부터 경찰 공개경쟁채용시험에서 한국사 과목을 한국사능력검정시험으로 대체
❾ 2023년부터 소방공무원, 소방간부후보생 공개경쟁채용시험에서 한국사 과목을 한국사능력검정시험으로 대체
❿ 2024년부터 우정9급 우정서기보(계리) 공개경쟁채용시험에서 한국사 과목을 한국사능력검정시험으로 대체
⓫ 2025년부터 국회8급 공무원 공개경쟁채용시험에서 한국사 과목을 한국사능력검정시험으로 대체
⓬ 2027년부터 국가직·지방직 공무원 9급 공개경쟁채용시험에서 한국사 과목을 한국사능력검정시험으로 대체
⓭ 일부 대학의 수시모집 및 육군·해군·공군·국군간호사관학교 입시 가산점 부여
⓮ 일부 공기업 및 민간기업의 직원 채용이나 승진 시 반영

※ 인증서 유효 기간은 인증서를 요구하는 각 기관에서 별도로 정함
※ 인사 혁신처·경찰청·소방청에서 시행하는 시험의 성적 인정 기간 폐지(단, 제1차 시험 시행 예정일 전날까지 등급이 발표되어야 함)

한국사능력검정시험 심층 기출 분석

❈ 한국사능력검정시험 기본 16회분 합격률

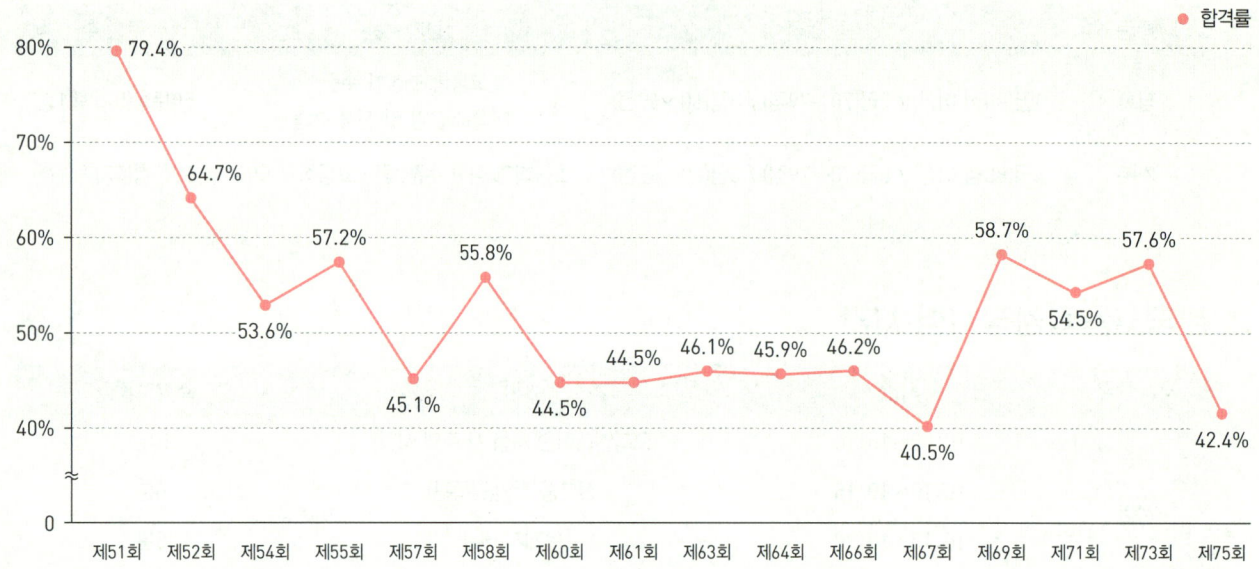

❈ 한국사능력검정시험 기본 16회분 출제 경향

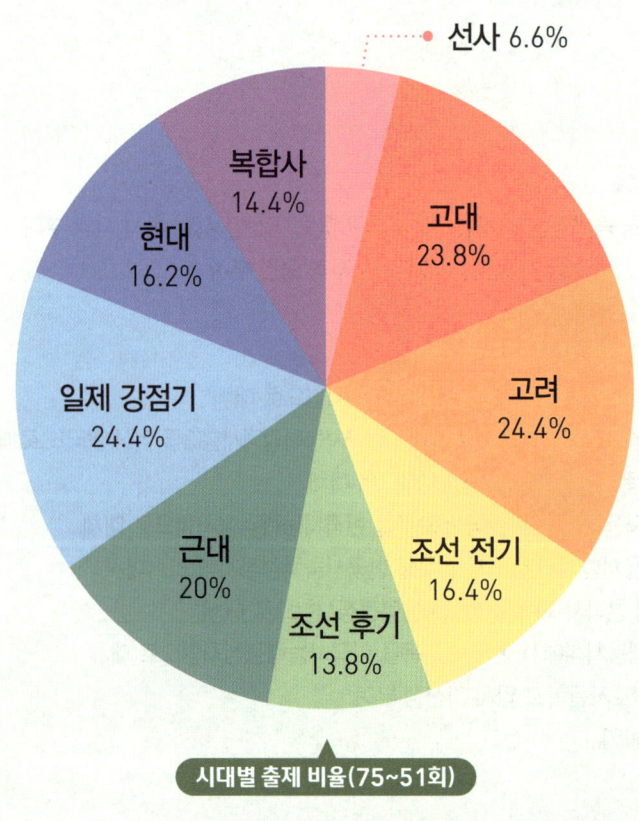

시대별 출제 비율 (75~51회)

- 한국사능력검정시험 기본 16회분의 기출문제를 시대별로 분석한 결과, '고려', '일제 강점기'가 동일한 비율로 가장 높은 출제 비중을 보였으며 '고대'가 그 뒤를 잇는 것으로 나타났습니다.

- 지역사, 인물사 및 시대 통합 주제를 묻는 '복합사'의 비중은 타 시대에 비해 낮은 편이나, 여러 시대를 걸쳐 출제되고 있으므로 전 시대를 고루 학습하는 태도가 필요합니다.

❋ 한국사능력검정시험 기본 16회분 난이도 분석

❶ 체감 난이도 분석
- 시대에듀가 제시한 회차별 체감 난이도를 통해 객관적으로 본인의 학습 상태를 확인해 보세요.
- 실력을 쌓아가는 단계라면 난이도 下, 中, 中上, 上 순서로 풀이하고, 실력을 굳히는 단계라면 난이도 上을 집중적으로 풀어 보는 것을 추천합니다.

❷ BEST 고난도 문제 제시
회차별로 합격의 당락을 가르는 BEST 고난도 문제를 제시하였습니다. 만약 16회분을 모두 풀 시간이 여유롭지 않다면, 회차별 BEST 고난도 문제를 골라 먼저 풀어 보며 부족한 부분을 채워 보세요!

회차	내용	회차	내용
75회	• 체감 난이도: 上 • BEST 고난도 문제: 04번, 11번, 27번, 34번, 38번, 50번	61회	• 체감 난이도: 中上 • BEST 고난도 문제: 06번, 10번, 14번, 32번, 34번
73회	• 체감 난이도: 中 • BEST 고난도 문제: 12번, 34번, 35번, 36번, 37번	60회	• 체감 난이도: 中上 • BEST 고난도 문제: 07번, 15번, 16번, 32번, 42번
71회	• 체감 난이도: 中 • BEST 고난도 문제: 08번, 14번, 34번, 41번, 49번	58회	• 체감 난이도: 中 • BEST 고난도 문제: 10번, 21번, 22번, 34번, 40번
69회	• 체감 난이도: 中 • BEST 고난도 문제: 17번, 19번, 28번, 34번, 37번	57회	• 체감 난이도: 中上 • BEST 고난도 문제: 05번, 20번, 28번, 40번, 41번
67회	• 체감 난이도: 上 • BEST 고난도 문제: 04번, 13번, 15번, 18번, 20번, 25번, 35번	55회	• 체감 난이도: 中 • BEST 고난도 문제: 07번, 10번, 31번, 34번, 41번
66회	• 체감 난이도: 中上 • BEST 고난도 문제: 19번, 34번, 39번, 46번, 48번, 50번	54회	• 체감 난이도: 中 • BEST 고난도 문제: 07번, 11번, 15번, 27번, 35번
64회	• 체감 난이도: 中上 • BEST 고난도 문제: 34번, 35번, 42번, 48번, 49번	52회	• 체감 난이도: 下 • BEST 고난도 문제: 13번, 32번, 49번
63회	• 체감 난이도: 中上 • BEST 고난도 문제: 03번, 17번, 30번, 33번, 43번	51회	• 체감 난이도: 下 • BEST 고난도 문제: 11번, 17번, 34번

이 책의 구성과 특징

체계적인 단계별 학습을 통한
PASSCODE 기출문제집 100% 활용법!

STEP 1
QR코드 활용
문제편 모바일 OMR 자동채점
해설편 회차별 기출 해설 강의

STEP 2
상세한 기출 해설
상세한 해설로 문제 해결
방법과 출제 유형 파악!

STEP 3
특별 제공
미니북과 시대별
연표 PDF를 통해
최종 마무리 점검!

STEP 1 QR코드를 활용한 기출문제 채점과 해설 강의 확인

문제편 QR코드

모바일 OMR 자동채점 서비스
문제 풀이가 끝났다면, QR코드를 통해 모바일 OMR 자동채점 서비스로 들어가 편리하게 채점해 보세요!

해설편 QR코드

회차별 기출 해설 강의
QR코드로 편리하게 해설 강의를 확인해 보세요! 회차별 전 문항 해설 강의를 무료로 시청할 수 있습니다.

합격의 공식 Formula of pass | 시대에듀 www.sdedu.co.kr

STEP 2 나 홀로 학습이 가능한 상세한 기출 해설

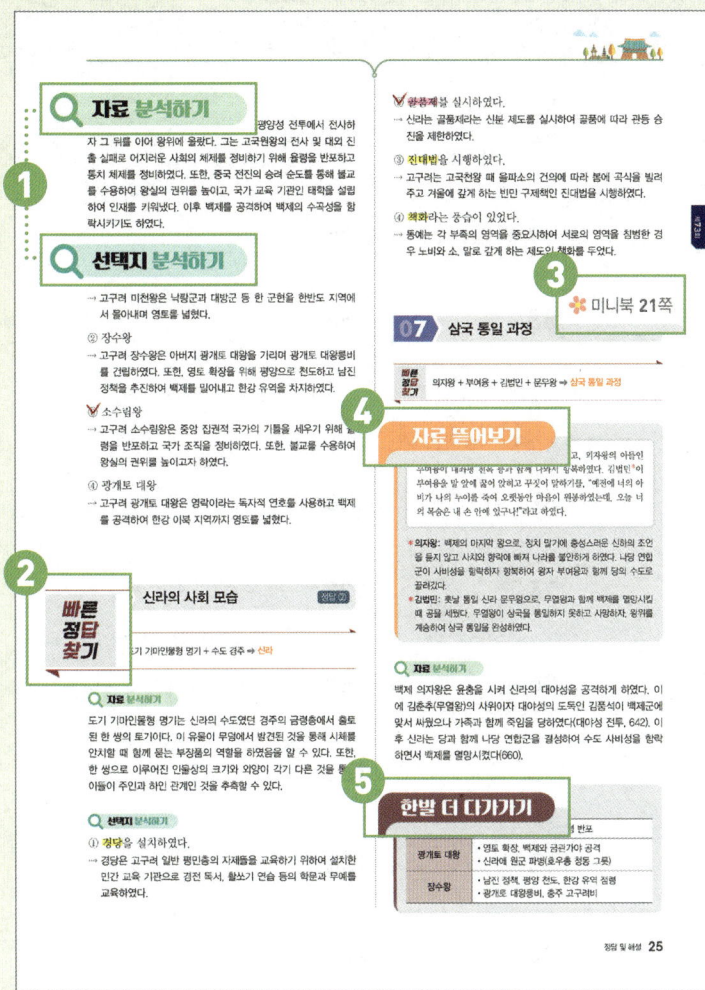

❶ 자료 분석하기 / 선택지 분석하기

문항의 제시문을 꼼꼼히 분석한 해설을 통해 사건의 배경, 전개, 결과 등을 쉽게 파악할 수 있습니다. 정답과 오답 선택지는 다음에도 반복 출제될 수 있으므로 함께 학습해 보세요!

❷ 빠른 정답 찾기

문제 속 핵심 키워드로 정답을 빠르게 찾아 보세요!

❸ 미니북

자주 나오는 주제는 미니북에서 한 번 더 체크해 보세요!

❹ 자료 뜯어보기

어려운 사료라도 상세한 풀이를 통해 보다 쉽게 해석해 보세요.

❺ 한발 더 다가가기

출제된 키워드와 연관이 있는 주제를 모아 한 번 더 학습해 보세요!

STEP 3 부가 자료

❶ 동영상 강의
무료 기출 해설 강의

수강 경로
❶ 유튜브 시대에듀 채널
❷ 시대에듀(www.sdedu.co.kr)

❷ 별책 부록
PASSCODE 빅데이터 50가지 테마 미니북

❶ 시대순으로 사건을 정리한 시대편
❷ 빈출되는 인물만 모은 인물편
❸ 꼭 나오는 핵심 주제와 선택지를 미리 볼 수 있는 주제편

❸ 학습 자료
시대별 연표 PDF

PDF 다운로드 경로
❶ 상단 QR코드 스캔
❷ www.sdedu.co.kr ➡ 학습 자료
　➡ 도서 업데이트 게시판
　➡ 'PASSCODE 한국사' 검색 후 다운로드

이 책의 차례

한국사능력검정시험 기출문제	문제편	해설편
제75회 한국사능력검정시험 기본	002	002
제73회 한국사능력검정시험 기본	014	023
제71회 한국사능력검정시험 기본	026	044
제69회 한국사능력검정시험 기본	038	063
제67회 한국사능력검정시험 기본	050	083
제66회 한국사능력검정시험 기본	062	103
제64회 한국사능력검정시험 기본	074	123
제63회 한국사능력검정시험 기본	086	142
제61회 한국사능력검정시험 기본	098	161
제60회 한국사능력검정시험 기본	110	180
제58회 한국사능력검정시험 기본	122	200
제57회 한국사능력검정시험 기본	134	218
제55회 한국사능력검정시험 기본	146	236
제54회 한국사능력검정시험 기본	158	257
제52회 한국사능력검정시험 기본	170	278
제51회 한국사능력검정시험 기본	182	299

※ 76, 74, 72, 70, 68, 65, 62, 59, 56, 53회 기본 시험 미시행

별책 부록 PASSCODE 빅데이터 50가지 테마 미니북

기 / 출 / 문 / 제 / 집

한국사능력검정시험

기출문제

기본(4·5·6급)

제75회 한국사능력검정시험

- 자신이 선택한 등급의 문제지인지 확인하시오.
- 문제지에 성명과 수험 번호를 정확히 써넣으시오.
- 답안지에 성명과 수험 번호를 써넣고, 또 수험 번호와 답을 정확히 표시하시오.
- 시험 시간은 70분입니다.

01 (가) 시대의 생활 모습으로 가장 적절한 것은? [1점]

연천 전곡리 유적은 뗀석기가 처음 사용된 (가) 시대의 유적입니다. 주한 미군이었던 저 그렉 보웬이 이곳에서 우연히 주먹도끼를 발견하면서 세상에 알려지게 되었고, 이후 이 유적에 대한 발굴 조사가 활발히 이루어졌습니다.

① 철제 무기를 제작하였다.
② 반달 돌칼로 벼를 수확하였다.
③ 주로 동굴이나 막집에서 살았다.
④ 가락바퀴를 이용하여 실을 뽑았다.

02 (가) 왕에 대한 설명으로 옳은 것은? [2점]

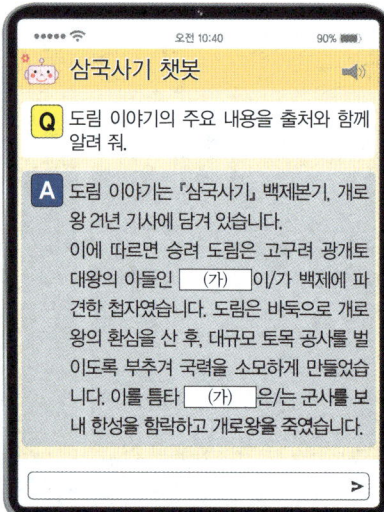

삼국사기 챗봇

Q 도림 이야기의 주요 내용을 출처와 함께 알려 줘.

A 도림 이야기는 『삼국사기』 백제본기, 개로왕 21년 기사에 담겨 있습니다.
이에 따르면 승려 도림은 고구려 광개토 대왕의 아들인 (가) 이/가 백제에 파견한 첩자였습니다. 도림은 바둑으로 개로 왕의 환심을 산 후, 대규모 토목 공사를 벌이도록 부추겨 국력을 소모하게 만들었습니다. 이를 틈타 (가) 은/는 군사를 보내 한성을 함락하고 개로왕을 죽였습니다.

① 태학을 설립하였다.
② 우산국을 복속시켰다.
③ 평양으로 수도를 옮겼다.
④ 황룡사 구층 목탑을 건립하였다.

03 (가) 나라에 대한 설명으로 옳은 것은? [2점]

국경일로 보는 역사 10월 03일

개천절

개천절 기념식(1953)

개천절은 단군이 우리 역사상 최초의 나라인 (가) 을/를 건국한 것을 기념하는 날이다. 일제 강점기에는 대한민국 임시 정부가 건국 기원절로 부르며 기념식을 열기도 하였다. 1949년 대한민국 정부는 음력 10월 3일이었던 개천절을 양력으로 변경하고 국경일로 지정하였다.

① 10월에 동맹이라는 제천 행사를 열었다.
② 읍락 간의 경계를 중시하는 책화가 있었다.
③ 여러 가(加)들이 별도로 사출도를 주관하였다.
④ 사회 질서를 유지하기 위해 범금 8조를 두었다.

04 밑줄 그은 '이 나라'의 문화유산으로 옳은 것은? [3점]

지금 촬영하고 있는 곳은 고령 지산동 고분군입니다. 유네스코는 이곳을 포함한 7개 고분군이 문화적 공통성을 공유하면서도 자율적인 연맹 체제를 유지했던 이 나라의 특징을 보여 준다는 점에 주목하여 세계 유산으로 등재하였습니다.

① 금동관
② 칠지도
③ 성덕 대왕 신종
④ 금동 연가 7년명 여래 입상

05 다음 답사가 이루어진 지역을 지도에서 옳게 고른 것은? [2점]

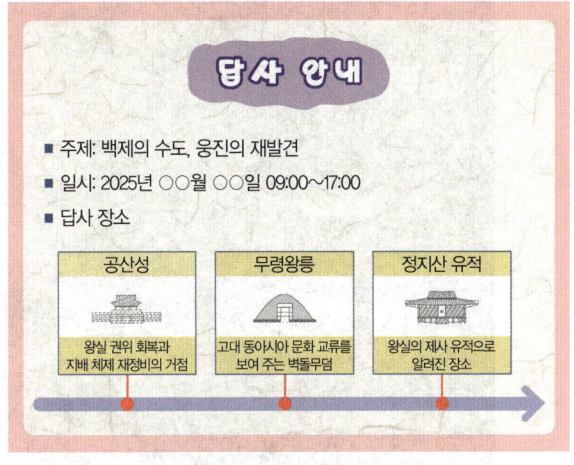

① (가) ② (나) ③ (다) ④ (라)

07 밑줄 그은 '이 비문'에 대한 탐구 활동으로 가장 적절한 것은? [3점]

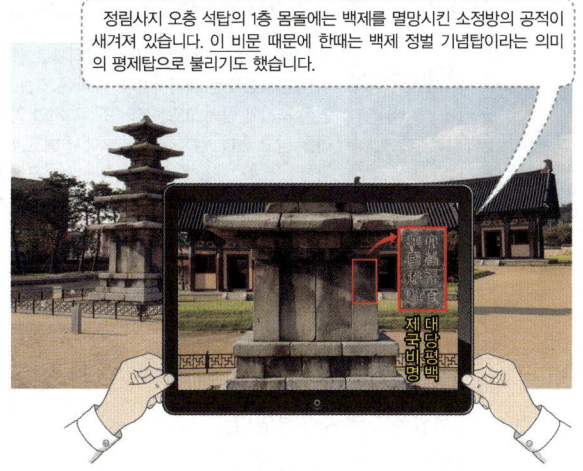

① 나당 연합군의 활동을 조사한다.
② 이자겸이 일으킨 난의 결과를 알아본다.
③ 전민변정도감이 설치되는 과정을 분석한다.
④ 궁예가 철원으로 수도를 옮긴 이유를 파악한다.

06 밑줄 그은 '이 국가'에 대한 설명으로 옳은 것은? [2점]

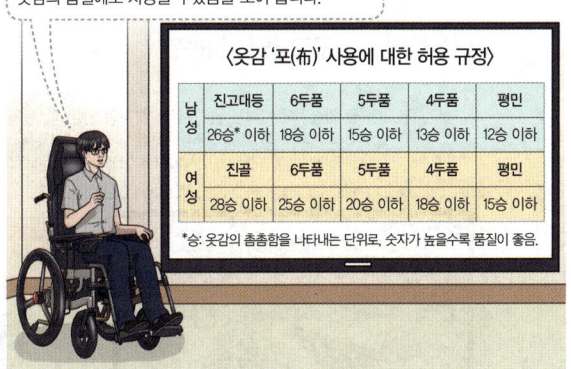

① 완산주를 도읍으로 하였다.
② 전국을 5도 양계로 나누었다.
③ 교육 기관으로 국학을 두었다.
④ 정사암에서 국가 중대사를 결정하였다.

08 (가)에 들어갈 내용으로 가장 적절한 것은? [1점]

〈한국사 공개 강좌〉

신라인 장보고, 동아시아를 잇다

우리 기념관에서는 한반도를 넘어 동아시아를 무대로 활약했던 장보고의 행적을 살펴보는 시간을 마련하였습니다.

1강: (가)
2강: 산둥반도에 적산 법화원을 세우다.
3강: 일본 승려 엔닌의 구법 활동을 지원하다.

■ 일시: 2025년 ○○월 1~3주, 화요일 저녁 7시
■ 장소: □□기념관 소회의실

① 왕오천축국전을 저술하다.
② 만권당에서 학자들과 교유하다.
③ 당에 유학하여 빈공과에 급제하다.
④ 청해진을 중심으로 해상 무역을 장악하다.

09 (가) 국가에 대한 설명으로 옳은 것은? [1점]

이달의 고문헌 이야기

『대동지지』는 『대동여지도』의 제작자로 널리 알려진 김정호가 쓴 지리서이다. 이 책은 조선 8도의 인문 지리와 함께 고조선부터 조선까지의 역사 지리를 담고 있다. 김정호는 이 책에서 대조영이 건국한 (가) 을/를 신라와 함께 남북국으로 서술하였고, 이 나라의 지방 행정 구역인 5경 15부 62주의 위치를 추론하여 기록하였다.

① 옥저를 복속시켰다.
② 22담로를 설치하였다.
③ 독서삼품과를 시행하였다.
④ 해동성국이라고도 불렸다.

10 밑줄 그은 '왕'의 업적으로 옳은 것은? [2점]

○ 신 최승로가 시무 28조를 기록하여 장계와 함께 왕께 올립니다.
○ 왕이 교서를 내려 서재와 학사를 세우고 국자감을 창설하도록 하였다.

① 노비안검법을 실시하였다.
② 쌍성총관부를 공격하였다.
③ 12목에 지방관을 파견하였다.
④ 공산 전투를 승리로 이끌었다.

11 (가)~(다)를 일어난 순서대로 옳게 나열한 것은? [3점]

① (가) - (나) - (다)
② (가) - (다) - (나)
③ (나) - (다) - (가)
④ (다) - (가) - (나)

12 (가) 왕에 대한 설명으로 옳은 것은? [2점]

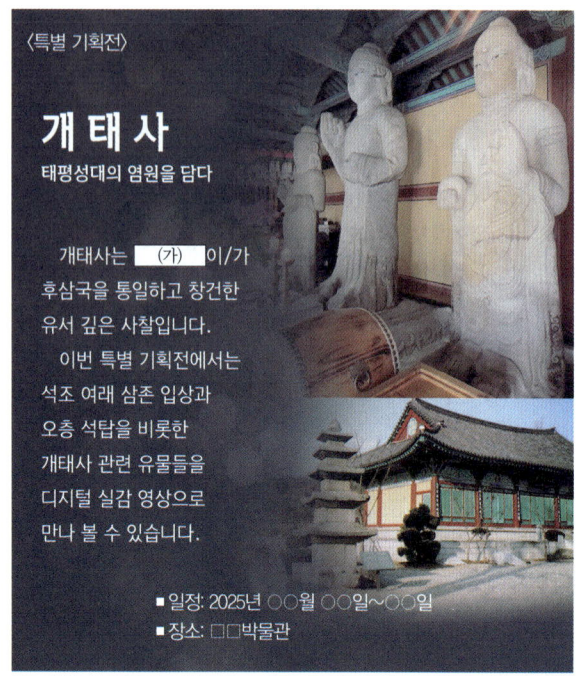

〈특별 기획전〉
개 태 사
태평성대의 염원을 담다

개태사는 (가) 이/가 후삼국을 통일하고 창건한 유서 깊은 사찰입니다.
이번 특별 기획전에서는 석조 여래 삼존 입상과 오층 석탑을 비롯한 개태사 관련 유물들을 디지털 실감 영상으로 만나 볼 수 있습니다.

■ 일정: 2025년 ○○월 ○○일~○○일
■ 장소: □□박물관

① 과거제를 도입하였다.
② 농사직설을 편찬하였다.
③ 사심관 제도를 시행하였다.
④ 북한산에 순수비를 건립하였다.

13 (가)에 들어갈 기구로 옳은 것은? [2점]

원 간섭기에 고려는 금, 은을 비롯하여 인삼, 매 등의 특산물을 원에 조공으로 보냈어요. 특히 충렬왕 때에는 매사냥과 매 사육을 담당하는 (가) 을 두어 사냥매를 원에 바치기도 했답니다.

① 도방   ② 응방   ③ 정방   ④ 중방

14 학생들이 공통으로 이야기하는 인물로 옳은 것은? [1점]

① 최영 ② 이규보 ③ 정도전 ④ 최무선

15 (가)에 들어갈 문화유산으로 가장 적절한 것은? [2점]

문화유산 탐구 보고서

선정한 문화유산	알게 된 점
(가)	• 고려 전기의 대표적 석탑입니다. • 송의 영향을 받아 만들었습니다. • 각이 많고 층이 여러 개인 탑입니다. • 청동으로 만든 풍경과 금동 머리 장식이 있습니다.

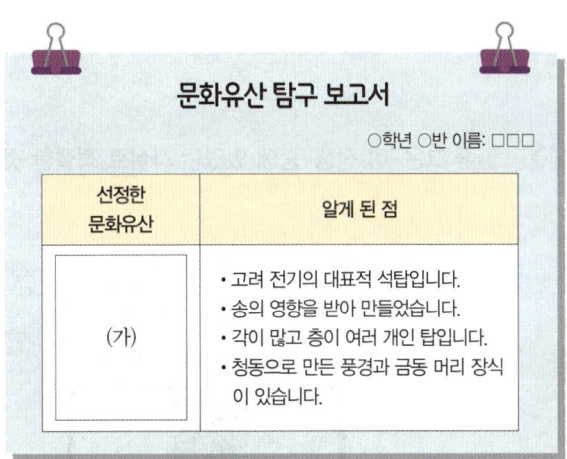

① 여주 고달사지 승탑
② 원주 법천사지 지광국사 탑
③ 평창 월정사 팔각 구층 석탑
④ 개성 경천사지 십층 석탑

16 밑줄 그은 '시기'에 있었던 사실로 옳은 것은? [2점]

고려는 몽골의 침입에 맞서 싸우던 시기 불교의 힘으로 외적을 물리치고자 팔만대장경을 만들었어요. 글자가 많음에도 경판의 서체가 한 사람의 솜씨처럼 일정하고, 오탈자가 거의 없을 정도로 정교하답니다.

① 송시열이 북벌을 주장하였다.
② 허준이 동의보감을 저술하였다.
③ 김윤후가 처인성 전투에서 활약하였다.
④ 망이·망소이가 공주 명학소에서 봉기하였다.

17 (가) 인물의 활동으로 옳은 것은? [2점]

작품명: 척경입비도

이 그림은 조선 후기에 만들어진 「북관유적도첩」에 실려 있는 「척경입비도」입니다. (가) 이/가 여진을 정벌하고 동북 9성을 개척한 후 '고려의 경계'라고 새겨진 비석을 세우는 장면을 담았습니다.

① 대마도를 정벌하였다.
② 강동 6주를 확보하였다.
③ 별무반 설치를 건의하였다.
④ 일리천 전투에서 승리하였다.

18 (가)에 들어갈 내용으로 가장 적절한 것은? [2점]

- 고려의 승려, 대각국사
- 문종의 아들
- 송에서 불교를 공부함
- 『신편제종교장총록』을 간행함
- (가)
- 동전을 만들어 사용할 것을 주장함

① 천태종을 창시함
② 삼국유사를 저술함
③ 수선사 결사를 제창함
④ 화통도감 설치를 건의함

19 (가)에 들어갈 사건으로 옳은 것은? [2점]

대한민국 방방곡곡 – 단종의 유배지였던 영월 청령포

한국사 채널 조회수 120,815

청령포는 삼면이 강으로 둘러싸이고 한쪽으로는 험준한 암벽이 솟아 있어 나룻배를 이용하지 않고는 밖으로 출입할 수 없는 마치 섬과도 같은 곳입니다. 수양 대군이 (가) 을/를 일으켜 권력을 잡은 이후에 단종을 이곳으로 유배 보냈습니다. 지금은 수려한 풍경으로 인해 관광객의 발길이 끊이지 않는 명소가 되었습니다.

① 갑자사화 ② 경신환국 ③ 계유정난 ④ 기해예송

20 밑줄 그은 '사절단'으로 옳은 것은? [1점]

그림으로 보는 역사

이 그림은 말을 타고 곡예를 선보이는 '마상재'의 모습을 그린 것입니다. 마상재인은 에도 막부의 요청으로 조선이 파견한 공식 사절단에 포함되기도 하였는데, 이들이 펼친 특별 공연은 일본에서 큰 인기를 끌었습니다.

① 수신사 ② 연행사 ③ 영선사 ④ 통신사

21 밑줄 그은 '이 전쟁' 중에 있었던 사실로 적절한 것은? [2점]

이 책에 대해 소개해 주시겠습니까?

'심양일기'는 이 전쟁으로 청의 수도 심양에 볼모로 끌려간 소현 세자 일행에 대한 기록입니다. 세자 일행이 8년 동안 청에 억류되며 겪은 상황이 자세히 기록되어, 당시 조선과 청의 외교 관계를 이해하는 데 중요한 자료로 활용되고 있습니다.

심양일기

① 권율이 행주산성에서 승리하였다.
② 인조가 남한산성으로 피란하였다.
③ 곽재우가 의병장으로 활약하였다.
④ 양헌수가 정족산성에서 적군을 격퇴하였다.

22 (가) 인물이 저술한 책으로 옳은 것은? [3점]

①  동사강목
② 목민심서
③  반계수록
④  성학십도

23 다음 장면 이후에 있었던 사실로 옳은 것은? [2점]

① 기묘사화가 일어났다.
② 칠정산이 편찬되었다.
③ 경국대전이 반포되었다.
④ 위화도 회군이 단행되었다.

24 (가)에 들어갈 군사 조직으로 옳은 것은? [2점]

① 9서당   ② 삼별초   ③ 장용영   ④ 훈련도감

25 (가) 왕에 대한 설명으로 옳은 것은? [1점]

① 집현전을 설치하였다.
② 탕평비를 건립하였다.
③ 대전회통을 편찬하였다.
④ 초계문신제를 시행하였다.

26 다음 가상 인터뷰의 주인공에 대한 설명으로 옳은 것은? [1점]

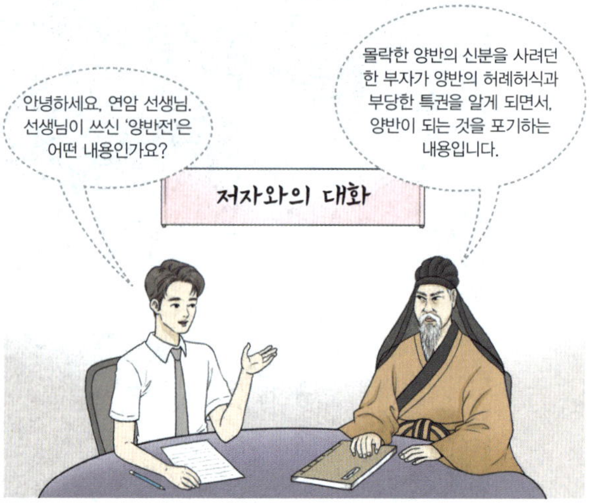

안녕하세요, 연암 선생님. 선생님이 쓰신 '양반전'은 어떤 내용인가요?
몰락한 양반의 신분을 사려던 한 부자가 양반의 허례허식과 부당한 특권을 알게 되면서, 양반이 되는 것을 포기하는 내용입니다.
저자와의 대화

① 동학을 창시하였다.
② 추사체를 창안하였다.
③ 거중기를 설계하였다.
④ 열하일기를 저술하였다.

27 밑줄 그은 '이 조약'에 대한 설명으로 옳은 것은? [3점]

신문으로 보는 한국사

FRANK LESLIE'S
ILLUSTRATED
NEWSPAPER

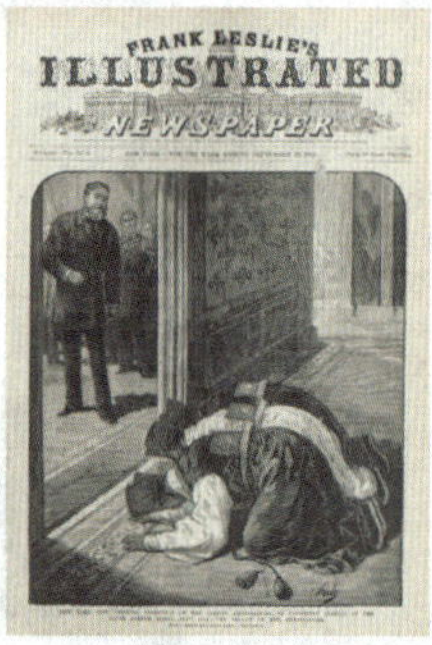

1883년 9월 29일자 미국의 한 신문은 보빙사 일행이 미국 대통령을 만나는 장면을 1면에 실었습니다. 조선은 미국과 이 조약을 체결한 이후 민영익 등을 보빙사로 미국에 파견했습니다.

① 러일 전쟁 중에 체결되었다.
② 최혜국 대우가 처음으로 규정되었다.
③ 병인양요가 일어나는 배경이 되었다.
④ 운요호 사건이 일어나는 계기가 되었다.

28 (가)에 들어갈 내용으로 가장 적절한 것은? [2점]

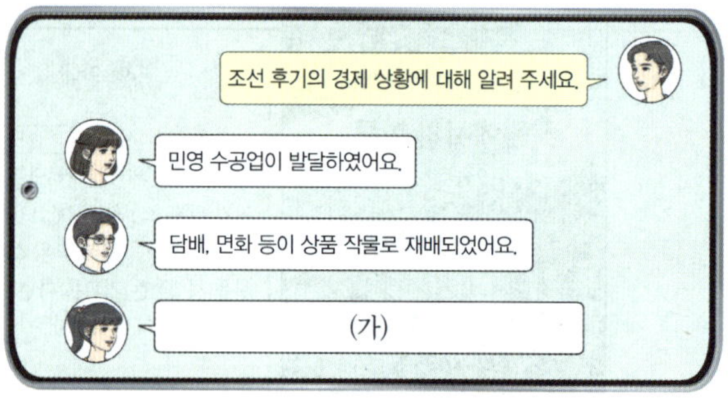

조선 후기의 경제 상황에 대해 알려 주세요.
민영 수공업이 발달하였어요.
담배, 면화 등이 상품 작물로 재배되었어요.
(가)

① 솔빈부의 말을 특산물로 수출하였어요.
② 활구라고 불린 은병이 화폐로 사용되었어요.
③ 시장을 감독하기 위한 동시전이 설치되었어요.
④ 관청에 물품을 조달하는 공인이 활동하였어요.

29 (가)에 들어갈 기구로 옳은 것은? [2점]

지금은 …… 증기선이 전 세계를 누비고 전선이 서양까지 연결되며, 공법(公法)을 제정하여 국교를 수립하고, 항만과 포구를 축조하여 서로 교역하므로 …… 우리 조정에서도 (가) 을 설치하고 관리를 두어 외국의 신문을 폭넓게 번역하고 아울러 국내의 일까지 기록하여 나라 안에 알리는 동시에 다른 나라에까지 알리기로 하였습니다.

－「한성순보」－

① 교정청　② 기기창　③ 박문국　④ 전환국

30 (가) 시기에 있었던 사실로 옳은 것은? [2점]

○○박물관
이달의 소장품

국새 칙명지보

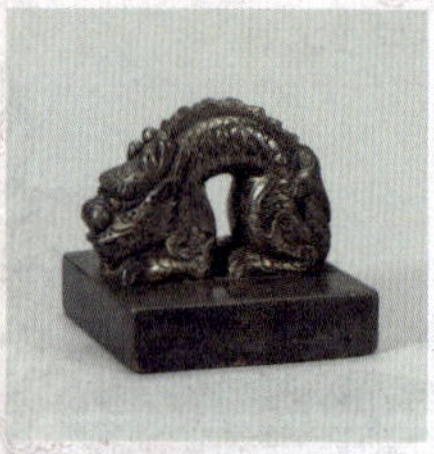

1897년 황제로 등극한 고종이 새로운 국호인 (가) 을/를 선포하고, 황제 국가의 품격에 맞게 제작한 국새 중 하나입니다. 이전에는 거북이 모양으로 만들었던 국새 손잡이를 황제를 상징하는 용으로 바꾼 점이 눈에 띕니다.

① 지계가 발급되었다.
② 신미양요가 일어났다.
③ 신해통공이 단행되었다.
④ 영국이 거문도를 점령하였다.

31 (가)에 들어갈 단체로 옳은 것은? [1점]

S#5. 서울 종로 백목전(白木廛)

작은 연단과 목제 탁자가 설치되어 있다. 많은 사람이 모여 술렁이고 있다. 무대 중앙, 송수만이 단상에 오른다.

송수만: (목소리를 높이며) 여러분, 들으셨소? 일본이 우리의 산과 들을 황무지라 부르며 빼앗으려고 합니다. 그들이 내세운 개간은 문명이 아니라 약탈입니다!

사람 1: 왜 우리는 침묵해야 합니까! 약탈을 막아야 합니다!

송수만: 그래서 우리는 오늘부터 이 모임을 시작합니다. 나랏일을 돕고 백성을 편안하게 한다는 의미를 담아 (가) 라고 하겠습니다.

① 권업회　② 보안회　③ 송죽회　④ 신민회

32 다음 자료를 활용한 탐구 활동으로 가장 적절한 것은? [2점]

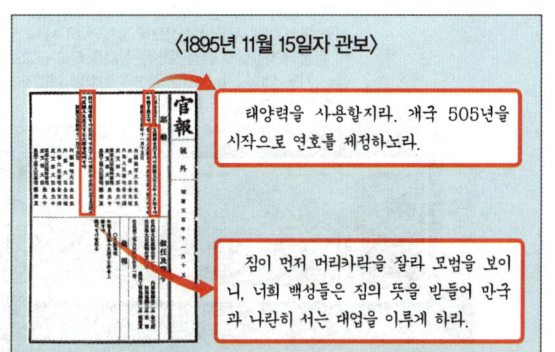

〈1895년 11월 15일자 관보〉

태양력을 사용할지라. 개국 505년을 시작으로 연호를 제정하노라.

짐이 먼저 머리카락을 잘라 모범을 보이니, 너희 백성들은 짐의 뜻을 받들어 만국과 나란히 서는 대업을 이루게 하라.

① 을미개혁의 내용을 조사한다.
② 독립문의 건립 과정을 알아본다.
③ 삼정이정청의 설치 배경을 살펴본다.
④ 삼전도비가 세워진 장소를 파악한다.

33 (가) 부대에 대한 설명으로 옳은 것은? [2점]

전국의 의병 부대가 경기도 양주에 집결하여 (가) 을/를 결성했다더군. 총대장에는 이인영이 추대되었다고 하네.

맞네. 해산된 군인들도 가담했다고 하니 의병의 전력이 한층 강해질 것 같네.

① 서울 진공 작전을 전개하였다.
② 백산에서 4대 강령을 발표하였다.
③ 자유시 참변으로 세력이 약화하였다.
④ 고종의 해산 권고 조칙에 따라 해산하였다.

34 (가)에 들어갈 내용으로 가장 적절한 것은? [3점]

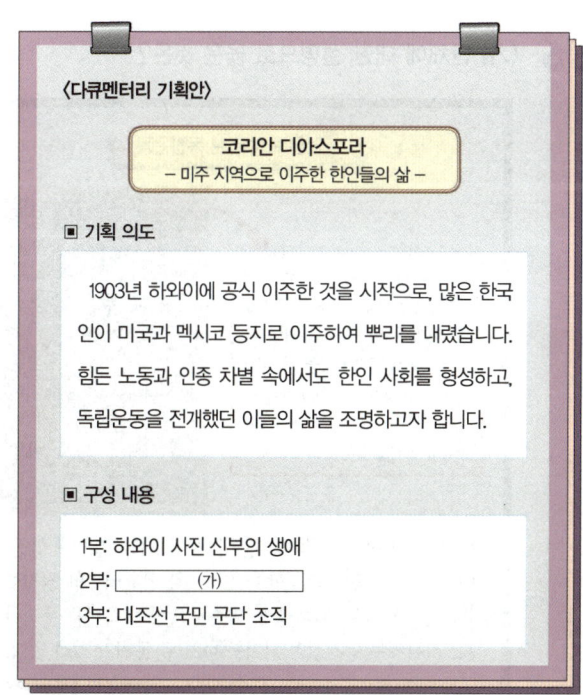

〈다큐멘터리 기획안〉

코리안 디아스포라
- 미주 지역으로 이주한 한인들의 삶 -

■ 기획 의도

1903년 하와이에 공식 이주한 것을 시작으로, 많은 한국인이 미국과 멕시코 등지로 이주하여 뿌리를 내렸습니다. 힘든 노동과 인종 차별 속에서도 한인 사회를 형성하고, 독립운동을 전개했던 이들의 삶을 조명하고자 합니다.

■ 구성 내용

1부: 하와이 사진 신부의 생애
2부: (가)
3부: 대조선 국민 군단 조직

① 중광단 조직
② 신한 청년당 결성
③ 신흥 강습소 설립
④ 대한인 국민회 창설

35 밑줄 그은 '이 운동'에 대한 설명으로 적절한 것은? [2점]

① 근우회를 중심으로 전개되었다.
② 대한매일신보 등 언론의 지원을 받았다.
③ 황국 중앙 총상회 조직에 영향을 주었다.
④ 조만식 등의 주도로 평양에서 시작되었다.

36 (가) 단체에 대한 설명으로 옳은 것은? [2점]

① 105인 사건으로 와해되었다.
② 연통제와 교통국을 운영하였다.
③ 파리 강화 회의에 대표를 파견하였다.
④ 조선 혁명 선언을 활동 지침으로 삼았다.

37 (가) 민족 운동에 대한 설명으로 옳은 것은? [2점]

① 순종의 인산일에 일어났다.
② 조선 형평사가 주도하였다.
③ 신간회에서 진상 조사단을 파견하였다.
④ 국민 대표 회의 개최의 배경이 되었다.

38 밑줄 그은 '이 시기'에 있었던 사실로 옳지 않은 것은? [3점]

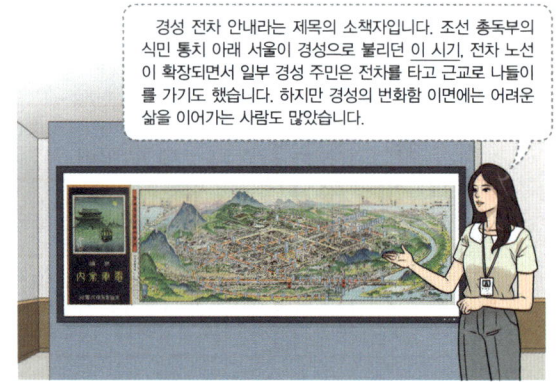

① 심훈이 소설 상록수를 저술하였다.
② 나운규가 영화 아리랑을 제작하였다.
③ 헐버트가 육영 공원의 교사로 활동하였다.
④ 손기정이 베를린 올림픽 마라톤 경기에서 우승하였다.

39 (가)에 해당하는 인물로 옳은 것은? [2점]

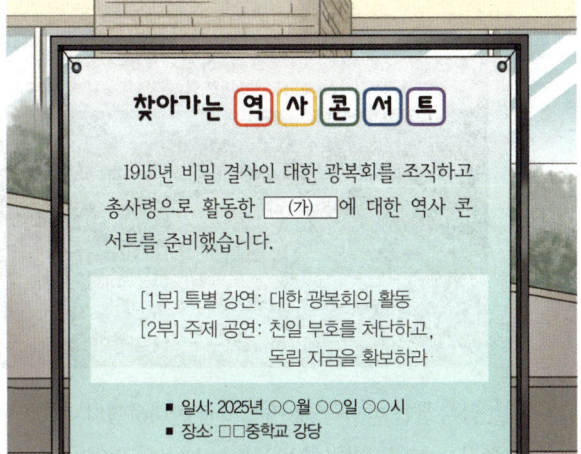

 ① 박상진
 ② 안창호
 ③ 윤봉길
 ④ 이회영

40 밑줄 그은 '이 지역'에서 있었던 사실로 옳은 것은? [3점]

① 신한촌이 건설되었다.
② 봉오동 전투가 일어났다.
③ 한국 광복군이 창설되었다.
④ 2·8 독립 선언서가 발표되었다.

41 (가)에 들어갈 내용으로 가장 적절한 것은? [1점]

① 흥사단 결성
② 남북 협상 추진
③ 조선 의용대 창설
④ 조선 건국 동맹 조직

42 다음 가상 인터뷰의 밑줄 그은 '나'로 옳은 것은? [2점]

① 박은식 ② 석주명 ③ 전형필 ④ 주시경

43 (가) 부대에 대한 설명으로 옳은 것은? [3점]

이 지도에는 양세봉을 기리는 기념물이 표시되어 있습니다. 양세봉은 (가) 의 총사령으로서 중국 의용군과 연합하여 일본군을 격퇴하였습니다. 그는 남북한은 물론 중국 동북 지역에서도 기리고 있는 독립운동가입니다.

① 고종의 밀지를 받아 결성되었다.
② 영릉가 전투에서 승리를 거두었다.
③ 영국군의 요청으로 인도·미얀마 전선에 투입되었다.
④ 중국 관내에서 결성된 최초의 한인 무장 조직이었다.

44 밑줄 그은 '이 시기'에 볼 수 있는 모습으로 가장 적절한 것은? [2점]

일제가 중일 전쟁을 일으키고 침략을 확대하던 이 시기, 군함도로 강제 동원된 많은 한국인이 해저 탄광의 열악한 작업 환경 속에서 목숨을 잃었습니다.

〈과제 발표〉
군함도와 강제 동원의 역사

① 태형을 집행하는 헌병 경찰
② 황국 신민 서사를 암송하는 학생
③ 6·10 만세 운동에 참여하는 청년
④ 토지 조사령을 공포하는 일본인 관리

45 (가) 사건에 대한 설명으로 옳은 것은? [2점]

이것은 남한만의 단독 선거에 반대하는 무장대와 토벌대 간의 무력 충돌과 그 진압 과정에서 많은 주민이 희생된 (가) 을/를 상징하는 동백꽃 조형물입니다. 당시 희생된 사람들의 영혼이 붉은 동백꽃처럼 차가운 땅으로 소리 없이 스러져갔다는 의미를 담아 이곳 평화 공원에 설치되었습니다.

① 굴욕적인 한일 국교 정상화에 반대하였다.
② 좌우 합작 7원칙이 발표되는 배경이 되었다.
③ 신군부의 비상계엄 확대와 무력 진압에 저항하였다.
④ 진상 규명 및 희생자 명예 회복에 관한 특별법이 제정되었다.

46 (가)에 들어갈 민주화 운동으로 옳은 것은? [1점]

3·15 부정 선거는 전 국민적인 분노를 일으켜 (가) 의 계기가 되었습니다. 오늘 부정 선거 관련자에 대한 재판이 열렸습니다. 이날 법정 주변에 특별히 마련된 스피커 앞에는 재판 실황 중계를 듣기 위해서 수많은 시민이 모여들었습니다.

① 6·3 시위
② 4·19 혁명
③ 6월 민주 항쟁
④ 5·18 민주화 운동

47 밑줄 그은 '이 전쟁' 중에 있었던 사실로 옳은 것은? [2점]

① 부산이 임시 수도가 되었다.
② 4·13 호헌 조치가 발표되었다.
③ 미소 공동 위원회가 개최되었다.
④ 반민족 행위 처벌법이 제정되었다.

48 (가)에 들어갈 사진으로 가장 적절한 것은? [3점]

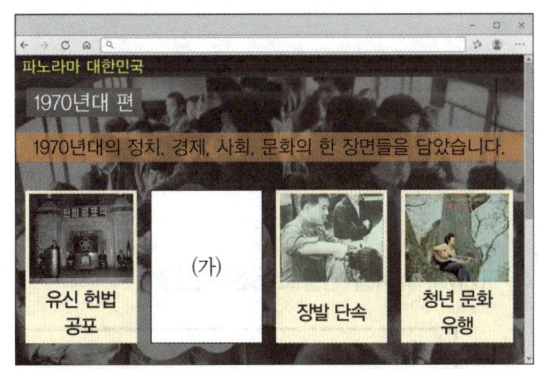

49 (가) 정부 시기에 있었던 사실로 옳은 것은? [2점]

① 남북한이 유엔에 동시 가입하였다.
② 6·15 남북 공동 선언이 발표되었다.
③ 한반도 비핵화 공동 선언이 채택되었다.
④ 남북 이산가족 상봉이 최초로 성사되었다.

50 (가)~(라)에 들어갈 내용으로 옳은 것은? [2점]

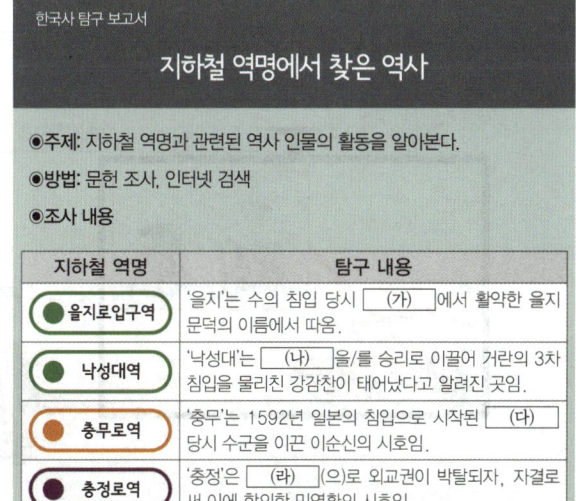

① (가) - 귀주 대첩
② (나) - 안시성 전투
③ (다) - 병자호란
④ (라) - 을사늑약

제73회 한국사능력검정시험

- 자신이 선택한 등급의 문제지인지 확인하시오.
- 문제지에 성명과 수험 번호를 정확히 써넣으시오.
- 답안지에 성명과 수험 번호를 써넣고, 또 수험 번호와 답을 정확히 표시하시오.
- 시험 시간은 70분입니다.

01 (가) 시대의 생활 모습으로 옳은 것은? [1점]

이곳 울주 검단리 유적에서는 마을 내부를 방어하기 위해 조성한 도랑인 환호가 확인되었다. 완전한 모습의 환호가 발견된 것은 국내 최초로, 인근에서는 다수의 고인돌도 발견되어 계급이 출현한 (가) 시대의 모습을 잘 보여주는 유적으로 평가받고 있어.

① 우경이 널리 보급되었다.
② 비파형 동검을 제작하였다.
③ 주로 동굴이나 막집에서 살았다.
④ 실을 뽑기 위해 가락바퀴를 처음 사용하였다.

02 (가) 나라에 대한 설명으로 옳은 것은? [2점]

이것은 중국 지린 마오얼산 유적에서 출토된 (가) 의 수레바퀴 부품입니다. 기록에 따르면 (가) 에서는 좋은 말이 생산되었으며, 마가·우가 등의 여러 가들이 각각 사출도를 다스렸습니다.

① 영고라는 제천 행사를 열었다.
② 신성 지역인 소도가 존재하였다.
③ 혼인 풍습으로 민며느리제가 있었다.
④ 사회 질서를 유지하기 위하여 범금 8조를 만들었다.

03 (가) 나라에 대한 탐구 활동으로 가장 적절한 것은? [2점]

한국사 – 미술 융합 수업 활동지
○반 이름 ○○○

다음은 수로왕이 건국하였다고 전해지는 (가) 의 문화유산입니다. 이것을 활용하여 제작할 수 있는 기념품을 제안해 주세요.

김해 대성동 고분군 출토 금동 허리띠
김해 대성동 고분군 출토 긴목항아리와 그릇받침
열쇠고리
가습기

① 서옥제의 의미를 찾아본다.
② 칠지도에 새겨진 명문을 해석한다.
③ 이차돈이 순교한 배경을 파악한다.
④ 구지가가 나오는 건국 신화를 분석한다.

04 (가)에 들어갈 인물로 옳은 것은? [1점]

〈한국사 인물 설문 조사〉
(가) 하면 가장 먼저 떠오르는 것에 스티커를 붙여 주세요.

화엄종 개창 | 부석사 건립 | 관음 신앙 강조

① 원광   ② 원효   ③ 의상   ④ 유정

05 다음 검색창에 들어갈 왕으로 옳은 것은? [2점]

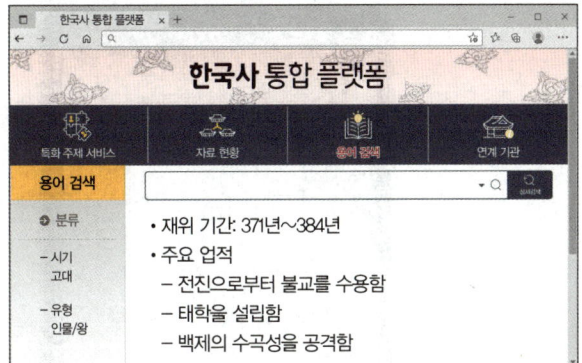

① 미천왕
② 장수왕
③ 소수림왕
④ 광개토 대왕

06 (가) 국가의 사회 모습에 대한 설명으로 옳은 것은? [2점]

① 경당을 설치하였다.
② 골품제를 실시하였다.
③ 진대법을 시행하였다.
④ 책화라는 풍습이 있었다.

07 다음 상황 이후에 전개된 사실로 옳은 것은? [3점]

> 의자왕이 밤을 틈타 웅진성으로 도망치고, 의자왕의 아들인 부여융이 대좌평 천복 등과 함께 나와서 항복하였다. 김법민*이 부여융을 말 앞에 꿇어 앉히고 꾸짖어 말하기를, "예전에 너의 아비가 나의 누이를 죽여 오랫동안 마음이 원통하였는데, 오늘 너의 목숨은 내 손 안에 있구나!"라고 하였다.
>
> *김법민: 훗날의 문무왕

① 대가야가 신라에 정복되었다.
② 신라가 우산국을 복속하였다.
③ 고구려가 한성을 함락하였다.
④ 나당 연합군이 평양성을 점령하였다.

08 다음 가상 공모전에 제출할 지역화폐 도안으로 가장 적절한 것은? [3점]

> ○○ 지역화폐 디자인 공모
>
> 백제의 수도였던 우리 지역의 경제 활성화를 위해 지역화폐를 발행하려고 합니다. 사비로 불렸던 우리 지역을 상징하는 지역화폐가 제작될 수 있도록 관심 있는 분들의 많은 참여를 바랍니다.
>
> ◆ 접수 기간: 2025년 □□월 □□일 ~ □□월 □□일
> ◆ 도안 조건: ○○ 지역에 위치한 백제의 문화유산을 소재로 할 것
> ◆ 접수 방법: 방문, 우편, 홈페이지 탑재
> ◆ 제출 서류: 제안서 및 도안

①  풍납토성 동전무늬 수막새
②  석굴암 본존불
③  정림사지 오층 석탑
④  호우총 청동 그릇

09 (가) 국가에 대한 설명으로 옳은 것은? [2점]

> (가) 은/는 해동성국이다. 비록 먼 변방에 있었다고 해도 반드시 석실에 보관된 서적이 있었을 것인데 증거로 삼을 만한 문헌이 없는 것은 어찌된 일인가? …… (가) 이/가 망한 지 천년 만에 다행히 유득공 선생을 만나 역사가 후세에 전해질 수 있게 되었으니, 사람들이 감격하게 되었다.

① 대조영이 동모산에서 건국하였다.
② 안시성에서 당의 군대를 물리쳤다.
③ 최고 행정 기구로 집사부를 설치하였다.
④ 무태, 성책 등의 독자적 연호를 사용하였다.

10 (가) 인물에 대한 설명으로 옳은 것은? [2점]

아들 신검에 의해 금산사에 유폐되었던 (가) 이/가 탈출하여 왕건에게 의탁하였습니다. 왕건은 귀부한 그를 크게 반기며 우대하였다고 합니다.

(가), 고려로 귀부

① 훈요 10조를 남겼다.
② 국호를 마진으로 바꾸었다.
③ 완산주에서 후백제를 세웠다.
④ 경주의 사심관으로 임명되었다.

12 (가)에 들어갈 문화유산으로 적절한 것은? [2점]

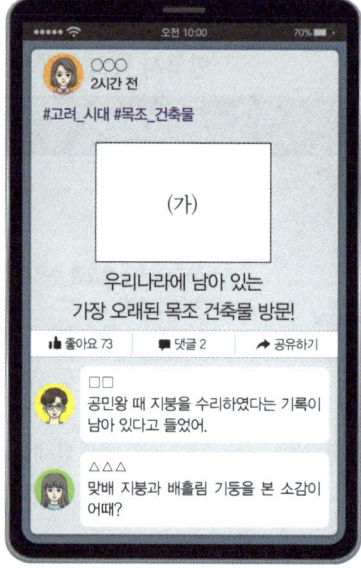

#고려_시대 #목조_건축물

우리나라에 남아 있는 가장 오래된 목조 건축물 방문!

공민왕 때 지붕을 수리하였다는 기록이 남아 있다고 들었어.

맞배 지붕과 배흘림 기둥을 본 소감이 어때?

①  강화 전등사 대웅전
②  안동 봉정사 극락전
③ 보은 법주사 팔상전
④ 구례 화엄사 각황전

11 (가)에 해당하는 인물로 옳은 것은? [1점]

이곳은 고려의 외교가이자 문신이었던 (가) 의 무덤으로 부인의 묘도 함께 있습니다. 그는 대군을 이끌고 온 거란 장수 소손녕과 외교 담판을 벌여 강동 6주를 확보하는 성과를 올렸습니다.

①  서희
②  윤관
③  최영
④  정도전

13 다음 상황이 나타난 시기를 연표에서 옳게 고른 것은? [3점]

이자겸이 난을 일으킨 것은 척준경을 믿기 때문입니다. 폐하께서 병권을 장악하고 있는 척준경을 포섭한다면 이자겸의 힘을 약화시킬 수 있을 것이옵니다.

경이 척준경을 찾아가서 회유하도록 하시오.

918	1019	1170	1270	1380
(가)	(나)	(다)	(라)	
고려 건국	귀주 대첩	무신 정변	개경 환도	진포 대첩

① (가) ② (나) ③ (다) ④ (라)

14 다음 퀴즈의 정답으로 옳은 것은? [1점]

① 동국통감 ② 삼국사기
③ 삼국유사 ④ 제왕운기

15 (가)에 들어갈 내용으로 가장 적절한 것은? [2점]

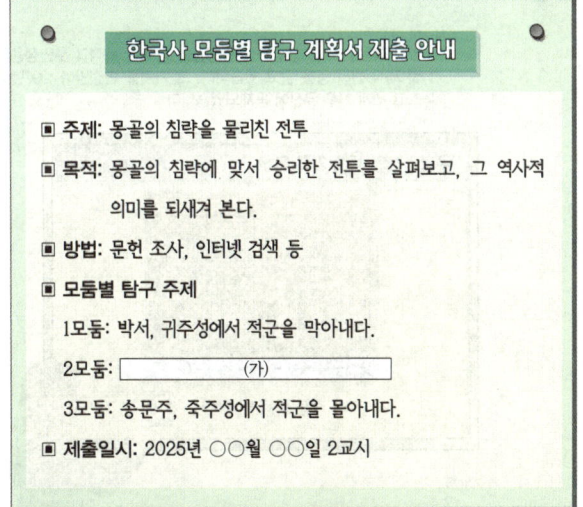

① 양헌수, 정족산성에서 적군을 물리치다.
② 이순신, 명량에서 적의 함대를 대파하다.
③ 을지문덕, 살수에서 적군을 크게 격파하다.
④ 김윤후, 처인성에서 부곡민과 함께 적장 살리타를 사살하다.

16 다음 검색창에 들어갈 기구로 옳은 것은? [2점]

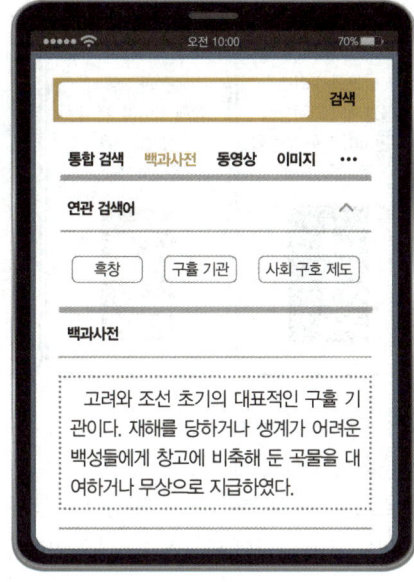

① 의창 ② 박문국 ③ 제중원 ④ 활인서

17 다음 가상 인터뷰에 등장하는 왕의 업적으로 옳은 것은? [2점]

① 12목을 설치하였다.
② 해동통보를 발행하였다.
③ 쌍성총관부를 공격하였다.
④ 노비안검법을 실시하였다.

18 다음 자료에 해당하는 인물에 대한 설명으로 옳은 것은? [2점]

- 고려의 승려로 불교계의 타락상을 비판하며 개혁 운동을 전개하였다.
- 선과 교를 함께 닦아야 한다는 정혜쌍수를 주장하였다.
- 사후 '불일보조국사'라는 시호를 받았다.

① 천태종을 창시하였다.
② 수선사 결사를 제창하였다.
③ 스스로를 미륵불이라고 칭하였다.
④ 인도 등에 다녀와 왕오천축국전을 지었다.

19 (가)에 들어갈 인물로 적절한 것은? [1점]

문화유산이 전하는 이야기 – 남원 황산대첩비지

고려 말 양광전라경상도 도순찰사였던 (가) 이/가 황산에서 아지발도가 이끈 왜구를 무찌른 사실을 기록한 승전비가 1577년에 세워졌습니다. 이 전투로 백성의 신망을 얻은 (가) 은/는 이후 위화도 회군으로 권력을 장악하였습니다. 일제 강점기에 훼손되었던 비와 그 터는 국가 사적으로 지정되어 관리되고 있습니다.

① 권율 ② 양규 ③ 이성계 ④ 강감찬

20 (가)에 대한 조선의 대외 정책으로 옳은 것은? [3점]

이것은 해동제국기에 실려 있는 (가) 의 지도로 군주가 머물고 있는 수도 등이 표시되어 있습니다. 해동제국기에는 지도뿐만 아니라 (가) 의 쇼군이 파견한 사절단 등 정치, 외교, 사회에 관한 내용이 서술되어 있습니다.

① 삼포를 개항하였다.
② 별무반을 편성하였다.
③ 4군 6진을 개척하였다.
④ 장문휴를 보내 등주를 공격하였다.

21 (가) 왕의 업적으로 옳은 것은? [2점]

이 책은 (가) 이/가 훈민정음을 창제한 목적과 훈민정음의 음가 및 제작 원리 등을 담고 있습니다. 그 가치를 인정받아 1997년에 유네스코 세계 기록 유산에 등재되었습니다.

우리나라의 세계 기록 유산
훈민정음(해례본)

① 칠정산을 편찬하였다.
② 악학궤범을 완성하였다.
③ 혼일강리역대국도지도를 제작하였다.
④ 관촉사 석조 미륵보살 입상을 건립하였다.

22 (가)에 해당하는 문화유산으로 가장 적절한 것은? [3점]

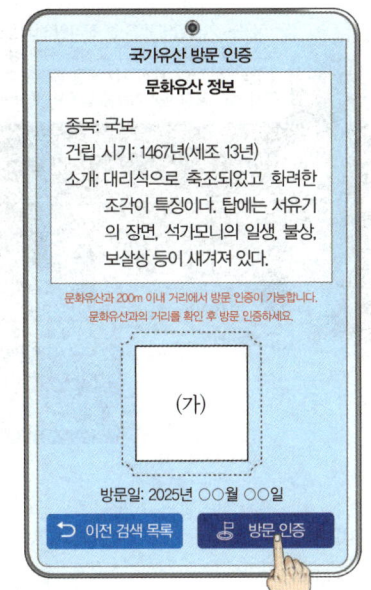

①
서울 원각사지 십층 석탑

②
평창 월정사 팔각 구층 석탑

③
경주 불국사 삼층 석탑

④
익산 미륵사지 석탑

23 다음 자료에 해당하는 민속놀이로 옳은 것은? [1점]

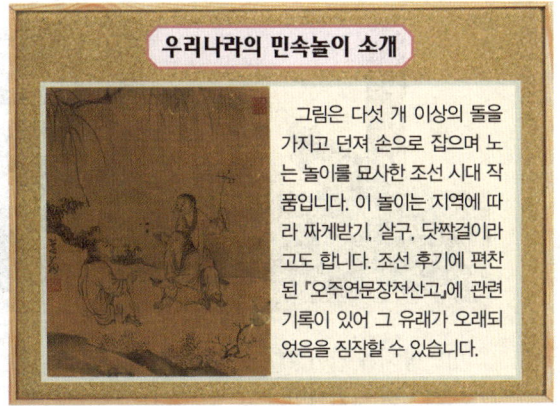

① 윷놀이 ② 공기놀이
③ 쥐불놀이 ④ 차전놀이

24 밑줄 그은 '이 전쟁' 중에 있었던 사실로 옳은 것은? [2점]

이것은 김시민이 진주성 전투에서 활약한 내용을 기록한 전공비입니다. 비문에는 그가 이 전쟁 당시 진주성에서 기묘한 계책으로 적을 물리치고, 전사하는 순간까지 전투에 임한 사실을 칭송하는 내용이 기록되어 있습니다. 그의 활약으로 조선은 적군의 보급로를 끊고 전라도의 곡창 지대를 지킬 수 있었습니다.

① 김상용이 강화도에서 순절하였다.
② 한성근이 문수산성에서 항전하였다.
③ 곽재우가 의령에서 의병을 일으켰다.
④ 계백이 황산벌에서 결사대를 이끌었다.

25 (가)에 들어갈 용어로 옳은 것은? [2점]

① 의녀 ② 무당 ③ 백정 ④ 광대

26 (가)에 들어갈 그림으로 적절한 것은? [1점]

①  서당
②  고사관수도
③  세한도
④  인왕제색도

27 (가) 왕의 재위 기간에 볼 수 있는 모습으로 가장 적절한 것은? [2점]

이곳에서는 우리나라에서 네 번째로 건조된 이지스 구축함의 진수식이 거행되고 있습니다. 군함의 이름은 금난전권 폐지, 장용영 설치 등 부국강병에 힘쓴 (가) 에서 따왔습니다. 앞으로 우리의 해상 방어 체계가 더욱 굳건해질 것으로 기대됩니다.

① 수원 화성을 축조하는 백성
② 만적과 봉기를 모의하는 노비
③ 원산 총파업에 참여하는 노동자
④ 외규장각 도서를 약탈하는 프랑스군

28 (가)에 들어갈 용어로 옳은 것은? [2점]

이곳은 기기창의 건물 중 하나인 번사창입니다. 나는 무기 제조법을 도입하고 외교 교섭을 위해 청에 (가) (으)로 파견되었습니다. 톈진 기기국을 방문한 후 귀국하여 근대식 무기 제조 공장인 기기창 설립을 위해 노력하였습니다.

① 보빙사
② 수신사
③ 영선사
④ 조사 시찰단

29 밑줄 그은 '전투' 이후에 있었던 사실로 옳은 것은? [3점]

어재연이 전투에서 흉악한 적들과 싸우다 장렬히 전사하였으니, 그 절개가 군사들의 마음을 움직일 만하다. 그에게 특별히 병조판서와 지삼군부사를 추증할 것이니, 함께 의논하여 시호를 정하도록 하라.

① 병인박해가 일어났다.
② 집현전이 설치되었다.
③ 천리장성이 축조되었다.
④ 전국 각지에 척화비가 세워졌다.

30 (가)에 해당하는 지역으로 옳은 것은? [2점]

① 나주　② 상주　③ 청주　④ 충주

31 다음 인물에 대한 설명으로 옳은 것은? [2점]

역사 인물 카드

박규수
- 생몰: 1807년~1876년
- 호: 환재
- 주요 활동 및 특징
  - 연암 박지원의 손자
  - 연행사로 청에 파견됨
  - 평안 감사로 평양 관민을 지휘하여 제너럴 셔먼호를 불태움

① 추사체를 창안하였다.
② 서전서숙을 설립하였다.
③ 대동여지도를 제작하였다.
④ 삼정이정청 설치를 건의하였다.

32 (가) 시기에 있었던 사실로 옳은 것은? [3점]

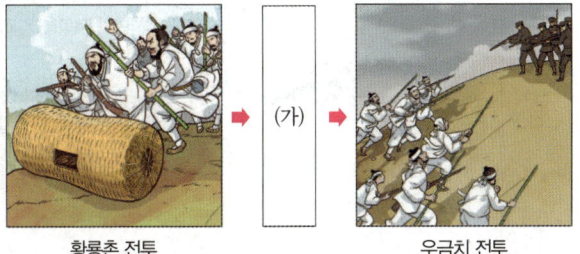

황룡촌 전투 → (가) → 우금치 전투

① 최제우가 처형되었다.
② 홍경래의 난이 일어났다.
③ 전주 화약이 체결되었다.
④ 농민들이 고부 관아를 습격하였다.

33 (가) 단체의 활동으로 옳은 것은? [2점]

역사 신문

제△△호　　　　　　　　○○○○년 ○○월 ○○일

새로운 중추원 관제가 반포되다

이틀 전, 법령의 제정과 폐지를 심사하는 중추원의 관제가 개편되었다. 개편안에 따라 중추원 의관 50인 중 절반은 (가) 의 회원 중에서 선출하기로 하였다. 의정부 참정 박정양의 명단 제출 요청에 따라 (가) 은/는 독립관에서 의관 25명을 선출할 것이라고 밝혔다.

① 잡지 개벽을 창간하였다.
② 형평 운동을 전개하였다.
③ 대성 학교를 설립하였다.
④ 만민 공동회를 개최하였다.

34 다음 가상의 대화가 이루어진 시기에 볼 수 있는 모습으로 가장 적절한 것은? [3점]

① 경부선 기차를 이용하는 승객
② 조총으로 무장한 훈련도감 군인
③ 우정총국 개국 축하연에 참석하는 관리
④ 치안 유지법 위반으로 연행되는 독립운동가

35 밑줄 그은 '조약'에 대한 설명으로 옳은 것은? [2점]

이것은 대한 제국 황제가 영국 왕에게 보내는 친서의 사본으로, 일본의 압력에 의해 부당하게 조약이 체결되었다는 내용 등이 있습니다. 황제는 외교권을 박탈한 조약의 부당함을 국제 사회에 알리고자 하였습니다.

① 최혜국 대우 조항이 들어있다.
② 통감부가 설치되는 결과를 가져왔다.
③ 청일 전쟁이 발발하는 원인이 되었다.
④ 대한국 국제가 반포되는 배경이 되었다.

36 (가)에 들어갈 화폐로 옳은 것은? [1점]

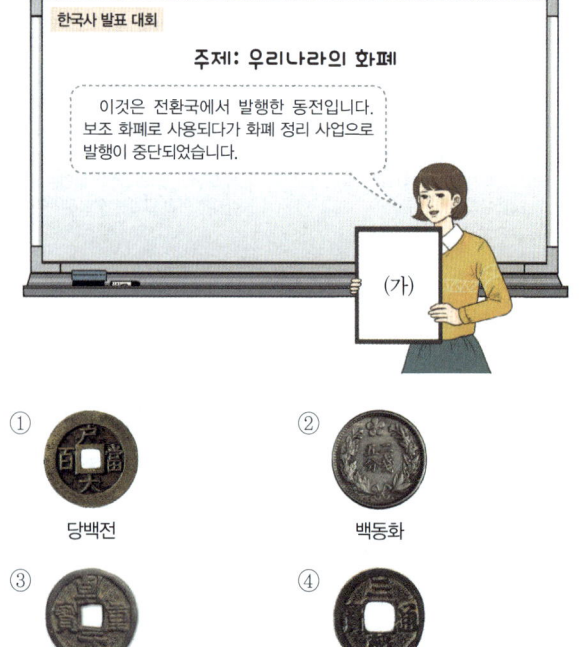

한국사 발표 대회
주제: 우리나라의 화폐

이것은 전환국에서 발행한 동전입니다. 보조 화폐로 사용되다가 화폐 정리 사업으로 발행이 중단되었습니다.

① 당백전
② 백동화
③ 건원중보
④ 삼한통보

37 밑줄 그은 '의병'에 대한 설명으로 옳은 것은? [3점]

이곳은 원주진위대의 본부였던 옛 강원 감영입니다. 원주진위대 특무정교였던 민긍호는 군대 해산 조칙에 반발하여 원주진위대를 중심으로 의병을 결성하고 무기고를 습격하였습니다. 이후 그는 의병을 이끌고 여러 전투에서 활약하였습니다.

① 서울 진공 작전을 전개하였다.
② 조선 혁명 선언을 활동 지침으로 삼았다.
③ 독립 공채를 발행하여 자금을 마련하였다.
④ 고종의 해산 권고 조칙에 따라 해산하였다.

38 밑줄 그은 '시기'에 있었던 사실로 옳은 것은? [2점]

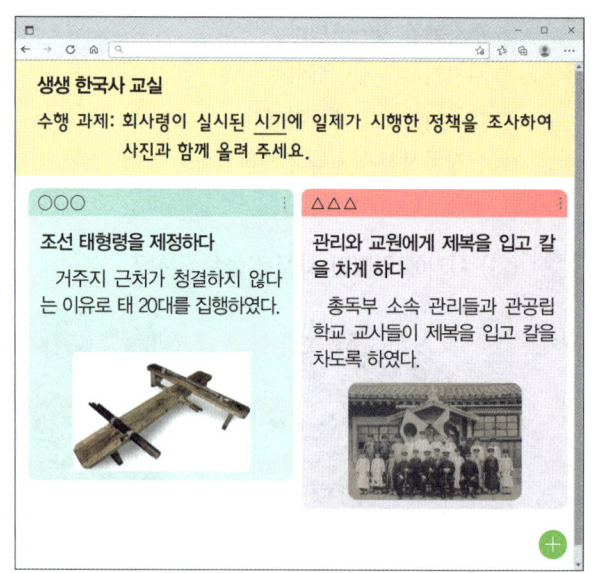

생생 한국사 교실
수행 과제: 회사령이 실시된 시기에 일제가 시행한 정책을 조사하여 사진과 함께 올려 주세요.

○○○ 조선 태형령을 제정하다
거주지 근처가 청결하지 않다는 이유로 태 20대를 집행하였다.

△△△ 관리와 교원에게 제복을 입고 칼을 차게 하다
총독부 소속 관리들과 관공립 학교 교사들이 제복을 입고 칼을 차도록 하였다.

① 홍범 14조가 반포되었다.
② 군국기무처가 설치되었다.
③ 토지 조사 사업이 실시되었다.
④ 경성 제국 대학이 설립되었다.

39 (가) 민족 운동의 영향으로 가장 적절한 것은? [2점]

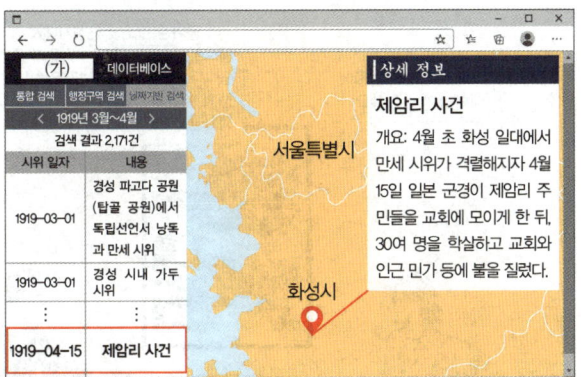

① 독립 의군부가 조직되었다.
② 국채 보상 운동이 전개되었다.
③ 교육 입국 조서가 반포되었다.
④ 대한민국 임시 정부가 수립되었다.

40 (가) 단체의 활동으로 옳은 것은? [2점]

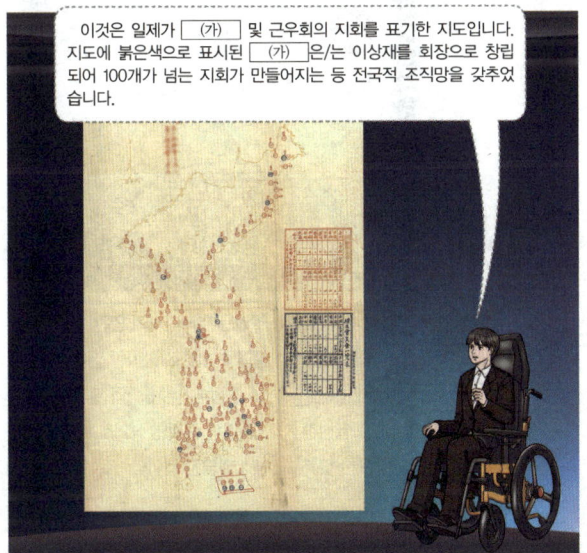

① 고종 강제 퇴위 반대 운동을 전개하였다.
② 신흥 강습소를 세워 독립군을 양성하였다.
③ 일제의 황무지 개간권 요구를 철회시켰다.
④ 광주 학생 항일 운동에 진상 조사단을 파견하였다.

41 (가)에 들어갈 민족 운동으로 옳은 것은? [1점]

① 새마을 운동
② 브나로드 운동
③ 문자 보급 운동
④ 물산 장려 운동

42 밑줄 그은 '시기'에 볼 수 있는 모습으로 가장 적절한 것은? [2점]

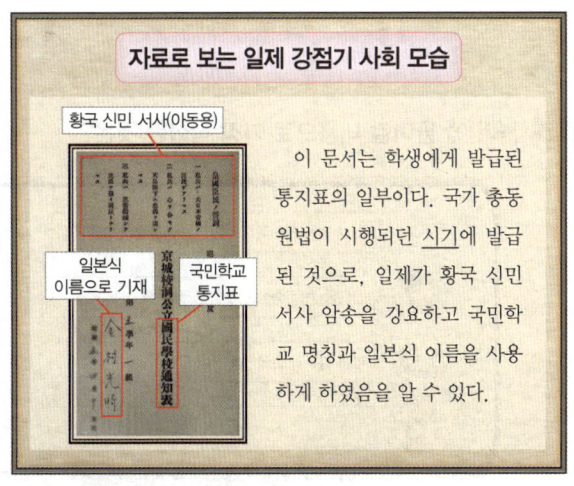

① 한성순보를 발행하는 관리
② 공출을 독려하는 애국반 반장
③ 조선책략 유포에 반발하는 유생
④ 육영 공원에서 영어를 배우는 학생

43 (가)에 해당하는 인물로 옳은 것은? [2점]

1942년 카자흐스탄 크질오르다의 고려극장에서 공연된 연극의 한 장면입니다. 이 연극은 카자흐스탄으로 강제 이주당한 (가) 의 회고를 기반으로 제작되었습니다. 대한 독립군 총사령관으로 봉오동 전투를 승리로 이끈 (가) 의 활동이 주요 내용입니다.

① 나석주 ② 안중근 ③ 지청천 ④ 홍범도

44 (가)에 들어갈 내용으로 가장 적절한 것은? [2점]

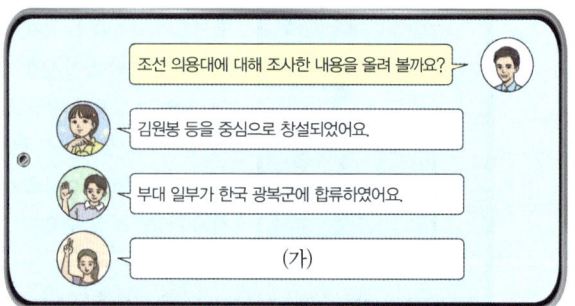

- 조선 의용대에 대해 조사한 내용을 올려 볼까요?
- 김원봉 등을 중심으로 창설되었어요.
- 부대 일부가 한국 광복군에 합류하였어요.
- (가)

① 청산리 대첩에서 활약하였어요.
② 연통제와 교통국을 운영하였어요.
③ 자유시 참변으로 큰 타격을 입었어요.
④ 중국 관내에서 결성된 최초의 한인 무장 조직이었어요.

45 (가)에 해당하는 인물로 옳은 것은? [1점]

이 영화는 1926년 단성사에서 개봉한 아리랑으로, (가) 이/가 감독과 주연을 맡았습니다. 농촌 사회를 배경으로 나라 잃은 민중의 울분과 설움을 생생하게 그려냈다고 평가받고 있습니다.

① 심훈 ② 나운규 ③ 이육사 ④ 이중섭

46 (가) 정부 시기에 있었던 사실로 옳은 것은? [2점]

史 역사 속 오늘
#12월_22일 #수출_100억_달러_달성

1977년 12월 22일은 우리나라의 연간 수출액이 100억 달러를 최초로 돌파한 날이다. 이는 (가) 정부가 수출 1억 달러를 달성한 지 13년 만에 이뤄낸 성과로, 목표한 바를 4년이나 앞당긴 것이다.

① 개성 공단이 조성되었다.
② 신한 공사가 설립되었다.
③ 경부 고속 도로가 준공되었다.
④ 한미 자유 무역 협정(FTA)이 체결되었다.

47 (가) 전쟁 중에 있었던 사실로 옳은 것은? [2점]

이산가족찾기
사연판
(가) 전쟁 때 가족과 헤어진 분들의 사연을 담은 게시판입니다.

① 5·10 총선거가 실시되었다.
② 인천 상륙 작전이 전개되었다.
③ 국민 대표 회의가 개최되었다.
④ 조선 건국 준비 위원회가 결성되었다.

48 (가) 정부 시기에 볼 수 있는 모습으로 가장 적절한 것은? [2점]

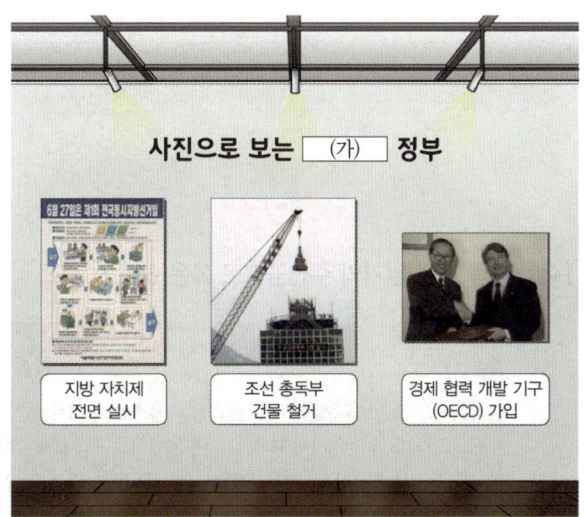

사진으로 보는 (가) 정부
- 지방 자치제 전면 실시
- 조선 총독부 건물 철거
- 경제 협력 개발 기구(OECD) 가입

① 베트남 전쟁에 파병되는 군인
② 금융 실명제 실시 속보를 시청하는 은행원
③ 야간 통행 금지 해제 조치에 환호하는 시민
④ 반민족 행위 특별 조사 위원회로 연행되는 친일 행위자

49 다음 자료에 나타난 민주화 운동에 대한 설명으로 옳은 것은? [3점]

대통령은 지난 4월 13일 반민주적인 현행 헌법의 호헌과 그 헌법에 따라 선출된 차기 대통령에게 권력을 이양하겠다고 발표하였다. 그후 4·13 호헌 조치에 대한 국민의 항의는 전국을 휩쓸었다. …… 이제 우리는 호헌 반대 운동을 하나로 결집시켜 나가야 한다는 데 뜻을 모아 민주 헌법 쟁취 국민 운동 본부 설립을 선언하는 바이다. 이를 통하여 우리는 대통령 직선제를 비롯하여, 국민이 주인이 되는 민주 사회를 건설하는 길로 나아가고자 한다.

① 긴급 조치 철폐를 요구하였다.
② 시민군이 자발적으로 조직되었다.
③ 장면 내각이 출범하는 배경이 되었다.
④ 시위 도중 대학생 이한열이 희생되었다.

50 (가)에 들어갈 내용으로 적절한 것은? [2점]

주제: ○○○ 정부의 통일 노력
- 북방 외교를 통해 사회주의 국가들과 국교를 수립하였어.
- 남북한 유엔 동시 가입을 성사시켰어.
- (가)

① 남북 기본 합의서를 교환하였어.
② 미국과 브라운 각서에 합의하였어.
③ 7·4 남북 공동 성명을 발표하였어.
④ 6·15 남북 공동 선언을 채택하였어.

제71회 한국사능력검정시험

- 자신이 선택한 등급의 문제지인지 확인하시오.
- 문제지에 성명과 수험 번호를 정확히 써넣으시오.
- 답안지에 성명과 수험 번호를 써넣고, 또 수험 번호와 답을 정확히 표시하시오.
- 시험 시간은 70분입니다.

01 (가) 시대의 생활 모습으로 가장 적절한 것은? [1점]

① 가락바퀴를 이용하여 실을 뽑았다.
② 철제 농기구를 만들어 농사를 지었다.
③ 지배층의 무덤으로 고인돌을 만들었다.
④ 거푸집을 사용하여 청동기를 제작하였다.

02 다음 퀴즈의 정답으로 옳은 것은? [2점]

① 동예   ② 마한   ③ 부여   ④ 옥저

03 다음 대본에 등장하는 왕의 업적으로 옳은 것은? [2점]

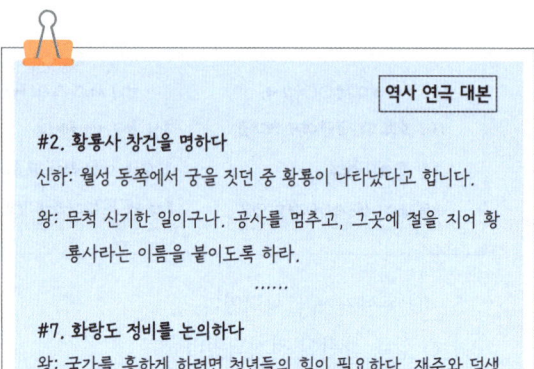

① 주자감을 설립하였다.
② 왜에 칠지도를 보냈다.
③ 김흠돌의 난을 진압하였다.
④ 북한산에 순수비를 세웠다.

04 다음 가상 일기의 주인공으로 옳은 것은? [2점]

○○월 ○○일

오늘도 나랏일을 돌보느라 힘든 하루였다. 하지만 왕으로 즉위한 후 지금까지 내가 한 일을 생각하니 뿌듯하다. 수도를 웅진에서 사비로 옮겨 나라 발전을 꾀하였고, 국호를 남부여로 바꾸기도 하였다. 그리고 최근에는 고구려에 빼앗겼던 한강 유역 일부를 수복하였다. 되찾은 소중한 영토를 반드시 지켜야겠다.

① 성왕   ② 무령왕   ③ 근초고왕   ④ 소수림왕

05 (가) 나라에 대한 설명으로 옳은 것은? [2점]

① 낙랑군, 왜와 활발히 교류하였다.
② 중경에서 상경으로 도읍을 옮겼다.
③ 화백 회의라 불리는 합의 기구가 있었다.
④ 사회 질서를 유지하기 위해 범금 8조를 만들었다.

06 (가) 국가에 대한 설명으로 옳은 것은? [3점]

① 독서삼품과를 실시하였다.
② 지배자를 마립간이라고 불렀다.
③ 정사암에서 국가 중대사를 결정하였다.
④ 태학과 경당을 두어 인재를 양성하였다.

07 다음 자료를 활용한 탐구 주제로 가장 적절한 것은? [1점]

○ 주와 군에서 세금을 바치지 않아 나라의 창고가 텅 비어, 왕이 관리를 보내 독촉하니 곳곳에서 도적들이 벌떼처럼 일어났다. 이때 원종과 애노 등이 사벌주에서 반란을 일으켰다.

○ 도적들이 나라의 서남쪽에서 일어났다. 그들은 붉은색 바지를 입어 모습을 다르게 하였으므로 적고적이라고 불렸다. 여러 고을을 공격하여 해를 입혔다.

① 백제의 불교 수용
② 신라 말의 사회 동요
③ 고구려 부흥 운동의 전개
④ 삼국과 일본의 문화 교류

08 (가)에 들어갈 인물로 옳은 것은? [2점]

① 강수   ② 설총   ③ 의상   ④ 혜초

09 (가) 국가에 대한 설명으로 옳은 것은? [2점]

① 안시성에서 당의 군대를 물리쳤다.
② 여러 가(加)들이 각각 사출도를 다스렸다.
③ 청해진을 중심으로 해상 무역을 전개하였다.
④ 5경 15부 62주의 지방 행정 제도를 마련하였다.

10 (가)~(다)를 일어난 순서대로 옳게 나열한 것은? [3점]

① (가) - (나) - (다)   ② (가) - (다) - (나)
③ (나) - (가) - (다)   ④ (다) - (가) - (나)

11 (가)에 들어갈 내용으로 옳은 것은? [1점]

① 녹읍을 폐지함
② 훈요 10조를 남김
③ 노비안검법을 시행함
④ 전민변정도감을 설치함

12 (가) 국가에 대한 설명으로 옳은 것은? [2점]

① 22담로에 왕족을 파견하였다.
② 주요한 5곳에 소경을 설치하였다.
③ 국경 지역에 동계와 북계를 두었다.
④ 9서당 10정의 군사 조직을 운영하였다.

13 밑줄 그은 '왕'의 재위 시기에 있었던 사실로 옳은 것은? [3점]

> ○ 강조가 정변을 일으켜 새로운 왕을 옹립하였다.
> ○ 거란이 서경을 공격하여 아군이 패하였다는 소식을 듣고, 왕이 나주로 피란하였다.
> ○ 강감찬이 거란을 물리치고 돌아오자, 왕이 몸소 영파역에 나아가 그를 맞이하였다.

① 교정도감이 설치되었다.
② 농사직설이 편찬되었다.
③ 초조대장경이 제작되었다.
④ 이자겸의 난이 발생하였다.

14 다음 학생이 보고 있는 국가유산으로 가장 적절한 것은? [2점]

① 경주 불국사 대웅전
② 영주 부석사 무량수전
③ 김제 금산사 미륵전
④ 보은 법주사 팔상전

15 다음 사건이 일어난 시기를 연표에서 옳게 고른 것은? [3점]

① (가) ② (나) ③ (다) ④ (라)

16 (가) 시기에 있었던 사실로 옳은 것은? [2점]

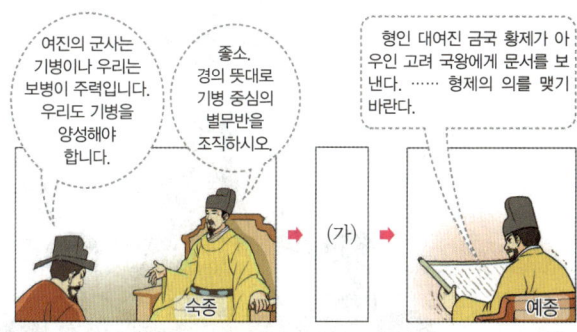

① 윤관이 동북 9성을 축조하였다.
② 서희가 강동 6주 지역을 확보하였다.
③ 최무선이 진포에서 왜구를 물리쳤다.
④ 김윤후가 충주성 전투에서 승리하였다.

17 (가)에 들어갈 행사로 옳은 것은? [1점]

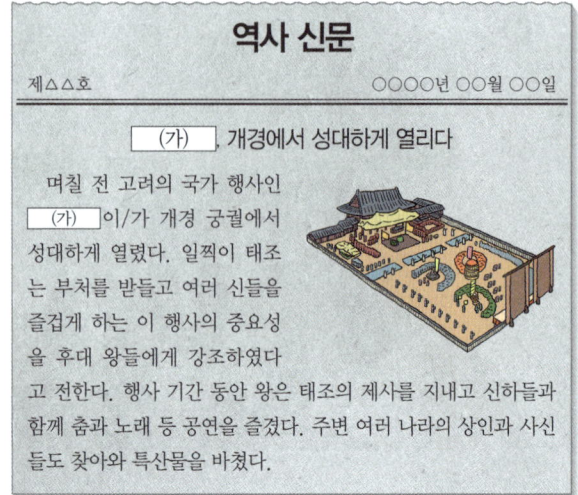

① 영고
② 단오제
③ 팔관회
④ 종묘 제례

18 교사의 질문에 대한 학생의 답변으로 옳은 것은? [2점]

19 (가) 국왕의 재위 시기에 있었던 사실로 옳은 것은? [2점]

① 현량과가 실시되었다.
② 호패법이 시행되었다.
③ 경국대전이 반포되었다.
④ 5군영 체제가 완성되었다.

20 (가)에 들어갈 국가유산으로 가장 적절한 것은? [2점]

① 청자 상감 운학문 매병
② 분청사기 음각어문 편병
③ 백자 달항아리
④ 백자 청화 운룡문호

21 밑줄 그은 '이 제도'로 옳은 것은? [2점]

전하께서 과전을 개혁하여 이 제도를 실시하라고 명하셨습니다. 본래 과전은 사대부를 기르기 위함입니다. 그런데 이 제도가 실시되면 현직 관리들만 수조권을 받게 되어 대를 이어 왕을 섬기는 신하가 없게 될 것입니다.

① 균역법 ② 영정법 ③ 직전법 ④ 호포법

22 (가)에 들어갈 용어로 옳은 것은? [2점]

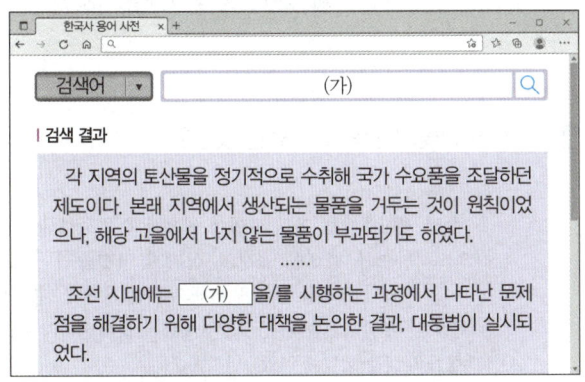

각 지역의 토산물을 정기적으로 수취해 국가 수요품을 조달하던 제도이다. 본래 지역에서 생산되는 물품을 거두는 것이 원칙이었으나, 해당 고을에서 나지 않는 물품이 부과되기도 하였다.
……
조선 시대에는 (가) 을/를 시행하는 과정에서 나타난 문제점을 해결하기 위해 다양한 대책을 논의한 결과, 대동법이 실시되었다.

① 공납 ② 군역 ③ 전세 ④ 환곡

23 (가) 전쟁 중에 있었던 사실로 옳은 것은? [2점]

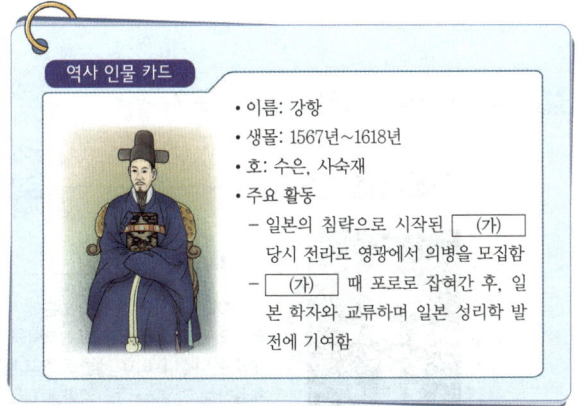

역사 인물 카드
- 이름: 강항
- 생몰: 1567년~1618년
- 호: 수은, 사숙재
- 주요 활동
  - 일본의 침략으로 시작된 (가) 당시 전라도 영광에서 의병을 모집함
  - (가) 때 포로로 잡혀간 후, 일본 학자와 교류하며 일본 성리학 발전에 기여함

① 김종서가 6진을 개척하였다.
② 어재연이 광성보에서 항전하였다.
③ 이종무가 쓰시마섬을 정벌하였다.
④ 이순신이 명량 해전을 승리로 이끌었다.

24 밑줄 그은 '국왕'의 업적으로 옳은 것은? [3점]

지지대비가 있는 이곳은 수원에서 의왕으로 넘어가는 지지대 고개입니다. 아버지 사도 세자의 무덤에 참배하고 이 고개를 넘어 돌아가던 국왕이 아버지를 그리워하며 신하들에게 천천히 가자 했다는 기록이 전합니다. 이에 늦을 지(遲) 자 두 개를 써서 이곳을 지지대 고개라고 부르게 되었습니다.

① 삼국사기를 편찬하였다.
② 훈민정음을 창제하였다.
③ 초계문신제를 실시하였다.
④ 통리기무아문을 설치하였다.

25 다음 특별전에서 볼 수 있는 작품으로 가장 적절한 것은? [1점]

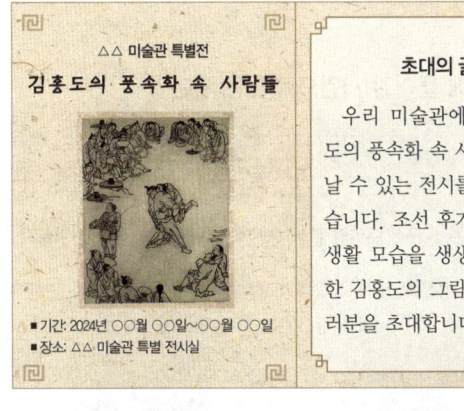

△△ 미술관 특별전
김홍도의 풍속화 속 사람들

초대의 글
우리 미술관에서는 김홍도의 풍속화 속 사람들을 만날 수 있는 전시를 준비하였습니다. 조선 후기 서민들의 생활 모습을 생생하게 묘사한 김홍도의 그림 세계로 여러분을 초대합니다.

- 기간: 2024년 ○○월 ○○일~○○월 ○○일
- 장소: △△ 미술관 특별 전시실

① 고사관수도
② 아집도대련
③  무동
④  월하정인

26 다음 가상 대화의 상황이 나타난 시기에 볼 수 있는 모습으로 적절하지 않은 것은? [2점]

① 정감록을 읽는 양반
② 판소리 공연을 하는 소리꾼
③ 삼별초의 일원으로 훈련하는 군인
④ 상평통보로 물건을 구입하는 농민

27 (가)에 들어갈 사건으로 옳은 것은? [2점]

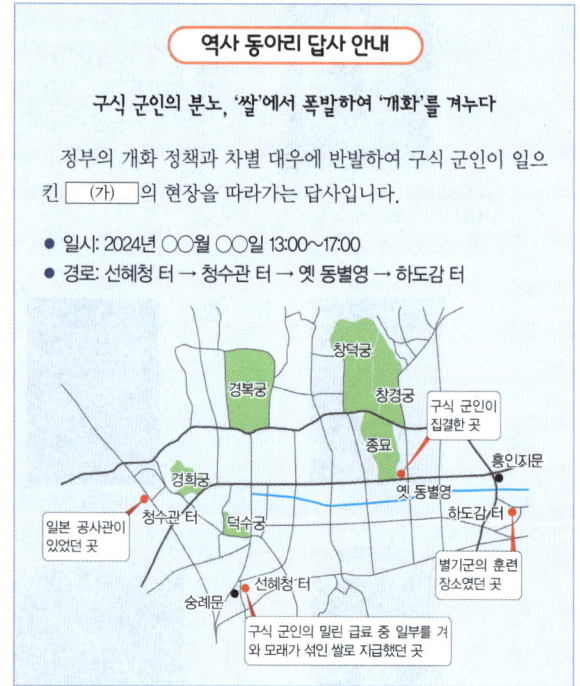

① 갑신정변   ② 병인양요   ③ 을미사변   ④ 임오군란

28 (가)에 들어갈 내용으로 가장 적절한 것은? [3점]

① 소속 관청에 신공을 바쳤어요.
② 매매, 상속, 증여의 대상이었어요.
③ 골품에 따라 관등 승진에 제한을 받았어요.
④ 차별 철폐를 위해 통청 운동을 전개하였어요.

29 (가) 인물의 활동으로 옳은 것은? [2점]

> 우리 전하께서는 어린 나이에 왕으로 즉위하셔서 (가) (으)로 하여금 백성을 돌보고 살피게 하셨습니다. 그런데 (가) 이/가 경복궁 중건을 위해 부유한 자에게 원납전을 거두었으나 부족하였습니다. 또한, 새롭게 당백전까지 주조하여 백성들의 삶을 힘들게 하였습니다.

① 척화비를 건립하였다.
② 동의보감을 완성하였다.
③ 신해통공을 실시하였다.
④ 나선 정벌을 단행하였다.

30 (가)에 들어갈 인물로 옳은 것은? [2점]

① 김옥균   ② 김홍집   ③ 서재필   ④ 유인석

31 밑줄 그은 '조약'으로 옳은 것은? [1점]

① 기유약조
② 한성 조약
③ 정미 7조약
④ 강화도 조약

32 다음 그림 카드를 활용한 학습 주제로 가장 적절한 것은? [2점]

① 비변사의 설치
② 기묘사화의 발생
③ 임술 농민 봉기의 발발
④ 항일 의병 운동의 전개

33 (가) 운동 중에 있었던 사실로 옳은 것은? [2점]

① 독립 협회가 창립되었다.
② 전주 화약이 체결되었다.
③ 백두산정계비가 건립되었다.
④ 박규수가 안핵사로 파견되었다.

34 다음 기사에 나타난 시기에 볼 수 있는 모습으로 가장 적절한 것은? [3점]

역사 신문

제△△호 ○○○○년 ○○월 ○○일

전등, 대한 제국의 거리를 밝히다

동대문 발전소에서 전등 개설식이 거행되었다. 2년 전 서대문과 청량리 사이에 최초의 전차를 개통했던 한성 전기 회사는 이번 행사를 위해 특별 전차까지 동원하였다. 작년에는 종로에 세 개의 가로등만이 점등되었으나, 이제 전선이 연결된 길을 따라 큰 거리도 전등으로 환하게 밝히게 되었다.

① 경인선 기차를 타고 가는 승객
② 텔레비전 뉴스를 보도하는 기자
③ 박문국에서 한성순보를 인쇄하는 기술자
④ 라디오 방송을 송출하는 경성 방송국 직원

35 (가) 정책이 추진된 시기에 있었던 사실로 옳은 것은? [2점]

① 회사령이 시행되었다.
② 관민 공동회가 열렸다.
③ 원산 총파업이 일어났다.
④ 국가 총동원법이 제정되었다.

36 (가)에 들어갈 전투로 옳은 것은? [1점]

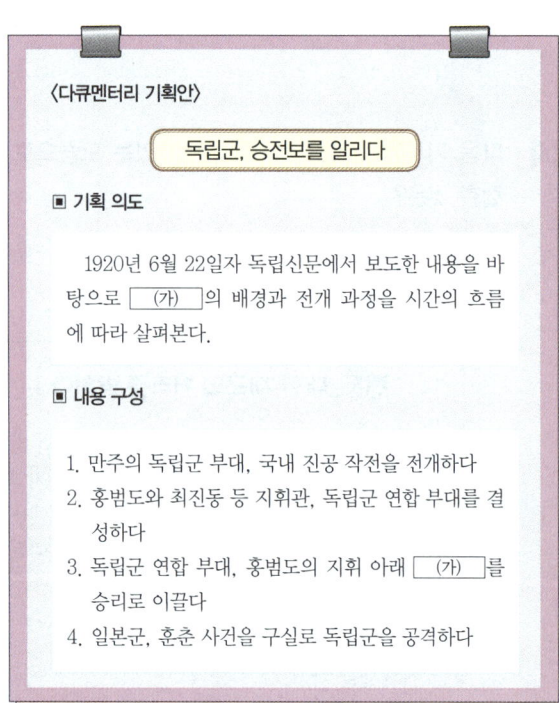

① 봉오동 전투
② 쌍성보 전투
③ 우금치 전투
④ 청산리 전투

37 (가)에 들어갈 내용으로 옳은 것은? [1점]

① 의열단 창설을 주도함
② 베를린 올림픽에 참가함
③ 어린이날 제정에 기여함
④ 헤이그에 특사로 파견됨

38 밑줄 그은 '시기'에 있었던 사실로 옳은 것은? [2점]

① 신간회가 창립되었다.
② 신사 참배가 강요되었다.
③ 교육 입국 조서가 발표되었다.
④ 동양 척식 주식회사가 설립되었다.

39 (가) 민족 운동에 대한 설명으로 옳은 것은? [2점]

① 청군의 개입으로 진압되었다.
② 대한매일신보의 후원을 받았다.
③ 황국 중앙 총상회를 중심으로 전개되었다.
④ 대한민국 임시 정부 수립의 계기가 되었다.

40 학생들이 공통으로 이야기하는 민족 운동으로 옳은 것은? [1점]

① 새마을 운동
② 국채 보상 운동
③ 물산 장려 운동
④ 민립 대학 설립 운동

41 다음 기사가 보도된 시기에 볼 수 있는 모습으로 가장 적절한 것은? [3점]

① 장용영에서 훈련하는 군인
② 군국기무처에서 회의하는 관리
③ 산미 증식 계획을 추진하는 총독부 직원
④ 조선 건국 준비 위원회에 참여하는 민족 운동가

42 (가)에 들어갈 단체로 옳은 것은? [2점]

① 보안회
② 독립 의군부
③ 조선어 학회
④ 한인 애국단

43 밑줄 그은 '나'로 옳은 것은? [2점]

① 김원봉   ② 신채호   ③ 이육사   ④ 한용운

45 (가) 정부 시기에 있었던 사실로 옳은 것은? [2점]

① 농지 개혁법이 제정되었다.
② 최초로 100억 달러 수출이 달성되었다.
③ 경제 협력 개발 기구(OECD) 가입이 이루어졌다.
④ 국제 통화 기금(IMF)의 구제 금융 자금이 조기 상환되었다.

44 밑줄 그은 ⑦이 발표된 시기를 연표에서 옳게 고른 것은? [3점]

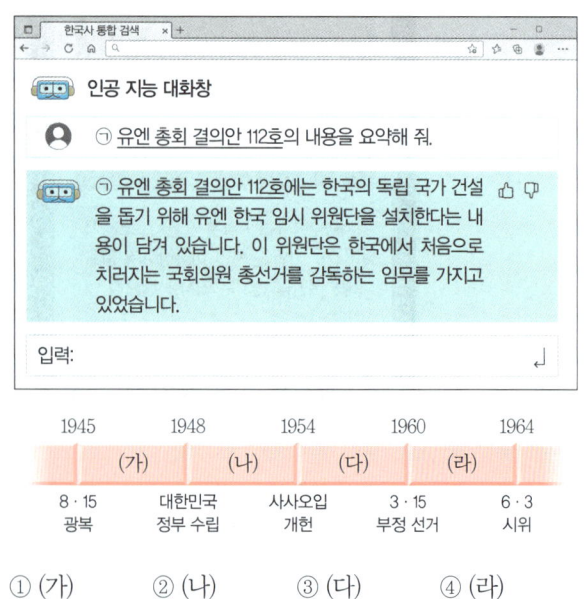

① (가)   ② (나)   ③ (다)   ④ (라)

46 (가)에 들어갈 민주화 운동으로 옳은 것은? [1점]

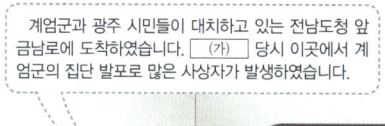

① 4·19 혁명
② 6월 민주 항쟁
③ 부마 민주 항쟁
④ 5·18 민주화 운동

47 (가) 정부 시기의 경제 상황으로 옳은 것은? [2점]

① 금융 실명제가 전면 실시되었다.
② 칠레와 자유 무역 협정(FTA)이 체결되었다.
③ 제2차 경제 개발 5개년 계획이 시행되었다.
④ 저금리·저유가·저달러의 3저 호황이 있었다.

48 다음 뉴스가 보도된 정부 시기에 있었던 사실로 옳은 것은? [3점]

① 조선 총독부 건물이 철거되었다.
② 서울에서 G20 정상 회의가 열렸다.
③ 이라크에 자이툰 부대가 파병되었다.
④ 한일 월드컵 축구 대회가 개최되었다.

49 (가)에 들어갈 내용으로 옳은 것은? [2점]

① 남북 기본 합의서
② 7·4 남북 공동 성명
③ 10·4 남북 정상 선언
④ 한반도 비핵화 공동 선언

50 (가)~(다)를 일어난 순서대로 옳게 나열한 것은? [2점]

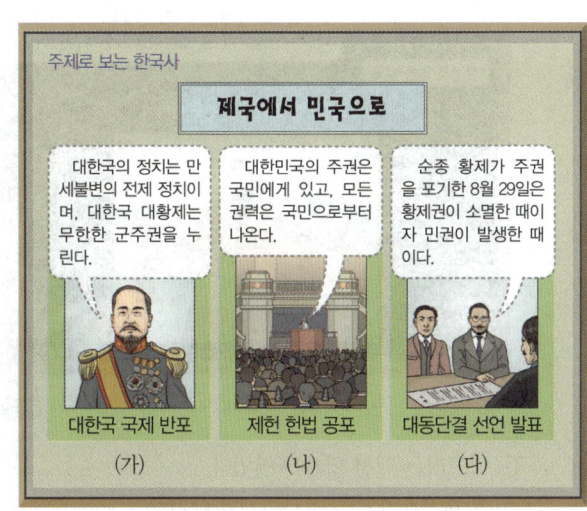

① (가) - (나) - (다)   ② (가) - (다) - (나)
③ (나) - (가) - (다)   ④ (다) - (가) - (나)

제69회 한국사능력검정시험

- 자신이 선택한 등급의 문제지인지 확인하시오.
- 문제지에 성명과 수험 번호를 정확히 써넣으시오.
- 답안지에 성명과 수험 번호를 써넣고, 또 수험 번호와 답을 정확히 표시하시오.
- 시험 시간은 70분입니다.

01 (가) 시대의 생활 모습으로 적절한 것은? [1점]

① 우경이 널리 보급되었다.
② 주로 동굴이나 막집에서 살았다.
③ 가락바퀴를 이용하여 실을 뽑았다.
④ 지배층의 무덤으로 고인돌을 축조하였다.

02 밑줄 그은 '이 나라'에 대한 설명으로 옳은 것은? [2점]

① 영고라는 제천 행사를 열었다.
② 혼인 풍습으로 민며느리제가 있었다.
③ 읍락 간의 경계를 중시하는 책화가 있었다.
④ 범금 8조를 만들어 사회 질서를 유지하였다.

03 다음 전시회에서 볼 수 있는 문화유산으로 가장 적절한 것은? [2점]

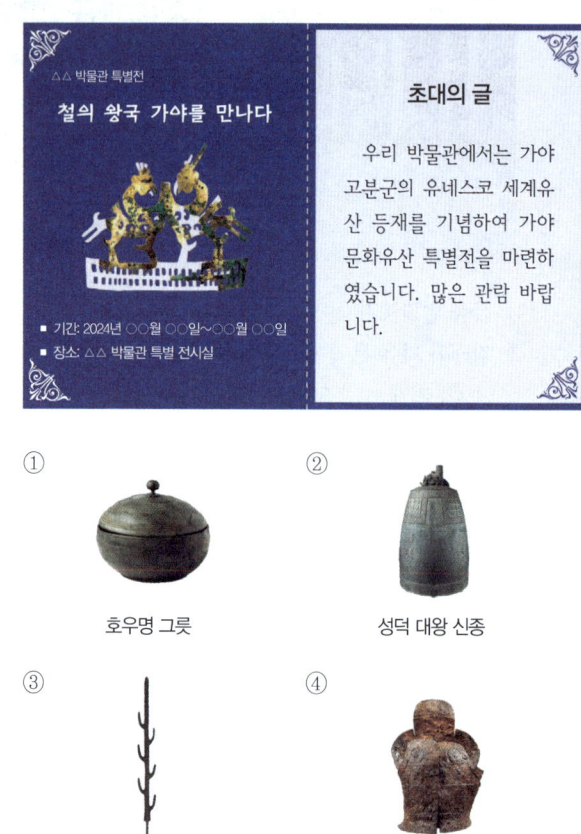

① 호우명 그릇
② 성덕 대왕 신종
③ 칠지도
④ 철제 판갑옷

04 다음 검색창에 들어갈 왕으로 옳은 것은? [2점]

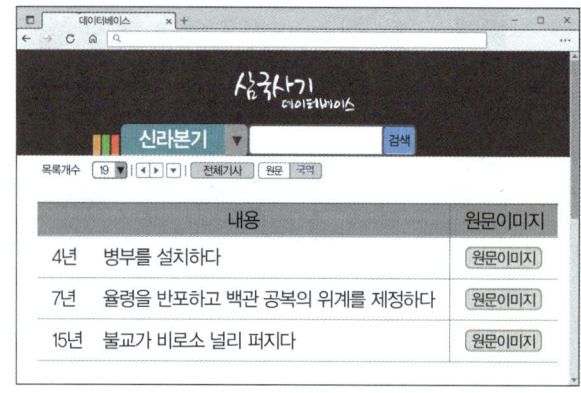

① 법흥왕 ② 지증왕 ③ 진평왕 ④ 진흥왕

05 (가) 국가에 대한 설명으로 옳은 것은? [2점]

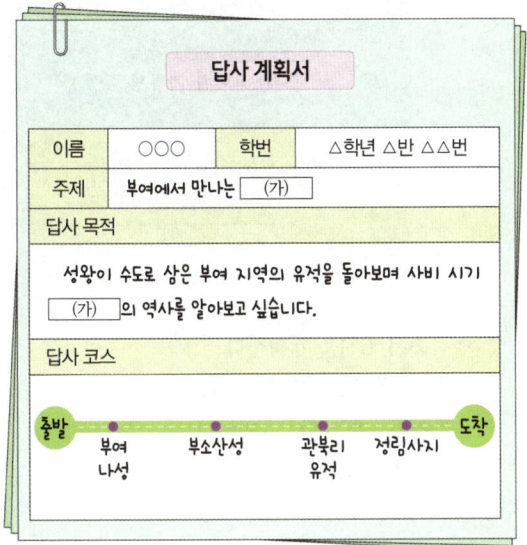

① 주몽이 건국하였다.
② 지방에 22담로를 두었다.
③ 독서삼품과를 시행하였다.
④ 한의 침략을 받아 멸망하였다.

06 선생님의 질문에 대한 학생의 대답으로 적절한 것은? [2점]

07 밑줄 그은 '이 인물'에 대한 설명으로 옳은 것은? [3점]

① 왕오천축국전을 지었다.
② 수선사 결사를 제창하였다.
③ 황룡사 구층 목탑의 건립을 건의하였다.
④ 무애가를 짓는 등 불교 대중화에 힘썼다.

08 (가) 국가에 대한 설명으로 옳은 것은? [1점]

① 9주 5소경을 두었다.
② 기인 제도를 실시하였다.
③ 해동성국이라고도 불렸다.
④ 백두산정계비를 건립하였다.

09 밑줄 그은 '시기'에 볼 수 있는 모습으로 적절한 것은? [2점]

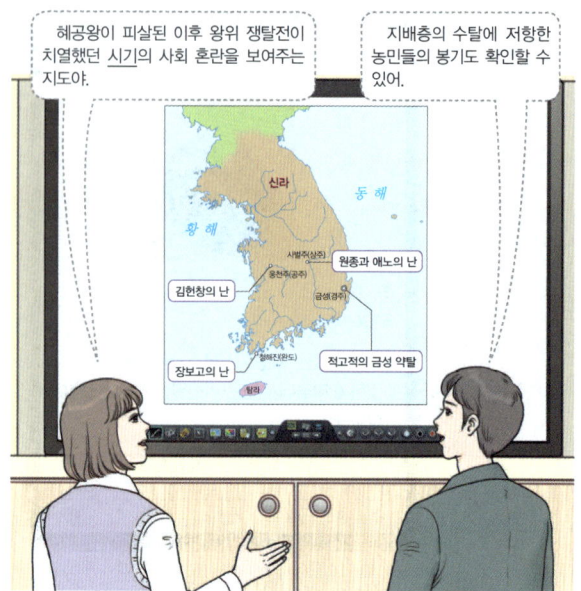

① 장용영에서 훈련하는 군인
② 의정부에 모여 회의하는 관리
③ 여진 정벌에 나선 별무반 병사
④ 스스로를 성주, 장군이라 칭하는 호족

10 (가) 인물에 대한 설명으로 옳은 것은? [3점]

① 우산국을 복속하였다.
② 백제 계승을 내세웠다.
③ 국호를 태봉으로 바꾸었다.
④ 중앙군으로 9서당을 설치하였다.

11 (가)에 들어갈 내용으로 가장 적절한 것은? [2점]

한국사 역할극 발표회
주제: 고려와 거란의 전쟁
1모둠 - 서희, 강동 6주를 확보하다
2모둠 - 양규, 흥화진을 지켜내다
3모둠 - (가)

① 김종서, 6진을 개척하다
② 윤관, 동북 9성을 축조하다
③ 강감찬, 귀주에서 승리하다
④ 김윤후, 충주성에서 적을 막아내다

12 (가)에 들어갈 화폐로 적절한 것은? [2점]

① 명도전
② 백동화
③ 상평통보
④ 해동통보

13 다음 사건이 일어난 시기를 연표에서 옳게 고른 것은? [3점]

① (가)　② (나)　③ (다)　④ (라)

14 (가)에 들어갈 기구로 옳은 것은? [2점]

> 처음 　(가)　을 설치하였는데 판사 최무선의 말을 따른 것이다. 최무선이 원의 염초 기술자인 같은 마을 사람 이원을 잘 대우하여 그 기술을 물어보고, 아랫사람들에게 익히게 하여 시험해 본 후 왕에게 건의하여 설치한 것이다.
> ─ 『고려사』 ─

① 교정도감　② 식목도감　③ 화통도감　④ 훈련도감

15 (가) 시기에 있었던 사실로 옳은 것은? [3점]

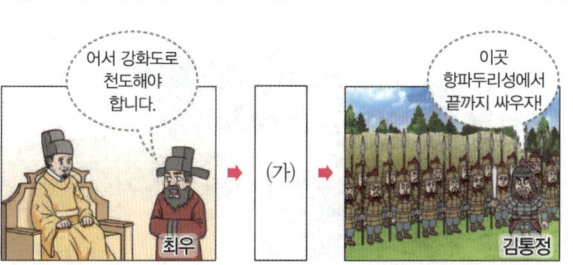

① 삼국사기가 편찬되었다.
② 이자겸의 난이 일어났다.
③ 팔만대장경판이 제작되었다.
④ 묘청이 서경 천도를 주장하였다.

16 (가)에 들어갈 인물로 옳은 것은? [1점]

① 도선　② 일연　③ 의상　④ 지눌

17 다음 대화 이후에 있었던 사실로 옳은 것은? [2점]

① 쌍성총관부가 설치되었다.
② 위화도 회군이 단행되었다.
③ 한양이 새로운 도읍으로 정해졌다.
④ 화랑도가 국가적인 조직으로 개편되었다.

18 (가)에 들어갈 스탬프로 적절하지 <u>않은</u> 것은? [1점]

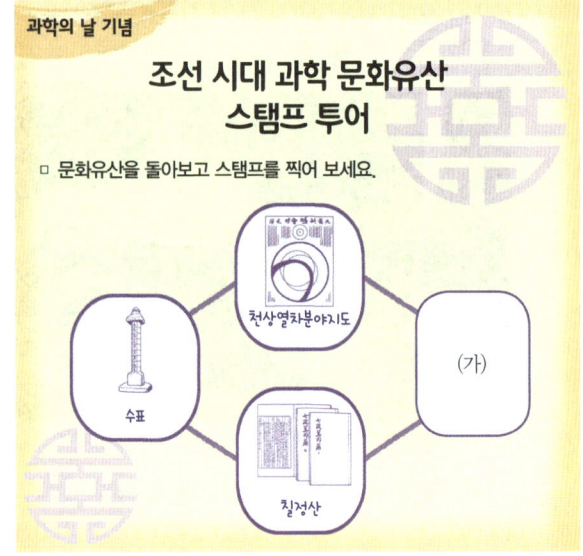

①  측우기
② 자격루
③  혼천의
④  첨성대

19 다음 자료를 활용한 탐구 활동으로 가장 적절한 것은? [3점]

> 앞으로 우리 고을의 모든 선비가 인간 본성의 이치에 근거하고 나라의 가르침을 따라 집에서나 고을에서나 각기 사람의 도리를 다해 훌륭한 선비가 된다면, 따로 조목을 정해 권하거나 형벌을 쓰지 않아도 될 것이다. 그러나 이를 알지 못하여 예의를 침범하고 고을의 풍속을 해친다면 이는 곧 하늘이 버린 백성이니 어찌 벌하지 않을 수 있겠는가. 이 점이 오늘날 향약을 세우는 이유이다.
> — 『퇴계집』—

① 송상, 만상의 교역 물품을 조사한다.
② 연등회, 팔관회가 열린 배경을 살펴본다.
③ 향, 부곡, 소의 주민들이 받은 차별의 내용을 찾아본다.
④ 양반 중심의 향촌 자치 질서가 자리 잡는 과정을 알아본다.

20 밑줄 그은 '이 전쟁' 중에 있었던 사실로 옳은 것은? [2점]

① 권율이 행주산성에서 승리하였다.
② 어재연이 광성보에서 항전하였다.
③ 이종무가 쓰시마섬을 정벌하였다.
④ 인조가 남한산성으로 피란하였다.

21 (가) 문화유산에 대한 설명으로 옳은 것은? [2점]

① 근정전을 정전으로 하였다.
② 몽골의 침략으로 소실되었다.
③ 정조의 명에 의해 축조되었다.
④ 역대 왕과 왕비의 신주를 모셨다.

22 (가)에 들어갈 인물로 옳은 것은? [1점]

이곳은 신사임당과 그의 아들 (가) 이/가 살았던 오죽헌입니다. 신사임당은 시와 그림에 뛰어나 많은 작품을 남겼으며, (가) 은/는 조선의 대표적인 유학자로 동호문답, 성학집요 등을 저술하였습니다.

① 이이   ② 조식   ③ 송시열   ④ 홍대용

23 밑줄 그은 '봉기'에 대한 설명으로 옳은 것은? [2점]

홍경래 등이 주도한 봉기를 진압하기 위해 관군이 정주성으로 몰려오고 있다고 하네.

봉기를 진압하는 과정에서 우리에게까지 해가 미칠까 걱정이네.

① 전개 과정에서 집강소가 설치되었다.
② 서북 지역민에 대한 차별이 원인이 되었다.
③ 흥선 대원군이 재집권하는 결과를 가져왔다.
④ 사태 수습을 위해 박규수가 안핵사로 파견되었다.

24 다음 장면에 나타난 제도로 가장 적절한 것은? [1점]

① 봉수 제도   ② 역참 제도   ③ 조운 제도   ④ 파발 제도

25 (가)에 들어갈 책으로 옳은 것은? [2점]

(가) 은/는 조선 왕조가 유교 윤리 정착을 위해 효자, 충신, 열녀의 이야기를 엮어 편찬한 책으로, 성종 때에는 그 내용을 한글로 풀이하여 보급하였습니다.

① 동의보감   ② 목민심서
③ 삼강행실도   ④ 조선경국전

26 밑줄 그은 '이 시기'의 경제 상황으로 가장 적절한 것은? [2점]

박지원의 열하일기에는 허생을 주인공으로 한 소설이 수록되어 있어요. 허생이 매점매석으로 큰 이익을 거두는 장면 등에서 소설이 집필된 이 시기 사회 현실에 대한 저자의 비판 의식을 엿볼 수 있어요.

① 동시전이 설치되었다.
② 솔빈부의 말이 특산물로 수출되었다.
③ 벽란도가 국제 무역항으로 번성하였다.
④ 관청에 물품을 조달하는 공인이 활동하였다.

27 (가) 왕에 대한 설명으로 옳은 것은? [2점]

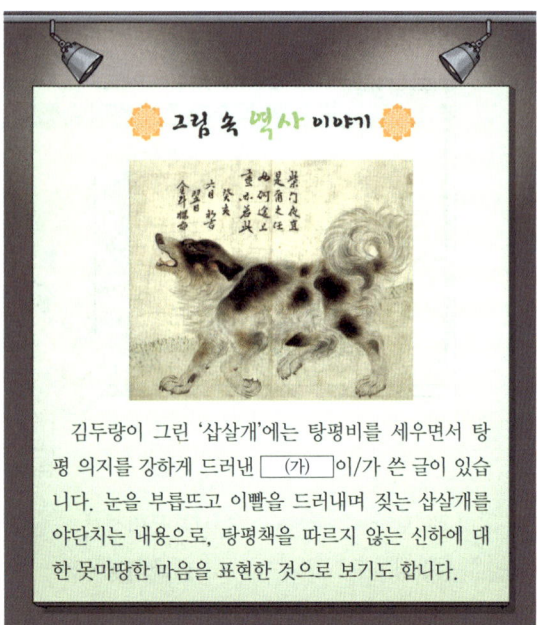

김두량이 그린 '삽살개'에는 탕평비를 세우면서 탕평 의지를 강하게 드러낸 (가) 이/가 쓴 글이 있습니다. 눈을 부릅뜨고 이빨을 드러내며 짖는 삽살개를 야단치는 내용으로, 탕평책을 따르지 않는 신하에 대한 못마땅한 마음을 표현한 것으로 보기도 합니다.

① 규장각을 설치하였다.
② 균역법을 실시하였다.
③ 비변사를 폐지하였다.
④ 훈민정음을 창제하였다.

28 (가)~(다) 학생이 발표한 내용을 일어난 순서대로 옳게 나열한 것은? [3점]

사림의 성장과 붕당 정치의 전개

(가) 희빈 장씨 소생의 원자 책봉 문제를 둘러싸고 환국이 발생하여 남인이 권력을 장악하였습니다.

(나) 효종이 죽은 후 자의 대비가 상복을 입는 기간을 두고 서인과 남인 사이에 예송이 발생하였습니다.

(다) 조광조가 주도한 개혁에 불만을 품은 훈구 세력에 의해 사화가 발생하였습니다.

① (가) - (나) - (다)
② (가) - (다) - (나)
③ (나) - (가) - (다)
④ (다) - (나) - (가)

29 밑줄 그은 '정변' 이후에 있었던 사실로 옳은 것은? [2점]

역사 신문

제△△호   ○○○○년 ○○월 ○○일

개화당 정부, 무너지다

어제 구성된 개화당 정부가 하루 만에 청군의 개입으로 붕괴하였다. 새 정부를 구성하고 개혁 정강을 발표하였던 김옥균, 박영효, 서재필 등은 현재 일본 공사를 따라 일본 공사관으로 피신해 있는 것으로 알려졌다. 우정국 개국 축하연에서의 소동으로 시작된 정변은 이로써 3일 만에 막을 내리게 되었다.

① 임오군란이 일어났다.
② 한성 조약이 체결되었다.
③ 통리기무아문이 설치되었다.
④ 제너럴 셔먼호 사건이 발생하였다.

30 (가)에 들어갈 내용으로 옳은 것은? [1점]

올해 130주년을 맞는 (가) 의 역사적 의미를 살펴보고자 합니다. 먼저 사회 분야의 개혁에 대한 의견을 말씀해 주세요.

노비제와 연좌제 등을 폐지한 근대적 개혁으로서 큰 의미가 있습니다.

하지만 백정 등에 대한 제도적, 사회적 차별이 여전히 남아 있었다는 점도 주목해야 합니다.

① 3·1 운동   ② 갑오개혁   ③ 광무개혁   ④ 아관 파천

31 다음 인물에 대한 설명으로 옳은 것은? [3점]

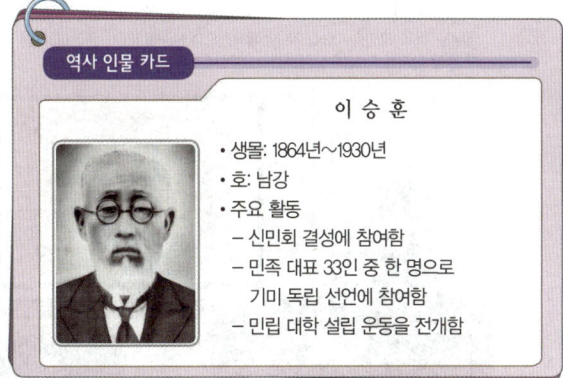

① 상하이 훙커우 공원에서 의거를 일으켰다.
② 평양 을밀대 지붕에서 고공 농성을 벌였다.
③ 오산 학교를 설립하여 인재 양성에 힘썼다.
④ 헤이그 만국 평화 회의에 특사로 파견되었다.

32 (가)에 해당하는 단체로 옳은 것은? [2점]

① 의열단
② 대한 광복회
③ 독립 의군부
④ 대한인 국민회

33 (가) 의병에 대한 설명으로 옳은 것은? [2점]

① 최익현이 주도하였다.
② 13도 창의군을 결성하였다.
③ 백산에서 4대 강령을 발표하였다.
④ 제물포 조약이 체결되는 계기가 되었다.

34 (가)~(다)를 일어난 순서대로 옳게 나열한 것은? [3점]

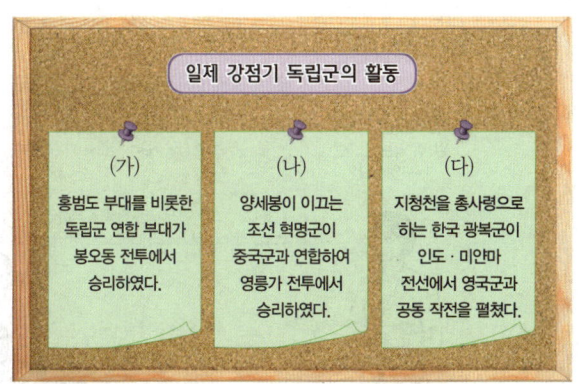

① (가) - (나) - (다)
② (가) - (다) - (나)
③ (나) - (가) - (다)
④ (다) - (나) - (가)

35 (가) 인물에 대한 설명으로 옳은 것은? [2점]

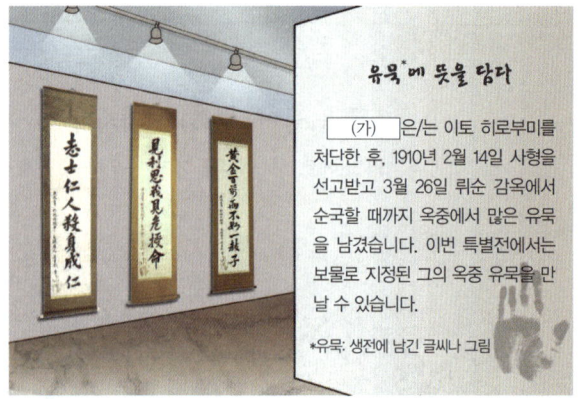

① 동양 평화론을 저술하였다.
② 한인 애국단을 조직하였다.
③ 조선 혁명 선언을 작성하였다.
④ 청산리 전투를 승리로 이끌었다.

36 다음 퀴즈의 정답으로 옳은 것은? [2점]

① 김규식 ② 여운형 ③ 윤봉길 ④ 이승만

37 (가) 정부의 활동으로 옳은 것은? [2점]

① 한성순보를 발행하였다.
② 구미 위원부를 설치하였다.
③ 만민 공동회를 개최하였다.
④ 신흥 무관 학교를 설립하였다.

38 밑줄 그은 '이 정책'으로 옳은 것은? [1점]

① 방곡령 ② 남면북양 정책
③ 산미 증식 계획 ④ 토지 조사 사업

39 (가) 민족 운동에 대한 설명으로 옳은 것은? [2점]

① 대한매일신보의 지원을 받았다.
② 통감부의 탄압으로 실패하였다.
③ 순종의 인산일을 계기로 일어났다.
④ 신간회에서 진상 조사단을 파견하였다.

40 밑줄 그은 '이 시기'에 일제가 추진한 정책으로 가장 적절한 것은? [2점]

① 지계를 발급하였다.
② 조선 태형령을 공포하였다.
③ 미곡 공출제를 실시하였다.
④ 헌병 경찰 제도를 실시하였다.

41 밑줄 그은 '이 회의'가 개최된 시기를 연표에서 옳게 고른 것은? [3점]

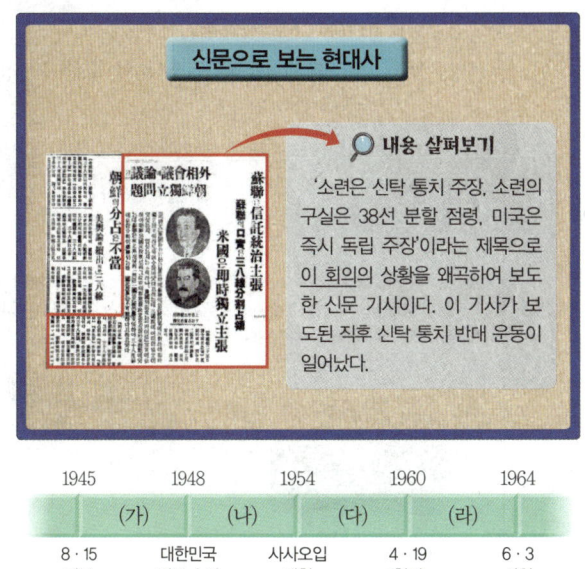

① (가) ② (나) ③ (다) ④ (라)

42 (가)에 들어갈 운동으로 옳은 것은? [2점]

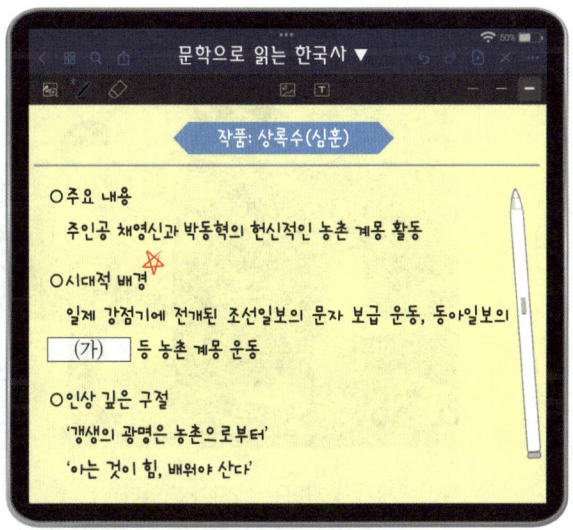

① 형평 운동
② 브나로드 운동
③ 국채 보상 운동
④ 물산 장려 운동

43 (가) 전쟁 중에 있었던 사실로 옳지 <u>않은</u> 것은? [2점]

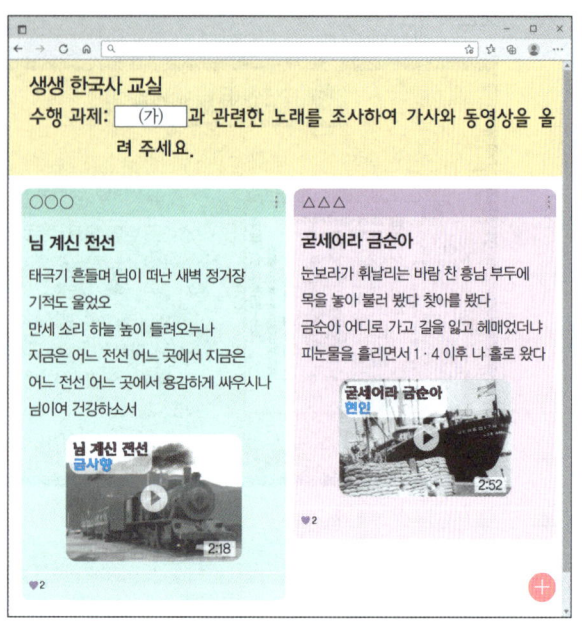

① 유엔군이 참전하였다.
② 발췌 개헌안이 통과되었다.
③ 인천 상륙 작전이 전개되었다.
④ 반민족 행위 처벌법이 제정되었다.

45 (가) 정부 시기의 경제 상황으로 옳은 것은? [2점]

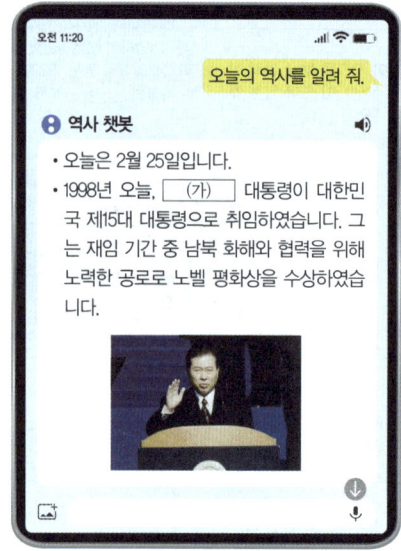

① 최초로 수출 100억 달러를 달성하였다.
② 경제 협력 개발 기구(OECD)에 가입하였다.
③ 미국과 자유 무역 협정(FTA)을 체결하였다.
④ 국제 통화 기금(IMF)의 구제 금융 자금을 조기 상환하였다.

44 (가) 민주화 운동에 대한 설명으로 옳은 것은? [2점]

① 유신 체제가 붕괴하는 계기가 되었다.
② 3·15 부정 선거에 항의하여 일어났다.
③ 5년 단임의 대통령 직선제 개헌을 이끌어냈다.
④ 전개 과정에서 시민군이 자발적으로 조직되었다.

46 (가)~(라) 왕에 대한 설명으로 옳은 것은? [3점]

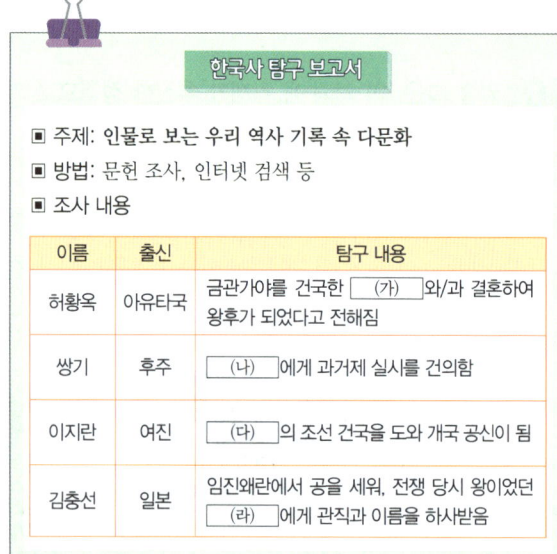

① (가) - 태학을 설립하였다.
② (나) - 노비안검법을 실시하였다.
③ (다) - 대동법을 시행하였다.
④ (라) - 경국대전을 완성하였다.

47 (가)에 들어갈 지역으로 옳은 것은? [1점]

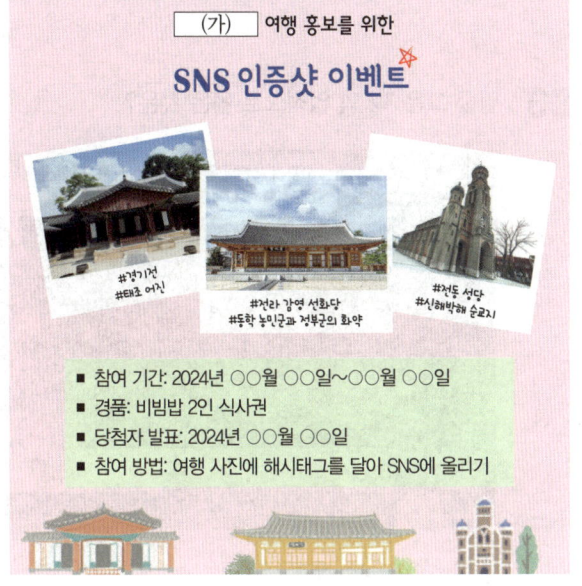

① 경주 ② 순천 ③ 전주 ④ 청주

49 (가) 문화유산에 대한 설명으로 옳은 것은? [2점]

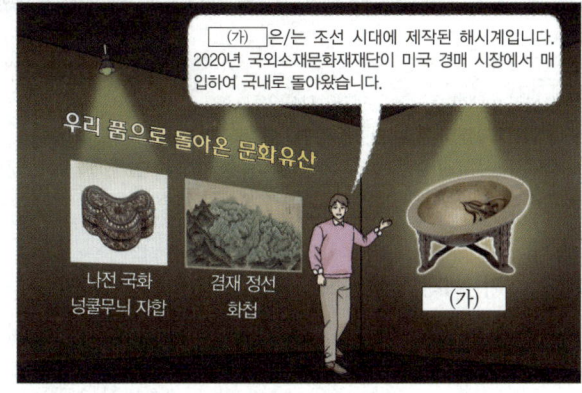

① 박문국에서 제작하였다.
② 10리마다 눈금을 표시하였다.
③ 영침의 그림자로 시각을 표시하였다.
④ 소리로 시간을 알려주는 장치가 있다.

48 (가)~(라)에 들어갈 내용으로 적절한 것은? [2점]

① (가) - 시무 10여 조를 건의하다
② (나) - 백운동 서원을 건립하다
③ (다) - 동사강목을 저술하다
④ (라) - 영남 만인소를 주도하다

50 (가)에 들어갈 내용으로 옳은 것은? [1점]

① 동지 ② 추석
③ 삼짇날 ④ 정월 대보름

제67회 한국사능력검정시험

- 자신이 선택한 등급의 문제지인지 확인하시오.
- 문제지에 성명과 수험 번호를 정확히 써넣으시오.
- 답안지에 성명과 수험 번호를 써넣고, 또 수험 번호와 답을 정확히 표시하시오.
- 시험 시간은 70분입니다.

01 (가) 시대의 생활 모습으로 가장 적절한 것은? [1점]

① 철제 농기구로 농사를 지었다.
② 주로 동굴이나 막집에서 살았다.
③ 반달 돌칼로 벼 이삭을 수확하였다.
④ 빗살무늬 토기에 곡식을 저장하기 시작하였다.

02 다음 퀴즈의 정답으로 옳은 것은? [2점]

① 부여   ② 옥저   ③ 동예   ④ 마한

03 밑줄 그은 '나'의 업적으로 옳은 것은? [2점]

① 태학을 설립하였다.
② 천리장성을 축조하였다.
③ 도읍을 평양성으로 옮겼다.
④ 신라에 침입한 왜를 격퇴하였다.

04 (가)에 들어갈 문화유산으로 적절한 것은? [3점]

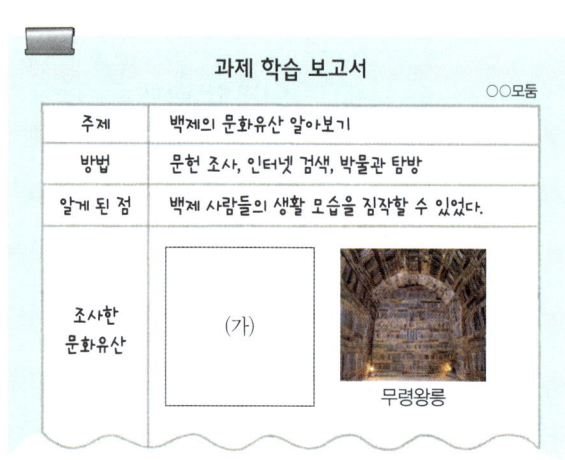

①
금동 연가 7년명 여래 입상

②
천마총 장니 천마도

③
몽촌 토성

④
장군총

05 (가) 왕의 업적으로 옳은 것은? [2점]

단양 신라 적성비는 (가) 대에 고구려 영토인 적성을 점령하고 세워진 것입니다. 비문에는 이사부 등 당시 공을 세운 인물이 기록되어 있으며, 충성을 다한 적성 사람 야이차에게 상을 내렸다는 내용도 담겨 있습니다.

① 국학을 설치하였다.
② 화랑도를 정비하였다.
③ 독서삼품과를 시행하였다.
④ 김헌창의 난을 진압하였다.

06 밑줄 그은 '이 나라'에 대한 설명으로 옳은 것은? [2점]

이 나라의 김해 대성동 고분군, 고령 지산동 고분군, 함안 말이산 고분군 등에서 나온 유물을 통해 당시 사람들의 뛰어난 세공 기술을 엿볼 수 있습니다.

① 지방에 22담로를 두었다.
② 한의 침략을 받아 멸망하였다.
③ 낙랑과 왜에 철을 수출하였다.
④ 화백 회의에서 중요한 일을 결정하였다.

07 (가)~(다) 사건을 일어난 순서대로 옳게 나열한 것은? [3점]

① (가) - (나) - (다)
② (가) - (다) - (나)
③ (나) - (가) - (다)
④ (다) - (가) - (나)

08 (가) 국가의 문화유산으로 옳지 않은 것은? [2점]

(가) 은/는 여러 번 도읍을 옮겼지만, 이곳 상경성을 가장 오랫동안 도읍으로 삼았습니다. 문왕은 당의 도읍 장안성의 구조를 본떠 상경성을 만들었습니다.

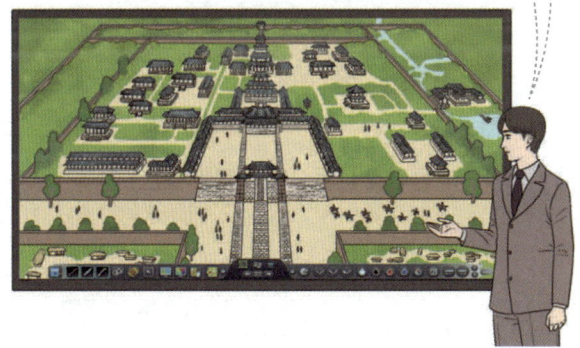

① 칠지도
② 이불 병좌상
③ 영광탑
④ 정효 공주 무덤 벽화

09 밑줄 그은 '불상'에 해당하는 것으로 옳은 것은? [1점]

 ①
 ②
 ③
 ④

10 (가)에 들어갈 내용으로 적절한 것은? [1점]

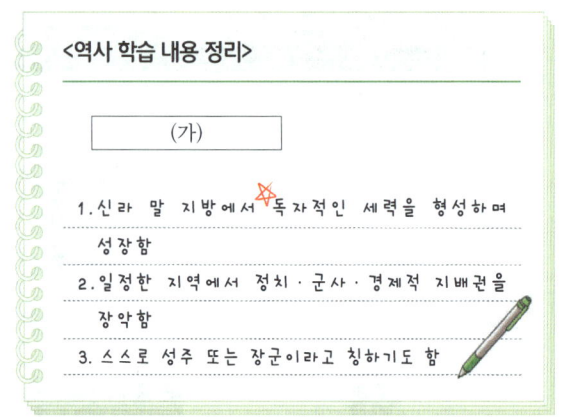

① 성골 ② 호족
③ 권문세족 ④ 신진 사대부

11 (가) 왕의 업적으로 옳은 것은? [2점]

① 흑창을 두었다.
② 강화도로 천도하였다.
③ 과거제를 처음 실시하였다.
④ 전민변정도감을 설치하였다.

12 (가) 국가에서 볼 수 있는 모습으로 적절한 것은? [2점]

① 광산 개발을 감독하는 덕대
② 신해통공 실시를 알리는 관리
③ 청과의 무역으로 부를 축적하는 만상
④ 활구라고도 불린 은병을 제작하는 장인

13 다음 사건이 일어난 시기를 연표에서 옳게 고른 것은? [3점]

(가)	(나)	(다)	(라)
936	1019	1104	1232	1359
후삼국 통일	귀주 대첩	별무반 설치	처인성 전투	홍건적 침입

① (가) ② (나) ③ (다) ④ (라)

14 (가)에 들어갈 내용으로 가장 적절한 것은? [1점]

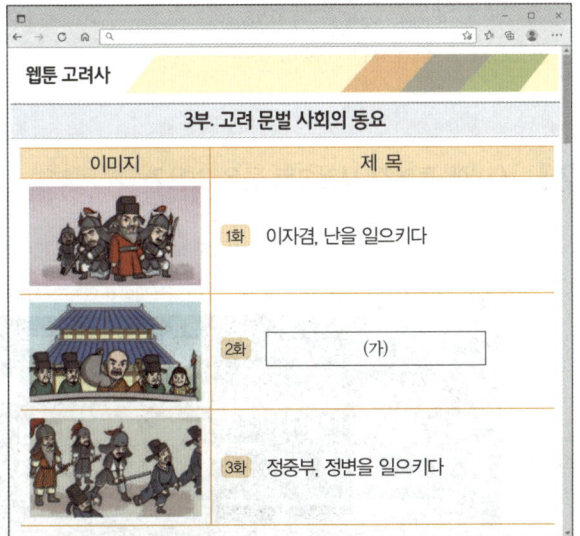

웹툰 고려사
3부. 고려 문벌 사회의 동요
1화 이자겸, 난을 일으키다
2화 (가)
3화 정중부, 정변을 일으키다

① 이괄, 도성을 점령하다
② 김흠돌, 반란을 도모하다
③ 묘청, 서경 천도를 주장하다
④ 이성계, 위화도에서 회군하다

15 밑줄 그은 '나'에 해당하는 인물로 옳은 것은? [2점]

소수 서원 문성공묘에 오신 것을 환영합니다. 나는 고려 후기 문신으로 성리학 도입과 후학 양성에 힘썼습니다. 후대 사람들이 이러한 공로를 기리기 위해 소수 서원을 지어 매년 이곳에서 제향을 올리고 있답니다.

① 안향   ② 김부식   ③ 이규보   ④ 정몽주

16 (가) 군사 조직에 대한 설명으로 옳은 것은? [2점]

지금 촬영하는 곳은 진도 용장성입니다. 고려 정부가 몽골과 강화를 맺고 개경으로 환도하자 강화도에서 옮겨온 (가) 이/가 쌓은 성으로 알려져 있습니다.

① 쌍성총관부를 공격하였다.
② 백강 전투에서 활약하였다.
③ 신기군, 신보군, 항마군으로 구성되었다.
④ 최씨 무신 정권의 군사적 기반이 되었다.

17 다음 학생들이 표현하고 있는 사건으로 적절한 것은? [2점]

① 명량 대첩
② 살수 대첩
③ 진포 대첩
④ 행주 대첩

18 다음 가상 대화에 등장하는 왕의 업적으로 옳지 <u>않은</u> 것은? [2점]

① 자격루를 제작하였다.
② 농사직설을 간행하였다.
③ 악학궤범을 완성하였다.
④ 삼강행실도를 편찬하였다.

19 (가)에 들어갈 문화유산으로 옳은 것은? [1점]

① 경국대전
② 동의보감
③ 목민심서
④ 조선왕조실록

20 밑줄 그은 '왕'에 대한 설명으로 옳은 것은? [3점]

> ○ 왕께서 명하기를, "집현전을 파하고 경연을 정지하며, 거기에 소장하였던 서책은 모두 예문관에서 관장하게 하라."라고 하였다.
> ○ 왕께서 명령을 내려, "전날 성삼문 등이 상왕도 모의에 참여하였다고 말하였으니 …… 상왕을 노산군으로 낮추고, 궁에서 내보내 영월에 거주시키도록 하라."라고 하였다.

① 시헌력을 도입하였다.
② 탕평책을 실시하였다.
③ 한양으로 도읍을 옮겼다.
④ 6조 직계제를 시행하였다.

21 (가)에 들어갈 사건으로 옳은 것은? [2점]

① 경신환국 ② 기해예송 ③ 무오사화 ④ 신유박해

22 (가) 제도에 대한 설명으로 옳은 것은? [3점]

① 군포를 2필에서 1필로 줄였다.
② 양반에게도 군포를 부과하였다.
③ 전세를 1결당 4~6두로 고정하였다.
④ 특산물 대신 쌀, 베 등으로 납부하게 하였다.

24 밑줄 그은 '왕'의 업적으로 옳은 것은? [1점]

① 장용영을 설치하였다.
② 당백전을 발행하였다.
③ 속대전을 편찬하였다.
④ 훈민정음을 반포하였다.

23 다음 가상 대화 이후에 전개된 사실로 옳은 것은? [2점]

① 북벌론이 전개되었다.
② 4군 6진이 개척되었다.
③ 삼포왜란이 진압되었다.
④ 정동행성이 설치되었다.

25 (가)~(다)를 실시한 순서대로 옳게 나열한 것은? [3점]

① (가) - (나) - (다) ② (가) - (다) - (나)
③ (나) - (가) - (다) ④ (다) - (가) - (나)

26 다음 가상 대화가 이루어진 시기에 볼 수 있는 모습으로 적절하지 않은 것은? [2점]

① 상평통보로 거래하는 상인
② 판소리 공연을 구경하는 농민
③ 한글 소설을 읽어주는 전기수
④ 황룡사 구층 목탑을 만드는 목수

27 학생들이 공통으로 이야기하고 있는 사건에 대한 설명으로 옳은 것은? [2점]

① 청군의 개입으로 진압되었다.
② 박규수가 안핵사로 파견되었다.
③ 조선 형평사의 주도로 전개되었다.
④ 서북 지역민에 대한 차별이 원인이 되었다.

28 다음 가상 인터뷰에 등장하는 인물로 옳은 것은? [2점]

① 김정희   ② 박지원   ③ 송시열   ④ 유득공

29 (가) 사건에 대한 설명으로 옳은 것은? [2점]

① 9서당을 창설하는 계기가 되었다.
② 청산리에서 일본군과 전투를 벌였다.
③ 집강소를 통해 폐정 개혁을 추진하였다.
④ 제물포 조약이 체결되는 결과를 가져왔다.

30 (가)에 들어갈 인물로 옳은 것은? [1점]

- 평민 출신 의병장으로 알려짐
- 을미사변이 발생하자 영해에서 의병으로 활동함
- 을사늑약이 체결되자 울진, 평해 등지에서 일본군에 맞서 싸움
- 뛰어난 전술을 펼쳐 태백산 호랑이라고 불림

① 신돌석   ② 유인석   ③ 최익현   ④ 홍범도

31 (가)~(라)에 들어갈 인물로 옳지 <u>않은</u> 것은? [2점]

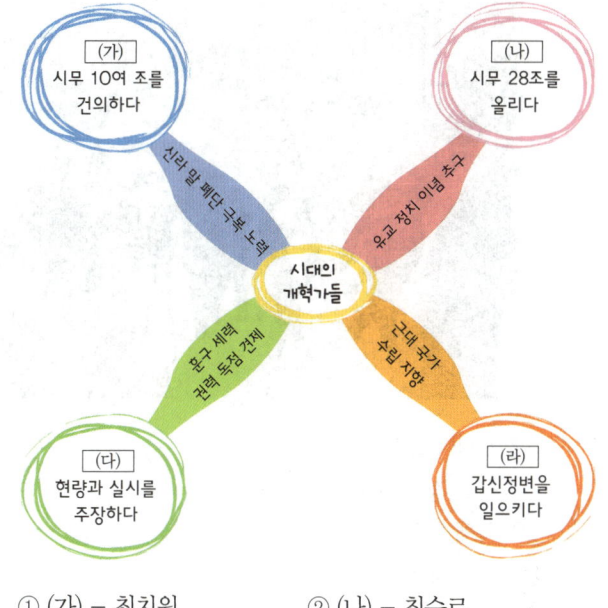

① (가) – 최치원 ② (나) – 최승로
③ (다) – 정도전 ④ (라) – 김옥균

32 (가) 사건에 대한 설명으로 옳은 것은? [2점]

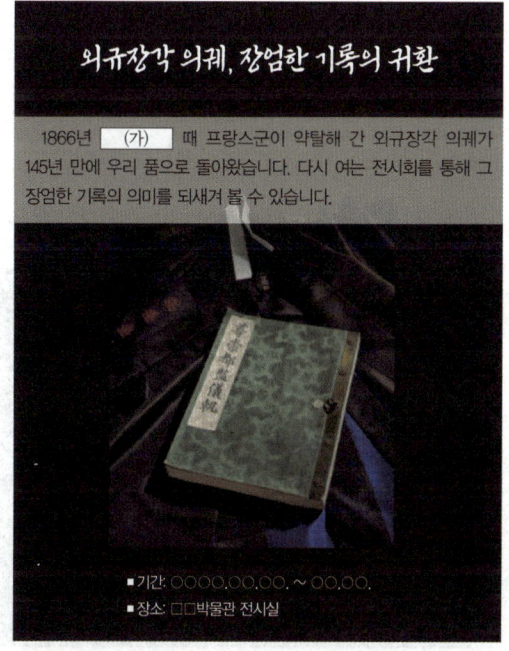

① 제너럴 셔먼호 사건의 배경이 되었다.
② 강화도 조약이 체결되는 계기가 되었다.
③ 오페르트가 남연군 묘 도굴을 시도하였다.
④ 양헌수 부대가 정족산성에서 활약하였다.

33 (가) 단체의 활동으로 옳은 것은? [2점]

① 광혜원을 설립하였다.
② 태극 서관을 운영하였다.
③ 독립문 건설을 주도하였다.
④ 파리 강화 회의에 대표를 파견하였다.

34 밑줄 그은 '이 시기'에 볼 수 있는 모습으로 적절한 것은? [2점]

① 제복을 입고 칼을 찬 교사
② 한성순보를 발간하는 관리
③ 단발령 시행에 반발하는 유생
④ 경인선 철도 개통식을 구경하는 청년

35 (가)에 들어갈 내용으로 적절한 것은? [3점]

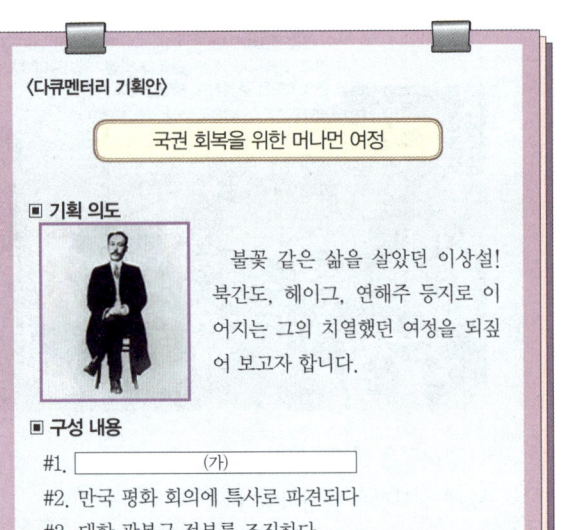

① 의열단을 조직하다
② 서전서숙을 설립하다
③ 동양 평화론을 집필하다
④ 시일야방성대곡을 발표하다

36 밑줄 그은 '만세 시위'에 대한 설명으로 옳은 것은? [2점]

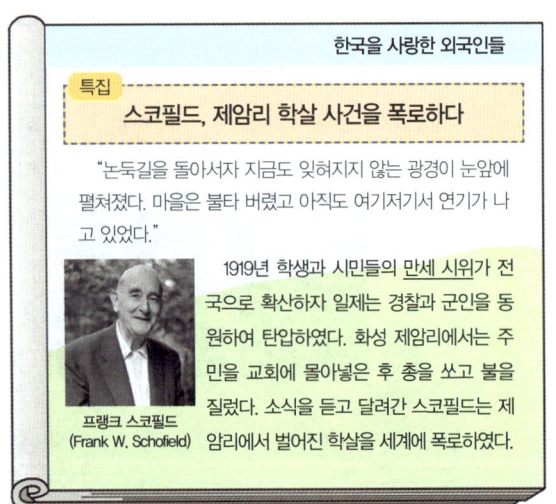

① 순종의 인산일에 전개되었다.
② 대한매일신보의 후원을 받았다.
③ 대한민국 임시 정부 수립의 계기가 되었다.
④ 신간회에서 진상 조사단을 파견하여 지원하였다.

37 (가)에 들어갈 민족 운동으로 옳은 것은? [2점]

① 브나로드 운동
② 물산 장려 운동
③ 국채 보상 운동
④ 민립 대학 설립 운동

38 다음 공연의 소재가 된 인물에 대한 설명으로 옳은 것은? [3점]

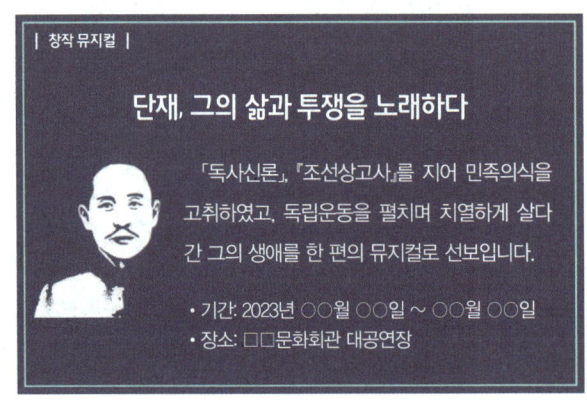

① 대한 광복회를 조직하였다.
② 조선 의용군을 창설하였다.
③ 조선 혁명 선언을 작성하였다.
④ 조선말 큰사전 편찬을 주도하였다.

39 (가)에 들어갈 인물로 가장 적절한 것은? [1점]

독립운동가 (가) 특별 사진전
- 한인 애국단에 가입함
- 훙커우 공원 의거를 일으킴
- 김구에게 시계를 남김

① 김원봉　② 나석주　③ 윤봉길　④ 이동휘

40 밑줄 그은 '시기'에 볼 수 있는 모습으로 가장 적절한 것은? [2점]

태평양 전쟁이 전개되던 시기에 일제에 의해 강제 동원되었다가 희생된 한국인의 유해가 태평양의 작은 섬 타라와에서 발견되었습니다.

① 근우회에 가입하는 학생
② 6·10 만세 운동에 참여하는 청년
③ 토지 조사령을 공포하는 일본인 관리
④ 미얀마 전선에서 활동하는 한국 광복군 대원

41 (가)에 들어갈 단체로 옳은 것은? [2점]

1946년 7월, 미군정의 지원 아래 여운형, 김규식 등이 중심이 되어 결성한 단체입니다. 정치 세력의 대립을 넘어 민주주의 임시 정부 수립을 위해 노력한 이 단체의 이름은 무엇일까요?

① 권업회
② 대한인 국민회
③ 좌우 합작 위원회
④ 남북 조절 위원회

42 (가)에 들어갈 사건으로 옳은 것은? [2점]

영상 속 역사

학생들이 제작한 영상의 배경이 된 (가) 은/는 미군정기에 시작되어 이승만 정부 수립 이후까지 지속되었습니다. 당시에 남한만의 단독 정부 수립에 반대하는 무장대와 토벌대 간의 무력 충돌과 그 진압 과정에서 많은 주민이 희생되었습니다.

① 6·3 시위
② 제주 4·3 사건
③ 2·28 민주 운동
④ 5·16 군사 정변

43 (가) 전쟁 중에 있었던 사실로 옳지 <u>않은</u> 것은? [2점]

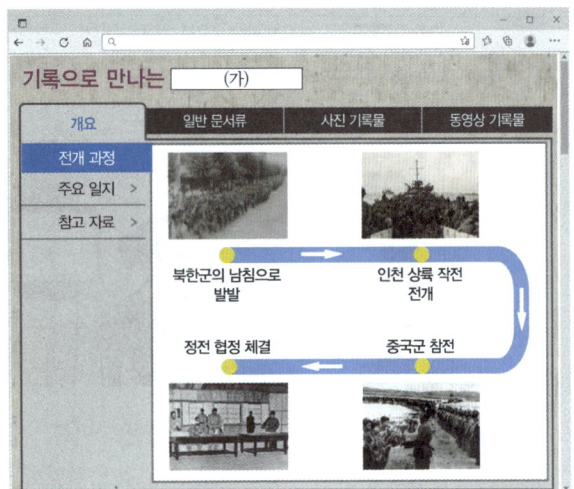

① 유엔군이 참전하였다.
② 흥남 철수 작전이 펼쳐졌다.
③ 거제도에 포로 수용소가 설치되었다.
④ 13도 창의군이 서울 진공 작전을 전개하였다.

44 다음 가상 일기에 나타난 민주화 운동에 대한 설명으로 옳은 것은? [2점]

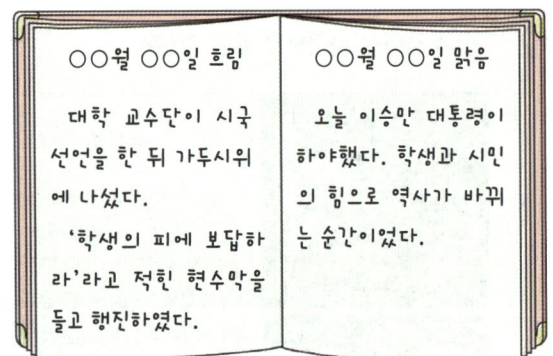

① 신군부의 무력 진압에 저항하였다.
② 대통령 직선제 개헌을 이끌어 냈다.
③ 유신 체제가 붕괴하는 계기가 되었다.
④ 3·15 부정 선거에 항의하여 일어났다.

45 (가)에 들어갈 내용으로 옳은 것은? [3점]

① 개성 공단 조성
② 남북 기본 합의서 채택
③ 7·4 남북 공동 성명 발표
④ 6·15 남북 공동 선언 합의

46 다음 가상 뉴스에서 보도하는 사건이 일어난 정부 시기의 사실로 옳은 것은? [2점]

① 농지 개혁법을 제정하였다.
② 경부 고속 도로를 개통하였다.
③ 경제 협력 개발 기구(OECD)에 가입하였다.
④ 미국과 자유 무역 협정(FTA)을 체결하였다.

47 (가)에 들어갈 인물로 옳은 것은? [1점]

① 윤동주　② 이한열　③ 장준하　④ 전태일

48 (가)에 들어갈 내용으로 적절한 것은? [2점]

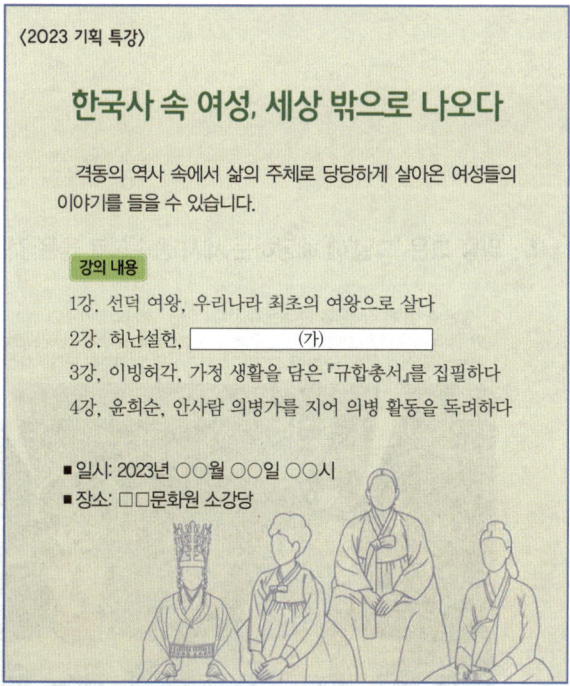

① 시인으로 이름을 떨치다
② 여성 비행사로 활약하다
③ 임금 삭감에 저항하여 농성을 벌이다
④ 재산을 기부하여 제주도민을 구제하다

49 (가) 지역에서 있었던 사실로 옳은 것은? [3점]

① 이봉창이 의거를 일으켰다.
② 망이·망소이가 봉기하였다.
③ 장보고가 청해진을 설치하였다.
④ 송상현이 동래성에서 순절하였다.

50 (가)에 들어갈 내용으로 옳은 것은? [1점]

① 단오　② 동지　③ 칠석　④ 한식

제66회 한국사능력검정시험

- 자신이 선택한 등급의 문제지인지 확인하시오.
- 문제지에 성명과 수험 번호를 정확히 써넣으시오.
- 답안지에 성명과 수험 번호를 써넣고, 또 수험 번호와 답을 정확히 표시하시오.
- 시험 시간은 70분입니다.

01 다음 가상 공간에서 체험할 수 있는 활동으로 가장 적절한 것은? [1점]

① 청동 방울 흔들기
② 빗살무늬 토기 만들기
③ 철제 농기구로 밭 갈기
④ 거친무늬 거울 목에 걸기

02 밑줄 그은 '이 나라'에 대한 설명으로 옳은 것은? [2점]

① 영고라는 제천 행사를 열었다.
② 신성 지역인 소도가 존재하였다.
③ 혼인 풍습으로 민며느리제가 있었다.
④ 읍락 간의 경계를 중시하는 책화가 있었다.

03 다음 검색창에 들어갈 왕으로 옳은 것은? [2점]

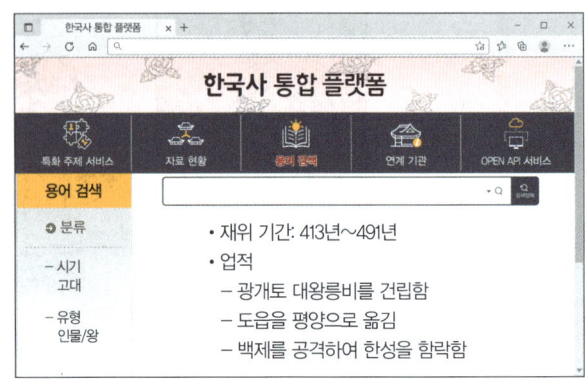

① 미천왕
② 장수왕
③ 고국천왕
④ 소수림왕

04 밑줄 그은 '그날'에 해당하는 세시 풍속으로 옳은 것은? [1점]

① 단오
② 동지
③ 추석
④ 칠석

05 (가) 왕에 대한 설명으로 옳은 것은? [2점]

① 왜에 칠지도를 보냈다.
② 동진으로부터 불교를 받아들였다.
③ 신라를 공격하여 대야성을 점령하였다.
④ 진흥왕과 연합하여 한강 하류 지역을 되찾았다.

06 (가)~(다)를 일어난 순서대로 옳게 나열한 것은? [3점]

① (가) – (나) – (다) ② (가) – (다) – (나)
③ (나) – (가) – (다) ④ (다) – (가) – (나)

07 밑줄 그은 '이 왕'의 업적으로 옳은 것은? [2점]

① 국학을 설립하였다.
② 우산국을 정벌하였다.
③ 천리장성을 축조하였다.
④ 화랑도를 국가 조직으로 개편하였다.

08 (가)에 들어갈 문화유산으로 옳은 것은? [2점]

①
경천사지 십층 석탑

②
화엄사 사사자 삼층 석탑

③
미륵사지 석탑

④
분황사 모전 석탑

09 밑줄 그은 '이 시기'에 볼 수 있는 모습으로 가장 적절한 것은? [2점]

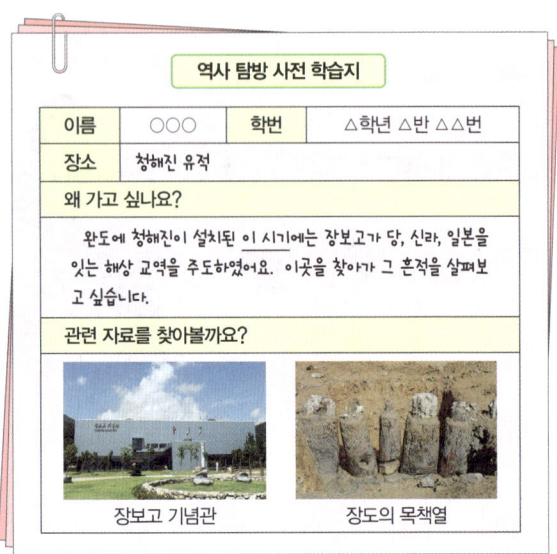

역사 탐방 사전 학습지
이름 ○○○ 학번 △학년 △반 △△번
장소: 청해진 유적
왜 가고 싶나요?
완도에 청해진이 설치된 이 시기에는 장보고가 당, 신라, 일본을 잇는 해상 교역을 주도하였어요. 이곳을 찾아가 그 흔적을 살펴보고 싶습니다.
관련 자료를 찾아볼까요?
장보고 기념관 / 장도의 목책열

① 분청사기를 만드는 도공
② 녹읍을 지급받는 진골 귀족
③ 장시에서 책을 읽어 주는 전기수
④ 상평통보로 물건값을 치르는 농민

10 다음 특별전에 전시될 문화유산으로 적절하지 <u>않은</u> 것은? [1점]

특별전 - 고구려를 계승한 해동성국, □□
① 치미 ② 연꽃무늬 수막새
③ 이불병좌상 ④ 성덕 대왕 신종

11 다음 사건이 일어난 시기를 연표에서 옳게 고른 것은? [3점]

견훤이 나주로 도망쳐 와 귀부하기를 청한다고 합니다.
장군 유금필 등을 보내 정중히 맞아오도록 하라.

887	896	918	927	936
(가)	(나)	(다)	(라)	
진성 여왕 즉위	적고적의 난	고려 건국	공산 전투	후삼국 통일

① (가) ② (나) ③ (다) ④ (라)

12 밑줄 그은 '전쟁'에 대한 탐구 활동으로 가장 적절한 것은? [2점]

이 성벽은 북방 세력의 침입에 대비하여 강감찬의 건의로 개경 외곽에 쌓은 나성의 일부입니다. 고려와 거란의 전쟁이 끝난 후 현종 20년에 완공되었습니다.

① 귀주 대첩의 의의를 파악한다.
② 위화도 회군의 결과를 조사한다.
③ 안시성 전투의 전개 과정을 살펴본다.
④ 진포 전투에서 새롭게 사용된 무기를 찾아본다.

13 다음 퀴즈의 정답으로 옳은 것은? [1점]

① 광종　② 문종　③ 성종　④ 예종

14 다음 대화가 이루어진 시기의 경제 상황으로 가장 적절한 것은? [2점]

① 공인이 관청에 물품을 조달하였다.
② 모내기법이 전국적으로 확산되었다.
③ 벽란도가 국제 무역항으로 기능하였다.
④ 고추와 담배가 상품 작물로 재배되었다.

15 (가)에 들어갈 내용으로 가장 적절한 것은? [2점]

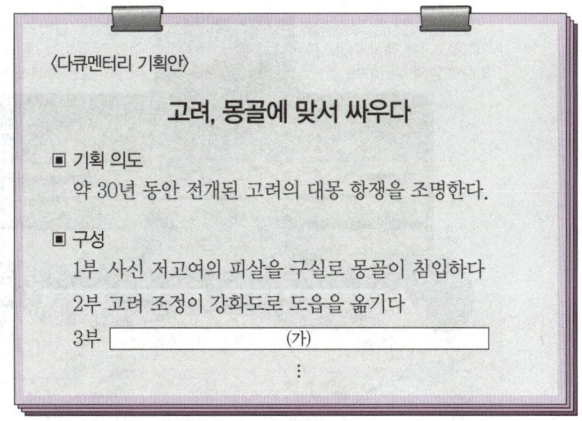

① 윤관이 별무반 편성을 건의하다
② 김윤후가 처인성 전투에서 활약하다
③ 을지문덕이 살수에서 적군을 물리치다
④ 서희가 외교 담판을 통해 강동 6주 지역을 확보하다

16 (가)에 들어갈 가상 우표로 가장 적절한 것은? [1점]

① 산수무늬 벽돌
② 도기 바퀴장식 뿔잔
③ 황남대총 금관
④ 청자 상감 운학문 매병

17 밑줄 그은 '왕'의 재위 기간에 있었던 사실로 옳은 것은? [2점]

왼편은 기철 등 친원파를 제거하고 정동행성 이문소를 폐지한 왕의 무덤이야.

오른편은 왕비 노국 대장 공주의 무덤이야. 왕과 왕비를 나란히 같은 곳에 모셨대.

① 동북 9성을 축조하였다.
② 독서삼품과가 실시되었다.
③ 쌍성총관부를 공격하였다.
④ 백두산정계비가 건립되었다.

18 (가)에 해당하는 인물로 옳은 것은? [2점]

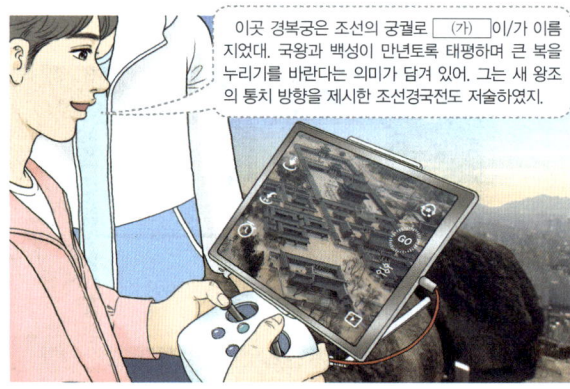

이곳 경복궁은 조선의 궁궐로 (가) 이/가 이름 지었대. 국왕과 백성이 만년토록 태평하며 큰 복을 누리기를 바란다는 의미가 담겨 있어. 그는 새 왕조의 통치 방향을 제시한 조선경국전도 저술하였지.

①  송시열
②  채제공
③  정몽주
④  정도전

19 (가)에 들어갈 기구로 옳은 것은? [2점]

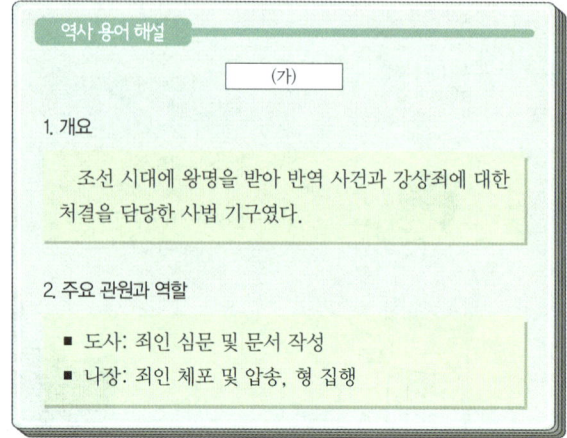

역사 용어 해설

(가)

1. 개요
   조선 시대에 왕명을 받아 반역 사건과 강상죄에 대한 처결을 담당한 사법 기구였다.

2. 주요 관원과 역할
   ■ 도사: 죄인 심문 및 문서 작성
   ■ 나장: 죄인 체포 및 압송, 형 집행

① 사헌부   ② 의금부   ③ 춘추관   ④ 홍문관

20 (가)에 들어갈 내용으로 옳은 것은? [3점]

(앞면)

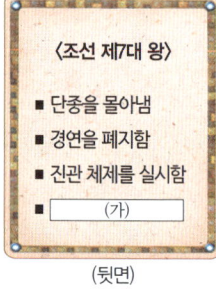
〈조선 제7대 왕〉
■ 단종을 몰아냄
■ 경연을 폐지함
■ 진관 체제를 실시함
■ (가)
(뒷면)

① 직전법을 시행함   ② 탕평비를 건립함
③ 교정도감을 설치함   ④ 금난전권을 폐지함

21 (가) 시기에 있었던 사실로 옳은 것은? [2점]

광해군이 유배 가는 모습을 보니 세상 참 덧없군.
→ (가) →

청을 쳐서 삼전도의 치욕을 씻자.
북벌

① 병자호란이 일어났다.
② 4군 6진이 개척되었다.
③ 훈련도감이 창설되었다.
④ 외규장각 도서가 약탈되었다.

22 (가) 왕의 업적으로 옳지 <u>않은</u> 것은? [3점]

① 신문고를 설치하였다.
② 계미자를 주조하였다.
③ 칠정산을 편찬하였다.
④ 호패법을 마련하였다.

23 (가)에 들어갈 문화유산으로 옳은 것은? [1점]

① 자격루 ② 측우기
③ 혼천의 ④ 앙부일구

24 (가) 인물의 활동으로 옳은 것은? [2점]

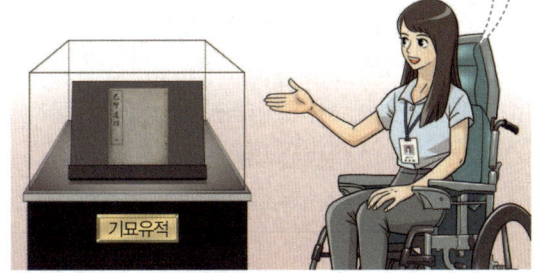

① 발해고를 저술하였다.
② 대동여지도를 제작하였다.
③ 백운동 서원을 건립하였다.
④ 소격서 폐지를 건의하였다.

25 다음 답사가 이루어진 장소로 적절하지 <u>않은</u> 것은? [2점]

① 탄금대 ② 행주산성
③ 수원 화성 ④ 울산 왜성

26 (가)에 들어갈 제도로 옳은 것은? [1점]

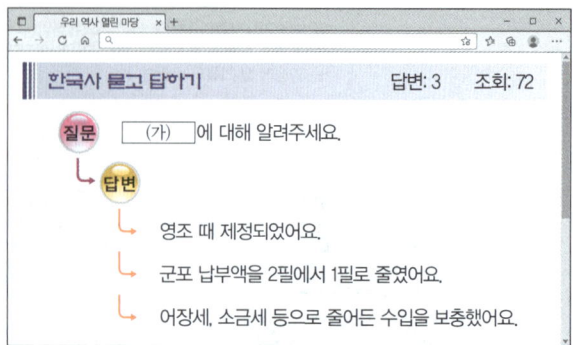

① 과전법　② 균역법　③ 대동법　④ 영정법

27 (가)에 들어갈 그림으로 옳은 것은? [2점]

①  씨름도

②  노상알현도

③  고사관수도

④  월하정인

28 밑줄 그은 '봉기'에 대한 설명으로 옳은 것은? [2점]

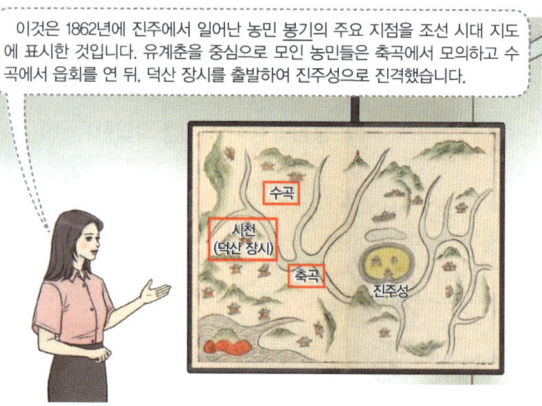

① 김부식이 이끄는 관군에 진압되었다.
② 삼정이정청이 설치되는 계기가 되었다.
③ 서북인에 대한 차별에 반발하여 일어났다.
④ 흥선 대원군이 재집권하는 결과를 가져왔다.

29 (가) 인물의 활동으로 옳은 것은? [2점]

① 거중기를 설계하였다.
② 몽유도원도를 그렸다.
③ 동의보감을 완성하였다.
④ 열하일기를 저술하였다.

30 다음 대화 이후에 있었던 사실로 옳은 것은? [2점]

- 며칠 전 미군이 포를 마구 쏘며 손돌목을 지나갔다고 하니 곧 큰일이 벌어지겠어.
- 어재연 장군이 이끄는 군사들이 광성보에서 대비하고 있으니 기대해 보세.

① 병인박해가 일어났다.
② 장용영이 창설되었다.
③ 척화비가 건립되었다.
④ 화통도감이 설치되었다.

31 밑줄 그은 '사절단'으로 옳은 것은? [2점]

이 그림은 1883년 미국 신문에 실린 삽화입니다. 푸트 미국 공사의 조선 부임에 대한 답례로 파견된 민영익 등의 사절단이 와서 대통령을 만나는 상황을 표현하였습니다.

① 보빙사 ② 수신사
③ 영선사 ④ 조사 시찰단

32 (가)에 해당하는 인물로 옳은 것은? [1점]

□□신문

제△△호   ○○○○년 ○○월 ○○일

(가), 쓰시마 섬에서 순국하다

을사늑약 체결에 저항하여 태인에서 의병을 일으켰던 (가) 이/가 오늘 절명하였다. 그는 관군이 진압하러 오자 같은 동포끼리는 서로 죽일 수 없다며 전투를 중단하고 체포되었다. 서울로 압송된 뒤 쓰시마 섬에 끌려가 최후를 맞이하였다.

① 신돌석
②  최익현
③ 안중근
④  홍범도

33 밑줄 그은 '비상 수단'에 해당하는 사건으로 옳은 것은? [2점]

나라를 어지럽히는 신하를 살해하고, 국왕을 보호하여 정령(政令)*의 남발을 막을 수밖에 없었다. 그러므로 희생을 무릅쓰고 비상 수단을 쓰기로 결심한 것이다.

홍영식: 모의를 총괄한 제1인자
박영효: 실행 총지휘
서광범: 거사 계획 수립
김옥균: 일본 공사관과의 교섭 및 통역
서재필: 병사 통솔

— 박영효의 회고 —

*정령(政令): 정치상의 명령

① 갑신정변 ② 을미사변
③ 삼국 간섭 ④ 아관 파천

34 다음 문서가 작성된 시기를 연표에서 옳게 고른 것은? [3점]

> 영국 공관에 보냄
>
> 근래 국내에 전해지는 소문을 통해 귀국이 거문도에 뜻을 두고 있다는 것을 알았습니다. 이 섬은 우리나라의 땅으로, 다른 나라는 점유할 수 없는 곳입니다. 귀국처럼 공법에 밝은 나라가 이처럼 뜻밖의 일을 저지를 줄이야 어떻게 알 수 있었겠습니까?

① (가) ② (나) ③ (다) ④ (라)

35 (가)에 들어갈 학교로 옳은 것은? [2점]

① 대성 학교 ② 원산 학사 ③ 육영 공원 ④ 이화 학당

36 (가), (나) 사이의 시기에 체결된 조약으로 옳은 것은? [2점]

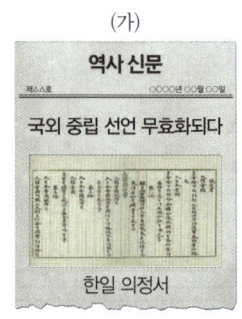 

① 톈진 조약 ② 정미 7조약
③ 제물포 조약 ④ 시모노세키 조약

37 다음 시나리오의 상황 이후에 전개된 사실로 옳은 것은? [2점]

> S#17. 전주성 안 선화당
> 농민군 대장 전봉준과 전라 감사 김학진이 대화를 나누고 있다.
>
> 김학진: 일본군이 궁궐을 점령하여 국가에 큰 위기가 닥쳤소.
> 전봉준: 청군과 일본군이 들어와 있는 상황에서 이런 일이 생기다니 참으로 큰일입니다.

① 동학을 창시한 최제우가 처형되었다.
② 동학 농민군이 우금치 전투에서 패하였다.
③ 교조 신원을 요구하는 삼례 집회가 열렸다.
④ 조병갑의 탐학에 맞서 고부 농민 봉기가 일어났다.

38 다음 장면에 나타난 운동으로 옳은 것은? [1점]

① 국채 보상 운동
② 문자 보급 운동
③ 물산 장려 운동
④ 민립 대학 설립 운동

39 밑줄 그은 ㉠에 해당하는 내용으로 적절하지 <u>않은</u> 것은? [3점]

① 극장인 원각사가 세워졌다.
② 덕수궁에 중명전이 건립되었다.
③ 박문국에서 한성순보가 발행되었다.
④ 서울과 부산을 잇는 경부선 철도가 부설되었다.

40 다음 상황 이후에 일어난 사실로 옳은 것은? [2점]

① 6·10 만세 운동이 일어났다.
② 헤이그 특사가 파견되었다.
③ 토지 조사 사업이 실시되었다.
④ 제너럴 셔먼호 사건이 발생하였다.

41 밑줄 그은 '시기'에 볼 수 있는 모습으로 가장 적절한 것은? [2점]

① 경성 제국 대학에 다니는 학생
② 제복을 입고 칼을 찬 헌병 경찰
③ 조선책략 유포에 반발하는 유생
④ 국민 징용령에 의해 끌려가는 청년

42 (가)의 활동으로 옳은 것은? [2점]

① 독립 공채를 발행하였다.
② 만민 공동회를 개최하였다.
③ 신흥 강습소를 설립하였다.
④ 잡지 어린이를 발간하였다.

43 (가)에 들어갈 군사 조직으로 옳은 것은? [2점]

① 대한 독립군 ② 북로 군정서
③ 조선 의용대 ④ 조선 혁명군

44 (가) 지역에 대한 탐구 활동으로 가장 적절한 것은? [2점]

① 운요호 사건의 과정을 검색한다.
② 삼별초의 최후 항쟁지를 조사한다.
③ 고려 왕릉이 조성된 지역을 찾아본다.
④ 대한 제국 칙령 제41호의 내용을 파악한다.

45 (가)~(다)에 대한 설명으로 옳은 것은? [3점]

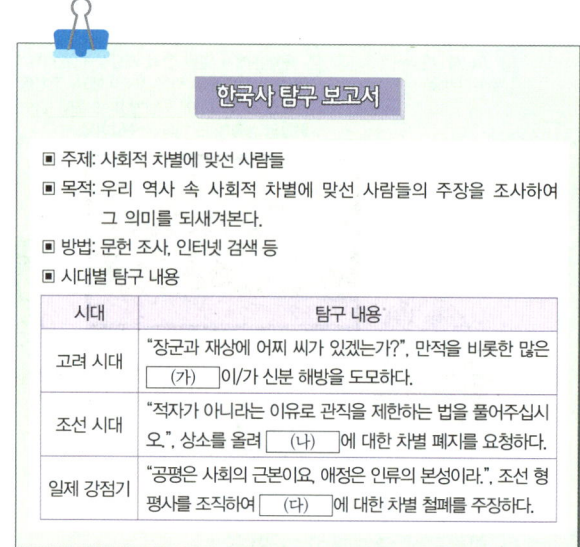

① (가) – 고려 시대에 공음전을 지급받았다.
② (나) – 일부가 규장각 검서관에 기용되었다.
③ (다) – 골품에 따라 관직 승진의 제한을 받았다.
④ (가), (나), (다) – 매매, 상속, 증여의 대상이 되었다.

46 밑줄 그은 '국회'의 활동으로 적절하지 않은 것은? [3점]

① 제헌 헌법을 제정하였다.
② 반민족 행위 처벌법을 가결하였다.
③ 한미 상호 방위 조약을 비준하였다.
④ 이승만을 초대 대통령으로 선출하였다.

47 (가)에 들어갈 내용으로 옳은 것은? [1점]

① 4·19 혁명
② 부마 민주 항쟁
③ 6월 민주 항쟁
④ 5·18 민주화 운동

49 다음 연설이 있었던 정부 시기의 경제 상황으로 옳은 것은? [2점]

① 경부 고속 도로를 준공하였다.
② 3저 호황으로 수출이 증가하였다.
③ 제1차 경제 개발 5개년 계획을 추진하였다.
④ 경제 협력 개발 기구(OECD)에 가입하였다.

48 다음 뉴스가 보도된 정부 시기의 통일 노력으로 옳은 것은? [3점]

① 금강산 관광 사업을 시작하였다.
② 남북한이 유엔에 동시 가입하였다.
③ 7·4 남북 공동 성명을 발표하였다.
④ 최초로 남북 정상 회담을 개최하였다.

50 (가)~(다)에 대한 설명으로 옳은 것은? [3점]

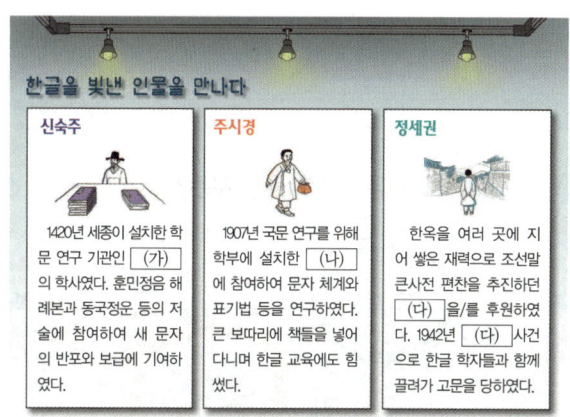

① (가) - 삼강행실도 언해본을 편찬하였다.
② (나) - 한글 신문인 독립신문을 간행하였다.
③ (다) - 한글 맞춤법 통일안을 제정하였다.
④ (가), (나), (다) - 창덕궁 후원에 설치되었다.

제64회 한국사능력검정시험

- 자신이 선택한 등급의 문제지인지 확인하시오.
- 문제지에 성명과 수험 번호를 정확히 써넣으시오.
- 답안지에 성명과 수험 번호를 써넣고, 또 수험 번호와 답을 정확히 표시하시오.
- 시험 시간은 70분입니다.

01 (가) 시대의 생활 모습으로 옳은 것은? [1점]

① 우경이 널리 보급되었다.
② 철제 농기구를 사용하였다.
③ 주로 동굴이나 막집에서 살았다.
④ 지배층의 무덤으로 고인돌을 만들었다.

02 (가)에 들어갈 나라로 옳은 것은? [1점]

① 동예 ② 부여 ③ 삼한 ④ 옥저

03 (가)에 들어갈 내용으로 옳은 것은? [2점]

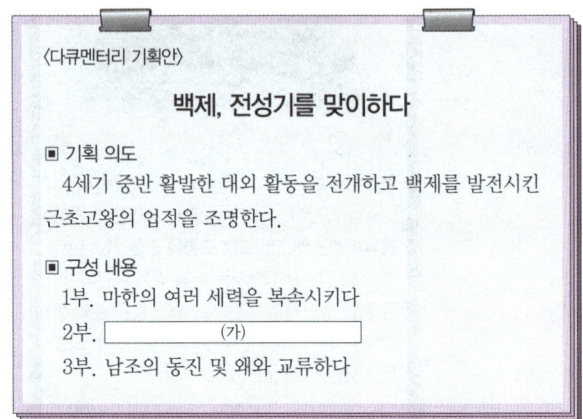

① 사비로 천도하다
② 22담로를 설치하다
③ 고국원왕을 전사시키다
④ 독서삼품과를 시행하다

04 (가) 시기에 있었던 사실로 옳은 것은? [2점]

① 김흠돌이 반란을 도모하였다.
② 연개소문이 정변을 일으켰다.
③ 장문휴가 당의 산둥 반도를 공격하였다.
④ 검모잠이 고구려 부흥 운동을 전개하였다.

05 다음 퀴즈의 정답으로 옳은 것은? [1점]

① 골품 제도
② 기인 제도
③ 음서 제도
④ 상수리 제도

06 (가)에 들어갈 문화유산으로 옳은 것은? [1점]

문화유산 카드
- 종목: 국보
- 소재지: 경상북도 경주시
- 소개: 신라 선덕 여왕 때 벽돌 모양으로 돌을 다듬어 쌓은 탑으로, 기단 위 모퉁이에 화강암으로 조각한 사자 상이 놓여 있다.

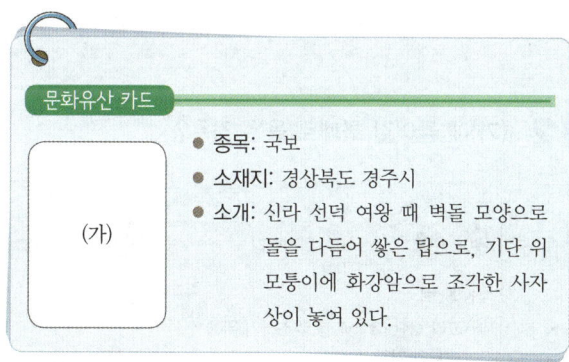

① 분황사 모전 석탑
② 정림사지 오층 석탑
③ 월정사 팔각 구층 석탑
④ 화엄사 사사자 삼층 석탑

07 다음 사건이 일어난 시기를 연표에서 옳게 고른 것은? [2점]

진성왕 3년, 나라 안의 모든 주와 군에서 공물과 부세를 보내지 않아 창고가 텅 비어 나라의 재정이 궁핍해졌다. 왕이 관리를 보내 독촉하니 곳곳에서 도적이 벌떼처럼 일어났다. 이때 원종과 애노 등이 사벌주를 거점으로 반란을 일으켰다.
- 『삼국사기』 -

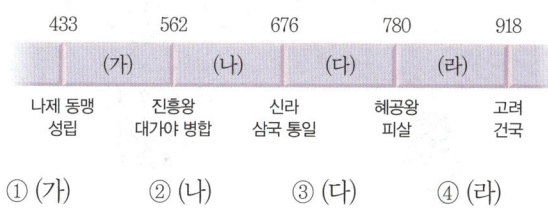

① (가) ② (나) ③ (다) ④ (라)

08 밑줄 그은 '인물'에 대한 설명으로 옳은 것은? [2점]

① 청해진을 설치하였다.
② 국호를 마진으로 하였다.
③ 경주의 사심관으로 임명되었다.
④ 공산 전투에서 고려에 승리하였다.

09 다음 자료에 해당하는 국가의 문화유산으로 옳은 것은? [2점]

> ○ 대조영은 마침내 그 무리를 거느리고 동쪽으로 가서 계루부의 옛 땅을 차지하고, 동모산에 웅거하여 성을 쌓고 살았다.
> ○ 대인수가 왕위에 올라 연호를 건흥으로 바꾸었다. …… 여러 차례 학생들을 유학 보내어 고금의 제도를 익히게 하니, 비로소 해동성국에 이르렀다.

① 영광탑 ② 금관총 금관 ③ 금동 대향로 ④ 판갑옷과 투구

10 (가)에 들어갈 내용으로 옳은 것은? [2점]

① 강화도로 천도했어요.
② 쌍성총관부를 수복했어요.
③ 지방에 12목을 설치했어요.
④ 과거제를 처음으로 시행했어요.

11 (가) 시기에 있었던 사실로 옳은 것은? [2점]

① 박위가 대마도를 정벌하였다.
② 윤관이 별무반 설치를 건의하였다.
③ 김윤후가 처인성 전투에서 승리하였다.
④ 김춘추가 당과의 군사 동맹을 성사시켰다.

12 (가)에 들어갈 화폐로 옳은 것은? [1점]

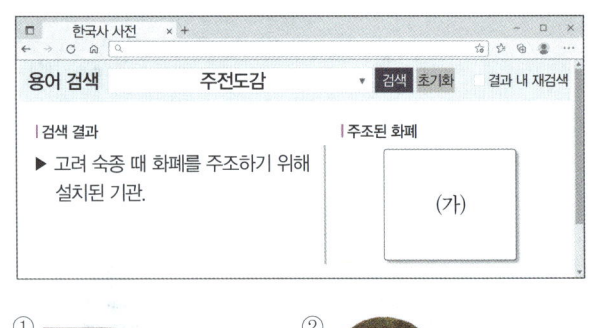

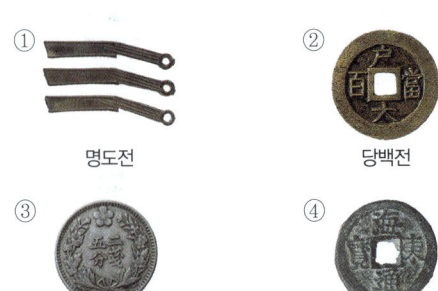

① 명도전 ② 당백전 ③ 백동화 ④ 해동통보

13 (가)에 들어갈 문화유산으로 옳은 것은? [2점]

오늘 합천 해인사에서는 (가) 을 머리에 이고 가는 정대불사가 진행되었습니다. 이 행사는 부처의 힘으로 몽골의 침략을 물리치고자 만든 (가) 을 강화도에서 해인사로 옮긴 것을 기념하기 위해 시작되었습니다.

해인사에서 정대불사 기념 행사 열려

① 초조대장경
② 직지심체요절
③ 팔만대장경판
④ 무구정광대다라니경

14 (가) 시기에 볼 수 있는 장면으로 옳은 것은? [3점]

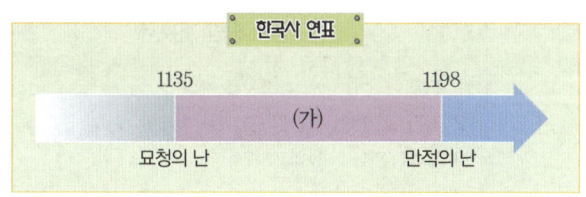

한국사 연표

1135 ─ (가) ─ 1198
묘청의 난   만적의 난

① 문신의 관을 쓰고 있는 자는 모두 죽여라. — 정중부

② 새로 제작한 화포로 진포에 침입한 왜구를 물리치자. — 최무선

③ 이곳 흥화진에서 거란군을 모두 물리쳐라. — 강감찬

④ 우리 삼별초는 여기 진도 용장성에서 적에 맞서 끝까지 싸울 것이다. — 배중손

15 밑줄 그은 '이 왕'의 업적으로 옳은 것은? [2점]

이 왕은 후삼국을 통일하고 발해 유민까지 포용했어요. 저는 이것을 그림으로 표현해 보았어요.

① 흑창을 만들었다.
② 천리장성을 축조하였다.
③ 전민변정도감을 설치하였다.
④ 전시과를 처음으로 시행하였다.

16 밑줄 그은 '이 시기'에 볼 수 있는 모습으로 적절하지 않은 것은? [2점]

왼쪽 그림에서는 발립을 쓴 관리의 모습, 오른쪽 그림에서는 변발과 호복을 한 무사의 모습을 볼 수 있습니다. 이러한 복식은 이 시기 지배층 사이에서 유행하였습니다.

복식으로 배우는 한국사
이조년 초상 / 천산대렵도(일부)

① 매를 조련시키는 응방 관리
② 원에 공녀로 끌려가는 여인
③ 황룡사 구층 목탑을 세우는 목공
④ 권문세족에게 땅을 빼앗기는 농민

17 (가) 인물에 대한 설명으로 옳은 것은? [3점]

① 강동 6주를 획득하였다.
② 비격진천뢰를 제작하였다.
③ 황산에서 왜구를 물리쳤다.
④ 매소성 전투를 승리로 이끌었다.

18 다음 가상 인터뷰에 등장하는 왕의 업적으로 옳은 것은? [2점]

① 비변사를 폐지하였다.
② 칠정산을 편찬하였다.
③ 동의보감을 간행하였다.
④ 백두산정계비를 건립하였다.

19 (가)에 들어갈 왕으로 옳은 것은? [1점]

① 태종   ② 세조   ③ 중종   ④ 영조

20 밑줄 그은 '제도'로 옳은 것은? [2점]

① 균역법   ② 대동법   ③ 영정법   ④ 직전법

21 (가) 전쟁에 대한 설명으로 옳지 않은 것은? [3점]

역사 탐방 계획서
1. 주제: (가) 의 격전지를 가다
2. 기간: 2023년 ○○월 ○○일~○○일
3. 코스: 진주 → 통영 → 부산

진주성	한산도 앞바다	동래읍성지 일대
김시민 등이 왜군에 맞서 전투를 벌인 곳	이순신이 학익진으로 왜군에 대승을 거둔 곳	송상현 등이 왜군과 맞서 싸운 곳

① 조헌이 금산에서 의병을 이끌었다.
② 임경업이 백마산성에서 항전하였다.
③ 곽재우가 의병을 일으켜 정암진에서 싸웠다.
④ 신립이 탄금대에서 배수의 진을 치고 전투를 벌였다.

22 (가)~(다) 학생이 발표한 내용을 일어난 순서대로 옳게 나열한 것은? [3점]

① (가) - (나) - (다)   ② (가) - (다) - (나)
③ (나) - (가) - (다)   ④ (다) - (나) - (가)

24 다음 특별전에서 볼 수 있는 작품으로 옳은 것은? [2점]

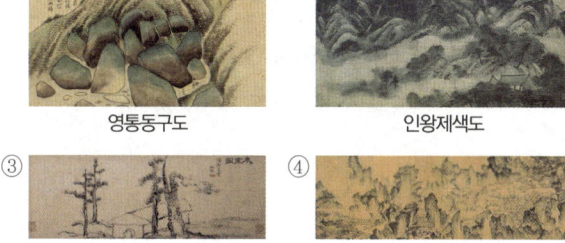

① 영통동구도
② 인왕제색도
③ 세한도
④ 몽유도원도

23 (가)에 해당하는 사건으로 옳은 것은? [2점]

① 경신환국   ② 기해예송
③ 병인박해   ④ 을사사화

25 선생님의 질문에 대한 학생의 대답으로 옳지 <u>않은</u> 것은? [2점]

26 밑줄 그은 '이 왕'의 업적으로 옳은 것은? [2점]

① 경복궁을 중건하였다.
② 영선사를 파견하였다.
③ 장용영을 창설하였다.
④ 훈민정음을 창제하였다.

27 밑줄 그은 '사건'에 대한 설명으로 옳은 것은? [2점]

① 보국안민, 제폭구민을 기치로 내걸었다.
② 한성 조약이 체결되는 결과를 가져왔다.
③ 서북 지역민에 대한 차별에 반발하여 일어났다.
④ 전개 과정에서 선혜청과 일본 공사관을 공격하였다.

28 (가)에 들어갈 사건으로 옳은 것은? [1점]

역사 신문

제△△호 ○○○○년 ○○월 ○○일

일본과의 조약이 체결되다

무력 시위하는 일본 군인들

작년 가을 강화도와 영종도 일대에서 (가) 을 일으킨 일본과의 회담이 최근 수 차례 열렸다. 일본이 피해 보상과 조선의 개항을 일방적으로 요구하자, 조정에서는 이에 대한 찬반 논쟁 끝에 신헌을 파견하여 조일 수호 조규를 체결하였다.

① 운요호 사건
② 105인 사건
③ 제너럴 셔먼호 사건
④ 오페르트 도굴 사건

29 밑줄 그은 '변란'으로 옳은 것은? [2점]

① 갑신정변
② 신미양요
③ 임오군란
④ 임술 농민 봉기

30 밑줄 그은 '나'에 대한 설명으로 옳은 것은? [2점]

① 중광단을 결성하였다.
② 독립 의군부를 조직하였다.
③ 동양 평화론을 집필하였다.
④ 시일야방성대곡을 발표하였다.

31 (가)에 해당하는 지역을 지도에서 옳게 찾은 것은? [2점]

① ㉠　② ㉡　③ ㉢　④ ㉣

32 다음 공고가 발표된 시기 일제의 정책으로 옳은 것은? [2점]

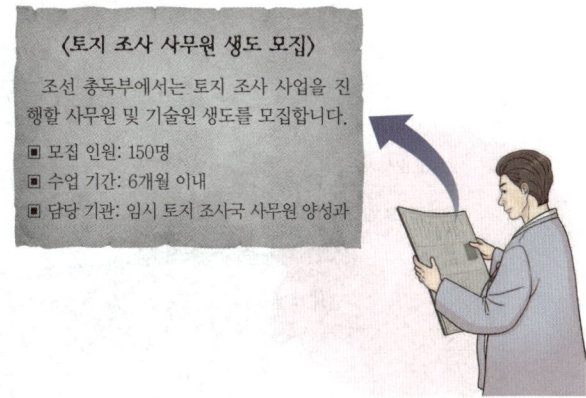

① 농광 회사를 설립하였다.
② 조선 태형령을 시행하였다.
③ 산미 증식 계획을 실시하였다.
④ 화폐 정리 사업을 추진하였다.

33 (가)에 들어갈 인물로 옳은 것은? [2점]

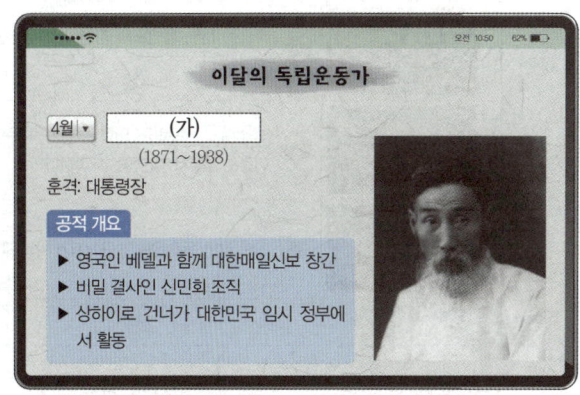

① 김원봉　② 나석주　③ 신익희　④ 양기탁

34 다음 상황 이후에 볼 수 있는 모습으로 가장 적절한 것은? [3점]

① 한성순보를 발간하는 직원
② 만민 공동회에서 연설하는 백정
③ 경부선 철도 개통식에 참석하는 관리
④ 동문학에서 영어를 공부하고 있는 학생

36 (가)의 활동으로 옳은 것은? [2점]

① 독립문을 건립하였다.
② 서전서숙을 설립하였다.
③ 대한국 국제를 반포하였다.
④ 한국 광복군을 창설하였다.

35 (가)에 들어갈 전투로 옳은 것은? [1점]

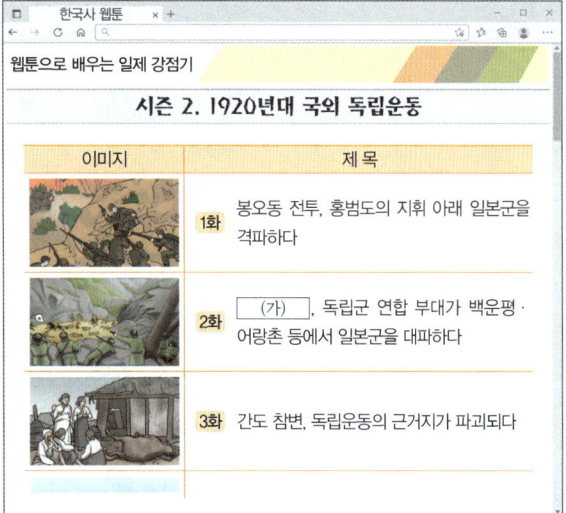

① 영릉가 전투
② 청산리 전투
③ 흥경성 전투
④ 대전자령 전투

37 (가)에 들어갈 내용으로 옳은 것은? [2점]

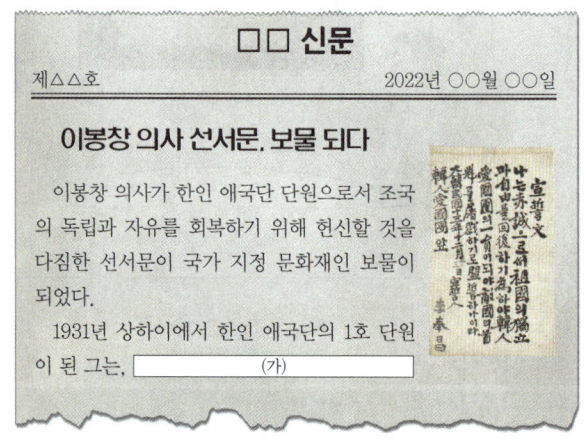

① 도쿄에서 일왕을 향해 폭탄을 투척하였다.
② 홍커우 공원에서 일본군 장성 등을 살상하였다.
③ 명동 성당 앞에서 이완용을 습격하여 중상을 입혔다.
④ 샌프란시스코에서 친일 인사인 스티븐스를 사살하였다.

38 (가) 시기에 있었던 사실로 옳은 것은? [2점]

① 지계가 발급되었다.
② 척화비가 건립되었다.
③ 육영 공원이 설립되었다.
④ 군국기무처가 설치되었다.

39 밑줄 그은 '이 시기'에 볼 수 있는 모습으로 적절하지 않은 것은? [3점]

① 공출을 독려하는 애국반 반장
② 황국 신민 서사를 암송하는 학생
③ 국민 징용령에 의해 끌려가는 청년
④ 회사령을 공포하는 조선 총독부 관리

40 다음 퀴즈의 정답으로 옳은 것은? [1점]

① 근우회
② 보안회
③ 송죽회
④ 색동회

41 밑줄 그은 '이 민주화 운동'에 대한 설명으로 옳은 것은? [3점]

① 유신 체제가 붕괴되는 계기가 되었다.
② 양원제 국회가 출현하는 결과를 가져왔다.
③ 박종철과 이한열 등의 희생으로 확산되었다.
④ 전개 과정에서 시민군이 자발적으로 조직되었다.

42 (가)에 들어갈 내용으로 옳은 것은? [3점]

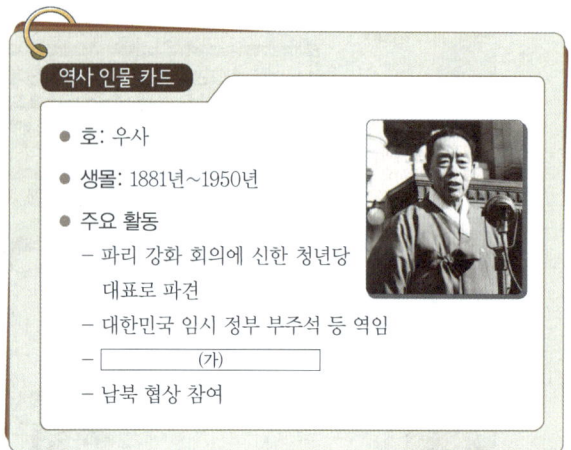

① 대성 학교 설립
② 조선 혁명 선언 작성
③ 좌우 합작 위원회 결성
④ 한국독립운동지혈사 저술

43 (가) 전쟁 중에 있었던 사실로 옳지 않은 것은? [2점]

① 흥남 철수 전개
② 발췌 개헌안 통과
③ 인천 상륙 작전 개시
④ 반민족 행위 처벌법 제정

44 (가) 정부 시기에 있었던 사실로 옳은 것은? [2점]

① 농지 개혁법이 제정되었다.
② 경부 고속 도로를 준공하였다.
③ 금융 실명제를 전면 실시하였다.
④ 경제 협력 개발(OECD)에 가입하였다.

45 밑줄 그은 '정부'의 통일 노력으로 옳은 것은? [2점]

① 남북 기본 합의서를 채택하였다.
② 남북한이 유엔에 동시 가입하였다.
③ 6·15 남북 공동 선언을 발표하였다.
④ 최초로 남북 간 이산가족 상봉을 성사시켰다.

46 밑줄 그은 '이 섬'에 대한 설명으로 옳은 것은? [1점]

① 정약전이 자산어보를 저술한 섬이다.
② 하멜 일행이 표류하다 도착한 섬이다.
③ 이종무가 왜구를 소탕하기 위해 정벌한 섬이다.
④ 안용복이 일본에 가서 우리 영토임을 확인받은 섬이다.

47 (가) 문화유산으로 옳은 것은? [2점]

이 실감 콘텐츠는 정조와 혜경궁이 함께 수원 화성에 행차하는 장면을 구현한 것으로, 조선 시대 왕실이나 국가의 중대한 행사를 글과 그림으로 기록한 책인 (가) 을/를 바탕으로 제작되었어요.

① 의궤
② 경국대전
③ 삼강행실도
④ 조선왕조실록

48 (가)에 들어갈 지역으로 옳은 것은? [2점]

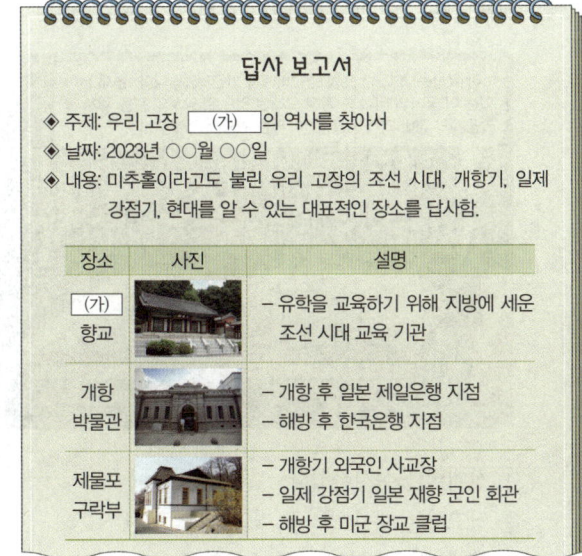

답사 보고서
◆ 주제: 우리 고장 (가) 의 역사를 찾아서
◆ 날짜: 2023년 ○○월 ○○일
◆ 내용: 미추홀이라고도 불린 우리 고장의 조선 시대, 개항기, 일제 강점기, 현대를 알 수 있는 대표적인 장소를 답사함.

① 군산
② 마산
③ 목포
④ 인천

49 (가)~(라)에 들어갈 내용으로 옳은 것은? [3점]

한국사 학습지 — 한국사에 큰 업적을 남긴 승려

※ 아래 제시된 역사 인물들의 활동을 조사해 봅시다.

- 원효: 무애가를 지어 불교 대중화에 기여함. (가)
- 혜초: 인도·중앙아시아 지역을 순례하고 왕오천축국전을 씀. (나)
- 지눌: 돈오점수와 정혜쌍수를 내세움. (다)
- 유정: 임진왜란 시기 의병을 일으켜 활약함. (라)

① (가) – 십문화쟁론을 저술함.
② (나) – 해동 천태종을 창시함.
③ (다) – 세속 5계를 지음.
④ (라) – 수선사 결사를 제창함.

50 (가)~(다)를 설립한 순서대로 옳게 나열한 것은? [3점]

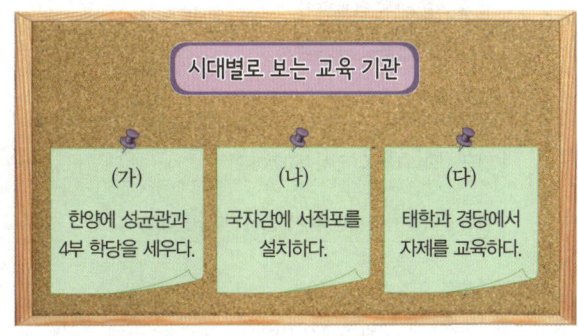

시대별로 보는 교육 기관
- (가) 한양에 성균관과 4부 학당을 세우다.
- (나) 국자감에 서적포를 설치하다.
- (다) 태학과 경당에서 자제를 교육하다.

① (가) – (나) – (다)
② (가) – (다) – (나)
③ (나) – (가) – (다)
④ (다) – (나) – (가)

제63회 한국사능력검정시험

- 자신이 선택한 등급의 문제지인지 확인하시오.
- 문제지에 성명과 수험 번호를 정확히 써넣으시오.
- 답안지에 성명과 수험 번호를 써넣고, 또 수험 번호와 답을 정확히 표시하시오.
- 시험 시간은 70분입니다.

01 (가)에 들어갈 내용으로 가장 적절한 것은? [1점]

① 거친무늬 거울 닦기　② 비파형 동검 제작하기
③ 빗살무늬 토기 만들기　④ 철제 농기구로 밭 갈기

02 (가) 나라에 대한 설명으로 옳은 것은? [2점]

① 범금 8조가 있었다.
② 책화라는 풍습이 있었다.
③ 낙랑군과 왜에 철을 수출하였다.
④ 제가 회의에서 나라의 중요한 일을 결정하였다.

03 다음 가상 인터뷰의 주인공으로 옳은 것은? [2점]

① 김유신　② 장보고　③ 연개소문　④ 흑치상지

04 밑줄 그은 '이 국가'에 대한 설명으로 옳은 것은? [2점]

① 진대법을 실시하였다.
② 영고라는 제천 행사를 열었다.
③ 화백 회의라 불리는 합의 기구가 있었다.
④ 왕족인 부여씨와 8성의 귀족이 지배층을 이루었다.

05 (가)에 들어갈 문화유산으로 옳은 것은? [1점]

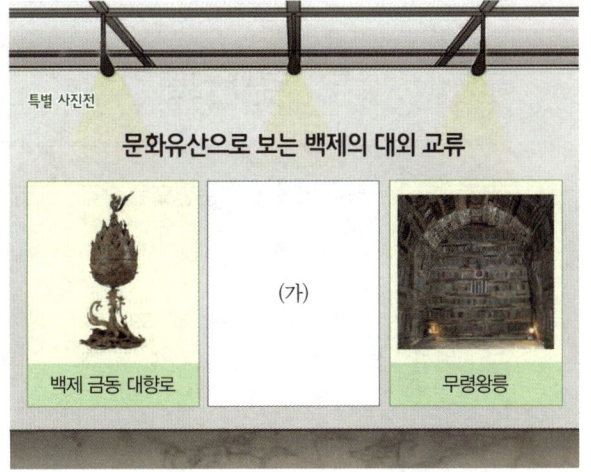

특별 사진전
문화유산으로 보는 백제의 대외 교류
백제 금동 대향로 | (가) | 무령왕릉

①  칠지도
② 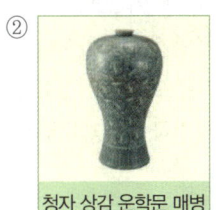 청자 상감 운학문 매병
③  천마총 장니 천마도
④  호우총 청동 그릇

06 (가) 국가에 대한 설명으로 옳은 것은? [2점]

이 사료의 대무예는 (가) 의 무왕으로, 대조영의 아들입니다. 그는 장문휴에게 명령하여 당의 등주를 공격하는 등 대당 강경책을 펼쳤습니다.

대무예가 대장 장문휴를 보내 수군을 거느리고 등주를 공격하게 하였다. 당 현종은 급히 대문예에게 유주의 군사를 거느리고 반격하게 하였다.

① 마한의 소국 중 하나였다.
② 상수리 제도를 실시하였다.
③ 전성기에 해동성국이라 불렸다.
④ 광덕, 준풍 등의 연호를 사용하였다.

07 다음 퀴즈의 정답으로 옳은 것은? [2점]

제시된 힌트를 종합하여 알 수 있는 기구는 무엇일까요?

수업 마무리 퀴즈
○ 신라의 중앙 행정 기구인 14부 중 하나
○ 왕의 명령 전달과 국가 기밀을 담당함
○ 장관을 중시 또는 시중이라 부름

①  의정부
②  정당성
③  집사부
④  도병마사

08 (가) 국가의 경제 상황으로 옳은 것은? [3점]

이것은 촌락 문서의 일부를 정리한 것입니다. 민정 문서라고도 불리는 촌락 문서는 (가) 의 조세 수취 제도를 살펴볼 수 있는 중요한 자료입니다.

숫자로 본 촌락 문서 - 사해점촌
인구 147명 | 말 25마리 소 22마리
논 102결 밭 62결 | 뽕나무 1,004그루 잣나무 120그루 가래나무 112그루

① 활구라고 불리는 은병이 유통되었다.
② 고추, 담배 등이 상품 작물로 재배되었다.
③ 관청에 물품을 조달하는 공인이 활동하였다.
④ 시장을 감독하기 위한 기구로 동시전이 설치되었다.

09 밑줄 그은 '이 인물'로 옳은 것은? [1점]

역사 인물 소개하기

이 인물은 호가 고운으로, 신라 말기에 활동하였습니다. 당의 빈공과에 합격하였으며, 난을 일으킨 황소에게 항복을 권하는 격문을 써서 문장가로 이름을 날렸습니다. 귀국한 이후에는 진성 여왕에게 개혁안을 올리기도 하였습니다.

① 강수 ② 설총 ③ 김부식 ④ 최치원

10 (가) 왕에 대한 설명으로 옳은 것은? [2점]

짐의 후사들이 나라의 기강을 어지럽힐까 걱정되어 훈요 10조를 남기니, 후세에 전하여 귀감으로 삼도록 하라.

네, 분부대로 하겠습니다.

(가) / 박술희

① 집현전을 설치하였다.
② 기인 제도를 실시하였다.
③ 나선 정벌을 단행하였다.
④ 노비안검법을 시행하였다.

11 (가)~(다)를 일어난 순서대로 옳게 나열한 것은? [3점]

문신의 관을 쓴 자는 모두 죽여라! / 왕이 우리를 죽이려 했다. 군사를 동원하여 궁궐로 가자! / 국호를 대위, 연호를 천개라 하겠다!

정중부 (가) / 이자겸 (나) / 묘청 (다)

① (가) - (나) - (다) ② (나) - (가) - (다)
③ (나) - (다) - (가) ④ (다) - (나) - (가)

12 다음 사건이 있었던 국가의 지방 통치에 대한 설명으로 옳은 것은? [2점]

역사 신문

제△△호   ○○○○년 ○○월 ○○일

공주 명학소, 충순현으로 승격

공주 명학소 사람 망이·망소이가 무리를 불러 모아 난을 일으켜 공주를 함락하였다. 이에 정부는 명학소를 충순현으로 승격하는 조치를 취했다. 이는 소의 주민으로서 그들이 겪어야 했던 차별이 철폐됨을 의미하는 것으로, 정부의 이번 조치가 해결책이 될 수 있을지 결과가 주목된다.

① 지방에 22담로를 두었다.
② 양계에 병마사를 파견하였다.
③ 주요 지역에 5소경을 설치하였다.
④ 전국을 5경 15부 62주로 나누었다.

13 교사의 질문에 대한 답변으로 옳지 않은 것은? [2점]

고려의 교육 기관에 대해 말해 볼까요?

① 최고 국립 교육 기관으로 국자감을 두었어요.
② 경당에서 글과 활쏘기를 가르쳤어요.
③ 문헌공도 등 사학 12도가 번성하였어요.
④ 지방에 유학 교육을 담당하는 향교가 있었어요.

14 밑줄 그은 '시기'에 있었던 사실로 옳은 것은? [2점]

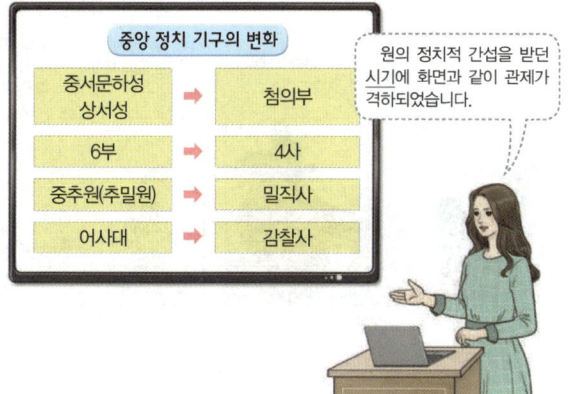

① 별무반이 편성되었다.
② 정동행성이 설치되었다.
③ 6조 직계제가 실시되었다.
④ 김흠돌의 난이 진압되었다.

15 (가) 왕의 업적으로 옳은 것은? [2점]

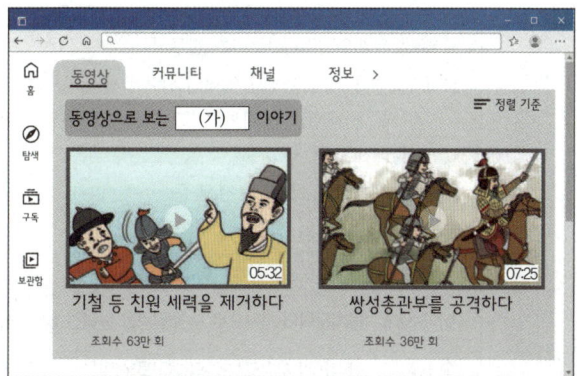

① 사비로 천도하였다.
② 북한산 순수비를 세웠다.
③ 독서삼품과를 실시하였다.
④ 전민변정도감을 설치하였다.

16 (가)에 들어갈 문화유산으로 가장 적절한 것은? [2점]

① 종묘 정전

② 경복궁 근정전

③ 법주사 팔상전

④ 부석사 무량수전

17 다음 건의를 받아들여 제정한 법으로 옳은 것은? [3점]

> 전하께서는 무릇 수도에 거주하는 관료에게는 단지 경기 안의 토지만을 지급하고, 그 밖에 토지는 허락하지 마십시오. 이를 법으로 제정하셔서 백성과 더불어 다시 시작하십시오. 그렇게 하여 국가 재정을 넉넉하게 하고, 백성의 삶을 풍요롭게 하며, 조정의 선비들을 우대하고, 군대의 군량을 넉넉하게 하십시오.
> — 조준의 상소 —

① 과전법 ② 대동법 ③ 영정법 ④ 호패법

18 밑줄 그은 '왕'의 재위 시기에 있었던 사실로 옳은 것은? [2점]

이 책은 정초, 변효문 등이 왕의 명을 받아 편찬한 농서입니다. 우리 풍토에 맞는 농법을 보급하기 위해 각 지역에 있는 노련한 농부들의 경험을 수집하여 간행하였습니다.

농사직설

① 자격루가 제작되었다.
② 화통도감이 설치되었다.
③ 삼국유사가 저술되었다.
④ 백두산정계비가 건립되었다.

19 밑줄 그은 '왕'에 대한 설명으로 옳은 것은? [2점]

조선 왕실은 자손이 태어나면 전국 각지의 명당에 태실을 만들어 탯줄을 보관하였습니다. 이곳은 국조오례의를 편찬하는 등 통치 체제 정비에 큰 역할을 한 조선 제9대 왕의 태실입니다. 원래 경기도 광주시에 있던 것을 조선 총독부가 창경궁으로 옮겨 왔습니다.

① 훈민정음을 창제하였다.
② 경국대전을 완성하였다.
③ 초계문신제를 시행하였다.
④ 위화도 회군을 단행하였다.

20 (가), (나) 사이의 시기에 있었던 사실로 옳은 것은? [3점]

① 김옥균 등이 갑신정변을 일으켰다.
② 사림이 동인과 서인으로 나뉘었다.
③ 성균관 입구에 탕평비가 건립되었다.
④ 왕자의 난으로 정도전 등이 피살되었다.

21 (가)에 들어갈 내용으로 옳은 것은? [1점]

한국사 탐구 계획서

■ 주제: 외세의 침략을 물리친 전투
■ 목적: 우리 역사 속에서 외세의 침략에 맞서 승리한 전투를 시대별로 살펴보고, 그 역사적 의미와 교훈을 되새겨 본다.
■ 방법: 문헌 조사, 인터넷 검색 등
■ 시대별 탐구 내용

시대	탐구 내용
삼국 시대	을지문덕의 지략으로 수의 침략을 물리친 살수 대첩
고려 시대	강감찬의 지휘로 거란의 대군을 섬멸한 (가)
조선 시대	이순신이 학익진으로 왜군을 격퇴한 한산도 대첩

① 귀주 대첩 ② 진포 대첩
③ 행주 대첩 ④ 황산 대첩

22 다음 대화에 나타난 시기의 경제 상황으로 옳은 것은? [2점]

기근이 심하다고 들었는데, 호남의 상황은 어떠하오?

통신사 조엄이 들여온 고구마가 구황 작물의 역할을 할 것으로 기대하였으나 흉년에도 이를 재배하는 백성을 찾아보기 어렵습니다. 수령과 아전들의 수탈로 재배를 포기하였기 때문입니다.

① 상평통보가 유통되었다.
② 전시과 제도가 실시되었다.
③ 벽란도가 국제 무역항으로 번성하였다.
④ 팔관회의 경비 마련을 위해 팔관보가 설치되었다.

23 (가)에 들어갈 인물로 옳은 것은? [1점]

여기는 도산 서당으로, 성학십도를 저술한 성리학자 (가) 이/가 제자들을 양성한 곳입니다. 그의 사후 제자들이 스승을 추모하고자 서당 뒤편으로 도산 서원을 조성하면서 한 공간에 서원과 서당이 공존하는 보기 드문 형태를 갖추게 되었습니다.

① 서희   ② 이황   ③ 박제가   ④ 정몽주

24 다음 상황 이후에 전개된 사실로 옳은 것은? [2점]

남한산성을 나와 삼전도에 도착한 왕께서 청 황제 앞에 나아가 항복의 예를 행하였다. 예를 마치고 해 질 무렵이 되자 청 황제가 왕에게 도성으로 돌아가도록 허락하였다. 포로로 사로잡힌 이들이 도성으로 돌아가는 왕을 보고 "우리 임금이시여, 우리 임금이시여. 우리를 버리고 가십니까."라며 울부짖는데, 그 수가 만 명을 헤아렸다.

① 북벌이 추진되었다.
② 강화도로 천도하였다.
③ 쓰시마섬을 정벌하였다.
④ 최씨 무신 정권이 붕괴하였다.

25 (가)에 들어갈 부대로 옳은 것은? [2점]

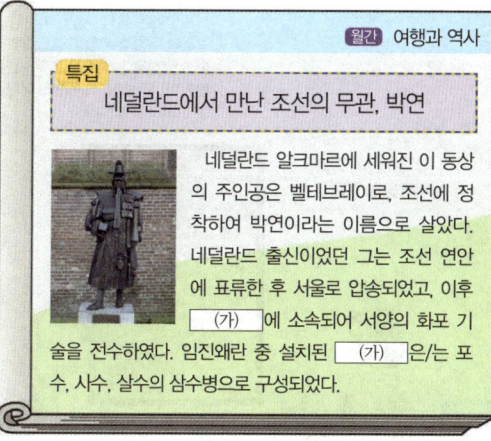

[월간] 여행과 역사
[특집] 네덜란드에서 만난 조선의 무관, 박연

네덜란드 알크마르에 세워진 이 동상의 주인공은 벨테브레이로, 조선에 정착하여 박연이라는 이름으로 살았다. 네덜란드 출신이었던 그는 조선 연안에 표류한 후 서울로 압송되었고, 이후 (가) 에 소속되어 서양의 화포 기술을 전수하였다. 임진왜란 중 설치된 (가) 은/는 포수, 사수, 살수의 삼수병으로 구성되었다.

① 9서당   ② 별기군
③ 삼별초   ④ 훈련도감

26 밑줄 그은 '시기'의 사실로 옳은 것은? [3점]

[문학으로 만나는 한국사]
구만 리 긴 하늘에도 머리 들기 어렵고
삼천 리 넓은 땅에서도 발을 펴기 어렵도다.
늦은 밤 누대에 오르니 달을 감상하고자 함이 아니오
삼 일 동안 곡기를 끊었으니 신선이 되기 위함이 아니로다.

[해설] 김삿갓으로 널리 알려진 김병연은 안동 김씨 등 소수 외척 가문이 중심이 되어 권력을 독점하던 시기에 전국을 방랑하며 많은 시를 남겼다. 그는 안동 김씨였으나 할아버지가 반역죄로 처형당했기에 관직에 진출하지 못하였다. 김병연이 지은 것으로 전해지는 위 시에는 그의 이러한 처지가 잘 나타나 있다.

① 최승로가 시무 28조를 올렸다.
② 수양 대군이 계유정난을 일으켰다.
③ 지방 세력 통제를 위해 사심관 제도가 실시되었다.
④ 삼정의 문란을 바로잡기 위해 삼정이정청이 설치되었다.

27 밑줄 그은 '이 인물'에 대한 설명으로 옳은 것은? [2점]

- 조선 후기 북학파 실학자인 이 인물에 대해 알려 주세요.
- 이 인물은 유학, 서양 과학 등 여러 학문을 융합하여 독창적 사상을 정립하였습니다. 그가 저술한 의산문답에는 무한 우주론에 대한 설명과 함께, 중국 중심 세계관에 대한 비판적 인식이 잘 드러나 있습니다.

① 추사체를 창안하였다.
② 지전설을 주장하였다.
③ 사상 의학을 정립하였다.
④ 대동여지도를 제작하였다.

28 (가)에 들어갈 문화유산으로 옳은 것은? [1점]

① 공산성 ② 전주성 ③ 수원 화성 ④ 한양 도성

29 (가)에 들어갈 내용으로 가장 적절한 것은? [2점]

이곳은 석파정으로 고종의 아버지인 이하응의 별장이었습니다. 그는 아들 고종이 12세의 어린 나이에 왕위에 오르자 10여 년간 국정을 장악하였습니다. 이 시기에 있었던 사실을 대화 창에 올려 주세요.

- 당백전이 발행되었어요.
- 호포제가 실시되었어요.

① 녹읍이 폐지되었어요.
② 장용영이 설치되었어요.
③ 척화비가 건립되었어요.
④ 요동 정벌이 추진되었어요.

30 (가)~(다)를 일어난 순서대로 옳게 나열한 것은? [3점]

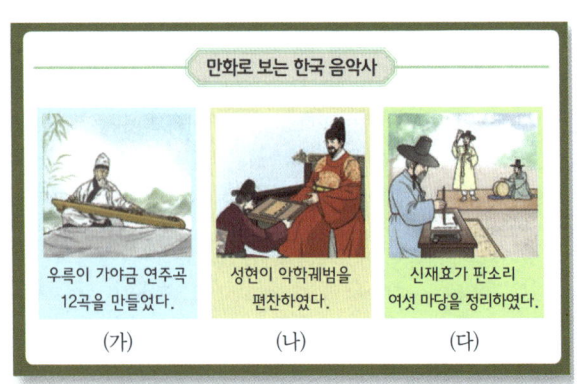

만화로 보는 한국 음악사

(가) 우륵이 가야금 연주곡 12곡을 만들었다.
(나) 성현이 악학궤범을 편찬하였다.
(다) 신재효가 판소리 여섯 마당을 정리하였다.

① (가) - (나) - (다)
② (나) - (가) - (다)
③ (나) - (다) - (가)
④ (다) - (나) - (가)

31 밑줄 그은 '조약'에 대한 설명으로 옳은 것은? [3점]

이것은 민영익을 대표로 한 보빙사의 모습이 담긴 사진입니다. 조선책략 유포로 미국과의 수교론이 제기된 상황에서, 청의 주선으로 조약이 체결된 이후 조선은 보빙사를 미국에 파견하였습니다.

① 최혜국 대우가 규정되어 있다.
② 통감부가 설치되는 결과를 가져왔다.
③ 부산, 원산, 인천을 개항하는 배경이 되었다.
④ 일본 공사관에 경비병이 주둔하는 계기가 되었다.

32 (가)에 들어갈 내용으로 옳은 것은? [2점]

① 나운규의 아리랑이 개봉되었던 곳
② 근대적 우편 업무를 담당하였던 곳
③ 순 한문 신문인 한성순보가 발간되었던 곳
④ 헐버트를 교사로 초빙해 근대 학문을 가르쳤던 곳

33 (가)에 들어갈 기구로 옳은 것은? [2점]

① 비변사　　② 원수부
③ 홍문관　　④ 군국기무처

34 밑줄 그은 '이 신문'에 대한 설명으로 옳은 것은? [2점]

① 천도교의 기관지였다.
② 박문국에서 발간하였다.
③ 한글판과 영문판으로 발행되었다.
④ 시일야방성대곡이라는 논설을 실었다.

35 다음 가상 뉴스가 보도된 이후에 전개된 사실로 옳은 것은? [2점]

① 외규장각 도서가 약탈되었다.
② 김윤식이 영선사로 파견되었다.
③ 제너럴 셔먼호 사건이 발생하였다.
④ 고종이 러시아 공사관으로 피신하였다.

36 (가)에 들어갈 단체로 옳은 것은? [1점]

① 근우회 ② 보안회
③ 신민회 ④ 조선어 학회

37 (가)에 들어갈 인물로 옳은 것은? [2점]

① 김구 ② 강우규 ③ 윤봉길 ④ 이승만

38 다음 인물에 대한 설명으로 옳은 것은? [3점]

① 청산리 전투를 승리로 이끌었다.
② 하얼빈에서 이토 히로부미를 처단하였다.
③ 헤이그 만국 평화 회의에 특사로 파견되었다.
④ 민족 대표 33인 중 한 명으로 독립 선언에 참여하였다.

39 (가)에 들어갈 민족 운동으로 옳은 것은? [1점]

① 6·10 만세 운동
② 물산 장려 운동
③ 광주 학생 항일 운동
④ 민립 대학 설립 운동

40 (가)에 해당하는 인물로 옳은 것은? [2점]

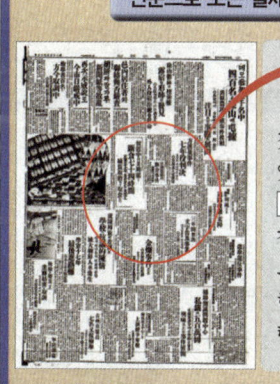

①  강주룡
②  남자현
③  유관순
④  윤희순

41 (가)에 들어갈 무장 투쟁 단체로 옳은 것은? [3점]

① 의열단
② 북로 군정서
③ 조선 혁명군
④ 한국 광복군

42 밑줄 그은 '시기'에 볼 수 있는 모습으로 가장 적절한 것은? [2점]

① 원산 총파업에 참여하는 노동자
② 만민 공동회에서 연설하는 백정
③ 황국 신민 서사를 암송하는 학생
④ 조선 태형령을 관보에 싣는 관리

43 (가)에 들어갈 단체로 옳은 것은? [2점]

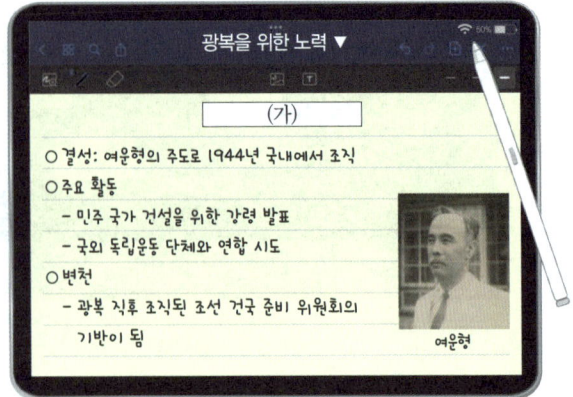

① 독립 의군부
② 민족 혁명당
③ 조선 의용대
④ 조선 건국 동맹

44 밑줄 그은 '국회'에 대한 설명으로 옳은 것은? [3점]

① 3선 개헌안을 통과시켰다.
② 농지 개혁법을 제정하였다.
③ 5·16 군사 정변으로 해산되었다.
④ 국회의원의 3분의 1을 대통령이 추천하였다.

45 밑줄 그은 '정부' 시기에 볼 수 있는 사회 모습으로 가장 적절한 것은? [2점]

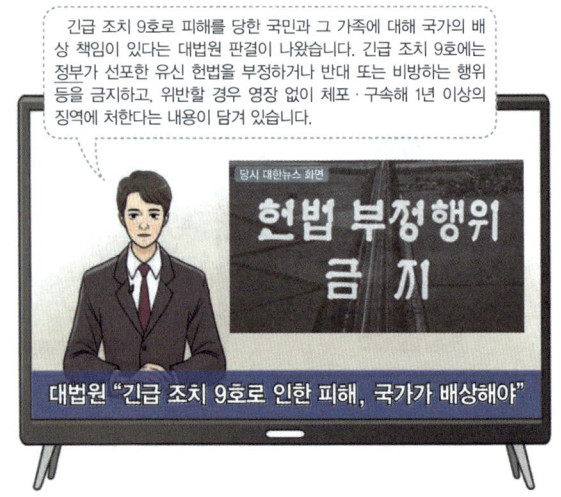

① 부마 민주 항쟁에 참여하는 학생
② 서울 올림픽 대회 개막식을 관람하는 시민
③ 금융 실명제 시행 속보를 시청하는 회사원
④ 반민족 행위 특별 조사 위원회에 체포되는 친일 행위자

46 (가) 정부 시기의 경제 상황으로 옳은 것은? [2점]

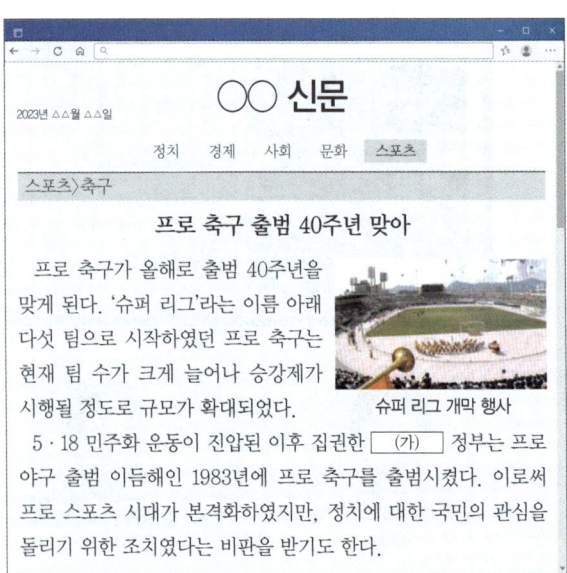

① 제1차 경제 개발 5개년 계획이 수립되었다.
② 경제 협력 개발 기구(OECD)에 가입하였다.
③ 저금리·저유가·저달러의 3저 호황이 있었다.
④ 미국과의 자유 무역 협정(FTA)이 체결되었다.

47 학생들이 공통으로 이야기하는 인물로 옳은 것은? [2점]

① 김대중　② 김영삼　③ 윤보선　④ 최규하

48 (가)에 들어갈 명절로 옳은 것은? [1점]

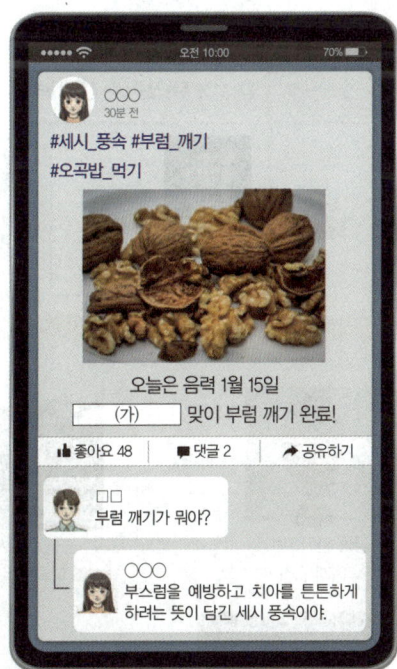

① 단오　　　　② 동지
③ 한식　　　　④ 정월 대보름

49 (가)에 들어갈 섬으로 옳은 것은? [1점]

① 독도　② 진도　③ 거문도　④ 제주도

50 학생들이 공통으로 이야기하는 지역으로 옳은 것은? [2점]

① 강릉　② 군산　③ 대구　④ 진주

제61회 한국사능력검정시험

- 자신이 선택한 등급의 문제지인지 확인하시오.
- 문제지에 성명과 수험 번호를 정확히 써넣으시오.
- 답안지에 성명과 수험 번호를 써넣고, 또 수험 번호와 답을 정확히 표시하시오.
- 시험 시간은 70분입니다.

01 다음 축제에서 체험할 수 있는 활동으로 적절한 것은? [1점]

① 막집 지어 보기
② 민무늬 토기 만들기
③ 철제 갑옷 입어 보기
④ 주먹도끼로 나무 손질하기

02 (가)에 들어갈 내용으로 옳은 것은? [2점]

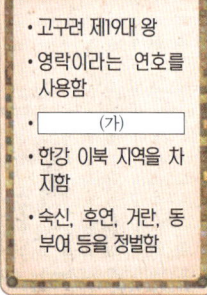

① 태학을 설립함
② 평양으로 천도함
③ 천리장성을 축조함
④ 신라에 침입한 왜를 격퇴함

03 다음 퀴즈의 정답으로 옳은 것은? [2점]

① 가야   ② 동예   ③ 부여   ④ 옥저

04 (가)에 들어갈 문화유산으로 옳지 않은 것은? [2점]

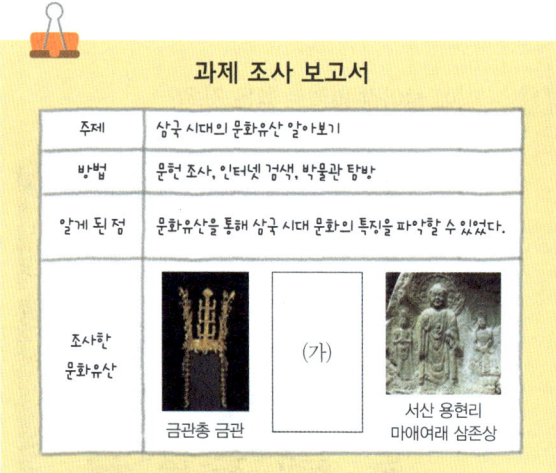

①
금동 연가 7년명 여래 입상

②
논산 관촉사 석조 미륵보살 입상

③
천마총 장니 천마도

④
장군총

05 (가) 국가에 대한 설명으로 옳은 것은? [2점]

이 전시실에는 한성을 빼앗긴 뒤 웅진과 사비에서 국력을 회복하며 문화의 꽃을 피운 (가) 의 문화유산을 감상할 수 있습니다.

① 주몽이 건국하였다.
② 지방에 22담로를 두었다.
③ 8조법으로 백성을 다스렸다.
④ 골품제라는 신분 제도가 있었다.

06 다음 가상 뉴스에서 보도하고 있는 사건이 일어난 시기를 연표에서 옳게 고른 것은? [3점]

을지문덕이 이끄는 우리 고구려군이 수의 군대를 살수에서 크게 무찔렀다는 소식입니다.

수의 30여만 대군을 상대로 대승을 거둬

433	512	554	645	660
	(가)	(나)	(다)	(라)
나제 동맹 성립	신라 우산국 정복	관산성 전투	안시성 전투	백제 멸망

① (가)　② (나)　③ (다)　④ (라)

07 (가)~(다)를 일어난 순서대로 옳게 나열한 것은? [3점]

만화로 보는 삼국 통일 과정

(가) 고구려는 김춘추의 군사 지원 요청을 거절하였다.
(나) 계백의 결사대는 황산벌에서 김유신의 신라군에 맞서 싸웠다.
(다) 신라군이 매소성에서 당의 군대를 크게 격퇴하였다.

① (가) - (나) - (다)　② (나) - (가) - (다)
③ (나) - (다) - (가)　④ (다) - (나) - (가)

08 다음 일기의 소재가 된 절에서 볼 수 있는 문화유산으로 옳은 것은? [1점]

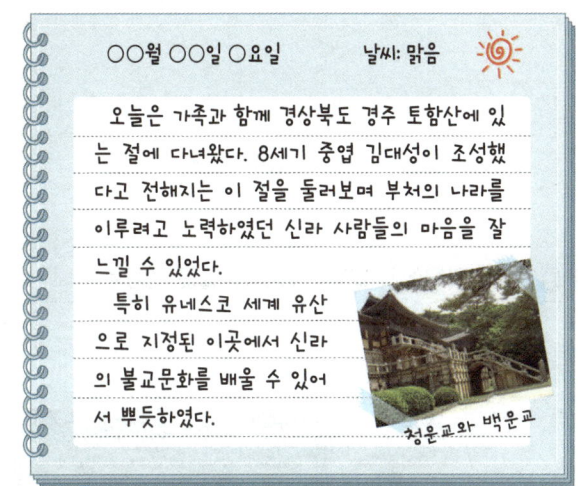

○○월 ○○일 ○요일　날씨: 맑음

오늘은 가족과 함께 경상북도 경주 토함산에 있는 절에 다녀왔다. 8세기 중엽 김대성이 조성했다고 전해지는 이 절을 둘러보며 부처의 나라를 이루려고 노력하였던 신라 사람들의 마음을 잘 느낄 수 있었다.
특히 유네스코 세계 유산으로 지정된 이곳에서 신라의 불교문화를 배울 수 있어서 뿌듯하였다.

청운교와 백운교

① 불국사 삼층 석탑
② 쌍봉사 철감선사탑
③ 이불병좌상
④ 성덕 대왕 신종

09 (가) 국가에 대한 설명으로 옳은 것은? [2점]

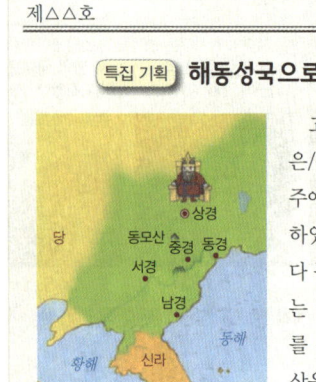

역사 신문

특집 기획 **해동성국으로 우뚝 서다**

고구려를 계승한 (가) 은/는 선왕 때 요동에서 연해주에 이르는 최대 영토를 확보하였다. 이후 당으로부터 '바다 동쪽의 융성한 나라'를 뜻하는 '해동성국'이라 불렸다. 이를 통해 이 국가의 국제적 위상을 알 수 있다.

① 한의 침략을 받아 멸망하였다.
② 중앙 정치 조직을 3성 6부로 정비하였다.
③ 정사암에서 국가의 중대사를 결정하였다.
④ 화랑도를 국가적인 조직으로 운영하였다.

10 (가) 지역에서 있었던 사실로 옳은 것은? [2점]

① 묘청이 난을 일으켰다.
② 원이 쌍성총관부를 설치하였다.
③ 만적이 신분 해방을 도모하였다.
④ 삼별초가 최후의 항쟁을 전개하였다.

11 (가) 왕이 추진한 정책으로 옳은 것은? [2점]

희랑 대사는 화엄학에 조예가 깊은 승려로 후삼국을 통일한 (가) 의 스승으로 알려져 있습니다. 현재 두 인물을 표현한 문화유산은 각각 남한과 북한에 있는데 오늘 이렇게 가상 만남의 자리를 마련하게 되었습니다.

남북 문화유산의 만남

① 노비안검법을 시행하였다.
② 지방에 12목을 설치하였다.
③ 사심관 제도를 실시하였다.
④ 활구라고 불린 은병을 제작하였다.

12 다음 인물의 활동으로 옳은 것은? [3점]

나는 고려의 문신 최충이오. 지공거가 되어 과거를 주관하였고, 이후 후학을 양성하는 데 힘썼소. 이곳은 후대 사람들이 나를 기리기 위해 세운 노동 서원이라오.

① 9재 학당을 열었다.
② 삼국유사를 집필하였다.
③ 제왕운기를 저술하였다.
④ 시무 28조를 작성하였다.

13 (가) 국가의 경제 상황으로 옳은 것은? [2점]

① 모내기법이 전국적으로 확산되었다.
② 벽란도가 국제 무역항으로 번성하였다.
③ 낙랑군과 왜 사이에서 중계 무역을 하였다.
④ 청해진을 중심으로 해상 무역을 전개하였다.

14 (가), (나) 사이의 시기에 있었던 사실로 옳은 것은? [3점]

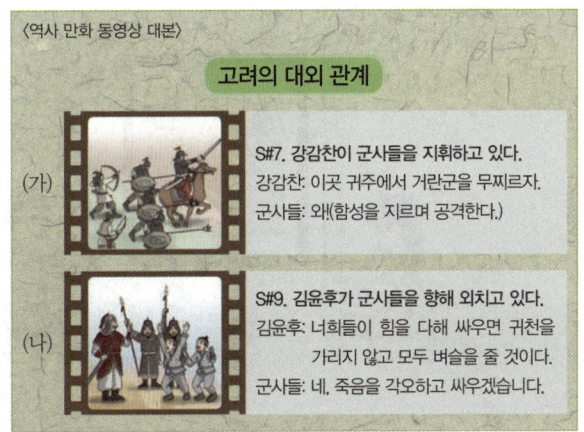

① 서희가 강동 6주를 획득하였다.
② 윤관이 동북 9성을 축조하였다.
③ 박위가 쓰시마섬을 토벌하였다.
④ 최무선이 진포에서 왜구를 물리쳤다.

15 밑줄 그은 '그 일'에 해당하는 내용으로 옳은 것은? [2점]

① 삼국사기 편찬
② 팔만대장경 제작
③ 직지심체요절 간행
④ 무구정광대다라니경 인쇄

16 다음 상황 이후에 일어난 사실로 옳은 것은? [2점]

① 김헌창이 난을 일으켰다.
② 장문휴가 등주를 공격하였다.
③ 최치원이 시무 10여 조를 건의하였다.
④ 망이·망소이가 공주 명학소에서 봉기하였다.

17 학생들이 공통으로 이야기하는 기구로 옳은 것은? [2점]

① 도방 ② 어사대 ③ 의금부 ④ 도병마사

18 (가)에 들어갈 인물로 옳은 것은? [2점]

① 양규 ② 최영 ③ 이종무 ④ 정몽주

19 (가)에 들어갈 문화유산으로 옳은 것은? [1점]

① 경복궁 ② 경운궁 ③ 경희궁 ④ 창경궁

20 (가) 왕의 재위 기간에 있었던 사실로 옳은 것은? [2점]

① 계미자가 주조되었다.
② 균역법이 실시되었다.
③ 기묘사화가 일어났다.
④ 6조 직계제가 시행되었다.

21 밑줄 그은 '이 전쟁' 중에 있었던 사실로 옳은 것은? [3점]

① 별기군 창설
② 2군 6위 편성
③ 훈련도감 설치
④ 나선 정벌 단행

22 (가)에 들어갈 내용으로 옳은 것은? [2점]

옥당이라 쓰여 있는 이 현판은 창덕궁 내의 홍문관 청사에 걸려있던 것입니다. 홍문관은 활발한 언론 활동을 통해 사헌부·사간원과 함께 3사라고 불렸습니다. 또한 (가)

① 수원 화성에 외영을 두었습니다.
② 한양의 치안과 행정을 맡았습니다.
③ 재정의 출납과 회계를 관장하였습니다.
④ 왕의 정책 자문과 경연을 담당하였습니다.

23 다음 검색창에 들어갈 사건으로 옳은 것은? [1점]

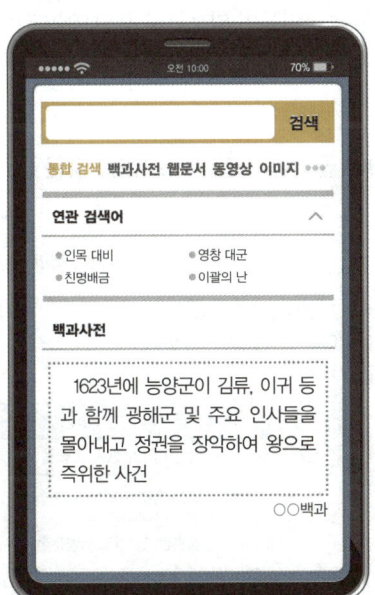

연관 검색어: 인목 대비, 영창 대군, 친명배금, 이괄의 난

백과사전: 1623년에 능양군이 김류, 이귀 등과 함께 광해군 및 주요 인사들을 몰아내고 정권을 장악하여 왕으로 즉위한 사건

① 경신환국　② 무오사화
③ 신유박해　④ 인조반정

24 다음 대화가 이루어진 시기에 볼 수 있는 모습으로 적절하지 않은 것은? [2점]

이보게! 자네 형님이 공명첩을 샀다는 소문이 진짜인가?
그렇다네. 담배 농사를 시작하더니, 그걸로 돈을 많이 모으셨다는군.

① 녹읍을 지급받는 귀족
② 고구마를 재배하는 농민
③ 관청에 물품을 조달하는 공인
④ 청과의 무역으로 부를 축적한 만상

25 (가)에 들어갈 인물로 옳은 것은? [1점]

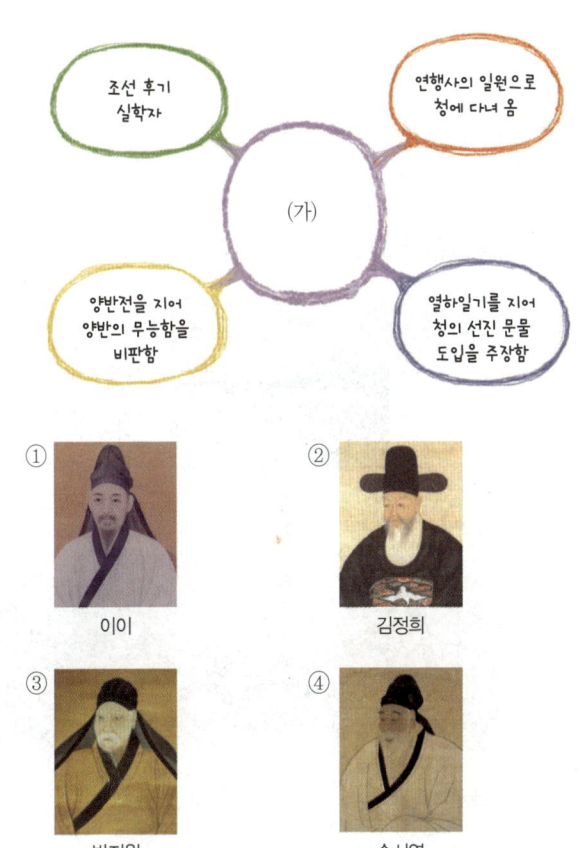

조선 후기 실학자 / 연행사의 일원으로 청에 다녀 옴 / 양반전을 지어 양반의 무능함을 비판함 / 열하일기를 지어 청의 선진 문물 도입을 주장함

① 이이　② 김정희
③ 박지원　④ 송시열

26 다음 자료에 대한 탐구 활동으로 적절한 것은? [2점]

① 과전법 실시의 배경에 대해 살펴본다.
② 조선 형평사의 활동 내용을 조사한다.
③ 전민변정도감이 설치되는 과정을 알아본다.
④ 세도 정치 시기 삼정의 문란에 대해 찾아본다.

27 밑줄 그은 '학교'로 옳은 것은? [2점]

① 배재 학당   ② 오산 학교
③ 육영 공원   ④ 이화 학당

28 (가) 사건에 대한 설명으로 옳은 것은? [2점]

① 청군의 개입으로 진압되었다.
② 제너럴 셔먼호 사건이 배경이 되었다.
③ 양헌수 부대가 정족산성에서 활약하였다.
④ 제물포 조약이 체결되는 결과를 가져왔다.

29 (가) 시기에 있었던 사실로 옳은 것은? [3점]

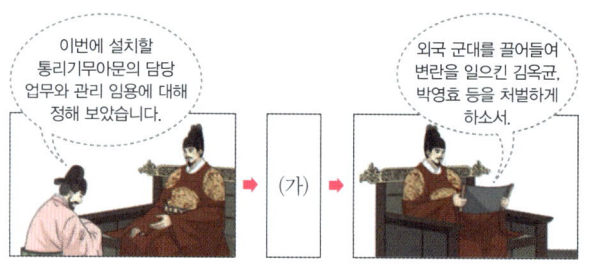

① 탕평비가 건립되었다.
② 간도 협약이 체결되었다.
③ 구식 군인들이 임오군란을 일으켰다.
④ 어영청을 강화하며 북벌이 추진되었다.

30 (가)에 들어갈 사절단으로 옳은 것은? [2점]

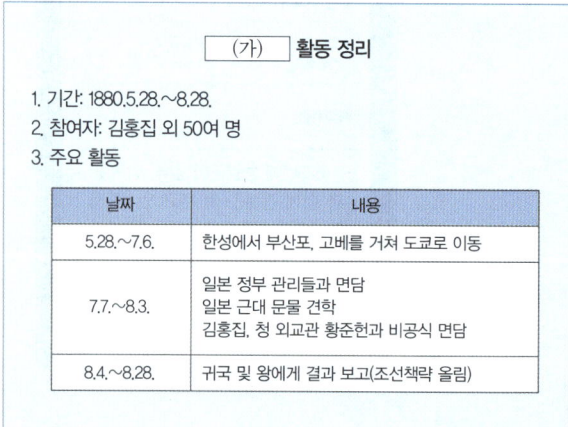

① 보빙사   ② 성절사   ③ 수신사   ④ 영선사

31 (가) 운동에 대한 설명으로 옳은 것은? [2점]

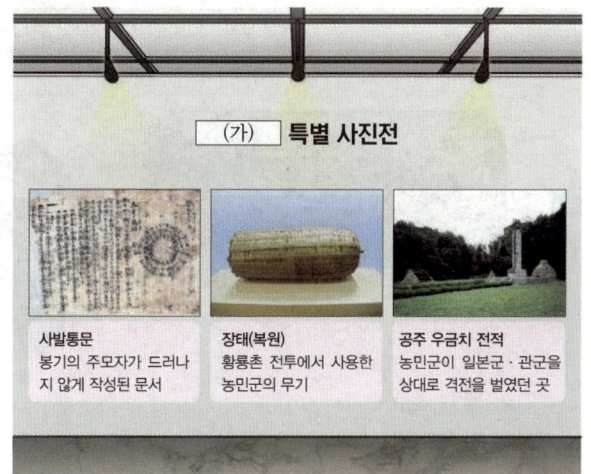

① 박규수가 안핵사로 파견되었다.
② 전개 과정에서 집강소가 설치되었다.
③ 한성 조약이 체결되는 결과를 가져왔다.
④ 평안도 지역 차별에 반발하여 일어났다.

33 (가)에 들어갈 단체로 옳은 것은? [1점]

① 신민회   ② 독립 협회
③ 대한 자강회   ④ 조선어 학회

32 (가)~(라) 제도에 대한 설명으로 옳은 것은? [3점]

기록으로 보는 관리 등용 제도

(가) 처음으로 독서삼품을 정하여 관리를 선발하였다.
(나) 쌍기의 말을 받아들여 과거로 관리를 뽑았으며, 이로부터 학문을 숭상하는 풍조가 비로소 일어났다.
(다) 천거한 사람들을 한곳에 모아 시험을 치르면 많은 인재를 얻을 수 있을 것입니다. 이는 한(漢)에서 시행한 현량과의 뜻을 이은 것입니다.
(라) 군국기무처에서 올린 의안에, …… 과거제의 변통에 대한 재가를 받아 별도로 선거조례(選擧條例)를 정한다.

① (가) - 문과, 무과, 잡과로 구분하여 선발하였다.
② (나) - 신라 원성왕 재위 시기에 시행되었다.
③ (다) - 조광조 등 사림 세력이 실시를 주장하였다.
④ (라) - 광무 개혁의 일환으로 단행되었다.

34 밑줄 그은 '이 조약'에 대한 설명으로 옳은 것은? [2점]

① 청일 전쟁의 배경이 되었다.
② 최혜국 대우의 조항이 들어 있다.
③ 운요호 사건을 계기로 체결되었다.
④ 통감부가 설치되는 결과를 가져왔다.

35 (가) 시기에 시행된 정책으로 옳은 것은? [2점]

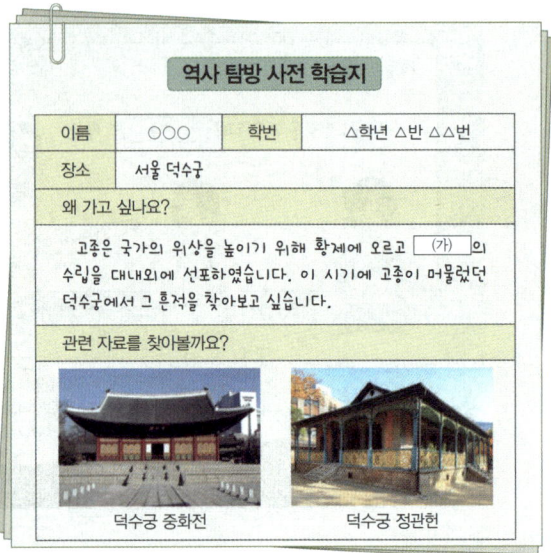

① 지계가 발급되었다.
② 척화비가 건립되었다.
③ 홍범 14조가 반포되었다.
④ 치안 유지법이 제정되었다.

36 밑줄 그은 '이 부대'에 대한 설명으로 옳은 것은? [2점]

○○에게
이보게, 나는 마침내 의병에 합류하였네.
황제 폐하께서 강제로 그 자리에서 내려오셔야 했던 사건은 여전히 울분을 참을 수 없게 만드네. 일제가 끝내 우리 군대를 강제로 해산시키는 과정에서 동료들의 죽음을 보며 가만히 있을 수 없었네. 나는 13도의 의병이 모여 조직되고 이인영 총대장이 지휘하는 이 부대에 가담하여 끝까지 나라를 지키려고 하네.
자네도 우리와 뜻을 같이하면 좋겠네.
옛 동료가

① 서울 진공 작전을 전개하였다.
② 일제의 탄압을 피해 자유시로 이동하였다.
③ 어재연의 지휘 아래 광성보에서 활약하였다.
④ 황포 군관 학교에서 군사 훈련을 실시하였다.

37 밑줄 그은 '전투'로 옳은 것은? [1점]

이것은 1920년 10월 김좌진의 북로 군정서군 등 독립군 연합 부대가 백운평, 천수평, 어랑촌 일대에서 일본군과 싸워 크게 승리한 전투입니다.

① 백강 전투
② 진주성 전투
③ 청산리 전투
④ 대전자령 전투

38 (가)에 해당하는 인물로 옳은 것은? [2점]

이 시는 일제 강점기 민족 저항 시인 (가) 의 대표적인 작품입니다. 그는 조선은행 대구 지점 폭파 사건에 연루되어 수감 생활을 하던 당시의 수인 번호를 따서 호를 지었습니다. 이제 그의 시를 노래로 만나 보겠습니다.

광야
지금 눈 내리고
매화 향기 홀로 아득하니
내 여기 가난한 노래의 씨를 뿌려라

다시 천고의 뒤에
백마 타고 오는 초인이 있어
이 광야에서 목놓아 부르게 하리라

①  심훈
②  윤동주
③  이육사
④  한용운

39 밑줄 그은 '이 정책'으로 옳은 것은? [2점]

① 방곡령
② 신해통공
③ 산미 증식 계획
④ 토지 조사 사업

40 다음 다큐멘터리에서 볼 수 있는 장면으로 적절하지 않은 것은? [3점]

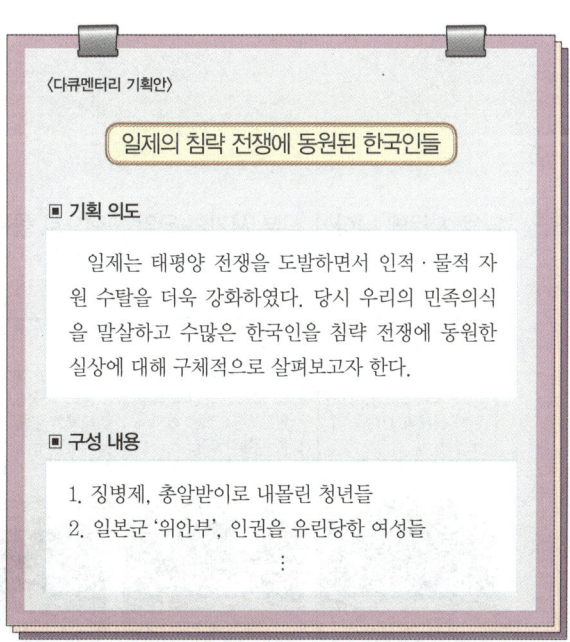

① 태형을 집행하는 헌병 경찰
② 강제 징용으로 끌려가는 청년
③ 공출로 가마솥을 빼앗기는 농민
④ 황국 신민 서사를 암송하는 학생

41 밑줄 그은 '이날'에 해당하는 세시 풍속으로 옳은 것은? [1점]

① 단오   ② 동지   ③ 추석   ④ 한식

42 (가)에 들어갈 인물로 옳은 것은? [1점]

① 나석주   ② 윤봉길   ③ 이봉창   ④ 이회영

43 (가) 군대에 대한 설명으로 옳은 것은? [2점]

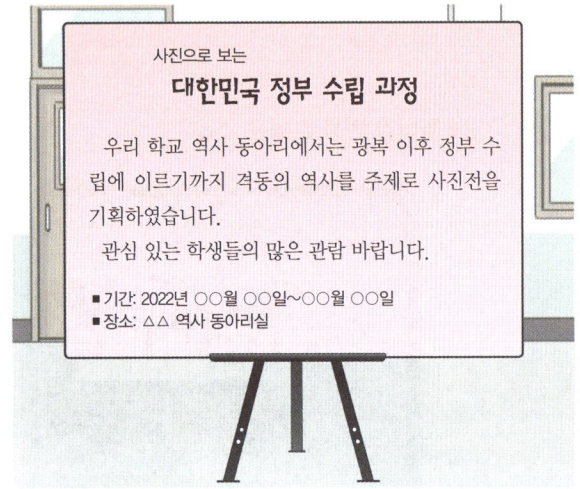

① 고종의 밀지를 받아 조직되었다.
② 조선 혁명 선언을 활동 지침으로 삼았다.
③ 지청천을 총사령관으로 하여 창설되었다.
④ 영릉가 전투에서 한중 연합 작전을 전개하였다.

44 다음 사진전에 전시될 사진으로 적절하지 <u>않은</u> 것은? [2점]

5·10 총선거 실시

6·10 만세 운동 전개

좌우 합작 위원회 활동

제차 미소 공동 위원회 개최

45 (가)에 들어갈 민주화 운동으로 옳은 것은? [1점]

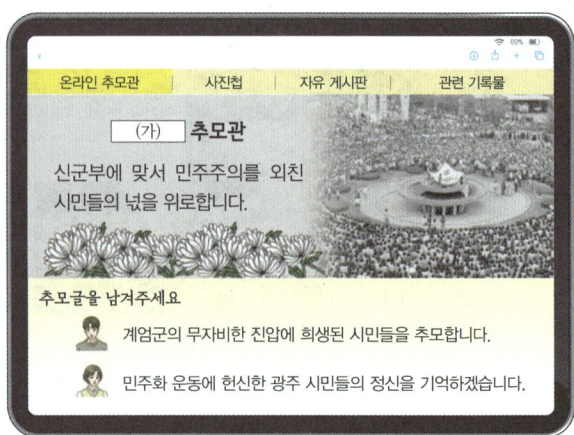

① 4·19 혁명
② 6월 민주 항쟁
③ 부마 민주 항쟁
④ 5·18 민주화 운동

46 다음 자료에 나타난 정부 시기의 통일 노력으로 옳은 것은? [3점]

① 남북한 유엔 동시 가입
② 남북 이산가족 최초 상봉
③ 7·4 남북 공동 성명 발표
④ 6·15 남북 공동 선언 채택

47 밑줄 그은 '정부' 시기에 있었던 사실로 옳은 것은? [3점]

□□신문

제△△호   ○○○○년 ○○월 ○○일

국민학교 명칭, 역사 속으로 사라지다

정부는 광복 50주년을 맞이하여 일제 강점기에 황국 신민의 양성을 목적으로 지어진 국민학교 명칭을 초등학교로 변경한다고 발표했다. 이에 따라 내년 2월말까지 전국 국민학교의 간판을 초등학교로 바꿔 달고 학교의 직인과 생활기록부 등에 적혀 있는 국민학교라는 명칭도 모두 바꾸기로 하였다.

① 삼청 교육대가 운영되었다.
② 조선 총독부 건물이 철거되었다.
③ 반민족 행위 처벌법이 제정되었다.
④ 서울에서 G20 정상 회의가 개최되었다.

48 다음 뉴스가 보도된 정부 시기의 경제 상황으로 옳은 것은? [2점]

오늘 서울 월드컵 경기장에서 제17회 FIFA 한일 월드컵 축구 대회 개막식이 열렸습니다. 이번 월드컵 대회는 아시아 지역에서 처음 열리는 대회로서 세계인의 큰 관심을 끌고 있습니다.

서울에서 월드컵 개막식 성공적으로 열려

① 경부 고속 도로를 준공하였다.
② 세계 무역 기구(WTO)에 가입하였다.
③ 제1차 경제 개발 5개년 계획이 추진되었다.
④ 국제 통화 기금(IMF)의 구제 금융을 조기 상환하였다.

49 (가)에 들어갈 내용으로 옳은 것은? [2점]

주제 탐구 활동 계획서
○학년 ○반 ○모둠

주제: 역사 속 백성들을 위한 구휼 제도

• 선정 이유
우리 역사 속에서 자연 재해나 경제적 위기 상황에 직면한 백성들을 위해 국가가 실시한 구휼 제도에 대해 시대별로 살펴보고, 그 역사적 의미와 교훈에 관하여 생각해 보고자 한다.

• 시대별 탐구 내용

구분	삼국 시대	고려 시대	조선 시대
내용	고구려의 진대법 실시	(가)	환곡제 운영

① 의창 설치
② 신문고 운영
③ 제중원 설립
④ 호포제 실시

50 (가)에 들어갈 지역으로 옳은 것은? [2점]

주제: (가) 의 역사 알아보기

- 신문왕이 이곳으로 천도를 하려고 했어.
- 고려와 후백제 사이에 치열했던 공산 전투가 벌어진 곳이야.
- 김광제 등을 중심으로 국채 보상 운동이 시작되었지.
- 학생들을 중심으로 이승만 독재 정권에 저항한 2·28 민주 운동이 일어났어.

① 대구   ② 안동   ③ 울산   ④ 청주

제60회 한국사능력검정시험

- 자신이 선택한 등급의 문제지인지 확인하시오.
- 문제지에 성명과 수험 번호를 정확히 써넣으시오.
- 답안지에 성명과 수험 번호를 써넣고, 또 수험 번호와 답을 정확히 표시하시오.
- 시험 시간은 70분입니다.

01 (가) 시대의 생활 모습으로 옳은 것은? [2점]

① 가락바퀴를 이용하여 실을 뽑았다.
② 무덤 껴묻거리로 오수전 등을 묻었다.
③ 철제 농기구를 사용하여 농사를 지었다.
④ 의례 도구로 청동 방울 등을 사용하였다.

02 (가) 나라에 대한 설명으로 옳은 것은? [3점]

① 영고라는 제천 행사가 있었다.
② 신지, 읍차 등의 지배자가 있었다.
③ 혼인 풍습으로 민며느리제가 있었다.
④ 읍락 간의 경계를 중시하는 책화가 있었다.

03 밑줄 그은 '제도'로 옳은 것은? [2점]

① 흑창   ② 상평창   ③ 진대법   ④ 제위보

04 (가) 섬에 대한 설명으로 옳은 것은? [1점]

① 러시아가 조차를 요구한 섬이다.
② 영국이 불법적으로 점령한 섬이다.
③ 하멜 일행이 표류하다 도착한 섬이다.
④ 안용복이 일본으로 건너가 우리 영토임을 주장한 섬이다.

05 (가)에 들어갈 가상 우표로 적절한 것은? [2점]

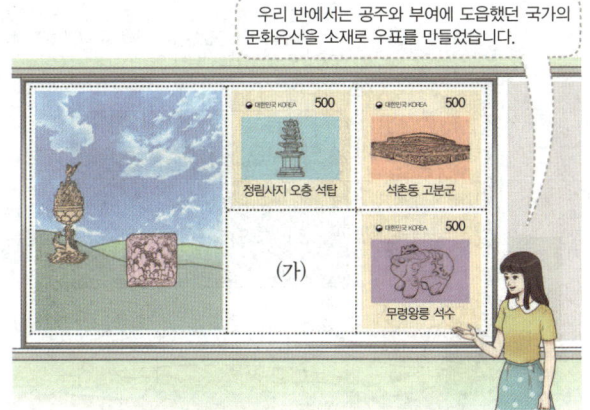

①  첨성대
②  미륵사지 석탑
③  무용총 수렵도
④  성덕 대왕 신종

06 밑줄 그은 '이 나라'에 대한 설명으로 옳은 것은? [2점]

① 전기 가야 연맹을 주도하였다.
② 교육 기관인 국학을 설치하였다.
③ 옥저를 정복하고 동해안으로 진출하였다.
④ 지방에 22담로를 두어 왕족을 파견하였다.

07 밑줄 그은 '왕'의 업적으로 옳은 것은? [2점]

○ 왕이 영을 내려 순장을 금하게 하였다. 이전에는 국왕이 죽으면 남녀 다섯 명씩 순장하였는데, 이때에 이르러 금하게 한 것이다.

○ 여러 신하들이 한뜻으로 '신라국왕'이라는 호칭을 올리니, 왕이 이를 따랐다.

— 『삼국사기』 —

① 우경을 장려하였다.
② 율령을 반포하였다.
③ 독서삼품과를 실시하였다.
④ 화랑도를 국가 조직으로 개편하였다.

08 (가)에 들어갈 세시 풍속으로 옳은 것은? [1점]

동지로부터 105일째 되는 날인 (가) 은/는 양력 4월 5일 무렵으로 중국 춘추 시대 개자추 이야기에서 유래되었다고 전한다. 이날에는 불을 사용하지 않고 찬 음식을 먹었으며 조상의 묘를 돌보았다.

① 단오 ② 칠석 ③ 한식 ④ 삼짇날

09 (가), (나) 사이의 시기에 있었던 사건으로 옳은 것은? [3점]

① 백강 전투
② 살수 대첩
③ 관산성 전투
④ 처인성 전투

10 다음 기획서에 나타난 시기에 발생한 사건으로 옳은 것은? [2점]

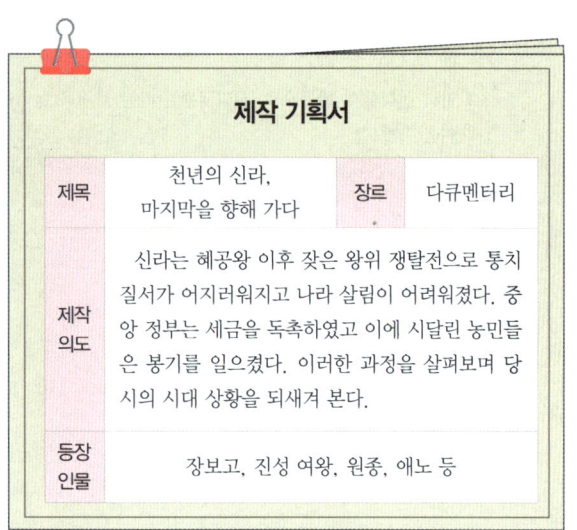

① 김헌창의 난
② 이자겸의 난
③ 김사미·효심의 난
④ 망이·망소이의 난

12 (가)에 들어갈 인물로 옳은 것은? [2점]

① 견훤 ② 궁예 ③ 온조 ④ 주몽

11 (가)에 들어갈 사실로 옳은 것은? [2점]

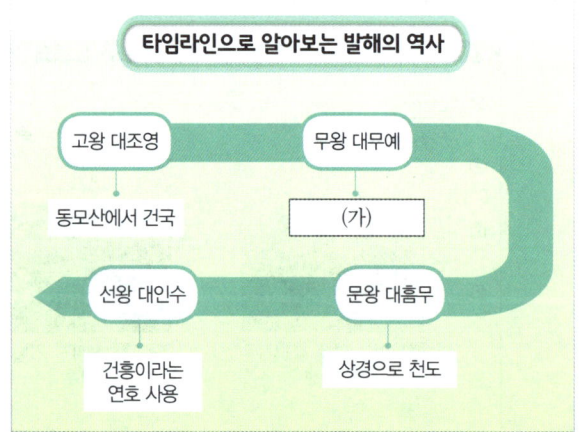

① 대마도 정벌
② 4군 6진 개척
③ 동북 9성 축조
④ 산둥반도의 등주 공격

13 밑줄 그은 '이 책'으로 옳은 것은? [1점]

① 동국통감 ② 동사강목
③ 삼국유사 ④ 제왕운기

14 (가)에 들어갈 문화유산으로 옳은 것은? [2점]

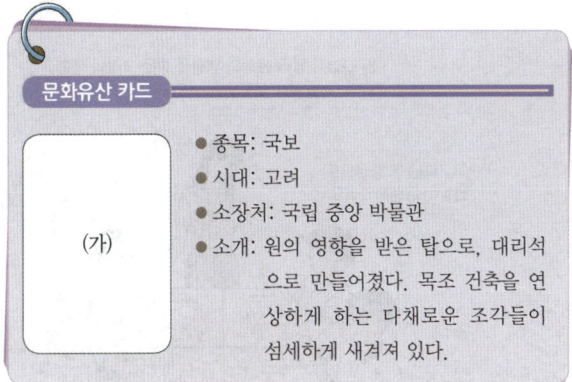

- 종목: 국보
- 시대: 고려
- 소장처: 국립 중앙 박물관
- 소개: 원의 영향을 받은 탑으로, 대리석으로 만들어졌다. 목조 건축을 연상하게 하는 다채로운 조각들이 섬세하게 새겨져 있다.

① 불국사 삼층 석탑
② 분황사 모전 석탑
③ 영광탑
④ 경천사지 십층 석탑

15 (가)~(다)를 일어난 순서대로 옳게 나열한 것은? [3점]

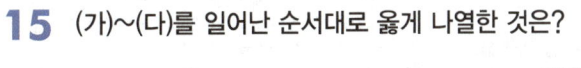

① (가) - (나) - (다)
② (가) - (다) - (나)
③ (나) - (가) - (다)
④ (다) - (가) - (나)

16 다음 퀴즈의 정답으로 옳은 것은? [2점]

1단계 | 고려 무신 정권기의 최고 권력 기구입니다.
2단계 | 임시 기구로 출발하였습니다.
3단계 | 최충헌이 설치하였습니다.

① 중방
② 교정도감
③ 도병마사
④ 식목도감

17 다음 가상 인터뷰의 (가)에 들어갈 내용으로 적절한 것은? [3점]

① 무애가를 지었습니다.
② 천태종을 개창하였습니다.
③ 수선사 결사를 제창하였습니다.
④ 왕오천축국전을 저술하였습니다.

18 (가)에 들어갈 인물로 옳은 것은? [1점]

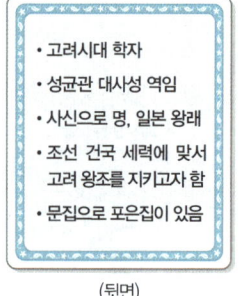

(앞면) / (뒷면)
- 고려시대 학자
- 성균관 대사성 역임
- 사신으로 명, 일본 왕래
- 조선 건국 세력에 맞서 고려 왕조를 지키고자 함
- 문집으로 포은집이 있음

①  박지원
②  송시열
③  정몽주
④  정도전

19 (가)에 들어갈 내용으로 옳은 것은? [2점]

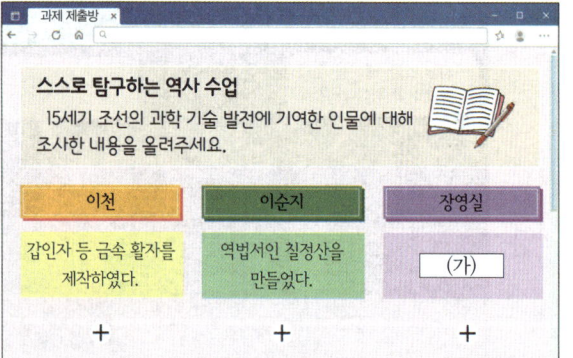

스스로 탐구하는 역사 수업
15세기 조선의 과학 기술 발전에 기여한 인물에 대해 조사한 내용을 올려주세요.

이천 / 이순지 / 장영실
갑인자 등 금속 활자를 제작하였다. / 역법서인 칠정산을 만들었다. / (가)

① 거중기를 설계하였다.
② 자격루를 제작하였다.
③ 대동여지도를 만들었다.
④ 동의보감을 완성하였다.

20 선생님의 질문에 대한 학생의 대답으로 옳지 않은 것은? [2점]

원 간섭기 몽골 문화의 영향을 받은 고려의 생활 모습에 대해 말해 볼까요?

① 지배층을 중심으로 변발이 유행하였어요.
② 증류 방식으로 소주를 제조하였어요.
③ 고추를 넣어 김치를 담갔어요.
④ 아랫도리에 주름을 잡은 철릭을 입었어요.

21 (가) 기구에 대한 설명으로 옳은 것은? [2점]

호조의 관리들이 국가의 물자를 빼돌렸는데 비위의 범위가 넓다네.
서둘러 (가) 의 수장인 대사헌께 보고하세.

① 왕명 출납을 관장하였다.
② 수도의 행정과 치안을 맡았다.
③ 외국어 통역 업무를 담당하였다.
④ 사간원, 홍문관과 함께 삼사로 불렸다.

22 (가)에 들어갈 용어로 옳은 것은? [1점]

지난 수업에서는 조선의 통치 이념인 (가) 에 대해 배웠습니다. 이 화면에는 여러분이 수업 후 기억에 남는 용어를 입력한 결과가 나타나 있습니다. 입력 빈도가 높을수록 큰 글씨로 표시됩니다.

이기론 주자
신진사대부
이이 사림 서원
안향 이황

① 선종 ② 성리학 ③ 양명학 ④ 천도교

23 밑줄 그은 '이 전쟁'에 대한 설명으로 옳은 것은? [2점]

지금 촬영하는 곳은 남한산성입니다. 적의 공격을 방어하기 유리한 지형에 세워진 산성으로 이 전쟁 때 인조가 피신하였습니다.

① 김시민 장군이 활약하였다.
② 별무반을 편성하여 적과 싸웠다.
③ 전쟁 후 청과 군신 관계를 맺었다.
④ 이여송이 이끄는 명의 지원군이 파병되었다.

24 (가), (나) 사이의 시기에 있었던 사실로 옳은 것은? [3점]

(가) 효종이 죽자 자의 대비의 상복 입는 기간을 두고 예송이 발생하였다.
(나) 신하들이 언제라도 탕평의 의미를 되새기라는 뜻에서 왕이 성균관 앞에 탕평비를 세웠다.

① 비변사가 폐지되었다.
② 훈련도감이 설치되었다.
③ 경신환국으로 서인이 집권하였다.
④ 무오사화로 김일손 등이 처형되었다.

25 (가) 사건에 대한 설명으로 옳은 것은? [2점]

이것은 1811년 서북 지역민에 대한 차별 등에 반발하여 일어난 (가) 의 진행 과정을 보여주는 지도입니다.

① 홍경래가 봉기를 주도하였다.
② 서경 천도를 주장하며 일어났다.
③ 백낙신의 횡포가 계기가 되었다.
④ 특수 행정 구역인 소의 주민이 참여하였다.

26 다음 상황이 나타난 시기에 볼 수 있는 모습으로 적절하지 않은 것은? [2점]

① 민화를 그리는 화가
② 탈춤을 공연하는 광대
③ 판소리를 구경하는 상인
④ 팔관회에 참가하는 외국 사신

27 (가)에 들어갈 제도로 옳은 것은? [1점]

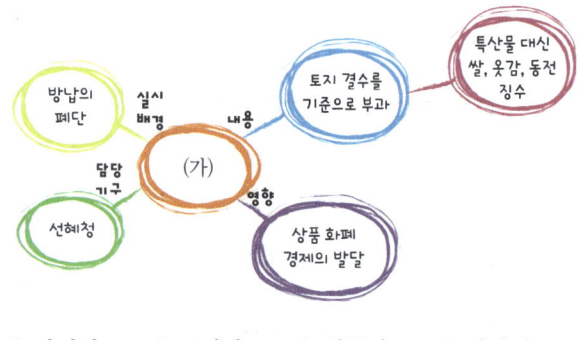

① 과전법　② 균역법　③ 대동법　④ 영정법

28 (가) 왕이 실시한 정책으로 옳은 것은? [2점]

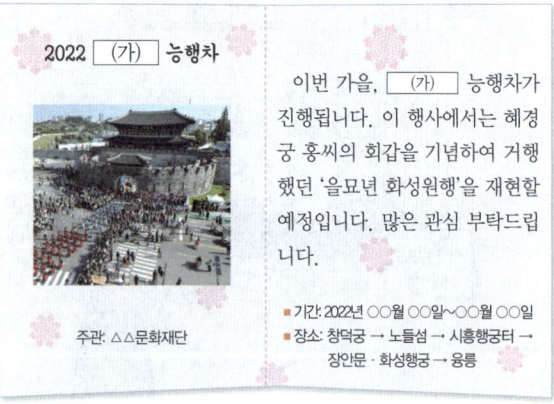

① 장용영을 설치하였다.
② 전시과를 시행하였다.
③ 경복궁을 중건하였다.
④ 경국대전을 완성하였다.

29 (가)에 들어갈 인물로 옳은 것은? [2점]

① 이익　② 박제가　③ 유형원　④ 홍대용

30 (가) 시기에 있었던 사실로 옳은 것은? [2점]

① 당백전을 발행하였다.
② 영선사를 파견하였다.
③ 육영 공원을 설립하였다.
④ 대한국 국제를 제정하였다.

31 (가)에 들어갈 사건으로 옳은 것은? [1점]

① 갑오개혁 ② 갑신정변
③ 브나로드 운동 ④ 민립 대학 설립 운동

33 다음 상황 이후에 일어난 사실로 옳은 것은? [3점]

① 병인박해가 일어났다.
② 척화비가 건립되었다.
③ 제너럴 셔먼호 사건이 발생하였다.
④ 오페르트가 남연군 묘 도굴을 시도하였다.

32 밑줄 그은 '의병'이 일어난 시기를 연표에서 옳게 고른 것은? [3점]

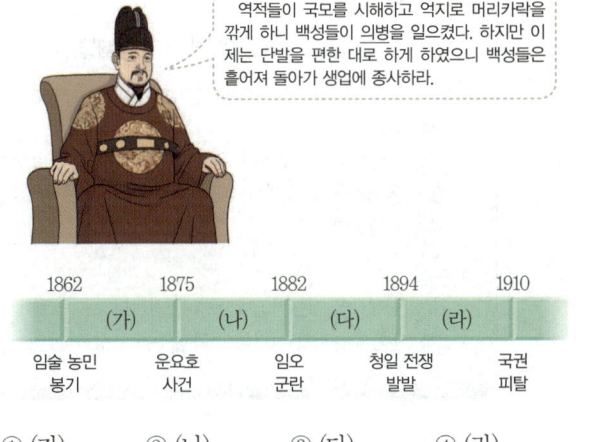

① (가) ② (나) ③ (다) ④ (라)

34 (가)에 들어갈 인물로 옳은 것은? [2점]

① 이준 ② 손병희 ③ 여운형 ④ 홍범도

35 밑줄 그은 '이 운동'에 대한 설명으로 옳은 것은? [2점]

① 만민 공동회를 개최하였다.
② 대한매일신보 등 언론의 지원을 받았다.
③ 조선 사람 조선 것이라는 구호를 내세웠다.
④ 백정에 대한 사회적 차별 철폐를 주장하였다.

36 밑줄 그은 '만세 시위 운동'의 영향으로 옳은 것은? [2점]

① 독립문이 건립되었다.
② 홍범 14조가 반포되었다.
③ 토지 조사 사업이 시작되었다.
④ 대한민국 임시 정부가 수립되었다.

37 (가)에 해당하는 단체로 옳은 것은? [2점]

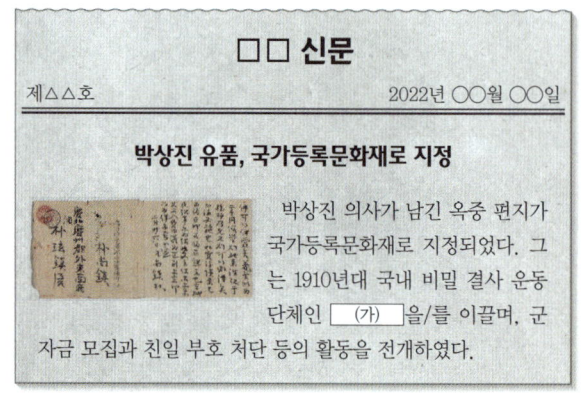

① 권업회　　② 보안회
③ 참의부　　④ 대한 광복회

38 (가)에 들어갈 인물로 옳은 것은? [1점]

〈다큐멘터리 기획안〉

우당 (가) 와/과 그의 형제들

■ 기획 의도
　명문가의 자손인 우당과 그의 형제들이 만주로 망명하여 펼친 독립운동을 소개하며 '노블레스 오블리주'의 진정한 의미를 재조명해 본다.

■ 구성
　1부 전 재산을 처분하고 압록강을 건너다
　2부 신흥 강습소를 설립하여 독립군을 양성하다

① 신채호　② 안중근　③ 이회영　④ 이동휘

39 밑줄 그은 '시기'에 볼 수 있는 모습으로 가장 적절한 것은? [2점]

궁성요배 표어
중일 전쟁 이후 침략 전쟁을 확대하던 시기에 아침마다 일왕이 거처하는 곳(궁성)을 향해 절을 하며 경의를 표하도록 강요하기 위해, 친일 단체인 국민정신총동원 조선연맹이 만든 표어

① 태형을 집행하는 헌병 경찰
② 회사령을 공포하는 총독부 관리
③ 황국 신민 서사를 암송하는 학생
④ 암태도 소작 쟁의에 참여하는 농민

40 밑줄 그은 '이 운동'에 대한 설명으로 옳은 것은? [2점]

① 순종의 인산일에 일어났다.
② 통감부의 탄압으로 실패하였다.
③ 국민 대표 회의 개최의 배경이 되었다.
④ 신간회에서 진상 조사단을 파견하였다.

41 (가)에 해당하는 군사 조직으로 옳은 것은? [1점]

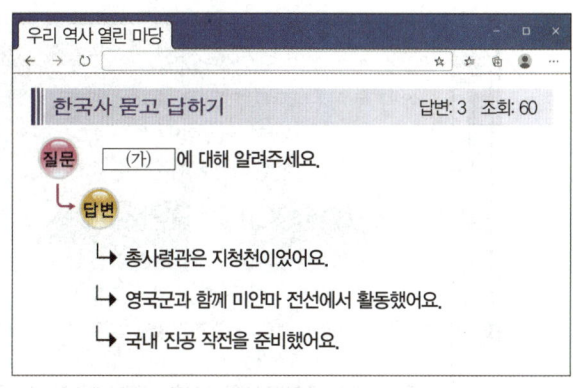

① 북로 군정서
② 조선 의용대
③ 조선 혁명군
④ 한국 광복군

42 다음 성명서가 발표된 이후의 사실로 옳은 것은? [2점]

① 한인 애국단이 결성되었다.
② 제1차 미소 공동 위원회가 열렸다.
③ 평양에서 남북 협상이 진행되었다.
④ 모스크바 3국 외상 회의가 개최되었다.

43 (가)에 들어갈 사건으로 옳은 것은? [2점]

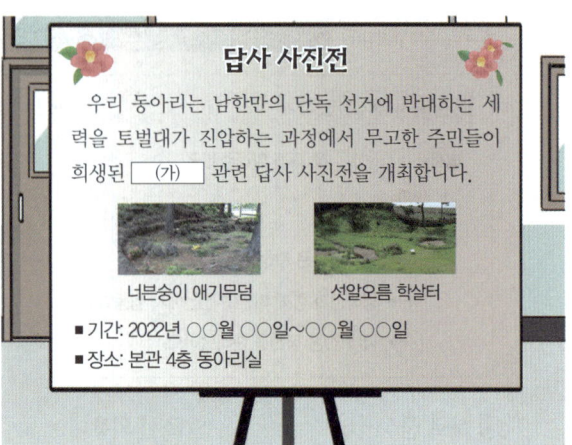

① 원산 총파업 ② 제암리 사건
③ 자유시 참변 ④ 제주 4·3 사건

44 밑줄 그은 '이 전쟁' 중에 있었던 사실로 옳은 것은? [2점]

① 인천 상륙 작전이 전개되었다.
② 조선 건국 준비 위원회가 결성되었다.
③ 이승만이 임시 의정원에서 탄핵되었다.
④ 쌍성보에서 한중 연합 작전이 펼쳐졌다.

45 밑줄 그은 '민주화 운동'에 대한 설명으로 옳은 것은? [2점]

① 대통령 직선제 개헌을 이끌어 냈다.
② 3·15 부정 선거에 항의하여 일어났다.
③ 굴욕적인 한일 국교 정상화에 반대하였다.
④ 신군부의 비상계엄 확대가 원인이 되어 발생하였다.

46 (가)~(다)의 모습이 나타난 시대 순서대로 옳게 나열한 것은? [3점]

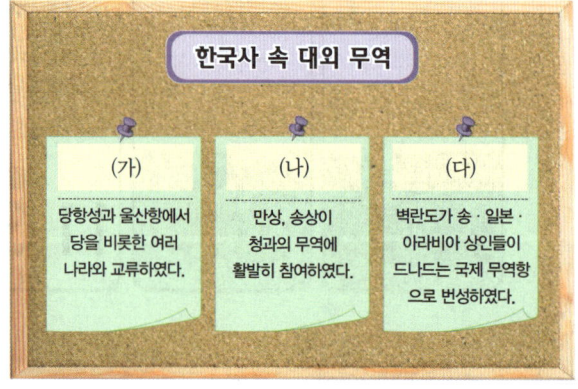

① (가) - (나) - (다)   ② (가) - (다) - (나)
③ (나) - (가) - (다)   ④ (다) - (가) - (나)

47 (가)에 들어갈 내용으로 옳은 것은? [2점]

① 금융 실명제를 실시했어.
② 경부 고속 도로를 준공했어.
③ 제1차 경제 개발 5개년 계획을 추진했어.
④ 미국과 자유 무역 협정(FTA)을 체결했어.

49 (가)~(라)에 들어갈 내용으로 적절하지 않은 것은? [3점]

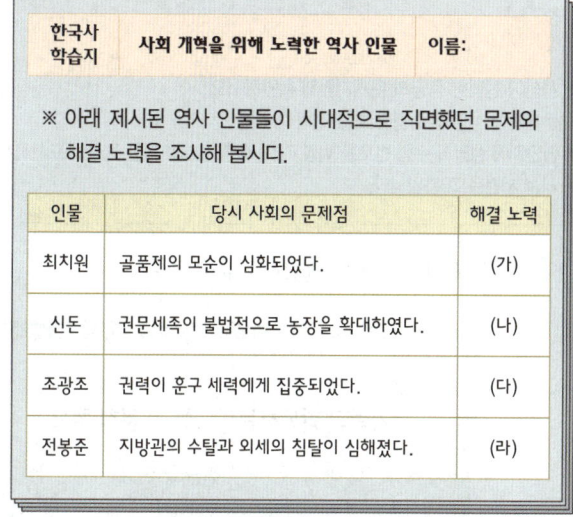

① (가) - 훈요 10조를 남겼다.
② (나) - 전민변정도감의 설치를 건의하였다.
③ (다) - 현량과 시행을 주장하였다.
④ (라) - 동학 농민 운동을 일으켰다.

48 (가)에 해당하는 지역으로 옳은 것은? [1점]

① 진도 ② 거제도 ③ 강화도 ④ 울릉도

50 다음 정부의 통일 노력으로 옳은 것은? [3점]

① 남북 기본 합의서를 채택하였다.
② 7·4 남북 공동 성명을 발표하였다.
③ 6·15 남북 공동 선언에 합의하였다.
④ 남북 이산가족 고향 방문을 최초로 실현하였다.

제58회 한국사능력검정시험

- 자신이 선택한 등급의 문제지인지 확인하시오.
- 문제지에 성명과 수험 번호를 정확히 써넣으시오.
- 답안지에 성명과 수험 번호를 써넣고, 또 수험 번호와 답을 정확히 표시하시오.
- 시험 시간은 70분입니다.

01 (가) 시대의 생활 모습으로 옳은 것은? [1점]

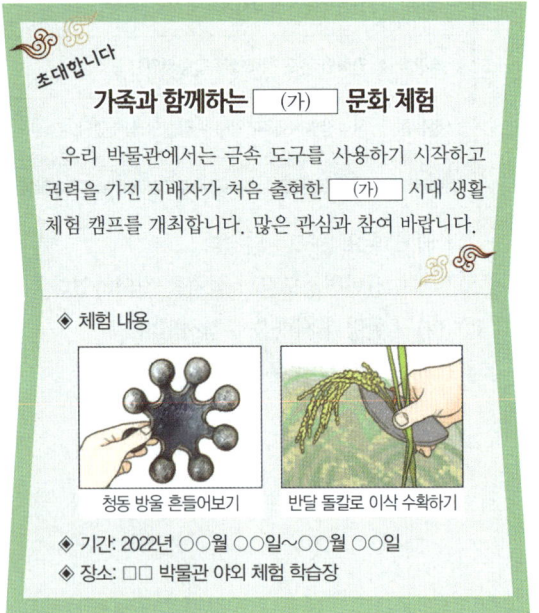

① 우경이 널리 보급되었다.
② 비파형 동검을 사용하였다.
③ 가락바퀴가 처음 등장하였다.
④ 주로 동굴이나 막집에서 살았다.

02 다음 퀴즈의 정답으로 옳은 것은? [2점]

① 동예 ② 부여 ③ 삼한 ④ 옥저

03 (가)~(다)를 일어난 순서대로 옳게 나열한 것은? [3점]

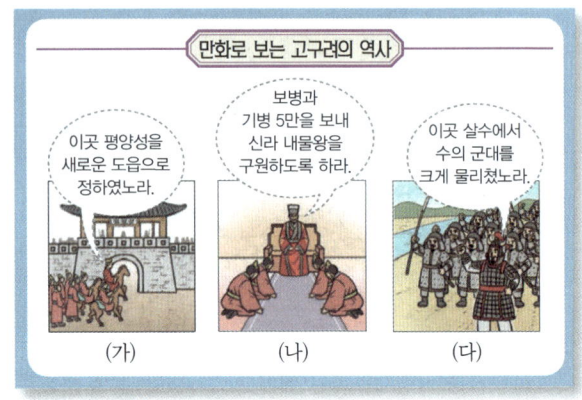

① (가) - (나) - (다)
② (가) - (다) - (나)
③ (나) - (가) - (다)
④ (다) - (가) - (나)

04 밑줄 그은 '이 왕'의 업적으로 옳은 것은? [2점]

① 동진으로부터 불교를 받아들였다.
② 고흥에게 역사서인 서기를 편찬하게 하였다.
③ 진흥왕과 연합하여 한강 유역을 회복하였다.
④ 대야성을 비롯한 신라의 40여 개 성을 빼앗았다.

05 밑줄 그은 '이 나라'에 대한 설명으로 옳은 것은? [2점]

① 골품제라는 엄격한 신분 제도가 있었다.
② 전국을 5도 양계로 나누어 통치하였다.
③ 빈민 구제를 위해 진대법을 실시하였다.
④ 정사암에서 국가의 중대사를 결정하였다.

07 (가)에 들어갈 전투로 옳은 것은? [2점]

〈역사 다큐멘터리 기획안〉

신라, 최후의 승자가 되다!

1. 기획 의도: 한반도를 차지하려 한 당을 몰아내고 신라가 삼국 통일을 이룬 과정을 집중 조명한다.

2. 구성
   1편 – 당이 웅진도독부, 안동도호부를 설치하다
   2편 – 신라가 고구려 부흥 운동을 지원하고 군사력을 보강하다
   3편 – 신라가 당에 맞서 (가) 에서 승리하다

① 기벌포 전투
② 우금치 전투
③ 진주성 전투
④ 처인성 전투

06 (가) 나라의 경제 상황으로 옳은 것은? [2점]

① 정기 시장인 장시가 전국 각지에서 열렸다.
② 시장을 감독하기 위한 동시전이 설치되었다.
③ 활구라고도 불린 은병이 화폐로 사용되었다.
④ 낙랑군과 왜 사이의 중계 무역으로 이익을 얻었다.

08 (가) 국가에 대한 설명으로 옳은 것은? [1점]

① 대조영이 동모산에서 건국하였다.
② 청해진을 중심으로 해상 무역이 전개되었다.
③ 여러 가(加)들이 별도로 사출도를 주관하였다.
④ 지방 세력 견제를 위해 기인 제도가 실시되었다.

09 (가) 왕의 업적으로 옳은 것은? [2점]

이 무덤은 신라의 31대 왕인 (가) 의 능으로 전해지고 있습니다. 이 왕은 관리에게 관료전을 지급하고 녹읍을 폐지하여 귀족들의 경제 기반을 약화시켰습니다.

① 국학을 설립하였다.
② 대가야를 정복하였다.
③ 독서삼품과를 실시하였다.
④ 김헌창의 난을 진압하였다.

10 (가)에 들어갈 문화유산으로 옳은 것은? [3점]

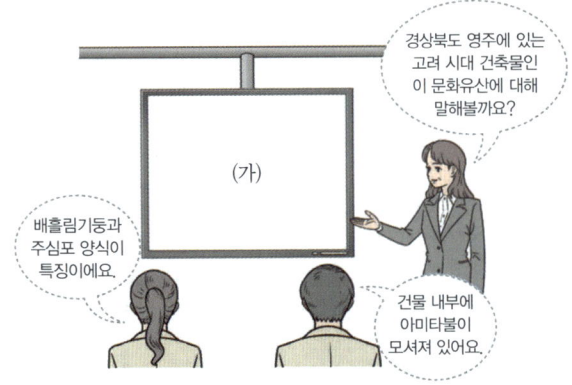

경상북도 영주에 있는 고려 시대 건축물인 이 문화유산에 대해 말해볼까요?

배흘림기둥과 주심포 양식이 특징이에요.

건물 내부에 아미타불이 모셔져 있어요.

①  금산사 미륵전
② 법주사 팔상전
③ 화엄사 각황전
④  부석사 무량수전

11 (가), (나) 사이의 시기에 있었던 사실로 옳은 것은? [3점]

(가) 견훤이 완산주를 근거지로 삼고 스스로 후백제라 일컬으니, 무주 동남쪽의 군현들이 투항하여 복속하였다.

(나) 태조가 대상(大相) 왕철 등을 보내 항복해 온 경순왕을 맞이하게 하였다.

① 연개소문이 천리장성을 쌓았다.
② 최영이 요동 정벌을 추진하였다.
③ 왕건이 고창 전투에서 승리하였다.
④ 이순신이 명량에서 일본군을 물리쳤다.

12 밑줄 그은 '왕'의 업적으로 옳은 것은? [2점]

왕께서 한림학사 쌍기의 건의를 받아들이셨다고 합니다.

과거 시험을 통해 인재를 선발하기로 했다더군요.

① 훈요 10조를 남겼다.
② 수도를 강화도로 옮겼다.
③ 노비안검법을 시행하였다.
④ 기철 등 친원파를 숙청하였다.

13 (가)에 들어갈 내용으로 옳은 것은? [1점]

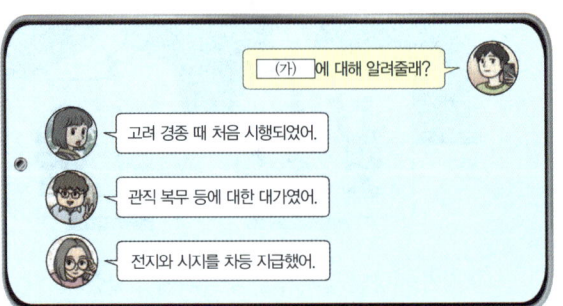

(가) 에 대해 알려줄래?
- 고려 경종 때 처음 시행되었어.
- 관직 복무 등에 대한 대가였어.
- 전지와 시지를 차등 지급했어.

① 과전법
② 납속책
③ 전시과
④ 호포제

14 다음 상황이 일어난 시기를 연표에서 옳게 고른 것은? [3점]

① (가) ② (나) ③ (다) ④ (라)

15 (가)에 들어갈 인물로 옳은 것은? [2점]

① 원효 ② 의천
③ 지눌 ④ 혜심

16 교사의 질문에 대한 학생들의 대답으로 옳지 않은 것은? [2점]

17 (가)의 활동으로 옳은 것은? [2점]

> ○ (가) 이/가 아뢰기를, "신이 여진에게 패배한 까닭은 그들은 기병이고 우리는 보병이어서 대적하기 어려웠기 때문입니다."라고 하였다. 이에 건의하여 비로소 별무반을 만들었다.
> - 『고려사절요』 -
>
> ○ (가) 이/가 여진을 쳐서 크게 물리쳤다. [왕이] 여러 장수를 보내 경계를 정하였다.
> - 『고려사』 -

① 강동 6주를 획득하였다.
② 동북 9성을 축조하였다.
③ 쓰시마섬을 정벌하였다.
④ 쌍성총관부를 수복하였다.

18 (가)에 들어갈 기구로 옳은 것은? [2점]

① 중방 ② 상평창
③ 어사대 ④ 식목도감

19 밑줄 그은 '왕'의 업적으로 옳은 것은? [2점]

① 탕평비를 건립하였다.
② 현량과를 실시하였다.
③ 호패법을 시행하였다.
④ 훈민정음을 창제하였다.

20 (가) 왕의 재위 기간에 있었던 사실로 옳은 것은? [2점]

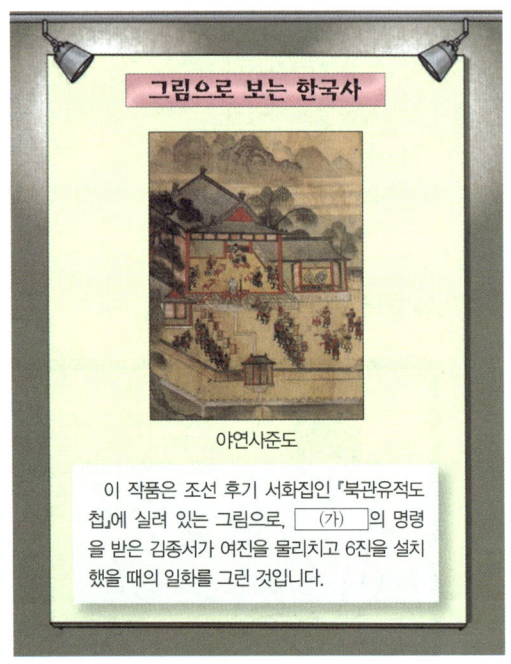

① 장용영 설치
② 칠정산 편찬
③ 경국대전 완성
④ 나선 정벌 단행

21 (가)에 들어갈 교육 기관으로 옳은 것은? [1점]

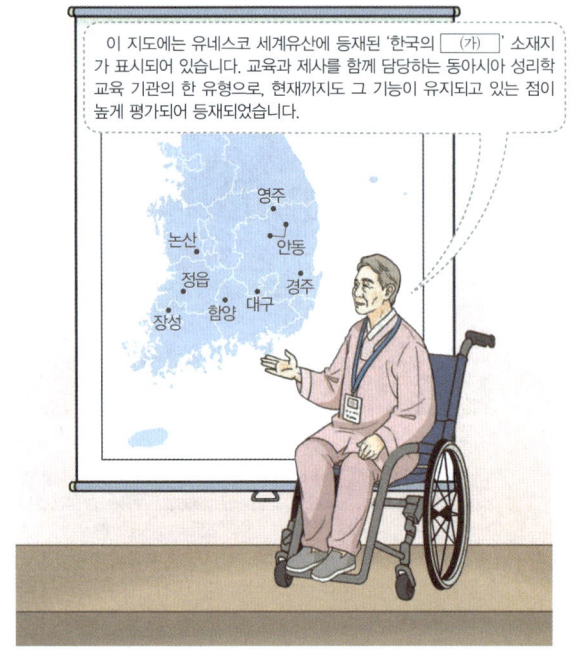

① 서원
② 향교
③ 성균관
④ 4부 학당

22 밑줄 그은 '의병장'으로 옳은 것은? [2점]

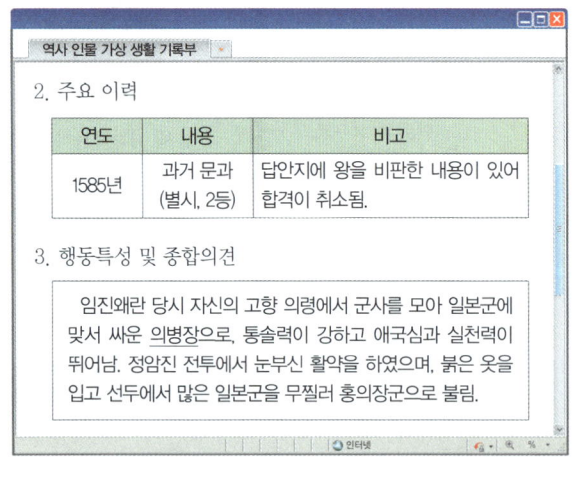

① 조헌   ② 고경명   ③ 곽재우   ④ 정문부

23 밑줄 그은 '이 전쟁' 중에 있었던 사실로 옳은 것은? [3점]

① 왕이 남한산성으로 피신하였다.
② 양헌수가 정족산성에서 항전하였다.
③ 김윤후가 적장 살리타를 사살하였다.
④ 조명 연합군이 평양성을 탈환하였다.

24 (가)에 들어갈 기구로 옳은 것은? [2점]

① 비변사 ② 사헌부 ③ 의금부 ④ 홍문관

25 밑줄 그은 '제도'로 옳은 것은? [2점]

① 균역법 ② 대동법 ③ 영정법 ④ 직전법

26 (가)에 들어갈 인물로 옳은 것은? [1점]

①  허목
② 김정희
③  송시열
④  채제공

27 밑줄 그은 '사건'에 대한 설명으로 옳은 것은? [3점]

① 남접과 북접이 논산에서 연합하였다.
② 삼정이정청이 설치되는 계기가 되었다.
③ 우정총국 개국 축하연을 이용하여 일어났다.
④ 청군에 의해 흥선 대원군이 톈진으로 납치되었다.

28 다음 대화가 이루어진 시기에 볼 수 있는 모습으로 옳은 것은? [2점]

① 국자감에 입학하는 학생
② 팔관회에 참석하는 관리
③ 판소리 공연을 구경하는 농민
④ 삼별초의 일원으로 훈련하는 군인

29 밑줄 그은 '조약'으로 옳은 것은? [2점]

① 한성 조약
② 정미 7조약
③ 강화도 조약
④ 제물포 조약

30 (가)에 들어갈 내용으로 옳은 것은? [2점]

역사 인물 카드
- 생몰: 1833년~1907년
- 호: 면암
- 주요 활동
  - 흥선 대원군의 하야를 요구하는 상소를 올림
  - (가)
  - 을사늑약에 항거하여 태인에서 의병을 일으킴

① 북학의를 저술함
② 왜양일체론을 주장함
③ 신흥 무관 학교를 설립함
④ 시일야방성대곡을 작성함

31 밑줄 그은 '이 사건'의 결과로 옳은 것은? [2점]

이것은 민응식의 옛 집터 표지석입니다. 구식 군인들이 별기군과의 차별 등에 반발하여 일으킨 이 사건 당시, 궁궐을 빠져나온 왕비가 피란하였던 곳임을 알려 주고 있습니다.

① 집강소가 설치되었다.
② 조사 시찰단이 파견되었다.
③ 외규장각 도서가 약탈되었다.
④ 청의 내정 간섭이 심화되었다.

32 밑줄 그은 '단체'로 옳은 것은? [2점]

학술 발표회

우리 학회에서는 제국주의 열강의 침략으로부터 주권을 수호하고자 서재필의 주도로 창립된 단체의 의의와 한계를 조명하고자 합니다. 많은 관심과 참여를 바랍니다.

◆ 발표 주제 ◆
• 민중 계몽을 위한 강연회와 토론회 개최 이유
• 만민 공동회를 통한 자주 국권 운동 전개 과정
• 관민 공동회 개최와 헌의 6조 결의의 역사적 의미

■일시: 2022년 4월 ○○일 13:00~18:00
■장소: △△문화원 소강당

① 보안회 ② 신민회
③ 독립 협회 ④ 대한 자강회

33 다음 법령이 시행된 시기 일제의 경제 정책으로 옳은 것은? [2점]

회사령
제1조 회사의 설립은 조선 총독의 허가를 받아야 한다.
제2조 조선 외에서 설립한 회사가 조선에 본점이나 또는 지점을 설립하고자 할 때는 조선 총독의 허가를 받아야 한다.

① 미곡 공출제 시행
② 남면북양 정책 추진
③ 농촌 진흥 운동 전개
④ 토지 조사 사업 실시

34 밑줄 그은 '정부'의 활동으로 옳지 않은 것은? [3점]

① 연통제를 실시하였다.
② 독립 공채를 발행하였다.
③ 구미 위원부를 설치하였다.
④ 대한국 국제를 반포하였다.

35 (가)에 들어갈 종교로 옳은 것은? [1점]

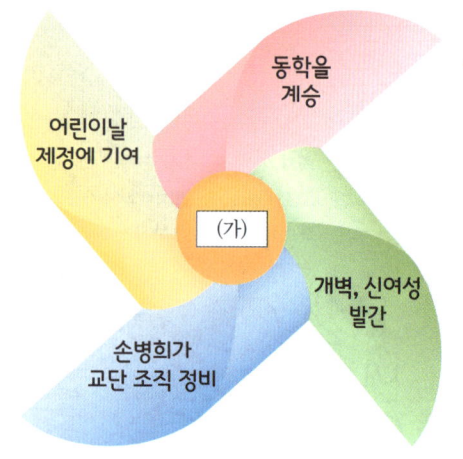

① 대종교 ② 원불교
③ 천도교 ④ 천주교

36 (가)에 해당하는 인물로 옳은 것은? [2점]

①  김좌진
②  양세봉
③  지청천
④ 홍범도

37 학생들이 공통으로 이야기하는 민족 운동으로 옳은 것은? [2점]

① 브나로드 운동
② 문자 보급 운동
③ 물산 장려 운동
④ 민립 대학 설립 운동

38 (가)에 들어갈 단체로 옳은 것은? [1점]

① 의열단 ② 중광단
③ 흥사단 ④ 한인 애국단

39 (가)에 들어갈 단체로 옳은 것은? [2점]

① 신간회
② 토월회
③ 대한 광복회
④ 조선어 학회

40 밑줄 그은 '이 시기'를 연표에서 옳게 고른 것은? [3점]

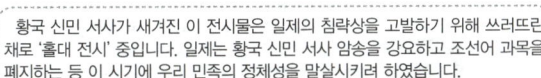

① (가) ② (나) ③ (다) ④ (라)

41 (가)에 들어갈 내용으로 옳은 것은? [3점]

① 헤이그 특사로 파견된 배경
② 암태도 소작 쟁의에 참여한 계기
③ 한국독립운동지혈사의 저술 이유
④ 조선 건국 준비 위원회의 결성 목적

42 (가) 전쟁 중에 있었던 사실로 옳지 않은 것은? [2점]

① 반공 포로가 석방되었다.
② 미소 공동 위원회가 개최되었다.
③ 중국군의 개입으로 서울을 다시 빼앗겼다.
④ 국군과 유엔군이 인천 상륙 작전에 성공하였다.

43 (가)에 들어갈 민주화 운동으로 옳은 것은? [2점]

① 4·19 혁명
② 6월 민주 항쟁
③ 부마 민주 항쟁
④ 5·18 민주화 운동

44 (가) 정부 시기에 있었던 사실로 옳은 것은? [2점]

① 3저 호황으로 수출이 증가하였다.
② 제2차 경제 개발 5개년 계획이 실시되었다.
③ 경제 협력 개발 기구(OECD)에 가입하였다.
④ 미국과 자유 무역 협정(FTA)을 체결하였다.

45 밑줄 그은 '이 인물'로 옳은 것은? [1점]

① 김대중
② 김영삼
③ 노태우
④ 전두환

46 다음 뉴스가 보도된 정부 시기의 통일 노력으로 옳은 것은? [2점]

① 이산가족 최초 상봉
② 남북 기본 합의서 채택
③ 남북한 유엔 동시 가입
④ 10·4 남북 정상 선언 발표

47 (가)~(다)를 일어난 순서대로 옳게 나열한 것은? [3점]

① (가) - (나) - (다) ② (가) - (다) - (나)
③ (나) - (가) - (다) ④ (다) - (가) - (나)

48 밑줄 그은 '섬'으로 옳은 것은? [1점]

○○월 ○○일 ○요일 날씨: 맑음

오늘 나는 가족과 함께 우리나라 가장 동쪽에 있는 섬을 다녀왔다. 배 안에서 선장님께 들었는데, 1900년에 고종 황제가 칙령 제41호를 공포해 이곳이 우리 땅임을 분명히 했다고 한다. 선착장에는 멋있는 경찰들이 마중 나와 있었다. 앞으로 나도 우리 영토를 지키기 위해 힘을 보태야겠다.

① 독도 ② 진도
③ 거제도 ④ 흑산도

49 밑줄 그은 '놀이'로 옳은 것은? [1점]

우리나라의 민속놀이 소개

구멍 뚫린 동전을 천이나 한지로 접어 싸고 그 끝을 여러 갈래로 찢어 술을 너풀거리게 만든 뒤, 이를 발로 차며 즐기는 놀이입니다.

① 널뛰기 ② 비석치기
③ 제기차기 ④ 쥐불놀이

50 학생들이 공통으로 이야기하는 지역으로 옳은 것은? [2점]

① 상주 ② 원주 ③ 전주 ④ 청주

제57회 한국사능력검정시험

- 자신이 선택한 등급의 문제지인지 확인하시오.
- 문제지에 성명과 수험 번호를 정확히 써넣으시오.
- 답안지에 성명과 수험 번호를 써넣고, 또 수험 번호와 답을 정확히 표시하시오.
- 시험 시간은 70분입니다.

01 다음 축제에서 체험할 수 있는 활동으로 적절한 것은? [1점]

① 가락바퀴로 실 뽑기
② 뗀석기로 고기 자르기
③ 점토로 빗살무늬 토기 빚기
④ 거푸집으로 청동검 모형 만들기

02 (가)에 들어갈 내용으로 옳은 것은? [2점]

① 서옥제라는 혼인 풍습을 표현해 보자.
② 무예를 익히는 화랑도의 모습을 보여주자.
③ 특산물인 단궁, 과하마, 반어피를 그려 보자.
④ 지배층인 마가, 우가, 저가, 구가를 등장시키자.

03 다음 자료에 해당하는 나라에 대한 설명으로 옳은 것은? [2점]

○ 위서에 이르기를, "지금으로부터 2천여 년 전에 단군왕검이 아사달에 도읍을 정하였다."고 하였다.
　　　　　　　　　　　　　　　　- 『삼국유사』 -

○ 누선장군 양복(楊僕)이 군사 7천을 거느리고 먼저 왕검성에 도착하였다. 우거가 성을 지키고 있다가 양복의 군사가 적은 것을 알고 곧 나가서 공격하니 양복이 패하여 달아났다.
　　　　　　　　　　　　　　　　- 『삼국유사』 -

① 신성 지역인 소도가 있었다.
② 낙랑, 왜 등에 철을 수출하였다.
③ 화백 회의에서 중요한 일을 결정하였다.
④ 사회 질서를 유지하기 위해 범금 8조를 만들었다.

04 (가) 왕에 대한 설명으로 옳은 것은? [2점]

① 태학을 설립하였다.
② 낙랑군을 몰아내었다.
③ 천리장성을 축조하였다.
④ 영락이라는 연호를 사용하였다.

05 (가), (나) 사이의 시기에 있었던 사실로 옳은 것은? [3점]

① 고구려가 옥저를 정복하였다.
② 백제가 신라와 동맹을 맺었다.
③ 백제가 관산성 전투에서 패배하였다.
④ 고구려가 안시성에서 당군을 물리쳤다.

06 밑줄 그은 '그'로 옳은 것은? [1점]

① 김대성　② 김춘추
③ 사다함　④ 이사부

07 (가) 국가에 대한 설명으로 옳은 것은? [3점]

① 송악에서 철원으로 도읍을 옮겼다.
② 수의 군대를 살수에서 크게 무찔렀다.
③ 인재 선발을 위하여 독서삼품과를 시행하였다.
④ 정당성 아래 6부를 두어 행정을 담당하게 하였다.

08 다음 일기의 소재가 된 유적으로 옳은 것은? [2점]

①  경주 감은사지
② 여주 고달사지
③  원주 법천사지
④  화순 운주사지

09 다음 답사가 이루어진 지역으로 옳지 <u>않은</u> 것은? [2점]

① 공주   ② 부여   ③ 익산   ④ 전주

10 밑줄 그은 '그'가 활동한 시기에 볼 수 있는 모습으로 적절한 것은? [2점]

① 성리학을 공부하는 유생
② 금속 활자를 주조하는 장인
③ 판소리 공연을 하는 소리꾼
④ 군사를 모아 장군이라 칭하는 호족

11 (가) 왕에 대한 설명으로 옳은 것은? [2점]

① 훈요 10조를 남겼다.
② 과거제를 시행하였다.
③ 만권당을 설립하였다.
④ 전시과를 마련하였다.

12 (가)~(다) 학생이 발표한 내용을 일어난 순서대로 옳게 나열한 것은? [3점]

① (가) - (나) - (다)   ② (가) - (다) - (나)
③ (나) - (가) - (다)   ④ (다) - (가) - (나)

13 교사의 질문에 대한 학생의 답변으로 옳지 <u>않은</u> 것은? [2점]

14 (가)에 들어갈 세시 풍속으로 옳은 것은? [1점]

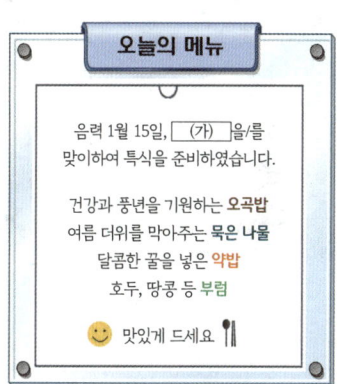

① 동지　　② 추석
③ 삼짇날　④ 정월 대보름

15 (가) 시기에 있었던 사실로 옳은 것은? [3점]

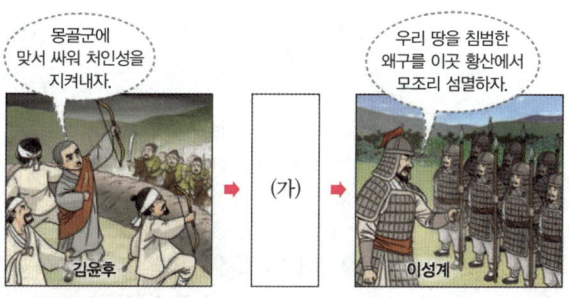

① 과전법이 시행되었다.
② 이자겸이 난을 일으켰다.
③ 궁예가 후고구려를 세웠다.
④ 팔만대장경판이 제작되었다.

16 다음 퀴즈의 정답으로 옳은 것은? [1점]

① 양규　② 일연　③ 김부식　④ 이제현

17 다음 다큐멘터리에서 볼 수 있는 장면으로 적절하지 <u>않은</u> 것은? [2점]

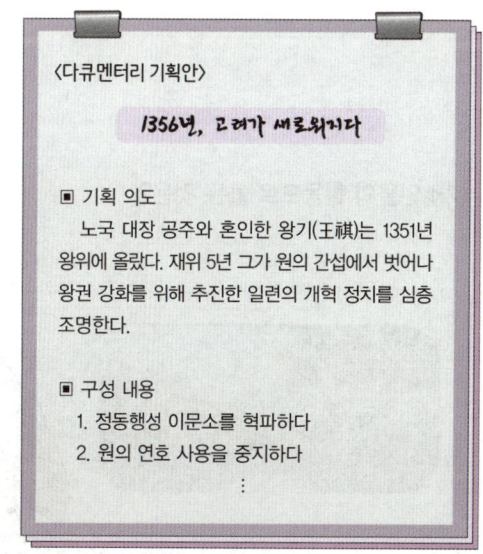

① 수원 화성을 축조하는 백성
② 쌍성총관부를 공격하는 군인
③ 숙청당하는 기철 등 친원 세력
④ 정방 폐지 교서를 작성하는 관리

18 다음 기사에 보도된 문화유산으로 옳은 것은? [2점]

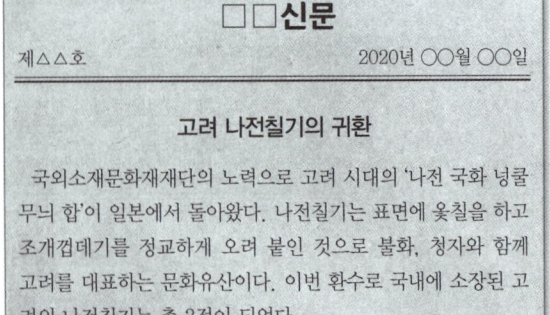

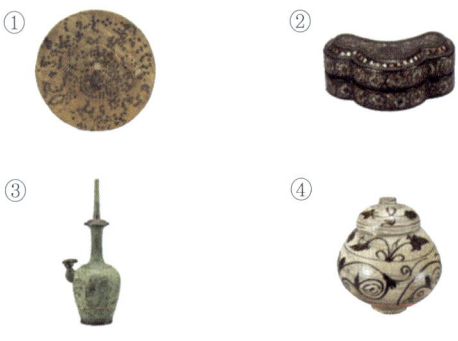

20 밑줄 그은 '탑'으로 옳은 것은? [2점]

① 불국사 다보탑
② 신륵사 다층 전탑
③ 월정사 팔각 구층 석탑
④ 화엄사 사사자 삼층 석탑

19 (가) 인물의 활동으로 옳은 것은? [2점]

① 거중기를 설계하였다.
② 앙부일구를 제작하였다.
③ 비격진천뢰를 발명하였다.
④ 화통도감 설치를 건의하였다.

21 (가)에 들어갈 사건으로 옳은 것은? [2점]

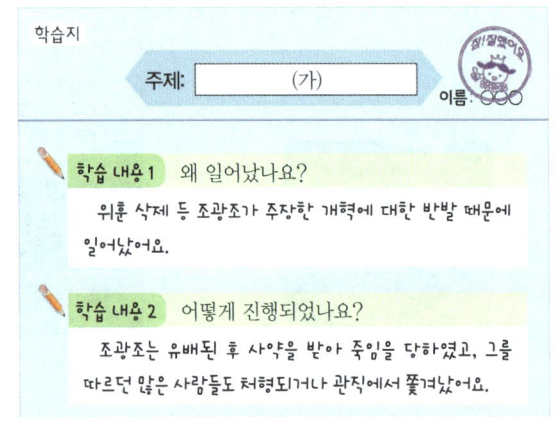

① 기묘사화
② 신유박해
③ 인조반정
④ 임오군란

22 (가)에 들어갈 인물로 옳은 것은? [1점]

- 조선 개국 공신
- 조선의 통치 기준과 문명 원칙을 제시한 조선경국전을 저술함
- 불씨잡변을 지어 불교 교리를 비판함

①  이이
② 송시열
③  정도전
④  정몽주

23 밑줄 그은 '왕'이 추진한 정책으로 옳은 것은? [2점]

① 삼별초를 조직하였다.
② 직전법을 시행하였다.
③ 한양으로 천도하였다.
④ 훈민정음을 창제하였다.

24 (가)에 들어갈 정치 기구로 옳은 것은? [2점]

① 비변사
② 어사대
③ 도병마사
④ 군국기무처

25 (가) 전쟁 중에 있었던 사실로 옳은 것은? [2점]

1592년 7월 이순신이 이끄는 조선 수군은 이곳 한산도 앞바다에서 학익진을 펼치며 일본 수군을 크게 격파하였습니다. 그 결과 조선군은 (가) 당시 남해안 일대의 제해권을 장악하게 되었습니다.

① 최윤덕이 4군을 개척하였다.
② 서희가 강동 6주를 확보하였다.
③ 권율이 행주산성에서 승리하였다.
④ 이종무가 쓰시마섬을 토벌하였다.

26 다음 학생이 생각하고 있는 책으로 옳은 것은? [1점]

① 동의보감 ② 목민심서
③ 열하일기 ④ 향약집성방

27 다음 퀴즈의 정답으로 옳은 것은? [2점]

① 금산사 미륵전
② 법주사 팔상전
③ 봉정사 극락전
④ 부석사 무량수전

28 (가)에 대한 역대 왕조의 시기별 정책으로 옳은 것은? [3점]

○ (가) 의 변경 침략 때문에 [예종이] 법왕사에 행차하여 분향하고, 신하들을 나누어 보내 여러 사당에서 기도하게 하였다.

○ 동북면 도순문사가 아뢰었다. "경성, 경원에 (가) 의 출입을 허락하면 떼 지어 몰려올 우려가 있고, 일절 금하면 소금과 쇠를 얻지 못하여 변경에 불화가 생길까 걱정됩니다. 원하건대, 두 고을에 무역소를 설치하여 저들로 하여금 와서 교역하게 하소서." [태종이] 그대로 따랐다.

① 백제 의자왕 때 대야성을 공격하였다.
② 신라 흥덕왕 때 완도에 청해진을 설치하였다.
③ 고려 숙종 때 윤관의 건의로 별무반을 편성하였다.
④ 조선 고종 때 종로와 전국 각지에 척화비를 건립하였다.

29 다음 가상 뉴스가 보도된 시기의 경제 상황으로 옳은 것은? [2점]

① 당백전이 유통되었다.
② 동시전이 설치되었다.
③ 목화가 처음 전래되었다.
④ 모내기법이 전국으로 확산되었다.

30 (가) 왕이 추진한 정책으로 옳은 것은? [3점]

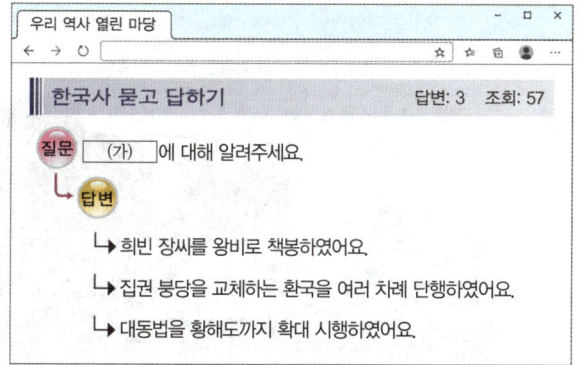

① 장용영을 설치하였다.
② 탕평비를 건립하였다.
③ 상평통보를 발행하였다.
④ 동국여지승람을 편찬하였다.

31 밑줄 그은 '변고'가 일어난 시기를 연표에서 옳게 고른 것은? [3점]

답서
영종 첨사 명의로 답서를 보냈다.

　귀국과 우리나라 사이에는 원래 소통이 없었고, 은혜를 입거나 원수를 진 일도 없었다. 그런데 이번 덕산 묘지(남연군 묘)에서 일으킨 변고는 사람으로서 차마 할 수 있는 일이겠는가? …… 이런 지경에 이르렀으니 우리나라 신하와 백성은 있는 힘을 다하여 한마음으로 귀국과는 같은 하늘을 이고 살 수 없다는 것을 맹세한다.

1863	1876	1884	1894	1905
(가)	(나)	(다)	(라)	
고종 즉위	강화도 조약	갑신 정변	갑오 개혁	을사 늑약

① (가)　② (나)　③ (다)　④ (라)

32 다음 책이 국내에 유포된 영향으로 적절한 것은? [2점]

이 책은 청의 외교관 황준헌이 쓴 것으로, 제2차 수신사로 일본에 갔던 김홍집이 들여온 것입니다. 러시아의 남하를 막기 위해 조선이 중국을 가까이하고, 일본과 관계를 공고히 하며, 미국과 연계해야 한다는 내용을 담고 있습니다.

① 병인박해가 일어났다.
② 제너럴 셔먼호 사건이 발생하였다.
③ 이만손 등이 영남 만인소를 올렸다.
④ 어재연 부대가 광성보에서 항전하였다.

33 (가) 운동에 대한 탐구 활동으로 가장 적절한 것은? [2점]

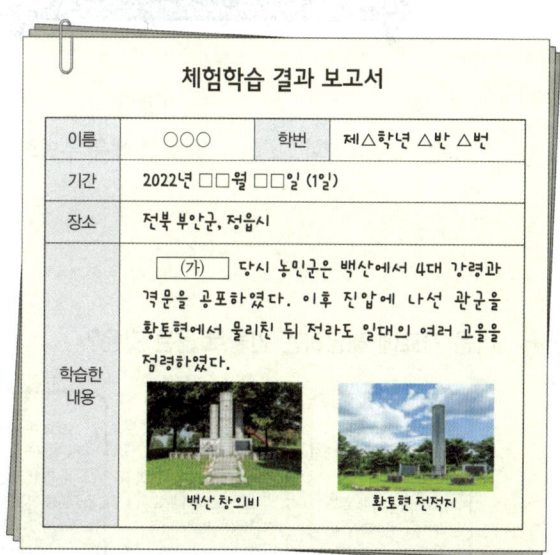

① 삼전도비의 건립 배경을 조사한다.
② 산미 증식 계획의 실상을 파악한다.
③ 나선 정벌군의 이동 경로를 알아본다.
④ 전주 화약이 체결되는 과정을 살펴본다.

34 다음 사건 이후에 일어난 사실로 옳은 것은? [2점]

> **역사 신문**
>
> **국왕, 경복궁을 떠나다**
>
> 2월 11일 국왕과 세자가 비밀리에 러시아 공사관으로 거처를 옮겼다. 일본군 감시가 허술한 틈을 타 궁녀의 가마를 타고 경복궁을 나왔는데, 공사관에 도착한 때는 대략 오전 7시 30분이었다.

① 훈련도감이 설치되었다.
② 청에 영선사가 파견되었다.
③ 외규장각 도서가 약탈되었다.
④ 대한 제국 수립이 선포되었다.

35 밑줄 그은 '이 단체'로 옳은 것은? [1점]

① 근우회
② 찬양회
③ 조선 여자 교육회
④ 토산 애용 부인회

36 다음 자료에 해당하는 인물로 옳은 것은? [2점]

① 심훈
② 이회영
③ 전형필
④ 주시경

37 (가)의 활동으로 옳은 것은? [2점]

① 구미 위원부를 설치하였다.
② 만민 공동회를 개최하였다.
③ 국채 보상 운동을 전개하였다.
④ 신흥 무관 학교를 설립하였다.

38 (가)~(라)에 들어갈 내용으로 옳은 것은? [2점]

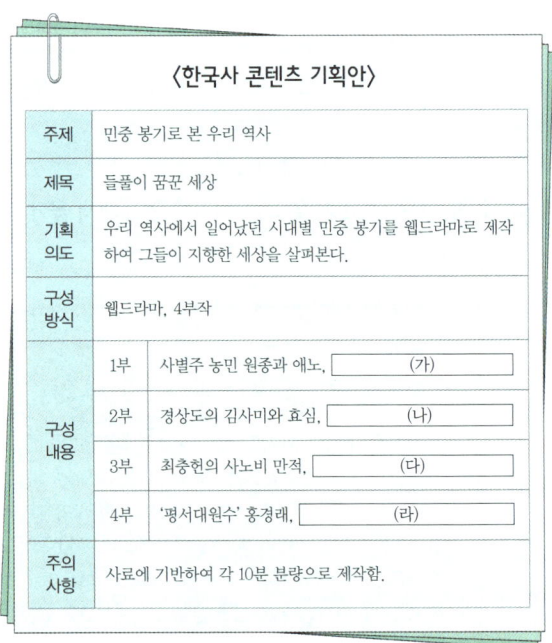

① (가) - 환곡의 폐단과 탐관오리의 횡포에 항거하다
② (나) - 정감록 신앙을 바탕으로 왕조 교체를 외치다
③ (다) - 무신정변 이래 격변한 세상에서 신분 해방을 도모하다
④ (라) - 특수 행정 구역인 소의 주민에 대한 수탈에 저항하다

39 (가)에 들어갈 내용으로 적절한 것은? [1점]

① 서유견문
② 어린이날
③ 진단 학회
④ 통리기무아문

40 (가)에 들어갈 사진으로 옳은 것은? [2점]

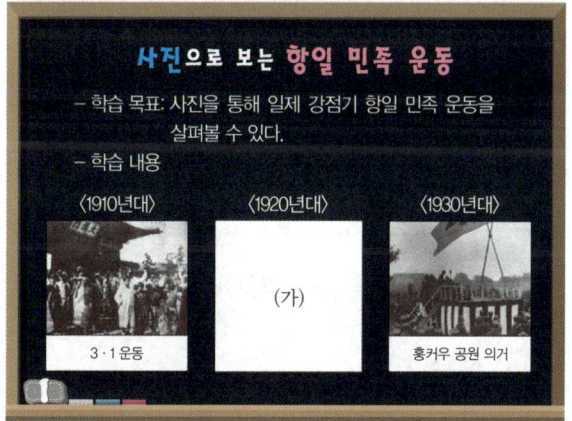

①  정미의병
②  6·10 만세 운동
③  조선 의용대 창설
④  헤이그 특사 파견

41 밑줄 그은 '합의'가 이루어진 배경으로 옳은 것은? [3점]

① 만주 사변이 일어났다.
② 카이로 회담이 개최되었다.
③ 태평양 전쟁이 발발하였다.
④ 조선 건국 준비 위원회가 결성되었다.

42 밑줄 그은 '이 시기'에 일제가 추진한 정책으로 옳은 것은? [3점]

① 회사령을 공포하였다.
② 미곡 공출제를 시행하였다.
③ 치안 유지법을 제정하였다.
④ 헌병 경찰 제도를 실시하였다.

43 (가)에 해당하는 지역을 지도에서 옳게 찾은 것은? [2점]

> **결 의 안**
>
> (가) 에 일본 정보원들이 침투하는 것을 차단하기 위해 다음 방안을 실시한다.
>
> 1. (가) 에서 모든 고려인을 내보낸 후 카자흐 남부 지역, 우즈베크 소비에트 사회주의 공화국 등으로 이주시킴.
> 2. 조속히 작업에 착수하여 1938년 1월 1일까지 완료함.
>
> 1937년 8월 21일
> 소련 인민위원회 의장 몰로토프
> 소련 공산당 중앙위원회 서기장 스탈린

① ㉠　② ㉡　③ ㉢　④ ㉣

44 밑줄 그은 '선거'가 실시된 시기를 연표에서 옳게 고른 것은? [2점]

① (가)　② (나)　③ (다)　④ (라)

45 (가)에 들어갈 단체로 옳은 것은? [1점]

특별 기획전

한글, 민족을 지키다

이윤재, 최현배 등을 중심으로 우리말과 글을 지키기 위하여 노력한 (가) 의 자료를 특별 전시합니다. 일제의 탄압 속에서도 지켜낸 한글의 소중함을 느끼고 한글 수호에 앞장선 사람들을 기억하는 자리가 되기를 바랍니다.

- 기간: 2022년 ○○월 ○○일~○○월 ○○일
- 장소: △△ 박물관 특별 전시실
- 주요 전시 자료

조선말 큰사전 원고 / 한글 맞춤법 통일안

① 토월회　② 독립 협회
③ 대한 자강회　④ 조선어 학회

46 (가)에 들어갈 민주화 운동으로 옳은 것은? [1점]

① 6·3 시위　② 6월 민주 항쟁
③ 2·28 민주 운동　④ 5·18 민주화 운동

47 (가)에 해당하는 인물로 옳은 것은? [2점]

이 문서는 (가) 이/가 작성한 평화시장 봉제공장 실태 조사서입니다. 당시 노동자들의 노동 시간과 건강 상태 등이 상세히 기록되어 있습니다. 열악한 노동 환경의 개선을 요구하던 그는 1970년에 "근로 기준법을 지켜라.", "우리는 기계가 아니다."를 외치며 분신하였습니다.

①  김주열
② 장준하
③  전태일
④  이한열

48 밑줄 그은 '이 회담' 이후에 있었던 사실로 옳은 것은? [2점]

이것은 분단 이후 처음으로 남과 북의 정상이 평양에서 만나 개최한 이 회담을 기념하는 우표 사진입니다. 우표에는 한반도 중심 부근에서 희망의 새싹이 돋아나고 있는 모습이 그려져 있습니다.

① 개성 공단이 건설되었다.
② 남북 조절 위원회가 설치되었다.
③ 남북한이 유엔에 동시 가입하였다.
④ 남북 이산가족 상봉이 최초로 성사되었다.

49 (가) 정부 시기에 있었던 사실로 옳은 것은? [2점]

사진으로 보는 (가) 정부
- 해외로 간 한국인들 -
결단식에 참석한 서독 파견 광부 / 서독에 파견되는 간호사 / 베트남에 파견된 기술자

① 새마을 운동을 시작하였다.
② 금융 실명제를 전면 실시하였다.
③ G20 정상 회의를 서울에서 개최하였다.
④ 미국과 자유 무역 협정(FTA)을 체결하였다.

50 밑줄 그은 '대책'으로 옳지 않은 것은? [3점]

코로나19가 장기화되면서 정부의 방역 조치와 더불어 의료진의 헌신이 지속되고 있습니다. 이러한 위기 상황이 우리 역사 속에도 있었을 텐데, 감염병에 대처한 기록이 있나요?

네! 천연두와 홍역, 급성 유행성 열병 등이 자주 기록되어 있는데요. 감염병이 발생하면 나라에서는 다양한 대책을 마련하여 백성을 구제하기 위해 노력하였습니다.

① 고려 시대에 구제도감 등의 임시 기구를 설치하였다.
② 고려 시대에 양현고 등을 설치하여 기금을 마련하였다.
③ 조선 시대에 구질막, 병막 등의 격리 시설을 운영하였다.
④ 조선 시대에 간이벽온방, 신찬벽온방 등을 편찬하여 보급하였다.

제55회 한국사능력검정시험

- 자신이 선택한 등급의 문제지인지 확인하시오.
- 문제지에 성명과 수험 번호를 정확히 써넣으시오.
- 답안지에 성명과 수험 번호를 써넣고, 또 수험 번호와 답을 정확히 표시하시오.
- 시험 시간은 70분입니다.

01 (가) 시대의 생활 모습으로 옳은 것은? [1점]

여러분은 (가) 시대의 벼농사를 체험하고 있습니다. 이 시대에는 처음으로 금속 도구를 만들었으나, 농기구는 여러분이 손에 들고 있는 반달 돌칼과 같이 돌로 만들었습니다.

① 우경이 널리 보급되었다.
② 철제 무기를 사용하였다.
③ 주로 동굴이나 막집에 살았다.
④ 지배자의 무덤으로 고인돌을 만들었다.

02 (가) 나라에 대한 설명으로 옳은 것은? [2점]

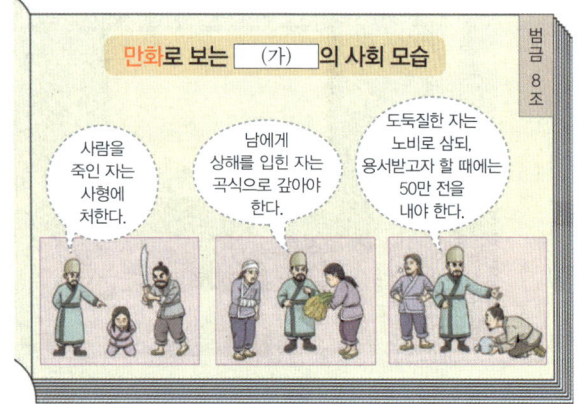

만화로 보는 (가) 의 사회 모습 / 범금 8조

- 사람을 죽인 자는 사형에 처한다.
- 남에게 상해를 입힌 자는 곡식으로 갚아야 한다.
- 도둑질한 자는 노비로 삼되, 용서받고자 할 때에는 50만 전을 내야 한다.

① 낙랑과 왜에 철을 수출하였다.
② 영고라는 제천 행사를 열었다.
③ 서옥제라는 혼인 풍습이 있었다.
④ 건국 이야기가 삼국유사에 실려 있다.

03 다음 가상 인터뷰에 등장하는 왕의 업적으로 옳은 것은? [2점]

즉위하신 이후에 어떤 일을 하셨나요?

한강 유역을 차지한 뒤, 이를 기념하여 북한산에 순수비를 세웠습니다. 그리고 화랑도를 국가적인 조직으로 개편했습니다.

① 국학을 설립하였다.
② 병부를 설치하였다.
③ 대가야를 정복하였다.
④ 독서삼품과를 실시하였다.

04 (가), (나) 사이의 시기에 있었던 사실로 옳은 것은? [2점]

(가) 장수왕 63년, 왕이 군사 3만 명을 거느리고 백제에 침입하여 도읍인 한성을 함락시키고 백제 왕을 죽였다.

(나) 보장왕 4년, 당의 여러 장수가 안시성을 공격하였다. …… [당군이] 밤낮으로 쉬지 않고 60일 간 50만 명을 동원하여 토산을 쌓았다. …… 고구려군 수백 명이 성이 무너진 곳으로 나가 싸워서 마침내 토산을 빼앗았다.

① 원종과 애노가 봉기하였다.
② 김흠돌이 반란을 도모하였다.
③ 을지문덕이 수의 군대를 물리쳤다.
④ 장문휴가 당의 산둥반도를 공격하였다.

05 (가) 국가에 대한 설명으로 옳은 것은? [2점]

이것은 부여 능산리 절터에서 출토된 향로입니다. (가) 의 금속 공예 기술을 보여 주는 대표적인 문화유산으로, 도교와 불교 사상이 함께 표현되어 있습니다.

이 문화유산에 대해 소개해 주시겠습니까?

① 노비안검법을 실시하였다.
② 지방에 22담로를 설치하였다.
③ 화백 회의에서 국가의 중대사를 결정하였다.
④ 여러 가(加)들이 별도로 사출도를 주관하였다.

07 학생들이 공통으로 이야기하는 문화유산으로 옳은 것은? [3점]

주제: 통일 신라의 석탑

경주 불국사 대웅전 앞에 있어.
2층 기단 위에 3층의 탑신을 세웠어.
탑을 보수하던 중 무구정광대다라니경이 발견되었지.

① ② ③ ④

06 다음 가상 뉴스에서 보도하고 있는 사건이 일어난 시기를 연표에서 옳게 고른 것은? [3점]

우리 백제 부흥군을 지원하러 온 왜군이 백강 어귀에서 나당 연합군에 맞서 싸웠으나 크게 패배하였습니다.

백제 부흥군, 위기에 처하다

523	554	642	660	676
(가)	(나)	(다)	(라)	
백제 성왕 즉위	관산성 전투	대야성 전투	사비성 함락	신라 삼국 통일

① (가) ② (나) ③ (다) ④ (라)

08 다음 퀴즈의 정답으로 옳은 것은? [1점]

한국사 퀴즈 대회

1단계 | 6두품 출신의 학자입니다.
2단계 | 당의 빈공과에 합격해 관직에 올랐습니다.
3단계 | 진성 여왕에게 시무책 10여 조를 올렸습니다.

제시된 단계별 힌트를 종합하여 알 수 있는 인물은 누구일까요?

① 설총 ② 이사부 ③ 이차돈 ④ 최치원

09 (가) 국가에 대한 설명으로 옳은 것은? [2점]

이곳 옛 상경 용천부의 절터에는 높이 6.3m의 거대한 석등이 남아 있습니다. 이 석등을 통해 전성기에 해동성국이라 불렸던 (가) 의 융성한 불교 문화를 알 수 있습니다.

① 기인 제도를 실시하였다.
② 9주 5소경을 설치하였다.
③ 한의 침략을 받아 멸망하였다.
④ 대조영이 동모산에서 건국하였다.

10 (가)~(다)를 일어난 순서대로 옳게 나열한 것은? [2점]

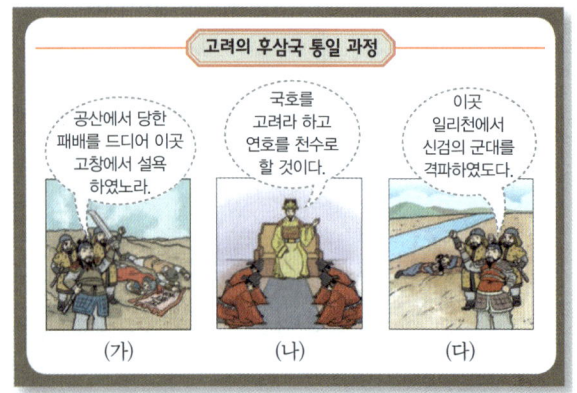

① (가) - (나) - (다) ② (가) - (다) - (나)
③ (나) - (가) - (다) ④ (다) - (가) - (나)

11 다음 상황 이후 일어난 사실로 옳은 것은? [2점]

① 상대등이 설치되었다.
② 12목에 지방관이 파견되었다.
③ 쌍기의 건의로 과거제가 실시되었다.
④ 웅천주 도독 김헌창이 반란을 일으켰다.

12 (가)에 들어갈 내용으로 옳은 것은? [2점]

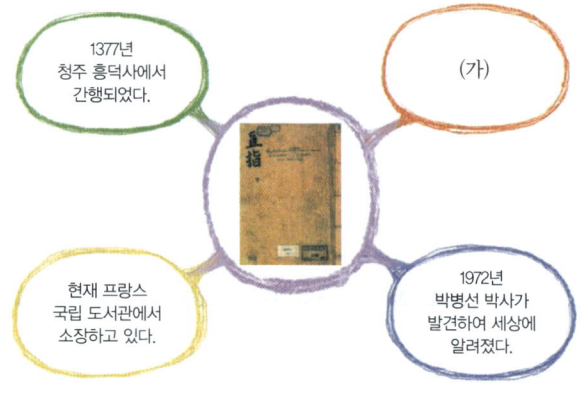

① 김부식이 왕명을 받아 편찬하였다.
② 사초와 시정기를 바탕으로 제작되었다.
③ 우리나라 풍토에 맞는 농법을 소개하였다.
④ 현존하는 세계에서 가장 오래된 금속 활자본이다.

13 (가) 인물의 활동으로 옳은 것은? [1점]

① 강동 6주를 확보하였다.
② 동북 9성을 축조하였다.
③ 화통도감을 설치하였다.
④ 4군과 6진을 개척하였다.

14 (가) 시기에 있었던 사실로 옳은 것은? [3점]

① 이자겸이 난을 일으켰다.
② 묘청이 서경 천도를 주장하였다.
③ 만적이 개경에서 봉기를 모의하였다.
④ 강감찬이 귀주에서 큰 승리를 거두었다.

15 밑줄 그은 '이 국가'의 경제 상황으로 옳은 것은? [3점]

① 전시과 제도가 실시되었다.
② 고구마, 감자가 널리 재배되었다.
③ 모내기법이 전국적으로 확산되었다.
④ 시장을 감독하기 위한 동시전이 설치되었다.

16 (가)에 해당하는 문화유산으로 옳은 것은? [2점]

①  공산성

②  삼랑성

③  삼년산성

④  오녀산성

17 (가)에 들어갈 내용으로 옳은 것은? [2점]

(앞면)

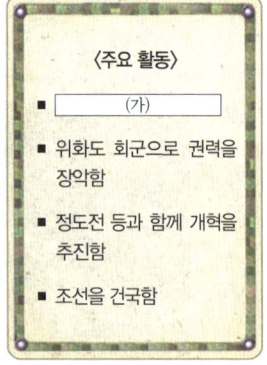
⟨주요 활동⟩
- (가)
- 위화도 회군으로 권력을 장악함
- 정도전 등과 함께 개혁을 추진함
- 조선을 건국함

(뒷면)

① 별무반을 편성함
② 우산국을 정벌함
③ 전민변정도감을 설치함
④ 황산에서 왜구를 격퇴함

18 밑줄 그은 '유적'으로 옳은 것은? [1점]

제주도 방문을 환영합니다. 우리 비행기에서는 선사 시대부터 현대까지 제주의 다양한 역사 유적을 가상으로 체험해 볼 수 있습니다. 지금부터 역사 여행을 떠나 볼까요?

①  참성단
②  다산 초당
③   항파두리성
④  부석사 무량수전

19 다음 대화가 이루어진 시기에 볼 수 있는 모습으로 적절한 것은? [2점]

박연 등이 새로 아악을 정비하여 바쳤으니 논공행상을 하려는데 어떠한가?

아악 정비에 참여한 모두에게 차등을 두어 상을 주는 것이 마땅하옵니다.

① 단성사에서 공연하는 배우
② 집현전에서 연구하는 관리
③ 청해진에서 교역하는 상인
④ 해동통보를 주조하는 장인

20 (가)에 들어갈 책으로 옳은 것은? [2점]

책이 완성되어 여섯 권으로 만들어 바치니, (가) 이라는 이름을 내리셨다. 형전과 호전은 이미 반포되어 시행하고 있으나 나머지 네 법전은 미처 교정을 마치지 못하였는데, 세조께서 갑자기 승하하시니 지금 임금[성종]께서 선대의 뜻을 받들어 마침내 하던 일을 끝마치고 나라 안에 반포하셨다.

① 경국대전 ② 동국통감 ③ 동의보감 ④ 반계수록

21 (가)에 들어갈 문화유산으로 옳은 것은? [2점]

□□ 신문
제△△호 2021년 ○○월 ○○일

151년 만에 옮겨지는 조선의 신주

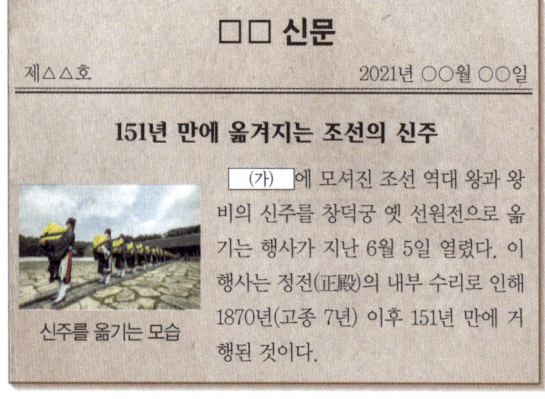
신주를 옮기는 모습

(가) 에 모셔진 조선 역대 왕과 왕비의 신주를 창덕궁 옛 선원전으로 옮기는 행사가 지난 6월 5일 열렸다. 이 행사는 정전(正殿)의 내부 수리로 인해 1870년(고종 7년) 이후 151년 만에 거행된 것이다.

① 종묘 ② 사직단 ③ 성균관 ④ 도산 서원

22 다음 상황 이후에 일어난 사실로 옳은 것은? [3점]

> 왕이 세자와 신하들을 거느리고 삼전도에 이르렀다. …… 용골대 등이 왕을 인도하여 들어가 단 아래 북쪽을 향해 설치된 자리로 나아가도록 요청하였다. 청인(淸人)이 외치는 의식의 순서에 따라 왕이 세 번 절하고 아홉 번 머리를 조아리는 예를 행하였다.

① 송시열이 북벌론을 주장하였다.
② 조광조가 위훈 삭제를 주장하였다.
③ 광해군이 인조반정으로 폐위되었다.
④ 곽재우가 의령에서 의병을 일으켰다.

23 (가)에 들어갈 세시 풍속으로 옳은 것은? [1점]

① 단오 ② 추석 ③ 한식 ④ 정월 대보름

24 밑줄 그은 '제도'로 옳은 것은? [2점]

① 과전법 ② 균역법 ③ 대동법 ④ 영정법

25 (가) 왕이 실시한 정책으로 옳은 것은? [2점]

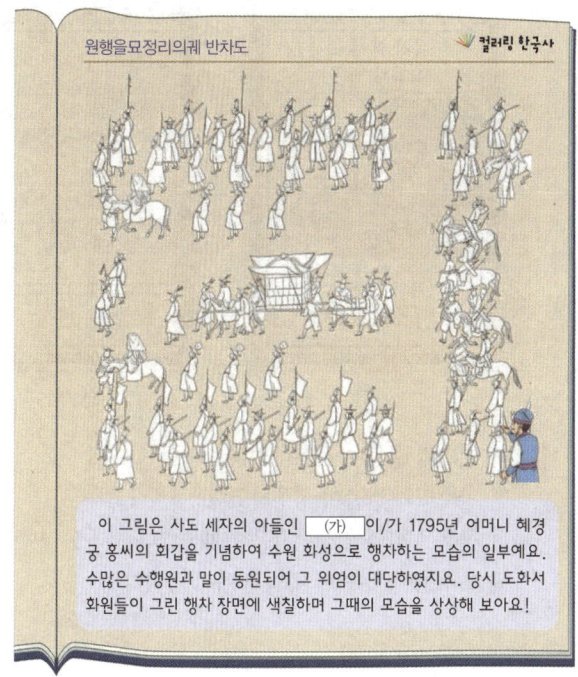

① 경복궁을 중건하였다.
② 대마도를 정벌하였다.
③ 장용영을 창설하였다.
④ 탕평비를 건립하였다.

26 (가)에 들어갈 인물로 옳은 것은? [2점]

① 박제가 ② 이순지 ③ 장영실 ④ 홍대용

27 다음 직업이 등장한 시기의 사회 모습으로 옳은 것은? [2점]

(앞면)

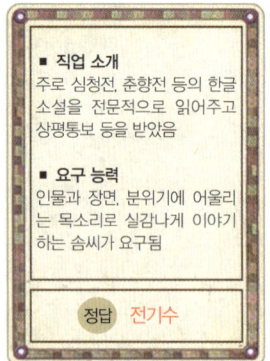
(뒷면)

① 변발과 호복이 유행하였다.
② 판소리와 탈춤이 성행하였다.
③ 골품에 따라 일상생활을 규제하였다.
④ 특수 행정 구역인 향과 부곡이 있었다.

28 밑줄 그은 '신문'으로 옳은 것은? [2점]

① 만세보
② 한성순보
③ 황성신문
④ 대한매일신보

29 (가) 시기에 있었던 사실로 옳은 것은? [3점]

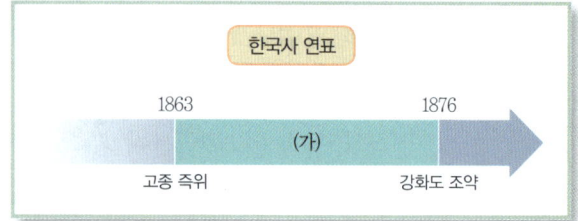

① 신미양요

② 보빙사 파견

③ 황룡촌 전투

④ 만민 공동회 개최

30 (가)에 들어갈 사건으로 옳은 것은? [1점]

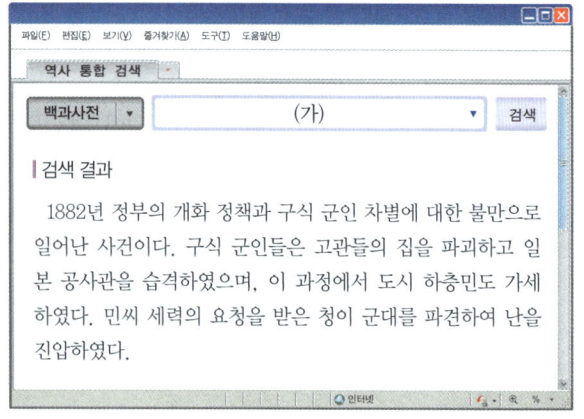

① 임오군란
② 삼국 간섭
③ 거문도 사건
④ 임술 농민 봉기

31 밑줄 그은 '개혁'의 내용으로 옳지 않은 것은? [3점]

역사 용어 카드

군국기무처

1894년 6월 의정부 산하에 설치되어 개혁을 추진하였던 정책 의결 기구이다. 총재는 영의정 김홍집이 겸임하였다. 약 3개월 동안 신분제 폐지, 조혼 금지 등 약 210건의 안건을 심의하고 통과시켰다.

① 지계를 발급하였다.
② 과거제를 폐지하였다.
③ 도량형을 통일하였다.
④ 연좌제를 금지하였다.

32 (가)에 들어갈 근대 교육 기관으로 옳은 것은? [2점]

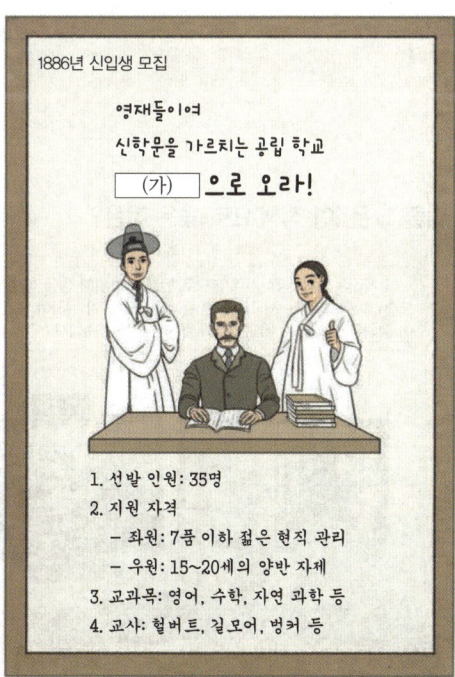

① 서전서숙
② 배재 학당
③ 육영 공원
④ 이화 학당

33 밑줄 그은 '이 단체'로 옳은 것은? [2점]

일제가 조작한 105인 사건으로 끌려가는 애국지사들을 찍은 사진입니다. 이 사건을 계기로 안창호, 양기탁 등이 비밀리에 결성한 이 단체가 와해되었습니다.

① 보안회
② 신민회
③ 대한 자강회
④ 헌정 연구회

34 (가)에 들어갈 문화유산으로 옳은 것은? [2점]

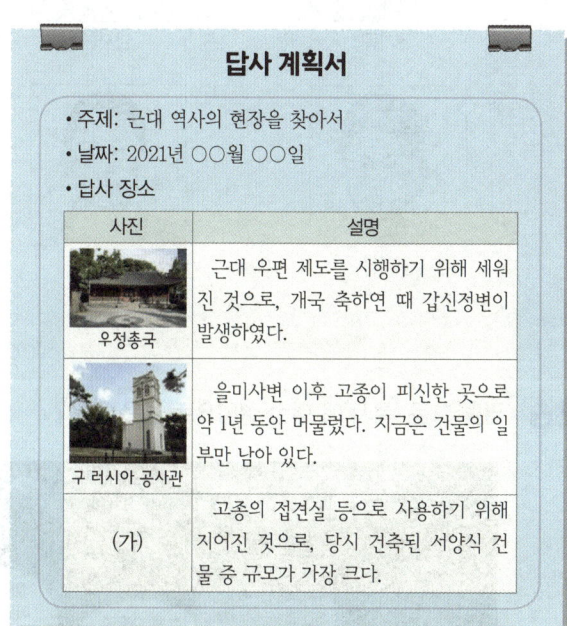

답사 계획서
- 주제: 근대 역사의 현장을 찾아서
- 날짜: 2021년 ○○월 ○○일
- 답사 장소

사진	설명
우정총국	근대 우편 제도를 시행하기 위해 세워진 것으로, 개국 축하연 때 갑신정변이 발생하였다.
구 러시아 공사관	을미사변 이후 고종이 피신한 곳으로 약 1년 동안 머물렀다. 지금은 건물의 일부만 남아 있다.
(가)	고종의 접견실 등으로 사용하기 위해 지어진 것으로, 당시 건축된 서양식 건물 중 규모가 가장 크다.

① 황궁우
② 명동 성당
③  운현궁 양관
④  덕수궁 석조전

35 (가)에 해당하는 인물로 옳은 것은? [3점]

① 권기옥
② 남자현
③ 박차정
④ 윤희순

36 밑줄 그은 '특사'에 대한 설명으로 옳은 것은? [2점]

① 서양에 파견된 최초의 사절단이었다.
② 조선책략을 국내에 처음 소개하였다.
③ 기기국에서 무기 제조 기술을 배우고 돌아왔다.
④ 을사늑약의 부당함을 전 세계에 알리고자 하였다.

37 (가)에 들어갈 기구로 옳은 것은? [1점]

① 조선 총독부
② 종로 경찰서
③ 서대문 형무소
④ 동양 척식 주식회사

38 밑줄 그은 '이 정책'으로 옳은 것은? [2점]

① 회사령
② 농지 개혁법
③ 산미 증식 계획
④ 토지 조사 사업

39 (가)에 들어갈 인물로 옳은 것은? [1점]

이 유물은 (가) 이 1936년 베를린 올림픽 마라톤 경기에서 우승하여 받은 투구입니다. 당시 조선중앙일보, 동아일보 등이 그의 우승 소식을 보도하면서 유니폼에 그려진 일장기를 삭제하여 일제의 탄압을 받았습니다.

① 남승룡 ② 손기정 ③ 안창남 ④ 이중섭

40 (가) 민족 운동에 대한 설명으로 옳은 것은? [2점]

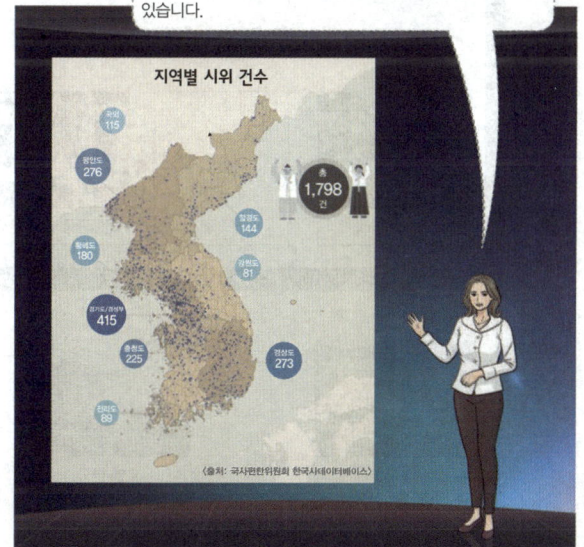

이것은 1919년에 일어난 (가) 의 지역별 시위 현황을 표기한 지도입니다. 이 자료를 통해 우리 민족이 일제의 무단 통치에 맞서 전국적으로 독립운동을 전개하였음을 확인할 수 있습니다.

① 개혁 추진을 위해 집강소가 설치되었다.
② 조선 물산 장려회를 중심으로 전개되었다.
③ 대한민국 임시 정부 수립의 계기가 되었다.
④ 신간회의 지원을 받아 민중 대회가 추진되었다.

41 다음 대화가 이루어진 시기를 연표에서 옳게 고른 것은? [3점]

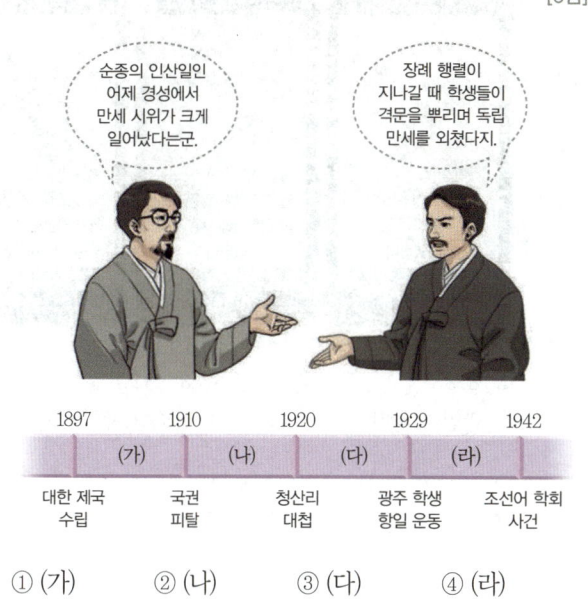

순종의 인산일인 어제 경성에서 만세 시위가 크게 일어났다는군.

장례 행렬이 지나갈 때 학생들이 격문을 뿌리며 독립 만세를 외쳤다지.

1897	1910	1920	1929	1942
(가)	(나)	(다)	(라)	
대한 제국 수립	국권 피탈	청산리 대첩	광주 학생 항일 운동	조선어 학회 사건

① (가) ② (나) ③ (다) ④ (라)

42 교사의 질문에 대한 학생의 답변으로 옳은 것은? [2점]

이것은 중일 전쟁 발발 이후 일제가 본격적인 전시 체제 구축을 위해 제정한 법령입니다. 이 법령이 시행된 시기에 있었던 사실에 대해 말해 볼까요?

제1조 본 법에서 국가 총동원이란 전시에 국방 목적 달성을 위해 국가의 전력을 가장 유효하게 발휘하도록 인적, 물적 자원을 통제 운용하는 것을 가리킨다.
제8조 정부는 전시에 국가 총동원상 필요한 경우에는 칙령이 정하는 바에 따라 물자의 생산, 수리, 배급, 양도 기타 처분, 사용, 소비, 소지 및 이동에 관하여 필요한 명령을 할 수 있다.

① 헌병 경찰제가 실시되었어요.
② 경성 제국 대학이 설립되었어요.
③ 국채 보상 운동이 전개되었어요.
④ 황국 신민 서사의 암송이 강요되었어요.

43 (가)에 들어갈 단체로 옳은 것은? [1점]

① 중광단
② 흥사단
③ 한인 애국단
④ 대조선 국민 군단

44 (가)에 해당하는 인물로 옳은 것은? [1점]

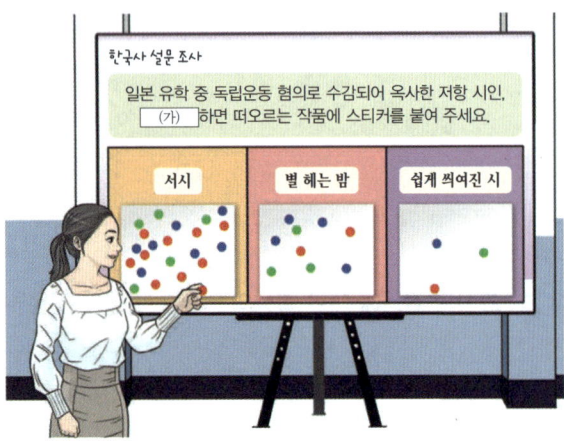

① 심훈
② 윤동주
③ 이육사
④ 한용운

45 (가) 군대에 대한 설명으로 옳은 것은? [2점]

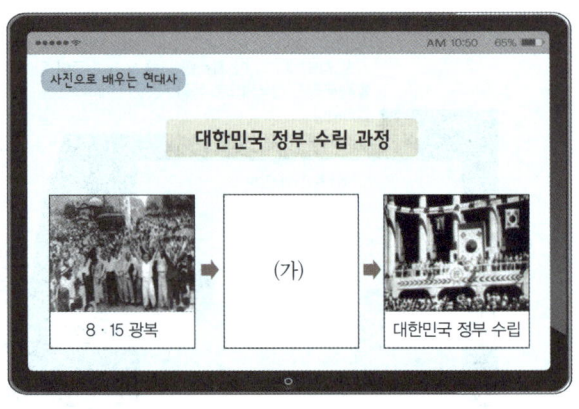

① 자유시 참변으로 큰 타격을 입었다.
② 봉오동 전투에서 일본군을 격퇴하였다.
③ 미군과 연계하여 국내 진공 작전을 계획하였다.
④ 흥경성에서 중국 의용군과 연합 작전을 펼쳤다.

46 (가)에 들어갈 사진으로 옳지 않은 것은? [2점]

① 5·10 총선거 실시
② 유엔 한국 임시 위원단 내한
③ 제1차 미소 공동 위원회 개최
④ 반민족 행위 특별 조사 위원회 활동

47 밑줄 그은 '이 전쟁' 중에 있었던 사실로 옳은 것은? [2점]

이것은 이 전쟁 중인 1951년 11월 판문점 인근에서 열기구를 띄우려는 모습을 촬영한 사진입니다. 이 열기구는 휴전 회담이 진행되던 당시 판문점 일대가 중립 지대임을 표시하기 위한 것이었습니다.

① 애치슨 선언이 발표되었다.
② 흥남 철수 작전이 전개되었다.
③ 사사오입 개헌안이 가결되었다.
④ 한미 상호 방위 조약이 체결되었다.

48 (가) 민주화 운동에 대한 설명으로 옳은 것은? [2점]

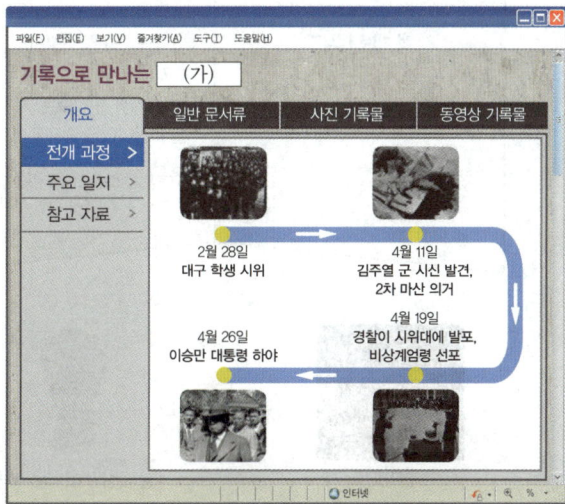

① 3·15 부정 선거에 항의하였다.
② 4·13 호헌 조치 철폐를 요구하였다.
③ 유신 체제가 붕괴하는 계기가 되었다.
④ 신군부의 비상계엄 확대에 반대하였다.

49 다음 연설문을 발표한 정부 시기의 경제 상황으로 옳은 것은? [3점]

우리 민족의 숙원이던 경부 간 고속 도로의 완전 개통을 보게 된 것을 국민 여러분들과 더불어 경축해 마지않는 바입니다. 이 길은 총 연장 428km로 우리나라의 리(里) 수로 따지면 천 리하고도 약 칠십 리가 더 되는데, 장장 천릿길을 이제부터 자동차로 4시간 반이면 달릴 수 있게 됐습니다. …… 이 고속 도로가 앞으로 우리나라 국민 경제의 발전과 산업 근대화에 여러 가지 큰 공헌을 하리라고 믿습니다.

① 서울에서 G20 정상 회의가 개최되었다.
② 한미 자유 무역 협정(FTA)이 체결되었다.
③ 제2차 경제 개발 5개년 계획이 추진되었다.
④ 경제 협력 개발 기구(OECD)에 가입하였다.

50 다음 발표에 해당하는 정부 시기에 있었던 사실로 옳은 것은? [2점]

① 개성 공단이 조성되었다.
② 서울 올림픽 대회가 개최되었다.
③ 베트남 전쟁에 국군이 파병되었다.
④ 국민 기초 생활 보장법이 제정되었다.

제54회 한국사능력검정시험

- 자신이 선택한 등급의 문제지인지 확인하시오.
- 문제지에 성명과 수험 번호를 정확히 써넣으시오.
- 답안지에 성명과 수험 번호를 써넣고, 또 수험 번호와 답을 정확히 표시하시오.
- 시험 시간은 70분입니다.

01 다음 대회 참가자들이 그릴 장면으로 가장 적절한 것은? [1점]

① 가락바퀴로 실을 뽑는 모습
② 반달 돌칼로 벼이삭을 따는 모습
③ 주먹도끼로 짐승을 사냥하는 모습
④ 거푸집으로 세형 동검을 만드는 모습

02 학생들이 공통으로 이야기하고 있는 나라에 대한 설명으로 옳은 것은? [2점]

① 서옥제라는 혼인 풍습이 있었다.
② 소도라고 불리는 신성 구역이 있었다.
③ 범금 8조를 만들어 사회 질서를 유지하였다.
④ 단궁, 과하마, 반어피 등의 특산물이 있었다.

03 (가)에 들어갈 내용으로 옳은 것은? [2점]

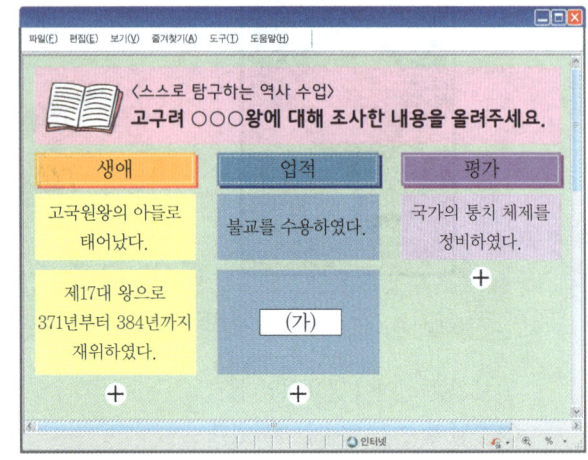

① 태학을 설립하였다.
② 병부를 설치하였다.
③ 화랑도를 정비하였다.
④ 웅진으로 천도하였다.

04 다음 전시회에서 볼 수 있는 문화유산으로 옳은 것은? [2점]

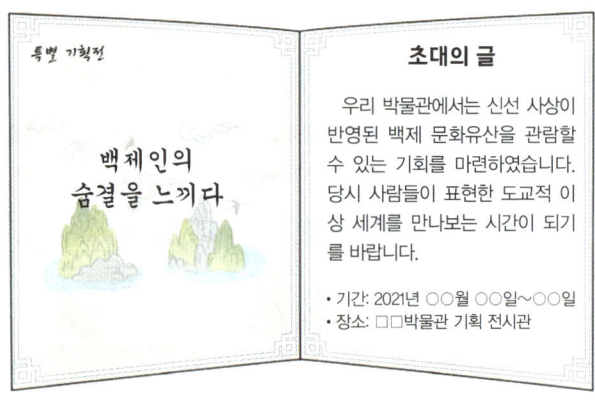

①
천마도

②
청자 상감 운학문 매병

③
산수무늬 벽돌

④
강서대묘 현무도

05 다음 가상 일기의 밑줄 그은 '이 전투'로 옳은 것은? [2점]

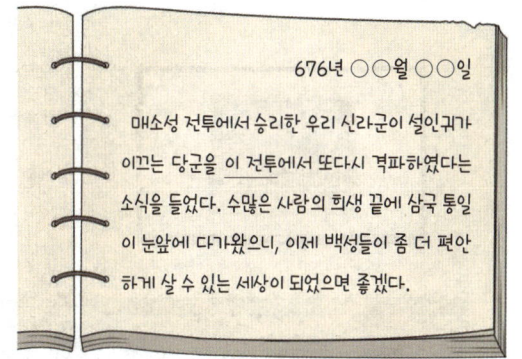

① 살수 대첩 ② 기벌포 전투
③ 안시성 전투 ④ 황산벌 전투

06 (가) 나라에 대한 탐구 활동으로 가장 적절한 것은? [3점]

① 사비로 천도한 이유를 파악한다.
② 우산국을 복속한 과정을 살펴본다.
③ 청해진을 설치한 목적을 조사한다.
④ 구지가가 나오는 건국 신화를 분석한다.

07 (가)에 들어갈 문화유산으로 옳은 것은? [3점]

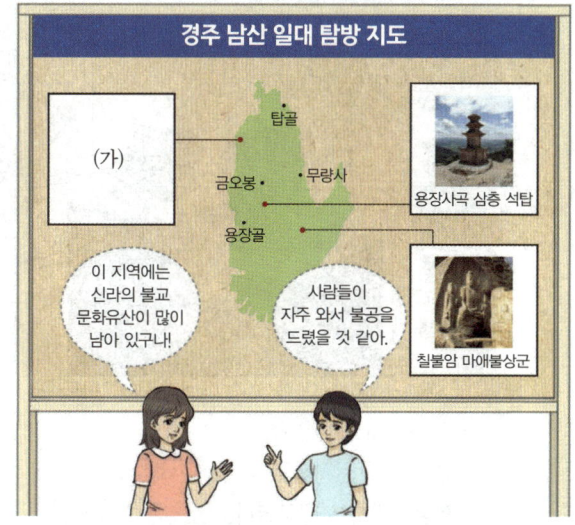

①  배동 석조여래 삼존 입상
② 관촉사 석조 미륵보살 입상
③  미륵사지 석탑
④  월정사 팔각 구층 석탑

08 다음 책에 포함될 내용으로 가장 적절한 것은? [2점]

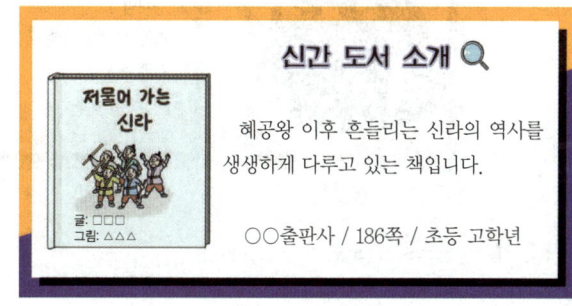

① 갑신정변 ② 위화도 회군
③ 김헌창의 난 ④ 연개소문의 집권

09 밑줄 그은 '국가'에 대한 설명으로 옳은 것은? [1점]

① 수의 침략을 물리쳤다.
② 기인 제도를 실시하였다.
③ 독서삼품과를 시행하였다.
④ 해동성국이라고도 불렸다.

10 (가)에 들어갈 내용으로 옳은 것은? [2점]

 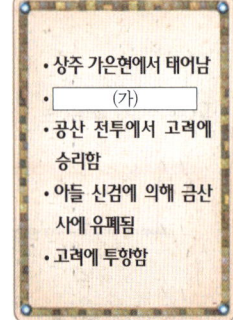

① 철원으로 천도함
② 후백제를 건국함
③ 훈요 10조를 남김
④ 경주의 사심관으로 임명됨

11 밑줄 그은 '이 책'으로 옳은 것은? [1점]

① 발해고
② 동국통감
③ 동사강목
④ 삼국유사

12 다음 가상 인터뷰에 나타난 사건으로 옳은 것은? [2점]

① 묘청의 난
② 김흠돌의 난
③ 홍경래의 난
④ 원종과 애노의 난

13 다음 상황이 있었던 국가의 지방 제도에 대한 설명으로 옳은 것은? [3점]

> ○ 공주 명학소의 망이·망소이 등이 무리를 모아서 봉기하자, 명학소를 충순현으로 승격하여 그들을 달래고자 하였다.
>
> ○ 사신을 따라 원에 간 유청신이 통역을 잘하였으므로, 그 공을 인정하여 그의 출신지인 고이부곡을 고흥현으로 승격하였다.

① 전국을 8도로 나누었다.
② 22담로에 왕족을 파견하였다.
③ 주요 지역에 5소경을 설치하였다.
④ 군사 행정 구역으로 양계를 두었다.

14 다음 외교 문서를 보낸 국가에 대한 고려의 대응으로 옳은 것은? [2점]

> 칸께서 살리타 등이 이끄는 군대를 너희에게 보내 항복할지 아니면 죽임을 당할지 묻고자 하신다. 이전에 칸께서 보낸 사신 저고여가 사라져서 다른 사신이 찾으러 갔으나, 너희들은 활을 쏘아 그를 쫓아냈다. 너희가 저고여를 살해한 것이 확실하니, 이제 그 책임을 묻고 있는 것이다.

① 이자겸이 사대 요구를 수용하였다.
② 서희가 소손녕과 외교 담판을 벌였다.
③ 김윤후 부대가 처인성에서 적장을 사살하였다.
④ 강감찬이 군사를 이끌고 귀주에서 크게 승리하였다.

16 다음 퀴즈의 정답으로 옳은 것은? [2점]

① 지눌 ② 요세
③ 혜초 ④ 원효

15 (가)에 들어갈 내용으로 옳은 것은? [2점]

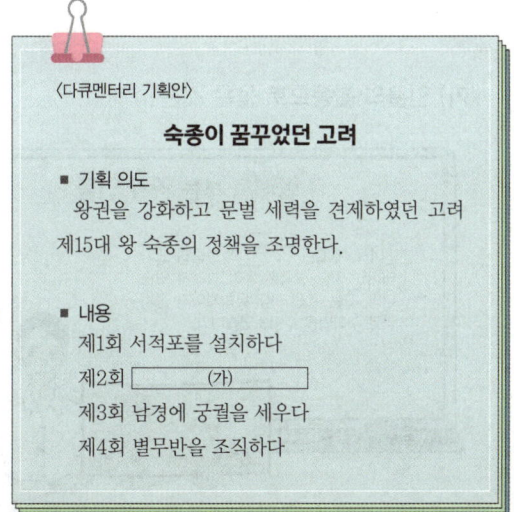

① 규장각을 설치하다
② 해동통보를 제작하다
③ 노비안검법을 실시하다
④ 쌍성총관부를 공격하다

17 교사의 질문에 대한 학생의 답변으로 옳지 않은 것은? [1점]

18 (가)에 들어갈 내용으로 옳은 것은? [2점]

① 직전법을 제정하였어요.
② 호패법을 시행하였어요.
③ 장용영을 설치하였어요.
④ 척화비를 건립하였어요.

19 (가) 왕의 업적으로 옳은 것은? [2점]

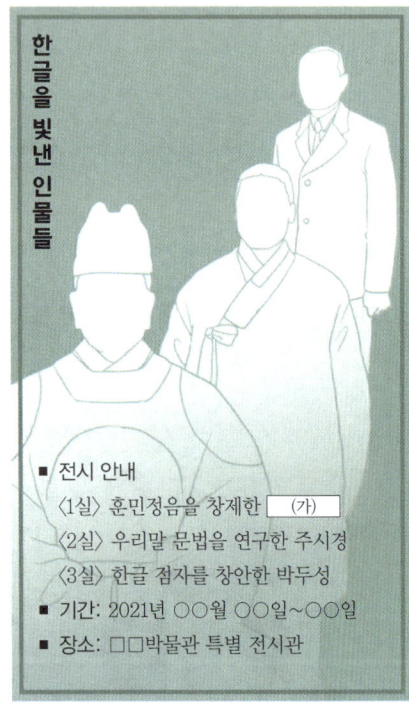

① 만권당을 세웠다.
② 농사직설을 간행하였다.
③ 대전회통을 편찬하였다.
④ 초계문신제를 시행하였다.

20 (가)에 해당하는 책으로 옳은 것은? [2점]

①  동의보감
② 경국대전
③ 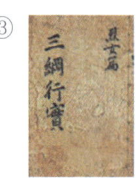 삼강행실도
④  조선왕조실록

21 (가) 인물의 활동으로 옳은 것은? [3점]

① 앙부일구를 제작하였다.
② 성학집요를 저술하였다.
③ 시무 28조를 건의하였다.
④ 화통도감 설치를 제안하였다.

22 (가) 전쟁 중에 있었던 사실로 옳은 것은? [2점]

『징비록』이란 무엇인가? (가) 당시의 일을 기록한 것이다. 이때의 화는 참혹하였다. 수십 일 만에 삼도(三都)*를 잃고 임금께서 수도를 떠나 피란하였다. 그럼에도 오늘날까지 우리나라가 남아있게 된 것은 하늘이 도운 까닭이다. 그리고 나라를 생각하는 백성들의 마음이 그치지 않았고, 우리나라를 돕기 위해 명의 군대가 여러 차례 출동하였기 때문이다.

*삼도: 한성, 개성, 평양

① 이종무가 쓰시마 섬을 토벌하였다.
② 정문부가 의병을 모아 왜군을 격퇴하였다.
③ 배중손이 삼별초를 이끌고 몽골군과 싸웠다.
④ 최영이 군대를 지휘하여 홍건적을 물리쳤다.

24 밑줄 그은 '이 그림'이 그려진 시기에 볼 수 있는 모습으로 적절하지 <u>않은</u> 것은? [2점]

이 그림은 서당의 모습을 그린 김홍도의 풍속화입니다. 훈장 앞에서 훌쩍이는 학생과 이를 바라보는 다른 학생들의 모습이 생생하게 표현되어 있습니다.

① 한글 소설을 읽는 여인
② 청화 백자를 만드는 도공
③ 판소리 공연을 하는 소리꾼
④ 초조대장경을 제작하는 장인

23 (가) 왕의 재위 기간에 있었던 사실로 옳은 것은? [2점]

이곳은 제주 행원 포구입니다. 인조반정으로 폐위되어 강화도 등지로 유배되었던 (가) 은/는 이후 이곳을 통해 제주로 들어와 유배 생활을 이어가다가 생을 마감하였습니다.

① 집현전이 설치되었다.
② 비변사가 폐지되었다.
③ 대동법이 시행되었다.
④ 4군 6진이 개척되었다.

25 (가) 인물에 대한 설명으로 옳은 것은? [2점]

이것은 화성성역의궤에 수록된 거중기 설계도입니다. (가) 이/가 기기도설을 참고하여 제작한 거중기는 수원 화성 축조에 이용되었습니다.

① 여전론을 주장하였다.
② 추사체를 창안하였다.
③ 북학의를 저술하였다.
④ 몽유도원도를 그렸다.

26 (가)에 들어갈 지도로 옳은 것은? [1점]

문화유산 퍼즐 맞추기

(가) 는 김정호가 제작한 총 22첩의 목판본 지도입니다. 10리마다 눈금을 표시하여 거리를 알 수 있게 하였습니다.

① 동국지도 ② 대동여지도
③ 곤여만국전도 ④ 혼일강리역대국도지도

27 (가) 시기에 있었던 사건으로 옳은 것은? [3점]

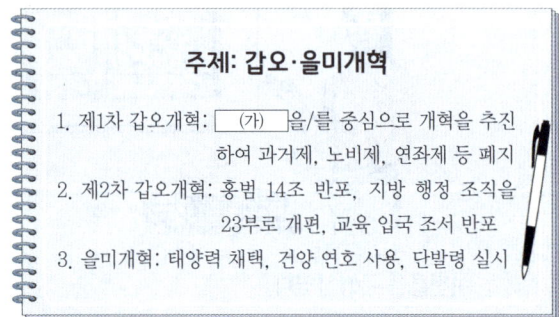

① 무오사화 ② 병자호란
③ 경신환국 ④ 임술 농민 봉기

28 (가)에 들어갈 기구로 옳은 것은? [2점]

주제: 갑오·을미개혁
1. 제1차 갑오개혁: (가) 을/를 중심으로 개혁을 추진하여 과거제, 노비제, 연좌제 등 폐지
2. 제2차 갑오개혁: 홍범 14조 반포, 지방 행정 조직을 23부로 개편, 교육 입국 조서 반포
3. 을미개혁: 태양력 채택, 건양 연호 사용, 단발령 실시

① 정방 ② 교정도감
③ 군국기무처 ④ 통리기무아문

29 밑줄 그은 '이 사건'에 대한 설명으로 옳은 것은? [2점]

화면의 사진은 문수산성입니다. 이 사건 당시 한성근 부대는 이곳에서 프랑스군에 맞서 싸웠고, 이어서 양헌수 부대는 정족산성에서 프랑스군을 물리쳤습니다.

① 흥선 대원군 집권기에 일어났다.
② 제너럴 셔먼호 사건의 배경이 되었다.
③ 삼정이정청이 설치되는 결과를 가져왔다.
④ 군함 운요호가 강화도에 접근하여 위협하였다.

30 (가) 사건에 대한 설명으로 옳은 것은? [2점]

이 책은 개화 정책에 반발하여 구식 군인들이 일으킨 (가) 당시 일본 공사가 쓴 보고서를 정리한 것입니다. 책에는 (가) (으)로 인한 일본 측의 피해 등이 기록되어 있습니다.

① 청군의 개입으로 진압되었다.
② 조선책략이 유입되는 결과를 가져왔다.
③ 우금치에서 일본군과의 전투가 벌어졌다.
④ 우정총국 개국 축하연에서 정변이 일어났다.

31 (가)에 들어갈 사절단으로 옳은 것은? [2점]

① 수신사　② 보빙사　③ 영선사　④ 조사 시찰단

32 (가)에 해당하는 신문으로 옳은 것은? [1점]

① 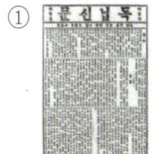 독립신문
②  제국신문
③  해조신문
④  대한매일신보

33 (가)에 들어갈 문화유산으로 옳은 것은? [2점]

①  불국사 다보탑
②  분황사 모전 석탑
③  정림사지 오층 석탑
④  경천사지 십층 석탑

34 (가)~(다)를 일어난 순서대로 옳게 나열한 것은? [3점]

일제 강점기 시행 법령
(가) 조선 태형령 실시
(나) 치안 유지법 제정
(다) 국가 총동원법 공포

① (가) - (나) - (다)　② (가) - (다) - (나)
③ (나) - (가) - (다)　④ (다) - (나) - (가)

35 밑줄 그은 '전투'가 일어난 시기를 연표에서 옳게 고른 것은? [3점]

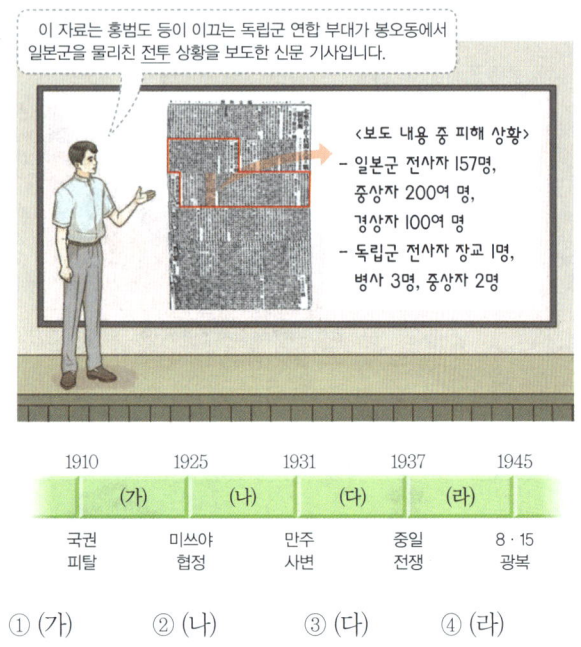

① (가)　② (나)　③ (다)　④ (라)

36 (가) 지역에서 있었던 독립운동에 대한 설명으로 옳은 것은? [3점]

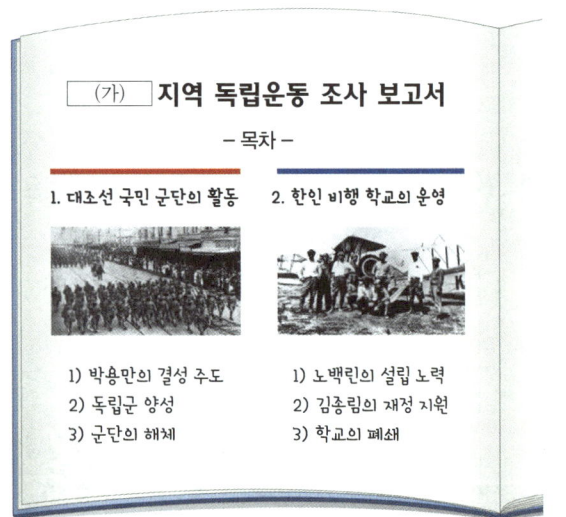

① 서전서숙이 세워졌다.
② 권업회가 조직되었다.
③ 신흥 강습소가 설립되었다.
④ 대한인 국민회가 결성되었다.

37 다음 가상 뉴스의 (가)에 들어갈 단체로 옳은 것은? [2점]

① 보안회　② 신간회　③ 진단 학회　④ 조선 형평사

38 다음 답사가 이루어진 지역을 지도에서 옳게 고른 것은? [2점]

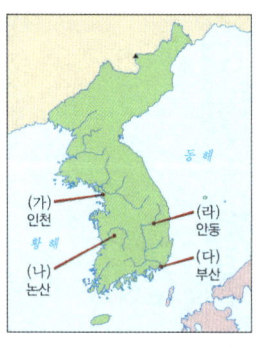

① (가)　② (나)　③ (다)　④ (라)

39 (가)에 들어갈 군사 조직으로 옳은 것은? [2점]

① 별기군
② 북로 군정서
③ 조선 의용대
④ 동북 항일 연군

40 (가)의 활동으로 옳은 것은? [2점]

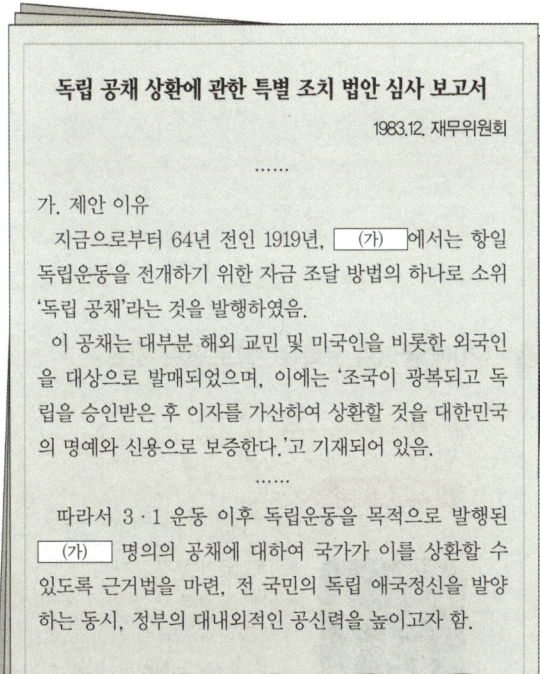

① 집강소를 설치하였다.
② 만민 공동회를 개최하였다.
③ 연통제와 교통국을 운영하였다.
④ 개벽, 신여성 등의 잡지를 발간하였다.

41 (가)에 들어갈 인물로 옳은 것은? [1점]

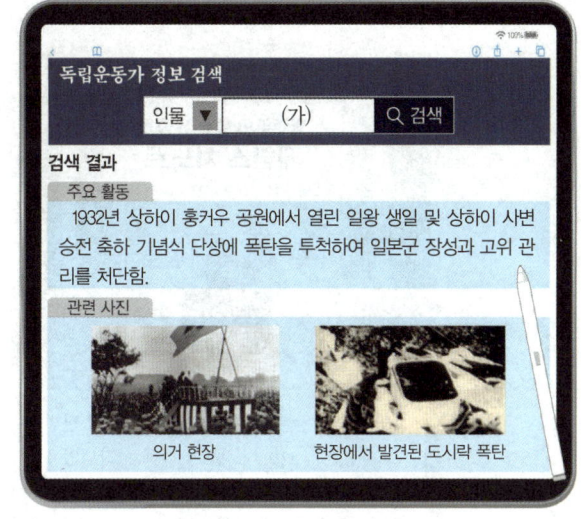

① 안창호   ② 이육사   ③ 한용운   ④ 윤봉길

42 밑줄 그은 '사건'으로 옳은 것은? [2점]

① 간도 참변
② 6·3 시위
③ 제주 4·3 사건
④ 제암리 학살 사건

43 (가) 정부 시기에 볼 수 있는 모습으로 가장 적절한 것은? [2점]

① 거리에서 장발을 단속하는 경찰
② 조선 건국 준비 위원회에 참여하는 학생
③ 서울 올림픽 대회 개막식을 관람하는 시민
④ 반민족 행위 특별 조사 위원회에서 조사받는 기업인

45 (가) 정부 시기에 있었던 사실로 옳은 것은? [3점]

① 야간 통행금지가 해제되었다.
② 베트남 전쟁에 국군이 파병되었다.
③ 한미 상호 방위 조약이 체결되었다.
④ 제1차 경제 개발 5개년 계획이 실시되었다.

44 다음 퀴즈의 정답으로 옳은 것은? [1점]

① 원산 ② 서울 ③ 파주 ④ 평양

46 (가)에 들어갈 문화유산으로 옳은 것은? [2점]

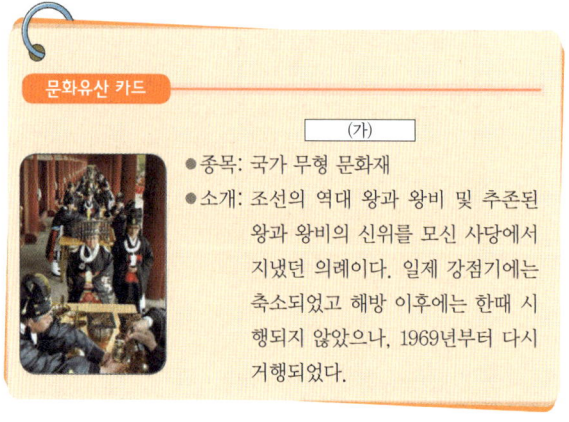

① 연등회 ② 승전무 ③ 석전대제 ④ 종묘제례

47 (가) 명절에 행해지는 세시풍속으로 가장 적절한 것은? [1점]

```
역사 신문
제△△호                    1989년 ○○월 ○○일

        (가) 의 부활, 3일 연휴 확정

 우리나라에서는 전통적으로 음력에 근거하여 새해의 첫날을
명절로 보내왔다. 하지만 양력이 사용된 후 일제 강점기를 거치
며 음력 새해의 첫날은 '구정(舊正)'으로 불리는 등 등한시 되었
다. 그럼에도 음력으로 명절을 쇠는 전통은 사라지지 않았고,
1985년에 정부는 이날을 '민속의 날'이라는 이름의 국가 공휴일
로 지정하였다. 그리고 1989년 드디어   (가)   (이)라는 고유의
명칭으로 변경하고, 연휴로 하는 방안을 확정하였다.
```

① 화전놀이
② 세배하기
③ 창포물에 머리 감기
④ 보름달 보며 소원 빌기

48 (가)에 들어갈 민주화 운동으로 옳은 것은? [1점]

① 4·19 혁명
② 6월 민주 항쟁
③ 5·18 민주화 운동
④ 3선 개헌 반대 운동

49 (가), (나) 사이의 시기에 있었던 사실로 옳은 것은? [3점]

(가) 마침내 국회에서 유상 매수, 유상 분배를 원칙으로 하는
    농지 개혁법이 통과되어 공포일부터 실시될 예정이다.
    이 법이 실시되면 지주와 소작인을 구분하는 기존의 관
    념도 점차 사라질 것으로 보인다.

(나) 유가 및 금리 하락, 달러화 약세 등 '3저(低)'의 호재가
    찾아왔다. 제2차 석유 파동이 발생한지 7년여 만에 맞이
    한 이 기회를 놓치지 않고 잘 대응한다면, 경제 성장의
    커다란 전기를 마련할 수 있을 것으로 기대된다.

① 수출 100억 달러를 처음 달성하였다.
② G20 정상 회의를 서울에서 개최하였다.
③ 미국과 자유 무역 협정(FTA)을 체결하였다.
④ 경제 협력 개발 기구(OECD)에 가입하였다.

50 다음 내용을 발표한 정부의 통일 노력으로 옳은 것은? [2점]

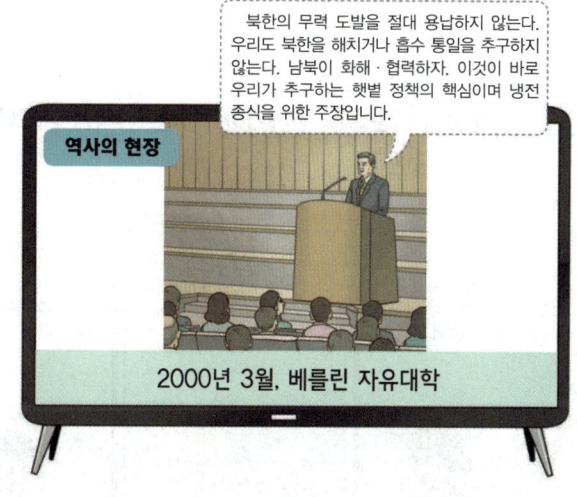

① 개성 공단 조성에 합의하였다.
② 남북 기본 합의서를 채택하였다.
③ 남북한이 유엔에 동시 가입하였다.
④ 7·4 남북 공동 성명을 발표하였다.

제52회 한국사능력검정시험

모바일 OMR 자동채점 서비스 ▶

- 자신이 선택한 등급의 문제지인지 확인하시오.
- 문제지에 성명과 수험 번호를 정확히 써넣으시오.
- 답안지에 성명과 수험 번호를 써넣고, 또 수험 번호와 답을 정확히 표시하시오.
- 시험 시간은 70분입니다.

01 (가) 시대의 생활 모습으로 옳은 것은? [2점]

우리가 만들고 있는 것은 (가) 시대 사람들이 처음으로 사용했던 빗살무늬 토기예요. 이 토기로 당시 사람들은 식량을 저장하거나 조리하였지요.

① 가락바퀴를 이용하여 실을 뽑았다.
② 지배층의 무덤으로 고인돌을 만들었다.
③ 거푸집으로 비파형 동검을 제작하였다.
④ 철제 농기구를 사용하여 농사를 지었다.

02 학생들이 공통으로 이야기하고 있는 나라를 지도에서 옳게 찾은 것은? [2점]

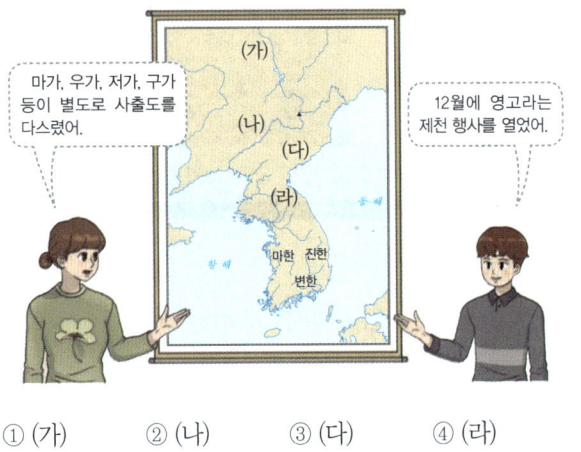

마가, 우가, 저가, 구가 등이 별도로 사출도를 다스렸어.

12월에 영고라는 제천 행사를 열었어.

① (가)   ② (나)   ③ (다)   ④ (라)

03 다음 가상 인터뷰에 등장하는 왕의 재위 기간에 있었던 사실로 옳은 것은? [3점]

즉위한 이후에 어떤 일을 하셨나요?

국호를 신라로 확정하고 임금의 칭호를 마립간에서 왕으로 고쳤습니다.

① 불교가 공인되었다.
② 노비안검법이 시행되었다.
③ 이사부가 우산국을 정벌하였다.
④ 황룡사 구층 목탑이 건립되었다.

04 (가)에 해당하는 문화유산으로 옳은 것은? [2점]

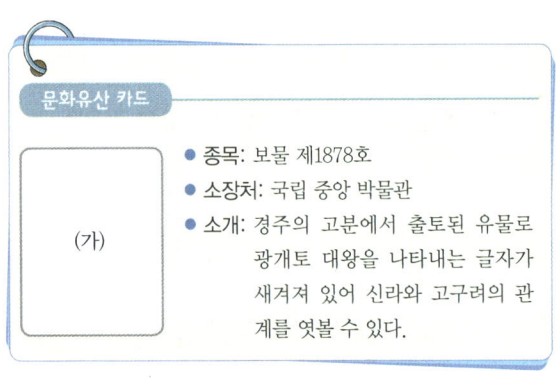

문화유산 카드
- 종목: 보물 제1878호
- 소장처: 국립 중앙 박물관
- 소개: 경주의 고분에서 출토된 유물로 광개토 대왕을 나타내는 글자가 새겨져 있어 신라와 고구려의 관계를 엿볼 수 있다.

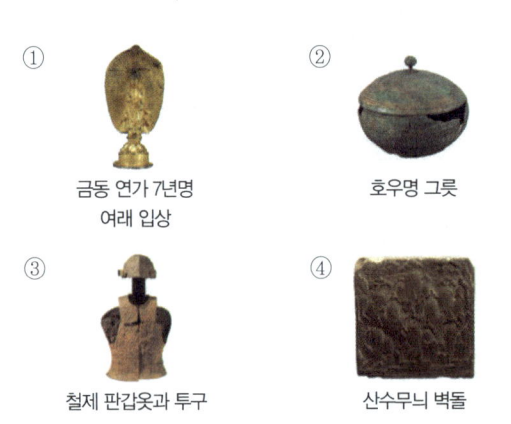

① 금동 연가 7년명 여래 입상
② 호우명 그릇
③ 철제 판갑옷과 투구
④ 산수무늬 벽돌

05 밑줄 그은 '이 왕'으로 옳은 것은? [1점]

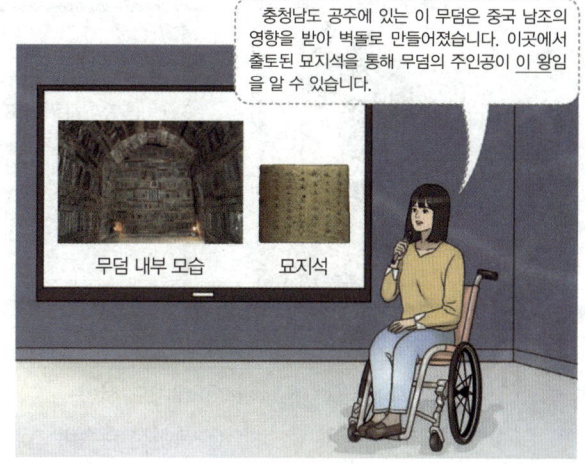

충청남도 공주에 있는 이 무덤은 중국 남조의 영향을 받아 벽돌로 만들어졌습니다. 이곳에서 출토된 묘지석을 통해 무덤의 주인공이 이 왕임을 알 수 있습니다.

① 성왕 ② 고이왕 ③ 무령왕 ④ 근초고왕

06 (가)에 들어갈 인물로 옳은 것은? [2점]

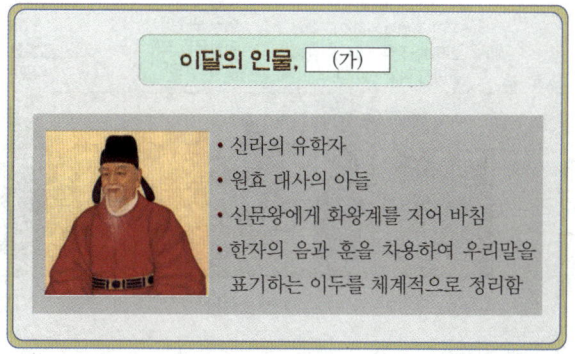

이달의 인물, (가)

- 신라의 유학자
- 원효 대사의 아들
- 신문왕에게 화왕계를 지어 바침
- 한자의 음과 훈을 차용하여 우리말을 표기하는 이두를 체계적으로 정리함

① 설총 ② 안향 ③ 김부식 ④ 최치원

07 (가) 시기에 있었던 사실로 옳은 것은? [3점]

① 신라와 당이 동맹을 맺었다.
② 백제가 수도를 사비로 옮겼다.
③ 대가야가 가야 연맹을 주도하였다.
④ 고구려가 살수에서 수의 대군을 격파하였다.

08 (가)에 들어갈 내용으로 옳은 것은? [2점]

<역사 다큐멘터리 제작 기획안>

흔들리는 신라

1. 기획 의도: 신라 하대의 역사적 사건을 소재로, 당시의 혼란한 시대 상황을 조명한다.
2. 구성
- 제1편: 김헌창의 난
- 제2편: 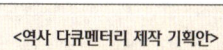 (가)
- 제3편: 적고적의 난

① 만적의 난 ② 홍경래의 난
③ 망이·망소이의 난 ④ 원종과 애노의 난

09 (가) 국가에 대한 설명으로 옳은 것은? [2점]

① 글과 활쏘기를 가르치는 경당을 두었다.
② 정사암에서 국가의 중대사를 결정하였다.
③ 청해진을 중심으로 해상 무역을 전개하였다.
④ 5경 15부 62주로 지방 행정 제도를 정비하였다.

10 밑줄 그은 '나'에 대한 설명으로 옳은 것은? [2점]

① 전국을 8도로 나누었다.
② 천리장성을 축조하였다.
③ 화통도감을 설치하였다.
④ 사심관 제도를 시행하였다.

11 (가)에 들어갈 내용으로 옳은 것은? [1점]

 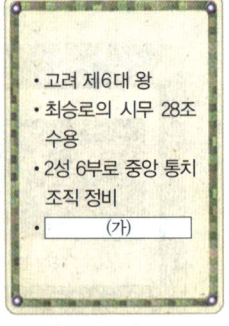

① 녹읍 폐지 ② 대마도 정벌
③ 지방에 12목 설치 ④ 북한산 순수비 건립

12 다음 퀴즈의 정답으로 옳은 것은? [2점]

①  삼사
②  어사대
③  의정부
④  도병마사

13 (가)~(다)의 사건을 일어난 순서대로 옳게 나열한 것은? [3점]

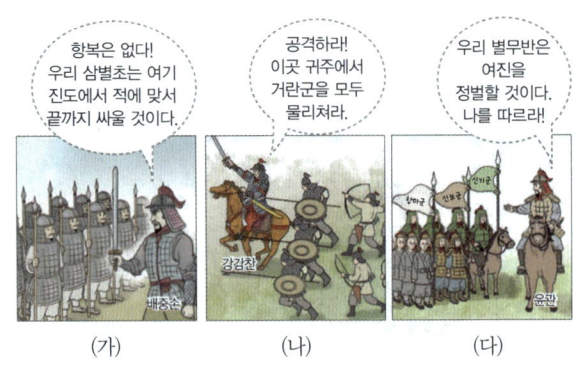

① (가) - (나) - (다) ② (나) - (다) - (가)
③ (다) - (가) - (나) ④ (다) - (나) - (가)

14 (가) 국가의 경제 상황으로 옳은 것은? [2점]

화면 속의 청동 거울은 (가) 시대에 제작된 것으로, 여기에 새겨진 배를 통해 당시 국제 무역이 활발하게 이루어졌음을 짐작할 수 있습니다. 송을 비롯한 여러 나라 상인들은 예성강 하구의 벽란도를 드나들면서 무역을 하였습니다.

① 고구마, 감자 등이 재배되었다.
② 모내기법이 전국적으로 확산되었다.
③ 만상, 내상 등이 활발하게 활동하였다.
④ 활구라고 불린 은병이 화폐로 사용되었다.

16 다음에 해당하는 문화유산으로 옳은 것은? [1점]

두 사람이 상대방의 샅바나 바지의 허리춤을 잡고 상대를 바닥에 넘어뜨리는 민속놀이이다. 이 놀이는 남북한이 공동으로 등재를 신청하여 2018년에 유네스코 무형 문화유산이 되었다.

① 씨름   ② 택견   ③ 강강술래   ④ 남사당놀이

15 학생들이 공통으로 이야기하고 있는 왕의 업적으로 옳은 것은? [2점]

- 원에 볼모로 갔다가 고려의 왕이 되었어.
- 몽골식 풍습을 금지하고 기철을 비롯한 친원 세력을 제거하였어.
- 신돈을 등용하여 전민변정도감을 설치하였어.
- 노국 대장 공주와의 사랑 이야기는 인상적이었어.

① 균역법을 시행하였다.
② 독서삼품과를 실시하였다.
③ 삼강행실도를 편찬하였다.
④ 쌍성총관부를 탈환하여 철령 이북의 땅을 되찾았다.

17 (가)에 들어갈 문화유산에 대한 설명으로 옳은 것은? [2점]

이곳 합천 해인사 장경판전에는 고려 시대에 제작된 (가) 이/가 현재까지 잘 보존되어 있습니다. 그 이유는 건물의 통풍이 잘 되도록 위아래 창의 크기를 서로 다르게 하였고 안쪽 흙바닥 속에 숯과 횟가루를 넣어 습도를 조절하였기 때문입니다.

① 승정원에서 편찬하였다.
② 시정기와 사초를 바탕으로 제작하였다.
③ 현존하는 가장 오래된 금속 활자본이다.
④ 부처의 힘으로 몽골의 침입을 물리치고자 만들었다.

18 (가)에 들어갈 내용으로 옳은 것은? [2점]

① 비변사 혁파 ② 위화도 회군
③ 대전회통 편찬 ④ 훈민정음 창제

19 학생들이 공통으로 이야기하고 있는 지역을 지도에서 옳게 찾은 것은? [2점]

① (가) ② (나) ③ (다) ④ (라)

20 (가)에 들어갈 문화유산으로 옳은 것은? [1점]

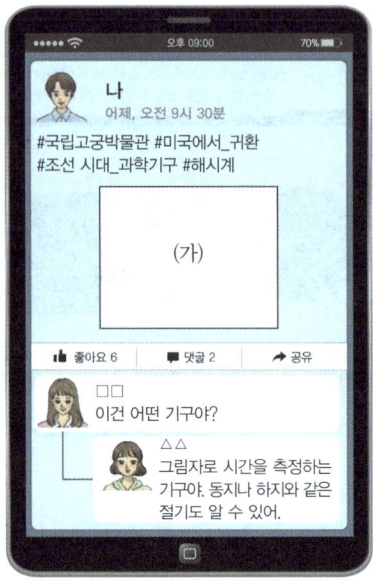

①  자격루
②  측우기
③  앙부일구
④  혼천의

21 (가)에 들어갈 세시 풍속으로 옳은 것은? [1점]

① 설날 ② 한식 ③ 중양절 ④ 정월 대보름

22 (가) 인물에 대한 설명으로 옳은 것은? [2점]

이곳은 안동에 있는 병산 서원으로 (가) 의 학문과 업적을 기리기 위한 곳입니다. 그는 임진왜란이 일어났을 때 훈련도감 설치를 건의하기도 하였습니다.

① 징비록을 저술하였다.
② 4군 6진을 개척하였다.
③ 서경 천도를 주장하였다.
④ 대동여지도를 제작하였다.

23 (가)에 들어갈 인물로 옳은 것은? [2점]

이 책에 대해 소개해 주시겠습니까?

이 책은 제주도에 표류한 네덜란드 사람 (가) 이/가 조선에서의 억류 생활상을 기록한 것입니다. 조선의 풍속이 서양 사회에 알려지는 계기가 되어 사료적 가치가 있습니다.

① 베델   ② 하멜   ③ 매켄지   ④ 헐버트

24 (가), (나) 사이의 시기에 있었던 사실로 옳은 것은? [3점]

(가) 대비의 명으로 인조가 즉위하였다. 광해군을 폐위시켜 강화로 내쫓고 이이첨 등을 처형한 다음 전국에 대사령을 내렸다.

(나) 영조가 '두루 원만하고 치우치지 않음이 군자의 공정한 마음이요, 치우치고 두루 원만하지 못함이 소인의 사사로운 마음이다.'라는 내용을 담은 탕평비를 성균관 입구에 세우게 하였다.

① 예송이 발생하였다.
② 3포 왜란이 일어났다.
③ 경국대전이 완성되었다.
④ 정동행성이 설치되었다.

25 (가)에 들어갈 화폐로 옳은 것은? [2점]

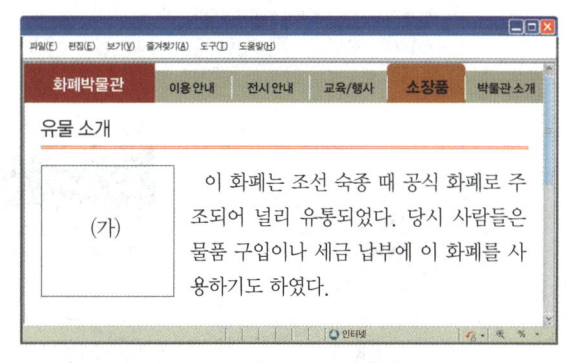

이 화폐는 조선 숙종 때 공식 화폐로 주조되어 널리 유통되었다. 당시 사람들은 물품 구입이나 세금 납부에 이 화폐를 사용하기도 하였다.

① 건원중보   ② 해동통보   ③ 상평통보   ④ 백동화

26 밑줄 그은 '사절단'으로 옳은 것은? [2점]

이것은 일본 에도 막부의 요청으로 조선이 파견한 공식 외교 사절단에 관한 기록물입니다. 이 기록물을 통해 양국이 우호 관계 구축과 유지를 위해 노력하였다는 것을 알 수 있습니다.

① 보빙사　② 연행사　③ 영선사　④ 통신사

27 (가) 왕의 업적으로 옳지 <u>않은</u> 것은? [2점]

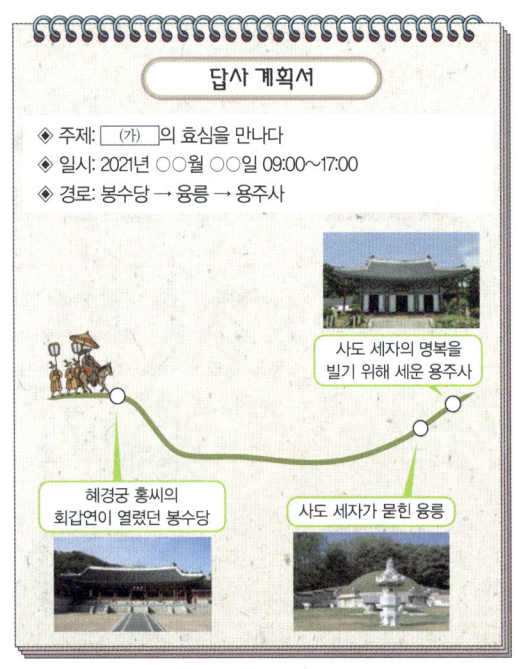

① 장용영을 설치하였다.
② 금난전권을 폐지하였다.
③ 농사직설을 편찬하였다.
④ 초계문신제를 실시하였다.

28 (가)에 들어갈 교육 기관으로 옳은 것은? [1점]

여러분은 현재의 초등학교와 유사한 조선 시대의 (가) 체험을 하고 있어요. 당시 학생들은 천자문, 동몽선습, 소학 등을 배웠답니다.

① 서당　② 태학　③ 성균관　④ 주자감

29 다음에서 설명하는 문화유산으로 옳은 것은? [3점]

이 궁궐은 조선 시대에 창덕궁과 함께 동궐로 불렸습니다.

일제에 의해 동물원과 식물원이 설치되어 한때는 그 원래 모습을 잃었던 적도 있습니다.

이제 본 모습을 찾아가고 있는 궁궐에서 조선 왕실의 숨결을 느껴 보시기 바랍니다.

① 경복궁　② 경희궁　③ 덕수궁　④ 창경궁

30 (가)에 들어갈 섬으로 옳은 것은? [1점]

10월 25일이 무슨 날인지 **알고 계시나요?**

이날은 (가) 가 우리 영토임을 분명히 밝힌 대한 제국 칙령 제41호를 기념하고 이를 대내외적으로 알리기 위해 정해졌습니다.

① 독도　② 완도　③ 거문도　④ 흑산도

31 다음 사건에 대한 정부의 대책으로 옳은 것은? [2점]

① 소격서를 폐지하였다.
② 직전법을 실시하였다.
③ 척화비를 건립하였다.
④ 삼정이정청을 설치하였다.

32 (가)~(다) 학생이 발표한 내용을 일어난 순서대로 옳게 나열한 것은? [3점]

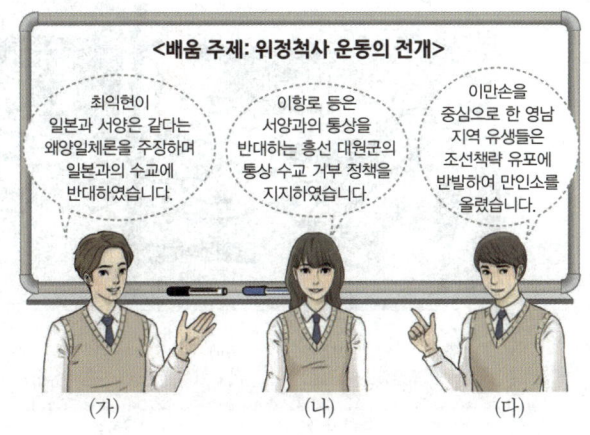

① (가) - (나) - (다)
② (가) - (다) - (나)
③ (나) - (가) - (다)
④ (다) - (가) - (나)

33 밑줄 그은 '거사'로 옳은 것은? [1점]

① 갑신정변   ② 을미사변   ③ 임오군란   ④ 아관 파천

34 다음 사건에 대한 설명으로 옳은 것은? [2점]

① 외규장각 도서가 약탈되었다.
② 집강소를 설치하여 폐정 개혁을 추진하였다.
③ 홍의 장군 곽재우가 의병장으로 활약하였다.
④ 서북인에 대한 차별이 원인이 되어 일어났다.

35 (가)에 들어갈 인물로 옳은 것은? [2점]

이달의 뮤지컬
연해주 독립운동의 대부, (가)

안중근의 하얼빈 의거를 도운 숨은 공로자, 연해주에서 권업회를 조직하여 독립운동을 이끈 인물, 우리는 그를 알고 있는가?

· 일시: 2021년 ○○월 ○○일 오후 6시
· 장소: △△대극장

① 박은식 ② 이봉창 ③ 주시경 ④ 최재형

36 (가)에 들어갈 단체의 활동으로 옳은 것은? [2점]

오늘 신문에 (가) 이/가 종로에서 만민 공동회를 열어 러시아 군사 교관 철수를 요구했다는 기사가 실렸네.

지난 기사에는 러시아의 절영도 조차 요구를 반대했다는 내용이 실렸었지요.

① 태극 서관을 운영하였다.
② 독립문 건립을 주도하였다.
③ 고종 강제 퇴위를 반대하였다.
④ 국채 보상 운동을 지원하였다.

37 밑줄 그은 '이 단체'로 옳은 것은? [3점]

1910년대에 국내에서도 항일 독립 운동이 전개되었다고요?

네, 맞습니다. 박상진을 중심으로 1915년에 대구에서 결성된 이 단체가 대표적입니다.

공화 정치를 목표로 했으며 주로 독립 전쟁 자금 모금, 친일파 처단 등의 활동을 하였지요.

① 대한 광복회   ② 조선어 학회
③ 조선 형평사   ④ 한인 애국단

38 다음 상황이 일어난 시기를 연표에서 옳게 고른 것은? [2점]

나는 충격적인 사건이 발생한 제암리에 와 있다. 이곳에서 일본군은 교회에 마을 사람들을 모이게 하고 사격을 가한 후 불을 질렀다고 한다.

1875	1897	1910	1932	1945
(가)	(나)	(다)	(라)	
운요호 사건	대한 제국 수립	국권 피탈	윤봉길 의거	8·15 광복

① (가)   ② (나)   ③ (다)   ④ (라)

39 (가)에 해당하는 인물로 옳은 것은? [1점]

①  김규식
② 안창호
③  여운형
④  이동휘

40 (가)에 들어갈 내용으로 옳은 것은? [2점]

① 동문학
② 배재 학당
③ 신흥 강습소
④ 한성 사범 학교

41 (가)에 들어갈 사진으로 옳은 것은? [2점]

①  별기군
②  토지 조사 사업
③  산미 증식 계획
④  강제 공출

42 밑줄 그은 '이 단체'로 옳은 것은? [1점]

① 근우회　② 보안회　③ 의열단　④ 중광단

43 (가)에 들어갈 내용으로 옳은 것은? [2점]

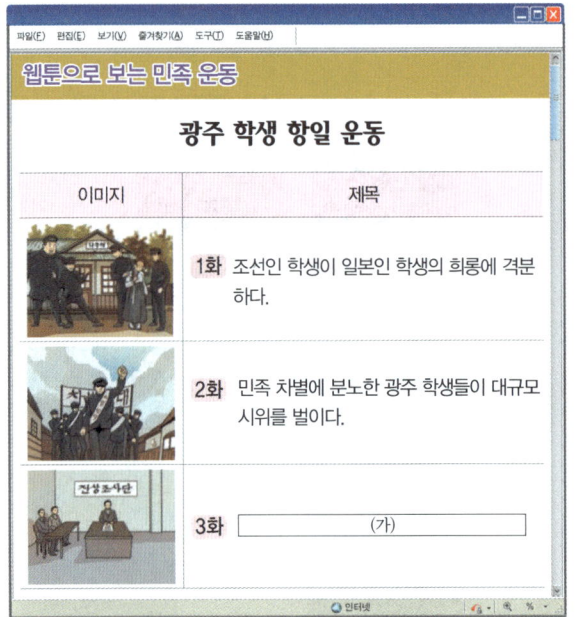

① 통감부가 설치되다.
② 2·8 독립 선언서를 작성하다.
③ 일제가 치안 유지법을 공포하다.
④ 신간회 등이 지원하여 전국으로 확산되다.

45 다음 상황이 나타난 시기에 볼 수 있는 모습으로 옳은 것은? [2점]

① 대동법 시행에 반대하는 지주
② 신사 참배를 강요당하는 청년
③ 암태도 소작 쟁의에 참여하는 농민
④ 박문국에서 한성순보를 발간하는 관리

44 밑줄 그은 '영화'의 제목으로 옳은 것은? [2점]

① 미몽   ② 아리랑
③ 자유 만세   ④ 시집 가는 날

46 (가)에 들어갈 사진으로 옳은 것은? [3점]

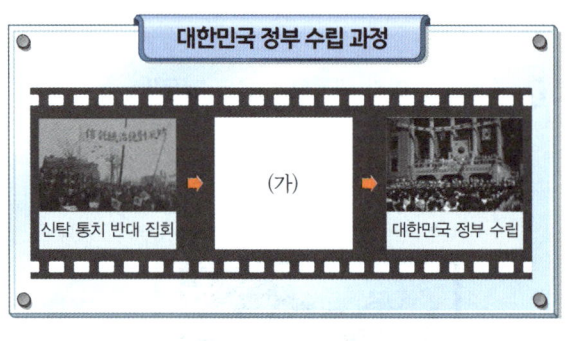

①  경부 고속 도로 개통
②  4·19 혁명
③  유신 헌법 공포
④  5·10 총선거

47 밑줄 그은 '이 전쟁' 중에 있었던 사실로 옳은 것은? [2점]

이것은 이우근의 편지를 새긴 조형물입니다. 그는 이 전쟁 당시 학도의용군으로 포항여중 전투에서 북한군과 싸우다 전사하였습니다. 그가 쓴 편지에는 동족상잔의 비극, 어머니에 대한 그리움이 담겨져 있습니다.

① 미국이 애치슨 선언을 발표하였다.
② 조선 건국 준비 위원회가 결성되었다.
③ 16개국으로 구성된 유엔군이 참전하였다.
④ 13도 창의군이 서울 진공 작전을 전개하였다.

49 다음 신년사를 발표한 정부 시기에 있었던 사실로 옳은 것은? [3점]

존경하는 국민 여러분!
새해를 맞아 국민 여러분 모두가 행복하시길 바랍니다. 작년 2월 25일, '국민의 정부'는 전례 없는 외환 위기 속에서 출발하였습니다. 우리 국민은 실직과 경기 침체로 인해 견디기 힘든 고통에도 불구하고 금 모으기 운동 등 할 수 있는 모든 노력을 다해 왔습니다. 국민 여러분이 한없이 고맙고 자랑스럽습니다.

① 소련, 중국과의 국교가 수립되었다.
② 한일 월드컵 축구 대회를 개최하였다.
③ 제1차 경제 개발 5개년 계획을 추진하였다.
④ 경제 협력 개발 기구(OECD)에 가입하였다.

48 다음 자료로 알 수 있는 민주화 운동에 대한 설명으로 옳은 것은? [3점]

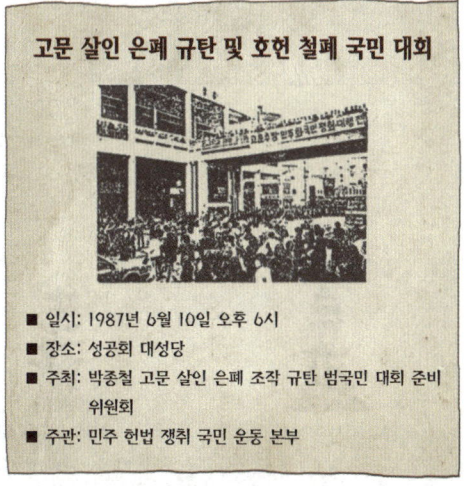

고문 살인 은폐 규탄 및 호헌 철폐 국민 대회
■ 일시: 1987년 6월 10일 오후 6시
■ 장소: 성공회 대성당
■ 주최: 박종철 고문 살인 은폐 조작 규탄 범국민 대회 준비 위원회
■ 주관: 민주 헌법 쟁취 국민 운동 본부

① 대통령이 하야하는 결과를 가져왔다.
② 굴욕적인 한일 국교 정상화에 반대하였다.
③ 5년 단임의 대통령 직선제 개헌을 이끌어냈다.
④ 전개 과정에서 시민군이 자발적으로 조직되었다.

50 (가)에 들어갈 내용으로 옳은 것은? [2점]

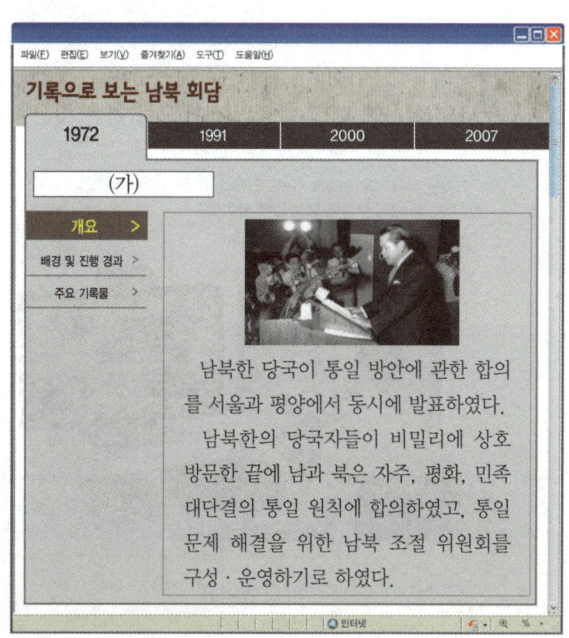

기록으로 보는 남북 회담
1972 1991 2000 2007

(가)

남북한 당국이 통일 방안에 관한 합의를 서울과 평양에서 동시에 발표하였다. 남북한의 당국자들이 비밀리에 상호 방문한 끝에 남과 북은 자주, 평화, 민족 대단결의 통일 원칙에 합의하였고, 통일 문제 해결을 위한 남북 조절 위원회를 구성·운영하기로 하였다.

① 남북 기본 합의서
② 7·4 남북 공동 성명
③ 6·15 남북 공동 선언
④ 10·4 남북 정상 선언

제51회 한국사능력검정시험

- 자신이 선택한 등급의 문제지인지 확인하시오.
- 문제지에 성명과 수험 번호를 정확히 써넣으시오.
- 답안지에 성명과 수험 번호를 써넣고, 또 수험 번호와 답을 정확히 표시하시오.
- 시험 시간은 70분입니다.

01 (가) 시대의 생활 모습으로 옳은 것은? [1점]

이 영상은 (가) 시대의 대표적 무덤인 고인돌의 축조 과정을 재현한 것입니다. 이처럼 축조에 많은 노동력이 동원되어야 한다는 점을 통해 당시에 권력을 가진 지배자가 있었음을 알 수 있습니다.

① 우경이 널리 보급되었다.
② 주로 동굴이나 막집에서 거주하였다.
③ 반달 돌칼을 사용하여 벼를 수확하였다.
④ 실을 뽑기 위해 가락바퀴를 처음 사용하였다.

02 교사의 질문에 대한 학생의 답변으로 옳은 것은? [2점]

이것은 무용총에 그려진 수렵도입니다. 이 문화유산을 남긴 국가에 대해 말해 볼까요?

① 22담로에 왕족을 파견했어요.
② 한의 침략을 받아 멸망했어요.
③ 신지, 읍차 등의 지배자가 있었어요.
④ 빈민 구제를 위해 진대법을 실시했어요.

03 (가) 나라의 경제 상황에 대한 설명으로 옳은 것은? [2점]

초대합니다

창작 뮤지컬 '김수로왕과 허황옥'

알에서 태어나 (가) 을/를 건국하였다고 전해지는 김수로왕이 아유타국의 공주였던 허황옥을 만나 혼인하게 된 이야기를 한 편의 뮤지컬로 선보입니다. 많은 관람 바랍니다.

• 일시: 2021년 ○○월 ○○일 20:00
• 장소: 김해 대성동 고분군 앞 특설 무대

① 낙랑과 왜에 철을 수출하였다.
② 모내기법이 전국으로 확산하였다.
③ 물가 조절을 위해 상평창을 두었다.
④ 활구라고도 불린 은병을 제작하였다.

04 (가)에 들어갈 문화유산으로 옳은 것은? [3점]

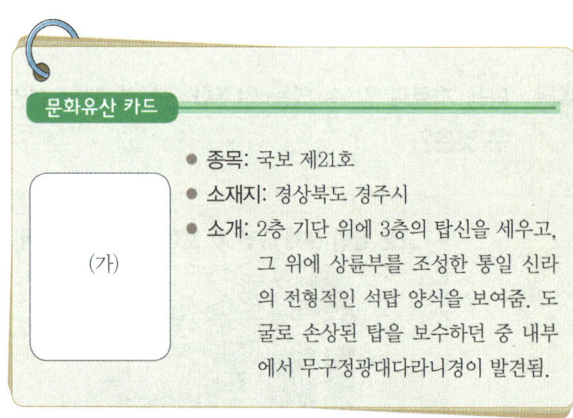

문화유산 카드

● 종목: 국보 제21호
● 소재지: 경상북도 경주시
● 소개: 2층 기단 위에 3층의 탑신을 세우고, 그 위에 상륜부를 조성한 통일 신라의 전형적인 석탑 양식을 보여줌. 도굴로 손상된 탑을 보수하던 중 내부에서 무구정광대다라니경이 발견됨.

① 화엄사 사사자 삼층 석탑
② 정림사지 오층 석탑
③ 감은사지 삼층 석탑
④ 불국사 삼층 석탑

05 밑줄 그은 '나'의 업적으로 옳은 것은? [2점]

① 녹읍을 폐지하였다.
② 불교를 공인하였다.
③ 독서삼품과를 시행하였다.
④ 북한산에 순수비를 세웠다.

07 (가)에 들어갈 제도로 옳은 것은? [1점]

① 화랑도 ② 골품 제도 ③ 화백 회의 ④ 상수리 제도

06 (가)에 들어갈 문화유산으로 옳은 것은? [2점]

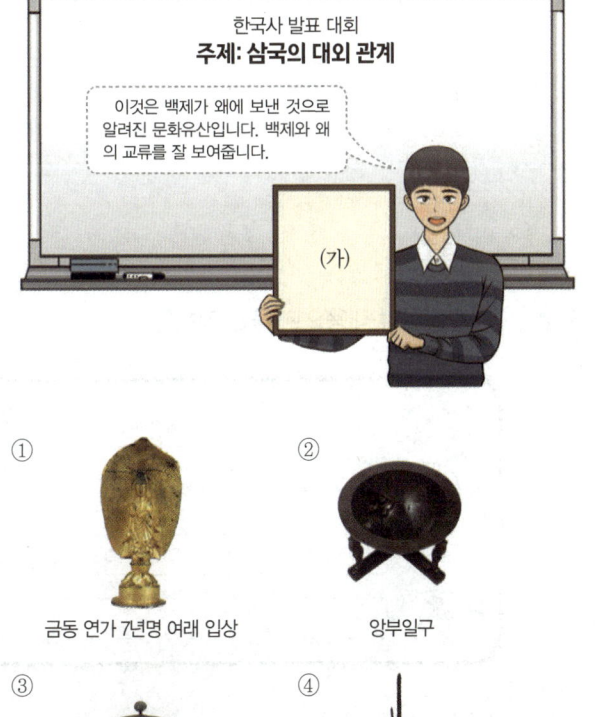

08 밑줄 그은 '전투'로 옳은 것은? [2점]

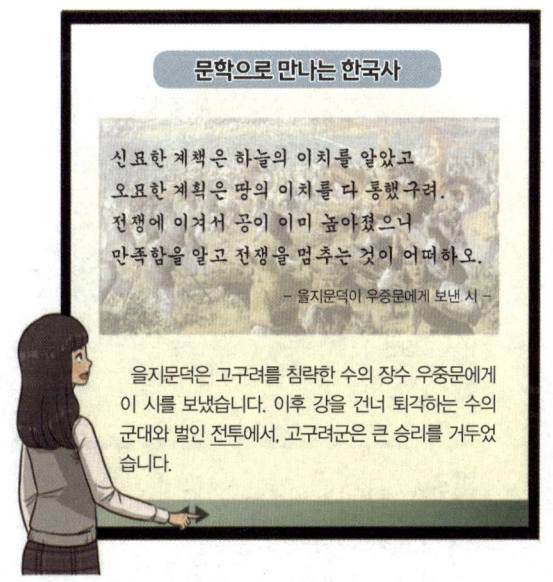

① 명량 대첩 ② 살수 대첩 ③ 황산 대첩 ④ 한산도 대첩

09 (가)에 들어갈 내용으로 옳은 것은? [3점]

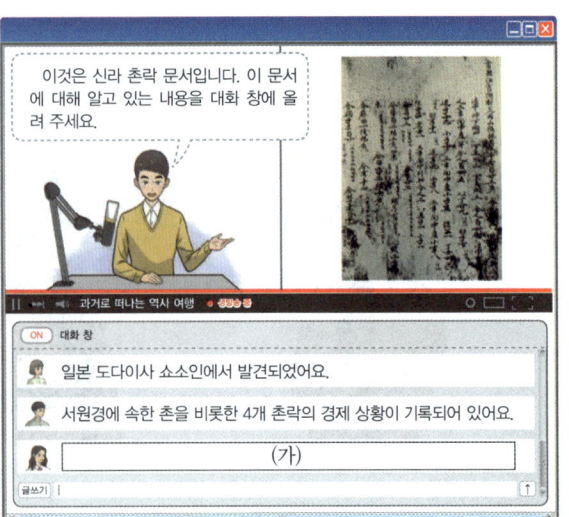

① 단군의 건국 이야기가 수록되어 있어요.
② 병인양요 때 프랑스군에게 약탈당하였어요.
③ 유네스코 세계 기록 유산으로 등재되었어요.
④ 노동력 동원과 세금 징수를 위해 작성되었어요.

10 다음 다큐멘터리에서 볼 수 있는 장면으로 가장 적절한 것은? [2점]

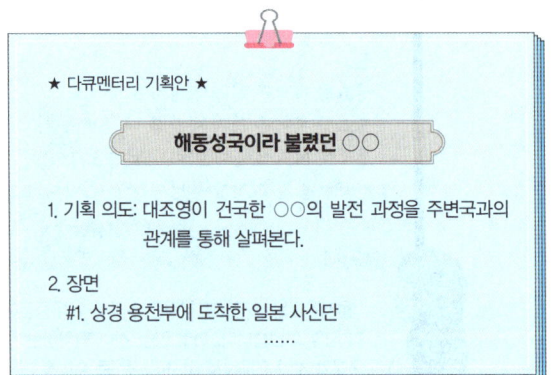

① 6진을 개척하는 김종서
② 처인성에서 싸우는 김윤후
③ 당의 등주를 공격하는 장문휴
④ 정족산성에서 교전하는 양헌수

11 다음 가상 뉴스에서 보도하고 있는 사건이 일어난 시기를 연표에서 옳게 고른 것은? [3점]

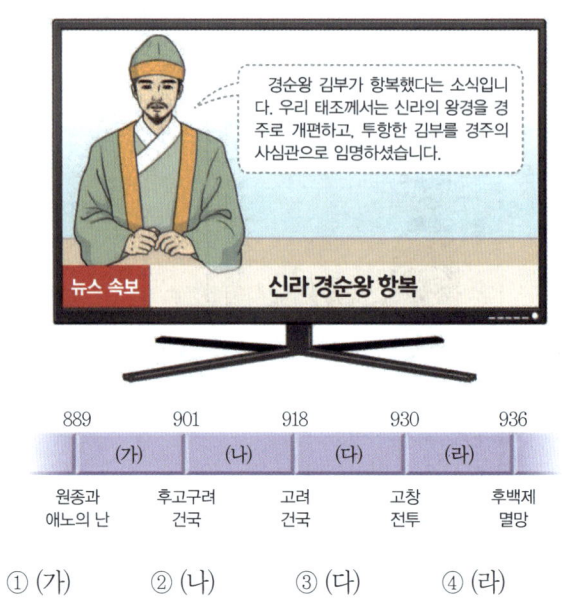

① (가) ② (나) ③ (다) ④ (라)

12 (가)에 들어갈 내용으로 옳은 것은? [2점]

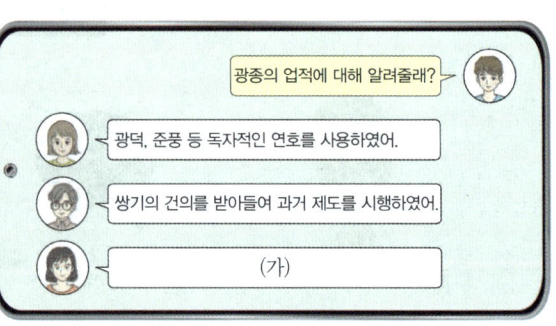

① 훈요 10조를 남겼어.
② 교정도감을 설치하였어.
③ 노비안검법을 실시하였어.
④ 12목에 지방관을 파견하였어.

13 (가)에 들어갈 인물로 옳은 것은? [1점]

① 서희　② 윤관　③ 강감찬　④ 최무선

14 (가) 시기에 있었던 사실로 옳은 것은? [3점]

① 별무반이 편성되었다.
② 김헌창이 난을 일으켰다.
③ 김부식이 삼국사기를 편찬하였다.
④ 지배층을 중심으로 변발과 호복이 유행하였다.

15 다음과 같은 기법으로 제작된 문화유산으로 옳은 것은? [2점]

도자기 표면에 무늬 새기기 → 무늬에 다른 색의 흙 메우기 → 다른 색 흙을 긁어내어 무늬 나타내기

①
기마 인물형 토기

②
백자 철화 끈무늬 병

③
청자 참외 모양 병

④
청자 상감 모란문 표주박 모양 주전자

16 (가)에 해당하는 작물로 옳은 것은? [1점]

문익점이 원에 갔다가 돌아오는 길에 (가) 을/를 보고 씨 10개를 따서 가져왔다. 진주에 와서 절반을 정천익에게 주고 기르게 하였으나 단 한 개만 살아남았다. 가을에 정천익이 그 씨를 따니 100여 개나 되었다.

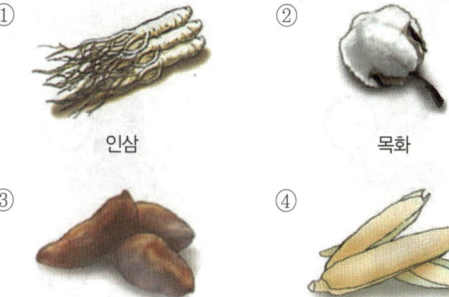

① 인삼　② 목화　③ 고구마　④ 옥수수

17 (가)에 들어갈 내용으로 옳은 것은? [2점]

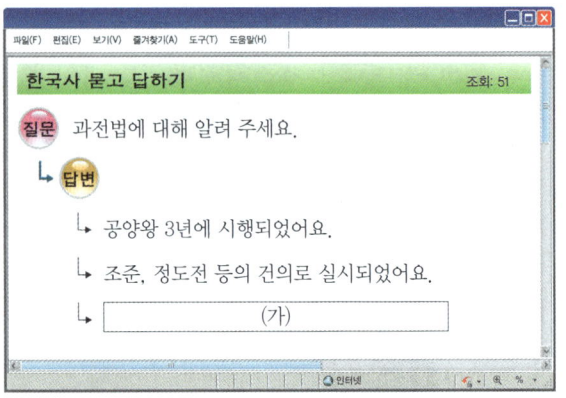

① 공인이 등장하는 배경이 되었어요.
② 토지 소유자에게 지계를 발급하였어요.
③ 전지와 시지를 품계에 따라 나누어 주었어요.
④ 전·현직 관리에게 토지의 수조권을 지급하였어요.

18 다음 퀴즈의 정답으로 옳은 것은? [2점]

19 교사의 질문에 대한 학생의 답변으로 옳지 않은 것은? [2점]

20 다음 학생이 생각하고 있는 기구로 옳은 것은? [2점]

① 사간원　② 사헌부　③ 승정원　④ 홍문관

21 (가)에 해당하는 책으로 옳은 것은? [2점]

> 조선 제9대 국왕인 성종의 재위 기간에는 통치에 관한 규범들을 확립하기 위해 많은 서적이 편찬되었다. 국가 운영 전반에 대한 법률을 담은 (가) 이/가 반포되었으며, 국가의 의례를 정비한 국조오례의와 궁중 음악을 집대성한 악학궤범이 완성되었다.

택리지　경국대전　농사직설　동의보감

22 다음 인물에 대한 설명으로 옳은 것은? [2점]

○○○ 연보
- 1482년 한성에서 출생
- 1515년 문과에 급제
- 1518년 현량과 실시를 건의 대사헌에 임명됨
- 1519년 위훈 삭제를 건의 기묘사화로 사약을 받음

① 거중기를 설계하였다.
② 조선경국전을 저술하였다.
③ 소격서 폐지를 주장하였다.
④ 만권당에서 원의 학자들과 교류하였다.

23 (가)에 들어갈 종교로 옳은 것은? [1점]

① 동학 ② 대종교 ③ 원불교 ④ 천주교

24 (가)에 해당하는 제도로 옳은 것은? [1점]

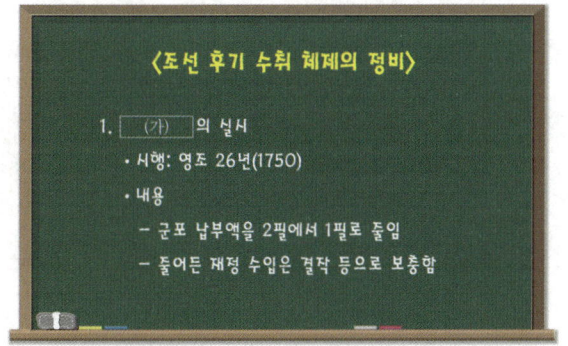

〈조선 후기 수취 체제의 정비〉
1. (가) 의 실시
 • 시행: 영조 26년(1750)
 • 내용
  - 군포 납부액을 2필에서 1필로 줄임
  - 줄어든 재정 수입은 결작 등으로 보충함

① 균역법 ② 대동법 ③ 영정법 ④ 직전법

25 밑줄 그은 '개혁안'의 내용으로 옳은 것은? [3점]

이곳은 유형원이 학문 연구와 저술에 힘썼던 전라북도 부안군 우반동의 반계 서당입니다. 그는 이곳에 머물면서 다양한 개혁안을 담은 반계수록을 저술하였습니다.

① 균전제 실시
② 정혜결사 제창
③ 훈련도감 창설
④ 전민변정도감 설치

26 (가)에 들어갈 장면으로 가장 적절한 것은? [2점]

①    ②

③    ④

27 다음 격문이 작성된 시기의 상황으로 옳은 것은? [2점]

> 평서대원수는 급히 격문을 띄우노니 관서 지역의 모든 사람들은 들으라. …… 조정에서는 관서 지역을 썩은 흙과 같이 버렸다. 심지어 권세가의 노비들도 관서 사람을 보면 반드시 '평안도 놈'이라고 한다. 어찌 억울하고 원통하지 않겠는가.

① 무신들이 정권을 장악하였다.
② 신식 군대인 별기군이 창설되었다.
③ 최치원이 시무 10여 조를 건의하였다.
④ 수령과 향리의 수탈로 삼정이 문란하였다.

29 (가)에 들어갈 문화유산으로 옳은 것은? [1점]

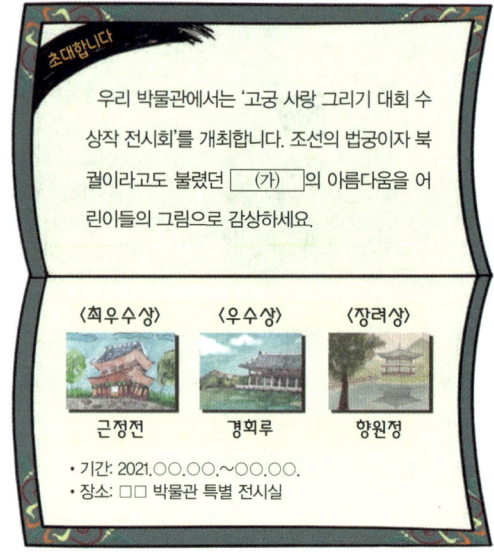

① 경복궁 ② 덕수궁 ③ 창경궁 ④ 창덕궁

28 (가) 인물이 집권한 시기의 사실로 옳은 것은? [2점]

① 장용영이 창설되었다.
② 척화비가 건립되었다.
③ 청해진이 설치되었다.
④ 칠정산이 편찬되었다.

30 다음 시나리오의 상황 이후에 전개된 사실로 옳은 것은? [3점]

> S#15. 한성의 궁궐 안
> 일본에 조사 시찰단으로 파견되었다가 약 4개월 만에 돌아온 홍영식이 고종과 대화를 나누고 있다.
> 고 종: 일본의 제도가 장대하고 정치가 부강하다고 하는데 시찰해 보니 과연 그러하더냐?
> 홍영식: 그렇습니다. 일본의 부강은 모두 밤낮을 가리지 않고 부지런히 노력한 결과입니다. 일본이 이룬 것을 볼 때 우리도 노력하면 충분히 가능할 것입니다.

① 삼정이정청이 설치되었다.
② 어재연 부대가 미군에 맞서 싸웠다.
③ 구식 군인들이 임오군란을 일으켰다.
④ 평양 관민이 제너럴 셔먼호를 불태웠다.

31 다음 가상 편지의 (가)에 들어갈 기구로 옳은 것은? [2점]

> 사랑하는 딸에게
> 아빠는 농민군의 일원으로 나라와 백성을 구하기 위해 싸우고 있단다. 전주에서 정부와 화해하고 우리가 (가) 을/를 설치하여 탐관오리를 처벌하는 등의 활동을 할 때에는 새로운 세상이 머지않아 보였어. 그런데 일본이 군대를 동원하여 궁궐을 점령하고 조정을 압박하니 농민군이 다시 나서게 되었지. 우리의 무기는 비록 변변치 못하지만 전봉준 장군을 중심으로 단결하여 기세는 하늘을 찌르고 있단다.
> 네 모습이 무척 그립구나. 아빠가 곧 집으로 돌아갈 터이니 엄마 말씀 잘 듣고 건강히 지내렴.
> 아빠가

① 기기창
② 집강소
③ 도평의사사
④ 통리기무아문

32 다음 검색창에 들어갈 용어로 옳은 것은? [2점]

연관 검색어
- 조일 통상 장정
- 함경도
- 배상금
- 조병식

백과사전
조선의 지방관이 직권으로 그 지방에서 생산된 곡식을 타지방이나 타국으로 유출하는 것을 금하는 조치를 말한다. 개항 후 함경도와 황해도에서 시행되기도 하였다. ……
○○백과

① 단발령 ② 방곡령 ③ 삼림령 ④ 회사령

33 (가) 인물의 활동으로 옳은 것은? [3점]

이토 히로부미가 내릴 것으로 예상되는 차이자거우역에는 우덕순과 조도선이, 종착지인 하얼빈역에는 (가) 이/가 대기하며 거사를 준비하였다. 열차는 차이자거우역을 지나쳐 하얼빈역에 도착하였다. (가) 은/는 열차에서 내린 이토 히로부미를 저격하여 거사에 성공하였다.

① 동양 평화론을 집필하였다.
② 영남 만인소를 주도하였다.
③ 조선 의용대를 창설하였다.
④ 헤이그에 특사로 파견되었다.

34 밑줄 그은 '새 조약'에 대한 설명으로 옳은 것은? [2점]

> 나인영은 진술하기를 "광무 9년 11월에 우리 대한 제국의 외교권을 일본에 넘겨준 새 조약은 일본의 강제에 따른 것으로 황제 폐하가 윤허하지 않았고, 참정대신이 동의하지도 않았습니다. 슬프게도 5적 이지용, 이근택, 박제순 등이 제멋대로 가(可)하다고 쓰고 속여 2천만 민족을 노예로 내몰았습니다."라고 하였다.

① 운요호 사건을 계기로 체결되었다.
② 최혜국 대우를 처음으로 규정하였다.
③ 통감부가 설치되는 결과를 가져왔다.
④ 외국과 맺은 최초의 근대적 조약이었다.

35 밑줄 그은 '이 지역'을 지도에서 옳게 찾은 것은? [2점]

이 지역은 강화도 조약에 따라 개항되었습니다. 라이징 선 석유 회사에서 일본인 감독이 조선인 노동자를 구타한 사건이 계기가 되어 1929년에 대규모 총파업이 벌어지기도 하였습니다.

① (가) ② (나) ③ (다) ④ (라)

36 (가)에 들어갈 그림으로 적절하지 않은 것은? [1점]

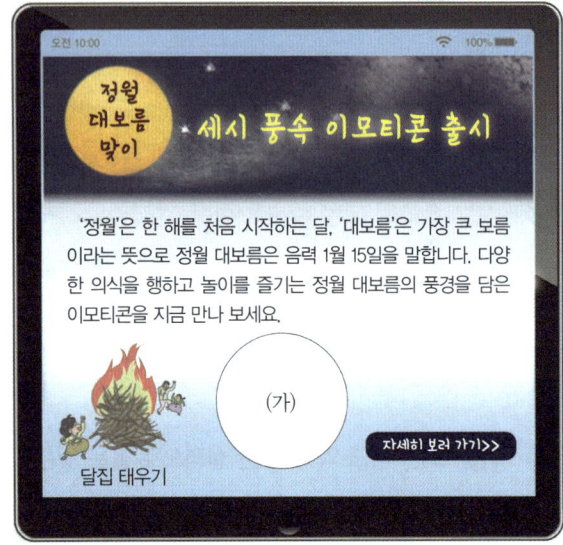

정월 대보름 맞이 · 세시 풍속 이모티콘 출시

'정월'은 한 해를 처음 시작하는 달, '대보름'은 가장 큰 보름이라는 뜻으로 정월 대보름은 음력 1월 15일을 말합니다. 다양한 의식을 행하고 놀이를 즐기는 정월 대보름의 풍경을 담은 이모티콘을 지금 만나 보세요.

달집 태우기

① 부럼 깨기 ② 창포물에 머리 감기 ③ 쥐불놀이 ④ 오곡밥 먹기

37 밑줄 그은 '시기'에 볼 수 있는 모습으로 가장 적절한 것은? [2점]

□□신문

헌병, 군사 경찰로 명칭 변경

군대 내 경찰 직무를 수행해 오던 헌병이 군사 경찰이라는 새 이름을 달았다. 헌병은 일본식 표현으로, 국권 피탈 이후에는 일제가 헌병 경찰 제도를 실시하던 시기가 있었다. 따라서 이번 명칭 변경은 우리 사회에 남아 있던 일제의 잔재를 청산한다는 측면에서 중요한 역사적 의미가 있다.

① 제복을 입고 칼을 찬 교사
② 브나로드 운동에 참여하는 학생
③ 조선책략 유포에 반발하는 유생
④ 치안 유지법 위반으로 구속된 독립운동가

38 밑줄 그은 '만세 시위'에 대한 설명으로 옳은 것은? [2점]

이것은 친일파 이완용의 경고문입니다. 탑골 공원 등에서 독립 선언서를 낭독하는 것으로 시작된 학생과 시민들의 만세 시위가 전국으로 확산하자, 그 열기를 꺾을 목적으로 작성되었습니다.

조선 독립을 외치는 것이 허언, 망동이라고 유지인사들이 계속 말해도 깨닫지를 못하니 …… 망동을 따라하면 죽거나 다치게 될 것이니 이것이 바로 삶 중에서 죽음을 구함이 아닌가.

① 순종의 인산일에 전개되었다.
② 만주, 연해주, 미주 등지로 확산하였다.
③ 일제의 황무지 개간권 요구를 철회시켰다.
④ 러시아의 내정 간섭과 이권 침탈을 규탄하였다.

39 (가)에 들어갈 정책으로 옳은 것은? [3점]

① 미곡 공출제
② 새마을 운동
③ 산미 증식 계획
④ 토지 조사 사업

40 다음 자료의 민족 운동에 대한 설명으로 옳은 것은? [2점]

> 물산 장려에 대한 운동의 새로운 풍조가 시작된 이래로 …… 반드시 토산으로 원료를 삼아 학생모, 중절모 등을 제조하는 것이 좋겠다. …… 현재 인도에서는 간디캡이 크게 유행한다는데 간디 씨가 발명, 제조한 순 인도산의 재료로 순 인도인이 만든 모자라고 한다.

① 대한매일신보의 후원을 받았다.
② 평양에서 시작하여 전국으로 확산하였다.
③ 황국 중앙 총상회를 중심으로 전개되었다.
④ 독립문 건립을 위한 모금 활동이 추진되었다.

41 (가)에 들어갈 단체로 옳은 것은? [1점]

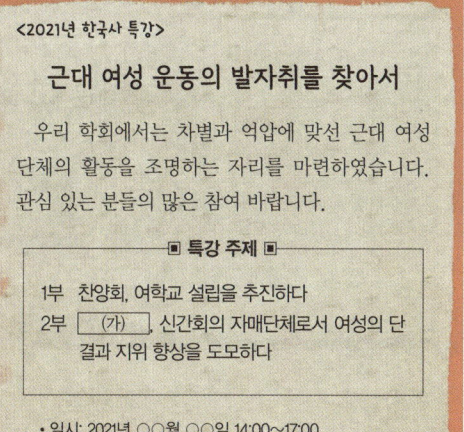

① 권업회   ② 근우회   ③ 보안회   ④ 송죽회

42 (가)에 들어갈 전투로 옳은 것은? [2점]

① 쌍성보 전투
② 영릉가 전투
③ 청산리 전투
④ 대전자령 전투

43 (가)에 들어갈 단체로 옳은 것은? [2점]

① 의열단
② 중광단
③ 대한 광복회
④ 한인 애국단

44 다음 자료를 활용한 탐구 활동으로 가장 적절한 것은? [2점]

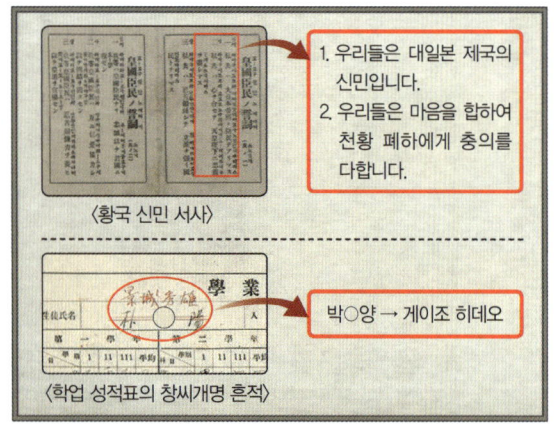

① 민족 말살 정책의 내용을 조사한다.
② 조선 형평사의 설립 취지를 살펴본다.
③ 교육 입국 조서의 발표 배경을 파악한다.
④ 동양 척식 주식회사의 주요 업무를 알아본다.

45 (가) 인물의 활동으로 옳은 것은? [3점]

① 조선 혁명 선언을 집필하였다.
② 파리 강화 회의에 파견되었다.
③ 대조선 국민 군단을 창설하였다.
④ 조선말 큰사전 편찬을 주도하였다.

46 다음 발언 이후에 전개된 사실로 옳은 것은? [3점]

① 한국 광복군이 창설되었다.
② 김구가 남북 협상을 추진하였다.
③ 모스크바 삼국 외상 회의가 개최되었다.
④ 여운형이 조선 건국 준비 위원회를 결성하였다.

47 (가) 정책에 대한 설명으로 옳은 것은? [2점]

① 친일파 청산을 목적으로 하였다.
② 서재필, 이상재 등이 주도하였다.
③ 자작농이 증가하는 계기가 되었다.
④ 농광 회사가 설립되는 배경이 되었다.

48 밑줄 그은 '전쟁'에 대한 탐구 활동으로 가장 적절한 것은? [2점]

① 제물포 조약의 내용을 살펴본다.
② 인천 상륙 작전의 과정을 조사한다.
③ 경의선 철도의 부설 배경을 파악한다.
④ 신흥 무관 학교의 설립 목적을 알아본다.

49 다음 일기를 통해 알 수 있는 민주화 운동으로 옳은 것은? [1점]

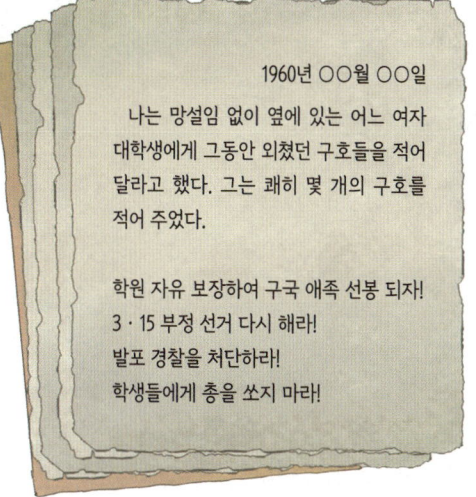

① 4·19 혁명
② 6월 민주 항쟁
③ 부마 민주 항쟁
④ 5·18 민주화 운동

50 밑줄 그은 '정부' 시기의 사실로 옳지 않은 것은? [2점]

① 3선 개헌안이 통과되었다.
② 베트남에 국군이 파병되었다.
③ 경제 개발 5개년 계획이 추진되었다.
④ 한일 월드컵 축구 대회가 개최되었다.

# 한국사능력검정시험 답안지

기본 한국사능력검정시험 답안지

성 명: _____

한국사능력검정시험 답안지

(기본)

성 명: _____

한국사능력검정시험 답안지

기본

성 명: _____

〈수험생이 지켜야 할 일〉

1. 수험번호란에는 아라비아숫자로 기재하고 해당란에 "●"와 같이 완전하게 표기하여야 합니다.

2. ① 답란에는 반드시 컴퓨터용 사인펜을 사용하여 표기해야 합니다.

   ② 답란은 "●"와 같이 완전하게 표기하여야 하며, 바르지 못한 표기를 하였을 경우에는 불이익을 받을 수 있습니다.
   (잘못된 표기 예시 ⓥ ① ⊗ ◐ ◑)

3. 답안지에는 낙서를 하거나 불필요한 표기를 하였을 경우 불이익을 받을 수 있으므로 답안지를 최대한 깨끗한 상태로 제출하여야 합니다.

수 험 번 호

감독관 확인란
※ 수험생은 표기하지 말 것

결시자 확인: 컴퓨터용 사인펜을 사용하여 수험번호란과 아래란을 표기 / ○

감독관 확인: 성명, 수험번호 표기가 정확한지 확인 후 아래란에 서명 또는 날인 (인)

선 택 형 답 란

문번	①	②	③	④	문번	①	②	③	④	문번	①	②	③	④
1	①	②	③	④	21	①	②	③	④	41	①	②	③	④
2	①	②	③	④	22	①	②	③	④	42	①	②	③	④
3	①	②	③	④	23	①	②	③	④	43	①	②	③	④
4	①	②	③	④	24	①	②	③	④	44	①	②	③	④
5	①	②	③	④	25	①	②	③	④	45	①	②	③	④
6	①	②	③	④	26	①	②	③	④	46	①	②	③	④
7	①	②	③	④	27	①	②	③	④	47	①	②	③	④
8	①	②	③	④	28	①	②	③	④	48	①	②	③	④
9	①	②	③	④	29	①	②	③	④	49	①	②	③	④
10	①	②	③	④	30	①	②	③	④	50	①	②	③	④
11	①	②	③	④	31	①	②	③	④					
12	①	②	③	④	32	①	②	③	④					
13	①	②	③	④	33	①	②	③	④					
14	①	②	③	④	34	①	②	③	④					
15	①	②	③	④	35	①	②	③	④					
16	①	②	③	④	36	①	②	③	④					
17	①	②	③	④	37	①	②	③	④					
18	①	②	③	④	38	①	②	③	④					
19	①	②	③	④	39	①	②	③	④					
20	①	②	③	④	40	①	②	③	④					

한국사능력검정시험 답안지 (기본)

한국사 능력검정시험
기본 4·5·6급
기출문제집

✓ **나 홀로 합격 필수 전략으로 한능검 마스터!**
최신 16회분 난이도 분석 + 고난도 문항 정리
모바일 OMR 자동채점 서비스
학습 자료: 빅데이터 50가지 테마 미니북, 시대별 연표 PDF

✓ **무료 동영상 강의**
20유형 문제 풀이 스킬 + 전 문항 기출 해설 특강
유튜브 시대에듀 채널
시대에듀 www.sdedu.co.kr

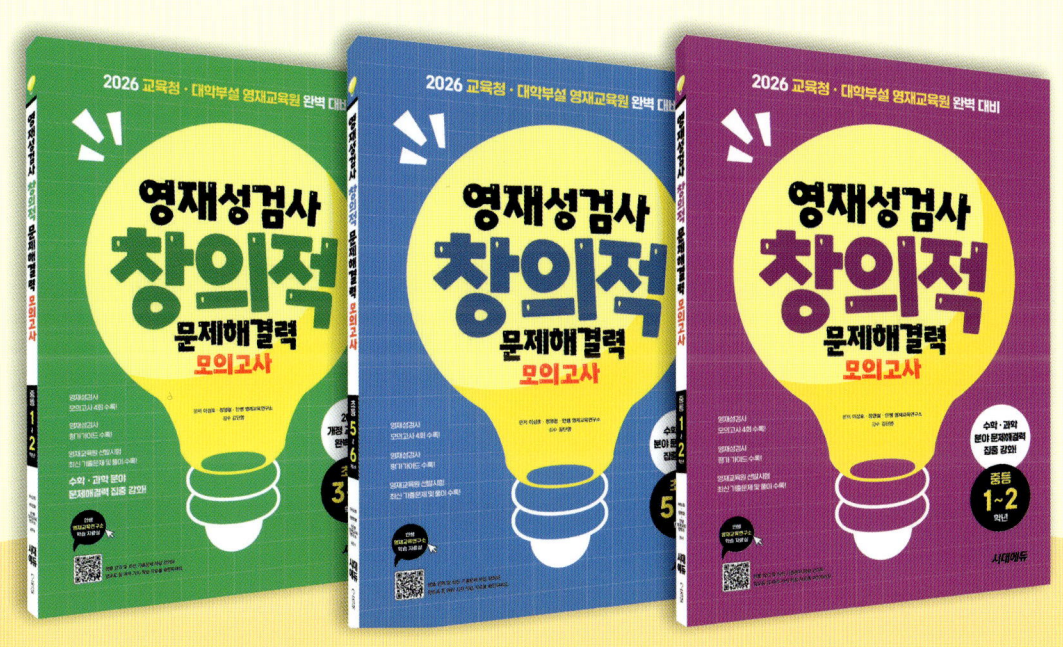

Contents

※ 76, 74, 72, 70, 68, 65, 62, 59, 56, 53회 기본 시험 미시행

기출문제		문제편	해설편
제75회	한국사능력검정시험 기본	002	002
제73회	한국사능력검정시험 기본	014	023
제71회	한국사능력검정시험 기본	026	044
제69회	한국사능력검정시험 기본	038	063
제67회	한국사능력검정시험 기본	050	083
제66회	한국사능력검정시험 기본	062	103
제64회	한국사능력검정시험 기본	074	123
제63회	한국사능력검정시험 기본	086	142
제61회	한국사능력검정시험 기본	098	161
제60회	한국사능력검정시험 기본	110	180
제58회	한국사능력검정시험 기본	122	200
제57회	한국사능력검정시험 기본	134	218
제55회	한국사능력검정시험 기본	146	236
제54회	한국사능력검정시험 기본	158	257
제52회	한국사능력검정시험 기본	170	278
제51회	한국사능력검정시험 기본	182	299

별책 부록 - PASSCODE 빅데이터 50가지 테마 미니북

기 / 출 / 문 / 제 / 집

한국사능력검정시험
정답 및 해설

기본(4·5·6급)

한국사능력검정시험 정답 및 해설

제75회 한국사능력검정시험

01	02	03	04	05	06	07	08	09	10
③	③	④	①	②	③	①	④	④	③
11	12	13	14	15	16	17	18	19	20
③	③	②	①	③	③	②	④	④	②
21	22	23	24	25	26	27	28	29	30
②	④	①	②	④	②	④	③	②	①
31	32	33	34	35	36	37	38	39	40
②	①	①	④	②	④	③	②	①	①
41	42	43	44	45	46	47	48	49	50
②	③	②	②	④	②	①	②	②	④

01 구석기 시대   정답 ③

빠른 정답 찾기: 연천 전곡리 유적 + 뗀석기 + 주먹도끼 ➡ **구석기 시대**

🔍 자료 분석하기

연천 전곡리 유적은 뗀석기가 처음 사용된 구석기 시대의 대표적인 유적지로, 1978년 주한 미군 그렉 보웬에 의해 동아시아 최초로 아슐리안형 주먹도끼가 발견된 곳이다.

🔍 선택지 분석하기

① 를 제작하였다.
→ 철기 시대에는 철제 무기, 농기구 등을 제작하여 사용하였다.

② 반달 돌칼로 벼를 수확하였다.
→ 청동기 시대에 일부 지역에서 벼농사가 시작되었으며 반달 돌칼로 벼를 수확하였다.

 주로 동굴이나 막집에서 살았다.
→ 구석기 시대 사람들은 주로 동굴이나 바위 그늘에 막집을 짓고 살면서 계절에 따라 이동 생활을 하였다.

④ 가락바퀴를 이용하여 실을 뽑았다.
→ 신석기 시대에는 가락바퀴를 이용하여 실을 뽑고 뼈바늘로 옷을 지어 입었다.

02 고구려 장수왕   정답 ③

빠른 정답 찾기: 승려 도림 + 고구려 광개토 대왕의 아들 + 한성을 함락하고 개로왕을 죽임 ➡ **고구려 장수왕**

🔍 자료 분석하기

『삼국사기』 백제본기, 개로왕 21년 기사에는 고구려 승려 도림의 이야기가 담겨 있다. 고구려 장수왕은 남쪽으로 세력을 펼치기 위해 도읍을 평양으로 옮긴 후, 백제에 첩자로 도림을 보냈다. 도림은 개로왕이 바둑을 좋아하는 것을 이용하여 개로왕의 신임을 얻어 개로왕이 큰 공사를 벌이도록 권유하였다. 이로 인해 백제는 국력이 소모되었고, 장수왕은 이를 틈타 백제에 군사를 보내 한성을 함락하고 개로왕을 죽였다.

🔍 선택지 분석하기

① 태학을 설립하였다.
→ 고구려 소수림왕은 국가 교육 기관인 태학을 설립하여 인재를 길러냈다.

② 우산국을 복속시켰다.
→ 신라 지증왕은 장군 이사부를 시켜 우산국(울릉도)을 복속시켰다.

✓ 평양으로 수도를 옮겼다.
→ 고구려 장수왕은 평양으로 수도를 옮기고 남진 정책을 추진하여 영토를 확장하였다.

④ 황룡사 구층 목탑을 건립하였다.
→ 신라 선덕 여왕 때 승려 자장이 건의하여 황룡사 구층 목탑을 건립하였다.

한발 더 다가가기

고구려 주요 국왕의 업적

소수림왕	불교 수용, 태학 설립, 율령 반포
광개토 대왕	• 영토 확장, 백제와 금관가야 공격 • 신라에 원군 파병(호우총 청동 그릇)
장수왕	• 남진 정책, 평양 천도, 한강 유역 점령 • 광개토 대왕릉비, 충주 고구려비

03 고조선

정답 ④

빠른 정답 찾기
10월 03일 + 개천절 + 단군 + 우리 역사상 최초의 나라 ➡ **고조선**

 자료 분석하기

개천절은 기원전 2333년 10월 3일, 단군이 우리 역사상 최초의 나라인 고조선 건국을 기념하기 위해 제정한 국경일이다. 일제 강점기에는 대한민국 임시 정부가 개천절 행사를 열며 민족의식을 고취하였다. 광복 후인 1949년에는 「국경일에 관한 법률」이 제정됨에 따라 본래 음력 10월 3일이었던 것을 양력 10월 3일로 바꾸어 개천절 행사를 거행하였다.

선택지 분석하기

① **10월**에 **동맹**이라는 제천 행사를 열었다.
⋯ 고구려는 매년 10월에 추수 감사제인 동맹이라는 제천 행사를 열었다.

② 읍락 간의 경계를 중시하는 **책화**가 있었다.
⋯ 동예는 각 부족의 영역을 중요시하여 서로의 영역을 침범한 경우 노비와 소, 말로 갚게 하는 제도인 책화가 있었다.

③ 여러 가(加)들이 별도로 **사출도**를 주관하였다.
⋯ 부여는 왕 아래 마가, 우가, 저가, 구가의 가(加)들이 별도로 행정 구역인 사출도를 주관하였다.

✓ 사회 질서를 유지하기 위해 **범금 8조**를 두었다.
⋯ 고조선은 사회 질서를 유지하기 위해 8개의 조항으로 이루어진 범금 8조를 두었으나 현재는 3개의 조항만 전해진다.

04 대가야의 문화유산

정답 ①

빠른 정답 찾기
고령 지산동 고분군 + 7개 고분군 + 연맹 체제 ➡ **대가야**

 자료 분석하기

고령 지산동 고분군은 대가야를 대표하는 고분군으로 대가야의 위상을 볼 수 있는 유적이다. 가야는 연맹 왕국을 이루고 있었으며, 초기 가야 연맹은 김해의 금관가야가, 후기 가야 연맹은 고령의 대가야가 주도하였다.

선택지 분석하기

 금동관
⋯ 금동관은 대가야의 고분군인 고령 지산동 고분군에서 출토된 문화유산이다. 신라의 황남대총 은관과 비슷하나 신라의 전형적인 세움 장식과 달리 풀과 꽃 모양을 하고 있어 가야만의 금속 공예 기술을 잘 보여 준다.

② 칠지도
⋯ 칠지도는 백제 근초고왕 때 만들어 왜에게 주었다고 알려진 유물로, 일본에서 발견되었다. 이를 통해 백제가 왜와 교류하면서 선진 문물을 전파하였다는 것을 확인할 수 있다.

③ 성덕 대왕 신종
⋯ 성덕 대왕 신종은 통일 신라 경덕왕이 아버지인 성덕왕을 기리기 위해 제작한 종이다.

④ 금동 연가 7년명 여래 입상
⋯ 금동 연가 7년명 여래 입상은 경남 의령에서 발견된 고구려의 불상으로, 강렬한 느낌을 주는 불상 양식에서 고구려적인 특징이 잘 나타나 있다.

05 지역사 – 공주

정답 ②

빠른 정답 찾기
백제의 수도, 웅진 + 공산성 + 무령왕릉 + 정지산 유적 ➡ **공주**

자료 분석하기

- **공산성**: 백제 웅진 시기 공주를 지키던 산성이다. 고구려 장수왕의 공격으로 한성이 함락되고 백제 개로왕이 전사하자, 백제는 웅진(공주)으로 도읍을 옮기고 공산성을 건축하였다. 이를 통해 왕실의 권위를 회복하고 지배 체제를 재정비하고자 하였다.
- **무령왕릉**: 백제 무령왕과 그 왕비의 무덤으로, 백제 왕들의 무덤이 모여 있는 공주 송산리 고분군에 위치해 있다. 무령왕릉은 중국의 고분 양식인 벽돌무덤 양식으로 만들어졌으며, 관은 일본산 금송으로 제작되었다. 이를 통해 백제가 중국 남조, 왜 등과 활발하게 교류하였음을 알 수 있다.
- **정지산 유적**: 백제 웅진 시기 백제 왕실의 제사를 지내던 곳으로 추정되며, 화려한 장식의 굽다리 접시, 세발토기 등 국가 제사와 관련된 유물이 출토되었다.

06 통일 신라

정답 ③

빠른 정답 찾기: 흥덕왕 + 골품에 따라 차등을 둠 ➡ 신라

🔍 자료 분석하기

신라 시대에는 골품제라는 신분 제도를 두어 골품에 따라 관등 승진을 제한하였다. 또한, 가옥의 규모와 장식물, 옷감의 품질과 색, 수레의 크기 등 일상생활까지 골품에 따라 규제하였다.

🔍 선택지 분석하기

① <u>완산주</u>를 도읍으로 하였다.
…→ 신라의 군인 출신인 견훤은 완산주(전주)를 도읍으로 정하고 후백제를 건국하였다.

② 전국을 <u>5도 양계</u>로 나누었다.
…→ 고려는 전국을 5도 양계로 나누어 지방 행정 조직을 확립하였고 국경 지역인 양계에 병마사를 파견하였다.

✔ ③ 교육 기관으로 <u>국학</u>을 두었다.
…→ 통일 신라 신문왕은 유교 정치를 확립시키기 위해 교육 기관으로 국학을 두었다.

④ <u>정사암</u>에서 국가 중대사를 결정하였다.
…→ 백제의 귀족들은 정사암이라는 바위에서 회의를 통해 재상을 선출하고 국가 중대사를 결정하였다.

한발 더 다가가기
신라의 골품제

신분 구별	• 성골, 진골, 6~1두품으로 구분 • 6두품: 6등급(아찬)까지만 승진, 학문·종교 분야에서 활동 • 5두품: 10등급(대나마)까지만 승진 • 4두품: 12등급(대사)까지만 승진
일상생활 규제	• 골품에 따라 관직 승진 제한 • 옷차림, 집과 수레의 크기까지 제한

✱ 미니북 48쪽

07 정림사지 오층 석탑 비문

정답 ①

빠른 정답 찾기: 정림사지 오층 석탑 + 백제를 멸망시킨 소정방의 공적 + 평제탑 ➡ 정림사지 오층 석탑 비문

🔍 자료 분석하기

660년 신라군과 연합하여 백제를 멸망시킨 당의 장수 소정방이 백제를 평정한 공을 '대당평백제국비명(大唐平百濟國碑銘)'이라는 제목을 붙여 정림사지 오층 석탑 1층 몸돌에 새겨 넣었다. 비문에는 당군의 공적만 기록되어 있어 정림사지 오층 석탑은 평제탑으로 불리기도 하였다.

🔍 선택지 분석하기

✔ ① <u>나당 연합군</u>의 활동을 조사한다.
…→ 신라 김춘추가 당과 동맹을 맺고 나당 연합군을 결성하였다. 나당 연합군은 백제 계백의 결사대와 황산벌에서 전투를 벌여 백제의 수도 사비를 함락하며 백제를 멸망시켰다. 이후 고구려의 평양성도 함락하여 고구려를 멸망시켰다.

② <u>이자겸이 일으킨 난</u>의 결과를 알아본다.
…→ 고려 중기 이자겸은 왕의 외척으로서 최고 권력을 누리면서 국왕의 자리까지 넘보았다. 이에 인종이 이자겸을 제거하려다 실패하였고, 이에 대한 반발로 이자겸이 척준경과 함께 난을 일으켰으나, 결국 제거되었다.

③ <u>전민변정도감</u>이 설치되는 과정을 분석한다.
…→ 고려 공민왕은 신돈을 등용하고 전민변정도감을 설치하여 권문세족에 의해 불법으로 점탈된 토지를 돌려 주고 억울하게 노비가 된 자를 풀어 주는 등 개혁을 단행하였다.

④ <u>궁예</u>가 <u>철원</u>으로 수도를 옮긴 이유를 파악한다.
…→ 궁예는 후고구려를 건국할 당시 수도를 송악으로 하였다. 그러나 이후 자신의 세력 기반을 다지고 왕권을 강화하기 위해 수도를 철원으로 옮겼다.

✱ 미니북 22쪽

08 장보고

정답 ④

빠른 정답 찾기: 신라인 장보고 + 산둥반도 + 적산 법화원 + 일본 승려 엔닌의 구법 활동 지원 ➡ 장보고

🔍 자료 분석하기

장보고는 완도에 설치한 청해진을 거점으로 해적을 소탕하고 당, 신라, 일본 간 해상 무역권을 장악하며 동아시아 무역을 주도하였다. 장보고는 신라인의 왕래가 빈번한 당의 산둥반도 적산촌에 신라인을 위한 사찰인 적산 법화원을 세웠다. 당시 일본 승려 엔닌이 구법 활동을 할 때 적산 법화원에 머물면서 장보고와 신라인들의 지원을 받기도 하였다.

선택지 분석하기

① 왕오천축국전을 저술하다.
⋯ 통일 신라의 승려 혜초는 인도와 중앙아시아를 순례하고 『왕오천축국전』을 저술하였다.

② 만권당에서 학자들과 교유하다.
⋯ 고려 충선왕은 왕위를 물려준 뒤 원의 연경에 만권당을 세우고 고려에서 이제현 등의 성리학자들을 데려와 원의 학자들과 교유하게 하였다.

③ 당에 유학하여 빈공과에 급제하다.
⋯ 최치원은 통일 신라 말 6두품 출신 유학자로, 당의 빈공과에 급제하여 관리 생활을 하였다.

✓ 청해진을 중심으로 해상 무역을 장악하다.
⋯ 장보고는 통일 신라 흥덕왕 때 완도에 청해진을 설치하고 해적을 소탕하며 당, 신라, 일본 간 해상 무역을 전개하였다.

---

09 발해 · 정답 ④

빠른 정답 찾기: 대조영이 건국 + 신라와 함께 남북국으로 서술 + 5경 15부 62주 ➡ 발해

자료 분석하기

조선 후기 지리학자 김정호의 역사 지리서 『대동지지』에서는 대조영이 건국한 발해에 대해 언급하고 있다. 신라와 발해를 남북국이라는 용어로 서술하여 발해가 고구려를 계승하였음을 나타내고, 발해의 지방 행정 구역인 5경 15부 62주에 대해 기록하였다.

선택지 분석하기

① 옥저를 복속시켰다.
⋯ 고구려 태조왕은 옥저를 복속시키고 동해안으로 진출하여 영토를 확장하였다.

② 22담로를 설치하였다.
⋯ 백제 무령왕은 지방에 22담로를 설치하고 왕족을 파견하여 지방에 대한 통제를 강화하였다.

③ 독서삼품과를 시행하였다.
⋯ 통일 신라 원성왕은 국학의 학생들을 대상으로 독서삼품과를 시행하여 유교 경전의 이해 수준에 따라 관리를 채용하였다.

✓ 해동성국이라고도 불렸다.
⋯ 발해 선왕 때 전성기를 누리면서 주변 국가들이 발해를 '바다 동쪽의 번성한 나라'라는 뜻으로 해동성국이라고 불렀다.

---

10 고려 성종 · 정답 ③

빠른 정답 찾기: 최승로 + 시무 28조 + 국자감을 창설 ➡ 고려 성종

자료 뜯어보기

- 신 최승로가 시무 28조를 기록하여 장계와 함께 왕께 올립니다.
- 왕이 교서를 내려 서재와 학사를 세우고 국자감*을 창설하도록 하였다.

* **시무 28조**: 최승로가 고려 성종에게 제시한 28개의 정치 개혁안이다. 유교 사상에 바탕을 두어 불교의 폐단을 비판하고, 중앙 집권 강화, 왕권과 신권의 조화, 백성을 위한 사회 정책 등을 강조하며 고려의 통치 체제 정비에 많은 영향을 주었다. 또한, 역대 왕들의 업적에 대한 잘잘못을 평가하여 교훈으로 삼도록 하였다.
* **국자감**: 고려 시대 최고 교육 기관으로, 성종 때 설치되어 유학·잡학·기술을 교육하고 지방에 경학 박사와 의학 박사를 파견하여 유학 교육을 활성화하였다. 숙종 때에는 국자감에 서적포를 설치하여 서적의 간행을 활성화하였다.

자료 분석하기

고려 성종 때 최승로가 시무 28조를 왕에게 올리며 불교 행사 억제와 유교 발전, 민생 문제와 대외 관계 등에 대한 해결책과 방향을 제시하였다. 성종은 이를 받아들여 중앙의 통치 체제를 개편하고 다양한 제도를 시행하였다. 또한, 중앙에 최고 교육 기관인 국자감을 설립하여 유학 교육을 활성화하고자 하였다.

선택지 분석하기

① 노비안검법을 실시하였다.
⋯ 고려 광종은 노비안검법을 실시하며 억울하게 노비가 된 사람들을 해방하여 호족의 세력을 약화시키고자 하였다.

② 쌍성총관부를 공격하였다.
⋯ 고려 고종 때 원이 철령 이북의 고려 영토를 차지한 후 쌍성총관부를 설치하였다. 이후 공민왕 때 반원 자주 정책의 하나로 이곳을 공격하여 원에 빼앗긴 철령 이북 땅을 되찾았다.

✓ 12목에 지방관을 파견하였다.
⋯ 고려 성종은 최승로의 시무 28조를 받아들여 전국에 12목을 설치하고 지방 세력을 견제하기 위해 지방관을 파견하였다.

④ 공산 전투를 승리로 이끌었다.
⋯ 견훤의 후백제군이 신라의 금성을 급습하자 고려가 군사를 보내 지금의 대구 팔공산 일대인 공산에서 전투가 벌어졌다. 이 전투에서 후백제군이 고려군에 승리를 거두었다.

11 고려 중기의 상황 — 정답 ③

빠른 정답 찾기: 묘청의 서경 천도 운동 ➡ 무신 정변 ➡ 만적의 난

자료 분석하기

(나) **묘청의 서경 천도 운동**(1135): 고려 인종 때 묘청을 중심으로 결성된 서경 세력은 풍수지리설을 바탕으로 서경으로 도읍을 옮기고, 금을 정벌할 것을 주장하였으나 받아들여지지 않았다. 이에 묘청은 대위국을 세우고, 연호를 천개로 하여 서경에서 반란을 일으켰으나 김부식의 관군에 의해 진압되었다.

(다) **무신 정변**(1170): 고려는 문벌 귀족의 사회적 폐단이 심하였다. 이에 문신들이 정치권력을 독차지하고, 심지어 군대를 지휘하는 권한마저 장악하면서 무신을 차별하였다. 그러던 중 보현원에서 수박희를 하다가 대장군 이소응이 문신 한뢰에게 뺨을 맞는 일이 벌어졌다. 이를 계기로 분노가 폭발한 무신들이 정중부와 이의방을 중심으로 무신 정변을 일으켜 의종을 폐위하고 명종을 즉위시키며 정권을 장악하였다.

(가) **만적의 난**(1198): 고려 최씨 무신 정권 시기에 최충헌의 사노비인 만적은 장군과 재상은 신분으로 결정되지 않는다며 노비들을 선동하여 신분 차별에 반발하는 반란을 계획하였다. 하지만 이는 사전에 발각되어 실패하였다.

12 고려 태조 — 정답 ③

빠른 정답 찾기: 개태사 + 후삼국을 통일하고 창건 ➡ 고려 태조

자료 분석하기

개태사는 고려 태조가 후백제 신검의 항복을 받아 후삼국을 통일한 후, 이를 기념함과 동시에 고려의 태평성대를 염원하며 세운 사찰이다. 현재의 개태사는 고려 멸망 이후 폐허가 된 개태사 터 인근에 새로 지은 것이고, 원래의 개태사에 위치하였던 유물인 석조 여래 삼존 입상과 오층 석탑이 옮겨져 있다.

선택지 분석하기

① **과거제**를 도입하였다.
⋯ 고려 광종은 후주 출신 쌍기의 건의를 수용하여 과거제를 도입하고 신진 세력을 등용하였다.

② **농사직설**을 편찬하였다.
⋯ 조선 세종은 정초, 변효문 등을 시켜 우리 풍토에 맞는 농서인 『농사직설』을 편찬하도록 하였다.

③ **사심관 제도**를 시행하였다.
⋯ 고려 태조는 지방의 호족 세력을 견제하고 지방 통치를 강화하기 위해 호족들을 그들의 출신 지역의 사심관으로 임명하는 사심관 제도를 시행하였다.

④ **북한산**에 **순수비**를 건립하였다.
⋯ 신라 진흥왕은 한강 유역을 차지하고 이를 기념하기 위해 북한산에 순수비를 건립하였다.

13 응방 — 정답 ②

빠른 정답 찾기: 원 간섭기 + 특산물을 원에 조공으로 보냄 + 충렬왕 + 매사냥과 매 사육을 담당 ➡ 응방

자료 분석하기

고려 원 간섭기에 고려는 원에게 금, 은, 베를 비롯하여 인삼, 약재 등의 특산물을 보냈다. 또한, 사냥매를 바치기 위해 매의 사육과 사냥을 담당하는 관청인 응방을 궁궐을 비롯하여 전국 각지에 두었다.

선택지 분석하기

① 도방
⋯ 도방은 고려 무신 정권 시기에 경대승이 조직한 사병 집단으로, 경대승이 죽자 해체되었다가 최충헌이 집권한 후 더 큰 규모로 부활되었다.

② 응방
⋯ 응방은 고려 원 간섭기에 설치된 관청으로, 원에게 조공품을 보내기 위해 매의 사냥과 사육을 담당하였다.

③ 정방
⋯ 정방은 고려 무신 정권 시기 최우가 자신의 집에 설치한 인사 행정 담당 기구로, 최우는 이를 통해 인사권을 완전히 장악하였다.

④ 중방
⋯ 중방은 고려 중앙군 2군 6위의 지휘관들로 구성된 기구로, 무신 정변 이후 국정 운영 전반을 논의하는 최고 권력 기구가 되었다.

14 최영 — 정답 ①

빠른 정답 찾기: 공민왕 + 홍건적을 물리침 + 우왕 + 홍산에서 왜구 격파 + 요동 정벌 추진 ➡ 최영

자료 분석하기

고려 공민왕 때 홍건적이 서경(평양)을 함락하자 최영은 이방실 등과 함께 이를 물리쳤다. 그러나 홍건적이 다시 고려를 침입하여 개경(개성)까지 점령하자 최영이 군사를 이끌고 적을 격퇴하였다. 이후 우왕 때 왜구가 충남 내륙 지역까지 올라오자 최영이 홍산에서 왜구를 격파하며 크게 승리하였다. 또한, 그는 명이 원의 쌍성총관부가 있던 철령 이북의 땅에 철령위를 설치하겠다며 반환을 요구하자 우왕과 함께 요동 정벌을 추진하였다.

선택지 분석하기

✅ **최영**
→ 최영은 고려의 무신으로, 우왕 때 명이 원에서 관리했던 철령 이북의 땅을 반환하라고 요구하자 이에 반발하며 요동 정벌을 추진하였다.

② 이규보
→ 이규보는 고려 무신 정권 시기의 문인으로, 『동명왕편』을 저술하여 고구려를 건국한 동명왕의 업적을 칭송하였다.

③ 정도전
→ 정도전은 고려 말 급진 개혁파로, 신흥 무인 세력인 이성계와 연합하여 조선 건국을 주도하였다. 이후 한양으로 도읍을 옮긴 뒤 도성을 쌓고 왕조의 기틀을 마련하는 데 공을 세웠다.

④ 최무선
→ 최무선은 고려의 무신으로, 우왕 때 진포에 왜구가 침입하자 나세, 심덕부 등과 함께 전투선과 화통·화포를 갖추고 왜구를 물리치며 크게 승리하였다.

15 평창 월정사 팔각 구층 석탑 　정답 ③

빠른 정답 찾기: 고려 전기의 대표적 석탑 + 송의 영향 + 층이 여러 개인 탑 + 금동 머리 장식 ➡ 평창 월정사 팔각 구층 석탑

자료 분석하기

평창 월정사 팔각 구층 석탑은 신라 선덕여왕 때 승려 자장율사가 세운 월정사에 위치한 고려 전기의 대표적인 석탑이다. 송의 영향을 받았으며 고려 전기 석탑 특유의 다각 다층 양식이 나타난다. 여덟 곳의 귀퉁이마다 청동으로 만든 풍경(처마 끝에 다는 작은 종)이 달려 있고, 지붕돌 위의 금동 머리 장식이 완전한 형태로 남아 있다.

선택지 분석하기

① 여주 고달사지 승탑
→ 여주 고달사지 승탑은 고려 승탑으로, 통일 신라 승탑의 기본 형태인 팔각원당형 구조를 따르면서도 고려 특유의 양식을 보여 준다.

② 원주 법천사지 지광국사 탑
→ 원주 법천사지 지광국사 탑은 고려 승탑으로, 4각 평면을 기본으로 하는 자유로운 양식으로 만들어졌다. 또한, 보살, 봉황 등이 정교하게 조각되어 있어 고려 탑 양식의 우수함을 보여 준다.

✅ **평창 월정사 팔각 구층 석탑**
→ 평창 월정사 팔각 구층 석탑은 고려 전기 석탑으로, 강원도 평창 오대산 월정사에 세워져 있으며 다각 다층 양식을 가지고 있다.

④ 개성 경천사지 십층 석탑
→ 개성 경천사지 십층 석탑은 고려 원 간섭기 때 대리석으로 만들어진 다각 다층 불탑으로, 원의 석탑 양식에 영향을 받았다.

16 고려 대몽 항쟁 시기 　정답 ③

빠른 정답 찾기: 고려 + 몽골의 침입 + 불교의 힘 + 팔만대장경 ➡ 고려 대몽 항쟁 시기

자료 분석하기

고려 고종 때 몽골은 사신 저고여의 피살 사건을 계기로 고려와 국교를 단절하고 6차례에 걸쳐 고려를 침입하였다(1231~1259). 당시 고려는 부처의 힘으로 몽골군을 물리치기 위해 대장도감을 설치하여 16년에 걸쳐 제작한 팔만대장경을 간행하였다. 팔만대장경은 매우 많은 분량임에도 모든 글자가 한 사람이 쓴 것 같이 모양이 고르고 오탈자도 거의 존재하지 않는다. 또한, 경전의 내용을 비교해 가며 잘못된 것을 바로잡았기 때문에 내용의 정확도가 매우 높다. 이러한 점을 인정받아 팔만대장경은 세계에서 가장 우수한 대장경으로 꼽히며 2007년에 유네스코 세계 기록 유산으로 지정되었다.

선택지 분석하기

① 송시열이 북벌을 주장하였다.
→ 조선 후기의 유학자 송시열은 명에 대한 의리를 지키고 병자호란 당시 청에게 당한 수모를 갚자는 북벌을 주장하는 내용을 담았다. 송시열은 이를 효종에게 올려 북벌 계획의 핵심 인물이 되었다(1649).

② 허준이 동의보감을 저술하였다.
→ 조선 선조 때 허준은 왕명으로 각종 의학 지식과 치료법을 집대성한 『동의보감』을 저술하기 시작하여 광해군 때 완성하였다(1596~1610).

- ✓ 김윤후가 처인성 전투에서 활약하였다.
  ⋯ 고려에 몽골이 2차 침입하였을 당시 고려의 승장 김윤후가 이끄는 민병과 승군이 처인성에서 몽골군에 대항하여 적장 살리타를 죽이고 승리를 거두었다(1232).
- ④ 망이·망소이가 공주 명학소에서 봉기하였다.
  ⋯ 특수 행정 구역인 소의 주민에게 차별 대우를 하고 과도하게 노동력을 부담하게 하자 망이·망소이가 이에 항의하여 공주 명학소에서 봉기하였다(1176).

한발 더 다가가기
고려의 대외 관계

거란(요)	• 1차 침입: 서희의 외교 담판(강동 6주 획득) • 2차 침입: 양규의 흥화진 전투 • 3차 침입: 강감찬의 귀주 대첩
여진(금)	윤관의 별무반 설치, 동북 9성 축조
몽골(원)	• 대몽 항쟁(김윤후의 처인성 전투, 삼별초의 항쟁) • 고려의 개경 환도 → 원 간섭기
홍건적, 왜구	• 홍건적: 공민왕의 안동 피난, 최영·이성계 등이 격퇴 • 왜구: 최영(홍산 대첩), 최무선(진포 대첩), 이성계(황산 대첩), 박위(쓰시마섬 정벌)

※ 미니북 08, 23쪽

17 윤관 정답 ③

빠른 정답 찾기: 「척경입비도」 + 여진 정벌 + 동북 9성 개척 + 고려의 경계 ➡ 윤관

자료 분석하기
「척경입비도」는 고려 예종 때 윤관이 별무반을 이끌고 여진을 물리친 후 동북 9성을 축조하고 비석을 세우는 장면을 표현한 그림이다. 「척경입비도」 속 비석에는 '고려지경(高麗之境)', 즉 고려의 경계라는 뜻의 문구가 새겨져 있다.

선택지 분석하기
① 대마도를 정벌하였다.
  ⋯ 박위는 고려 창왕의 명을 받아 왜구의 본거지인 쓰시마섬을 정벌하였다.
② 강동 6주를 확보하였다.
  ⋯ 거란의 1차 침입 때 고려의 사신 서희는 거란의 장수 소손녕과 외교 담판을 통해 고려가 고구려를 계승하였음을 인정받고 압록강 동쪽의 강동 6주를 확보하는 성과를 거두었다.
- ✓ 별무반 설치를 건의하였다.
  ⋯ 고려 숙종 때 부족을 통일한 여진족이 고려의 국경을 자주 침입하자 윤관이 왕에게 건의하여 별무반을 설치하였다.
④ 일리천 전투에서 승리하였다.
  ⋯ 후백제 견훤의 고려 귀순 이후 고려 태조는 군사를 이끌고 일리천 일대에서 신검이 이끄는 후백제군과 격돌하였다. 이때 고려군이 승리하면서 후삼국을 통일하게 되었다.

※ 미니북 19쪽

18 의천 정답 ①

빠른 정답 찾기: 고려의 승려 + 대각국사 + 문종의 아들 + 『신편제종교장총록』 + 동전 사용 주장 ➡ 의천

자료 분석하기
대각국사 의천은 고려 문종의 넷째 아들로, 송에서 유학하고 돌아와 개경(개성) 흥왕사에서 교종과 선종의 불교 통합 운동을 전개하였다. 또한, 흥왕사에 교장도감을 설치하고 이곳에서 고려 및 송, 거란, 일본 등 동아시아 각지의 불교 서적을 수집·정리하여 『신편제종교장총록』을 간행하였다. 의천은 동전을 만들어 사용할 것을 주장하였으며, 숙종은 이에 따라 화폐 주조를 담당하는 주전도감을 설치하여 해동통보 등을 발행하였다.

선택지 분석하기
- ✓ 천태종을 창시함
  ⋯ 고려 승려 의천은 송에서 유학하고 돌아와 교종과 선종의 불교 통합 운동을 전개하였으며, 국청사를 중심으로 해동 천태종을 창시하였다.
② 삼국유사를 저술함
  ⋯ 고려 승려 일연은 불교사를 중심으로 한 역사서인 『삼국유사』를 저술하였다.
③ 수선사 결사를 제창함
  ⋯ 고려 승려 지눌은 불교의 타락을 비판하였으며, 정혜쌍수와 돈오점수를 바탕으로 수선사 결사를 제창하였다.
④ 화통도감 설치를 건의함
  ⋯ 고려 말 우왕 때 최무선은 화통도감의 설치를 건의하여 화약과 화포를 제작하였고, 이를 이용하여 진포 대첩에서 왜구를 크게 물리쳤다.

19 계유정난 정답 ③

빠른 정답 찾기: 수양 대군 + 권력을 잡은 이후 단종을 유배 보냄 ➡ **계유정난**

자료 분석하기

조선 세조는 수양 대군 시절 계유정난을 일으켜 황보인, 김종서 등을 제거하고 권력을 장악한 뒤 단종을 몰아내고 왕으로 즉위하였다. 이후 집현전 학사인 성삼문, 박팽년 등이 단종 복위를 계획하다가 발각되자 관련 신하들을 모두 사형에 처하였으며, 단종은 영월 청령포로 유배되었다.

선택지 분석하기

① 갑자사화
⋯ 조선 연산군이 생모 폐비 윤씨 사사 사건의 전말을 알게 되면서 갑자사화가 발생하였다. 이로 인해 당시 폐비 윤씨 사사 사건에 관련된 김굉필 등의 인물들과 무오사화 때 피해를 면하였던 사림들까지 큰 화를 입었다.

② 경신환국
⋯ 남인의 영수인 허적이 궁중에서 쓰는 천막을 허락 없이 사용한 문제로 조선 숙종과 갈등을 빚었다. 이후 허적의 서자인 허견의 역모 사건으로 허적을 비롯한 남인이 몰락하고 서인이 집권하게 되는 경신환국이 발생하였다.

✓ 계유정난
⋯ 조선 세조는 수양 대군 시절 계유정난을 일으켜 권력을 장악하고 단종을 몰아내 왕으로 즉위하였다.

④ 기해예송
⋯ 조선 현종 때 효종의 왕위 계승에 대한 정통성과 관련하여 자의 대비의 복상 문제를 놓고 서인과 남인 사이에 예송 논쟁이 발생하였다. 기해예송 당시 서인은 효종이 둘째 아들이므로 자의 대비의 복상 기간을 1년으로 주장하였고, 남인은 효종을 장자로 대우하여 3년 복상을 주장하였으나 서인 세력이 승리하였다.

20 통신사 정답 ④

빠른 정답 찾기: 마상재 + 에도 막부의 요청 + 조선이 파견한 공식 사절단 ➡ **통신사**

자료 분석하기

조선은 임진왜란 이후 에도 막부의 요청으로 일본과 기유약조를 체결하고 국교를 재개하였다. 이에 1607년부터 1811년까지 12회에 걸쳐 통신사를 파견하여 조선의 선진 문화를 일본에 전파하였다. 통신사 사절단에는 마상재인이 포함되었는데, 마상재는 말 위에서 재주를 부리는 무예를 말한다.

선택지 분석하기

① 수신사
⋯ 수신사는 강화도 조약에 의거하여 일본에 파견된 사절단으로, 총 4차례에 걸쳐 파견되어 신식 기관과 각종 근대 시설을 시찰하였다.

② 연행사
⋯ 연행사는 조선 후기 청에 보낸 사절단으로, 이들을 통해 지도, 천문서, 역법서, 천리경, 자명종, 서양 화포 등 서양의 과학 지식과 기술이 전래되었다.

③ 영선사
⋯ 영선사는 김윤식을 중심으로 청에 파견된 사절단으로, 톈진에서 근대 무기 제조 기술과 군사 훈련법을 배우고 돌아왔다.

✓ 통신사
⋯ 통신사는 조선 시대 일본 에도 막부의 요청으로 파견된 사절단으로, 이들의 왕래를 통해 조선과 일본 사이에 유학과 의학을 비롯한 다양한 분야에서 활발한 교류가 이루어졌다.

✱ 미니북 10, 25쪽

21 병자호란 정답 ②

빠른 정답 찾기: 청의 수도 심양 + 볼모로 끌려간 소현 세자 ➡ **병자호란**

자료 분석하기

후금은 국호를 청으로 고치고 조선에 군신 관계를 요구하였다. 조선이 이를 거부하자 청 태종이 10만 대군을 거느리고 조선을 침략하여 병자호란이 발생하였다(1636). 인조는 강화도로 보낸 왕족과 신하들이 인질로 잡히자 삼전도에서 항복하였고, 소현 세자와 봉림 대군 등이 청에 볼모로 보내졌다(1637). 『심양일기』는 병자호란 이후 볼모로 잡혀간 소현 세자 일행의 상황을 왕세자 교육 담당 관청인 세자시강원이 정리한 일기로, 1637년 1월 30일부터 1644년 8월 18일까지의 일이 기록되어 있다. 일기에는 세자의 심양관 생활, 조선과 청 사이에 일어난 문제 등이 담겨 있어 당시 조선과 청의 외교 관계를 이해하는 데 중요한 연구 자료로 활용되고 있다.

선택지 분석하기

① 권율이 행주산성에서 승리하였다.
→ 임진왜란 때 왜군이 행주산성을 공격하였다. 이에 권율은 화차와 화포를 이용하여 왜군 3만여 명을 물리치면서 큰 승리를 거두었다(1593).

✓ 인조가 남한산성으로 피란하였다.
→ 청이 조선을 침략하면서 병자호란이 발생하였다(1636). 이때 조선 인조는 남한산성으로 피란하여 항전하였으나 강화도로 보낸 왕족과 신하들이 인질로 잡히자 삼전도에서 굴욕적으로 항복하였다(1637).

③ 곽재우가 의병장으로 활약하였다.
→ 조선 선조 때 왜군의 침입으로 임진왜란이 발발하자 전국 각지에서 의병이 일어났다. 곽재우는 영남 지방에서 의병장으로 활약하며 왜군에 항전하였다.

④ 양헌수가 정족산성에서 적군을 격퇴하였다.
→ 병인박해로 인해 프랑스 군대가 조선의 강화도를 공격하면서 병인양요가 발생하였다. 이에 양헌수가 이끄는 부대가 정족산성에서 프랑스 군대를 격퇴하였다(1866).

한발 더 다가가기

조선과 청의 관계

병자호란	• 배경: 청의 사대 요구 → 조선 거부 • 전개: 청 태종의 침략 → 인조의 남한산성 항전 → 조선의 항복(삼전도의 굴욕) → 소현 세자, 봉림 대군 등 청에 볼모로 압송
북벌론	• 효종 즉위 • 청에 대한 복수심으로 북벌 준비(성곽 수리, 무기 정비, 군대 양성) • 나선 정벌(조선의 승리) • 효종의 죽음으로 북벌 좌절
북학론	• 18세기 이후 청의 선진 문화를 받아들이자는 북학 운동 전개 • 중상학파 실학자들을 중심으로 수용

 미니북 14쪽

22 이황 정답 ④

빠른 정답 찾기: 퇴계 + 안동 도산 서원 + 예안 향약 ➡ 이황

자료 분석하기

퇴계 이황은 향약의 4대 덕목 가운데 '과실상규(잘못을 서로 고쳐준다)'를 강조하는 예안 향약을 만들어 향촌 자치 질서가 자리잡힌 사회가 전국적으로 만들어질 수 있도록 노력하였다. 이황이 죽은 뒤에는 이황의 제자들이 그의 학문과 덕행을 기리기 위해 안동에 도산 서원을 건립하였다.

선택지 분석하기

① 동사강목
→ 『동사강목』은 조선 정조 때 안정복이 저술한 역사서로, 고조선부터 고려 말까지의 역사를 정리하였다.

② 목민심서
→ 『목민심서』는 조선 순조 때 정약용이 유배 생활 중 지방 행정 개혁 방향을 제시한 책이다.

③ 반계수록
→ 『반계수록』은 조선 후기 유형원이 저술한 책으로, 신분에 따라 토지를 차등 분배하고 자영농을 육성하자는 균전제 실시 주장이 담겨있다.

✓ 성학십도
→ 『성학십도』는 조선 선조 때 이황이 저술한 책으로, 선조가 성군이 되기를 바라는 마음을 담아 군주의 도를 도식으로 설명하였다.

 미니북 09, 24쪽

23 기묘사화 정답 ①

빠른 정답 찾기: 천거 + 현량과 + 조광조 ➡ 기묘사화

자료 분석하기

조선 중종은 반정으로 왕위에 오른 뒤 훈구파를 견제하고 연산군의 잘못된 정치를 개혁하기 위해 사림파를 관리로 선발하였다. 이때 등용된 조광조는 천거제(추천 제도)의 일종인 현량과를 실시하여 사림이 대거 등용될 수 있는 발판을 마련하고, 위훈 삭제 등의 개혁을 주장하였다(1518~1519).

선택지 분석하기

✓ 기묘사화가 일어났다.
→ 조선 중종 때 정계에 진출한 조광조는 반정 공신들의 위훈 삭제를 주장하였지만 훈구파가 반발하며 기묘사화가 일어났다. 이때 조광조를 비롯한 사림이 화를 입었다(1519).

② 칠정산이 편찬되었다.
→ 조선 세종 때 이순지와 김담은 중국의 수시력과 아라비아의 회회력을 참고로 한 역법서인 『칠정산』을 편찬하였다(1442).

③ 경국대전이 반포되었다.
…› 조선 성종은 세조 때 편찬되기 시작한 조선의 기본 법전인 『경국대전』을 완성하고 반포하였다(1485).

④ 위화도 회군이 단행되었다.
…› 고려 말의 무신 이성계는 우왕 때 왕명에 따라 요동 정벌을 위해 병사들을 이끌고 요동으로 떠났다. 그러나 의주 부근의 위화도에서 말을 돌려 개경으로 회군하였다(1388).

미니북 09, 25쪽

24 훈련도감   정답 ④

빠른 정답 찾기
왜란 + 삼수병(포수, 살수, 사수) ➡ 훈련도감

자료 분석하기
임진왜란 중 조선은 문신 유성룡의 건의에 따라 군사 제도 개편의 필요성을 느껴 포수(총을 다루는 군인), 살수(창과 검을 다루는 군인), 사수(활을 쏘는 군인)의 삼수병으로 편성된 훈련도감을 창설하였다.

선택지 분석하기
① 9서당
…› 9서당은 통일 신라 신문왕 때 설치된 중앙군으로, 신라인뿐만 아니라 백제인, 고구려인, 말갈인이 함께 구성되어 있어 민족 융합책 중 하나였음을 알 수 있다.

② 삼별초
…› 삼별초는 고려 무신 정권 시기 최우가 치안 유지를 위해 구성한 군사 조직으로, 좌·우별초와 신의군으로 구성되어 있다.

③ 장용영
…› 장용영은 조선 후기 정조가 왕권을 뒷받침하는 군사적 기반을 갖추기 위해 설치한 친위 부대로, 서울 도성에는 내영, 수원 화성에는 외영을 두었다.

✔ 훈련도감
…› 훈련도감은 유성룡의 건의에 따라 포수, 살수, 사수의 삼수병으로 편성된 조선의 군사 조직이다.

미니북 10, 29쪽

25 조선 영조   정답 ②

빠른 정답 찾기
조세를 공평하게 함 + 백성들의 세금 부담을 줄여 줌 + 균역법 실시 ➡ 조선 영조

자료 분석하기
조선 영조는 백성들의 세금 부담을 줄여 주기 위해 기존 1년에 2필씩 납부하던 군포를 1필로 줄이는 균역법을 실시하였다. 또한, '조세를 공평하게 하여 백성을 사랑하고, 씀씀이를 절약하여 힘을 비축하라'는 의미의 글인 '균공애민 절용축력(均貢愛民 節用蓄力)'을 직접 써서 호조에 지침으로 하사하였다.

선택지 분석하기
① 집현전을 설치하였다.
…› 집현전은 조선 세종이 유교 정치를 활성화하기 위해 설치한 학문 연구 및 왕실 연구 기관이다. 집현전 학사였던 신숙주, 성삼문, 박팽년 등은 세종을 도와 훈민정음 창제에 큰 공을 세웠다.

✔ 탕평비를 건립하였다.
…› 조선 영조는 붕당 정치의 폐해를 막고 능력에 따라 인재를 등용하기 위해 탕평책을 실시하였으며, 이를 알리기 위해 성균관에 탕평비를 건립하였다.

③ 대전회통을 편찬하였다.
…› 조선 고종 때 흥선 대원군은 법전인 『대전회통』을 편찬하여 통치 체제를 정비하였다.

④ 초계문신제를 시행하였다.
…› 조선 정조는 새롭게 관직에 오른 자 또는 기존 관리들 중 능력 있는 자들을 규장각에서 재교육시키는 초계문신제를 시행하였다.

미니북 16쪽

26 박지원   정답 ④

빠른 정답 찾기
연암 + 「양반전」 ➡ 박지원

자료 분석하기
연암 박지원은 「양반전」에 신분상승을 꾀하는 부자가 가난한 양반의 신분을 사려다가, 양반의 허례허식과 부당한 특권을 알게 되면서 양반이 되는 것을 포기하는 내용을 담았다. 이 작품은 신분제 동요로 양반 신분을 사고팔 수 있었던 조선 후기의 상황을 그려 내었으며, 무능한 양반과 돈으로 신분을 바꾸려는 부자를 풍자하였다.

선택지 분석하기

① 동학을 창시하였다.
⋯ 최제우는 유교, 불교, 도교, 민간 신앙의 요소를 결합한 종교인 동학을 창시하였으며, 마음속에 한울님을 모시는 시천주와 사람이 곧 하늘이라는 인내천 사상을 강조하였다.

② 추사체를 창안하였다.
⋯ 김정희는 왕희지체, 구양순체 등 역대 명필(매우 잘 쓴 글씨)을 두루 연구하여 추사체를 창안하였다.

③ 거중기를 설계하였다.
⋯ 정약용은 『기기도설』을 참고하여 거중기를 설계하였으며, 제작한 거중기를 화성 축조에 사용하여 공사 기간과 비용을 줄이는 데 기여하였다.

 열하일기를 저술하였다.
⋯ 박지원은 청에 연행사로 다녀온 뒤 『열하일기』를 저술하여 청의 선진 문물 도입과 상공업 진흥, 수레·선박의 이용 및 화폐 유통의 필요성을 강조하였다.

27 조미 수호 통상 조약 정답 ②

빠른 정답 찾기: 1883년 + 미국과 이 조약을 체결 + 민영익 등을 보빙사로 미국에 파견 ➡ **조미 수호 통상 조약**

자료 분석하기

조미 수호 통상 조약은 조선이 서양 국가와 맺은 최초의 조약이다. 당시 청이 러시아와 일본을 견제하고 조선에 대한 청의 지배권을 확인할 목적으로 조선과 미국의 조약 체결을 이끌었다. 조약을 체결한 뒤 미국 공사가 조선에 파견되자 조선은 이에 대한 답례로 민영익, 홍영식, 서광범 등을 보빙사로 미국에 파견하여 미국 대통령을 접견하고, 다양한 기관들을 시찰하도록 하였다.

선택지 분석하기

① 러일 전쟁 중에 체결되었다.
⋯ 러일 전쟁 중에 일본이 한국과 한일 의정서를 체결하였다. 이는 전쟁 중 일본이 한반도에서 군사적으로 중요한 지역 등을 확보하기 위한 목적이었다.

 최혜국 대우가 처음으로 규정되었다.
⋯ 조미 수호 통상 조약은 조선에서 처음으로 최혜국 대우를 규정하고 치외법권, 국가 간의 분쟁을 제3국이 해결하는 거중 조정 조항 등이 포함된 불평등 조약이었다.

③ 병인양요가 일어나는 배경이 되었다.
⋯ 흥선 대원군이 천주교를 탄압하면서 병인박해가 발생하였다. 이때 프랑스가 자국의 선교사 9명이 처형당한 것을 핑계로 강화도를 침략하면서 병인양요가 발생하였다.

④ 운요호 사건이 일어나는 계기가 되었다.
⋯ 일본은 조선의 해안을 조사한다는 이유로 운요호를 강화도에 보내 초지진을 공격하였다. 이에 대응하여 조선의 군대가 방어적인 공격을 하자 일본이 이를 계기로 강화도 조약의 체결을 강요하였다.

한발 더 다가가기
열강과 체결한 조약 및 주요 내용

국가	조약	주요 내용
일본	강화도 조약 (조일 수호 조규, 1876)	• 청의 종주권 부인 • 치외 법권, 해안 측량권 • 부산, 원산, 인천 개항
미국	조미 수호 통상 조약 (1882)	• 서양과 맺은 최초의 조약 • 치외 법권, 최혜국 대우 • 거중 조정
청	조청 상민 수륙 무역 장정(1882)	• 치외 법권, 최혜국 대우 • 청 상인에 대한 통상 특권
러시아	조러 수호 통상 조약 (1884)	최혜국 대우
프랑스	조불 수호 통상 조약 (1886)	• 천주교 신앙의 자유 • 포교 허용

28 조선 후기 경제 상황 정답 ④

빠른 정답 찾기: 민영 수공업 발달 + 담배, 면화 등 상품 작물 재배 ➡ **조선 후기 경제 상황**

자료 분석하기

조선 후기 모내기법이 일반화되면서 농업 생산력이 증가하고, 담배, 면화와 같은 상품 작물이 확대됨에 따라 상품 화폐 경제가 크게 발전하였다. 이와 함께 관청에 납부하는 물품이 아닌, 본인이 시장에 내다 팔 물건을 직접 만드는 민영 수공업이 발달하였다.

선택지 분석하기

① 솔빈부의 말을 특산물로 수출하였어요.
⋯ 솔빈부는 발해의 지방 행정 구역인 15부 중 하나이며, 당시 발해는 목축과 수렵이 발달하여 솔빈부의 말을 주변 국가에 수출하였다.

② 활구라고 불린 은병이 화폐로 사용되었어요.
⋯ 고려 숙종 때 상업이 활발해지면서 삼한통보, 해동통보, 해동중보 등의 동전과 활구라고 불리는 은병을 만들어 화폐의 사용을 추진하였으나 널리 유통되지는 못하였다.

③ 시장을 감독하기 위한 동시전이 설치되었어요.
⋯ 신라 지증왕은 경주에 시장을 설치하고 이를 관리·감독하기 위한 기구인 동시전을 설치하였다.

✓ 관청에 물품을 조달하는 공인이 활동하였어요.
⋯ 조선 광해군 때 공납의 폐단을 해결하기 위해 공납을 전세화하여 공물 대신 쌀을 납부하도록 한 대동법을 실시하였다. 이에 따라 조선 후기에는 국가에 필요한 물품을 조달하는 공인이 등장하였다.

② 기기창
⋯ 기기창은 기기국에 소속된 근대식 무기 제조 공장이다. 김윤식을 중심으로 청에 파견된 영선사가 톈진에서 배운 근대 무기 제조 기술과 군사 훈련법을 활용하기 위해 세웠다.

✓ 박문국
⋯ 박문국은 개항 이후 개화 정책의 일환으로 설치된 출판 기관이며, 이곳에서 최초의 근대 신문인 한성순보를 발행하였다.

④ 전환국
⋯ 전환국은 근대 화폐 주조 상설 기관으로, 개항 이후 유통할 화폐의 부족과 심각한 재정 위기를 맞이한 정부가 새로운 화폐를 주조할 목적으로 설치하였다.

29 박문국 정답 ③

빠른 정답 찾기: 외국의 신문을 번역 + 국내의 일까지 기록하여 알림 + 한성순보 ➡ 박문국

자료 뜯어보기

지금은 …… 증기선이 전 세계를 누비고 전선이 서양까지 연결되며, 공법*(公法)을 제정하여 국교를 수립하고, 항만과 포구를 축조하여 서로 교역하므로 …… 우리 조정에서도 (가) 을 설치하고 관리를 두어 외국의 신문을 폭넓게 번역하고 아울러 국내의 일까지 기록하여 나라 안에 알리는 동시에 다른 나라에까지 알리기로 하였습니다.
― 『한성순보』* ―

* 공법: 국가와 국가, 국가와 공공단체, 국가와 개인 간의 관계를 규율하는 법이다.
* 한성순보: 정부에서 간행한 관보 형식의 신문으로 우리나라 최초의 근대 신문이다. 순 한문을 사용하고 10일마다 발행하였다.

자료 분석하기

1880년대 초 조선 정부는 서양과 조약을 체결하며 본격적으로 개화 정책을 추진하였다. 박문국은 개화 정책을 효과적으로 진행하기 위해 신문을 비롯한 근대적 인쇄 매체와 외국 서적의 발행이 필요하다는 의견에 따라 설치되었다.

선택지 분석하기

① 교정청
⋯ 교정청은 정부가 1차 동학 농민 운동을 진압하고 나서 자주적인 개혁을 위해 설치한 임시 관청이며, 군국기무처가 설치되면서 폐지되었다.

30 대한 제국 정답 ①

빠른 정답 찾기: 1897년 + 황제로 등극한 고종 + 새로운 국호 ➡ 대한 제국

자료 분석하기

조선 고종은 아관 파천 이후 경운궁(덕수궁)으로 환궁하여 대한 제국을 수립하고 환구단에서 황제 즉위식을 거행하였다(1897). 이후 고종은 정부 조직, 관직 명칭, 제례를 포함한 의식 및 예절을 바꾸었는데, 그 과정에서 이전에 사용하던 국새를 황제 국가의 품격에 맞게 다시 제작하도록 하였다. 이에 국새 손잡이에 있는 거북이 장식을 황제를 상징하는 용으로 바꾸었다.

선택지 분석하기

✓ 지계가 발급되었다.
⋯ 대한 제국은 구본신참에 따라 광무개혁을 추진하였다(1897). 이에 양전 사업을 실시하고 지계아문을 통해 토지 소유 문서인 지계를 발급하여 근대적 토지 소유권을 확립하고자 하였다(1901).

② 신미양요가 일어났다.
⋯ 미국이 제너럴 셔먼호 사건을 구실로 조선의 강화도에 침입하여 신미양요가 발생하였다. 이에 어재연이 이끄는 조선군이 광성보에서 미국군에 항전하였다(1871).

③ 신해통공이 단행되었다.
⋯ 조선 정조는 자유로운 상업 활동을 장려하기 위해 육의전을 제외한 시전 상인들의 금난전권을 폐지하는 신해통공을 단행하였다(1791).

④ 영국이 거문도를 점령하였다.
⋯ 조선에 대한 러시아의 세력 확장에 불안을 느낀 영국은 러시아의 남하 정책을 저지한다는 구실로 거문도를 불법으로 점령하였다(1885~1887).

정답 및 해설 **13**

31 보안회 정답 ②

빠른 정답 찾기: 송수만 + 일본이 우리의 산과 들을 황무지라 부르며 빼앗으려 함 + 약탈을 막아야 함 ➡ 보안회

자료 분석하기
대한 제국 때 일본은 한일 의정서 체결을 강요하고 황무지 개간권을 요구하였다. 이에 송수만이 심상진 등과 함께 서울 종로 백목전에서 중민회의를 열어 보안회를 조직하였다. 이후 보안회는 전국에 통문을 돌리며 황무지 개간권 요구 반대 운동을 전개하였고, 결국 저지에 성공하였다.

선택지 분석하기
① 권업회
⋯ 권업회는 러시아 연해주 지역에서 이상설을 중심으로 결성된 한인 자치 조직으로, 권업신문을 발행하고 학교, 도서관 등을 건립하였다.

✔ 보안회
⋯ 보안회는 일본의 황무지 개간권 요구 반대 운동을 전개하기 위해 송수만, 심상진 등이 조직한 단체이다.

③ 송죽회
⋯ 송죽회는 평양에서 조직된 항일 비밀 여성 단체로, 토론회, 역사 강좌, 교육 등의 활동을 하였다.

④ 신민회
⋯ 신민회는 안창호와 양기탁 등이 주도하여 결성한 비밀 결사 단체로, 국권 회복과 공화 정체에 바탕을 둔 근대 국가 건설을 목표로 활동하였다.

32 을미개혁 정답 ①

빠른 정답 찾기: 1895년 + 태양력 + 연호 제정 + 머리카락을 잘라 모범을 보임 ➡ 을미개혁

자료 분석하기
을미사변 직후 을미개혁이 추진되어 건양이라는 독자적인 연호를 제정하고 태양력을 사용하게 되었다. 또한, 고종은 성년 남자의 상투를 자르도록 하는 단발령을 선포하면서, 백성들에게 모범을 보이기 위해 태자와 함께 머리카락을 잘랐다.

선택지 분석하기
✔ 을미개혁의 내용을 조사한다.
⋯ 을미개혁은 을미사변 직후 추진된 개혁으로, 건양 연호 및 태양력 사용, 단발령 실시를 내용으로 하였다.

② 독립문의 건립 과정을 알아본다.
⋯ 갑신정변 이후 미국에서 돌아온 서재필 등이 창립한 독립 협회는 청의 사신을 맞던 영은문을 헐고 그 자리에 독립문을 건립하였다.

③ 삼정이정청의 설치 배경을 살펴본다.
⋯ 임술 농민 봉기를 수습하기 위해 안핵사로 파견된 박규수는 민란의 원인이 삼정의 문란에 있다고 보고 삼정이정청을 설치하여 삼정의 폐단을 해결하려고 노력하였다.

④ 삼전도비가 세워진 장소를 파악한다.
⋯ 조선 인조는 병자호란 때 남한산성으로 피신하여 청군에 항전하였으나 강화도에 보낸 왕족과 신하들이 인질로 잡히자, 삼전도(현재 서울 송파구 송파동)에서 굴욕적인 항복을 하였다. 이에 청 태종은 자신의 공적을 기리기 위해 삼전도비를 세우도록 하였다.

33 정미의병 정답 ①

빠른 정답 찾기: 의병 부대가 경기도 양주에 집결 + 총대장 이인영 + 해산된 군인들도 가담 ➡ 정미의병

자료 분석하기
한일 신협약(정미 7조약)으로 대한 제국 군대가 해산되자 이에 반발하여 정미의병이 전국적으로 전개되었고, 해산 군인들이 의병 활동에 함께하면서 의병 부대가 조직화되었다. 이후 이인영을 총대장으로 한 13도 창의군이 결성되었다.

선택지 분석하기
✔ 서울 진공 작전을 전개하였다.
⋯ 이인영, 허위를 중심으로 결성된 13도 창의군은 각국 공사관에 국제법상 교전 단체로 인정해 줄 것을 요구하면서 서울 진공 작전을 전개하였으나 실패하였다.

② 백산에서 4대 강령을 발표하였다.
⋯ 동학 농민군은 백산에서 4대 강령을 발표하고 봉기하여 황토현·황룡촌 전투에서 승리하였으며, 전주성을 점령하면서 전라도 일대를 장악하였다.

③ 자유시 참변으로 세력이 약화하였다.
… 연해주의 자유시로 근거지를 옮긴 대한 독립 군단은 군 지휘권을 둘러싼 분쟁에 의해 발생한 자유시 참변으로 인해 세력이 약화하였다.

④ 고종의 해산 권고 조칙에 따라 해산하였다.
… 조선 고종 때 을미사변이 일어나고 단발령이 시행되자 유인석, 이소응 등 유생들이 이에 반발하며 전국적으로 을미의병을 일으켰다. 아관 파천 이후 고종이 단발령을 철회하고 해산 권고 조칙을 내리자 을미의병은 자진 해산하였다.

 미니북 38쪽

34 미주 지역의 독립운동　　정답 ④

빠른 정답 찾기　미국과 멕시코 등지로 이주 + 하와이 사진 신부 + 대조선 국민 군단 ➡ **대한인 국민회**

자료 분석하기

- **하와이 사진 신부**: 대한 제국 당시 미국 공사의 주선으로 한국인 이민자가 하와이에 공식 이주하였다. 한인 노동자들은 하와이 사탕수수 농장에서 노예와 같은 대우를 견디며 하루 16시간 이상 노동하였다. 한인 노동자 중에는 미혼인 젊은 남성이 많았는데, 인종 간 결혼을 금지한 미국법 때문에 현지에서 배우자를 구하기 어려웠다. 이에 본국으로 자신들의 사진을 보내 혼인을 원하는 조선인 여성을 구하였고, 혼인을 결심한 조선인 여성은 답장과 함께 본인의 사진을 동봉하였다. 이와 같은 과정에서 결혼이 성사되어 미국으로 이주한 조선인 여성을 사진 신부라고 불렀다.
- **대조선 국민 군단**: 박용만이 1914년 미국 하와이에서 결성한 항일 군사 단체로, 독립군 양성을 바탕으로 무장 투쟁을 준비하였다.

선택지 분석하기

① 중광단 조직
… 대종교인 서일을 중심으로 북간도로 이주한 한인들이 중광단을 조직하여 항일 무장 투쟁을 전개하였다.

② 신한 청년당 결성
… 여운형은 대한민국 임시 정부를 모체로 하여 중국 상하이에서 신한 청년당을 결성한 후, 파리 강화 회의에 김규식을 파견하여 독립 청원서를 제출하도록 하였다.

③ 신흥 강습소 설립
… 신민회는 항일 무장 투쟁의 필요성을 인식하여 서간도 삼원보에 독립군 양성 학교인 신흥 강습소를 설립하였다. 신흥 강습소는 이후 본부를 옮기면서 신흥 무관 학교로 명칭이 바뀌었다.

✓ **대한인 국민회** 창설
… 미국 샌프란시스코에서 안창호를 중심으로 미주 지역 한인들이 대한인 국민회를 창설하여 외교 활동과 독립운동을 전개하였다.

미니북 11, 37쪽

35 국채 보상 운동　　정답 ②

빠른 정답 찾기　나랏빚 1,300만 원 + 의연금을 모으고 있음 + 기성회 ➡ **국채 보상 운동**

자료 분석하기

러일 전쟁 이후 일본이 화폐 정리, 시설 개선 등을 이유로 우리나라에 여러 차례 차관을 빌려주면서 나랏빚이 1,300만 원에 달하였다. 이에 대구에서 서상돈, 김광제가 국민들에게 의연금을 모아 경제 주권을 회복하자고 주장하였고, 국채 보상 기성회를 만들어 의연금을 모으면서 국채 보상 운동이 시작되었다. 전국 각계각층의 민중들은 금연 운동을 벌이고 비녀와 가락지 등 패물을 팔아 모금에 참여하였으나, 통감부의 방해로 실패하였다.

선택지 분석하기

① 근우회를 중심으로 전개되었다.
… 신간회의 자매단체로 조직된 근우회는 강연회를 개최하는 등 여성 계몽 활동과 여성 지위 향상 운동을 전개하였다. 또한, 전국 대회를 열어 교육의 성차별 철폐, 여자의 보통 교육 확장, 조혼 폐지 등을 담은 구체적 행동 강령을 채택하였다.

✓ 대한매일신보 등 언론의 지원을 받았다.
… 국채 보상 운동은 대한매일신보, 황성신문 등 여러 언론 기관들의 지원을 받아 전국으로 확산되었다.

③ 황국 중앙 총상회 조직에 영향을 주었다.
… 조청 상민 수륙 무역 장정이 체결되면서 조선에 들어온 외국 상인들에 의해 시전 상인들이 피해를 입자 그들이 황국 중앙 총상회를 조직하며 상권 수호 운동을 전개하였다.

④ 조만식 등의 주도로 평양에서 시작되었다.
… 1920년대 평양에서 조만식, 이상재의 주도로 조선 물산 장려회가 결성되었다. 이들은 민족 자본 육성을 통한 경제 자립을 위해 자급자족, 국산품 애용, 소비 절약 등을 강조하는 물산 장려 운동을 전개하였다.

한발 더 다가가기

경제적 구국 운동

구분	내용
방곡령 시행	• 함경도·황해도 지방관들이 곡물의 유출을 막기 위해 방곡령 시행 • 외교적 문제로 확대 → 조일 통상 장정을 근거로 일본이 방곡령 철회 요구 → 방곡령 철회, 일본 상인에 배상금 지불
서울 상인들의 상권 수호 운동	• 외국 상인의 상권 침탈 심화 • 황국 중앙 총상회 조직
독립 협회의 이권 수호 운동	• 러시아의 절영도 조차 요구 반대 • 러시아의 한러은행 폐쇄
황무지 개간권 반대 운동	• 보안회 활동으로 일본의 개간권 요구 저지 • 농광 회사를 건립하여 직접 황무지 개간 노력
국채 보상 운동	• 1907년 대구에서 서상돈 등의 제안으로 일본에서 도입한 차관 1,300만 원을 갚아 주권을 회복하고자 하는 취지에서 시작 • 통감부의 탄압으로 실패

※ 미니북 40쪽

36 의열단 〔정답 ④〕

빠른 정답 찾기: 김원봉이 조직 + 단원 김지섭 + 도쿄 궁성 이중교 앞에서 폭탄 투척 ➡ 의열단

자료 분석하기

김원봉은 의열단을 조직하여 일제 요인 암살, 기관 파괴, 테러 등 직접적 투쟁 방식으로 독립운동을 전개하였다. 1923년 관동 대지진이 일어나면서 일본인들이 조선인을 학살하자 의열단원 김지섭은 주요 관리를 암살하고자 일본 도쿄 궁성 이중교 앞에서 폭탄을 던졌다.

선택지 분석하기

① 105인 사건으로 와해되었다.
⋯ 신민회는 일제가 조작한 데라우치 총독 암살 미수 사건인 105인 사건으로 인해 많은 독립운동가들이 옥에 갇히면서 조직이 와해되었다.

② 연통제와 교통국을 운영하였다.
⋯ 대한민국 임시 정부는 비밀 행정 조직으로 연통제와 교통국을 운영하여 국내와의 연락망을 확보하고 독립운동 자금을 모았다.

③ 파리 강화 회의에 대표를 파견하였다.
⋯ 신한 청년당은 조선 독립을 알리기 위해 파리 강화 회의에 김규식 등을 대표로 파견하였다.

✓ 조선 혁명 선언을 활동 지침으로 삼았다.
⋯ 의열단은 김원봉을 중심으로 만주에서 결성되었으며, 신채호가 작성한 조선 혁명 선언을 활동 지침으로 삼았다. 이에 직접적인 투쟁 방법인 암살, 파괴, 테러 등을 통해 독립운동을 전개하였다.

※ 미니북 12, 41쪽

37 광주 학생 항일 운동 〔정답 ③〕

빠른 정답 찾기: 1929년 + 나주와 광주 사이 열차 + 한일 학생 간의 충돌 ➡ 광주 학생 항일 운동

자료 분석하기

광주에서 나주로 가는 통학 열차 안에서 일본인 학생이 한국인 여학생을 희롱하자 한국인과 일본인 학생 간의 충돌이 일어났다. 일본 경찰은 일본인 학생의 편을 들었는데, 이 소식이 알려지자 광주 학생들이 길거리에서 시위를 벌였다. 광주 학생 항일 운동은 한국인 학생에 대한 차별과 식민지 교육에 저항하는 전국적인 항일 운동으로 확산되었으며, 이는 3·1 운동 이후 가장 큰 규모의 항일 운동이었다.

선택지 분석하기

① 순종의 인산일에 일어났다.
⋯ 순종의 인산일에 학생 300여 명이 격문을 뿌리고 시위를 일으킨 것이 6·10 만세 운동으로 확산되었으나 일제가 군대를 동원하여 저지하였다.

② 조선 형평사가 주도하였다.
⋯ 일제 강점기에 백정들은 사회적 차별을 철폐하기 위해 진주에서 조선 형평사를 결성하고 형평 운동을 주도하였다.

✓ 신간회에서 진상 조사단을 파견하였다.
⋯ 광주 학생 항일 운동이 발생하자 신간회는 진상 조사단을 파견하고 서울에서 대규모 민중 대회를 추진하였다.

④ 국민 대표 회의 개최의 배경이 되었다.
⋯ 대한민국 임시 정부는 교통국과 연통제 조직이 일제에 의해 와해되자 국민 대표 회의를 개최하여 독립운동의 새로운 방향을 모색하였다.

38 일제 강점기의 사회·문화 〔정답 ③〕

빠른 정답 찾기: 경성 + 조선 총독부의 식민 통치 + 전차 노선 확장 ➡ 일제 강점기

자료 분석하기

일제 강점기 전차의 노선이 16개로 확장되고, 200대 이상의 전차가 운행되기 시작하면서 전차는 경성(서울) 곳곳을 잇는 교통수단이 되었다. 또한, 경성 내에 백화점, 은행, 총독부 건물이 들어서면서 경성은 근대적으로 변화한 모습을 보였다. 반면, 열강의 경제적 침탈로 인한 높은 소작료를 견디지 못하고 농촌에서 경성으로 내려온 이들이 경성 시내 변두리나 청계천 일대에 움막 같은 허름한 집을 지으며 토막민으로 전락하기도 하였다. 이와 같이 경성은 식민지 근대 도시의 이중성을 띠었다.

선택지 분석하기

① 심훈이 소설 상록수를 저술하였다.
… 심훈은 농촌 계몽 운동을 소재로 『상록수』를 저술하여 농촌 계몽 운동에 헌신하는 지식인들의 모습과 당시 농촌의 실상을 그려냈다(1935).

② 나운규가 영화 아리랑을 제작하였다.
… 나운규가 직접 감독·주연을 맡은 영화 「아리랑」이 단성사에서 개봉하여 한국 영화가 비약적으로 발전하는 데 기여하였다(1926).

✓ 헐버트가 육영 공원의 교사로 활동하였다.
… 최초의 근대식 공립 학교인 육영 공원은 헐버트, 길모어 등의 외국인 교사를 초빙하여 상류층 자제에게 근대 교육을 실시하였다(1886).

④ 손기정이 베를린 올림픽 마라톤 경기에서 우승하였다.
… 손기정은 제11회 베를린 올림픽 대회에 참가하여 마라톤 경기에서 공인된 세계 최고 기록으로 우승을 차지하였다(1936).

 미니북 38쪽

39 박상진   정답 ①

빠른 정답 찾기 1915년 + 비밀 결사 + 대한 광복회 + 총사령으로 활동 + 친일 부호 처단 + 독립 자금 확보 ➡ 박상진

자료 분석하기

1915년 박상진을 중심으로 대구에서 결성된 대한 광복회는 대한 제국의 국권을 회복하고 공화 정체의 근대 국민 국가를 세우기 위한 비밀 결사 운동 단체로 결성되었다. 이후 독립 자금을 모으기 위해 일본의 식민 통치에 가담한 친일 부호들에게 강제로 돈을 빼앗았고, 요구를 거부할 시에는 처단하였다.

선택지 분석하기

✓ 박상진
… 박상진은 공화 정체의 근대 국민 국가의 수립을 지향하는 대한 광복회를 조직하고, 초대 총사령으로서 독립군 양성과 친일파 처단 활동을 전개하였다.

② 안창호
… 안창호는 양기탁 등과 함께 신민회를 결성하고 평양에 대성 학교를 세워 민족 교육을 실시하였으며, 미국에서 흥사단을 조직하기도 하였다.

③ 윤봉길
… 윤봉길은 한인 애국단원으로, 상하이 훙커우 공원에서 열린 일왕 생일 및 일본군 전승 축하 기념식에 폭탄을 던져 일제 요인들에게 큰 타격을 주었다.

④ 이회영
… 이회영은 신민회 회원으로, 서간도 삼원보 지역에 이상룡 등과 함께 독립군 양성 학교인 신흥 강습소(훗날 신흥 무관 학교)를 설립하였다.

40 연해주 지역의 독립 운동   정답 ①

빠른 정답 찾기 1937년 소련 당국의 강제 이주 정책 + 중앙 아시아에 정착 ➡ 연해주 지역

자료 분석하기

일제 강점기 러시아 연해주의 블라디보스토크에 한인들이 많이 이주하기 시작하면서 한인 집단 거주지인 신한촌이 형성되었다. 그러나 만주 지역이 일본의 침략을 받기 시작하자 러시아의 스탈린은 극동 지방의 안보를 우려하여 국경 지방에 거주하는 한인을 강제로 이주시키는 정책을 실시하였다. 이로 인해 연해주에 살고 있던 한인 약 20만 명이 중앙아시아에 강제 이주하게 되었다.

선택지 분석하기

✓ 신한촌이 건설되었다.
… 일제 강점기 우리 민족은 러시아 연해주의 블라디보스토크로 이주하여 한인 집단 거주지인 신한촌을 건설하였다.

② 봉오동 전투가 일어났다.
… 홍범도의 대한 독립군을 포함한 독립군 연합 부대는 중국 지린 성의 봉오동 계곡에서 일본군과 싸워 크게 승리하였다.

③ 한국 광복군이 창설되었다.
… 한국 광복군은 중국 충칭에서 대한민국 임시 정부의 직할 부대로 창설되었다.

④ 2·8 독립 선언서가 발표되었다.
⋯ 일본 도쿄 유학생들이 결성한 조선 청년 독립단은 대표 11인을 중심으로 도쿄에서 2·8 독립 선언서를 작성하여 발표하였다.

41 김구   정답 ②

미니북 18쪽

빠른정답찾기 백범 김구 + 한인 애국단 조직 + 대한민국 임시 정부 주석 역임 ➡ 남북 협상 추진

자료 분석하기

백범 김구는 상하이에서 한인 애국단을 조직하여 적극적인 항일 무장 투쟁을 전개하였으며, 대한민국 임시 정부의 주석으로 활동하면서 민족의 자주독립을 위해 노력하였다. 광복 이후에는 남북 분단을 막고 통일 정부를 구성하기 위해 힘쓰다가 경교장에서 안두희에게 암살당하였다.

선택지 분석하기

① 흥사단 결성
⋯ 안창호는 미국 샌프란시스코에서 민족 운동 단체인 흥사단을 결성하였다.

 남북 협상 추진
⋯ 미소 공동 위원회가 결렬되고 소련 측의 반대로 유엔 한국 임시 위원단의 북한 입국이 거부되자 유엔은 선거가 가능한 지역에서만 총선거를 실시하도록 결정하였다. 남북 분단을 우려하며 남한만의 단독 선거에 반대한 김구와 김규식은 평양으로 가서 김일성과 남북 협상을 전개하였으나 큰 성과를 거두지는 못하였다.

③ 조선 의용대 창설
⋯ 의열단 단장 김원봉은 중국 국민당의 지원을 받아 중국 관내 최초의 한인 무장 부대인 조선 의용대를 창설하였다.

④ 조선 건국 동맹 조직
⋯ 여운형은 일제의 전쟁 패배와 민족의 독립에 대비하기 위해 민주주의 국가 건설을 목표로 하는 조선 건국 동맹을 조직하였다.

42 전형필   정답 ③

빠른정답찾기 간송 + 문화유산 수집 + 보화각 ➡ 전형필

자료 분석하기

간송 전형필은 일제 강점기에 『훈민정음 해례본』, 청자 상감 운학문 매병 등 우리 민족의 문화유산을 수집하는 활동을 전개하였다. 이후 서울 성북동에 우리나라 최초의 근대적 사립 미술관인 보화각을 세웠고, 그가 사망한 후에 간송 미술관으로 이름이 바뀌었다.

선택지 분석하기

① 박은식
⋯ 박은식은 독립운동의 수단으로 민족사 연구에 몰두하여 일본의 침략 과정을 다룬 『한국통사』를 저술하였다.

② 석주명
⋯ 석주명은 일제 강점기 과학자이자 나비 연구가로, 한국 나비 종수에 대해 오류가 있던 기존 연구를 바로잡았다. 또한, 우리말에 깊은 관심을 가지며 일본식으로 지어진 나비의 이름을 우리말로 바꾸었다.

 전형필
⋯ 전형필은 일제 강점기에 우리 민족의 문화유산을 수집하였으며, 그가 사망한 뒤에 간송 미술관에서 이를 일반인에게 공개하였다.

④ 주시경
⋯ 주시경은 국문 연구소 설립 이후 연구소의 위원으로 활동하면서 한글 정리와 국어의 이해 체계 확립에 힘쓰며 국문법을 정리하였다.

43 조선 혁명군   정답 ②

미니북 40쪽

빠른정답찾기 총사령 양세봉 + 중국 의용군과 연합 ➡ 조선 혁명군

자료 분석하기

양세봉은 남만주 지역에서 조선 혁명군을 조직하여 총사령으로 활동하였다. 일본이 만주 사변을 일으켜 만주를 점령하고 독립군 기지를 공격하자, 조선 혁명군은 중국 동북 지역에서 중국 의용군과 연합 작전을 전개하여 일본군을 격퇴하였다.

선택지 분석하기

① 고종의 밀지를 받아 결성되었다.
⋯ 독립 의군부는 임병찬이 고종의 밀지를 받아 결성된 단체로, 복벽주의(전제 군주제 복구, 고종 복위)를 내세우며 조선 총독부에 국권 반환 요구서 발송을 계획하였다.

② 영릉가 전투에서 승리를 거두었다.
⋯ 조선 혁명군은 양세봉을 중심으로 남만주 지역에서 조직되었다. 이들은 조선 혁명당 소속 군사 조직으로 중국 의용군과 연합하여 영릉가·흥경성 전투에서 승리를 거두었다.

③ 영국군의 요청으로 인도·미얀마 전선에 투입되었다.
⋯ 대한민국 임시 정부의 직할 부대인 한국 광복군은 영국군의 요청을 받아 인도·미얀마 전선에 투입되어 공동 작전을 수행하였으며, 미군의 협조를 받아 국내 진공 작전을 준비하였다.

④ 중국 관내에서 결성된 최초의 한인 무장 조직이었다.
⋯ 조선 의용대는 김원봉의 주도로 중국 국민당의 지원을 받아 결성된 중국 관내 최초의 한인 무장 조직이었다.

한발 더 다가가기

일제 강점기 군대 조직

대한 독립군	• 조직: 1919년 북간도 • 총사령관: 홍범도 • 활동: 봉오동 전투
북로 군정서	• 조직: 1919년 북간도 • 총사령관: 김좌진 • 활동: 청산리 전투
조선 혁명군	• 조직: 1929년 남만주 • 총사령관: 양세봉 • 활동: 중국 의용군과 연합 작전, 영릉가·흥경성 전투
한국 독립군	• 조직: 1931년 북만주 • 총사령관: 지청천 • 활동: 중국 호로군과 연합 작전, 쌍성보·사도하자·대전자령 전투
조선 의용대	• 조직: 1938년 한커우 • 창설: 김원봉 • 특징: 중국 관내에서 결성된 최초의 한인 무장 부대, 일부 세력은 한국 광복군에 합류
한국 광복군	• 조직: 1940년 충칭 • 총사령관: 지청천 • 특징: 대한민국 임시 정부 직할 부대 • 활동: 인도·미얀마에서 연합 작전, 미국 전략 정보국의 지원으로 국내 진공 작전 준비
조선 의용군	• 조직: 1942년 타이항산 • 총사령관: 무정 • 특징: 조선 의용대 화북지대를 개편하여 창설 • 활동: 중국 팔로군과 함께 항일 전선에 참여

44 1930년대 이후 민족 말살 통치기 정답 ②

빠른 정답 찾기
일제가 중일 전쟁을 일으키고 침략을 확대하던 시기 + 군함도로 강제 동원 ➡ 1930년대 이후 민족 말살 통치기

자료 분석하기

일제는 1930년대 이후 민족 말살 통치기에 대륙 침략을 위해 한반도를 병참 기지화하고 중일 전쟁과 태평양 전쟁을 일으켰다. 이 시기 일본은 탄광섬인 군함도(하시마)에 조선인을 강제 징용하여 착취하였다. 강제 징용된 조선인들은 해저 탄광에서 12~16시간씩 일하며 갖은 학대와 고문을 받았다. 위험한 작업 환경으로 인해 1943년부터 1945년까지 약 800명의 조선인들이 군함도에서 사망하였다.

선택지 분석하기

① 태형을 집행하는 헌병 경찰
⋯ 1910년대 무단 통치기에 일제는 조선 태형령을 시행하여 곳곳에 배치된 헌병 경찰들이 조선인들에게 태형을 통한 형벌을 가하도록 하였다(1912).

② 황국 신민 서사를 암송하는 학생
⋯ 일제는 1930년대 이후 민족 말살 통치를 시행하였다. 일왕에 대한 충성심을 세뇌시키고자 황국 신민 서사를 만들어 학교나 직장뿐만 아니라 일반인의 모임에서도 이를 암송하도록 하였다(1937).

③ 6·10 만세 운동에 참여하는 청년
⋯ 순종의 인산일에 학생 300여 명이 격문을 뿌리고 시위를 일으킨 것이 6·10 만세 운동으로 확산되었으나 일제가 군대를 동원하여 저지하였다(1926).

④ 토지 조사령을 공포하는 일본인 관리
⋯ 조선 총독부는 토지 조사국을 설치하고 토지 조사령을 공포하여 일정 기간 내 토지를 신고하도록 하는 토지 조사 사업을 실시하였다(1912).

45 제주 4·3 사건 정답 ④

빠른 정답 찾기
남한만의 단독 선거에 반대하는 무장대와 토벌대 간의 무력 충돌 + 진압 과정에서 많은 주민이 희생 ➡ 제주 4·3 사건

자료 분석하기

UN 소총회에서 남한만의 단독 정부 수립을 결의하자 남로당 제주도당이 이에 반발하면서 무장대를 동원하여 무장 봉기를 일으켰다. 미군정과 경찰 토벌대가 이를 강경하게 진압한 것이 원인이 되어 제주 4·3 사건이 발생하였다. 제주 4·3 사건을 진압하는 과정에서 법적 절차도 제대로 거치지 않고 총기 등을 사용하여 민간인까지 죽이는 등 제주도민에게 큰 피해를 입혔다.

선택지 분석하기

① 굴욕적인 한일 국교 정상화에 반대하였다.
⋯ 박정희 정부 당시 한일 국교 정상화 회담이 추진되자 학생과 야당을 주축으로 굴욕적 한일 국교 정상화에 반대하는 6·3 시위가 전개되었다.

② 좌우 합작 7원칙이 발표되는 배경이 되었다.
⋯ 광복 직후 모스크바 3국 외상 회의의 결과에 따라 제1차 미소 공동 위원회가 개최되었으나 결렬되자 이승만이 단독 정부 수립을 주장하였다. 이에 김규식, 여운형 등 중도 세력들이 미군정의 지원을 받아 좌우 합작 위원회를 결성하여 좌우 합작 7원칙을 발표하는 등 좌우 합작 운동을 전개하였다.

③ 신군부의 비상계엄 확대와 무력 진압에 저항하였다.
⋯ 신군부의 비상계엄 확대에 항거하여 광주에서 5·18 민주화 운동이 전개되었다. 신군부가 공수 부대를 동원하여 무력 진압에 나서자 광주 학생과 시민들이 시민군을 조직하여 계엄군에 저항하면서 격화되었다.

 진상 규명 및 희생자 명예 회복에 관한 특별법이 제정되었다.
⋯ 2000년에 제주 4·3 사건 진상 규명 및 희생자 명예 회복에 관한 특별법이 제정되면서 정부 차원의 진상 조사가 이루어졌다.

46 4·19 혁명 정답 ②

빠른 정답 찾기: 3·15 부정 선거 + 전 국민적인 분노 ➡ 4·19 혁명

자료 분석하기

이승만의 독재와 3·15 부정 선거에 분노한 대학생과 고등학생들이 시위를 전개하면서 4·19 혁명이 발발하였다. 이후 대학 교수단이 대통령의 하야를 요구하는 행진에 나서면서 시위가 전국적으로 확산되었다. 그 결과, 이승만이 하야하고 내각 책임제를 기본으로 하는 허정 과도 정부가 구성되었다. 1960년 7월 3·15 부정 선거 관련자에 대한 재판이 열려 전 내무부장관 최인규 등 관련 인물들이 기소되었다.

선택지 분석하기

① 6·3 시위
⋯ 6·3 시위는 박정희 정부 당시 한일 국교 정상화 회담 추진 협정 내용이 공개되자, 학생과 야당을 중심으로 굴욕적 대일 외교에 반대하면서 전개되었다.

 4·19 혁명
⋯ 4·19 혁명은 이승만의 장기 집권과 자유당 정권의 3·15 부정 선거에 저항하며 일어났다.

③ 6월 민주 항쟁
⋯ 6월 민주 항쟁은 전두환 정부의 박종철 고문치사 사건과 4·13 호헌 조치가 원인이 되어 전국적으로 확산되었다.

④ 5·18 민주화 운동
⋯ 5·18 민주화 운동은 신군부의 비상계엄 확대와 무력 진압에 반발하여 광주에서 일어났다.

47 6·25 전쟁 정답 ①

빠른 정답 찾기: 학도병 + 유엔군 + 인천 상륙 작전 + 서울 수복 ➡ 6·25 전쟁

자료 분석하기

1950년 북한의 남침으로 6·25 전쟁이 시작되었고, 서울을 점령당한 뒤 낙동강 방어선까지 밀려나게 되었다. 유엔군 파병 이후 인천 상륙 작전을 전개하여 서울을 수복하고 압록강까지 진격하였으나, 중국군이 참전하면서 후퇴하였다. 전쟁이 1년여간 지속되자 소련 측의 제의로 미국과 소련이 개성 판문점에서 휴전 회담을 진행하였다. 회담을 통해 전쟁 포로 송환과 군사 분계선 설정에 협의하면서 휴전 협정을 체결하였다(1953). 6·25 전쟁 당시 중학생부터 대학생에 이르는 청년들은 학도병이 되어 전투 참가, 피난민 구호, 가두 선전, 간호원 등의 임무를 수행하였다.

선택지 분석하기

✓ 부산이 임시 수도가 되었다.
⋯ 1950년 6월 25일 북한의 남침으로 전쟁이 시작되어 서울이 점령당하였다. 이승만 정부는 전쟁에 제대로 대응하지 못한 채 후퇴하다가 부산을 임시 수도로 정하였다(1950).

② 4·13 호헌 조치가 발표되었다.
⋯ 전두환 대통령이 국민의 민주화 요구를 거부하고, 개헌 논의를 중단시키면서 4·13 호헌 조치를 발표하였다. 민중은 4·13 호헌 조치와 박종철 고문치사 사건에 반발하면서 6월 민주 항쟁을 전개하였다(1987).

③ 미소 공동 위원회가 개최되었다.
⋯ 모스크바 3국 외상 회의 결과, 한반도에 미소 공동 위원회를 개최하고 최대 5년간 신탁 통치하기로 결정하였다. 이에 1946년과 1947년에 미소 공동 위원회가 개최되었으나 결렬되었다.

④ 반민족 행위 처벌법이 제정되었다.
⋯ 제헌 국회는 친일파를 청산하고 민족정기를 바로잡기 위해 반민족 행위 처벌법을 제정하였고, 이에 따라 반민족 행위 특별 조사 위원회(반민 특위)가 구성되어 활동하였다(1948).

✿ 미니북 13, 45쪽

48 박정희 정부 정답 ②

빠른 정답 찾기: 1970년대 + 유신 헌법 공포 + 장발 단속 + 청년 문화 유행 ➡ 박정희 정부

자료 분석하기

3선에 성공한 박정희는 유신 헌법을 공포하여 대통령에게 국회의원 3분의 1 추천 임명권, 국회 해산권, 헌법 효력을 정지시킬 수 있는 긴급 조치권 등 강력한 권한을 부여하였다. 정부가 유신 헌법을 통해 국민들의 자유를 억압하는 시기에 청년들 사이에는 청바지, 미니스커트, 장발, 통기타 음악이 청년 문화의 상징으로 퍼졌다. 정부는 미니스커트와 장발을 퇴폐적인 풍조로 규정하고, 길거리에서 이를 단속하였다. 또한, 국가 안보와 사회 질서 유지를 명분으로 대중 가요를 검열하였다.

선택지 분석하기

① 금융 실명제 실시
⋯ 김영삼 정부는 경제적 부정부패와 탈세를 없애기 위해 금융 실명제를 전면 실시하였다(1993).

✓ 100억 달러 수출 달성
⋯ 박정희 정부 시기인 1970년대에 수출 증대로 100억 달러 수출을 달성하였다.

③ 개성 공단 조성
⋯ 김대중 정부 때 평양에서 최초로 남북 정상 회담을 개최하여 개성 공단 조성에 관해 합의하였다(2000). 이후 노무현 정부 때 착공식이 이루어져 개성 공단이 조성되었다(2003).

④ 아시아·태평양 경제 협력체(APEC) 정상 회의 개최
⋯ 노무현 정부 때 부산에서 제13차 아시아·태평양 경제 협력체(APEC) 정상 회의가 개최되었다(2005).

한발 더 다가가기

현대 정부별 경제 정책

이승만 정부	• 전후 경제 복구 정책 • 미국의 원조 경제: 면화, 설탕, 밀가루 등 소비재 산업 원료 지원 → 삼백 산업 발달
5·16 군정 시기	제1차 경제 개발 5개년 계획 발표(1962)
박정희 정부	• 제1·2차 경제 개발 5개년 계획: 경공업 중심, 수출 주도형 • 제3·4차 경제 개발 5개년 계획: 중화학 공업 중심 • 수출 100억 달러 달성(1977) • 제2차 석유 파동 → 원유 가격 폭등으로 경제 위기
전두환 정부	3저 호황(저유가, 저달러, 저금리)
노태우 정부	제6·7차 경제 개발 5개년 계획 → 고성장 정책 추진
김영삼 정부	• 경제 협력 개발 기구(OECD) 가입, 금융 실명제 도입 • 무역 적자, 금융 기관 부실 → 외환 위기
김대중 정부	신자유주의 정책을 바탕으로 구조 조정 → 외환 위기 극복
노무현 정부	• 신자유주의 정책 계승 → 친경쟁적 규제 및 시장 개방과 노동 유연화 추구 • 경부 고속 철도 개통, APEC 정상 회의 개최, 칠레와 FTA 체결(2004), 미국과 FTA 체결(2007)
이명박 정부	• 4대강 사업, 자유 무역 협정(FTA) 체결 확대 • 기업 활동 규제 완화 • G20 정상 회의 개최(서울)

✿ 미니북 45쪽

49 김대중 정부의 통일 노력 정답 ②

빠른 정답 찾기: 노벨 평화상 수상 + 북한과의 평화와 화해를 위해 노력한 업적을 인정받음 ➡ 김대중 정부

자료 분석하기

김대중 정부가 북한과의 화해 협력을 바탕으로 교류를 적극적으로 확대하면서 평양에서 최초로 남북 정상 회담이 이루어졌으며, 6·15 남북 공동 선언이 발표되었다. 이를 통해 금강산 관광 사업 활성화, 개성 공단 건설 합의서 체결, 경의선 복원 등이 실현되었다. 김대중은 남북 화해와 한반도의 긴장 완화에 기여하였다는 업적을 인정받아 한국인 최초로 노벨 평화상을 수상하였다(2000).

선택지 분석하기

① 남북한이 유엔에 동시 가입하였다.
③ 한반도 비핵화 공동 선언이 채택되었다.
→ 노태우 정부는 적극적인 북방 외교 정책을 통해 남북한의 유엔 동시 가입을 이루어냈다. 또한, 핵전쟁 위협을 제거하고 평화 통일에 유리한 조건을 만들기 위해 한반도 비핵화 공동 선언을 채택하였다(1991).

✓ 6·15 남북 공동 선언이 발표되었다.
→ 김대중 정부는 평양에서 분단 이후 최초로 남북 정상 회담을 개최하여 6·15 남북 공동 선언을 발표하였다(2000).

④ 남북 이산가족 상봉이 최초로 성사되었다.
→ 전두환 정부 때 서울과 평양에서 남북 이산가족 상봉이 최초로 성사되었다(1985).

한발 더 다가가기

현대 정부의 주요 통일 정책

박정희 정부	• 남북 적십자 회담에서 이산가족 문제 협의(1971) • 7·4 남북 공동 성명(1972), 6·23 평화 통일 외교 정책 선언(1973)
전두환 정부	• 민족 화합 민주 통일 방안(1982) • 남북 적십자 회담 재개로 최초의 이산가족 고향 방문(1985)
노태우 정부	• 한민족 공동체 통일 방안 제안(1989) • 남북한 유엔 동시 가입, 남북 기본 합의서 채택, 한반도 비핵화 공동 선언(1991)
김영삼 정부	한민족 공동체 건설을 위한 3단계 통일 방안 제시(1994)
김대중 정부	• 대북 화해 협력 정책(햇볕 정책) 추진 • 금강산 관광 사업 전개(1998) • 남북 정상 회담, 6·15 남북 공동 선언(2000) • 경의선 복구 사업·금강산 육로 관광 등 추진, 개성 공단과 이산가족 상봉 및 면회소 설치 합의
노무현 정부	• 제2차 남북 정상 회담 개최(2007), 10·4 남북 공동 선언 채택 • 개성 공단 착공(2003)
이명박 정부	• 금강산 관광 중단(2008) • 천안함 피격 사건, 연평도 포격 사건
박근혜 정부	개성 공단 폐쇄(2016)
문재인 정부	4·27 판문점 선언(2018)

50 지하철 역명에서 찾은 역사 정답 ④

빠른 정답 찾기: 을지 + 낙성대 + 충무 + 충정 ➡ 지하철 역명에서 찾은 역사

자료 분석하기

■ **을지로입구역**: 고구려 영양왕 때 수 양제가 113만 대군을 이끌고 직접 고구려의 요동성을 공격하였으나 실패하자 우중문을 시켜 30만 별동대로 평양성을 공격하도록 하였다. 이에 고구려의 을지문덕이 수의 군대를 살수로 유인하여 크게 승리하였다. 해방 직후인 1946년 일제 강점기 당시 황금정(黃金町)이라 이름 붙인 일본식 도로명을 한국식으로 변경하면서 을지문덕의 성 '을지(乙支)'를 따 을지로라 이름 붙였다.

■ **낙성대역**: 고려 현종 때 거란이 3차 침입하자, 강감찬은 귀주 대첩에서 소배압이 이끄는 거란의 10만 대군을 물리치고 큰 승리를 거두었다. 또한, 왕에게 건의하여 나성을 쌓아 개경을 방비하도록 하였으며, 압록강 하구부터 동해안에 이르는 천리장성을 쌓아 국경 수비를 강화하였다. 낙성대(落星垈)의 옛이름은 금천(衿川)으로, 강감찬이 태어나던 날 밤에 하늘에서 큰 별이 떨어졌다는 전설이 내려져 지금의 이름으로 부르게 되었다.

■ **충무로역**: 조선 선조 때 일본이 임진왜란을 일으키자, 충무공 이순신이 수군에서 활약하여 한산도·명량 등지에서 일본군을 물리쳤다. 해방 직후인 1946년, 이순신이 태어난 지역의 도로를 시호 '충무공(忠武公)'을 따 충무로라 이름 붙였다.

■ **충정로역**: 일본이 대한 제국의 관료를 협박하여 강제로 을사늑약을 체결하였다. 이로 인해 대한 제국의 외교권이 박탈되자 민영환은 조병세와 함께 을사늑약에 서명한 을사오적을 처형하고, 조약을 파기할 것을 상소하였다. 고종이 요구를 수락하지 않자 민영환은 2천만 동포와 각국 공사에게 보내는 유서를 남기고 자결하였다. 해방 직후인 1946년, 민영환의 별장이 있던 지역의 도로를 시호 '충정(忠正)'을 따 충정로라 이름 붙였다.

제73회 한국사능력검정시험

01	02	03	04	05	06	07	08	09	10
②	①	④	③	③	②	④	③	①	③
11	12	13	14	15	16	17	18	19	20
①	②	①	④	①	③	②	③	②	①
21	22	23	24	25	26	27	28	29	30
①	②	①	②	①	①	③	②	④	④
31	32	33	34	35	36	37	38	39	40
④	③	②	④	②	③	①	②	④	④
41	42	43	44	45	46	47	48	49	50
④	②	④	④	②	③	②	②	④	①

한발 더 다가가기

선사 시대의 생활상

구석기 시대	• 동굴이나 강가의 막집에서 생활 • 계절에 따라 이동 생활 • 주먹도끼, 찍개 등의 뗀석기 사용
신석기 시대	• 강가나 바닷가에 움집을 짓고 정착 생활 • 뼈낚시, 그물, 돌창, 돌화살을 사용하여 채집·수렵 생활 • 조·피 등을 재배하는 농경 시작, 목축 생활 • 빗살무늬 토기를 이용하여 음식을 조리하거나 저장 • 가락바퀴로 실을 뽑아 뼈바늘로 옷을 지어 입기도 함
청동기 및 초기 철기 시대	• 밭농사 중심, 벼농사 시작 • 가축 사육 증가, 농업 생산력 향상 • 움집의 지상 가옥화, 배산임수의 취락 형성 • 사유 재산과 계급의 발생, 선민사상, 족장의 출현 • 청동제 의기, 토우, 바위그림(풍요를 기원하는 주술적 의미)

01 청동기 시대 〔정답 ②〕

빠른 정답 찾기
울주 검단리 유적 + 환호 + 고인돌 + 계급 출현
➡ 청동기 시대의 생활 모습

자료 분석하기

울주 검단리 유적은 울산 광역시 울주군에서 발견된 청동기 시대 유적지로, 우리나라에서 처음으로 완전한 환호(마을 내부를 방어하기 위해 설치한 도랑)의 모습이 확인되었다. 또한, 인근에서 계급이 출현한 청동기 시대의 모습을 보여 주는 고인돌이 발견되었다.

선택지 분석하기

① 우경이 널리 보급되었다.
⋯ 신라 지증왕 때 소를 이용한 우경이 시행되어 깊이갈이가 가능해졌고, 고려 시대에 일반화되었다.

✓ 비파형 동검을 제작하였다.
⋯ 청동기 시대에는 거푸집으로 비파형 동검을 제작하면서 독자적인 청동기 문화를 형성하였다.

③ 주로 동굴이나 막집에서 살았다.
⋯ 구석기 시대 사람들은 주로 동굴이나 막집에서 살았으며 계절에 따라 이동 생활을 하였다.

④ 실을 뽑기 위해 가락바퀴를 처음 사용하였다.
⋯ 신석기 시대에는 가락바퀴를 사용하여 실을 뽑아 뼈바늘로 옷을 지어 입었다.

02 부여 〔정답 ①〕

빠른 정답 찾기
마가·우가 + 사출도 ➡ 부여

자료 분석하기

부여는 왕 아래 마가·우가·저가·구가의 가(加)들이 각자의 행정 구역인 사출도를 다스렸으며, 왕이 통치하는 중앙과 합쳐 5부를 구성하는 연맹 왕국이었다. 부여가 위치하였던 중국 지린성에서는 수레바퀴 부품, 말의 형상이 새겨져 있는 허리띠 장식, 금동 얼굴상 등이 출토되기도 하였다.

선택지 분석하기

✓ 영고라는 제천 행사를 열었다.
⋯ 부여는 12월에 풍성한 수확제이자 추수 감사제의 성격을 지닌 영고라는 제천 행사를 열었다.

② 신성 지역인 소도가 존재하였다.
⋯ 삼한은 제사장인 천군이 소도라는 신성 지역을 따로 다스리는 제정 분리 사회였다.

③ 혼인 풍습으로 민며느리제가 있었다.
⋯ 옥저에는 여자가 어렸을 때 혼인할 남자의 집에서 생활하다가 성인이 된 후에 혼인을 하는 민며느리제가 있었다.

④ 사회 질서를 유지하기 위하여 범금 8조를 만들었다.
→ 고조선은 사회 질서를 유지하기 위해 8개의 조항으로 이루어진 범금 8조를 만들었으나 현재는 3개의 조항만 전해진다.

03 금관가야   정답 ④

빠른 정답 찾기: 수로왕 + 김해 대성동 고분군 ➡ 금관가야

자료 분석하기

- 김해 대성동 고분군 출토 금동 허리띠: 금관가야 지배층의 무덤인 김해 대성동 고분군에서 출토된 유물이다. 이는 금관가야 지배층의 권력을 상징하면서, 중국과의 교류를 통해 들어온 선진 물품인 점에서 가야의 위상과 국제성을 증명하고 있다.
- 김해 대성동 고분군 출토 긴목항아리와 그릇받침: 금관가야 지배층의 무덤인 김해 대성동 고분군에서 출토된 유물이다. 출토지가 명확하고 가야 문화권의 특징이 반영된 유물인 점에서 보물 지정을 검토받았다.

선택지 분석하기

① 서옥제의 의미를 찾아본다.
→ 서옥제는 혼인을 하면 신랑이 신부 집 뒤에 서옥을 짓고 생활하다가 자식이 어른이 되었을 때 신랑 집으로 돌아가는 고구려의 혼인 풍습이다.

② 칠지도에 새겨진 명문을 해석한다.
→ 칠지도는 백제 근초고왕이 왜에 하사하였다고 알려진 유물로, 일본에서 발견되었다. 이를 통해 백제가 왜와 교류하면서 다양한 선진 문물을 전파하였다는 것을 확인할 수 있다.

③ 이차돈이 순교한 배경을 파악한다.
→ 신라 법흥왕은 불교를 국가의 종교로 만들고자 하였으나, 귀족들의 반대에 부딪혔다. 이에 이차돈이 스스로 순교하겠다고 말하여 그의 목을 베니 피가 하얗게 변해서 솟구쳤고, 꽃비가 내렸다. 이차돈의 순교를 계기로 신라에 불교가 공인되었다.

 구지가가 나오는 건국 신화를 분석한다.
→ 「구지가」는 금관가야의 시조 김수로의 건국 신화에서 전해져 내려오는 고대 가요이다. 『삼국유사』에 따르면 구지봉에서 사람들이 「구지가」를 부르자 하늘에서 6개의 황금알이 내려왔는데 그 중 제일 큰 알에서 나온 사람이 김수로라고 전해진다.

04 의상   정답 ③

미니북 19쪽

빠른 정답 찾기: 화엄종 + 부석사 + 관음 신앙 ➡ 의상

자료 분석하기

신라의 귀족 출신 승려 의상은 당으로 유학하여 지엄으로부터 화엄에 대한 가르침을 받았다. 이후 그는 유학에서 돌아와 부석사를 창건한 후 화엄종을 개창하였으며, 화엄종의 교리를 체계적으로 정리한 『화엄일승법계도』를 저술하였다. 또한, 중생이 관세음보살의 이름을 외우면 고통에서 벗어날 수 있다는 관음 신앙을 강조하여 불교의 대중화에도 기여하였다.

선택지 분석하기

① 원광
→ 신라의 승려 원광은 화랑도의 생활규범으로 세속 5계를 제시하였다.

② 원효
→ 신라의 승려 원효는 불교의 대중화를 위해 불교의 교리를 쉬운 노래로 표현한 「무애가」를 지었다.

 의상
→ 신라의 승려 의상은 당에 가서 지엄으로부터 화엄에 대한 가르침을 받고 돌아와 화엄 사상을 펼치고 부석사를 창건하여 수많은 제자들을 길렀다.

④ 유정
→ 조선의 승려 사명대사 유정은 선조 때 발생한 임진왜란 당시 금강산에서 의병을 일으켜 활약하였다. 전쟁 직후에는 일본에 파견되어 전쟁 중 잡혀간 포로를 송환하였다.

05 고구려 소수림왕   정답 ③

미니북 06쪽

빠른 정답 찾기: 전진 + 불교 수용 + 태학 ➡ 고구려 소수림왕

🔍 자료 분석하기

고구려 소수림왕은 고국원왕이 백제와의 평양성 전투에서 전사하자 그 뒤를 이어 왕위에 올랐다. 그는 고국원왕의 전사 및 대외 진출 실패로 어지러운 사회의 체제를 정비하기 위해 율령을 반포하고 통치 체제를 정비하였다. 또한, 중국 전진의 승려 순도를 통해 불교를 수용하여 왕실의 권위를 높이고, 국가 교육 기관인 태학을 설립하여 인재를 키워냈다. 이후 백제를 공격하여 백제의 수곡성을 함락시키기도 하였다.

🔍 선택지 분석하기

① 미천왕
⋯ 고구려 미천왕은 낙랑군과 대방군 등 한 군현을 한반도 지역에서 몰아내며 영토를 넓혔다.

② 장수왕
⋯ 고구려 장수왕은 아버지 광개토 대왕을 기리며 광개토 대왕릉비를 건립하였다. 또한, 영토 확장을 위해 평양으로 천도하고 남진 정책을 추진하여 백제를 밀어내고 한강 유역을 차지하였다.

✓ 소수림왕
⋯ 고구려 소수림왕은 중앙 집권적 국가의 기틀을 세우기 위해 율령을 반포하고 국가 조직을 정비하였다. 또한, 불교를 수용하여 왕실의 권위를 높이고자 하였다.

④ 광개토 대왕
⋯ 고구려 광개토 대왕은 영락이라는 독자적 연호를 사용하고 백제를 공격하여 한강 이북 지역까지 영토를 넓혔다.

06 신라의 사회 모습 정답 ②

빠른 정답 찾기 도기 기마인물형 명기 + 수도 경주 ➡ 신라

🔍 자료 분석하기

도기 기마인물형 명기는 신라의 수도였던 경주의 금령총에서 출토된 한 쌍의 토기이다. 이 유물이 무덤에서 발견된 것을 통해 시체를 안치할 때 함께 묻는 부장품의 역할을 하였음을 알 수 있다. 또한, 한 쌍으로 이루어진 인물상의 크기와 외양이 각기 다른 것을 통해 이들이 주인과 하인 관계인 것을 추측할 수 있다.

🔍 선택지 분석하기

① 경당을 설치하였다.
⋯ 경당은 고구려 일반 평민층의 자제들을 교육하기 위하여 설치한 민간 교육 기관으로 경전 독서, 활쏘기 연습 등의 학문과 무예를 교육하였다.

 골품제를 실시하였다.
⋯ 신라는 골품제라는 신분 제도를 실시하여 골품에 따라 관등 승진을 제한하였다.

③ 진대법을 시행하였다.
⋯ 고구려는 고국천왕 때 을파소의 건의에 따라 봄에 곡식을 빌려 주고 겨울에 갚게 하는 빈민 구제책인 진대법을 시행하였다.

④ 책화라는 풍습이 있었다.
⋯ 동예는 각 부족의 영역을 중요시하여 서로의 영역을 침범한 경우 노비와 소, 말로 갚게 하는 제도인 책화를 두었다.

🌸 미니북 21쪽

07 삼국 통일 과정 정답 ④

빠른 정답 찾기 의자왕 + 부여융 + 김법민 + 문무왕 ➡ 삼국 통일 과정

📙 자료 뜯어보기

의자왕*이 밤을 틈타 웅진성으로 도망치고, 의자왕의 아들인 부여융이 대좌평 천복 등과 함께 나와서 항복하였다. 김법민*이 부여융을 말 앞에 꿇어 앉히고 꾸짖어 말하기를, "예전에 너의 아비가 나의 누이를 죽여 오랫동안 마음이 원통하였는데, 오늘 너의 목숨은 내 손 안에 있구나!"라고 하였다.

* **의자왕**: 백제의 마지막 왕으로, 정치 말기에 충성스러운 신하의 조언을 듣지 않고 사치와 향락에 빠져 나라를 불안하게 하였다. 나당 연합군이 사비성을 함락하자 항복하여 왕자 부여융과 함께 당의 수도로 끌려갔다.
* **김법민**: 훗날 통일 신라 문무왕으로, 무열왕과 함께 백제를 멸망시킬 때 공을 세웠다. 무열왕이 삼국을 통일하지 못하고 사망하자, 왕위를 계승하여 삼국 통일을 완성하였다.

🔍 자료 분석하기

백제 의자왕은 윤충을 시켜 신라의 대야성을 공격하게 하였다. 이에 김춘추(무열왕)의 사위이자 대야성의 도독인 김품석이 백제군에 맞서 싸웠으나 가족과 함께 죽임을 당하였다(대야성 전투, 642). 이후 신라는 당과 함께 나당 연합군을 결성하여 수도 사비성을 함락하면서 백제를 멸망시켰다(660).

🔍 선택지 분석하기

① 대가야가 신라에 정복되었다.
⋯ 신라 진흥왕이 대가야를 정복하여 후기 가야 연맹이 해체되었다 (562).

② 신라가 우산국을 복속하였다.
⋯ 신라 지증왕은 이사부를 보내 우산국(울릉도)을 정벌하였다 (512).

③ 고구려가 한성을 함락하였다.
⋯ 고구려 장수왕이 남진 정책하에 백제의 수도 한성을 함락하고 개로왕을 전사시켰다(475).

 나당 연합군이 평양성을 점령하였다.
⋯ 나당 연합군은 연개소문 사후 권력 다툼으로 세력이 약해진 고구려를 공격하였고, 평양성을 점령하면서 고구려를 멸망시켰다 (668).

08 부여의 문화유산

🌼 미니북 48쪽

정답 ③

빠른 정답 찾기: 백제의 수도 + 사비 + 백제의 문화유산 ➡ 부여의 문화유산

자료 분석하기

백제 성왕은 개로왕이 전쟁에서 사망한 후 쇠퇴하는 백제를 다시 일으키기 위하여 수도를 웅진(공주)에서 사비(부여)로 옮기고 국호를 남부여로 고쳤다. 이러한 이유로 부여에는 정림사지 오층 석탑, 부여 나성, 부소산성, 금동 대향로 등의 문화유산이 위치해 있다.

선택지 분석하기

① 풍납토성 동전무늬 수막새
⋯ 풍납토성 동전무늬 수막새는 백제의 첫 수도 한성(하남 위례성)으로 인정되는 풍납토성에서 출토되었으며, 당시 한성에서 유행하였던 동전무늬가 새겨져 있다.

② 석굴암 본존불
⋯ 경주 석굴암은 신라 경덕왕 때 김대성이 창건하여 혜공왕 때 완성되었으며, 본존불은 그 내부에 자리하고 있다.

✓ 정림사지 오층 석탑
⋯ 정림사지 오층 석탑은 부여에 위치한 백제의 대표적인 석탑으로, 목탑의 구조와 비슷하지만 돌의 특성을 잘 살린 것이 특징이다.

④ 호우총 청동 그릇
⋯ 호우총 청동 그릇은 경주의 신라 고분에서 발견된 고구려의 그릇이다. 그릇 바닥에 고구려 광개토 대왕을 나타내는 '을묘년 국강상광개토지호태왕호우십'이라는 글자가 새겨진 것으로 보아 당시 고구려와 신라가 교류하였음을 알 수 있다.

09 발해

🌼 미니북 07쪽

정답 ①

빠른 정답 찾기: 해동성국 + 유득공 ➡ 발해

자료 뜯어보기

발해는 해동성국*이다. 비록 먼 변방에 있었다고 해도 반드시 석실에 보관된 서적이 있었을 것인데 증거로 삼을 만한 문헌이 없는 것은 어찌된 일인가? …… 발해가 망한 지 천년 만에 다행히 유득공* 선생을 만나 역사가 후세에 전해질 수 있게 되었으니, 사람들이 감격하게 되었다.

* **해동성국**: 발해는 9세기 선왕 때 전성기를 맞이하였다. 당에 유학생을 보내 발달된 제도와 문화를 받아들이고, 요동 지방에까지 진출하면서 고구려의 옛 땅 대부분을 되찾았다. 이에 중국은 발해를 '동쪽의 융성한 나라'라는 뜻으로 '해동성국'이라고 불렀다.
* **유득공**: 서얼 출신 학자로 『발해고』를 저술하여, 발해를 우리의 역사로 인식하고 신라와 발해가 있던 시기를 남북국 시대라고 부를 것을 제안하였다.

자료 분석하기

조선 후기 규장각 검서관이었던 유득공은 규장각에서 소장하고 있는 도서를 정리하던 중 발해의 역사를 살펴보았다. 이후 여러 기록을 종합하여 발해가 고구려를 계승한 국가임을 밝혀내 『발해고』를 저술하였다. 이 책 서문에는 '고려 시대의 역사가들이 통일 신라를 남조, 발해를 북조로 하는 국사 체계를 세우지 않아 영원히 옛 땅을 되찾는 명분을 잃게 하였다.'고 밝히고 있다.

선택지 분석하기

 대조영이 동모산에서 건국하였다.
⋯ 고구려의 장군 출신인 대조영은 유민들을 이끌고 지린성 동모산에서 발해를 건국하였다.

② 안시성에서 당의 군대를 물리쳤다.
⋯ 당은 연개소문의 정변을 핑계로 고구려에 침입하여 안시성을 공격하였으나 안시성 성주 양만춘이 당의 군대를 물리쳤다.

③ 최고 행정 기구로 집사부를 설치하였다.
⋯ 집사부는 통일 신라의 최고 행정 기구로 왕명 출납과 국가 기밀 사무를 담당하였다.

④ 무태, 성책 등의 독자적 연호를 사용하였다.
⋯ 후고구려 궁예는 연호를 무태, 성책 등으로 하여 중국과는 다른 독자성을 내세웠다.

10 견원

정답 ③

빠른 정답 찾기
아들 신검 + 금산사에 유폐 + 왕건에게 의탁 + 고려로 귀부
➡ 견훤

🔍 자료 분석하기

통일 신라의 장군 출신인 견훤은 독자적인 세력을 형성하여 완산주(전주)를 도읍으로 하는 후백제를 건국하였다. 고려와의 공산 전투에서 승리하는 등 나라의 힘을 키워가던 중 후계자 문제로 장남 신검에 의해 금산사에 유폐되었다. 그는 탈출에 성공하면서 고려에 투항하였고, 고려 태조는 견훤에게 지위와 토지를 내려 주며 맞이하였다. 이후 견훤은 후백제와의 일리천 전투에서 왕건과 함께 아들 신검을 공격하여 후백제를 멸망시켰다.

🔍 선택지 분석하기

① 훈요 10조를 남겼다.
⋯ 고려 태조는 후대의 왕들을 위해 숭불 정책, 북진 정책, 민생 안정책 등 10가지 지침이 담긴 훈요 10조를 남겼다.

② 국호를 마진으로 바꾸었다.
⋯ 신라 왕족 출신 궁예는 송악을 도읍으로 하여 후고구려를 세우고 국호를 마진으로 바꾸고, 연호를 무태라고 하였다.

✔ 완산주에서 후백제를 세웠다.
⋯ 통일 신라 말의 장군 출신 견훤은 완산주(전주)에 도읍을 정하고 후백제를 세웠다.

④ 경주의 사심관으로 임명되었다.
⋯ 신라 경순왕 김부는 신라를 고려에 넘겨줄 것을 결정하고, 스스로 고려에 투항하였다. 이에 고려 태조는 김부에게 경주를 식읍으로 주면서 김부를 사심관으로 임명하였다.

11 서희

정답 ①

빠른 정답 찾기
고려의 외교가이자 문신 + 거란 장수 소손녕과 외교 담판 + 강동 6주 확보 ➡ 서희

🔍 자료 분석하기

고려는 건국 초 고구려 계승 의식을 내세우며 북진 정책을 펼쳤으며, 발해를 멸망시키고 한반도 북부로 영토를 확장하고 있는 거란과 대립하였다. 거란은 고려 성종 때 80만 대군을 이끌고 1차로 침입하여 고려가 차지하고 있는 옛 고구려 땅을 내놓고 송과 교류를 끊을 것을 요구하였다. 이에 서희는 소손녕과 외교 담판을 벌여 거란과 교류할 것을 약속하는 대신, 고려가 고구려를 계승하였음을 인정받았다. 또한, 거란으로 가는 길목인 압록강 동쪽의 강동 6주를 획득하는 성과를 거두었다.

🔍 선택지 분석하기

✔ 서희
⋯ 고려의 외교가 서희는 거란의 1차 침입 때 거란 장수 소손녕과 외교 담판을 통해 고려가 고구려를 계승하였음을 인정받고 강동 6주를 획득하였다.

② 윤관
⋯ 고려의 문신 윤관은 숙종 때 여진이 고려의 국경을 자주 침입하자 왕에게 건의하여 별무반을 조직하였다. 이후 예종 때 별무반을 이끌고 여진을 물리쳐 동북 9성을 세웠다.

③ 최영
⋯ 고려의 장수 최영은 홍산에 침입한 왜구를 물리치는 공을 세웠다. 이후 철령 이북의 땅을 반환하라는 명의 요청에 반발하여 요동 정벌을 추진하였다가 이성계에게 제거당하였다.

④ 정도전
⋯ 고려 말 급진 개혁파 정도전은 신흥 무인 세력인 이성계와 연합하여 조선 건국을 주도하였다. 이후 한양으로 도읍을 옮겨 도성을 쌓고 왕조의 기틀을 마련하는 데 공을 세웠다.

12 안동 봉정사 극락전

정답 ②

빠른 정답 찾기
고려 시대 + 우리나라에 남아 있는 가장 오래된 목조 건축물 + 공민왕 때 지붕 수리 + 맞배 지붕 + 배흘림 기둥
➡ 안동 봉정사 극락전

🔍 자료 분석하기

안동 봉정사 극락전은 우리나라에 남아 있는 가장 오래된 목조 건축물이다. 건물이 세워지고 다시 지어진 기록 등을 써 두는 상량문에 고려 공민왕 때 지붕을 수리하였다는 기록이 남아 있어 극락전의 건축 연대를 파악할 수 있다. 건축 양식으로는 기둥의 중간 부분은 두껍게 하고 위·아래로 갈수록 굵기를 점차 줄여 만든 배흘림 기둥을 사용하였다. 또한, 지붕 처마를 받치기 위한 구조인 공포를 기둥 위에만 배열하는 주심포 양식, 옆면에서 볼 때 사람 인(人)자 모양을 한 맞배 지붕을 사용하였다.

🔍 선택지 분석하기

① 강화 전등사 대웅전
⋯ 강화 전등사 대웅전은 조선 시대 건축물로, 광해군 때 다시 지어진 것으로 알려져 있다. 다포 양식을 취하고 있으며 정면 3칸, 측면 3칸의 팔작 지붕 건물이다.

- 안동 봉정사 극락전
  … 안동 봉정사 극락전은 고려 시대 건축물로, 우리나라에서 현존하는 가장 오래된 목조 건물이다.
- ③ 보은 법주사 팔상전
  … 보은 법주사 팔상전은 현존하는 유일한 조선 시대 목탑이자 우리나라의 목조 탑 중 가장 높은 건축물이다.
- ④ 구례 화엄사 각황전
  … 구례 화엄사 각황전은 조선 시대 건축물로, 임진왜란 때 불에 탄 후 숙종 때 다시 지어진 것으로 알려져 있다. 정면 7칸, 측면 5칸의 다포계 중층 팔작지붕 건물이며 내부 공간이 통층으로 구성되어 있는 것이 특징이다.

한발 더 다가가기

고려 시대의 주요 불교 건축물

| 안동 봉정사 극락전 | 영주 부석사 무량수전 |
| 예산 수덕사 대웅전 | 봉산 성불사 응진전 |

13 이자겸의 난   정답 ②

빠른 정답 찾기: 이자겸 + 척준경 + 인종 ➡ 이자겸의 난

자료 분석하기

고려 중기 문벌 귀족인 이자겸은 자신의 딸들을 예종과 인종의 왕비로 삼고 외척 세력으로서 막강한 권력을 행사하였다. 그러자 위협을 느낀 인종이 이자겸을 제거하려 하였지만 실패하였고, 이에 이자겸이 반발하면서 무신 척준경과 함께 난을 일으켰다(이자겸의 난, 1126). 이후 인종이 척준경을 회유하여 이자겸을 제거하고, 척준경도 유배를 가면서 이자겸의 난이 마무리되었다.

14 『삼국사기』   정답 ②

빠른 정답 찾기: 기전체 + 김부식 + 현존하는 가장 오래된 역사서 ➡ 『삼국사기』

자료 분석하기

문벌 귀족의 모순 등으로 고려 내부가 혼란한 상황에서 고려 인종은 고려 건국의 정통성을 내세우며 왕권을 강화시키고자 하였다. 이에 인종의 명을 받은 유학자 김부식은 우리나라에서 현존하는 가장 오래된 역사서인 『삼국사기』를 편찬하였다. 이 역사서는 유교적 합리주의 사관을 바탕으로 본기, 연표, 잡지, 열전 등으로 구성된 기전체 형식으로 서술되었다.

선택지 분석하기

① 동국통감
… 『동국통감』은 조선 성종 때 서거정 등이 고조선부터 고려 말까지의 역사를 편년체로 정리한 역사서이다.

✓ 삼국사기
… 『삼국사기』는 고려 인종 때 김부식이 왕명을 받아 기전체 형식으로 삼국의 역사를 저술한 역사서이다.

③ 삼국유사
… 『삼국유사』는 고려 충렬왕 때 승려 일연이 불교사를 중심으로 왕력과 함께 고대 민간 설화 및 전래 기록 등을 수록한 역사서이다.

④ 제왕운기
… 『제왕운기』는 고려 시대에 이승휴가 쓴 서사시로 저술된 역사서로, 단군의 고조선 건국 이야기부터 고려 충렬왕까지의 역사를 다루고 있다.

한발 더 다가가기

『삼국사기』와 『삼국유사』 비교

구분	『삼국사기』	『삼국유사』
시기	고려 중기(1145)	고려 후기(1281)
저자	김부식	일연
사관	유교식 합리주의(기전체)	불교사 중심(편년체)
성격	사대주의, 신라 계승 의식	자주 의식(단군 신화), 고구려 계승 의식

15 고려와 몽골의 대외 관계 정답 ④

빠른 정답 찾기
몽골의 침략 + 박서 + 귀주성 + 송문주 + 죽주성
➡ 김윤후의 처인성 전투

자료 분석하기

고려 고종 때 몽골은 사신 저고여가 살해된 사건을 계기로 고려와 국교를 끊고 6차례에 걸쳐 고려를 침입하였다. 몽골의 1차 침입 때 몽골군이 귀주성을 포위하여 30여 일 동안 공격하자 서북면 병마사 박서가 송문주 등과 함께 항전하여 막아냈다. 이후 몽골군이 3차 침입을 단행하여 중부 내륙의 길목인 죽주성을 침략하자 송문주가 귀주성에서의 전투 경험을 바탕으로 몽골군을 몰아냈다.

선택지 분석하기

① <mark>양헌수</mark>, <mark>정족산성</mark>에서 적군을 물리치다.
… 병인박해로 인해 프랑스 군대가 강화도를 공격하면서 병인양요가 발생하였다. 이에 양헌수가 이끄는 부대가 정족산성에서 프랑스 군대를 물리쳤다.

② <mark>이순신</mark>, <mark>명량</mark>에서 적의 함대를 대파하다.
… 임진왜란 때 이순신이 13척의 배로 울돌목의 좁은 수로를 활용하여 일본 수군 133척의 배에 맞서 싸워 대파하였다.

③ <mark>을지문덕</mark>, <mark>살수</mark>에서 적군을 크게 격파하다.
… 수 양제가 우중문의 30만 별동대를 고구려에 보내 평양성을 공격하자 을지문덕이 수군을 살수로 유인하여 크게 격파하였다.

✓ <mark>김윤후</mark>, <mark>처인성</mark>에서 부곡민과 함께 <mark>적장 살리타</mark>를 사살하다.
… 몽골의 2차 침입 당시 고려의 승장 김윤후는 처인부곡민과 승려로 구성된 군대를 이끌고 처인성에서 몽골군에 대항하였다. 그 결과, 적장 살리타를 사살하고 승리를 거두었다.

16 의창 정답 ①

빠른 정답 찾기
흑창 + 고려와 조선 초기의 대표적인 구휼 기관 + 창고에 비축해 둔 곡물 대여 ➡ 의창

자료 분석하기

의창은 고려와 조선 초기의 대표적인 구휼 기관으로, 창고에 곡물을 저장해 두었다가 흉년이나 재해 등의 비상시에 가난한 백성들에게 가을에 갚을 것을 전제로 대여해 주었다. 의창에서는 무상으로 곡물을 대여해 주거나 흉년이 든 해에는 사람들이 많이 다니는 교통의 중심지에 죽이나 밥 등의 음식물을 나누어 주는 진제장을 설치하였다.

선택지 분석하기

✓ 의창
… 고려 태조 때 실시한 흑창은 춘궁기(식량이 부족한 봄철)에 곡식을 빌려 주고 추수 후에 회수하던 제도이다. 성종 때는 쌀을 1만 석 보충하여 시행하면서 이를 의창이라고 하였다.

② 박문국
… 박문국은 개항 이후 개화 정책에 따라 설치된 인쇄 기관으로, 이곳에서 최초의 근대 신문인 한성순보를 발행하였다.

③ 제중원
… 개항 이후 미국인 선교사이자 조선 왕실의 의사였던 알렌의 건의로 최초의 서양식 병원인 광혜원이 설립되었으며, 설립 직후 제중원으로 이름이 바뀌었다.

④ 활인서
… 고려 시대에 빈민 구제를 위해 설치한 동서대비원을 계승하여 조선 시대에 도성 내 병든 빈민들의 치료와 사망자의 매장을 위해 활인서를 설치하였다. 동활인서와 서활인서를 합쳐 동서활인서라 불렀다.

17 고려 공민왕 정답 ③

빠른 정답 찾기
정동행성 이문소 폐지 + 고려의 내정 간섭 ➡ 고려 공민왕

자료 분석하기

고려 공민왕은 친원 세력을 몰아내는 반원 자주 정책을 추진하였다. 이에 원에서 고려에 대한 내정 간섭 기구로 이용하였던 정동행성 이문소를 폐지하였으며, 변발과 호복 등 몽골의 풍습을 금지하였다. 또한, 왕실 호칭과 관제를 원래대로 돌리는 등 원의 흔적을 지우기 위해 노력하였다.

선택지 분석하기

① <mark>12목</mark>을 설치하였다.
… 고려 성종은 최승로의 시무 28조를 받아들여 전국에 12목을 설치하고 지방 세력을 견제하기 위해 지방관을 파견하였다.

② <mark>해동통보</mark>를 발행하였다.
… 고려 숙종 때 상업이 활발해지면서 삼한통보, 해동통보, 해동중보 등의 동전과 활구라고 불리는 은병을 발행하였으나 널리 유통되지는 못하였다.

✅ 쌍성총관부를 공격하였다.
… 고려 고종 때 원이 고려의 철령 이북 땅을 편입하여 쌍성총관부를 설치하였다. 이후 공민왕 때 반원 자주 정책의 하나로 이곳을 공격하여 원에 빼앗긴 철령 이북 땅을 되찾았다.

④ 노비안검법을 실시하였다.
… 고려 광종은 노비안검법을 실시하여 억울하게 노비가 된 사람들을 해방하고 호족의 세력을 약화시키고자 하였다.

🌸 미니북 19쪽

18 지눌 정답 ②

빠른 정답 찾기: 고려의 승려 + 불교계의 타락상 비판 + 개혁 운동 전개 + 정혜쌍수 + 불일보조국사 ➡ 지눌

🔍 자료 분석하기

고려의 승려 지눌은 불교계의 타락상을 비판하고 혁신을 추구하였다. 이에 수선사를 조직하고, 승려의 기본인 독경(불경을 소리내어 읽는 것), 수행, 노동에 힘쓰자는 수선사 결사 운동을 전개하였으며, 이때 참선(선종)과 지혜(교종)를 함께 닦아야 한다는 정혜쌍수와 돈오점수를 주장하였다. 수선사 결사 운동은 개혁적인 승려들과 지방민의 호응을 받아 활발히 전개되었으며, 지눌은 사후 희종으로부터 '불일보조국사'라는 시호를 받았다.

🔍 선택지 분석하기

① 천태종을 창시하였다.
… 고려 승려 의천은 송에서 유학하고 돌아와 교종과 선종의 불교 통합 운동을 전개하였으며, 국청사를 중심으로 해동 천태종을 창시하였다.

✅ 수선사 결사를 제창하였다.
… 고려 승려 지눌은 불교의 타락을 비판하고 정혜쌍수와 돈오점수를 바탕으로 수선사 결사를 처음으로 주창하였다.

③ 스스로를 미륵불이라고 칭하였다.
… 신라의 왕족 출신으로 후고구려를 세운 궁예는 스스로를 미륵불이라고 칭하면서 절대적으로 권력을 휘둘렀다.

④ 인도 등에 다녀와 왕오천축국전을 지었다.
… 통일 신라 승려 혜초는 인도와 중앙아시아에 다녀와 그 내용을 담은 『왕오천축국전』을 지었다.

한발 더 다가가기

신라 · 고려의 주요 승려

신라	원효	• 불교의 사상적 이해 기준 확립: 『금강삼매경론』, 『대승기신론소』 • 종파 간 사상적 대립 극복 · 조화: 『십문화쟁론』 • 불교의 대중화: 나무아미타불, 「무애가」 • 정토종, 법성종 창시
	의상	• 화엄 사상 정립: 『화엄일승법계도』 • 관음 신앙: 현세의 고난 구제 • 부석사 건립, 불교 문화의 폭 확대
	혜초	인도, 중앙아시아 기행기 『왕오천축국전』 저술
고려	의천	• 교단 통합 운동: 해동 천태종 창시 • 교관겸수 · 내외겸전 주장: 이론 연마와 실천 강조
	지눌	• 수선사 결사 운동(송광사): 독경과 선 수행, 노동에 힘쓰자는 운동 • 돈오점수 · 정혜쌍수 제창: 참선(선종)과 지혜(교종)를 함께 수행
	요세	백련 결사 제창: 자신의 행동을 진정으로 참회하는 법화 신앙 강조
	혜심	유불 일치설 주장: 심성의 도야를 강조하여 장차 성리학 수용의 사상적 토대 마련

🌸 미니북 08, 23쪽

19 이성계 정답 ③

빠른 정답 찾기: 황산대첩비지 + 고려 말 + 아지발도가 이끈 왜구를 무찌름 + 위화도 회군으로 권력 장악 ➡ 이성계

🔍 자료 분석하기

고려 말 왜구가 자주 침입하자 조세 운반이 어려워졌고 내륙 지역까지 큰 피해를 입게 되었다. 이에 이성계는 황산에서 아지발도가 이끄는 왜구를 물리치며 신흥 무인 세력으로 성장하였다. 이 사건으로 백성의 신망을 얻은 이성계는 왕이 명령한 요동 정벌을 하지 않고, 의주 부근의 위화도에서 말을 돌려 개경으로 회군하여 권력을 장악하였다.

🔍 선택지 분석하기

① 권율
… 조선의 장군 권율은 임진왜란 때 행주산성에서 군대와 백성을 이끌어 왜군 3만여 명을 물리치며 큰 승리를 거두었다.

② 양규
… 거란이 강조의 정변을 구실로 고려에 2차 침입을 단행하자 고려의 장군 양규가 군대를 이끌고 흥화진 전투에서 거란의 보급로를 차단하였다.

✓ 이성계
⋯ 고려 말 신흥 무인 세력으로 성장한 이성계는 위화도 회군으로 권력을 장악하여 조선을 건국하였다.

④ 강감찬
⋯ 고려의 장군 강감찬은 거란의 3차 침입 때 소배압이 이끄는 10만 대군에 맞서 귀주에서 크게 승리하였다.

20 조선과 일본의 대외 관계 정답 ①

빠른 정답 찾기: 『해동제국기』 + 쇼군이 파견한 사절단 ➡ 일본

자료 분석하기
조선 세종 때 통신사로 일본에 다녀온 신숙주는 성종 때 일본의 정치, 외교, 사회, 풍속, 지리에 관한 내용을 기록한 『해동제국기』를 편찬하였다.

선택지 분석하기
✓ 삼포를 개항하였다.
⋯ 조선 세종 때 왜의 요구를 받아들여 남해안의 삼포(부산포, 제포, 염포)를 개항하였다.

② 별무반을 편성하였다.
⋯ 고려 숙종 때 여진이 고려의 국경을 자주 침입하자 윤관이 왕에게 건의하여 신기군, 신보군, 항마군으로 구성된 별무반을 편성하였다.

③ 4군 6진을 개척하였다.
⋯ 조선 세종 때 최윤덕이 여진족을 몰아낸 뒤 압록강 상류 지역에 4군을 설치하고, 김종서가 두만강 하류 지역에 6진을 설치하였다.

④ 장문휴를 보내 등주를 공격하였다.
⋯ 발해 무왕은 장문휴를 보내 당의 등주(산둥 반도)를 공격하도록 하였다.

21 조선 세종 정답 ①

빠른 정답 찾기: 훈민정음을 창제 + 유네스코 세계 기록 유산에 등재 ➡ 조선 세종

자료 분석하기
조선 세종은 말과 문자가 달라 일반 백성들이 자기의 뜻을 제대로 전달하지 못하는 상황을 안타까워하였다. 이에 집현전 학자들로 하여금 우리나라의 독창적인 문자인 훈민정음을 창제하게 하고 이를 반포하였다. 이후 『훈민정음(해례본)』을 만들어 훈민정음을 창제한 목적을 설명하고 훈민정음에 대한 해설과 예시를 붙였다. 『훈민정음(해례본)』은 새로 만든 문자의 창제 원리와 음가 및 제작 원리를 밝히는 독창적이고 과학적인 저작물인 점을 인정받아 1997년에 유네스코 세계 기록 유산에 등재되었다.

선택지 분석하기
✓ 칠정산을 편찬하였다.
⋯ 조선 세종 때 이순지와 김담은 중국의 수시력과 아라비아의 회회력을 참고하여 한양을 기준으로 한 역법서인 『칠정산』을 편찬하였다.

② 악학궤범을 완성하였다.
⋯ 조선 성종 때 성현 등이 왕명에 따라 의궤와 악보를 정리한 『악학궤범』을 완성하였다.

③ 혼일강리역대국도지도를 제작하였다.
⋯ 조선 태종 때 김사형, 이무, 이회 등이 우리나라 최초의 세계 지도이자 동양에서 현존하는 가장 오래된 지도인 혼일강리역대국도지도를 제작하였다.

④ 관촉사 석조 미륵보살 입상을 건립하였다.
⋯ 고려 광종 때 우리나라에서 제일 큰 석조 불상인 관촉사 석조 미륵보살 입상을 건립하였다.

한발 더 다가가기

세종의 분야별 업적

정치	의정부 서사제, 집현전 설치, 경연 활성화
군사	4군 6진 개척, 쓰시마 섬 토벌
과학	측우기, 자격루 등 농업 관련 기술 발달
문화	• 훈민정음 창제: 민족 문화의 기반 확립 • 편찬 사업: 『삼강행실도』, 『칠정산』, 『농사직설』, 『향약집성방』, 『의방유취』 등

22 서울 원각사지 십층 석탑 정답 ①

빠른 정답 찾기: 세조 + 대리석으로 축조 + 화려한 조각 ➡ 서울 원각사지 십층 석탑

자료 분석하기

서울 원각사지 십층 석탑은 조선 세조 때 왕실의 지원을 받아 축조된 대리석 탑으로, 현재 서울 탑골공원에 위치해 있다. 탑의 1층에는 용, 사자, 연꽃 장식, 2층에는 승려, 손오공, 저팔계 등 『서유기』의 장면, 3층에는 석가모니의 일생을 나타낸 것이 특징이다.

선택지 분석하기

✓ 서울 원각사지 십층 석탑
⋯ 서울 원각사지 십층 석탑은 고려의 개성 경천사지 십층 석탑을 본떠 만든 탑이며, 대리석으로 만들어졌다.

② 평창 월정사 팔각 구층 석탑
⋯ 평창 월정사 팔각 구층 석탑은 강원도 평창 오대산 월정사 안에 있는 고려 전기의 대표적인 석탑으로, 다각 다층 양식을 가지고 있다. 여덟 곳의 귀퉁이마다 풍경(처마 끝에 다는 작은 종)이 달려 있으며, 지붕돌 위의 머리장식이 완전한 형태로 남아 있다.

③ 경주 불국사 삼층 석탑
⋯ 경주 불국사 삼층 석탑은 경주 불국사 대웅전 앞에 있는 석탑으로, 통일 신라 경덕왕 때 세워진 것으로 추측된다. 석가탑으로도 불리며, 해체·수리 과정에서 현존하는 세계에서 가장 오래된 목판 인쇄물인 『무구정광대다라니경』이 발견되었다.

④ 익산 미륵사지 석탑
⋯ 익산 미륵사지 석탑은 백제 무왕 때 건립된 것으로 추정되며, 목탑의 형식으로 만들어진 석탑이다.

23 공기놀이 정답 ②

빠른 정답 찾기: 다섯 개 이상의 돌을 가지고 던져 손으로 잡으며 노는 놀이 ➡ 공기놀이

자료 분석하기

공기놀이는 '공기'라고 불리는 놀잇감을 손으로 잡으며 노는 민속놀이로, 놀잇감을 구하기 쉽고 놀이법도 간단하여 전국적인 놀이로 자리 잡았다. 공기놀이의 이름은 지방에 따라 여러 가지 이름으로 불렸는데, 경상북도에서는 짜개받기, 경상남도에서는 살구, 전라남도에서는 닷짝걸이라고 하였다.

선택지 분석하기

① 윷놀이
⋯ 윷놀이는 29개의 점으로 구성된 윷놀이 판에 네 개의 윷가락을 던져서 각각 네 개의 말을 이동시키고, 네 개의 말이 말판을 모두 빠져나왔을 때 승부가 나는 민속놀이이다.

✓ 공기놀이
⋯ 공기놀이는 5개 또는 그 이상의 공기를 가지고 놀며, 보통 다섯 번째 단계인 꺾기에서 손등 위에 몇 개의 공기를 받아 내느냐에 따라 점수가 정해지는 민속놀이이다.

③ 쥐불놀이
⋯ 쥐불놀이는 정월 대보름에 풍년을 기원하고 쥐를 쫓기 위해 하였던 민속놀이이다. 불 깡통을 만들어 그 안에 나무를 넣고 불을 지핀 후 깡통에 연결된 줄을 잡고 돌리며 즐기는 방식으로 놀았다.

④ 차전놀이
⋯ 차전놀이는 주로 경상북도 안동에서 행해지던 집단 민속놀이로, '동채'라는 기구를 만들어 사람들이 양편으로 갈라져 서로 밀어붙여 승부를 내는 경기이다.

24 임진왜란 정답 ③

빠른 정답 찾기: 김시민 + 진주성 전투 ➡ 임진왜란

자료 분석하기

조선 선조 때 일본이 조선을 침입하여 임진왜란이 발생하였다. 초기에는 왜군이 빠르게 북쪽으로 올라가 평양성까지 점령하였으나, 이순신이 이끄는 수군에 패배해 바닷길을 통해 전쟁 중 필요한 물자를 보급할 수 없게 되었다. 이에 왜군은 전라도의 곡창 지대(식량이 풍부하게 생산되는 지역)를 차지하여 보급 물자를 구하고자 3만여 명을 동원하여 전라도로 가는 길목인 진주를 공격하였다. 김시민은 밤에 왜군의 향수를 불러 일으키는 노래를 연주하게 하는 심리전을 사용하는 등의 계책으로 왜군을 물리쳤다(제1차 진주성 전투, 1592).

선택지 분석하기

① 김상용이 강화도에서 순절하였다.
⋯ 김상용은 병자호란이 일어나자 왕족을 모시고 강화도로 피란하였으나, 청에 의해 강화성이 함락되자 순절하였다(1637).

② 한성근이 문수산성에서 항전하였다.
⋯ 프랑스 군대가 강화도를 침략하면서 병인양요가 발생하였다. 당시 김포 문수산성에서 한성근이 프랑스에 맞서 항전하였으나 무기와 병력이 프랑스보다 뒤처져 후퇴하였다(1866).

✓ 곽재우가 의령에서 의병을 일으켰다.
⋯ 임진왜란이 발생하자 전국 각지에서 왜군을 막기 위해 농민들을 중심으로 의병이 일어났다. 곽재우는 경상도 의령의 정암진에서 수천여 명의 의병을 이끌고 항전하였다(1592).

④ 계백이 황산벌에서 결사대를 이끌었다.
→ 백제 의자왕은 계백에게 5천 명의 결사대를 주어 김유신이 이끄는 신라군을 막도록 하였다. 이에 계백은 황산벌에서 신라군에 맞서 싸워 4번 모두 승리하였다. 그러나 신라 화랑들의 치열한 저항을 본 신라군은 사기가 크게 올라 백제에 총공격을 가하였다. 결국 황산벌 전투에서 백제군이 크게 패하고 계백은 전사하였다(660).

25 의녀 정답 ①

빠른 정답 찾기 조선 시대 + 여자 의원 ➡ 의녀

자료 분석하기
조선은 성리학의 영향으로 남자와 여자의 구별이 엄격하였다. 이에 부인들이 남자 의원에게 진료받기를 꺼려 하여 치료를 받지 못하고 죽는 경우가 생겼다. 이러한 상황을 안타깝게 여긴 제생원 지사 허도의 건의로 태종 때 의녀 제도를 실시하였고, 관노비 중에서 의녀를 뽑아 제생원에서 의술을 교육하였다. 장금과 장덕은 『조선왕조실록』에 기록될 정도로 뛰어난 의녀였다.

선택지 분석하기
✓ 의녀
→ 의녀는 조선 시대에 부인들의 질병을 구호·진료하기 위하여 두었던 여자 의원이다.
② 무당
→ 무당은 신을 섬기고 굿을 전문적으로 하는 종교인으로, 인간의 소망을 신에게 말하고, 신의 뜻을 인간에게 알려 주는 중간자로서의 역할을 한다.
③ 백정
→ 백정은 조선 시대에 가축을 도살하고 고기를 판매하는 업무를 하던 천민층이다.
④ 광대
→ 광대는 우리나라의 민속예능을 담당했던 집단으로, 주로 판소리에서 창(노래)을 부르는 직업적인 예능인이다.

26 김홍도의 「서당」 미니북 49쪽 정답 ①

빠른 정답 찾기 단원 + 조선 ➡ 김홍도

자료 분석하기
조선 후기에는 서민들의 일상생활 모습을 생동감 있게 표현한 풍속화가 유행하였다. 대표적 풍속화가인 김홍도는 도화서 화원 출신으로, 「논갈이」, 「대장간」 등의 작품을 남겼다. 「논갈이」는 쟁기를 끌고 있는 소와 쇠스랑으로 흙을 고르는 농부의 모습을 통해 힘든 농사일을 표현하였다. 「대장간」은 대장간에서 일하는 사람들의 땀방울을 표현하여 그들의 활기찬 생활상이 느껴질 수 있도록 하였다.

선택지 분석하기
✓ 서당
→ 김홍도 – 조선 후기
② 고사관수도
→ 강희안 – 조선 전기
③ 세한도
→ 김정희 – 조선 후기
④ 인왕제색도
→ 정선 – 조선 후기

27 조선 정조 미니북 10, 28쪽 정답 ①

빠른 정답 찾기 금난전권 폐지 + 장용영 설치 ➡ 조선 정조

자료 분석하기
우리나라에서 네 번째로 만든 이지스 구축함은 그 이름을 조선의 부국강병에 힘썼던 정조의 묘호에서 따와 '정조대왕함'으로 정하였다. 조선 후기 정조는 경제 개혁을 통해 상업 활동을 자유롭게 하고자 육의전을 제외한 시전 상인들의 금난전권을 폐지하는 신해통공을 실시하였다(1791). 또한, 왕권을 뒷받침하는 강력한 군사력을 갖추기 위해 국왕 호위 부대인 장용영을 설치하였다(1793).

선택지 분석하기
✓ 수원 화성을 축조하는 백성
→ 수원 화성은 조선 정조가 아버지 사도 세자의 묘를 수원으로 옮기고, 왕권을 강화하기 위해 건설한 신도시이다(1796). 정조는

화성 축조에 백성을 강제로 동원하는 것이 아닌 임금을 지급하여 백성의 생활에 도움이 되도록 하였다.

② 만적과 봉기를 모의하는 노비
⋯ 고려 최씨 무신 정권 시기에 최충헌의 사노비인 만적은 노비들과 함께 신분 차별에 반발하는 봉기를 모의하였으나 사전에 발각되어 실패하였다(1198).

③ 원산 총파업에 참여하는 노동자
⋯ 원산 총파업은 일제 강점기에 영국인이 경영하는 회사에서 일본인 감독이 조선인 노동자를 구타한 사건에서 시작되었다. 노동자들은 파업 후 요구를 받아주겠다던 회사가 약속을 지키지 않자 원산 노동자 연합회를 중심으로 총파업에 들어갔다(1929).

④ 외규장각 도서를 약탈하는 프랑스군
⋯ 병인박해를 구실로 로즈 제독이 이끄는 프랑스군이 양화진을 공격하며 병인양요가 발생하였다. 이때 프랑스군이 외규장각 도서인 의궤를 약탈하였다(1866).

28 영선사 정답 ③

빠른 정답 찾기: 청 + 톈진 기기국 + 근대식 무기 제조 공장인 기기창 ➡ 영선사

자료 분석하기

강화도 조약 이후 고종은 개화 정책을 시행하여 무기를 근대화하고 근대식 군사 훈련을 제공하고자 힘썼다. 이에 청에 영선사를 보내 톈진 기기국에서 서양식 근대 무기 제조 기술과 군사 훈련법을 배워오도록 하였고, 영선사가 조선으로 돌아온 후 근대식 무기 제조 공장인 기기창을 설립하였다.

선택지 분석하기

① 보빙사
⋯ 보빙사는 서양 국가에 파견된 최초의 사절단으로, 미국에 머무르며 행정 기관, 육군 사관 학교, 군사시설, 산업시설 등을 방문하여 다양한 근대 시설과 제도를 보고 배우도록 하였다.

② 수신사
⋯ 조선은 일본과의 강화도 조약 체결 이후 문호를 개방하여 개화 정책을 추진하였다. 이에 고종은 두 차례에 걸쳐 일본에 수신사를 파견하여 신식 기관과 각종 근대 시설을 살펴 배우도록 하였다.

영선사
⋯ 김윤식을 중심으로 유학생과 함께 청에 파견된 영선사는 근대식 무기 제조 및 사용법 등을 배웠으나, 국내에 임오군란이 일어나면서 돌아오게 되었다.

④ 조사 시찰단
⋯ 고종은 개화 반대 여론을 의식하여 암행어사 형태로 비밀리에 조사 시찰단을 일본에 파견하였다. 이때 파견된 박정양 등은 일본의 근대 문물을 시찰하고 돌아왔다.

한발 더 다가가기

조선 근대 사절단

구분	내용
수신사 (일본)	• 강화도 조약 체결 후 근대 문물 시찰 • 2차 수신사 때 김홍집이 『조선책략』 유입
조사 시찰단 (일본)	• 국내 위정척사파의 반대로 암행어사로 위장해 일본에 파견 • 근대 시설 시찰
영선사 (청)	• 김윤식을 중심으로 청 톈진 일대에서 무기 공장 시찰 및 견습 • 임오군란과 풍토병으로 1년 만에 조기 귀국 • 근대식 무기 제조 공장 기기창 설립
보빙사 (미국)	• 조미 수호 통상 조약 체결의 결과 • 미국 공사 파견에 답하여 민영익, 서광범, 홍영식 등 파견

29 신미양요 정답 ④

빠른 정답 찾기: 어재연 + 적들과 싸우다 전사 ➡ 신미양요

자료 분석하기

미국이 제너럴 셔먼호 사건을 핑계로 강화도에 침입하여 신미양요가 발생하였다. 이때 어재연 장군이 이끄는 조선 군대가 초지진과 광성보를 점령한 미국군에 맞서 싸웠으나 수많은 사상자를 내며 패배하였다(1871).

선택지 분석하기

① 병인박해가 일어났다.
⋯ 흥선 대원군은 국내의 프랑스인 천주교도를 통해 프랑스와 조약을 체결하여 러시아를 견제하고자 하였다. 그러나 유생들이 천주교에 대해 반발하자 프랑스 선교사들을 처형하면서 병인박해가 일어났다(1866).

② 집현전이 설치되었다.
⋯ 조선 세종은 유교 정치를 활성화하고자 학문 연구 및 왕실 연구 기관으로 집현전을 설치하였다(1420). 집현전 학사였던 신숙주, 성삼문, 박팽년 등은 세종을 도와 훈민정음 창제에 큰 공을 세웠다(1443).

③ 천리장성이 축조되었다.
…› 고구려 영류왕 때 연개소문이 당의 공격에 대비하여 동북의 부여성에서 발해만의 비사성까지 천리장성을 축조하였다(647).

✓ 전국 각지에 척화비가 세워졌다.
…› 조선이 병인양요와 신미양요 등의 서양의 침략을 겪은 이후 서양과의 통상 수교 거부 의지를 알리기 위해 전국 각지에 척화비를 세웠다(1871).

※ 미니북 50쪽

30 지역사 – 충주 정답 ④

빠른 정답 찾기: 조동리 유적 + 덕흥창 + 남한 지역에서 유일에게 고구려비 발견 + 신립 + 탄금대 + 왜군에 맞서 싸움 ➡ 충주

자료 분석하기

- **조동리 유적**: 충주 동량면 조동리에 있는 선사 시대 유적지로, 빗살무늬 토기와 돌도끼, 그물추, 볍씨 등의 신석기 시대 유물과 직사각형의 집터, 민무늬 토기 등의 청동기 시대 유물이 출토되었다.
- **충주 고구려비**: 남한 지역에 유일하게 남아 있는 고구려비로, 고구려 장수왕이 남진 정책하에 한강 유역에 진출한 것을 기념하기 위해 세웠다.
- **덕흥창**: 고려 시대에 충주에 설치되었던 조창(세금으로 거둔 곡식을 수납·보관·운송하던 기관)으로, 충청도 충주 지방과 경상도 북부 지역의 세곡을 수도 개경으로 보내는 역할을 하였다.
- **충주 탄금대**: 가야의 우륵이 가야금을 연주하던 곳이라 하여 탄금대라는 명칭이 지어진 곳이다. 조선 시대에 발생한 임진왜란 때 신립이 탄금대에서 배수의 진을 치고 왜군에 맞서 싸웠으나 패배하자 투신하였다.

※ 미니북 30, 31쪽

31 박규수 정답 ④

빠른 정답 찾기: 박지원의 손자 + 연행사 + 평안 감사 + 제너럴 셔먼호 ➡ 박규수

자료 분석하기

흥선 대원군 때 미국의 상선 제너럴 셔먼호가 평양의 대동강까지 들어와 조선에 교역을 요구하였다. 조선이 요구를 거절하였으나 미국은 조선 백성들의 배를 약탈하고 총을 쏘며 물러나지 않았다. 이에 당시 평안 감사였던 박규수는 공격 명령을 내리고 백성들과 함께 제너럴 셔먼호를 불태웠다. 이후 박규수는 연행사로 두 번에 걸쳐 청에 파견되어 흥선 대원군에게 문호 개방을 건의하기도 하였으나 받아들여지지 않았다.

선택지 분석하기

① 추사체를 창안하였다.
…› 조선 후기 김정희는 금석에 새겨진 다양한 문자를 탁본 등의 방법으로 해독하는 금석학을 연구하였다. 이에 북한산비를 탁본하여 신라 진흥왕 순수비임을 밝혀냈으며, 자신만의 독창적인 서체인 추사체를 창안하였다.

② 서전서숙을 설립하였다.
…› 을사늑약이 체결되자 신민회원인 이상설 등이 북간도 용정촌에 서전서숙을 설립하여 민족 교육을 실시하였다.

③ 대동여지도를 제작하였다.
…› 김정호는 조선 후기에 10리마다 눈금을 표시하여 거리를 알 수 있게 한 지도인 『대동여지도』를 제작하였다.

✓ 삼정이정청 설치를 건의하였다.
…› 조선 철종 때 임술 농민 봉기가 일어나자 안핵사로 파견된 박규수는 봉기의 원인이 삼정(세금인 전정·군정·환곡)에 있다고 보고 삼정이정청을 설치하여 삼정의 폐단을 해결하고자 노력하였다.

※ 미니북 11, 33쪽

32 동학 농민 운동 정답 ③

빠른 정답 찾기: 황룡촌 전투 ➡ 전주 화약 체결 ➡ 우금치 전투

자료 분석하기

- **황룡촌 전투**(1894.4.): 동학 농민군은 황토현·황룡촌 전투에서 승리하여 전주성을 점령하고 전라도 일대를 장악하였다. 정부는 농민군을 진압하기 위해 청에 군대를 요청하였고, 톈진 조약으로 인해 일본도 군대를 파견하였다(1894.5.).
- **우금치 전투**(1894.11.): 전주 화약 체결로 사건이 마무리되었음에도 일본군은 조선에 계속 머물렀다. 이후 일본군이 경복궁까지 점령하면서 조선의 내정에 간섭하자, 동학 농민군은 외세를 몰아내기 위해 남접과 북접이 연합하여 2차 봉기를 일으켰다(1894.9.). 이후 우금치 전투에서 동학 농민군이 관군과 일본군에게 패배하고, 전봉준이 한양으로 끌려가면서 농민군이 해산되었다.

선택지 분석하기

① 최제우가 처형되었다.
…› 조선 철종 때 최제우가 유교·불교·선종을 바탕으로 민간 신앙까지 포함한 동학을 창시하였으나, 세상을 어지럽히고 백성을 속인다는 혹세무민의 죄로 처형되었다(1864).

② 홍경래의 난이 일어났다.
…→ 조선 순조 때 세도 정치와 삼정의 문란으로 인해 농민들이 어려움을 겪었다. 또한, 서북 지역을 차별 대우하자 이에 불만을 품은 평안도 지역 사람들이 몰락 양반 홍경래를 중심으로 봉기를 일으켰다(1811).

 전주 화약이 체결되었다.
…→ 정부가 외세를 개입시키며 동학 농민 운동을 진압하자, 이를 원치 않았던 동학 농민군은 전주 화약을 체결하고 해산하였다(1894.5.).

④ 농민들이 고부 관아를 습격하였다.
…→ 전라도 고부 군수 조병갑이 백성의 세금을 강제로 거두어 가는 등의 횡포를 부리자 이에 견디다 못한 농민들이 전봉준을 중심으로 고부에서 봉기를 일으켜 고부 관아를 습격하였다(1894.1.).

✱ 미니북 35쪽

33 독립 협회 정답 ④

빠른정답찾기 중추원 관제 + 박정양 + 독립관 ➡ 독립 협회

🔍 자료 분석하기

독립 협회는 중추원 관제 개편을 통한 의회 설립 운동을 전개하였다. 이에 박정양 내각을 비롯한 정부 관료들이 참여한 관민 공동회에서 고종에게 헌의 6조(나라의 독립을 지키기 위한 개혁 원칙 6개)를 건의하였다. 고종이 헌의 6조를 채택하여 국왕 자문 기구인 중추원이 입법권, 정부 정책에 대한 심사권과 건의권을 가진 의회와 같은 기능을 갖게 되었다. 다만, 국민이 직접 중추원의 의관을 뽑는 제도는 마련하지 못하였고 정부와 독립협회 회원 중에서 의관을 선출하기로 하였다.

🔍 선택지 분석하기

① 잡지 개벽을 창간하였다.
…→ 동학은 제3대 교주였던 손병희를 중심으로 교명을 천도교로 바꾸어 교단을 새롭게 정비하였다. 천도교는 『개벽』, 『신여성』 등의 잡지를 창간하여 민족의식을 강조하였다.

② 형평 운동을 전개하였다.
…→ 일제 강점기에 백정들은 사회적 차별을 없애기 위해 조선 형평사를 결성하고 형평 운동을 전개하였다.

③ 대성 학교를 설립하였다.
…→ 안창호는 애국 계몽 운동 중 하나로 평양에 대성 학교를 세워 민족 교육을 전개하였다.

✓ 만민 공동회를 개최하였다.
…→ 독립 협회는 만민 공동회를 개최하여 민중에게 근대적 지식과 국권·민권 사상을 강조하였다.

한발 더 다가가기

독립 협회의 활동

자주 국권 운동	• 독립문 건립, 독립신문 발간 • 고종의 환궁, 칭제 건원 요구 • 러시아의 절영도 조차 요구 저지 • 러시아의 군사 교련단과 재정 고문단 철수 요구 • 한러 은행 폐쇄 요구
자유 민권 운동	• 신체·재산권 보호 운동 • 언론·집회의 자유권 쟁취 운동 전개
자강 개혁 운동	• 헌의 6조 건의(관민 공동회, 국권 수호, 민권 보장, 국정 개혁) • 박정양 진보 내각 설립(의회 설립 운동) → 중추원 관제(관선 25명, 민선 25명) 반포

✱ 미니북 11, 37쪽

34 러일 전쟁 시기의 근대 문물 정답 ①

빠른정답찾기 황성신문 + 러시아와 일본 사이에 벌어진 전쟁 + 제물포 앞바다 해전 ➡ 근대 문물

🔍 자료 분석하기

러시아는 만주 지역을 점령하기 위해 한국으로 세력을 넓히고자 하였다. 일본 또한 한국에 대한 지배를 확대하고 만주 지역으로 진출하려고 하자 러시아와 일본 사이에 이해 관계가 충돌하면서 러일 전쟁이 발생하였다(1904~1905). 러일 전쟁은 제물포(인천) 앞바다에서 일본이 선전 포고 없이 러시아 함대를 공격하면서 시작되었다.

🔍 선택지 분석하기

 경부선 기차를 이용하는 승객
…→ 일본은 러일 전쟁에서 필요한 군수 물자를 보급하기 위해 서울과 부산을 잇는 경부선 철도를 개통하였다(1905).

② 조총으로 무장한 훈련도감 군인
…→ 조선은 임진왜란을 거치며 새로운 군사 조직과 조총 개발의 필요성을 느꼈다. 이에 유성룡의 건의에 따라 포수, 사수, 살수의 삼수병으로 구성된 훈련도감을 설치하였으며(1593), 화기도감을 설치해 조총을 제작하였다(1614). 이때 왜군이 들여온 조총에 맞서기 위해 포수인 조총병을 양성하였다.

③ 우정총국 개국 축하연에 참석하는 관리
…→ 김옥균, 박영효를 중심으로 한 급진 개화파는 우정총국 개국 축하연 자리에서 갑신정변을 일으켰으나 청군의 개입으로 3일 만에 실패하였다(1884).

④ 치안 유지법 위반으로 연행되는 독립운동가
⋯ 1920년대 중반 사회주의가 확산되자 일제는 치안 유지법을 시행하여 식민지 지배에 저항하는 민족 해방 운동과 사회주의 독립운동을 탄압하였다(1925).

✿ 미니북 11쪽

35 을사늑약 정답 ②

빠른 정답 찾기: 대한 제국 황제 + 일본의 압력에 의해 부당하게 조약이 체결 + 외교권 박탈 ➡ 을사늑약

자료 분석하기
일본은 고종의 거부에도 강제로 을사늑약을 체결하여 대한 제국의 외교권을 박탈하였다. 고종은 을사늑약의 부당함을 국제 사회에 알리고자 자신의 친서를 영국, 독일, 프랑스 등의 서구 열강에게 보냈다.

선택지 분석하기
① 최혜국 대우 조항이 들어있다.
⋯ 조미 수호 통상 조약은 최혜국 대우를 처음으로 규정하고 치외법권, 국가 간의 분쟁을 제3국이 해결하는 거중 조정 조항 등이 포함된 불평등 조약이었다.

 통감부가 설치되는 결과를 가져왔다.
⋯ 을사늑약이 체결되면서 일제가 한국의 정치·행정 전반을 관리하는 통감부를 설치하였고, 이토 히로부미가 초대 통감으로 부임하였다.

③ 청일 전쟁이 발발하는 원인이 되었다.
⋯ 동학 농민 운동으로 농민군이 전라도 일대를 장악하자 조정에서는 이들을 진압하기 위해 청에 원군을 요청하였고, 톈진 조약에 의해 일본도 군대를 파견하였다. 동학 농민 운동이 진압된 후에도 일본군은 철수하지 않다가 풍도 앞바다에 있는 청군을 기습 공격하면서 청일 전쟁을 일으켰다.

④ 대한국 국제가 반포되는 배경이 되었다.
⋯ 대한 제국을 선포한 고종은 대한국 국제를 반포하여 대한 제국 황제가 군대 통수권, 입법권, 행정권 등의 권한을 장악한 전제 군주임을 선포하였다.

✿ 미니북 11, 35쪽

36 백동화 정답 ②

빠른 정답 찾기: 전환국 + 동전 + 화폐 정리 사업으로 발행 중단 ➡ 백동화

자료 분석하기
제1차 한일 협약을 통해 재정 고문으로 임명된 메가타는 대한 제국의 경제권을 장악하기 위해 탁지부를 중심으로 화폐 정리 사업을 시작하여 백동화를 갑·을·병종으로 구분하고 제일 은행권으로 교환하였다. 이에 조선 내에서 백동화 사용이 금지되고 일본 화폐가 자유롭게 유통되면서 일본이 대한 제국의 경제를 침탈하였다.

선택지 분석하기
① 당백전
⋯ 당백전은 흥선 대원군이 경복궁 중건을 위해 원납전을 거두었음에도 재정난에 시달리자 정부에서 발행한 화폐이다. 상평통보의 100배의 가치가 있는 것으로 유통되었지만, 사실상 5~6배의 가치밖에 지니지 않아 조선의 재정에 더 혼란을 주었다.

 백동화
⋯ 백동화는 조선 말 개항 이후에 재정 위기를 해결하기 위해 설치한 전환국에서 주조한 화폐이다.

③ 건원중보
⋯ 건원중보는 우리나라 최초의 화폐로, 고려 성종 때 발행되었다. 뒷면에 우리나라를 나타내는 '동국(東國)'이라는 글자를 새겨 넣은 것이 특징이다.

④ 삼한통보
⋯ 삼한통보는 고려 숙종 때 승려 의천의 건의로 설치된 주전도감에서 주조된 동전이다.

✿ 미니북 36쪽

37 정미의병 정답 ①

빠른 정답 찾기: 민긍호 + 군대 해산 조칙에 반발 + 의병 ➡ 정미의병

자료 분석하기
민긍호는 원주진위대 특무정교로, 한일 신협약(정미 7조약)의 체결로 대한 제국의 군대가 강제 해산되자 원주진위대 장교와 병사들을 중심으로 의병부대(정미의병)를 결성하였다. 이후 그는 의병부대를 이끌며 원주를 비롯한 여러 지역에서 일본군을 격퇴시켰다. 민긍호의 의병부대는 전국에서 가장 규모가 크고 전투력이 강하여 일본군에게 큰 타격을 주었다.

선택지 분석하기
✓ 서울 진공 작전을 전개하였다.
⋯ 헤이그 특사 파견을 이유로 고종이 강제 퇴위되고 한일 신협약 체결 이후 군대가 강제 해산되었다. 이에 유생과 해산 군인들이 정미의병을 일으켜 서울 진공 작전을 추진하였으나 실패하였다.

② 조선 혁명 선언을 활동 지침으로 삼았다.
… 김원봉을 중심으로 만주에서 결성된 의열단은 신채호가 작성한 조선 혁명 선언을 활동 지침으로 삼았다. 이에 직접적인 투쟁 방법인 암살, 파괴, 테러 등을 통해 독립운동을 전개하였다.

③ 독립 공채를 발행하여 자금을 마련하였다.
… 상하이에서 수립된 대한민국 임시 정부는 국외 거주 동포들에게 독립 공채를 발행하여 독립 자금을 마련하였다.

④ 고종의 해산 권고 조칙에 따라 해산하였다.
… 고종 때 을미사변이 일어나고 단발령이 시행되자 유인석, 이소응 등의 유생이 이에 반발하며 전국적으로 을미의병을 일으켰다. 아관 파천 이후 단발령이 철회되고 고종이 해산 권고 조칙을 내리자 을미의병은 자진 해산하였다.

④ 경성 제국 대학이 설립되었다.
… 1920년대에 이상재를 중심으로 한국인을 위한 고등 교육 기관을 설립하자는 민립 대학 설립 운동이 전개되었다. 그러나 일제는 이를 방해하기 위해 경성 제국 대학을 설립하였다(1924).

 미니북 12, 39쪽

39 3·1 운동 정답 ④

빠른 정답 찾기 경성 파고다 공원(탑골 공원) + 독립선언서 낭독 + 만세 시위 + 제암리 사건 ➡ 3·1 운동

🔍 자료 분석하기

3·1 운동은 고종의 인산일을 계기로 일어난 일제 강점기 최대 규모의 민족 운동으로, 학생과 시민 등 각계각층의 사람들이 일제의 무단 통치에 저항하여 일으킨 만세 운동이다. 민족 대표 33인이 독립 선언서를 발표하고 탑골 공원에서 학생과 시민들이 독립 선언식을 실시하면서 경성을 비롯한 도시뿐만 아니라 농촌으로도 3·1 운동이 확산되었다. 화성 일대에서도 산봉우리에 봉화를 올리고 만세를 부르는 등 3·1 운동이 전개되어 그곳에 사는 일본인이 피신하는 사태가 일어났다. 이에 일본 군경은 화성 제암리 교회당에 기독교 및 천도교 신자를 모이게 한 뒤 학살하고, 증거를 지우기 위해 불을 질렀다.

🔍 선택지 분석하기

① 독립 의군부가 조직되었다.
… 임병찬이 고종의 밀지를 받아 독립 의군부를 조직하였으며, 복벽주의(전제 군주제 복구, 고종 복위)를 내세우며 조선 총독부에 국권 반환 요구서 발송을 계획하였다.

② 국채 보상 운동이 전개되었다.
… 국채 보상 운동은 일본에서 도입한 차관 1,300만 원을 갚아 경제 주권을 회복하고자 김광제, 서상돈 등의 주도로 시작되었다.

③ 교육 입국 조서가 반포되었다.
… 고종은 제2차 갑오개혁 때 교육 입국 조서를 반포하여 교육의 중요성을 강조하면서 소학교, 중학교, 한성 사범 학교 등을 세웠다.

✔ 대한민국 임시 정부가 수립되었다.
… 3·1 운동을 통해 민족의 주체성을 확인한 국내·외 독립운동가들은 중국 상하이에서 대한민국 임시 정부를 수립하였다.

 미니북 12쪽

38 1910년대 무단 통치 정답 ③

빠른 정답 찾기 회사령 실시 + 조선 태형령 + 관리와 교원에게 제복을 입고 칼을 차게 함 ➡ 1910년대 무단 통치

🔍 자료 분석하기

일제는 무단 통치기인 1910년대에 민족 기업과 민족 자본의 성장을 억제하기 위해 회사 설립 시 총독의 허가를 받도록 하는 회사령을 공포하였다(1910). 이에 더하여 조선 태형령을 실시하여 헌병 경찰들을 곳곳에 배치하고 조선인들에게 태형을 통한 형벌을 가하도록 하였다(1912). 또한, 총독부 소속의 관리들뿐만 아니라 학교의 교사들에게 제복을 입고 칼을 차도록 하는 등 강압적인 통치를 하였다.

🔍 선택지 분석하기

① 홍범 14조가 반포되었다.
… 고종은 제2차 갑오개혁 때 홍범 14조를 반포하여 개혁의 기본 강령을 제시하였다(1895).

② 군국기무처가 설치되었다.
… 일본의 강요로 군국기무처가 설치되었으며, 군국기무처 주도로 제1차 갑오개혁이 시행되었다(1894~1895).

✔ 토지 조사 사업이 실시되었다.
… 1910년대 무단 통치기에 조선 총독부는 식민 지배를 위해 안정적으로 조세를 확보하고자 토지 조사 사업을 실시하였다. 이에 일제는 일정 기간 내에 토지를 신고하도록 하였으며, 신고되지 않은 토지는 총독부에서 몰수하여 일본인에게 헐값으로 팔아버렸다(1910~1918).

40 신간회 | 정답 ④

🌸 미니북 41쪽

빠른 정답 찾기
일제 + 근우회 + 이상재를 회장으로 창립 ➡ 신간회

🔍 자료 분석하기

사회주의 세력과 민족주의 세력이 함께 6·10 만세 운동을 준비하는 과정에서 민족 유일당을 결성할 수 있다는 공감대가 만들어졌고, 이를 계기로 좌우 합작 조직인 신간회가 창립되었다. 이후 신간회는 전국에 100개 이상의 지회를 두는 등 일제 강점기 최대 규모의 사회단체로 성장하면서 전국 순회 강연과 농민 운동 지원 등의 활동을 하였다. 근우회는 신간회의 자매단체로, 여성 계몽 활동과 여성 지위 향상 운동을 전개하며 여성의 권익을 옹호하였다.

🔍 선택지 분석하기

① 고종 강제 퇴위 반대 운동을 전개하였다.
… 대한 자강회는 교육과 산업 활동을 바탕으로 한 국권 회복을 목표로 하면서 고종 강제 퇴위 반대 운동을 펼쳤으나, 일제의 탄압으로 해산되었다.

② 신흥 강습소를 세워 독립군을 양성하였다.
… 신민회는 항일 무장 투쟁의 필요성을 느껴 서간도 삼원보 지역에 독립군 양성 학교인 신흥 강습소(훗날 신흥 무관 학교)를 세웠다.

③ 일제의 황무지 개간권 요구를 철회시켰다.
… 보안회는 일제의 황무지 개간권 요구에 대한 반대 운동을 벌여 이를 철회시켰다.

✔ 광주 학생 항일 운동에 진상 조사단을 파견하였다.
… 한국인 학생과 일본인 학생 간의 충돌 사건이 계기가 되어 한국인 학생에 대한 차별과 식민지 교육에 대한 저항으로 광주 학생 항일 운동이 발생하였다. 이에 신간회는 진상 조사단을 파견하고 서울에서 대규모 민중 대회를 추진하였다.

41 물산 장려 운동 | 정답 ④

🌸 미니북 12, 41쪽

빠른 정답 찾기
1920년대 + 조선 사람 조선 것! + 내 살림 내 것으로! + 조만식의 주도로 평양에서 시작 ➡ 물산 장려 운동

🔍 자료 분석하기

1920년대 일제의 경제 침탈이 강화되면서 조선의 경제권에 대한 일본의 지배가 더욱 심해졌다. 이에 조만식은 민족 기업을 통해 경제 자립을 이루고자 평양에서 조선 물산 장려회를 창립하였다. 자급자족, 국산품 애용, 소비 절약 등을 강조하면서 물산 장려 운동을 전개하였으며, 서울에서 조선 물산 장려회가 조직되면서 전국적으로 확산되었다.

🔍 선택지 분석하기

① 새마을 운동
… 1970년대 박정희 정부 당시 공업화로 인해 상대적으로 낙후된 농어촌 근대화를 목표로 새마을 운동을 추진하였다.

② 브나로드 운동
… 1920~1930년대 언론사를 중심으로 농촌 계몽 운동이 전개되었다. 동아일보는 문맹 퇴치 운동의 일환으로 브나로드 운동을 전개하여 학생들을 대상으로 한글을 가르치고 교재를 나누어 주었다.

③ 문자 보급 운동
… 조선일보는 농촌 계몽 운동의 일환으로 문자 보급 운동을 전개하여 한글 교재를 보급하고, 순회강연을 진행하였다.

✔ 물산 장려 운동
… 민족 기업을 육성하여 경제적 자립을 이루자는 물산 장려 운동은 '조선 사람 조선 것', '내 살림 내 것으로'라는 구호를 내걸고 평양에서 시작하여 전국으로 확산되었다.

42 1930년대 이후 민족 말살 통치 | 정답 ②

🌸 미니북 12쪽

빠른 정답 찾기
일제 강점기 + 황국 신민 서사 + 일본식 이름 + 국민학교 + 국가 총동원법 ➡ 1930년대 이후 민족 말살 통치

🔍 자료 분석하기

일제는 1930년대 이후 대륙 침략을 위해 국가 총동원법을 시행하여 한반도의 자원을 수탈하였고(1938), 조선인의 민족 정체성을 말살시키고자 하였다. 또한, 일왕에 대한 충성심을 세뇌시키고자 황국 신민 서사를 만들어 학교나 직장뿐만 아니라 일반인의 모임에서도 이를 암송하도록 하였다(1937). 뿐만 아니라 창씨개명을 시행하여 조선인의 성과 이름을 일본식으로 바꾸도록 강요하였고(1939), 지금의 초등학교인 소학교에 '황국 신민의 학교'라는 의미가 담긴 국민학교의 명칭을 쓰도록 하였다(1941).

선택지 분석하기

① 한성순보를 발행하는 관리
→ 개항 이후 개화 정책의 일환으로 박문국을 설치하고 최초의 근대 신문인 한성순보를 발행하였다(1883).

✅ 공출을 독려하는 애국반 반장
→ 일제는 1930년대 이후 전쟁 물자가 부족해지자 조선인을 감시·통제하기 위해 애국반을 만들었다. 애국반은 공출을 독려하여 민가에서 사용하던 놋그릇과 금속제 물건들을 가져갔다.

③ 조선책략 유포에 반발하는 유생
→ 제2차 수신사로 일본에 파견된 김홍집은 청의 외교관 황준헌이 저술한 『조선책략』을 들여와 미국과 외교를 맺어야 한다고 주장하였다. 이에 이만손을 중심으로 한 영남 유생들이 『조선책략』 유포에 반발하는 만인소를 올리고 김홍집의 처벌을 요구하였다 (1881).

④ 육영 공원에서 영어를 배우는 학생
→ 육영 공원은 우리나라 최초의 근대식 공립 학교로 헐버트, 길모어 등 외국인 교사를 초빙하여 양반 자제들에게 영어 교육과 근대 교육을 실시하였다(1886).

43 홍범도   정답 ④

빠른 정답 찾기: 카자흐스탄으로 강제 이주 + 대한 독립군 총사령관 + 봉오동 전투를 승리로 이끔 ➡ 홍범도

자료 분석하기

홍범도 장군은 대한 독립군의 총사령관으로, 봉오동 전투에서 일본에 맞서 독립군 최초의 승리를 이끌었다. 이후 그는 연해주에서 독립운동을 하던 중 소련의 스탈린이 국가의 안전 보장을 위해 한인 강제이주정책을 펼치면서 카자흐스탄으로 강제 이주되었다. 조국의 해방을 2년 앞두고 1943년에 사망하면서 카자흐스탄 땅에 묻히게 되었다. 이후 78년 만에 고국 땅으로 돌아와 대전 현충원에 안장되었다.

선택지 분석하기

① 나석주
→ 나석주는 의열단원으로 활동하면서 조선 식산 은행과 동양 척식 주식회사에 폭탄을 투척하였다.

② 안중근
→ 안중근은 을사늑약 체결의 원흉이자 초대 통감을 지낸 이토 히로부미를 만주 하얼빈에서 사살하고, 뤼순 감옥에서 순국하였다.

③ 지청천
→ 지청천은 북만주에서 한국 독립군을 결성하여 총사령관으로 활동하였다. 한국 독립군은 중국 호로군과 연합하여 쌍성보 전투, 사도하자 전투, 대전자령 전투에서 일본군에 승리하였다.

✅ 홍범도
→ 홍범도는 대한 독립군을 지휘하여 봉오동 전투에서 일본군을 격파하였다.

44 조선 의용대   정답 ④

빠른 정답 찾기: 조선 의용대 + 김원봉 + 한국 광복군에 합류 ➡ 조선 의용대

자료 분석하기

조선 의용대는 김원봉의 주도로 중국 관내에서 창설된 최초의 한인 무장 부대이다. 태평양 전쟁 발발 후 조선 의용대의 일부 대원은 충칭에서 결성된 대한민국 임시 정부의 직할 부대인 한국 광복군에 합류하여 독립운동에 참여하였다.

선택지 분석하기

① 청산리 대첩에서 활약하였어요.
→ 청산리 전투에서 김좌진이 이끄는 북로 군정서와 홍범도가 이끄는 대한 독립군이 연합하여 일본군에 큰 승리를 거두었다.

② 연통제와 교통국을 운영하였어요.
→ 상하이에서 수립된 대한민국 임시 정부는 비밀 행정 조직으로 연통제와 교통국을 운영하여 국내와의 연락망을 확보하고 독립 운동 자금을 모았다.

③ 자유시 참변으로 큰 타격을 입었어요.
→ 일제가 봉오동·청산리 전투의 보복으로 한국인을 학살하는 간도 참변을 일으켰다. 이에 대한 독립 군단은 연해주의 자유시로 근거지를 옮겼으나, 군 지휘권을 둘러싼 분쟁으로 인해 자유시 참변이 발생하여 큰 타격을 입었다.

✅ 중국 관내에서 결성된 최초의 한인 무장 조직이었어요.
→ 의열단 단장 김원봉은 중국 국민당의 지원을 받아 중국 관내 최초의 한인 무장 조직인 조선 의용대를 결성하였다.

45 나운규 정답 ②

빠른 정답 찾기
1926년 단성사에서 개봉한 아리랑 + 감독과 주연을 맡음
➡ 나운규

🔍 자료 분석하기

「아리랑」은 1926년 극장 단성사에서 개봉한 영화로, 나운규가 감독과 주연을 맡아 제작하였다. 이 영화는 일본의 식민지 정책이 확립되던 시기에 우리 민족의 항일 정신을 반영한 작품으로, 나라를 잃은 민중의 울분과 설움이 표현되어 있다.

🔍 선택지 분석하기

① 심훈
⋯ 심훈은 일제 강점기의 저항 시인이자 소설가로, 민족의식을 담은 저항시 「그날이 오면」, 브나로드 운동을 소재로 한 장편 소설 「상록수」 등을 발표하였다.

✔ 나운규
⋯ 나운규는 일제 강점기 때 영화인으로 다양한 작품을 제작하였다. 특히, 제작과 감독, 주연을 맡은 영화 「아리랑」은 단성사에서 개봉하여 한국 영화가 발전하는 데 기여하였다.

③ 이육사
⋯ 이육사는 일제 강점기 항일 저항 시인으로, 「광야」, 「청포도」 등의 작품을 남겼다. 또한, 의열단원으로 활동하던 중 조선은행 대구 지점 폭파 사건에 연루되어 수감되었다.

④ 이중섭
⋯ 이중섭은 우리나라의 대표적인 근대 서양화가로, 「흰 소」, 「황소」, 「닭과 가족」 등의 작품을 그렸다.

🌸 미니북 45쪽

46 박정희 정부 시기 경제 상황 정답 ③

빠른 정답 찾기
수출 100억 달러 달성 + 1977년 ➡ 박정희 정부

🔍 자료 분석하기

박정희 정부는 경제 개발 5개년 계획을 시행하여 수출을 증대하고자 하였다. 제1·2차 때는 경공업을 중심으로 경제 자립을 추진하였고, 제3·4차 때는 중공업을 중심으로 경제 개발을 실시하여 우리나라 연간 수출액이 최초로 100억 달러를 달성하는 결과를 얻었다.

🔍 선택지 분석하기

① 개성 공단이 조성되었다.
⋯ 노무현 정부 때 개성 공단 착공식이 진행되어 북한 개성에 개성 공단이 조성되었다(2003).

② 신한 공사가 설립되었다.
⋯ 광복 직후 미군정은 일제 강점기 때 동양 척식 주식회사와 일본인·일본 회사의 소유였던 토지 및 귀속 재산을 관할·처리하기 위하여 신한 공사를 설립하였다(1946).

✔ 경부 고속 도로가 준공되었다.
⋯ 박정희 정부는 제2차 경제 개발 5개년 계획을 실시하면서 서울과 부산을 잇는 경부 고속 도로를 준공하였다(1970).

④ 한미 자유 무역 협정(FTA)이 체결되었다.
⋯ 노무현 정부 때 미국과 한미 자유 무역 협정(FTA)을 체결하였다(2007).

🌸 미니북 43쪽

47 6·25 전쟁 정답 ②

빠른 정답 찾기
이산가족 + 전쟁 때 가족과 헤어진 분들 + 1·4 후퇴 + 흥남 철수
➡ 6·25 전쟁

🔍 자료 분석하기

6·25 전쟁은 1950년 북한의 불법 남침으로 발발하였으며, 1953년까지 한반도 전체가 전쟁의 비극을 겪게 되었다. 전쟁의 결과로 수많은 전쟁고아가 생겨났고, 가족과 흩어진 이산가족이 무려 천만 여 명이나 발생하였다. 6·25 전쟁으로 인해 가족들과 헤어지게 된 이산가족 찾기 운동으로 1983년 6월부터 11월까지 '이산가족을 찾습니다'라는 생방송이 진행되었다. 총 138일, 453시간 45분 동안 생방송되면서 10,189명의 가족이 상봉하여 2015년에는 유네스코 세계 기록 유산에 등재되었다.

🔍 선택지 분석하기

① 5·10 총선거가 실시되었다.
⋯ 유엔 총회에서 남북한 총선거를 결의하여 한반도에 유엔 한국 임시 위원단을 파견하였지만, 소련이 임시 위원단의 북한 입국을 거부하였다. 이에 유엔 소총회에서는 가능한 지역에서만 선거를 실시하도록 결정을 내렸고, 남한에서 우리나라 최초의 민주 선거인 5·10 총선거가 실시되었다(1948).

✔ 인천 상륙 작전이 전개되었다.
⋯ 6·25 전쟁 때 낙동강 방어선까지 밀렸던 국군은 유엔군이 참전하면서 전개한 인천 상륙 작전의 성공으로 서울을 되찾고 압록강까지 진격하였다(1950).

③ 국민 대표 회의가 개최되었다.
⋯ 교통국과 연통제 조직이 일제의 방해에 의해 어려움을 겪고 임시 정부 내 독립운동 노선을 두고 갈등이 일어났다. 이러한 위기를 해결하고자 대한민국 임시 정부는 국민 대표 회의를 개최하여 독립운동의 새로운 방향을 의논하였다(1923).

④ 조선 건국 준비 위원회가 결성되었다.
⋯ 광복 이후 여운형은 일본인의 안전한 귀국을 보장하는 조건으로 조선 총독부로부터 행정권의 일부를 넘겨 받아 조선 건국 준비 위원회를 결성하였다(1945).

✱ 미니북 45쪽

48 김영삼 정부 정답 ②

빠른 정답 찾기
지방 자치제 전면 실시 + 조선 총독부 건물 철거 + 경제 협력 개발 기구(OECD) 가입 ➡ **김영삼 정부**

자료 분석하기
김영삼 정부는 박정희 정부 때 중단되었다가 노태우 정부 때 재도입되어 부분적으로 실시되던 지방 자치제를 전면 실시하였다(1995). 또한, 역사 바로 세우기 운동의 하나로 국립 중앙 박물관으로 쓰고 있던 조선 총독부 건물을 철거하였으며, 한국 경제의 세계화를 위해 경제 협력 개발 기구(OECD)에 가입하였다(1996).

선택지 분석하기
① 베트남 전쟁에 파병되는 군인
⋯ 박정희 정부는 베트남에 국군을 파병하여 미국의 편에서 참전하였다. 이때 비전투병(이동외과 병원, 태권도 교관 등)과 전투병을 포함하여 우리나라에서 32만 명이 파병되었다(1964~1973).

 금융 실명제 실시 속보를 시청하는 은행원
⋯ 김영삼 정부는 경제적 부정부패와 탈세를 없애기 위해 금융 실명제를 전면 실시하였다(1993).

③ 야간 통행 금지 해제 조치에 환호하는 시민
⋯ 무력으로 정권을 잡은 전두환 정부는 국민 유화 정책으로 야간 통행 금지 해제 조치를 실시하였다(1982).

④ 반민족 행위 특별 조사 위원회로 연행되는 친일 행위자
⋯ 제헌국회는 일제의 잔재를 청산하고 민족정기를 바로잡기 위해 반민족 행위 처벌법을 제정하였다. 이에 따라 반민족 행위 특별 조사 위원회가 구성되어 활동하였다(1948).

✱ 미니북 13, 44쪽

49 6월 민주 항쟁 정답 ④

빠른 정답 찾기
반민주적인 현행 헌법의 호헌 + 4·13 호헌 조치 + 호헌 반대 운동 + 민주 헌법 쟁취 국민 운동 본부 설립 + 대통령 직선제
➡ **6월 민주 항쟁**

자료 뜯어보기

대통령은 지난 4월 13일 반민주적인 현행 헌법의 호헌과 그 헌법에 따라 선출된 차기 대통령에게 권력을 이양하겠다고 발표하였다. 그 후 4·13 호헌 조치*에 대한 국민의 항의는 전국을 휩쓸었다. …… 이제 우리는 호헌 반대 운동을 하나로 결집시켜 나가야 한다는 데 뜻을 모아 민주 헌법 쟁취 국민 운동 본부를 설립을 선언하는 바이다. 이를 통하여 우리는 대통령 직선제*를 비롯하여, 국민이 주인이 되는 민주 사회를 건설하는 길로 나아가고자 한다.

* **4·13 호헌 조치**: 1987년 4월 13일 전두환 대통령이 국민들의 민주화 요구를 거부하고, 대통령 간선제를 유지한다고 선언한 조치이다.
* **대통령 직선제**: 국민 모두가 직접 대통령을 투표하여 선출하는 제도이다. 유신 헌법 이후 대통령 간선제가 유지되다가 6월 민주 항쟁 이후 이루어진 6·29 민주화 선언을 통해 5년 단임의 대통령 직선제로 개헌되었다.

자료 분석하기
광주에서 일어난 5·18 민주화 운동을 진압하고 정권을 잡은 전두환 정부는 국민들의 직선제 개헌 열망을 무시하며 4·13 호헌 조치를 발표하였다. 또한, 서울대 재학생 박종철의 고문치사 사건이 벌어지자 시민들은 대통령 직선제 개헌과 민주 헌법 제정을 요구하며 6월 민주 항쟁을 전개하였다. 이때 야당과 종교계, 학생 운동 조직이 연합하여 민주 헌법 쟁취 국민 운동 본부를 만들었고, 호헌 철폐와 직선제 개헌을 위해 시위하였다.

선택지 분석하기
① 긴급 조치 철폐를 요구하였다.
⋯ 김대중, 함석헌 등의 정치인과 기독교 목사, 대학 교수 등은 박정희의 장기 독재를 비판하며 3·1 민주 구국 선언을 발표하여 긴급 조치 철폐 등을 요구하였다.

② 시민군이 자발적으로 조직되었다.
⋯ 전두환을 비롯한 신군부 세력의 12·12 쿠데타와 비상계엄 조치에 대한 반발로 광주 시민들의 항거가 이어지자 신군부는 공수 부대를 동원하여 무력 진압을 강행하였다. 이에 학생과 시민들이 시민군을 자발적으로 조직하여 대항하면서 5·18 민주화 운동이 전개되었다.

③ 장면 내각이 출범하는 배경이 되었다.
⋯ 이승만 정부의 3·15 부정 선거에 대한 저항으로 4·19 혁명이 일어났다. 그 결과, 이승만이 하야하고 과도 정부가 수립되었으며, 의원 내각제 개헌을 통해 장면 내각이 출범하였다.

✓ 시위 도중 대학생 이한열이 희생되었다.
⋯ 4·13 호헌 조치와 박종철 고문치사 사건으로 대통령 직선제로의 헌법 개정을 요구하는 시위가 전개되었다. 이 과정에서 연세대 재학생 이한열이 최루탄에 맞아 사망하면서 6월 민주 항쟁이 전국적으로 확대되었다.

한발 더 다가가기

민주화 운동

4·19 혁명 (1960)	3·15 부정 선거 → 김주열 학생 시신 발견 → 대학 교수단의 시국 선언, 대통령 하야 요구 행진 → 시위 전국 확산 → 이승만 하야
부마 민주 항쟁 (1979)	YH 무역 사건 → 야당 총재 김영삼 국회의원 제명 → 부산, 마산에서 시위 전개 → 10·26 사태(박정희 피살), 유신 체제 붕괴
5·18 민주화 운동 (1980)	12·12 쿠데타로 전두환 등 신군부 집권 → 신군부 반대 민주화 운동 → 비상계엄 전국 확대, 계엄군 투입 무력 진압 → 광주에서 신군부 퇴진, 민주화 요구 시위 → 공수 부대 동원 무력 진압
6월 민주 항쟁 (1987)	박종철 고문치사 사건 및 4·13 호헌 조치 → 직선제 개헌, 민주화 요구 시위 → 연세대 이한열 시위 도중 사망 → 시위 전국 확산('호헌 철폐, 독재 타도' 구호) → 6·29 민주화 선언으로 5년 단임의 대통령 직선제 개헌

 미니북 13, 45쪽

50 노태우 정부의 통일 노력 정답 ①

빠른 정답 찾기: 북방 외교 + 사회주의 국가들과 국교 수립 + 남북한 유엔 동시 가입 ➡ **노태우 정부**

자료 분석하기

노태우 정부는 1988년 서울 올림픽을 성공적으로 개최하며 적극적인 북방 외교 정책을 추진하였다. 이에 따라 중국·소련·동유럽 등의 사회주의 국가와 수교를 수립하였으며, 남북한 유엔 동시 가입, 남북 기본 합의서 교환, 한반도 비핵화에 관한 공동 선언 등을 이뤄냈다.

선택지 분석하기

✓ 남북 기본 합의서를 교환하였어.
⋯ 노태우 정부 시기 남북고위급회담을 통해 남북한 화해 및 불가침, 교류·협력 등에 관한 공동 합의서인 남북 기본 합의서를 교환하였다.

② 미국과 브라운 각서에 합의하였어.
⋯ 박정희 정부는 미국의 요청으로 베트남에 국군을 파병하였다. 이에 대한 보상으로 미국과 브라운 각서에 합의하여 한국군의 현대화, 장비 제공 및 차관 제공에 대해 약속하였다.

③ 7·4 남북 공동 성명을 발표하였어.
⋯ 박정희 정부 시기 서울과 평양에서 7·4 남북 공동 성명이 발표되었다.

④ 6·15 남북 공동 선언을 채택하였어.
⋯ 김대중 정부는 분단 이후 최초로 평양에서 남북 정상 회담을 개최하여 6·15 남북 공동 선언을 채택하였다.

한발 더 다가가기

현대 정부의 주요 통일 정책

박정희 정부	• 남북 적십자 회담에서 이산가족 문제 협의(1971) • 7·4 남북 공동 성명(1972), 6·23 평화 통일 선언(1973)
전두환 정부	• 민족 화합 민주 통일 방안(1982) • 남북 적십자 회담 재개로 최초의 이산가족 고향 방문(1985)
노태우 정부	• 한민족 공동체 통일 방안 제안(1989) • 남북한 유엔 동시 가입, 남북 기본 합의서 채택, 한반도 비핵화 공동 선언(1991)
김영삼 정부	한민족 공동체 건설을 위한 3단계 통일 방안 제시(1994)
김대중 정부	• 대북 화해 협력 정책(햇볕 정책) 추진 • 금강산 관광 사업 전개(1998) • 남북 정상 회담, 6·15 남북 공동 선언(2000) • 경의선 복구 사업·금강산 육로 관광 등 추진, 개성 공단과 이산가족 상봉 및 면회소 설치 합의
노무현 정부	• 개성 공단 착공(2003) • 제2차 남북 정상 회담 개최로 10·4 남북 공동 선언 채택(2007)
이명박 정부	• 금강산 관광 중단(2008) • 천안함 피격 사건, 연평도 포격 사건
박근혜 정부	개성 공단 폐쇄(2016)
문재인 정부	4·27 판문점 선언(2018)

제71회 한국사능력검정시험

01	02	03	04	05	06	07	08	09	10
①	①	④	①	①	④	②	②	④	②
11	12	13	14	15	16	17	18	19	20
③	③	③	②	②	①	③	②	③	②
21	22	23	24	25	26	27	28	29	30
③	①	③	②	③	③	①	①	③	②
31	32	33	34	35	36	37	38	39	40
④	④	②	①	①	①	③	②	④	④
41	42	43	44	45	46	47	48	49	50
③	④	③	①	①	④	③	①	③	②

01 신석기 시대 정답 ①

빠른 정답 찾기: 농경과 목축이 시작 + 빗살무늬 토기 + 갈돌과 갈판 ➡ 신석기 시대의 생활 모습

자료 분석하기

신석기 시대에 농경과 목축이 시작되었으며, 빗살무늬 토기를 만들어 음식을 조리하거나 저장하는 용도로 이용하였다. 또한, 간석기인 갈돌과 갈판으로 곡식을 갈아서 음식을 만들어 먹기도 하였다.

선택지 분석하기

 가락바퀴를 이용하여 실을 뽑았다.
… 신석기 시대에는 가락바퀴를 이용하여 실을 뽑고 뼈바늘로 옷을 지어 입었다.

② 철제 농기구를 만들어 농사를 지었다.
… 철기 시대에는 쟁기, 호미, 쇠스랑 등 철제 농기구를 사용하여 농사를 지었다.

③ 지배층의 무덤으로 고인돌을 만들었다.
… 청동기 시대에는 권력을 가진 군장이 등장하였고, 지배층이 죽으면 무덤으로 고인돌을 만들었다.

④ 거푸집을 사용하여 청동기를 제작하였다.
… 청동기 시대에는 거푸집을 사용하여 비파형 동검 등 청동기를 제작하였다.

02 동예 정답 ①

빠른 정답 찾기: 단궁, 과하마, 반어피 + 무천 + 책화 ➡ 동예

자료 분석하기

철기 문화를 바탕으로 등장한 동예는 특산물로 단궁, 과하마, 반어피 등이 있었으며, 10월에는 무천이라는 제천 행사를 지내기도 하였다. 또한, 동예는 각 부족의 영역을 중요시하여 서로의 영역을 침범한 경우, 노비와 소, 말로 갚게 하는 풍습인 책화를 두었다.

선택지 분석하기

 동예
… 동예는 강원도 북부 동해안 지역에 등장한 나라로, 왕이 아닌 읍군이나 삼로라는 군장들이 각 부족을 다스렸다.

② 마한
… 한반도 남부 지역에 마한·변한·진한의 연맹 국가인 삼한이 등장하였다. 그중 마한은 경기·충청·전라도 지방을 중심으로 성장하였으며, 이후 마한의 목지국 지배자가 삼한 전체를 주도하였다.

③ 부여
… 부여는 송화강 유역의 평야 지대에서 건국된 나라이다. 부여에서는 12월에 수확제이자 추수 감사제의 성격을 지닌 영고라는 제천 행사가 열렸다.

④ 옥저
… 옥저는 함경도 동해안 지역에서 건국된 나라이다. 옥저에는 여자가 어렸을 때 혼인할 남자의 집에서 생활하다가 성인이 된 후에 혼인을 하는 민며느리제가 있었다.

한발 더 다가가기
연맹 왕국 국가들의 특징

부여	• 사회: 사출도(마가, 우가, 저가, 구가), 반농반목 • 풍습: 순장, 1책 12법, 우제점법, 형사취수제 • 제천 행사: 영고(12월)	
고구려	• 사회: 5부족 연맹체, 제가 회의, 약탈 경제(부경) • 풍습: 서옥제, 형사취수제 • 제천 행사: 동맹(10월)	
옥저	• 특산물: 소금과 해산물 　(고구려에 공물로 바침) • 풍습: 민며느리제, 가족 　공동묘	지배자: 읍군, 삼로(군장)
동예	• 특산물: 명주, 삼베, 단 　궁, 과하마, 반어피 등 • 풍습: 족외혼, 책화 • 제천 행사: 무천(10월)	
삼한	• 제정 분리 사회: 정치적 지배자(신지, 읍차), 　제사장(천군) → 소도 주관 • 벼농사(저수지 축조), 철 생산량 많음(낙랑· 　왜에 수출, 화폐로 이용) • 제천 행사: 수릿날(5월), 계절제(10월)	

 미니북 06쪽

03 신라 진흥왕　　정답 ④

빠른 정답 찾기　황룡사 창건 + 월성 + 화랑도 정비 ➡ 신라 진흥왕

🔍 자료 분석하기
신라 진흥왕은 궁성인 월성 동쪽에 황룡이 나타나자 이를 기이하게 여겨 궁궐 대신 절인 황룡사를 지었다고 전해진다. 또한, 진흥왕은 화랑도라는 교육적·군사적 기능을 담당하는 청소년 단체를 국가적인 조직으로 개편·정비하였다.

🔍 선택지 분석하기
① **주자감**을 설립하였다.
…▶ 주자감은 발해의 교육 기관으로, 왕족과 귀족을 대상으로 유교 교육을 실시하였으며 당의 국자감 제도를 받아들여 운영하였다.

② 왜에 **칠지도**를 보냈다.
…▶ 칠지도는 백제 근초고왕이 왜에게 주었다고 알려진 유물로, 일본에서 발견되었다. 이를 통해 백제가 왜와 교류하면서 다양한 선진 문물을 전파하였다는 것을 확인할 수 있다.

③ **김흠돌의 난**을 진압하였다.
…▶ 통일 신라 신문왕은 장인인 김흠돌이 일으킨 반란을 진압하고, 자신에게 반대하는 귀족 세력을 제거하여 왕권을 강화하였다.

✅ **북한산**에 **순수비**를 세웠다.
…▶ 신라 진흥왕은 한강 유역을 차지하고 이를 기념하기 위해 북한산에 순수비를 세웠다.

 미니북 06쪽

04 백제 성왕　　정답 ①

빠른 정답 찾기　수도를 웅진에서 사비로 옮김 + 국호를 남부여로 바꿈 + 한강 유역 일부를 수복 ➡ 백제 성왕

🔍 자료 분석하기
백제 성왕은 개로왕이 전쟁에서 사망한 후 쇠퇴하는 백제를 중흥시키기 위하여 수도를 웅진에서 사비(부여)로 옮기고 국호를 남부여로 고쳤다. 또한, 백제 성왕은 신라 진흥왕과 나제 동맹을 맺고 함께 고구려를 공격하여 한강 하류 지역을 되찾았다.

🔍 선택지 분석하기
✅ **성왕**
…▶ 백제 성왕은 신라 진흥왕과 함께 고구려를 공격하여 한강 유역을 차지하였다. 그러나 진흥왕이 나제 동맹을 깨면서 백제가 점령한 한강 유역을 차지하였다. 이에 성왕이 신라를 공격하였지만 관산성 전투에서 전사하였다.

② 무령왕
…▶ 백제 무령왕은 지방에 22담로를 설치하고 왕족을 파견하여 지방에 대한 통제를 강화하였다.

③ 근초고왕
…▶ 백제 근초고왕은 마한의 여러 세력을 복속시키고 고구려의 평양성을 공격하는 등 정복 활동을 통해 백제의 전성기를 이끌었다.

④ 소수림왕
…▶ 고구려 소수림왕은 중앙 집권적 국가의 기틀을 세우기 위해 율령을 반포하고 국가 조직을 정비하였으며, 불교를 수용하였다.

05 금관가야　　정답 ①

빠른 정답 찾기　김해 구지봉 + 김수로 + 낙동강 하류 + 철이 풍부 ➡ 금관가야

자료 분석하기

김해 구지봉은 김수로왕이 하늘에서 태어나 백성들의 추대에 의해 왕이 되었다는 금관가야의 건국 설화가 전해지는 곳이다. 금관가야는 낙동강 하류인 김해에서 건국되었으며, 철이 풍부하게 생산되었다.

선택지 분석하기

✓ 낙랑군, 왜와 활발히 교류하였다.
··· 금관가야는 해상 교통에 유리한 지역적 특색을 이용하여 낙랑군과 왜에 철을 수출하며 활발히 교류하였다.

② 중경에서 상경으로 도읍을 옮겼다.
··· 발해 문왕은 확대된 영토를 효과적으로 다스리고자 중경에서 상경으로 도읍을 옮겼으며, 상경은 130여 년 동안 발해의 수도였다.

③ 화백 회의라 불리는 합의 기구가 있었다.
··· 신라는 국가 중대사를 귀족 합의 기구인 화백 회의에서 만장일치제로 결정하였다.

④ 사회 질서를 유지하기 위해 범금 8조를 만들었다.
··· 고조선은 사회 질서를 유지하기 위해 8개의 조항으로 이루어진 범금 8조를 만들었으나 현재는 3개의 조항만 전해진다.

❋ 미니북 06쪽

06 고구려의 정치·문화·사회   정답 ④

빠른 정답 찾기: 수도 국내성 + 광개토 대왕릉비 + 안악 3호분 행렬도 ➡ 고구려

자료 분석하기

고구려는 국내성을 수도로 하여 영토를 넓혀 나갔다. 고구려의 문화유산인 광개토 대왕릉비는 광개토 대왕의 뒤를 이어 즉위한 장수왕이 아버지 광개토 대왕의 업적을 칭송하기 위해 건립하였다. 고구려의 고분인 안악 3호분에는 행렬도 등의 벽화가 그려져 있다.

선택지 분석하기

① 독서삼품과를 실시하였다.
··· 통일 신라 원성왕은 국학의 학생들을 대상으로 독서삼품과를 실시하여 유교 경전의 이해 수준에 따라 관리를 채용하였다.

② 지배자를 마립간이라고 불렀다.
··· '가장 높은 우두머리'라는 뜻을 지닌 마립간은 신라 제17대 내물왕부터 제22대 지증왕까지 사용되었다.

③ 정사암에서 국가 중대사를 결정하였다.
··· 백제의 귀족들은 정사암이라는 바위에서 회의를 통해 재상을 선출하고 국가 중대사를 결정하였다.

 태학과 경당을 두어 인재를 양성하였다.
··· 고구려는 중앙에 상류층의 자제를 교육하는 관학 교육 기관으로 태학을 설립하고, 지방에는 경당을 세워 평민들에게 활쏘기와 독서 등을 교육하여 인재를 양성하였다.

❋ 미니북 22쪽

07 신라 말의 사회 동요   정답 ②

빠른 정답 찾기: 원종과 애노 등이 사벌주에서 반란을 일으킴 + 붉은색 바지 적고적 ➡ 신라 말의 사회 동요

자료 뜯어보기

○ 주와 군에서 세금을 바치지 않아 나라의 창고가 텅 비어, 왕이 관리를 보내 독촉하니 곳곳에서 도적들이 벌떼처럼 일어났다. 이때 원종과 애노* 등이 사벌주에서 반란을 일으켰다.
○ 도적들이 나라의 서남쪽에서 일어났다. 그들은 붉은색 바지를 입어 모습을 다르게 하였으므로 적고적*이라고 불렸다. 여러 고을을 공격하여 해를 입혔다.

* **원종과 애노**: 무분별한 조세 징수에 대한 반발로 사벌주(상주)에서 농민 봉기를 일으켰다.
* **적고적**: 붉은색 바지를 입어 적고적이라 불린 도적들이 반란을 일으켜 경주 근방까지 진출하였다.

자료 분석하기

통일 신라 말 진성 여왕 즉위 당시 귀족 간의 권력 다툼이 심화되어 왕권이 약화되었으며, 몰락한 농민들이 봉기를 일으키는 등 큰 혼란에 빠지게 되었다. 사벌주(상주)에서는 원종과 애노가 농민 봉기를 일으켰으며, 적고적이라고 불리는 도적들은 반란을 일으켜 수도인 경주 근방까지 진출하고 민가를 약탈하였다.

선택지 분석하기

① 백제의 불교 수용
··· 백제 침류왕은 중국의 동진을 통해 불교를 수용하였다.

✓ 신라 말의 사회 동요
··· 통일 신라 말 어린 나이로 즉위한 혜공왕이 귀족들의 왕위 다툼에 의해 피살당하였다. 이후 왕권이 약화되고 몰락한 농민들이 봉기를 일으키는 등 사회가 동요하였다.

③ 고구려 부흥 운동의 전개
··· 고구려 멸망 이후 검모잠, 고연무 등이 보장왕의 서자 안승을 왕으로 추대하고 각각 한성(황해도 재령)과 오골성을 중심으로 고구려 부흥 운동을 전개하였다.

④ 삼국과 일본의 문화 교류
··· 백제는 노리사치계를 일본에 파견하여 불교를 전파하였으며, 백제 무령왕과 왕비의 목관은 일본 규슈 지방의 금송으로 만들어졌다. 또한, 고구려 승려 혜자는 일본으로 건너가 쇼토쿠태자의 스승이 되었으며, 신라는 일본에 배와 저수지 만드는 기술 등을 전해 주었다. 이를 통해 삼국과 일본이 문화 교류를 하였음을 알 수 있다.

08 설총　　　　　　　　　　　　　　　정답 ②

빠른 정답 찾기　원효 대사의 아들 + 이두를 체계화 + 화왕계 ➡ 설총

자료 분석하기
통일 신라의 유학자 설총은 원효 대사의 아들로, 한자의 음(音)과 뜻(훈, 訓)을 빌려 우리말을 표기한 이두를 체계화하였으며, 신문왕에게 「화왕계」를 지어 바쳐 유교적 도덕 정치의 중요성을 전하였다.

선택지 분석하기
① 강수
··· 강수는 통일 신라 6두품 출신의 유학자이면서 뛰어난 문장가로 국제 외교 분야에서 활약하였다. 특히, 당에 잡혀 있던 무열왕의 아들 김인문을 풀어 줄 것을 요청한 「청방인문표」를 작성하여 풀려나도록 하였다.

✓ 설총
··· 설총은 통일 신라 6두품 출신의 유학자로, 이두를 정리하고 한문을 국어화하여 유학, 한학의 연구를 쉽고 빠르게 발전시켰다.

③ 의상
··· 신라의 승려 의상은 당에 가서 지엄으로부터 화엄에 대한 가르침을 받고 돌아와 화엄 사상을 펼치고 부석사를 창건하여 수많은 제자들을 양성하였다.

④ 혜초
··· 통일 신라의 승려 혜초는 인도와 중앙아시아를 순례하고 『왕오천축국전』을 저술하였다.

 미니북 07쪽

09 발해　　　　　　　　　　　　　　　정답 ④

빠른 정답 찾기　정혜 공주 무덤 + 문왕을 황상으로 표현 + 보력이라는 독자적 연호 ➡ 발해

자료 분석하기
발해 문왕의 둘째 딸인 정혜 공주 무덤의 묘지석에서 문왕에 대해 '보력'이라는 독자적 연호를 사용하고 있으며, 황제를 칭하는 '황상'이라는 표현까지 사용되고 있다. 이는 발해가 대외적으로는 자주성과 독립성을, 대내적으로는 황제국의 국격을 가진 국가였음을 알려 준다.

선택지 분석하기
① 안시성에서 당의 군대를 물리쳤다.
··· 당이 연개소문의 정변을 구실로 고구려를 침략하면서 안시성을 공격하였다. 이에 안시성 성주 양만춘을 중심으로 병사와 백성들이 함께 힘을 모아 당의 군대를 물리쳤다.

② 여러 가(加)들이 각각 사출도를 다스렸다.
··· 부여는 왕 아래 마가, 우가, 저가, 구가의 가(加)들이 각자의 행정 구역인 사출도를 다스렸다.

③ 청해진을 중심으로 해상 무역을 전개하였다.
··· 장보고는 통일 신라 흥덕왕 때 완도에 청해진을 설치하고 해적을 소탕하며 당, 신라, 일본 간 해상 무역을 전개하였다.

✓ 5경 15부 62주의 지방 행정 제도를 마련하였다.
··· 발해는 선왕 때 영토를 크게 확장하여 5경 15부 62주의 지방 행정 제도를 마련하였다.

한발 더 다가가기
발해 주요 국왕의 업적

고왕 (대조영)	• 동모산 기슭에 발해 건국 • 고구려 계승 의식
무왕 (대무예)	• 독자적 연호 사용(인안) • 당의 산둥반도 공격(장문휴) • 돌궐, 일본과 연결하는 외교 관계 수립
문왕 (대흠무)	• 독자적 연호 사용(대흥, 보력) • 외교: 당과 친선, 신라와 교류(신라도) • 천도(중경 → 상경)
선왕 (대인수)	• 말갈 복속, 요동 진출(고구려의 옛 땅 대부분 회복) • 발해의 전성기(해동성국)

 미니북 22쪽

10 후삼국 통일 과정　　　　　　　　　정답 ②

빠른 정답 찾기　(가) 견훤의 후백제 건국 ➡ (다) 고창 전투 ➡ (나) 신라 경순왕의 투항

자료 분석하기

(가) **견훤의 후백제 건국**(900): 견훤은 통일 신라의 장군 출신으로 독자적인 세력을 형성하여 완산주(전주)를 도읍으로 하는 후백제를 건국하였다.

(다) **고창 전투**(930): 후백제의 견훤은 교통의 요충지였던 고창(안동)을 포위하여 고려를 공격하였으나 8,000여 명의 사상자를 내며 유금필이 이끄는 고려군에게 크게 패하였다. 그 결과 왕건은 경상도 일대에서 견훤 세력을 몰아내고 후삼국 통일의 기반을 마련하게 되었다.

(나) **신라 경순왕의 투항**(935): 신라 경순왕 김부가 스스로 고려에 투항하면서 신라가 멸망하였고, 태조는 경순왕을 경주의 사심관으로 임명하였다.

한발 더 다가가기
후삼국의 통일 과정

11 고려 광종 [정답 ③]

빠른 정답 찾기: 고려 제4대 왕 + 광덕 등 독자적인 연호 + 과거 제도를 실시 + 관리의 공복을 제정 ➡ 고려 광종

자료 분석하기
고려 제4대 왕 광종은 국왕의 권위를 높이기 위해 자신을 황제라 칭하고 광덕, 준풍 등의 독자적인 연호를 사용하였다. 또한, 후주 출신 쌍기의 건의를 받아들여 과거 제도를 시행하고 신진 세력을 등용하였으며, 관리의 공복을 자, 단, 비, 녹의 4가지 색으로 제정하였다.

선택지 분석하기

① 녹읍을 폐지함
⋯ 통일 신라 신문왕은 관료전을 지급하고 녹읍을 폐지하여 귀족들의 세력을 약화시키고자 하였다.

② 훈요 10조를 남김
⋯ 고려 태조는 후대의 왕들을 위해 숭불 정책, 북진 정책, 민생 안정책 등 10가지 지침이 담긴 훈요 10조를 남겼다.

 노비안검법을 시행함
⋯ 고려 광종은 노비안검법을 시행하며 억울하게 노비가 된 사람들을 해방하여 호족의 세력을 약화시키고자 하였다.

④ 전민변정도감을 설치함
⋯ 고려 공민왕은 신돈의 건의로 전민변정도감을 설치하여 권문세족에 의해 빼앗긴 토지를 원래 주인에게 돌려주고 억울하게 노비가 된 자를 풀어주었다.

12 고려의 정치·사회 [정답 ③]

빠른 정답 찾기: 「수월관음도」 + 불화 ➡ 고려

자료 분석하기
「수월관음도」는 불교를 국가의 종교로 여겼던 고려의 불화이다. 「수월관음도」는 관음보살의 모습을 묘사하였으며, 정교하고 화려한 고려 불화의 특징을 보여준다.

선택지 분석하기

① 22담로에 왕족을 파견하였다.
⋯ 백제는 무령왕 때 지방에 22담로를 설치하고 왕족을 파견하여 지방에 대한 통제를 강화하였다.

② 주요한 5곳에 소경을 설치하였다.
⋯ 통일 신라 신문왕은 전국을 9주로 나누고, 수도의 위치가 남동쪽에 치우친 것을 보완하기 위해 주요 지역에 5소경을 설치하였다.

 국경 지역에 동계와 북계를 두었다.
⋯ 고려는 국경 지역에 동계와 북계를 두어 병마사를 파견하고 주진군을 설치하여 외적의 침입에 대비하였다.

④ 9서당 10정의 군사 조직을 운영하였다.
⋯ 통일 신라 신문왕은 중앙군을 9서당, 지방군을 10정으로 편성하여 군사 조직을 운영하였다.

13 고려 현종 [정답 ③]

빠른 정답 찾기: 강조가 정변을 일으킴 + 거란이 서경을 공격하여 나주로 피란 + 강감찬이 거란을 물리침 ➡ 고려 현종

자료 뜯어보기

- 강조*가 정변을 일으켜 새로운 왕을 옹립하였다.
- 거란이 서경*을 공격하여 아군이 패하였다는 소식을 듣고, 왕이 나주로 피란하였다.
- 강감찬이 거란을 물리치고 돌아오자, 왕이 몸소 영파역에 나아가 그를 맞이하였다.

* **강조**: 고려 서북쪽을 지키던 서북면도순검사의 관직에 있었던 그는 반란 계획을 세우던 김치양을 제거하고 목종을 폐위시키는 정변을 일으켰다. 이후 거란이 목종의 죽음을 물으며 침략하였고, 거란에게 잡혀가 처형당하였다.
* **서경**: 고려 태조가 평양에 서경을 설치하여 수도 개경과 함께 중요시 여겼다.

자료 분석하기

- **강조의 정변**(1009): 고려의 무신 강조가 정변을 일으켜 목종의 외척인 김치양을 제거한 뒤, 목종을 폐위시키고 현종을 왕으로 세웠다. 이를 구실로 거란이 2차 침입을 단행하였다.
- **현종의 나주 피란**(1011): 거란이 계속해서 고려를 침입하여 서경을 공격하고 개경까지 함락하자 현종이 나주로 피란하였다.
- **강감찬의 귀주 대첩**(1019): 거란의 소배압이 이끄는 10만 대군이 다시 고려를 침입하자 강감찬은 이에 맞서 귀주에서 대승을 거두었다.

선택지 분석하기

① 교정도감이 설치되었다.
⋯ 고려 무신 정권 시기에 최충헌은 교정도감을 설치하고 자신이 이 기구의 우두머리인 교정별감이 되어 중요한 정책을 결정하였다(1209).

② 농사직설이 편찬되었다.
⋯ 조선 세종은 정초, 변효문 등을 시켜 우리 풍토에 맞는 농서인 『농사직설』을 편찬하도록 하였다(1429).

✓ 초조대장경이 제작되었다.
⋯ 고려 현종 때 부처님의 힘을 빌려 거란의 침입을 물리치고자 초조대장경을 제작하였다(1011).

④ 이자겸의 난이 발생하였다.
⋯ 고려 중기 이자겸은 왕의 외척으로서 최고 권력을 누리면서 국왕의 자리까지 넘보았다. 이에 인종이 이자겸을 제거하려다 실패하면서 이자겸의 난이 발생하였다(1126).

 미니북 47쪽

14 영주 부석사 무량수전   정답 ②

빠른 정답 찾기: 고려 시대 목조 건축물 + 배흘림 기둥 + 주심포 양식
➡ **영주 부석사 무량수전**

자료 분석하기

영주 부석사 무량수전은 현존하는 고려 시대 목조 건물 중 하나로, 기둥의 중간 부분은 두껍게 하고 위와 아래로 갈수록 굵기가 점차 줄어드는 배흘림 기둥을 사용하였다. 또한, 지붕 처마를 받치기 위한 구조인 공포가 기둥 위에만 있는 주심포 양식으로 제작되었다.

선택지 분석하기

① 경주 불국사 대웅전
⋯ 경주 불국사 대웅전은 정면 5칸, 측면 5칸의 다포계 겹처마 팔작지붕 건물이다. 대웅전 앞에는 다보탑과 불국사 삼층 석탑(석가탑)이 있다.

✓ 영주 부석사 무량수전
⋯ 영주 부석사 무량수전은 고려 시대 목조 건물로 배흘림기둥과 주심포 양식으로 만들어졌다.

③ 김제 금산사 미륵전
⋯ 김제 금산사 미륵전은 조선 시대 목조 건물로, 다포 양식을 따르며 내부는 3층 전체가 하나로 트인 통층 구조이다.

④ 보은 법주사 팔상전
⋯ 보은 법주사 팔상전은 우리나라 목조 건축물 중 가장 높으며 현존하는 유일한 조선 시대 목탑이다. 석가모니의 일생을 여덟 폭의 그림으로 나누어 그린 팔상도가 있어 팔상전이라고 불린다.

 미니북 08쪽

15 망이·망소이의 난   정답 ②

빠른 정답 찾기: 공주 명학소 + 망이 + 망소이 ➡ **망이·망소이의 난**

자료 분석하기

고려 무신 정권 시기에 과도한 부역과 소 주민에 대한 차별 대우에 항의하기 위하여 공주 명학소에서 망이·망소이가 농민 반란을 일으켰다(1176). 이에 정부는 명학소를 충순현으로 승격시키고 현령과 현위를 파견하였다. 그러나 봉기가 진정된 후 조정에서 주종자의 가족을 다시 잡아들였고, 이에 망이·망소이가 한 번 더 봉기를 일으켰으나, 1년 반 만에 진압되어 충순현은 다시 명학소로 강등되었다(1177).

정답 및 해설 **49**

16 고려와 여진의 대외 관계 〔정답 ①〕

빠른 정답 찾기
별무반 조직 ➡ 윤관의 동북 9성 축조 ➡ 금의 형제 관계 요구

자료 분석하기

- **별무반 조직**(1104): 고려 숙종 때 여진이 고려의 국경을 자주 침입하자 윤관이 왕에게 건의하여 신기군, 신보군, 항마군으로 구성된 별무반을 조직하였다.
- **금의 형제 관계 요구**(1117): 여진의 아구다(아골타)가 세력을 확장하여 만주를 장악하고 금을 건국하였다. 이후 예종 때 거란을 멸망시킨 금은 고려에 형제 관계를 요구하였다.

선택지 분석하기

 윤관이 동북 9성을 축조하였다.
… 고려 예종 때 윤관은 숙종 때 편성한 별무반을 이끌고 여진을 토벌하여 동북 9성을 축조하였다(1107).

② 서희가 강동 6주 지역을 확보하였다.
… 거란의 1차 침입 때 고려의 사신 서희는 거란의 장수 소손녕과 외교 담판을 통해 고려가 고구려를 계승하였음을 인정받고 압록강 동쪽의 강동 6주를 획득하는 성과를 거두었다(993).

③ 최무선이 진포에서 왜구를 물리쳤다.
… 고려 말 우왕 때 최무선은 화통도감의 설치를 건의하여 화약과 화포를 제작하였고(1377), 이를 이용하여 진포 대첩에서 왜구를 크게 물리쳤다(1380).

④ 김윤후가 충주성 전투에서 승리하였다.
… 몽골의 5차 침입 때 고려의 승장 김윤후는 전투에서 승리하면 신분을 가리지 않고 모두 벼슬을 주겠다고 약속하며 실제로 노비 문서를 불태웠다. 이에 병사와 백성들이 충주성 전투에서 힘을 다해 몽골군을 물리쳤다(1253).

17 팔관회 〔정답 ③〕

빠른 정답 찾기
고려의 국가 행사 + 개경 궁궐에서 열림 + 태조는 부처를 받들고 여러 신들을 즐겁게 함 + 주변 여러 나라의 상인과 사신이 특산물을 바침 ➡ 팔관회

자료 분석하기

팔관회는 삼국 시대부터 시작되어 고려 시대까지 행해진 국가 종교 행사로, 불교를 비롯한 여러 토속 신앙에게 제사를 지냈다. 개경에서는 음력 11월 15일, 서경에서는 음력 10월 15일에 치러졌으며, 이때 송, 아라비아의 상인과 여진 및 탐라의 사절이 축하의 선물을 바치기도 하는 등 국제적인 성격을 띠었다. 태조 때 훈요 10조에서 팔관회를 강조하였으나 성종 때 최승로에 의해 폐지되었다가 현종 때 부활하였다.

선택지 분석하기

① 영고
… 부여에서는 12월에 풍성한 수확제이자 추수 감사제의 성격을 지닌 영고라는 제천 행사가 열렸다.

② 단오제
… 단오제는 음력 5월 5일 단오날에 지내는 제사 또는 축제이다. 한 해의 풍년과 더불어 신에게 안녕을 기원하였으며, 씨름, 그네뛰기 등의 민속 놀이도 하였다.

 팔관회
… 팔관회는 고려 시대 국가 종교 행사로, 도교와 불교 및 여러 토속 신앙의 특징이 결합되어 있었다.

④ 종묘 제례
… 종묘 제례는 종묘에서 해마다 열리는 제사 의식이다. 종묘는 역대 조선 시대 왕과 왕후의 신주를 모신 사당으로, 종묘에서 매년 계절마다 조상의 이름을 쓴 나무 조각(위패, 신주)을 모시고 제사를 지냈다.

18 고려의 경제 상황 〔정답 ②〕

빠른 정답 찾기
고려 + 경제 상황 ➡ 고려의 경제 상황

선택지 분석하기

① 감자, 고구마 등의 작물이 널리 재배되었어요.
… 조선 후기에는 구황 작물로 감자, 고구마 등이 전래되어 널리 재배되기 시작하였다.

 활구라고 불리는 은병이 사용되었어요.
… 고려 숙종 때 상업이 활발해지면서 삼한통보, 해동통보, 해동중보 등의 동전과 활구라고 불리는 은병을 만들어 화폐의 통용을 추진하였으나 널리 유통되지는 못하였다.

③ 시장을 감독하기 위한 동시전이 설치되었어요.
… 신라 지증왕은 경주에 시장을 설치하고 이를 관리·감독하기 위한 기구인 동시전을 설치하였다.

④ 만상, 내상 등이 무역을 하였어요.
… 조선 후기에 상공업이 활발해지면서 사상이 발전하여 개성, 의

주 등에서 송상, 만상 등이 대청 무역으로 부를 쌓았다. 동래의 내상은 왜관에서 인삼을 판매하며 일본 상인과의 무역을 주도하였다.

미니북 09쪽

19 조선 태종   정답 ②

빠른 정답 찾기: 왕자의 난 + 사병을 혁파 ➡ 조선 태종

자료 분석하기

조선 태종은 왕위 계승권을 놓고 태조 이성계의 계비 신덕 왕후가 낳은 동생들을 제거하며 왕자의 난을 일으켰다. 이후 정종의 뒤를 이어 즉위하였고, 왕권 강화를 위해 사병을 혁파하였다.

선택지 분석하기

① 현량과가 실시되었다.
⋯ 조선 중종 때 등용된 조광조는 천거제(추천하는 제도)의 일종인 현량과를 실시하여 사림이 대거 등용될 수 있는 발판을 마련하였다(1518).

✓ 호패법이 시행되었다.
⋯ 조선 태종은 인구 파악 및 조세와 군대 의무 대상자 확보를 위해 16세 이상의 남자들에게 조선 시대 신분증인 호패를 발급하는 호패법을 시행하였다(1413).

③ 경국대전이 반포되었다.
⋯ 조선 성종은 세조 때 편찬되기 시작한 조선의 기본 법전인 『경국대전』을 완성하고 반포하였다(1485).

④ 5군영 체제가 완성되었다.
⋯ 조선 숙종은 금위영을 창설하여 5군영 체제를 완성하고 국왕 수비와 수도 방어를 강화하였다(1682).

20 분청사기 음각어문 편병   정답 ②

빠른 정답 찾기: 그릇 표면에 백토를 분칠하고 장식 + 다양한 방식으로 무늬나 그림 표현 + 고려 말부터 조선 전기까지 주로 제작 ➡ 분청사기 음각어문 편병

자료 분석하기

분청사기는 고려 말부터 조선 전기까지 주로 제작되었으며, 조선 전기에는 궁중이나 관청에서 널리 사용되었다. 회청색을 띤 자기라는 뜻에서 분장회청사기라고 이름이 지어지고 줄여서 분청사기라고 불렸다. 그릇 표면에 백토의 분을 칠한 후 유약을 씌워 가마에 굽는 방식으로 만들어졌으며, 식물이나 물고기, 곤충 등을 무늬로 새겨 활달하고 민예적인 특징을 띤다.

선택지 분석하기

① 청자 상감 운학문 매병
⋯ 청자 상감 운학문 매병은 고려 시대의 대표적인 청자 매병으로, 그릇 표면을 파낸 자리에 백토나 흑토 등을 메워 무늬를 내는 고려의 상감 기법을 이용하여 제작되었다.

✓ 분청사기 음각어문 편병
⋯ 분청사기 음각어문 편병은 조선 전기에 제작되었으며 물고기무늬가 생동감 넘치는 느낌으로 새겨져 있다.

③ 백자 달항아리
⋯ 백자 달항아리는 조선 후기에 제작된 백자 항아리의 특징을 가장 잘 보여준다. 모양이 달처럼 동그랗고 원만하여 달항아리라는 이름이 붙여졌으며, 안정적인 균형감과 단정한 느낌을 준다.

④ 백자 청화 운룡문호
⋯ 백자 청화 운룡문호는 조선 후기에 만들어졌으며, 길쭉한 모양의 큰 항아리에 구름들 속에서 용이 여의주를 쫓는 모습이 표현된 것이 특징이다.

미니북 09, 29쪽

21 직전법   정답 ③

빠른 정답 찾기: 과전을 개혁 + 현직 관리들만 수조권을 받게 됨 + 세조 ➡ 직전법

자료 분석하기

조선 세조는 과전의 세습화로 인해 발생하였던 토지 부족 등의 폐단을 바로 잡기 위해 과전법을 개혁하여 현직 관리에게만 수조권을 지급하는 직전법을 실시하였다.

선택지 분석하기

① 균역법
⋯ 조선 영조는 백성들의 군역 부담을 줄여주기 위해 기존 1년에 2필씩 납부하던 군포를 1필로 줄이는 균역법을 실시하였다.

② 영정법
⋯ 조선 인조는 영정법을 실시하여 풍흉에 관계없이 전세를 토지 1결당 쌀 4~6두로 고정하였다.

- 직전법
  ⋯ 조선 세조는 수신전과 휼양전 등으로 과전이 세습되면서 토지가 부족해지자 현직 관리에게만 토지를 지급하는 직전법을 실시하였다.
- ④ 호포법
  ⋯ 흥선 대원군은 군정의 문란을 해결하기 위해 호포법을 시행하여 양반에게도 군포를 부과하였다.

※ 미니북 10, 29쪽

22 공납   정답 ①

빠른 정답 찾기: 각 지역의 토산물을 정기적으로 수취해 국가 수요품을 조달하던 제도 + 문제점을 해결하기 위해 대동법 실시 ➡ **공납**

🔍 자료 분석하기

공납은 각 지역의 특산물(토산물)을 정기적으로 수취해 세금 및 국가 수요품으로 조달하던 제도이다. 공납은 실제 그 지역에서 나지 않는 특산물이 부과될 때도 있었고, 물건으로 내야 해서 보관과 운반이 어려웠다. 또한, 공납을 거두는 관리가 중간에서 이득을 취하기도 하였다. 이에 조선 광해군 때 공납의 폐단을 해결하기 위해 특산물 대신 쌀, 옷감, 동전 등으로 공납을 징수하는 대동법을 실시하였다.

🔍 선택지 분석하기

 공납
⋯ 공납은 각 지역의 특산물(토산물)로 세금을 내는 제도이며 가호별로 수취를 하였다. 그러나 수취 기준이 분명하지 않았으며, 백성에게 부과하는 양이 점차 많아지고 해당 지역에서 나지 않는 특산물을 부과하는 경우도 많아 백성에게는 부담이 되었다.

② 군역
⋯ 군역은 16세 이상 60세 이하의 남자가 직접 군인이 되거나 베와 무명과 같은 포목을 내는 제도이다.

③ 전세
⋯ 전세는 농민들이 농사를 짓는 대가로 나라에 수확물의 일부를 세금으로 내는 제도이다.

④ 환곡
⋯ 환곡은 흉년을 대비하고 빈민을 구제하기 위해 시행된 제도이며, 흉년이나 춘궁기에 곡식을 빈민에게 대여하고 추수기에 이자를 붙여 갚게 하였다.

※ 미니북 09, 25쪽

23 임진왜란   정답 ④

빠른 정답 찾기: 일본의 침략 + 의병 ➡ **임진왜란**

🔍 자료 분석하기

강항은 조선의 문신으로, 1592년 조선 선조 때 왜군이 조선에 침입하여 임진왜란이 일어나자 전라도 영광에서 의병을 모집하였다. 이후, 일본의 재침입으로 1597년 정유재란이 발발하자 왜의 수군에 잡혀 일본에 포로로 끌려갔다. 일본에서 강항은 일본 학자와 교류하며 성리학을 전파하였고, 일본의 성리학 발전에 기여하였다.

🔍 선택지 분석하기

① 김종서가 6진을 개척하였다.
⋯ 조선 세종은 김종서를 보내 두만강 일대의 여진을 몰아내고 6진을 개척하여 영토를 확장하였다(1449).

② 어재연이 광성보에서 항전하였다.
⋯ 미국이 제너럴 셔먼호 사건을 구실로 강화도에 침입하여 신미양요가 발생하였다. 이에 어재연 장군이 이끄는 조선 군대가 초지진과 광성보를 점령한 미국군에 항전하였으나 수많은 사상자를 내며 패배하였다(1871).

③ 이종무가 쓰시마섬을 정벌하였다.
⋯ 조선 세종 때 이종무가 쓰시마섬을 정벌하여 왜구를 소탕하였다(1419).

 이순신이 명량 해전을 승리로 이끌었다.
⋯ 이순신은 13척의 배로 울돌목의 좁은 수로를 활용하여 왜군의 133척의 배에 맞서 싸워 명량 해전을 큰 승리로 이끌었다(1597).

※ 미니북 10쪽

24 조선 정조   정답 ③

빠른 정답 찾기: 지지대 고개 + 수원 + 아버지 사도 세자 ➡ **조선 정조**

🔍 자료 분석하기

조선 정조는 왕위에 오른 후 아버지 사도세자의 무덤을 서울 배봉산에서 수원으로 옮겼다. 수원에서 의왕으로 넘어가는 위치에 있는 지지대 고개의 이름에는 조선 정조가 아버지 사도 세자의 무덤에 참배를 하고 한양으로 돌아가던 중 아버지를 그리워하여 행차가 늦어져 늦을 지(遲) 자를 사용하게 되었다는 유래가 담겨 있다.

선택지 분석하기

① 삼국사기를 편찬하였다.
→ 고려의 유학자 김부식은 유교적 사관을 바탕으로 한 기전체 형식의 역사서 『삼국사기』를 편찬하였다.

② 훈민정음을 창제하였다.
→ 조선 세종은 우리나라의 독창적인 문자인 훈민정음을 창제·반포하였다.

✓ 초계문신제를 실시하였다.
→ 조선 정조는 새롭게 관직에 오른 자 또는 기존 관리들 중 능력 있는 자들을 규장각에서 재교육시키는 초계문신제를 실시하였다.

④ 통리기무아문을 설치하였다.
→ 조선 고종은 국내외의 군국 기무를 총괄하는 관청인 통리기무아문을 설치하고, 그 아래 12사(司)를 두어 행정 업무를 맡게 하였다.

25 김홍도의 풍속화 정답 ③

빠른 정답 찾기: 김홍도 + 풍속화 + 조선 후기 서민들의 생활 모습을 생생하게 묘사 ➡ 김홍도의 풍속화

자료 분석하기
조선 후기에는 서민들의 일상생활 모습을 생동감 있게 표현한 풍속화가 유행하였다. 대표적 풍속화가인 김홍도는 도화서 화원 출신으로, 「서당」, 「자리짜기」, 「씨름도」 등의 작품을 남겼다. 「씨름도」는 빈틈없이 짜인 구성과 간결한 붓질로 조선 시대 풍속화를 대표하는 작품 중 하나이다.

선택지 분석하기

① 고사관수도
→ 강희안 - 조선 전기

② 아집도대련
→ 고려 후기

✓ 무동
→ 김홍도 - 조선 후기

④ 월하정인
→ 신윤복 - 조선 후기

26 조선 후기 사회 모습 정답 ③

빠른 정답 찾기: 진산 + 윤지충 + 서학 + 어머니의 신주를 불사름 ➡ 진산 사건

자료 분석하기
조선 정조 때 전라도 진산의 양반이자 천주교(서학) 신자였던 윤지충과 권상연이 어머니의 신주를 모시는 것을 거부하여 신주를 불태웠다(진산 사건). 이에 유학을 받들어야 할 사림 세력이 사학을 믿었다는 죄명으로 두 사람 모두 처형되었다.

선택지 분석하기

① 정감록을 읽는 양반
→ 조선 후기에 사회가 변화하면서 유교적 명분론이 설득력을 잃어가자 예언 사상이 유행하였다. 『정감록』은 당시에 유행했던 예언서였다.

② 판소리 공연을 하는 소리꾼
→ 조선 후기에는 서민 문화가 발달하여 「춘향가」, 「흥보가」 등의 판소리가 유행하였다.

✓ 삼별초의 일원으로 훈련하는 군인
→ 고려 무신 정권 시기에 최우는 치안 유지를 위해 삼별초를 구성하였으며, 이는 최씨 무신 정권의 군사적 기반이 되었다.

④ 상평통보로 물건을 구입하는 농민
→ 조선 인조 때 처음 상평통보가 만들어졌다가 중지된 이후 숙종 때 허적의 건의에 따라 다시 주조되고 전국적으로 유통되었다.

27 임오군란 정답 ④

빠른 정답 찾기: 구식 군인 + 정부의 개화 정책과 차별 대우에 반발 ➡ 임오군란

자료 분석하기
조선 고종은 개화 정책의 일환으로 기존 5군영을 무위영과 장어영의 2영으로 개편하고 신식 군대인 별기군을 설치하였다. 이후 구식 군대인 2영은 별기군에 비해 차별 대우를 받았고, 수개월간 밀린 급료를 겨와 모래가 섞인 쌀로 지급받았다. 이에 분노한 구식 군인들이 급료를 지급한 선혜청과 일본 공사관을 습격하면서 임오군란이 발생하였다. 군란은 민씨 세력의 요청으로 개입한 청군에 의해 진압되었다.

선택지 분석하기

① 갑신정변
→ 김옥균, 박영효를 중심으로 한 급진 개화파는 우정총국 개국 축하연 자리에서 갑신정변을 일으켰다.

② 병인양요
→ 병인박해를 구실로 로즈 제독이 이끄는 프랑스 군대가 양화진을 공격하며 병인양요가 발생하였다.

③ 을미사변
→ 삼국 간섭 이후 일본의 세력이 위축되자 민씨 세력은 러시아를 통해 일본을 견제하려 하였다. 이에 일본은 자객을 보내 경복궁을 습격하여 명성 황후를 시해하는 을미사변을 일으켰다.

✔ 임오군란
→ 신식 군대인 별기군과의 차별 대우로 인해 불만이 쌓인 구식 군인들이 임오군란을 일으켜 일본 공사관과 선혜청을 습격하였다.

28 조선의 서얼   정답 ④

빠른 정답 찾기 조선 시대 서얼 + 양반의 첩이 낳은 자식

자료 분석하기

조선 시대에는 양반의 본부인이 아닌 첩이 낳은 자식을 서얼이라 부르고 사회적으로 차별하였다. 이에 서얼들은 신분 상승 운동인 통청 운동을 전개하면서 청요직으로 진출하는 것을 허용해 달라는 상소를 올렸다.

선택지 분석하기

① 소속 관청에 신공을 바쳤어요.
② 매매, 상속, 증여의 대상이었어요.
→ 노비는 관청이 소유하는지, 개인이 소유하는지에 따라 공노비와 사노비로 구분되었다. 공노비는 소속 관청에 매년 신공을 바치고 노동력을 제공하였으며, 사노비는 주인 양반에게 신공을 바쳤다. 노비는 재산으로 취급되어 매매, 상속, 증여의 대상이었으며, 비자유민으로서 거주지를 바꿀 자유가 없었다.

③ 골품에 따라 관등 승진에 제한을 받았어요.
→ 신라 시대에는 골품제라는 신분 제도를 두어 골품에 따라 관등 승진을 제한하였다.

✔ 차별 철폐를 위해 통청 운동을 전개하였어요.
→ 조선 후기에는 서얼을 사회적으로 차별하여 서얼의 관직 진출을 제한하였다. 이에 서얼들은 통청 운동을 전개하면서 차별 철폐를 주장하였다.

29 흥선 대원군   정답 ①

빠른 정답 찾기 경복궁 중건 + 원납전 + 당백전 ➡ 흥선 대원군의 개혁 정책

자료 뜯어보기

우리 전하께서는 어린 나이에 왕으로 즉위하셔서 흥선 대원군으로 하여금 백성을 돌보고 살피게 하셨습니다. 그런데 흥선 대원군이 경복궁 중건을 위해 부유한 자에게 원납전*을 거두었으나 부족하였습니다. 또한, 새롭게 당백전*까지 주조하여 백성들의 삶을 힘들게 하였습니다.

* 원납전: 흥선 대원군이 경복궁을 다시 짓기 위해 백성들에게 강제로 거둔 기부금이다. 기부금의 액수에 따라 벼슬 또는 상을 주기도 하였다.
* 당백전: 원납전을 거두어도 재정난에 시달리자 정부에서 발행한 화폐이다. 상평통보의 100배의 가치가 있는 것으로 유통되었지만, 실상 5~6배의 가치밖에 지니지 않아 인플레이션이 발생하는 결과를 낳았다.

자료 분석하기

조선 고종이 어린 나이에 왕위에 오르면서 권력을 잡은 흥선 대원군은 세도 정치로 혼란에 빠진 국가 체제를 복구하기 위해 각종 개혁 정책을 실행하였다. 이에 왕실의 권위를 회복하고자 임진왜란 때 불탔던 경복궁을 중건하였는데 이 과정에서 부족한 재정을 확보하기 위해 원납전과 당백전을 발행하기도 하였다.

선택지 분석하기

✔ 척화비를 건립하였다.
→ 흥선 대원군은 병인양요와 신미양요 등 서양의 침략을 겪은 이후 서양과의 통상 수교 거부 의지를 알리기 위해 전국 각지에 척화비를 세웠다.

② 동의보감을 완성하였다.
→ 조선 선조 때 허준은 왕명으로 각종 의학 지식과 치료법을 집대성한 『동의보감』을 만들기 시작하여 광해군 때 완성하였다.

③ 신해통공을 실시하였다.
→ 조선 정조는 자유로운 상업 활동을 장려하기 위해 육의전을 제외한 시전 상인들의 금난전권을 폐지하는 신해통공을 실시하였다.

④ 나선 정벌을 단행하였다.
→ 조선 효종 때 러시아가 만주 지역까지 침략해 오자 청이 조선에 원병을 요청하였다. 이에 조선은 두 차례에 걸쳐 조총 부대를 출병시켜 나선 정벌을 단행하였다.

30 김홍집

미니북 17쪽
정답 ②

빠른 정답 찾기: 제2차 수신사 + 황준헌이 쓴 『조선책략』을 국내에 들여옴 + 갑오개혁 당시 총리대신 ➡ **김홍집**

자료 분석하기

강화도 조약 체결 이후 제2차 수신사로 일본에 파견되었던 김홍집은 청 외교관 황준헌의 『조선책략』을 조선에 들여와 러시아의 남하 정책에 대비하기 위해 미국과 수교를 맺어야 한다고 주장하였다. 임오군란이 발생한 후에는 전권 부관으로 활약하면서 제물포 조약과 조청 상민 수륙 무역 장정이 체결되는 데 큰 역할을 하였으며, 갑신정변 이후에는 좌의정으로 임명되어 일본과의 외교를 담당하였다. 또한, 갑오개혁을 실시하기 위해 설치한 군국기무처의 총리대신으로 임명되면서 개혁을 주도하였다.

선택지 분석하기

① 김옥균
…› 김옥균은 급진 개화파로서 일본의 군사적 지원을 약속받고 우정총국 개국 축하연 자리에서 갑신정변을 일으켰다. 갑신정변 이후 상하이로 망명하였으나 자객에 의해 암살당하였다.

 김홍집
…› 김홍집은 온건 개화파로서 개혁과 개방에 앞장섰다. 갑오개혁 때는 박영효와 함께 내각을 이루고 개혁을 주도하였다.

③ 서재필
…› 서재필은 급진 개화파로서 갑신정변을 일으켰다가 미국으로 망명하였다. 미국에서 돌아온 후 정부의 지원을 받아 우리나라 최초의 민간 신문인 독립신문을 창간하였다.

④ 유인석
…› 유인석은 유생 출신 의병장으로, 을미사변이 일어나고 단발령이 시행되자 을미의병을 일으켰다.

31 강화도 조약

미니북 11쪽
정답 ④

빠른 정답 찾기: 원산에 이어 인천이 개항 + 병자년에 일본과 체결한 조약 ➡ **강화도 조약**

자료 분석하기

1876년 일본과 강화도 조약을 체결하면서 부산을 개항하였다. 이후 부산 이외의 두 개 항구를 20개월 이내에 개항하여 통상해야 한다는 제5조의 내용에 따라 인천, 원산이 추가로 개항되었다.

선택지 분석하기

① 기유약조
…› 기유약조는 조선 광해군 때 대마도주와 체결하였던 조약으로, 이로 인해 임진왜란으로 끊겼던 일본과의 국교가 재개되고 부산에 왜관이 설치되었다.

② 한성 조약
…› 한성 조약은 갑신정변 이후 일본과 체결하였던 조약으로, 갑신정변 당시 죽게 된 일본인에 대한 배상과 일본 공사관 신축 부지 제공 및 비용에 대한 내용이 담겨있다.

③ 정미 7조약
…› 정미 7조약(한일 신협약)은 고종이 일본에 의해 강제 퇴위당하고 순종이 즉위한 뒤 체결한 조약으로, 군대 해산에 대한 내용이 담겨있다.

 강화도 조약
…› 강화도 조약은 조선이 일본의 통상 조약 강요에 의해 맺은 최초의 근대적 조약이자 불평등 조약이다.

32 항일 의병 운동의 전개

미니북 36쪽
정답 ④

빠른 정답 찾기: 최익현 + 스스로 외교하지 못하고 타인이 대신함 + 을사오적은 실로 우리나라 만대의 역적 ➡ **항일 의병 운동의 전개**

자료 분석하기

일본에 의해 강제로 을사늑약이 체결되자 최익현은 고종에게 상소를 올려 을사오적을 처단할 것을 주장하였다. 이후 그는 태인에서 의병을 모집한 후 임병찬과 함께 을사의병을 일으키며 항일 의병 활동을 활발히 전개하였다.

선택지 분석하기

① **비변사**의 설치
…› 비변사는 조선 중종 때 외적의 침입에 대비하기 위한 임시 기구로 설치되었다. 임진왜란을 거치며 군사 문제뿐만 아니라 외교, 재정, 인사 등 모든 정치 업무를 총괄하는 기관으로 변화하였다.

② **기묘사화**의 발생
…› 조선 중종은 반정으로 왕위에 오른 뒤 훈구파를 견제하고 연산군의 잘못된 정치를 개혁하기 위해 사림파를 등용시켰다. 이때 정계에 진출한 조광조는 훈구 정치의 개혁을 추진하며 반정 공신들의 위훈 삭제를 주장하였다. 이에 훈구파가 반발하여 기묘사화를 일으켰고 조광조를 비롯한 사림이 화를 입었다.

③ 임술 농민 봉기의 발발
⋯ 조선 철종 때 삼정의 문란과 경상 우병사 백낙신의 수탈에 견디다 못한 농민들의 반발로 진주 지역의 몰락 양반 유계춘이 중심이 되어 임술 농민 봉기를 일으켰다.

✓ 항일 의병 운동의 전개
⋯ 항일 의병 운동이란 국권 회복을 위해 자발적으로 군대를 조직하고 일제에 맞선 운동을 뜻한다. 대표적으로 을미의병, 을사의병, 정미의병이 있다.

33 동학 농민 운동

※ 미니북 11, 33쪽

정답 ②

빠른 정답 찾기
전봉준 + 농민군이 중앙에서 파견된 관군을 격파 + 황룡촌 전투 기념탑 ➡ 동학 농민 운동

자료 분석하기

고부 군수 조병갑이 강제로 세금을 징수하는 등 횡포를 부리자 농민들은 동학교도 전봉준을 중심으로 고부 농민 봉기를 일으켰다. 이후 사태 진압을 위해 파견된 안핵사 이용태가 농민 봉기의 참가자를 탄압하자 전봉준을 비롯한 동학 교도와 농민들은 동학 농민 운동을 전개하였다. 농민군은 황룡촌 전투와 황토현 전투에서 관군에 승리하며 전주성을 점령하고 전라도 일대를 장악하였다.

선택지 분석하기

① 독립 협회가 창립되었다.
⋯ 갑신정변 이후 미국에서 돌아온 서재필, 이상재 등은 독립 협회를 창립하였다.

✓ 전주 화약이 체결되었다.
⋯ 동학 농민군이 황룡촌·황토현 전투에서 승리하자 정부는 농민군과 전주 화약을 체결하였다. 이에 농민군은 집강소를 설치하여 폐정 개혁을 실시하였다.

③ 백두산정계비가 건립되었다.
⋯ 조선 숙종 때 간도 지역을 두고 청과 국경 분쟁이 발생하자 두 나라 대표가 백두산 일대를 답사하고 국경을 확정하여 백두산정계비를 건립하였다.

④ 박규수가 안핵사로 파견되었다.
⋯ 조선 철종 때 임술 농민 봉기가 일어나자 안핵사로 파견된 박규수는 민란의 원인이 삼정에 있다고 보고 삼정이정청을 설치하여 삼정의 폐단을 해결하고자 노력하였다.

한발 더 다가가기

동학 농민 운동의 전개 과정
삼례 집회(교조 신원 운동) → 전봉준 중심으로 고부 관아 점령 → 관군과의 황토현·황룡촌 전투 승리 → 전주성 점령 → 청군·일본군 조선 상륙 → 전주 화약 체결 → 집강소 설치 → 일본군의 경복궁 점령 → 청일 전쟁 발생 → 전봉준·김개남 2차 봉기 → 우금치 전투 패배 → 전봉준 체포

34 근대 문물

※ 미니북 37쪽

정답 ①

빠른 정답 찾기
전등 + 대한 제국 + 전차 + 한성 전기 회사 ➡ 근대 문물

자료 분석하기

대한 제국 시기 황실과 미국인의 합작으로 한성 전기 회사가 세워졌다(1898). 이후 한성 전기 회사는 전등, 전화 등의 시설 운영권을 부여받아 종로 민가에 전등을 세웠으며, 발전소를 세워 서울 서대문에서 청량리 구간을 운행하는 전차를 개통하였다(1899).

선택지 분석하기

✓ 경인선 기차를 타고 가는 승객
⋯ 우리나라 최초의 철도인 경인선은 1896년 미국인에 의해 공사가 시작되었으나, 자금 부족으로 일본인이 경영하는 경인 철도 회사가 부설권을 인수하여 제물포에서 노량진 사이의 구간이 개통되었다(1899).

② 텔레비전 뉴스를 보도하는 기자
⋯ 우리나라에서 텔레비전 방송은 1950년대에 시작되었으며, 1960년대 중반부터 텔레비전 보급이 확대되면서 대중 문화를 선도하였다.

③ 박문국에서 한성순보를 인쇄하는 기술자
⋯ 개항 이후 개화 정책의 일환으로 박문국을 설치하고 최초의 근대 신문인 한성순보를 발행하였다(1883).

④ 라디오 방송을 송출하는 경성 방송국 직원
⋯ 일제는 경성 방송국을 개국하고 방송을 규제하면서 조선의 문화를 말살하고 식민 통치를 강화하고자 하였다(1927).

35 토지 조사 사업

정답 ①

미니북 12쪽

빠른 정답 찾기: 임시 토지 조사국 + 조선 총독부 + 지세 수취 등을 목적 ➡ **토지 조사 사업**

🔍 자료 분석하기

1910년대 무단 통치기에 조선 총독부는 식민 지배를 위해 안정적으로 조세를 확보하고자 토지 조사 사업을 시행하였다(1910~1918). 이에 일제는 임시 토지 조사국을 설치하고 토지 조사령을 발표하여 일정 기간 내 토지를 신고하도록 하였으며, 신고하지 않은 토지는 총독부에서 몰수하여 일본인에게 헐값으로 팔아버렸다.

🔍 선택지 분석하기

✓ **회사령**이 시행되었다.
⋯ 1910년대 일제는 회사령을 시행하여 회사를 설립하거나 해산할 때 총독부의 허가를 받게 하며 민족 기업 설립을 방해하였다.

② **관민 공동회**가 열렸다.
⋯ 독립 협회는 관민 공동회를 열어 중추원 개편을 통한 의회 설립 방안이 담긴 헌의 6조를 고종에게 건의하였다(1898).

③ **원산 총파업**이 일어났다.
⋯ 원산 총파업은 일제 강점기에 영국인이 경영하는 회사에서 일본인 감독이 조선인 노동자를 구타한 사건에서 시작되었다. 노동자들은 파업 후 요구를 받아주겠다던 회사가 약속을 지키지 않자 원산 노동자 연합회를 중심으로 총파업에 들어갔다(1929).

④ **국가 총동원법**이 제정되었다.
⋯ 1930년대 이후 민족 말살 통치기에 일제는 국가 총동원법을 제정하여 전쟁 수행을 위한 한국의 인적·물적 자원을 통제하고 동원하였다(1938).

한발 더 다가가기

일제 강점기 경제 수탈

1910년대	• 토지 조사 사업: 총독부의 토지 약탈 • 회사령, 어업령, 광업령: 회사 설립과 주요 산업의 허가제 전환
1920년대	• 산미 증식 계획: 일본 본토의 식량 부족 문제를 해결하기 위해 쌀 유출 → 국내 식량 사정 악화, 몰락 농민 증가 • 일본 상품에 대한 관세 철폐
1930년대	• 남면북양 정책 • 병참 기지화 정책: 전쟁 수행에 필요한 물자 조달 • 국가 총동원법: 침략 전쟁을 위한 인적·물적 자원 수탈

36 봉오동 전투

정답 ①

미니북 40쪽

빠른 정답 찾기: 만주 + 독립군 연합 부대 + 홍범도의 지휘 ➡ **봉오동 전투**

🔍 자료 분석하기

3·1 운동 이후 북로 군정서, 대한 독립군, 군무 도독부 등 독립군 부대가 결성되었다. 이들은 간도를 중심으로 국내 진공 작전을 전개하는 등 일본에 맞서 무장 투쟁하였다. 홍범도가 이끄는 대한 독립군과 최진동이 이끄는 군무 도독부 등의 독립군 연합 부대는 활발히 국내 진공 작전을 전개하였고, 봉오동 전투에서 일본군에 크게 승리하였다. 이후 일본은 봉오동 전투에서의 패배를 복수하기 위해 중국에서 활동하는 마적을 매수하여 만주에 위치한 훈춘의 일본 영사관을 습격하게 하였다. 이를 통해 일본은 만주 군대 파견의 구실을 얻어 독립군을 공격하였다.

🔍 선택지 분석하기

✓ **봉오동 전투**
⋯ 홍범도의 대한 독립군은 대한 국민회군, 군무 도독부 등의 독립군과 연합하여 봉오동 전투에서 일본군을 격파하였다.

② **쌍성보 전투**
⋯ 지청천을 중심으로 북만주에서 결성된 한국 독립군은 중국 호로군과 연합하여 쌍성보 전투에서 일본군에 승리하였다.

③ **우금치 전투**
⋯ 일본의 내정 간섭이 심화되자 동학 농민군은 반외세를 내걸고 다시 봉기하였으나 공주 우금치 전투에서 관군 및 일본군에게 패배하였다.

④ **청산리 전투**
⋯ 김좌진이 이끄는 북로 군정서와 홍범도가 이끄는 대한 독립군이 연합한 독립군 부대가 백운평·어랑촌 등에서 일본군을 크게 물리쳤다.

37 방정환

정답 ③

빠른 정답 찾기: 방정환 + 천도교 소년회 + 소년 운동 ➡ **어린이날 제정**

🔍 자료 분석하기

방정환은 1910년대에 경성 청년 구락부를 조직하고 강연회와 토론회에 참여하였다. 이후 1920년대에 김기전 등과 함께 천도교 소년회에서 활동하면서 소년 운동을 벌였다. 1930년대에 들어서는 일제가 소년 운동을 애국 운동으로 간주하여 탄압하면서 활동이 중단되었다.

선택지 분석하기

① 의열단 창설을 주도함
⋯ 김원봉은 만주에서 무장 독립운동 단체로 의열단을 창설하여 암살, 파괴, 테러 등 직접 투쟁을 전개하였다.

② 베를린 올림픽에 참가함
⋯ 손기정 선수는 베를린 올림픽 마라톤 대회에 참가하여 1등을 차지하였다. 이때 동아일보 등 일부 신문들이 선수복 가슴에 있는 일장기를 삭제한 채 승리 소식을 보도하여 신문 발간이 일시적으로 중지되기도 하였다.

✓ 어린이날 제정에 기여함
⋯ 방정환, 김기전 등을 중심으로 한 천도교 소년회는 매년 5월 1일을 어린이날로 정하고 『어린이』라는 잡지를 간행하였다.

④ 헤이그에 특사로 파견됨
⋯ 이준, 이상설, 이위종은 을사늑약의 부당성을 국제 사회에 알리기 위해 헤이그 만국 평화 회의에 특사로 파견되었다.

 미니북 12쪽

38 1930년대 이후 민족 말살 통치   정답 ②

빠른 정답 찾기: 황국 신민 서사 + 일제가 침략 전쟁을 확대하던 시기 + 암송하도록 강요 ➡ 1930년대 이후 민족 말살 통치

자료 분석하기

일제는 1930년대 이후 민족 말살 통치를 시행하였다. 일왕에 대한 충성심을 세뇌시키고자 1937년 황국 신민 서사를 만들어 학교나 직장뿐만 아니라 일반인의 모임에서도 이를 암송하도록 하였다. 또한, 1939년에는 창씨개명을 시행하여 조선인의 성과 이름을 일본식으로 바꾸도록 강요하였다.

선택지 분석하기

① 신간회가 창립되었다.
⋯ 1920년대에 사회주의 세력과 민족주의 세력의 좌우 합작으로 신간회가 창립되었다.

✓ 신사 참배가 강요되었다.
⋯ 1930년대 이후 민족 말살 통치기에 일제는 신사 참배를 강요하여 일본 조상 또는 일왕을 숭배하도록 하였다.

③ 교육 입국 조서가 발표되었다.
⋯ 고종은 갑오개혁 이후 교육 입국 조서를 발표하여 교육의 중요

성을 강조하면서 소학교, 중학교, 한성 사범 학교 등을 세웠다 (1895).

④ 동양 척식 주식회사가 설립되었다.
⋯ 일제는 1908년 동양 척식 주식회사를 설립하여 총독부가 빼앗은 조선의 토지와 자원을 일본인에게 헐값에 팔아넘겼다.

 미니북 12, 39쪽

39 3·1 운동   정답 ④

빠른 정답 찾기: 고종의 장례 행렬 + 탑골 공원 + 학생과 시민들의 만세 시위 ➡ 3·1 운동

자료 분석하기

3·1 운동은 고종의 인산일을 계기로 일어난 일제 강점기 최대 규모의 민족 운동으로, 학생과 시민 등 각계각층의 사람들이 일제의 무단 통치에 저항하여 일으킨 만세 운동이다. 민족 대표 33인이 독립 선언서를 발표하고, 탑골 공원에서 학생과 시민들이 독립 선언식을 행하면서 전국적인 만세 운동이 전개되었다.

선택지 분석하기

① 청군의 개입으로 진압되었다.
⋯ 임오군란과 갑신정변은 청군이 개입하면서 진압되었고 이를 계기로 조선에 대한 청의 내정 간섭이 심화되었다.

② 대한매일신보의 후원을 받았다.
⋯ 국채 보상 운동은 대한매일신보, 황성신문 등 여러 언론 기관들의 후원을 받아 전국으로 확산되었다.

③ 황국 중앙 총상회를 중심으로 전개되었다.
⋯ 상권 수호 운동은 조청 상민 수륙 무역 장정이 체결되면서 조선에 들어온 외국 상인들에 의해 시전상인들이 피해를 입자 그들이 황국 중앙 총상회를 설립하며 전개한 운동이다.

✓ 대한민국 임시 정부 수립의 계기가 되었다.
⋯ 3·1 운동은 각계각층의 사람들이 참여한 대규모 독립운동으로, 민족의 주체성을 확인하여 대한민국 임시 정부를 수립하는 계기가 되었다.

 미니북 41쪽

40 민립 대학 설립 운동   정답 ④

빠른 정답 찾기: 1920년대 이상재 등이 중심 + 한국인의 고등 교육 실현 + 모금 활동 ➡ 민립 대학 설립 운동

자료 분석하기

1920년대 이상재, 이승훈, 윤치호 등을 중심으로 한국인을 위한 고등 교육 기관인 민립 대학 설립 운동이 전개되었다. 이들은 조선 민립 대학 기성회를 조직하고, '한민족 1천만이 한 사람이 1원씩'이라는 구호를 내세우며 모금 활동도 전개하였으나 조선 총독부의 감시와 자연재해 등으로 인해 실패하였다.

선택지 분석하기

① 새마을 운동
… 1970년대 박정희 정부 당시 공업화로 인해 상대적으로 낙후된 농어촌 근대화를 목표로 새마을 운동을 추진하였다.

② 국채 보상 운동
… 국채 보상 운동은 일본에서 도입한 차관 1,300만 원을 갚아 경제 주권을 회복하고자 김광제, 서상돈 등의 주도로 시작되었다.

③ 물산 장려 운동
… 민족 기업을 육성하여 경제적 자립을 이루자는 물산 장려 운동은 '조선 사람 조선 것, 내 살림 내 것으로'라는 구호를 내걸고 평양에서 시작하여 전국으로 확산되었다.

✓ 민립 대학 설립 운동
… 1920년대 이상재, 이승훈 등이 중심이 되어 한국인의 고등 교육 실현을 목표로 하는 민립 대학 설립 운동을 전개하였다.

 미니북 12쪽

41 1920년대 문화 통치기   정답 ③

빠른 정답 찾기: 치안 유지법 ➡ 1920년대 문화 통치기

자료 분석하기

1920년대 일본 내에 공산주의와 사회주의가 확산되자 이를 억압하기 위해 치안 유지법을 제정하였다. 이후 조선에도 치안 유지법을 적용하여 식민지 지배에 저항하는 민족 해방 운동과 사회주의 및 독립운동을 탄압하였다(1925).

선택지 분석하기

① 장용영에서 훈련하는 군인
… 조선 후기 정조는 왕권을 뒷받침하는 군사적 기반을 갖추기 위해 친위 부대인 장용영을 설치하여 서울 도성에는 내영, 수원 화성에는 외영을 두었다(1793).

② 군국기무처에서 회의하는 관리
… 일본의 강요로 군국기무처가 설치되었으며, 군국기무처 주도로 제1차 갑오개혁이 시행되었다(1894~1895).

✓ 산미 증식 계획을 추진하는 총독부 직원
… 1920년대 일제는 자국의 부족한 쌀 생산량을 조선에서 수탈하여 채우기 위해 산미 증식 계획을 실시하였다.

④ 조선 건국 준비 위원회에 참여하는 민족 운동가
… 광복 이후 여운형은 건국 준비 단체인 조선 건국 준비 위원회를 조직하여 전국에 지부를 결성하고 치안대를 조직하여 질서 유지 활동을 전개하였다(1945).

미니북 40쪽

42 한인 애국단   정답 ④

빠른 정답 찾기: 일본 도쿄 + 이봉창 + 일왕을 향해 폭탄을 던지는 거사 ➡ 한인 애국단

자료 분석하기

한인 애국단원인 이봉창은 일왕 폭살 계획을 추진하여 1932년 도쿄에서 일왕이 탄 마차에 폭탄을 던졌으나 명중시키지 못하고 체포되었다. 비공개 재판에서 사형 선고를 받은 이봉창은 이치가야 형무소에서 교수형을 선고받아 순국하였다.

선택지 분석하기

① 보안회
… 보안회는 일제의 황무지 개간권 요구에 대한 반대 운동을 벌여 이를 철회시켰다.

② 독립 의군부
… 독립 의군부는 임병찬이 고종의 밀지를 받아 조직한 단체로, 복벽주의(전제 군주제 복구, 고종 복위)를 내세우며 조선 총독부에 국권 반환 요구서 발송을 계획하였다.

③ 조선어 학회
… 조선어 학회는 조선어 연구회가 확대·개편되면서 설립된 단체로, 한글 맞춤법 통일안과 표준어를 제정하고 『조선말 큰사전』 편찬을 추진하였다.

✓ 한인 애국단
… 한인 애국단은 김구가 상하이에서 조직한 항일 운동 단체로, 적극적인 무장 투쟁 활동을 전개하였다.

미니북 15쪽

43 이육사   정답 ③

빠른 정답 찾기: 수감 번호를 이름처럼 사용 + 「광야」 ➡ 이육사

정답 및 해설 **59**

자료 분석하기

이육사는 일제 강점기 항일 저항 시인으로, 「광야」, 「청포도」 등의 작품을 남겼다. 그는 의열단원으로서도 활동하여 독립운동 계획을 세우던 도중 조선은행 대구 지점 폭파 사건에 연루되어 수감되었다. 이에 수감 번호인 '264'를 따서 이육사라는 호를 지었다.

선택지 분석하기

① 김원봉
⋯ 김원봉은 의열단을 결성하여 직접적인 투쟁 방법인 암살, 파괴, 테러 등을 통해 독립운동을 전개하였다.

② 신채호
⋯ 신채호는 「독사신론」을 저술하여 민족을 역사 서술의 중심에 두었다. 또한, 『조선사연구초』와 『조선상고사』를 통해 우리 고대 문화의 우수성과 독자성을 강조하였다.

✓ 이육사
⋯ 이육사는 일제의 식민 통치를 극복하려는 의지를 표현한 「광야」, 「절정」 등의 작품을 통해 일제의 탄압에 저항하였다.

④ 한용운
⋯ 한용운은 독립운동가 겸 승려이자 시인으로 일제 강점기 때 『님의 침묵』을 출간하여 저항 문학에 앞장섰고, 불교의 현실 참여를 주장하였다.

44 대한민국 정부 수립 과정   정답 ①

빠른 정답 찾기: 유엔 총회 결의안 112호 + 유엔 한국 임시 위원단 + 국회의원 총선거를 감독하는 임무 ➡ 5·10 총선거

자료 분석하기

제2차 미소 공동 위원회가 결렬되자 미국은 유엔 총회에 한반도 문제를 상정하였다. 이에 유엔 총회는 유엔 총회 결의안 112호에 따라 한반도에서 인구 비례에 맞게 총선거를 실시하도록 하였다(1947). 그러나 소련이 38선 이북 지역의 입북을 거부하자 유엔 소총회는 선거 실시가 가능한 남한만의 단독 선거를 지시하고 임시 위원단을 파견하여 선거를 감시하라는 결정을 내렸다. 이에 따라 남한에서 5·10 총선거가 실시되고 제헌 헌법이 공포되면서 대한민국 정부가 수립되었다(1948).

한발 더 다가가기

대한민국 정부 수립 과정

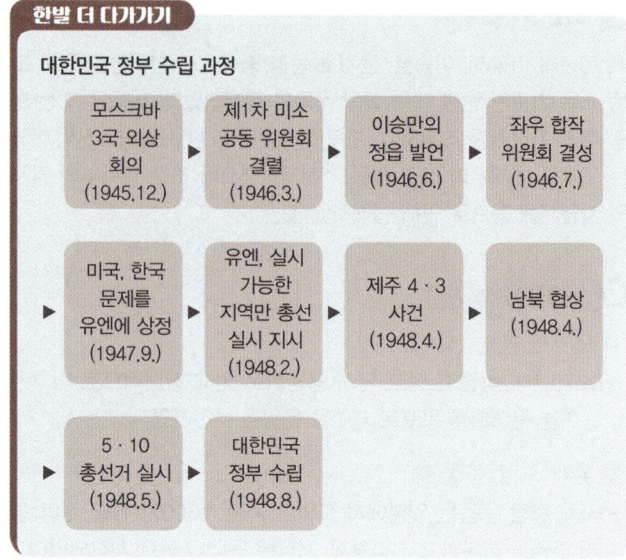

45 이승만 정부   정답 ①

빠른 정답 찾기: 반민특위 + 친일파 청산 ➡ 이승만 정부

자료 분석하기

제헌 국회는 친일파를 청산하고 민족정기를 바로잡기 위해 반민족 행위 처벌법을 제정하였고, 이에 따라 반민족 행위 특별 조사 위원회(반민 특위)가 구성되어 활동하였다(1948). 그러나 반민 특위는 이승만 정부의 소극적이고 비협조적인 태도와 친일 잔재 세력의 집요한 방해 행위에 시달리면서 제대로 된 성과를 거두지 못하고 해체되었다(1949).

선택지 분석하기

✓ 농지 개혁법이 제정되었다.
⋯ 이승만 정부는 농지 개혁법을 제정하여(1949) 유상 매수, 유상 분배를 원칙으로 농지 개혁을 실시하였다(1950).

② 최초로 100억 달러 수출이 달성되었다.
⋯ 박정희 정부 시기인 1970년대에 수출이 증대하여 최초로 100억 달러 수출을 달성하였다.

③ 경제 협력 개발 기구(OECD) 가입이 이루어졌다.
⋯ 김영삼 정부는 한국 경제의 세계화를 위해 경제 협력 개발 기구(OECD)에 가입하였다(1996).

④ 국제 통화 기금(IMF)의 구제 금융 자금이 조기 상환되었다.
⋯ 김대중 정부는 기업 구조 조정과 투명성 강화, 금융 개혁, 금 모으기 운동을 통해 IMF 구제 금융 자금을 일찍 갚았다(2001).

46 5·18 민주화 운동   정답 ④

미니북 44, 52쪽

빠른 정답 찾기: 계엄군과 광주 시민들이 대치 + 전남도청 ➡ 5·18 민주화 운동

🔍 자료 분석하기

5·18 민주화 운동은 신군부의 비상계엄 확대를 반대하며 광주에서 일어났다. 신군부가 공수 부대를 동원하여 시위대를 무력으로 진압하자 학생과 시민들이 시민군을 결성하여 대항하면서 격화되었다. 시민군은 마지막까지 전남도청을 사수하다가 신군부 계엄군의 무차별 사격으로 진압되었다. 5·18 민주화 운동은 우리나라 민주화 운동의 밑거름이 되었으며, 2011년에는 관련 기록물이 유네스코 기록 유산으로 등재되었다.

🔍 선택지 분석하기

① 4·19 혁명
→ 이승만의 장기 집권과 자유당 정권의 3·15 부정 선거에 저항하여 4·19 혁명이 일어났다.

② 6월 민주 항쟁
→ 전두환 정부의 박종철 고문치사 사건과 4·13 호헌 조치가 원인이 되어 6월 민주 항쟁이 전국적으로 확산되었다.

③ 부마 민주 항쟁
→ YH 무역 노동자들의 시위가 신민당사 앞에서 일어난 것을 계기로 박정희 정부는 신민당 총재였던 김영삼을 국회의원에서 제명하였다. 이에 김영삼의 정치적 근거지인 부산, 마산에서 박정희 정권의 유신 체제에 반대하는 시위가 일어나면서 부마 민주 항쟁이 전개되었다.

✓ 5·18 민주화 운동
→ 신군부의 비상계엄 확대와 무력 진압에 반발하여 광주에서 5·18 민주화 운동이 일어났다.

미니북 45쪽

47 박정희 정부 시기 경제 상황   정답 ③

빠른 정답 찾기: 단기간에 진행 + 경부 고속 도로 공사 ➡ 박정희 정부

🔍 자료 분석하기

박정희 정부 시기인 1968년에 경부 고속 도로를 건설하는 공사가 시작되었다. 2년 5개월이라는 단기간에 진행된 데다가 토목 공사 기술도 부족했기에 공사 과정 중 77명이 순직하였다. 이후 순직한 공사 노동자를 기리기 위해 경부 고속 도로 금강휴게소 건너편에 위령탑이 세워졌다.

🔍 선택지 분석하기

① 금융 실명제가 전면 실시되었다.
→ 김영삼 정부는 경제적 부정부패와 탈세를 없애기 위해 금융 실명제를 전면 실시하였다(1993).

② 칠레와 자유 무역 협정(FTA)이 체결되었다.
→ 노무현 정부 때 한국·칠레 자유 무역 협정(FTA)이 체결되었다(2004).

✓ 제2차 경제 개발 5개년 계획이 시행되었다.
→ 박정희 정부 때 제2차 경제 개발 5개년 계획을 시행하여 경공업과 수출을 중심으로 한 경제 발전을 추진하였다(1967).

④ 저금리·저유가·저달러의 3저 호황이 있었다.
→ 전두환 정부 때 저금리·저유가·저달러의 3저 호황으로 물가가 안정되고 수출이 증가하면서 높은 경제 성장률을 기록하였다(1986~1988).

48 김영삼 정부   정답 ①

빠른 정답 찾기: 국민학교라는 명칭이 초등학교로 바뀜 + 일제의 잔재를 청산 ➡ 김영삼 정부

🔍 자료 분석하기

김영삼 정부는 민족정기 회복을 위해 '역사 바로 세우기' 사업을 진행하여 일제가 '황국 신민의 학교'라는 의미로 만든 국민학교의 명칭을 초등학교로 바꾸었다(1996).

🔍 선택지 분석하기

✓ 조선 총독부 건물이 철거되었다.
→ 김영삼 정부 때 '역사 바로 세우기' 사업의 하나로 조선 총독부 건물이 철거되었다(1995).

② 서울에서 G20 정상 회의가 열렸다.
→ 이명박 정부 때 아시아 국가 최초로 세계 경제 문제를 다루는 최상위급 정상 회의인 G20 정상 회의가 서울에서 열렸다(2010).

③ 이라크에 자이툰 부대가 파병되었다.
→ 노무현 정부 때 이라크 전쟁을 수행하고 있던 미국의 요청으로 이라크에 자이툰 부대를 추가로 파병하였다(2004).

④ 한일 월드컵 축구 대회가 개최되었다.
→ 김대중 정부는 월드컵 역사상 첫 공동 개최였던 한일 월드컵 축구 대회를 개최하였다(2002).

49 10·4 남북 정상 선언   정답 ③

빠른 정답 찾기: 분단 이후 두 번째로 열린 남북 정상 회담 + 6·15 남북 공동 선언의 계승 + 개성 공업 지구 방문 ➡ 10·4 남북 정상 선언

자료 분석하기

김대중 정부 때 최초로 남북 정상 회담이 이루어져 6·15 남북 공동 선언을 발표하고, 개성 공단 건설 운영에 관한 합의서를 체결하였다. 이후 노무현 정부 때인 2003년 개성 공업 지구(개성 공단) 착공식이 진행되어 북한 개성에 개성 공업 지구가 조성되었다. 2007년에는 두 번째로 남북 정상 회담을 갖고 6·15 남북 공동 선언을 계승한 10·4 남북 정상 선언을 발표하였다.

선택지 분석하기

① 남북 기본 합의서
⋯ 노태우 정부 시기 남북한 화해 및 불가침, 교류·협력 등에 관한 공동 합의서인 남북 기본 합의서를 채택하였다.

② 7·4 남북 공동 성명
⋯ 박정희 정부 시기 서울과 평양에서 7·4 남북 공동 성명이 발표되었다.

✓③ 10·4 남북 정상 선언
⋯ 노무현 정부는 제2차 남북 정상 회담을 진행하여 6·15 남북 공동 선언을 계승한 10·4 남북 정상 선언을 채택하였다.

④ 한반도 비핵화 공동 선언
⋯ 노태우 정부 시기에는 핵전쟁 위협을 제거하고 평화 통일에 유리한 조건을 만들기 위해 한반도 비핵화 공동 선언을 채택하였다.

한발 더 다가가기

통일을 위한 노력

7·4 남북 공동 성명 (1972)	'자주·평화·민족적 대단결'의 통일 원칙에 합의
남북한 유엔 동시 가입 (1991)	남북 화해 가능성과 국제적 지위 향상
남북 기본 합의서 (1991)	• 남북한이 서로 상대방의 실체 인정 • 남북한 사이의 화해와 상호 불가침 및 교류 협력 확대
한반도 비핵화 공동 선언(1991)	핵전쟁의 위협 제거와 평화 통일에 유리한 조건 조성
6·15 남북 공동 선언 (2000)	• 최초 남북 정상 회담 개최 • 개성 공업 지구 조성 등 남북 교류 협력 사업 확대
10·4 남북 공동(정상) 선언(2007)	• 제2차 남북 정상 회담 개최 • 남북 관계 발전, 평화 번영 노력

50 대한민국으로의 발전 과정   정답 ②

빠른 정답 찾기: 대한국 국제 반포 ➡ 대동단결 선언 발표 ➡ 제헌 헌법 공포

자료 분석하기

(가) **대한국 국제 반포**(1899): 대한 제국을 선포한 고종은 대한국 국제를 반포하여 대한 제국 황제가 군대 통수권, 입법권, 행정권 등의 권한을 장악한 전제 군주임을 선포하였다.

(다) **대동단결 선언 발표**(1917): 상하이에서 조소앙, 신규식, 박은식, 신채호 등은 대동단결 선언을 발표하였다. 이 선언의 특징은 황제의 주권이 국민에게 넘겨져 독립 이후 건국할 조국의 모습은 국민주권국가임을 명백히 한 것이다. 또한, 이 선언은 3·1 운동과 대한민국 임시 정부 수립의 기초가 되었다.

(나) **제헌 헌법 공포**(1948): 5·10 총선거를 통해 구성된 제헌 국회는 제헌 헌법을 공포하면서 민주주의의 기본 원칙인 국민 주권의 원리를 밝혔다.

제69회 한국사능력검정시험

01	02	03	04	05	06	07	08	09	10
②	④	④	①	②	④	③	④	②	③
11	12	13	14	15	16	17	18	19	20
③	④	③	③	③	②	④	④	④	①
21	22	23	24	25	26	27	28	29	30
②	①	②	①	③	④	①	②	③	②
31	32	33	34	35	36	37	38	39	40
③	②	②	①	②	①	②	④	③	④
41	42	43	44	45	46	47	48	49	50
①	②	④	③	④	②	①	③	③	④

01 구석기 시대
정답 ②

빠른 정답 찾기
뗀석기를 처음 사용 + 주먹도끼 + 연천 전곡리
➡ 구석기 시대의 생활 모습

자료 분석하기
구석기 시대에는 돌을 깨뜨려 만든 주먹도끼, 찍개, 긁개 등의 뗀석기를 사용하였다. 뗀석기는 사냥과 채집을 하거나 동물의 가죽을 벗기는 용도 등으로 사용되었다. 구석기 시대의 대표적인 유적지로는 연천 전곡리 유적이 있다.

선택지 분석하기
① 우경이 널리 보급되었다.
⋯ 신라 지증왕 때 소를 이용해 농사를 짓는 우경을 시행하여 깊이 갈이가 가능해졌다. 우경은 고려 시대에 일반화되었다.
✓ 주로 동굴이나 막집에서 살았다.
⋯ 구석기 시대 사람들은 동굴이나 바위 그늘에 막집을 짓고 살면서 계절에 따라 이동 생활을 하였다.
③ 가락바퀴를 이용하여 실을 뽑았다.
⋯ 신석기 시대에는 가락바퀴로 실을 뽑고 뼈바늘로 옷을 지어 입었다.
④ 지배층의 무덤으로 고인돌을 축조하였다.
⋯ 청동기 시대에는 권력을 가진 군장이 등장하였는데 지배층이 죽으면 무덤으로 고인돌을 축조하였다.

02 고조선
정답 ④

빠른 정답 찾기
우리 역사상 최초의 국가 + 단군왕검 + 곰 + 호랑이 ➡ 고조선

자료 분석하기
고조선은 우리 역사상 최초의 국가로, 단군왕검이 건국하였다. 고려 승려 일연이 쓴 『삼국유사』에 기록된 단군 신화에 따르면, 하늘에서 내려온 환웅과 곰에서 사람으로 변한 웅녀가 혼인하여 낳은 단군왕검이 고조선을 세우고 1,500여 년간 다스렸다고 전해진다.

선택지 분석하기
① 영고라는 제천 행사를 열었다.
⋯ 부여는 송화강 유역의 평야 지대에서 건국된 나라이다. 부여에서는 12월에 풍성한 수확제이자 추수 감사제의 성격을 지닌 영고라는 제천 행사가 열렸다.
② 혼인 풍습으로 민며느리제가 있었다.
⋯ 옥저는 함경도 동해안 지역에서 건국된 나라이다. 옥저에는 여자가 어렸을 때 혼인할 남자의 집에서 생활하다가 성인이 된 후에 혼인을 하는 민며느리제가 있었다.
③ 읍락 간의 경계를 중시하는 책화가 있었다.
⋯ 동예는 강원도 북부 동해안 지역에 등장한 나라이다. 동예는 각 부족의 영역을 중요시하여 서로의 영역을 침범한 경우 노비와 소, 말로 갚게 하는 제도인 책화를 두었다.
✓ 범금 8조를 만들어 사회 질서를 유지하였다.
⋯ 고조선은 사회 질서를 유지하기 위해 8개의 조항으로 이루어진 범금 8조를 만들었으나 현재는 3개의 조항만 전해진다.

한발 더 다가가기

고조선의 건국과 멸망

건국	• 단군왕검이 건국 • 건국 이념: 선민사상, 홍익인간 • 사회: 제정 일치, 사유 재산과 계급 분화, 농경 사회
위만 조선	• 유이민 집단과 토착 세력의 연합 • 본격적으로 철기 문화 수용, 영토 확장, 중계 무역
세력 범위	• 비파형 동검 · 미송리식 토기 출토 범위와 거의 일치 • 멸망: 한의 침입으로 기원전 108년에 멸망

03 가야의 문화유산 　　정답 ④

빠른정답찾기: 철의 왕국 가야 ➡ 가야의 문화유산

🔍 자료 분석하기

가야는 철이 풍부하게 생산되어 무기나 화폐로 이용되는 덩이쇠를 만들어 사용하였으며, 낙랑과 왜에 철을 수출하기도 하였다. 또한, 가야의 7개 고분군은 2023년 유네스코 세계 유산으로 등재되었다.

🔍 선택지 분석하기

① 호우명 그릇
⋯ 호우명 그릇은 경주에 있는 신라의 고분에서 발견된 고구려의 그릇이다. 그릇 바닥에 고구려 광개토 대왕을 나타내는 '을묘년국강상광개토지호태왕호우십'이라는 글자가 새겨진 것으로 보아 당시 고구려와 신라가 교류하였음을 알 수 있다.

② 성덕 대왕 신종
⋯ 성덕 대왕 신종은 통일 신라 경덕왕이 아버지인 성덕왕을 기리기 위해 제작한 종이다.

③ 칠지도
⋯ 칠지도는 백제 근초고왕이 왜에 하사하였다고 알려진 유물로, 일본에서 발견되었다. 이를 통해 백제가 왜와 교류하면서 다양한 선진 문물을 전파하였다는 것을 확인할 수 있다.

 철제 판갑옷
⋯ 철제 판갑옷은 가야의 발달된 철기 문화를 잘 보여 주는 대표적인 유물이다.

04 신라 법흥왕 　　정답 ①

✱ 미니북 06쪽

빠른정답찾기: 신라본기 + 병부 + 율령을 반포 + 백관 공복의 위계를 제정 + 불교 ➡ 신라 법흥왕

🔍 자료 분석하기

신라 법흥왕은 '건원'이라는 연호를 사용하였고, 공복 제정과 율령 반포를 통해 통치 질서를 확립하였다. 또한, 군사에 관한 사무를 총괄하는 병부를 설치하고, 상대등을 설치하여 나랏일 전반을 담당하게 하면서 중앙 집권 국가의 모습을 갖추었다. 이차돈의 순교를 계기로 불교를 신라의 국교로 공인하였으며, 금관가야를 병합하여 영토를 넓히기도 하였다.

🔍 선택지 분석하기

 법흥왕
⋯ 신라 법흥왕은 불교를 국교로 공인하였으며, 공복의 위계를 제정하고 병부 설치, 율령 반포를 통해 신라의 통치 체제를 확립하였다.

② 지증왕
⋯ 신라 지증왕은 국호를 신라로 확정하고 마립간 대신 왕이라는 칭호를 사용하였다. 또한, 순장을 금지하였으며, 경주에 시장을 설치하고 이를 관리·감독하기 위한 동시전을 설치하였다.

③ 진평왕
⋯ 신라 진평왕은 인사와 관리 선발을 담당하는 위화부, 각 군현에서 납부한 공물과 세금을 관리하는 조부, 교육·의례를 담당하는 예부를 설치하였다.

④ 진흥왕
⋯ 신라 진흥왕은 백제 성왕과 함께 고구려를 공격하여 한강 유역까지 진출하였다. 이후 나제 동맹을 깨고 백제를 기습 공격하여 한강 이남 지역을 장악한 뒤 이를 기념하기 위해 북한산 순수비를 세웠다.

05 백제 　　정답 ②

✱ 미니북 06, 52쪽

빠른정답찾기: 성왕이 수도로 삼은 부여 + 사비 시기 + 부여 나성 + 부소산성 + 관북리 유적 + 정림사지 ➡ 백제

🔍 자료 분석하기

부여 나성, 부소산성, 관북리 유적, 정림사지는 백제의 마지막 도읍이었던 사비(부여) 시기의 유적이다. 백제는 온조왕에 의해 건국되어 지금의 한강 유역인 위례성(한성)을 수도로 삼았다. 그러나 고구려 광개토 대왕과 장수왕의 공격으로 인해 한강 유역을 완전히 잃게 되면서 백제 문주왕이 도읍을 웅진(공주)으로 옮겼다. 이후 백제 성왕은 사비(부여)로 도읍을 옮기고 국호를 남부여로 고치면서 백제를 다시 일으키기 위해 노력하였다.

🔍 선택지 분석하기

① 주몽이 건국하였다.
⋯ 주몽은 압록강 중류의 졸본 지역을 도읍으로 하여 고구려를 건국하였다.

 지방에 22담로를 두었다.
⋯ 백제 무령왕은 지방에 22담로를 설치하고 왕족을 파견하여 지방에 대한 통제를 강화하였다.

③ 독서삼품과를 시행하였다.
⋯ 통일 신라 원성왕은 국학의 학생들을 대상으로 독서삼품과를 시행하였다. 독서삼품과는 관리 선발 제도로, 유교 경전에 대한 독서 능력에 따라 등급을 나누어 관리를 채용하였다.

④ 한의 침략을 받아 멸망하였다.
⋯ 고조선은 한 무제의 침략으로 인해 수도 왕검성이 함락되면서 멸망하였다.

✽ 미니북 21쪽

06 고구려의 대외 관계   정답 ①

빠른 정답 찾기 고구려 + 외세의 침략을 막아낸 사례 ➡ 고구려의 대외 관계

🔍 자료 분석하기

수 양제는 113만 대군을 이끌고 직접 고구려의 요동성을 공격하였으나 실패하자 우중문을 시켜 30만의 별동대로 평양성을 공격하도록 하였다. 이에 고구려의 을지문덕이 수의 군대를 살수로 유인하여 크게 승리하였다.

🔍 선택지 분석하기

✔ 을지문덕이 살수에서 수의 군대를 물리쳤어요.
⋯ 수 양제가 우중문에게 고구려의 평양성을 공격하게 하자 고구려의 을지문덕은 수의 군대를 살수로 유인하여 크게 무찔렀다.

② 계백이 이끄는 결사대가 황산벌에서 항전하였어요.
⋯ 백제 의자왕은 계백에게 5천 명의 결사대를 주어 김유신이 이끄는 신라군을 막도록 하였다. 이에 계백은 황산벌에서 신라군에 대항하여 싸웠으나 전사하였고, 백제군은 크게 패하였다.

③ 이성계가 황산에서 왜구를 격퇴하였어요.
⋯ 고려 말 이성계는 황산에서 왜구를 격퇴하는 등의 공을 세워 신흥 무인 세력으로 성장하였다.

④ 왕건이 일리천에서 승리하였어요.
⋯ 고려 태조 왕건은 후백제에서 귀순한 견훤과 함께 군사를 이끌고 일리천에서 신검이 이끄는 후백제군과 격돌하였다. 이때 고려군이 승리하면서 후삼국을 통일하게 되었다.

✽ 미니북 19쪽

07 원효   정답 ④

빠른 정답 찾기 『대승기신론소』 + 일심 사상 + 나무아미타불 + 『십문화쟁론』 ➡ 원효

🔍 자료 분석하기

신라의 승려 원효는 『대승기신론소』를 저술하며 모든 것이 한마음에서 나온다는 일심 사상과 불교 종파의 대립 및 분열을 끝내고 화합을 이루기 위한 화쟁 사상을 주장하였다. 또한, 불교의 대중화를 위해 불교의 교리를 쉬운 노래로 표현한 「무애가」를 지어 널리 퍼뜨리면서 불교를 믿는 사람들이 나무아미타불을 외우게 되었다.

🔍 선택지 분석하기

① 왕오천축국전을 지었다.
⋯ 통일 신라 때 혜초는 인도와 중앙아시아를 순례하고 『왕오천축국전』을 지었다.

② 수선사 결사를 제창하였다.
⋯ 고려의 승려 지눌은 불교의 타락을 비판하였으며, 정혜쌍수와 돈오점수를 바탕으로 수선사 결사를 제창하였다.

③ 황룡사 구층 목탑의 건립을 건의하였다.
⋯ 신라 선덕 여왕 때 승려 자장이 건의하여 황룡사 구층 목탑을 건립하였다.

✔ 무애가를 짓는 등 불교 대중화에 힘썼다.
⋯ 신라 승려 원효는 불교의 대중화를 위해 불교의 교리를 쉬운 노래로 표현한 「무애가」를 지었다.

✽ 미니북 07, 46쪽

08 발해   정답 ③

빠른 정답 찾기 정효 공주 묘지 + 문왕 때 사용한 '대흥' + 상경성 + 이불 병좌상 ➡ 발해

🔍 자료 분석하기

발해는 고구려 장군 출신인 대조영이 고구려 멸망 후 유민들을 이끌고 지린성 동모산에 세운 국가이다. 이후 문왕 때 중경에서 상경으로 수도를 옮겼으며, 선왕 때는 영토를 크게 확장하여 전성기를 누리면서 주변국으로부터 해동성국이라 불렸다. 문왕의 넷째 딸 정효 공주의 무덤에 적힌 묘지를 통해 문왕이 '대흥'이라는 연호를 사용하였다는 것을 확인할 수 있다. 또한, 발해 상경성에서 출토된 이불 병좌상에서는 고구려 문화 양식이 나타나면서 발해가 고구려를 계승하였다는 것을 알 수 있다.

🔍 선택지 분석하기

① 9주 5소경을 두었다.
⋯ 통일 신라 신문왕 때 통일 후 넓어진 영토를 효과적으로 다스리기 위해 9주 5소경의 지방 행정 제도를 마련하였다. 전국을 9개의 주와 5개의 소경으로 나누어 수도 경주가 한쪽으로 치우친 것을 보완하고자 하였다.

정답 및 해설 **65**

② 기인 제도를 실시하였다.
⋯ 고려 태조는 지방 호족의 자제를 일정 기간동안 수도인 개경에 머물도록 하는 기인 제도를 실시하여 호족 세력을 견제하고자 하였다.

✓ 해동성국이라고도 불렸다.
⋯ 발해 선왕 때 전성기를 누리면서 주변 국가들이 '바다 동쪽의 번성한 나라'라는 뜻으로 발해를 해동성국이라고 불렀다.

④ 백두산정계비를 건립하였다.
⋯ 조선 숙종 때 간도 지역을 두고 청과 국경 분쟁이 발생하자 두 나라 대표가 백두산 일대를 답사하고 국경을 확정하여 백두산정계비를 세웠다.

한발 더 다가가기
통일 신라 말 사회 모습

왕위 쟁탈	경덕왕 사후 나이 어린 혜공왕 즉위 → 진골 귀족들의 왕위 쟁탈전
지방 세력 반란	김헌창의 난(822), 장보고의 난(846)
농민 봉기	원종과 애노의 난(889)
새로운 세력의 등장	• 6두품 세력: 골품제 비판, 새로운 정치 이념과 사회상 제시 • 호족 세력: 중앙 정부의 통제에서 벗어나 성주·장군 자처, 지방의 행정권과 군사권 장악
새로운 사상 유행	선종, 풍수지리설, 유교

09 통일 신라 말의 사회 상황 정답 ④

빠른 정답 찾기: 혜공왕이 피살된 이후 왕위 쟁탈전이 치열 + 지배층의 수탈 + 농민들의 봉기 ➡ 통일 신라 말의 사회 상황

자료 분석하기
통일 신라 말 혜공왕이 피살된 이후, 귀족들끼리의 왕위 쟁탈전이 심화되고 농민 봉기가 일어나면서 사회가 혼란스러워졌다. 특히, 김헌창이 왕위 쟁탈전에 불만을 가져 웅천주(공주)에서 난을 일으켰으며(김헌창의 난, 822), 장보고는 청해진(완도)을 중심으로 해상 무역을 장악하면서 난을 일으켰다(장보고의 난, 846). 또한, 진성 여왕 때 사벌주(상주)에서 원종과 애노가 난을 일으켰으며(원종과 애노의 난, 889), 적고적이라 불리는 도적들도 일어나 경주의 서쪽까지 와서 약탈을 하였다(적고적의 금성 약탈, 896).

선택지 분석하기
① 장용영에서 훈련하는 군인
⋯ 조선 정조는 국왕의 친위 부대인 장용영을 설치하여 왕권을 강화하였다.

② 의정부에 모여 회의하는 관리
⋯ 의정부는 조선의 최고 행정 기관으로 국정을 총괄하였다.

③ 여진 정벌에 나선 별무반 병사
⋯ 고려 예종 때 윤관은 별무반을 이끌고 여진을 몰아낸 뒤 동북 9성을 지었다.

✓ 스스로를 성주, 장군이라 칭하는 호족
⋯ 호족은 통일 신라 말 중앙 정부의 통제에서 벗어나 독자적인 지방 세력으로 성장하였으며, 스스로를 성주, 장군이라고 칭하였다.

10 궁예 정답 ③

빠른 정답 찾기: 수도를 송악에서 철원으로 옮김 + 광평성 ➡ 궁예

자료 분석하기
신라 왕족 출신 궁예는 세력을 키워 송악을 도읍으로 하여 후고구려를 세우고 국호를 마진, 연호를 무태라고 하였다. 또한, 관제 정비를 위해 정치 기구로 광평성을 두어 내정을 다스리게 하였다. 영토를 확장한 후에는 철원으로 도읍을 옮기고 국호를 태봉으로 변경하였다.

선택지 분석하기
① 우산국을 복속하였다.
⋯ 신라 장군 이사부는 지증왕의 명을 받아 우산국(울릉도)을 정벌하여 복속하였다.

② 백제 계승을 내세웠다.
⋯ 신라의 군인 출신 견훤은 세력을 키워 완산주(전주)에 도읍을 정하고 백제 계승을 내세우며 후백제를 건국하였다.

✓ 국호를 태봉으로 바꾸었다.
⋯ 궁예는 송악을 도읍으로 하여 후고구려를 건국한 후 국호를 마진으로 정하였다. 영토를 확장한 후에는 도읍을 철원으로 옮기고 국호는 태봉으로 바꾸었다.

④ 중앙군으로 9서당을 설치하였다.
⋯ 통일 신라 신문왕은 중앙군으로 9서당을 설치하였는데, 신라인뿐만 아니라 백제인, 고구려인, 말갈인으로도 함께 구성하여 민족을 융합하고자 하였다.

한발 더 다가가기

후백제와 후고구려

후백제(900)	후고구려(901)
• 신라의 군인 출신 견훤이 완산주(전주)에 도읍을 정함 • 충청도와 전라도 지역의 우세한 경제력을 토대로 군사적 우위 확보 • 신라에 적대적, 지나친 조세 수취, 호족 포섭 실패	• 신라 왕족의 후예인 궁예가 송악(개성)을 근거지로 건국 • 철원으로 천도(국호: 태봉), 관제 개혁 및 새로운 신분 제도 모색 • 지나친 조세 수취, 미륵 신앙을 이용한 전제 정치로 궁예가 축출됨

※ 미니북 08, 23쪽

11 고려와 거란의 대외 관계   정답 ③

빠른 정답 찾기
고려와 거란의 전쟁 + 서희 + 강동 6주 + 양규 + 흥화진
➡ 고려와 거란의 대외 관계

자료 분석하기

거란은 세 차례에 걸쳐 고려를 침입하였다. 거란의 1차 침입 때에는 고려의 사신 서희가 거란의 장수 소손녕과 외교 담판을 벌인 끝에 고려가 고구려를 계승하였음을 인정받고 압록강 동쪽의 강동 6주를 획득하는 성과를 거두었다. 거란의 2차 침입 때에는 강조의 정변을 구실로 고려를 침입하여 고려의 수도 개경이 함락되자 양규가 이끄는 고려군이 흥화진 전투에서 승리하면서 거란을 물리쳤다. 이후 거란의 3차 침입 때에는 고려의 강감찬이 거란의 소배압이 이끄는 10만 대군에 맞서 귀주에서 크게 승리하였다.

선택지 분석하기

① 김종서, 6진을 개척하다
⋯ 조선 세종은 김종서를 보내 두만강 일대의 여진을 몰아내고 6진을 개척하여 영토를 확장하였다.

② 윤관, 동북 9성을 축조하다
⋯ 고려 예종 때 윤관은 숙종 때 편성한 별무반을 이끌고 여진을 토벌하여 동북 9성을 축조하였다.

✓ 강감찬, 귀주에서 승리하다
⋯ 고려 현종 때 거란이 3차 침입을 하자 강감찬은 거란 장수 소배압이 이끄는 10만 대군에 맞서 귀주에서 크게 승리하였다.

④ 김윤후, 충주성에서 적을 막아내다
⋯ 고려 고종 때 몽골이 5차 침입을 단행하자 충주산성의 방호별감이었던 김윤후는 관아에 소속된 노비들과 함께 충주성에서 몽골군에 맞서 싸워 승리를 거두었다.

※ 미니북 28쪽

12 고려 시대의 화폐   정답 ④

빠른 정답 찾기
화폐 + 건원중보 + 은병 + 활구 + 의천 + 주전도감
➡ 고려 시대의 화폐

자료 분석하기

건원중보는 고려 성종 때 주조된 우리나라 최초의 화폐이다. 중국의 건원중보와 구분하기 위해 뒷면에 '동국(東國)'이라는 한자를 새겨 넣었다. 은병은 고려 숙종 때 발행되었으며 우리나라 지형을 본뜬 모양에 은으로 만들어졌다. 고려 숙종 때 대각국사 의천은 송나라에 가서 금속 화폐의 편의성과 효율성을 느끼고 돌아와 화폐의 유통에 대해서 적극적으로 주장하였다. 의천의 건의를 받아들여 주전도감에서 해동통보가 발행되었고, 숙종 때에는 금속 화폐의 사용을 유통, 보급하고자 노력하였다.

선택지 분석하기

① 명도전
⋯ 철기 시대 때 중국과의 활발한 교류로 인해 중국 화폐인 명도전과 반량전이 사용되었다.

② 백동화
⋯ 조선 말 개항 이후 재정 위기를 해결하기 위하여 전환국을 설치하고 새로운 화폐인 백동화를 주조하여 유통시켰다.

③ 상평통보
⋯ 상평통보는 조선 인조 때 처음 주조·유통되다가 중지되었고, 숙종 때 허적의 건의에 따라 다시 주조하였다. 이후 점차 전국적으로 유통되어 공식 화폐가 되었다.

✓ 해동통보
⋯ 해동통보는 적은 액수를 거래하기 불편한 은병의 단점을 보완하고자 만든 구리 동전이다.

※ 미니북 50쪽

13 만적의 난   정답 ③

빠른 정답 찾기
만적 + 노비들을 모아 놓음 + 봉기 ➡ 만적의 난

자료 분석하기

고려 최씨 무신 정권 시기에 최충헌의 사노비인 만적은 장군과 재상은 신분으로 결정되지 않는다고 노비들을 선동하여 신분 차별에 반발하는 반란을 계획하였다. 하지만 이는 사전에 발각되어 실패하였다(1198).

14 화통도감 정답 ③

빠른 정답 찾기: 최무선 + 원의 염초 기술자 → 화통도감

자료 뜯어보기

> 처음 (가) 을 설치하였는데 판사 최무선*의 말을 따른 것이다. 최무선이 원의 염초 기술자인 같은 마을 사람 이원*을 잘 대우하여 그 기술을 물어보고, 아랫사람들에게 익히게 하여 시험해 본 후 왕에게 건의하여 설치한 것이다.
> - 「고려사」 -

*최무선: 고려 말 우왕 때 최무선은 화통도감의 설치를 건의하여 화약과 화포를 제작하였고, 이를 이용하여 진포에 배 500여 척을 이끌고 쳐들어온 왜구를 크게 물리쳤다.

*이원: 최무선이 화약 제조의 핵심 기술인 염초 제조법을 원의 이원으로부터 배워 화약 개발에 적용하였다.

자료 분석하기

고려 말 우왕 때 진포에 왜구가 배 500여 척을 이끌고 노략질을 하기 위해 침입하였다. 이때 최무선은 나세, 심덕부 등과 함께 전투선과 화통·화포를 갖추고 왜구를 물리치며 크게 승리하였다.

선택지 분석하기

① 교정도감
…› 고려 무신 정권 시기에 최충헌이 설치한 교정도감은 인사 행정 및 재정권까지 장악하였던 최고 권력 기관이다.

② 식목도감
…› 고려의 식목도감은 도병마사와 함께 대표적인 귀족 회의 기구이다. 식목도감은 법률·제도의 제정 및 격식을 담당하였으며, 당시 고려의 독창적인 정치 구조를 보여 준다.

✓ 화통도감
…› 고려 말 우왕 때 최무선이 화통도감의 설치를 건의하여 화약과 화포를 제작하였고, 화포를 활용하여 진포 대첩에서 왜구를 물리쳤다.

④ 훈련도감
…› 조선의 문신 유성룡은 임진왜란 중 군사 제도 개편의 필요성을 느껴 포수, 사수, 살수의 삼수병으로 편성된 훈련도감 창설을 건의하였다.

15 고려의 대몽 항쟁 시기 정답 ③

빠른 정답 찾기: 강화도 천도 → 팔만대장경 제작 → 삼별초의 대몽 항쟁

자료 분석하기

- **강화도 천도**(1232): 몽골은 고려와 외교 관계를 맺은 이후 많은 공물을 요구하며 고려를 압박하였다. 그러던 중 고려에 온 몽골 사신 저고여가 본국으로 돌아가다가 암살당한 사건이 발생하자, 몽골은 이를 구실로 삼아 여섯 차례에 걸쳐 고려를 침입하였다. 몽골의 2차 침입 때 최우는 상대적으로 수군이 약한 몽골에 대항하기 위해 강화도로 수도를 옮기고 장기 항쟁을 준비하였다.
- **삼별초의 대몽 항쟁**(1270~1273): 결국 고려가 몽골에 패하면서 무신 정권이 붕괴되었다. 고려는 몽골과 강화를 체결하고(1259), 수도를 강화도에서 개경으로 다시 옮겼다(1270). 고려의 항복에 반발한 삼별초는 배중손, 김통정의 지휘 하에 진도 용장성과 제주도 항파두리성으로 이동하며 대몽 항쟁을 전개하였다.

선택지 분석하기

① 삼국사기가 편찬되었다.
…› 고려의 유학자 김부식은 고려 인종의 명을 받아 기전체 형식의 역사서 『삼국사기』를 편찬하였다(1145).

② 이자겸의 난이 일어났다.
…› 고려 중기 이자겸은 왕의 외척으로서 최고 권력을 누리면서 국왕의 자리까지 넘보았다. 이에 인종이 이자겸을 제거하려다 실패하면서 이자겸의 난이 일어났다(1126).

✓ 팔만대장경판이 제작되었다.
…› 몽골의 3차 침입 때 고려는 부처의 힘으로 몽골을 물리치고자 강화도에 대장도감을 설치하고 팔만대장경을 제작하였다(1251).

④ 묘청이 서경 천도를 주장하였다.
…› 고려 인종 때 묘청, 정지상 등을 중심으로 한 서경 세력은 서경 천도와 칭제 건원, 금 정벌 등을 주장하였으나 받아들여지지 않자 서경(평양)에서 반란을 일으켰다(1135).

한발 더 다가가기
몽골과의 항쟁

16 일연 정답 ②

빠른 정답 찾기: 『삼국유사』 ➡ 일연

자료 분석하기
일연은 고려 충렬왕 때 승려이며, 불교 역사를 중심으로 『삼국유사』를 저술하였다. 일연은 『삼국유사』에 가야를 포함한 삼국 시대 역사부터 후삼국 시대까지의 왕대와 연표가 실려 있는 왕력을 수록하였다. 또한, 단군을 우리 민족의 시조로 여겨 고조선의 건국 이야기를 비롯한 고대 민간 설화와 전래 기록들도 수록하였다.

선택지 분석하기
① 도선
··· 통일 신라의 승려 도선은 우리나라에 풍수사상을 들여왔으며 우리나라 최초의 풍수지리서인 『도선비기』를 저술하였다.

✓ 일연
··· 고려의 승려 일연은 불교사 중심의 역사서인 『삼국유사』를 저술하였다.

③ 의상
··· 신라의 승려 의상은 당에 가서 지엄으로부터 화엄에 대한 가르침을 받고 돌아와 화엄 사상을 펼치고 부석사를 창건하여 수많은 제자들을 양성하였다.

④ 지눌
··· 고려 최씨 무신 정권 시기 보조국사였던 지눌은 불교의 타락을 비판하며 정혜쌍수와 돈오점수를 바탕으로 수선사 결사를 제창하였다.

17 과전법 정답 ③

미니북 08, 29쪽

빠른 정답 찾기: 도평의사사 + 과전법 + 경기 지역의 토지만을 대상 ➡ 과전법

자료 분석하기
고려 공양왕 때 조준, 정도전 등의 신진 사대부는 토지 개혁론으로서 과전법을 건의하였다. 과전법은 경기 지역의 토지만을 대상으로 시행되었으며, 이러한 토지 제도의 개혁을 통해 고려 말 횡포를 부리던 권문세족의 토지를 몰수하여 권문세족의 경제적 기반을 약화시켰다.

선택지 분석하기
① 쌍성총관부가 설치되었다.
··· 고려 고종 때 원이 고려의 철령 이북 땅을 편입하여 쌍성총관부를 설치하였다. 이후 공민왕 때 반원 자주 정책의 일환으로 이곳을 공격하여 원에 빼앗긴 철령 이북 땅을 되찾았다.

② 위화도 회군이 단행되었다.
··· 고려 말의 무신 이성계는 우왕 때 왕명에 따라 요동 정벌을 위해 출병하였다. 그러나 의주 부근의 위화도에서 말을 돌려 개경으로 회군하였다.

✓ 한양이 새로운 도읍으로 정해졌다.
··· 고려 말 신흥 무인 세력인 이성계는 급진 개혁파였던 정도전과 함께 조선 건국을 주도하였다. 조선 태조가 된 이성계는 건국 이후 한양을 새로운 도읍으로 정하고 도성을 쌓아 왕조의 기틀을 마련하였다.

④ 화랑도가 국가적인 조직으로 개편되었다.
··· 신라 진흥왕은 교육적 · 군사적 기능을 담당하는 청소년 단체인 화랑도를 국가적인 조직으로 개편 · 정비하였다.

18 조선 시대 과학 문화유산 정답 ④

미니북 09쪽

빠른 정답 찾기: 천상열차분야지도 + 수표 + 칠정산 ➡ 조선 시대 과학 문화유산

자료 분석하기
조선 시대의 국왕은 나라를 부강하게 하고 백성들의 삶을 안정시키기 위해 천문, 농업, 의학, 무기 제조 등 다방면으로 과학 기술 연구에 힘썼다. 조선 태조 때 만들어진 천상열차분야지도는 태조의 명으로 권근을 비롯한 천문학자들이 하늘의 별자리를 석판에 기록한

천문도이다. 조선 세종 때에는 우리나라의 경도·위도에 맞는 역법인 칠정산, 하천의 수위를 측정하는 수표, 강우량을 측정하는 측우기, 자동으로 시각을 알려 주는 물시계인 자격루 등의 다양한 과학 기구들이 만들어졌다.

선택지 분석하기

① 측우기
→ 조선 세종의 명을 받아 장영실이 제작한 측우기는 강우량을 관측할 수 있도록 전국적으로 설치되었다.

② 자격루
→ 조선 세종의 명을 받아 장영실은 날씨가 흐리거나 해가 져도 시간을 볼 수 있도록 물시계인 자격루를 만들었다.

③ 혼천의
→ 조선 세종의 명을 받아 장영실이 천체의 위치를 측정하는 천문 관측기구로, 천체의 운행과 그 위치를 측정하는 혼천의를 만들었다.

✔ 첨성대
→ 신라 선덕 여왕 때 천체 관측을 위해 첨성대를 설치하였다.

19 향약 정답 ④

빠른 정답 찾기: 고을의 모든 선비가 인간 본성의 이치에 근거 + 나라의 가르침 + 훌륭한 선비 + 향약 + 「퇴계집」 ➡ 향약

자료 분석하기

향약은 지방 사족들이 향촌 사회를 운영하기 위해 만든 자치규약으로 풍속 교화와 향촌 자치 등의 역할을 하였다. 특히, 퇴계 이황은 향약의 4대 덕목 가운데 '과실상규(잘못을 서로 고쳐준다)'를 강조하는 예안 향약을 만들어 향촌 자치 질서가 자리잡힌 사회를 만들기 위해 노력하였다.

선택지 분석하기

① 송상, 만상의 교역 물품을 조사한다.
→ 조선 후기 상업의 발달로 사상(私商)이 전국 각지에서 활발한 상업 활동을 전개하였다. 그중 개성의 송상과 의주의 만상은 대청 무역을 통해 부를 축적하였다.

② 연등회, 팔관회가 열린 배경을 살펴본다.
→ 고려 태조는 고려를 불교 국가로 만들고자 하였다. 이에 삼국 시대부터 시행되었던 대표적인 불교 행사인 연등회와 팔관회를 법률을 통해 국가 행사로 정하였다.

③ 향, 부곡, 소의 주민들이 받은 차별의 내용을 찾아본다.
→ 향, 부곡, 소는 고려의 특수 행정 구역으로 특산물을 생산하였다. 향, 부곡, 소의 백성들은 신분상 양인이었으나 일반 군현의 백성들에 비해 신분적으로 차별을 받았다.

✔ 양반 중심의 향촌 자치 질서가 자리 잡는 과정을 알아본다.
→ 조선 중종 때 조광조에 의하여 처음 실시된 향약은 이이의 해주 향약, 이황의 예안 향약을 통해 전국적으로 확산되어 양반 중심의 향촌 자치 질서가 자리잡는 데 기여하였다.

20 임진왜란 정답 ①

빠른 정답 찾기: 「부산진순절도」 + 정발 + 조총 + 일본군 ➡ 임진왜란

자료 분석하기

조선 선조 때 서양으로부터 조총을 받아들인 일본군이 조선에 침입하여 임진왜란이 발발하였다. 「부산진순절도」는 조선 후기의 화가 변박이 임진왜란 최초의 전투인 부산진 전투를 그린 것으로, 부산진 전투에서 첨사 정발은 일본군에 맞서 싸우다가 전사하였다(1592).

선택지 분석하기

✔ 권율이 행주산성에서 승리하였다.
→ 임진왜란 때 왜군이 행주산성을 공격하였다. 이에 권율은 화차와 화포를 이용하여 왜군 3만여 명을 물리치면서 큰 승리를 거두었다(1593).

② 어재연이 광성보에서 항전하였다.
→ 미국이 제너럴 셔먼호 사건을 구실로 조선의 강화도에 침입하여 신미양요가 발생하였다. 이에 어재연이 이끄는 조선군이 광성보에서 미국군에 항전하였다(1871).

③ 이종무가 쓰시마섬을 정벌하였다.
→ 조선 세종 때 이종무가 쓰시마섬을 정벌하여 왜구를 소탕하였다(1419).

④ 인조가 남한산성으로 피란하였다.
→ 후금이 국호를 청으로 고치고 조선을 침략하면서 병자호란이 발생하였고(1636), 이때 조선 인조는 남한산성으로 피란하여 항전하였으나 삼전도에서 항복하였다(1637).

한발 더 다가가기

임진왜란의 전개 과정

시기		전투 내용
1592	4.13.	임진왜란 발발(부산포)
	4.14.	부산진성 전투(첫 전투)
	4.28.	충주 전투 패배(신립) → 선조 의주 피난
	5.2.	한양 함락
	5.7.	옥포 해전(이순신) → 첫 승리
	5.29.	사천포 해전(거북선 사용)
	7.	한산도 대첩(학익진 전법)
	10.	진주 대첩 → 김시민 전사
1593	1.	평양성 탈환(조명 연합군)
	2.	행주 대첩(권율)
1597	1.	정유재란
	9.	명량 해전(이순신)
1598	11.	노량 해전 → 이순신 전사

 미니북 09, 31, 51쪽

21 경복궁 정답 ①

빠른 정답 찾기: 정문인 광화문 + 광화문 월대 + 중건 ➡ 경복궁

자료 분석하기

경복궁은 조선을 건국한 태조 이성계가 한양에 도읍을 정한 후 조선의 5대 궁궐 중 가장 먼저 지은 궁궐이다. 경복궁이라는 이름은 '큰 복을 누리며 번성하라'는 뜻으로 정도전이 지었으며, 도성의 북쪽에 있다고 하여 북궐이라고도 불렸다. 이후 임진왜란 때 불타 없어졌다가 고종 때 흥선 대원군이 왕실의 권위를 회복하기 위해 중건하였다. 또한, 일제 강점기 때 훼손된 경복궁의 정문 광화문 월대는 훼손된 지 100년 만에 복원되었다.

선택지 분석하기

✔ 근정전을 정전으로 하였다.
…› 경복궁은 조선 건국 후 수도를 개경에서 한양으로 옮기면서 지어진 궁궐이다. 경복궁의 정전인 근정전에서는 국왕의 즉위식이나 국가의 행사가 진행되었다.

② 몽골의 침략으로 소실되었다.
…› 신라 선덕 여왕 때 승려 자장의 건의로 만들어진 황룡사 구층 목탑은 고려를 침략한 몽골에 의해 소실되었다.

③ 정조의 명에 의해 축조되었다.
…› 수원 화성은 조선 정조가 아버지인 사도 세자의 묘를 옮기면서 쌓은 성이다. 이후 6·25 전쟁 때 일부 파괴되었지만, 수원 화성 성곽을 축조한 내용이 기록된 『화성성역의궤』를 바탕으로 복구되었다.

④ 역대 왕과 왕비의 신주를 모셨다.
…› 종묘는 조선 시대 역대 왕과 왕비의 신주를 모시고 제사를 지내던 사당이다. 또한, 왕실의 중대한 일이 생겼을 경우에도 종묘를 찾아가 행운을 기원하였다.

 미니북 14쪽

22 이이 정답 ①

빠른 정답 찾기: 신사임당과 그의 아들 + 오죽헌 + 유학자 + 『동호문답』 + 『성학집요』 ➡ 이이

자료 분석하기

조선의 유학자인 율곡 이이는 강원도 강릉 오죽헌에서 태어났으며, 어머니는 신사임당이다. 이이는 군주가 수양해야 할 덕목을 정리한 『성학집요』를 저술하였다. 또한, 왕도 정치가 나아가야 할 방향을 문답식으로 저술한 『동호문답』을 통해 다양한 개혁 방안을 제시하였다.

선택지 분석하기

✔ 이이
…› 조선의 유학자 이이는 은퇴한 후 해주에서 우리나라의 지방 행정 조직 실정에 맞는 향약인 해주 향약을 만들었으며, 처음 글을 배우는 아동의 입문 교재로 『격몽요결』을 편찬하였다.

② 조식
…› 조선의 유학자 남명 조식은 벼슬길에 나가는 것을 과감히 포기하고 출세를 위한 학문이 아닌 유학 본연의 공부를 하는 데 전념하였다. 조식은 '경(敬)'과 '의(義)'를 중요시 하여 제자들에게 '경(敬)으로 마음을 닦고 의(義)로써 실천하라'는 가르침을 주었다.

③ 송시열
…› 조선 후기의 유학자 송시열은 명에 대한 의리를 지키고 청에게 당한 수모를 갚자는 북벌론을 주장하며, 효종에게 이러한 내용을 담은 「기축봉사」를 올려 북벌 계획의 핵심 인물이 되었다.

④ 홍대용
…› 조선 후기 실학자 홍대용은 서양 과학을 적극적으로 수용하고 기술 혁신을 주장하였으며, 『담헌서』, 『의산문답』 등의 저서를 남겼다.

23 홍경래의 난 정답 ②

빠른 정답 찾기: 홍경래 + 봉기 + 정주성 ➡ 홍경래의 난

자료 분석하기

홍경래의 난은 조선 순조 때 세도 정치로 인한 삼정의 문란과 서북 지역 차별에 반발하여 일어난 농민 봉기이다. 몰락 양반 홍경래 등이 주도하여 평안도 지역 농민들과 우군칙, 김창시 등이 봉기를 일으켰으나, 이를 진압하기 위해 조선 정부에서 관군을 파견하여 정주성에서 진압되고 말았다.

선택지 분석하기

① 전개 과정에서 집강소가 설치되었다.
… 동학 농민 운동 당시 농민군은 청과 일본의 군대 개입을 우려하여 정부와 전주 화약을 맺고 집강소를 설치하여 폐정 개혁을 실시하였다.

 서북 지역민에 대한 차별이 원인이 되었다.
… 조선 후기 서북 지역민에 대한 차별 대우에 불만을 품은 평안도 지역의 사람들이 몰락 양반 출신 홍경래를 중심으로 봉기를 일으켰다.

③ 흥선 대원군이 재집권하는 결과를 가져왔다.
… 조선 고종 때 구식 군인들이 신식 군대인 별기군에 비해 열악한 대우를 받자, 이에 대한 반발로 임오군란을 일으켰다. 구식 군인들은 흥선 대원군을 찾아가 지지를 요청하였고, 정부 관료들의 집과 일본 공사관을 습격하였다. 사태 수습을 위해 흥선 대원군이 재집권하였으나 민씨 일파의 요청으로 청군이 개입하면서 흥선 대원군은 청으로 압송되었다.

④ 사태 수습을 위해 박규수가 안핵사로 파견되었다.
… 조선 후기 세도 정치에 반발하여 일어난 임술 농민 봉기를 수습하기 위해 안핵사로 파견된 박규수는 농민 봉기의 원인이 삼정의 문란에 있다고 보고 삼정이정청을 설치하여 삼정의 폐단을 해결하려고 노력하였다.

24 봉수 제도 정답 ①

빠른 정답 찾기: 두 개의 불 + 적이 나타난 것 + 불 하나를 더 올림 ➡ 봉수 제도

자료 분석하기

봉수 제도는 높은 산에 봉수대를 설치하여 낮에는 연기, 밤에는 횃불로 위급한 소식을 알리던 군사 통신 제도이다. 위급한 상황에 따라 연기나 불을 올렸던 수가 달랐는데, 평상시에는 한 개, 적이 나타나면 두 개, 적이 국경에 가까이에 접근하면 세 개, 적이 공격하거나 국경을 침범하면 네 개, 적과 전투가 벌어지면 다섯 개의 봉수를 올렸다.

선택지 분석하기

 봉수 제도
… 봉수 제도는 낮에는 연기, 밤에는 횃불로 위급한 소식을 알리던 군사 통신 제도이다. 삼국 시대부터 시행되었으며 조선 세종 때 전국적으로 정비되었다.

② 역참 제도
… 역참 제도는 중앙과 지방 사이에 국가의 명령이나 물자 등을 전달하거나 외국 사신 왕래와 관련된 일을 위해 여러 지역의 교통로에 설치된 교통 통신 기관이다.

③ 조운 제도
… 조운 제도는 전국 곳곳에서 거둔 세금을 강 또는 바다를 이용하여 중앙까지 배로 운반하도록 한 제도로, 고려와 조선 시대에 시행되었다.

④ 파발 제도
… 파발 제도는 조선 시대에 중앙에서 지방으로 가는 국가의 문서를 신속하게 전달하기 위해 설치한 통신 수단으로, 사람이 뛰어서 전달하는 보발과 말을 타고 전달하는 기발로 나뉜다.

25 『삼강행실도』 정답 ③

빠른 정답 찾기: 조선 왕조 + 유교 윤리 정착 + 효자, 충신, 열녀의 이야기 ➡ 『삼강행실도』

자료 분석하기

『삼강행실도』는 조선 세종 때 편찬되었으며, 우리나라와 중국의 서적에서 군신·부자·부부 삼강에 모범이 될 만한 충신·효자·열녀 등의 행실을 모아 글과 그림으로 설명한 윤리서이다. 이후 허침과 정석견이 성종의 명으로 한글 번역 작업을 실시하여 『삼강행실도』 언해본을 편찬하였다.

선택지 분석하기

① 동의보감
… 조선 선조의 명을 받아 허준이 집필을 시작한 『동의보감』은 각종 의학 지식과 치료법에 관한 의서로, 광해군 때 완성되었다.

② 목민심서
⋯ 정약용은 지방 행정의 개혁 방향을 제시한 『목민심서』를 저술하여 수령이 지켜야 할 지침을 밝혔다.

✓ 삼강행실도
⋯ 『삼강행실도』는 조선 세종 때 모범이 될 만한 충신, 효자, 열녀 등의 행실을 모아 글과 그림으로 설명한 윤리서이다.

④ 조선경국전
⋯ 조선의 개국 공신인 정도전은 『조선경국전』을 편찬하여 조선의 유교적 통치 기반을 확립하였다.

✱ 미니북 16쪽

26 조선 후기 경제 상황   정답 ④

빠른 정답 찾기 박지원 + 『열하일기』 + 허생 + 매점매석 ➡ 조선 후기 경제 상황

🔍 자료 분석하기

병자호란을 치르고 난 후인 조선 후기에는 청을 정벌하자는 북벌론이 대두되었다. 북벌론과 반대되는 개념으로 등장한 북학론은 청의 발전된 사상 및 문물을 받아들여 조선을 개혁하자는 사상이었다. 박지원은 대표적인 북학론자이자 실학자로 「허생전」을 저술하였다. 이 작품을 통해 그는 당대의 무능한 양반 및 북벌론자들을 비판하고 실질적인 개혁안을 제시하여 상업과 공업을 발전시켜야 한다는 북학론을 주장하였다.

🔍 선택지 분석하기

① 동시전이 설치되었다.
⋯ 신라 지증왕은 경주에 시장을 설치하고 이를 관리·감독하기 위한 기구인 동시전을 설치하였다.

② 솔빈부의 말이 특산물로 수출되었다.
⋯ 솔빈부는 발해의 지방 행정 구역인 15부 중 하나로, 당시 발해는 목축과 수렵이 발달하여 솔빈부의 말을 주변 국가에 수출하였다.

③ 벽란도가 국제 무역항으로 번성하였다.
⋯ 고려는 예성강 하구에 위치한 국제 무역항인 벽란도를 통해 송·일본·아라비아 상인들과 활발한 교역을 전개하였다.

✓ 관청에 물품을 조달하는 공인이 활동하였다.
⋯ 조선 후기에는 대동법이 실시되면서 각 지역의 특산물 대신 쌀, 옷감, 동전 등으로 공물을 납부하였다. 이에 관청에 필요한 물품을 조달하는 공인이 등장하였다.

✱ 미니북 10쪽

27 조선 영조   정답 ②

빠른 정답 찾기 탕평비 + 탕평 의지 + 탕평책 ➡ 조선 영조

🔍 자료 분석하기

조선 영조는 붕당 정치의 폐해를 막고 능력에 따라 인재를 고르게 등용하기 위해 탕평책을 실시하였고, 이를 알리기 위해 탕평비를 성균관에 건립하였다. 조선 후기의 화가 김두량은 영조의 어제(임금이 쓴 글)를 받고, 위협적인 모습의 삽살개를 그려넣었다. 어제는 낮에 길가를 돌아다니는 삽살개를 야단치는 내용인데, 이는 탕평을 따르지 않는 신하를 삽살개로 비유하면서 탕평을 따르라는 의미가 있다고 해석되기도 한다.

🔍 선택지 분석하기

① 규장각을 설치하였다.
⋯ 조선 정조는 즉위 직후 왕실의 도서관이자 학문 연구 기관인 규장각을 설치하였다.

✓ 균역법을 실시하였다.
⋯ 조선 영조는 백성들의 군역 부담을 줄여주기 위해 기존 1년에 2필씩 납부하던 군포를 1필로 줄이는 균역법을 실시하였다.

③ 비변사를 폐지하였다.
⋯ 조선 고종 즉위 이후 정치적 실권을 잡은 흥선 대원군은 비변사를 폐지하고 의정부의 권한을 강화하였다.

④ 훈민정음을 창제하였다.
⋯ 조선 세종은 1443년 우리나라의 독창적인 문자인 훈민정음을 창제하고 3년 후 반포하였다.

✱ 미니북 24, 26쪽

28 사림의 성장과 붕당 정치의 전개   정답 ④

빠른 정답 찾기 (다) 기묘사화 ➡ (나) 기해예송 ➡ (가) 기사환국

🔍 자료 분석하기

(다) **기묘사화**(1519): 조선 중종은 반정으로 왕위에 오른 뒤 훈구파를 견제하고 연산군의 잘못된 정치를 개혁하기 위해 사림파를 관직에 오르게 하였다. 이때 등용된 조광조는 반정 공신들의 위훈 삭제를 주장하였으며, 이에 훈구파가 반발하여 기묘사화가 발생하였다. 조광조는 유배된 후 사약을 받았고 많은 사림 세력들이 정계에서 쫓겨나게 되었다.

(나) **기해예송**(1659): 조선 현종 때 효종의 왕위 계승에 대한 정통성과 관련하여 자의 대비가 얼마 동안 상복을 입어야 하는지를 놓고 서인과 남인 사이에 예송 논쟁이 발생하였다. 서인은 효종이 둘째 아들이므로 자의 대비가 1년 동안 상복을 입어야 한다고 주장하였고, 남인은 효종을 장자로 대우하여 3년간의 상복 착용을 주장하였으나 서인 세력이 승리하였다.

(가) **기사환국**(1689): 조선 숙종은 인현 왕후가 아들을 낳지 못하자 희빈 장씨의 아들을 원자(임금의 맏아들)로 책봉하였다. 이에 송시열을 비롯한 서인 세력이 후궁의 자식을 원자로 정하는 것에 반대하자, 숙종은 송시열의 벼슬을 빼앗고 제주도로 유배시킨 후 사약을 내렸다. 이때 서인 세력이 대거 축출되고 남인이 집권하는 기사환국이 발생하여, 당시 서인 세력이자 중전이었던 인현 왕후가 폐위되고 희빈 장씨가 왕비로 책봉되었다.

※ 미니북 11. 32쪽

29 갑신정변 정답 ②

빠른 정답 찾기: 개화당 정부 + 청군의 개입 + 김옥균 + 박영효 + 서재필 + 우정국 개국 축하연 + 정변 + 3일 만에 막을 내림 ➡ **갑신정변**

🔍 자료 분석하기

1884년 김옥균, 박영효, 서재필을 중심으로 한 급진 개화파(개화당)는 일본 공사관의 지원을 받아 우정국 개국 축하연 자리에서 갑신정변을 일으켰다. 갑신정변으로 정권을 잡은 이들은 14개조 정강을 발표하고 청과의 사대 관계 폐지, 입헌 군주제, 능력에 따른 인재 등용을 주장하였으나 청군의 개입으로 3일 만에 실패하였다.

🔍 선택지 분석하기

① 임오군란이 일어났다.
⋯ 신식 군대인 별기군과의 차별 대우로 인해 불만이 쌓인 구식 군인들이 임오군란을 일으켜 일본 공사관과 선혜청을 습격하였다(1882).

 한성 조약이 체결되었다.
⋯ 일본은 갑신정변 당시 죽게 된 일본인에 대한 배상과 일본 공사관 신축 부지 제공 및 비용을 요구하면서 조선과 한성 조약을 체결하였다(1884).

③ 통리기무아문이 설치되었다.
⋯ 조선 고종은 국내외의 군국 기무를 총괄하는 관청인 통리기무아문을 설치하고, 그 아래 12사(司)를 두어 행정 업무를 맡게 하였다(1880).

④ 제너럴 셔먼호 사건이 발생하였다.
⋯ 미국의 상선 제너럴 셔먼호가 평양 대동강에 들어와 교역을 요구하다가 평양 관민들의 저항으로 배가 불태워졌다(1866).

※ 미니북 11. 34쪽

30 갑오개혁 정답 ②

빠른 정답 찾기: 올해 130주년 + 노비제와 연좌제 등을 폐지 + 근대적 개혁 + 백정에 대한 제도적, 사회적 차별 ➡ **갑오개혁**

🔍 자료 분석하기

일본의 강요로 설치된 군국기무처에서 제1차 갑오개혁을 주도하여 청의 연호를 폐지하고 개국 기원을 사용하였으며, 가문이 아닌 능력에 따라 인재를 등용하기 위해 과거제를 폐지하였다. 또한, 사회적으로는 공사 노비법을 없애 신분제를 법적으로 폐지하였으며, 연좌제, 조혼 등의 악습을 행하지 못하게 하였다. 사회적, 제도적으로는 신분제가 폐지되었으나 조선 시대 신량역천(양인 신분이면서 천한 역에 종사하던 사회 계층) 중 하나인 백정에 대한 차별은 존재하였다.

🔍 선택지 분석하기

① 3·1 운동
⋯ 3·1 운동은 일제 강점기 최대 규모의 민족 운동으로, 학생과 시민 등 각계각층의 사람들이 일제의 무단 통치에 저항하여 일으킨 만세 운동이다. 이를 계기로 국내외 민족의 주체성을 확인하여 중국 상하이에서 대한민국 임시 정부가 수립되었다.

 갑오개혁
⋯ 2차례에 걸쳐 갑오개혁이 시행되었다. 제1차 갑오개혁에서는 김홍집을 중심으로 한 군국기무처가 주도하였으며, 청 연호 폐지, 개국 기원 사용, 과거제, 신분제 폐지를 주요 내용으로 개혁하였다. 제2차 갑오개혁에서 고종은 홍범 14조를 발표하며 개혁의 방향을 세웠다. 또한, 교육 입국 조서를 발표하면서 교육으로 나라를 일으키고자 하였다.

③ 광무개혁
⋯ 대한 제국은 '옛 법을 근본으로 삼고 새로운 것을 첨가한다'는 의미의 구본신참을 기본 정신으로 하여 광무개혁을 추진하였다. 이에 따라 상공 학교와 같은 실업·교육 기관을 설립하여 상공업 진흥을 추진하였으며, 황제 직속의 원수부를 설치하여 대원수로서 모든 군대를 통솔하고자 하였다.

④ 아관 파천
⋯ 을미사변 이후 신변의 위협을 느낀 고종은 왕세자(순종)와 함께 새벽에 궁녀의 가마를 타고 몰래 경복궁 영추문을 빠져나와 러시아 공사관으로 몸을 피하였다.

한발 더 다가가기

갑오개혁의 주요 내용

구분	제1차 갑오개혁	제2차 갑오개혁
정치	• 개국 기원 사용 • 왕실 사무와 정부 사무 분리 → 의정부와 궁내부 설치 • 6조를 8아문으로 개편 • 과거제 폐지, 경무청 설치	• 의정부·8아문을 내각·7부로 개편 • 지방 행정 구역을 8도에서 23부로 개편 • 사법권을 행정권으로부터 분리 → 재판소 설치
경제	• 재정의 일원화(탁지아문) • 왕실과 정부 재정 분리 • 은 본위 화폐 제도 실시, 조세의 금납화, 도량형 통일	탁지아문 아래 관세사와 징세사 설치 → 징세 사무 담당
사회	• 신분 제도 철폐 → 노비 제도 폐지, 인신 매매 금지 • 과부의 재가 허용, 조혼 금지 • 고문과 연좌법 폐지	교육 입국 조서에 따라 한성 사범 학교·외국어 학교 관제 반포

31 이승훈 정답 ③

빠른 정답 찾기
이승훈 + 신민회 결성 + 민족 대표 33인 + 민립 대학 설립 운동
➡ 오산 학교 설립

자료 분석하기

근대와 일제 강점기 때의 교육자이자 독립운동가인 남강 이승훈은 원래 상인이었으나, 안창호의 교육진흥론 연설을 통해 교육자의 길로 들어섰다. 그는 1907년에 안창호, 양기탁과 함께 신민회를 결성하였고, 교육과 출판을 통한 애국 계몽 운동으로서 독립을 이루고자 하였다. 이에 평양에 대성 학교, 평안북도 정주에 오산 학교를 세워 민족 교육을 실시하였다. 이후 신민회가 105인 사건으로 해체되고 이승훈은 체포되어 4년여 동안 감옥 생활을 하였다. 1919년 3·1 운동 당시에는 민족 대표 33인 중 기독교 측 대표로 독립 선언서에 서명하면서 기미 독립 선언에 참여하였다. 또한, 1923년에는 이상재, 윤치호 등과 함께 조선 민립 대학 기성회를 조직하고, 민립 대학 설립 운동을 전개하였다.

선택지 분석하기

① 상하이 홍커우 공원에서 의거를 일으켰다.
⋯ 윤봉길은 한인 애국단원으로 훙커우 공원에서 열린 일본 국왕 생일 기념식에 폭탄을 투척하는 의거를 일으켰다.

② 평양 을밀대 지붕에서 고공 농성을 벌였다.
⋯ 일제 강점기 평양 평원 고무 농장의 노동자 강주룡은 을밀대 지붕 위로 올라가 시위하면서 일제의 노동 착취를 비판하고, 노동 조건 개선을 요구하는 고공 농성(높은 곳에 올라 시위하는 것)을 벌였다.

✓ 오산 학교를 설립하여 인재 양성에 힘썼다.
⋯ 이승훈은 신민회원으로서 오산 학교를 설립하여 민족의 실력 양성을 통해 독립을 이루고자 하였다.

④ 헤이그 만국 평화 회의에 특사로 파견되었다.
⋯ 이준, 이상설, 이위종은 을사늑약 체결의 부당함을 알리기 위해 고종의 밀명을 받아 헤이그에서 열린 만국 평화 회의에 특사로 파견되었다.

 미니북 38쪽

32 대한 광복회 정답 ②

빠른 정답 찾기
대구 + 박상진 + 비밀 결사 + 독립 전쟁 자금 모금 + 친일 부호 처단 ➡ 대한 광복회

자료 분석하기

1915년 박상진을 중심으로 대구에서 결성된 대한 광복회는 비밀 결사로, 공화 정체의 국민 국가 건설을 목표로 활동하였다. 이에 독립 자금을 모금하기 위해 전국의 부호들을 대상으로 모금 활동을 하였고, 친일파를 처단하는 등의 독립운동을 전개하였다.

선택지 분석하기

① 의열단
⋯ 의열단은 김원봉을 중심으로 만주에서 결성되었으며, 신채호가 작성한 조선 혁명 선언을 기본 행동 강령으로 하였다. 이에 직접적인 투쟁 방법인 암살, 파괴, 테러 등을 통해 독립운동을 전개하였다.

✓ 대한 광복회
⋯ 대한 광복회는 박상진을 총사령, 김좌진을 부사령으로 하여 만주에 독립군 기지를 만들고 사관 학교를 설립하여 독립군을 양성하였다.

③ 독립 의군부
⋯ 독립 의군부는 고종의 밀지를 받아 임병찬을 중심으로 조직된 비밀 결사이다. 독립 의군부는 의병을 모으고, 조선 총독부에 국권 반환 요구서를 보내 한반도 강점의 부당함을 주장하려고 시도하는 등 대한 제국을 재건하고자 하였다.

④ 대한인 국민회
⋯ 대한인 국민회는 미국 샌프란시스코에서 안창호를 중심으로 미주 지역 한인들에 의해 조직된 자치 단체로, 외교 활동과 독립운동을 전개하였다.

한발 더 다가가기

1910년대 국내외 독립운동

국내	독립 의군부	• 임병찬 등이 고종의 밀지를 받고 조직한 복벽주의 단체 • 국권 반환 요구서 제출 시도
	대한 광복회	• 박상진을 중심으로 결성된 항일 독립운동 단체 • 공화 정체 지향 • 군자금 조달, 친일파 처단
국외	간도	• 명동 학교, 서전서숙 • 신흥 무관 학교
	연해주	• 대한 광복군 정부 • 한인 사회당 결성
	미주	• 대한인 국민회 • 대조선 국민 군단

※ 미니북 36쪽

33 정미의병   정답 ②

빠른 정답 찾기: 1907년 고종의 강제 퇴위 + 군대 해산에 반발 ➡ **정미의병**

🔍 자료 분석하기

헤이그 특사 사건을 이유로 고종을 강제 퇴위시킨 일제는 순종을 즉위시키고 대한 제국 군대 해산의 내용이 담긴 한일 신협약(정미 7조약)을 체결하였다. 이에 대한 반발로 해산 군인들이 정미의병 활동에 가담하면서 의병 전쟁이 전국적으로 확대되었다. 영국 언론 '데일리 메일'의 종군 기자 프레더릭 매켄지는 특파원 자격으로 대한 제국에 입국하여 정미의병의 모습을 담은 사진을 촬영하였다. 그는 체류 기간 동안 일제의 각종 만행과 이에 저항하는 항일 의병의 독립운동 활동을 직접 취재하여 『대한 제국의 비극』을 발간하기도 하였다.

🔍 선택지 분석하기

① **최익현**이 주도하였다.
… 유생 출신 최익현은 을사늑약이 체결되자 그에 대한 반발로 태인에서 을사의병을 주도하였다. 이후 그는 일본군에게 잡혀 쓰시마섬에 유배되어 순국하였다.

✔ **13도 창의군**을 결성하였다.
… 한일 신협약으로 강제 해산된 군인들이 정미의병 활동에 가담하면서 의병 전쟁이 전국적으로 확대되자 허위와 이인영을 중심으로 13도 창의군이 결성되었다. 이들은 각국 공사관에 국제법상 교전 단체로 인정해 줄 것을 요구하면서 서울 진공 작전을 추진하였다.

③ **백산**에서 **4대 강령**을 발표하였다.
… 전봉준이 이끄는 동학 농민군은 고부의 백산에 집결하여 4대 강령을 발표하였다.

④ **제물포 조약**이 체결되는 계기가 되었다.
… 신식 군대인 별기군에 비해 차별 대우를 받던 구식 군대가 임오군란을 일으켜 일본 공사관이 피해를 입었다. 이에 조선은 일본에 사과 사절단 파견, 주모자 처벌, 배상금 지불, 공사관 경비병 주둔 등의 내용을 담은 제물포 조약을 체결하게 되었다.

한발 더 다가가기

항일 의병 활동

구분	배경	활동 내용
을미의병 (1895)	• 을미사변 • 단발령	• 동학 잔여 세력 참여 • 고종의 해산 권고로 자진 해산
을사의병 (1905)	을사늑약	• 신돌석(최초의 평민 출신 의병장) • 최익현(쓰시마섬에서 유배 중 사망) • 민종식(홍주성 점령)
정미의병 (1907)	• 고종의 강제 퇴위 • 군대 강제 해산	• 의병 전쟁화(해산 군인 참여) • 국제법상 교전 단체로 인정해 줄 것을 요구 • 서울 진공 작전(실패) • 일제의 남한 대토벌 작전으로 해산 • 만주, 연해주로 이동 • 국권 피탈 이후 독립군으로 계승

※ 미니북 40쪽

34 일제 강점기 독립군의 활동   정답 ①

빠른 정답 찾기: (가) 봉오동 전투 ➡ (나) 영릉가 전투 ➡ (다) 인도·미얀마 공동 작전

🔍 자료 분석하기

(가) **봉오동 전투**(1920): 홍범도의 대한 독립군은 대한 국민회군, 군무도독부 등의 독립군과 연합하여 일본군과의 봉오동 전투에서 일본군을 상대로 큰 승리를 거두었다.

(나) **영릉가 전투**(1932): 양세봉은 남만주 지역에서 조선 혁명군을 결성하고 중국 의용군과 연합하여 영릉가 전투를 승리로 이끌었다.

(다) **인도·미얀마 공동 작전**(1943~1945): 대한민국 임시 정부의 직할 부대인 한국 광복군은 영국군의 요청을 받아 인도·미얀마 전선에 파견되어 공동 작전을 수행하였으며, 미군의 협조를 받아 국내 진공 작전을 준비하였다.

35 안중근 — 정답 ①

미니북 15쪽

빠른 정답 찾기: 이토 히로부미를 처단 + 2월 14일 사형을 선고받음 + 뤼순 감옥에서 순국 ➡ **안중근**

🔍 자료 분석하기

안중근은 1909년 10월 26일 하얼빈역에서 을사늑약을 주도한 이토 히로부미를 저격하고 중국 뤼순 감옥에 수감되었다. 그는 2월 14일 사형을 선고받고 순국할 때까지 다량의 유묵을 작성하였으며, 유묵 가운데 26점이 보물로 지정되었다. 유묵으로 경전 구절이나 격언, 자신의 마음을 담은 시 등을 적었으며 이 작품들에는 국가를 향한 충정과 민족에 대한 사랑, 변치 않는 신념이 드러나 있다. 작품에는 단지회를 결성했을 당시 혈서를 쓰기 위해 잘랐던 왼손 넷째 손가락의 모양이 장인(손바닥 도장)으로 나타나 있는 것이 특징이다.

🔍 선택지 분석하기

✓ **동양 평화론**을 저술하였다.
⋯ 안중근은 감옥 안에서 한국, 일본, 청 동양 3국이 협력하여 서양 세력의 침략을 방어하며 동양 평화 및 세계 평화를 실현해야 한다는 사상을 담은 『동양 평화론』을 집필하였으나, 일제가 사형을 집행하면서 완성하지 못하였다.

② **한인 애국단**을 조직하였다.
⋯ 김구는 침체된 독립운동의 새로운 활로를 찾기 위해 한인 애국단을 결성하여 적극적인 투쟁 활동을 전개하였다.

③ **조선 혁명 선언**을 작성하였다.
⋯ 신채호는 김원봉의 요청을 받아 의열단의 행동 강령으로 조선 혁명 선언을 작성하였다.

④ **청산리 전투**를 승리로 이끌었다.
⋯ 김좌진을 중심으로 한 북로 군정서와 홍범도가 이끄는 대한 독립군이 일본군을 상대로 청산리 일대에서 크게 승리하였다.

36 여운형 — 정답 ②

미니북 18쪽

빠른 정답 찾기: 신한 청년단 + 조선 건국 준비 위원회 위원장 + 좌우 합작 위원회 ➡ **여운형**

🔍 자료 분석하기

여운형은 상하이에서 신한 청년당(단)을 결성하여 독립운동을 전개하였고, 1919년에는 조선 독립을 알리기 위해 파리 강화 회의에 김규식을 대표로 파견하였다. 광복 이후에는 조선 총독부로부터 행정권의 일부를 넘겨받아 조선 건국 준비 위원회를 결성하였다. 또한, 제1차 미소 공동 위원회가 결렬된 이후 좌우 대립이 격화되면서 분단의 위기감을 느끼고 중도파 세력 김규식 등과 함께 좌우 합작 위원회를 조직하여 좌우 합작 운동을 전개하였다.

🔍 선택지 분석하기

① 김규식
⋯ 김규식은 신한 청년당 소속으로 파리 강화 회의에 참석하여 독립 청원서를 제출하였다.

✓ 여운형
⋯ 여운형은 일제 강점기와 광복 이후에 활동한 독립 운동가이자 정치인이다. 통일 정부를 수립하기 위하여 노력하였으나, 대한민국 정부가 수립되기 1년 전인 1947년 혜화동 로터리에서 극우파에 의하여 암살당하였다.

③ 윤봉길
⋯ 윤봉길은 한인 애국단원으로 상하이 훙커우 공원에서 열린 일본 국왕 생일 기념식에 폭탄을 투척하였다.

④ 이승만
⋯ 이승만은 상하이에서 대한민국 임시 정부가 수립되자 초대 대통령으로 취임하였다. 해방 이후에는 대한민국의 제1·2·3대 대통령으로서 집권하였다.

37 대한민국 임시 정부 — 정답 ②

미니북 39쪽

빠른 정답 찾기: 상하이에서 수립됨 + 독립 공채 ➡ **대한민국 임시 정부**

🔍 자료 분석하기

1919년 상하이에서 수립된 대한민국 임시 정부는 국외 거주 동포들에게 독립 공채를 발행하여 독립 자금을 마련하였다. 또한, 비밀 행정 조직으로 연통제와 교통국을 운영하여 국내와의 연락망을 확보하고 독립운동 자금을 모았다. 1940년에는 임시 정부의 직할 부대로서 한국 광복군을 창설하고 1945년에는 미군의 협조로 국내 진공 작전을 준비하였다.

🔍 선택지 분석하기

① **한성순보**를 발행하였다.
⋯ 개항 이후 개화 정책의 일환으로 박문국을 설치하고 최초의 근대 신문인 한성순보를 발행하였다.

② 구미 위원부를 설치하였다.
⋯ 대한민국 임시 정부는 결성 초기 외교 활동을 위해 미국에 구미 위원부를 설치하였다.
③ 만민 공동회를 개최하였다.
⋯ 독립 협회는 만민 공동회를 개최하여 민중에게 근대적 지식과 국권·민권 사상을 강조하였다.
④ 신흥 무관 학교를 설립하였다.
⋯ 신민회는 항일 무장 투쟁을 위해 서간도 삼원보에 독립군 양성 학교인 신흥 강습소를 설립하였고, 이는 후에 신흥 무관 학교로 명칭이 바뀌었다.

한발 더 다가가기

일제 강점기 경제 수탈

1910년대	• 토지 조사 사업: 총독부의 토지 약탈 • 회사령, 어업령, 광업령: 회사 설립과 주요 산업의 허가제 전환
1920년대	• 산미 증식 계획: 일본 본토의 식량 부족 문제를 해결하기 위해 쌀 유출 → 국내 식량 사정 악화, 몰락 농민 증가 • 일본 상품에 대한 관세 철폐
1930년대	• 남면북양 정책 • 병참 기지화 정책: 전쟁 수행에 필요한 물자 조달 • 국가 총동원법: 침략 전쟁을 위한 인적·물적 자원 수탈

※ 미니북 12쪽

38 산미 증식 계획 정답 ③

빠른 정답 찾기: 쌀을 일본으로 반출 + 1920년부터 실시 + 쌀이 증산됨
➡ 산미 증식 계획

자료 분석하기

1920년대 당시 일본은 제1차 세계 대전 이후 공업화가 진전되면서 인구 급증과 도시화로 인해 쌀값이 폭등하고 식량 부족 문제가 발생하였다. 이에 일본은 조선에서 산미 증식 계획을 실시하여 일본 본토의 식량 부족 문제를 해결하고자 하였다. 이를 위해 품종 개량, 수리 시설 구축, 개간 등을 통해 쌀 생산을 대폭 늘리려 하였으나 증산량은 계획에 미치지 못하였다. 그럼에도 증산량보다 많은 양의 쌀을 일본으로 보내면서 조선 농민들의 경제 상황은 더욱 악화되었다.

선택지 분석하기

① 방곡령
⋯ 방곡령은 조일 통상 장정 당시 체결한 일본으로의 곡식 유출을 잠정적으로 금지하는 법령으로, 해당 지역의 지방관은 직권으로 방곡령을 선포할 수 있었다.
② 남면북양 정책
⋯ 1930년대 일제는 군수물자의 안정적인 공급을 위해 조선을 공업 원료 공급지로 설정하였다. 이에 남쪽에서 면화, 북쪽에서 양을 키우는 남면북양 정책을 실시하였다.
✓ 산미 증식 계획
⋯ 1920년대 일제는 자국의 부족한 쌀 생산량을 조선에서 수탈하여 채우기 위해 산미 증식 계획을 실시하였다.
④ 토지 조사 사업
⋯ 일제는 1910년대 토지 조사국을 설치하고 토지 조사령을 발표하여 일정 기간 내 토지를 신고하도록 하였다. 이에 신고하지 않은 토지는 총독부에서 몰수하여 일본인에게 헐값으로 팔아넘겼다.

※ 미니북 12, 41쪽

39 광주 학생 항일 운동 정답 ④

빠른 정답 찾기: 광주 + 성진회 + 1929년 + 한일 학생들 간의 충돌로 촉발
➡ 광주 학생 항일 운동

자료 분석하기

일제 강점기에 한국인 학생과 일본인 학생 간의 충돌 사건을 계기로 조선인 학생에 대한 차별과 식민지 교육에 저항한 광주 학생 항일 운동이 발생하였다. 이 운동은 일제의 식민지 차별 교육에 반발하여 광주에서 조직된 항일 학생 비밀 결사인 성진회와 각 학교 독서회를 중심으로 전국 각지에 확산되었다.

선택지 분석하기

① 대한매일신보의 지원을 받았다.
② 통감부의 탄압으로 실패하였다.
⋯ 대구에서 시작된 국채 보상 운동은 대한매일신보, 황성신문 등 언론 기관이 지원하여 전국으로 확산되었으나 통감부의 방해와 탄압으로 실패하였다.
③ 순종의 인산일을 계기로 일어났다.
⋯ 순종의 인산일에 학생 300여 명이 격문을 뿌리고 시위를 일으킨 것이 6·10 만세 운동으로 확산되었으나 일제가 군대를 동원하여 저지하였다.
✓ 신간회에서 진상 조사단을 파견하였다.
⋯ 광주 학생 항일 운동이 발생하자 신간회는 진상 조사단을 파견하고 서울에서 대규모 민중 대회를 추진하였다.

한발 더 다가가기

1920년대 학생 운동

6·10 만세 운동	• 배경: 일제의 식민지 교육 정책에 대한 반발, 순종의 인산일을 계기로 민족 감정 고조 • 전개: 순종의 인산일에 학생들의 주도로 만세 운동 전개 • 영향: 신간회 결성에 영향을 끼침
광주 학생 항일 운동	• 배경: 한일 학생간의 충돌 • 전개: 신간회에서 진상 조사단 파견, 학생과 시민의 전국적 투쟁으로 발전 • 의의: 3·1 운동 이후 최대 항일 민족 운동

 미니북 12쪽

40 1930년대 이후 민족 말살 통치기 정답 ③

빠른 정답 찾기
강제 동원 + 조선 여자 근로 정신대 + 중일 전쟁 이후 침략 전쟁을 확대 + 탄광, 군수 공장 ➡ **1930년대 이후 민족 말살 통치기**

자료 분석하기

일제는 1930년대 이후 민족 말살 통치기에 대륙 침략을 위해 한반도를 병참 기지화하고 중일 전쟁과 태평양 전쟁을 일으켰다. 이에 국가 총동원법을 시행하여 전쟁 수행을 위한 한국의 인적·물적 자원을 통제하고 동원하였으며, 국민 징용령을 실시하면서 한국인을 탄광, 군수 공장 등으로 끌고 가 노동력을 착취하였다. 또한, 여자 정신 근무령을 공포하여 일본과 한국 등의 군수 공장에서 일하도록 하였고, 일부는 일본군이 주둔하는 곳에 배치되어 위안부로 삼기도 하였다.

선택지 분석하기

① 지계를 발급하였다.
…》 대한 제국은 구본신참에 따라 광무개혁을 추진하였다(1897). 이에 양전 사업을 실시하고 지계아문을 통해 토지 소유 문서인 지계를 발급하여 근대적 토지 소유권을 확립하고자 하였다(1901).

② 조선 태형령을 공포하였다.
④ 헌병 경찰 제도를 실시하였다.
…》 1910년대 일제는 강압적 통치를 목적으로 무단 통치를 시행하였다. 이에 헌병 경찰 제도를 실시하여 교사들까지 제복을 입고 칼을 차고 다니게 하였으며, 조선 태형령을 통하여 곳곳에 배치된 헌병 경찰들이 조선인들에게 태형을 통한 형벌을 가하도록 하였다.

✓ 미곡 공출제를 실시하였다.
…》 중일 전쟁 이후 일제는 군량미 확보를 위해 조선에 미곡 공출제를 시행하여 조선인들의 생활이 더욱 어려워졌다(1939).

 미니북 42쪽

41 모스크바 삼국 외상 회의 정답 ①

빠른 정답 찾기
소련 + 신탁 통치 + 38선 분할 점령 + 미국 + 즉시 독립 주장
➡ **모스크바 삼국 외상 회의**

자료 분석하기

모스크바 삼국 외상 회의는 미국·영국·소련의 3개국 외무장관(외상)이 한반도의 신탁 통치 문제를 다룬 회의이다(1945.12.). 미국은 장기간의 신탁 통치를 주장한 반면, 소련은 임시 정부를 수립한 후 신탁 통치하는 것을 수정안으로 제시하였다. 회의 결과 미소 공동 위원회 설치와 최대 5년간의 신탁 통치 협정이 결정되었다. 동아일보는 회의가 끝나기도 전에 모스크바 삼국 외상 회의 당시 미국과 소련 양측의 입장과 주장을 정반대로 오보하였다. 이에 국내에서 신탁 통치 반대 운동이 일어나 신탁 통치에 찬성하는 찬탁 세력, 반대하는 반탁 세력, 중도적 입장을 취하는 중도 세력으로 나누어 대립하였다.

 미니북 41쪽

42 브나로드 운동 정답 ②

빠른 정답 찾기
『상록수』(심훈) + 농촌 계몽 활동 + 조선일보의 문자 보급 운동 + 동아일보 ➡ **브나로드 운동**

자료 분석하기

일제 강점기인 1920~1930년대 일제의 가혹한 식민지 차별 교육 정책으로 인해 문맹자가 급증하자, 한글 보급을 통한 문맹 퇴치 운동과 언론사를 중심으로 한 농촌 계몽 운동이 전개되었다. 조선일보는 '아는 것이 힘, 배워야 산다'를 표어로 문자 보급 운동을 전개하였다. 또한, 동아일보는 브나로드 운동을 전개하여 농촌에 있는 문맹자에게 한글을 교육하였고 미신 타파, 구식 습관 제거, 근검절약 등을 내세우며 계몽 운동을 펼쳤다. 심훈은 농촌 계몽 운동을 소재로 『상록수』를 저술하여 농촌 계몽 운동에 헌신하는 지식인들의 모습과 당시 농촌의 실상을 그려냈다.

선택지 분석하기

① 형평 운동
…》 일제 강점기에 백정들은 사회적 차별을 철폐하기 위해 조선 형평사를 결성하고 형평 운동을 전개하였다.

✓ 브나로드 운동
…》 1920~1930년대 언론사를 중심으로 농촌 계몽 운동이 전개되었다. 동아일보는 문맹 퇴치 운동의 일환으로 브나로드 운동을 전개하여 학생들을 대상으로 한글을 가르치고 교재를 나누어 주었다.

③ 국채 보상 운동
⋯ 국채 보상 운동은 일본에서 도입한 차관 1,300만 원을 갚아 경제 주권을 회복하고자 김광제, 서상돈 등의 주도로 시작되었다.

④ 물산 장려 운동
⋯ 민족 기업을 육성하여 경제적 자립을 이루자는 물산 장려 운동은 '조선 사람 조선 것, 내 살림 내 것으로'라는 구호를 내걸고 평양에서 시작하여 전국으로 확산하였다.

43 6·25 전쟁   정답 ④

빠른 정답 찾기: 님 계신 전선 + 굳세어라 금순아 + 흥남 부두 + 1·4 ➡ 6·25 전쟁

자료 분석하기
6·25 전쟁(1950~1953) 당시 발표된 곡으로 「님 계신 전선」과 「굳세어라 금순아」 등이 있다. 「님 계신 전선」은 전쟁에 참전한 군인이 용감하게 싸우고 무사하기를 기원한 노랫말이 특징적이다. 「굳세어라 금순아」는 6·25 전쟁과 남북 분단으로 헤어진 사람들의 정서를 그린 노래로, 흥남 부두에서 헤어진 금순이에게 통일이 되면 만나자는 내용을 담고 있다.

선택지 분석하기
① 유엔군이 참전하였다.
③ 인천 상륙 작전이 전개되었다.
⋯ 6·25 전쟁 때 낙동강 방어선까지 밀렸던 국군은 유엔군이 참전하면서 전개한 인천 상륙 작전의 성공으로 서울을 되찾고 압록강까지 진격하였다(1950).

② 발췌 개헌안이 통과되었다.
⋯ 6·25 전쟁 중 임시 수도였던 부산에서 대통령 직선제를 내용으로 하는 발췌 개헌안이 통과되었다(1952).

✔ 반민족 행위 처벌법이 제정되었다.
⋯ 이승만 정부 시기 제헌 국회는 일제의 잔재를 청산하고 민족정기를 바로잡기 위해 반민족 행위 처벌법을 제정하였다(1948).

44 6월 민주 항쟁   정답 ③

빠른 정답 찾기: 대학생 이한열 + 호헌 철폐 + 독재 타도 ➡ 6월 민주 항쟁

자료 분석하기
박종철 고문치사 사건과 전두환 정부의 4·13 호헌 조치에 반발하여 직선제 개헌과 민주 헌법 제정을 요구하는 시위가 전개되었다. 경찰의 최루탄에 맞아 연세대 재학생 이한열이 사망하자 시위는 더욱 격화되어 6월 민주 항쟁이 전국적으로 확산되었다. 시민들은 호헌 철폐와 독재 타도 등의 구호를 내세워 민주적인 헌법 개정을 요구하였다.

선택지 분석하기
① 유신 체제가 붕괴하는 계기가 되었다.
⋯ YH 무역 노동자들의 시위가 신민당사 앞에서 일어난 것을 빌미로 박정희 정부는 김영삼을 국회의원에서 제명하였다. 이를 계기로 김영삼의 정치적 근거지인 부산, 마산에서 박정희 정권의 유신 체제에 반대하는 시위가 일어나면서 부마 민주 항쟁이 전개되었다. 항쟁 진압에 대한 대립 과정에서 박정희가 암살당하면서 유신 체제가 붕괴하였다.

② 3·15 부정 선거에 항의하여 일어났다.
⋯ 이승만 정부는 장기 집권을 위해 3·15 부정 선거를 일으켰다. 이로 인해 마산에서 부정 선거에 저항하는 대규모 시위가 일어나자 정부는 이를 강경 진압하였다. 시위 도중 경찰의 최루탄에 맞은 채로 마산 해변가에 버려진 학생 김주열의 시신이 발견되면서 4·19 혁명이 전국적으로 확산되었다.

✔ 5년 단임의 대통령 직선제 개헌을 이끌어냈다.
⋯ 6월 민주 항쟁의 결과, 전두환 정부는 6·29 민주화 선언을 발표하여 5년 단임의 대통령 직선제 개헌을 시행하였다.

④ 전개 과정에서 시민군이 자발적으로 조직되었다.
⋯ 신군부의 비상계엄 확대에 항거하여 광주에서 5·18 민주화 운동이 전개되었다. 신군부가 공수 부대를 동원하여 무력 진압에 나서자 광주 학생과 시민들이 시민군을 조직하여 계엄군에 대항하면서 격화되었다.

45 김대중 정부   정답 ④

빠른 정답 찾기: 1998년 + 대한민국 제15대 대통령 + 남북 화해와 협력 + 노벨 평화상 ➡ 김대중 정부

자료 분석하기
김대중이 제15대 대통령으로 당선되면서 평화적 여야 정권 교체가 이루어졌다. 이후 김대중 정부는 북한과의 화해 협력을 바탕으로 북한과의 교류를 적극적으로 확대하여 평양에서 최초로 남북 정상 회담이 이루어지고, 6·15 남북 공동 선언이 발표되었다. 이를 통해 금강산 관광 사업 활성화, 개성 공단 건설 합의서 체결, 경의선 복원 등이 실현되었다. 김대중은 남북 화해와 한반도의 긴장 완화

80 기출문제집 기본

에 기여하였다는 공로를 인정받아 한국인 최초로 노벨 평화상을 받았다.

🔍 선택지 분석하기

① 최초로 수출 100억 달러를 달성하였다.
⋯ 박정희 정부 시기인 1970년대에 수출의 증대로 수출 100억 달러를 달성하였다.

② 경제 협력 개발 기구(OECD)에 가입하였다.
⋯ 김영삼 정부는 한국 경제의 세계화를 위해 경제 협력 개발 기구(OECD)에 가입하였다.

③ 미국과 자유 무역 협정(FTA)을 체결하였다.
⋯ 노무현 정부는 미국과의 자유로운 무역을 위해 자유 무역 협정(FTA)을 체결하였다.

✅ 국제 통화 기금(IMF)의 구제 금융 자금을 조기 상환하였다.
⋯ 김대중 정부는 기업 구조 조정과 투명성 강화, 금융 개혁, 금 모으기 운동을 통해 IMF 구제 금융 지원금을 일찍 갚았다.

46 인물로 보는 우리 역사 기록 속 다문화 [정답 ②]

빠른 정답 찾기: 허황옥 + 금관가야 + 쌍기 + 과거제 + 이지란 + 조선 건국 개국 공신 + 김충선 + 임진왜란 ➡ **인물로 보는 우리 역사 기록 속 다문화**

🔍 자료 분석하기

(가) **금관가야 김수로왕**: 『삼국유사』「가락국기」에 따르면 허황옥은 본래 인도 아유타국의 공주인데, 아버지와 어머니가 옥황상제의 명을 받아 금관가야의 김수로왕과 결혼하게 하였다고 전해진다.

(나) **고려 광종**: 고려 광종은 중국 후주와 사신을 교환하는 등의 유대 관계를 통해 왕권을 강화하고자 하였다. 이때 후주의 사신 설문우와 함께 고려에 건너 온 쌍기의 건의에 따라 과거제를 실시하기도 하였다.

(다) **조선 태조**: 이지란은 여진족 출신으로 고려 공민왕 때 고려에 귀화하였다. 이후 그는 이성계(조선 태조)를 도와 황산 전투에서 적장 아지발도가 이끄는 왜구를 무찌르고, 위화도 회군을 마친 이성계를 새로운 왕으로 추대하는 등 개국 공신으로 활약하였다. 또한, 조선 건국 후에는 왕자의 난을 진압하는 데 공을 세우기도 하였다.

(라) **조선 선조**: 조선 선조 때 임진왜란 중 일본군 사야가는 조선으로 귀화하여 조선의 군사로서 활약하였다. 그는 조총·화포·화약의 제조법을 조선에 보급하였고, 경주·울산 등에서 공을 세웠다. 이에 선조로부터 가선대부(嘉善大夫), 자헌대부(資憲大夫) 등의 관직을 받았으며, 바다를 건너온 모래를 걸러 금을

얻었다는 의미에서 '김', 충성스럽고 착하다는 '충선'이라는 이름을 하사받았다.

🔍 선택지 분석하기

① (가) – 태학을 설립하였다.
⋯ 고구려 소수림왕은 국가 교육 기관인 태학을 설립하여 인재를 길러냈다.

✅ (나) – 노비안검법을 실시하였다.
⋯ 고려 광종은 노비안검법을 실시하여 억울하게 노비가 된 사람들을 해방하고 호족의 세력을 약화시키고자 하였다.

③ (다) – 대동법을 시행하였다.
⋯ 조선 광해군은 방납의 폐단을 해결하기 위해 특산물 대신 쌀, 옷감, 동전 등으로 공납을 징수하는 대동법을 시행하였다.

④ (라) – 경국대전을 완성하였다.
⋯ 조선 세조 때 편찬되기 시작한 『경국대전』은 조선의 기본 법전으로, 성종 때 완성·반포되었다.

47 지역사 – 전주 [정답 ③]

빠른 정답 찾기: 경기전 + 태조 어진 + 전라 감영 + 동학 농민군 + 화약 + 전동 성당 + 비빔밥 ➡ **전주**

🔍 자료 분석하기

- **경기전**: 태조 이성계의 초상화(어진)를 모신 곳으로, 국내 유일의 어진 전문 박물관도 자리하고 있다.
- **전라 감영**: 조선 시대 전라도와 제주도를 관리하였던 지방 통치 관청이다. 특히, 선화당은 전라 감사 집무실로 쓰던 건물로, 동학 농민 운동 당시 동학 농민군과 정부군이 화약을 맺은 장소이다. 일제 강점기에 전라 감영 대부분이 철거되고 일부 건물만이 남아 있었으나 6·25 전쟁 당시 폭발로 모두 붕괴되었다. 현재 전주시는 고증을 거쳐 전라 감영을 복원하였다.
- **전동 성당**: 신해박해 당시 윤지충과 권상연이 순교한 곳으로, 한국 천주교 최초의 순교터이다.

48 시대별 유학자 [정답 ①]

빠른 정답 찾기: 유학자 + 최치원 + 정몽주 + 정약용 + 박은식 ➡ **시대별 유학자**

자료 분석하기

(가) **최치원**: 최치원은 통일 신라 말 6두품 출신 유학자로 당의 빈공과에 합격하였다. 이후 신라로 돌아와 사회적인 폐단을 극복하고자 진성 여왕에게 시무 10여 조를 건의하였으나 받아들여지지 않았다.

(나) **정몽주**: 정몽주는 고려 후기의 문신이자 학자로, 안향에 의해 도입된 성리학을 확산시킨 성균관 대사성 이색의 제자이다. 그는 성리학의 높은 경지에 올랐으며, 이후 조선이 성리학의 나라로 나아가는 데 방향을 잡아 주었다.

(다) **정약용**: 조선 후기 대표적인 실학자인 정약용은 「기기도설」을 참고하여 수원 화성 건축에 사용된 거중기를 만들었으며, 이를 통해 공사 기간과 비용을 줄이는 데 기여하였다.

(라) **박은식**: 일제 강점기와 근대의 유학자이자 독립운동가인 박은식은 유교계의 3대 문제를 지적하며, 유교계의 혁신을 주장한 「유교구신론」을 저술하였다.

선택지 분석하기

✓ (가) - 시무 10여 조를 건의하다
… 최치원은 사회 개혁을 위하여 진성 여왕에게 시무 10여 조를 건의하였으나 받아들여지지 않았다.

② (나) - 백운동 서원을 건립하다
… 조선 중종 때 풍기 군수 주세붕은 안향을 기리기 위해 경북 영주에 백운동 서원을 건립하였다. 이후 백운동 서원은 명종 때 이황의 건의로 최초의 사액 서원인 소수 서원으로 사액되었다.

③ (다) - 동사강목을 저술하다
… 조선 정조 때 안정복은 「동사강목」을 저술하여 고조선부터 고려 말까지의 역사를 정리하였다.

④ (라) - 영남 만인소를 주도하다
… 이만손을 중심으로 한 영남 유생들은 만인소를 올려 「조선책략」을 비판하고 「조선책략」을 유포한 김홍집의 처벌을 요구하였다.

49 앙부일구 정답 ③

빠른 정답 찾기: 조선 시대 + 해시계 → 앙부일구

자료 분석하기

앙부일구는 '솥뚜껑을 뒤집어 놓은 듯한 모습을 한 해시계'라는 뜻으로, 조선 세종 때 장영실이 발명하였다. 또한, 시간 외에도 절기를 알 수 있도록 시각선과 직각으로 13개의 절기선을 새겨 넣어 동지, 하지, 춘분, 추분 등 24절기를 나타내었다.

선택지 분석하기

① 박문국에서 제작하였다.
… 개항 이후 개화 정책의 일환으로 출판 기관인 박문국이 설치되었고 이곳에서 최초의 근대적 신문인 한성순보를 발행하였다.

② 10리마다 눈금을 표시하였다.
… 김정호는 조선 후기에 10리마다 눈금을 표시하여 거리를 알 수 있게 한 지도인 대동여지도를 제작하였다.

✓ 영침의 그림자로 시각을 표시하였다.
… 앙부일구는 일종의 시계바늘인 영침이 만든 그림자의 위치로 시각을 표시하였다.

④ 소리로 시간을 알려주는 장치가 있다.
… 조선 세종 때 장영실이 만든 물시계인 자격루는 물의 증가량 또는 감소량으로 시간을 측정하는 장치이며, 정해진 시간에 종과 징, 북이 저절로 울리도록 제작되었다.

50 세시 풍속 – 정월 대보름 정답 ④

미니북 53쪽

빠른 정답 찾기: 세시 풍속 + 달집태우기 + 음력 1월 15일 + 건강과 풍년을 기원 → 정월 대보름

자료 분석하기

한 해의 첫 보름인 정월 대보름은 음력 1월 15일로, 이날에는 여러 곡식을 섞은 오곡밥과 묵은 나물을 먹었다. 또한, 건강과 풍년을 기원하는 의미로, 나뭇더미를 쌓아 달집을 짓고 달이 떠오르면 불을 놓아 복을 기원하는 달집태우기를 하였다.

선택지 분석하기

① 동지
… 동지는 24절기 중 스물두 번째 절기로 일 년 중에서 밤이 가장 길고 낮이 가장 짧은 날이다. 이날 가정에서는 팥죽을 쑤어 먹었고, 관상감에서는 달력을 만들어 벼슬아치들에게 나누어 주었다.

② 추석
… 음력 8월 15일로 한가위라 불리는 추석에는 송편과 각종 음식을 만들어 조상들에게 차례를 지내고 성묘를 하였다.

③ 삼짇날
… 음력 3월 3일인 삼짇날에는 진달래꽃을 넣은 찹쌀가루 반죽에 참기름을 발라가며 둥글게 부친 화전(花煎)을 먹었다.

✓ 정월 대보름
… 정월 대보름은 한 해의 첫 보름이자 보름달이 뜨는 날로, 음력 1월 15일을 말한다. 이날에는 건강과 안녕을 비는 의미로 호두, 땅콩 등의 부럼을 깨물기도 하였다.

제67회 한국사능력검정시험

01	02	03	04	05	06	07	08	09	10
③	②	④	③	②	③	②	①	①	②
11	12	13	14	15	16	17	18	19	20
①	④	①	③	④	③	③	④	④	④
21	22	23	24	25	26	27	28	29	30
③	④	①	②	④	②	①	②	③	①
31	32	33	34	35	36	37	38	39	40
①	②	④	①	④	⑤	②	③	⑤	②
41	42	43	44	45	46	47	48	49	50
③	②	④	④	②	④	②	④	②	②

※ 미니북 04, 52쪽

01 청동기 시대
정답 ③

빠른 정답 찾기 처음으로 금속 도구를 사용 + 고인돌 ➡ **청동기 시대의 생활 모습**

자료 분석하기

청동기 시대에는 구리와 주석을 함께 녹여 만든 금속인 청동을 사용해 금속 도구를 만들기 시작하였다. 이에 따라 비파형 동검, 거친 무늬 거울, 청동 방울 등을 제작하였다. 또한, 권력을 가진 군장이 등장하였는데, 지배층이 죽으면 무덤 위에 큰 돌을 올려놓아 고인돌을 만들었다. 우리나라는 전 세계 고인돌의 40%를 보유하고 있으며, 그중 전남 화순은 우리나라 대표적인 고인돌 유적지로, 괴바위 고인돌, 마당바위 고인돌, 관청바위 고인돌, 핑매바위 고인돌, 감태바위 채석장 등이 분포되어 있다.

선택지 분석하기

① **철제 농기구**로 농사를 지었다.
⋯ 철기 시대에는 쟁기, 호미, 쇠스랑 등 철제 농기구를 사용하여 농사를 지었다.

② 주로 **동굴**이나 **막집**에서 살았다.
⋯ 구석기 시대 사람들은 동굴이나 바위 그늘에 막집을 짓고 살면서 계절에 따라 이동 생활을 하였다.

 반달 돌칼로 벼 이삭을 수확하였다.
⋯ 청동기 시대에 일부 지역에서 벼농사가 시작되었으며 반달 돌칼을 이용하여 벼를 수확하였다.

④ **빗살무늬 토기**에 곡식을 저장하기 시작하였다.
⋯ 신석기 시대에는 빗살무늬 토기를 만들어 음식을 조리하거나 저장하는 용도로 이용하였다.

※ 미니북 20쪽

02 옥저
정답 ②

빠른 정답 찾기 동해안 지역 + 여자아이 + 성인이 되면 며느리로 삼는 풍속 + 읍군 + 삼로 ➡ **옥저**

자료 분석하기

옥저는 철기 문화를 바탕으로 함경도 동해안 지역에 등장한 연맹 국가이며, 왕이 아닌 읍군이나 삼로라는 군장들이 각 부족을 다스렸다. 또한, 여자가 어렸을 때 혼인할 남자의 집에서 생활하다가 성인이 된 후에 혼인을 하는 민며느리제라는 풍속이 있었다.

선택지 분석하기

① 부여
⋯ 부여는 송화강 유역의 평야 지대에서 건국된 나라로, 왕 아래 마가, 우가, 저가, 구가의 가(加)들이 각자의 행정 구역인 사출도를 다스리는 5부족 연맹체였다.

 옥저
⋯ 옥저는 함경도 동해안 지역에서 건국된 나라로, 가족이 죽으면 뼈만 추려 가매장하였다가 나중에 가족 공동 무덤인 커다란 목곽에 안치하는 장례 풍습인 골장제를 행하였다.

③ 동예
⋯ 동예는 강원도 북부 동해안 지역에 등장한 나라로, 왕이 아닌 읍군이나 삼로라는 군장들이 각 부족을 다스렸다. 또한, 책화라는 제도가 있어 다른 부족의 경계를 침범하면 노비와 소, 말로 변상하게 하였다.

④ 마한
⋯ 삼한은 한반도 남부 지역에서 발생하였으며, 마한·변한·진한의 연맹체로 구성된 연맹 국가였다. 그중 마한은 경기·충청·전라도 지방을 중심으로 성장하였으며, 이후 마한의 목지국 지배자가 삼한 전체를 주도하였다.

※ 미니북 06쪽

03 고구려 광개토 대왕
정답 ④

빠른 정답 찾기 고구려 제19대 왕 + 거란, 숙신, 후연, 동부여 등을 정벌 ➡ **고구려 광개토 대왕**

자료 분석하기

고구려 제19대 왕으로 즉위한 광개토 대왕은 영락이라는 독자적 연호를 사용하고, 활발한 정복 활동으로 고구려의 전성기를 열었다. 북쪽으로는 숙신, 후연, 거란, 동부여 등을 정벌하였고, 남쪽으로는 백제 수도 한성을 점령하여 한강 유역까지 영토를 확장하였다.

선택지 분석하기

① 태학을 설립하였다.
⋯ 고구려 소수림왕은 국가 교육 기관인 태학을 설립하여 인재를 길러냈다.

② 천리장성을 축조하였다.
⋯ 고구려 영류왕 때 연개소문은 당의 공격에 대비하여 동북의 부여성에서 발해만의 비사성까지 천리장성을 쌓았다.

③ 도읍을 평양성으로 옮겼다.
⋯ 고구려 장수왕은 평양으로 수도를 옮기고 남진 정책을 추진하여 영토를 확장하였다.

 신라에 침입한 왜를 격퇴하였다.
⋯ 고구려 광개토 대왕은 신라의 요청으로 군대를 보내 신라에 침입한 왜를 격퇴하였다.

04 백제의 문화유산　　　　정답 ③

빠른 정답 찾기　백제의 문화유산 + 무령왕릉 ➡ 몽촌 토성

자료 분석하기

무령왕릉은 백제 무령왕과 그 왕비의 무덤으로, 백제 왕들의 무덤이 모여 있는 공주 송산리 고분군에 위치해 있다. 또한, 중국 남조 양의 지배층 무덤 양식과 비슷한 벽돌무덤으로 만들어진 것으로 보아 양과 교류하며 영향을 받았음을 알 수 있다.

선택지 분석하기

① 금동 연가 7년명 여래 입상
⋯ 금동 연가 7년명 여래 입상은 경남 의령에서 발견된 고구려의 불상으로, 강렬한 느낌을 주는 불상 양식에서 고구려적인 특징이 잘 나타나 있다.

② 천마총 장니 천마도
⋯ 경주 천마총 내부에서 천마를 그린 장니(말을 탈 때 필요한 안장의 부속품)가 발견되었다. 테두리의 덩굴무늬는 고구려 무용총이나 고분 벽화의 무늬와 같은 양식으로, 이를 통해 신라 회화가 고구려의 영향을 받았음을 알 수 있다.

 몽촌 토성
⋯ 몽촌 토성은 서울 송파구에 있는 백제 전기인 한성 시대의 토성이다. 성의 위치와 규모, 출토된 유물을 통해 백제 한성 시대의 건축 기술, 사람들의 생활 문화를 살필 수 있어 역사적으로 가치가 있다.

④ 장군총
⋯ 장군총은 중국 지린성 지안 지역에 분포한 고구려의 대표적인 돌무지 무덤이다.

05 신라 진흥왕　　　　정답 ②

빠른 정답 찾기　단양 신라 적성비 + 이사부 + 야이차 ➡ 신라 진흥왕

자료 분석하기

신라 진흥왕은 백제 성왕과 연합하여 당시 고구려의 영토였던 한강 상류 지역의 적성을 차지하였다. 이때 신라 장군 이사부를 도와 적성 점령에 공을 세운 야이차에게 포상하고, 적성 지역 주민을 위로하는 마음을 담아 비석을 세웠다. 단양 신라 적성비는 신라가 한강 상류 지역에 진출한 것을 입증하고 있으며, 공을 세운 지방민에게 포상을 내렸음을 파악할 수 있어 신라의 정치·경제·사회사를 잘 나타내고 있는 문화유산이다.

선택지 분석하기

① 국학을 설치하였다.
⋯ 통일 신라 신문왕은 유교 정치를 확립시키기 위해 유학 교육 기관인 국학을 설립하였다.

✔ 화랑도를 정비하였다.
⋯ 신라 진흥왕은 화랑도라는 교육적·군사적 기능을 담당하는 청소년 단체를 국가적인 조직으로 개편·정비하였다.

③ 독서삼품과를 시행하였다.
⋯ 통일 신라 원성왕은 국학의 학생들을 대상으로 독서삼품과를 시행하여 유교 경전의 이해 수준에 따라 관리를 채용하였다.

④ 김헌창의 난을 진압하였다.
⋯ 통일 신라 헌덕왕 때 김주원이 왕위 쟁탈전에서 패배하자 아들인 웅천주(공주) 도독 김헌창이 반란을 일으켰지만, 관군에 의해 진압되면서 실패하였다.

한발 더 다가가기

신라 주요 국왕의 업적

내물왕	• 김씨에 의한 왕위 계승권 확립 • 고구려 광개토 대왕의 도움을 받아 왜를 물리침 • 마립간 칭호 사용
법흥왕	• '건원' 연호 사용 • 불교 공인, 율령 반포, 병부 설치 • 골품제 정비, 상대등 제도 마련 • 금관가야 복속
진흥왕	• 화랑도를 국가 조직으로 개편 • 불교 정비, 황룡사 건립 • 한강 유역 차지(나제 동맹 결렬, 관산성 전투로 백제 성왕 전사) → 단양 적성비, 북한산 순수비 • 대가야 정복 → 창녕비 • 함경도 지역까지 진출 → 마운령비, 황초령비
무열왕	• 최초의 진골 출신 왕 • 시중의 권한 강화(신라 중대 시작) → 상대등의 세력 약화, 왕권의 전제화 • 백제 멸망(660)
문무왕	• 고구려 멸망(668) • 나당 전쟁 승리 → 삼국 통일 완수(676) • 외사정 파견(지방 감시)

🔍 선택지 분석하기

① 지방에 22담로를 두었다.
⋯ 백제는 무령왕 때 지방에 22담로를 설치하고 왕족을 파견하여 지방에 대한 통제를 강화하였다.

② 한의 침략을 받아 멸망하였다.
⋯ 고조선은 한 무제의 침략을 받아 수도 왕검성이 함락되면서 멸망하였다.

✔ 낙랑과 왜에 철을 수출하였다.
⋯ 삼한 중 변한은 해상 교통에 유리한 지역적 특색을 이용하여 풍부하게 생산되는 철을 낙랑과 왜에 수출하였다.

④ 화백 회의에서 중요한 일을 결정하였다.
⋯ 신라는 국가의 중대사를 귀족 합의체인 화백 회의에서 만장일치제로 결정하였다.

07 삼국 통일 과정 정답 ②

빠른 정답 찾기: (가) 김춘추의 고구려 원병 요청 ➡ (다) 황산벌 전투 ➡ (나) 기벌포 전투

🔍 자료 분석하기

- (가) **김춘추의 고구려 원병 요청**(642): 신라는 백제 의자왕의 공격으로 대야성을 비롯하여 서쪽 40여 개의 성을 빼앗겼다. 이에 신라 김춘추는 고구려에 군사 지원을 요청하였지만, 고구려는 신라가 빼앗아 간 죽령 서북 땅을 돌려줄 것을 먼저 요구하였다. 김춘추가 이를 거절하자 고구려의 연개소문은 그를 감옥에 가두었고 겨우 탈출할 수 있었다.
- (다) **황산벌 전투**(660): 백제 의자왕은 계백에게 5천 명의 결사대를 주어 김유신이 이끄는 신라군을 막도록 하였다. 이에 계백은 황산벌에서 신라군에 맞서 싸워 4번 모두 승리하였다. 그러나 신라 화랑들의 치열한 저항을 본 신라군은 사기가 크게 올라 백제에 총공격을 가하였다. 결국 황산벌 전투에서 백제군은 크게 패하고 계백이 전사하였다.
- (나) **기벌포 전투**(676): 당이 고구려의 옛 땅에 군대를 주둔시키고 신라 영토에도 영향력을 행사하려 하여 나당 전쟁이 발발하였다. 이에 신라 문무왕은 기벌포 전투에서 설인귀가 이끄는 당군에 승리하고 당의 세력을 한반도에서 몰아내면서 삼국을 통일하였다.

06 가야 정답 ③

빠른 정답 찾기: 김해 대성동 고분군 + 고령 지산동 고분군 + 함안 말이산 고분군 + 뛰어난 세공 기술 ➡ 가야

🔍 자료 분석하기

- **금동 허리띠**: 금관가야의 고분군인 김해 대성동 고분군에서 출토된 문화유산이다. 금관가야 지배층의 권력을 상징하는 장식품이며 중국에서 수입된 선진 물품으로, 당시 가야의 위상과 대외 관계를 짐작할 수 있다.
- **금동관**: 대가야의 고분군인 고령 지산동 고분군에서 출토된 문화유산이다. 신라의 황남대총 은관과 비슷하나 신라의 전형적인 세움 장식과 달리 풀과 꽃 모양을 하고 있어 가야만의 특징을 파악할 수 있다. 또한, 대가야가 꽃피웠던 금속 공예 기술을 잘 보여주는 물품이다.
- **봉황장식 금동관**: 아라가야의 고분군인 함안 말이산 고분군에서 출토된 문화유산이다. 길쭉한 관테 위에 봉황 두 마리가 마주 보는 형태를 띠고 있으며, 현재까지 알려진 가야의 관 중에서 제작 시기가 가장 이른 것이 특징이다.

08 발해의 문화유산

정답 ①

빠른 정답 찾기
상경성 + 문왕 ➡ **발해의 문화유산**

자료 분석하기

상경성은 발해 문왕 때 천도된 이래로 130여 년 동안 발해의 수도였다. 궁성과 황성을 제외한 성 안의 모든 구역은 주작대로를 중심으로 동구와 서구로 나뉘었는데, 이를 통해 상경성이 당의 장안성을 모방하여 조성되었음을 알 수 있다. 그러나 상경성에서 출토된 치미 등을 통해 고구려의 전통 또한 계승하였음을 파악할 수 있다.

선택지 분석하기

☑ 칠지도
⋯ 칠지도는 백제 근초고왕이 왜에 하사하였다고 알려진 유물로, 일본에서 발견되었다. 이를 통해 백제가 왜와 교류하면서 다양한 선진 문물을 전파하였다는 것을 확인할 수 있다.

② 이불 병좌상
⋯ 이불 병좌상은 발해의 수도였던 동경(현재 중국 지린성)에서 발굴되었으며, 날카로운 광배나 연꽃의 표현 등을 통해 고구려 불상 양식을 계승하고 있음을 알 수 있다.

③ 영광탑
⋯ 영광탑은 중국 지린성에 있는 발해의 오층 벽돌 탑으로, 당의 영향을 받았다.

④ 정효 공주 무덤 벽화
⋯ 정효 공주 무덤 벽화는 발해 문왕의 넷째 딸인 정효 공주 무덤 벽에 기록되어 있는 그림이며, 중국 지린성에 위치해 있다. 벽화 속에는 공주의 시중을 들던 신하들의 모습을 살펴볼 수 있으며, 인물들의 뺨이 둥글고 통통한 것을 통해 당의 화풍을 띠고 있음을 알 수 있다.

※ 미니북 46쪽

09 경주 석굴암 본존불

정답 ①

빠른 정답 찾기
석굴암 + 화강암 ➡ **경주 석굴암 본존불**

자료 분석하기

경주 석굴암은 신라 경덕왕 때 김대성이 짓기 시작하여 혜공왕 때 완성된 불교 사원이다. 토함산 중턱에 화강암을 이용하여 석굴을 만들고 내부에 본존불을 비롯한 불상을 놓았다. 석굴암은 정밀한 수학적 지식을 사용한 건축 기법으로 만들어졌다. 특히, 천장을 둥근 돔 형태로 무너지지 않도록 정교하게 만들었으며, 굴 내부에 습기가 차지 않도록 공기의 흐름을 이용하여 설계하였다.

선택지 분석하기

☑ 경주 석굴암 본존불
⋯ 경주 석굴암 본존불은 경북 경주시에 위치한 통일 신라 시대의 불상이다. 석굴암 본존불상이 안치되어 있는 석굴암 석굴은 유네스코 세계 유산으로 등재되었다.

② 서산 용현리 마애여래 삼존상
⋯ 서산 용현리 마애여래 삼존상은 충남 서산시에 위치한 백제 후기 화강석 불상이다. 마애불의 자비로운 인상을 잘 나타낸 불상으로 '백제의 미소'로도 알려져 있다.

③ 금동 미륵보살 반가 사유상
⋯ 금동 미륵보살 반가 사유상은 삼국 시대를 대표하는 반가 사유상 중 가장 대표적인 불상이다.

④ 하남 하사창동 철조 석가여래 좌상
⋯ 하남 하사창동 철조 석가여래 좌상은 경기도 광주에서 발견된 고려 시대의 철불 좌상이다. 불상의 날카로운 인상과 간결한 옷주름의 표현 등을 통해 전형적인 고려 초기 불상의 표현 기법을 사용했음을 알 수 있다.

한발 더 다가가기

고대·고려의 주요 불상

[고구려] 금동 연가 7년명 여래 입상	[백제] 서산 용현리 마애여래 삼존상	[통일 신라] 경주 석굴암 본존불

[통일 신라] 철원 도피안사 철조 비로자나불 좌상	**[발해]** 이불 병좌상	**[고려]** 하남 하사창동 철조 석가여래 좌상

[고려] 파주 용미리 마애 이불 입상	**[고려]** 논산 관촉사 석조 미륵보살 입상	**[고려]** 영주 부석사 소조여래 좌상

10 호족

미니북 22쪽
정답 ②

빠른 정답 찾기: 신라 말 + 지방에서 독자적인 세력을 형성 + 성주 또는 장군이라 칭함 ➡ 호족

자료 분석하기

호족은 통일 신라 말 사회의 폐단이 심각해지면서 성장한 지방 세력으로, 스스로를 성주나 장군이라 칭하면서 지방의 정치·군사·경제적 지배권을 행사하였다. 또한, 6두품과 당 유학생 및 선종 승려와 연합하여 새로운 사회를 만들고자 노력하였다.

선택지 분석하기

① 성골
… 성골은 신라 시대의 신분 제도인 골품제 내에서 최고층인 계층으로 왕족 중에서도 일부만이 차지하였다.

✓ 호족
… 호족은 통일 신라 말 중앙 정부의 통제에서 벗어나 독자적인 지방 세력으로 성장하였다.

③ 권문세족
… 권문세족은 고려 원 간섭기 무렵 새롭게 형성된 지배층으로, 도평의사사를 중심으로 권력을 장악하고, 높은 관직을 독점하면서 대농장을 소유하는 특권을 누렸다.

④ 신진 사대부
… 신진 사대부는 고려 후기에 등장한 새로운 정치 세력으로, 공민왕의 반원 정책과 왕권 강화 정책을 통해 정권에 진출하였다. 성리학을 바탕으로 당시 집권 세력인 권문세족을 비판하였으며, 대표적인 인물로 정몽주와 정도전이 있다.

11 고려 태조 왕건

미니북 08, 22쪽
정답 ①

빠른 정답 찾기: 민족 통합 + 발해 유민을 받아들임 + 견훤까지 포용 ➡ 고려 태조 왕건

자료 분석하기

고려 태조는 거란에 의해 발해가 멸망하자 왕자인 대광현을 비롯한 발해 유민을 받아들이고 조상의 제사를 지낼 수 있도록 하였다. 또한, 견훤이 후계자 문제로 금산사에 유폐되어 도망쳐 나온 후 고려로 투항하자 견훤에게 지위와 토지를 하사하면서 맞이하였다. 신라의 마지막 왕 경순왕(김부)이 고려에 항복할 때는 경순왕을 경주의 사심관으로 임명하는 등 민족 통합책을 펼쳤다.

선택지 분석하기

✓ 흑창을 두었다.
… 고려 태조는 빈민을 구제하기 위하여 춘궁기에 곡식을 대여해 주고 추수 후에 돌려받는 흑창을 설치하였다.

② 강화도로 천도하였다.
… 고려 무신 정권 시기 최우는 몽골의 2차 침입 때 강화도로 천도하여 항쟁하였다.

③ 과거제를 처음 실시하였다.
… 고려 광종은 후주 출신 쌍기의 건의를 받아들여 과거제를 시행하고 신진 세력을 등용하였다.

④ 전민변정도감을 설치하였다.
… 고려 공민왕은 신돈의 건의로 전민변정도감을 설치하여 권문세족에 의해 빼앗긴 토지를 원래 주인에게 돌려주고 억울하게 노비가 된 자를 풀어주었다.

12 고려의 경제 상황

미니북 28쪽
정답 ④

빠른 정답 찾기: 청자 매병과 죽찰 + 개경 ➡ 고려의 경제 상황

자료 분석하기

충남 태안 해안 지역에서 고려 시대에 난파되었던 선박인 마도 2호선이 발굴되었다. 마도 2호선에서 청자 연꽃줄기 무늬 매병과 죽찰이 발굴되었는데, 죽찰에 적힌 글을 통해 개경의 중방 도장교 오문부에게 참기름과 꿀을 담은 매병을 보내기 위해 가던 길이었음을 알 수 있다.

선택지 분석하기

① 광산 개발을 감독하는 덕대
… 조선 후기에 광산 개발이 활성화되면서 전문적으로 광산을 경영하는 덕대가 등장하였다.

② 신해통공 실시를 알리는 관리
… 조선 정조는 자유로운 상업 활동을 장려하기 위해 육의전을 제외한 시전 상인들의 금난전권을 폐지하는 신해통공을 실시하였다.

③ 청과의 무역으로 부를 축적하는 만상
… 조선 후기에 상공업이 활발해지면서 사상이 발전하여 개성, 의주 등의 지역에서 송상, 만상 등이 대청 무역으로 부를 축적하였다.

✓ 활구라고도 불린 은병을 제작하는 장인
… 고려 숙종 때 상업이 활발해지면서 삼한통보, 해동통보, 해동중보 등의 동전과 활구(은병)를 만들어 화폐의 통용을 추진하였으나 널리 유통되지는 못하였다.

13 거란의 1차 침입

미니북 08, 23쪽 / 정답 ①

빠른정답찾기: 거란 + 송을 섬기는 까닭에 군사를 일으킴 + 여진을 내쫓고 우리 옛 땅을 돌려줌 ➡ 거란의 1차 침입

자료 분석하기

건국 초 고구려 계승 의식을 내세우며 북진 정책을 펼쳤던 고려는 발해를 멸망시키고 한반도 북부로 영토를 확장하고 있는 거란과 대립하였다. 거란은 고려 성종 때 80만 대군을 이끌고 1차로 침입하여 고려가 차지하고 있는 옛 고구려 땅을 내놓고 송과 교류를 끊을 것을 요구하였다. 이에 서희는 소손녕과의 외교 담판을 통해 거란과 교류할 것을 약속하는 대신, 고려가 고구려를 계승하였음을 인정받고 거란으로 가는 길목인 압록강 동쪽의 강동 6주를 획득하는 성과를 거두었다(993).

한발 더 다가가기

거란의 침입 과정

1차 침입	소손녕의 침입 → 서희의 외교 담판 → 강동 6주 획득
2차 침입	거란에 의해 개경 함락 → 양규의 활약
3차 침입	소배압의 침입 → 강감찬의 귀주 대첩 → 천리장성 축조

14 고려 중기의 상황

미니북 08쪽 / 정답 ③

빠른정답찾기: 이자겸의 난 ➡ 묘청의 서경 천도 운동 ➡ 무신 정변

자료 분석하기

- **이자겸의 난**(1126): 고려 중기 이자겸은 왕의 외척으로서 최고 권력을 누리면서 국왕의 자리까지 넘보았다. 이에 인종이 이자겸을 제거하려다 실패하면서 이자겸이 반란을 일으켰다.
- **무신 정변**(1170): 고려는 문벌 귀족의 사회적 폐단이 심하였다. 이에 문신들이 정치권력을 독차지하고, 심지어 군대를 지휘하는 권한마저 장악하면서 무신을 차별하였다. 그러던 중 보현원에서 수박희(무기를 사용하지 않고 맨손과 몸으로 상대방을 치고 막아내는 격투 기술)를 하다가 대장군 이소응이 문신 한뢰에게 뺨을 맞는 일이 벌어졌다. 이를 계기로 분노가 폭발한 무신들이 정중부와 이의방을 중심으로 무신 정변을 일으켜 의종을 폐위하고 명종을 즉위시키며 정권을 장악하였다.

선택지 분석하기

① 이괄, 도성을 점령하다
⋯ 인조반정에서 큰 공을 세웠던 이괄이 1등 공신이 되지 못한 것에 불만을 품고 이괄의 난을 일으켰으나 실패하였다(1624).

② 김흠돌, 반란을 도모하다
⋯ 통일 신라 신문왕의 장인이었던 김흠돌이 반란을 도모하다가 발각되어 처형당하였다(681).

✓ 묘청, 서경 천도를 주장하다
⋯ 고려 인종 때 묘청을 중심으로 결성된 서경 세력은 풍수지리설을 바탕으로 서경으로 도읍을 옮기고, 금을 정벌할 것을 주장하였으나 받아들여지지 않았다. 이에 묘청은 국호를 대위, 연호를 천개로 하여 서경에서 반란을 일으켰으나(1135) 김부식의 관군에 의해 진압되었다(1136).

④ 이성계, 위화도에서 회군하다
⋯ 고려 말의 무신 이성계는 우왕 때 왕명에 따라 요동 정벌을 위해 출병하였다. 그러나 의주 부근의 위화도에서 말을 돌려 개경으로 회군하였다(1388).

15 안향

정답 ①

빠른정답찾기: 소수 서원 + 문성공묘 + 고려 후기 문신 + 성리학 도입 ➡ 안향

자료 분석하기

안향은 고려 말의 유학자로, 처음으로 국내에 성리학을 도입하고 후학 양성에 힘썼다. 이후 조선 중종 때 풍기 군수 주세붕이 안향을 기리기 위해 경북 영주에 백운동 서원을 건립하였으며, 명종 때에는 이황의 건의로 최초의 사액 서원인 소수 서원으로 사액되었다.

선택지 분석하기

✓ 안향
⋯ 고려 말 유학자 안향은 원에서 성리학을 들여왔다.

② 김부식
⋯ 고려 중기의 유학자 김부식은 묘청의 난을 진압하는 공을 세우며 고려 최고 관직인 문하시중에 올랐다.

③ 이규보
⋯ 고려 무신 정권 시기의 문인 이규보는 『동명왕편』을 저술하여 고구려를 건국한 동명왕의 업적을 칭송하였다.

④ 정몽주
⋯ 고려 말 대표적 온건 개혁파 정몽주는 이성계를 문병하고 귀가하던 도중 선죽교에서 이방원에게 피살되었다.

16 삼별초   정답 ④

빠른정답찾기: 진도 용장성 + 고려 정부가 몽골과 강화를 맺고 개경으로 환도 ➡ **삼별초**

🔍 자료 분석하기

무신 정권이 해체되고 강화도에 있던 고려 정부가 개경으로 돌아가면서 몽골과의 강화가 성립되었다. 고려의 항복에 반발한 삼별초는 배중손, 김통정의 지휘 하에 진도 용장성과 제주도 항파두리성으로 이동하며 대몽 항쟁을 전개하였다.

🔍 선택지 분석하기

① **쌍성총관부**를 공격하였다.
⋯ 고려 공민왕은 원의 간섭에서 벗어나 고려의 자주성을 회복하기 위해 쌍성총관부를 공격하여 철령 이북의 땅을 되찾았다.

② **백강 전투**에서 활약하였다.
⋯ 백제 부흥 운동을 지원하기 위해 왜의 수군이 백강 입구까지 진격하였으나 나당 연합군의 공격으로 패배하였다.

③ **신기군**, **신보군**, **항마군**으로 구성되었다.
⋯ 고려 숙종 때 여진이 고려의 국경을 자주 침입하자 윤관이 왕에게 건의하여 신기군, 신보군, 항마군으로 구성된 별무반을 편성하였다. 이후 예종 때 윤관은 별무반을 이끌고 여진을 물리쳤다.

✅ **최씨 무신 정권의 군사적 기반**이 되었다.
⋯ 고려 무신 정권 시기에 최우는 군사 조직으로 삼별초를 구성하였으며, 이는 최씨 무신 정권의 군사적 기반이 되었다.

 미니북 23쪽

17 진포 대첩   정답 ③

빠른정답찾기: 화포 + 왜구 + 최무선 ➡ **진포 대첩**

🔍 자료 분석하기

고려 우왕 때 진포에 왜구가 배 500여 척을 이끌고 노략질을 하기 위해 침입하였다. 이때 최무선이 나세, 심덕부 등과 함께 배 100여 척과 화포를 이용하여 왜구를 물리치며 크게 승리하였다(진포 대첩).

🔍 선택지 분석하기

① 명량 대첩
⋯ 임진왜란 때 이순신이 12척의 배로 울돌목의 좁은 수로를 활용하여 일본 수군 133척의 배에 맞서 싸워 큰 승리를 거두었다.

② 살수 대첩
⋯ 수 양제가 우중문에게 30만 별동대를 주어 평양성을 공격하게 하자 고구려의 을지문덕은 수의 군대를 살수로 유인하여 크게 무찔렀다.

✅ 진포 대첩
⋯ 고려 말 우왕 때 최무선은 화통도감의 설치를 건의하여 화약과 화포를 제작하였고, 이를 이용하여 진포 대첩에서 왜구를 크게 물리쳤다.

④ 행주 대첩
⋯ 임진왜란 때 행주산성에서 군사들을 지휘한 권율은 화차와 화포를 이용하여 왜군 3만여 명을 물리쳐 큰 승리를 거두었다.

18 조선 세종   정답 ③

빠른정답찾기: 박연 + 편경 + 아악을 체계적으로 정비 ➡ **조선 세종**

🔍 자료 분석하기

조선 전기의 아악은 악보와 악기 모두 미흡하였다. 박연은 이를 보완하기 위해 돌로 만든 타악기인 편경을 다시 제작하여 정확한 음을 내도록 하였다. 또한, 아악의 율조를 조사하고 악기의 그림을 실어 악서를 저술하는 등 조선 전기 음악을 완비하는 데 많은 기여를 하였다.

🔍 선택지 분석하기

① **자격루**를 제작하였다.
⋯ 조선 세종의 명으로 장영실이 자동으로 시간을 알려주는 물시계인 자격루를 만들었다.

② **농사직설**을 간행하였다.
⋯ 조선 세종은 정초, 변효문 등을 시켜 우리 풍토에 맞는 농서인 『농사직설』을 편찬하도록 하였다.

✅ **악학궤범**을 완성하였다.
⋯ 조선 성종 때 성현 등이 왕명에 따라 의궤와 악보를 정리한 『악학궤범』을 저술하였다.

④ **삼강행실도**를 편찬하였다.
⋯ 조선 세종 때 우리나라와 중국의 서적에서 모범이 될 만한 충신, 효자, 열녀 등의 사례를 모아 글과 그림으로 설명한 『삼강행실도』를 편찬하였다.

19 『조선왕조실록』 정답 ④

빠른 정답 찾기: 태조에서 철종에 이르는 470여 년간의 역사 + 역대 왕별로 기록 + 유네스코 세계 기록 유산 ➡ 『조선왕조실록』

자료 분석하기

『조선왕조실록』은 조선 태조부터 철종까지의 역사를 편년체(연·월·일 순서대로 기록)로 서술한 책이다. 그 가치를 인정받아 유네스코 세계 기록 유산에 등재되었다.

선택지 분석하기

① 경국대전
… 조선 세조 때 편찬되기 시작한 『경국대전』은 조선의 기본 법전으로, 성종 때 완성되어 반포되었다.

② 동의보감
… 조선 선조의 명을 받아 허준이 집필하기 시작한 『동의보감』은 각종 의학 지식과 치료법에 관한 의서로 광해군 때 완성되었다.

③ 목민심서
… 조선 후기 정약용은 유배 생활 중에 『목민심서』를 저술하여 지방 행정 개혁 방향을 제시하였다.

 조선왕조실록
… 『조선왕조실록』은 왕이 죽은 뒤에 다음 왕이 즉위하면 춘추관에 실록청을 설치하여 사초와 시정기 등을 바탕으로 편찬되었다.

20 조선 세조 정답 ④

빠른 정답 찾기: 집현전을 파하고 경연을 정지 + 성삼문 + 노산군 + 영월 ➡ 조선 세조

자료 뜯어보기

○ 왕께서 명하기를, "집현전*을 파하고 경연을 정지하며, 거기에 소장하였던 서책은 모두 예문관에서 관장하게 하라."라고 하였다.
○ 왕께서 명령을 내려, "전날 성삼문* 등이 상왕도 모의에 참여하였다고 말하였으니 …… 상왕을 노산군으로 낮추고, 궁에서 내보내 영월*에 거주시키도록 하라."라고 하였다.

* **집현전**: 조선 세종이 유교 정치를 활성화하기 위해 설치한 학문 연구 및 왕실 연구 기관이다. 유학 경전을 강의하면서 임금과 왕세자의 유교적인 소양을 쌓게 하는 경연과 서연 또한 담당하였다.
* **성삼문**: 조선 전기의 문신으로, 집현전 학사로 발탁되어 활동하였다. 이후 세조가 계유정난을 일으켜 정권을 잡았을 때 단종 복위 운동을 전개하였으나 실패하여 사형당하였으며, 박팽년, 이개, 하위지, 유성원, 유응부와 함께 사육신(死六臣)으로 봉해졌다.
* **영월**: 강원도에 위치한 조선 단종의 유배지로, 유배 초기 단종이 머물렀던 청령포는 동·남·북 삼면이 강물로 막혀 있어 배로 강을 건너지 않는 이상 빠져나갈 수 없는 지형이었다. 이후 단종이 사망하자 영월의 호장 엄흥도에 의해 단종의 무덤인 장릉이 조성되었다.

자료 분석하기

조선 세조는 수양 대군 시절 계유정난을 일으켜 단종을 몰아내고 왕으로 즉위하였다. 성삼문 등 사육신이 단종의 복위를 계획하자 이 사건에 관련된 신하들을 모두 사형에 처하였다. 이후 집현전과 경연을 폐지하였으며, 전국의 지방 군사 조직을 여러 개의 진관으로 개편한 진관 체제를 실시하여 국방을 강화하였다.

선택지 분석하기

① 시헌력을 도입하였다.
… 조선 인조 때 김육은 새로운 역법인 시헌력의 도입을 건의하였다. 시헌력은 태음력에 태양력의 원리를 적용하여 24절기의 시각과 하루의 시각을 정밀하게 계산하여 만든 역법이다.

② 탕평책을 실시하였다.
… 조선 영조는 붕당 정치의 폐해를 막고 능력에 따라 인재를 등용하기 위해 탕평책을 실시하였다.

③ 한양으로 도읍을 옮겼다.
… 조선 태조 이성계는 건국 이후 한양으로 도읍을 옮기고 도성을 쌓아 왕조의 기틀을 마련하였다.

 6조 직계제를 시행하였다.
… 조선의 태종과 세조는 국왕 중심의 통치 체제를 정비하기 위해 왕이 6조에 바로 명령하고 6조도 왕에게 직접 보고하는 6조 직계제를 시행하였다.

21 무오사화 정답 ③

빠른 정답 찾기: 김종직 + 조의제문 + 연산군 때 일어남 ➡ 무오사화

자료 분석하기

조선 연산군 때 춘추관의 사관이었던 사림 김일손은 사초에 스승인 김종직의 조의제문을 실었다. 이는 초의 마지막 왕 의제를 애도하는 글로, 세조의 왕위 찬탈을 풍자한 것이었다. 훈구파가 이를 문제 삼아 연산군에게 알리면서 무오사화가 발생하였다. 이때 연산군은

김일손 등을 심문하고 이미 죽은 김종직의 관을 파헤쳐 시체의 목을 베었으며, 많은 사림파를 처형하거나 귀양을 보냈다.

선택지 분석하기

① 경신환국
··· 남인의 영수인 허적이 궁중에서 쓰는 천막을 허락 없이 사용한 문제로 조선 숙종과 갈등을 빚었다. 이후 허적의 서자인 허견의 역모 사건으로 허적을 비롯한 남인이 몰락하고 서인이 집권하게 되었다.

② 기해예송
··· 조선 현종 때 효종의 왕위 계승에 대한 정통성과 관련하여 자의 대비의 복상 문제를 놓고 서인과 남인 사이에 예송 논쟁이 발생하였다. 기해예송 당시 서인은 효종이 둘째 아들이므로 자의 대비의 복상 기간을 1년으로 주장하였고, 남인은 효종을 장자로 대우하여 3년 복상을 주장하였으나 서인 세력이 승리하였다.

✓ 무오사화
··· 조선 연산군 때 사관 김일손이 영남 사림파 스승인 김종직의 조의제문을 사초에 기록하였다. 그러자 사림 세력과 대립 관계였던 훈구 세력이 이를 문제 삼아 연산군에게 알리면서 무오사화가 발생하였다.

④ 신유박해
··· 조선 순조 때 천주교를 탄압하여 신유박해가 발생하였다. 이때 이승훈, 정약종 등 300여 명이 처형되었고 정약전, 정약용 등이 유배되는 등 천주교 전파에 앞장섰던 실학자와 많은 천주교 신자가 피해를 입었다.

한발 더 다가가기

조선 시대 사화

무오사화 (1498)	• 배경: 김일손이 스승 김종직의 조의제문을 사초에 기록 • 훈구파(유자광, 이극돈)와 사림파(김일손)의 대립
갑자사화 (1504)	• 배경: 폐비 윤씨 사사 사건 • 무오사화 때 피해를 면한 사림과 일부 훈구 세력까지 피해
기묘사화 (1519)	• 배경: 조광조의 개혁 정치 • 위훈 삭제로 인한 훈구 세력의 반발 • 주초위왕 사건
을사사화 (1545)	• 배경: 인종의 외척 윤임(대윤파)과 명종의 외척 윤원형(소윤파)의 대립 • 명종의 즉위로 문정 왕후 수렴청정 → 집권한 소윤파가 대윤파를 공격

22 대동법

미니북 10, 29쪽
정답 ④

빠른 정답 찾기: 경기도와 강원도에서 이미 시행 + 충청도에서도 시행하면 좋겠음 ➡ 대동법

자료 분석하기

조선 광해군 때 방납의 폐단을 해결하기 위해 특산물 대신 쌀, 옷감, 동전 등으로 공납을 징수하는 대동법을 실시하였다. 대동법은 경기도에서 처음 시행되었다가 조선 효종 때 김육의 건의로 경상도, 충청도, 전라도로 확대되었다. 이후 조선 숙종 때 평안도와 함경도를 제외한 전국에서 실시되었다.

선택지 분석하기

① 군포를 2필에서 1필로 줄였다.
··· 조선 영조는 백성들의 군역 부담을 줄여주기 위해 기존 1년에 2필씩 납부하던 군포를 1필로 줄이는 균역법을 실시하였다.

② 양반에게도 군포를 부과하였다.
··· 흥선 대원군은 군정의 문란을 해결하기 위해 호포제를 실시하여 양반에게도 군포를 부과하였다.

③ 전세를 1결당 4~6두로 고정하였다.
··· 조선 인조는 영정법을 실시하여 풍흉에 관계없이 전세를 토지 1결당 쌀 4~6두로 고정하였다.

✓ 특산물 대신 쌀, 베 등으로 납부하게 하였다.
··· 조선 광해군 때 방납의 폐단을 해결하기 위해 특산물 대신 쌀, 옷감, 동전 등으로 공납을 걷는 대동법을 실시하였다.

한발 더 다가가기

조선 전·후기 수취 제도

구분	전기	후기
전세	공법(연분9등법, 전분6등법)	영정법(토지 1결당 쌀 4~6두)
군역	양인 개병제(방군 수포제, 군적 수포제 폐단 발생)	균역법(1년에 군포 2필 → 1필)
공납	가호별로 수취, 현물 부과	대동법(토지 1결당 쌀 12두)

미니북 10, 25쪽

23 조선 효종의 북벌 운동

정답 ①

빠른 정답 찾기: 남한산성에서 항전 + 삼전도 + 청에 굴욕적인 항복 + 봉림 대군 + 청에 볼모로 잡혀감 ➡ 북벌 운동

자료 분석하기

병자호란 발생 직후 조선 인조는 남한산성에서 항전하였다. 그러나 강화도로 보낸 왕족과 신하들이 인질로 잡히자 삼전도에서 굴욕적인 항복을 하였고, 소현 세자와 봉림 대군 등이 볼모로 청에 압송되었다(1637). 이후 소현 세자가 8년의 인질 생활을 끝내고 귀국한 지 두 달 만에 의문의 죽음을 당하면서 봉림 대군이 효종으로 즉위하여 청을 정벌하자는 북벌 운동을 추진하였다.

선택지 분석하기

✓ **북벌론**이 전개되었다.
··· 조선 효종은 즉위 이후에 반청 인물들을 등용하면서 북벌을 추진하였다. 이에 성곽 수리, 무기 정비, 군대 양성 등을 진행하였다.

② **4군 6진**이 개척되었다.
··· 조선 세종 때 최윤덕이 여진족을 몰아낸 뒤 압록강 상류 지역에 4군을 설치하고(1443), 김종서가 두만강 하류 지역에 6진을 설치하였다(1449).

③ **삼포왜란**이 진압되었다.
··· 조선 세종 때 제포·부산포·염포를 개방하여 제한된 범위 내에서 무역을 허락하는 계해약조를 체결하였다. 이후 중종 때 왜구가 조선 정부의 통제에 반발하면서 삼포왜란을 일으켰다(1510).

④ **정동행성**이 설치되었다.
··· 고려 원 간섭기 충렬왕 때 원이 일본 원정을 위해 정동행성을 설치하였고(1280) 이후 내정 간섭 기구로 이용하였다.

※ 미니북 09, 16쪽

24 조선 정조 정답 ①

 배다리 + 아버지 사도 세자 + 정약용이 설계 ➡ **조선 정조**

자료 분석하기

조선 정조는 아버지 사도세자의 묘인 현륭원에 행차하기 위해 정약용에게 배다리를 설계하도록 하였다. 정약용은 『기기도설』을 참고하여 만든 거중기를 사용하여 한강에 배를 세우고 그 위에 판자를 얹어 배다리를 완성하였다.

선택지 분석하기

✓ **장용영**을 설치하였다.
··· 조선 정조는 국왕의 친위 부대인 장용영을 설치하여 왕권을 강화하였다.

② **당백전**을 발행하였다.
··· 흥선 대원군은 왕실의 권위 회복을 위해 임진왜란 때 소실된 경복궁을 중건하였으며, 이에 필요한 재정을 확보하기 위해 당백전을 발행하였다.

③ **속대전**을 편찬하였다.
··· 조선 영조는 『경국대전』 편찬 이후에 시행된 법령을 통합하여 『속대전』을 편찬하고 통치 체제를 정비하였다.

④ **훈민정음**을 반포하였다.
··· 조선 세종은 우리나라의 독창적인 문자인 훈민정음을 창제·반포하였다.

※ 미니북 07, 09, 29쪽

25 시대별 토지 제도 정답 ②

 (가) 관료전 지급, 녹읍 폐지 ➡ (다) 전시과 ➡ (나) 직전법

자료 분석하기

(가) **관료전 지급(687), 녹읍 폐지(689)**: 통일 신라 신문왕은 귀족 세력을 약화시키기 위해 관료전을 지급하고(687), 귀족의 경제 기반인 녹읍을 폐지하였다(689).

(다) **전시과(976~1391)**: 고려는 직역의 대가로 관료에게 토지를 나누어 주는 전시과 제도를 시행하였다. 전시과는 경종 때 처음 실시되어 4회에 걸쳐 정비되었으며, 전·현직 관리에게 곡물을 수취할 수 있는 전지와 땔감을 얻을 수 있는 시지를 지급하였다.

(나) **직전법(1466)**: 조선 세조는 과전의 세습화가 초래하였던 토지 부족 등의 폐단을 바로 잡기 위해 과전법을 혁파하고 현직 관리에게만 수조권을 지급하는 직전법을 실시하였다.

※ 미니북 28쪽

26 조선 후기 사회 모습 정답 ④

 조엄 + 통신사 + 일본 + 고구마 ➡ **조선 후기 사회 모습**

자료 분석하기

조선 영조 때 통신사로 일본에 다녀온 조엄이 농민들의 식량 문제를 해결하기 위해 고구마를 국내로 들여왔다. 이후 고구마는 구황 작물의 하나로 재배되기 시작하였다.

선택지 분석하기

① **상평통보**로 거래하는 상인
··· 조선 후기에는 상공업이 발달하여 금속 화폐인 상평통보가 전국적으로 유통되었다.

② 판소리 공연을 구경하는 농민
⋯ 조선 후기에는 서민 문화가 발달하여 판소리, 탈춤 등이 성행하였다. 특히, 판소리는 이야기를 창과 사설로 엮어 내어 직접적이고 솔직하게 감정을 표현하였다.

③ 한글 소설을 읽어주는 전기수
⋯ 조선 후기에 서민 문화가 발전하여 한글 소설이 대중화되었다. 이에 따라 직업적으로 소설을 낭독하고 돈을 받는 이야기꾼인 전기수가 등장하였다.

✔ 황룡사 구층 목탑을 만드는 목수
⋯ 신라 선덕 여왕 때 승려 자장이 건의하여 황룡사 구층 목탑을 건립하였다.

✿ 미니북 30쪽

27 임술 농민 봉기   정답 ②

빠른 정답 찾기
세도 정치기 + 백낙신의 수탈 + 유계춘 + 삼정이정청
➡ 임술 농민 봉기

🔍 자료 분석하기
조선 후기 세도 정치로 인한 삼정의 문란과 경상 우병사 백낙신의 수탈에 견디다 못한 농민들의 반발로 진주 지역의 농민들이 몰락 양반 유계춘을 중심으로 임술 농민 봉기를 일으켰다.

🔍 선택지 분석하기
① 청군의 개입으로 진압되었다.
⋯ 임오군란과 갑신정변은 청군이 개입하면서 진압되었고 이를 계기로 조선에 대한 청의 내정 간섭이 심화되었다.

✔ 박규수가 안핵사로 파견되었다.
⋯ 조선 철종 때 임술 농민 봉기를 조사하기 위해 안핵사로 파견된 박규수는 민란의 원인이 삼정의 문란에 있다고 보고 삼정이정청을 설치하여 삼정의 폐단을 해결하려고 노력하였다.

③ 조선 형평사의 주도로 전개되었다.
⋯ 일제 강점기에 백정들은 사회적 차별을 철폐하기 위해 진주에서 조선 형평사를 결성하고 형평 운동을 전개하였다.

④ 서북 지역민에 대한 차별이 원인이 되었다.
⋯ 조선 순조 때 세도 정치와 삼정의 문란으로 인해 농민들이 어려움을 겪었다. 또한, 서북 지역에 대해 차별적으로 대우하자 이에 불만을 품은 평안도 지역 사람들이 몰락 양반 홍경래를 중심으로 봉기를 일으켰다.

28 김정희   정답 ①

빠른 정답 찾기
북한산비가 진흥왕 순수비임을 고증 + 금석학 + 독창적인 서체 + 제주도에서 유배 생활 + 「세한도」 ➡ 김정희

🔍 자료 분석하기
조선 후기 김정희는 금석에 새겨진 다양한 문자를 탁본이나 다른 방법을 통해 문자를 해독하는 금석학을 연구하였다. 이에 북한산비를 탁본하여 진흥왕 순수비임을 밝혀냈으며, 자신만의 독창적인 서체인 추사체를 만들었다. 또한, 제주도에서 유배 생활을 할 때 북경에서 귀한 책을 구해준 제자에게 보답하기 위해 「세한도」를 그렸다.

🔍 선택지 분석하기
✔ 김정희
⋯ 김정희는 금석학을 연구하여 독창적인 서체인 추사체를 만들어 냈으며, 북한산비가 진흥왕 순수비임을 밝혀냈다.

② 박지원
⋯ 조선 후기 실학자 박지원은 『열하일기』를 저술하여 상공업의 발달과 화폐 유통의 필요성을 주장하였다.

③ 송시열
⋯ 조선 후기의 학자 송시열은 명에 대한 의리를 지키고 청에게 당한 수모를 갚자는 북벌론을 주장하였다. 또한, 효종에게 이러한 내용을 담은 「기축봉사」를 올려 북벌 계획의 핵심 인물이 되었다.

④ 유득공
⋯ 조선 후기 정조 때 서얼 출신인 유득공은 『발해고』를 저술하여 발해를 우리의 역사로 인식하고 신라와 발해가 있던 시기를 남북국 시대라고 부를 것을 제안하였다.

✿ 미니북 33쪽

29 동학 농민 운동   정답 ③

빠른 정답 찾기
부패한 지도층과 외세의 침략에 저항 + 전봉준 공초
➡ 동학 농민 운동

🔍 자료 분석하기
고부 군수 조병갑의 횡포에 반발한 농민들이 동학 농민 운동을 일으켰다. 이후 농민군은 황룡촌 전투와 황토현 전투에서 관군에 승리하며 전주성을 점령하고 전라도 일대를 장악하였다. 이에 정부는 농민군과 전주 화약을 맺고, 농민군은 집강소를 설치하여 폐정 개혁을 실시하였다. 이후 청일 전쟁이 발발하고 일본의 내정 간섭이 심해지자 동학 농민군의 남접과 북접이 연합하여 다시 봉기하였다.

그러나 우금치 전투에서 관군과 일본군에게 패하고 전봉준이 서울로 압송되면서 농민군은 해산되었다. 이후 동학 농민 운동의 지도자 전봉준은 서울에서 재판을 받은 뒤 교수형에 처해졌다. 당시 법정의 심문에 답한 내용을 기록한 문서인 전봉준 공초는 전봉준의 사상 및 동학 농민 운동의 성격을 이해할 수 있는 중요한 사료로서 유네스코 세계 기록 유산에 등재되었다.

선택지 분석하기

① **9서당**을 창설하는 계기가 되었다.
⋯ 통일 신라 신문왕은 중앙군으로 9서당을 창설하였는데, 신라인뿐만 아니라 백제, 고구려, 말갈인도 함께 구성하여 민족을 융합하고자 했다.

② **청산리**에서 **일본군**과 전투를 벌였다.
⋯ 청산리 전투에서 김좌진이 이끄는 북로 군정서는 홍범도가 이끄는 대한 독립군과 연합하여 일본군에 큰 승리를 거두었다.

✓ **집강소**를 통해 **폐정 개혁**을 추진하였다.
⋯ 동학 농민 운동 당시 농민군은 청과 일본의 군대 개입을 우려하여 조선 정부와 전주 화약을 맺고 집강소를 설치하여 폐정 개혁을 실시하였다.

④ **제물포 조약**이 체결되는 결과를 가져왔다.
⋯ 신식 군대인 별기군에 비해 차별 대우를 받던 구식 군대가 임오군란을 일으켜 일본 공사관이 피해를 입었다. 이에 조선은 일본에 사과 사절단 파견, 주모자 처벌, 배상금 지불, 공사관 경비병 주둔 등의 내용을 담은 제물포 조약을 체결하게 되었다.

※ 미니북 36쪽

30 신돌석 정답 ①

빠른 정답 찾기 평민 출신 의병장 + 태백산 호랑이 ➡ **신돌석**

자료 분석하기

신돌석은 평민 출신 의병장으로 을미사변이 발생하자 고향인 경북 영해(영덕)에서 의병으로 활동하였다. 이후 을사늑약이 체결되어 조선의 외교권이 박탈된 상황에서 의병장으로서 을사의병을 일으켰다. 신돌석이 이끄는 의병은 무기를 확보하기 위해 울진, 평해 등의 관아를 공격해 총과 화약을 마련하였다. 또한, 지방의 정세를 파악하고 있는 의병의 특징을 살려 태백산맥에서 뛰어난 전술을 펼쳤고, 이로 인해 태백산 호랑이로 불렸다.

선택지 분석하기

✓ **신돌석**
⋯ 을사늑약이 체결되자 평민 의병장 출신 신돌석은 유생 출신인 민종식, 최익현과 함께 을사의병을 일으켰다.

② **유인석**
⋯ 을미사변과 단발령으로 인해 유인석, 이소응 등의 유생들이 중심이 되어 을미의병을 일으켰다.

③ **최익현**
⋯ 최익현은 을사늑약 체결 이후 태인에서 의병 활동을 전개하다 체포되었으며, 쓰시마 섬에 유배되어 그곳에서 순국하였다.

④ **홍범도**
⋯ 홍범도는 대한 독립군을 이끌고 대한 국민회군, 군무 도독부 등과 연합하여 봉오동 전투에서 승리하였다. 또한, 김좌진의 북로 군정서와 연합하여 청산리 전투에서 승리를 거두었다.

※ 미니북 14, 22쪽

31 시대별 개혁가 정답 ③

빠른 정답 찾기 시무 10여 조 + 시무 28조 + 현량과 실시 + 갑신정변
➡ **시대별 개혁가**

자료 분석하기

최치원은 통일 신라 말 6두품 출신 유학자로 당의 빈공과에 합격하였다. 이후 신라로 돌아와 사회적인 폐단을 극복하고자 진성 여왕에게 시무 10여 조를 건의하였으나 받아들여지지 않았다. 최승로는 고려의 유학자로, 성종에게 시무 28조를 올렸다. 이를 통해 불교 행사의 억제와 유교의 발전을 요구하였고, 역대 왕들의 업적에 대한 잘잘못을 평가하여 교훈으로 삼도록 하였다. 조광조는 조선의 성리학자로, 중종반정 이후 훈구파를 견제하기 위해 등용되었다. 이에 천거제의 일종인 현량과 실시를 건의하여 사림이 대거 등용될 수 있는 발판을 마련하였다. 김옥균은 근대의 급진 개화파로, 입헌 군주제의 근대 국가를 지향하며 갑신정변을 일으켰으나 3일만에 실패하였다.

선택지 분석하기

① (가) - 최치원
⋯ 통일 신라 말 폐단이 심각하여 농민 봉기가 전국적으로 발생하였다. 이에 최치원은 진성 여왕에게 시무 10여 조를 건의하여 정치를 바로 잡으려고 하였으나 실현되지 못했다.

② (나) - 최승로
⋯ 고려 시대 유학자 최승로는 성종에게 시무 28조를 건의하여 불교 행사 억제와 유교 발전, 민생 문제와 대외 관계 등의 해결책과 방향을 제시하였다.

✓ (다) - 정도전
… 고려 말 급진 개혁파였던 정도전은 신흥 무인 세력인 이성계와 연합하여 조선 건국을 주도하였다. 이후 한양으로 도읍을 옮긴 뒤 도성을 쌓고 왕조의 기틀을 마련하는 데 공을 세웠다.

④ (라) - 김옥균
… 김옥균은 일본의 군사적 지원을 약속받고 우정총국 개국 축하연 자리에서 갑신정변을 일으켰다. 이후 김옥균 등의 개화파는 개화당 정부를 수립하여 입헌 군주제를 주장하였다.

한발 더 다가가기
서양의 침략과 흥선 대원군의 대응

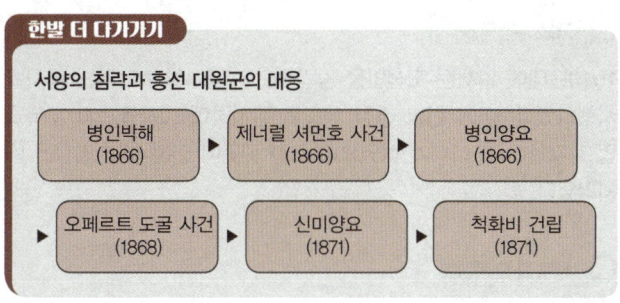

32) 병인양요
미니북 31쪽
정답 ④

빠른 정답 찾기: 프랑스군이 약탈 + 외규장각 의궤 ➡ **병인양요**

자료 분석하기
병인박해를 구실로 로즈 제독이 이끄는 프랑스 군대가 양화진을 공격하며 병인양요가 발생하였다. 이때 프랑스군이 외규장각 의궤를 약탈하였다. 이후 프랑스 국립 도서관 연구원에서 일하던 박병선 박사가 외규장각 의궤를 발견하면서 의궤 반환 운동이 시작되었다. 그 결과 2011년 프랑스에게 외규장각을 5년마다 갱신 대여하는 것으로 합의하였다.

선택지 분석하기
① 제너럴 셔먼호 사건의 배경이 되었다.
… 흥선 대원군 때 미국의 상선 제너럴 셔먼호가 평양 대동강까지 들어와 교역을 요구하였다. 이에 당시 평안 감사였던 박규수는 공격 명령을 내리고 백성들과 함께 제너럴 셔먼호를 불태웠다. 이후 제너럴 셔먼호 사건이 원인이 되어 미국이 강화도를 침략하면서 신미양요가 발생하였다.

② 강화도 조약이 체결되는 계기가 되었다.
… 일본은 조선의 해안을 조사한다는 구실로 운요호를 강화도에 보내 초지진을 공격하였다(운요호 사건, 1875). 이에 대응하여 조선 군대가 방어적 공격을 하자 일본은 이를 빌미로 강화도 조약 체결을 강요하였다. 결국 조선은 외국과 맺은 첫 근대적 조약이자 불평등 조약인 강화도 조약을 체결하였다.

③ 오페르트가 남연군 묘 도굴을 시도하였다.
… 독일 상인 오페르트가 흥선 대원군의 아버지인 남연군의 묘를 도굴하려다 실패하였다.

✓ 양헌수 부대가 정족산성에서 활약하였다.
… 병인박해로 인해 프랑스 군대가 강화도를 공격하면서 병인양요가 발생하였다. 이에 양헌수가 이끄는 부대가 정족산성에서 프랑스 군대를 물리쳤다.

33) 독립 협회
미니북 35쪽
정답 ③

빠른 정답 찾기: 관민 공동회 + 헌의 6조 ➡ **독립 협회**

자료 분석하기
독립 협회는 관민 공동회를 개최하여 민중에게 근대적 지식과 국권·민권 사상을 불어 넣었다. 또한, 중추원 개편을 통한 근대적 의회 설립 방안이 담겨 있는 헌의 6조를 고종에게 건의하여 채택되었다.

선택지 분석하기
① 광혜원을 설립하였다.
… 개항 이후 미국인 선교사이자 조선 왕실의 의사였던 알렌의 건의로 최초의 서양식 병원인 광혜원이 설립되었다.

② 태극 서관을 운영하였다.
… 신민회는 태극 서관과 자기 회사를 설립하여 민족 기업을 육성하고자 하였다.

✓ 독립문 건설을 주도하였다.
… 독립 협회는 청의 사신을 맞이하던 영은문을 헐고 그 자리에 독립문을 세웠다.

④ 파리 강화 회의에 대표를 파견하였다.
… 대한민국 임시 정부는 파리 강화 회의에 신한 청년당원 김규식을 파견하여 독립 청원서를 제출하는 등 외교 활동을 전개하였다.

34) 1910년대 무단 통치
미니북 12쪽
정답 ①

빠른 정답 찾기: 경무부 + 헌병대 + 헌병 경찰 제도 ➡ **1910년대 무단 통치**

자료 분석하기

1910년대에 일제는 조선인을 강압적으로 통치하고자 무단 통치를 시행하였다. 이에 헌병 경찰 제도를 실시하여 교사들까지 제복을 입고 칼을 차고 다니게 하였으며 조선 곳곳에 일본 헌병 경찰을 배치하였다.

선택지 분석하기

✓ **제복**을 입고 **칼**을 찬 교사
··→ 1910년대에 일제는 헌병 경찰 제도를 통해 교사들에게 제복을 입고 칼을 차게 하였다.

② **한성순보**를 발간하는 관리
··→ 개항 이후 개화 정책의 일환으로 박문국을 설치하고 최초의 근대 신문인 한성순보를 발행하였다(1883).

③ **단발령** 시행에 반발하는 유생
··→ 을미개혁 때 성년 남자의 상투를 자르도록 한 단발령이 시행되었다. 이에 유생들이 반발하면서 을미의병이 일어났다(1895).

④ **경인선 철도 개통식**을 구경하는 청년
··→ 우리나라 최초의 철도인 경인선은 1896년 미국인에 의해 공사가 시작되었으나, 자금 부족으로 일본인이 경영하는 경인 철도 회사가 부설권을 인수하여 제물포에서 노량진 사이의 구간이 개통되었다(1899).

※ 미니북 15쪽

35 이상설   정답 ②

빠른 정답 찾기: 이상설 + 만국 평화 회의에 특사로 파견 + 대한 광복군 정부 조직
➡ 서전서숙 설립

자료 분석하기

이상설은 이준, 이위종과 함께 을사늑약 체결의 부당함을 알리기 위해 네덜란드 헤이그에서 열린 만국 평화 회의에 특사로 파견되었다. 이후 연해주로 이주하여 이동휘와 함께 자치 조직인 권업회를 조직하고 권업신문을 발행하였다. 또한, 공화정을 목표로 대한 광복군 정부를 설립하고 정통령으로서 독립운동을 전개하였다.

선택지 분석하기

① **의열단**을 조직하다
··→ 김원봉은 폭력 투쟁을 목표로 의열단을 조직하였다. 이에 신채호가 작성한 조선 혁명 선언을 활동 지침으로 삼고 암살, 파괴, 테러 등을 통해 독립운동을 전개하였다.

 서전서숙을 설립하다
··→ 신민회의 회원인 이상설 등이 북간도 용정촌에 서전서숙을 설립하여 민족 교육을 실시하였다.

③ **동양 평화론**을 집필하다
··→ 안중근은 감옥 안에서 한국, 일본, 청국 동양 3국이 협력하여 서양 세력의 침략을 막아 동양 평화 및 세계 평화를 실현해야 한다는 사상을 담은 『동양 평화론』을 집필하였다.

④ **시일야방성대곡**을 발표하다
··→ 장지연은 황성신문에 항일 논설 「시일야방성대곡」을 게재하여 을사늑약의 부당함을 주장하였다.

 미니북 39쪽

36 3·1 운동   정답 ③

빠른 정답 찾기: 스코필드 + 제암리 학살 사건 + 1919년 + 만세 시위
➡ 3·1 운동

자료 분석하기

제암리 사건은 3·1 운동 때 만세 시위가 일어났던 화성 제암리에서 일본군이 주민들을 학살하고 교회당과 민가를 방화한 사건이다. 이때 선교사였던 프랭크 스코필드(Frank W. Schofield)는 제암리 학살 사건의 처참한 현장 사진과 기록을 국외로 보내 일본의 비인도적 만행을 세계에 알렸다.

선택지 분석하기

① **순종의 인산일**에 전개되었다.
··→ 순종의 인산일에 사회주의자들과 학생들이 대규모 만세 운동을 준비하였으나 사회주의자들이 발각되어 학생들만 6·10 만세 운동을 전개하였다.

② **대한매일신보**의 후원을 받았다.
··→ 국채 보상 운동은 대한매일신보, 황성신문 등 여러 언론 기관들의 지원을 받아 전국으로 확산되었다.

✓ **대한민국 임시 정부 수립의 계기**가 되었다.
··→ 3·1 운동은 각계각층의 사람들이 참여한 대규모 독립운동으로, 민족의 주체성을 확인하여 대한민국 임시 정부를 수립하는 계기가 되었다.

④ **신간회**에서 **진상 조사단**을 파견하여 지원하였다.
··→ 한국인 학생과 일본인 학생 간의 충돌 사건을 계기로 한국인 학생에 대한 차별과 식민지 교육에 저항하여 광주 학생 항일 운동이 발생하였다. 이를 지원하고자 신간회가 진상 조사단을 파견하였다.

37 물산 장려 운동 정답 ②

빠른 정답 찾기
조선 사람 조선 것 + 내 살림 내 것으로 + 조만식
➡ 물산 장려 운동

🔍 자료 분석하기
1920년대 평양에서 조만식, 이상재의 주도로 조선 물산 장려회가 설립되었다. 이 단체는 민족 자본 육성을 통한 경제 자립을 위해 자급자족, 국산품 애용, 소비 절약 등을 강조하였다. 이에 '조선 사람 조선 것', '내 살림 내 것으로'라는 구호를 내세우며 물산 장려 운동을 전개하였다.

🔍 선택지 분석하기
① 브나로드 운동
- 1930년대 초 동아일보는 문맹 퇴치 운동의 일환으로 브나로드 운동을 전개하였다.

✓ 물산 장려 운동
- 민족 기업을 육성하여 경제적 자립을 이루자는 물산 장려 운동은 '내 살림 내것으로'라는 구호를 내걸고 평양에서 시작하여 전국으로 확산되었다.

③ 국채 보상 운동
- 일본에서 도입한 차관 1,300만 원을 갚아 경제 주권을 회복하고자 김광제, 서상돈의 주도로 국채 보상 운동이 시작되었다(1907).

④ 민립 대학 설립 운동
- 1920년대 이상재, 이승훈, 윤치호 등을 중심으로 조선 민립 대학 기성회가 조직되어 한국인을 위한 고등 교육 기관인 민립 대학 설립 운동이 전개되었다.

한발 더 다가가기
1920년대 사회적 민족 운동

민족 유일당 운동	• 민족주의 계열과 사회주의 계열이 이념을 초월하여 민족 운동 추진 • 신간회: 비타협적 민족주의계와 사회주의계의 연합, 노동·농민·청년·여성 운동과 형평 운동 등을 지원
농민 운동	• 농민의 생존권 투쟁 • 항일 민족 운동으로 변화
노동 운동	• 노동자들의 생존권 투쟁(합법 투쟁) • 원산 노동자 총파업
청년 운동	조선 청년 연합회, 서울 청년회, 조선 청년 총동맹 등
소년 운동	• 천도교 소년회, 조선 소년 연합회 • 어린이날 제정
여성 운동	근우회 결성: 신간회의 자매단체, 기관지 발행

형평 운동	• 백정에 대한 사회적 차별에 항거 • 경남 진주에서 조선 형평사 설립 • 여러 사회단체들과 연합하여 각종 파업과 소작 쟁의에 참가

38 신채호 정답 ③

빠른 정답 찾기
「독사신론」 + 『조선상고사』 ➡ 신채호

🔍 자료 분석하기
근대부터 일제 강점기에 활동한 독립운동가이자 민족주의 사학자인 신채호는 「독사신론」을 저술하여 민족을 역사 서술의 중심에 두었다. 또한, 『조선사연구초』와 『조선상고사』를 통해 우리 고대 문화의 우수성과 독자성을 강조하면서 민족의식을 고취하였다.

🔍 선택지 분석하기
① 대한 광복회를 조직하였다.
- 박상진은 공화 정체의 근대 국민 국가의 수립을 지향하는 대한 광복회를 조직하고, 초대 총사령으로서 독립군 양성과 친일파 처단 활동을 전개하였다.

② 조선 의용군을 창설하였다.
- 김두봉은 조선 의용대 화북지대를 개편하면서 조선 의용군을 창설하였다.

✓ 조선 혁명 선언을 작성하였다.
- 신채호는 김원봉의 요청을 받아 의열단의 행동 강령으로 조선 혁명 선언을 작성하였다.

④ 조선말 큰사전 편찬을 주도하였다.
- 조선어 학회는 이윤재, 이극로, 최현배 등을 중심으로 하여 『조선말 큰사전』의 편찬을 시도하였으나, 일제의 방해로 해방 이후 완성하였다.

39 윤봉길 정답 ③

빠른 정답 찾기
한인 애국단 + 홍커우 공원 의거 ➡ 윤봉길

자료 분석하기

윤봉길은 김구가 조직한 한인 애국단원으로, 상하이 훙커우 공원에서 열린 일왕 생일 및 일본군 전승 축하 기념식에 폭탄을 던져 일제 요인들에게 큰 타격을 주었다. 그는 의거 전에 김구의 낡은 시계와 자신의 새 회중시계를 교환하며 독립의 결의를 다지기도 하였다.

선택지 분석하기

① 김원봉
⋯ 김원봉은 의열단을 결성하여 직접적인 투쟁 방법인 암살, 파괴, 테러 등을 통해 독립운동을 전개하였다.

② 나석주
⋯ 나석주는 의열단원으로 활동하면서 조선 식산 은행과 동양 척식 주식회사에 폭탄을 투척하였다.

 윤봉길
⋯ 윤봉길은 한인 애국단원으로 훙커우 공원에서 열린 일왕 생일 기념식에 폭탄을 투척하였다.

④ 이동휘
⋯ 이동휘는 이상설 등과 함께 연해주에서 자치 조직인 권업회를 조직하고, 대한 광복군 정부를 창설하여 군사 활동을 준비하였다.

40 1930년대 이후 민족 말살 통치 [정답 ④]

빠른 정답 찾기: 태평양 전쟁 + 강제 동원 ➡ 1930년대 이후 민족 말살 통치

자료 분석하기

일제는 1930년대 이후 민족 말살 통치기에 대륙 침략을 위해 한반도를 병참 기지화하고 중일 전쟁(1937)과 태평양 전쟁(1941)을 일으켰다. 1938년에는 국가 총동원법을 시행하여 전쟁 수행을 위한 한국의 인적 · 물적 자원을 통제하고 동원하였다. 또한, 한국인의 노동력을 착취하기 위해 국민 징용령을 실시하여 전쟁에 강제 동원하였다. 태평양 전쟁 당시 격전지였던 타라와에서는 일제에 의해 강제 동원된 조선인의 유해가 발견되기도 하였다.

선택지 분석하기

① 근우회에 가입하는 학생
⋯ 근우회는 신간회의 자매단체로 조직되어 여성 계몽 활동과 여성 지위 향상 운동을 전개하였다(1927).

② 6 · 10 만세 운동에 참여하는 청년
⋯ 순종의 인산일에 학생 300여 명이 격문을 뿌리고 시위를 일으킨 것이 6 · 10 만세 운동으로 확산되었으나 일제가 군대를 동원하여 저지하였다(1926).

③ 토지 조사령을 공포하는 일본인 관리
⋯ 조선 총독부는 토지 조사국을 설치하고 토지 조사령을 발표하여 일정 기간 내 토지를 신고하도록 하는 토지 조사 사업을 실시하였다(1912).

 미얀마 전선에서 활동하는 한국 광복군 대원
⋯ 한국 광복군은 영국군의 요청으로 인도, 미얀마 전선에 파견되었으며 미군의 협조를 받아 국내 진공 작전을 준비하였다 (1945).

41 좌우 합작 위원회 [정답 ③]

빠른 정답 찾기: 여운형, 김규식 + 민주주의 임시 정부 수립을 위해 노력 ➡ 좌우 합작 위원회

자료 분석하기

제1차 미소 공동 위원회가 결렬되자 이승만은 단독 정부 수립을 주장하였다. 이에 여운형, 김규식 등 중도 세력들은 미군정의 지원을 받아 좌우 합작 위원회를 결성하였다. 이들은 중도적인 성격의 통일된 민주주의 임시 정부 수립을 지향하여 좌우 합작 7원칙을 발표하고 좌우 합작 운동을 전개하였다.

선택지 분석하기

① 권업회
⋯ 권업회는 연해주 지역에서 이상설을 중심으로 결성된 한인 자치 조직으로, 권업신문을 발행하고 학교, 도서관 등을 건립하였다.

② 대한인 국민회
⋯ 대한인 국민회는 미국 샌프란시스코에서 안창호를 중심으로 조직된 자치 단체로, 외교 활동과 독립운동을 전개하였다.

✔ 좌우 합작 위원회
⋯ 좌우 합작 위원회는 제1차 미소 공동 위원회의 결렬 이후 김규식, 여운형 등이 중도적 사상의 통일 정부를 수립하기 위해 결성한 조직이다.

④ 남북 조절 위원회
⋯ 남북 조절 위원회는 박정희 정부 시기에 7 · 4 남북 공동 성명에 합의된 사항들을 추진하고 남북관계를 개선하기 위해 설립된 정치적 협의기구이다.

42 제주 4·3 사건

정답 ②

📒 미니북 42쪽

빠른 정답 찾기
남한만의 단독 정부 수립에 반대 ➡ 제주 4·3 사건

🔍 자료 분석하기

UN 소총회에서 남한만의 단독 정부 수립을 결의하자 남로당 제주 도당이 이에 반발하면서 무장 봉기를 일으켰다. 미군정과 경찰이 이를 강경하게 진압한 것이 원인이 되어 제주 4·3 사건이 발생하였다. 미군정기인 1948년부터 이승만 정부 시기인 1954년까지 전개되었으며, 5·10 총선거 당시 정족수가 미달인 관계로 제주도의 2개 구에서 선거가 무효 처리되기도 하였다. 제주 4·3 사건을 진압하는 과정에서 법적 절차도 제대로 거치지 않고 총기 등을 사용하여 민간인까지 죽이는 등 제주도민들에게 큰 피해를 입혔다.

🔍 선택지 분석하기

① 6·3 시위
⋯ 박정희 정부 당시 한일 국교 정상화 회담이 추진되자 학생과 야당을 주축으로 굴욕적 대일 외교에 반대하는 6·3 시위가 전개되었다.

✓ 제주 4·3 사건
⋯ 남한만의 단독 정부 수립에 반대한 남로당이 무장 봉기를 일으키자, 미군정과 경찰이 이를 강경 진압하면서 민간인을 학살하는 제주 4·3 사건이 발생하였다.

③ 2·28 민주 운동
⋯ 이승만 정권과 자유당이 선거에서 당선되기 위해 부당한 선거 운동을 벌이자, 이에 반발한 대구 학생들이 2·28 민주 운동을 주도하였다.

④ 5·16 군사 정변
⋯ 1951년 5월 16일, 육군 소장 박정희를 중심으로 육군사관학교 출신인 일부 군인이 쿠데타를 일으키면서 군부 정권을 장악하였다. 이에 박정희 군부 세력은 반공을 국가 정책의 기본 방침으로 내건 '혁명 공약'을 발표하고 계엄을 선포하였다.

📒 미니북 43쪽

43 6·25 전쟁

정답 ④

빠른 정답 찾기
북한군의 남침 + 인천 상륙 작전 + 중국군 참전 + 정전 협정
➡ 6·25 전쟁

🔍 자료 분석하기

1950년 북한의 남침으로 6·25 전쟁이 시작되었고, 서울을 점령당한 뒤 낙동강 방어선까지 밀려나게 되었다. 유엔군 파병 이후 인천 상륙 작전을 전개하여 서울을 탈환하고 압록강까지 진격하였으나, 중국군이 참전하면서 후퇴하였다. 전쟁이 1여 년간 지속되자 소련 측의 제의로 미국과 소련이 개성 판문점에서 휴전 회담을 진행하였고(1951), 전쟁 포로 송환과 군사 분계선 설정에 협의하면서 휴전 협정을 체결하였다(1953).

🔍 선택지 분석하기

① 유엔군이 참전하였다.
⋯ 6·25 전쟁 때 낙동강 방어선까지 밀렸던 국군은 유엔군이 참전하면서 전개한 인천 상륙 작전의 성공으로 서울을 되찾고 압록강까지 진격하였다(1950.10.).

② 흥남 철수 작전이 펼쳐졌다.
⋯ 중국군의 개입으로 6·25 전쟁의 전세가 불리해지자 국군과 유엔군이 함경남도 흥남 항구를 통해 해상으로 철수하였다(흥남 철수 작전, 1950.12.).

③ 거제도에 포로 수용소가 설치되었다.
⋯ 6·25 전쟁 중 유엔군과 한국군이 사로잡은 북한군과 중국군 포로를 수용하기 위해 거제도에 포로 수용소를 설치하였다(1950.11.).

✓ 13도 창의군이 서울 진공 작전을 전개하였다.
⋯ 한일 신협약(정미 7조약)이 체결된 후 유생들과 해산 군인들은 전국 의병 연합 부대인 13도 창의군을 결성하여 서울 진공 작전을 추진하였으나 실패하였다(1908).

📒 미니북 13, 44쪽

44 4·19 혁명

정답 ④

빠른 정답 찾기
대학 교수단이 시국 선언 + 이승만 대통령이 하야함
➡ 4·19 혁명

🔍 자료 분석하기

이승만의 독재와 3·15 부정 선거에 저항하여 대학생과 고등학생들이 시위를 전개하면서 4·19 혁명이 발발하였다. 이후 대학 교수단이 대통령의 하야를 요구하는 행진에 나서면서 시위가 전국적으로 확산되었다. 결국 이승만이 하야하고 내각 책임제를 기본으로 하는 허정 과도 정부가 구성되었다.

🔍 선택지 분석하기

① 신군부의 무력 진압에 저항하였다.
⋯ 신군부의 비상계엄 확대와 무력 진압에 반발하여 광주에서 5·18 민주화 운동이 일어났다. 신군부가 공수 부대를 동원하여

 정답 및 해설 99

시위대를 무력으로 진압하자 학생과 시민들이 자발적으로 시민군을 조직하여 대항하였다.

② 대통령 직선제 개헌을 이끌어 냈다.
⋯ 6월 민주 항쟁에서 시민들은 호헌 철폐와 독재 타도 등의 구호를 내세워 민주적인 헌법 개정을 요구하였다. 이에 전두환 정부는 민주화 요구를 수용하여 6·29 민주화 선언을 통해 5년 단임의 대통령 직선제 내용을 중심으로 하는 개헌을 발표하였다.

③ 유신 체제가 붕괴하는 계기가 되었다.
⋯ YH 무역 사건을 계기로 박정희 정부는 신민당 총재였던 김영삼을 국회 의원에서 제명하였다. 이에 김영삼의 정치적 근거지인 부산, 마산에서 유신 정권에 반대하는 부마 민주 항쟁이 전개되었고, 항쟁 진압에 대한 대립 과정에서 박정희가 피살당하면서 유신 체제가 붕괴되었다.

 3·15 부정 선거에 항의하여 일어났다.
⋯ 이승만과 자유당 정권이 저지른 3·15 부정 선거에 반발하여 마산에서 발생한 규탄 시위에서 마산상고 학생이었던 김주열이 사망하였다. 이를 계기로 시위가 전국적으로 확산되며 4·19 혁명이 발발하였다.

※ 미니북 45쪽

45 노태우 정부 정답 ②

빠른 정답 찾기 제24회 서울 올림픽 대회 개최 + 남북한 유엔 동시 가입 + 한중 국교 수립 ➡ 노태우 정부

자료 분석하기
노태우 정부는 자본주의 국가와 공산주의 국가가 함께 참여한 서울 올림픽 대회를 성공적으로 개최하면서 소련과 미국의 냉전 체제를 완화하는 데 도움을 주었다(1988). 또한, 적극적인 북방 외교 정책을 통해 남북한의 유엔 동시 가입을 이루어냈으며(1991), 6·25 전쟁 이후 관계가 단절되었던 중국과의 국교를 수립하였다(1992).

선택지 분석하기
① 개성 공단 조성
⋯ 김대중 정부 때 평양에서 최초로 남북 정상 회담을 개최하여 개성 공단 조성에 관해 합의하였다(2000). 이후 노무현 정부 때 착공식이 이루어져 개성 공단이 조성되었다(2003).

 남북 기본 합의서 채택
⋯ 노태우 정부 때 남북한 화해 및 불가침, 교류·협력 등에 관한 공동 합의서인 남북 기본 합의서를 채택하였다(1991).

③ 7·4 남북 공동 성명 발표
⋯ 박정희 정부 시기 서울과 평양에서 7·4 남북 공동 성명이 발표되었다(1972).

④ 6·15 남북 공동 선언 합의
⋯ 김대중 정부는 평양에서 분단 이후 최초로 남북 정상 회담을 개최하여 6·15 남북 공동 선언을 발표하였다(2000).

※ 미니북 45쪽

46 박정희 정부 시기 경제 상황 정답 ②

빠른 정답 찾기 한일 협정 ➡ 박정희 정부

자료 분석하기
박정희 정부는 경제 개발 계획에 필요한 자본 확보를 위해 일본과의 국교 정상화를 추진하여 한일 기본 조약(한일 협정)을 체결하였다(1965).

선택지 분석하기
① 농지 개혁법을 제정하였다.
⋯ 이승만 정부는 농지 개혁법을 제정하여(1949) 유상 매수, 유상 분배를 원칙으로 농지 개혁을 실시하였다(1950).

 경부 고속 도로를 개통하였다.
⋯ 박정희 정부 시기인 1968년 2월 1일에 착공된 경부 고속 도로는 단군 이래 최대의 토목 공사로 불리면서 1970년 7월 7일에 개통되었다.

③ 경제 협력 개발 기구(OECD)에 가입하였다.
⋯ 김영삼 정부 때인 1996년에 한국 경제의 세계화를 위해 경제 협력 개발 기구(OECD)에 가입하였다.

④ 미국과 자유 무역 협정(FTA)을 체결하였다.
⋯ 노무현 정부는 미국과 자유 무역 협정(FTA)을 체결하였다(2007).

47 전태일 정답 ④

빠른 정답 찾기 서울 평화 시장 + 재단사 + 노동자들의 인권을 위해 자신을 희생 ➡ 전태일

자료 분석하기
1960년대 급속한 산업화로 인해 노동자들은 저임금과 열악한 노동 환경에서 고통을 겪었다. 서울 평화 시장 재단사였던 전태일은 평화 시장 재단사 모임 '바보회'를 조직하고 노동청에 비인간적인 노동 현실을 고발하였으나 요구가 받아들여지지 않았다. 이에 전태일은 '근로 기준법을 지켜라', '우리는 기계가 아니다'를 외치며 분신

하여 항거하였다.

선택지 분석하기

① 윤동주
→ 윤동주는 문학 활동을 통해 일제의 탄압에 저항한 항일 시인으로 유고집 「하늘과 바람과 별과 시」를 남겼다.

② 이한열
→ 4·13 호헌 조치와 박종철 고문치사 사건으로 민주화 및 대통령 직선제의 헌법 개정을 요구하는 시위가 전개되었다. 이 과정에서 연세대 재학생 이한열이 최루탄에 맞아 사망하자 6월 민주 항쟁이 전국적으로 확대되었다.

③ 장준하
→ 장준하는 개헌 청원 백만인 서명 운동을 전개하고 '박정희 대통령에게 보내는 공개 서한'을 발표하며 유신 체제에 반발하였다.

✓ 전태일
→ 청계천 평화 시장의 노동자였던 전태일은 평화 시장 재단사 모임인 '바보회'를 조직하고, 저임금과 열악한 노동 환경을 사회에 알리기 위해 근로 기준법 준수를 요구하며 분신하였다.

48 한국사 속 여성 정답 ①

빠른 정답 찾기: 선덕 여왕 + 허난설헌 + 이빙허각 + 『규합총서』 + 윤희순 + 의병 활동 ➡ **한국사 속 여성**

자료 분석하기

신라 선덕 여왕은 우리 역사상 최초의 여왕으로, 승려 자장의 건의를 받아들여 황룡사 구층 목탑을 건립하였다. 허난설헌은 중국과 일본에까지 이름을 떨친 조선 중기의 여류 시인으로, 사후 『난설헌집』이 간행되어 인기를 끌었다. 이빙허각은 조선 후기의 실학자로, 가정 살림에 관한 내용을 담은 백과사전인 『규합총서』를 저술하였다. 윤희순은 일제 강점기 최초 여성 의병 지도자로, 안사람 의병가를 지어 의병 활동을 독려하였다.

선택지 분석하기

✓ **시인**으로 이름을 떨치다
→ 허난설헌은 조선 중기의 여류 시인으로 약 210수의 시와 글이 전해지며 사후에 이를 수록한 『난설헌집』이 간행되었다.

② **여성 비행사**로 활약하다
→ 권기옥은 육군 항공대 창설과 비행사 양성을 구상하던 대한민국 임시 정부의 추천으로 운남 항공 학교에 입학하여 조선 여성 최초의 비행사가 되었다. 이후 남경 국민 정부 항공서의 비행사로 활동하였고, 의열단의 연락원으로도 활동하였다.

③ **임금 삭감에 저항**하여 농성을 벌이다
→ 강주룡은 일제 강점기 평양 평원 고무 공장의 노동자로, 을밀대 지붕에서 시위를 벌여 일제의 노동 착취를 비판하고 노동 조건 개선을 요구하였다.

④ 재산을 기부하여 **제주도민을 구제**하다
→ 김만덕은 조선 후기의 상인으로 제주도에 흉년이 들자 자신의 전 재산으로 육지의 곡식을 구매해 백성을 구휼하였다.

49 지역사 - 부산 정답 ④

빠른 정답 찾기: 동삼동 패총 + 초량 왜관 + 임시 수도 기념관 ➡ **부산**

자료 분석하기

- **동삼동 패총 전시관**: 부산광역시 영도구 동삼동에 있는 신석기 시대 패총 전시관으로, 우리나라 신석기 시대의 대표 문화유산인 동삼동 패총에서 발굴된 유물이 전시되어 있다.
- **초량 왜관**: 임진왜란 이후 일본과 단절되었던 국교가 재개되면서 부산 초량에 설치된 왜관으로, 이곳에서 개시 무역이 실시되었다.
- **임시 수도 기념관**: 부산 광역시 서구에 있는 기념관으로, 6·25 전쟁 당시 임시 수도였던 부산의 역사를 기념하고 있다. 이곳은 일제 강점기에 경상남도지사의 관사로 건립되었으며, 6·25 전쟁 때 부산이 임시 수도가 되면서 대통령 관저로 사용되었다.
- **민주 공원**: 부산 광역시 중구에 있는 공원으로, 부마 민주 항쟁을 비롯한 부산의 민주화 운동사를 기리기 위해 조성되었다.

선택지 분석하기

① **이봉창**이 의거를 일으켰다.
→ 이봉창은 한인 애국단원으로 도쿄에서 일본 국왕이 탄 마차의 행렬에 수류탄을 투척하였다.

② **망이·망소이**가 봉기하였다.
→ 고려 무신 정권 시기 공주 명학소의 망이·망소이가 과도한 부역과 특수 행정 구역인 소에 대한 차별 대우에 항의하여 농민 반란을 일으켰다.

③ **장보고**가 **청해진**을 설치하였다.
→ 장보고는 통일 신라 흥덕왕 때 완도에 청해진을 설치하고 해적을 소탕하여 당, 신라, 일본 간 해상 무역권을 장악하였다.

✓ **송상현**이 동래성에서 순절하였다.
→ 왜군이 부산을 시작으로 조선을 침공하면서 임진왜란이 발발하자 송상현은 동래성에서 관민과 힘을 합쳐 끝까지 항전하였지만 성이 함락되면 전사하였다.

50 세시 풍속 – 동지

미니북 53쪽

정답 ②

빠른 정답 찾기
일 년 중 밤이 가장 긴 날 + 팥죽 ➡ **동지**

🔍 자료 분석하기

24절기 중 하나인 동지는 북반구에서 일 년 중 낮이 가장 짧고 밤이 가장 긴 날로 양력 12월 22일이나 23일경이다. 동지가 지나면 차츰 밤이 짧아지고 낮이 길어지기 때문에 태양이 부활한다는 의미에서 중요하게 여겨져 '작은 설'이라고 불리기도 하였다. 이날이면 가정에서는 귀신이나 좋지 않은 기운을 쫓기 위해 팥죽을 쑤어 집 주변에 뿌렸고, 관상감에서는 달력을 만들어 벼슬아치들에게 나누어 주었다.

🔍 선택지 분석하기

① 단오
⋯ 음력 5월 5일인 단오에는 창포물에 머리 감기, 그네뛰기, 씨름 등의 놀이를 즐기고 수리취떡을 만들어 먹었다.

✔ **동지**
⋯ 동지는 일 년 중 낮이 가장 짧고 밤이 가장 긴 날로 음기가 극성한 가운데 양기가 새로 생겨나는 때이므로 한 해의 시작으로 여겼다.

③ 칠석
⋯ 칠석은 음력 7월 7일로 견우와 직녀가 오작교에서 일 년에 한 번 만난다는 전설이 있는 날이다. 이날 처녀들은 바느질 솜씨가 좋아지기를 빌었고, 서당의 학동들은 시를 짓거나 글공부를 잘할 수 있기를 빌었다.

④ 한식
⋯ 한식은 동지에서 105일째 되는 날로, 양력 4월 5, 6일경이다. 이날에는 일정 기간 동안 불을 사용하지 않고 찬 음식을 먹거나 조상의 묘를 돌보았다.

한발 더 다가가기

세시 풍속

설날	• 음력 1월 1일 • 차례, 세배, 윷놀이, 널뛰기, 연날리기 • 떡국, 시루떡, 식혜
정월 대보름	• 음력 1월 15일 • 줄다리기, 지신밟기, 놋다리밟기, 차전놀이, 쥐불놀이, 석전, 부럼 깨기, 달집태우기, 달맞이 • 부럼, 오곡밥, 약밥, 묵은 나물
삼짇날	• 음력 3월 3일 • 화전놀이, 각시놀음 • 화전(花煎), 쑥떡
단오(수릿날)	• 음력 5월 5일 • 창포물에 머리 감기, 그네뛰기, 씨름, 봉산 탈춤, 송파 산대놀이, 수박희(택견) • 수리취떡, 앵두화채, 쑥떡
칠석	• 음력 7월 7일 • 걸교: 부녀자들이 마당에 음식을 차려놓고 직녀에게 바느질과 길쌈 재주가 좋아지기를 비는 일
추석(한가위)	• 음력 8월 15일 • 차례, 성묘, 강강술래, 소싸움, 줄다리기, 씨름, 고사리 꺾기 • 송편, 토란국
동지	• 양력 12월 22일경 • 관상감에서 새해 달력을 만들어 벼슬아치에게 나누어 줌, 왕이 신하들에게 부채를 나누어 줌 • 팥죽, 팥시루떡
한식	• 양력 4월 5일경 • 일정 기간 동안 불의 사용을 금함, 성묘를 하고 조상의 묘가 헐었으면 떼를 다시 입힘(개사초), 산신제 • 찬 음식

제66회 한국사능력검정시험

01	02	03	04	05	06	07	08	09	10
②	①	②	④	④	③	①	③	②	④
11	12	13	14	15	16	17	18	19	20
④	①	③	③	②	④	③	②	②	①
21	22	23	24	25	26	27	28	29	30
①	②	④	③	②	④	②	④	①	③
31	32	33	34	35	36	37	38	39	40
①	②	④	③	②	②	③	②	①	①
41	42	43	44	45	46	47	48	49	50
②	①	③	②	②	③	④	③	④	③

한발 더 다가가기

선사 시대의 생활상

구석기 시대	• 동굴이나 강가의 막집에서 생활 • 계절에 따라 이동 생활 • 주먹도끼, 찍개 등의 뗀석기 사용
신석기 시대	• 강가나 바닷가에 움집을 짓고 정착 생활 • 뼈낚시, 그물, 돌창, 돌화살을 사용하여 채집·수렵 생활 • 조·피 등을 재배하는 농경 시작, 목축 생활 • 빗살무늬 토기를 이용하여 음식을 조리하거나 저장 • 가락바퀴로 실을 뽑아 뼈바늘로 옷을 지어 입기도 함
청동기 및 초기 철기 시대	• 밭농사 중심, 벼농사 시작 • 가축 사육 증가, 농업 생산력 향상 • 움집의 지상 가옥화, 배산임수의 취락 형성 • 사유 재산과 계급의 발생, 선민사상, 족장의 출현 • 청동제 의기, 토우, 바위그림(풍요를 기원하는 주술적 의미)

🌸 미니북 04쪽

01 신석기 시대

정답 ②

빠른 정답 찾기 농경과 목축 시작 + 신석기 시대 ➡ **신석기 시대의 다양한 활동**

🔍 자료 분석하기

신석기 시대에는 강가나 바닷가에 움집을 짓고 살면서 채집·수렵·어로 활동을 하였다. 농경이 시작되면서 조·피 등을 재배하고 간석기인 갈돌과 갈판으로 곡식을 갈아서 음식을 만들어 먹기도 하였다. 또한, 가락바퀴로 실을 뽑아 뼈바늘로 옷을 지어 입었다.

🔍 선택지 분석하기

① 청동 방울 흔들기
⋯ 청동기 시대에는 의례를 주관할 때 청동 방울이나 거울 등을 제작하여 사용하였다.

 빗살무늬 토기 만들기
⋯ 신석기 시대에는 빗살무늬 토기에 식량을 저장하였다.

③ 철제 농기구로 밭 갈기
⋯ 철기 시대에는 쟁기, 호미, 쇠스랑 등의 철제 농기구를 사용하여 농사를 지었다.

④ 거친무늬 거울 목에 걸기
⋯ 청동기 시대에는 거친무늬 거울을 만들어 사용하였다.

🌸 미니북 20쪽

02 부여

정답 ①

빠른 정답 찾기 여러 가들이 별도로 사출도를 다스림 + 금제 허리띠 장식 ➡ **부여**

🔍 자료 분석하기

부여는 왕 아래 마가, 우가, 저가, 구가의 가(加)들이 각자의 행정 구역인 사출도를 다스렸다. 또한, 왕이 통치하는 중앙과 합쳐 5부를 구성하는 연맹 왕국이었다. 부여가 위치했던 중국 지린성에서는 날개를 가진 말의 형상이 새겨져 있는 허리띠 장식이 출토되기도 하였다.

🔍 선택지 분석하기

✓ 영고라는 제천 행사를 열었다.
⋯ 부여에서는 12월에 풍성한 수확제이자 추수 감사제의 성격을 지닌 영고라는 제천 행사가 열렸다.

② 신성 지역인 소도가 존재하였다.
⋯ 삼한은 제사장인 천군이 소도라는 신성 지역을 따로 다스리는 제정 분리 사회였다.

③ 혼인 풍습으로 민며느리제가 있었다.
⋯ 옥저에는 여자가 어렸을 때 혼인할 남자의 집에서 생활하다가 성인이 된 후에 혼인을 하는 민며느리제가 있었다.

④ 읍락 간의 경계를 중시하는 책화가 있었다.
→ 동예는 각 부족의 영역을 중요시하여 서로의 영역을 침범한 경우 노비와 소, 말로 갚게 하는 제도인 책화를 두었다.

03 고구려 장수왕

정답 ②

빠른정답찾기 광개토 대왕릉비 건립 + 도읍을 평양으로 옮김 + 백제를 공격하여 한성 함락 ➡ **고구려 장수왕**

자료 분석하기

고구려 광개토 대왕의 뒤를 이어 즉위한 장수왕은 광개토 대왕릉비를 건립하여 아버지 광개토 대왕의 업적을 칭송하였다. 또한, 영토 확장을 위해 평양으로 천도한 후 남진 정책을 추진하여 백제의 수도 한성을 함락하고 한강 유역을 차지하였다.

선택지 분석하기

① 미천왕
→ 고구려 미천왕은 낙랑군과 대방군 등 한 군현을 한반도 지역에서 몰아내며 영토를 넓혔다.

 장수왕
→ 고구려 장수왕은 아버지 광개토 대왕을 기리며 광개토 대왕릉비를 건립하였다. 또한, 영토 확장을 위해 평양으로 천도하고 남진 정책을 추진하여 백제를 밀어내고 한강 유역을 차지하였다.

③ 고국천왕
→ 고구려 고국천왕은 을파소의 건의에 따라 봄에 곡식을 빌려주고 겨울에 갚게 하는 빈민 구제책인 진대법을 실시하였다.

④ 소수림왕
→ 고구려 소수림왕은 중앙 집권적 국가의 기틀을 세우기 위해 율령을 반포하고 국가 조직을 정비하였다. 또한, 불교를 수용하여 왕실의 권위를 높이고자 하였다.

04 세시 풍속 – 칠석

정답 ④

빠른정답찾기 일년 중 한 번 직녀를 만나는 그날 + 소치는 일 + 까치와 까마귀 + 오작교 ➡ **칠석**

자료 분석하기

매년 칠월칠석에 두 개의 별이 은하수를 가운데 두고 위치가 매우 가까워지는 현상 때문에 견우와 직녀 설화가 만들어졌다. 이 설화에 따르면, 하느님은 길쌈 솜씨가 뛰어나 매우 아끼는 손녀 직녀와 은하수 건너편에서 소 치는 일을 하는 목동 견우를 혼인시켰다. 그러나 이들 부부가 서로의 일에 게을러지자 하느님은 크게 노하여 그들을 은하수를 가운데 두고 다시 떨어져 살게 하고, 일년에 한 번 칠월칠석날만 같이 지내도록 하였다. 하지만 은하수 때문에 칠월칠석에도 만나지 못하자 까치와 까마귀들이 머리를 이어 다리를 놓아 주었고, 이 다리를 오작교라 불렀다.

선택지 분석하기

① 단오
→ 음력 5월 5일인 단오에는 창포물에 머리 감기, 그네뛰기, 씨름 등의 놀이를 즐기고 수리취떡을 만들어 먹었다.

② 동지
→ 동지는 24절기 중 스물두 번째 절기로 일 년 중에서 밤이 가장 길고 낮이 가장 짧은 날이다. 이날 가정에서는 팥죽을 쑤어 먹었고, 관상감에서는 달력을 만들어 벼슬아치들에게 나누어 주었다.

③ 추석
→ 음력 8월 15일로 한가위라 불리는 추석에는 송편과 각종 음식을 만들어 조상들에게 차례를 지내고 성묘를 하였다.

 칠석
→ 칠석은 음력 7월 7일로 견우와 직녀가 오작교에서 일년에 한 번 만난다는 전설이 있는 날이다. 이날 처녀들은 바느질 솜씨가 좋아지기를 빌었고, 서당의 학동들은 시를 짓거나 글공부를 잘할 수 있기를 빌었다.

05 백제 성왕

정답 ④

빠른정답찾기 백제 + 도읍으로 정한 부여 + 정림사지 오층 석탑 + 궁남지 ➡ **백제 성왕**

자료 분석하기

백제 성왕은 개로왕의 전사 후 쇠퇴하는 백제의 중흥을 일으키기 위하여 수도를 사비(부여)로 옮기고 국호를 남부여로 고쳤다. 또한, 새로운 수도인 사비의 도성 안에 정림사를 세우고 정림사지 오층 석탑을 건립하였다. 이후 무왕 때는 인공 연못인 궁남지를 만들었다.

선택지 분석하기

① 왜에 칠지도를 보냈다.
→ 일본에서 발견된 칠지도는 백제 근초고왕이 왜의 왕에게 하사한 것으로 전해진다. 이를 통해 백제가 왜와 교류하면서 다양한 선진 문물을 전파하였다는 것을 확인할 수 있다.

② 동진으로부터 불교를 받아들였다.
→ 백제 침류왕은 중국의 동진을 통해 불교를 수용하였다.

③ 신라를 공격하여 대야성을 점령하였다.
→ 백제 의자왕은 즉위 초 신라의 대야성을 비롯한 40여 개의 성을 함락시키는 등 세력을 확장하였다.

✔ 진흥왕과 연합하여 한강 하류 지역을 되찾았다.
→ 백제 성왕은 신라 진흥왕과 나제 동맹을 맺고 함께 고구려를 공격하여 한강 하류 지역을 되찾았다.

 미니북 21쪽

06 삼국 통일 과정 정답 ③

빠른 정답 찾기: (나) 백강 전투 ➡ (가) 고구려 멸망 ➡ (다) 기벌포 전투

자료 분석하기

(나) **백강 전투**(663): 백제 부흥 운동을 위해 왜의 수군과 백제 부흥군이 나당 연합군에 맞서 함께 백강에서 전투를 벌였지만 결국 패배하였다.
(가) **고구려 멸망**(668): 고구려는 연개소문 사후 그의 두 아들 사이에서 벌어진 권력 다툼으로 세력이 약해졌고, 나당 연합군의 공격으로 평양성이 함락되면서 결국 멸망하였다.
(다) **기벌포 전투**(676): 신라 문무왕은 기벌포 전투에서 승리하면서 당의 세력을 한반도에서 몰아내고 삼국 통일을 완성하였다.

한발 더 다가가기

삼국 통일의 과정

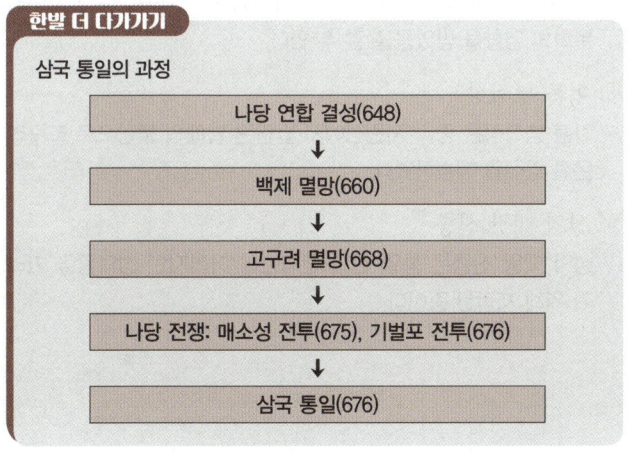

07 통일 신라 신문왕 정답 ①

빠른 정답 찾기: 문무왕의 아들 + 동해에 작은 산이 떠다닌다는 이야기 + 용 + 산에 있는 대나무로 피리를 만들면 천하가 평온해질 것 + 만파식적
➡ 만파식적 설화

자료 분석하기

『삼국유사』에서 전해지는 통일 신라 때 전설상의 피리인 만파식적(萬波息笛) 설화에 따르면, 신문왕은 아버지 문무왕을 위해 동해에 감은사라는 절을 지었다. 이후 동해안에 작은 산이 감은사를 향해 떠다니자 신문왕이 점을 쳐 보니, 해룡이 된 문무왕과 천신이 된 김유신이 동해에 용을 통해 나라를 지킬 보배를 보냈다는 이야기를 듣는다. 신문왕이 이견대에 가니 용이 산에 있는 대나무로 피리를 만들면 천하가 태평해질 것이라 하여 그 대나무로 피리를 만들어 보관하였다. 이후 피리를 불면 나라의 근심이 사라져 만파식적이라 이름 붙이고, 나라의 보물로 삼았다고 한다.

선택지 분석하기

✔ 국학을 설립하였다.
→ 통일 신라 신문왕은 유교 정치를 확립하기 위해 유학 교육 기관인 국학을 설립하였다.

② 우산국을 정벌하였다.
→ 신라 지증왕은 이사부를 보내 우산국(울릉도)을 정벌하였다.

③ 천리장성을 축조하였다.
→ 고구려 영류왕은 당의 공격에 대비하여 동북의 부여성부터 발해만의 비사성까지 천리장성을 축조하였다. 이후 고려 현종은 거란의 침입에 대비하기 위해 강감찬의 건의로 압록강 하구부터 동해안까지 천리장성을 쌓아 국경 수비를 강화하였다.

④ 화랑도를 국가 조직으로 개편하였다.
→ 신라 진흥왕은 청소년 수련 단체인 화랑도를 국가 조직으로 개편·정비하였다.

 미니북 48쪽

08 익산 미륵사지 석탑 정답 ③

빠른 정답 찾기: 백제 무왕이 건립한 사찰 + 목탑 양식이 반영된 석탑 + 사리장엄구와 금제 사리봉영기 ➡ 익산 미륵사지 석탑

자료 분석하기

익산 미륵사지 석탑은 백제 무왕 때 건립된 목탑의 형태로 만들어진 석탑이다. 석탑 해체 복원 과정 중 금제 사리봉영(안)기 등을 담은 사리장엄구가 발견되었고 이를 통해 석탑의 건립 연도와 미륵사의 창건 주체가 명확하게 밝혀졌다.

선택지 분석하기

① 경천사지 십층 석탑
→ 경천사지 십층 석탑은 원의 석탑 양식에 영향을 받아 만들어진 고려 원 간섭기의 다각 다층 대리석 불탑이다.

② 화엄사 사사자 삼층 석탑
→ 화엄사 사사자 삼층 석탑은 신라 진흥왕 때 세워진 구례 화엄사에 위치한 석탑으로, 통일 신라 전성기인 8세기경 제작된 것으로 추정된다. 기단의 사자 조각이 탑 구성의 한 역할을 하는 우리나라의 대표적인 이형(異形) 석탑이다.

✓ 미륵사지 석탑
→ 미륵사지 석탑은 무왕 때 건립된 목탑 형식의 석탑으로, 당시 백제의 건축 기술을 보여주며, 현재 남아 있는 우리나라 석탑 중 크기가 가장 크다.

④ 분황사 모전 석탑
→ 분황사 모전 석탑은 현존하는 신라 석탑 중 가장 오래된 석탑으로, 석재를 벽돌 모양으로 만들어 쌓아 올린 것이 특징이다.

09 통일 신라의 경제 상황

미니북 22쪽
정답 ②

빠른 정답 찾기: 완도 + 청해진 + 장보고가 당, 신라, 일본을 잇는 해상 교역 주도
➡ 통일 신라의 경제 상황

자료 분석하기

- **장보고 기념관**: 완도에 청해진을 설치하고 해적을 소탕하여 당, 신라, 일본 간 해상 무역권을 장악한 장보고를 기리는 곳으로, 전남 완도군 청해진로에 위치해 있다.
- **장도의 목책열**: 완도에 있는 작은 섬 장도는 장보고가 세운 청해진의 본부가 위치해 있던 곳으로, 장도 해안을 경비하기 위해 세운 나무 말뚝열인 목책열이 발견되었다.

선택지 분석하기

① 분청사기를 만드는 도공
→ 분청사기는 조선 전기 궁중이나 관청에서 널리 사용되었던 자기로, 청자에 백토의 분을 칠하는 방식으로 만들어졌다.

✓ 녹읍을 지급받는 진골 귀족
→ 통일 신라는 귀족 관리에게 직무 수행의 대가로 녹읍을 지급하였다. 녹읍은 고을 단위로 지급되었으며, 귀족의 경제적 기반이 되었다. 이후 신문왕은 왕권 강화를 위해 녹읍을 폐지하였다.

③ 장시에서 책을 읽어주는 전기수
→ 조선 후기에는 농업 생산력이 증대하고 유통 경제가 발달함에 따라 전국 각지에서 장시가 활성화되었다. 또한, 한글 소설이 대중화되어 직업적으로 소설을 낭독하는 이야기꾼인 전기수가 등장하였다.

④ 상평통보로 물건값을 치르는 농민
→ 조선 후기에 상공업이 발달함에 따라 금속 화폐인 상평통보가 전국적으로 유통되었다.

10 발해의 문화유산

미니북 07쪽
정답 ④

빠른 정답 찾기: 고구려 계승 + 해동성국 + 동모산 + 상·중·동·서·남경
➡ 발해

자료 분석하기

발해는 고구려 장군 출신인 대조영이 고구려 멸망 후 유민들을 이끌고 지린성 동모산에서 세운 국가이다. 이후 문왕 때 확대된 영토를 효과적으로 다스리고자 중경에서 상경으로 수도를 옮겼으며, 선왕 때는 영토를 크게 확장하여 전성기를 누리면서 당으로부터 해동성국이라 불렸다.

선택지 분석하기

① 치미
→ 발해의 대표적인 유물인 치미는 건물 지붕의 양 끝에 올리던 장식 기와로, 고구려 문화 양식을 따른 것을 통해 발해가 고구려를 계승했음을 알 수 있다.

② 연꽃무늬 수막새
→ 연꽃무늬 수막새는 발해의 막새기와로 발해의 수도였던 상경 및 동경 등에서 출토되었다. 발해의 건축 양식을 알 수 있게 해 주는 유물 중 하나이며, 제작 방식이나 구조, 무늬를 통해 고구려 문화의 영향을 받았음을 알 수 있다.

③ 이불 병좌상
→ 이불 병좌상은 중국 지린성에서 발견된 발해의 불상으로 고구려 문화 양식을 계승하였다.

✓ 성덕 대왕 신종
→ 성덕 대왕 신종은 통일 신라 경덕왕이 아버지인 성덕왕을 기리기 위해 제작한 종이다.

11 견훤의 고려 투항

미니북 22쪽 · 정답 ④

빠른 정답 찾기: 견훤 + 귀부하기를 청함 ➡ **(라) 견훤의 고려 투항**

🔍 자료 분석하기

견훤은 후백제군을 이끌고 공산 전투에서 고려군과 전투를 벌여 크게 이겼으나(927), 이후 후계자 문제로 장남 신검에 의해 금산사에 유폐되었다(935). 이에 견훤은 나주로 도망쳐와 고려로 투항하였고, 일리천 전투에서 고려 왕건과 함께 아들 신검을 공격하여 후백제를 멸망시키면서 고려의 후삼국 통일을 도왔다(936).

한발 더 다가가기

후삼국의 통일 과정

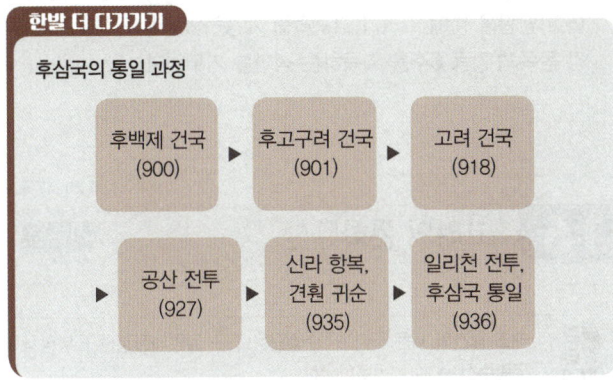

후백제 건국(900) ▶ 후고구려 건국(901) ▶ 고려 건국(918) ▶ 공산 전투(927) ▶ 신라 항복, 견훤 귀순(935) ▶ 일리천 전투, 후삼국 통일(936)

12 거란의 고려 침입

미니북 23쪽 · 정답 ①

빠른 정답 찾기: 북방 세력의 침입에 대비 + 강감찬의 건의로 개경 외곽에 쌓은 나성 + 고려와 거란의 전쟁 ➡ **거란의 고려 침입**

🔍 자료 분석하기

거란은 세 차례에 걸쳐 고려를 침입하였다. 거란의 3차 침입 때 귀주 대첩에서 큰 활약을 펼친 강감찬은 현종에게 건의하여 개경 외곽에 나성을 쌓아 개경을 방비하였으며, 압록강 하구부터 동해안을 잇는 천리장성을 세워 국경 수비를 강화하였다.

🔍 선택지 분석하기

✔ **귀주 대첩**의 의의를 파악한다.
…› 고려 현종 때 거란이 강동 6주의 반환 등을 요구하며 3차 침입을 단행하였다. 이에 강감찬은 거란의 소배압이 이끄는 10만 대군에 맞서 귀주에서 크게 승리하였다.

② **위화도 회군**의 결과를 조사한다.
…› 고려 말 우왕 때 무신 이성계는 왕명에 따라 요동을 정벌하기 위해 출병하였으나 의주 부근의 위화도에서 말을 돌려 개경으로 회군하였다. 위화도 회군 이후 권력을 잡은 이성계는 최영을 제거하고 우왕을 폐위하였다.

③ **안시성 전투**의 전개 과정을 살펴본다.
…› 7세기 중반 당은 연개소문의 정변을 구실로 고구려를 침입하여 요동성, 백암성을 함락시키고 안시성을 공격하였으나 안시성 성주 양만춘의 저항으로 물러났다.

④ **진포 전투**에서 새롭게 사용된 무기를 찾아본다.
…› 고려 말 우왕 때 최무선은 화통도감을 설치하여 화약과 화포를 제작하였고 이를 활용하여 진포에서 왜구를 소탕하였다.

13 고려 성종

미니북 08쪽 · 정답 ③

빠른 정답 찾기: 국자감 정비 + 건원중보 발행 + 최승로의 시무 28조 ➡ **고려 성종**

🔍 자료 분석하기

고려 성종은 최승로의 시무 28조를 받아들여 지방에 12목을 설치하였으며, 중앙에 최고 교육 기관인 국자감을 설립하여 유학 교육을 활성화하고자 하였다. 또한, 당시 상업 활동이 활발해지자 우리나라 최초의 화폐인 건원중보를 발행하기도 하였다.

🔍 선택지 분석하기

① 광종
…› 고려 광종은 국왕의 권위를 높이기 위해 자신을 황제라 칭하고 광덕, 준풍 등의 독자적인 연호를 사용하였다. 또한, 후주 출신 쌍기의 건의를 받아들여 과거 제도를 시행하였으며, 노비안검법을 실시하여 강제로 노비가 된 자를 해방시켰다.

② 문종
…› 고려 문종은 경정 전시과를 시행하여 현직 관료에게만 전지와 시지를 지급하였다.

✔ 성종
…› 고려 성종은 최승로가 건의한 시무 28조를 받아들여 지방에 12목을 설치하고 지방관을 파견하였다. 또한, 당의 제도를 모방하여 2성 6부로 이루어진 중앙 관제를 구성하였다.

④ 예종
…› 고려 예종은 관학 교육을 진흥하기 위해 국자감을 재정비하고 전문 강좌인 7재와 장학 재단인 양현고를 설치하였다.

14 고려의 경제 상황

정답 ③

빠른 정답 찾기: 송 사신단 + 수도 개경 ➡ 고려의 경제 상황

자료 분석하기

고려는 송나라와 우호적인 관계를 맺어 사신을 통한 조공 무역을 진행하였다. 이에 송에게 조공품을 바치고 보답으로 답례품을 받았다. 조공 무역 외에 민간 무역 또한 진행되어 벽란도에서 송의 상인들과 교역하기도 하였다.

선택지 분석하기

① 공인이 관청에 물품을 조달하였다.
⋯ 조선 광해군 때 공납의 폐단을 해결하기 위해 공납을 전세화하여 공물 대신 쌀을 납부하도록 한 대동법을 실시하였다. 이에 따라 국가에 필요한 물품을 조달하는 공인이 등장하였으며 상품 화폐 경제가 발달하였다.

② 모내기법이 전국적으로 확산되었다.
⋯ 조선 후기에 수리 시설이 확충되어 전국적으로 모내기법이 확산되었으며, 경작지의 규모가 확대되어 광작이 증가하였다.

 벽란도가 국제 무역항으로 기능하였다.
⋯ 고려 시대의 국제 무역항 벽란도는 예성강 하구에 위치하였으며, 이곳에서 송, 아라비아의 상인들과 활발한 교역이 이루어졌다.

④ 고추와 담배가 상품 작물로 재배되었다.
⋯ 조선 후기에 상업의 발달로 고추, 담배, 인삼, 면화 등 상품 작물의 재배가 활발해졌다.

15 고려의 대몽 항쟁

정답 ②

빠른 정답 찾기: 고려의 대몽 항쟁 + 사신 저고여의 피살 + 강화도로 도읍을 옮김 ➡ 김윤후의 처인성 전투

자료 분석하기

몽골은 고려와 강동의 역을 계기로 외교 관계를 맺은 이후 많은 공물을 요구하며 고려를 압박하였다. 그러던 중 고려에 온 몽골 사신 저고여가 본국으로 돌아가다가 암살당한 사건이 발생하자 몽골은 이를 구실로 삼아 고려와 국교를 단절하고 여섯 차례에 걸쳐 고려를 침입하였다. 몽골의 2차 침입 때 집권자였던 최우는 강화도로 천도하여 장기간의 항쟁에 대비하였다.

선택지 분석하기

① 윤관이 별무반 편성을 건의하다
⋯ 고려 숙종 때 부족을 통일한 여진족이 고려의 국경을 자주 침입하자 윤관이 왕에게 건의하여 별무반을 편성하였다.

 김윤후가 처인성 전투에서 활약하다
⋯ 몽골의 2차 침입 당시 고려의 승장 김윤후가 이끄는 민병과 승군이 처인성에서 몽골군에 대항하여 적장 살리타를 죽이고 승리를 거두었다.

③ 을지문덕이 살수에서 적군을 물리치다
⋯ 고구려의 을지문덕은 우중문이 이끄는 수의 30만 대군을 살수에서 공격하여 크게 무찔렀다.

④ 서희가 외교 담판을 통해 강동 6주 지역을 확보하다
⋯ 거란의 1차 침입 때 고려의 사신 서희는 거란의 장수 소손녕과 외교 담판을 통해 고려가 고구려를 계승하였음을 인정받고 압록강 동쪽의 강동 6주를 획득하는 성과를 거두었다.

16 고려의 문화유산

정답 ④

빠른 정답 찾기: 태조 왕건이 세운 국가 +「수월관음도」+ 팔만대장경판 + 부석사 무량수전 ➡ 고려의 문화유산

자료 분석하기

- 「수월관음도」: 고려 후기에 제작된 불화로, 『화엄경(華嚴經)』「입법계품(入法界品)」에 나오는 관음보살의 거처와 형상을 묘사한 그림이다.
- 팔만대장경판: 고려 고종 때 부처의 힘으로 몽골을 물리치고자 나무로 만든 장경판이다. 팔만대장경판으로 인쇄한 팔만대장경은 목판 인쇄물로서 세계에서 가장 우수한 대장경으로 꼽히며 2007년에 유네스코 세계 기록 유산으로 지정되었다.
- 영주 부석사 무량수전: 현재 남아 있는 고려 시대 목조 건물 중 하나로, 기둥의 중간 부분은 두껍게 하고 위와 아래로 갈수록 굵기를 점차 줄여 만든 배흘림기둥을 사용하였다. 또한, 지붕 처마를 받치기 위해 장식한 구조를 간결한 형태로 기둥 위에만 짜 올린 주심포 양식으로 만들어졌다.

선택지 분석하기

① 산수무늬 벽돌
⋯ 산수무늬 벽돌은 부여 외리 문양전 일괄로도 불리며, 도교의 신선 사상을 바탕으로 한 산수화가 새겨져 있다.

② 도기 바퀴장식 뿔잔
⋯ 도기 바퀴장식 뿔잔은 가야의 토기로, 굽 구멍이 4개 뚫린 나팔 모양의 굽다리에 U자형의 뿔잔이 얹어 있는 형태이다.

③ 황남대총 금관
… 황남대총 금관은 신라 무덤인 황남대총에서 발견된 금관이다.

✓ 청자 상감 운학문 매병
… 청자 상감 운학문 매병은 고려 시대의 대표적인 청자 매병으로 그릇 표면을 파낸 자리에 백토나 흑토 등을 메워 무늬를 내는 고려의 상감 기법을 이용하여 제작되었다.

🌸 미니북 08쪽

17 고려 공민왕   정답 ③

빠른 정답 찾기: 기철 등 친원파 제거 + 정동행성 이문소 폐지 + 왕비 노국 대장 공주 ➡ **고려 공민왕**

🔍 자료 분석하기
고려 원 간섭기 공민왕은 원의 노국 대장 공주와 혼인하였으나 원으로부터 고려의 자주성을 회복하기 위해 반원 자주 정책을 펼쳤다. 이에 따라 기철 등의 친원 세력을 몰아냈으며 원에서 내정 간섭 기구로 이용한 정동행성 이문소를 폐지하였다.

🔍 선택지 분석하기
① 동북 9성을 축조하였다.
… 고려 예종 때 윤관은 숙종 때 편성한 별무반을 이끌고 여진을 토벌하여 동북 9성을 축조하였다.

② 독서삼품과가 실시되었다.
… 통일 신라 원성왕은 국학의 학생들을 대상으로 독서삼품과를 실시하여 유교 경전의 이해 수준에 따라 관리로 채용하였다.

✓ 쌍성총관부를 공격하였다.
… 고려 공민왕은 쌍성총관부를 공격하여 원에 빼앗긴 철령 이북 지역의 땅을 되찾았다.

④ 백두산정계비가 건립되었다.
… 조선 숙종 때 간도 지역을 두고 청과 국경 분쟁이 발생하자 두 나라 대표가 백두산 일대를 답사하고 국경을 확정하여 백두산정계비를 세웠다.

🌸 미니북 14쪽

18 정도전   정답 ④

빠른 정답 찾기: 경복궁의 이름을 지음 + 『조선경국전』 저술 ➡ **정도전**

🔍 자료 분석하기
고려 말 급진 개혁파를 이끌었던 정도전은 위화도 회군 이후 신흥 무인 세력인 이성계와 연합하였다. 이들은 최영을 몰아내고 이색, 정몽주 등의 온건 개혁파를 제거하면서 조선 건국을 주도하였다. 조선 건국 이후 정도전은 한양으로 도읍을 옮긴 후 도성을 쌓고 태조의 명에 따라 경복궁과 강녕전, 근정전 등 주요 전각의 이름을 지었다. 또한, 『조선경국전』을 편찬하여 조선의 현실에 맞는 통치 체제를 정비하였다.

🔍 선택지 분석하기
① 송시열
… 송시열은 조선 효종에게 「기축봉사」를 올려 명에 대한 의리를 지키고 청에 당한 수모를 갚자고 주장하면서 효종의 북벌 계획에 핵심 인물이 되었다.

② 채제공
… 채제공은 조선 정조에게 육의전을 제외한 시전의 금난전권 폐지를 건의하였으며, 정조는 이를 받아들여 신해통공을 실시하였다.

③ 정몽주
… 정몽주는 고려 말 대표적인 온건 개혁파로 이성계를 문병하고 귀가하던 도중 선죽교에서 이방원에게 피살되었다.

✓ 정도전
… 정도전은 조선의 개국 공신으로, 『조선경국전』을 편찬하여 조선의 유교적 통치 기반을 확립하였으며, 조선의 법궁을 경복궁으로 이름지었다.

🌸 미니북 35쪽

19 의금부   정답 ②

빠른 정답 찾기: 조선 시대 + 반역 사건과 강상죄에 대한 처결 담당 + 사법 기구 ➡ **의금부**

🔍 자료 분석하기
의금부는 조선 시대에 왕명을 받아 반역 사건과 강상죄 등을 범한 중죄인의 처결을 담당한 사법 기구였다. 판사, 지사, 동지사, 경력, 도사 등으로 구성되었으며 하급 관리로 서리와 나장을 두었다.

🔍 선택지 분석하기
① 사헌부
… 사헌부는 조선 시대 관리의 비리를 감찰하는 역할을 하였다. 사간원과 함께 양사 또는 대간이라 불렸으며 5품 이하 관리에 대한 서경권을 행사하였다.

② 의금부
⋯ 의금부는 조선 시대의 국왕 직속 사법 기구로 반역죄, 강상죄 등을 범한 중죄인을 다루도록 하여 왕권 확립에 기여하였다.

③ 춘추관
⋯ 춘추관은 조선 시대 사관들이 『조선왕조실록』의 편찬과 보관을 담당하던 기관이다.

④ 홍문관
⋯ 홍문관은 조선 성종 때 집현전을 계승하여 설치되었으며, 왕의 자문 역할과 경연, 경서, 사적 관리 등의 업무를 담당하였다. 또한, 사헌부, 사간원과 함께 삼사를 구성하며 언론 역할을 하였다.

한발 더 다가가기

조선의 중앙 통치 조직

의정부	최고 관부, 재상의 합의로 국정 총괄	
6조	직능에 따라 행정 분담(이·호·예·병·형·공), 정책 집행	
삼사	사헌부	관리의 비리를 감찰	권력의 독점과 부정을 방지
	사간원	간쟁(정사를 비판)	
	홍문관	왕의 자문(고문) 역할, 경연 주관	
승정원	왕명 출납	왕권 강화 기구
의금부	국가의 중죄인 처벌, 국왕 직속 사법 기구	
춘추관	역사서 편찬과 보관	
예문관	외교 문서, 국왕의 교서 관리	
성균관	조선의 최고 교육 기구	
한성부	수도의 행정과 치안 담당	

※ 미니북 09, 29쪽

20 조선 세조　　　정답 ①

빠른 정답 찾기
조선 제7대 왕 + 단종을 몰아냄 + 경연 폐지 + 진관 체제 실시 ➡ **조선 세조**

자료 분석하기

조선 세조는 수양 대군 시절 계유정난을 일으켜 단종을 몰아내고 왕으로 즉위하였다. 성삼문 등 사육신이 단종 복위를 계획했다가 발각되자 이 사건에 관련된 신하들을 모두 사형에 처하였으며 집현전과 경연을 폐지하였다. 또한, 전국의 지방 군사 조직을 여러 개의 진관으로 개편한 진관 체제를 실시하여 국방을 강화하였다.

선택지 분석하기

 직전법을 시행함
⋯ 조선 세조는 과전의 세습화로 과전이 부족해지자 이를 바로잡기 위해 현직 관리에게만 수조권을 지급하는 직전법을 실시하였다.

② **탕평비**를 건립함
⋯ 조선 영조는 붕당 정치의 폐해를 막고 능력에 따라 인재를 등용하기 위해 탕평책을 실시하였으며, 이를 알리기 위해 성균관에 탕평비를 건립하였다.

③ **교정도감**을 설치함
⋯ 고려 무신 정권 시기에 최충헌은 교정도감을 설치하고 자신이 이 기구의 우두머리인 교정별감이 되어 중요한 정책을 결정하였다.

④ **금난전권을 폐지**함
⋯ 조선 정조 때 채제공의 건의에 따라 신해통공을 시행하여 육의전을 제외한 시전 상인들의 금난전권이 폐지되었다.

※ 미니북 10, 25쪽

21 병자호란　　　정답 ①

빠른 정답 찾기
인조반정 ➡ (가) **병자호란** ➡ 조선 효종의 북벌 운동

자료 분석하기

- **인조반정**(1623): 조선 광해군 때 북인이 정권을 장악하면서 밀려난 서인 세력은 광해군의 중립 외교 정책과 폐모살제(인목 대비를 폐하고 영창 대군을 죽인 것) 문제를 빌미로 인조반정을 일으켰다. 이에 광해군이 폐위되고 인조가 왕위에 올랐다.
- **조선 효종**(1649~1659)**의 북벌 운동**: 병자호란 이후 청에 볼모로 잡혀갔던 봉림 대군이 효종으로 즉위하면서 북벌을 추진하였다. 이에 성을 다시 쌓고 훈련도감의 군액을 증대시켰으며, 어영청과 수어청을 정비·개편하는 등 군사력을 강화하였다. 그러나 서인을 중심으로 한 사대부의 반발과 효종의 죽음으로 북벌은 좌절되었다.

선택지 분석하기

 병자호란이 일어났다.
⋯ 후금이 국호를 청으로 고치고 조선에 군신 관계를 요구하였으나 조선이 이를 거부하자 병자호란이 일어났다(1636). 남한산성으로 피란하며 항전하던 인조는 강화도로 보낸 왕족과 신하들이 인질로 잡히자 삼전도에서 굴욕적인 항복을 하였다.

② **4군 6진**이 개척되었다.
⋯ 조선 세종 때 최윤덕이 여진족을 몰아내고 압록강 일대에 4군을 설치하고(1443), 김종서가 두만강 하류 지역에 6진을 설치하여 영토를 확장하였다(1449).

③ 훈련도감이 창설되었다.
…› 임진왜란 중 유성룡의 건의에 따라 포수, 사수, 살수의 삼수병으로 편성된 훈련도감을 설치하였다(1593).

④ 외규장각 도서가 약탈되었다.
…› 병인박해를 구실로 로즈 제독이 이끄는 프랑스 군대가 양화진을 공격하며 병인양요가 발생하였다. 이때 프랑스군은 외규장각 도서를 약탈하였다(1866).

✿ 미니북 09쪽

22 조선 태종 정답 ③

빠른 정답 찾기 국왕 중심의 통치 체제 확립 + 왕자의 난 + 정종의 뒤를 이어 즉위 + 6조 직계제 ➡ 조선 태종

자료 분석하기
조선 태종은 왕위 계승권을 놓고 태조 이성계의 왕자들 사이에서 발생한 왕자의 난을 거쳐 정종의 뒤를 이어 즉위하였다. 이에 따라 국왕 중심의 통치 체계를 확립하고자 6조 직계제를 실시하여 의정부를 거치지 않고 국왕이 바로 6조에게 재가를 내리도록 하였다.

선택지 분석하기
① 신문고를 설치하였다.
…› 조선 태종은 백성의 억울함을 직접 들어주기 위해 신문고를 설치하였다.

② 계미자를 주조하였다.
…› 조선 태종은 주자소를 설치하여 금속 활자인 계미자를 주조하였다.

✓ 칠정산을 편찬하였다.
…› 조선 세종 때 이순지와 김담은 중국의 수시력과 아라비아의 회회력을 참고로 한 역법서인 『칠정산』을 편찬하였다.

④ 호패법을 마련하였다.
…› 조선 태종은 국가 재정 기반을 확보하기 위해 16세 이상의 남자들에게 호패를 발급하는 호패법을 시행하였다.

한발 더 다가가기
6조 직계제와 의정부 서사제

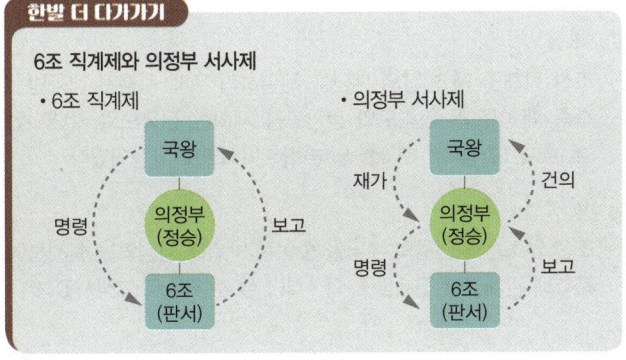

23 앙부일구 정답 ④

빠른 정답 찾기 종묘 앞에 처음 설치 + 영침의 그림자로 시각 표시 ➡ 앙부일구

자료 분석하기
앙부일구는 '솥뚜껑을 뒤집어 놓은 듯한 모습을 한 해시계'라는 뜻으로, 조선 세종 때 장영실이 발명하였다. 또한, 시간 외에도 절기를 알 수 있도록 시각선과 직각으로 13개의 절기선을 새겨 넣어 동지, 하지, 춘분, 추분 등 24절기를 나타내었다.

선택지 분석하기
① 자격루
…› 조선 세종 때 장영실이 만든 물시계인 자격루는 물의 증가량 또는 감소량으로 시간을 측정하는 장치이며 정해진 시간에 종, 징, 북이 저절로 울리도록 제작되었다.

② 측우기
…› 조선 세종 때 왕명에 따라 장영실이 제작한 측우기는 전국적으로 강우량을 관측할 수 있도록 설치되었다.

③ 혼천의
…› 조선 세종 때 장영실이 천체의 위치를 측정하는 천문 관측기구인 간의를 발명한 이후 이를 더욱 발전시켜 천체의 운행과 그 위치를 측정하는 혼천의를 만들었다.

✓ 앙부일구
…› 조선 세종 때 장영실이 발명한 앙부일구는 조선 시대를 대표하는 해시계로, 햇빛에 의해 물체에 생기는 그림자의 위치로 시간을 측정하였다.

✿ 미니북 09, 14, 24쪽

24 조광조 정답 ④

빠른 정답 찾기 기묘사화 + 『기묘유적』 + 현량과 실시와 위훈 삭제 주장 ➡ 조광조

자료 분석하기
조선 중종은 반정으로 왕위에 오른 후 훈구파를 견제하기 위해 사림파를 중용하여 유교 정치를 발전시키고자 하였다. 이에 따라 등용된 조광조는 경연 강화, 소격서 폐지, 반정 공신들의 위훈 삭제, 『소학』 보급 등을 주장하였다. 그러나 훈구 공신들의 반발로 인해 기묘사화가 발생하여 조광조를 비롯한 사림들이 제거되었다. 『기묘유적』은 조선 전기의 학자 안방준이 저술한 역사서로, 기묘사화의 중심인물인 조광조 및 관련된 각종 사건에 대해 기록되어 있다.

선택지 분석하기

① 발해고를 저술하였다.
→ 조선 정조 때 서얼 출신 유득공은 『발해고』를 통해 발해를 우리의 역사로 인식하고 최초로 '남북국'이라는 용어를 사용하였다.

② 대동여지도를 제작하였다.
→ 조선 후기 김정호는 10리마다 눈금을 표시하여 거리를 알 수 있게 한 『대동여지도』를 제작하였다. 각 지역의 지도를 접어서 한 권의 책으로 엮었으며, 목판으로 제작하여 대량 인쇄가 가능하였다.

③ 백운동 서원을 건립하였다.
→ 조선 중종 때 풍기 군수 주세붕은 안향을 기리기 위해 경북 영주에 백운동 서원을 건립하였다. 이후 백운동 서원은 명종 때 이황의 건의로 최초의 사액 서원인 소수 서원으로 사액되었다.

✓ 소격서 폐지를 건의하였다.
→ 조선 중종 때 등용된 조광조와 사림 세력은 도교를 이단으로 배척하였다. 이에 따라 궁중에서 도교적 제사(초제)를 주관하는 소격서의 폐지를 건의하였다.

✼ 미니북 09, 25쪽

25 임진왜란 전투 유적지 정답 ③

빠른 정답 찾기 임진왜란의 격전지 + 임진왜란 중 치열한 전투가 벌어진 유적 ➡ 임진왜란 전투 유적지

자료 분석하기

- **행주산성**: 경기도 고양시에 있는 산성으로 임진왜란 때 조명 연합군에게 밀려 평양성에서 후퇴한 왜군이 이곳을 공격하였다. 이에 권율을 중심으로 한 조선 군대와 백성들은 왜군에 맞서 싸워 승리를 거두었다.
- **탄금대**: 충청북도 충주시에 위치해 있는 장소로, 임진왜란 때 왜군이 부산포로부터 시작해 침입해오자 신립은 삼도순변사로서 탄금대에 배수진을 치고 맞서 싸웠으나 패배하였다.
- **울산 왜성**: 울산광역시에 위치해 있으며, 정유재란 때 일본군이 축조한 성이다. 조명 연합군이 두 차례에 걸쳐 성을 공격하였으나 성의 견고함과 왜군의 조총 때문에 끝내 함락시키지 못하였다.

선택지 분석하기

 ① 탄금대
→ 탄금대는 가야의 우륵이 가야금을 연주하던 곳이라 하여 탄금대라는 명칭이 붙여졌다. 임진왜란 때 신립이 탄금대에서 배수의 진을 치고 맞서 싸웠으나 패전하자, 이곳에서 투신하였다.

② 행주산성
→ 행주산성은 임진왜란 때 권율이 왜군의 공격을 물리치며 큰 승리를 거두었던 행주 대첩이 일어났던 곳이다.

✓ 수원 화성
→ 수원 화성은 조선 정조가 아버지인 사도 세자의 묘를 옮기면서 축조한 성이다. 이후 6·25 전쟁 때 일부 파괴되었지만, 수원 화성 성곽을 축조한 내용이 기록된 『화성성역의궤』를 바탕으로 복구되었다.

④ 울산 왜성
→ 울산 왜성은 정유재란 때 일본군이 축조한 성으로, 조명 연합군이 두 차례에 걸쳐 성을 공격하였으나 무너지지 않았다.

✼ 미니북 10, 29쪽

26 균역법 정답 ②

빠른 정답 찾기 영조 때 제정 + 군포 납부액을 2필에서 1필로 줄임 + 어장세, 소금세 등으로 줄어든 수입 보충 ➡ 균역법

자료 분석하기

조선 후기 영조는 백성들의 군역 부담을 줄여주기 위해 균역법을 시행하여 군포를 1년에 2필에서 1필만 부담하게 하였다. 이로 인해 감소된 재정 수입은 지주에게 부과하는 결작과 어장세, 선박세, 소금세 등의 잡세 수입으로 보충하였다.

선택지 분석하기

① 과전법
→ 고려 공양왕 때 신진 사대부인 조준 등의 건의로 과전법이 시행되었다. 이를 통해 원칙적으로 지급 대상 토지를 경기 지역에 한정하는 토지 제도의 개혁을 단행하여 권문세족의 경제적 기반을 약화시켰다.

✓ 균역법
→ 조선 영조는 기존 1년에 2필씩 납부하던 군포를 1필로 줄이는 균역법을 실시하였다. 이로 인해 부족해진 재정을 보충하고자 상류층에게 어장세, 소금세, 결작을 부과하였다.

③ 대동법
→ 조선 광해군 때 방납의 폐단을 해결하기 위해 시행된 대동법은 숙종 때 이르러 함경도와 평안도를 제외한 전국으로 확대되었고, 토지 1결당 쌀 12두를 납부하는 방식으로 고정되었다.

④ 영정법
→ 조선 인조는 농민들의 부담을 줄여주기 위해 영정법을 실시하여 풍흉에 관계없이 전세를 토지 1결당 쌀 4~6두로 고정시켰다.

27 신윤복 – 「월하정인」
정답 ④

미니북 49쪽

빠른 정답 찾기: 조선 후기 풍속화가 신윤복 + 양반의 풍류와 여성의 생활 등을 소재로 한 작품 + 「단오풍정」 ➡ 신윤복의 「월하정인」

🔍 자료 분석하기
조선 후기 도화서 출신의 풍속화가 신윤복은 주로 양반의 풍류와 부녀자의 생활 그리고 남녀 간의 사랑 등을 감각적이고 해학적으로 묘사하였다. 그의 대표적인 작품으로는 「단오풍정」과 「월하정인」이 있다.

🔍 선택지 분석하기
① 씨름도
⋯ 김홍도 – 조선 후기

② 노상알현도
⋯ 김득신 – 조선 후기

③ 고사관수도
⋯ 강희안 – 조선 전기

✓ 월하정인
⋯ 신윤복 – 조선 후기

28 임술 농민 봉기
정답 ②

미니북 10, 30쪽

빠른 정답 찾기: 진주에서 일어난 농민 봉기 + 유계춘을 중심으로 모인 농민 ➡ 임술 농민 봉기

🔍 자료 분석하기
조선 철종 때 삼정의 문란과 경상 우병사 백낙신의 수탈을 견디다 못한 농민들이 반발하여 진주 지역의 몰락 양반 유계춘을 중심으로 임술 농민 봉기를 일으켰다.

🔍 선택지 분석하기
① 김부식이 이끄는 관군에 진압되었다.
⋯ 고려 인종 때 묘청을 중심으로 한 서경 세력은 풍수지리설을 바탕으로 서경 천도와 칭제 건원, 금 정벌을 주장하였으나 받아들여지지 않았다. 이에 묘청은 국호를 대위, 연호를 천개로 하여 서경에서 반란을 일으켰으나 김부식의 관군에 의해 진압되었다.

✓ 삼정이정청이 설치되는 계기가 되었다.
⋯ 임술 농민 봉기를 조사하기 위해 안핵사로 파견된 박규수는 민란의 원인이 삼정의 문란에 있다고 보고 삼정이정청을 설치하여 폐단을 해결하려고 노력하였다.

③ 서북인에 대한 차별에 반발하여 일어났다.
⋯ 조선 후기 순조 때 세도 정치와 삼정의 문란으로 인해 어려움을 겪던 농민들과 서북인에 대한 차별 대우에 불만을 품은 평안도 지방 사람들이 몰락 양반 홍경래를 중심으로 봉기를 일으켰다.

④ 흥선 대원군이 재집권하는 결과를 가져왔다.
⋯ 조선 고종 때 구식 군인들이 신식 군대인 별기군에 비해 열악한 대우를 받자, 이에 대한 반발로 임오군란을 일으켰다. 구식 군인들은 흥선 대원군을 찾아가 지지를 요청하였고, 정부 관료들의 집과 일본 공사관을 습격하였다. 사태 수습을 위해 흥선 대원군이 재집권하였으나 민씨 일파의 요청으로 청군이 개입하면서 흥선 대원군은 청으로 압송되었다.

29 정약용
정답 ①

미니북 16쪽

빠른 정답 찾기: 여유당 + 「목민심서」 ➡ 정약용

🔍 자료 분석하기
조선 후기 실학자 정약용은 정조가 승하하자 모든 관직에서 물러나 가족과 함께 고향으로 돌아와 생가에 '여유당(與猶堂)'이라는 당호를 내걸었다. 이후 그는 지방 행정의 개혁 방향을 제시한 『목민심서』를 비롯하여 많은 책을 저술하였다.

🔍 선택지 분석하기
✓ 거중기를 설계하였다.
⋯ 조선 정조 때 정약용은 『기기도설』을 참고하여 거중기를 제작하였으며, 이를 수원 화성을 축조할 때 사용하여 공사 기간과 비용을 줄이는 데 기여하였다.

② 몽유도원도를 그렸다.
⋯ 조선 전기 화가인 안견은 안평 대군의 꿈 이야기를 듣고 「몽유도원도」를 그렸다.

③ 동의보감을 완성하였다.
⋯ 조선 선조 때 허준은 왕명으로 각종 의학 지식과 치료법을 집대성한 『동의보감』을 집필하기 시작하여 광해군 때 완성하였다.

④ 열하일기를 저술하였다.
⋯ 조선 후기 중상주의 실학자인 박지원은 청에 다녀온 뒤 『열하일기』를 저술하여 상공업의 발달과 화폐 유통의 필요성을 주장하였다.

30 신미양요 정답 ③

빠른 정답 찾기: 미군이 손돌목을 지나감 + 어재연 장군 + 광성보 ➡ 신미양요

자료 분석하기
1871년 미국이 제너럴 셔먼호 사건을 구실로 강화도에 침입하여 신미양요가 발생하였다. 이에 어재연 장군이 이끄는 조선 군대가 초지진과 광성보를 점령한 미국군에 항전하였지만 수많은 사상자를 내며 패배하였다.

선택지 분석하기
① 병인박해가 일어났다.
⋯ 흥선 대원군은 국내 프랑스인 천주교도를 통해 프랑스와 조약을 체결하여 러시아를 견제하고자 하였다. 그러나 국내외에서 천주교에 대한 반발이 생겨나자 프랑스 선교사들을 처형하는 등의 병인박해를 단행하였다(1866).

② 장용영이 창설되었다.
⋯ 조선 정조는 왕권을 뒷받침하는 군사적 기반을 갖추기 위해 친위 부대인 장용영을 설치하였다(1793).

✓ 척화비가 건립되었다.
⋯ 흥선 대원군은 병인양요와 신미양요 등 서양의 침략을 겪은 이후 서양과의 통상 수교 거부를 알리기 위해 전국 각지에 척화비를 세웠다(1871).

④ 화통도감이 설치되었다.
⋯ 고려 우왕 때 최무선은 화통도감의 설치를 건의하여 화약과 화포를 제작하였고(1377), 이를 활용하여 진포에서 왜구를 격퇴하였다(1380).

31 보빙사 정답 ①

빠른 정답 찾기: 1883년 미국 신문 + 푸트 미국 공사의 조선 부임에 대한 답례로 파견 + 민영익 등의 사절단 ➡ 보빙사

자료 분석하기
미국과 조미 수호 통상 조약을 체결한 후 조선에 푸트 미국 공사가 파견되었다. 조선은 이에 대한 답례로 민영익, 홍영식, 서광범 등으로 구성된 보빙사를 미국에 파견하였다.

선택지 분석하기
✓ 보빙사
⋯ 보빙사는 서양 국가에 파견된 최초의 사절단으로 미국에 머무르며 외국 박람회, 공업 제조 회관, 병원, 신문사, 육군 사관 학교 등을 방문·시찰하였다.

② 수신사
⋯ 조선은 일본과 강화도 조약을 체결한 이후 문호를 개방하여 개화 정책을 추진하였다. 이에 고종은 두 차례에 걸쳐 일본에 수신사를 파견하여 신식 기관과 각종 근대 시설을 시찰하게 하였다.

③ 영선사
⋯ 김윤식을 중심으로 청에 파견된 영선사는 톈진에서 근대 무기 제조 기술과 군사 훈련법을 배우고 돌아왔다.

④ 조사 시찰단
⋯ 조선 고종은 개화 반대 여론을 의식하여 암행어사 형태로 비밀리에 조사 시찰단을 일본에 파견하였다. 이때 파견된 박정양 등은 일본의 근대 문물을 시찰하고 돌아왔다.

32 최익현 정답 ②

빠른 정답 찾기: 쓰시마 섬에서 순국 + 을사늑약 체결에 저항 + 태인에서 의병을 일으킴 ➡ 최익현

자료 분석하기
일본과 조선이 을사늑약을 맺어 조선의 외교권이 박탈되자 최익현은 이에 반발하며 임병찬과 함께 태인에서 을사의병을 일으켰다. 최익현이 이끄는 의병을 일본군이 아닌 관군이 진압해 오자 최익현은 동포끼리는 살육할 수 없다며 의병을 자진해산하고 체포되었다. 이후 그는 일본의 쓰시마 섬에 유배되어 투옥 3개월여 만에 순국하였다.

선택지 분석하기
① 신돌석
⋯ 을사늑약이 체결되자 평민 의병장 출신 신돌석은 유생 출신의 민종식, 최익현과 함께 을사의병을 일으켰다.

✓ 최익현
⋯ 최익현은 을사늑약 체결 이후 태인에서 의병 활동을 전개하다 체포되어 쓰시마 섬에 유배되어 그곳에서 순국하였다.

③ 안중근
⋯ 안중근은 을사늑약 체결의 원흉이자 초대 통감을 지낸 이토히로부미를 만주 하얼빈에서 사살하고, 뤼순 감옥에서 순국하였다.

④ 홍범도
…» 홍범도가 이끄는 대한 독립군은 대한 국민회군, 군무 도독부 등과 연합하여 봉오동 전투에서 승리하고, 김좌진의 북로 군정서군과 연합하여 청산리 전투에서 승리를 거두었다.

미니북 11, 32쪽

33 갑신정변
정답 ①

빠른 정답 찾기: 홍영식 + 박영효 + 서광범 + 김옥균 + 서재필 ➡ 갑신정변

자료 뜯어보기

> 나라를 어지럽히는 신하를 살해하고, 국왕을 보호하여 정령(政令)의 남발을 막을 수밖에 없었다. 그러므로 희생을 무릅쓰고 비상 수단을 쓰기로 결심한 것이다.
>
> 홍영식: 모의를 총괄한 제1인자
> 박영효: 실행 총지휘
> 서광범: 거사 계획 수립
> 김옥균*: 일본 공사관*과의 교섭 및 통역
> 서재필: 병사 통솔*
>
> — 박영효의 회고 —

* **김옥균**: 김옥균은 박규수와 교류하며 개화사상을 수용하여 홍영식, 박영효, 서광범, 서재필 등과 함께 급진 개화파(개화당)를 조직하였다. 김옥균을 비롯한 급진 개화파는 일본 공사 다케조에의 군사적 지원을 받고 갑신정변을 일으켰으나, 3일 만에 청군이 개입하면서 실패하였다. 이후 김옥균은 상하이로 망명하였으나, 자객 홍종우에 의해 암살당하고 시신은 능지처참되었다.
* **일본 공사관**: 일본 공사 다케조에는 급진 개화파인 김옥균이 갑신정변 후 개혁을 위한 재정자금을 차관 형태로 빌리기를 요청하자 약 300만 원 규모의 차관을 마련할 수 있다고 대답하였다. 이후 일본 공사관의 조력으로 갑신정변이 일어나자 분노한 민중들은 일본 공사관을 불태웠다. 이에 일본은 한성 조약을 통해 갑신정변 당시 사망한 일본인에 대한 보상과 일본 공사관 신축비를 요구하였다.
* **병사 통솔**: 갑신 정변이 발생한 이후 김옥균은 고종에게 일본병을 요청해서 호위하도록 하였다. 이에 고종의 칙서를 받은 일본 공사의 군대는 경우궁의 대문 안팎을 경호하였다.

 자료 분석하기

임오군란 이후 청의 내정 간섭이 심화되자 홍영식, 박영효, 서광범, 김옥균, 서재필 등으로 구성된 급진 개화파(개화당)는 일본의 군사적 지원을 받아 우정총국의 개국 축하연 자리에서 갑신정변을 일으켰다. 갑신정변으로 정권을 잡은 이들은 14개조 개혁 정강을 발표하고 청과의 사대 관계 폐지, 입헌 군주제, 능력에 따른 인재 등용을 주장하였으나 청군의 개입으로 3일 만에 실패하였다.

 선택지 분석하기

✓ ① 갑신정변
…» 김옥균, 박영효를 중심으로 한 급진 개화파는 우정총국 개국 축하연 자리에서 갑신정변을 일으켰다.

② 을미사변
…» 삼국 간섭 이후 일본의 세력이 위축되자 민씨 세력은 러시아를 통해 일본을 견제하려 하였다. 이에 일본은 자객을 보내 경복궁을 습격하여 명성 황후를 시해하는 을미사변을 일으켰다.

③ 삼국 간섭
…» 청일 전쟁에서 승리한 일본은 청과 시모노세키 조약을 체결하여 요동반도와 타이완을 장악하였다. 그러나 러시아, 독일, 프랑스의 삼국 간섭으로 요동반도를 반환하게 되었다.

④ 아관 파천
…» 을미사변으로 신변의 위협을 느낀 고종은 러시아 공사관으로 피신하였다.

미니북 11쪽

34 거문도 사건
정답 ③

빠른 정답 찾기: 영국 공관 + 거문도 ➡ (다) 거문도 사건

 자료 분석하기

갑신정변 이후 조선을 둘러싼 열강들의 국제적 긴장이 높아졌다. 이때 조선에 대한 러시아의 세력 확장에 불안을 느낀 영국은 러시아의 남하 정책을 저지한다는 구실로 거문도를 불법으로 점령하였다(거문도 사건, 1885~1887).

미니북 15, 36쪽

35 대성 학교
정답 ①

빠른 정답 찾기: 도산 + 신민회 + 대한인 국민회 중앙 총회 + 흥사단 ➡ 안창호

자료 분석하기

도산 안창호는 양기탁 등과 함께 신민회를 결성하고 대성 학교와 오산 학교를 세워 민족 교육을 실시하였다. 또한, 미국 샌프란시스코에 자치 단체로서 대한인 국민회를 조직하여 외교 활동을 펼쳤으며, 민족 운동 단체인 흥사단을 조직하여 국권 회복을 위해 노력하였다.

선택지 분석하기

✅ **① 대성 학교**
→ 안창호는 애국 계몽 운동의 일환으로 평양에 대성 학교를 세워 민족 교육을 전개하였다.

② 원산 학사
→ 함경남도 덕원 지역의 사람들의 요청으로 설립된 원산 학사는 우리나라 최초의 근대적 사립 학교로, 외국어 교육 등 근대 교육을 실시하였다.

③ 육영 공원
→ 육영 공원은 우리나라 최초의 근대식 공립 학교로 헐버트, 길모어 등 외국인 교사를 초빙하여 양반 자제들에게 영어 교육과 근대 교육을 실시하였다.

④ 이화 학당
→ 이화 학당은 미국인 선교사 스크랜턴이 설립한 최초의 여성 교육 기관이다.

36 정미 7조약 | 정답 ②

빠른 정답 찾기: (가) 한일 의정서 ➡ 정미 7조약 ➡ (나) 한일 병합 조약

자료 분석하기

(가) **한일 의정서**(1904): 일본이 러일 전쟁을 준비하자 고종이 국외 중립을 선언하였다. 그러나 일본은 이를 무시하고 러일 전쟁을 일으킨 뒤 서울을 점령하여 한일 의정서를 체결하였다.

(나) **한일 병합 조약**(1910): 일제는 조선과 한일 병합 조약을 체결하여 대한 제국의 국권을 완전히 박탈하였다.

선택지 분석하기

① 톈진 조약
→ 갑신정변 이후 청과 일본은 톈진 조약을 체결하여 향후 조선에 군대를 파병할 때 서로 통보해 줄 것을 약속하면서 한쪽이 조선에 군대를 파견하면 다른 쪽도 바로 군대를 파견할 수 있도록 하였다(1885).

✅ **② 정미 7조약**
→ 고종을 강제 퇴위시킨 일제는 순종을 즉위시키고 한일 신협약(정미 7조약)을 체결하였다. 이에 각부에 일본인 차관을 배치하고 대한 제국의 군대를 해산시켰다(1907).

③ 제물포 조약
→ 신식 군대인 별기군에 비해 차별 대우를 받던 구식 군대가 임오군란을 일으켜 일본 공사관이 피해를 입었다. 이에 조선은 일본에 사과 사절단 파견, 주모자 처벌, 배상금 지불, 공사관 경비병 주둔 등의 내용을 담은 제물포 조약을 체결하게 되었다(1882).

④ 시모노세키 조약
→ 청일 전쟁에서 승리한 일본은 청과 시모노세키 조약을 체결하여 요동반도와 타이완을 장악하였다(1895).

한발 더 다가가기

일제의 국권 침탈 과정

한일 의정서 (1904.2.)	• 러일 전쟁 발발 직후 체결 • 일본이 전쟁 시 한국의 영토를 군사 기지로 사용할 수 있는 권리 획득 • 한국에 대한 내정 간섭
제1차 한일 협약 (1904.8.)	• 재정 고문(메가타)과 외교 고문(스티븐스) 파견 • 메가타의 화폐 정리 사업 추진
을사늑약 (1905)	• 한국의 외교권 박탈 • 통감부 설치: 외교 업무 등 내정 간섭
고종 강제 퇴위 (1907)	• 헤이그 특사 파견을 구실로 퇴위 강요 • 고종의 강제 퇴위 후 순종 즉위
한일 신협약 (정미 7조약, 1907)	• 통감의 권한 강화: 한국의 법령 제정, 관리의 임면 등 내정 장악 • 부속 각서 체결: 행정 각부에 일본인 차관 임명, 대한 제국의 군대 해산
기유각서 (1909)	사법권, 감옥 관리권 강탈
한일 병합 조약 (1910)	• 경찰권 박탈 • 한국의 국권 강탈: 조선 총독이 권력 장악

37 동학 농민 운동 | 정답 ②

빠른 정답 찾기: 전주성 + 농민군 대장 전봉준 + 일본군이 궁궐 점령 + 청군과 일본군이 들어와 있는 상황 ➡ 동학 농민 운동

자료 분석하기

동학 농민 운동이 일어나자 조선 정부는 청에게 원군을 요청하였고, 갑신정변 이후 맺은 톈진 조약으로 일본군도 조선에 군대를 파견하였다. 이에 동학 농민군은 외세의 개입을 우려하여 정부와 전주 화약을 맺고 자치 개혁 기구인 집강소를 설치하였다. 그러나 조선에 주둔해 있던 일본군이 경복궁을 점령하고 청일 전쟁을 일으키자 동학 농민군은 반외세를 내세우며 2차 봉기를 시작하였다(1894.9.).

🔍 선택지 분석하기

① 동학을 창시한 최제우가 처형되었다.
✅ 동학 농민군이 우금치 전투에서 패하였다.
③ 교조 신원을 요구하는 삼례 집회가 열렸다.
④ 조병갑의 탐학에 맞서 고부 농민 봉기가 일어났다.

⋯ 동학의 창시자인 최제우가 세상을 어지럽히고 백성을 현혹한다는 죄로 처형당하자(1864), 동학교도들은 최제우의 교조 신원을 요구하며 삼례 집회를 개최하였다(1892). 이후 고부 군수 조병갑이 강제로 세금을 징수하는 등 횡포를 부리자 농민들은 동학교도인 전봉준을 중심으로 고부 농민 봉기를 일으켰다(1894.1.). 이후 안핵사 이용태가 농민 봉기의 참가자를 탄압하자 전봉준을 비롯한 동학 교도와 농민들은 동학 농민 운동을 일으켰다(1차 봉기, 1894.3.). 농민군이 황토현·황룡촌 전투에서 승리하며 전주성을 점령하고 전라도 일대를 장악하자 조정에서는 이들을 진압하기 위해 청에 원군을 요청하였고, 톈진 조약에 의거하여 일본도 군대를 파견하였다. 청과 일본의 군대 개입을 우려한 농민군은 정부와 전주 화약을 맺고 해산하였다. 그러나 일본이 경복궁을 점령한 뒤, 청일 전쟁을 일으키고 조선에 대한 내정 간섭을 심화하자 동학 농민군의 남접과 북접은 연합하여 다시 봉기하였다(2차 봉기, 1894.9.). 이후 우금치 전투에서 동학 농민군이 일본군에게 패배하고 전봉준이 압송되면서 농민군은 해산되었다(1894.12.).

한발 더 다가가기

동학 농민 운동의 전개 과정

삼례 집회(교조 신원 운동) → 전봉준 중심으로 고부 관아 점령 → 관군과의 황토현·황룡촌 전투 승리 → 전주성 점령 → 청군·일본군 조선 상륙 → 전주 화약 체결 → 집강소 설치 → 일본군의 경복궁 점령 → 청일 전쟁 발생 → 전봉준·김개남 2차 봉기 → 우금치 전투 패배 → 전봉준 체포

 미니북 11쪽

38 국채 보상 운동 　 정답 ①

빠른 정답 찾기: 일본에 진 빚 1,300만 원 + 의연금 + 국권 수호 ➡ **국채 보상 운동**

🔍 자료 분석하기

국채 보상 운동은 일본에서 도입한 차관 1,300만 원을 갚아 경제 주권을 회복하고자 김광제, 서상돈 등의 주도로 대구에서 처음 시작되었다. 이후 서울에서 조직된 국채 보상 기성회를 중심으로 하여 대한매일신보, 황성신문 등 여러 언론 기관들의 지원을 받아 전국으로 확산되었다.

🔍 선택지 분석하기

✅ 국채 보상 운동
⋯ 김광제, 서상돈 등은 일본에서 도입한 차관을 갚아 경제 주권을 회복하고자 대구에서 국채 보상 운동을 전개하였다.

② 문자 보급 운동
⋯ 조선일보는 농촌 계몽 운동의 일환으로 문자 보급 운동을 전개하여 한글 교재를 보급하고, 순회강연을 진행하였다.

③ 물산 장려 운동
⋯ 민족 기업을 육성하여 경제적 자립을 이루자는 물산 장려 운동은 '조선 사람 조선 것'이라는 구호를 내걸고 평양에서 시작하여 전국으로 확산되었다.

④ 민립 대학 설립 운동
⋯ 이상재, 윤치호 등으로 구성된 조선 민립 대학 기성회는 한국인을 위한 고등 교육 기관인 민립 대학 설립 운동을 전개하였다.

 미니북 37쪽

39 근대 문물의 수용 　 정답 ③

빠른 정답 찾기: 동대문에서 열린 전차 개통식 + 대한 제국 시기에 도입된 많은 근대 문물 ➡ **대한 제국 시기 근대 문물의 수용**

🔍 자료 분석하기

대한 제국은 구본신참을 기본 정신으로 광무개혁을 추진하여 군사, 행정, 경제, 교육, 의료 등 각 분야에서 근대적 개혁을 시행하였다. 이에 한성 전기 회사가 세워져 전기 공급이 가능해지자, 서대문에서 청량리까지 운행하는 전차가 개통되었다(1899).

🔍 선택지 분석하기

① 극장인 원각사가 세워졌다.
⋯ 1908년에 최초의 서양식 극장인 원각사에서 이인직의 「은세계」가 공연되었다.

② 덕수궁에 중명전이 건립되었다.
⋯ 중명전은 황실 도서관으로 사용하기 위해 지어졌으나(1899), 덕수궁에 화재가 일어난 이후 고종의 집무실로 이용되었다.

✅ 박문국에서 한성순보가 발행되었다.
⋯ 개항 이후 개화 정책의 일환으로 박문국을 설치하고 최초의 근대 신문인 한성순보를 발행하였다(1883). 한성순보는 순 한문을 사용하고 10일마다 발행되었으며, 정부 관보의 성격을 가지고 있었다.

④ 서울과 부산을 잇는 경부선 철도가 부설되었다.
⋯ 러일 전쟁에서 필요한 군수 물자를 보급하기 위해 서울과 부산을 잇는 경부선 철도가 개통되었다(1905).

40 6·10 만세 운동

정답 ①

미니북 41쪽

빠른 정답 찾기
대한 제국의 마지막 황제께서 승하 ➡ 6·10 만세 운동

🔍 자료 분석하기

1920년대에 사회주의가 유입되기 시작하여 순종의 인산일에 사회주의자들과 학생들이 함께 만세 시위를 계획하였다. 그러나 일제에 의해 계획이 사전에 발각되면서 학생들을 중심으로 서울 종로 일대에서 6·10 만세 운동이 전개되었다(1926).

🔍 선택지 분석하기

✓ **6·10 만세 운동**이 일어났다.
⋯ 순종의 인산일에 학생 300여 명이 격문을 뿌리고 시위를 일으킨 것이 6·10 만세 운동으로 확산되었으나 일제가 군대를 동원하여 저지하였다(1926).

② **헤이그 특사**가 파견되었다.
⋯ 고종은 을사늑약 체결의 부당함을 알리기 위해 이준, 이상설, 이위종을 네덜란드 헤이그에서 열린 만국 평화 회의에 비밀 특사로 파견하였다(1907).

③ **토지 조사 사업**이 실시되었다.
⋯ 조선 총독부는 토지 조사 사업을 위해 토지 조사국을 설치하고 토지 조사령을 발표하였다(1912). 이에 따라 일정 기간 내 토지를 신고하도록 하고 신고하지 않은 토지는 총독부에서 모두 빼앗아 일본인에게 헐값으로 팔아넘겼다.

④ **제너럴 셔먼호 사건**이 발생하였다.
⋯ 미국이 제너럴 셔먼호를 이끌고 평양 대동강에 들어와 교역을 요구하다가 평양 관민들의 저항으로 배가 불태워진 사건이 발생하였다(1866).

41 무단 통치기

정답 ②

미니북 12쪽

빠른 정답 찾기
태형 구십 대 + 일제에 의해 조선 태형령 시행 ➡ 1910년대 무단 통치기

🔍 자료 분석하기

1910년대 무단 통치기에 일제는 조선 태형령을 제정하여 곳곳에 배치된 헌병 경찰들이 조선인들에게 태형을 통한 형벌을 가하도록 하였다(1912).

🔍 선택지 분석하기

① **경성 제국 대학**에 다니는 학생
⋯ 1920년대에 이상재를 중심으로 한국인을 위한 고등 교육 기관을 설립하자는 민립 대학 설립 운동이 전개되었다. 그러나 일제는 이를 방해하기 위해 경성 제국 대학을 설립하였다(1924).

✓ 제복을 입고 칼을 찬 **헌병 경찰**
⋯ 1910년대 무단 통치기에 일제는 강압 통치를 목적으로 헌병 경찰 제도를 시행하였다(1910). 이에 조선 곳곳에 제복을 입고 칼을 찬 일본 헌병 경찰이 배치되었다.

③ **조선책략** 유포에 반발하는 유생
⋯ 김홍집이 일본에서 청 외교관 황준헌의 『조선책략』을 들여온 이후 미국과 외교 관계를 맺어야 한다는 여론이 형성되었다. 이에 이만손을 중심으로 한 영남 유생들이 만인소를 올려 반발하였다(1881).

④ **국민 징용령**에 의해 끌려가는 청년
⋯ 중일 전쟁과 태평양 전쟁을 일으킨 일제는 전쟁 수행을 위해 한반도를 병참 기지화하는 정책을 시행하였다. 이에 따라 한국인의 노동력 착취를 위해 국민 징용령을 실시하였다(1939).

한발 더 다가가기

일제 강점기 식민 통치

구분 시기	통치 내용	경제 침탈
무단 통치 (1910~1919)	• 조선 총독부 설치 • 헌병 경찰제 실시 • 조선 태형령 실시	• 토지 조사 사업 • 회사령 실시
문화 통치 (1919~1931)	• 3·1 운동 이후 통치 체제 변화 → 보통 경찰제 실시 • 경성 제국 대학 설립	• 산미 증식 계획 시행 → 일본 본토로 식량 반출 • 회사령 폐지 → 일본 자본의 유입
민족 말살 통치 (1931~1945)	• 황국 신민화 정책 • 신사 참배 강요 • 창씨개명 강요 • 황국 신민 서사 암송 • 조선어, 역사 과목 등 폐지	• 국가 총동원령 시행 • 병참 기지화 정책

42 대한민국 임시 정부

정답 ①

미니북 12, 39쪽

빠른 정답 찾기
3·1 운동을 계기로 상하이에 수립 + 김구, 이시영 ➡ 대한민국 임시 정부

자료 분석하기

최선화는 이화여자전문학교를 졸업한 당대 최고의 지식인이었으나 상하이로 건너가 흥사단에 가입하는 등 독립운동을 전개하였다. 이 무렵 3·1 운동을 계기로 상하이에 수립된 대한민국 임시 정부에서 활동하던 독립운동가 양우조와 혼인하고, 중일 전쟁 발발 이후에는 임시 정부 가족에 합류하며 임시 정부와 활동을 같이 하였다. 일본군이 중국 본토를 침략하자 최선화 가족은 임시 정부와 함께 충칭으로 근거지를 옮기고 독립운동을 전개하였다. 최선화의 맏딸인 제시가 태어난 1938년 이후부터 1946년까지 8년간의 육아를 기록한 '제시의 일기'는 3·1 운동 및 대한민국 임시 정부 100주년을 기념하며 2019년에 책으로 발간되기도 하였다.

선택지 분석하기

✓ 독립 공채를 발행하였다.
… 대한민국 임시 정부는 국외 거주 동포들에게 독립 공채를 발행하여 독립운동 자금을 마련하였다.

② 만민 공동회를 개최하였다.
… 독립 협회는 만민 공동회를 개최하여 민중에게 근대적 지식과 국권·민권 사상을 강조하였다. 그 과정에서 가장 천대받던 계층인 백정 출신의 박성춘이 연설을 하는 등 관민이 함께 국정에 대하여 논의하기도 하였다.

③ 신흥 강습소를 설립하였다.
… 신민회는 항일 무장 투쟁의 필요성을 인식하여 서간도 삼원보 지역에 독립군 양성 학교인 신흥 강습소를 설립하였다. 이는 1919년에 본부를 옮기면서 신흥 무관 학교로 명칭이 바뀌었다.

④ 잡지 어린이를 발간하였다.
… 방정환 등이 주축이 된 천도교 소년회는 1922년에 5월 1일을 어린이날로 제정하고, 1923년에 『어린이』라는 잡지를 발행하였다.

※ 미니북 40쪽

43 조선 의용대   정답 ③

빠른 정답 찾기: 김원봉 + 중국 관내 최초의 한인 무장 부대 + 박차정 ➡ 조선 의용대

자료 분석하기

의열단 단장 김원봉은 중국 국민당의 지원을 받아 중국 관내 최초의 한인 무장 부대인 조선 의용대를 결성하였다. 그의 부인 박차정은 근우회의 중앙 집행 위원으로 활동하였으며 조선 의용대 부녀 복무 단장 등을 역임하면서 독립운동을 전개하였다.

선택지 분석하기

① 대한 독립군
… 대한 독립군은 의병장 출신 홍범도를 총사령관으로 하고 대한 국민회군, 군무도독부 등의 독립군과 연합 작전을 전개하였다. 이에 봉오동 전투에서 일본군을 상대로 큰 승리를 거두었다.

② 북로 군정서
… 북로 군정서는 북간도에서 서일 등의 대종교도를 중심으로 결성된 중광단이 3·1 운동 직후 무장 독립운동을 수행하기 위해 정의단으로 확대 개편되면서 조직한 단체이다. 이후 김좌진이 이끄는 북로 군정서는 일본군과의 청산리 전투에서 큰 승리를 거두었다.

✓ 조선 의용대
… 조선 의용대는 김원봉이 중국 국민당의 지원을 받아 창설한 중국 관내 최초의 한인 무장 부대이다.

④ 조선 혁명군
… 조선 혁명군은 양세봉이 주도하여 남만주 지역에서 조직되었다. 이들은 조선 혁명당 산하의 군사 조직으로 중국 의용군과 연합하여 흥경성·영릉가 전투에서 일본군에 승리하였다.

※ 미니북 04, 23, 42쪽

44 지역사 – 제주도   정답 ②

빠른 정답 찾기: 탐라국 + 추사 유배지 + 하멜 + 김만덕 + 4·3 사건 ➡ 제주도

자료 분석하기

제주도는 선사 시대부터 현대까지 유구한 역사를 지닌 지역이다. 현재 제주시 한경면 고산리에는 우리나라에서 가장 오래된 신석기 시대 유적인 제주 한경 고산리 유적이 위치해 있다. 이후 고씨, 양씨, 부씨 등 3성의 시조가 삼성혈(모흥혈)에 나타나 그 자손들이 나라를 이루고 살았으며, 이와 같은 이야기가 탐라국의 건국 신화로 알려진다. 탐라국은 고려 시대 때 숙종에 의해 고려의 군·현으로 편제되었고, 원 간섭기인 충렬왕 때는 원에 의해 탐라총관부가 설치되었다. 조선 시대 때는 추사 김정희가 유배 생활을 보냈으며, 효종 때 하멜이 표류하기도 하였다. 정조 때 거상 김만덕은 제주도에 흉년이 들자, 육지의 곡식을 구매해 백성들을 구휼하였다. 근대에는 제주도민과 천주교도들이 충돌하면서 이재수의 난이 일어났으며, 일제 강점기에는 해녀 조합의 횡포에 반발하며 제주 해녀들이 항쟁을 벌였다. 또한, 일제는 중일 전쟁에 대비하기 위해 서귀포에 알뜨르 비행장을 세웠으며, 태평양 전쟁 말기에는 송악산 동굴진지에 일본 해군의 특공 기지를 배치하였다. 현대에는 남한만의 단독 정부 수립에 반발하며 제주 4·3 사건이 일어났는데, 이는 3·1절 기념 행사를 하던 관덕정에서의 발포 사건에서부터 발생하였다.

선택지 분석하기

① 운요호 사건의 과정을 검색한다.
→ 일본은 조선의 해안을 조사한다는 구실로 운요호를 강화도에 보내 초지진을 공격하였다(운요호 사건). 이에 대응하여 조선 군대가 방어적인 공격을 하자 일본이 이를 빌미로 강화도 조약 체결을 강요하였다.

✔ 삼별초의 최후 항쟁지를 조사한다.
→ 고려 무신 정권이 해체되고 강화도에 있던 고려 조정이 개경으로 돌아가면서 몽골과의 강화가 성립되었다. 이에 반발한 삼별초는 배중손, 김통정의 지휘하에 진도와 제주도로 이동하며 대몽 항쟁을 전개하였다

③ 고려 왕릉이 조성된 지역을 찾아본다.
→ 고려 왕릉의 대부분은 북한의 개성 인근에 조성되었고, 무신 정권 시기 강화도로 천도했을 때 사망한 왕의 릉은 강화도에 위치해 있다.

④ 대한 제국 칙령 제41호의 내용을 파악한다.
→ 대한 제국은 울릉도, 독도의 행정 관리를 강화하기 위해 대한 제국 칙령 제41호를 공포하였다. 이를 통해 울릉도를 군으로 승격시키고 독도를 관할하게 하여 우리의 영토임을 명시하였다.

 미니북 28, 41쪽

45 시대별 사회적 차별 철폐 운동   정답 ②

빠른 정답 찾기
사회적 차별에 맞선 사람들 + 장군과 재상에 어찌 씨가 있겠는가? + 만적 + 적자가 아니라는 이유로 관직을 제한하는 법 + 조선 형평사 ➡ 시대별 사회적 차별 철폐 운동

자료 분석하기

(가) 노비: 고려 최씨 무신 정권 시기에 최충헌의 노비인 만적은 장군과 재상은 신분으로 결정되지 않는다고 노비들을 선동하여 신분 차별에 반발하는 반란을 도모하였다. 하지만 이는 사전에 발각되어 실패하였다(만적의 난).
(나) 서얼: 조선 시대에는 적장자가 아닌 첩의 자식을 서얼이라 부르고 사회적으로 차별하였다. 이에 서얼들은 신분 상승 운동인 통청 운동을 전개하면서 청요직으로 진출하는 것을 허용해 달라는 상소를 올렸다.
(다) 백정: 조선 시대 백정은 도살업 등 특정업에 종사하는 계층이었다. 갑오개혁 이후 공사 노비법이 혁파되어 법적으로는 신분제가 폐지되었으나 일제 강점기 때 백정에 대한 사회적 차별은 더욱 심해졌다. 이에 백정들은 조선 형평사를 결성하고 형평 운동을 전개하며 평등을 외쳤다.

선택지 분석하기

① (가) - 고려 시대에 공음전을 지급받았다.
→ 고려 시대 문벌 귀족은 자손에게 수조권을 상속할 수 있는 토지인 공음전을 지급받아 세력을 강화하였다.

✔ (나) - 규장각 검서관에 기용되었다.
→ 조선 정조는 탕평 정치와 고른 인재 등용을 위해 관직 진출이 막혀 있던 서얼 출신을 규장각 검서관으로 등용하였다.

③ (다) - 골품에 따라 관직 승진의 제한을 받았다.
→ 신라 시대에는 골품제라는 신분 제도를 두어 골품에 따라 관직 승진을 제한하였다.

④ (가), (나), (다) - 매매, 상속, 증여의 대상이 되었다.
→ 노비는 재산으로 취급되어 매매·상속·증여의 대상이 되었다.

 미니북 42쪽

46 제헌 국회   정답 ③

빠른 정답 찾기
유엔 결의에 따라 치러진 총선거로 출범 + 의장 이승만 박사 ➡ 제헌 국회

자료 분석하기

유엔 소총회의 결정에 따라 유엔 한국 임시 위원단의 접근이 가능한 지역인 남한에서만 선거가 진행되었다. 이에 따라 5·10 총선거가 실시되어 제헌 국회의원이 선출되고 제헌 국회가 구성되었다.

선택지 분석하기

① 제헌 헌법을 제정하였다.
④ 이승만을 초대 대통령으로 선출하였다.
→ 5·10 총선거를 통해 구성된 제헌 국회는 제헌 헌법을 제정하였으며, 이를 바탕으로 국회에서 이승만을 초대 대통령으로 선출하였다.

② 반민족 행위 처벌법을 가결하였다.
→ 제헌 국회는 일제의 잔재를 청산하고 민족정기를 바로잡기 위해 반민족 행위 처벌법을 제정하였다.

✔ 한미 상호 방위 조약을 비준하였다.
→ 이승만 정부는 6·25 전쟁 휴전 이후 한미 상호 방위 조약을 체결하여 미국과 군사적 동맹을 맺었다.

47 5·18 민주화 운동

정답 ④

빠른 정답 찾기: 시민군 + 전남도청 + '임을 위한 행진곡' + 우리나라의 민주주의가 발전 ➡ 5·18 민주화 운동

🔍 자료 분석하기

5·18 광주 민주화 운동은 신군부의 비상계엄 확대를 반대하며 일어났다. 신군부가 공수 부대를 동원하여 시위대를 무력으로 진압하자 학생과 시민들이 시민군을 결성하여 대항하면서 격화되었다. 시민군은 마지막까지 전남도청을 사수하다가 신군부 계엄군의 무차별 사격으로 진압되었다. 5·18 민주화 운동은 우리나라 민주화 운동의 밑거름이 되었으며, 2011년에는 관련 기록물이 유네스코 기록 유산으로 등재되었다. 또한, 광주에서 야학교사로 활동했던 박기순과 5·18 민주화 운동 당시 사망하였던 윤상원이 영혼결혼식을 맺은 것을 계기로 하여 '님을 위한 행진곡'이 제작되었다. 이 곡은 5·18 민주화 운동의 공식 기념곡으로 지정되었으며, 매일 5시 18분 옛 전남도청 앞에서 울려 퍼진다.

🔍 선택지 분석하기

① 4·19 혁명
⋯ 이승만의 장기 집권과 자유당 정권의 3·15 부정 선거에 저항하여 4·19 혁명이 발발하였다.

② 부마 민주 항쟁
⋯ YH 무역 노동자들의 농성이 신민당사 앞에서 일어난 것을 계기로 박정희 정부는 신민당 총재였던 김영삼을 국회 의원에서 제명하였다. 이에 김영삼의 정치적 근거지인 부산, 마산에서 박정희 정권의 유신 체제에 반대하는 시위가 일어나면서 부마 민주 항쟁이 전개되었다.

③ 6월 민주 항쟁
⋯ 전두환 정부의 박종철 고문치사 사건과 4·13 호헌 조치가 원인이 되어 6월 민주 항쟁이 전국적으로 확산되었다.

✔ ④ 5·18 민주화 운동
⋯ 신군부의 비상계엄 확대와 무력 진압에 반발하여 광주에서 5·18 민주화 운동이 일어났다.

48 박정희 정부의 통일 노력

정답 ③

빠른 정답 찾기: 자유의 집과 판문각을 연결하는 남북 직통 전화 개설 ➡ 박정희 정부의 통일 노력

🔍 자료 분석하기

1971년 남북 적십자 제1차 예비회담에서 처음으로 남북 직통 전화를 설치하는 것에 합의하였다. 이에 따라 남측 자유의 집과 북측 판문각에 각각 상설 연락 사무소를 설치하였고, 이후 두 연락 사무소를 잇는 남북 직통 전화가 개설되었다.

🔍 선택지 분석하기

① 금강산 관광 사업을 시작하였다.
⋯ 김대중 정부 시기 당시 현대 그룹 정주영 명예 회장이 소떼를 몰고 북한을 방문하여 금강산 관광 사업에 합의하였다. 이에 금강산 해로 관광이 시작되면서 금강산 관광 사업이 전개되었다.

② 남북한이 유엔에 동시 가입하였다.
⋯ 노태우 정부에서 적극적인 북방 외교 정책을 추진하여 남북한의 유엔 동시 가입이 이루어졌다.

✔ ③ 7·4 남북 공동 성명을 발표하였다.
⋯ 박정희 정부 시기 서울과 평양에서 7·4 남북 공동 성명이 발표되었다. 이에 남북 조절 위원회가 구성되어 서울·평양 간 직통 전화가 개설되기도 하였다.

④ 최초로 남북 정상 회담을 개최하였다.
⋯ 김대중 정부는 적극적으로 북한과의 교류를 확대하였고, 평양에서 최초로 남북 정상 회담을 개최하여 6·15 남북 공동 선언을 발표하였다.

49 김영삼 정부의 경제 정책

정답 ④

빠른 정답 찾기: 금융 실명제 + 대통령 긴급 명령 ➡ 김영삼 정부의 경제 정책

🔍 자료 분석하기

대한민국 경제는 단기간에 성장한 탓에 많은 문제점을 안고 있었다. 특히, 가명·무기명으로 금융 거래를 하는 등 지하 경제가 널리 퍼져 있었다. 이에 김영삼 정부는 대통령 긴급 명령을 통해 금융 실명제를 실시하여 모든 금융 거래를 실제의 명의로 하도록 조치하였다.

🔍 선택지 분석하기

① 경부 고속 도로를 준공하였다.
⋯ 박정희 정부 시기인 1968년 2월 1일에 착공된 경부 고속 도로는 단군 이래 최대의 토목 공사로 불리면서 1970년 7월 7일에 개통되었다.

② 3저 호황으로 수출이 증가하였다.
⋯ 전두환 정부 때 저금리, 저유가, 저달러의 3저 호황으로 물가가 안정되고 수출이 증가하면서 높은 경제 성장률을 기록하였다.

③ 제1차 경제 개발 5개년 계획을 추진하였다.
⋯ 박정희 정부는 제1차 경제 개발 5개년 계획을 진행하여 경공업을 중심으로 한 경제 발전을 추진하였다.

 경제 협력 개발 기구(OECD)에 가입하였다.
⋯ 김영삼 정부는 한국 경제의 세계화를 위해 경제 협력 개발 기구(OECD)에 가입하였다.

✱ 미니북 09. 12쪽

50 한글 관련 기관   정답 ③

빠른 정답 찾기 신숙주 + 세종이 설치한 학문 연구 기관 + 주시경 + 국문 연구를 위해 학부에 설치 + 정세권 + 『조선말 큰사전』 편찬 + 한글 학자들과 함께 끌려가 고문을 당함 ➡ **한글 관련 기관**

🔍 자료 분석하기

(가) **집현전**: 조선 세종이 유교 정치를 활성화하기 위해 설치한 학문 연구 및 왕실 연구 기관이다. 집현전 학사였던 신숙주, 성삼문, 박팽년 등은 세종을 도와 훈민정음 창제에 큰 공을 세웠다.

(나) **국문 연구소**: 학부 안에 설치되었으며, 지석영과 주시경을 중심으로 한글을 정리하고 국어의 이해 체계를 확립하였다. 국문 연구소의 위원이었던 주시경은 무료 강습소를 열어 우리글을 배우고자 하는 사람들에게 가르침을 주는 등 한글 교육에 힘썼다.

(다) **조선어 학회**: 조선어 연구회가 확대·개편되면서 설립된 조선어 학회는 한글 맞춤법 통일안과 표준어를 제정하였으며, 『조선말 큰사전』의 편찬을 추진하였다. 이후 일제가 조선어 학회를 독립운동 단체로 간주하고 관련 인사들을 체포하는 조선어 학회 사건이 발생하여 학회는 강제 해산되었다.

🔍 선택지 분석하기

① (가) - 삼강행실도 언해본을 편찬하였다.
⋯ 조선 세종은 유교적 사회 질서를 확립하기 위해 『삼강행실도』를 편찬하였다. 이후 허침과 정석견이 성종의 명으로 한글 번역 작업을 실시하여 『삼강행실도』 언해본을 편찬하였다.

② (나) - 한글 신문인 독립신문을 간행하였다.
⋯ 갑신정변 이후 미국에서 돌아온 서재필은 정부의 지원을 받아 우리나라 최초의 민간 신문인 독립신문을 창간하였다. 독립신문은 최초의 한글 신문이며 한글판과 영문판 두 종류로 간행되었다.

✓ (다) - 한글 맞춤법 통일안을 제정하였다.
⋯ 조선어 학회는 한글의 우수성을 알리고 올바른 한글 사용을 확립하기 위해 한글 맞춤법 통일안과 표준어를 제정하였다.

④ (가), (나), (다) - 창덕궁 후원에 설치되었다.
⋯ 규장각은 조선 정조 때 창덕궁 후원에 설치된 왕실의 도서관이자 학문 연구 기관이다.

제64회 한국사능력검정시험

01	02	03	04	05	06	07	08	09	10
④	①	③	②	①	①	④	④	①	④
11	12	13	14	15	16	17	18	19	20
②	④	③	①	③	①	③	③	②	②
21	22	23	24	25	26	27	28	29	30
②	②	④	②	③	②	②	③	②	③
31	32	33	34	35	36	37	38	39	40
③	②	②	③	②	④	①	①	①	①
41	42	43	44	45	46	47	48	49	50
③	③	④	②	③	④	①	④	①	④

01 청동기 시대

정답 ④

빠른 정답 찾기: 금속 도구 + 비파형 동검 + 거푸집 ➡ 청동기 시대

자료 분석하기

청동기 시대에는 청동을 이용한 금속 도구를 만들기 시작하였다. 이에 따라 거푸집을 이용하여 비파형 동검을 만들고, 거친무늬 거울과 의례용 청동 방울 등을 제작하였다. 또한, 일부 지역에서 벼농사를 시작하면서 반달 돌칼을 이용하여 곡식을 수확하였다.

선택지 분석하기

① 우경이 널리 보급되었다.
→ 신라 지증왕 때 소를 이용한 우경이 시행되어 깊이갈이가 가능해졌고, 고려 시대에 일반화되었다.

② 철제 농기구를 사용하였다.
→ 철기 시대에는 쟁기, 호미, 쇠스랑 등의 철제 농기구를 사용하여 농사를 지었다.

③ 주로 동굴이나 막집에서 살았다.
→ 구석기 시대 사람들은 주로 동굴이나 막집에 살았으며 계절에 따라 이동 생활을 하였다.

✓ 지배층의 무덤으로 고인돌을 만들었다.
→ 청동기 시대에는 권력을 가진 군장이 등장하였고, 지배층이 죽으면 무덤으로 고인돌을 만들었다.

02 동예

정답 ①

빠른 정답 찾기: 읍군, 삼로 + 책화 + 족외혼 + 무천 + 단궁, 반어피, 과하마 ➡ 동예

자료 분석하기

동예는 철기 문화를 바탕으로 함경남도와 강원도의 해안 지역에 등장한 나라이며 읍군이나 삼로라는 군장들이 각 부족을 다스렸다. 다른 부족의 경계를 침범하면 노비와 소, 말로 변상하게 하는 책화 제도를 두었으며, 10월에는 무천이라는 제천 행사를 지내기도 하였다. 또한, 특산물로는 단궁, 과하마, 반어피 등이 유명하였다.

선택지 분석하기

✓ 동예
→ 동예는 각 부족의 영역을 중요시하여 서로의 영역을 침범한 경우 노비와 소, 말로 갚게 하는 제도인 책화를 두었다.

② 부여
→ 부여는 왕 아래 마가, 우가, 저가, 구가의 가(加)들이 각자의 행정 구역인 사출도를 다스리고, 왕이 통치하는 중앙과 합쳐 5부를 구성하는 연맹 왕국이었다. 또한, 12월에는 수확제이자 추수 감사절의 성격을 지닌 영고라는 제천 행사를 열었다.

③ 삼한
→ 삼한은 신지, 읍차라고 불린 군장이 각 소국을 지배하고 제사장인 천군이 소도라는 신성 지역을 다스리는 제정 분리 사회였다. 또한, 벼농사가 발달하여 씨를 뿌리고 난 뒤인 5월에 수릿날을 정해 풍년을 기원하고, 추수를 하는 10월에 계절제를 열어 하늘에 제사를 지냈다.

④ 옥저
→ 옥저에는 여자가 어렸을 때 혼인할 남자의 집에서 생활하다가 성인이 된 후에 혼인을 하는 민며느리제가 있었다.

03 백제 근초고왕

정답 ③

빠른 정답 찾기: 4세기 중반 + 활발한 대외 활동 + 백제를 발전 + 근초고왕 + 마한의 여러 세력 복속 + 남조의 동진 및 왜와 교류 ➡ 백제의 전성기

자료 분석하기

4세기 중반 근초고왕은 마한의 여러 세력을 복속시키고 고구려의 평양성을 공격하는 등 정복 활동을 통해 백제의 전성기를 이끌었다. 또한, 남조의 동진 및 왜와 교류하며 활발한 대외 활동을 펼치기도 하였으며 근초고왕이 왜의 왕에게 하사한 칠지도를 통해 백제가 다양한 선진 문물을 전파하였다는 것이 확인되었다.

선택지 분석하기

① 사비로 천도하다
··· 백제 성왕은 웅진(공주)에서 사비(부여)로 수도를 옮기고 국호를 남부여로 고쳐 백제를 다시 일으키려 하였다.

② 22담로를 설치하다
··· 백제 무령왕은 지방에 22담로를 설치하고 왕족을 파견하여 지방에 대한 통제를 강화하였다.

✓ 고국원왕을 전사시키다
··· 백제 근초고왕은 고구려 평양성을 공격하여 고국원왕을 전사시키고 백제의 전성기를 이끌었다.

④ 독서삼품과를 시행하다
··· 통일 신라 원성왕은 국학의 학생들을 대상으로 독서삼품과를 시행하여 유교 경전의 이해 수준에 따라 관리로 채용하였다.

한발 더 다가가기

백제 주요 국왕의 업적

고이왕	• 율령 반포(관등, 관복제 정비) • 한강 유역 장악(목지국 공격)
근초고왕	• 마한 정복, 고구려 평양성 공격(고국원왕 전사) • 해외 진출(요서, 산둥, 규슈) • 왕위의 부자 상속제 확립
침류왕	불교 수용 및 공인
무령왕	• 22담로 설치(왕족 파견) → 지방 통제 강화 • 무령왕릉
성왕	• 사비 천도, 중앙 22부 정비 • 국호 변경(남부여) • 불교 진흥(노리사치계 일본 파견) • 나제 동맹 결렬(관산성 전투로 사망)
무왕	• 『삼국유사』에 기록된 서동 설화의 주인공 • 익산에 미륵사 창건
의자왕	• 신라 40여 개의 성 차지(대야성 함락) • 백제 멸망(660) ↔ 신라 김춘추(무열왕)

04 연개소문의 정변

빠른 정답 찾기: 살수 대첩 ➡ (가) ➡ 안시성 전투

자료 분석하기

- **살수 대첩**(612): 수 양제는 113만 대군을 이끌고 직접 고구려의 요동성을 공격하였으나 실패하자 우중문을 시켜 30만의 별동대로 평양성을 공격하도록 하였다. 이에 을지문덕이 이들을 살수로 유인하여 크게 승리하였다.
- **안시성 전투**(645): 당이 연개소문의 정변을 구실로 고구려를 침략하면서 안시성을 공격하였다. 이에 안시성 성주 양만춘을 중심으로 병사와 백성들이 함께 힘을 모아 저항하며 당군을 몰아냈다.

선택지 분석하기

① 김흠돌이 반란을 도모하였다.
··· 통일 신라 신문왕의 장인이었던 김흠돌이 반란을 도모하다가 발각되어 처형당하였다(681).

✓ 연개소문이 정변을 일으켰다.
··· 연개소문은 정변을 통해 영류왕을 몰아내고 보장왕을 왕위에 세운 뒤 스스로 대막리지가 되어 정권을 장악하였다(642).

③ 장문휴가 당의 산둥 반도를 공격하였다.
··· 발해 무왕은 장문휴를 보내 당의 산둥 반도를 공격하도록 하였다(732).

④ 검모잠이 고구려 부흥 운동을 전개하였다.
··· 고구려 멸망 이후 검모잠, 고연무 등이 보장왕의 서자 안승을 왕으로 추대하고 각각 한성(황해도 재령)과 오골성을 중심으로 고구려 부흥 운동을 전개하였다(670).

한발 더 다가가기

고구려와 수·당 전쟁

고구려 - 수 전쟁(612)	• 고구려: 요서 지방 선제 공격 • 수 양제의 113만 대군 침공 • 살수 대첩: 승리
고구려 - 당 전쟁(645)	• 초기: 친선 관계 유지 • 고구려의 천리장성 축조 • 당 태종의 침략으로 요동성 함락 → 안시성 전투 → 고구려 양만춘의 승리

05 골품 제도
정답 ①

빠른 정답 찾기: 혈통 + 관직 진출뿐만 아니라 일상생활까지 차별 + 신라의 신분 제도 ➡ **골품 제도**

자료 분석하기
신라는 골품 제도라는 특수한 신분 제도를 운영하여 골품에 따라 관직 승진에 제한을 두었다. 또한, 가옥의 규모와 장식물, 복색, 수레의 크기 등을 규제하며 일상생활까지 차별하였다.

선택지 분석하기
✓ **골품 제도**
⋯ 신라는 중앙 집권 국가로 성장하면서 골품 제도라는 신분 제도를 통해 각 지역 부족장들의 신분을 규정하였다.

② 기인 제도
⋯ 고려 태조는 지방 호족의 자제를 일정 기간 동안 수도인 개경에 있도록 하는 기인 제도를 실시하여 호족 세력을 견제하고자 하였다.

③ 음서 제도
⋯ 고려는 음서 제도를 통해 공신이나 문무 5품 이상 고위 관리의 자손들을 시험 없이 관리에 등용하였다.

④ 상수리 제도
⋯ 통일 신라 때 지방 세력을 견제하기 위해 이들을 일정 기간 동안 수도 금성(경주)에 머무르게 하는 상수리 제도를 실시하였다.

※ 미니북 48쪽

06 분황사 모전 석탑
정답 ①

빠른 정답 찾기: 국보 + 경상북도 경주시 + 신라 선덕 여왕 + 벽돌 모양으로 돌을 다듬어 쌓은 탑 + 기단 위 모퉁이에 화강암으로 조각한 사자상 ➡ **분황사 모전 석탑**

자료 분석하기
경주 분황사 모전 석탑은 선덕 여왕 때 지어진 탑으로, 현존하는 신라 석탑 중 가장 오래된 석탑이다. 석재를 벽돌 모양으로 만들어 쌓아 올린 것이 특징이며, 기단 위 모퉁이에 화강암으로 만든 사자상이 놓여 있다.

선택지 분석하기
✓ **분황사 모전 석탑**
⋯ 현존하는 신라 석탑 중 가장 오래된 석탑으로 벽돌 모양으로 돌을 쌓아 만들었다.

② 정림사지 오층 석탑
⋯ 목탑의 구조와 비슷한 돌탑으로 백제의 대표적인 석탑이다.

③ 월정사 팔각 구층 석탑
⋯ 고려 전기의 대표적인 석탑이다.

④ 화엄사 사사자 삼층 석탑
⋯ 통일 신라 전성기인 8세기경에 제작된 것으로 추정된다.

※ 미니북 07, 22쪽

07 원종과 애노의 난
정답 ④

빠른 정답 찾기: 진성왕 + 모든 주와 군에서 공물과 부세를 보내지 않음 + 왕이 관리를 보내 독촉 + 곳곳에서 도적이 벌떼처럼 일어남 + 원종과 애노 + 사벌주를 거점으로 반란 ➡ **원종과 애노의 난**

자료 분석하기
통일 신라 말에는 어린 나이로 즉위한 혜공왕이 귀족들의 왕위 다툼에 의해 피살당하고 몰락한 농민들이 봉기를 일으키는 등 큰 혼란에 빠지게 되었다. 진성 여왕 때는 무분별한 조세 징수에 대한 반발로 사벌주(상주)에서 원종과 애노가 농민 봉기를 일으켰다(889).

※ 미니북 22쪽

08 견훤
정답 ④

빠른 정답 찾기: 상주 + 후백제를 세운 인물 + 아들 신검에 의해 금산사에 유폐 ➡ **견훤**

자료 분석하기
견훤은 통일 신라의 장군 출신으로 독자적인 세력을 형성하여 완산주(전주)를 도읍으로 하는 후백제를 건국하였다. 이후 고구려와의 공산 전투에서 승리하는 등 나라의 힘을 키워가던 중 후계자 문제로 장남 신검에 의해 금산사에 유폐되었다. 이후 탈출에 성공하면서 고려에 투항하였고 일리천 전투에서 왕건과 함께 아들 신검을 공격하여 후백제를 멸망시켰다.

선택지 분석하기
① 청해진을 설치하였다.
⋯ 통일 신라 흥덕왕 때 장보고는 완도에 청해진을 설치하여 해상 무역을 전개하였다.

② 국호를 마진으로 하였다.
⋯ 궁예는 송악을 도읍으로 하여 후고구려를 건국한 후 영토를 확장한 뒤에 철원으로 도읍을 옮겼다. 초기에는 국호를 마진으로 하였다가 태봉으로 다시 변경하였다.

③ 경주의 사심관으로 임명되었다.
⋯ 신라 경순왕 김부가 스스로 고려에 투항하면서 신라가 멸망하였다. 이에 태조는 경순왕을 경주의 사심관으로 임명하였다.

 공산 전투에서 고려에 승리하였다.
⋯ 통일 신라 말 장군 출신인 견훤은 세력 기반을 확대하여 완산주(전주)에 도읍을 정하고 후백제를 건국하였다. 이후 신라의 수도인 금성을 급습하고 공산 전투에서 고려에 승리하였다.

🌸 미니북 07, 48쪽

09 발해의 문화유산 정답 ①

빠른 정답 찾기 대조영 + 계루부의 옛 땅을 차지 + 동모산 + 대인수 + 연호를 건흥으로 바꿈 + 학생들을 유학 보냄 + 해동성국 ➡ 발해

자료 뜯어보기

○ 대조영은 마침내 그 무리를 거느리고 동쪽으로 가서 계루부의 옛 땅을 차지하고, 동모산*에 웅거하여 성을 쌓고 살았다.
○ 대인수가 왕위에 올라 연호를 건흥으로 바꾸었다. …… 여러 차례 학생들을 유학 보내어 고금의 제도를 익히게 하니, 비로소 해동성국*에 이르렀다.

* **동모산**: 중국 길림성 돈화시에 있던 발해의 수도이다. 대조영이 발해를 건국하고 문왕이 상경용천부로 수도를 옮길 때까지 수도였다.
* **해동성국**: 9세기 선왕 때 발해는 전성기를 맞이하였다. 당에 유학생을 보내 발달된 제도와 문화를 받아들이고, 요동 지방에까지 진출하면서 고구려의 옛 땅 대부분을 되찾았다. 이에 중국은 발해를 '동쪽의 융성한 나라'라는 뜻으로 '해동성국'이라고 불렀다.

자료 분석하기

발해는 고구려 장군 출신인 대조영이 고구려 멸망 이후 유민들을 이끌고 지린성 동모산에서 세운 국가이다. 이후 대인수 선왕은 말갈족을 복속시키고 요동 지역에 진출하였다. 또한, 당에 유학생을 보내 발달된 제도와 문화를 들여오도록 하였다. 이에 전성기를 맞이한 발해는 주변 국가들로부터 해동성국이라 불렸다.

선택지 분석하기

 영광탑
⋯ 발해의 오층 벽돌 탑으로, 당의 영향을 받았다.

② 금관총 금관
⋯ 경주 금관총에서 발견된 신라 금관 양식을 대표하는 유물이다.

③ 금동 대향로
⋯ 불교적인 관념과 도교의 이상향을 표현한 유물로 백제의 금속 공예 기술을 보여주는 걸작품이다.

④ 판갑옷과 투구
⋯ 가야의 발달된 철기 문화를 잘 보여주는 대표적인 유물이다.

🌸 미니북 08쪽

10 고려 광종의 업적 정답 ④

빠른 정답 찾기 준풍이라는 연호 + 노비안검법 + 관리의 복색을 제정 ➡ 고려 광종

자료 분석하기

고려 광종은 국왕의 권위를 높이기 위해 스스로를 황제라 칭하고 광덕, 준풍 등의 독자적인 연호를 사용하였다. 또한, 관리의 공복을 4가지 색으로 제정하였으며, 노비안검법을 실시하여 억울하게 노비가 된 사람들을 해방하고 호족의 세력을 약화시키고자 하였다.

선택지 분석하기

① 강화도로 천도했어요.
⋯ 고려 최씨 무신 정권 시기에 몽골이 침입하자 최우는 상대적으로 수군이 약한 몽골에 대항하기 위해 강화도로 수도를 옮기고 장기 항쟁을 준비하였다.

② 쌍성총관부를 수복했어요.
⋯ 고려 고종 때 원이 고려의 철령 이북 땅을 편입하여 쌍성총관부를 설치하였다. 이후 공민왕 때 반원 자주 정책의 하나로 이곳을 공격하여 원에 빼앗긴 철령 이북 땅을 되찾았다.

③ 지방에 12목을 설치했어요.
⋯ 고려 성종은 최승로의 시무 28조를 받아들여 전국에 12목을 설치하고 지방 세력을 견제하기 위해 지방관을 파견하였다.

 과거제를 처음으로 시행했어요.
⋯ 고려 광종은 후주 출신 쌍기의 건의를 수용하여 과거제를 처음으로 시행하고 신진 세력을 등용하였다.

🌸 미니북 23쪽

11 고려의 대여진 정책 정답 ②

빠른 정답 찾기 여진 회유책 ➡ (가) ➡ 금의 사대 요구 수용

🔍 자료 분석하기

- **고려의 여진 회유책**: 고려 태조 때부터 두만강과 압록강 유역에 거주하는 여진을 회유하여 무역을 허락하고, 조공하게 하였다. 이에 여진은 고려에 말·담비(모피)·활 등을 바치고 의류·식량·농기구 등의 생활필수품을 답례로 가져갔다.
- **금의 사대 요구 수용(1126)**: 여진은 세력을 확장하여 만주를 장악하고 금을 건국하였다. 이후 인종 때 거란을 멸망시킨 금이 고려에 군신 관계를 요구하자 당시 집권자인 이자겸은 금과의 무력 충돌을 피하고자 그 요구를 받아들였다.

🔍 선택지 분석하기

① 박위가 대마도를 정벌하였다.
⋯ 고려 창왕 때 박위가 왜구의 본거지인 쓰시마섬을 정벌하였다 (1389).

✅ 윤관이 별무반 설치를 건의하였다.
⋯ 고려 숙종 때 여진이 고려의 국경을 자주 침입하자 윤관이 왕에게 건의하여 신기군, 신보군, 항마군으로 구성된 별무반을 편성하였다(1104).

③ 김윤후가 처인성 전투에서 승리하였다.
⋯ 몽골의 2차 침입 당시 고려의 승장 김윤후가 이끄는 민병과 승군이 처인성에서 몽골군에 대항하여 적장 살리타를 죽이고 승리를 거두었다(1232).

④ 김춘추가 당과의 군사 동맹을 성사시켰다.
⋯ 신라 김춘추는 나당 동맹을 성사시키고(648), 나당 연합군을 결성하여 백제와 고구려를 공격하였다.

✳️ 미니북 28쪽

12 해동통보 　정답 ④

빠른 정답 찾기: 주전도감 + 고려 숙종 때 화폐를 주조하기 위해 설치된 기관 ➡ **해동통보**

🔍 자료 분석하기

고려 숙종 때 상업이 활발해지면서 승려 의천의 건의로 화폐 주조를 전담하는 주전도감을 설치하였다. 이곳에서 삼한통보, 해동통보, 해동중보 등의 동전과 활구(은병)를 만들어 화폐가 사용되도록 노력하였으나 널리 유통되지는 못하였다.

🔍 선택지 분석하기

① 명도전
⋯ 철기 시대 때 중국과의 활발한 교류로 인해 중국 화폐인 명도전과 반량전이 사용되었다.

② 당백전
⋯ 흥선 대원군은 임진왜란 때 불탄 경복궁을 다시 지어 왕실의 권위를 회복하고자 하였다. 이에 필요한 재정을 확보하기 위해 상평통보의 100배 가치를 지닌 당백전을 발행하였다.

③ 백동화
⋯ 조선은 개항 이후 전환국을 설치하고 상평통보 대신 새로운 화폐인 백동화를 주조하여 발행하였다.

✅ 해동통보
⋯ 고려 숙종 때 상업이 활발해지면서 삼한통보, 해동통보, 해동중보 등의 동전과 활구(은병)를 제작하였다.

✳️ 미니북 08, 23, 28, 52쪽

13 팔만대장경판 　정답 ③

빠른 정답 찾기: 합천 해인사 + 정대불사 + 부처의 힘으로 몽골의 침략을 물리치고자 만듦 + 강화도에서 해인사로 옮김 ➡ **팔만대장경판**

🔍 자료 분석하기

고려 현종 때 만들어진 초조대장경이 몽골군의 침입으로 불에 타버렸다. 이에 고려 조정은 부처의 힘으로 몽골을 물리치기 위해 팔만대장경판을 만들었다. 팔만대장경판이 보관되어 있는 합천 해인사 장경판전은 세계 유일의 대장경판 보관용 건물로, 그 가치를 인정받아 1995년 유네스코 세계 유산으로 지정되었다.

🔍 선택지 분석하기

① 초조대장경
⋯ 고려 현종 때 부처님의 힘을 빌려 거란의 침입을 물리치고자 초조대장경을 제작하였다.

② 직지심체요절
⋯ 고려 우왕 때 충북 청주 흥덕사에서 세계에서 가장 오래된 금속활자인 『직지심체요절』을 간행하였다.

✅ 팔만대장경판
⋯ 고려 고종 때 몽골이 침입하자 부처의 힘으로 몽골을 물리치고자 강화도에 대장도감을 설치하고 팔만대장경판을 간행하였다.

④ 무구정광대다라니경
⋯ 경주 불국사 삼층 석탑을 해체·보수하는 과정에서 탑 내부에 봉인되어 있던 『무구정광대다라니경』이 발견되었다. 이는 세계에서 가장 오래된 목판 인쇄물로, 발달된 통일 신라의 인쇄술을 보여 준다.

14 무신 정변　정답 ①

빠른 정답 찾기: 묘청의 난 ➡ (가) ➡ 만적의 난

자료 분석하기
- 묘청의 난(1135): 고려 인종 때 묘청을 중심으로 한 서경 세력은 풍수지리설을 바탕으로 서경으로 도읍을 옮기고, 금을 정벌할 것을 주장하였다. 묘청은 자신의 주장이 받아들여지지 않자 국호를 대위, 연호를 천개로 하여 서경에서 반란을 일으켰으나 김부식의 관군에 의해 진압되었다.
- 만적의 난(1198): 고려 최씨 무신 정권 때 최충헌의 노비인 만적이 신분 차별에 항거하는 반란을 도모하였으나 사전에 발각되어 실패하였다.

선택지 분석하기
✓ 정중부 – 문신의 관을 쓰고 있는 자는 모두 죽여라.
··· 고려 중기 무신에 대한 차별 대우에 분노한 무신들이 정중부와 이의방을 중심으로 무신 정변을 일으켜 의종을 폐위하고 명종을 즉위시키며 정권을 장악하였다(1170).

② 최무선 – 새로 제작한 화포로 진포에 침입한 왜구를 물리치자.
··· 고려 우왕 때 최무선은 화통도감 설치를 건의하여 화약과 화포를 제작하였고, 이를 활용하여 진포에서 왜구를 물리쳤다(1380).

③ 강감찬 – 이곳 흥화진에서 거란군을 모두 물리쳐라.
··· 고려 현종 때 거란이 강동 6주의 반환 등을 요구하며 3차 침입을 행하였다. 이에 강감찬은 거란의 개경 진입을 막기 위해 흥화진에서 둑을 막아 물을 모았다가 거란군이 강을 건널 때 둑을 터뜨리는 공격 전략으로 거란군에게 큰 피해를 주었다(1018).

④ 배중손 – 우리 삼별초는 여기 진도 용장성에서 적에 맞서 끝까지 싸울 것이다.
··· 무신 정권이 해체되고 강화도에 있던 고려 조정이 개경으로 돌아가면서 몽골과의 강화가 성립되었다. 이에 반발한 삼별초는 배중손 등을 중심으로 진도 용장성과 제주도로 이동하며 대몽 항쟁을 전개하였다(1270~1273).

15 고려 태조　정답 ①

빠른 정답 찾기: 후삼국을 통일 + 발해 유민까지 포용 ➡ 고려 태조

자료 분석하기
태조는 후고구려의 궁예를 몰아내고 왕위에 올라 고려를 세웠다. 거란에 의해 발해가 멸망하자 발해 유민들을 포용하였으며, 신라의 마지막 왕 경순왕(김부)이 고려에 항복하여 신라를 차지하게 되었다. 이후 후백제와의 일리천 전투에서 승리하면서 후삼국을 통일하고 우리 민족의 완전한 통합을 이루었다.

선택지 분석하기
✓ 흑창을 만들었다.
··· 고려 태조 때 춘궁기에 곡식을 빌려주고 추수 후에 회수하는 제도인 흑창을 두었다.

② 천리장성을 축조하였다.
··· 고구려 영류왕 때 연개소문은 당의 침략에 대비하여 동북의 부여성에서 발해만의 비사성까지 천리장성을 축조하였다.

③ 전민변정도감을 설치하였다.
··· 고려 공민왕은 신돈의 건의로 전민변정도감을 설치하여 권문세족에 의해 빼앗긴 토지를 원래 주인에게 돌려주고 억울하게 노비가 된 자를 풀어주었다.

④ 전시과를 처음으로 시행하였다.
··· 고려 경종에 의해 처음 시행된 전시과는 고려의 관리를 대상으로 한 토지 제도이다. 초기에는 관등과 인품을 기준으로 토지를 지급하였다.

16 원 간섭기　정답 ③

빠른 정답 찾기: 발립 + 변발과 호복 + 「이조년 초상」 + 「천산대렵도」 ➡ 고려 원 간섭기

자료 분석하기
고려는 원 간섭기 당시 지배층을 중심으로 몽골의 풍습인 변발과 호복 및 발립(둥글고 납작한 갓) 등이 유행하였다. 「이조년 초상」과 공민왕이 그린 「천산대렵도」를 통해 이러한 복식을 살펴볼 수 있다.

선택지 분석하기
① 매를 조련시키는 응방 관리
② 원에 공녀로 끌려가는 여인
··· 고려 원 간섭기에 원은 공녀라 하여 고려의 처녀들을 뽑아갔으며, 매를 징발하기 위해 응방이라는 매 사육 기관을 설치하였다.

✓ 황룡사 구층 목탑을 세우는 목공
··· 신라 선덕 여왕 때 승려 자장이 건의하여 황룡사 구층 목탑을 건립하였다.

④ 권문세족에게 땅을 빼앗기는 농민
→ 고려 원 간섭기 때 권문세족은 대농장을 경영하기 위해 농민들의 토지를 빼앗고 노비로 만들었다. 이에 공민왕은 전민변정도감을 설치하여 빼앗긴 토지를 원래 주인에게 돌려주고 억울하게 노비가 된 자를 풀어주는 개혁을 진행하였다.

✿ 미니북 08, 23쪽

17 이성계

정답 ③

빠른 정답 찾기: 요동 정벌 + 최영 + 명의 철령위 설치 + 4불가론 ➡ **이성계**

자료 분석하기

고려 우왕 때 최영은 명이 원에서 관리한 철령 이북의 땅을 반환하라고 요구하자 요동 정벌을 추진하였다. 이에 이성계는 4불가론을 제시하며 반대하였으나 왕명에 따라 결국 출정하게 되자 압록강의 위화도에서 군대를 돌려 개경으로 회군하면서 최영을 제거하고 우왕을 폐위한 뒤 창왕을 즉위시켰다.

선택지 분석하기

① 강동 6주를 획득하였다.
→ 서희는 거란의 1차 침입 때 소손녕과 외교 담판을 벌여 거란과 교류할 것을 약속하였다. 그 대신 거란에게 고려가 고구려를 계승하였음을 인정받고 압록강 동쪽의 강동 6주를 획득하였다.

② 비격진천뢰를 제작하였다.
→ 조선 선조 때 이장손은 비격진천뢰라는 시한폭탄을 만들어 임진왜란 때 사용하도록 하였다.

✓ 황산에서 왜구를 물리쳤다.
→ 고려 말 이성계는 황산에서 왜구를 물리치는 등의 공을 세워 신흥 무인 세력으로 성장하였다.

④ 매소성 전투를 승리로 이끌었다.
→ 신라 문무왕은 매소성 전투와 기벌포 전투에서 승리하면서 당의 세력을 한반도에서 몰아내고 삼국 통일을 이루었다.

✿ 미니북 09쪽

18 조선 세종의 업적

정답 ②

빠른 정답 찾기: 조선의 북방 영토를 넓힘 + 여진의 침입 + 최윤덕과 김종서 + 4군 6진 개척 ➡ **조선 세종**

자료 분석하기

조선 세종은 여진의 침입이 잦아지자 최윤덕을 시켜 여진을 몰아내고 압록강 일대에 4군을 설치하였다. 또한, 김종서에게 두만강 일대에 6진 설치를 명하여 북방 영토를 확장하였다.

선택지 분석하기

① 비변사를 폐지하였다.
→ 조선 고종 즉위 이후 정치적 실권을 잡은 흥선 대원군은 비변사를 폐지하고 의정부의 권한을 강화하였다.

✓ 칠정산을 편찬하였다.
→ 조선 세종 때 이순지와 김담은 중국의 수시력과 아라비아의 회회력을 참고로 한 역법서인 『칠정산』을 편찬하였다.

③ 동의보감을 간행하였다.
→ 조선 선조 때 허준은 왕명으로 각종 의학 지식과 치료법을 집대성한 『동의보감』을 만들기 시작하여 광해군 때 완성하였다.

④ 백두산정계비를 건립하였다.
→ 조선 숙종 때 간도 지역을 두고 청과 국경 분쟁이 발생하자 두 나라 대표가 백두산 일대를 답사하고 국경을 확정하여 백두산정계비를 세웠다.

✿ 미니북 09쪽

19 조선 태종의 업적

정답 ①

빠른 정답 찾기: 6조 직계제 + 호패법 + 사간원 + 계미자 + 창덕궁 + 혼일강리역대국도지도 + 신문고 ➡ **조선 태종의 업적**

자료 분석하기

조선 태종은 국왕 중심의 통치 체계를 정비하여 왕권을 강화하고자 하였다. 이에 6조가 의정부를 거치지 않고 바로 국왕에게 업무를 보고하도록 하는 6조 직계제를 실시하였다. 또한, 국왕에게 간언(왕에게 옳지 못하거나 잘못된 일을 고치도록 하는 말)하는 기관인 사간원을 독립시키면서 사헌부와 상호 견제하도록 하였다. 더불어 정확하게 인구를 파악하고 그에 따라 조세와 역을 부과하고자 호패법을 실시하였으며, 백성의 억울함을 풀어주기 위해 신문고를 설치하였다. 문화적으로는 한양에 창덕궁을 건립하고 계미자를 주조하였으며, 우리나라 최초의 세계 지도인 「혼일강리역대국도지도」를 만드는 등의 업적을 남겼다.

20 대동법 정답 ②

> 미니북 10, 29쪽

빠른 정답 찾기: 방납의 폐단 + 별도의 관청을 설치 + 공납을 대신함 + 토지 결수를 기준 + 쌀이나 옷감, 동전 등으로 납부 ➡ 대동법

자료 분석하기

조선 광해군 때 방납의 폐단을 해결하기 위해 특산물 대신 쌀, 옷감, 동전 등으로 공납을 징수하는 대동법을 실시하였다. 이는 선혜청에서 주관하였으며, 초기에는 경기도부터 시행하였다가 효종 때 경상도를 제외한 충청도와 전라도에서도 대동법이 실시되었고, 숙종 때 평안도와 함경도를 제외한 전국으로 확대되었다.

선택지 분석하기

① 균역법
…› 조선 영조는 백성들의 군역 부담을 줄여주고자 기존 1년에 2필씩 납부하던 군포를 1필로 줄이는 균역법을 실시하였다.

 대동법
…› 조선 광해군 때 공납의 폐단을 해결하기 위해 대동법을 실시하였다.

③ 영정법
…› 조선 인조는 농민들의 부담을 줄여주기 위해 영정법을 실시하여 풍흉에 관계없이 전세를 토지 1결당 쌀 4~6두로 고정시켰다.

④ 직전법
…› 조선 세조는 과전의 세습화로 관리에게 줄 토지가 부족해지자 이를 바로잡기 위해 현직 관리에게만 수조권을 지급하는 직전법을 실시하였다.

21 임진왜란 정답 ②

> 미니북 09, 25, 50쪽

빠른 정답 찾기: 진주성 + 김시민 + 통영 + 한산도 앞바다 + 이순신 + 학익진 + 부산 + 동래읍성지 일대 + 송상현 ➡ 임진왜란

자료 분석하기

조선 선조 때 왜군이 침입하여 임진왜란이 발발하였다. 곧장 왜군은 부산진성을 함락시킨 후 동래성을 공격하였다. 동래부사 송상현은 왜적에 맞서 끝까지 싸웠으나 패배하여 동래성이 함락되었다. 이순신은 한산도에서 학익진 전법을 사용하여 일본 수군을 물리치고 크게 승리하였다. 이후 김시민은 왜군이 전라도로 가는 길목인 진주를 공격하자 조선군을 이끌고 진주 대첩에서 왜군 2만 명을 무찔렀다.

선택지 분석하기

① 조헌이 금산에서 의병을 이끌었다.
③ 곽재우가 의병을 일으켜 정암진에서 싸웠다.
④ 신립이 탄금대에서 배수의 진을 치고 전투를 벌였다.
…› 조선 선조 때 왜군의 침입으로 임진왜란이 발발하자 조정에서는 신립을 삼도순변사로 임명하여 이를 막게 하였다. 신립은 충주 탄금대에서 배수진을 치고 맞서 싸웠으나 패배하였다. 이에 전국 각지에서 왜군을 막기 위해 농민들을 중심으로 의병이 일어났다. 충청 지방에서는 조헌이 의병을 모아 청주성을 되찾고 금산 전투에서 활약하였으며, 곽재우는 경상도 의령의 정암진에서 수천여 명의 의병을 이끌고 항전하였다.

 임경업이 백마산성에서 항전하였다.
…› 임경업은 병자호란 당시 의주의 백마산성에서 항전하였다. 이후 압록강에서 철군하는 청의 배후를 공격하여 300여 명을 죽이고 포로로 끌려가던 백성을 구출하였다.

22 명청 교체기 조선의 대외 관계 정답 ②

> 미니북 10, 25쪽

빠른 정답 찾기: (가) 중립 외교 정책 ➡ (다) 삼전도의 굴욕 ➡ (나) 나선 정벌

자료 분석하기

(가) **중립 외교 정책**(1619): 조선 광해군 때 명은 후금과의 전투를 위해 조선에 군대를 요청하였다. 이에 광해군은 강홍립 부대를 파견하였지만, 명과 후금 사이에서 실리를 추구하는 중립 외교 정책에 따라 강홍립에게 후금에 항복하도록 명령하였다.

(다) **삼전도의 굴욕**(1637): 후금이 국호를 청으로 고치고 조선에 군신 관계를 요구하였다. 조선이 이를 거부하자 청 태종이 10만 대군을 거느리고 조선을 침략하여 병자호란이 발생하였다(1636). 인조는 남한산성에서 항전하였으나 강화도로 보낸 왕족과 신하들이 인질로 잡히자 삼전도에서 항복하였고, 소현 세자와 봉림 대군 등이 볼모로 청에 끌려갔다.

(나) **나선 정벌**(1654, 1658): 조선 효종 때 러시아가 만주 지역까지 침략해 오자 청이 조선에 원병을 요청하였다. 이에 조선은 두 차례에 걸쳐 조총 부대를 보내 나선 정벌에 나섰다.

23 을사사화 정답 ④

> 미니북 09, 24쪽

빠른 정답 찾기: 유네스코 세계 유산 + 필암 서원 + 인종의 스승 김인후 + 명종 + 왕의 외척들 간 권력 다툼 ➡ 을사사화

자료 분석하기
조선 인종의 뒤를 이어 명종이 어린 나이로 즉위하자 명종의 어머니 문정 왕후가 수렴청정(어린 왕 대신 정사를 돌보는 일)을 하였다. 이로 인해 인종의 외척인 윤임을 중심으로 한 대윤 세력과 명종의 외척인 윤원형 중심의 소윤 세력이 대립하면서 을사사화가 발생하였다. 이때 윤임을 비롯한 대윤 세력과 사림들이 큰 피해를 입었다.

선택지 분석하기
① 경신환국
⋯ 남인의 영수인 허적이 궁중에서 쓰는 천막을 허락 없이 사용한 문제로 숙종과 갈등을 빚었다. 이후 허적의 서자인 허견의 역모 사건까지 이어지면서 허적을 비롯한 남인이 몰락하고 서인이 집권하는 경신환국이 발생하였다.

② 기해예송
⋯ 조선 현종 때 효종이 사망하자 당시 인조의 계비인 자의 대비가 상복을 입는 기간을 놓고 서인과 남인 사이에 예송 논쟁이 발생하였다. 서인은 1년을 주장하였고, 남인은 3년을 주장하였으나 서인 세력이 승리하였다.

③ 병인박해
⋯ 흥선 대원군은 국내 프랑스인 천주교도를 통해 러시아를 견제하고자 하였다. 그러나 이에 실패하고 유생들이 천주교에 대해 반발하자 탄압을 단행하여 병인박해가 발생하였다.

✔ 을사사화
⋯ 조선 명종 때 인종의 외척인 윤임 일파와 명종의 외척인 윤원형 일파의 대립으로 을사사화가 발생하였다.

 미니북 49쪽

24 겸재 정선의 진경산수화 정답 ②

빠른 정답 찾기 겸재 정선 + 우리 자연의 아름다움을 화폭에 담음 ➡ 진경산수화

자료 분석하기
조선 후기 우리 문화에 대한 자부심이 높아져 그림을 통해 우리 고유의 정서와 자연을 표현하고자 하였다. 이에 겸재 정선은 조선의 빼어난 명승지(경치가 좋기로 이름난 곳)를 직접 보고 그리는 진경산수화를 개척하였다.

선택지 분석하기
① 영통동구도
⋯ 강세황 – 조선 후기

✔ 인왕제색도
⋯ 정선 – 조선 후기

③ 세한도
⋯ 김정희 – 조선 후기

④ 몽유도원도
⋯ 안견 – 조선 전기

 미니북 28쪽

25 조선 후기의 경제 상황 정답 ④

빠른 정답 찾기 화폐가 전국에 유통 + 상평통보 ➡ 조선 후기의 경제 상황

자료 분석하기
조선 후기 상품 화폐 경제가 발달함에 따라 금속 화폐인 상평통보가 전국적으로 유통되었다. 또한, 전국의 장시를 돌아다니며 판매 활동을 하는 보부상이 등장하였으며 개인적인 상업을 하던 사상의 활동이 활발해졌다.

선택지 분석하기
① 정기 시장인 장시가 전국 각지에서 열렸어요.
⋯ 조선 후기 농업 생산력의 증대와 유통 경제의 발달로 전국 각지에서 장시가 활성화되었다.

② 관청에 물품을 조달하는 공인이 활동했어요.
⋯ 조선 광해군 때 대동법이 시행되자 국가에 필요한 물품을 관청에 조달하는 공인이 등장하여 활동하였다.

③ 송상이 각지에 송방이라는 지점을 설치했어요.
⋯ 조선 후기 상업의 발전으로 사상이 전국 각지에서 활발한 상업 활동을 전개하였다. 이중 개성의 송상은 전국에 송방이라는 지점을 설치하기도 하였다.

✔ 벽란도에서 활발한 국제 무역이 이루어졌어요.
⋯ 고려는 예성강 하구에 위치한 국제 무역항 벽란도를 통해 송 · 일본 · 아라비아 상인들과 활발한 교역을 전개하였다.

 미니북 10쪽

26 조선 정조 정답 ③

빠른 정답 찾기 초계문신제 + 규장각 ➡ 조선 정조

정답 및 해설 **131**

자료 분석하기

조선 정조는 즉위 직후 왕실의 도서관이자 학문 연구 기관인 규장각을 설치하고, 서얼 출신의 유득공, 박제가 등을 규장각 검서관으로 뽑아 많은 서적을 편찬하도록 하였다. 또한, 새롭게 관직에 오른 사람이나 기존 관리들 중 능력 있는 관리들을 규장각에서 재교육시키는 초계문신제를 실시하였다.

선택지 분석하기

① 경복궁을 중건하였다.
··· 조선 고종 때 흥선 대원군은 왕실의 권위 회복을 위해 임진왜란 때 불탄 경복궁을 중건하였다.

② 영선사를 파견하였다.
··· 조선 고종은 중국 톈진에 김윤식과 유학생을 영선사로 파견하여 근대 무기 제조 기술과 군사 훈련법을 배우도록 하였다. 이후 조선에 근대식 무기 제조 공장인 기기창을 설립하였다.

✓ 장용영을 창설하였다.
··· 조선 정조는 군사적 기반을 갖추어 왕권을 뒷받침하기 위해 친위 부대인 장용영을 창설하였다.

④ 훈민정음을 창제하였다.
··· 조선 세종은 1443년 우리나라의 독창적인 문자인 훈민정음을 창제하고 3년 후 반포하였다.

27 홍경래의 난 정답 ③

빠른 정답 찾기 「정주성공함작전도」 + 홍경래가 주도하여 일으킴 + 관군이 정주성을 포위 ➡ **홍경래의 난**

자료 분석하기

조선 순조 때는 탐관오리가 비리를 저지르고 삼정(전정, 군정, 환곡)이 문란하는 등 세도 정치의 폐단이 심각하였다. 이에 차별 대우를 받던 평안도 지역(서북 지역) 사람들과 세도 정치에 불만을 품은 농민들이 몰락 양반 홍경래를 중심으로 홍경래의 난을 일으켰다. 이들은 평안도 일부 지역을 점령하기도 하였으나 관군에 의해 정주성에서 진압되었다.

선택지 분석하기

① 보국안민, 제폭구민을 기치로 내걸었다.
··· 농민들이 고부 군수 조병갑의 횡포에 반발하며 동학교도 전봉준을 중심으로 동학 농민군을 조직하였다. 이들은 보국안민, 제폭구민을 기치로 내걸고 사회를 개혁하기 위한 폐정개혁안을 주장하였다. 또한, 일본이 경복궁을 점령하자 그에 맞서 싸웠다.

② 한성 조약이 체결되는 결과를 가져왔다.
··· 일본은 갑신정변 당시 사망한 일본인에 대한 배상과 일본 공사관 신축 부지의 제공 및 비용을 요구하면서 조선과 한성 조약을 체결하였다.

✓ 서북 지역민에 대한 차별에 반발하여 일어났다.
··· 조선 순조 때 세도 정치와 삼정의 문란으로 인해 어려움을 겪던 농민들과 서북 지역민에 대한 차별 대우에 불만을 품은 평안도 지역 사람들이 몰락 양반 출신인 홍경래를 중심으로 반란을 일으켰다.

④ 전개 과정에서 선혜청과 일본 공사관을 공격하였다.
··· 신식 군대와의 차별 대우로 인해 불만이 쌓인 구식 군대가 임오군란을 일으켜 선혜청과 일본 공사관을 습격하였다.

28 운요호 사건 정답 ①

빠른 정답 찾기 일본과의 조약이 체결 + 강화도와 영종도 일대에서 일으킴 + 일본이 피해 보상과 조선의 개항을 일방적으로 요구 + 신헌 + 조일 수호 조규를 체결 ➡ **운요호 사건**

자료 분석하기

일본은 군함 운요호를 통해 강화도 초지진과 인천의 영종도를 공격하며 조약 체결을 요구하였다. 이에 조선의 신헌과 일본의 구로다 기요타카가 협상하여 조일 수호 조규(강화도 조약)를 체결하였다.

선택지 분석하기

✓ 운요호 사건
··· 일본이 조선의 해안을 조사한다는 구실로 군함인 운요호를 강화도와 인천에 보내 초지진과 영종도를 공격하면서 운요호 사건을 일으켰다.

② 105인 사건
··· 안명근이 서간도에 무관 학교를 설립하기 위한 자금을 모금하다가 체포되었다. 일제는 이를 총독 암살을 위한 모금 활동으로 꾸미고 신민회가 지시하였다고 주장하여 신민회 회원 등 105인이 구속되었으며 신민회가 해체되었다.

③ 제너럴 셔먼호 사건
··· 미국 상선 제너럴 셔먼호가 교역을 요구하며 평양 대동강까지 침입하자 평양 관민들이 저항하며 배를 불태웠다. 이 사건을 구실로 미군이 강화도를 공격하면서 신미양요가 발생하였다.

④ 오페르트 도굴 사건
··· 조선이 독일 상인 오페르트의 통상 요구를 거절하자 오페르트는 흥선 대원군의 아버지인 남연군의 묘를 도굴하려다 실패하였다.

29 임오군란

미니북 11, 32쪽
정답 ③

빠른 정답 찾기: 중국 톈진에 억류당함 + 구식 군인들이 변란을 일으킴 + 통리기무아문과 별기군 폐지 + 청군이 변란의 책임자로 지목 + 흥선 대원군 ➡ 임오군란

🔍 자료 분석하기

신식 군대인 별기군과의 차별 대우에 분노한 구식 군인들이 선혜청과 일본 공사관을 습격하면서 임오군란이 발생하였다. 흥선 대원군은 이를 수습하기 위해 통리기무아문과 별기군을 폐지하고 5군영을 부활시켰으나 민씨 일파가 요청한 청군에 의해 중국 톈진에 억지로 머무르게 되었다.

🔍 선택지 분석하기

① 갑신정변
⋯ 김옥균, 박영효를 중심으로 한 급진 개화파는 일본의 군사적 지원을 약속받고 우정총국 개국 축하연 자리에서 갑신정변을 일으켰다.

② 신미양요
⋯ 미국 상선 제너럴 셔먼호가 교역을 요구하며 평양 대동강까지 들어오자 평양 관민들이 저항하며 배를 불태웠다. 이를 구실로 미군이 강화도를 공격하면서 신미양요가 일어났다.

✔ 임오군란
⋯ 신식 군대인 별기군과의 차별 대우로 인해 불만이 쌓인 구식 군인들이 임오군란을 일으켜 일본 공사관과 선혜청을 습격하였다.

④ 임술 농민 봉기
⋯ 세도 정치로 인한 삼정의 문란과 경상 우병사 백낙신의 수탈에 견디다 못한 농민들이 반발하여 진주 지역의 몰락 양반인 유계춘을 중심으로 임술 농민 봉기를 일으켰다.

30 안중근

미니북 15쪽
정답 ③

빠른 정답 찾기: 대한 제국의 주권을 침탈 + 이토 히로부미 + 대한의군 참모중장 + 하얼빈역에서 처단 + 독립운동가 ➡ 안중근

🔍 자료 분석하기

안중근은 을사늑약이 체결되고, 이후 설치된 통감부의 초대 통감으로 부임한 이토 이로부미를 하얼빈역에서 사살하였다. 러시아 헌병에게 붙잡힌 안중근은 자신을 대한의군 참모중장이라고 소개하며 범죄자가 아닌 전쟁 포로로 취급해줄 것을 요구하였다. 그러나 러시아는 이를 인정하지 않고 안중근을 일본에게 넘겨주었고, 결국 그는 뤼순 감옥에서 순국하였다.

🔍 선택지 분석하기

① 중광단을 결성하였다.
⋯ 대종교도인 서일을 중심으로 북간도로 이주한 한인들이 중광단을 결성하여 항일 무장 투쟁을 전개하였다.

② 독립 의군부를 조직하였다.
⋯ 임병찬이 고종의 밀지를 받아 조직한 독립 의군부는 복벽주의(전제 군주제 복구, 고종 복위)를 내세우며 의병 전쟁을 준비하였다. 또한, 조선 총독부에 국권 반환 요구서를 발송하였다.

✔ 동양 평화론을 집필하였다.
⋯ 안중근은 감옥 안에서 한국, 일본, 청의 동양 3국이 협력하여 서양 세력의 침략을 방어하고, 동양 평화 및 세계 평화를 실현해야 한다는 사상을 담은 『동양 평화론』을 집필하였다. 그러나 일제가 사형을 집행하면서 이는 미완성으로 남게 되었다.

④ 시일야방성대곡을 발표하였다.
⋯ 장지연은 황성신문에 항일 논설 「시일야방성대곡」을 게재하여 을사늑약의 부당함을 주장하였다.

31 서간도

 미니북 36쪽
정답 ②

빠른 정답 찾기: 우당 이회영의 부인이자 독립운동가인 이은숙 + 국권 피탈 후 망명 생활 + 신흥 강습소 설립 ➡ 서간도

🔍 자료 분석하기

신민회는 대한 제국의 국권이 피탈된 후 국권을 회복하고 공화 정치 체제의 근대 국가를 수립하기 위해 국외에 독립운동 기지를 건설하였다. 이에 신민회 회원이었던 이회영은 서간도(남만주) 삼원보로 망명을 떠나 최초의 한인 자치 단체인 경학사와 독립군 양성 학교인 신흥 강습소(훗날 신흥 무관 학교)를 설립하였다.

32 무단 통치기

미니북 12쪽
정답 ②

빠른 정답 찾기: 토지 조사 사무원 + 조선 총독부 + 토지 조사 사업 ➡ 무단 통치기

자료 분석하기

1910년대 무단 통치기에 조선 총독부는 토지 조사 사업을 위해 토지 조사국을 설치하고 토지 조사령을 발표하였다(1912). 이에 따라 일정 기간 내에 토지를 신고하도록 하고 그렇지 않은 토지는 총독부에서 모두 빼앗아 일본인에게 헐값으로 팔아넘겼다.

선택지 분석하기

① 농광 회사를 설립하였다.
… 일제가 조선의 토지를 개간한다는 구실로 조선 땅을 침탈하려 하자 이에 맞서 개간 사업을 목적으로 한 농광 회사를 설립하였다(1904).

✓ 조선 태형령을 시행하였다.
… 1910년대 무단 통치기에 일제는 조선 태형령을 시행하여 곳곳에 배치된 헌병 경찰들이 조선인들에게 태형을 통한 형벌을 가하도록 하였다(1912).

③ 산미 증식 계획을 실시하였다.
… 1920년대 문화 통치기에 일제는 자국의 부족한 쌀 생산량을 조선에서 수탈하여 채우기 위해 산미 증식 계획을 실시하였다(1920).

④ 화폐 정리 사업을 추진하였다.
… 제1차 한일 협약을 통해 재정 고문이 된 메가타는 조선의 경제권을 장악하고자 탁지부를 중심으로 화폐 정리 사업을 추진하였다. 이에 백동화를 갑, 을, 병종으로 구분하고 제일 은행권으로 교환하였다(1905).

미니북 17, 36, 37쪽

33 양기탁   정답 ④

빠른 정답 찾기: 독립운동가 + 영국인 베델과 함께 대한매일신보 창간 + 신민회 조직 + 상하이로 건너가 대한민국 임시 정부에서 활동 ➡ 양기탁

자료 분석하기

양기탁은 영국인 베델과 함께 대한매일신보를 창간하였다. 이를 통해 국채 보상 운동을 전국적으로 확산시키고, 고종의 '을사조약 무효화 선언'을 게재하면서 을사늑약의 불법성과 부당성을 주장하였다. 또한, 안창호, 이회영 등과 비밀 결사인 신민회를 조직하고 항일 운동을 전개하였으며, 이후 상하이로 건너가 대한민국 임시 정부에서 활동하였다.

선택지 분석하기

① 김원봉
… 김원봉은 의열단을 결성하여 암살, 파괴, 테러 등의 폭력 투쟁을 통해 독립운동을 전개하였다.

② 나석주
… 나석주는 의열단원으로 활동하면서 조선 식산 은행과 동양 척식 주식회사에 폭탄을 투척하였다.

③ 신익희
… 신익희는 상하이 대한민국 임시 정부의 내무총장과 국회의장으로 활동하였다. 해방 후에는 이승만의 장기집권에 반대하며 민주당 대통령 후보로 출마하였지만, 유세 활동 중 심장마비로 사망하였다.

✓ 양기탁
… 양기탁은 대한매일신보를 통해 국채 보상 운동을 전국적으로 확대하고 고종의 '을사조약 무효화 선언'을 게재하면서 일제의 불법을 고발하였다. 또한, 신민회를 조직해 항일 운동을 펼치고 상하이의 대한민국 임시 정부에서 활발히 활동하였다.

미니북 37쪽

34 근대 문물의 수용   정답 ③

빠른 정답 찾기: 동대문에서 서대문까지 운행 + 전차 + 한성 전기 회사에서 전기를 공급 ➡ 대한 제국기 근대 문물의 수용

자료 분석하기

대한 제국은 구본신참을 기본 정신으로 광무개혁을 추진하여 군사, 행정, 경제, 교육, 의료 등 각 분야에서 근대적 개혁을 시행하였다(1897). 1898년에 한성 전기 회사가 세워지며 전기 공급이 가능해지자, 동대문에서 서대문까지 전차가 운행되었다(1899). 또한, 우리나라 최초의 철도인 경인선(1899)이 세워졌으며, 러일 전쟁의 군수 물자 보급을 위해 경부선(1905)과 경의선(1906) 철도가 개통되었다.

선택지 분석하기

① 한성순보를 발간하는 직원
… 개항 이후 개화 정책의 일환으로 박문국을 설치하고 최초의 근대 신문인 한성순보를 발행하였다(1883). 한성순보는 순 한문을 사용하고 10일마다 발행되었으며, 정부 관보의 성격을 가지고 있었다.

② 만민 공동회에서 연설하는 백정
… 독립 협회는 만민 공동회를 개최하여 민중에게 근대적 지식과 국권·민권 사상을 고취하였다. 그 과정에서 가장 천대받던 계층인 백정 출신의 박성춘이 연설하기도 하였다(1898).

✓ 경부선 철도 개통식에 참석하는 관리
… 러일 전쟁에서 필요한 군수 물자를 보급하기 위해 경부선 철도가 개통되었다(1905).

④ 동문학에서 영어를 공부하고 있는 학생
⋯ 개항 이후 외국과의 교류가 활발해지자 조선 정부는 동문학을 설치하여 통역관 양성을 위한 영어 교육을 실시하였다(1883).

35 청산리 전투 정답 ②

빠른 정답 찾기: 일제 강점기 + 1920년대 국외 독립운동 + 봉오동 전투 + 홍범도의 지휘 아래 일본군을 격파 + 독립군 연합 부대 + 백운평·어랑촌 + 간도 참변 + 독립운동의 근거지가 파괴됨 ➡ **청산리 전투**

🔍 **자료 분석하기**
- **봉오동 전투**(1920.6.): 홍범도의 대한 독립군은 대한 국민회군, 군무도독부 등의 독립군과 연합하여 봉오동 전투에서 일본군을 격파하였다.
- **간도 참변**(1920.10.): 일제는 봉오동 전투와 청산리 전투의 패배에 대한 보복으로 독립군의 근거지를 소탕하기 위해 간도 지역의 수많은 한국인을 학살하는 만행을 저질렀다.

🔍 **선택지 분석하기**
① 영릉가 전투
③ 흥경성 전투
⋯ 양세봉은 남만주 지역에서 조선 혁명군을 결성하고 중국 의용군과 연합하여 영릉가 전투(1932)와 흥경성 전투(1933)를 승리로 이끌었다.

✅ ② 청산리 전투
⋯ 김좌진이 이끄는 북로 군정서와 홍범도가 이끄는 대한 독립군이 연합한 독립군 부대가 백운평·어랑촌 등에서 일본군을 크게 물리쳤다. 청산리 전투는 독립 전쟁 사상 최대 규모로 승리한 전투였다(1920.10.).

④ 대전자령 전투
⋯ 지청천을 중심으로 북만주에서 결성된 한국 독립군은 중국 호로군과 연합하여 쌍성보 전투(1932), 사도하자 전투(1933), 대전자령 전투(1933)에서 일본군을 물리치고 승리하였다.

36 대한민국 임시 정부 정답 ④

빠른 정답 찾기: 충칭 청사 + 3·1 운동을 계기로 수립 + 독립운동을 활발하게 전개 ➡ **대한민국 임시 정부**

🔍 **자료 분석하기**
대한민국 임시 정부는 3·1 운동을 계기로 국내외 민족의 주체성을 확인하여 중국 상하이에서 수립되었다. 이후 이봉창과 윤봉길의 의거로 인해 일제의 탄압이 심해지자 대한민국 임시 정부는 충칭으로 근거지를 이동하면서 독립운동을 전개하였다.

🔍 **선택지 분석하기**
① 독립문을 건립하였다.
⋯ 독립 협회는 청의 사신을 맞던 영은문을 헐고 그 자리에 독립문을 건립하여 독립 정신을 높였다.

② 서전서숙을 설립하였다.
⋯ 신민회의 회원인 이상설 등이 북간도 용정촌에 서전서숙을 설립하여 민족 교육을 실시하였다.

③ 대한국 국제를 반포하였다.
⋯ 대한 제국을 선포한 고종은 대한국 국제를 반포한 후 황실 중심의 부국강병을 위한 근대화 정책인 광무개혁을 추진하였다.

✅ ④ 한국 광복군을 창설하였다.
⋯ 대한민국 임시 정부는 지청천을 총사령관으로 하여 직할 부대인 한국 광복군을 창설하였다. 한국 광복군은 영국군의 요청으로 인도, 미얀마 전선에 파견되었으며 미군의 협조를 받아 국내 진공 작전을 준비하였다.

한발 더 다가가기

대한민국 임시 정부

수립	• 최초의 민주 공화제 • 여러 지역의 임시 정부 통합(상하이)
활동	• 군자금 모집: 연통제, 교통국(비밀 행정 조직), 애국 공채, 이륭양행, 백산 상회 • 외교 활동: 파리 강화 회의에 대표(김규식) 파견, 구미 위원부 설치 • 문화 활동: 독립신문 간행, 사료 편찬소
분열	• 무장 투쟁론, 외교 독립론의 갈등 • 국민 대표 회의 결렬 • 임시 정부의 충칭 이동
군대	• 한국 광복군: 충칭에서 직할 부대로 창설 • 영국군의 요청으로 인도·미얀마 전선 파견 • 미군의 협조로 국내 진공 작전 준비

37 이봉창 정답 ①

미니북 40쪽

빠른 정답 찾기: 이봉창 의사 + 한인 애국단 + 상하이 ➡ 이봉창

🔍 자료 분석하기
이봉창은 김구가 상하이에서 조직한 한인 애국단의 단원으로서 일본 국왕 사살 계획을 추진하였다. 이에 도쿄에서 일본 국왕의 마차에 수류탄을 던졌으나 명중시키지 못하고 체포되었으며, 사형 선고를 받아 순국하였다.

🔍 선택지 분석하기
✔ ① 도쿄에서 일왕을 향해 폭탄을 투척하였다.
… 한인 애국단 단원인 이봉창은 도쿄에서 일왕이 탄 마차의 행렬을 향해 폭탄을 투척하였다.

② 훙커우 공원에서 일본군 장성 등을 살상하였다.
… 윤봉길은 한인 애국단 단원으로 훙커우 공원에서 열린 일본 국왕 생일 기념식에 폭탄을 투척하였다.

③ 명동 성당 앞에서 이완용을 습격하여 중상을 입혔다.
… 이재명은 명동 성당 앞에서 을사오적 중 한 명인 이완용을 저격하여 중상을 입혔다.

④ 샌프란시스코에서 친일 인사인 스티븐스를 사살하였다.
… 장인환과 전명운은 미국 샌프란시스코에서 대한 제국의 외교 고문이었던 스티븐스를 사살하였다.

38 대한 제국 정답 ①

미니북 35쪽

빠른 정답 찾기: 고종이 러시아 공사관에서 경운궁으로 돌아옴 + 황제로 즉위 + 황제어새 ➡ 대한 제국

🔍 자료 분석하기
1895년에 을미사변이 일어나자 고종은 신변을 보호하기 위해 러시아 공사관으로 이동하였다(아관 파천, 1896). 이후 다시 경운궁으로 돌아와 대한 제국을 수립하고 환구단에 나아가 황제 즉위식을 행하였다(1897).

🔍 선택지 분석하기
✔ ① 지계가 발급되었다.
… 대한 제국은 구본신참에 따라 광무개혁을 추진하였다(1897). 이에 양전 사업을 실시하고 지계아문을 통해 토지 소유 문서인 지계를 발급하여 근대적 토지 소유권을 확립하고자 하였다(1901).

② 척화비가 건립되었다.
… 흥선 대원군은 병인양요와 신미양요 등 서양의 침략을 극복한 이후 서양과의 통상 수교 거부를 알리기 위해 전국 각지에 척화비를 세웠다(1871).

③ 육영 공원이 설립되었다.
… 최초의 근대식 공립 학교인 육영 공원은 헐버트, 길모어 등의 외국인 교사를 초빙하여 상류층 자제에게 근대 교육을 실시하였다(1886).

④ 군국기무처가 설치되었다.
… 조선 고종 때 갑오개혁을 실시하기 위해 군국기무처를 설치하고, 김홍집이 총재관을 맡아 정치·군사 등의 사무를 주관하였다(1894).

39 민족 말살 통치기 정답 ④

미니북 12쪽

빠른 정답 찾기: 일제 강점기 + 중일 전쟁 이후 침략 전쟁을 확대 + 일본식으로 성명을 바꾸게 하는 창씨개명을 강요 ➡ 민족 말살 통치기

🔍 자료 분석하기
일제는 중일 전쟁(1937) 이후 우리 민족의 정체성을 말살하기 위해 황국 신민화 정책을 시행하였다. 내선일체의 구호를 내세워 한글을 사용하지 못하게 하고, 신사 참배, 황국 신민 서사 암송(1937), 창씨개명(1939) 등을 강요하였다.

🔍 선택지 분석하기
① 공출을 독려하는 애국반 반장
② 황국 신민 서사를 암송하는 학생
③ 국민 징용령에 의해 끌려가는 청년
… 조선 총독부는 민족 말살 통치기에 국가 총동원법을 실시하였다(1938). 이에 애국반을 통해 공출을 독려하고 국민 징용령(1939), 학도 지원병 제도(1943) 등을 시행하여 한국인의 노동력을 착취하였다. 또한, 황국 신민 서사 암송(1937)을 강요하며 우리 민족의 정체성을 말살하려 하였다.

✔ ④ 회사령을 공포하는 조선 총독부 관리
… 1910년대 무단 통치기에 일제는 조선 총독부를 통해 회사령을 공포하여 회사를 설립하거나 해산할 때 총독부의 허가를 받게 하고 민족 기업 설립을 방해하였다(1910).

40 근우회 정답 ①

> **빠른 정답 찾기**
> 1927년에 결성 + 여성 운동 단체 + 민족주의 세력과 사회주의 세력이 협동하여 설립 + 신간회의 자매단체 + 전국에 지회를 두고 활동 ➡ 근우회

🔍 자료 분석하기

근우회는 신간회의 자매단체로 1927년 민족주의 세력과 사회주의 세력이 협동하여 결성하였다. 전국 대회를 열어 교육의 성별 차별 철폐, 여자의 보통 교육 확장, 조혼 폐지 등을 주장하는 등 여성 계몽 활동과 여성 지위 향상을 목적으로 활동하였다.

🔍 선택지 분석하기

✓ 근우회
⋯ 근우회는 신간회의 자매단체로 조직되었으며, 여성의 계몽과 여성 지위 향상을 위한 운동을 전개하였다.

② 보안회
⋯ 보안회는 일본의 황무지 개간권 요구에 대한 반대 운동을 전개하여 이를 막았다.

③ 송죽회
⋯ 송죽회는 평양에서 조직된 항일 비밀 여성 단체로 토론회, 역사 강좌, 교육 등의 활동을 하였다.

④ 색동회
⋯ 색동회는 일본 도쿄에서 방정환이 소년 운동과 아동 문학을 위해 결성한 단체이다.

41 6월 민주 항쟁 정답 ③

> **빠른 정답 찾기**
> 1987년 7월 1일자 신문에 게재됨 + 호헌 철폐, 독재 타도를 외침 + 대통령 직선제 개헌을 약속 ➡ 6월 민주 항쟁

🔍 자료 분석하기

전두환 정부의 박종철 고문치사 사건과 4·13 호헌 조치에 반발하여 대통령 직선제 개헌과 민주 헌법 제정을 요구하는 시위가 전개되었다. 시위 도중 연세대 재학생 이한열이 사망하자 시위는 더욱 격화되어 6월 민주 항쟁이 전국적으로 확대되었다. 시민들은 호헌 철폐와 독재 타도 등의 구호를 내세우면서 민주적인 헌법 개정을 요구하였다.

🔍 선택지 분석하기

① 유신 체제가 붕괴되는 계기가 되었다.
⋯ YH 무역 사건을 계기로 박정희 정부는 신민당 총재였던 김영삼을 국회 의원에서 제명하였다. 이에 김영삼의 정치적 근거지인 부산, 마산에서 유신 정권에 반대하는 부마 민주 항쟁이 전개되었고, 항쟁 진압에 대한 대립 과정에서 박정희가 피살당하면서 유신 체제가 붕괴되었다.

② 양원제 국회가 출현하는 결과를 가져왔다.
⋯ 3·15 부정 선거에 대한 반발로 4·19 혁명이 일어났다. 이로 인해 이승만이 하야하고 허정을 중심으로 과도 정부(한 정치 체제에서 다른 정치 체제로 넘어가는 과정에서 임시로 구성된 정부)가 수립되었다. 또한, 3차 개헌을 실시하여 민의원과 참의원의 양원제 국회가 출현하였다.

✓ 박종철과 이한열 등의 희생으로 확산되었다.
⋯ 전두환 정부 때 서울대 재학생 박종철이 고문으로 죽게 되고, 정부가 4·13 호헌 조치를 발표하였다. 이에 분노한 시민들은 대통령 직선제 개헌과 민주 헌법 제정을 요구하는 시위를 전개하였다. 이 과정에서 연세대 재학생 이한열이 사망하면서 6월 민주 항쟁이 전국적으로 확산되었다.

④ 전개 과정에서 시민군이 자발적으로 조직되었다.
⋯ 신군부의 비상계엄 확대와 무력 진압에 반발하여 광주에서 5·18 민주화 운동이 일어났다. 신군부가 공수 부대를 동원하여 시위대를 무력으로 진압하자 학생과 시민들이 자발적으로 시민군을 조직하여 대항하였다.

42 김규식 정답 ③

> **빠른 정답 찾기**
> 우사 + 파리 강화 회의 + 신한 청년단 대표로 파견 + 대한민국 임시 정부 부주석 + 남북 협상 참여 ➡ 김규식

🔍 자료 분석하기

우사 김규식은 상하이에서 신한 청년단을 조직하고 파리 강화 회의에 참석하여 독립 청원서를 제출하였다. 또한, 대한민국 임시 정부의 임시 헌장(5차 개헌)을 통해 부주석으로 임명되기도 하였다. 해방 이후에는 남한만의 단독 선거에 반대하며 김구와 함께 평양으로 가서 김일성과 남북 협상을 전개하였으나 큰 성과를 거두지는 못하였다.

🔍 선택지 분석하기

① 대성 학교 설립
⋯ 안창호는 신민회 회원으로서 평양에 대성 학교를 설립하여 민족 교육을 전개하였다.

정답 및 해설 **137**

② 조선 혁명 선언 작성
…, 신채호는 김원봉의 요청을 받아 의열단의 행동 강령인 조선 혁명 선언을 작성하였다.

✓ 좌우 합작 위원회 결성
…, 광복 직후 모스크바 3국 외상 회의의 결과에 따라 제1차 미소 공동 위원회가 개최되었으나 결렬되어 이승만이 단독 정부 수립을 주장하였다. 이에 김규식, 여운형 등 중도 세력들이 미군정의 지원을 받으면서 좌우 합작 위원회를 결성하여 좌우 합작 7원칙을 발표하는 등 좌우 합작 운동을 전개하였다.

④ 한국독립운동지혈사 저술
…, 박은식은 갑신정변부터 3·1 운동까지의 역사에 초점을 맞춰 우리 민족의 항일 운동 역사를 다룬 『한국독립운동지혈사』를 저술하였다.

43 6·25 전쟁 정답 ④

빠른 정답 찾기
1·4 후퇴 + 압록강과 두만강 유역까지 북진 + 국군과 유엔군 + 중국군의 공세에 밀려 서울 이남 지역까지 철수 + 피란민 발생
➡ 1·4 후퇴

자료 분석하기
1950년 6·25 전쟁이 시작된 지 3일 만에 국군은 서울을 점령당하고 낙동강 방어선까지 밀려났다. 이후 유엔군이 파병되고 인천 상륙 작전이 성공하면서 압록강과 두만강 유역까지 북진하였다. 그러나 1950년 10월부터 참전한 중국군의 공세로 인해 국군과 유엔군은 흥남에서 철수 작전을 전개하였다. 이후 서울을 다시 빼앗기고 서울 이남 지역까지 물러나면서 수많은 피란민이 발생하였다(1·4 후퇴, 1951).

선택지 분석하기
① 흥남 철수 전개
…, 중국군 개입 이후 전세가 불리해진 국군과 유엔군은 흥남 해상으로 철수 작전을 전개하여 병력 및 물자, 피난민을 철수시켰다(1950.12.).

② 발췌 개헌안 통과
…, 6·25 전쟁 중 임시 수도였던 부산에서 대통령 직선제를 내용으로 하는 발췌 개헌안이 통과되었다(1952.7.).

③ 인천 상륙 작전 개시
…, 6·25 전쟁 때 낙동강 방어선까지 밀렸던 국군은 유엔군의 파병과 인천 상륙 작전 성공으로 서울을 되찾고 압록강까지 진격하였다(1950.10.).

✓ 반민족 행위 처벌법 제정
…, 이승만 정부 시기 제헌 국회는 일제의 잔재를 청산하고 민족 정기를 바로잡기 위해 반민족 행위 처벌법을 제정하였다(1948).

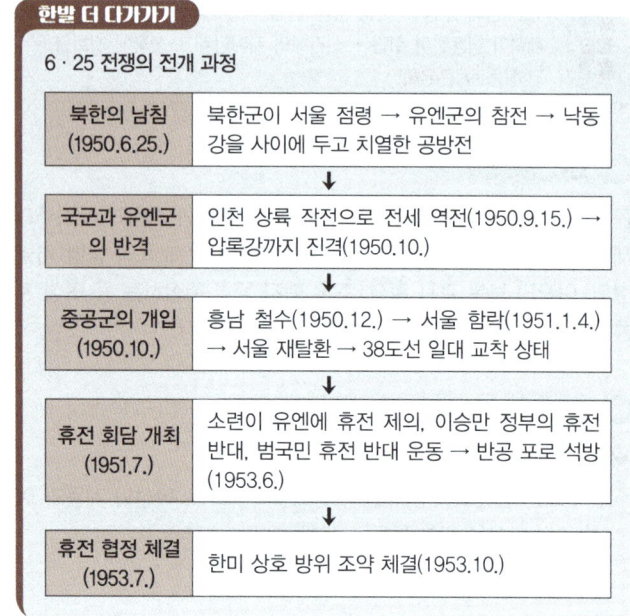

한발 더 다가가기
6·25 전쟁의 전개 과정

북한의 남침 (1950.6.25.)	북한군이 서울 점령 → 유엔군의 참전 → 낙동강을 사이에 두고 치열한 공방전
국군과 유엔군의 반격	인천 상륙 작전으로 전세 역전(1950.9.15.) → 압록강까지 진격(1950.10.)
중공군의 개입 (1950.10.)	흥남 철수(1950.12.) → 서울 함락(1951.1.4.) → 서울 재탈환 → 38도선 일대 교착 상태
휴전 회담 개최 (1951.7.)	소련이 유엔에 휴전 제의, 이승만 정부의 휴전 반대, 범국민 휴전 반대 운동 → 반공 포로 석방 (1953.6.)
휴전 협정 체결 (1953.7.)	한미 상호 방위 조약 체결(1953.10.)

44 박정희 정부 정답 ②

빠른 정답 찾기
새마을 운동 + 광주 대단지 사건 + 100억 달러 수출 달성
➡ 박정희 정부

자료 분석하기
박정희 정부는 당시 공업화로 인해 상대적으로 낙후된 농어촌의 근대화를 목표로 새마을 운동을 추진하였다(1970). 도시에서는 정부의 무계획적인 이주 정책에 반발하여 경기도 광주 대단지 주민들이 도시를 점령하면서 광주 대단지 사건이 발생하기도 하였다. 또한, 3·4차 경제 개발 5개년 계획을 통해 중화학 공업이 발전하여 수출 100억 달러를 달성하였다(1977).

선택지 분석하기
① 농지 개혁법이 제정되었다.
…, 이승만 정부는 유상 매수, 유상 분배를 원칙으로 농지 개혁법을 제정하였다(1949). 이에 따라 소작 제도를 폐지하고 농사를 짓는 사람이 토지를 소유하도록 하여 자작농이 증가하였다.

✓ 경부 고속 도로를 준공하였다.
…, 박정희 정부 시기에 단군 이래 최대의 토목 공사로 불리던 경부 고속 도로가 개통되었다(1970).

③ 금융 실명제를 전면 실시하였다.
┄ 김영삼 정부는 부정부패와 탈세를 없애기 위해 금융 실명제를 실시하였다(1993).

④ 경제 협력 개발(OECD)에 가입하였다.
┄ 김영삼 정부는 한국 경제의 세계화를 위해 경제 협력 개발(OECD)에 가입하였다(1996).

45 김대중 정부의 통일 정책

정답 ③

빠른 정답 찾기 IMF 구제 금융을 조기 상환 + 정주영이 소 떼를 몰고 북한을 방문 + 한일 월드컵 축구 대회가 개최 ➡ 김대중 정부

자료 분석하기

김대중 정부는 기업 구조 조정과 투명성 강화, 금융 개혁, 금 모으기 운동을 통해 IMF 구제 금융 지원금을 빠른 시일에 갚았다(2001). 또한, 당시 현대 그룹 정주영 명예 회장이 소 떼를 몰고 북한을 방문하였으며(1998), 한일 월드컵 축구 대회를 개최하여 4강까지 진출하는 결과를 얻었다(2002).

선택지 분석하기

① 남북 기본 합의서를 채택하였다.
② 남북한이 유엔에 동시 가입하였다.
┄ 노태우 정부의 적극적인 북방 외교 정책을 통해 남북한이 유엔에 동시 가입하였다. 또한, 남북 기본 합의서와 한반도 비핵화에 관한 공동 선언이 채택되었다(1991).

✓③ 6·15 남북 공동 선언을 발표하였다.
┄ 김대중 정부 출범 이후 북한과의 교류가 확대되어 평양에서 최초로 남북 정상 회담을 실시하고 6·15 남북 공동 선언을 발표하였다(2000).

④ 최초로 남북 간 이산가족 상봉을 성사시켰다.
┄ 전두환 정부 때 서울과 평양에서 남북 이산가족 상봉이 최초로 이루어졌다(1985).

한발 더 다가가기

현대 정부의 주요 통일 정책

박정희 정부	• 남북 적십자 회담에서 이산가족 문제 협의(1971) • 7·4 남북 공동 성명(1972), 6·23 평화 통일 선언(1973)
전두환 정부	• 민족 화합 민주 통일 방안(1982) • 남북 적십자 회담 재개로 최초의 이산가족 고향 방문(1985)
노태우 정부	• 한민족 공동체 통일 방안 제안(1989) • 남북한 유엔 동시 가입, 남북 기본 합의서 채택, 한반도 비핵화 공동 선언(1991)
김영삼 정부	한민족 공동체 건설을 위한 3단계 통일 방안 제시(1994)
김대중 정부	• 대북 화해 협력 정책(햇볕 정책) 추진 • 금강산 관광 사업 전개(1998) • 남북 정상 회담, 6·15 남북 공동 선언(2000) • 경의선 복구 사업·금강산 육로 관광 등 추진, 개성 공단과 이산가족 상봉 및 면회소 설치 합의
노무현 정부	• 제2차 남북 정상 회담 개최(2007)로 10·4 남북 공동 선언 채택 • 개성 공단 착공(2003)
이명박 정부	• 금강산 관광 중단(2008) • 천안함 피격 사건, 연평도 포격 사건
박근혜 정부	개성 공단 폐쇄(2016)
문재인 정부	판문점 선언(2018)

46 지역사 – 독도

정답 ④

빠른 정답 찾기 우리나라 동쪽 끝에 있는 섬 + 1900년 대한 제국 칙령 41호 + 우리 영토임을 분명히 함 ➡ 독도

자료 분석하기

1900년 대한 제국은 울릉도, 독도의 행정 관리를 강화하기 위해 대한 제국 칙령 제41호를 공포하였다. 이를 통해 울릉도를 군으로 승격시키고 독도를 관할하게 하여 우리의 영토임을 명시하였다.

선택지 분석하기

① 정약전이 자산어보를 저술한 섬이다.
┄ 조선 순조 때 정약전은 흑산도에서 유배하던 중 인근 바다의 수산 생물의 종류와 습성 등을 기록하여 『자산어보』를 집필하였다.

② 하멜 일행이 표류하다 도착한 섬이다.
┄ 헨드릭 하멜은 네덜란드 상인으로 일본 나가사키로 가던 중 표류하다가 제주도에 도착하였다. 이후 조선에 억류되었다가 본국으로 돌아가 『하멜표류기』를 저술하여 조선을 유럽에 소개하였다.

③ 이종무가 왜구를 소탕하기 위해 정벌한 섬이다.
…» 조선 세종 때 이종무가 대마도를 정벌하여 왜구를 소탕하였다.

 안용복이 일본에 가서 우리 영토임을 확인받은 섬이다.
…» 조선 숙종 때 동래에 살던 안용복은 울릉도와 독도를 왕래하는 일본 어부들을 쫓아내고, 일본에 건너가 독도가 우리나라의 영토임을 확인받았다.

47 의궤 정답 ①

빠른 정답 찾기: 정조와 혜경궁이 함께 수원 화성에 행차하는 장면을 구현 + 조선 시대 왕실이나 국가의 중대한 행사를 글과 그림으로 기록한 책 ➡ 의궤

자료 분석하기

『원행을묘정리의궤』는 1795년 정조의 어머니인 혜경궁 홍씨의 회갑연을 기념하며 수원 화성으로 행차하는 장면을 그린 책이다. 이처럼 의궤는 조선 시대 왕실이나 국가의 중대한 행사를 글과 그림으로 기록하여 후대 사람들이 행사를 진행할 때 참고할 수 있도록 하였다.

선택지 분석하기

 의궤
…» 의궤는 조선 시대 왕실이나 국가의 주요 행사의 내용을 기록한 책으로, 『화성성역의궤』, 『원행을묘정리의궤』가 대표적이다.

② 경국대전
…» 『경국대전』은 조선의 기본 법전으로, 조선 세조 때 편찬되기 시작하여 성종 때 완성·반포되었다.

③ 삼강행실도
…» 『삼강행실도』는 조선 세종 때 편찬되었으며, 우리나라와 중국의 서적에서 모범이 될 만한 충신, 효자, 열녀 등의 행실을 모아 글과 그림으로 설명한 윤리서이다.

④ 조선왕조실록
…» 『조선왕조실록』은 조선 태조부터 철종까지의 역사를 편년체(연·월·일 순서대로 기록)로 서술한 책이다. 그 가치를 인정받아 유네스코 세계 기록 유산으로 등재되었다.

48 지역사 – 인천 정답 ④

빠른 정답 찾기: 미추홀 + 개항 박물관 + 개항 후 일본 제일은행 지점 + 해방 후 한국은행 지점 + 제물포 구락부 + 개항기 외국인 사교장 + 일제 강점기 일본 재향 군인 회관 + 해방 후 미군 장교 클럽 ➡ 인천

자료 분석하기

- **인천 향교**: 인천 향교는 조선 시대에 유학을 교육하기 위해 세워진 교육 기관이다.
- **개항 박물관**: 고종에 의해 일본 제일은행 지점으로 쓰이다 해방 후 한국은행으로 개편되었다. 현재는 개항 박물관으로 바뀌어 개항기에 인천을 통해 처음 도입됐거나 인천에서 발생한 근대문화와 관련된 유물을 전시하고 있다.
- **제물포 구락부**: 개항기 제물포에 거주하던 미국·영국·독일·러시아 등의 외국인이 사교하기 위한 장소였다. 일제 강점기에는 일본 재향 군인(현역 복무를 마치고 일반 사회로 복귀한 사람)을 위한 회관으로 쓰였으며, 해방 이후에는 미군 장교 클럽으로 쓰였다.

49 시대별 승려의 업적 정답 ①

빠른 정답 찾기: 승려 + 원효 + 무애가 + 불교 대중화에 기여 + 혜초 + 인도·중앙아시아 지역을 순례 + 『왕오천축국전』 + 지눌 + 돈오점수와 정혜쌍수 + 유정 + 임진왜란 시기 의병을 일으킴 ➡ 시대별 승려의 업적

자료 분석하기

(가) 통일 신라 승려 원효는 대립과 분열을 끝내고 화합을 이루기 위한 화쟁 사상을 주장하면서 「십문화쟁론」을 저술하였다. 또한, 불교의 교리를 쉬운 노래로 표현한 「무애가」를 만들어 불교의 대중화를 위해 노력하였다.

(나) 통일 신라의 승려 혜초는 인도·중앙아시아 지역을 순례하며 『왕오천축국전』을 저술하였다.

(다) 고려 보조국사 지눌은 불교의 타락을 비판하고 혁신을 추구하였다. 이에 수선사를 조직하고, 승려의 기본인 독경, 수행, 노동에 힘쓰자는 수선사 결사 운동을 전개하였다. 이를 위한 사상적 기반으로 정혜쌍수와 돈오점수를 내세웠으며, 철저한 수행을 강조하였다.

(라) 조선 시대에 활동한 사명대사 유정은 임진왜란 당시 금강산에서 의병을 일으켜 활약하였다. 전쟁 직후에는 일본에 파견되어 전쟁 중 잡혀간 포로를 송환하였다.

선택지 분석하기

✓ ① 십문화쟁론을 저술함.
→ 원효는 불교 종파 간의 대립과 분열을 끝내고 화합하기 위해 화쟁 사상을 바탕으로 「십문화쟁론」을 저술하였다.

② 해동 천태종을 창시함.
→ 고려 승려 의천은 송에서 유학하고 돌아와 교종과 선종의 불교 통합 운동을 전개하였으며, 국청사를 중심으로 해동 천태종을 창시하였다.

③ 세속 5계를 지음.
→ 신라 진평왕 때 원광은 화랑도의 생활 규범으로 사군이충, 사친이효, 교우이신, 임전무퇴, 살생유택의 내용이 담긴 세속 5계를 제시하였다.

④ 수선사 결사를 제창함.
→ 고려 최씨 무신 정권 시기 보조국사였던 지눌은 불교의 타락을 비판하고 정혜쌍수와 돈오점수를 바탕으로 수선사 결사를 제창하였다.

한발 더 다가가기

신라 · 고려의 주요 승려

신라	원효	• 불교의 사상적 이해 기준 확립: 『금강삼매경론』, 『대승기신론소』 • 종파 간 사상적 대립 극복 · 조화: 『십문화쟁론』 • 불교의 대중화: 나무아미타불, 「무애가」 • 정토종, 법성종 창시
	의상	• 화엄 사상 정립: 『화엄일승법계도』 • 관음 신앙: 현세의 고난 구제 • 부석사 건립, 불교 문화의 폭 확대
	혜초	인도, 중앙아시아 기행기 『왕오천축국전』 저술
고려	의천	• 교단 통합 운동: 해동 천태종 창시 • 교관겸수 · 내외겸전 주장: 이론 연마와 실천 강조
	지눌	• 수선사 결사 운동(송광사): 독경과 선 수행, 노동에 힘쓰자는 운동 • 돈오점수 · 정혜쌍수 제창: 참선(선종)과 지혜(교종)를 함께 수행
	요세	백련 결사 제창: 자신의 행동을 진정으로 참회하는 법화 신앙 강조
	혜심	유불 일치설 주장: 심성의 도야를 강조하여 장차 성리학 수용의 사상적 토대 마련

50 시대별 교육 기관 정답 ④

빠른 정답 찾기 한양에 성균관과 4부 학당 + 국자감에 서적포를 설치 + 태학과 경당에서 자제를 교육 ➡ **시대별 교육 기관**

자료 분석하기

(다) 고구려는 중앙에 상류층의 자제를 교육하는 관학 교육 기관으로 태학을 설립하였다. 지방에는 경당을 세워 평민들에게 활쏘기와 독서 등을 교육하였다.

(나) 고려 시대에는 최고 교육 기관으로 국자감을 두어 유학 · 잡학 · 기술을 교육하였다. 숙종 때에는 국자감에 서적포를 설치하여 서적의 간행을 활성화하였다.

(가) 조선 시대에는 중앙의 관학 기관으로 4부 학당을 세워 중등 교육을 담당하도록 하였다. 고등 교육 기관인 성균관은 인재 양성을 위해 유학을 교육하였으며 초시인 생원시와 진사시에 합격한 유생들이 우선적으로 입학하였다.

제63회 한국사능력검정시험

01	02	03	04	05	06	07	08	09	10
③	①	③	③	①	③	③	④	④	②
11	12	13	14	15	16	17	18	19	20
③	②	②	②	④	④	①	②	②	②
21	22	23	24	25	26	27	28	29	30
①	①	②	①	④	④	②	④	③	①
31	32	33	34	35	36	37	38	39	40
①	①	②	④	①	②	④	④	④	①
41	42	43	44	45	46	47	48	49	50
③	③	④	②	④	①	③	①	④	①

※ 미니북 04쪽

01 신석기 시대 정답 ③

빠른 정답 찾기
신석기 시대 + 불씨 + 사슴 사냥 + 가락바퀴로 실 뽑기 + 간석기 ➡ **신석기 시대의 생활 모습**

🔍 자료 분석하기

신석기 시대에는 농경이 시작되면서 조·피 등을 재배하였다. 강가나 바닷가에 움집을 짓고 살았으며, 불을 사용하기 시작하였다. 또한, 간석기인 갈돌과 갈판으로 곡식을 갈아서 음식을 만들어 먹었고, 가락바퀴로 실을 뽑아 뼈바늘로 옷을 지어 입었다.

🔍 선택지 분석하기

① **거친무늬 거울** 닦기
② **비파형 동검** 제작하기
⋯ 청동기 시대에는 청동으로 거친무늬 거울을 만들고, 거푸집을 이용하여 비파형 동검을 만드는 등 한반도의 독자적인 청동기 문화를 형성하였다.

 빗살무늬 토기 만들기
⋯ 신석기 시대에는 빗살무늬 토기에 식량을 저장하였다.

④ **철제 농기구**로 밭 갈기
⋯ 철기 시대에는 쟁기, 호미, 쇠스랑 등의 철제 농기구를 사용하여 농사를 지었다.

※ 미니북 05쪽

02 고조선 정답 ①

빠른 정답 찾기
우리 역사상 최초의 나라 + 단군의 탄생 + 왕검성 함락 + 단군 신화 + 한의 공격을 받아 멸망 ➡ **고조선**

🔍 자료 분석하기

고조선은 우리 역사상 최초의 나라로, 단군왕검이 건국하였다. 『삼국유사』의 단군 신화에 따르면, 하늘에서 내려온 환웅과 곰에서 사람으로 변한 웅녀가 혼인하여 낳은 단군왕검이 고조선을 세우고 1,500여 년간 다스렸다고 전해진다. 이후 고조선은 한 무제의 침략을 받아 수도 왕검성이 함락되면서 멸망하였다.

🔍 선택지 분석하기

✓ **범금 8조**가 있었다.
⋯ 고조선은 사회 질서를 유지하기 위해 8개의 조항으로 이루어진 범금 8조를 만들었으나 현재는 3개의 조항만 전해진다.

② **책화**라는 풍습이 있었다.
⋯ 동예는 각 부족의 영역을 중요시하여 서로의 영역을 침범한 경우 노비와 소, 말로 잘못을 갚는 제도인 책화를 두었다.

③ **낙랑군**과 **왜**에 **철을 수출**하였다.
⋯ 삼한 중 변한은 풍부하게 생산되는 철을 해상 교통에 유리한 지역적 특색을 이용하여 낙랑과 왜에 수출하였다.

④ **제가 회의**에서 나라의 중요한 일을 결정하였다.
⋯ 고구려는 귀족 회의인 제가 회의를 통해 나라의 중요한 일을 결정하였다.

한발 더 다가가기

고조선의 건국과 멸망

건국	· 단군왕검이 건국 · 건국 이념: 선민사상, 홍익인간 · 사회: 제정 일치, 사유 재산과 계급 분화, 농경 사회
위만 조선	· 유이민 집단과 토착 세력의 연합 · 본격적으로 철기 문화 수용, 영토 확장, 중계 무역
세력 범위	· 비파형 동검·미송리식 토기 출토 범위와 거의 일치 · 멸망: 한의 침략으로 기원전 108년에 멸망

※ 미니북 06, 21쪽

03 연개소문 정답 ③

빠른 정답 찾기
대막리지 + 천리장성 축조 + 당의 침략에 대비 + 신라의 김춘추가 군사 지원을 요청 + 죽령 서북의 땅 ➡ **연개소문**

142 기출문제집 기본

자료 분석하기

고구려 영류왕 때 연개소문은 당의 침략에 대비하여 동북의 부여성에서 발해만의 비사성까지 천리장성을 만들었다. 이후 정변을 일으켜 영류왕을 몰아내고 보장왕을 왕위에 세운 뒤, 스스로 고구려의 최고 관리인 대막리지가 되어 정권을 장악하였다. 642년, 백제의 공격을 받은 신라가 김춘추를 통해 고구려에 군사 지원을 요청하였다. 이에 연개소문은 신라가 빼앗아 간 죽령 서북 땅을 먼저 돌려줄 것을 요구하였다. 김춘추가 이를 거절하자 연개소문은 그를 감옥에 가두었다.

선택지 분석하기

① 김유신
⋯ 김유신은 황산벌 전투에서 계백의 결사대를 무찌르고, 당의 연합군과 함께 사비성을 점령하여 백제를 멸망시켰다.

② 장보고
⋯ 장보고는 통일 신라 흥덕왕 때 완도에 청해진을 설치하여 해상 무역을 전개하였다.

✓ 연개소문
⋯ 연개소문은 영류왕이 당에 맞서 싸워야 한다는 자신의 의견을 반대하자 정변을 일으켜 영류왕을 몰아내고 스스로 대막리지가 되어 정권을 차지하였다.

④ 흑치상지
⋯ 흑치상지는 백제의 멸망 이후 복신, 도침 등과 함께 왕자 부여풍을 왕으로 추대하고, 임존성과 주류성을 중심으로 백제 부흥 운동을 전개하였다.

🌸 미니북 06쪽

04 신라 정답 ③

빠른 정답 찾기: 포항 중성리 + 현재 남아 있는 비석 중 가장 오래됨 + 관등 체계 및 골품제의 정비 과정 등을 알 수 있음 ➡ 신라

자료 분석하기

포항 중성리 신라비는 현재 남아 있는 신라의 비석 중 가장 오래된 것이다. 신라 관등제의 성립 과정, 골품제의 정비 과정 등 신라의 정치·경제·문화적 상황을 알려 주고 있어 역사적으로 중요한 가치를 가지고 있다.

선택지 분석하기

① 진대법을 실시하였다.
⋯ 고구려 고국천왕은 가난한 사람들을 구제하기 위해 먹을거리가 부족한 봄에 곡식을 빌려주고 겨울에 갚게 하는 진대법을 실시하였다.

② 영고라는 제천 행사를 열었다.
⋯ 부여에서는 12월에 추수 감사제의 성격을 가진 영고라는 제천 행사를 열었다.

 화백 회의라 불리는 합의 기구가 있었다.
⋯ 신라는 귀족 합의 기구인 화백 회의에서 국가의 중요한 일을 만장일치제로 결정하였다.

④ 왕족인 부여씨와 8성의 귀족이 지배층을 이루었다.
⋯ 백제의 지배층은 왕족인 부여씨와 여덟 개의 성씨를 가진 귀족으로 이루어졌다.

05 백제의 문화유산 정답 ①

빠른 정답 찾기: 백제의 대외 교류 + 백제 금동 대향로 + 무령왕릉 ➡ 백제의 문화유산

자료 분석하기

■ **백제 금동 대향로**: 백제 금동 대향로는 부여 능산리 고분군 절터에서 발견되었다. 이 안에는 용, 연꽃, 신선 등 불교적인 관념과 도교의 이상향이 함께 표현되어 있다. 또한, 당시 한반도에서는 볼 수 없었던 원숭이, 악어, 코끼리도 조각되어 있는 것으로 보아 백제가 중국, 인도, 동남아시아 등 여러 나라와 교류하였음을 알 수 있다.

■ **백제 무령왕릉**: 백제 왕들의 무덤이 모여 있는 공주 송산리 고분군에 위치한 백제 무령왕릉은 무령왕과 그 왕비의 무덤이다. 당시 중국 남조 양의 지배층 무덤 양식과 비슷한 벽돌무덤으로 만들어진 것으로 보아 양과 교류하며 영향을 받았음을 알 수 있다.

선택지 분석하기

✓ 칠지도
⋯ 칠지도는 백제 근초고왕이 왜에 하사하였다고 알려진 유물로, 일본에서 발견되었다. 이를 통해 백제가 왜와 교류하면서 다양한 선진 문물을 전파하였다는 것을 확인할 수 있다.

② 청자 상감 운학문 매병
⋯ 청자 상감 운학문 매병은 고려 시대의 대표적인 청자 매병이다. 매병은 중국 송에서 유래한 그릇 양식으로, 고려에서는 그릇 표면을 파낸 자리에 백토나 흑토 등을 메워 무늬를 내는 상감 기법을 이용하여 제작되었다.

③ 천마총 장니 천마도
⋯ 경주 천마총 내부에서 천마를 그린 장니(말을 탈 때 필요한 안장의 부속품)가 발견되었다. 테두리의 덩굴무늬는 고구려 무용총이나 고분 벽화의 무늬와 같은 양식으로, 이를 통해 신라 회화가 고구려의 영향을 받았음을 알 수 있다.

정답 및 해설 **143**

④ 호우총 청동 그릇
→ 경주 호우총 청동 그릇은 신라의 고분에서 발견된 고구려의 그릇이다. 그릇 바닥에 고구려 광개토 대왕을 나타내는 '을묘년국강상광개토지호태왕호우십'이라는 글자가 새겨진 것으로 보아 당시 고구려와 신라가 교류하였음을 알 수 있다.

✾ 미니북 07쪽

06 발해

정답 ③

 대무예 + 무왕 + 대조영의 아들 + 장문휴 + 당의 등주를 공격 + 대당 강경책 + 당 현종 + 대문예 ➡ **발해**

자료 분석하기

발해의 통제 아래에 있던 흑수 말갈이 단독으로 당과 접촉하여 흑수 말갈에 대한 당의 영향력이 커지게 되었다. 이에 발해의 무왕 대무예는 당과 흑수 말갈이 연합하여 발해를 공격할 수 있으므로 동생 대문예에게 흑수 말갈을 정벌하라 명령하였다. 대문예는 흑수 말갈을 공격하면 군사력이 더 뛰어난 당이 발해를 공격할 것을 걱정하여 무왕의 명령을 거부하고 당으로 몸을 피하였다. 무왕은 당에게 대문예를 돌려보낼 것을 요구하였으나 당은 이를 거절하였고, 이에 화가 난 무왕은 장문휴의 수군을 보내 당의 등주를 공격하였다. 당 현종도 대문예를 보내 발해군을 공격하기도 하였으나 큰 성과를 얻지 못하였다.

선택지 분석하기

① **마한의 소국** 중 하나였다.
→ 백제는 삼한 중 마한의 소국인 백제국에서 시작하여 성장하였다.

② **상수리 제도**를 실시하였다.
→ 통일 신라 때 지방 세력이 성장하는 것을 막기 위해 지방 호족의 자식 1명을 뽑아 중앙에서 머물게 하는 상수리 제도를 실시하였다.

✓ 전성기에 해동성국이라 불렸다.
→ 발해 선왕 때 영토를 크게 확장하고 전성기를 누리면서 주변 국가들로부터 해동성국이라 불렸다.

④ **광덕, 준풍** 등의 연호를 사용하였다.
→ 고려 광종은 왕권을 강화하기 위해 스스로를 황제라 하고, 광덕, 준풍 등의 연호를 사용하였다.

07 집사부

정답 ③

 신라의 중앙 행정 기구 + 왕의 명령 전달과 국가 기밀 담당 + 장관을 중시 또는 시중이라 부름 ➡ **집사부**

자료 분석하기

집사부는 통일 신라의 중앙 행정 기구이다. 왕의 명령 전달과 국가 기밀을 담당하였다. 집사부를 중심으로 그 아래 위화부를 포함한 13부를 두어 행정 업무를 나눠 처리하였다. 집사부의 장관은 중시 또는 시중이라 불렸다.

선택지 분석하기

① 의정부
→ 의정부는 조선의 최고 행정 기관이다. 영의정, 좌의정, 우의정의 3정승 합의제로 운영되었으며, 정책을 심의·결정하고 국정을 총괄하였다.

② 정당성
→ 정당성은 발해의 중앙 관부인 3성 가운데 하나로, 실제 권력이 집중되어 있었다. 정당성의 장관인 대내상이 국정을 총괄하였으며, 그 밑에 행정 업무를 담당하는 6부를 두어 운영하였다.

✓ 집사부
→ 집사부는 국가 재정 업무를 담당하던 품주를 개편하여 설치된 신라의 중앙 행정 기구이다. 왕의 명령을 수행하고, 국가의 기밀 사무를 처리하였다.

④ 도병마사
→ 도병마사는 고려의 재신(중서문하성의 2품 이상)과 추밀(중추원의 2품 이상)이 국방 및 군사 문제를 논의하는 임시 회의 기구였다. 이후 원 간섭기 충렬왕 때 도평의사사로 명칭이 바뀌면서 최고 정무 기구가 되었다.

08 신라의 경제 상황

정답 ④

 촌락 문서 + 민정 문서 + 조세 수취 제도를 살펴볼 수 있음 ➡ **신라의 경제 상황**

자료 분석하기

민정 문서라고도 불리는 신라 촌락 문서는 통일 신라 촌락에 대한 기록 문서이다. 촌주는 3년마다 이 문서를 작성하였다고 알려져 있다. 또한, 이 문서에는 755년경 서원경 인근 4개 마을에 대한 인구, 논, 밭, 가축, 나무 등의 수를 조사한 내용이 담겨 있어 통일 신라의 조세 수취 제도에 대해 알 수 있는 중요한 자료이다.

🔍 선택지 분석하기

① 활구라고 불리는 은병이 유통되었다.
⋯ 고려 숙종 때 상업이 활발해지면서 삼한통보, 해동통보, 해동중보 등의 동전과 활구(은병)를 만들어 화폐가 널리 쓰이도록 하려 했으나 큰 성과를 보지 못하였다.

② 고추, 담배 등이 상품 작물로 재배되었다.
⋯ 조선 임진왜란 이후 고추와 담배 등이 국내에 들어오기 시작하였다. 이에 조선 후기에는 상품 유통이 활발해지면서 고추, 담배 등이 상품 작물로 재배되었다.

③ 관청에 물품을 조달하는 공인이 활동하였다.
⋯ 조선 광해군 때 공납의 폐단을 해결하기 위해 대동법을 실시하였다. 이에 따라 국가에 필요한 물품을 관청에 조달하는 공인이 등장하여 활동하였다.

✅ 시장을 감독하기 위한 기구로 동시전이 설치되었다.
⋯ 신라 지증왕은 경주에 시장을 설치하고 이를 관리·감독하기 위한 기구인 동시전을 설치하였다.

---

09 최치원 정답 ④

📌 **빠른 정답 찾기**
호가 고운 + 신라 말기에 활동 + 당의 빈공과에 합격 + 난을 일으킨 황소에게 항복을 권하는 격문을 씀 + 진성 여왕에게 개혁안을 올림 ➡ **최치원**

🔍 자료 분석하기

최치원은 통일 신라 말 6두품 출신 유학자로, 당의 빈공과에 합격하여 관리 생활을 하였다. 당에서 황소의 난이 발생하였을 때 황소에게 항복을 권유하기 위해 '격황소서'를 작성하기도 하였다. 이후 귀국하여 신라의 부패와 반란, 농민 봉기 등을 목격하면서 진성 여왕에게 구체적인 개혁안인 시무책 10여 조를 건의하였으나 실현되지 않았다.

🔍 선택지 분석하기

① 강수
⋯ 통일 신라 6두품 출신인 강수는 유학자이면서 뛰어난 문장가로 국제 외교 분야에서 활약하였다. 특히, 당에 잡혀 있던 무열왕의 아들 김인문을 풀어 줄 것을 요청한 「청방인문표」를 작성하여 풀려나도록 하였다.

② 설총
⋯ 설총은 통일 신라 6두품 출신으로 한자의 음(音)과 훈(訓)을 빌려 우리말을 표기하는 이두를 정리하였다.

③ 김부식
⋯ 고려의 유학자 김부식은 유교적 사관을 바탕으로 한 기전체 형식의 역사서 『삼국사기』를 편찬하였다.

✅ 최치원
⋯ 최치원은 통일 신라 6두품 출신으로 당의 빈공과에 합격하였으며, 진성 여왕에게 시무책 10여 조를 건의하였다.

한발 더 다가가기

통일 신라의 대표적 유학자

강수	대당 외교 문서 작성에 탁월한 능력 발휘
설총	• 「화왕계」 저술 → 유교적 도덕 정치 강조 • 이두 정리 → 유교 경전 보급에 기여
최치원	• 당의 빈공과에 급제, 시무책 10여 조 건의 • 골품제 비판 및 개혁 사상 제시

---

10 고려 태조 정답 ②

📌 **빠른 정답 찾기**
훈요 10조를 남김 + 박술희 ➡ **고려 태조**

🔍 자료 분석하기

고려 태조는 후대의 왕들이 지침으로 삼을 수 있는 훈요 10조를 남겼다. 이 안에는 불교를 중요하게 여겨야 한다는 숭불 정책, 북쪽으로 나아가야 한다는 북진 정책, 백성들의 삶이 편안할 수 있도록 해야 한다는 민생 안정책 등의 내용을 담았다.

🔍 선택지 분석하기

① 집현전을 설치하였다.
⋯ 조선 세종은 유교 정치의 활성화를 위해 학문 연구 및 국왕의 자문 기관이자 왕실 연구 기관인 집현전을 설치하였다.

✅ 기인 제도를 실시하였다.
⋯ 고려 태조는 지방 호족의 자식을 일정 기간 동안 수도인 개경에 있도록 하는 기인 제도를 실시하여 호족 세력을 견제하고자 하였다.

③ 나선 정벌을 단행하였다.
⋯ 조선 효종 때 러시아가 만주 지역까지 침략해 오자 청이 조선에 원병을 요청하였다. 이에 조선은 두 차례에 걸쳐 조총 부대를 보내 나선 정벌에 나섰다.

④ 노비안검법을 시행하였다.
⋯ 고려 광종은 노비안검법을 실시하여 억울하게 노비가 된 사람들을 풀어주고 호족의 세력을 약화시키고자 하였다.

11 고려 정치의 전개 과정

미니북 08쪽
정답 ③

빠른 정답 찾기
(나) 이자겸의 난 ➡ (다) 묘청의 서경 천도 운동 ➡ (가) 무신 정변

자료 분석하기

- (나) **이자겸의 난**(1126): 고려 중기 이자겸은 왕의 외척으로서 최고 권력을 누리면서 국왕의 자리까지 넘보았다. 이에 인종이 이자겸을 제거하려다 실패하면서 이자겸이 반란을 일으켰다.
- (다) **묘청의 서경 천도 운동**(1135): 고려 인종 때 묘청을 중심으로 한 서경 세력은 풍수지리설을 바탕으로 서경으로 도읍을 옮기고, 금을 정벌할 것을 주장하였으나 받아들여지지 않았다. 이에 묘청은 국호를 대위, 연호를 천개로 하여 서경에서 반란을 일으켰으나 김부식의 관군에 의해 진압되었다.
- (가) **무신 정변**(1170): 고려는 문벌 귀족들이 정치권력을 독차지하고, 심지어 군대를 지휘하는 권한마저 장악하며 무신을 차별하였다. 그러던 중 보현원에서 수박희(무기를 사용하지 않고 맨손과 몸으로 상대방을 치고 막아내는 격투 기술)를 하다가 대장군 이소응이 문신 한뢰에게 뺨을 맞는 일이 벌어졌다. 이를 계기로 분노가 폭발한 무신들이 정중부와 이의방을 중심으로 무신 정변을 일으켜 의종을 폐위하고 명종을 즉위시키며 정권을 장악하였다.

12 고려의 지방 통치 제도

미니북 06, 07, 08쪽
정답 ②

빠른 정답 찾기
공주 명학소 + 충순현으로 승격 + 망이·망소이 + 난을 일으켜 공주를 함락 + 소의 주민으로서 차별을 겪음
➡ 고려 망이·망소이의 난

자료 분석하기

고려의 지방 행정 체제에는 특수 행정 구역인 향·부곡·소가 있었다. 향과 부곡은 신라 때부터 형성되어 이어진 군현 체제로, 농경지를 일구어 만든 마을 중 크기가 일반 군현에 미치지 못하거나 왕조에 반항하던 집단의 거주지를 재편한 곳이었다. 소는 고려 때 형성된 것으로, 수공업이나 광업, 지방 특산물을 생산하는 지역이었다. 향·부곡·소의 백성들은 신분상 양인이었으나 일반 군현의 백성들에 비해 신분적으로 차별을 받았다. 고려 무신 정권 시기에 공주 명학소에서 망이·망소이가 특수 행정 구역인 소의 주민에 대한 차별 대우에 항의하여 반란을 일으켰다. 이에 고려 정부는 반란을 진압하기 위해 군대를 보냈으나 패배하자 공주 명학소를 충순현으로 승격시켜 사람들을 달래고자 하였다.

선택지 분석하기

① 지방에 **22담로**를 두었다.
⋯ 백제 무령왕은 지방에 22담로를 설치하고 왕족을 파견하여 지방에 대한 통제를 강화하였다.

✓ **양계**에 **병마사**를 파견하였다.
⋯ 고려 현종은 전국을 5도와 양계, 경기로 나누어 지방 행정 제도를 확립하였고, 국경 지역인 양계에는 병마사를 파견하였다.

③ 주요 지역에 **5소경**을 설치하였다.
⋯ 통일 신라 신문왕은 전국을 9주로 나누고, 수도의 위치가 남동쪽에 치우친 것을 보완하기 위해 주요 지역에 5소경을 설치하였다.

④ 전국을 **5경 15부 62주**로 나누었다.
⋯ 발해는 선왕 때 영토를 크게 확장하여 지방 행정 제도를 5경 15부 62주로 정비하였다.

한발 더 다가가기

고려의 지방 행정 제도

경기	수도인 개경과 개경을 둘러싼 군·현
5도	• 일반 행정 구역 • 5도-주·군·현-촌 • 안찰사 파견 • 향·부곡·소: 특수 행정 구역, 다른 지역의 평민에 비해 차별 대우를 받음
양계	• 군사 행정 구역 • 동계, 북계 • 병마사 파견

13 고려의 교육 기관

미니북 08, 28쪽
정답 ②

빠른 정답 찾기
고려 + 교육 기관 ➡ 고려의 교육 기관

선택지 분석하기

① 최고 국립 교육 기관으로 **국자감**을 두었어요.
⋯ 고려 성종은 최고 교육 기관인 국자감을 설치하고 지방에 경학 박사와 의학 박사를 파견하여 유학 교육을 활성화하려 하였다.

✓ **경당**에서 글과 활쏘기를 가르쳤어요.
⋯ 고구려는 평민의 자식들을 교육하기 위하여 민간 교육 기관인 경당을 설립하였다. 경당에서는 글과 활쏘기 등을 가르쳤다.

③ **문헌공도** 등 **사학 12도**가 번성하였어요.
⋯ 고려 문종 때 최충이 세운 9재 학당을 중심으로 사학 12도가 번성하였다. 최충이 죽고 난 뒤에는 9재 학당을 그의 시호를 따서 문헌공도라고 불렀다.

④ 지방에 유학 교육을 담당하는 향교가 있었어요.
…› 향교는 성균관에 속한 국가 교육 기관으로, 지방의 부·목·군·현에 설립되어 지방민에 대한 교육을 담당하였다. 중앙에서는 향교의 규모와 지역에 따라 교관인 교수 또는 훈도를 파견하였다.

14 원 간섭기

미니북 08, 27쪽
정답 ②

빠른 정답 찾기 원의 정치적 간섭을 받던 시기 + 중앙 정치 기구의 변화 + 관제 격하 + 첨의부 + 4사 + 밀직사 + 감찰사 ➡ **원 간섭기**

자료 분석하기

원(몽골)의 침략으로 고려는 무신 정권이 무너지고, 원과 강화를 맺게 되었다. 이후 원에 인질로 머무르던 고려 태자가 귀국하여 원종으로 즉위하였으며, 이때부터 고려의 태자는 왕위를 물려받을 때까지 원에 머무르는 것이 당연하게 되었다. 또한, 원은 고려의 왕과 원의 공주와 혼인하게 하여 고려를 사위의 국가로 만들었다. 더불어 고려의 왕을 부르는 호칭을 낮추고, 행정 기구의 명칭을 첨의부, 4사, 밀직사, 감찰사 등으로 격을 낮추어 바꾸는 등 국가 행정까지 간섭하였다.

선택지 분석하기

① 별무반이 편성되었다.
…› 고려 시대 윤관은 여진이 고려의 국경을 자주 침입하자 숙종에게 건의하여 별무반을 편성하였다. 이후 예종 때 윤관은 별무반을 이끌고 여진을 몰아낸 뒤 동북 9성을 지었다.

정동행성이 설치되었다.
…› 고려 충렬왕 때 원은 일본 원정을 위해 고려에 정동행성을 설치하였다. 이 기구는 이후 고려의 내정 간섭 기구로 유지되었다.

③ 6조 직계제가 실시되었다.
…› 조선 세조는 왕권을 강화하기 위해 고려 태조 때 시행하였던 6조 직계제를 다시 시행하여 6조가 의정부를 거치지 않고 왕에게 직접 업무를 보고하게 하였다.

④ 김흠돌의 난이 진압되었다.
…› 통일 신라 신문왕은 장인인 김흠돌이 일으킨 반란을 진압하고, 자신에게 반대하는 귀족 세력을 제거하여 왕권을 강화하였다.

15 공민왕

미니북 08쪽
정답 ④

빠른 정답 찾기 기철 등 친원 세력 제거 + 쌍성총관부 공격 ➡ **공민왕의 업적**

자료 분석하기

고려 공민왕은 원의 간섭에서 벗어나 왕권을 강화하기 위해 변발과 호복 등 몽골의 풍습을 금지시키고, 기철 등의 친원 세력을 제거하였다. 또한, 쌍성총관부를 공격하여 원에 빼앗긴 철령 이북의 땅을 되찾았다.

선택지 분석하기

① 사비로 천도하였다.
…› 백제 성왕은 웅진(공주)에서 사비(부여)로 수도를 옮기고 국호를 남부여로 고쳐 백제를 다시 일으키려 하였다.

② 북한산 순수비를 세웠다.
…› 신라 진흥왕은 한강 유역을 차지하고 이를 기념하기 위해 북한산 순수비를 세웠다.

③ 독서삼품과를 실시하였다.
…› 통일 신라 원성왕은 국학의 학생들을 대상으로 독서삼품과를 실시하여 유교 경전의 이해 수준에 따라 관리로 채용하였다.

전민변정도감을 설치하였다.
…› 고려 공민왕은 신돈의 건의로 전민변정도감을 설치하여 권문세족에 의해 빼앗긴 토지를 원래 주인에게 돌려주고 억울하게 노비가 된 자를 풀어주었다.

16 영주 부석사 무량수전

미니북 47쪽
정답 ④

빠른 정답 찾기 고려 시대의 목조 건축 + 배흘림 기둥 + 주심포 양식 ➡ **영주 부석사 무량수전**

자료 분석하기

영주 부석사 무량수전은 현재 남아 있는 고려 시대 목조 건물 중 하나이다. 기둥의 중간 부분은 두껍게 하고 위와 아래로 갈수록 굵기가 점차 줄어드는 배흘림 기둥을 사용하였다. 또한, 지붕 처마를 받치기 위해 공포가 사용되었는데, 공포는 기둥 위에만 간결하게 짜 올리는 주심포 양식으로 제작되었다. 영주 부석사 무량수전과 함께 현재까지 남아 있는 고려 시대 건축물로는 충렬왕 때 지어진 예산 수덕사 대웅전과 우리나라의 목조 건물 중 가장 오래된 건물인 안동 봉정사 극락전 등이 있다.

선택지 분석하기

① 종묘 정전
→ 종묘는 역대 조선 왕들의 신위를 모신 곳이며, 정전은 종묘의 중심 건물이다. 정전은 총 19개의 방으로 이루어져 있고, 각 방들이 옆으로 길게 이어져 있어 우리나라 단일 건물로는 가장 긴 건물이다.

② 경복궁 근정전
→ 경복궁은 조선 건국 후 수도를 개경에서 한양으로 옮기면서 지어진 궁궐이다. 경복궁의 정전인 근정전에서는 국왕의 즉위식이나 국가의 행사가 진행되었다.

③ 법주사 팔상전
→ 충북 보은군에 위치한 법주사 팔상전은 조선 시대의 목조 건물로, 석가모니의 일생을 여덟 폭의 그림으로 나누어 그린 「팔상도」가 그려져 있어 팔상전이라고 불린다.

 부석사 무량수전
→ 영주 부석사 무량수전은 고려 시대 목조 건물로 경북 영주시에 위치해 있으며, 배흘림기둥과 주심포 양식으로 만들어졌다.

17 과전법 정답 ①
미니북 08, 29쪽

빠른 정답 찾기: 수도에 거주하는 관료 + 경기 안의 토지만을 지급 + 법으로 제정 + 다시 시작 + 조준의 상소 ➡ 과전법

자료 분석하기
고려 공양왕 때 신진 사대부 조준, 정도전 등의 건의로 토지 개혁 제도인 과전법이 시행되었다. 권문세족이 가지고 있던 토지를 몰수한 뒤, 경기 지역에 한정된 토지만을 과전으로 지급하여 권문세족의 경제적 기반을 약화시켰다.

선택지 분석하기
✓ 과전법
→ 고려 공양왕 때 시행된 과전법은 전·현직 관리에게만 토지에 부과된 세금을 거둘 수 있는 권리인 수조권을 지급하는 제도이다. 지급하는 토지는 경기 지역으로 제한하였다.

② 대동법
→ 조선 광해군 때 방납의 폐단을 해결하기 위해 특산물 대신 쌀, 옷감, 동전 등으로 공납을 걷는 대동법을 실시하였다.

③ 영정법
→ 조선 인조는 농민들의 부담을 줄여주기 위해 영정법을 실시하여 풍년과 흉년에 관계없이 전세를 토지 1결당 쌀 4~6두로 고정시켰다.

④ 호패법
→ 조선 태종은 정확하게 인구를 파악하여 조세와 역을 부과하고자 하였다. 이에 16세 이상의 남자들에게 일종의 신분증명서인 호패를 발급하는 호패법을 실시하였다.

18 조선 세종 정답 ①
 미니북 09쪽

빠른 정답 찾기: 정초, 변효문 + 왕의 명을 받아 편찬한 농서 + 우리 풍토에 맞는 농법 보급 + 농부들의 경험을 수집하여 간행 + 농사직설
➡ 조선 세종의 업적

자료 분석하기
조선 세종은 정초, 변효문 등을 시켜 우리나라의 풍토에 알맞은 농법인 『농사직설』을 간행하게 하였다. 농부들의 경험과 기존의 농법 중에서 우리 땅에 적절한 방법만을 모으도록 하였으며, 곡식 씨앗의 선택과 저장 방법, 논밭갈이 등의 내용을 실었다.

선택지 분석하기
 자격루가 제작되었다.
→ 조선 세종 때 장영실이 만든 물시계 자격루는 물이 늘어나는 양과 감소하는 양으로 시간을 측정하는 장치이다. 정해진 시간에 종과 징, 북이 저절로 울리도록 제작되었다.

② 화통도감이 설치되었다.
→ 고려 우왕 때 최무선은 화통도감 설치를 건의하여 화약과 화포를 제작하였고, 이를 활용하여 진포에서 왜구를 물리쳤다.

③ 삼국유사가 저술되었다.
→ 고려 시대에 승려 일연은 불교사를 중심으로 한 역사서인 『삼국유사』를 저술하였다.

④ 백두산정계비가 건립되었다.
→ 조선 숙종 때 간도 지역을 두고 청과 국경 분쟁이 발생하자 두 나라 대표가 백두산 일대를 답사하고 국경을 확정하여 백두산정계비를 세웠다.

한발 더 다가가기
조선 세종의 분야별 업적

정치	의정부 서사제, 집현전 설치, 경연 활성화
군사	4군 6진 개척, 쓰시마섬 토벌
과학	측우기, 자격루 등 농업 관련 기술 발달
문화	• 훈민정음 창제: 민족 문화의 기반 확립 • 편찬 사업: 『삼강행실도』, 『칠정산』, 『농사직설』, 『향약집성방』, 『의방유취』 등

19 조선 성종

정답 ②

빠른 정답 찾기
조선 왕실 + 자손이 태어나면 태실을 만들어 탯줄을 보관 + 『국조오례의』 편찬 + 통치 체제 정비 + 조선 제9대 왕 ➡ 조선 성종

자료 분석하기

조선 시대에는 왕실 후손의 태실은 국가의 운과 직접적으로 관련 있다고 생각하였다. 이에 왕실에서 아기가 태어나면 탯줄과 태반을 깨끗이 씻어 태항아리에 넣은 후 전국 각지의 명당에 만든 태실에 보관하였다. 현재 창경궁에 태실을 모신 조선 성종은 예법과 절차 등을 그림과 함께 기록한 『국조오례의』를 편찬하였다.

선택지 분석하기

① 훈민정음을 창제하였다.
⋯ 조선 세종은 우리나라의 독창적인 문자인 훈민정음을 창제하고 반포하였다.

✔ 경국대전을 완성하였다.
⋯ 조선 성종은 세조 때부터 편찬되기 시작한 조선의 기본 법전인 『경국대전』을 완성·반포하였다.

③ 초계문신제를 시행하였다.
⋯ 조선 정조는 새롭게 관직에 오른 자 또는 기존 관리들 중 능력 있는 자들을 규장각에서 재교육시키는 초계문신제를 시행하였다.

④ 위화도 회군을 단행하였다.
⋯ 고려 후기 무신 이성계는 최영을 중심으로 추진된 요동 정벌에 반대하였으나 왕의 명령으로 군사를 이끌고 요동으로 향했다. 그러던 중 압록강 위화도에서 군사를 돌려 개경으로 돌아가 최영을 제거하고 우왕을 폐위한 뒤 창왕을 즉위시켜 권력을 장악하였다.

20 사림의 분화

정답 ②

빠른 정답 찾기
(가) 기묘사화 ➡ 사림의 분화 ➡ (나) 예송 논쟁(기해예송)

자료 분석하기

(가) **기묘사화**(1519): 조선 중종은 반정으로 왕위에 오른 뒤 훈구파를 견제하고 연산군의 잘못된 정치를 개혁하기 위해 사림파를 등용하였다. 이때 발탁된 조광조는 개혁을 추진하며 반정 공신들의 위훈 삭제를 주장하였다. 이에 훈구파가 반발하여 기묘사화가 발생하였고, 많은 사림 세력들이 피해를 입었다.

(나) **예송 논쟁(기해예송)**(1659): 조선 현종 때 효종의 국상 당시 인조의 계비인 자의 대비가 상복을 입는 기간을 놓고 서인과 남인 사이에 예송 논쟁이 발생하였다. 이 당시 서인은 효종이 둘째 아들이므로 자의 대비가 1년 동안 상복을 입어야 한다고 주장하였다. 반면에 남인은 효종을 첫째 아들과 같이 대우하여야 하므로 자의 대비는 3년 동안 상복을 입어야 한다고 주장하였으나 서인 세력이 승리하였다.

선택지 분석하기

① 김옥균 등이 갑신정변을 일으켰다.
⋯ 김옥균, 박영효를 중심으로 한 급진 개화파는 우정총국 개국 축하연 자리에서 갑신정변을 일으켰으나 청군의 개입으로 3일 만에 실패하였다(1884).

✔ 사림이 동인과 서인으로 나뉘었다.
⋯ 조선 선조 때 사림 세력이 이조 전랑 임명권을 놓고 김효원을 중심으로 한 동인과 심의겸을 중심으로 한 서인으로 나뉘면서 붕당 정치가 시작되었다(1575).

③ 성균관 입구에 탕평비가 건립되었다.
⋯ 조선 영조는 붕당 정치의 폐해를 막고 능력에 따른 인재를 등용하기 위해 탕평책을 실시하였고, 이를 알리고자 성균관에 탕평비를 건립하였다(1742).

④ 왕자의 난으로 정도전 등이 피살되었다.
⋯ 조선 건국 이후 왕위 계승권을 둘러싸고 태조 이성계의 아들들 사이에서 두 차례의 왕자의 난이 일어났다. 태조의 막내 아들인 이방석이 세자에 책봉된 것에 반발한 이성계가 세자 이방석과 정도전 등을 제거하면서 제1차 왕자의 난이 발생하였다(1398).

21 시대별 대외 전투

정답 ①

빠른 정답 찾기
외세의 침략을 물리친 전투 + 삼국 시대 + 을지문덕 + 수의 침략 + 살수 대첩 + 고려 시대 + 강감찬 + 거란의 대군 + 조선 시대 + 이순신 + 학익진 + 한산도 대첩 ➡ 시대별 대외 전투

자료 분석하기

- **을지문덕의 살수 대첩**(612): 수 양제는 113만 대군을 이끌고 직접 고구려의 요동성을 공격하였으나 실패하자 우중문을 시켜 30만의 별동대로 평양성을 공격하도록 하였다. 이에 을지문덕이 이들을 살수로 유인하여 크게 승리하였다.
- **이순신의 한산도 대첩**(1592): 이순신의 수군은 임진왜란 때 학익진 전법을 활용하여 일본 수군을 물리치고 크게 승리하였다.

정답 및 해설 **149**

선택지 분석하기

✅ ① 귀주 대첩
→ 강감찬은 강동 6주의 반환 등을 요구한 거란의 3차 침입 때 소배압이 이끄는 10만 대군에 맞서 귀주에서 크게 승리하였다(1019).

② 진포 대첩
→ 고려 우왕 때 진포에 왜구가 침략하자 최무선이 화포를 이용하여 왜구를 물리치며 크게 승리하였다(1380).

③ 행주 대첩
→ 임진왜란 때 왜군이 행주산성을 공격하였다. 이에 권율을 중심으로 한 조선 군대와 백성들이 맞서 싸워 왜군을 물리치고 큰 승리를 거두었다(1593).

④ 황산 대첩
→ 고려 말 이성계는 황산에서 왜구를 물리치는 등의 공을 세워 신흥 무인 세력으로 성장하였다(1380).

22 조선 후기의 경제 상황 정답 ①

빠른 정답 찾기: 기근이 심함 + 통신사 조엄이 들여온 고구마 + 구황 작물 + 수령과 아전들의 수탈 ➡ 조선 후기의 경제 상황

자료 분석하기

조선 영조 때 조선 통신사로 일본에 다녀온 조엄이 농민들의 식량 문제를 해결하기 위해 고구마를 국내로 들여왔다. 이후 고구마는 구황 작물의 하나로 재배되기 시작하였다. 그러나 후기로 갈수록 수령과 향리의 수탈이 더욱 극심해지고 삼정의 문란 등 근본적인 문제가 해결되지 않아 농민들의 고통을 줄여주지 못하였다.

선택지 분석하기

✅ ① 상평통보가 유통되었다.
→ 조선 후기에는 상공업이 발달하여 금속 화폐인 상평통보가 전국적으로 유통되었다.

② 전시과 제도가 실시되었다.
→ 고려 경종에 의해 처음 시행된 전시과는 고려의 관리를 대상으로 한 토지 제도이다. 초기에는 관등과 인품을 기준으로 토지를 지급하였다.

③ 벽란도가 국제 무역항으로 번성하였다.
→ 고려는 예성강 하구에 위치한 국제 무역항인 벽란도를 통해 송·일본·아라비아 상인들과 활발한 교역을 전개하였다.

④ 팔관회의 경비 마련을 위해 팔관보가 설치되었다.
→ 고려 시대에 불교 행사인 팔관회를 담당하고 운영 경비를 마련하기 위해 팔관보가 설치되었다.

23 퇴계 이황 정답 ②

빠른 정답 찾기: 도산 서당 + 『성학십도』를 저술 + 성리학자 + 그의 사후 제자들이 도산 서원을 조성 ➡ 퇴계 이황

자료 분석하기

퇴계 이황은 주자학을 집대성한 성리학자로 조선 유학의 길을 정립하였고, 일본 유학의 성장에도 영향을 주었다. 조선 선조 때 이황은 선조가 성군이 되기를 바라는 마음을 담아 『성학십도』를 저술하여 군주의 도를 도식으로 설명하였다. 이황이 죽은 뒤에는 이황을 추모하는 문인과 유생들이 안동에 도산 서원을 건립하였으며, 이후 사액 서원이 되면서 영남 지방 사림의 중심지가 되었다.

선택지 분석하기

① 서희
→ 서희는 거란의 1차 침입 때 소손녕과 외교 담판을 통해 거란과 교류할 것을 약속하는 대신, 고려가 고구려를 계승하였음을 인정받고 압록강 동쪽의 강동 6주를 획득하였다.

✅ ② 이황
→ 조선 중기 이황은 성리학을 체계화하여 조선의 성리학을 크게 발전시켰다.

③ 박제가
→ 박제가는 서얼 출신으로 조선 정조 때 규장각 검서관에 등용되었다. 또한, 『북학의』를 저술하여 청의 문물을 수용할 것과 수레와 배의 이용, 적극적인 소비를 권장하였다.

④ 정몽주
→ 정몽주는 고려 후기 대표적인 온건 개혁파로, 혼란스러운 고려 왕조를 정리하고 유지시키기 위해 노력하였다. 그러나 새 왕조를 세우기 위해 손잡은 급진 개혁파 정도전, 신흥 무인 세력 이성계 등과 대립하다가 결국 선죽교에서 이방원에게 제거되었다.

24 병자호란 정답 ①

빠른 정답 찾기: 남한산성 + 삼전도 + 청 황제에게 항복 ➡ 병자호란

자료 뜯어보기

남한산성을 나와 삼전도*에 도착한 왕께서 청 황제 앞에 나아가 항복의 예를 행하였다. 예를 마치고 해 질 무렵이 되자 청 황제가 왕에게 도성으로 돌아가도록 허락하였다. 포로로 사로잡힌 이들이 도성으로 돌아가는 왕을 보고 "우리 임금이시여, 우리 임금이시여. 우리를 버리고 가십니까."라며 울부짖는데, 그 수가 만 명을 헤아렸다.

* 삼전도: 오늘날 서울 송파구 삼전동에 위치한 나루터이다. 1439년 세종 때 설치되었으며, 서울과 경기도를 잇는 교통의 요지 역할을 하였다. 특히, 한양의 궁궐에서 군사적으로 중요한 곳인 남한산성으로 향하는 가장 빠른 길로 이용되었다.
- 주어진 사료는 병자호란에 대한 내용으로, 이를 통해 병자호란 이후 일어난 사건을 찾는 문제임을 알 수 있다.

자료 분석하기

후금은 국호를 청으로 고치고 조선에 군신 관계를 요구하였다. 조선이 이를 거부하자 청 태종이 10만 대군을 거느리고 조선을 침략하여 병자호란이 발생하였다(1636). 인조는 강화도로 보낸 왕족과 신하들이 인질로 잡히자 삼전도에서 항복하였고, 소현 세자와 봉림 대군 등이 청에 볼모로 보내졌다.

선택지 분석하기

✓ **북벌이 추진**되었다.
→ 병자호란 이후 청에 인질로 갔던 봉림 대군이 귀국하여 효종으로 즉위하면서 어영청을 중심으로 북벌이 추진되었다(1649~1659).

② **강화도로 천도**하였다.
④ **최씨 무신 정권이 붕괴**하였다.
→ 고려 최씨 무신 정권 시기에 몽골이 침입해 오자 최우는 상대적으로 수군이 약한 몽골에 대항하기 위해 강화도로 수도를 옮기고 장기 항쟁을 준비하였다(1232). 그러나 결국 몽골에 패하면서 무신 정권은 붕괴하였다. 고려는 몽골과 강화를 체결하고(1259), 수도를 강화도에서 개경으로 다시 옮겼다(1270).

③ **쓰시마섬을 정벌**하였다.
→ 고려 창왕 때 박위를 파견하여 왜구의 본거지인 쓰시마섬을 정벌하였다(1389).

🌸 미니북 09, 25쪽

25 훈련도감   정답 ④

빠른 정답 찾기: 네덜란드 + 조선의 무관 + 박연 + 벨테브레이 + 서양의 화포 기술을 전수 + 임진왜란 중 설치 + 포수, 사수, 살수의 삼수병으로 구성 ➡ **훈련도감**

자료 분석하기

조선은 임진왜란 때 포수, 사수, 살수의 삼수병으로 편성된 훈련도감을 설치하였다. 이 시기 벨테브레이와 하멜 일행이 바다를 표류하다가 제주도에 도착하였다. 이후 벨테브레이는 박연으로 이름을 바꾸고 조선에 귀화하였고, 효종은 벨테브레이를 훈련도감에 배치하여 서양식 대포의 제조법과 조종법을 가르치도록 하였다.

선택지 분석하기

① **9서당**
→ 통일 신라 신문왕은 중앙군을 9서당, 지방군을 10정으로 편성하여 군사 조직을 정비하였다.

② **별기군**
→ 고종은 개화 정책의 일환으로 기존 5군영을 무위영과 장어영의 2영으로 개편하고 신식 군대인 별기군을 설치하였다.

③ **삼별초**
→ 고려 무신 정권 시기에 최우는 치안 유지를 위해 삼별초를 구성하였으며, 이는 최씨 무신 정권의 군사적 기반이 되었다.

✓ **훈련도감**
→ 훈련도감은 포수, 사수, 살수의 삼수병으로 구성된 군사 조직으로, 임진왜란 중 군사 조직 개편의 필요성을 느낀 유성룡의 건의로 설치되었다.

🌸 미니북 10, 30쪽

26 세도 정치기   정답 ④

빠른 정답 찾기: 김삿갓 + 김병연 + 안동 김씨 등 소수 외척 가문이 권력을 독점하던 시기 ➡ **세도 정치기**

자료 분석하기

조선 후기 왕실의 외척 가문들이 정권을 잡으면서 정치의 중심이 무너지게 되었다. 이에 따라 인사 행정이 어지러워지고, 관직을 사고팔거나 백성들을 수탈하는 등 부패한 관리의 횡포가 심해졌다. 세도 정치 가문 중 안동 김씨 출신인 김병연은 세도 정치에 반발하여 일어난 홍경래의 난 때 할아버지가 항복한 죄로 가문이 무너져 방랑자가 되었다. 푸른 하늘을 볼 수 없는 죄인이라는 자책감에 삿갓을 쓰고 다녀 김삿갓이라고도 불리며, 전국을 돌아다니며 많은 시를 남겼다.

선택지 분석하기

① **최승로**가 **시무 28조**를 올렸다.
→ 고려 성종은 최승로의 시무 28조를 받아들여 12목을 설치하고 지방 세력을 견제하기 위해 지방관을 파견하였다.

정답 및 해설 **151**

② 수양 대군이 계유정난을 일으켰다.
⋯ 조선 세조는 수양 대군 시절 계유정난을 일으켜 권력을 장악하고 단종을 몰아내 왕으로 즉위하였다.

③ 지방 세력 통제를 위해 사심관 제도가 실시되었다.
⋯ 고려 태조 왕건은 지방의 호족 세력을 견제하고 지방 통치를 강화하기 위해 지방 호족 출신자를 그 지역의 사심관으로 임명하는 사심관 제도를 실시하였다.

✔ 삼정의 문란을 바로잡기 위해 삼정이정청이 설치되었다.
⋯ 조선 후기 세도 정치기에 수취 제도인 전정, 군정, 환곡을 뜻하는 삼정이 제대로 운영되지 않아 수령과 향리의 수탈이 극심하였다. 이에 국가는 삼정이정청을 설치하여 삼정의 문란을 바로잡으려 하였으나 오랜 기간의 세도 정치로 인해 이미 정치적 부패가 극심하여 큰 성과를 이루지 못하였다.

※ 미니북 16쪽

27 홍대용   정답 ②

빠른 정답 찾기: 조선 후기 북학파 실학자 + 유학, 서양 과학 등 여러 학문을 융합 + 『의산문답』 + 무한 우주론 + 중국 중심 세계관에 대한 비판적 인식 ➡ 홍대용

🔍 자료 분석하기

조선 후기 실학자 홍대용은 서양 과학을 적극적으로 수용할 것과 기술의 혁신을 주장하였다. 또한, 『담헌서』, 『의산문답』 등의 책을 통해 지전설과 무한 우주론을 주장하면서 중국 중심의 성리학적 세계관을 비판하였다.

🔍 선택지 분석하기

① 추사체를 창안하였다.
⋯ 조선 후기 김정희는 왕희지체, 구양순체 등 역대 명필을 두루 연구하여 추사체를 창안하였다.

✔ 지전설을 주장하였다.
⋯ 조선 후기 실학자 홍대용은 지구가 스스로 움직인다는 지전설을 주장하였다.

③ 사상 의학을 정립하였다.
⋯ 조선 후기 이제마는 『동의수세보원』을 저술하고 사상 의학을 정립하여 사람의 체질을 태양인, 태음인, 소양인, 소음인으로 구분하였다.

④ 대동여지도를 제작하였다.
⋯ 조선 후기 김정호는 10리마다 눈금을 표시하여 거리를 알 수 있게 한 대동여지도를 제작하였다. 이는 목판으로 제작되어 대량 인쇄가 가능하였다.

※ 미니북 10, 16쪽

28 수원 화성   정답 ③

빠른 정답 찾기: 정조의 명에 의해 축조 + 거중기 이용 + 일제 강점기와 6 · 25 전쟁을 거치며 일부 훼손 + 의궤의 기록을 바탕으로 복원 + 남포루 ➡ 수원 화성

🔍 자료 분석하기

조선 후기 정조는 수원 화성을 건설하여 정치적 · 군사적 기능을 부여하였다. 또한, 성벽의 일부를 밖으로 돌출시키고 그 안에 화포 등을 감춘 포루, 적의 움직임을 살핌과 동시에 공격도 가능한 공심돈 등의 방어 시설을 설치하였다. 화성을 지을 때는 정약용이 건의한 거중기가 이용되어 공사 기간과 비용을 줄일 수 있었다. 이러한 건축 과정이 『화성성역의궤』에 기록되어 있어 일제 강점기와 6 · 25 전쟁을 거치며 일부 훼손된 부분이 오늘날 원형에 가깝게 복원되었다.

🔍 선택지 분석하기

① 공산성
⋯ 백제는 고구려 장수왕의 공격으로 한성이 함락되고 개로왕이 전사하자 웅진(공주)으로 도읍을 옮기고 이를 방어하기 위해 공산성을 건축하였다.

② 전주성
⋯ 1894년 동학 농민 운동을 일으킨 농민군은 전주성을 점령하고 전라도 일대를 장악하였다.

✔ 수원 화성
⋯ 조선 후기 정조는 수원 화성을 지어 아버지인 사도 세자의 묘를 옮기고, 국왕 친위 부대인 장용영의 외영을 설치하는 등 화성에 정치적 · 군사적 기능을 부여하였다.

④ 한양 도성
⋯ 한양 도성은 조선의 수도였던 한성의 주위를 둘러싼 성곽과 4대문, 4소문 등을 아울러 이르는 말이다. 조선 건국 초기 궁과 수도 방어를 위해 정도전 등이 설계하였다.

※ 미니북 31쪽

29 흥선 대원군의 정책   정답 ③

빠른 정답 찾기: 석파정 + 고종의 아버지 + 이하응 + 10여 년간 국정을 장악 + 당백전 발행 + 호포제 실시 ➡ 흥선 대원군

자료 분석하기

고종이 어린 나이에 왕위에 오르면서 권력을 잡은 흥선 대원군은 세도 정치로 혼란에 빠진 국가 체제를 복구하기 위해 각종 개혁 정책을 실행하였다. 군정의 문란을 해결하기 위해 호포제를 실시하여 양반에게도 군포를 부과하였으며, 왕실의 권위를 회복하고자 임진왜란 때 불탔던 경복궁을 중건하였다. 이 과정에서 부족한 재정을 확보하기 위해 당백전을 발행하기도 하였다.

선택지 분석하기

① 녹읍이 폐지되었어요.
⋯ 통일 신라 신문왕은 관료전을 지급하고 녹읍을 폐지하여 귀족들의 세력을 약화시키고자 하였다.

② 장용영이 설치되었어요.
⋯ 조선 정조는 왕권을 뒷받침하는 군사적 기반을 갖추기 위해 친위 부대인 장용영을 설치하여 서울 도성에는 내영, 수원 화성에는 외영을 두었다.

✔ 척화비가 건립되었어요.
⋯ 흥선 대원군은 병인양요와 신미양요 등 서양의 침략을 극복한 이후 서양과의 통상 수교 거부를 알리기 위해 전국 각지에 척화비를 건립하였다.

④ 요동 정벌이 추진되었어요.
⋯ 고려 우왕 때 명이 원에서 관리한 철령 이북의 땅을 반환하라고 요구하자 최영은 요동 정벌을 추진하였다.

 미니북 09쪽

30 우리 음악의 역사 정답 ①

빠른 정답 찾기: (가) 우륵의 가야금 연주곡 12곡 ➡ (나) 성현의 『악학궤범』 편찬 ➡ (다) 신재효의 판소리 여섯 마당

자료 분석하기

(가) 가야의 악사 우륵은 왕의 명령으로 12개의 가야금 연주곡을 만들었다.
(나) 조선 성종 때 성현 등이 왕명에 따라 의궤와 악보를 정리한 『악학궤범』을 저술하였다.
(다) 조선 후기 신재효는 판소리 여섯 마당을 체계적으로 정리하여 판소리가 민족 문화로 성장하기 위한 발판을 마련하였다.

 미니북 11쪽

31 조미 수호 통상 조약 정답 ①

빠른 정답 찾기: 민영익 + 보빙사 + 『조선책략』 + 미국과의 수교론 제기 + 청의 주선으로 조약 체결 ➡ 조미 수호 통상 조약

자료 분석하기

조미 수호 통상 조약은 조선이 서양 국가와 맺은 최초의 조약이다. 청이 러시아와 일본을 견제하고 조선에 대한 청의 지배권을 확인할 목적으로 조약 체결을 주도하였다. 조약을 체결한 뒤 미국 공사가 파견되자 조선은 이에 대한 답례로 민영익, 홍영식, 서광범 등을 보빙사로 미국에 파견하였다.

선택지 분석하기

✔ 최혜국 대우가 규정되어 있다.
⋯ 조미 수호 통상 조약은 최혜국 대우를 처음으로 규정하고 치외 법권, 국가 간의 분쟁을 제3국이 해결하는 거중 조정 조항 등이 포함된 불평등 조약이었다.

② 통감부가 설치되는 결과를 가져왔다.
⋯ 을사늑약이 체결되면서 대한 제국의 외교권이 박탈되었다. 다음 해 서울에 통감부가 설치되었고, 이토 히로부미가 초대 통감으로 부임하였다.

③ 부산, 원산, 인천을 개항하는 배경이 되었다.
⋯ 조선은 일본과 강화도 조약을 체결한 이후 조약 내용에 따라 부산, 원산, 인천을 개항하였다.

④ 일본 공사관에 경비병이 주둔하는 계기가 되었다.
⋯ 임오군란으로 인해 일본 공사관이 피해를 입자 조선은 일본과 사과 사절단 파견, 주동자 처벌, 배상금 지불, 일본 공사관에 경비병 주둔 등의 내용을 담은 제물포 조약을 체결하게 되었다.

32 근대의 시설 정답 ②

빠른 정답 찾기: 개항 이후 설립된 시설 + 기기국 + 우정총국 + 제중원(광혜원) 터 + 원각사 터 ➡ 근대의 시설

자료 분석하기

■ 기기국 번사창: 조선 후기 근대식 무기를 제작하던 기기창의 건물이다. 김윤식을 중심으로 청에 파견된 영선사가 톈진에서 근대 무기 제조 기술과 군사 훈련법을 배우고 돌아와 근대식 무기 제조 공장인 기기창을 설립하였다.

- 제중원(광혜원): 개항 이후 미국인 선교사이자 조선 왕실의 의사였던 알렌의 건의로 최초의 서양식 병원인 광혜원이 설립되었으며, 설립 직후 제중원으로 이름이 바뀌었다.
- 원각사: 1908년 지어진 최초의 서양식 극장으로 신극(신연극)이 공연되었다.

선택지 분석하기

① 나운규의 아리랑이 개봉되었던 곳
→ 1907년에 설립된 최초의 상설 극장인 단성사에서 나운규의 아리랑이 개봉되었다.

✓ 근대적 우편 업무를 담당하였던 곳
→ 고종 때 근대적 우편 업무를 담당하기 위한 관청으로 우정총국을 설치하였다.

③ 순 한문 신문인 한성순보가 발간되었던 곳
→ 개항 이후 개화 정책의 하나로 설치된 박문국에서 최초의 근대적 신문인 한성순보가 발간되었다.

④ 헐버트를 교사로 초빙해 근대 학문을 가르쳤던 곳
→ 최초의 근대식 공립 학교인 육영 공원은 헐버트, 길모어 등의 외국인 교사를 초빙하여 상류층의 자식에게 근대 교육을 실시하였다.

33 군국기무처 정답 ④

빠른 정답 찾기: 노비 제도 폐지 + 과거 제도를 없애고 연좌제를 폐지하는 개혁 안건 통과 ➡ **군국기무처**

자료 분석하기

일본의 강요로 설치된 군국기무처는 영의정 김홍집이 총재를 맡아 정치, 군사에 관한 모든 사무를 담당하였다. 제1차 갑오개혁을 주도하여 청의 연호를 폐지하고 개국 연호를 사용하였으며, 능력에 따라 인재를 등용하기 위해 과거제를 폐지하였다. 또한, 사회적으로는 신분제를 비롯하여 연좌제, 조혼 등의 나쁜 관습을 폐지하였다.

선택지 분석하기

① 비변사
→ 비변사는 조선 중종 때 외적의 침입에 대비하기 위한 임시 기구로 설치되었다. 임진왜란을 거치며 군사 문제뿐만 아니라 외교, 재정, 인사 등 모든 정치 업무를 총괄하는 기관으로 변화하였다.

② 원수부
→ 원수부는 황제 직속 기구로, 고종이 대원수로서 군대를 통치하기 위해 설치하였다.

③ 홍문관
→ 홍문관은 조선 성종 때 집현전을 계승하여 설치된 기구로, 왕의 자문 역할과 경연, 경서, 사적 관리, 언론의 역할을 담당하였다.

✓ 군국기무처
→ 조선 후기 일본의 강요로 설치된 기구이다. 김홍집이 총재를 맡았으며, 제1차 갑오개혁을 주도하였다.

34 독립신문 정답 ③

빠른 정답 찾기: 신문의 날 + 1896년 4월 7일 + 서재필 + 우리나라 최초의 민간 신문 창간 ➡ **독립신문**

자료 분석하기

서재필은 정부의 지원을 받아 1896년 4월 7일, 우리나라 최초의 민간 신문인 독립신문을 창간하였다. 독립신문은 최초의 한글 신문으로, 외국인을 위한 영문판도 함께 제작되었다.

선택지 분석하기

① 천도교의 기관지였다.
→ 동학의 제3대 교주 손병희는 동학을 천도교로 개칭하였다. 이후 천도교의 기관지(어떤 조직의 목적을 이루고, 이념을 알리기 위해 발행하는 신문)인 만세보를 발행하여 민중 계몽 운동을 전개하였다.

② 박문국에서 발간하였다.
→ 개항 이후 설치된 박문국에서 최초의 근대적 신문인 한성순보가 발간되었다. 한성순보는 순 한문을 사용하고 열흘에 한 번씩 발행되었다. 또한, 정부 관보의 성격을 가지고 있어 국내외의 정세를 소개하였다.

✓ 한글판과 영문판으로 발행되었다.
→ 서재필이 창간한 독립신문은 한글판과 영문판 두 종류로 발행되었다.

④ 시일야방성대곡이라는 논설을 실었다.
→ 황성신문은 양반과 지식인을 대상으로 남궁억이 창간한 신문이다. 장지연의 항일 논설 「시일야방성대곡」을 실어 을사늑약의 부당함을 주장하였다.

한발 더 다가가기
개항 이후 근대 신문

신문	특징
한성순보 (1883)	• 순 한문, 10일마다 발간 • 최초의 근대적 신문 • 관보 역할: 개화 정책의 취지 설명, 국내외 정세 소개
한성주보 (1886)	• 한성순보 계승, 국한문 혼용, 주간 신문 • 최초로 상업 광고 게재
독립신문 (1896)	• 한글판과 영문판 발행, 일간지 • 최초의 민간 신문, 민중 계몽 목적
황성신문 (1898)	• 국한문 혼용 • 일제의 침략 정책과 매국노 규탄, 보안회 지원 • 을사늑약 이후 「시일야방성대곡」 게재
제국신문 (1898)	• 순 한글, 일반 서민층과 부녀자 대상 • 민중 계몽, 자주독립 의식 고취
대한매일신보 (1904)	• 순 한글, 국한문, 영문판 3종류 발행 • 발행인: 양기탁, 영국인 베델 • 항일 운동 적극 지원, 국채 보상 운동 주도
만세보 (1906)	• 국한문 혼용 • 천도교 기관지, 민중 계몽, 여성 교육

미니북 11쪽

35 을미사변 정답 ④

빠른 정답 찾기: 한성에 주둔 중인 일본군 수비대가 궁궐에 침입 + 왕비를 시해 + 일본 공사가 사건을 지휘 ➡ **을미사변**

자료 분석하기
삼국 간섭 이후 조선에서 일본의 세력이 약해지자 민씨 세력은 러시아를 통해 일본을 견제하려 하였다. 이에 일본은 자객을 보내 경복궁을 습격하여 명성 황후를 시해하는 을미사변을 일으켰다.

선택지 분석하기
① 외규장각 도서가 약탈되었다.
⋯ 병인양요 때 프랑스군은 강화도에 침입하여 조선 왕실의 중요한 행사 등을 글과 그림으로 상세하게 기록한 외규장각 의궤를 약탈하였다.

② 김윤식이 영선사로 파견되었다.
⋯ 김윤식을 중심으로 청에 파견된 영선사는 톈진에서 근대 무기제조 기술과 군사 훈련법을 배우고 돌아왔다.

③ 제너럴 셔먼호 사건이 발생하였다.
⋯ 미국의 상선 제너럴 셔먼호가 평양 대동강에 들어와 교역을 요구하다가 평양 관민들의 저항으로 배가 불태워졌다.

✓ 고종이 러시아 공사관으로 피신하였다.
⋯ 을미사변 이후 신변의 위협을 느낀 고종은 왕세자(순종)와 함께 새벽에 궁녀의 가마를 타고 몰래 경복궁 영추문을 빠져나와 러시아 공사관으로 몸을 피하였다(아관 파천).

미니북 36쪽

36 신민회 정답 ③

빠른 정답 찾기: 안창호, 양기탁을 중심으로 조직 + 국권 회복과 공화정 수립을 목표로 한 비밀 단체 + 오산 학교, 대성 학교 설립 + 일제가 조작한 105인 사건으로 와해 ➡ **신민회**

자료 분석하기
신민회는 안창호와 양기탁 등이 주도하여 결성한 비밀 결사 단체이다. 국권 회복과 공화 정체에 바탕을 둔 근대 국가 건설을 목표로 하였으며, 민족 실력 양성을 위해 대성 학교와 오산 학교를 세우는 등 다양한 활동을 전개하였다. 이후 신민회는 일제가 조작한 데라우치 총독 암살 미수 사건인 105인 사건으로 인해 많은 독립운동가들이 옥에 갇히면서 조직이 해산되었다.

선택지 분석하기
① 근우회
⋯ 근우회는 신간회의 자매단체로 민족주의 세력과 사회주의 세력이 연합하여 결성하였다. 강연회를 개최하는 등 여성 계몽 활동과 여성 지위 향상을 목적으로 하였다.

② 보안회
⋯ 보안회는 일본의 황무지 개간권 요구에 대한 반대 운동을 전개하여 이를 저지하였다.

✓ 신민회
⋯ 신민회는 국권 회복과 공화 정체에 바탕을 둔 국민 국가 건설을 목표로, 민족 교육과 무장 투쟁을 위한 독립군 양성 등 다양한 활동을 전개하였다.

④ 조선어 학회
⋯ 조선어 학회는 한글 맞춤법 통일안과 표준어를 제정하고 『조선말 큰사전』 편찬을 시작하여 해방 이후 완성하였다.

미니북 15쪽

37 강우규 정답 ②

빠른 정답 찾기: 구 서울역사 + 65세 + 사이토 총독을 향해 폭탄을 던짐 + 서대문 형무소에서 순국 ➡ **강우규**

자료 분석하기

노인 동맹단 소속 강우규는 1919년 서울역에서 새로운 총독으로 부임한 사이토를 암살하기 위해 폭탄을 던졌으나 실패하였다. 이로 인해 일제에 체포되어 서대문 형무소에서 1920년 순국하였다.

선택지 분석하기

① 김구
→ 김구는 상하이에서 한인 애국단을 결성하여 적극적인 투쟁 활동을 전개하였다.

✔ ② 강우규
→ 강우규는 서울역에서 사이토 총독에게 폭탄을 투척하였다.

③ 윤봉길
→ 한인 애국단 소속 윤봉길은 상하이 훙커우 공원에서 열린 일왕 생일 및 일본군 전승 축하 기념식에 폭탄을 던져 일제 요인들에게 큰 타격을 주었다.

④ 이승만
→ 이승만은 상하이에서 대한민국 임시 정부가 수립되자 초대 대통령으로 취임하였다.

38 손병희   정답 ④

빠른 정답 찾기: 의암 + 교조 신원 운동 참여 + 동학의 3대 교주 + 동학을 천도교로 선포 ➡ **손병희**

자료 분석하기

손병희는 1882년 동학에 입문하여 동학의 지도자로 성장하였다. 신앙의 자유를 얻기 위해 교조 신원 운동에 참가하기도 하였으며, 동학 농민 운동 당시 크게 활약하였다. 이후 동학의 제3대 교주가 되면서 교명을 천도교로 바꾸고, 교단의 조직을 새롭게 정비하였다.

선택지 분석하기

① 청산리 전투를 승리로 이끌었다.
→ 김좌진이 이끄는 북로 군정서와 홍범도가 이끄는 대한 독립군이 연합한 독립군 부대는 청산리 전투에서 일본군에 승리하였다.

② 하얼빈에서 이토 히로부미를 처단하였다.
→ 안중근은 만주 하얼빈에서 을사늑약을 주도한 초대 통감 이토 히로부미를 사살하였다.

③ 헤이그 만국 평화 회의에 특사로 파견되었다.
→ 이준, 이상설, 이위종은 을사늑약 체결의 부당함을 알리기 위해 고종의 밀명을 받아 헤이그에서 열린 만국 평화 회의에 특사로 파견되었다.

✔ 민족 대표 33인 중 한 명으로 독립 선언에 참여하였다.
→ 손병희는 1919년 천도교의 대표로서 민족 대표 33인에 참여하여 3·1 운동을 주도하였다.

39 민립 대학 설립 운동   정답 ④

빠른 정답 찾기: 1920년대 초반 + 실력 양성 운동 + 이상재, 이승훈 + 고등 교육 기관을 설립하기 위해 전개한 운동 + 1년 내 1천만 원 조성을 목표로 모금 활동 추진 + 조선 총독부의 방해로 성과를 거두지 못함. ➡ **민립 대학 설립 운동**

자료 분석하기

1920년대 이상재, 이승훈, 윤치호 등을 중심으로 한국인을 위한 고등 교육 기관인 민립 대학 설립 운동이 전개되었다. 이들은 조선 민립 대학 기성회를 조직하고, 대학을 설립하기 위한 모금 활동도 전개하였으나 조선 총독부의 방해로 성과를 거두지 못하였다.

선택지 분석하기

① 6·10 만세 운동
→ 조선 공산당을 중심으로 한 사회주의 세력과 천도교를 중심으로 한 민족주의 세력이 연대하여 순종의 인산일을 기회로 삼아 6·10 만세 운동을 준비하였다.

② 물산 장려 운동
→ 민족 기업을 육성하여 경제적 자립을 이루자는 물산 장려 운동은 '조선 사람 조선 것'이라는 구호를 내걸고 평양에서 시작하여 전국으로 확산되었다.

③ 광주 학생 항일 운동
→ 한국인 학생과 일본인 학생 간의 충돌 사건을 계기로 한국인 학생에 대한 차별과 식민지 교육에 저항하여 광주 학생 항일 운동이 발생하였다.

✔ 민립 대학 설립 운동
→ 1920년대 이상재, 이승훈, 윤치호 등을 중심으로 조선 민립 대학 기성회가 조직되어 한국인을 위한 고등 교육 기관인 민립 대학 설립 운동이 전개되었다.

40 강주룡   정답 ①

빠른 정답 찾기: 일제 강점기 노동 운동 + 평양 을밀대 지붕 + 평원 고무 공장 파업 여공 + 임금 삭감 취소 요구 ➡ **강주룡**

자료 분석하기

일제 강점기 평양 평원 고무 농장의 노동자 강주룡은 을밀대 지붕 위로 올라가 시위하면서 일제의 노동 착취를 비판하고, 노동 조건 개선을 요구하였다.

선택지 분석하기

✓ 강주룡
…일제 강점기 평양 평원 고무 공장의 노동자 강주룡은 을밀대 지붕에서 시위를 벌였다.

② 남자현
…남자현은 일제 강점기 때 서로 군정서 등에서 활약한 여성 독립 운동가로 각종 여성 단체를 설립하여 여성 계몽에 힘썼다.

③ 유관순
…유관순은 3·1 운동 때 고향인 천안에서 시위 운동을 벌이다가 체포되어 이듬해 순국하였다.

④ 윤희순
…윤희순은 일제 강점기에 활동한 독립운동가로, 최초의 여성 의병 지도자이다.

 미니북 40쪽

41 조선 혁명군   정답 ③

빠른 정답 찾기: 총사령 양세봉 + 중국 의용군과 연합 + 남만주 일대 + 영릉가 전투 + 흥경성 전투 ➡ **조선 혁명군**

자료 분석하기

조선 혁명군은 양세봉을 중심으로 남만주 지역에서 조직되었다. 이들은 조선 혁명당 소속 군사 조직으로 중국 의용군과 연합하여 흥경성·영릉가 전투를 승리로 이끌었다.

선택지 분석하기

① 의열단
…김원봉을 중심으로 만주 지역에서 결성된 의열단은 신채호가 작성한 조선 혁명 선언을 기본 행동 강령으로 하여 독립운동을 전개하였다.

② 북로 군정서
…북간도에서 대종교도를 중심으로 결성된 중광단이 3·1 운동 직후 정의단으로 확대 개편되었다. 이 과정에서 무장 독립 운동을 수행하기 위해 북로 군정서를 조직하였다.

✓ 조선 혁명군
…양세봉은 남만주 지역에서 조선 혁명군을 결성하고 중국 의용군과 연합하여 영릉가 전투를 승리로 이끌었다.

④ 한국 광복군
…대한민국 임시 정부는 충칭에서 지청천을 총사령관으로 하여 임시 정부가 직접 관할하는 부대인 한국 광복군을 창설하였다.

 미니북 12쪽

42 민족 말살 통치기   정답 ③

빠른 정답 찾기: 제주 송악산 + 일제 동굴 진지 + 태평양 전쟁이 전개되던 시기 + 연합군에 대한 대비 ➡ **민족 말살 통치기**

자료 분석하기

1930년대 이후 일제는 대륙 침략을 위해 한반도를 병참 기지화하고 중일 전쟁과 태평양 전쟁을 일으켰으며, 국가 총동원법을 시행하여 우리의 인적·물적 자원을 수탈하였다. 태평양 전쟁 말기에는 송악산 주변 군사 시설을 경비하고, 해상으로 들어오는 연합군 함대를 공격하기 위해 송악산 해안 동굴 진지를 만들었다.

선택지 분석하기

① 원산 총파업에 참여하는 노동자
…원산 총파업은 1920년대 문화 통치기에 영국인이 경영하는 회사에서 일본인 감독이 조선인 노동자를 구타한 사건에서 시작되었다. 파업 후 요구를 받아주겠다던 회사가 약속을 지키지 않자 노동자들은 총파업에 돌입하였다.

② 만민 공동회에서 연설하는 백정
…고종 때 서재필이 설립한 독립 협회는 만민 공동회를 개최하여 민중에게 근대적 지식과 국권·민권 사상을 전파하였다. 그 과정에서 가장 천대받던 계층인 백정 출신의 박성춘이 연설을 하는 등 관민이 함께 국정에 대하여 논의하기도 했다.

✓ 황국 신민 서사를 암송하는 학생
…조선 총독부는 민족 말살 통치기에 황국 신민화 정책을 시행하고, 학생들에게 황국 신민 서사 암송을 강요하였다.

④ 조선 태형령을 관보에 싣는 관리
…1910년대 무단 통치기에 일제는 조선 태형령을 제정하여 곳곳에 배치된 헌병 경찰들이 조선인들에게 태형을 통한 형벌을 가하도록 하였다.

 미니북 18쪽

43 조선 건국 동맹   정답 ④

빠른 정답 찾기: 여운형의 주도 + 1944년 국내에서 조직 + 민주 국가 건설을 위한 강령 발표 + 국외 독립운동 단체와 연합 시도 + 조선 건국 준비 위원회의 기반 ➡ **조선 건국 동맹**

자료 분석하기

1944년 여운형은 일제가 태평양 전쟁에서 패배할 것에 대비하여 광복 이후 민주주의 국가 건설을 위해 조선 건국 동맹을 결성하였다. 광복 이후 여운형은 이 단체를 토대로 조선 총독부로부터 행정권의 일부를 넘겨받아 조선 건국 준비 위원회를 결성하였다(1945).

선택지 분석하기

① 독립 의군부
⋯ 임병찬은 고종의 밀지를 받아 독립 의군부를 조직하였다.

② 민족 혁명당
⋯ 김원봉은 민족 독립운동의 통합을 목표로 민족 혁명당을 조직하였다.

③ 조선 의용대
⋯ 김원봉은 중국 국민당의 지원을 받아 중국 관내 최초의 한인 무장 부대인 조선 의용대를 창설하였다.

 조선 건국 동맹
⋯ 여운형은 일제의 전쟁 패배와 민족의 독립에 대비하기 위해 민주주의 국가 건설을 목표로 하는 조선 건국 동맹을 결성하였다.

44 제헌 국회   정답 ②

빠른 정답 찾기: 5·10 총선거를 통해 구성된 국회 + 임기 2년의 국회의원 + 국호를 대한민국으로 결정 + 헌법 제정 ➡ **제헌 국회**

자료 분석하기

우리나라 역사상 최초의 민주주의 선거인 5·10 총선거를 통해 임기 2년의 국회 의원이 선출되었다. 이를 통해 구성된 제헌 국회는 국호를 '대한민국'으로 정하고 대통령제를 중심으로 하는 제헌 헌법을 공포하였다.

선택지 분석하기

① 3선 개헌안을 통과시켰다.
⋯ 박정희 정부는 장기 집권을 위해 대통령의 3선 연임을 허용하는 3선 개헌안을 추진하여 6차 개헌을 통과시켰다.

✓ 농지 개혁법을 제정하였다.
⋯ 제헌 국회는 농지 개혁법을 제정하여 유상 매수, 유상 분배를 원칙으로 하는 농지 개혁을 실시하였다.

③ 5·16 군사 정변으로 해산되었다.
⋯ 5·16 군사 정변으로 정권을 장악한 박정희와 군부 세력은 군사 혁명 위원회를 구성하고 국회와 지방 의회를 해산시켰다.

④ 국회의원의 3분의 1을 대통령이 추천하였다.
⋯ 3선에 성공한 박정희는 유신 헌법을 선포하여 대통령에게 국회의원 3분의 1 추천 임명권, 국회 해산권, 헌법 효력을 정지시킬 수 있는 긴급 조치권 등 강력한 권한을 부여하였다(제7차 개헌).

45 박정희 정부 시기 사회 모습   정답 ①

빠른 정답 찾기: 긴급 조치 9호 + 유신 헌법을 부정하는 행위 금지 + 영장 없이 체포·구속 ➡ **박정희 정부**

자료 분석하기

박정희 정부는 장기 집권을 위해 유신 헌법을 선포하여 대통령에게 강력한 권한을 부여하였다. 특히, 유신 헌법 제53조에 규정된 대통령 긴급 조치권은 단순한 행정 명령 하나만으로도 국민의 자유와 권리를 무제한으로 제약할 수 있는 초헌법적 권한이었다. 긴급 조치권을 발동할 수 있는 조건에 대한 판단도 대통령이 독자적으로 내릴 수 있어 사실상 반유신 세력에 대한 탄압 도구로 악용되었다.

선택지 분석하기

 부마 민주 항쟁에 참여하는 학생
⋯ YH 무역 노동자들의 시위가 신민당사 앞에서 일어난 것을 계기로 박정희 정부는 신민당 총재였던 김영삼을 국회 의원에서 제명하였다. 이에 김영삼의 정치적 근거지인 부산, 마산에서 박정희 정권의 유신 체제에 반대하는 시위가 일어나면서 부마 민주 항쟁이 전개되었다.

② 서울 올림픽 대회 개막식을 관람하는 시민
⋯ 노태우 정부 때 제24회 서울 올림픽 대회를 개최하였다.

③ 금융 실명제 시행 속보를 시청하는 회사원
⋯ 김영삼 정부는 경제적 부정부패와 탈세를 없애기 위해 금융 실명제를 실시하였다.

④ 반민족 행위 특별 조사 위원회에 체포되는 친일 행위자
⋯ 제헌 국회는 일제의 잔재를 청산하고 민족정기를 바로잡기 위해 반민족 행위 처벌법을 제정하였다. 이에 따라 반민족 행위 특별 조사 위원회가 구성되어 활동하였다.

46. 전두환 정부 시기 경제 상황 　정답 ③

★ 미니북 13, 44, 45쪽

빠른 정답 찾기
프로 축구 출범 + 5·18 민주화 운동이 진압된 이후 집권 + 프로 야구 출범 + 정치에 대한 국민의 관심을 돌리기 위한 조치
➡ **전두환 정부**

🔍 자료 분석하기

전두환을 중심으로 한 신군부 세력은 쿠데타를 일으켜 권력을 장악하였다. 이를 반대하는 5·18 민주화 운동이 전개되었으나 신군부 세력은 시위를 무력으로 진압하였다. 이후 전두환 정부는 5·18 민주화 운동 1주기를 앞두고 정권에 대한 저항을 약화시키고 대학생들의 주의를 분산시키기 위해 대규모 문화 축제인 '국풍 81'을 개최하였다. 또한, 프로 야구와 프로 축구를 연달아 출범시켜 정치에 대한 국민의 관심을 다른 곳으로 돌리려 하였다.

🔍 선택지 분석하기

① 제1차 경제 개발 5개년 계획이 수립되었다.
⋯› 박정희 정권의 주도로 제1차 경제 개발 5개년 계획이 수립되었다.

② 경제 협력 개발 기구(OECD)에 가입하였다.
⋯› 김영삼 정부는 한국 경제의 세계화를 위해 경제 협력 개발 기구(OECD)에 가입하였다.

✓ 저금리·저유가·저달러의 3저 호황이 있었다.
⋯› 전두환 정부 때 저금리, 저유가, 저달러의 3저 호황으로 물가가 안정되고 수출이 증가하면서 높은 경제 성장률을 기록하였다.

④ 미국과의 자유 무역 협정(FTA)이 체결되었다.
⋯› 노무현 정부는 미국과 자유 무역 협정(FTA)을 체결하였다.

★ 미니북 45쪽

47. 김대중 　정답 ①

빠른 정답 찾기
제15대 대통령 + 평화적 여야 정권 교체 + 분단 이후 처음으로 남북 정상 회담 + 6·15 남북 공동 선언 + 노벨 평화상 수상
➡ **김대중**

자료 분석하기

김대중이 제15대 대통령으로 당선되면서 평화적 여야 정권 교체가 이루어졌다. 이후 김대중 정부는 북한과의 화해 협력을 바탕으로 북한과의 교류를 적극적으로 확대하여 평양에서 최초로 남북 정상 회담이 이루어지고, 6·15 남북 공동 선언이 발표되었다. 이를 통해 금강산 관광 사업 활성화, 개성 공단 건설 합의서 체결, 경의선 복원 등이 실현되었다. 김대중은 남북 화해와 한반도의 긴장 완화에 기여하였다는 공로를 인정받아 한국인 최초로 노벨 평화상을 받았다.

48. 세시 풍속 – 정월 대보름 　정답 ④

★ 미니북 53쪽

빠른 정답 찾기
세시 풍속 + 부럼 깨기 + 오곡밥 먹기 + 음력 1월 15일
➡ **정월 대보름**

🔍 자료 분석하기

한 해의 첫 보름인 정월 대보름은 음력 1월 15일로, 이날에는 여러 곡식을 섞은 오곡밥과 묵은 나물을 먹었다. 또한, 건강과 안녕을 비는 의미로 호두, 땅콩 등의 부럼을 깨물기도 하였다.

🔍 선택지 분석하기

① 단오
⋯› 음력 5월 5일인 단오는 삼한에서 수릿날에 풍년을 기원하였던 행사가 세시 풍속으로 이어지면서 발전하였다. 이날에는 창포물에 머리 감기, 씨름, 그네뛰기, 앵두로 화채 만들어 먹기 등을 하였다.

② 동지
⋯› 동지는 일 년 중에서 밤이 가장 길고 낮이 가장 짧은 날로, 한 해의 시작으로 여겼다. 조선 시대에는 관상감에서 동짓날에 달력을 만들어 벼슬아치들에게 나누어 주었으며, 가정에서는 팥죽을 쑤어 먹었다.

③ 한식
⋯› 한식은 동지에서 105일째 되는 날로, 양력 4월 5, 6일경이다. 이날에는 일정 기간 동안 불을 사용하지 않고 찬 음식을 먹거나 조상의 묘를 돌보았다.

✓ 정월 대보름
⋯› 정월 대보름은 한 해의 첫 보름이자 보름달이 뜨는 날로, 음력 1월 15일을 말한다. 이날에는 나뭇더미를 쌓아 달집을 짓고 달이 떠오르면 불을 놓아 복을 기원하는 달집태우기를 하였다.

한발 더 다가가기

세시 풍속

설날	• 음력 1월 1일 • 차례, 세배, 윷놀이, 널뛰기, 연날리기 • 떡국, 시루떡, 식혜
정월 대보름	• 음력 1월 15일 • 줄다리기, 지신밟기, 놋다리밟기, 차전놀이, 쥐불놀이, 석전, 부럼 깨기, 달집태우기, 달맞이 • 부럼, 오곡밥, 약밥, 묵은 나물
삼짇날	• 음력 3월 3일 • 화전놀이, 각시놀음 • 화전(花煎), 쑥떡
단오(수릿날)	• 음력 5월 5일 • 창포물에 머리 감기, 그네뛰기, 씨름, 봉산 탈춤, 송파 산대놀이, 수박희(택견) • 수리취떡, 앵두화채, 쑥떡
칠석	• 음력 7월 7일 • 걸교: 부녀자들이 마당에 음식을 차려놓고 직녀에게 바느질과 길쌈 재주가 좋아지기를 비는 일
추석(한가위)	• 음력 8월 15일 • 차례, 성묘, 강강술래, 소싸움, 줄다리기, 씨름, 고사리 꺾기 • 송편, 토란국
동지	• 양력 12월 22일경 • 관상감에서 새해 달력을 만들어 벼슬아치에게 나누어 줌, 왕이 신하들에게 부채를 나누어 줌 • 팥죽, 팥시루떡
한식	• 양력 4월 5일경 • 일정 기간 동안 불을 사용하지 않음, 성묘를 하고 조상의 묘가 헐었으면 떼를 다시 입힘(개사초), 산신제 • 찬 음식

49 지역사 – 독도 정답 ①

 안용복, 홍순칠의 우리 땅 지키기 활동 + 동도, 서도 + 강치 ➡ **독도**

자료 분석하기

독도는 우리나라의 가장 동쪽에 위치한 섬으로, 동도와 서도로 이루어져 있다. 조선 숙종 때는 동래에 살던 안용복이 일본 어부들이 울릉도와 독도에 왕래하자 이들을 쫓아내고, 일본에 건너가 우리나라의 영토임을 확인받았다. 1900년 대한 제국은 울릉도, 독도의 행정 관리를 강화하기 위해 대한 제국 칙령 제41호를 공포하였다. 이를 통해 울릉도를 군으로 승격시키고 독도를 담당하게 하여 우리의 영토임을 명시하였다. 또한, 1954년에는 홍순칠이 독도 의용 수비대를 결성하여 독도 및 주위 해상에 대한 경비 활동과 독도 지키기 활동을 하였다.

50 지역사 – 진주 정답 ④

 고려 시대 12목의 하나 + 임진왜란 때 김시민 장군이 왜군에 맞서 싸운 장소 + 조선 후기에 유계춘의 주도로 농민 봉기가 일어난 곳 + 일제 강점기에 조선 형평사 창립 대회 개최 ➡ **진주**

자료 분석하기

- **고려의 12목**: 고려 성종은 진주를 포함한 주요 지역 12곳에 12목을 설치하고 지방관을 파견하였다.
- **진주성 전투**: 조선 선조 때 일본이 조선을 침입하여 임진왜란이 발생하였다. 왜군이 전라도로 가는 길목인 진주를 공격하자 김시민이 이끄는 조선군이 진주 대첩에서 왜군 2만 명을 무찔렀다.
- **임술 농민 봉기**: 조선 철종 때 삼정의 문란과 경상 우병사 백낙신의 수탈에 견디다 못한 농민들이 반발하여 진주 지역의 몰락 양반 유계춘을 중심으로 임술 농민 봉기를 일으켰다.
- **조선 형평사**: 일제 강점기에 백정들은 사회적 차별을 없애기 위해 진주에서 조선 형평사를 결성하고 형평 운동을 전개하였다.

제61회 한국사능력검정시험

01	02	03	04	05	06	07	08	09	10
②	④	③	②	②	③	①	①	②	③
11	12	13	14	15	16	17	18	19	20
③	①	②	②	③	④	④	②	①	④
21	22	23	24	25	26	27	28	29	30
③	④	②	①	④	③	④	③	③	②
31	32	33	34	35	36	37	38	39	40
②	②	④	③	①	②	③	②	④	③
41	42	43	44	45	46	47	48	49	50
①	②	③	②	④	①	②	④	①	③

※ 미니북 04쪽

01 청동기 시대 — 정답 ②

빠른 정답 찾기
청동기 + 부여 송국리 유적 ➡ **청동기 시대**

자료 분석하기
부여 송국리 유적은 청동기 시대의 대표적인 유적지로, 비파형 동검, 민무늬 토기 등이 출토되었다. 청동기 시대에는 농경이 발달하여 조, 보리, 콩 등을 중심으로 밭농사를 지었으며, 벼농사가 시작되었다.

선택지 분석하기
① **막집** 지어 보기
④ **주먹도끼**로 나무 손질하기
⋯ 구석기 시대 사람들은 주로 동굴이나 막집에 살았으며 계절에 따라 이동 생활을 하였다. 또한, 돌을 깨뜨려 만든 주먹도끼, 찍개, 긁개 등의 뗀석기로 사냥과 채집을 하거나 동물의 가죽을 벗길 때 사용하였다.

 민무늬 토기 만들기
⋯ 민무늬 토기는 청동기 시대의 대표적인 유물로 무늬 없는 토기를 말한다. 신석기 시대의 빗살무늬 토기에 비해 바닥이 납작한 모양을 가진 것이 특징이다.

③ **철제 갑옷** 입어 보기
⋯ 가야는 철이 풍부하게 생산되어 무기나 화폐로 이용되는 덩이쇠를 만들어 사용하였다. 철제 판갑옷 등은 가야의 발달된 철기 문화를 잘 보여 주는 대표적인 유물이다.

※ 미니북 06쪽

02 고구려 광개토 대왕 — 정답 ④

빠른 정답 찾기
고구려 제19대 왕 + 영락 연호 사용 + 한강 이북 지역 차지 + 숙신, 후연, 거란, 동부여 등 정벌 ➡ **고구려 광개토 대왕**

자료 분석하기
고구려 제19대 왕으로 즉위한 광개토 대왕은 영락이라는 독자적 연호를 사용하고, 활발한 정복 활동으로 고구려의 전성기를 열었다. 북쪽으로는 숙신, 후연, 거란, 동부여 등을 정벌하였고, 남쪽으로는 백제 수도 한성을 점령하여 한강 유역까지 영토를 확장하였다.

선택지 분석하기
① **태학**을 설립함
⋯ 고구려 소수림왕은 국가 교육 기관인 태학을 설립하여 인재를 길러냈다.

② **평양**으로 천도함
⋯ 고구려 장수왕은 평양으로 천도하고 남진 정책을 추진하여 영토를 확장하였다.

③ **천리장성**을 축조함
⋯ 고구려 영류왕 때 연개소문은 당의 공격에 대비하여 동북의 부여성에서 발해만의 비사성까지 천리장성을 쌓았다.

 신라에 침입한 **왜를 격퇴함**
⋯ 고구려 광개토 대왕은 신라의 요청으로 군대를 보내 신라에 침입한 왜를 격퇴하였다.

※ 미니북 20쪽

03 부여 — 정답 ③

빠른 정답 찾기
만주 쑹화강 유역 + 12월에 제천 행사 영고 + 가(加)들이 별도로 사출도를 다스림 ➡ **부여**

자료 분석하기
부여는 만주 쑹화강 유역의 비옥한 평야 지대에서 성장한 국가이다. 왕 아래 마가, 우가, 저가, 구가의 가(加)들이 각자의 행정 구역인 사출도를 다스리고, 왕이 통치하는 중앙과 합쳐 5부를 구성하는 연맹 왕국이었다. 또한, 12월에는 수확제이자 추수 감사제의 성격을 지닌 영고라는 제천 행사를 열었다.

정답 및 해설 **161**

선택지 분석하기

① 가야
··· 가야는 철이 풍부하게 생산되어 낙랑과 왜에 수출하였고, 덩이쇠를 화폐처럼 사용하기도 하였다.

② 동예
··· 동예는 각 부족의 영역을 중요시하여 그 영역을 침범하는 경우 노비와 소, 말로 갚게 하는 책화 제도를 두었다. 10월에는 제천 행사인 무천을 열기도 하였다.

✓ 부여
··· 부여는 1책 12법이라는 엄격한 법률을 두어 남의 물건을 훔치면 12배로 갚도록 하였다.

④ 옥저
··· 옥저에는 여자가 어렸을 때 혼인할 남자의 집에서 생활하다가 성인이 된 후에 혼인을 하는 민며느리제가 있었다.

한발 더 다가가기
연맹 왕국 국가들의 특징

부여	• 사회: 사출도(마가, 우가, 저가, 구가), 반농반목 • 풍습: 순장, 1책 12법, 우제점법, 형사취수제 • 제천 행사: 영고(12월)	
고구려	• 사회: 5부족 연맹체, 제가 회의, 약탈 경제(부경) • 풍습: 서옥제, 형사취수제 • 제천 행사: 동맹(10월)	
옥저	• 특산물: 소금과 해산물 (고구려에 공물로 바침) • 풍습: 민며느리제, 가족 공동묘	읍군, 삼로(군장)
동예	• 특산물: 명주, 삼베, 단궁, 과하마, 반어피 등 • 풍습: 족외혼, 책화 • 제천 행사: 무천(10월)	
삼한	• 제정 분리 사회: 정치적 지배자(신지, 읍차), 제사장(천군) → 소도 주관 • 벼농사(저수지 축조), 철 생산량 많음(낙랑·왜에 수출, 화폐로 이용) • 제천 행사: 수릿날(5월), 계절제(10월)	

※ 미니북 46쪽

04 삼국 시대의 문화유산 정답 ②

빠른 정답 찾기: 금관총 금관 + 서산 용현리 마애여래 삼존상 ➡ 삼국 시대의 문화유산

자료 분석하기

■ **금관총 금관**: 경주 금관총에서 발견된 신라의 금관이다. 원형 머리띠 정면의 3단으로 된 '출(出)' 모양의 장식 3개와 뒤쪽 좌우에 2개의 사슴뿔 모양 장식으로 이루어져 있다. 기본 형태와 기술적인 면에서 신라 금관 양식을 대표하는 유물이다.

■ **서산 용현리 마애여래 삼존상**: 충남 서산시 가야산 층암절벽에 조각된 거대한 백제의 화강석 불상이다. 마애불의 자비로운 인상으로 '백제의 미소'로도 알려져 있다.

선택지 분석하기

① 금동 연가 7년명 여래 입상
··· 금동 연가 7년명 여래 입상은 경남 의령에서 발견된 고구려의 불상으로, 강렬한 느낌을 주는 불상 양식에서 고구려적인 특징이 잘 나타나 있다.

✓ 논산 관촉사 석조 미륵보살 입상
··· 충남 논산시에 위치한 논산 관촉사 석조 미륵보살 입상은 고려 시대의 불상으로, 우리나라에서 만들어진 가장 큰 석조 불상이다.

③ 천마총 장니 천마도
··· 천마총 장니 천마도는 신라 시대의 유물로 경주 천마총 내부에서 출토되었으며, 장니는 말을 탈 때 필요한 안장의 부속구이다.

④ 장군총
··· 장군총은 중국 지린성 지안 지역에 분포한 고구려의 대표적인 돌무지 무덤이다.

※ 미니북 06쪽

05 백제 정답 ②

빠른 정답 찾기: 한성을 빼앗김 + 웅진과 사비에서 국력을 회복 + 금동대향로 ➡ 백제

자료 분석하기

고구려 장수왕은 남진 정책을 시행하여 백제의 수도 한성을 점령하고 한강 유역을 빼앗았다. 이에 백제 문주왕이 웅진(공주)으로 수도를 옮기는 등 나라의 운영이 어려워졌다. 후에 즉위한 성왕은 사비(부여)로 도읍을 옮기고 국호를 남부여로 고쳐 백제의 중흥을 위해 노력하였다. 부여 능산리 절터에서는 백제 금속 공예 최고의 걸작품인 금동대향로가 발견되었다.

🔍 **선택지 분석하기**

① **주몽**이 건국하였다.
→ 주몽은 압록강 중류의 졸본 지역을 도읍으로 하여 고구려를 건국하였다.

☑ 지방에 **22담로**를 두었다.
→ 백제 무령왕은 지방에 22담로를 설치하고 왕족을 파견하여 지방에 대한 통제를 강화하였다.

③ **8조법**으로 백성을 다스렸다.
→ 고조선은 사회 질서를 유지하기 위해 8개의 조항으로 이루어진 8조법을 만들었으나 현재는 3개의 조항만 전해진다.

④ **골품제**라는 신분 제도가 있었다.
→ 신라는 골품제라는 특수한 신분 제도를 운영하여 골품에 따라 관직 승진에 제한을 두었다. 또한, 가옥의 규모와 장식물, 복색, 수레의 크기 등 일상생활까지 규제하였다.

✿ 미니북 21쪽

06 살수 대첩 정답 ③

빠른 정답 찾기: 을지문덕 + 고구려군 + 수의 군대 + 살수 ➡ **살수 대첩**

🔍 **자료 분석하기**

수 양제는 113만 대군을 이끌고 직접 고구려의 요동성을 공격하였으나 실패하자 우중문을 시켜 30만의 별동대로 평양성을 공격하도록 하였다. 이에 을지문덕이 이들을 살수로 유인하여 크게 승리하였으며, 수의 30여 만 군사 중에서 2,700여 명만이 살아남고 전멸하였다(612).

✿ 미니북 21쪽

07 삼국 통일 과정 정답 ①

빠른 정답 찾기: (가) 김춘추의 고구려 원병 요청 ➡ (나) 황산벌 전투 ➡ (다) 매소성 전투

🔍 **자료 분석하기**

(가) **김춘추의 고구려 원병 요청**(642): 신라는 백제 의자왕의 공격으로 대야성을 비롯하여 서쪽 40여 개 성을 빼앗겼다. 이에 김춘추는 고구려에 군사 지원을 요청하였지만 고구려는 신라가 빼앗아 간 죽령 서북 땅을 먼저 돌려줄 것을 요구하였다. 김춘추가 이를 거절하자 연개소문은 그를 감옥에 가두었고, 김춘추는 겨우 탈출할 수 있었다.

(나) **황산벌 전투**(660): 백제 의자왕은 계백에게 5천 명의 결사대를 주어 김유신이 이끄는 신라군을 막도록 하였다. 이에 계백은 황산벌에서 신라군에 맞서 싸웠으나 백제군은 크게 패하고 계백이 전사하였다.

(다) **매소성 전투**(675): 신라와 당이 동맹을 맺고 연합군을 결성하여 백제와 고구려를 멸망시켰다. 그 후 당이 신라와의 약속을 어기고 신라까지 복속시키려 하자 이에 분노한 신라가 먼저 공격하여 나당 전쟁이 시작되었다. 신라는 설인귀가 이끄는 당군이 침략하자 당의 보급로였던 매소성을 공격하여 크게 승리하였다. 이어 신라 문무왕 때 기벌포 전투에서도 신라가 승리하면서 삼국 통일을 완성하였다(676).

✿ 미니북 46쪽

08 불국사 삼층 석탑 정답 ①

빠른 정답 찾기: 경상북도 경주 토함산에 있는 절 + 8세기 중엽 + 김대성 + 청운교와 백운교 + 유네스코 세계 유산 ➡ **불국사 삼층 석탑**

🔍 **자료 분석하기**

불국사는 통일 신라 경덕왕 때 김대성에 의해 지어진 사찰로 부처가 사는 정토, 즉 이상향을 담고자 하였던 신라인들의 정신세계가 잘 드러나 있다. 대웅전으로 들어가는 자하문에는 돌계단 다리인 청운교와 백운교가 연결되어 있으며, 불국사는 뛰어난 건축 기술과 예술성을 인정받아 1995년 유네스코 세계 유산으로 등재되었다.

🔍 **선택지 분석하기**

☑ **불국사 삼층 석탑**
→ 불국사 삼층 석탑은 경북 경주시 불국사에 있는 석탑으로 석가탑으로도 불리며, 보수 과정에서 사리 장엄구와 현존하는 세계에서 가장 오래된 목판 인쇄물인 『무구정광대다라니경』이 발견되었다.

② 쌍봉사 철감선사탑
→ 화순 쌍봉사 철감선사탑은 통일 신라 시대의 승려인 철감선사가 죽은 뒤 그를 기리기 위해 세워진 탑이다.

③ 이불 병좌상
→ 이불 병좌상은 발해의 수도였던 동경 용원부 유적지에서 발견되었으며 고구려 양식을 계승한 대표적 유물이다.

④ 성덕 대왕 신종
→ 성덕 대왕 신종은 통일 신라 경덕왕이 아버지인 성덕왕을 기리기 위해 제작한 종이다.

정답 및 해설 **163**

09 발해

정답 ②

빠른 정답 찾기: 해동성국 + 고구려를 계승 + 선왕 + 요동에서 연해주에 이르는 최대 영토 확보 ➡ 발해

자료 분석하기

발해는 고구려 장군 출신인 대조영이 고구려 멸망 후 유민들을 이끌고 지린성 동모산에서 세운 국가이다. 이후 문왕 때 확대된 영토를 효과적으로 다스리고자 중경에서 상경으로 수도를 옮겼다. 선왕 때는 영토를 크게 확장하여 전성기를 누리면서 주변 국가들로부터 해동성국이라 불렸다.

선택지 분석하기

① 한의 침략을 받아 멸망하였다.
··· 고조선은 한 무제의 침략을 받아 수도 왕검성이 함락되면서 멸망하였다.

 중앙 정치 조직을 3성 6부로 정비하였다.
··· 발해는 중앙 관부를 3성 6부제로 운영하였다. 국정 운영을 총괄하는 3성(정당성, 선조성, 중대성)을 두고, 그중 정당성 아래에 6부를 두어 행정을 맡게 하였다.

③ 정사암에서 국가의 중대사를 결정하였다.
··· 백제의 귀족들은 정사암이라는 바위에서 회의를 통해 재상을 선출하고 국가의 중대사를 결정하였다.

④ 화랑도를 국가적인 조직으로 운영하였다.
··· 신라 진흥왕은 화랑도를 국가 조직으로 개편·정비하였다.

10 지역사 - 개성

정답 ③

빠른 정답 찾기: 고려의 수도 + 공민왕릉 + 첨성대 + 만월대 + 성균관 + 선죽교 ➡ 개성

자료 분석하기

- **공민왕릉**: 황해도 개성에 위치한 고려 공민왕릉은 공민왕이 안장된 현릉과 노국대장 공주가 안장된 정릉으로 이루어져 있다. 왕릉의 내부는 석실 구조이며, 현릉과 정릉을 연결하는 통로가 마련되어 있다. 석실의 벽과 천장에는 12지신을 상징하는 인물과 북두칠성이 그려져 있다.
- **첨성대**: 개성 첨성대는 고려 시대 천문 관측을 위해 만들어진 것으로 추정된다. 고려 궁성의 서쪽 가장자리에 위치하며, 현재는 관측 기구를 올렸을 것이라 추정되는 돌판과 다섯 개의 돌기둥만 남아있다.
- **만월대**: 만월대는 개성 송악산 구릉지에 위치한 고려의 궁궐터이다. 2007년 남북 역사학자들이 공동으로 발굴하여 수막새, 청자 기와, 금속 활자 등이 출토되었다.
- **성균관**: 고려 시대 개경에 설치된 최고 국립 교육 기관이다. 고려 성종 때 성균관의 전신인 국자감을 설치하였으며, 충선왕과 공민왕을 거치면서 성균관으로 명칭이 바뀌었다.
- **선죽교**: 개성 선죽동에 위치한 선죽교는 고려 시대에 돌로 만든 다리이며, 고려 말 정몽주가 이방원에게 죽임을 당한 장소로 알려져 있다.

선택지 분석하기

① 묘청이 난을 일으켰다.
··· 고려 인종 때 묘청, 정지상 등을 중심으로 한 서경 세력은 서경 천도와 칭제 건원, 금 정벌 등을 주장하였으나 받아들여지지 않자 서경(평양)에서 반란을 일으켰다.

② 원이 쌍성총관부를 설치하였다.
··· 고려 고종 때 원이 고려의 철령 이북 땅을 편입하여 쌍성총관부를 설치하였다. 이후 공민왕 때 반원 자주 정책의 일환으로 이곳을 공격하여 원에 빼앗긴 철령 이북 땅을 되찾았다.

 만적이 신분 해방을 도모하였다.
··· 고려 최씨 무신 정권 때 최충헌의 노비인 만적이 개경의 송악산에서 신분 차별에 항거하는 반란을 도모하였으나 사전에 발각되어 실패하였다.

④ 삼별초가 최후의 항쟁을 전개하였다.
··· 무신 정권이 해체되고 강화도에 있던 고려 조정이 개경으로 돌아가면서 몽골과의 강화가 성립되었다. 이에 반발한 삼별초는 배중손, 김통정의 지휘 하에 진도와 제주도로 이동하며 대몽 항쟁을 전개하였다.

11 태조 왕건

정답 ③

빠른 정답 찾기: 희랑 대사 + 화엄학 + 후삼국 통일 ➡ 태조 왕건

자료 분석하기

- **합천 해인사 건칠 희랑 대사 좌상**: 희랑 대사는 통일 신라 말에서 고려 초에 활동한 승려이며, 그의 모습을 조각한 좌상이 합천 해인사에 모셔져 있다. 희랑 대사는 화엄학에 조예가 깊었으며, 태조 왕건의 스승이자 후삼국 통일에 기여한 인물로 알려져 있다.
- **태조 왕건 동상**: 후삼국을 통일하고 고려를 건국한 태조 왕건의 청동 동상으로, 머리에 관을 쓰고 의자에 앉은 자세의 채색 나체상이다. 실제 사람과 유사한 크기로 만들어졌으며, 현재 개경(개성) 봉은사 태조진전에 안치되어 있다.

선택지 분석하기

① 노비안검법을 시행하였다.
⋯ 고려 광종은 노비안검법을 실시하여 억울하게 노비가 된 사람들을 해방하고 호족의 세력을 약화시키고자 하였다.

② 지방에 12목을 설치하였다.
⋯ 고려 성종은 최승로의 시무 28조를 받아들여 12목을 설치하고 지방관을 파견하여 지방 세력을 견제하였다.

✓ 사심관 제도를 실시하였다.
⋯ 고려 태조 왕건은 지방 호족을 견제하고 지방 통치를 강화하기 위해 지방 호족 출신자를 그 지역의 사심관으로 임명하였다.

④ 활구라고 불린 은병을 제작하였다.
⋯ 고려 숙종 때 상업이 활발해지면서 삼한통보, 해동통보, 해동중보 등의 동전과 활구(은병)를 제작하였다.

한발 더 다가가기

고려 초기 국왕의 업적

태조 왕건	민생 안정, 호족 통합 정책(결혼, 기인 제도, 사심관 제도), 북진 정책
광종	노비안검법, 과거 제도, 공복 제정, 칭제 건원
경종	전시과 제정(시정 전시과)
성종	최승로의 시무 28조 수용, 지방관 파견, 향리 제도 마련, 중앙 통치 기구, 유학 교육 진흥(국자감), 과거 제도 정비

12 최충   정답 ①

빠른 정답 찾기: 고려의 문신 + 최충 + 지공거가 되어 과거를 주관 + 후학 양성 + 노동 서원 ➡ 최충

자료 분석하기

고려 전기 문신 최충은 정종 때 지공거가 되어 과거를 주관하였으며, 문종 때는 문하시중을 역임하였다. 벼슬에서 물러난 후에는 사립 교육 기관인 9재 학당을 설립하여 교육과 인재 양성에 힘썼다.

선택지 분석하기

✓ 9재 학당을 열었다.
⋯ 고려 문종 때 최충이 세운 9재 학당은 사학 12도 중 가장 번성하여 많은 인재를 양성하였다. 최충이 죽고 난 뒤에는 그의 시호를 바탕으로 문헌공도라고 불렸다.

② 삼국유사를 집필하였다.
⋯ 고려 시대에 승려 일연이 쓴 『삼국유사』는 불교사를 중심으로 저술된 역사서로, 단군을 우리 민족의 시조로 여겨 고조선의 건국 이야기를 수록하였다.

③ 제왕운기를 저술하였다.
⋯ 고려 시대에 이승휴가 쓴 『제왕운기』는 서사시로 저술된 역사서로, 단군의 고조선 건국 이야기부터 고려 충렬왕까지의 역사를 다루고 있다.

④ 시무 28조를 작성하였다.
⋯ 최승로는 고려 성종에게 시무 28조를 올려 불교 행사 억제와 유교의 발전을 건의하여 고려 초기 국가 체제 정비에 기여하였다.

13 고려의 경제 상황   정답 ②

빠른 정답 찾기: 화폐 주조 + 해동통보 + 숙종 ➡ 고려의 경제 상황

자료 분석하기

고려 숙종 때 상업이 활발해지면서 승려 의천의 건의로 화폐 주조를 전담하는 주전도감을 설치하였다. 이곳에서 삼한통보, 해동통보, 해동중보 등의 동전과 활구(은병)를 만들어 화폐가 사용되도록 노력하였으나 널리 유통되지는 못하였다.

선택지 분석하기

① 모내기법이 전국적으로 확산되었다.
⋯ 조선 후기에 모내기법이 전국적으로 확산되면서 벼와 보리의 이모작이 가능해져 농업 생산량이 증가하였다.

✓ 벽란도가 국제 무역항으로 번성하였다.
⋯ 고려 시대에 예성강 하구에 위치한 국제 무역항인 벽란도를 통해 송·일본·아라비아 상인들과 활발한 교역을 전개하였다.

③ 낙랑군과 왜 사이에서 중계 무역을 하였다.
⋯ 금관 가야는 해상 교통에 유리한 지역적 특색을 이용하여 낙랑과 왜의 규슈 지방을 연결하는 중계 무역을 하였다.

④ 청해진을 중심으로 해상 무역을 전개하였다.
⋯ 통일 신라 때 장보고는 완도에 청해진을 설치하고 당, 신라, 일본 간 해상 무역을 전개하였다.

14 고려의 대외 관계   정답 ②

빠른 정답 찾기: (가) 강감찬의 귀주 대첩 ➡ 윤관의 동북 9성 축조 ➡ (나) 김윤후의 충주성 전투

자료 분석하기
- (가) **강감찬의 귀주 대첩**(1019): 강감찬은 강동 6주의 반환 등을 요구한 거란의 3차 침입 때 소배압이 이끄는 10만 대군에 맞서 귀주에서 크게 승리하였다.
- (나) **김윤후의 충주성 전투**(1253): 몽골의 5차 침입 때 김윤후는 식량이 떨어지는 등 전세가 어려워지자, 전투에서 승리하면 신분의 높고 낮음을 따지지 않고 모두 벼슬을 주겠다고 병사들을 격려하였다. 실제로 관노의 노비 문서를 불태우고 잡은 소와 말을 나누어 주어 병사뿐 아니라 백성들까지도 죽음을 무릅쓰고 싸워 몽골군을 물리쳤다.

선택지 분석하기
① 서희가 강동 6주를 획득하였다.
⋯ 서희는 거란의 1차 침입 때(993) 소손녕과 외교 담판을 통해 거란과 교류할 것을 약속하는 대신, 고려가 고구려를 계승하였음을 인정받고 압록강 동쪽의 강동 6주를 획득하였다.

✔ 윤관이 동북 9성을 축조하였다.
⋯ 고려 시대 윤관은 여진이 고려의 국경을 자주 침입하자 숙종에게 건의하여 별무반을 편성하였다. 이후 예종 때 윤관은 별무반을 이끌고 여진을 몰아낸 뒤 동북 9성을 축조하였다(1107).

③ 박위가 쓰시마섬을 토벌하였다.
⋯ 고려 창왕 때 박위를 파견하여 왜구의 본거지인 쓰시마섬을 토벌하였다(1389).

④ 최무선이 진포에서 왜구를 물리쳤다.
⋯ 고려 우왕 때 최무선은 화통도감 설치를 건의하여 화약과 화포를 제작하였고, 이를 활용하여 진포에서 왜구를 물리쳤다(1380).

한발 더 다가가기
고려의 대외 관계

거란(요)	• 1차 침입: 서희의 외교 담판(강동 6주 획득) • 2차 침입: 양규의 활약 • 3차 침입: 강감찬의 귀주 대첩
여진(금)	윤관의 별무반 설치, 동북 9성 축조
몽골(원)	• 대몽 항쟁(김윤후의 처인성 전투, 삼별초의 항쟁) • 고려의 개경 환도 → 원 간섭기
홍건적, 왜구	• 홍건적: 공민왕의 안동 피난 • 왜구: 최영(홍산 대첩), 최무선(진포 대첩), 이성계(황산 대첩), 박위(쓰시마섬 정벌)

15 팔만대장경   정답 ②

빠른 정답 찾기: 몽골군의 침략 + 부인사에 보관된 대장경판이 불에 탐 + 담당 관청을 설치하고 다시 만듦 ➡ 팔만대장경

자료 분석하기
고려 현종 때 만들어진 초조대장경이 몽골군의 침입으로 불에 타버렸다. 이에 당시의 집권자인 최우 등을 중심으로 대장도감을 설치하여 16년 만에 팔만대장경을 완성하였다. 팔만대장경이 보관되어 있는 합천 해인사 장경판전은 세계 유일의 대장경판 보관용 건물로, 그 가치를 인정받아 1995년 유네스코 세계 유산으로 지정되었다.

선택지 분석하기
① 삼국사기 편찬
⋯ 고려의 유학자 김부식은 유교적 사관을 바탕으로 한 기전체 형식의 역사서 『삼국사기』를 편찬하였다.

✔ 팔만대장경 제작
⋯ 고려 고종 때 몽골이 침입하자 부처의 힘으로 몽골을 물리치려 강화도에 대장도감을 설치하고 팔만대장경을 간행하였다.

③ 직지심체요절 간행
⋯ 고려 우왕 때 충북 청주 흥덕사에서 세계에서 가장 오래된 금속 활자인 『직지심체요절』을 간행하였다.

④ 무구정광대다라니경 인쇄
⋯ 경주 불국사 삼층 석탑을 해체·보수하는 과정에서 탑 내부에 봉인되어 있던 『무구정광대다라니경』이 발견되었다. 이는 세계에서 가장 오래된 목판 인쇄물로 발달된 통일 신라의 인쇄술을 보여 준다.

16 무신 정변   정답 ④

빠른 정답 찾기: 문신 한뢰가 무신 이소응의 뺨을 때림 + 차별 대우에 불만이 쌓인 무신들이 정변을 일으킴 ➡ 무신 정변

자료 분석하기
고려 중기에는 문벌 귀족들이 정치권력을 독차지하고 군대를 지휘하는 권한마저 장악하며 무신을 차별하였다. 그러던 중 보현원에서 수박희를 하다가 대장군 이소응이 문신 한뢰에게 뺨을 맞는 일이 벌어졌다. 이를 계기로 분노가 폭발한 무신들이 정변을 일으켜 의종을 폐위하고 명종을 즉위시키며 정권을 장악하였다(1170).

선택지 분석하기

① 김헌창이 난을 일으켰다.
⇢ 통일 신라 헌덕왕 때 김주원이 왕위 쟁탈전에서 패배하자 아들인 웅천주(공주) 도독 김헌창이 반란을 일으켰지만, 관군에 의해 진압되면서 실패하였다(822).

② 장문휴가 등주를 공격하였다.
⇢ 발해 무왕은 장문휴의 수군을 보내 당의 등주를 공격하였다(732).

③ 최치원이 시무 10여 조를 건의하였다.
⇢ 최치원은 통일 신라 말 6두품 출신 유학자로 당의 빈공과에 합격하여 관리 생활을 하였다. 이후 신라로 돌아와 진성 여왕에게 시무 10여 조를 건의하였으나 받아들여지지 않았다(894).

✓ 망이·망소이가 공주 명학소에서 봉기하였다.
⇢ 고려 무신 정권 시기에 공주 명학소에서 망이·망소이가 과도한 부역과 특수 행정 구역인 소의 주민에 대한 차별 대우에 항의하여 반란을 일으켰다(1176).

17 도병마사   정답 ④

미니북 27쪽

빠른 정답 찾기: 고려의 독자적인 정치 기구 + 국방과 군사 문제 논의 + 중서문하성과 중추원의 고위 관료가 참여 + 충렬왕 때 도평의사사로 명칭 변경 ➡ **도병마사**

자료 분석하기

고려의 도병마사는 재신(중서문하성의 2품 이상)과 추밀(중추원의 2품 이상)이 국방 및 군사 문제를 논의하는 임시 회의 기구였다. 이후 원 간섭기 충렬왕 때 도평의사사로 명칭이 바뀌었고 최고 정무 기구가 되었다.

선택지 분석하기

① 도방
⇢ 도방은 고려 무신 정권 시기에 경대승이 조직한 사병 집단으로 경대승과 최충헌 등의 호위를 전담하였다.

② 어사대
⇢ 고려 시대 어사대는 정치의 잘잘못을 논의하고 풍속을 교정하며 관리의 비리를 감찰하였다. 어사대의 관원은 중서문하성의 낭사와 함께 대간이라고 불렸으며, 서경·간쟁·봉박의 권한을 가지고 있었다.

③ 의금부
⇢ 고려 충렬왕 때 설치한 순마소를 조선 태종 때 의금부로 개편하면서 국왕 직속 사법 전담 기관으로 독립시켰다. 반역죄, 강상죄 등을 저지른 중죄인을 다루도록 하여 왕권 확립에 기여하였다.

✓ 도병마사
⇢ 고려의 도병마사는 고려의 독자적 정치 기구로, 중서문하성과 중추원의 고위 관료가 모여 국방과 군사 문제를 논의하였다.

18 최영   정답 ②

미니북 08쪽

빠른 정답 찾기: 고려 말 + 홍산에서 왜구를 격퇴 + 우왕 때 요동 정벌 추진 ➡ **최영**

자료 분석하기

고려 말 홍산에 침입한 왜구를 격퇴하는 등의 공을 세운 최영은 우왕 때 명이 원에서 관리한 철령 이북의 땅을 반환하라고 요구하자 요동 정벌을 추진하였다. 이에 이성계는 4불가론을 제시하며 반대하였으나 왕명에 따라 출정하였다가 압록강의 위화도에서 회군하여 최영을 제거하고 우왕을 폐위한 뒤 창왕을 즉위시켰다.

선택지 분석하기

① 양규
⇢ 거란이 강조의 정변을 구실로 2차 침입을 단행하자 양규의 군대가 흥화진 전투에서 거란의 보급로를 차단하며 활약하였다.

✓ 최영
⇢ 고려 우왕 때 명이 원에서 관리한 철령 이북의 땅을 반환하라고 요구하자 최영을 중심으로 요동 정벌을 추진하였다.

③ 이종무
⇢ 조선 세종 때 왜구가 자주 침입해 오자 이종무를 시켜 대마도를 정벌하게 하였다.

④ 정몽주
⇢ 정몽주는 고려 후기 대표적인 온건 개혁파이다. 그는 혼란스러운 고려 왕조를 유지시키기 위해 노력하였으나 새 왕조를 세우려 손잡은 급진 개혁파 정도전, 신흥 무인 세력 이성계 등과 대립하다가 결국 선죽교에서 이방원에게 죽게 되었다.

19 경복궁   정답 ①

미니북 51쪽

빠른 정답 찾기: 임금께서 큰 복을 받으시라는 뜻 + 한양의 새로운 궁궐 + 근정전 + 태조 + 정도전 ➡ **경복궁**

정답 및 해설 **167**

자료 분석하기

경복궁은 조선 태조 이성계가 조선 건국 이후 도읍을 개경에서 한양으로 옮기면서 창건되었다. 도성의 북쪽에 있다고 하여 북궐이라고 불렸으며, 경복궁의 정전인 근정전에서는 국왕의 즉위식이나 행사가 진행되었다. 이후 임진왜란 때 불타 없어졌다가 고종 때 흥선 대원군이 왕실의 권위를 회복하기 위해 다시 지었다.

선택지 분석하기

✔ 경복궁
→ 경복궁은 조선 건국 후 수도를 개경에서 한양으로 옮기면서 가장 먼저 지어졌으며, 정궁으로 이용되었다.

② 경운궁
→ 임진왜란 이후 광해군이 월산 대군의 집을 임시 궁궐로 사용하면서 경운궁이라 불렀다. 이후 1907년 고종이 강제 퇴위되고 이곳에 머무르면서 덕수궁으로 이름을 바꾸었다.

③ 경희궁
→ 경희궁은 조선 광해군 때 만들어졌다. 임진왜란 때 경복궁이 불탄 후 흥선 대원군이 중건하기 전까지 동궐인 창덕궁과 창경궁이 정궁이 되었고, 서궐인 경희궁이 이궁으로 사용되었다.

④ 창경궁
→ 창경궁은 조선 세종이 즉위하고 상왕인 태종을 모시기 위해 지은 궁으로 본래 이름은 수강궁이다. 이후 성종 때 세 명의 대비를 모시기 위해 새롭게 지으면서 이름을 창경궁으로 바꾸었다.

20 조선 세조

★ 미니북 09쪽

정답 ④

빠른 정답 찾기: 계유정난 + 집현전 폐지 + 현직 관리에게만 수조권을 지급하는 직전법 시행 ➡ 조선 세조

자료 분석하기

조선 세조는 수양 대군 시절 계유정난을 일으켜 권력을 장악하고 단종을 몰아내 왕으로 즉위하였다. 이후 집현전 학사인 성삼문, 박팽년 등이 단종 복위를 계획하다가 발각되자 관련 신하들을 모두 사형에 처하였고, 집현전을 폐지하였으며 경연을 정지시켰다. 또한, 과전의 세습화로 과전이 부족해지자 이를 바로잡기 위해 현직 관리에게만 수조권을 지급하는 직전법을 실시하였다.

선택지 분석하기

① 계미자가 주조되었다.
→ 조선 태종은 주자소를 설치하여 금속 활자인 계미자를 주조하였다.

 ② 균역법이 실시되었다.
→ 조선 영조는 백성들의 군역 부담을 줄여주고자 기존 1년에 2필씩 납부하던 군포를 1필로 줄이는 균역법을 실시하였다.

③ 기묘사화가 일어났다.
→ 조선 중종 때 등용된 조광조는 위훈 삭제, 현량과 실시 등의 개혁을 주장하였다. 그러나 훈구 공신들의 반발로 인해 기묘사화가 발생하여 조광조를 비롯한 사림들이 제거되었다.

✔ 6조 직계제가 시행되었다.
→ 조선 세조는 왕권을 강화하기 위해 태조 때 시행하였던 6조 직계제를 부활시켜 6조가 의정부를 거치지 않고 왕에게 직접 업무를 보고하게 하였다.

21 임진왜란

★ 미니북 25쪽

정답 ③

빠른 정답 찾기: 『쇄미록』 + 왜군의 침입과 약탈 + 곽재우, 김덕령 등 의병장의 활동 + 피란민의 생활 ➡ 임진왜란

자료 분석하기

조선 선조 때 왜군의 침입으로 임진왜란이 발발하자 전국 각지에서 의병이 일어났다. 곽재우는 영남 지방에서 수천여 명의 의병을 이끌고 항전하였으며, 전라 지방에서는 김덕령이 형과 함께 의병을 일으켜 왜적에 맞서 싸웠다. 또한, 충청 지방에서는 조헌이 의병을 모아 청주성을 수복하고 금산 전투에서 활약하였다. 오희문은 『쇄미록』에 이러한 의병들의 활약과 당시 피란민의 상황을 기록하였다.

선택지 분석하기

① 별기군 창설
→ 고려 고종은 개화 정책의 일환으로 기존 5군영을 무위영과 장어영의 2영으로 개편하고 신식 군대인 별기군을 설치하였다.

② 2군 6위 편성
→ 고려는 응양군과 용호군을 2군으로 구성하여 국왕 친위 부대로 배치하였으며, 수도 및 변경의 방비를 담당하는 전투 부대로는 6위를 두었다.

✔ 훈련도감 설치
→ 임진왜란 때 새로운 군사 조직의 필요성을 느낀 유성룡의 건의로 포수, 사수, 살수의 삼수병으로 편성된 훈련도감이 설치되었다.

④ 나선 정벌 단행
→ 조선 효종 때 러시아가 만주 지역까지 침략해 오자 청이 조선에 원병을 요청하였다. 이에 조선은 두 차례에 걸쳐 조총 부대를 출병시켜 나선 정벌에 나섰다.

22 홍문관의 역할 | 정답 ④

빠른 정답 찾기
옥당 + 언론 활동 + 사헌부, 사간원과 함께 3사라 불림
➡ 홍문관의 역할

🔍 자료 분석하기

홍문관은 조선 성종 때 집현전을 계승하여 설치되었으며, 옥당·옥서 등의 별칭으로 불리기도 하였다. 조선의 대표적 언론 기관인 사헌부, 사간원과 함께 3사를 구성하였다.

🔍 선택지 분석하기

① 수원 화성에 외영을 두었습니다.
⋯ 조선 정조는 왕권을 뒷받침하는 군사적 기반을 갖추기 위해 친위 부대인 장용영을 설치하여 서울 도성에는 내영, 수원 화성에는 외영을 두었다.

② 한양의 치안과 행정을 맡았습니다.
⋯ 한성부는 조선의 수도 한양의 치안과 행정을 담당하였다.

③ 재정의 출납과 회계를 관장하였습니다.
⋯ 6조 중 호조는 재정의 출납과 회계를 관장하였다.

✅ 왕의 정책 자문과 경연을 담당하였습니다.
⋯ 홍문관은 왕의 자문 역할과 경연, 경서, 사적 관리, 언론의 역할을 담당하였다.

23 인조반정 | 정답 ④

빠른 정답 찾기
인목 대비 + 영창 대군 + 친명배금 + 이괄의 난 + 능양군 + 광해군을 몰아내고 왕으로 즉위 ➡ 인조반정

🔍 자료 분석하기

조선 광해군 때 북인 세력이 집권하면서 서인 세력은 정계에서 밀려나게 되었다. 이에 김류, 이귀 등의 서인은 광해군의 중립 외교 정책과 폐모살제(인목 대비를 폐하고 영창 대군을 죽인 사건) 문제를 이유로 하여 선조의 손자인 능양군을 중심으로 반정을 일으켰다. 이후 복위된 인목 대비는 능양군을 인조로 즉위시켰으며, 광해군을 강화도로 유배시키고 주요 인사 수십 명을 처형하였다.

🔍 선택지 분석하기

① 경신환국
⋯ 남인의 영수인 허적이 궁중에서 쓰는 천막을 허락 없이 사용한 문제로 숙종과 갈등을 빚었다. 이후 허적의 서자인 허견의 역모 사건까지 이어지면서 허적을 비롯한 남인이 몰락하고 서인이 집권하는 경신환국이 발생하였다.

② 무오사화
⋯ 조선 연산군 때 사관 김일손이 영남 사림파 스승인 김종직의 조의제문을 사초에 기록하였다. 사림 세력과 대립 관계였던 훈구 세력이 이를 문제 삼아 연산군에게 알리면서 무오사화가 발생하였다.

③ 신유박해
⋯ 조선 순조 때 노론 벽파가 천주교를 탄압하여 신유박해가 발생하였다. 이때 정약전, 정약용 등이 유배되는 등 천주교 전파에 앞장섰던 실학자와 많은 천주교 신자가 피해를 입었다.

✅ 인조반정
⋯ 조선 광해군 때 정계에서 북인 세력에게 밀려있던 서인 세력은 광해군의 중립 외교 정책과 폐모살제 문제를 계기로 반정을 일으켰다. 이에 광해군이 폐위되고 인조가 왕위에 올랐다.

24 조선 후기의 사회 | 정답 ①

빠른 정답 찾기
공명첩 + 담배 농사 ➡ 조선 후기의 사회

🔍 자료 분석하기

임진왜란 이후 조선에 고추와 담배 등이 전래되었으며, 조선 후기에는 상품 유통이 활발해지면서 담배, 고추 등의 상품 작물을 재배하였다. 또한, 조선 정부는 당시 악화된 국가 재정을 해결하기 위해 납속책을 실시하여 돈이나 곡식을 받고 명예직 임명장인 공명첩을 팔기도 하였다.

🔍 선택지 분석하기

✅ 녹읍을 지급받는 귀족
⋯ 신라는 귀족 관리에게 직무 수행의 대가로 녹읍을 지급하였다. 녹읍은 고을 단위로 지급되었으며, 귀족의 경제적 기반이 되었다.

② 고구마를 재배하는 농민
③ 관청에 물품을 조달하는 공인
④ 청과의 무역으로 부를 축적한 만상
⋯ 조선 후기에는 구황 작물로 감자, 고구마 등이 전래되어 재배되기 시작하였다. 대동법의 실시로 국가에 필요한 물품을 조달하는 공인이 등장하였고, 상공업이 활발해지면서 사상이 발전하여 개성, 의주 등의 지역에서 송상, 만상 등이 대청 무역으로 부를 축적하였다.

25 박지원 정답 ③

빠른 정답 찾기: 조선 후기 실학자 + 연행사 + 「양반전」 + 「열하일기」 ➡ 박지원

자료 분석하기

조선 후기 중상주의 실학자였던 연암 박지원은 청에 연행사로 다녀온 뒤 『열하일기』를 지어 청의 선진 문물 도입과 상공업 진흥, 수레·선박의 이용 및 화폐 유통의 필요성을 강조하였다. 또한, 「양반전」, 「허생전」, 「호질」 등을 저술하여 양반의 무능과 허례를 풍자하고 비판하였다.

선택지 분석하기

① 이이
··· 조선 중기의 성리학자 율곡 이이는 군주가 수양해야 할 덕목을 정리한 『성학집요』를 저술하였다. 또한, 왕도 정치가 나아가야 할 방향을 문답식으로 저술한 『동호문답』을 통해 다양한 개혁 방안을 제시하였다.

② 김정희
··· 김정희는 금석학 연구를 통해 『금석과안록』을 저술하여 북한산비가 진흥왕 순수비임을 밝혀냈으며, 왕희지체, 구양순체 등 역대 명필을 두루 연구하여 추사체를 창안하였다.

✓ 박지원
··· 조선 후기 실학자 박지원은 상공업의 발달과 화폐 유통의 필요성을 주장하였다.

④ 송시열
··· 조선 후기의 학자 송시열은 명에 대한 의리를 지키고 청에게 당한 수모를 갚자는 북벌론을 주장하였다. 효종에게 이러한 내용을 담은 「기축봉사」를 올려 북벌 계획의 핵심 인물이 되었다.

26 조선 후기 세도 정치기 정답 ④

빠른 정답 찾기: 죽은 시아버지와 갓난아기가 군적에 오름 + 정약용의 『여유당전서』 + 농민들의 비참함과 원통함 ➡ 조선 후기 세도 정치기

자료 분석하기

조선 후기 세도 정치기에 수취 제도인 전정, 군정, 환곡을 뜻하는 삼정이 제대로 운영되지 않아 수령과 향리의 수탈이 극심하였다. 특히, 군포를 거둬들이는 군정의 경우 이미 죽은 사람이나 어린 아이 몫까지 부담하도록 하여 농민의 고통이 심하였다. 이에 국가는 삼정이정청의 설치로 삼정의 문란을 바로잡으려 하였으나 오랜 기간의 세도 정치로 인해 이미 정치적 부패가 극심하여 큰 성과를 이루지 못하였다.

선택지 분석하기

① 과전법 실시의 배경에 대해 살펴본다.
··· 고려 공양왕 때 신진 사대부 조준, 정도전 등의 건의로 과전법이 시행되었다. 이를 통해 지급 대상 토지를 원칙적으로 경기 지역에 한정하는 토지 제도의 개혁을 단행하여 권문세족의 경제적 기반을 약화시켰다.

② 조선 형평사의 활동 내용을 조사한다.
··· 일제 강점기에 백정들은 사회적 차별을 철폐하기 위해 조선 형평사를 결성하고 형평 운동을 전개하였다.

③ 전민변정도감이 설치되는 과정을 알아본다.
··· 고려 공민왕은 전민변정도감을 설치하여 권문세족에 의해 빼앗긴 토지를 원래 주인에게 돌려주고 억울하게 노비가 된 자를 풀어주는 등 개혁을 단행하였다.

✓ 세도 정치 시기 삼정의 문란에 대해 찾아본다.
··· 조선 후기 세도 정치가 극심하여 삼정이 문란해졌다. 이에 참다못한 농민들이 봉기를 일으키기도 하였다.

27 이화 학당 정답 ④

빠른 정답 찾기: 1886년 + 선교사 스크랜턴 + 여성의 신학문 교육 + 최초의 여의사 박에스더 + 유관순 ➡ 이화 학당

자료 분석하기

고종 때 미국 선교사였던 메리 스크랜턴이 한국 최초로 여성 교육 기관인 이화 학당을 설립하였다. 스크랜턴은 여성의 근대적 교육에 힘썼으며, 조선 중기 이후 낮아졌던 여성의 사회적 지위를 높이는 데 기여하였다.

선택지 분석하기

① 배재 학당
··· 미국인 개신교 선교사 아펜젤러가 세운 배재 학당은 근대적 사립 학교로 신학문 보급에 기여하였다.

② 오산 학교
··· 안창호, 양기탁을 중심으로 결성된 신민회는 오산 학교와 대성 학교를 세워 민족 교육을 전개하였다.

③ 육영 공원
··· 최초의 근대식 공립 학교인 육영 공원은 헐버트, 길모어 등의 외국인 교사를 초빙하여 상류층 자제에게 근대 교육을 실시하였다.

✓ 이화 학당
…» 미국의 선교사 스크랜턴은 최초의 여성 교육 기관인 이화 학당을 설립하여 근대적 여성 교육에 기여하였다.

28 병인양요   정답 ③

미니북 31쪽

빠른 정답 찾기 박병선 박사 + 프랑스군이 외규장각 의궤 약탈 + 2011년 의궤가 우리 땅으로 돌아옴 ➡ **병인양요**

🔍 자료 분석하기

병인양요 때 프랑스군은 강화도에 침입하여 조선 왕실의 중요한 행사 등을 글과 그림으로 상세하게 기록한 외규장각 의궤를 약탈하였다. 프랑스 국립 도서관에서 연구원으로 일하던 박병선 박사에 의해 의궤의 존재가 발견되었으며, 반환 운동 끝에 2011년에 대여 형식으로 국내에 반환되었다.

🔍 선택지 분석하기

① 청군의 개입으로 진압되었다.
④ 제물포 조약이 체결되는 결과를 가져왔다.
…» 신식 군대인 별기군에 비해 차별 대우를 받던 구식 군대가 임오군란을 일으켰다. 이에 민씨 세력의 요청으로 청군이 개입하여 군란을 진압하였고, 흥선 대원군은 청으로 압송되었다. 또한, 군란으로 인해 일본 공사관이 피해를 입자 조선은 일본과 사과 사절단 파견, 주모자 처벌, 배상금 지불, 공사관 경비병 주둔 등의 내용을 담은 제물포 조약을 체결하게 되었다.

② 제너럴 셔먼호 사건이 배경이 되었다.
…» 미국이 제너럴 셔먼호 사건을 구실로 강화도에 침입하여 신미양요가 발생하였다.

✓ 양헌수 부대가 정족산성에서 활약하였다.
…» 병인박해로 인해 프랑스 군대가 강화도를 공격하면서 병인양요가 발생하였다. 이에 양헌수를 중심으로 한 군대가 정족산성에서 프랑스 군대를 물리쳤다.

29 임오군란   정답 ③

미니북 32쪽

빠른 정답 찾기 통리기무아문 ➡ (가) ➡ 갑신정변

🔍 자료 분석하기

- **통리기무아문**(1880): 조선 고종은 국내외의 군국 기무를 총괄하는 관청인 통리기무아문을 설치하고, 그 아래 12사(司)를 두어 행정 업무를 맡게 하였다.
- **갑신정변**(1884): 김옥균, 박영효를 중심으로 한 급진 개화파는 일본의 군사적 지원을 약속받고 우정총국 개국 축하연 자리에서 갑신정변을 일으켰다. 이들은 14개조 정강을 발표하고 청과의 사대 관계 폐지, 입헌 군주제, 능력에 따른 인재 등용 등을 주장하였으나 청군의 개입으로 3일 만에 실패하였다.

🔍 선택지 분석하기

① 탕평비가 건립되었다.
…» 조선 영조는 붕당 정치의 폐해를 막고 능력에 따른 인재를 등용하기 위해 탕평책을 실시하였고, 이를 알리고자 성균관에 탕평비를 건립하였다(1742).

② 간도 협약이 체결되었다.
…» 일본과 청은 간도 협약을 체결하여 일본이 남만주의 철도 부설권을 얻는 대신 간도를 청의 영토로 인정하였다(1909).

✓ 구식 군인들이 임오군란을 일으켰다.
…» 조선 고종 때 신식 군대와의 차별 대우로 불만이 쌓인 구식 군대가 선혜청과 일본 공사관을 습격하면서 임오군란이 발생하였다(1882).

④ 어영청을 강화하며 북벌이 추진되었다.
…» 조선 인조 때 후금과의 관계가 악화되자 어영청을 설치하여 국왕을 호위하게 하였고(1623), 병자호란 이후 청에 볼모로 갔던 봉림 대군이 효종으로 즉위하면서 어영청을 중심으로 북벌을 추진하였다(1649~1659).

30 수신사   정답 ③

미니북 11쪽

빠른 정답 찾기 1880년 + 김홍집 + 일본 근대 문물 견학 + 청 외교관 황준헌 + 『조선책략』 ➡ **수신사**

🔍 자료 분석하기

강화도 조약 체결 후 조선은 일본에 두 차례에 걸쳐 수신사를 파견하여 각종 근대 시설을 시찰하도록 하였다. 제2차 수신사로 파견된 김홍집은 청의 외교관 황준헌이 저술한 책인 『조선책략』을 국내에 들여왔다(1880). 이로 인해 국내에 미국과 외교를 맺어야 한다는 여론이 형성되었다.

선택지 분석하기

① 보빙사
→ 보빙사는 서양 국가에 파견된 최초의 사절단으로 미국에 머무르며 외국 박람회, 공업 제조 회관, 병원, 신문사, 육군 사관 학교 등을 방문·시찰하였다.

② 성절사
→ 조선은 명·청에 정기적으로 하정사(정월), 성절사(황제·황후의 생일), 동지사(동지) 등의 사절을 파견하였다.

✔ 수신사
→ 조선은 강화도 조약을 체결한 이후 문호를 개방하여 개화 정책을 추진하였다. 이에 고종은 두 차례에 걸쳐 수신사를 파견하여 일본의 신식 기관과 각종 근대 시설을 시찰하게 하였다.

④ 영선사
→ 김윤식을 중심으로 청에 파견된 영선사는 텐진에서 근대 무기 제조 기술과 군사 훈련법을 배우고 돌아왔다.

한발 더 다가가기

조선 근대 사절단

구분	내용
수신사 (일본)	• 강화도 조약 체결 후 근대 문물 시찰 • 2차 수신사 때 김홍집이 『조선책략』 유입
조사 시찰단 (일본)	• 국내 위정척사파의 반대로 암행어사로 위장해 일본에 파견 • 근대 시설 시찰
영선사 (청)	• 김윤식을 중심으로 청 텐진 일대에서 무기 공장 시찰 및 견습 • 임오군란과 풍토병으로 1년 만에 조기 귀국 • 근대식 무기 제조 공장 기기창 설립
보빙사 (미국)	• 조미 수호 통상 조약 체결의 결과 • 미국 공사 파견에 답하여 민영익, 서광범, 홍영식 등 파견

 미니북 33쪽

31 동학 농민 운동 정답 ②

빠른 정답 찾기: 사발통문 + 장태 + 황룡촌 전투 + 공주 우금치 + 농민군 ➡ **동학 농민 운동**

자료 분석하기

고부 군수 조병갑의 횡포에 반발한 농민들이 동학교도인 전봉준을 중심으로 동학 농민 운동을 일으켰다. 농민군은 백산에 집결하여 4대 강령을 발표하고 제폭구민, 보국안민을 바탕으로 봉기하였으며, 황토현 전투와 황룡촌 전투를 승리로 이끌고 전주성을 점령하면서 전라도 일대를 장악하였다. 조정에서 이들을 진압하기 위해 청에 원군을 요청하자 텐진 조약에 의해 일본도 군대를 파견하였다. 이에 청과 일본의 군대 개입을 우려한 농민군은 정부와 전주 화약을 맺고 해산하였다. 그러나 청일 전쟁이 발발하고 일본의 내정 간섭이 심해지자 동학 농민군의 남접과 북접이 연합하여 다시 봉기하였다. 이후 공주 우금치 전투에서 일본군에게 패배하고 전봉준이 한양으로 압송되면서 농민군은 해산되었다.

선택지 분석하기

① 박규수가 안핵사로 파견되었다.
→ 조선 철종 때 임술 농민 봉기가 일어나자 안핵사로 파견된 박규수는 민란의 원인이 삼정에 있다고 보고 삼정이정청을 설치하여 삼정의 폐단을 해결하고자 노력하였다.

✔ 전개 과정에서 집강소가 설치되었다.
→ 동학 농민 운동 당시 농민군은 청과 일본의 군대 개입을 우려하여 조선 정부와 전주 화약을 맺고 집강소를 설치한 뒤 폐정 개혁을 실시하였다.

③ 한성 조약이 체결되는 결과를 가져왔다.
→ 일본은 갑신정변 당시 죽게 된 일본인에 대한 배상과 일본 공사관 신축 부지 제공 및 비용을 요구하면서 조선과 한성 조약을 체결하였다.

④ 평안도 지역 차별에 반발하여 일어났다.
→ 조선 순조 때 세도 정치로 인한 삼정의 문란과 서북 지역 차별에 대한 불만이 쌓여 평안도 지역 농민들이 몰락 양반 출신 홍경래를 중심으로 봉기를 일으켰다.

 미니북 07, 08, 14, 34쪽

32 시대별 관리 등용 제도 정답 ③

빠른 정답 찾기: 독서삼품 + 쌍기의 말을 받아들여 과거로 관리를 뽑음 + 현량과 + 선거조례(選擧條例) ➡ **시대별 관리 등용 제도**

자료 뜯어보기

(가) 처음으로 독서삼품*을 정하여 관리를 선발하였다.
(나) 쌍기*의 말을 받아들여 과거로 관리를 뽑았으며, 이로부터 학문을 숭상하는 풍조가 비로소 일어났다.
(다) 천거한 사람들을 한곳에 모아 시험을 치르면 많은 인재를 얻을 수 있을 것입니다. 이는 한(漢)에서 시행한 현량과*의 뜻을 이은 것입니다.
(라) 군국기무처*에서 올린 의안에, …… 과거제의 변통에 대한 재가를 받아 별도로 선거조례(選擧條例)를 정한다.

* 독서삼품: 학문의 성취도를 상품(上品)·중품(中品)·하품(下品)의 3등급으로 나누었다.
* 쌍기: 고려 전기 광종 때 후주에서 고려로 귀화하여 문신으로 등용되었다.

* 한(漢)에서 시행한 현량과: 중국 한에서 추천을 통한 인재 선발 방식으로 현량방정과(賢良方正科)를 시행하였다.
* 군국기무처: 조선 말 일본의 강요 아래 설치된 기구로 김홍집이 총재를 맡았으며, 제1차 갑오개혁을 주도하였다.

자료 분석하기

- (가) **독서삼품과**(788): 통일 신라 원성왕은 국학의 학생들을 대상으로 독서삼품과를 실시하여 유교 경전의 이해 수준에 따라 관리로 채용하였다.
- (나) **고려 과거 제도**(958): 고려 광종은 후주 출신 쌍기의 건의를 수용하여 과거 제도를 도입하고 신진 인사를 등용하였다.
- (다) **현량과**(1519): 조선 중종 때 조광조의 건의에 따라 시행된 관리 등용 제도이다. 한의 현량방정과를 본떠 만들었으며, 학문과 덕행이 뛰어난 인재를 천거를 통해 관리로 뽑도록 하였다.
- (라) **선거조례**(1894): 제1차 갑오개혁 때 군국기무처는 과거 제도를 폐지하고 대신들에게 인재를 추천하게 한 선거조례를 제정하였다.

선택지 분석하기

① 문과, 무과, 잡과로 구분하여 선발하였다.
⋯ 조선 시대에는 과거 제도를 문과, 무과, 잡과로 구분하여 관리를 선발하였다.

② 신라 원성왕 재위 시기에 시행되었다.
⋯ 통일 신라 원성왕 때 유교 진흥 정책의 하나로 독서삼품과를 시행하고, 이를 통해 유교 경전의 이해 수준을 기준으로 관리를 채용하였다.

✓ 조광조 등 사림 세력이 실시를 주장하였다.
⋯ 조선 중종 때 등용된 조광조는 천거제의 일종인 현량과를 실시하여 사림이 대거 등용될 수 있는 발판을 마련하였다.

④ 광무 개혁의 일환으로 단행되었다.
⋯ 군국기무처에서 제1차 갑오개혁을 주도하면서 과거제를 폐지하였다.

33 독립 협회 정답 ②

미니북 49쪽

빠른 정답 찾기: 민중을 계몽 + 서재필 + 윤치호 + 독립신문 발행 + 수백 명이 모인 토론회 ➡ **독립 협회**

자료 분석하기

서재필은 정부의 지원을 받아 우리나라 최초의 민간 신문인 독립신문을 창간하였으며, 한글판과 영문판 두 종류로 발행하였다. 이후 윤치호, 이상재 등과 함께 독립 협회를 창립하여 자주 국권, 자유 민권, 자강 개혁을 위한 정치 운동을 전개하였다. 또한, 만민 공동회와 관민 공동회를 개최하여 민중에게 근대적 지식과 국권·민권 사상을 강조하였다.

선택지 분석하기

① 신민회
⋯ 신민회는 국권 회복과 공화 정체에 바탕을 둔 국민 국가 건설을 목표로, 민족 교육과 무장 투쟁을 위한 독립군 양성 등 다양한 활동을 전개하였다.

 독립 협회
⋯ 갑신정변 이후 미국에서 돌아온 서재필, 이상재 등은 독립 협회를 창립하였다.

③ 대한 자강회
⋯ 대한 자강회는 교육과 산업 활동을 바탕으로 한 국권 회복을 목표로 하였으며, 고종의 강제 퇴위 반대 운동을 전개하였다.

④ 조선어 학회
⋯ 조선어 학회는 한글 맞춤법 통일안과 표준어를 제정하고 『조선말 큰사전』의 편찬을 시작하여 해방 이후 완성하였다.

34 을사늑약 정답 ④

미니북 11쪽

빠른 정답 찾기: 네덜란드 헤이그 + 이준 열사 + 대한 제국의 외교권을 박탈한 조약 + 이상설, 이위종 + 만국 평화 회의 특사 ➡ **을사늑약**

자료 분석하기

이준, 이상설, 이위종은 을사늑약 체결의 부당함을 알리기 위해 고종의 밀명을 받아 헤이그에서 열린 만국 평화 회의에 특사로 파견되었다. 이들은 대한 제국의 독립 수호를 위해 국제적 협력을 호소하였으나 을사늑약으로 외교권이 박탈되어 회의 참석이 끝내 거부되었다. 이에 이준은 슬프고 분한 마음에 그해 7월 14일 헤이그에서 순국하였다.

선택지 분석하기

① 청일 전쟁의 배경이 되었다.
⋯ 동학 농민 운동으로 농민군이 전라도 일대를 장악하자 조정에서는 이들을 진압하기 위해 청에 원군을 요청하였다. 그러나 톈진 조약에 의해 일본군까지 군대를 파견하였고, 결국 청일 양국 간의 전쟁이 발발하였다.

② 최혜국 대우의 조항이 들어 있다.
⋯ 조미 수호 통상 조약은 조선이 서양 국가와 맺은 최초의 조약으로, 거중 조정, 치외 법권, 최혜국 대우 인정 등의 조항이 포함된 불평등 조약이었다.

③ 운요호 사건을 계기로 체결되었다.
⋯ 일본은 조선의 해안을 조사한다는 구실로 운요호를 강화도에 보내 초지진을 공격하였다(운요호 사건). 이에 조선 군대가 방어적 공격을 하자 일본이 이를 빌미로 조약 체결을 강요하였다. 그 결과 조선이 외국과 맺은 최초의 근대적 조약이자 불평등 조약인 강화도 조약이 체결되었다.

✓ 통감부가 설치되는 결과를 가져왔다.
⋯ 1905년 을사늑약이 체결되면서 대한 제국의 외교권이 박탈되었다. 이듬해 서울에 통감부가 설치되었고, 이토 히로부미가 초대 통감으로 부임하였다.

35 대한 제국 정답 ①

빠른 정답 찾기: 덕수궁 + 고종이 황제에 오름 ➡ 대한 제국

자료 분석하기
조선 고종은 아관 파천 이후 경운궁(덕수궁)으로 환궁하여 대한 제국을 수립하고 환구단에서 황제 즉위식을 거행하였다(1897). 이후 석조전, 정관헌 등의 서양식 건물을 세워 자주 국가로서의 모습을 내세우고자 하였다.

선택지 분석하기
✓ 지계가 발급되었다.
⋯ 대한 제국은 구본신참을 기본 정신으로 하여 광무개혁을 추진하였다(1897). 이에 따라 양전 사업을 실시하고 지계아문을 통해 토지 소유 문서인 지계를 발급하여 근대적 토지 소유권을 확립하고자 하였다.

② 척화비가 건립되었다.
⋯ 흥선 대원군은 병인양요와 신미양요 등 서양의 침략을 극복한 이후 서양과의 통상 수교 거부를 알리기 위해 전국 각지에 척화비를 세웠다(1871).

③ 홍범 14조가 반포되었다.
⋯ 조선 고종은 제2차 갑오개혁 때 홍범 14조를 반포하여 개혁의 기본 강령을 제시하였다(1895).

④ 치안 유지법이 제정되었다.
⋯ 1920년대 중반 사회주의가 확산되자 일제는 치안 유지법을 시행하여 식민지 지배에 저항하는 민족 해방 운동과 사회주의 독립운동을 탄압하였다(1925).

36 13도 창의군 정답 ①

빠른 정답 찾기: 황제가 강제로 자리에서 내려옴 + 일제가 우리 군대를 강제로 해산 + 13도의 의병이 모여 조직 + 이인영 총대장 ➡ 13도 창의군

자료 분석하기
한일 신협약(정미 7조약)으로 대한 제국 군대가 해산되자 이에 반발하여 정미의병이 전국적으로 전개되었고, 해산 군인들이 의병 활동에 함께하면서 의병 부대가 조직화되었다. 이후 이인영을 총대장으로 한 13도 창의군이 결성되었다(1908).

선택지 분석하기
✓ 서울 진공 작전을 전개하였다.
⋯ 이인영, 허위를 중심으로 결성된 13도 창의군은 각국 공사관에 국제법상 교전 단체로 인정해 줄 것을 요구하면서 서울 진공 작전을 전개하였으나 실패하였다(1908).

② 일제의 탄압을 피해 자유시로 이동하였다.
⋯ 일제가 봉오동·청산리 전투의 보복으로 한국인을 학살하는 간도 참변을 일으켰다. 이에 대한 독립 군단은 연해주의 자유시로 근거지를 옮겼으나 군 지휘권을 둘러싼 분쟁으로 인해 자유시 참변이 발생하여 큰 타격을 입었다(1921).

③ 어재연의 지휘 아래 광성보에서 활약하였다.
⋯ 미국이 제너럴 셔먼호 사건을 구실로 강화도에 침입하여 신미양요가 발생하였다. 이에 어재연이 이끄는 조선 군대가 초지진, 광성보에서 미국군에 항전하였다(1871).

④ 황푸 군관 학교에서 군사 훈련을 실시하였다.
⋯ 김원봉을 중심으로 조직된 의열단은 황푸 군관 학교에서 군사 훈련을 받았으며(1926), 이를 바탕으로 새로운 독립 투쟁 노선을 계획하였다.

37 청산리 전투 정답 ③

빠른 정답 찾기: 1920년 10월 + 김좌진의 북로 군정서군 + 독립군 연합 부대 + 백운평, 천수평, 어랑촌 + 일본군과 싸워 크게 승리함 ➡ 청산리 전투

자료 분석하기
북간도에서 대종교도를 중심으로 결성된 중광단이 3·1 운동 직후 정의단으로 확대 개편되었다. 이 과정에서 무장 독립 운동을 수행하기 위해 북로 군정서를 조직하였다. 이후 김좌진이 이끄는 북로 군정서군과 홍범도가 이끄는 대한 독립군이 연합한 독립군 부대는

청산리 전투에서 일본군에 대승을 거두었다(1920).

🔍 선택지 분석하기

① 백강 전투
⋯ 백제 부흥 운동을 지원하기 위해 왜의 수군이 백강 입구까지 진격하였으나 나당 연합군의 공격으로 패배하였다(663).

② 진주성 전투
⋯ 조선 선조 때 일본이 조선을 침입하여 임진왜란이 발생하였다. 왜군이 전라도로 가는 길목인 진주를 공격하자 김시민이 이끄는 조선군이 진주 대첩에서 왜군 2만 명을 무찔렀다(1592).

✅ 청산리 전투
⋯ 김좌진을 중심으로 한 북로 군정서군과 홍범도가 이끄는 대한 독립군이 독립군을 토벌하기 위해 출병한 일본군을 상대로 청산리 일대에서 크게 승리하였다(1920).

④ 대전자령 전투
⋯ 지청천을 중심으로 북만주에서 결성된 한국 독립군은 중국 호로군과 연합하여 쌍성보 전투(1932), 사도하자 전투(1933), 대전자령 전투(1933)에서 일본군에 승리하였다.

🌸 미니북 15쪽

38 이육사   정답 ③

> **빠른 정답 찾기** 일제 강점기 민족 저항 시인 + 조선은행 대구 지점 폭파 사건에 연루되어 수감 + 수인 번호를 따서 호를 지음 + 「광야」 ➡ 이육사

🔍 자료 분석하기

이육사는 항일 저항 시인으로 조국의 독립을 위해 노력하였으며, 「광야」, 「청포도」 등의 작품을 남겼다. 1925년 의열단에 가입하여 독립운동 계획을 세우던 도중 조선은행 대구 지점 폭파 사건에 연루되어 수감되었다(1927). 이에 수인 번호인 '264'를 따서 이육사라는 호를 지었다.

🔍 선택지 분석하기

① 심훈
⋯ 심훈은 일제 강점기의 저항 시인이자 소설가로, 민족의식을 담은 저항시 「그날이 오면」, 브나로드 운동을 소재로 한 장편 소설 『상록수』 등을 발표하였다.

② 윤동주
⋯ 윤동주는 문학 활동을 통해 일제의 탄압에 저항한 항일 시인으로 유고집 『하늘과 바람과 별과 시』를 남겼다.

✅ 이육사
⋯ 이육사는 일제의 식민 통치를 극복하려는 의지를 표현한 「광야」, 「절정」 등의 작품을 통해 일제의 탄압에 저항하였다.

④ 한용운
⋯ 한용운은 독립운동가 겸 승려이자 시인으로 일제 강점기 때 『님의 침묵』을 출간하여 저항 문학에 앞장섰고, 불교의 현실 참여를 주장하였다.

🌸 미니북 12쪽

39 산미 증식 계획   정답 ③

> **빠른 정답 찾기** 일제가 1920년부터 실시 + 쌀 생산량보다 더 많은 양의 쌀을 일본으로 가져감 ➡ 산미 증식 계획

🔍 자료 분석하기

제1차 세계 대전 이후 급속한 공업화가 진전된 일본은 증가하는 도시 인구에 비해 농업 생산력이 부족해지자 쌀값이 폭등하였다. 이에 조선에서 산미 증식 계획을 실시하여 일본 본토의 식량 부족 문제를 해결하고자 하였다(1920). 이를 위해 품종 개량, 수리 시설 구축, 개간 등을 통해 쌀 생산을 대폭 늘리려 하였으나 증산량은 계획에 미치지 못하였다. 그럼에도 불구하고 증산량보다 많은 양의 쌀을 일본으로 가져가면서 농민들의 경제 상황은 더욱 악화되었다.

🔍 선택지 분석하기

① 방곡령
⋯ 조선이 일본과 체결한 조일 통상 장정에 의해 천재·변란 등에 의한 식량 부족의 우려가 있을 때에는 해당 지역의 지방관이 직권으로 방곡령을 선포할 수 있었다(1883).

② 신해통공
⋯ 조선 정조는 자유로운 상업 활동을 장려하기 위해 육의전을 제외한 시전 상인들의 금난전권을 폐지하는 신해통공을 실시하였다(1791).

✅ 산미 증식 계획
⋯ 1920년대 일제는 자국의 부족한 쌀 생산량을 조선에서 수탈하여 채우기 위해 산미 증식 계획을 실시하였다.

④ 토지 조사 사업
⋯ 조선 총독부는 토지 조사 사업을 위해 토지 조사국을 설치하고 토지 조사령을 발표하였다(1912). 이에 따라 일정 기간 내 토지를 신고하도록 하고 신고하지 않은 토지는 총독부에서 모두 빼앗아 일본인에게 헐값으로 팔아넘겼다.

40 민족 말살 통치기 정답 ①

빠른 정답 찾기: 일제의 침략 전쟁에 동원 + 태평양 전쟁 + 인적·물적 자원 수탈 + 민족의식 말살 + 한국인을 침략 전쟁에 동원 + 징병제 + 일본군 '위안부' ➡ **1930년대 이후 민족 말살 통치기**

자료 분석하기

1930년대 이후 일제는 대륙 침략을 위해 한반도를 병참 기지화하고 중일 전쟁과 태평양 전쟁을 일으켰으며, 국가 총동원법을 시행하여 우리의 인적·물적 자원을 수탈하였다. 물적 수탈을 위해 양곡 배급제와 미곡 공출제를 실시하고(1939), 국민 징용령(1939)으로 한국인 노동력을 착취하였다. 또한, 학도 지원병 제도(1943), 징병 제도(1944) 등을 실시하여 젊은이들을 전쟁터로 강제 동원하였으며, 여자 정신대 근무령(1944)을 공포하여 여성들을 일본군 '위안부'로 삼는 만행을 저질렀다.

선택지 분석하기

✓ **태형**을 집행하는 **헌병 경찰**
… 1910년대 무단 통치기에 일제는 조선 태형령을 제정하여 곳곳에 배치된 헌병 경찰들이 조선인들에게 태형을 통한 형벌을 가하도록 하였다.

② **강제 징용**으로 끌려가는 청년
③ **공출**로 가마솥을 빼앗기는 농민
④ **황국 신민 서사**를 암송하는 학생
… 조선 총독부는 민족 말살 통치기에 황국 신민화 정책을 선전하고, 애국반을 통한 공출, 징병·징용 등을 독려하였다. 또한, 황국 신민 서사 암송과 창씨개명, 신사 참배 등을 강요하며 우리 민족의 정체성을 말살하려 하였다.

한발 더 다가가기

일제 강점기 경제 수탈

1910년대	• 토지 조사 사업: 총독부의 토지 약탈 • 회사령, 어업령, 광업령: 회사 설립과 주요 산업의 허가제 전환
1920년대	• 산미 증식 계획: 일본 본토의 식량 부족 문제를 해결하기 위해 쌀 유출 → 국내 식량 사정 악화, 몰락 농민 증가 • 일본 상품에 대한 관세 철폐
1930년대	• 남면북양 정책 • 병참 기지화 정책: 전쟁 수행에 필요한 물자 조달 • 국가 총동원법: 침략 전쟁을 위한 인적·물적 자원 수탈

41 세시 풍속 – 단오 정답 ①

빠른 정답 찾기: 음력 5월 5일 + 수리취떡 + 창포물에 머리감기 + 씨름 경기 ➡ **단오**

자료 분석하기

단오는 음력 5월 5일로 삼한에서 수릿날에 풍년을 기원하였던 행사가 세시 풍속으로 이어지면서 발전하였다. 남자들은 씨름, 택견, 활쏘기를 하였고, 여자들은 그네뛰기, 앵두로 화채 만들어 먹기, 창포물에 머리 감기 등을 하였다.

선택지 분석하기

✓ **단오**
… 음력 5월 5일인 단오에는 창포물에 머리 감기, 그네뛰기, 씨름 등의 놀이를 즐기고 수리취떡을 만들어 먹었다.

② **동지**
… 동지는 24절기 중 스물두 번째 절기로 일 년 중에서 밤이 가장 길고 낮이 가장 짧은 날이다. 이날 가정에서는 팥죽을 쑤어 먹었고, 관상감에서는 달력을 만들어 벼슬아치들에게 나누어 주었다.

③ **추석**
… 음력 8월 15일로 한가위라 불리는 추석에는 송편과 각종 음식을 만들어 조상들에게 차례를 지내고 성묘를 하였다.

④ **한식**
… 한식은 동지에서 105일째 되는 날로, 양력 4월 5일 무렵이다. 이날에는 일정 기간 동안 불의 사용을 금하여 찬 음식을 먹고 조상의 묘를 돌보았다.

42 윤봉길 정답 ②

빠른 정답 찾기: 상하이 매헌 기념관 + 한인 애국단 소속 + 훙커우 공원에서 의거 ➡ **윤봉길**

자료 분석하기

한인 애국단에 소속되어 활동하던 윤봉길은 1932년 상하이 훙커우 공원에서 열린 일왕 생일 및 일본군 전승 축하 기념식에 폭탄을 던져 일제 요인들에게 큰 타격을 주었다. 윤봉길의 의거는 이후 중국 국민당 정부가 대한민국 임시 정부의 항일 독립운동에 협력하는 계기가 되었다.

🔍 선택지 분석하기

① 나석주
⋯ 나석주는 의열단원으로 활동하면서 조선 식산 은행과 동양 척식 주식회사에 폭탄을 투척하였다.

 윤봉길
⋯ 윤봉길은 한인 애국단 단원으로 훙커우 공원에서 열린 일본 국왕 생일 기념식에 폭탄을 투척하였다.

③ 이봉창
⋯ 이봉창은 한인 애국단 단원으로 1932년 1월 도쿄에서 일본 국왕이 탄 마차의 행렬에 수류탄을 투척하였다.

④ 이회영
⋯ 이회영은 서간도 삼원보 지역에 이상룡 등과 함께 독립군 양성 학교인 신흥 강습소(훗날 신흥 무관 학교)를 설립하였다.

✿ 미니북 40쪽

43 한국 광복군 정답 ③

빠른 정답 찾기 작전명 독수리 + 대한민국 임시 정부 + 미국 전략 정보국(OSS) + 국내 진공 작전 ➡ 한국 광복군

🔍 자료 분석하기

대한민국 임시 정부는 이봉창과 윤봉길 의거 이후 일제의 탄압이 심해지자 충칭으로 근거지를 이동하였다. 이곳에서 지청천을 총사령관으로 하여 임시 정부의 직할 부대인 한국 광복군을 창설하였다 (1940). 한국 광복군은 영국군의 요청으로 인도, 미얀마 전선에 파견되었으며 미군의 협조를 받아 국내 진공 작전을 준비하였다.

🔍 선택지 분석하기

① 고종의 밀지를 받아 조직되었다.
⋯ 독립 의군부는 고종의 밀지를 받아 임병찬이 조직하였다. 복벽주의를 내세워 의병 전쟁을 준비하였으며, 1914년에는 조선 총독부에 국권 반환 요구서를 발송하였다.

② 조선 혁명 선언을 활동 지침으로 삼았다.
⋯ 김원봉을 중심으로 만주 지역에서 결성된 의열단은 신채호가 작성한 조선 혁명 선언을 기본 행동 강령으로 하여 독립운동을 전개하였다.

✓ 지청천을 총사령관으로 하여 창설되었다.
⋯ 대한민국 임시 정부는 충칭에서 지청천을 총사령관으로 하여 한국 광복군을 창설하였다.

④ 영릉가 전투에서 한중 연합 작전을 전개하였다.
⋯ 양세봉은 남만주 지역에서 조선 혁명군을 결성하고 중국 의용군과 연합하여 영릉가 전투를 승리로 이끌었다.

✿ 미니북 42쪽

44 대한민국 정부 수립 과정 정답 ②

빠른 정답 찾기 광복 이후 + 정부 수립 ➡ 대한민국 정부 수립 과정

🔍 선택지 분석하기

① 5·10 총선거 실시
③ 좌우 합작 위원회 활동
④ 제1차 미소 공동 위원회 개최
⋯ 광복 직후 모스크바 3국 외상 회의의 결과에 따라 제1차 미소 공동 위원회가 개최되었으나 결렬되었다(1946.3.). 이에 이승만이 단독 정부 수립을 주장하자 여운형, 김규식 등 중도 세력들이 미군정의 지원을 받으면서 좌우 합작 위원회를 결성하였다 (1946.7.). 이들은 좌우 합작 7원칙을 발표하고 좌우 합작 운동을 전개하였다. 이후 제2차 미소 공동 위원회도 결렬되자 미국은 유엔에 한반도 문제를 상정하였으며, 유엔 총회는 한반도에서 인구 비례에 따른 총선거 실시를 결정하고 유엔 한국 임시 위원단을 파견하였다(1948.1.). 그러나 소련이 38선 이북 지역의 입북을 거부하자 유엔 소총회에서 가능한 지역에서만 선거를 실시하고 임시 위원단이 선거를 감시하라는 결정을 내리면서 남한에서만 5·10 총선거가 실시되었다(1948.5.10.).

 6·10 만세 운동 전개
⋯ 순종의 인산일에 학생 300여 명이 격문을 뿌리고 시위를 일으킨 것이 6·10 만세 운동으로 확산되었으나 일제가 군대를 동원하여 저지하였다(1926).

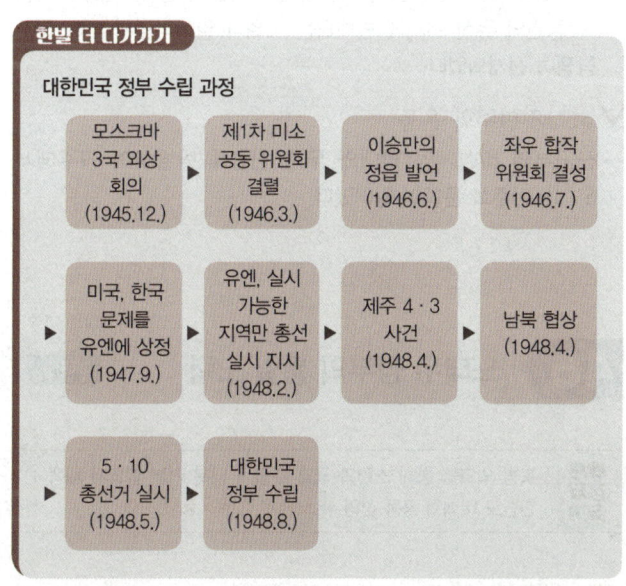

한발 더 다가가기

대한민국 정부 수립 과정

모스크바 3국 외상 회의 (1945.12.) ▶ 제1차 미소 공동 위원회 결렬 (1946.3.) ▶ 이승만의 정읍 발언 (1946.6.) ▶ 좌우 합작 위원회 결성 (1946.7.)

▶ 미국, 한국 문제를 유엔에 상정 (1947.9.) ▶ 유엔, 실시 가능한 지역만 총선 실시 지시 (1948.2.) ▶ 제주 4·3 사건 (1948.4.) ▶ 남북 협상 (1948.4.)

▶ 5·10 총선거 실시 (1948.5.) ▶ 대한민국 정부 수립 (1948.8.)

45. 5·18 민주화 운동 　정답 ④

빠른 정답 찾기: 신군부 + 계엄군의 진압에 희생된 시민들 + 민주화 운동 + 광주 ➡ 5·18 민주화 운동

🔍 자료 분석하기

광주 5·18 민주화 운동은 신군부의 비상계엄 확대를 반대하며 일어났다. 신군부가 공수 부대를 동원하여 시위대를 무력으로 진압하자 학생과 시민들이 시민군을 결성하여 대항하면서 격화되었다(1980). 시민군은 마지막까지 전남도청을 사수하다가 신군부 계엄군의 무차별 사격으로 진압되었다. 5·18 민주화 운동은 우리나라 민주화 운동의 밑거름이 되었으며, 2011년에는 관련 기록물이 유네스코 기록 유산으로 등재되었다.

🔍 선택지 분석하기

① 4·19 혁명
··· 이승만의 장기 집권과 자유당 정권의 3·15 부정 선거에 저항하여 4·19 혁명이 발발하였다.

② 6월 민주 항쟁
··· 박종철 고문치사 사건과 전두환 신군부의 4·13 호헌 조치가 원인이 되어 6월 민주 항쟁이 전국적으로 확산되었다.

③ 부마 민주 항쟁
··· YH 무역 노동자들의 농성이 신민당사 앞에서 일어난 것을 계기로 박정희 정부는 신민당 총재였던 김영삼을 국회 의원에서 제명하였다. 이에 김영삼의 정치적 근거지인 부산, 마산에서 박정희 정권의 유신 체제에 반대하는 시위가 일어나면서 부마 민주 항쟁이 전개되었다.

✓ 5·18 민주화 운동
··· 신군부의 비상계엄 확대와 무력 진압에 반발하여 광주에서 5·18 민주화 운동이 일어났다.

46. 노태우 정부의 통일 노력 　정답 ①

빠른 정답 찾기: 북방 외교를 통해 소련과 국교 수립 + 남북 기본 합의서 채택 + 한반도 비핵화 공동 선언 ➡ 노태우 정부의 통일 노력

🔍 자료 분석하기

노태우 정부 때 남북한 화해 및 불가침, 교류·협력 등에 관한 공동 합의서인 남북 기본 합의서를 채택하고 한반도 비핵화 공동 선언이 이루어졌다.

🔍 선택지 분석하기

✓ 남북한 유엔 동시 가입
··· 노태우 정부 때 적극적인 북방 외교 정책을 추진하여 남북한의 유엔 동시 가입이 이루어졌다.

② 남북 이산가족 최초 상봉
··· 전두환 정부 때 서울과 평양에서 남북 이산가족 상봉이 최초로 이루어졌다.

③ 7·4 남북 공동 성명 발표
··· 박정희 정부 시기 서울과 평양에서 7·4 남북 공동 성명이 발표되었다.

④ 6·15 남북 공동 선언 채택
··· 김대중 정부는 평양에서 분단 이후 최초로 남북 정상 회담을 개최하여 6·15 남북 공동 선언을 발표하였다.

47. 김영삼 정부 　정답 ②

빠른 정답 찾기: 광복 50주년 + 국민학교 명칭 초등학교로 변경 ➡ 김영삼 정부

🔍 자료 분석하기

김영삼 정부는 민족정기 회복을 위해 '역사 바로 세우기' 사업을 진행하여 일제가 '황국 신민의 학교'라는 의미로 만든 국민학교의 명칭을 초등학교로 변경하였다(1996).

🔍 선택지 분석하기

① 삼청 교육대가 운영되었다.
··· 전두환 신군부는 전국 각지의 군부대 내에 삼청 교육대를 설치하여 사회 정화라는 명분하에 가혹 행위 등을 일삼고 인권을 유린하였다(1980).

✓ 조선 총독부 건물이 철거되었다.
··· 김영삼 정부 때 '역사 바로 세우기' 사업의 하나로 조선 총독부 건물이 철거되었다(1995).

③ 반민족 행위 처벌법이 제정되었다.
··· 이승만 정부 시기 제헌 국회는 일제의 잔재를 청산하고 민족정기를 바로잡기 위해 반민족 행위 처벌법을 제정하였다(1948).

④ 서울에서 G20 정상 회의가 개최되었다.
··· 이명박 정부 때 아시아 국가 최초로 세계 경제 문제를 다루는 최상위급 정상 회의인 G20 정상 회의를 서울에서 개최하였다(2010).

48 김대중 정부의 경제 정책

정답 ④

빠른 정답 찾기
제17회 FIFA 한일 월드컵 + 아시아 지역에서 처음 열림
➡ 김대중 정부

🔍 자료 분석하기
김대중 정부는 북한과의 화해 협력을 바탕으로 적극적으로 북한과의 교류를 확대하였고, 평양에서 최초로 남북 정상 회담이 이루어져 6·15 남북 공동 선언을 발표하였다(2000). 이를 통해 금강산 관광 사업 활성화, 개성 공단 건설 합의서 체결, 경의선 복원 등이 실현되었다. 또한, 극심한 양극화의 해소를 위한 복지 정책으로 생활 유지 능력이 없거나 생활이 어려운 국민의 최저 생활을 국가가 보장하는 국민 기초 생활 보장 제도를 도입하였다(2000).

🔍 선택지 분석하기
① 경부 고속 도로를 준공하였다.
⋯ 박정희 정부 시기인 1968년 2월 1일에 착공된 경부 고속 도로는 단군 이래 최대의 토목 공사로 불리면서 1970년 7월 7일에 개통되었다.

② 세계 무역 기구(WTO)에 가입하였다.
⋯ 김영삼 정부 때 세계 무역 기구(WTO)에 가입하였다(1995).

③ 제1차 경제 개발 5개년 계획이 추진되었다.
⋯ 박정희 정권의 주도로 제1차 경제 개발 5개년 계획이 추진되었다(1962~1966).

④ 국제 통화 기금(IMF)의 구제 금융을 조기 상환하였다.
⋯ 김대중 정부는 기업 구조조정과 투명성 강화, 금융 개혁 등을 시행하여 국제 통화 기금(IMF)의 채무를 조기 상환하였다(2001).

49 시대별 구휼 제도

정답 ①

빠른 정답 찾기
자연 재해 + 경제적 위기 상황 + 국가가 실시한 제도 + 고구려 진대법 + 조선 환곡제 ➡ 시대별 구휼 제도

🔍 자료 분석하기
■ **진대법**: 고구려 고국천왕은 국상인 을파소의 건의에 따라 먹을거리가 부족한 봄에 곡식을 빌려주고 겨울에 갚게 하는 빈민 구제책인 진대법을 실시하였다.
■ **환곡제**: 조선 시대에 흉년이나 춘궁기에 굶주린 백성들에게 곡식을 빌려주고 추수기에 되돌려 받는 환곡제를 실시하였다.

🔍 선택지 분석하기
① 의창 설치
⋯ 고려 태조 때 실시한 흑창은 춘궁기에 곡식을 빌려주고 추수 후에 회수하던 제도로, 성종 때 쌀을 1만 석 보충하여 시행하면서 이를 의창이라고 하였다.

② 신문고 운영
⋯ 조선 태종은 백성의 억울함을 직접 들어주기 위해 신문고를 설치하였다.

③ 제중원 설립
⋯ 개항 이후 미국인 선교사이자 조선 왕실의 의사였던 알렌의 건의로 최초의 서양식 병원인 광혜원이 설립되었다. 설립 직후 제중원으로 명칭이 바뀌었다.

④ 호포제 실시
⋯ 흥선 대원군은 군정의 문란을 해결하기 위해 호포제를 실시하여 양반에게도 군포를 부과하였다.

50 지역사 – 대구

정답 ①

빠른 정답 찾기
신문왕의 천도 계획 + 국채 보상 운동 + 공산 전투 + 2·28 민주 운동 ➡ 대구

🔍 자료 분석하기
■ **국채 보상 운동**: 국채 보상 운동은 일본에서 도입한 차관 1,300만 원을 갚아 경제 주권을 회복하고자 김광제, 서상돈 등의 주도로 대구에서 처음 시작되었다. 이후 서울에서 조직된 국채 보상 기성회를 중심으로 하여 대한매일신보, 황성신문 등 여러 언론 기관들의 지원을 받아 전국으로 확산되었다.
■ **신문왕의 천도 계획**: 통일 신라 신문왕은 왕권 강화 정책의 하나로 달구벌(대구)로 도읍을 옮기려 계획하였다. 그러나 천도에 따른 막대한 비용과 진골 귀족들의 반대로 무산되었다.
■ **공산 전투**: 견훤의 후백제군이 신라의 금성을 급습하자 고려가 군사를 보내 지금의 대구 팔공산 일대인 공산에서 전투가 벌어졌다. 이 전투에서 고려군은 후백제군에게 패배하였으며, 신숭겸이 왕건을 구하려다 전사하였다.
■ **2·28 민주 운동**: 이승만 정권과 자유당이 선거 당선을 위해 부당한 선거 운동을 벌이자, 이에 반발한 대구 학생들이 2·28 민주 운동을 주도하였다.

정답 및 해설 **179**

제60회 한국사능력검정시험

01	02	03	04	05	06	07	08	09	10
①	②	③	④	②	①	①	③	①	①
11	12	13	14	15	16	17	18	19	20
④	②	③	④	①	②	③	②	③	③
21	22	23	24	25	26	27	28	29	30
④	②	④	③	①	④	④	③	④	④
31	32	33	34	35	36	37	38	39	40
②	④	③	①	②	④	②	①	③	④
41	42	43	44	45	46	47	48	49	50
④	③	④	①	①	②	①	③	①	①

한발 더 다가가기

선사 시대의 생활상

구석기 시대	• 동굴이나 강가의 막집에서 생활 • 계절에 따라 이동 생활 • 주먹도끼, 찍개 등의 뗀석기 사용
신석기 시대	• 강가나 바닷가에 움집을 짓고 정착 생활 • 뼈낚시, 그물, 돌창, 돌화살을 사용하여 채집·수렵 생활 • 조·피 등을 재배하는 농경 시작, 목축 • 빗살무늬 토기를 이용하여 음식을 조리하거나 저장 • 가락바퀴로 실을 뽑아 뼈바늘로 옷을 지어 입기도 함
청동기 및 초기 철기 시대	• 밭농사 중심, 벼농사 시작 • 가축 사육 증가, 농업 생산력 향상 • 움집의 지상 가옥화, 배산임수의 취락 형성 • 사유 재산과 계급의 발생, 선민사상, 족장의 출현 • 청동제 의기, 토우, 바위그림(풍요를 기원하는 주술적 의미)

🌸 미니북 04쪽

01 신석기 시대 정답 ①

 선사 문화 + 정착 생활과 농경 시작 ➡ **신석기 시대**

🔍 자료 분석하기

신석기 시대에는 농경이 시작되면서 조·피 등을 재배하였고, 강가나 바닷가에 갈대나 억새를 엮어 만든 지붕을 덮어 움집을 짓고 살았다. 또한, 갈돌과 갈판으로 곡식을 갈아서 음식을 만들어 먹었으며, 빗살무늬 토기에 식량을 저장하였다.

🔍 선택지 분석하기

✅ **가락바퀴**를 이용하여 실을 뽑았다.
⋯ 신석기 시대에는 가락바퀴로 실을 뽑아 뼈바늘로 옷을 지어 입었다.

② 무덤 껴묻거리로 **오수전** 등을 묻었다.
⋯ 철기 시대에는 중국과의 교류가 활발하여 중국 화폐인 오수전, 반량전 등이 사용되었다.

③ **철제 농기구**를 사용하여 농사를 지었다.
⋯ 철기 시대에는 쟁기, 호미, 쇠스랑 등의 철제 농기구를 사용하여 농사를 지었다.

④ 의례 도구로 **청동 방울** 등을 사용하였다.
⋯ 청동기 시대에는 청동으로 의례용인 청동 방울이나 거울 등을 제작하기도 하였다.

🌸 미니북 20쪽

02 삼한 정답 ②

 천신에게 지내는 제사 주관 + 천군 + 소도 ➡ **삼한**

🔍 자료 분석하기

삼한은 벼농사가 발달하여 해마다 씨를 뿌리고 난 뒤인 5월에 수릿날을 정해 풍년을 기원하고, 추수를 하는 10월에는 계절제를 열어 하늘에 제사를 지냈다. 또한, 제사장인 천군이 소도라는 신성 지역을 따로 관리하는 제정 분리 사회였다.

🔍 선택지 분석하기

① **영고**라는 제천 행사가 있었다.
⋯ 부여에서는 12월에 풍성한 수확제이자 추수 감사제의 성격을 지닌 영고라는 제천 행사가 열렸다.

✅ **신지, 읍차** 등의 지배자가 있었다.
⋯ 삼한은 신지, 읍차라고 불린 지배자가 각 소국을 지배하였다.

③ 혼인 풍습으로 **민며느리제**가 있었다.
⋯ 옥저에는 여자가 어렸을 때 혼인할 남자의 집에서 생활하다가 성인이 된 후에 혼인을 하는 풍습인 민며느리제가 있었다.

④ 읍락 간의 경계를 중시하는 **책화**가 있었다.
⋯ 동예는 각 부족의 영역을 중요시하여 그 영역을 침범하는 경우 노비와 소, 말로 변상하게 하는 제도인 책화를 두었다.

03 진대법 정답 ③

빠른 정답 찾기: 봄부터 가을까지 곡식을 빌려줌 + 겨울에 갚게 함 + 고국천왕 ➡ 진대법

자료 분석하기
고구려 고국천왕은 국상인 을파소의 건의에 따라 먹을거리가 부족한 봄에 곡식을 빌려주고 겨울에 갚게 하는 빈민 구제책인 진대법을 실시하였다.

선택지 분석하기
① 흑창
⋯ 고려 태조 때 춘궁기에 곡식을 빌려주고 추수 후에 회수하는 제도인 흑창을 두었다.

② 상평창
⋯ 고려 성종 때 물가를 조절하기 위한 기관으로 개경, 서경과 지방의 12목에 상평창을 설치하였다.

✓ 진대법
⋯ 고구려는 빈민 구제를 위해 봄에 곡식을 빌려주고 겨울에 갚게 하는 진대법을 두었다.

④ 제위보
⋯ 고려 광종 때 기금을 모았다가 백성에게 빌려주고 그 이자로 빈민을 구제하는 제위보를 설치하였다.

04 지역사 – 독도 정답 ④

빠른 정답 찾기: 강치가 많은 섬 + 가지도 + 1900년 대한 제국 칙령 제41호 + 석도 + 울도 군수 심흥택의 보고서 ➡ 독도

자료 분석하기
1900년 대한 제국은 울릉도, 독도의 행정 관리를 강화하기 위해 대한 제국 칙령 제41호를 공포하였다. 이를 통해 울릉도를 군으로 승격시키고 독도를 관할하게 하여 우리의 영토임을 명시하였다. 1906년 울도 군수 심흥택은 일본이 독도를 몰래 일본의 영토로 편입하였다는 소식을 듣고 정부에 긴급 보고서를 올리기도 하였는데, 이때 '독도'라는 이름을 최초로 사용하였다.

선택지 분석하기
① 러시아가 조차를 요구한 섬이다.
⋯ 러시아는 함대의 연료 보급을 위한 석탄 저장소를 짓기 위해 절영도 조차를 요구하였으나 독립 협회가 이권 수호 운동을 전개하여 이를 저지하였다.

② 영국이 불법적으로 점령한 섬이다.
⋯ 조선에 대한 러시아의 세력 확장에 불안을 느낀 영국은 러시아의 남하 정책을 저지한다는 구실로 거문도를 불법으로 점령하였다.

③ 하멜 일행이 표류하다 도착한 섬이다.
⋯ 헨드릭 하멜은 네덜란드 상인으로 일본 나가사키로 가던 중 표류하다가 제주도에 도착하였다. 이후 조선에 억류되었다가 본국으로 돌아가 『하멜표류기』를 저술하여 조선을 유럽에 소개하였다.

✓ 안용복이 일본으로 건너가 우리 영토임을 주장한 섬이다.
⋯ 조선 숙종 때 동래에 살던 안용복이 울릉도와 독도를 왕래하는 일본 어부들을 쫓아내고, 일본에 건너가 우리나라의 영토임을 확인받았다.

05 익산 미륵사지 석탑 정답 ②

빠른 정답 찾기: 공주와 부여에 도읍 + 정림사지 오층 석탑 + 석촌동 고분군 + 무령왕릉 석수 ➡ 익산 미륵사지 석탑

자료 분석하기
익산 미륵사지 석탑은 백제 무왕 때 건립된 것으로 추정되며, 목탑의 형태로 만들어진 석탑으로 당시 백제의 건축 기술을 보여 주고 있다. 또한, 우리나라 석탑 중 크기가 가장 크다.

선택지 분석하기
① 첨성대
⋯ 신라 선덕 여왕 때 천체 관측을 위해 첨성대를 설치하였다.

✓ 미륵사지 석탑
⋯ 익산 미륵사지 석탑은 목탑 양식을 반영한 독특한 형태로 당시 백제의 건축 기술을 확인할 수 있으며, 석탑 보수 과정에서 금제 사리 봉안기 등이 발견되었다.

③ 무용총 수렵도
⋯ 무용총은 고구려의 대표적인 굴식 돌방무덤이며, 고구려인들이 사냥하는 모습을 역동적으로 묘사한 수렵도 등의 벽화가 남아 있다.

④ 성덕 대왕 신종
⋯ 성덕 대왕 신종은 통일 신라 경덕왕이 부왕인 성덕왕을 기리기 위해 제작하였다.

06 금관가야 정답 ①

빠른 정답 찾기: 국립 김해 박물관 + 김해 구지봉 + 김해 대성동 고분군 + 김해 수로왕릉 ➡ **금관가야**

🔍 자료 분석하기

- **국립 김해 박물관**: 경남 김해에 위치하고 있으며, 전기 가야 연맹의 중심지였던 금관가야의 철기 유물과 금동관 등이 전시된 고고학 중심 박물관이다.
- **김해 구지봉**: 김수로왕이 하늘에서 태어나 백성들의 추대에 의해 왕이 되었다는 금관가야의 건국 설화가 전해지는 곳이다.
- **김해 대성동 고분군**: 3~5세기 금관가야의 덧널무덤, 널무덤, 돌방무덤, 독무덤 등 여러 양식의 무덤이 모여 있다. 또한, 납작도끼, 덩이쇠 등 철제 화폐와 기승용 마구, 갑주 등 수많은 가야 유물이 출토되었다.
- **김해 수로왕릉**: 김해에 위치한 금관가야의 시조인 수로왕의 무덤이다.

🔍 선택지 분석하기

☑ **① 전기 가야 연맹을 주도**하였다.
⋯ 김수로왕이 건국한 김해 지역의 금관가야는 전기 가야 연맹을 주도하였다.

② 교육 기관인 **국학을 설치**하였다.
⋯ 통일 신라 신문왕은 유교 정치를 확립시키기 위해 유학 교육 기관인 국학을 설립하였다.

③ **옥저를 정복**하고 **동해안으로 진출**하였다.
⋯ 고구려 태조왕은 옥저를 정복하고 동해안으로 진출하여 영토를 확장하였다.

④ **지방에 22담로**를 두어 **왕족을 파견**하였다.
⋯ 백제 무령왕은 지방에 22담로를 설치하고 왕족을 파견하여 지방에 대한 통제를 강화하였다.

07 신라 지증왕 정답 ①

미니북 06쪽

빠른 정답 찾기: 순장을 금함 + '신라국왕'이라는 호칭 ➡ **신라 지증왕**

자료 뜯어보기

○ 왕이 영을 내려 순장*을 금하게 하였다. 이전에는 국왕이 죽으면 남녀 다섯 명씩 순장하였는데, 이때에 이르러 금하게 한 것이다.
○ 여러 신하들이 한뜻으로 '신라국왕'*이라는 호칭을 올리니, 왕이 이를 따랐다.
— 『삼국사기』 —

*순장: 고대에 지배층이 사망하였을 때 신하나 시종 등을 강제 또는 스스로 죽게 하여 함께 묻는 제도이다.
*신라국왕: 지증왕은 국호를 '왕의 덕업이 나날이 새로워지고, 사방의 영역을 두루 망라한다'는 뜻의 '신라'로 정하고, 왕이라는 칭호를 사용하였다.
— 순장을 금지시키고, 왕이라는 칭호를 사용하였다는 사료를 통해 신라 지증왕에 대한 설명임을 유추할 수 있다.

🔍 자료 분석하기

신라 지증왕은 국호를 신라로 확정하고 마립간 대신 왕이라는 칭호를 사용하였다. 또한, 순장을 금지하였으며, 경주에 시장을 설치하고 이를 관리·감독하기 위한 기구인 동시전을 설치하였다.

🔍 선택지 분석하기

☑ **① 우경을 장려**하였다.
⋯ 신라 지증왕 때 소를 이용한 우경이 시행되어 깊이갈이가 가능해졌고, 고려 시대에 일반화되었다.

② **율령을 반포**하였다.
⋯ 고구려 소수림왕은 중앙 집권 국가의 기틀을 세우기 위해 율령을 반포하고 통치 체제를 정비하였다.

③ **독서삼품과를 실시**하였다.
⋯ 통일 신라 원성왕은 국학의 학생들을 대상으로 독서삼품과를 실시하여 유교 경전의 이해 수준에 따라 관리로 채용하였다.

④ **화랑도를 국가 조직**으로 개편하였다.
⋯ 신라 진흥왕은 화랑도를 국가 조직으로 개편·정비하였다.

08 세시 풍속 - 한식

정답 ③

빠른정답찾기
동지로부터 105일째 되는 날 + 양력 4월 5일 무렵 + 중국 춘추 시대 개자추 이야기에서 유래 + 불을 사용하지 않고 찬 음식을 먹음 + 조상의 묘를 돌봄 ➡ **한식**

🔍 자료 분석하기

한식은 동지로부터 105일째 되는 날로, 설날·단오·추석과 함께 4대 명절에 해당한다. 한식이라는 이름은 글자 그대로 찬 음식을 먹는 날이라는 데서 유래되었다. 이날 나라에서는 종묘와 각 능원에 제사를 하고, 민간에서는 산소에 올라가 술, 과일, 떡 등의 음식으로 제사를 지냈으며, 무덤이 헐었으면 잔디를 새로 입혔다. 또한, 한식은 농사가 시작되는 시기로 농작물의 씨를 뿌리고 풍년을 기원하였다.

🔍 선택지 분석하기

① 단오
⋯ 음력 5월 5일인 단오는 삼한에서 수릿날에 풍년을 기원하였던 행사가 세시 풍속으로 이어지면서 발전하였다. 이날에는 창포물에 머리 감기, 씨름, 그네뛰기, 앵두로 화채 만들어 먹기 등을 하였다.

② 칠석
⋯ 칠석은 음력 7월 7일로 견우와 직녀가 오작교에서 일 년에 한 번 만난다는 전설이 있는 날이다. 이날 처녀들은 바느질 솜씨가 좋아지기를 빌었고, 서당의 학동들은 시를 짓거나 글공부를 잘 할 수 있기를 빌었다.

✅ 한식
⋯ 한식은 동지에서 105일째 되는 날로, 양력 4월 5일 무렵이다. 이날에는 일정 기간 동안 불의 사용을 금하여 찬 음식을 먹거나 조상의 묘를 돌보았다.

④ 삼짇날
⋯ 삼짇날은 음력 3월 3일로, 진달래꽃을 넣은 찹쌀가루 반죽에 참기름을 발라가며 둥글게 부친 화전(花煎)을 먹는다.

한발 더 다가가기

세시 풍속

설날	• 음력 1월 1일 • 차례, 세배, 윷놀이, 널뛰기, 연날리기 • 떡국, 시루떡, 식혜
정월 대보름	• 음력 1월 15일 • 줄다리기, 지신밟기, 놋다리밟기, 차전놀이, 쥐불놀이, 석전, 부럼 깨기, 달집태우기, 달맞이 • 부럼, 오곡밥, 약밥, 묵은 나물
삼짇날	• 음력 3월 3일 • 화전놀이, 각시놀음 • 화전(花煎), 쑥떡
단오(수릿날)	• 음력 5월 5일 • 창포물에 머리 감기, 그네뛰기, 씨름, 봉산 탈춤, 송파 산대놀이, 수박희(택견) • 수리취떡, 앵두화채, 쑥떡
칠석	• 음력 7월 7일 • 걸교: 부녀자들이 마당에 음식을 차려놓고 직녀에게 바느질과 길쌈 재주가 좋아지기를 비는 일
추석(한가위)	• 음력 8월 15일 • 차례, 성묘, 강강술래, 소싸움, 줄다리기, 씨름, 고사리 꺾기 • 송편, 토란국
동지	• 양력 12월 22일경 • 관상감에서 새해 달력을 만들어 벼슬아치에게 나누어 줌, 왕이 신하들에게 부채를 나누어 줌 • 팥죽, 팥시루떡
한식	• 양력 4월 5일경 • 일정 기간 동안 불의 사용을 금함, 성묘를 하고 조상의 묘가 헐었으면 떼를 다시 입힘(개사초), 산신제 • 찬 음식

09 백강 전투

정답 ①

빠른정답찾기
(가) 황산벌 전투 ➡ **백강 전투** ➡ (나) 기벌포 전투

🔍 자료 분석하기

(가) **황산벌 전투**(660): 신라는 당과 동맹을 맺고 나당 연합군을 결성하여 백제를 공격하였다. 황산벌에서 계백의 결사대가 김유신이 이끄는 신라군에 맞서 싸웠으나 결국 패배하면서 백제가 멸망하였다.

(나) **기벌포 전투**(676): 신라 문무왕은 기벌포 전투에서 승리하면서 당의 세력을 한반도에서 몰아내고 삼국 통일을 완성하였다.

선택지 분석하기

✓ 백강 전투
→ 백제 부흥 운동을 지원하기 위해 왜의 수군이 백강 입구까지 진격하였으나 나당 연합군의 공격으로 패배하였다(663).

② 살수 대첩
→ 고구려의 을지문덕은 우중문이 이끄는 수의 30만 대군을 살수에서 공격하여 크게 무찔렀다(612).

③ 관산성 전투
→ 백제 성왕은 신라 진흥왕이 나제 동맹을 깨고 백제가 차지한 지역을 점령하자 분노하여 신라를 공격하였다. 그러나 관산성 전투에서 성왕이 전사하면서 신라에게 패배하였다(554).

④ 처인성 전투
→ 몽골의 2차 침입 당시 고려의 승장 김윤후가 이끄는 민병과 승군이 처인성에서 몽골군에 대항하여 승리를 거두었다(1232).

10 통일 신라 말 사회 상황 정답 ①

빠른정답찾기: 혜공왕 + 잦은 왕위 쟁탈전 + 중앙 정부는 세금을 독촉 + 농민들은 봉기 + 장보고, 진성 여왕, 원종, 애노 ➡ 통일 신라 말 사회 상황

자료 분석하기

통일 신라 말에는 혜공왕이 어린 나이로 즉위한 이후 서로 왕위를 차지하기 위해 귀족들이 일으키는 반란과 농민들의 봉기로 큰 혼란에 빠지게 되었다. 특히, 청해진을 중심으로 해상 무역을 장악한 장보고가 난을 일으켰으며(846), 진성 여왕 때는 사벌주(상주)에서 원종과 애노가 농민 봉기를 일으켰다(889).

선택지 분석하기

✓ 김헌창의 난
→ 통일 신라 헌덕왕 때 김주원이 왕위 쟁탈전에서 패배하자 아들인 웅천주(공주) 도독 김헌창이 반란을 일으켰지만, 관군에 의해 진압되면서 실패하였다(822).

② 이자겸의 난
→ 고려 중기 이자겸은 왕의 외척으로서 최고 권력을 누리면서 국왕의 자리까지 넘보았다. 이에 인종이 이자겸을 제거하려다 실패하면서 이자겸의 난이 일어났다(1126).

③ 김사미·효심의 난
→ 고려 명종 무신 정권 시기에 과도한 수탈과 차별에 반발하여 청도와 초전(울산)에서 김사미와 효심이 난을 일으켰다(1193).

④ 망이·망소이의 난
→ 고려 무신 정권 시기에 공주 명학소에서 망이·망소이가 과도한 부역과 특수 행정 구역인 소의 주민에 대한 차별 대우에 항의하여 반란을 일으켰다(1176).

11 발해 무왕의 업적 정답 ④

빠른정답찾기: 발해 + 고왕 대조영 + 동모산에서 건국 + 무왕 대무예 + 문왕 대흠무 + 상경으로 천도 + 선왕 대인수 + 건흥 연호 사용 ➡ 발해 무왕의 업적

자료 분석하기

발해 무왕은 인안이라는 독자적 연호를 사용하였고, 동북방의 여러 세력을 복속하여 영토를 확장하였다. 또한, 돌궐, 일본과 연결하는 외교 관계를 수립하여 당과 신라를 견제하였다.

선택지 분석하기

① 대마도 정벌
→ 고려 창왕 때 왜구로 인한 피해가 크자 박위가 대마도를 토벌하였다. 이후 조선 세종 때 왜구가 자주 침입해 오자 이종무를 시켜 대마도를 정벌하게 하였다.

② 4군 6진 개척
→ 조선 세종은 최윤덕을 시켜 여진을 몰아내고 압록강 일대에 4군을 설치하고, 김종서를 시켜 두만강 일대에 6진을 설치하여 영토를 확장하였다.

③ 동북 9성 축조
→ 고려 예종 때 윤관은 별무반을 이끌고 여진을 몰아낸 뒤 동북 9성을 축조하였다.

✓ 산둥반도의 등주 공격
→ 발해 무왕은 장문휴의 수군으로, 당의 등주를 공격하고 요서 지역에서 당의 군대와 격돌하였다.

한발 더 다가가기

발해 주요 국왕의 업적

고왕 (대조영)	• 동모산 기슭에 발해 건국 • 고구려 계승 의식
무왕 (대무예)	• 독자적 연호 사용(인안) • 당의 산둥반도 공격(장문휴) • 돌궐, 일본과 연결하는 외교 관계 수립
문왕 (대흠무)	• 독자적 연호 사용(대흥) • 외교: 당과 친선, 신라와 교류(신라도) • 천도(중경 → 상경)
선왕 (대인수)	• 말갈 복속, 요동 진출(고구려의 옛 땅 대부분 회복) • 발해의 전성기(해동성국)

12 궁예

정답 ②

📘 미니북 22쪽

빠른 정답 찾기
태봉 + 『삼국사기』 + 철원성을 도읍으로 삼음 ➡ 궁예

🔍 자료 분석하기

궁예는 송악을 도읍으로 하여 후고구려를 건국한 후 영토를 확장한 뒤에 철원으로 도읍을 옮겼다. 초기에는 국호를 마진으로 하였다가 태봉으로 다시 변경하였다.

🔍 선택지 분석하기

① 견훤
⋯ 견훤은 통일 신라의 장군 출신으로 독자적인 세력을 형성하여 완산주(전주)를 도읍으로 하는 후백제를 건국하였다.

 궁예
⋯ 신라 왕족 출신 궁예는 세력을 키워 송악에 도읍을 정하고 후고구려를 세웠다.

③ 온조
⋯ 온조는 하남 위례성에 도읍을 정하고 백제를 건국하였다.

④ 주몽
⋯ 주몽은 압록강 중류의 졸본 지역을 첫 도읍으로 정하고 고구려를 세웠다. 이후 유리왕 때 중국 지린성 지안 지역의 국내성으로 수도를 옮겼다.

13 『삼국유사』

정답 ③

빠른 정답 찾기
승려 일연이 저술 + 단군의 고조선 건국 이야기가 실려 있음
➡ 『삼국유사』

🔍 자료 분석하기

고려 때 승려 일연이 쓴 『삼국유사』는 불교사를 중심으로 저술된 역사서로, 단군을 우리 민족의 시조로 여겨 고조선의 건국 이야기를 수록하였다.

🔍 선택지 분석하기

① 동국통감
⋯ 조선 성종 때 서거정 등이 고조선부터 고려 말까지의 역사를 편년체로 정리하여 『동국통감』을 편찬하였다.

② 동사강목
⋯ 조선 정조 때 안정복은 『동사강목』을 저술하여 고조선부터 고려 말까지의 역사를 정리하였다.

 삼국유사
⋯ 고려 충렬왕 때 승려 일연이 불교사를 중심으로 왕력과 함께 고대 민간 설화 및 전래 기록 등을 수록한 『삼국유사』를 저술하였다.

④ 제왕운기
⋯ 고려 시대에 이승휴가 쓴 『제왕운기』는 서사시로 저술된 역사서로, 단군의 고조선 건국 이야기부터 고려 충렬왕까지의 역사를 다루고 있다.

14 개성 경천사지 십층 석탑

정답 ④

📘 미니북 48쪽

빠른 정답 찾기
고려 + 국립 중앙 박물관 + 원의 영향을 받은 탑 + 대리석으로 만들어짐 + 목조 건축을 연상하게 함 ➡ 경천사지 십층 석탑

🔍 자료 분석하기

개성 경천사지 십층 석탑은 원의 석탑 양식에 영향을 받아 만들어진 고려 원 간섭기의 다각 다층 대리석 불탑이다. 일제 강점기에 일본 헌병들에 의해 불법 반출되었다가 1919년 국내로 반환되었다. 당시 경복궁 회랑에 보관되었다가 2005년부터 국립 중앙 박물관에 전시되어 있다.

🔍 선택지 분석하기

① 불국사 삼층 석탑
⋯ 불국사 삼층 석탑은 경북 경주시 불국사에 있는 석탑으로 석가탑으로도 불린다.

② 분황사 모전 석탑
⋯ 경주 분황사 모전 석탑은 현존하는 신라 석탑 중 가장 오래된 석탑이며, 석재를 벽돌 모양으로 만들어 쌓아 올린 것이 특징이다.

③ 영광탑
⋯ 영광탑은 중국 지린성에 있는 발해의 오층 벽돌 탑으로, 당의 영향을 받았다.

 경천사지 십층 석탑
⋯ 개성 경천사지 십층 석탑은 고려 원 간섭기 때 대리석을 재료로 만들어진 석탑이며, 원의 석탑 양식에 영향을 받았다.

15 거란의 침입과 고려의 대응 정답 ①

빠른 정답 찾기: (가) 서희의 외교 담판 ➡ (나) 양규의 활약 ➡ (다) 강감찬의 귀주 대첩

자료 분석하기

(가) **서희의 외교 담판**(993): 서희는 거란의 1차 침입 때 소손녕과 외교 담판을 통해 거란과 교류할 것을 약속하는 대신, 고려가 고구려를 계승하였음을 인정받고 압록강 동쪽의 강동 6주를 획득하는 성과를 거두었다.

(나) **양규의 활약**(1010): 거란이 강조의 정변을 구실로 2차 침입을 단행하자 양규의 군대가 흥화진 전투에서 거란의 보급로를 차단하며 활약하였다.

(다) **강감찬의 귀주 대첩**(1019): 강감찬은 강동 6주의 반환 등을 요구한 거란의 3차 침입 때 소배압이 이끄는 10만 대군에 맞서 귀주에서 크게 승리하였다.

한발 더 다가가기

고려 시대 거란의 침입

원인	• 고구려 계승의식에 의한 친송·북진 정책 • 만부교 사건, 강조의 정변
전개	• 1차 침입(993): 서희의 외교 담판(vs 소손녕), 강동 6주 획득 • 2차 침입(1010): 양규의 활약 • 3차 침입(1018): 강감찬의 귀주 대첩(1019)
결과	• 고려·송·거란의 세력 균형 유지 • 개경에 나성 축조, 강감찬의 건의로 천리장성 축조(압록강~동해안 도련포)

16 교정도감 정답 ②

빠른 정답 찾기: 고려 무신 정권 시기의 최고 권력 기구 + 임시 기구로 출발 + 최충헌이 설치 ➡ 교정도감

자료 분석하기

고려 최씨 무신 정권 시기에 최충헌은 국정을 총괄하는 최고 권력 기구인 교정도감을 설치하고, 스스로 기구의 최고 관직인 교정별감이 되어 인사 및 재정 등을 장악하였다.

선택지 분석하기

① 중방
⋯ 고려 시대 중앙군 2군 6위의 지휘관들로 구성된 기구이다. 무신 정변 이후 국정 운영 전반을 논의하는 최고 권력 기구가 되었다.

✓ 교정도감
⋯ 고려 무신 정권 시기에 최충헌이 설치한 교정도감은 인사 행정 및 재정권까지 장악하였던 최고 권력 기관이다.

③ 도병마사
⋯ 고려의 도병마사는 재신(중서문하성의 2품 이상)과 추밀(중추원의 2품 이상)이 국방 및 군사 문제를 논의하는 임시 회의 기구였다. 이후 원 간섭기 충렬왕 때 도평의사사로 명칭이 바뀌었고 최고 정무 기구가 되었다.

④ 식목도감
⋯ 대내적인 법률·제도의 제정 및 격식을 담당한 고려의 식목도감은 도병마사와 함께 대표적인 귀족 회의 기구이다. 이는 당시 고려의 독창적인 정치 구조를 보여 준다.

17 지눌 정답 ③

빠른 정답 찾기: 지눌 스님 + 불교를 위한 활동 ➡ 수선사 결사

자료 분석하기

고려 승려 보조국사 지눌은 불교의 타락을 비판하고 혁신을 도모하여 수선사를 조직하고, 승려의 기본인 독경, 수행, 노동에 힘쓰자는 수선사 결사 운동을 전개하였다. 이를 위한 사상적 기반으로 정혜쌍수와 돈오점수를 주장하였으며, 철저한 수행을 강조하였다.

선택지 분석하기

① 무애가를 지었습니다.
⋯ 신라 승려 원효는 대립과 분열을 종식시키고 화합을 이루기 위한 화쟁 사상을 주장하고, 「무애가」를 바탕으로 불교의 대중화를 위해 노력하였다.

② 천태종을 개창하였습니다.
⋯ 고려 승려 의천은 송에서 유학하고 돌아와 개경(개성) 흥왕사에서 교종과 선종의 불교 통합 운동을 전개하였으며, 국청사를 중심으로 해동 천태종을 개창하였다.

✓ 수선사 결사를 제창하였습니다.
⋯ 고려 승려 지눌은 불교의 타락을 비판하고 승려의 기본인 독경, 수행, 노동을 강조하는 수선사 결사 운동을 전개하였다.

④ 왕오천축국전을 저술하였습니다.
⋯ 통일 신라 때 승려 혜초는 인도와 중앙아시아를 순례하고 『왕오천축국전』을 저술하였다.

18. 정몽주 정답 ③

빠른 정답 찾기: 고려 시대 학자 + 성균관 대사성 + 고려 왕조를 지키려 함 + 『포은집』 ➡ 정몽주

🔍 자료 분석하기

정몽주는 고려 후기 대표적인 온건 개혁파로 권문세족의 횡포를 막고 혼란스러운 고려의 상황을 수습하고자 하였다. 그러나 새 왕조를 세우기 위해 손잡은 급진 개혁파 정도전, 신흥 무인 세력 이성계 등과 대립하다가 결국 선죽교에서 이방원에게 죽게 되었다.

🔍 선택지 분석하기

① 박지원
⋯ 조선 후기 실학자 박지원은 연행사를 따라 청에 다녀온 뒤 『열하일기』를 저술하여 상공업 진흥과 화폐 유통의 필요성을 주장하였다.

② 송시열
⋯ 조선 후기의 학자 송시열은 명에 대한 의리를 지키고 청에게 당한 수모를 갚자는 북벌론을 주장하였다. 효종에게 이러한 내용을 담은 「기축봉사」를 올려 북벌 계획의 핵심 인물이 되었다.

✅ 정몽주
⋯ 고려 말 대표적 온건 개혁파 정몽주는 이성계를 문병하고 돌아가던 도중 선죽교에서 이방원에게 죽게 되었다.

④ 정도전
⋯ 정도전은 고려 말 이성계와 함께 유교 사상을 바탕으로 개혁을 단행하여 공양왕을 쫓아내고 조선을 건국하였다.

19. 15세기 조선의 과학 기술 정답 ②

빠른 정답 찾기: 15세기 조선 + 이천 + 갑인자 등 금속 활자 제작 + 이순지 + 역법서 『칠정산』 + 장영실 ➡ 자격루 제작

🔍 자료 분석하기

- **갑인자**(1434): 조선 세종은 이천 등에게 명하여 주자소에서 갑인자를 만들도록 하였다. 갑인자는 앞서 만든 금속 활자들에 비해 모양이 반듯하여 인쇄 속도를 높이는 데 기여하였다.
- **『칠정산』**(1442): 조선 세종 때 이순지와 김담은 중국의 수시력과 아라비아의 회회력을 참고로 한 역법서인 『칠정산』을 편찬하였다.

🔍 선택지 분석하기

① 거중기를 설계하였다.
⋯ 조선 정조 때 정약용이 『기기도설』을 참고하여 제작한 거중기는 수원 화성 축조에 사용되어 공사 기간과 비용을 줄이는 데 큰 역할을 하였다.

✅ 자격루를 제작하였다.
⋯ 조선 세종 때 장영실이 만든 물시계 자격루는 물의 증가량 또는 감소량을 통해 시간을 측정하는 장치로, 정해진 시간에 종과 징, 북이 저절로 울리도록 제작되었다.

③ 대동여지도를 만들었다.
⋯ 조선 후기 김정호는 10리마다 눈금을 표시하여 거리를 알 수 있게 한 『대동여지도』를 제작하였다. 각 지역의 지도를 접어서 한 권의 책으로 엮었으며, 목판으로 제작하여 대량 인쇄가 가능하였다.

④ 동의보감을 완성하였다.
⋯ 조선 선조 때 허준은 왕명으로 각종 의학 지식과 치료법을 집대성한 『동의보감』을 만들기 시작하여 광해군 때 완성하였다.

20. 원 간섭기 고려의 사회 정답 ③

빠른 정답 찾기: 원 간섭기 + 몽골 문화의 영향 ➡ 원 간섭기 고려의 사회

🔍 선택지 분석하기

① 지배층을 중심으로 변발이 유행하였어요.
⋯ 고려 원 간섭기에는 지배층을 중심으로 몽골의 풍습인 변발과 호복, 발립 등이 유행하였다.

② 증류 방식으로 소주를 제조하였어요.
⋯ 고려 원 간섭기에 소주 제조법이 전해져 개성과 안동, 제주도 등 몽골군의 주둔지에서 소줏고리를 이용하여 소주를 빚기 시작하였다.

✅ 고추를 넣어 김치를 담갔어요.
⋯ 조선 임진왜란 이후 고추와 담배 등이 전래되었으며, 조선 후기에 상품 유통이 활발해지면서 담배, 고추 등의 상품 작물을 재배하였다.

④ 아랫도리에 주름을 잡은 철릭을 입었어요.
⋯ 고려 원 간섭기 몽골의 풍습인 철릭이 유행하였다. 철릭은 저고리와 주름 잡힌 치마를 허리 부분에서 연결한 형태의 옷이다.

21 사헌부 정답 ④

빠른 정답 찾기: 호조의 관리들이 국가의 물자를 빼돌림 + 수장 대사헌 ➡ **사헌부**

자료 분석하기
조선 시대 사헌부는 관리의 비리를 감찰하는 역할을 하였다. 사간원과 함께 양사 또는 대간이라 불렸으며, 5품 이하 관리에 대한 서경권을 행사하였다.

선택지 분석하기
① **왕명 출납**을 관장하였다.
⋯ 승정원은 왕의 비서 기관으로 왕명의 출납을 담당하였다.

② **수도의 행정과 치안**을 맡았다.
⋯ 한성부는 조선의 수도인 한성의 행정과 치안을 담당하였다.

③ **외국어 통역 업무**를 담당하였다.
⋯ 사역원은 외국과의 교류에 필요한 역관을 양성하고 관리하였다.

✓ **사간원, 홍문관**과 함께 **삼사**로 불렸다.
⋯ 조선 시대 사헌부는 관리의 비리를 감찰하고 풍속을 교정하던 기관으로 사간원, 홍문관과 함께 삼사로 불렸다.

22 성리학 정답 ②

빠른 정답 찾기: 조선의 통치 이념 + 이기론 + 주자 + 신진사대부 + 이이 + 사림 + 서원 + 안향 + 이황 ➡ **성리학**

자료 분석하기
성리학은 송에서 발전한 유학의 한 계통으로, 고려 말 학자 안향에 의해 국내에 전래되었다. 당시 이를 기반으로 성장한 신진 사대부들은 성리학을 이론적 근거로 두고 권문세족을 비판하였다. 이후 신진 사대부의 주도로 세워진 조선은 성리학을 통치 이념으로 삼았으며, 조선 중기 이황이 성리학을 체계화하면서 조선의 성리학이 크게 발전하였다.

선택지 분석하기
① 선종
⋯ 통일 신라 말 왕위 혼란이 계속되자 지방 세력이 성장하였고, 지방 호족 세력의 지원을 바탕으로 선종 불교가 성행하였다.

✓ 성리학
⋯ 성리학은 고려 충렬왕 때 안향에 의해 처음 전래되었다.

③ 양명학
⋯ 조선 후기 정제두는 지행합일을 중요시하는 양명학을 체계적으로 연구하였다.

④ 천도교
⋯ 동학은 제3대 교주였던 손병희를 중심으로 교명을 천도교로 개칭하고 교단 조직을 새롭게 정비하였다.

23 병자호란 정답 ③

빠른 정답 찾기: 남한산성 + 전쟁 때 인조가 피신 ➡ **병자호란**

자료 분석하기
후금이 국호를 청으로 고치고 조선에 군신 관계를 요구하였다. 조선이 이를 거부하자 청 태종이 10만 대군을 거느리고 조선을 침략하여 병자호란이 발생하였다(1636). 인조는 강화도로 보낸 왕족과 신하들이 인질로 잡히자 삼전도에서 항복하였고, 소현 세자와 봉림 대군 등이 볼모로 청에 압송되었다.

선택지 분석하기
① **김시민 장군**이 활약하였다.
⋯ 조선 선조 때 임진왜란이 발발하여 왜군이 전라도로 가는 길목인 진주를 공격하였으나 김시민이 이끈 조선군이 진주 대첩에서 승리하였다.

② **별무반을 편성**하여 적과 싸웠다.
⋯ 고려 숙종 때 여진이 고려의 국경을 자주 침입하자 윤관이 왕에게 건의하여 신기군, 신보군, 항마군으로 구성된 별무반을 편성하였다. 이후 예종 때 윤관은 별무반을 이끌고 여진을 토벌하였다.

✓ 전쟁 후 **청과 군신 관계**를 맺었다.
⋯ 조선이 청의 군신 관계 요구를 거절하자 청이 조선을 침략하여 병자호란이 발생하였다. 남한산성에서 항전하던 인조는 결국 삼전도에서 굴욕적인 항복을 하였고, 청의 요구에 따라 삼전도비를 세웠다.

④ 이여송이 이끄는 **명의 지원군이 파병**되었다.
⋯ 조선 선조 때 임진왜란이 발발하여 왜군에 의해 수도인 한양까지 함락되었다. 이에 조선이 명에 군사를 요청하여 이여송이 이끄는 명의 지원군이 파병되었다.

던 유자광, 이극돈 등의 훈구 세력이 이를 문제 삼아 연산군에게 알리면서 무오사화가 발생하였다(1498).

24 경신환국

정답 ③

빠른 정답 찾기
(가) 예송 논쟁(기해예송) ➡ 경신환국 ➡ (나) 탕평비 건립

자료 뜯어보기

(가) 효종이 죽자 자의 대비의 상복 입는 기간*을 두고 예송이 발생하였다.
(나) 신하들이 언제라도 탕평의 의미를 되새기라는 뜻에서 왕이 성균관 앞에 탕평비*를 세웠다.

* 상복 입는 기간: 『주자가례』에 장자가 죽으면 그 어머니는 3년복을 입고, 둘째 이하 아들이 죽으면 기년복(1년)을 입도록 규정되어 있었다.
* 탕평비: 영조는 『논어』 위정편 14장에 있는 구절을 재구성하여 탕평비에 새긴 뒤 성균관에 세우며 탕평책을 실시하였다.
- 예송 논쟁(기해예송)과 영조의 탕평비 건립 사이에 일어난 사건을 찾는 문제이므로 경신환국이 답임을 유추할 수 있다.

자료 분석하기

(가) **예송 논쟁(기해예송)**(1659): 조선 현종 때 효종의 왕위 계승에 대한 정통성과 관련하여 인조의 계비인 자의 대비의 복상 문제를 놓고 서인과 남인 사이에 예송 논쟁이 발생하였다. 기해예송 당시 서인은 효종이 둘째 아들이므로 자의 대비의 복상 기간을 1년으로 주장하였고, 남인은 효종을 장자로 대우하여 3년 복상을 주장하였으나 서인 세력이 승리하였다.
(나) **탕평비 건립**(1742): 조선 영조는 붕당 정치의 폐해를 막고 능력에 따른 인재를 등용하기 위해 탕평책을 실시하였고, 이를 알리고자 성균관에 탕평비를 건립하였다.

선택지 분석하기

① 비변사가 폐지되었다.
… 조선 고종 즉위 이후 정치적 실권을 잡은 흥선 대원군은 비변사를 폐지하고 의정부의 권한을 강화하였다(1865).
② 훈련도감이 설치되었다.
… 임진왜란 때 새로운 군사 조직의 필요성을 느낀 유성룡의 건의로 포수, 사수, 살수의 삼수병으로 편성된 훈련도감이 설치되었다(1593).
✓ 경신환국으로 서인이 집권하였다.
… 남인의 영수인 허적이 궁중에서 쓰는 천막을 허락 없이 사용한 문제로 숙종과 갈등을 빚었다. 이후 허적의 서자인 허견의 역모 사건까지 이어지면서 허적을 비롯한 남인이 몰락하고 서인이 집권하게 되었다(1680).
④ 무오사화로 김일손 등이 처형되었다.
… 조선 연산군 때 사관 김일손이 영남 사림파 스승인 김종직의 조의제문을 사초에 기록하였다. 그러자 사림 세력과 대립 관계였

25 홍경래의 난

정답 ①

빠른 정답 찾기
1811년 + 서북 지역민에 대한 차별에 반발 ➡ 홍경래의 난

자료 분석하기

조선 순조 때 세도 정치로 인한 삼정의 문란과 서북 지역 차별 대우에 불만을 품은 평안도 지방 사람들이 몰락 양반 출신 홍경래를 중심으로 봉기를 일으켰다. 평안북도 가산에서 우군칙 등과 함께 정주성을 점령하고 청천강 이북 지역을 차지하기도 하였으나 관군에 의해 진압되었다.

선택지 분석하기

✓ 홍경래가 봉기를 주도하였다.
… 조선 후기 세도 정치와 삼정의 문란으로 인해 어려움을 겪던 농민들과 서북 지역 차별 대우에 불만을 품은 평안도 지방 사람들이 몰락 양반 출신 홍경래를 중심으로 봉기를 일으켰다.
② 서경 천도를 주장하며 일어났다.
… 고려 인종 때 묘청, 정지상 등을 중심으로 한 서경 세력은 서경 천도와 칭제 건원, 금 정벌 등을 주장하였으나 받아들여지지 않자 서경(평양)에서 반란을 일으켰다.
③ 백낙신의 횡포가 계기가 되었다.
… 조선 철종 때 삼정의 문란과 경상 우병사 백낙신의 수탈에 견디다 못한 농민들이 반발하여 진주 지역의 몰락 양반 유계춘을 중심으로 임술 농민 봉기를 일으켰다.
④ 특수 행정 구역인 소의 주민이 참여하였다.
… 고려 무신 정권 시기에 공주 명학소에서 망이·망소이가 과도한 부역과 특수 행정 구역인 소의 주민에 대한 차별 대우에 항의하여 반란을 일으켰다.

26 조선 후기의 문화

정답 ④

빠른 정답 찾기
세책점 + 상평통보 + 『춘향전』 ➡ 조선 후기의 문화

정답 및 해설 **189**

자료 분석하기

조선 후기에는 서민 문화가 발달하여 판소리, 탈춤 등이 성행하였다. 또한, 한글 소설 『심청전』, 『춘향전』, 『홍길동전』 등이 대중화됨에 따라 직업적으로 소설을 낭독하고 돈을 받는 이야기꾼인 전기수가 등장하였다. 한글 소설은 현실 사회의 모순과 양반의 부조리를 비판하거나 봉건 사회의 모순과 비리를 풍자한 작품들이 많아 서민층의 의식을 높이는 데 기여하였다.

선택지 분석하기

① 민화를 그리는 화가
② 탈춤을 공연하는 광대
③ 판소리를 구경하는 상인
→ 조선 후기 서민 문화의 발달로 판소리, 탈춤, 민화 등이 성행하였다. 탈춤은 지방의 정기 시장인 장시에서 자주 공연되었으며, 판소리는 이야기를 창과 사설로 엮어 내어 직접적이고 솔직하게 감정을 표현하였다.

 팔관회에 참가하는 외국 사신
→ 고려 시대에는 매년 개경과 서경에서 국가적 불교 행사인 팔관회가 열렸다. 고려 전역은 물론 송, 여진, 탐라 등 주변국과 서역의 대식국(아라비아) 상인들도 참여하였다.

27 대동법

※ 미니북 29쪽
정답 ③

빠른 정답 찾기: 방납의 폐단 + 선혜청 + 토지 결수를 기준으로 부과 + 특산물 대신 쌀, 옷감, 동전 징수 + 상품 화폐 경제의 발달 ➡ 대동법

자료 분석하기

조선 광해군 때 방납의 폐단을 해결하기 위해 특산물 대신 쌀, 옷감, 동전 등으로 공납을 징수하는 대동법을 실시하였다. 이는 선혜청에서 주관하였으며, 초기에는 경기도부터 시행하였다가 효종 때 양반 지주들의 반대에도 불구하고 경상도를 제외한 충청도와 전라도에서도 대동법이 실시되었고, 이후 숙종 때 평안도와 함경도를 제외한 전국으로 확대되었다.

선택지 분석하기

① 과전법
→ 고려 공양왕 때 신진 사대부인 조준 등의 건의로 과전법을 시행하였다. 이를 통해 원칙적으로 지급 대상 토지를 경기 지역에 한정하는 토지 제도의 개혁을 단행하여 권문세족의 경제적 기반을 약화시켰다.

② 균역법
→ 조선 영조는 백성들의 군역 부담을 줄여주기 위해 기존 1년에 2필씩 납부하던 군포를 1필로 줄이는 균역법을 실시하였다. 균역법의 시행으로 부족한 재정은 지주에게 토지 1결당 쌀 2두를 납부하는 결작 등을 부과하여 보충하였다.

 대동법
→ 조선 광해군 때 방납의 폐단을 해결하기 위해 시행된 대동법은 숙종 대에 이르러 전국으로 평안도와 함경도를 제외한 전국으로 확대되었고, 토지 1결당 쌀 12두를 납부하는 방식으로 고정되었다.

④ 영정법
→ 조선 인조는 농민들의 부담을 줄여주기 위해 영정법을 실시하여 풍흉에 관계없이 전세를 토지 1결당 쌀 4~6두로 고정시켰다.

한발 더 다가가기

조선 전·후기 수취 제도

구분	전기	후기
전세	공법(연분9등법, 전분6등법)	영정법(토지 1결당 쌀 4~6두)
군역	양인 개병제(방군 수포제, 군적 수포제 폐단 발생)	균역법(1년에 군포 2필 → 1필)
공납	가호별로 수취, 현물 부과	대동법(토지 1결당 쌀 12두)

28 정조

※ 미니북 10쪽
정답 ①

빠른 정답 찾기: 능행차 + 혜경궁 홍씨 + 을묘년 화성원행 ➡ 정조

자료 분석하기

조선 정조는 사도 세자의 묘를 수원으로 옮기고 화성을 세워 정치적·군사적 기능을 부여하였다. 을묘년에는 어머니인 혜경궁 홍씨의 회갑을 맞아 화성에 행차하여 봉수당에서 어머니의 회갑연을 열어 주민들에게 잔치를 베풀었다.

선택지 분석하기

✓ 장용영을 설치하였다.
→ 조선 정조는 왕권을 뒷받침하는 군사적 기반을 갖추기 위해 친위 부대인 장용영을 설치하여 서울 도성에는 내영, 수원 화성에는 외영을 두었다.

② 전시과를 시행하였다.
→ 고려 경종에 의해 처음 시행된 전시과는 고려의 관리를 대상으로 한 토지 제도로, 초기에는 관등과 인품을 기준으로 토지를 지급하였다.

③ 경복궁을 중건하였다.
→ 흥선 대원군은 왕실의 권위 회복을 위해 임진왜란 때 불에 탄 경복궁을 중건하였다.

④ 경국대전을 완성하였다.
⋯ 조선 세조 때 편찬되기 시작한 『경국대전』은 조선의 기본 법전으로, 성종 때 완성·반포되었다.

한발 더 다가가기

정조의 개혁 정치

왕권 강화	• 초계문신제 실시: 새로운 관리 및 하급 관리 중에서 유능한 인재들 재교육 • 장용영 설치: 왕의 친위 부대로 왕권의 군사적 기반 강화 • 규장각 설치: 인재를 양성하고 정책을 연구하는 기능과 더불어 왕실 도서관이면서 왕을 보좌하는 업무까지 담당 • 수원 화성 건립: 정치적·군사적 기능을 부여하고 상업 활동 육성
문물제도 정비	• 서얼 차별 완화: 서얼 출신들을 규장각 검서관에 등용 • 신해통공 실시: 육의전을 제외한 시전 상인의 금난전권 폐지 • 편찬 사업: 『대전통편』, 『동문휘고』, 『무예도보통지』

미니북 16쪽

29 유형원   정답 ③

빠른 정답 찾기
조선의 실학자 + 반계 서당 + 균전론 + 『반계수록』 ➡ 유형원

자료 분석하기

조선 후기 실학자 유형원은 전북 부안에서 『반계수록』을 저술하여 토지 제도 개혁안인 균전제를 제시하였다. 이를 통해 토지는 국가가 공유하며 신분에 따라 토지를 차등 분배하고, 자영농을 육성하여 민생의 안정과 국가 경제를 바로잡아야 한다고 주장하였다.

선택지 분석하기

① 이익
⋯ 이익은 『성호사설』과 『곽우록』을 저술하였다. 또한, 한 가정의 생활을 유지하는 데 필요한 규모의 토지를 영업전으로 정하여 법으로 매매를 금지하고 나머지 토지만 매매가 가능하게 하는 한전론을 주장하였다.

② 박제가
⋯ 박제가는 서얼 출신으로 조선 정조 때 규장각 검서관에 등용되었다. 또한, 『북학의』를 저술하여 청의 문물을 적극적으로 수용할 것과 수레와 배의 이용, 적극적인 소비를 권장하였다.

✓ 유형원
⋯ 유형원은 『반계수록』에서 신분에 따라 토지를 차등 분배하고, 자영농을 육성하는 균전제 실시를 주장하였다.

④ 홍대용
⋯ 조선 후기 실학자 홍대용은 서양 과학을 적극적으로 수용하고 기술 혁신을 주장하였으며, 『담헌서』, 『의산문답』 등의 저서를 남겼다.

미니북 35쪽

30 대한 제국   정답 ④

빠른 정답 찾기
환구단 + 황궁우 + 고종의 황제 즉위식 + 경운궁 + 새로운 국호 ➡ 대한 제국

자료 분석하기

아관 파천 이후 경운궁으로 돌아온 고종은 연호를 광무로 하여 대한 제국을 수립하고, 환구단에서 황제로 즉위하였다. 이후 고종은 광무개혁을 실시하고, 황제 직속의 원수부를 설치하여 대원수로서 군대를 통솔하고자 하였다.

선택지 분석하기

① 당백전을 발행하였다.
⋯ 흥선 대원군은 왕실의 권위 회복을 위해 임진왜란 때 소실된 경복궁을 다시 지었으며, 이에 필요한 재정을 확보하고자 당백전을 발행하였다.

② 영선사를 파견하였다.
⋯ 김윤식을 중심으로 청에 파견된 영선사는 톈진에서 근대 무기 제조 기술과 군사 훈련법을 배우고 돌아와 근대식 무기 제조 공장인 기기창을 설립하였다.

③ 육영 공원을 설립하였다.
⋯ 최초의 근대식 공립 학교인 육영 공원은 헐버트, 길모어 등의 외국인 교사를 초빙하여 상류층 자제에게 근대 교육을 실시하였다.

✓ 대한국 국제를 제정하였다.
⋯ 대한 제국을 선포한 고종은 대한국 국제를 제정한 후 황실을 중심으로 나라를 강하게 만들기 위해 근대화 정책인 광무개혁을 추진하였다.

미니북 32쪽

31 갑신정변   정답 ②

빠른 정답 찾기
3일 천하 + 우정총국 개국 축하연 + 조선 청년들의 새로운 도전 ➡ 갑신정변

자료 분석하기

1884년 급진 개화파(개화당)는 우정총국의 개국 축하연을 계기로 갑신정변을 일으켰다. 이에 고종과 명성 황후를 경우궁으로 옮기고 군사 지휘권을 가진 수구파 한규직, 윤태준 등과 민씨 세력인 민태호, 민영목 등을 제거하였다. 갑신정변으로 정권을 잡은 이들은 14개조 정강을 발표하고 청과의 사대 관계 폐지, 입헌 군주제, 능력에 따른 인재 등용 등을 주장하였으나 청군의 개입으로 3일 만에 실패하였다.

선택지 분석하기

① 갑오개혁
⋯ 일본의 강요로 설치된 군국기무처에서 제1차 갑오개혁을 주도하였으며, 영의정 김홍집이 총재관을 맡아 정치, 군사에 관한 일체의 사무를 담당하였다.

✓ 갑신정변
⋯ 김옥균, 박영효를 중심으로 한 급진 개화파는 일본의 군사적 지원을 약속받고 우정총국 개국 축하연 자리에서 갑신정변을 일으켰다.

③ 브나로드 운동
⋯ 1930년대 초 동아일보는 문맹 퇴치 운동의 일환으로 브나로드 운동을 전개하였다.

④ 민립 대학 설립 운동
⋯ 1920년대 이상재, 이승훈, 윤치호 등을 중심으로 조선 민립 대학 기성회가 조직되어 한국인을 위한 고등 교육 기관인 민립 대학 설립 운동이 전개되었다.

한발 더 다가가기

항일 의병 활동

구분	배경	활동 내용
을미의병 (1895)	• 을미사변 • 단발령	• 동학 잔여 세력 참여 • 고종의 해산 권고로 자진 해산
을사의병 (1905)	을사늑약	• 신돌석(최초의 평민 출신 의병장) • 최익현(대마도에서 유배 중 사망) • 민종식(홍주성 점령)
정미의병 (1907)	• 고종의 강제 퇴위 • 군대 강제 해산	• 의병 전쟁화(해산 군인 참여) • 국제법상 교전 단체로 인정해 줄 것을 요구 • 서울 진공 작전(실패) • 일제의 남한 대토벌 작전으로 해산 • 만주, 연해주로 이동 • 국권 피탈 이후 독립군으로 계승

32 을미의병 정답 ④

미니북 36쪽

빠른 정답 찾기 역적들이 국모를 시해 + 억지로 머리카락을 깎게 함 + 백성들이 의병을 일으킴 ➡ (라) 을미의병

자료 분석하기

명성황후가 시해되는 을미사변이 발생하고, 을미개혁으로 단발령이 실시되자 이에 대한 반발로 전국적인 항일 의병 활동이 전개되었다(1895). 을미의병은 유인석, 이소응 등의 유생들을 중심으로 농민들이 가담하였으나 아관 파천 이후 고종의 권고로 해산하였다. 이후 을사늑약으로 인한 을사의병, 한일 신협약으로 인한 정미의병으로 이어져 일제 강점기 때 항일 독립운동으로 발전하였다.

33 신미양요 정답 ②

미니북 31쪽

빠른 정답 찾기 미국 군대가 쳐들어옴 + 어재연 장군 + 광성보 ➡ 신미양요

자료 분석하기

1871년 미국이 제너럴 셔먼호 사건을 구실로 강화도에 침입하여 신미양요가 발생하였다. 이에 어재연이 이끄는 조선 군대가 초지진, 광성보를 점령한 미국군에 항전하였다. 어재연 장군은 교전 끝에 전사하였다.

선택지 분석하기

① 병인박해가 일어났다.
⋯ 흥선 대원군은 국내 프랑스인 천주교도를 통해 러시아를 견제하고자 하였으나 국내외에서 천주교에 대한 반발이 생겨나자 탄압을 단행하여 병인박해가 발생하였다(1866).

✓ 척화비가 건립되었다.
⋯ 흥선 대원군은 병인양요와 신미양요 등 서양의 침략을 극복한 이후 서양과의 통상 수교 거부를 알리기 위해 전국 각지에 척화비를 세웠다(1871).

③ 제너럴 셔먼호 사건이 발생하였다.
⋯ 미국이 제너럴 셔먼호를 이끌고 평양 대동강에 들어와 교역을 요구하다가 평양 관민들의 저항으로 배가 불태워진 사건이 발생하였다(1866).

④ 오페르트가 남연군 묘 도굴을 시도하였다.
··→ 독일 상인 오페르트가 흥선 대원군의 아버지인 남연군의 묘를 도굴하려다 실패하였다(1868).

한발 더 다가가기

서양 열강의 침략

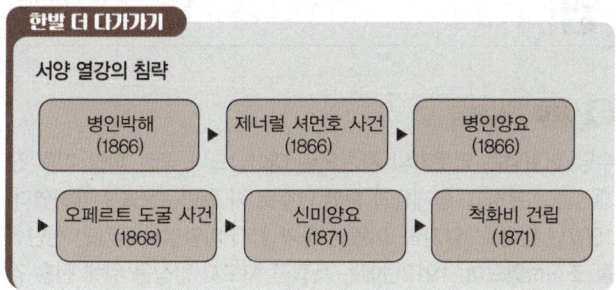

34 이준 정답 ①

빠른 정답 찾기: 이상설, 이위종 + 헤이그 만국 평화 회의 특사로 파견 + 수유리 애국선열 묘역 ➡ 이준

자료 분석하기

이준, 이상설, 이위종은 을사늑약 체결의 부당함을 알리기 위해 고종의 밀명을 받아 헤이그에서 열린 만국 평화 회의에 특사로 파견되었다. 이들은 대한 제국의 독립 수호를 위해 국제적 협력을 호소하였으나 을사늑약으로 외교권이 박탈되어 회의 참석이 끝내 거부되었다. 이에 이준은 슬프고 분한 마음에 그해 7월 14일 헤이그에서 순국하였다.

선택지 분석하기

✓ 이준
··→ 이준은 을사늑약 체결의 부당함과 불법성을 알리기 위해 헤이그에서 열린 만국 평화 회의에 이상설, 이위종과 함께 특사로 파견되었다.

② 손병희
··→ 동학의 제3대 교주 손병희는 동학을 천도교로 개칭하고 국한문 혼용체 기관지인 『만세보』를 발행하여 민중 계몽 운동을 전개하였다.

③ 여운형
··→ 광복 이후 여운형은 건국 준비 단체인 조선 건국 준비 위원회를 조직하여 전국에 지부를 결성하고 치안대를 조직하여 질서 유지 활동을 전개하였다.

④ 홍범도
··→ 홍범도가 이끄는 대한 독립군은 대한 국민회군, 군무 도독부 등과 연합하여 봉오동 전투에서 승리하고, 김좌진의 북로 군정서군과 연합하여 청산리 전투에서 승리를 거두었다.

35 국채 보상 운동 정답 ②

빠른 정답 찾기: 국채 보상 기성회 + 비녀를 팖 + 담배를 끊어 성금을 마련 ➡ 국채 보상 운동

자료 분석하기

국채 보상 운동은 일본에서 도입한 차관 1,300만 원을 갚아 경제 주권을 회복하고자 김광제, 서상돈 등의 주도로 대구에서 처음 시작되었다. 이후 서울에서 조직된 국채 보상 기성회를 중심으로 전국적으로 확산되었다.

선택지 분석하기

① 만민 공동회를 개최하였다.
··→ 독립 협회는 만민 공동회를 개최하여 민중에게 근대적 지식과 국권·민권 사상을 강조하였다.

✓ 대한매일신보 등 언론의 지원을 받았다.
··→ 국채 보상 운동은 대한매일신보, 황성신문 등 여러 언론 기관들의 지원을 받아 전국으로 확산되었다.

③ 조선 사람 조선 것이라는 구호를 내세웠다.
··→ 민족 기업을 육성하여 경제적 자립을 이루자는 물산 장려 운동은 '조선 사람 조선 것'이라는 구호를 내걸고 평양에서 시작하여 전국으로 확산되었다.

④ 백정에 대한 사회적 차별 철폐를 주장하였다.
··→ 일제 강점기에 백정들은 사회적 차별을 철폐하기 위해 조선 형평사를 결성하고 형평 운동을 전개하였다.

✽ 미니북 39쪽

36 3·1 운동 정답 ④

빠른 정답 찾기: 무단 통치 시기 + 지하 신문 + 1919년 + 만세 시위 운동 + 조선 독립신문 ➡ 3·1 운동

자료 분석하기

3·1 운동은 일제 강점기 최대 규모의 민족 운동으로, 학생과 시민 등 각계각층의 사람들이 일제의 무단 통치에 저항하여 일으킨 만세 운동이다. 이를 계기로 국내외 민족의 주체성을 확인하여 중국 상하이에서 대한민국 임시 정부가 수립되었다. 또한, 일제는 3·1 운동으로 인해 무단 통치의 한계를 인식하여 1920년대에는 보통 경찰제, 조선인과 내지인 동일 대우 등을 약속하며 기만적 문화 통치로 식민지 통치 방식을 전환하였다.

정답 및 해설 **193**

선택지 분석하기

① 독립문이 건립되었다.
… 고종 때 독립 협회는 청의 사신을 맞던 영은문을 헐고 그 자리에 독립문을 세워 독립 정신을 높였다.

② 홍범 14조가 반포되었다.
… 고종은 제2차 갑오개혁 때 홍범 14조를 반포하여 개혁의 기본 강령을 제시하였다.

③ 토지 조사 사업이 시작되었다.
… 1910년대 일제는 토지 조사국을 설치하고 토지 조사령을 공포하여 일정 기간 내 토지를 신고하도록 하였다. 신고하지 않은 토지는 총독부에서 몰수하여 일본인에게 헐값으로 팔아넘겼다.

✓ 대한민국 임시 정부가 수립되었다.
… 대규모 민족 운동인 3·1 운동을 계기로 상하이에서 대한민국 임시 정부가 수립되었다.

37 대한 광복회 — 정답 ④

빠른 정답 찾기: 박상진 + 1910년대 + 국내 비밀 결사 운동 단체 + 군자금 모집과 친일 부호 처단 ➡ 대한 광복회

자료 분석하기
1915년 박상진을 중심으로 대구에서 결성된 대한 광복회는 공화 정체의 국민 국가 건설을 목표로 활동하였다. 이후 독립 자금을 모금하기 위해 전국의 부호들을 대상으로 모금 활동을 하였고, 친일파를 처단하는 등 독립운동을 전개하였다.

선택지 분석하기

① 권업회
… 연해주 지역에서 이상설을 중심으로 자치 조직인 권업회가 설립되어 권업신문을 발행하고, 학교, 도서관 등을 건립하였다.

② 보안회
… 보안회는 독립 협회의 정신을 계승하여 설립된 단체로, 일본의 황무지 개간권 요구에 대한 반대 운동을 전개하여 이를 저지하였다.

③ 참의부
… 자유시 참변 이후 독립군은 만주로 돌아와 참의부·정의부·신민부의 3부를 결성하였다.

✓ 대한 광복회
… 대한 광복회는 대구에서 조직된 독립운동 단체로 공화 정체의 근대 국민 국가 수립을 지향하였다.

38 이회영 — 정답 ③

빠른 정답 찾기: 우당 + 명문가의 자손 + 노블레스 오블리주 + 신흥 강습소 설립 ➡ 이회영

자료 분석하기
우당 이회영은 명문가의 자손으로 태어났으나 국권 피탈 이후 전 재산을 처분하고, 형제들과 함께 만주로 가 독립운동을 전개하였다. 1907년 안창호, 양기탁, 이동녕 등과 함께 비밀결사 단체인 신민회를 조직하였으며, 1912년에는 독립군 지도자 양성을 위해 신흥 강습소를 설립하였다. 이는 1919년에 본부를 옮기면서 신흥 무관 학교로 명칭이 바뀌었다.

선택지 분석하기

① 신채호
… 신채호는 『독사신론』을 저술하여 민족을 역사 서술의 중심에 두었다. 또한, 『조선사연구초』와 『조선상고사』를 통해 우리 고대 문화의 우수성과 독자성을 강조하였다.

② 안중근
… 안중근은 을사늑약 체결을 주도하고 초대 통감을 지낸 이토 히로부미를 만주 하얼빈에서 사살하고 체포된 뒤 뤼순 감옥에서 순국하였다.

✓ 이회영
… 이회영은 서간도 삼원보 지역에 신민회 회원인 이상룡 등과 함께 독립군 양성 학교인 신흥 강습소(훗날 신흥 무관 학교)를 설립하였다.

④ 이동휘
… 이동휘는 이상설 등과 함께 자치 조직인 권업회를 조직하고, 대한 광복군 정부를 창설하여 군사 활동을 준비하였다.

39 민족 말살 통치기 — 정답 ③

빠른 정답 찾기: 궁성요배 + 중일 전쟁 이후 + 국민정신총동원 조선연맹 ➡ 민족 말살 통치기

자료 분석하기
일제는 중일 전쟁(1937) 이후 우리 민족의 정체성을 말살하기 위해 황국 신민화 정책을 시행하였다. 내선일체의 구호를 내세워 한글을 사용하지 못하게 하고, 신사 참배, 황국 신민 서사 암송(1937), 창씨개명(1939) 등을 강요하였다.

선택지 분석하기

① 태형을 집행하는 헌병 경찰
…▶ 1910년대 무단 통치기에 일제는 조선 태형령을 제정하여 곳곳에 배치된 헌병 경찰들이 조선인들에게 태형을 통한 형벌을 가하도록 하였다.

② 회사령을 공포하는 총독부 관리
…▶ 1910년대 무단 통치기에 일제는 회사령을 공포하여 회사를 설립하거나 해산할 때 총독부의 허가를 받게 하고 민족 기업 설립을 방해하였다.

✓ 황국 신민 서사를 암송하는 학생
…▶ 1930년대 이후 일제는 민족의 정체성을 말살하기 위해 황국 신민화 정책을 시행하여 황국 신민 서사 암송을 강요하였다.

④ 암태도 소작 쟁의에 참여하는 농민
…▶ 전남 신안군 암태도에서는 한국인 지주 문재철의 횡포와 이를 비호하는 일본 경찰에 맞서 일제 강점기 최대의 소작 쟁의가 발생하였다(1923).

 미니북 41쪽

40 광주 학생 항일 운동   정답 ④

빠른 정답 찾기: 1929년 + 나주·광주 통학 열차 + 한·일 학생 간 충돌 + 일제 경찰의 민족 차별 + 광주의 학생들은 시위를 벌임 + 11월 3일 + 학생 독립운동 기념일 ➡ 광주 학생 항일 운동

자료 분석하기

광주에서 나주로 가는 통학 열차 안에서 일본인 학생이 한국인 여학생을 희롱하자 한국인과 일본인 학생 간의 충돌이 일어났다. 일본 경찰은 차별적으로 일본인 학생의 편을 들었고, 이 소식이 알려지자 광주 학생들은 길거리에서 시위를 벌였다. 광주 학생 항일 운동은 한국인 학생에 대한 차별과 식민지 교육에 저항하는 항일 운동으로 발전하였으며, 이는 3·1 운동 이후 가장 큰 규모의 항일 운동이었다.

선택지 분석하기

① 순종의 인산일에 일어났다.
…▶ 순종의 인산일에 학생 300여 명이 격문을 뿌리고 시위를 일으킨 것이 6·10 만세 운동으로 확산되었으나 일제가 군대를 동원하여 저지하였다.

② 통감부의 탄압으로 실패하였다.
…▶ 대구에서 시작된 국채 보상 운동은 대한매일신보, 황성신문 등 언론 기관이 참여하여 전국으로 확산되었으나 통감부의 방해와 탄압으로 실패하였다.

③ 국민 대표 회의 개최의 배경이 되었다.
…▶ 대한민국 임시 정부는 교통국과 연통제 조직이 일제에 의해 와해되자 국민 대표 회의를 소집하여 독립운동의 새로운 방향을 모색하였다.

✓ 신간회에서 진상 조사단을 파견하였다.
…▶ 한국인 학생과 일본인 학생의 충돌로 광주 학생 항일 운동이 발생하자 신간회는 진상 조사단을 파견하고 서울에서 대규모 민중 대회를 추진하였다.

 미니북 39, 40쪽

41 한국 광복군   정답 ④

빠른 정답 찾기: 총사령관 지청천 + 영국군과 함께 미얀마 전선에서 활동 + 국내 진공 작전 준비 ➡ 한국 광복군

자료 분석하기

대한민국 임시 정부는 이봉창과 윤봉길 의거 이후 일제의 탄압이 심해지자 충칭으로 근거지를 이동하였다. 이곳에서 지청천을 총사령관으로 하여 임시 정부의 직할 부대인 한국 광복군을 창설하였다(1940). 한국 광복군은 영국군의 요청으로 인도, 미얀마 전선에 파견되었으며 미군의 협조를 받아 국내 진공 작전을 준비하였다.

선택지 분석하기

① 북로 군정서
…▶ 북로 군정서는 북간도에서 서일 등의 대종교도를 중심으로 결성된 중광단이 3·1 운동 직후 무장 독립운동을 수행하기 위해 대한 정의단으로 확대 개편되면서 조직한 단체이다. 이후 김좌진이 이끄는 북로 군정서는 일본군과의 청산리 전투에서 큰 승리를 거두었다.

② 조선 의용대
…▶ 김원봉이 주도하여 중국 국민당의 지원을 받아 중국 관내 최초의 한인 무장 부대인 조선 의용대를 창설하였다.

③ 조선 혁명군
…▶ 양세봉의 조선 혁명군은 중국 의용군과 연합하여 흥경성 전투에서 일본군을 상대로 승리를 거두었다.

✓ 한국 광복군
…▶ 한국 광복군은 충칭에서 대한민국 임시 정부의 직할 부대로 결성되었다.

42 남북 협상

정답 ③

빠른 정답 찾기
김구 + 삼천만 동포에게 읍고함 + 통일된 조국 + 단독 정부를 세우는 데 협력하지 않음 ➡ 남북 협상

자료 분석하기
미소 공동 위원회가 결렬되고 유엔 한국 임시 위원단의 입국이 거부되자 유엔은 선거가 가능한 지역에서 총선거를 실시하도록 하였다. 김구는 남한만의 단독 선거에 반대하며 이에 저항하는 의미로 「삼천만 동포에게 읍고함」이라는 글을 발표하고, 남북 회담을 제안하였다(1948.2.).

선택지 분석하기
① 한인 애국단이 결성되었다.
⋯ 김구는 상하이에서 한인 애국단을 결성하여 적극적인 투쟁 활동을 전개하면서 독립운동가를 지원하였다. 단원으로는 이봉창, 윤봉길 등이 활동하였다(1931).

② 제1차 미소 공동 위원회가 열렸다.
⋯ 광복 직후 모스크바 3국 외상 회의의 결과에 따라 제1차 미소 공동 위원회가 개최되었으나 결렬되었다(1947).

✓ 평양에서 남북 협상이 진행되었다.
⋯ 남한만의 단독 선거에 반대한 김구와 김규식은 평양으로 가서 김일성과 남북 협상을 전개하였으나 큰 성과를 거두지는 못하였다(1948.4.).

④ 모스크바 3국 외상 회의가 개최되었다.
⋯ 모스크바 3국 외상 회의는 미국·영국·소련의 3개국 외상이 한반도의 신탁 통치 문제를 포함한 7개 분야의 문제를 다룬 회의이다. 이 회의를 통해 미소 공동 위원회 설치와 최대 5년간의 신탁 통치 협정이 결정되었다(1945).

43 제주 4·3 사건

정답 ④

빠른 정답 찾기
남한 만의 단독 선거에 반대하는 세력 + 무고한 주민들이 희생 + 너분숭이 애기무덤 + 섯알오름 학살터 ➡ 제주 4·3 사건

자료 분석하기
■ 너분숭이 애기무덤: 제주 4·3 사건 당시 가장 큰 규모의 민간인 학살이 자행된 곳으로, 군인들은 북촌초등학교 운동장에 주민들을 모아두었다가 너분숭이 일대로 끌고 가 집단 총살하였다.

■ 섯알오름 학살터: 6·25 전쟁 발발 직후 무고한 제주도민들이 예비검속법에 의해 강제 검속을 당하였다. 이에 예비검속자들은 계엄군에 의해 아무런 법적 절차 없이 섯알오름 지하 탄약고에서 집단 학살되었다.

선택지 분석하기
① 원산 총파업
⋯ 원산 총파업은 일제 강점기에 영국인이 경영하는 회사에서 일본인 감독이 조선인 노동자를 구타한 사건에서 시작되었다. 파업 후 요구를 받아주겠다던 회사가 약속을 이행하지 않자 노동자들은 원산 노동자 연합회를 중심으로 총파업에 돌입하였다.

② 제암리 사건
⋯ 제암리 학살 사건은 3·1 운동 때 만세 운동이 일어났던 수원(화성) 제암리에서 일본군이 주민들을 학살하고 교회당과 민가를 방화한 사건이다.

③ 자유시 참변
⋯ 연해주의 자유시로 근거지를 옮긴 대한 독립 군단은 군 지휘권을 둘러싼 분쟁으로 자유시 참변이 일어나 큰 타격을 입었다.

✓ 제주 4·3 사건
⋯ 남한만의 단독 정부 수립에 반대한 남로당 제주도당의 무장 봉기를 미군정과 경찰이 강경 진압하면서 발생하였다. 진압 과정에서 법적 절차를 거치지 않고 총기 등을 사용하여 무고한 민간인까지 사살하면서 제주도민들이 큰 피해를 입었다.

44 6·25 전쟁

정답 ①

빠른 정답 찾기
에티오피아군 + 유엔군의 일원으로 전쟁 참전 ➡ 6·25 전쟁

자료 분석하기
1950년 북한의 남침으로 6·25 전쟁이 시작되었고, 서울을 점령당한 뒤 낙동강 방어선까지 밀려나게 되었다. 유엔군 파병 이후 국군은 북한군과 치열한 공방전을 펼쳤다. 전쟁이 1년여간 지속되자 소련 측의 제의로 미국과 소련이 개성 판문점에서 휴전 회담을 진행하기 시작하였다. 휴전 회담은 전쟁 포로 송환 원칙 문제, 군사 분계선 설정 문제 등으로 인해 2년여간 지속되다가 1953년 정전 협정이 체결되었다.

선택지 분석하기
✓ 인천 상륙 작전이 전개되었다.
⋯ 북한의 남침으로 인해 시작된 6·25 전쟁 때 낙동강 방어선까지 밀렸던 국군은 유엔군의 파병과 인천 상륙 작전의 성공으로 서울을 되찾고 압록강까지 진격하였다.

② 조선 건국 준비 위원회가 결성되었다.
⋯ 광복 이후 여운형은 건국 준비 단체인 조선 건국 준비 위원회를 조직하여 전국에 지부를 결성하고 치안대를 조직하여 질서 유지 활동을 전개하였다.

③ 이승만이 임시 의정원에서 탄핵되었다.
⋯ 국민 대표 회의가 결렬된 이후 임시 정부의 임시 의정원은 이승만을 탄핵시키고 박은식을 임시 대통령으로 선출하였다.

④ 쌍성보에서 한중 연합 작전이 펼쳐졌다.
⋯ 지청천을 중심으로 북만주에서 결성된 한국 독립군은 중국 호로군과 연합하여 쌍성보 전투, 사도하자 전투, 대전자령 전투에서 일본군에 승리하였다.

※ 미니북 44쪽

45 6월 민주 항쟁   정답 ①

빠른 정답 찾기 1987년 + 명동성당 + 호헌 철폐, 독재 타도 ➡ 6월 민주 항쟁

🔍 자료 분석하기

전두환 정부의 박종철 고문치사 사건과 4·13 호헌 조치에 반발하여 직선제 개헌과 민주 헌법 제정을 요구하는 시위가 확대되었다. 시위 도중 연세대 재학생 이한열이 사망하자 시위는 더욱 격화되어 6월 민주 항쟁이 전국적으로 확대되었다. 시민들은 호헌 철폐와 독재 타도 등의 구호를 내세워 민주적인 헌법 개정을 요구하였다.

🔍 선택지 분석하기

 대통령 직선제 개헌을 이끌어 냈다.
⋯ 박종철 고문치사 사건과 4·13 호헌 조치에 반발하여 일어난 6월 민주 항쟁 결과 정부는 5년 단임의 대통령 직선제를 바탕으로 하는 6·29 민주화 선언을 발표하였다.

② 3·15 부정 선거에 항의하여 일어났다.
⋯ 이승만의 장기 집권과 자유당 정권의 3·15 부정 선거에 저항하여 4·19 혁명이 발발하였다.

③ 굴욕적인 한일 국교 정상화에 반대하였다.
⋯ 박정희 정부가 한일 회담에서 진행한 한일 국교 정상화 추진 협정 내용이 공개되자 학생과 야당을 중심으로 굴욕적 대일 외교에 반대하는 6·3 시위가 전개되었다.

④ 신군부의 비상계엄 확대가 원인이 되어 발생하였다.
⋯ 신군부의 비상계엄 확대와 무력 진압에 대한 반발로 광주에서 5·18 민주화 운동이 일어났다.

한발 더 다가가기

민주화 운동	
4·19 혁명 (1960)	3·15 부정 선거 → 김주열 학생 시신 발견 → 대학 교수단의 시국 선언, 대통령 하야 요구 행진 → 시위 전국 확산 → 이승만 하야
부마 민주 항쟁 (1979)	YH 무역 사건 → 야당 총재 김영삼 국회의원 제명 → 부산, 마산에서 시위 전개 → 10·26 사태 (박정희 피살), 유신 체제 붕괴
5·18 민주화 운동 (1980)	12·12 쿠데타로 전두환 등 신군부 집권 → 신군부 반대 민주화 운동 → 비상계엄 전국 확대, 계엄군 투입 무력 진압 → 광주에서 신군부 퇴진, 민주화 요구 시위 → 공수 부대 동원 무력 진압
6월 민주 항쟁 (1987)	박종철 고문치사 사건 및 4·13 호헌 조치 → 직선제 개헌, 민주화 요구 시위 → 연세대 이한열 시위 도중 사망 → 시위 전국 확산('호헌 철폐, 독재 타도' 구호) → 6·29 민주화 선언으로 5년 단임의 대통령 직선제 개헌

※ 미니북 28쪽

46 시대별 대외 무역   정답 ②

빠른 정답 찾기 당항성과 울산항 + 당을 비롯한 여러 나라와 교류 + 만상, 송상 + 청과의 무역 + 벽란도 + 송·일본·아라비아 상인들 + 국제 무역항 ➡ 시대별 대외 무역

🔍 자료 분석하기

(가) 통일 신라는 삼국 통일 이후 한강 하류의 당항성을 중심으로 당의 산둥반도와 이어지는 해상 무역이 발전하였다. 또한, 경주의 관문인 울산항을 통해 아라비아의 상인들이 왕래하기도 하였다.
(다) 고려 시대에는 예성강 하구에 위치한 국제 무역항인 벽란도를 통해 송·일본·아라비아 상인들과 활발한 교역을 전개하였다.
(나) 조선 후기 상업 활동이 활발해지면서 사상이 발전하여 개성, 의주 등의 지역에서 송상, 만상 등이 대청 무역으로 부를 축적하였다.

※ 미니북 45쪽

47 김영삼 정부   정답 ①

빠른 정답 찾기 역사 바로 세우기 + 옛 조선 총독부 건물 철거 + 경제 협력 개발 기구(OECD) 가입 ➡ 김영삼 정부

자료 분석하기

김영삼 정부는 민족정기 회복을 위해 '역사 바로 세우기' 사업을 진행하여 조선 총독부 건물을 철거하고, 국민학교의 명칭을 초등학교로 변경하였다. 또한, 한국 경제의 세계화를 위해 경제 협력 개발 기구(OECD)에 가입하였다. 김영삼 정부 말에는 외환 위기로 인해 국제 통화 기금(IMF)으로부터 구제 금융을 받게 되어 기업 구조 조정, 대규모 실업 등의 사태가 발생하기도 하였다.

선택지 분석하기

 금융 실명제를 실시했어.
… 김영삼 정부는 부정부패와 탈세를 없애기 위해 금융 실명제를 실시하였다.

② 경부 고속 도로를 준공했어.
… 박정희 정부 시기인 1968년 2월 1일에 착공된 경부 고속 도로는 단군 이래 최대의 토목 공사로 불리면서 1970년 7월 7일에 개통되었다.

③ 제1차 경제 개발 5개년 계획을 추진했어.
… 박정희 정권의 주도로 제1차 경제 개발 5개년 계획이 추진되었다.

④ 미국과 자유 무역 협정(FTA)을 체결했어.
… 노무현 정부는 미국과 자유 무역 협정(FTA)을 체결하였다.

48 지역사 – 강화도 정답 ③

빠른 정답 찾기: 부근리 지석묘 + 홍릉 + 연무당 옛터 + 정족산성 ➡ **강화도**

자료 분석하기

- **강화 부근리 지석묘**: 지석묘는 청동기 시대 지배층의 무덤으로 고인돌이라고도 한다. 고창, 화순 유적과 함께 세계 문화유산으로 등재되었다.
- **강화 홍릉**: 고려의 제23대 왕 고종의 무덤이다. 고려 최씨 무신 정권 시기에 몽골이 여러 차례 침입해 오자 당시 최고 집권자였던 최우는 몽골과의 항전을 위해 강화로 천도하였다. 이 시기 고려의 왕이었던 고종이 강화에서 생을 마감하여 홍릉에 묻히게 되었다.
- **강화도 연무당 옛터**: 우리 역사상 최초의 근대적 조약이자 불평등 조약인 강화도 조약이 체결된 곳이다.
- **강화 정족산성**: 병인양요 때 양헌수 부대가 프랑스 군대를 상대로 크게 활약하여 승리를 거둔 곳이다.

49 시대별 사회 개혁 정답 ①

빠른 정답 찾기: 사회 개혁 + 최치원 + 골품제의 모순 + 신돈 + 권문세족이 불법적으로 농장 확대 + 조광조 + 권력이 훈구 세력에게 집중 + 전봉준 + 지방관의 수탈과 외세의 침탈 ➡ **시대별 사회 개혁**

자료 분석하기

(가) 통일 신라 말 진성 여왕 때 왕권이 약화되고 진골 귀족들 간의 권력 다툼으로 중앙 정권이 혼란해졌다. 이에 6두품 출신 유학자 최치원은 사회 개혁을 위해 진성 여왕에게 시무 10여 조를 올렸으나 받아들여지지 않았다.

(나) 고려 공민왕 때 등용된 신돈은 전민변정도감의 책임자로서 권문세족이 빼앗은 토지를 원래 주인에게 돌려주고 노비가 된 자를 풀어주었다.

(다) 조선 중종은 반정으로 왕위에 오른 후 훈구파를 견제하기 위해 사림파를 중용하여 유교 정치를 발전시키고자 하였다. 이에 따라 등용된 조광조는 천거제의 일종인 현량과를 실시하여 사림이 대거 등용될 수 있는 발판을 마련하였고, 이를 기반으로 향약 시행, 소학 보급, 소격서 폐지 등의 개혁을 실시하였다.

(라) 고부 군수 조병갑의 횡포와 외세의 침탈에 반발하여 동학교도인 전봉준을 중심으로 농민들이 동학 농민 운동을 일으켰다. 농민군은 백산에 집결하여 4대 강령을 발표하고 봉기하여 황토현 전투와 황룡촌 전투에서 승리하였으며, 전주성을 점령하면서 전라도 일대를 장악하였다.

선택지 분석하기

 훈요 10조를 남겼다.
… 고려 태조는 후대의 왕들에게 숭불 정책, 북진 정책, 민생 안정책 등 10가지 지침이 담긴 훈요 10조를 남겼다.

② 전민변정도감의 설치를 건의하였다.
… 고려 공민왕은 신돈의 건의로 전민변정도감을 설치하여 권문세족에 의해 빼앗긴 토지를 원래 주인에게 돌려주고 억울하게 노비가 된 자를 풀어주는 등 개혁을 진행하였다.

③ 현량과 시행을 주장하였다.
… 조선 중종 때 조광조는 천거제의 일종인 현량과를 실시하여 사림이 대거 등용될 수 있는 발판을 마련하였다.

④ 동학 농민 운동을 일으켰다.
… 고부 군수 조병갑의 횡포에 반발한 농민들이 전봉준을 중심으로 동학 농민 운동을 일으켰다.

50 노태우 정부의 통일 노력 　정답 ①

🌸 미니북 45쪽

빠른 정답 찾기 남북한 유엔 동시 가입 + 한중 수교 ➡ **노태우 정부의 통일 노력**

🔍 자료 분석하기

노태우 정부 때 적극적인 북방 외교 정책을 통해 남북한의 유엔 동시 가입이 이루어졌으며, 소련·중국 등의 사회주의 국가들과 외교 관계를 수립하였다.

🔍 선택지 분석하기

✅ 남북 기본 합의서를 채택하였다.
… 노태우 정부 때 남북한 화해 및 불가침, 교류·협력 등에 관한 공동 합의서인 남북 기본 합의서를 교환하였다.

② 7·4 남북 공동 성명을 발표하였다.
… 박정희 정부 시기 서울과 평양에서 7·4 남북 공동 성명이 발표되었다.

③ 6·15 남북 공동 선언에 합의하였다.
… 김대중 정부는 평양에서 분단 이후 최초로 남북 정상 회담을 개최하여 6·15 남북 공동 선언을 발표하였다.

④ 남북 이산가족 고향 방문을 최초로 실현하였다.
… 전두환 정부 때 서울과 평양에서 남북 이산가족 상봉이 최초로 이루어졌다.

제58회 한국사능력검정시험

01	02	03	04	05	06	07	08	09	10
②	④	③	③	①	④	①	①	①	④
11	12	13	14	15	16	17	18	19	20
③	③	③	②	②	④	②	②	③	②
21	22	23	24	25	26	27	28	29	30
①	③	①	①	①	④	②	①	④	②
31	32	33	34	35	36	37	38	39	40
④	③	④	③	④	③	③	①	①	④
41	42	43	44	45	46	47	48	49	50
④	②	④	②	②	④	④	①	③	④

01 청동기 시대

※ 미니북 04쪽

정답 ②

빠른 정답 찾기: 금속 도구 + 권력을 가진 지배자 + 청동 방울 + 반달 돌칼 ➡ 청동기 시대

자료 분석하기

청동기 시대에 일부 지역에서는 벼농사를 짓기 시작하면서 반달 돌칼을 이용하여 곡식을 수확하였다. 청동으로 의례용인 청동 방울이나 거울 등을 제작하기도 하였다. 권력을 가진 군장이 등장하였고, 지배층이 죽으면 무덤으로 고인돌을 만들었다.

선택지 분석하기

① 우경이 널리 보급되었다.
… 신라 지증왕 때 소를 이용한 우경이 시행되었으며 고려 시대에 일반화되었다.

✓ 비파형 동검을 사용하였다.
… 청동기 시대에는 거푸집으로 비파형 동검을 제작하면서 독자적인 청동기 문화를 형성하였다.

③ 가락바퀴가 처음 등장하였다.
… 신석기 시대에는 가락바퀴로 실을 뽑아 뼈바늘로 옷을 지어 입었다.

④ 주로 동굴이나 막집에서 살았다.
… 구석기 시대 사람들은 주로 동굴이나 막집에 살았으며 계절에 따라 이동 생활을 하였다.

02 옥저

※ 미니북 20쪽

정답 ④

빠른 정답 찾기: 읍군, 삼로 + 민며느리제 + 가족 공동 무덤 ➡ 옥저

자료 분석하기

옥저는 읍군, 삼로 등의 군장이 지배하였으며, 여자가 어렸을 때 혼인할 남자의 집에서 생활하다가 성인이 된 후에 혼인을 하는 풍습인 민며느리제가 있었다. 장례 풍습으로는 가족이 죽으면 뼈만 추려 가매장하였다가 나중에 커다란 목곽에 함께 안치하는 가족 공동 묘가 있었다.

선택지 분석하기

① 동예
… 동예는 각 부족의 영역을 중요시하여 그 영역을 침범하는 경우 노비와 소, 말로 변상하게 하는 제도인 책화를 두었다.

② 부여
… 부여는 왕이 통치하는 중앙을 포함하여 5부를 구성하는 연맹 왕국으로, 왕 아래 마가, 우가, 저가, 구가의 가(加)들이 각자의 행정 구역인 사출도를 다스렸다.

③ 삼한
… 삼한은 소도라는 신성 지역을 따로 두어 제사장인 천군이 이를 관리하는 제정 분리 사회였다.

✓ 옥저
… 옥저는 특산물로 소금과 해산물이 풍부하였으며, 고구려에 공물을 바쳤다.

03 고구려

※ 미니북 06쪽

정답 ③

빠른 정답 찾기: (나) 광개토 대왕의 왜 격퇴 ➡ (가) 장수왕의 평양 천도 ➡ (다) 살수 대첩

자료 분석하기

(나) **광개토 대왕의 왜 격퇴**(400): 고구려 광개토 대왕은 신라의 요청을 받고 군대를 보내 신라에 침입한 왜를 격퇴하였다.
(가) **장수왕의 평양 천도**(427): 고구려 장수왕은 평양으로 천도하고 남진 정책을 추진하여 영토를 확장하였다.
(다) **살수 대첩**(612): 고구려의 을지문덕은 우중문이 이끄는 수의 30만 대군을 살수에서 공격하여 크게 무찔렀다.

04 백제 성왕의 업적　　정답 ③

빠른 정답 찾기　부여 나성 + 방어 시설 + 수도를 웅진에서 사비로 옮김 ➡ 백제 성왕

🔍 자료 분석하기

백제 성왕은 왕권 강화를 위해 웅진(공주)에서 사비(부여)로 도읍을 옮기고 국호를 남부여로 고쳐 백제의 중흥을 도모하였다. 이중으로 도성을 방어하기 위해 사비의 부소산성을 중심으로 나성을 쌓았다.

🔍 선택지 분석하기

① 동진으로부터 불교를 받아들였다.
⋯ 백제 침류왕은 중국의 동진을 통해 불교를 수용하였다.

② 고흥에게 역사서인 서기를 편찬하게 하였다.
⋯ 백제 근초고왕은 고흥에게 역사서인 『서기』를 편찬하게 하였다.

✔ 진흥왕과 연합하여 한강 유역을 회복하였다.
⋯ 백제 성왕은 신라 진흥왕과 나제 동맹을 맺고 함께 고구려를 공격하여 한강 유역을 차지하였다.

④ 대야성을 비롯한 신라의 40여 개 성을 빼앗았다.
⋯ 백제 의자왕은 즉위 초 신라의 대야성을 비롯한 40여 개의 성을 함락시키는 등 세력을 확장하였다.

05 신라　　정답 ①

빠른 정답 찾기　경주 월성 + 방어 시설 해자 ➡ 신라

🔍 자료 분석하기

경상북도 경주 인왕동에 위치한 경주 월성은 신라 궁궐이 있던 지역을 둘러싸고 있는 성곽과 그 안의 건물 유적들을 합쳐서 이르는 명칭이다. 성벽 주위에는 방어 시설인 해자를 둘렀다.

🔍 선택지 분석하기

✔ 골품제라는 엄격한 신분 제도가 있었다.
⋯ 신라는 골품제라는 특수한 신분 제도를 운영하였다. 골품에 따라 관직 승진에 제한을 두었으며, 가옥의 규모와 장식물, 복색, 수레의 크기 등 일상생활까지 규제하였다.

② 전국을 5도 양계로 나누어 통치하였다.
⋯ 고려는 5도 양계의 지방 행정 조직을 확립하였고 국경 지역인 양계에 병마사를 파견하였다.

③ 빈민 구제를 위해 진대법을 실시하였다.
⋯ 고구려 고국천왕은 빈민을 구제하기 위해 먹을거리가 부족한 봄에 곡식을 빌려주고 겨울에 갚게 하는 진대법을 실시하였다.

④ 정사암에서 국가의 중대사를 결정하였다.
⋯ 백제의 귀족들은 정사암이라는 바위에서 회의를 통해 재상을 선출하고 국가의 중대사를 결정하였다.

06 가야의 경제 상황　　정답 ④

빠른 정답 찾기　김해 + 갑옷으로 무장한 인물의 모습이 묘사 + 대성동 고분 + 철제 판갑옷 ➡ 가야

🔍 자료 분석하기

가야는 철이 풍부하게 생산되어 낙랑과 왜에 수출하였고, 덩이쇠를 화폐처럼 사용하기도 하였다. 김해에서 출토된 도기 기마인물형 뿔잔과 철제 판갑옷 등은 가야의 발달된 철기 문화를 보여 주는 대표적인 유물이다.

🔍 선택지 분석하기

① 정기 시장인 장시가 전국 각지에서 열렸다.
⋯ 조선 후기 농업 생산력의 증대와 유통 경제의 발달로 전국 각지에서 장시가 활성화되었다.

② 시장을 감독하기 위한 동시전이 설치되었다.
⋯ 신라 지증왕은 경주에 시장을 설치하고 이를 관리, 감독하기 위한 기구인 동시전을 설치하였다.

③ 활구라고도 불린 은병이 화폐로 사용되었다.
⋯ 고려 숙종 때 상업이 활발해지면서 삼한통보, 해동통보, 해동중보 등의 동전과 활구(은병)를 만들어 화폐의 통용을 추진하였으나 널리 유통되지는 못하였다.

✔ 낙랑군과 왜 사이의 중계 무역으로 이익을 얻었다.
⋯ 가야는 해상 교통에 유리한 지역적 특색으로 인해 낙랑과 왜의 규슈 지방을 연결하는 중계 무역이 번성하였다.

07 삼국 통일 과정　　정답 ①

빠른 정답 찾기　신라가 삼국 통일을 이룬 과정 + 당이 웅진도독부, 안동도호부 설치 + 고구려 부흥 운동 지원 + 당에 맞서 승리 ➡ 기벌포 전투

자료 분석하기

신라는 당과 동맹을 맺고 연합군을 결성하여 백제와 고구려를 멸망시켰다. 당은 신라와의 약속을 어기고 고구려의 옛 땅에 군대를 주둔시키고 신라 영토에도 영향력을 행사하려 하였다. 이에 신라는 당과의 전쟁을 전개하여 매소성·기벌포 전투를 승리로 이끌고 당의 세력을 한반도에서 몰아내 삼국 통일을 이룩하였다.

선택지 분석하기

☑ 기벌포 전투
⋯ 신라 문무왕은 기벌포 전투에서 승리하면서 당의 세력을 한반도에서 몰아내고 삼국 통일을 완성하였다.

② 우금치 전투
⋯ 일본의 내정 간섭이 심화되자 동학 농민군은 반외세를 내걸고 다시 봉기하였으나 공주 우금치 전투에서 관군 및 일본군에게 패배하였다.

③ 진주성 전투
⋯ 진주성 전투는 임진왜란의 3대 대첩 중의 하나로, 김시민이 이끈 조선군이 왜군 2만 명을 무찌르면서 승리하였다.

④ 처인성 전투
⋯ 몽골의 2차 침입 당시 고려의 승장 김윤후가 이끄는 민병과 승군이 처인성에서 몽골군에 대항하여 적장 살리타를 죽이고 승리를 거두었다.

한발 더 다가가기
삼국 통일의 과정

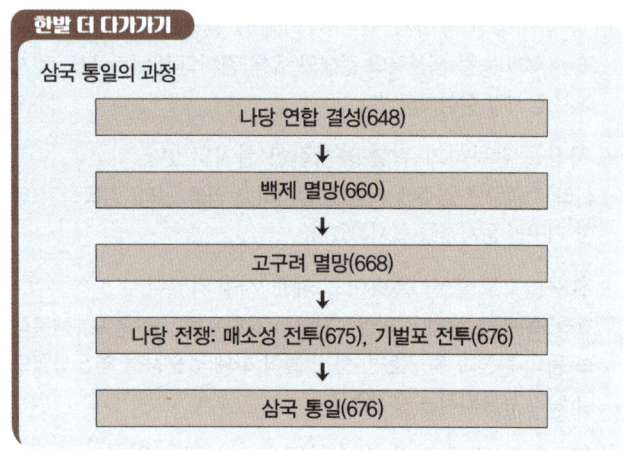

08 발해

빠른 정답 찾기: 중대성 + 일본으로 보낸 외교 문서 + 고구려의 왕족 성씨인 고씨 ➡ 발해

자료 분석하기

「중대성첩」은 발해가 일본에 보낸 외교 문서로 일본에 파견하는 사신의 이름과 규모 등을 알리는 것을 주목적으로 하였다. 이 문서에 고구려의 왕족 성씨인 고씨가 다수 포함된 것으로 보아 발해 지배층의 다수는 고구려인이며, 발해는 고구려를 계승한 국가임을 알 수 있다.

선택지 분석하기

☑ 대조영이 동모산에서 건국하였다.
⋯ 고구려의 장군 출신인 대조영은 유민들을 이끌고 지린성 동모산에서 발해를 건국하였다.

② 청해진을 중심으로 해상 무역이 전개되었다.
⋯ 장보고는 통일 신라 흥덕왕 때 완도에 청해진을 설치하여 해상 무역을 전개하였다.

③ 여러 가(加)들이 별도로 사출도를 주관하였다.
⋯ 부여는 왕 아래 마가, 우가, 저가, 구가의 가(加)들이 각자의 행정 구역인 사출도를 다스렸다.

④ 지방 세력 견제를 위해 기인 제도가 실시되었다.
⋯ 고려 태조는 지방 호족의 자제를 일정 기간 수도 개경에 머무르게 하는 기인 제도를 실시하여 호족 세력을 견제하였다.

09 신문왕의 업적

빠른 정답 찾기: 신라의 31대 왕 + 관료전 지급 + 녹읍 폐지 + 귀족들의 경제 기반 약화 ➡ 신라 신문왕

자료 분석하기

통일 신라 신문왕은 국가 통치 체제를 정비하고, 왕권을 강화하기 위한 정책을 펼쳤다. 관료전을 지급하고 녹읍을 폐지하여 귀족들의 세력을 약화시키고자 하였다. 중앙군을 9서당, 지방군을 10정으로 편성하여 군사 조직을 정비하고, 9주 5소경의 지방 행정 구역 체계를 확립하였다.

선택지 분석하기

☑ 국학을 설립하였다.
⋯ 통일 신라 신문왕은 유교 정치를 확립시키기 위해 유학 교육 기관인 국학을 설립하였다.

② 대가야를 정복하였다.
⋯ 신라 진흥왕은 대가야를 정복하여 영토를 확장하였다.

③ 독서삼품과를 실시하였다.
… 통일 신라 원성왕은 국학의 학생들을 대상으로 독서삼품과를 실시하여 유교 경전의 이해 수준에 따라 관리로 채용하였다.

④ 김헌창의 난을 진압하였다.
… 통일 신라 헌덕왕 때 김주원이 왕위 쟁탈전에서 패배하자 아들인 웅천주(공주) 도독 김헌창이 반란을 일으켰지만, 관군에 의해 진압되었다.

10 영주 부석사 무량수전 〈정답 ④〉

미니북 47쪽

빠른 정답 찾기: 경상북도 영주 + 고려 시대 건축물 + 배흘림기둥 + 주심포 양식 + 건물 내부에 아미타불이 모셔져 있음 ➡ **영주 부석사 무량수전**

자료 분석하기

영주 부석사 무량수전은 고려 시대 목조 건물로 아미타불인 소조 여래 좌상이 모셔져 있다. 기둥의 중간 부분은 두껍게 하고 위와 아래로 갈수록 굵기를 점차 줄여 만든 배흘림기둥을 사용하였고, 지붕 처마를 받치기 위해 장식한 구조를 간결한 형태로 기둥 위에만 짜 올린 주심포 양식으로 만들어졌다.

선택지 분석하기

① 금산사 미륵전
… 전북 김제시에 위치한 금산사 미륵전은 조선 시대의 목조 건물이다. 겉모양이 3층으로 이루어진 유일한 법당으로, 내부는 통층 구조로 되어 있다.

② 법주사 팔상전
… 충북 보은군에 위치한 법주사 팔상전은 조선 시대의 목조 건물로, 석가모니의 일생을 여덟 폭의 그림으로 나누어 그린 「팔상도」가 그려져 있어 팔상전이라고 불린다.

③ 화엄사 각황전
… 화엄사 각황전은 전남 구례군 화엄사에 있으며 조선 숙종 때 중건되었다. 정면 7칸, 측면 5칸의 다포계 중층 팔작지붕 건물로 내부 공간이 통층으로 구성되어 있다.

✓ 부석사 무량수전
… 부석사 무량수전은 고려 시대 때 지어진 목조 건물로 경북 영주시에 위치해 있으며, 배흘림기둥과 주심포 양식으로 만들어졌다.

11 후삼국 통일 과정 〈정답 ③〉

미니북 22쪽

빠른 정답 찾기: (가) 견훤의 후백제 건국 ➡ **고창 전투** ➡ (나) 신라 경순왕의 투항

자료 뜯어보기

(가) 견훤*이 완산주를 근거지로 삼고 스스로 후백제라 일컬으니, 무주 동남쪽의 군현들이 투항하여 복속하였다.

(나) 태조가 대상(大相) 왕철 등을 보내 항복해 온 경순왕*을 맞이하게 하였다.

* **견훤**: 견훤은 통일 신라 상주 가은현의 농민 출신으로 장군이 된 후 상주 지역을 근거지로 하여 일대 호족 세력으로 성장하였다. 통일 신라 말 나라의 혼란을 틈타 전라도를 점령하고, 백제의 부흥을 내세우며 후백제를 건국하였다.
* **경순왕**: 후백제의 견훤은 신라 금성(경주)를 습격하여 경애왕을 살해한 뒤 경순왕을 즉위시켰다. 이후 경순왕은 후백제 멸망 후 고려에 항복하면서 신라의 마지막 왕이 되었다.
- 견훤의 후백제 건국과 신라 경순왕의 고려 투항 사료를 통해 후삼국 통일 과정을 유추할 수 있다.

자료 분석하기

(가) **후백제 건국**(900): 견훤은 통일 신라의 장군 출신으로 독자적인 세력을 형성하여 완산주(전주)를 도읍으로 하는 후백제를 건국하였다.

(나) **신라 멸망**(935): 신라 경순왕 김부가 스스로 고려에 투항하면서 신라가 멸망하였고, 태조는 경순왕을 경주의 사심관으로 임명하였다.

선택지 분석하기

① 연개소문이 천리장성을 쌓았다.
… 고구려 영류왕 때 연개소문은 당의 공격에 대비하여 동북의 부여성에서 발해만의 비사성까지 천리장성을 축조하였다(647).

② 최영이 요동 정벌을 추진하였다.
… 고려 우왕 때 명이 원에서 관리한 철령 이북의 땅을 반환하라고 요구하자 최영을 중심으로 요동 정벌을 추진하였다(1388).

✓ 왕건이 고창 전투에서 승리하였다.
… 후백제의 견훤은 고창(안동)을 포위하고 고려를 공격하였으나 왕건에게 크게 패하였다. 그 결과 왕건은 경상도 일대에서 견훤 세력을 몰아내고 후삼국 통일의 기반을 마련하였다(930).

④ 이순신이 명량에서 일본군을 물리쳤다.
… 임진왜란 때 이순신이 12척의 배로 울돌목의 좁은 수로를 활용하여 일본 수군 133척의 배에 맞서 싸워 큰 승리를 거두었다(1597).

12 고려 광종의 업적

정답 ③ · 미니북 08쪽

빠른 정답 찾기
한림학사 쌍기 + 과거 시험을 통한 인재 선발 ➡ 고려 광종

자료 분석하기
고려 광종은 국왕의 권위를 높이기 위해 스스로를 황제라 칭하고 광덕, 준풍 등의 독자적인 연호를 사용하였다. 또한, 후주 출신 쌍기의 건의를 수용하여 과거제를 도입하고 신진 인사를 등용하였다.

선택지 분석하기
① 훈요 10조를 남겼다.
··· 고려 태조는 후대의 왕들에게 숭불 정책, 북진 정책, 민생 안정책 등 10가지 지침이 담긴 훈요 10조를 남겼다.

② 수도를 강화도로 옮겼다.
··· 고려 무신 정권 시기 최우는 상대적으로 수군이 약한 몽골의 침입에 대항하기 위해 강화도로 천도하고 장기 항쟁을 준비하였다.

 노비안검법을 시행하였다.
··· 고려 광종은 노비안검법을 실시하여 억울하게 노비가 된 사람들을 해방하고 호족의 세력을 약화시키고자 하였다.

④ 기철 등 친원파를 숙청하였다.
··· 고려 공민왕은 왕권을 강화하기 위해 변발과 호복 등 몽골의 풍습을 금지하고 기철 등 친원 세력을 제거하였다.

13 전시과

정답 ③ · 미니북 29쪽

빠른 정답 찾기
고려 경종 때 처음 시행 + 관직 복무에 대한 대가 + 전지와 시지 차등 지급 ➡ 전시과

자료 분석하기
고려는 직역의 대가로 관료에게 토지를 나누어 주는 전시과 제도를 시행하였다. 전시과는 경종 때 처음 실시된 후 몇 번의 개정을 거쳐 정비되었으며, 곡물을 수취할 수 있는 전지와 땔감을 얻을 수 있는 시지를 품계에 따라 차등 지급하였다.

선택지 분석하기
① 과전법
··· 고려 공양왕 때 신진 사대부 조준 등의 건의로 경기 지역에 한해 과전법을 시행하여 전·현직 관리에게 과전을 지급하는 토지 제도 개혁을 단행하였다.

② 납속책
··· 조선 정부는 임진왜란 이후 악화된 국가 재정을 해결하기 위해 돈이나 곡식을 받고 명예직 임명장인 공명첩을 파는 납속책을 실시하였다.

 전시과
··· 고려 경종에 의해 처음 시행된 전시과는 고려의 관리를 대상으로 한 토지 제도로, 초기에는 관등과 인품을 기준으로 토지를 지급하였다.

④ 호포제
··· 흥선 대원군은 군정의 문란을 해결하기 위해 호포제를 실시하여 양반에게도 군포를 부과하였다.

14 묘청의 서경 천도 운동

정답 ② · 미니북 08쪽

빠른 정답 찾기
서경에서 군대를 일으켜 개경으로 진군 + 대위국 + 천개 + 묘청 ➡ (나) 묘청의 서경 천도 운동

자료 분석하기
고려 인종 때 묘청을 중심으로 한 서경 세력은 풍수지리설을 바탕으로 서경 천도와 칭제 건원, 금 정벌을 주장하였으나 받아들여지지 않았다. 이에 묘청은 국호를 대위, 연호를 천개로 하여 서경에서 반란을 일으켰으나 김부식의 관군에 의해 진압되었다(1135).

15 의천

정답 ② · 미니북 19쪽

빠른 정답 찾기
영통사 대각국사비 + 고려 문종의 넷째 아들 + 송에서 불교를 배우고 돌아옴 + 해동 천태종 개창 ➡ 의천

자료 분석하기
승려 의천은 고려 문종의 넷째 아들로 송에서 유학하고 돌아와 개경(개성) 흥왕사에서 교종과 선종의 불교 통합 운동을 전개하였으며, 국청사를 중심으로 해동 천태종을 개창하였다. 이후 숙종 때 국사로 책봉되었고 대각국사로 불리게 되었다.

선택지 분석하기
① 원효
··· 신라 승려 원효는 불교 종파의 대립과 분열을 끝내고 화합을 이루기 위한 화쟁 사상을 주장하였다.

✓ 의천
··· 고려 승려 의천은 교종과 선종의 통합 운동을 뒷받침하기 위한 사상적 바탕으로 이론의 연마와 실천을 강조하는 교관겸수를 제창하였다.

③ 지눌
··· 고려 승려 지눌은 불교의 타락을 비판하고 승려의 기본인 독경, 수행, 노동에 힘쓰자는 수선사 결사 운동을 전개하였다. 이를 위한 사상적 기반으로 정혜쌍수와 돈오점수를 주장하였다.

④ 혜심
··· 고려 승려 혜심은 유불 일치설을 주장하여 성리학을 수용할 수 있는 사상적 토대를 마련하였다.

16 시대별 중국과의 교류 활동 정답 ④

우리나라와 중국 사이 + 교류 활동 ➡ **시대별 중국과의 교류 활동**

선택지 분석하기

① 신라의 장보고는 산동반도에 법화원을 세웠어요.
··· 통일 신라 때 산동반도에 신라인의 집단 거주지인 신라방과 사찰인 신라원 등이 세워졌으며, 장보고가 세운 법화원은 신라원 중 가장 유명하였다.

② 고려 시대에 이제현이 만권당에서 공부하였어요.
··· 고려 충선왕은 왕위를 물려준 뒤 원의 연경에 만권당을 세우고 고려에서 이제현 등의 성리학자들을 데려와 원의 학자들과 교류하게 하였다.

③ 조선 시대에 박지원은 연행사의 일원으로 열하에 다녀왔어요.
··· 박지원은 연행사를 따라 청에 다녀온 뒤 『열하일기』를 저술하여 상공업 진흥과 화폐 유통의 필요성을 주장하였다.

✓ 개항기에 민영익이 보빙사의 대표로 파견되었어요.
··· 조미 수호 통상 조약이 체결된 후 조선은 미국에 민영익, 홍영식 등을 중심으로 한 보빙사를 파견하였다.

✿ 미니북 23쪽

17 윤관 정답 ②

여진 + 별무반 + 경계를 정함 ➡ **윤관**

자료 뜯어보기

○ (가) 이/가 아뢰기를, "신이 여진에게 패배한 까닭은 그들은 기병*이고 우리는 보병*이어서 대적하기 어려웠기 때문입니다."라고 하였다. 이에 건의하여 비로소 별무반*을 만들었다.
― 『고려사절요』 ―

○ (가) 이/가 여진을 쳐서 크게 물리쳤다. [왕이] 여러 장수를 보내 경계*를 정하였다.
― 『고려사』 ―

*기병: 말을 타고 싸우는 병사를 말한다. 여진의 군대는 기병 중심으로 구성되어 기동력이 좋고 속전속결에 능했다.
*보병: 일반적인 육군 병사를 말한다.
*별무반: 윤관은 당시 보병으로 구성된 고려의 군대가 여진의 기병을 막아내기 어렵다고 판단하여 기병, 보병, 승려로 구성된 별무반을 조직하였다.
*경계: 윤관은 별무반을 이끌고 여진을 정벌하여 영토를 수복하고 동북 지역에 9개의 성을 축조하였다.
― 고려 시대 여진의 침략에 맞서기 위해 별무반을 조직하고, 경계 지역에 동북 9성을 축조하였다는 내용을 통해 윤관에 대한 문제임을 유추할 수 있다.

자료 분석하기

고려 숙종 때 여진이 고려의 국경을 자주 침입하자 윤관이 왕에게 건의하여 신기군, 신보군, 항마군으로 구성된 별무반을 편성하였다. 이후 예종 때 윤관은 별무반을 이끌고 여진을 토벌하였다.

선택지 분석하기

① 강동 6주를 획득하였다.
··· 고려 성종 때 서희는 소손녕과의 외교 담판을 통해 고려가 고구려를 계승하였음을 인정받고 압록강 동쪽의 강동 6주를 획득하는 성과를 거두었다.

✓ 동북 9성을 축조하였다.
··· 고려 예종 때 윤관은 별무반을 이끌고 여진을 몰아낸 뒤 동북 9성을 축조하였다.

③ 쓰시마섬을 정벌하였다.
··· 조선 세종은 왜구의 침입이 빈번해지자 이종무를 보내 쓰시마섬을 정벌하였다.

④ 쌍성총관부를 수복하였다.
··· 고려 공민왕은 쌍성총관부를 공격하여 원에 빼앗긴 철령 이북 지역의 땅을 되찾았다.

18 상평창   정답 ②

> 미니북 28쪽

빠른 정답 찾기: 개경, 서경, 12목에 설치 + 물가 조절 기능 ➡ **상평창**

🔍 자료 분석하기

고려 시대에 물가 조절 기관으로 상평창을 두었다. 풍년에는 국가에서 곡물을 사들여 가격을 올리고, 흉년에는 곡물을 풀어 가격을 떨어뜨리는 방식으로 물가를 조절하였다.

🔍 선택지 분석하기

① 중방
→ 고려 시대 중앙군 2군 6위의 지휘관들로 구성된 기구이다. 무신 정변 이후 국정 운영 전반을 논의하는 최고 권력 기구가 되었다.

 상평창
→ 고려 성종 때 물가를 조절하기 위한 기관으로 개경, 서경과 지방의 12목에 상평창을 설치하였다.

③ 어사대
→ 고려 시대 어사대는 정치의 잘잘못을 논의하고 풍속을 교정하며 관리의 비리를 감찰하였다. 어사대의 관원은 중서문하성의 낭사와 함께 대간이라고 불렸으며, 서경·간쟁·봉박의 권한을 가지고 있었다.

④ 식목도감
→ 대내적인 법률·제도의 제정 및 격식을 담당한 고려의 식목도감은 도병마사와 함께 대표적인 고려의 귀족 회의 기구이다. 이는 당시 고려의 독창적인 정치 구조를 보여 준다.

한발 더 다가가기

고려의 중앙 정치 기구

2성 6부	• 당의 제도를 모방하여 2성 6부로 이루어진 중앙 관제 구성 • 중서문하성(국정 총괄)과 상서성(6부 관리) → 수상은 문하시중	
중추원	송의 제도 모방, 왕의 비서 기구로 군사 기밀(추밀)과 왕명 출납(승선) 담당	
도병마사	국방 및 군사 문제 논의	재신(중서문하성)과 추밀(중추원)의 합의제로 운영
식목도감	법률·제도 제정	
어사대	감찰 기구, 풍속 교정	
삼사	화폐·곡식의 출납, 회계	
대간	어사대의 관원은 중서문하성의 낭사와 함께 대간으로 불림 → 간쟁, 봉박, 서경권	

19 조선 태종의 업적   정답 ③

> 미니북 09쪽

빠른 정답 찾기: 헌릉 + 조선 3대 왕 + 이성계의 아들 + 왕자의 난 + 6조 직계제 실시 ➡ **조선 태종**

🔍 자료 분석하기

조선 태종은 왕위 계승권을 놓고 태조 이성계의 왕자들 사이에서 발생한 왕자의 난을 거쳐 왕으로 즉위하였다. 이에 따라 국왕 중심의 통치 체계를 확립하고자 6조 직계제를 실시하여 의정부를 거치지 않고 국왕이 바로 6조에게 재가를 내리게 하였다.

🔍 선택지 분석하기

① 탕평비를 건립하였다.
→ 조선 영조는 붕당 정치의 폐해를 막고 능력에 따른 인재를 등용하기 위해 탕평책을 실시하였고, 이를 알리고자 탕평비를 성균관에 건립하였다.

② 현량과를 실시하였다.
→ 조선 중종 때 조광조는 천거제의 일종인 현량과를 실시하여 사림이 대거 등용될 수 있는 발판을 마련하였다.

 호패법을 시행하였다.
→ 조선 태종은 정확한 인구 파악과 이에 따른 조세, 역 부과를 위해 호패법을 실시하여 16세 이상의 남자들에게 일종의 신분증 명서인 호패를 발급하였다.

④ 훈민정음을 창제하였다.
→ 조선 세종은 우리나라의 독창적인 문자인 훈민정음을 창제하고 반포하였다.

20 조선 세종   정답 ②

> 미니북 09쪽

빠른 정답 찾기: 김종서 + 여진 + 6진 설치 ➡ **조선 세종**

🔍 자료 분석하기

조선 세종은 김종서를 보내 두만강 일대의 여진을 몰아내고 6진을 설치하여 영토를 확장하였다. 조선 후기 서화집 『북관유적도첩』에 실린 그림 「야연사준도」에는 김종서가 여진을 물리치고 6진을 설치한 이후의 일화가 담겨있다.

선택지 분석하기

① 장용영 설치
⋯ 조선 정조는 왕권을 뒷받침하는 군사적 기반을 갖추기 위해 친위 부대인 장용영을 설치하였다.

✓ 칠정산 편찬
⋯ 조선 세종 때 이순지와 김담은 중국의 수시력과 아라비아의 회회력을 참고로 한 역법서인 『칠정산』을 편찬하였다.

③ 경국대전 완성
⋯ 조선 세조 때 편찬되기 시작한 『경국대전』은 조선의 기본 법전으로, 성종 때 완성·반포되었다.

④ 나선 정벌 단행
⋯ 조선 효종 때 러시아가 만주 지역까지 침략해 오자 청이 조선에 원병을 요청하였다. 이에 조선은 두 차례에 걸쳐 조총 부대를 출병시켜 나선 정벌을 단행하였다.

한발 더 다가가기

조선의 교육 기관

관학	성균관: 조선 최고 국립 교육 기관, 생원·진사 입학 가능
	• 4부 학당: 중등 교육 기관(중앙에 설립) • 향교: 중등 교육 기관(지방에 설립), 교수와 훈도 파견
사학	서원: 사림 세력의 기반, 향촌 사회 교화
	서당: 초등 교육 담당, 양반·평민 자제 교육

21 서원 정답 ①

※ 미니북 52쪽

빠른 정답 찾기: 유네스코 세계 유산 + 교육과 제사를 함께 담당 + 동아시아 성리학 교육 기관 ➡ **한국의 서원**

자료 분석하기

조선 중기 이후 지방 사립 교육 기관인 서원이 각지에 세워졌다. 선현에 대한 제사와 양반 자제의 교육을 담당하였고 향촌 사회를 교화하는 역할까지 수행하였다. 2019년에 동아시아 성리학 교육 기관의 한 유형으로서 그 가치를 인정받아 9개 서원이 '한국의 서원'으로 유네스코 세계 유산에 등재되었다.

선택지 분석하기

✓ 서원
⋯ 서원은 선현에 대한 제사와 양반 자제의 교육을 담당하는 지방 사립 교육 기관으로 사림의 세력 기반 역할을 하였다.

② 향교
⋯ 향교는 성균관의 하급 관학 기관으로서 지방의 부·목·군·현에 설립되어 지방민에 대한 교육을 담당하였다. 중앙에서는 향교의 규모와 지역에 따라 교관인 교수 또는 훈도를 파견하였다.

③ 성균관
⋯ 성균관은 조선 시대 최고의 교육 기관으로 초시인 생원시와 진사시에 합격한 유생들이 우선적으로 입학할 수 있었다.

④ 4부 학당
⋯ 4부 학당은 조선 시대 중앙의 관학 기관으로 중등 교육을 담당하였으며, 성균관의 부속 학교 성격을 가지고 있었다.

22 곽재우 정답 ③

※ 미니북 25쪽

빠른 정답 찾기: 임진왜란 + 의령 + 일본군에 맞서 싸운 의병장 + 정암진 전투 + 홍의장군 ➡ **곽재우**

자료 분석하기

곽재우는 임진왜란이 발발하자 고향인 경남 의령에서 재산을 내놓고 의병을 모집하여 의병장으로 참여하였다. 눈에 잘 띄는 붉은 옷을 입고 전장에 참여하여 홍의장군이라 불렸다. 정암진 전투에서 일본군과 접전 끝에 승리를 거두었으며, 제1차 진주성 전투에 참전하여 진주성 외곽에서 왜군을 교란시키는 전술로 승전에 기여하였다. 정유재란 때는 화왕산성을 지키는 등 크고 작은 전공을 세우며 활약하였다.

선택지 분석하기

① 조헌
⋯ 임진왜란 때 조헌은 이우, 김경백 등과 함께 충청 지방에서 의병을 모아 청주성을 수복하고 전라도로 진격하려는 왜군에 맞서 금산 전투에서 활약하였다.

② 고경명
✓ 곽재우
⋯ 임진왜란 때 조선 중기 북인 조식의 제자인 곽재우와 고경명 등이 의병으로 활약하였다. 특히 곽재우는 붉은 옷을 입고 싸워 홍의장군이라 불렸으며, 진주성 전투, 화왕산성 전투에 참전하였다.

④ 정문부
⋯ 임진왜란 때 정문부는 함경도 길주에서 의병을 조직하여 왜군을 물리쳤다.

23 병자호란 정답 ①

인조 + 삼전도에서 항복 + 봉림 대군 + 청에 볼모로 끌려감
➡ 병자호란

🔍 자료 분석하기

후금이 국호를 청으로 고치고 조선에 군신 관계를 요구하였다. 조선이 이를 거부하자 청 태종이 10만 대군을 거느리고 조선을 침략하여 병자호란이 발생하였다(1636). 인조는 강화도로 보낸 왕족과 신하들이 인질로 잡히자 삼전도에서 항복하였고, 소현 세자와 봉림 대군 등이 볼모로 청에 압송되었다.

🔍 선택지 분석하기

✅ 왕이 남한산성으로 피신하였다.
⋯ 청 태종이 조선을 침략하여 병자호란이 발생하자 조선 인조는 남한산성으로 피신하여 항전하였다.

② 양헌수가 정족산성에서 항전하였다.
⋯ 병인박해로 인해 프랑스 군대가 강화도를 공격하면서 병인양요가 발생하였다(1866). 이에 양헌수가 이끄는 부대가 정족산성에서 프랑스 군대를 물리쳤다.

③ 김윤후가 적장 살리타를 사살하였다.
⋯ 몽골의 2차 침입 때 승장 김윤후가 이끄는 민병과 승군이 처인성에서 항전하여 적장 살리타를 죽이고 승리를 거두었다(1232).

④ 조명 연합군이 평양성을 탈환하였다.
⋯ 임진왜란 때 조선의 요청으로 명이 원군을 파병하면서 결성된 조명 연합군은 왜군을 몰아내고 평양성을 탈환하였다(1593).

24 비변사 정답 ①

외적의 침입에 대비 + 임시 군사 회의 기구 + 양 난을 계기로 최고 기구화 + 의정부와 6조가 유명무실해짐 ➡ 비변사

🔍 자료 분석하기

조선 중종 때 외적의 침입에 대비하기 위한 임시 기구로 설치된 비변사는 명종 때 을묘왜변을 계기로 상설 기구화되었다. 이후 왜란과 호란을 거치며 군사 문제뿐만 아니라 외교, 재정, 인사 등의 거의 모든 정무를 총괄하였다. 비변사의 기능 강화로 인해 의정부와 6조 중심의 행정 체계가 무너졌을 뿐만 아니라 세도 정치 시기에는 비변사를 중심으로 유력 가문들이 요직을 독점하여 권력을 장악하였다.

🔍 선택지 분석하기

✅ 비변사
⋯ 조선 중종 때 임시 기구로 설치된 비변사는 양 난을 거치며 거의 모든 정무를 총괄하는 국정 최고 기구가 되었다.

② 사헌부
⋯ 사헌부는 관리의 비리를 감찰하는 역할을 하였다. 사간원과 함께 양사 또는 대간이라 불렸으며 5품 이하 관리에 대한 서경권을 행사하였다.

③ 의금부
⋯ 고려 충렬왕 때 설치한 순마소를 조선 태종 때 의금부로 개편하면서 국왕 직속 사법 전담 기관으로 독립시켰다. 반역죄, 강상죄 등을 저지른 중죄인을 다루도록 하여 왕권 확립에 기여하였다.

④ 홍문관
⋯ 홍문관은 조선 성종 때 집현전을 계승하여 설치되었으며, 사간원, 사헌부와 함께 삼사를 구성하였다. 왕의 자문 역할과 경연, 경서, 사적 관리, 언론의 역할을 담당하였다.

한발 더 다가가기

조선의 중앙 통치 조직

의정부	최고 관부, 재상의 합의로 국정 총괄	
6조	직능에 따라 행정 분담(이·호·예·병·형·공), 정책 집행	
삼사	사헌부	관리의 비리를 감찰	권력의 독점과 부정을 방지
	사간원	간쟁(정사를 비판)	
	홍문관	왕의 자문(고문) 역할, 경연 주관	
승정원	왕명 출납	왕권 강화 기구
의금부	국가의 중죄인 처벌, 국왕 직속 사법 기구	
춘추관	역사서 편찬과 보관	
예문관	외교 문서, 국왕의 교서 관리	
성균관	조선의 최고 교육 기구	
한성부	수도의 행정과 치안 담당	

25 균역법 정답 ①

군포를 절반으로 줄이는 제도 + 어장세와 소금세로 보충
➡ 균역법

🔍 자료 분석하기

조선 후기 영조는 균역법을 시행하여 농민들이 군포를 1년에 2필에서 1필만 부담하게 하였다. 이로 인해 감소된 재정 수입은 지주에게 결작으로 부과하고, 어장세·선박세·염세 등의 잡세 수입으로 보충하였다.

🔍 선택지 분석하기

✓ 균역법
⋯ 조선 영조는 백성들의 군역 부담을 줄이기 위해 기존 1년에 2필씩 납부하던 군포를 1필로 줄이는 균역법을 실시하였다.

② 대동법
⋯ 대동법은 방납의 폐단을 해결하기 위해 공납을 전세화하여 쌀이나 베, 동전 등으로 납부하게 하는 제도로, 광해군 때 경기도에서 처음 시행되었다.

③ 영정법
⋯ 조선 인조는 양 난 이후 농경지의 황폐화와 전세 제도의 문제로 농민들의 삶이 어려워지자 농민 부담을 줄이기 위해 영정법을 실시하여 풍흉에 관계없이 전세를 토지 1결당 쌀 4~6두로 고정하였다.

④ 직전법
⋯ 조선 세조는 과전 세습화로 인해 발생한 토지 부족 등의 폐단을 바로잡기 위해 과전법을 혁파하고 현직 관리에게만 수조권을 지급하는 직전법을 실시하였다.

26 김정희 정답 ②

 추사체 + 조선 서예의 새 지평을 엶 ➡ **김정희**

🔍 자료 분석하기

김정희는 금석학과 함께 문자의 서예적 가치와 왕희지체, 구양순체 등 역대 고금 필법을 두루 연구하여 추사체를 창안하였다.

🔍 선택지 분석하기

① 허목
⋯ 허목은 조선 남인 세력의 대표적 인물로서 현종 때 효종이 죽은 뒤 자의 대비의 복상 문제를 놓고 벌어진 예송 논쟁에서 서인 세력과 대립하였다.

✓ 김정희
⋯ 김정희는 조선 후기 금석학 연구를 통해 저술한 『금석과안록』에서 북한산비가 진흥왕 순수비임을 밝혀냈다.

③ 송시열
⋯ 송시열은 효종에게 「기축봉사」를 올려 청에게 당한 수모를 복수해야 한다고 주장하였다. 이후 효종에게 발탁되어 북벌 계획의 핵심 인물이 되었다.

④ 채제공
⋯ 채제공은 정조 때 신해통공을 건의하여 육의전을 제외한 시전의 금난전권을 폐지하여 일반 상인들의 활동을 보장하였다.

27 임술 농민 봉기 정답 ②

 경상 우병사 백낙신 + 마구잡이로 세금을 거둠 + 항의 문서를 만들어 관청에 고발 + 유계춘 ➡ **임술 농민 봉기**

🔍 자료 분석하기

조선 철종 때 삼정의 문란과 경상 우병사 백낙신의 수탈에 견디다 못한 농민들이 반발하여 진주 지역의 몰락 양반 유계춘을 중심으로 임술 농민 봉기를 일으켰다.

🔍 선택지 분석하기

① 남접과 북접이 논산에서 연합하였다.
⋯ 일본의 내정 간섭이 점점 심해지자 동학 농민군의 남접과 북접이 연합하여 다시 봉기하였다. 이후 우금치 전투에서 일본군에게 패하고 전봉준이 한양으로 압송되면서 농민군은 와해되었다.

✓ 삼정이정청이 설치되는 계기가 되었다.
⋯ 임술 농민 봉기를 조사하기 위해 안핵사로 파견된 박규수는 민란의 원인이 삼정의 문란에 있다고 보고 삼정이정청을 설치하여 폐단을 해결하려고 노력하였다.

③ 우정총국 개국 축하연을 이용하여 일어났다.
⋯ 김옥균, 박영효를 중심으로 한 급진 개화파는 일본의 군사적 지원을 약속받고 우정총국 개국 축하연 자리에서 갑신정변을 일으켰다.

④ 청군에 의해 흥선 대원군이 톈진으로 납치되었다.
⋯ 신식 군대인 별기군과 차별 대우를 받던 구식 군대가 임오군란을 일으켰다. 군란은 민씨 세력의 요청으로 개입한 청군에 의해 진압되었고, 흥선 대원군이 청으로 압송되었다.

28 조선 후기 경제 상황 정답 ③

빠른 정답 찾기: 감자 + 고구마 + 상평통보 ➡ 조선 후기 경제 상황

자료 분석하기

조선 후기에는 구황 작물로 감자, 고구마 등이 전래되어 재배되기 시작하였다. 또한, 상공업이 발달함에 따라 금속 화폐인 상평통보가 전국적으로 유통되었고, 전국의 장시를 돌아다니며 판매 활동을 하는 보부상이 등장하였다.

선택지 분석하기

① 국자감에 입학하는 학생
⋯ 고려 성종은 최고 교육 기관인 국자감을 설치하고 지방에 경학 박사와 의학 박사를 파견하여 유학 교육을 활성화하려 하였다.

② 팔관회에 참석하는 관리
⋯ 고려 시대에는 매년 개경과 서경에서 국가적 불교 행사인 팔관회가 열렸다. 고려 전역은 물론 송, 여진, 탐라 등 주변국과 서역의 대식국(아라비아) 상인들도 참여하였다.

 판소리 공연을 구경하는 농민
⋯ 조선 후기에는 서민 문화가 발달하여 판소리, 탈춤 등이 성행하였다. 특히 판소리는 이야기를 창과 사설로 엮어 내어 직접적이고 솔직하게 감정을 표현하였다.

④ 삼별초의 일원으로 훈련하는 군인
⋯ 고려 무신 정권 시기에 최우는 치안 유지를 위해 삼별초를 구성하였으며, 이는 최씨 무신 정권의 군사적 기반이 되었다.

29 강화도 조약 정답 ③

빠른 정답 찾기: 연무당 옛터 + 운요호 사건 + 일본이 개항을 강요 + 조선과 조약을 체결 ➡ 강화도 조약

자료 분석하기

일본은 조선의 해안을 조사한다는 구실로 운요호를 강화도에 보내 초지진을 공격하였다(운요호 사건, 1875). 이에 조선 군대가 방어적 공격을 하자 일본이 이를 빌미로 조약 체결을 강요하였다. 연무당에서 벌어진 일본과 조선의 회의 끝에 조선이 외국과 맺은 첫 근대적 조약이자 불평등 조약인 강화도 조약이 체결되었다.

선택지 분석하기

① 한성 조약
⋯ 일본은 갑신정변 당시 조선과 사망한 일본인에 대한 배상, 일본 공사관 신축 부지 제공 및 공사 비용을 요구하는 한성 조약을 체결하였다.

② 정미 7조약
⋯ 고종을 강제 퇴위시킨 일제는 순종을 즉위시키고 한일 신협약(정미 7조약)을 체결하여 각 부에 일본인 차관을 배치하고 대한 제국의 군대를 해산시켰다.

 강화도 조약
⋯ 일본이 조선에 통상 조약을 강요하여 외국과 맺은 최초의 근대적 조약이자 불평등 조약인 강화도 조약이 체결되었다.

④ 제물포 조약
⋯ 신식 군대인 별기군에 비해 차별 대우를 받던 구식 군대가 임오군란을 일으켜 일본 공사관이 피해를 입었다. 이에 조선은 일본과 사과 사절단 파견, 주모자 처벌, 배상금 지불, 공사관 경비병 주둔 등의 내용을 담은 제물포 조약을 체결하게 되었다.

한발 더 다가가기

일제의 국권 침탈 과정

한일 의정서 (1904.2.)	• 러일 전쟁을 빌미로 체결 • 일본이 전쟁 시 한국의 영토를 군사 기지로 사용할 수 있는 권리 획득 • 한국에 대한 내정 간섭
제1차 한일 협약 (1904.8.)	• 재정 고문(메가타)과 외교 고문(스티븐스) 파견 • 메가타의 화폐 정리 사업 추진
을사늑약 (1905)	• 한국의 외교권 박탈 • 통감부 설치: 외교 업무 등 내정 간섭
고종 강제 퇴위 (1907)	• 헤이그 특사 파견 구실로 퇴위 강요 • 고종의 강제 퇴위 후 순종 즉위
한일 신협약 (정미 7조약, 1907)	• 통감의 권한 강화: 한국의 법령 제정, 관리의 임면 등 내정권 장악 • 부속 각서 체결: 행정 각부에 일본인 차관 임명, 대한 제국의 군대 해산
기유각서 (1909)	사법권, 감옥 관리권 강탈
한일 병합 조약 (1910)	• 경찰권 박탈 • 한국의 국권 강탈: 조선 총독이 권력 장악

30 최익현 정답 ②

빠른 정답 찾기: 면암 + 흥선 대원군의 하야를 요구하는 상소 + 을사늑약에 항거하여 의병을 일으킴 ➡ 최익현

자료 분석하기

최익현은 1873년에 만동묘와 서원 철폐 등 흥선 대원군의 정책을 비판하며 고종의 친정을 주장하는 '계유상소'를 올렸다. 이는 흥선 대원군이 물러나게 되는 결정적 계기를 만들었으나 왕의 아버지를 비판하였다는 이유로 제주도에 유배되었다가 1875년에 풀려났다. 을사늑약 이후에는 태인에서 의병을 모집하여 의병 활동을 전개하였다. 그러나 순창에서 관군과 일본군에 체포되었고, 쓰시마섬(대마도)에 유배되어 그곳에서 순국하였다.

선택지 분석하기

① 북학의를 저술함
… 조선 후기 서얼 출신의 실학자 박제가는 『북학의』를 저술하여 청의 문물을 수용할 것과 수레·배의 이용, 적극적인 소비를 주장하였다.

✓ 왜양일체론을 주장함
… 최익현은 일본이 강화도 조약 체결을 요구하자 일본과 서양은 같다는 왜양일체론을 주장하며 '지부복궐척화의소'라는 상소를 올려 일본과의 수교를 반대하였다.

③ 신흥 무관 학교를 설립함
… 신민회 회원인 이상룡, 이회영 등이 중심이 되어 만주 삼원보에 독립군 양성 학교인 신흥 강습소(훗날 신흥 무관 학교)를 설립하였다.

④ 시일야방성대곡을 작성함
… 장지연은 양반과 지식인을 대상으로 하는 황성신문에 항일 논설 「시일야방성대곡」을 게재하여 을사늑약의 부당함을 주장하였다.

31 임오군란 정답 ④

빠른 정답 찾기: 민응식 + 구식 군인들이 별기군과의 차별에 반발 + 왕비가 피란 ➡ 임오군란

자료 분석하기

조선 고종은 개화 정책의 일환으로 기존 5군영을 무위영과 장어영의 2영으로 개편하고 신식 군대인 별기군을 설치하였다. 그 후 구식 군대인 2영은 별기군에 비해 차별 대우를 받았고, 수개월간 밀린 봉급을 겨와 모래가 섞인 쌀로 지급받았다. 이에 분노한 구식 군대가 선혜청과 일본 공사관을 습격하면서 임오군란이 발생하였다. 군란은 민씨 세력의 요청으로 개입한 청군에 의해 진압되었고, 흥선 대원군이 청으로 압송되었다.

선택지 분석하기

① 집강소가 설치되었다.
… 동학 농민 운동 당시 농민군은 청과 일본의 군대 개입을 우려하여 조선 정부와 전주 화약을 맺고 집강소를 설치하여 폐정 개혁을 실시하였다.

② 조사 시찰단이 파견되었다.
… 조선 고종은 개화 반대 여론을 의식하여 암행어사 형태로 비밀리에 조사 시찰단을 일본에 파견하였다. 이때 파견된 박정양 등은 일본의 근대 문물을 시찰하고 돌아왔다.

③ 외규장각 도서가 약탈되었다.
… 병인박해를 구실로 로즈 제독이 이끄는 프랑스 군대가 양화진을 공격하며 병인양요가 발생하였다. 이때 프랑스군은 외규장각 도서를 약탈하였다.

✓ 청의 내정 간섭이 심화되었다.
… 임오군란 때 청군이 개입하여 군란을 진압한 것을 계기로 조청 상민 수륙 무역 장정이 체결되고 청의 내정 간섭이 심화되었다.

32 독립 협회 정답 ③

빠른 정답 찾기: 서재필의 주도로 창립 + 강연회와 토론회 + 만민 공동회 + 관민 공동회 + 헌의 6조 결의 ➡ 독립 협회

자료 분석하기

서재필, 이상재 등의 주도로 독립 협회가 설립되어 자주 국권, 자유 민권, 자강 개혁을 위한 정치 운동을 전개하였으며, 만민 공동회와 관민 공동회를 개최하여 민중에게 근대적 지식과 국권·민권 사상을 고취시켰다. 그 과정에서 가장 천대받던 계층인 백정 출신의 박성춘이 연설을 하는 등 관민이 함께 국정에 대하여 논의하기도 하였다. 또한, 중추원 개편을 통한 의회 설립 방안이 담겨 있는 헌의 6조를 고종에게 건의하였다.

선택지 분석하기

① 보안회
… 보안회는 일본의 황무지 개간권 요구에 대한 반대 운동을 전개하여 이를 저지하였다.

② 신민회
… 신민회는 국권 회복과 공화 정체에 바탕을 둔 국민 국가 건설을 목표로, 민족 교육과 무장 투쟁을 위한 독립군 양성 등 다양한 활동을 전개하였다.

✓ 독립 협회
… 갑신정변 이후 미국에서 돌아온 서재필, 이상재 등은 독립 협회를 창립하였다.

④ 대한 자강회
··· 대한 자강회는 교육과 산업 활동을 바탕으로 한 국권 회복을 목표로 하면서 고종의 강제 퇴위 반대 운동을 전개하였다.

한발 더 다가가기

독립 협회의 활동

자주 국권 운동	• 독립문 건립, 독립신문 발간 • 고종의 환궁, 칭제 건원 요구 • 러시아의 절영도 조차 요구 저지 • 러시아의 군사 교련단과 재정 고문단 철수 요구 • 한러 은행 폐쇄 요구
자유 민권 운동	• 신체 · 재산권 보호 운동 • 언론 · 집회의 자유권 쟁취 운동 전개
자강 개혁 운동	• 헌의 6조 채택(관민 공동회, 국권 수호, 민권 보장, 국정 개혁) • 박정양 진보 내각 설립(의회 설립 운동) → 중추원 관제(관선 25명, 민선 25명) 반포

 미니북 12쪽

33 무단 통치기 경제 정책   정답 ④

빠른 정답 찾기: 회사령 + 회사 설립 시 조선 총독의 허가 ➡ 무단 통치기 경제 정책

자료 분석하기

1910년대 무단 통치기에 일제는 회사령을 공포하여 회사를 설립하거나 해산할 때 총독부의 허가를 받게 하고 민족 기업 설립을 방해하였다.

선택지 분석하기

① 미곡 공출제 시행
··· 일제는 한반도에서 미곡 공출제를 시행하여 전쟁에 필요한 군량미를 조달하였다(1939).

② 남면북양 정책 추진
··· 1930년대 일제는 군수물자의 안정적인 공급을 위해 조선을 공업 원료 공급지로 설정하는 남면북양 정책을 실시하였다.

③ 농촌 진흥 운동 전개
··· 일제는 소작농들의 불만을 무마하기 위해 농촌 진흥 운동을 전개하였다(1932).

✔ 토지 조사 사업 실시
··· 일제는 토지 조사국을 설치하고 토지 조사령을 공포하여 일정 기간 내 토지를 신고하도록 하였다(1912). 신고하지 않은 토지는 총독부에서 몰수하여 일본인에게 헐값으로 팔아넘겼다.

 미니북 39쪽

34 대한민국 임시 정부   정답 ④

빠른 정답 찾기: 3·1 운동을 계기로 수립 + 상하이 청사 ➡ 대한민국 임시 정부

자료 분석하기

1919년 전개된 대규모 민족 운동인 3·1 운동을 계기로 상하이에서 대한민국 임시 정부가 수립되었다. 1932년 윤봉길 의거 이후 주목을 받으면서 일제의 추격을 피해 근거지를 옮겨다녔으며, 1940년에 충칭에 안착하였다. 1940년에 임시 정부의 직할 부대인 한국 광복군을 창설하고 1945년에는 미군의 협조로 국내 진공 작전을 준비하였다.

선택지 분석하기

① 연통제를 실시하였다.
··· 대한민국 임시 정부는 비밀 행정 조직으로 연통제와 교통국을 운영하여 국내와의 연락망을 확보하고 독립운동 자금을 모았다.

② 독립 공채를 발행하였다.
··· 대한민국 임시 정부는 국외 거주 동포들에게 독립 공채를 발행하여 독립 자금을 마련하였다.

③ 구미 위원부를 설치하였다.
··· 대한민국 임시 정부 결성 초기 외교 활동을 위해 미국에 구미 위원부를 설치하였다.

✔ 대한국 국제를 반포하였다.
··· 대한 제국을 선포한 고종은 대한국 국제를 제정한 후 황실을 중심으로 나라를 강하게 만들기 위해 근대화 정책인 광무개혁을 추진하였다.

한발 더 다가가기

대한민국 임시 정부

수립	• 최초의 민주 공화제 • 여러 지역의 임시 정부 통합(상하이)
활동	• 군자금 모집: 연통제, 교통국(비밀 행정 조직), 애국 공채, 이륭양행, 백산 상회 • 외교 활동: 파리 강화 회의에 대표(김규식) 파견, 구미 위원부 설치 • 문화 활동: 독립신문 간행, 사료 편찬소
분열	• 무장 투쟁론, 외교 독립론의 갈등 • 국민 대표 회의 결렬 • 임시 정부의 충칭 이동
군대	• 한국 광복군: 충칭에서 직할 부대로 창설 • 영국군의 요청으로 인도 · 미얀마 전선 파견 • 미군의 협조로 국내 진공 작전 준비

35 천도교 — 정답 ③

빠른 정답 찾기: 동학을 계승 + 어린이날 + 손병희가 교단 조직 정비 + 『개벽』, 『신여성』 발간 ➡ **천도교**

자료 분석하기

동학은 제3대 교주였던 손병희를 중심으로 교명을 천도교로 개칭하고 교단 조직을 새롭게 정비하였다. 천도교는 제2의 3·1 운동을 계획하여 자주 독립 선언문을 발표하였으며, 『개벽』, 『신여성』 등의 잡지를 발간하여 민족의식을 강조하였다. 방정환, 김기전 등을 중심으로 한 천도교 소년회는 5월 1일을 어린이날로 제정하고, 『어린이』라는 잡지를 간행하였다.

선택지 분석하기

① 대종교
⋯ 나철 등이 창시한 대종교는 단군 숭배를 통해 민족의식을 강조하였다. 또한, 간도에서 중광단, 북로 군정서 등을 조직하여 적극적인 항일 투쟁을 전개하였다.

② 원불교
⋯ 박중빈이 창시한 원불교는 새생활 운동을 전개하여 허례허식 폐지, 근검절약, 협동, 단결 등을 추구하고, 개간 사업과 저축 운동을 적극적으로 장려하였다.

✓ 천도교
⋯ 동학의 제3대 교주 손병희는 동학을 천도교로 개칭하고 국한문 혼용체 기관지인 『만세보』를 발행하여 민중 계몽 운동을 전개하였다.

④ 천주교
⋯ 조선 후기 청에 다녀온 사신들을 통해 서학으로 소개된 천주교는 조상에 대한 제사를 거부하면서 조선 정부로부터 사교로 규정되어 탄압을 받았다.

※ 미니북 40쪽

36 홍범도 — 정답 ④

빠른 정답 찾기: 봉오동 전투 + 카자흐스탄 ➡ **홍범도**

자료 분석하기

홍범도는 의병장 출신으로 1920년대에 대한 독립군을 이끌면서 봉오동 전투와 청산리 전투에서 일본군을 상대로 큰 승리를 거두었다. 1937년 스탈린의 한인 강제 이주 정책으로 카자흐스탄으로 보내진 홍범도는 1943년 순국하였다. 1962년 대한민국 정부는 홍범도에게 건국훈장 대통령장을 추서하였으며, 2021년 8월 15일에 홍범도의 유해가 카자흐스탄에서 국내로 돌아오게 되었다.

선택지 분석하기

① 김좌진
⋯ 김좌진이 이끄는 북로 군정서는 일본군과의 청산리 전투에서 큰 승리를 거두었다.

② 양세봉
⋯ 양세봉의 조선 혁명군은 중국 의용군과 연합하여 흥경성 전투에서 일본군을 상대로 승리를 거두었다.

③ 지청천
⋯ 지청천을 중심으로 북만주에서 결성된 한국 독립군은 중국 호로군과 연합하여 쌍성보 전투, 대전자령 전투에서 일본군을 물리치고 승리하였다.

✓ 홍범도
⋯ 홍범도가 이끄는 대한 독립군은 대한 국민회군, 군무 도독부 등과 연합하여 봉오동 전투에서 승리하고, 김좌진의 북로 군정서군과 연합하여 청산리 전투에서 승리를 거두었다.

※ 미니북 41쪽

37 물산 장려 운동 — 정답 ③

빠른 정답 찾기: 1920년 평양 + 조만식 + 우리 민족 산업 보호와 육성 + 사회주의자에게 비판 받음 ➡ **물산 장려 운동**

자료 분석하기

1920년대 평양에서 조만식, 이상재의 주도로 조선 물산 장려회가 결성되어 민족 자본 육성을 통한 경제 자립을 위해 자급자족, 국산품 애용, 소비 절약 등을 강조하는 물산 장려 운동이 전개되었다. 이후 '내 살림 내 것으로'라는 구호를 내세우며 전국으로 확산되었다.

선택지 분석하기

① 브나로드 운동
② 문자 보급 운동
⋯ 1930년대 초 언론사를 중심으로 농촌 계몽 운동이 전개되었다. 동아일보는 문맹 퇴치 운동의 일환으로 브나로드 운동을 전개하였고, 조선일보는 한글 교재의 보급과 순회강연을 통한 문자 보급 운동을 전개하였다.

✓ 물산 장려 운동
⋯ 민족 기업을 육성하여 경제적 자립을 이루자는 물산 장려 운동은 '내 살림 내 것으로'라는 구호를 내걸고 평양에서 시작하여 전국으로 확산되었다.

④ 민립 대학 설립 운동
…› 1920년대 이상재, 이승훈, 윤치호 등을 중심으로 조선 민립 대학 기성회가 조직되어 한국인을 위한 고등 교육 기관인 민립 대학 설립 운동이 전개되었다.

38 의열단   ✱ 미니북 40쪽   정답 ①

빠른 정답 찾기 단장 김원봉 + 조선 총독부에 폭탄을 던진 김익상 ➡ **의열단**

자료 분석하기

김원봉이 1919년 만주에서 조직한 의열단은 신채호가 1923년 작성한 조선 혁명 선언을 활동 강령으로 삼아 식민 통치 기관 파괴, 요인 암살, 테러 등 직접적인 항일 무장 투쟁을 전개하였다. 의열단원인 김익상은 조선 총독부에 폭탄을 투척하였다.

선택지 분석하기

✓ **의열단**
…› 김원봉이 결성한 의열단은 직접적인 투쟁 방법인 암살, 파괴, 테러 등을 통해 독립운동을 전개하였다.

② 중광단
…› 북간도로 이주한 한인들이 대종교를 중심으로 중광단을 조직하여 항일 투쟁을 전개하였다.

③ 흥사단
…› 안창호는 미국 샌프란시스코에서 국권 회복을 위해 민족 운동 단체인 흥사단을 조직하였다.

④ 한인 애국단
…› 김구는 상하이에서 한인 애국단을 결성하여 적극적인 투쟁 활동을 전개하면서 독립운동가를 지원하였으며, 단원으로 이봉창, 윤봉길 등이 활동하였다.

한발 더 다가가기
의열단의 의거 활동

인물	내용
박재혁	부산 경찰서에 폭탄 투척(1920)
최수봉	밀양 경찰서에 폭탄 투척(1920)
김익상	조선 총독부에 폭탄 투척(1921)
김상옥	종로 경찰서에 폭탄 투척, 일경과 교전 처단(1923)
김지섭	일본 도쿄 왕궁에 폭탄 투척(1924)
나석주	조선 식산 은행과 동양 척식 주식회사에 폭탄 투척(1926)

39 신간회   ✱ 미니북 41쪽   정답 ①

빠른 정답 찾기 사회주의 계열 + 비타협적 민족주의 계열 + 민족 유일당 + 기회주의자를 배제 ➡ **신간회**

자료 분석하기

1920년대 중반 사회주의 세력과 민족주의 세력이 연대하여 민족 유일당을 결성할 수 있다는 공감대가 형성되었다. 이에 따라 국내의 민족 해방 운동 진영은 정우회 선언을 계기로 1927년 좌우 합작 조직인 신간회를 결성하고, 민족 지도자 이상재를 초대 회장으로 추대하였다. 이후 신간회는 기회주의를 부인하고, 정치적·경제적·사회적 각성을 촉진하며, 단결을 공고히 한다는 3대 강령을 내걸고 활동하였고 일제 강점기 최대 규모의 사회단체로 성장하였다.

선택지 분석하기

✓ **신간회**
…› 신간회는 민족 유일당 운동의 일환으로 사회주의 세력과 민족주의 세력이 연대하여 결성한 좌우 합작 단체이다.

② 토월회
…› 박승희를 중심으로 한 도쿄 유학생들이 토월회를 결성하고 민중 계몽을 위한 신극 운동을 전개하였다.

③ 대한 광복회
…› 대한 광복회는 대구에서 조직된 독립운동 단체로 공화 정체의 근대 국민 국가 수립을 지향하였다.

④ 조선어 학회
…› 조선어 학회는 한글 맞춤법 통일안과 표준어를 제정하고 『조선말 큰사전』의 편찬을 시작하여 해방 이후 완성하였다.

40 민족 말살 통치기   ✱ 미니북 12쪽   정답 ④

빠른 정답 찾기 황국 신민 서사 암송 강요 + 조선어 과목 폐지 + 민족의 정체성을 말살 ➡ **(라) 민족 말살 통치기**

자료 분석하기

일제는 중일 전쟁 이후 우리 민족의 정체성을 말살하기 위해 황국 신민화 정책을 시행하였다. 내선일체의 구호를 내세워 한글을 사용하지 못하게 하고, 신사 참배, 황국 신민 서사 암송(1937), 창씨개명(1939) 등을 강요하였다.

41 조선 건국 준비 위원회 정답 ④

빠른 정답 찾기: 몽양 여운형 + 신한 청년당의 지도자 + 좌우 합작 운동 주도
➡ 조선 건국 준비 위원회

🔍 자료 분석하기

여운형은 상하이에서 신한 청년당을 결성하여 독립운동을 전개하였고, 1919년에는 조선 독립을 알리기 위해 파리 강화 회의에 대표를 파견하였다. 또한, 상하이 임시 정부 초대 내각의 외무부 차장을 역임하기도 하였으며, 광복 이후에는 조선 건국 준비 위원회를 결성하였다. 제1차 미소 공동 위원회가 결렬된 이후 좌우 대립이 격화되면서 분단의 위기감을 느끼자 중도파 세력 김규식 등과 함께 좌우 합작 위원회를 조직하여 좌우 합작 운동을 전개하였다.

🔍 선택지 분석하기

① 헤이그 특사로 파견된 배경
⋯ 이준, 이상설, 이위종은 고종의 명으로 을사늑약의 무효를 알리기 위해 네덜란드 헤이그에서 열린 만국 평화 회의에 특사로 파견되었다.

② 암태도 소작 쟁의에 참여한 계기
⋯ 전남 신안군 암태도에서는 한국인 지주 문재철의 횡포와 이를 비호하는 일본 경찰에 맞서 일제 강점기 최대의 소작 쟁의가 발생하였다.

③ 한국독립운동지혈사의 저술 이유
⋯ 박은식은 독립운동의 수단으로 갑신정변부터 3·1 운동까지의 역사에 초점을 맞춰 민족의 항일 운동 역사를 다룬 『한국독립운동지혈사』를 저술하였다.

✔ 조선 건국 준비 위원회의 결성 목적
⋯ 광복 이후 여운형은 건국 준비 단체인 조선 건국 준비 위원회를 조직하여 전국에 지부를 결성하고 치안대를 조직하여 질서 유지 활동을 전개하였다.

42 6·25 전쟁 정답 ②

빠른 정답 찾기: 1953년 7월 27일 + 정전 협정 체결 + 판문점 ➡ 6·25 전쟁

🔍 자료 분석하기

1950년 북한의 남침으로 6·25 전쟁이 시작되었고, 국군은 서울을 점령당한 뒤 낙동강 방어선까지 밀려나게 되었다. 유엔군 파병 이후 국군은 낙동강을 사이에 두고 치열한 공방전을 펼쳤다. 전쟁이 1년여간 지속되자 소련 측의 제의로 미국과 소련이 개성 판문점에서 휴전 회담을 진행하였다(1951.7.). 휴전 회담은 전쟁 포로 송환 원칙 문제, 군사 분계선 설정 문제 등으로 인해 2년여간 지속되다가 1953년 7월 27일 정전 협정이 체결되었다.

🔍 선택지 분석하기

① 반공 포로가 석방되었다.
⋯ 이승만 정부는 6·25 전쟁 당시 유엔군의 휴전 협상 진행에 반대하여 반공 포로를 석방하였다(1953).

✔ 미소 공동 위원회가 개최되었다.
⋯ 광복 직후 모스크바 삼국 외상 회의의 결과에 따라 제1차 미소 공동 위원회가 개최되었으나 결렬되었다(1946).

③ 중국군의 개입으로 서울을 다시 빼앗겼다.
⋯ 국군과 유엔군은 인천 상륙 작전을 전개하여 압록강 근처까지 진격하였으나 중국군의 개입으로 1·4 후퇴를 단행하였고, 서울이 다시 함락되었다(1951).

④ 국군과 유엔군이 인천 상륙 작전에 성공하였다.
⋯ 북한의 불법 남침으로 인해 시작된 6·25 전쟁 때 낙동강 방어선까지 밀렸던 국군은 유엔군의 파병과 인천 상륙 작전 성공으로 서울을 되찾고 압록강까지 진격하였다(1950).

43 4·19 혁명 정답 ①

빠른 정답 찾기: 3·15 부정 선거 + 대학 교수단 가두 시위 + 이승만 대통령 하야
➡ 4·19 혁명

🔍 자료 분석하기

이승만 정권과 자유당이 3·15 정·부통령 선거 당선을 위해 부당한 선거 운동을 벌이자, 이에 항거한 대구 학생들이 2·28 민주 운동을 주도하였다. 이후 마산 해변가에 버려진 마산상고 학생 김주열의 시신이 발견되어 마산 의거가 발생하였고 정부는 비상계엄령을 선포하였다. 학생과 대학 교수단이 대통령의 하야를 요구하는 행진을 전개하면서 4·19 혁명은 전국적으로 확산되었고, 결국 이승만이 하야하고 내각 책임제를 기본으로 하는 허정 과도 정부가 구성되었다.

🔍 선택지 분석하기

✔ 4·19 혁명
⋯ 이승만의 장기 집권과 자유당 정권의 3·15 부정 선거에 저항하여 4·19 혁명이 발발하였다.

정답 및 해설 **215**

② 6월 민주 항쟁
⋯ 박종철 고문치사 사건과 4·13 호헌 조치가 원인이 되어 발생한 6월 민주 항쟁이 전국적으로 확산되었다. 시민들은 호헌 철폐와 독재 타도 등의 구호를 내세워 민주적인 헌법 개정을 요구하였다. 이 결과 정부는 5년 단임의 대통령 직선제를 바탕으로 하는 6·29 민주화 선언을 발표하였다.

③ 부마 민주 항쟁
⋯ YH 무역 노동자들의 농성이 신민당사 앞에서 일어난 것을 빌미로 박정희 정부는 신민당 총재였던 김영삼을 국회 의원에서 제명하였다. 이에 김영삼의 정치적 근거지인 부산, 마산에서 박정희 정권의 유신 체제에 반대하는 시위가 일어나면서 부마 민주 항쟁이 전개되었다.

④ 5·18 민주화 운동
⋯ 신군부의 비상계엄 확대와 무력 진압에 항거하여 광주에서 5·18 민주화 운동이 발생하였다.

44 박정희 정부 정답 ②

빠른 정답 찾기: 1970년 7월 7일 + 경부 고속 도로 + 한일 국교 정상화 + 베트남전 파병 ➡ **박정희 정부**

자료 분석하기

박정희 정부는 국토를 개발하기 위해 서울과 부산 간의 주요 도시를 경유하는 고속 도로 개통을 추진하여 1968년 2월 1일 경부 고속 도로 공사를 착수하였다. 이는 단군 이래 최대의 토목 공사로 불리면서 1970년 7월 7일 준공되었다. 이 공사에는 한일 국교 정상화 회담 이후 받은 자금과 미국의 요청으로 베트남에 국군을 파병한 대가로 받은 자금이 일부 투입되었다.

선택지 분석하기

① 3저 호황으로 수출이 증가하였다.
⋯ 전두환 정부 때 저금리, 저유가, 저달러의 3저 호황으로 물가가 안정되고 수출이 증가하면서 높은 경제 성장률을 기록하였다.

 제2차 경제 개발 5개년 계획이 실시되었다.
⋯ 박정희 정부 때 제2차 경제 개발 5개년 계획을 진행하여 경공업과 수출을 중심으로 한 경제 발전을 추진하였다.

③ 경제 협력 개발 기구(OECD)에 가입하였다.
⋯ 김영삼 정부는 한국 경제의 세계화를 위해 경제 협력 개발 기구(OECD)에 가입하였다.

④ 미국과 자유 무역 협정(FTA)을 체결하였다.
⋯ 노무현 정부는 미국과 자유 무역 협정(FTA)을 체결하였다.

45 김영삼 정답 ②

빠른 정답 찾기: 국회 의원 제명 + YH 무역 사건 + IMF 외환 위기 + 금융 실명제 + 문민정부 + 3당 합당 + 조선 총독부 건물 철거 + 역사 바로 세우기 + 초등학교 ➡ **김영삼**

자료 분석하기

박정희 정부 때 YH 무역 사건을 계기로 김영삼은 국회 의원직에서 제명되었다. 이로 인해 김영삼의 정치적 근거지인 부산, 마산에서 유신 정권에 반대하는 부마 민주 항쟁이 전개되었고, 항쟁 진압에 대한 대립 과정에서 박정희가 피살당하면서 유신 정권이 붕괴하였다. 이후 전두환, 노태우 정부를 거치면서 군사 정권에 대한 국민들의 불만이 높아졌다. 이러한 배경에서 김영삼은 3당 합당을 이뤄내고, 대통령에 당선되어 문민정부를 구성하였다. 민족정기 회복을 위해 '역사 바로 세우기' 사업을 진행하여 조선 총독부 건물을 철거하고, 국민학교의 명칭을 초등학교로 변경하였다. 또한, 한국 경제의 세계화를 위해 경제 협력 개발 기구(OECD)에 가입하였으며, 부정부패와 탈세를 없애기 위한 금융 실명제를 실시하였다. 김영삼 정부 말에는 외환 위기로 인해 국제 통화 기금(IMF)으로부터 구제 금융을 받게 되어 기업 구조 조정, 대규모 실업 등의 사태가 발생하기도 하였다.

46 노무현 정부 정답 ④

빠른 정답 찾기: 대북 정책 + 남북 경제 협력 + 개성 공단 ➡ **노무현 정부**

자료 분석하기

김대중 정부 때 최초로 남북 정상 회담이 이루어져 6·15 남북 공동 선언을 발표하고, 개성 공단 건설 운영에 관한 합의서를 체결하였다. 이후 2003년 노무현 정부 때 이를 계승한 개성 공단 착공식이 이루어졌으며, 2007년에는 10·4 남북 정상 선언이 채택되었다.

선택지 분석하기

① 이산가족 최초 상봉
⋯ 전두환 정부 때 서울과 평양에서 남북 이산가족 상봉이 최초로 이루어졌다.

② 남북 기본 합의서 채택
③ 남북한 유엔 동시 가입
⋯ 노태우 정부 당시 적극적인 북방 외교 정책을 통해 남북의 유엔 동시 가입과 남북 기본 합의서 채택, 한반도 비핵화 공동 선언이 이루어졌다.

✓ 10·4 남북 정상 선언 발표
⋯ 노무현 정부는 제2차 남북 정상 회담을 진행하여 6·15 남북 공동 선언을 계승한 10·4 남북 정상 선언을 채택하였다.

✿ 미니북 28, 41쪽

47 시대별 사회적 차별 항거 정답 ④

| 빠른 정답 찾기 | 서얼 통청 운동 + 형평 운동 + 만적의 난 ➡ **시대별 사회적 차별 항거** |

🔍 자료 분석하기

- (다) **만적의 난**(1198): 고려 최씨 무신 정권 때 최충헌의 노비인 만적이 개경의 송악산에서 신분 차별에 항거하는 반란을 도모하였으나 사전에 발각되어 실패하였다.
- (가) **서얼 통청 운동**: 조선 후기 서얼들은 신분 상승 운동인 통청 운동을 전개하면서 청요직으로 진출하는 것을 허용해 달라는 상소를 올렸다.
- (나) **형평 운동**(1923): 일제 강점기에 백정들은 사회적 차별을 철폐하기 위해 조선 형평사를 결성하고 형평 운동을 전개하였다.

✿ 미니북 50쪽

48 지역사 – 독도 정답 ①

| 빠른 정답 찾기 | 우리나라 가장 동쪽에 있는 섬 + 1900년 고종 황제가 칙령 제41호 공포 ➡ **독도** |

🔍 자료 분석하기

1900년 대한 제국은 울릉도, 독도의 행정 관리를 강화하기 위해 대한 제국 칙령 제41호를 공포하였다. 이를 통해 울릉도를 군으로 승격시키고 독도를 관할하게 하여 우리의 영토임을 명시하였다. 2004년 독도 수호대는 독도의 날을 국가 기념일로 제정하기 위한 서명 운동을 진행하고 관련 청원서를 국회에 제출하기도 하였다. 이에 2005년 경상북도 의회가 매년 10월을 독도의 달로 정하는 내용의 조례를 통과시켰고, 매년 관련 행사를 진행하고 있다.

49 제기차기 정답 ③

| 빠른 정답 찾기 | 우리나라의 민속놀이 + 구멍 뚫린 동전을 천이나 한지로 접어 쌈 + 끝을 여러 갈래로 찢어 술을 너풀거리게 함 + 발로 차며 즐기는 놀이 ➡ **제기차기** |

🔍 자료 분석하기

제기차기는 엽전이나 쇠붙이 등에 얇고 질긴 종이나 천을 접어서 싼 뒤에 끝을 여러 갈래로 찢어 너풀거리게 한 제기를 발로 차는 놀이이다. 추운 날씨에 집 밖에서 땀을 내어 체력을 기르기 위해 주로 겨울에서 봄 사이에 즐기는 놀이로 발전하였다.

🔍 선택지 분석하기

① 널뛰기
⋯ 널뛰기는 긴 널빤지의 중간을 괴어 놓은 뒤에 양쪽 끝에 한 사람씩 올라서서 번갈아 발을 구르며 널을 차고 오르는 놀이이다.

② 비석치기
⋯ 비석치기는 손바닥만 한 납작한 돌을 땅에 세워 놓은 뒤에 얼마쯤 떨어진 곳에서 돌을 던져 맞히거나 특정한 동작을 하여 세워 놓은 돌을 쓰러뜨리는 놀이이다.

✓ 제기차기
⋯ 제기차기는 엽전 등의 쇠붙이에 너풀거리는 천을 엮은 뒤 끝을 여러 갈래로 찢어 만든 제기를 한 사람이나 여러 사람이 발로 차는 놀이이다.

④ 쥐불놀이
⋯ 쥐불놀이는 음력 정월의 쥐날[자일(子日)]에 농부들이 들판에 쥐불을 놓아 해충의 피해를 방지하고자 한 것에서 유래하였다.

50 지역사 – 청주 정답 ④

| 빠른 정답 찾기 | 삼국 시대 상당산성 + 통일 신라 서원경과 신라 촌락 문서 + 고려 시대 직지와 흥덕사 + 조선 시대 청녕각 ➡ **청주** |

🔍 자료 분석하기

- **청주 상당산성**: 상당산 계곡을 둘러 돌로 쌓아 만든 산성으로, 상당이라는 이름은 백제 때 청주목을 상당현이라 부르던 것에서 유래한 것이다. 정상에 오르면 서쪽으로 청주와 청원 시내가 한눈에 내려다 보여 서쪽 방어를 위해 쌓은 곳이었음을 알 수 있다.
- **통일 신라 서원경**: 통일 신라 때 수도 경주에 지역적으로 치우치는 것을 방지하기 위해 5소경을 설치하였는데, 그중 서원경이 설치된 곳이 지금의 청주이다. 서경원의 인구, 토지, 마전, 가축 등을 조사한 내용이 담긴 신라 촌락 문서가 발견되면서 당시의 경제 상황에 대해 알 수 있게 되었다.
- **청주 흥덕사지**: 청주 운천동에 있는 통일 신라 시대의 절터로, 현재 남아있는 세계에서 가장 오래된 금속 활자본인 『직지심체요절』을 간행한 곳이다.
- **청주 청녕각**: 충북 청주시에 위치한 건물로 조선 시대에 지방 장관인 감사나 수령이 공무를 집행하던 관청의 중심 건물이다. 조선 후기 지방 관청 건축을 원형대로 보여주는 귀중한 자료이다.

제57회 한국사능력검정시험

01	02	03	04	05	06	07	08	09	10
②	③	④	④	②	②	④	①	④	④
11	12	13	14	15	16	17	18	19	20
①	①	②	④	④	②	①	②	④	③
21	22	23	24	25	26	27	28	29	30
①	③	②	③	③	①	②	③	④	③
31	32	33	34	35	36	37	38	39	40
①	③	④	④	①	③	①	③	②	②
41	42	43	44	45	46	47	48	49	50
①	②	②	①	④	④	③	①	①	②

01 구석기 시대

정답 ②

빠른 정답 찾기: 연천 전곡리 유적 + 동굴 + 막집 ➡ **구석기 시대**

자료 분석하기
연천 전곡리 유적은 구석기 시대의 대표적인 유적지이다. 구석기 시대 사람들은 동굴이나 바위 그늘에 막집을 짓고 살면서 계절에 따라 이동 생활을 하였다.

선택지 분석하기
① 가락바퀴로 실 뽑기
⋯ 신석기 시대에는 가락바퀴로 실을 뽑아 뼈바늘로 옷을 지어 입었다.

✓ 뗀석기로 고기 자르기
⋯ 구석기 시대에는 돌을 깨뜨려 만든 주먹도끼, 찍개, 긁개 등의 뗀석기를 이용하여 사냥과 채집을 하였으며, 동물의 가죽을 벗기는 용도 등으로 사용하였다.

③ 점토로 빗살무늬 토기 빚기
⋯ 신석기 시대에는 빗살무늬 토기에 식량을 저장하였다.

④ 거푸집으로 청동검 모형 만들기
⋯ 청동기 시대에는 거푸집으로 비파형 동검을 제작하면서 독자적인 청동기 문화를 형성하였다.

02 동예

정답 ③

빠른 정답 찾기: 제천 행사 무천 + 책화 ➡ **동예**

자료 분석하기
동예는 매년 10월에 무천이라는 제천 행사를 열었다. 또한, 각 부족의 영역을 중요시하여 그 영역을 침범하는 경우 노비와 소·말로 갚게 하는 책화 제도가 있었다.

선택지 분석하기
① 서옥제라는 혼인 풍습을 표현해 보자.
⋯ 서옥제는 혼인을 하면 신랑이 신부 집 뒤에 서옥을 짓고 생활하다가 자식이 어른이 되었을 때 신랑 집으로 돌아가는 고구려의 혼인 풍습이다.

② 무예를 익히는 화랑도의 모습을 보여주자.
⋯ 화랑도는 화랑을 우두머리로 한 신라의 청소년 수련 단체로, 교육적·군사적·사교적 기능을 가지고 있었다.

✓ 특산물인 단궁, 과하마, 반어피를 그려 보자.
⋯ 동예의 대표적 특산물로는 단궁, 과하마, 반어피 등이 있었다.

④ 지배층인 마가, 우가, 저가, 구가를 등장시키자.
⋯ 부여는 왕 아래 마가, 우가, 저가, 구가의 가(加)들이 각자의 행정 구역인 사출도를 다스렸으며, 왕이 통치하는 중앙과 합쳐 5부를 구성하는 연맹 왕국이었다.

한발 더 다가가기

연맹 왕국 국가들의 특징

부여	• 사회: 사출도(마가, 우가, 저가, 구가), 반농반목 • 풍습: 순장, 1책 12법, 우제점법, 형사취수제 • 제천 행사: 영고(12월)	
고구려	• 사회: 5부족 연맹체, 제가 회의, 약탈 경제(부경) • 풍습: 서옥제, 형사취수제 • 제천 행사: 동맹(10월)	
옥저	• 특산물: 소금과 해산물(고구려에 공물로 바침) • 풍습: 민며느리제, 가족 공동묘	읍군, 삼로(군장)
동예	• 특산물: 명주, 삼베, 단궁, 과하마, 반어피 등 • 풍습: 족외혼, 책화 • 제천 행사: 무천(10월)	
삼한	• 제정 분리 사회: 정치적 지배자(신지, 읍차), 제사장(천군) → 소도 주관 • 벼농사(저수지 축조), 철 생산량 많음(낙랑·왜에 수출, 화폐로 이용) • 제천 행사: 수릿날(5월), 계절제(10월)	

03 고조선 정답 ④

빠른 정답 찾기
단군왕검 + 아사달 + 왕검성 + 우거 ➡ 고조선

자료 뜯어보기

○ 위서에 이르기를, "지금으로부터 2천여 년 전에 단군왕검*이 아사달에 도읍을 정하였다."고 하였다.
– 『삼국유사』 –

○ 누선장군 양복(楊僕)이 군사 7천을 거느리고 먼저 왕검성*에 도착하였다. 우거가 성을 지키고 있다가 양복의 군사가 적은 것을 알고 곧 나가서 공격하니 양복이 패하여 달아났다.
– 『삼국유사』 –

* **단군왕검**: 단군 신화에 따르면 하늘에서 내려온 환웅과 곰에서 사람으로 변한 웅녀가 혼인하여 낳은 단군왕검이 아사달에 도읍을 정하여 고조선을 세우고 1,500여 년간 다스렸다고 한다.
* **왕검성**: 고조선의 도읍을 말한다. 현재의 평양 지역으로 추측하기도 하며 요동 지방으로 보는 견해도 있다.
– 이를 통해 고조선에 대한 사료임을 알 수 있다.

선택지 분석하기

① 신성 지역인 소도가 있었다.
⋯ 삼한은 제사장인 천군이 소도라는 신성 지역을 따로 관리하는 제정 분리 사회였다.

② 낙랑, 왜 등에 철을 수출하였다.
⋯ 삼한 중 변한은 해상 교통에 유리한 지역적 특색을 이용하여 풍부하게 생산되는 철을 낙랑과 왜에 수출하였다.

③ 화백 회의에서 중요한 일을 결정하였다.
⋯ 신라는 국가의 중대사를 귀족 합의체인 화백 회의에서 만장일치제로 결정하였다.

✔ 사회 질서를 유지하기 위해 범금 8조를 만들었다.
⋯ 고조선은 사회 질서를 유지하기 위해 8개의 조항으로 이루어진 범금 8조를 만들었으나 현재는 3개의 조항만 전해진다.

한발 더 다가가기

고조선의 건국과 멸망

건국	• 단군왕검이 건국 • 건국 이념: 선민사상, 홍익인간 • 사회: 제정 일치, 사유 재산과 계급 분화, 농경 사회
위만 조선	• 유이민 집단과 토착 세력의 연합 • 본격적으로 철기 문화 수용, 영토 확장, 중계 무역
세력 범위	• 비파형 동검·미송리식 토기 출토 범위와 거의 일치 • 멸망: 한의 침입으로 기원전 108년에 멸망

04 고구려 광개토 대왕 정답 ④

빠른 정답 찾기
호우총 청동 그릇 + 신라에 침입한 왜 격퇴 ➡ 고구려 광개토 대왕

자료 분석하기

경주 호우총 출토 청동 광개토 대왕명 호우(호우총 청동 그릇)는 바닥에 광개토 대왕을 나타내는 '을묘년국강상광개토지호태왕호우십'이라는 글자가 새겨져 있다. 고구려의 그릇이 신라 고분에서 발견되었다는 점을 통해 당시 고구려와 신라의 관계를 알 수 있다. 고구려 광개토 대왕은 신라의 요청을 받고 군대를 보내 신라에 침입한 왜를 물리치기도 하였다.

선택지 분석하기

① 태학을 설립하였다.
⋯ 고구려 소수림왕은 국가 교육 기관인 태학을 설립하여 인재를 길러냈다.

② 낙랑군을 몰아내었다.
⋯ 고구려 미천왕은 낙랑군과 대방군 등 한 군현을 한반도 지역에서 몰아내며 영토를 넓혔다.

③ 천리장성을 축조하였다.
⋯ 고구려 영류왕 때 연개소문은 당의 공격에 대비하여 동북의 부여성에서 발해만의 비사성까지 천리장성을 쌓았다.

✔ 영락이라는 연호를 사용하였다.
⋯ 고구려 광개토 대왕은 영락이라는 독자적 연호를 사용하였다.

05 나제 동맹 정답 ②

빠른 정답 찾기
(가) 고구려 장수왕의 평양 천도 ➡ 나제 동맹 결성 ➡ (나) 고구려 장수왕의 한성 점령

자료 분석하기

(가) **장수왕의 평양 천도**(427): 고구려 장수왕은 수도를 국내성에서 평양으로 옮기고 남쪽으로 진출하는 남진 정책을 추진하여 영토를 넓혔다.
(나) **장수왕의 한성 점령**(475): 고구려 장수왕은 백제의 수도 한성을 점령하고 한강 유역을 차지하였다. 이로 인해 백제 개로왕이 전사하고, 뒤이어 즉위한 문주왕은 웅진으로 수도를 옮겼다.

선택지 분석하기

① 고구려가 옥저를 정복하였다.
→ 고구려 태조왕은 옥저를 정복하여 영토를 넓혔다(56).

✓ 백제가 신라와 동맹을 맺었다.
→ 고구려 장수왕이 남진 정책을 추진하며 신라와 백제를 공격하자 백제 비유왕과 신라 눌지왕이 나제 동맹을 맺고 이에 대항하였다(433).

③ 백제가 관산성 전투에서 패배하였다.
→ 백제 성왕은 신라 진흥왕이 나제 동맹을 깨고 백제가 차지한 지역을 점령하자 분노하여 신라를 공격하였다. 그러나 관산성 전투에서 성왕이 전사하면서 신라에게 패배하였다(554).

④ 고구려가 안시성에서 당군을 물리쳤다.
→ 고구려는 연개소문의 정변을 구실로 안시성을 침략한 당 태종의 군사에 맞서 성주 양만춘을 중심으로 당군을 물리쳤다(645).

06 김춘추 — 정답 ②

빠른 정답 찾기: 선덕 여왕 + 고구려 보장왕의 요구 + 당과 동맹 ➡ 김춘추

자료 분석하기

신라 김춘추는 백제 의자왕의 공격을 받자 고구려에 건너가 군사 지원을 요청하였다. 고구려 보장왕은 신라가 빼앗아 간 죽령 서북 땅을 먼저 돌려 달라고 요구하였다. 김춘추가 이를 거절하자 보장왕은 그를 감옥에 가두었다. 『삼국사기』 김유신 열전에 의하면 이때 김춘추는 고구려 관리로부터 용왕에게 바칠 간을 구하는 거북이에게 속아 용궁에 잡혔다가 임기응변으로 위기를 벗어난 토끼 이야기를 듣게 된다. 이를 이용하여 김춘추는 죽령과 조령을 고구려에 돌려주겠다는 글을 거짓으로 쓴 뒤 풀려나게 되었다고 한다.

선택지 분석하기

① 김대성
→ 통일 신라 경덕왕 때 김대성은 경주 불국사를 건립하였다.

✓ 김춘추
→ 신라 김춘추는 당과 동맹을 맺고 나당 연합군을 결성하여 백제와 고구려를 공격하였다.

③ 사다함
→ 신라 화랑 사다함은 진흥왕 때 대가야 정복에 참여하였다.

④ 이사부
→ 신라 지증왕 때 이사부는 왕의 명령으로 우산국(울릉도)과 우산도(독도)를 복속하고 실직주의 군주가 되었다.

07 발해 — 정답 ④

빠른 정답 찾기: 영광탑 + 정효 공주 무덤탑 ➡ 발해

자료 분석하기

영광탑은 중국 지린성에 있는 발해의 오층 벽돌 탑으로, 당의 영향을 받았다. 발해 문왕의 넷째 딸 정효 공주 무덤 역시 당의 고분 양식에 영향을 받은 벽돌 무덤이며, 모줄임 천장 구조를 통해 고구려 고분 양식도 계승하였다는 것을 알 수 있다.

선택지 분석하기

① 송악에서 철원으로 도읍을 옮겼다.
→ 궁예는 송악을 도읍으로 하여 후고구려를 건국 후 영토를 확장한 뒤에 철원으로 도읍을 옮겼다. 초기에는 국호를 마진으로 바꿨다가 다시 태봉으로 변경하였다.

② 수의 군대를 살수에서 크게 무찔렀다.
→ 고구려의 을지문덕은 수 양제가 보낸 우중문의 30만 별동대가 평양성을 공격하자 수군을 살수로 유인하여 크게 무찔렀다.

③ 인재 선발을 위하여 독서삼품과를 시행하였다.
→ 통일 신라 원성왕은 국학의 학생들을 대상으로 독서삼품과를 실시하여 유교 경전의 이해 수준에 따라 관리를 채용하였다.

✓ 정당성 아래 6부를 두어 행정을 담당하게 하였다.
→ 발해는 중앙 관부를 3성 6부제로 운영하였고, 국정 운영을 총괄하던 3성 중 하나인 정당성 아래에 6부를 두어 행정을 맡게 하였다.

08 경주 감은사지 — 정답 ①

빠른 정답 찾기: 신문왕 + 선왕의 은혜에 감사 + 만파식적 설화 ➡ 경주 감은사지

자료 분석하기

『삼국유사』에서 전해지는 통일 신라 때 전설상의 피리인 만파식적(萬波息笛) 설화에 따르면, 신문왕은 아버지 문무왕을 위해 동해에 감은사라는 절을 지었다. 이후 문무왕이 죽어서 된 해룡(海龍)과 김유신이 죽어서 된 천신(天神)이 용을 통해 보낸 대나무로 피리(만파식적)를 만들었으며, 이 피리를 불면 나라의 근심이 사라졌다고 한다.

선택지 분석하기

✓ **경주 감은사지**
… 감은사는 경주에 있는 통일 신라의 절로, 현재는 감은사지 삼층 석탑과 몇몇 건물터만 남아 있다. 문무왕 때 부처의 힘을 빌려 적의 침입을 막고자 절을 짓기 시작하였고, 아들 신문왕이 완성하였다.

② 여주 고달사지
… 고달사는 신라 경덕왕 때 지어진 절로, 현재는 절터와 고달사지 승탑을 비롯한 석조 유물들이 남아 있다.

③ 원주 법천사지
… 법천사는 고려의 대표적인 법상종 사찰로, 통일 신라 시대에 세워져 고려 때 크게 번창하였다. 현재 절터에는 지광국사 탑비와 지광국사 탑 등이 남아 있다.

④ 화순 운주사지
… 운주사는 고려의 절로, 도선 국사가 하룻밤 사이에 천불 천탑을 세웠다는 전설이 전해진다. 현재 절터에는 돌부처 70구와 석탑 18기 등이 남아 있으며, 건물은 정유재란 때 없어졌다.

✱ 미니북 52쪽

09 백제 역사 유적지구 정답 ④

 빠른 정답 찾기: 공산성, 송산리 고분군 + 관북리 유적, 부소산성, 나성, 능산리 고분군, 정림사지 + 왕궁리 유적, 미륵사지 ➡ **백제 역사 유적지구**

자료 분석하기

유네스코 세계 유산에 등재된 백제 역사 유적지구는 충남 공주의 공산성, 송산리 고분군, 충남 부여의 관북리 유적과 부소산성, 나성, 능산리 고분군, 정림사지, 전북 익산의 왕궁리 유적, 미륵사지 등 총 8곳의 문화유산으로 구성되어 있다.

✱ 미니북 22쪽

10 통일 신라 말 사회 모습 정답 ④

 빠른 정답 찾기: 진성 여왕 + 시무 10여 조의 개혁안 ➡ **통일 신라 말**

자료 분석하기

최치원은 통일 신라 말 6두품 출신 유학자로, 당의 빈공과에 합격하여 관리 생활을 하였다. 이후 신라로 돌아와 사회 개혁을 위해 진성 여왕에게 시무 10여 조를 올렸으나 받아들여지지 않았다.

선택지 분석하기

① **성리학**을 공부하는 유생
… 성리학은 고려 말 학자 안향에 의해 전래된 이후 조선 시대에 이르러 발전하였다.

② **금속 활자**를 주조하는 장인
… 고려 우왕 때 충북 청주 흥덕사에서 현존하는 세계 최고(最古)의 금속 활자인 『직지심체요절』을 인쇄하였다.

③ **판소리** 공연을 하는 소리꾼
… 조선 후기에는 서민 문화가 발달하여 「춘향가」, 「흥보가」 등의 판소리가 유행하였다.

✓ 군사를 모아 장군이라 칭하는 **호족**
… 통일 신라 말 진성 여왕 때 왕권이 약화되고 진골 귀족들 간의 권력 다툼으로 중앙 정권이 혼란해졌다. 그러자 지방 호족들은 군사를 모아 스스로 장군이라 칭하며 새로운 세력으로 성장하였다.

✱ 미니북 08, 22쪽

11 고려 태조 왕건 정답 ①

 빠른 정답 찾기: 신라 왕 김부가 항복 + 경주 사심관으로 임명 ➡ **고려 태조 왕건**

자료 분석하기

고려를 건국하고 후삼국을 통일한 태조 왕건은 지방 호족을 견제하고 지방 통치를 원활하게 하기 위해 호족 출신자를 그 지역의 사심관으로 임명하였다. 이에 따라 고려에 항복한 신라의 마지막 왕인 경순왕 김부를 경주의 사심관으로 삼기도 하였다.

선택지 분석하기

✓ **훈요 10조**를 남겼다.
… 고려 태조는 후대 왕들이 지켜야 할 정책 방향을 제시한 훈요 10조를 남겼다.

② **과거제**를 시행하였다.
… 고려 광종은 후주 출신 쌍기의 건의에 따라 과거 제도를 시행하여 신진 세력을 등용하였다.

③ **만권당**을 설립하였다.
… 고려 충선왕은 원의 연경에 만권당을 세우고, 고려에서 이제현 등의 성리학자들을 데려와 원의 학자들과 교류하게 하였다.

④ **전시과**를 마련하였다.
… 고려 경종 때 직역의 대가로 관료에게 토지를 나누어 주는 전시과를 처음 시행하여 곡물을 수취할 수 있는 전지와 땔감을 얻을 수 있는 시지를 주었다.

12 고려의 교육 기관 정답 ①

빠른 정답 찾기: (가) 국자감 ➡ (나) 9재 학당 ➡ (다) 성균관

자료 분석하기

- (가) **국자감**: 고려 성종 때 최고 교육 기관인 국자감을 설치하고 지방에 경학·의학 박사를 파견하여 유학 교육을 활성화하고자 하였다.
- (나) **9재 학당**: 고려 문종 때 최충이 세운 9재 학당은 사학 12도 중 가장 번성하여 많은 인재를 양성하였다. 최충이 죽고 난 뒤에는 그의 시호를 바탕으로 문헌공도라고 불렸다.
- (다) **성균관**: 고려 충렬왕 때 국학을 성균관으로 개칭한 이후 공민왕 때 순수한 유교 교육 기관으로 개편하였다. 이후 성균관은 조선 시대 최고 교육 기관으로서 유교 경전을 교육하였다.

13 고려의 경제 상황 정답 ②

빠른 정답 찾기: 벽란도, 국제 무역 + 개경, 시전 상인 + 사원, 종이와 기와 ➡ **고려의 경제 상황**

선택지 분석하기

① 벽란도에서 국제 무역을 하였어요.
··· 고려는 예성강 하구에 위치한 벽란도를 통해 송과 무역을 전개하여 비단, 서적 등을 수입하고 종이, 인삼 등을 수출하였다.

 농민들이 고추, 담배 등 상품 작물을 재배하였어요.
··· 조선 후기에는 상업이 발달하여 고추, 담배, 인삼, 면화 등 상품 작물의 재배가 활발해졌다.

③ 시전 상인들이 개경에서 물품을 판매하였어요.
··· 고려의 수도 개경(개성)에는 관청의 허가를 받아 장사하는 시전 상인들이 활동하며 물품들을 판매하였다.

④ 사원에서 종이와 기와를 만들어 팔았어요.
··· 고려는 관청 수공업과 민간 수공업이 발달하였는데, 그중에서도 사원에서 전문적인 수공업자가 직물이나 종이, 기와 등을 만들어 판매하였다.

14 세시 풍속 - 정월 대보름 정답 ④

빠른 정답 찾기: 음력 1월 15일 + 오곡밥, 묵은 나물, 약밥, 부럼 ➡ **정월 대보름**

선택지 분석하기

① 동지
··· 동지는 일 년 중에서 밤이 가장 길고 낮이 가장 짧은 날로, 한 해의 시작으로 여겼다. 조선 시대에는 관상감에서 동짓날에 달력을 만들어 벼슬아치들에게 나누어 주었으며, 가정에서는 팥죽을 쑤어 먹었다.

② 추석
··· 한가위라 불리는 추석은 음력 8월 15일로, 보름달을 보며 올해의 수확에 감사하는 날이다. 송편과 각종 음식을 만들어 먹으면서 조상에게 차례를 지냈다.

③ 삼짇날
··· 삼짇날은 음력 3월 3일로, 진달래꽃을 넣은 찹쌀가루 반죽에 참기름을 발라가며 둥글게 부친 화전(花煎)을 먹는다.

 정월 대보름
··· 한 해의 첫 보름인 정월 대보름은 음력 1월 15일로, 여러 곡식을 섞은 오곡밥과 묵은 나물을 먹는다. 건강과 안녕을 비는 의미로 호두, 땅콩 등의 부럼을 깨물기도 하였다.

15 고려의 대외 관계 정답 ④

빠른 정답 찾기: 김윤후의 처인성 전투 ➡ (가) ➡ 이성계의 황산 대첩

자료 분석하기

- **김윤후의 처인성 전투**(1232): 몽골의 2차 고려 침입 때 김윤후가 이끄는 군사가 처인성에서 몽골군에 맞서 적장 살리타를 죽이고 승리를 거두었다.
- **이성계의 황산 대첩**(1380): 고려 말 왜구가 자주 침입하자 조세 운반이 어려워졌고 내륙 지역까지 큰 피해를 입게 되었다. 이에 이성계는 황산 대첩에서 왜구를 물리치며 신흥 무인 세력으로 성장하였다.

선택지 분석하기

① 과전법이 시행되었다.
… 고려 말 권력을 잡은 이성계는 창왕을 폐위하고 공양왕을 즉위 시켰다. 공양왕은 신진 사대부 조준 등의 건의로 과전법을 시행 하여 토지 제도를 개혁하였다(1391).

② 이자겸이 난을 일으켰다.
… 고려 인종 때 문벌 귀족 이자겸이 왕의 외척으로서 최고 권력을 누리며 왕의 자리까지 넘보자 인종은 이자겸을 제거하려 하였다. 그러자 이자겸은 척준경과 함께 반란을 일으켰다(1126).

③ 궁예가 후고구려를 세웠다.
… 신라 왕족 출신 궁예는 세력을 키워 송악에 도읍을 정하고 후고 구려를 세웠다(901).

✓ 팔만대장경판이 제작되었다.
… 고려 고종 때 몽골이 침입하자 부처의 힘으로 몽골을 물리치려 강 화도에 대장도감을 설치하고 팔만대장경을 간행하였다(1251).

16 김부식 〔정답 ③〕

빠른 정답 찾기: 고려의 유학자, 정치가 + 묘청의 난 평정 + 『삼국사기』 편찬 ➡ 김부식

자료 분석하기

고려의 유학자 김부식은 인종 때 묘청 · 정지상을 중심으로 한 서경 세력과 대립하였다. 서경 세력이 서경으로 도읍을 옮길 것과 금 정 벌 등을 주장하며 반란을 일으키자 김부식이 난을 진압하였다. 또 한, 인종의 명을 받고 유교적 사관을 바탕으로 기전체 형식의 역사 서 『삼국사기』를 편찬하였다.

선택지 분석하기

① 양규
… 고려 성종 때 거란이 강조의 정변을 구실로 침입하자 양규의 군 대가 흥화진 전투에서 거란의 보급로를 차단하며 활약하였다.

② 일연
… 고려 충렬왕 때 승려 일연이 불교사를 중심으로 왕력과 함께 고대 민간 설화 및 전래 기록 등을 수록한 『삼국유사』를 저술하였다.

✓ 김부식
… 고려 중기의 유학자 김부식은 묘청의 난을 진압하는 공을 세우 며 고려 최고 관직인 문하시중에 올랐다.

④ 이제현
… 고려 충선왕 때 성리학자 이제현은 유교 사관을 바탕으로 한 역 사서 『사략』을 저술하였다.

17 공민왕의 개혁 정책 〔정답 ①〕

빠른 정답 찾기: 노국 대장 공주 + 왕기(王祺) + 왕권 강화를 위한 개혁 정치 + 정 동행성 이문소 혁파 + 원의 연호 사용 중지 ➡ 고려 공민왕

자료 분석하기

원 간섭기 고려 공민왕은 원의 노국 대장 공주와 혼인하였으나 원 으로부터 고려의 자주성을 회복하기 위해 대대적인 정치 개혁을 실 시하였다. 이에 따라 원에서 내정 간섭 기구로 이용한 정동행성 이 문소를 없앴으며, 원의 연호 사용을 중지하고 왕실 호칭과 관제를 복구하는 등 원의 흔적을 지우기 위해 노력하였다.

선택지 분석하기

✓ 수원 화성을 축조하는 백성
… 조선 후기 정조는 수원 화성을 축조하여 아버지인 사도 세자의 묘를 옮기고, 국왕 친위 부대인 장용영의 외영을 설치하는 등 화 성에 정치적 · 군사적 기능을 부여하였다.

② 쌍성총관부를 공격하는 군인
③ 숙청당하는 기철 등 친원 세력
④ 정방 폐지 교서를 작성하는 관리
… 공민왕은 반원 정책의 일환으로 쌍성총관부를 공격하여 원에 빼 앗겼던 철령 이북 지역의 영토를 되찾고, 기철 등 친원 세력을 제거하였다. 왕권 강화 정책으로는 무신 집권기 이후부터 모든 관직에 대한 인사권을 장악하였던 정방을 폐지하고, 이부와 병 부로 인사 권한을 옮겼다.

한발 더 다가가기

공민왕의 개혁 정책

반원 자주 정책	· 친원 세력 숙청 · 몽골풍 금지 · 왕실 호칭 및 관제 복구 · 쌍성총관부 탈환
왕권 강화 정책	· 정방 폐지 → 인사권 장악 · 신진 사대부 등용, 성균관 정비 · 전민변정도감 설치(신돈 등용)

18 나전 국화 넝쿨무늬 합 〔정답 ②〕

빠른 정답 찾기: 고려 나전칠기 + 일본에서 환수 ➡ 나전 국화 넝쿨무늬 합

자료 분석하기

고려 시대 예술을 대표하는 나전칠기 유물인 '나전 국화 넝쿨무늬 합'이 2020년 문화재청의 노력으로 일본에서 국내로 돌아왔다. 이는 하나의 큰 합(모합)에 들어가는 여러 개의 작은 합(자합) 중 하나로, 정확한 용도는 알 수 없으나 화장용 상자의 일부였거나 제사 때 피우는 향을 담았던 합으로 추정된다.

선택지 분석하기

① 양산 통도사 금동 천문도
⋯ 조선 효종 때 만들어진 원판 모양의 휴대용 천문도이다. 북극부터 적도 부근까지의 별자리들이 표시되어 있고, 3개의 구멍을 통해 하늘을 보며 별자리를 찾는 용도로 사용되었다.

✓ 나전 국화 넝쿨무늬 합
⋯ 고려 시대에 조개껍데기를 얇게 갈아낸 뒤 모양을 내고 오려내 장식한 나전칠기 유물이다.

③ 청동 은입사 포류수금문 정병
⋯ 고려 시대의 대표적인 금속 공예품 중 하나로, 문양 부분을 파낸 뒤 은을 박아 장식하는 은입사 기법이 사용되었다.

④ 분청사기 철화 넝쿨무늬 항아리
⋯ 조선 전기의 분청사기로, 백토를 입힌 그릇에 산화철 안료를 사용하여 무늬를 그리는 철화 기법이 사용되었다. 뚜껑이 있는 둥근 모양이며, 추상적 형태의 넝쿨무늬가 그려져 있다.

★ 미니북 23쪽

19 최무선   정답 ④

빠른 정답 찾기: 고려 말 + 화포를 이용하여 왜구를 물리침 + 진포 대첩 ➡ **최무선**

자료 분석하기

고려 우왕 때 진포에 왜구가 배 500여 척을 이끌고 노략질을 하기 위해 침입하였다. 이때 최무선이 나세, 심덕부 등과 함께 배 100여 척과 화포를 이용하여 왜구를 물리치며 크게 승리하였다(진포 대첩).

자료 분석하기

① 거중기를 설계하였다.
⋯ 조선 정조 때 정약용이 『기기도설』을 참고하여 제작한 거중기는 수원 화성 축조에 사용되어 공사 기간과 비용을 줄이는 데 큰 역할을 하였다.

② 앙부일구를 제작하였다.
⋯ 조선 세종 때 장영실이 발명한 앙부일구는 조선 시대를 대표하는 해시계로, 햇빛에 의해 물체에 그림자가 생겼을 때 그림자의 위치로 시간을 측정하였다.

③ 비격진천뢰를 발명하였다.
⋯ 조선 선조 때 이장손이 발명한 비격진천뢰는 전쟁 시 사람과 말 등을 죽이거나 치명적인 상처를 입히기 위해 만들어진 폭탄으로, 임진왜란 때 실제로 사용되었다.

✓ 화통도감 설치를 건의하였다.
⋯ 고려 우왕 때 최무선은 화통도감 설치를 건의하여 화약과 화포를 제작하였고, 이를 활용하여 진포에서 왜구를 물리쳤다.

★ 미니북 48쪽

20 평창 월정사 팔각 구층 석탑   정답 ③

빠른 정답 찾기: 강원도 평창 + 고려 시대 다각 다층 탑 + 오대산 ➡ **평창 월정사 팔각 구층 석탑**

자료 분석하기

고려의 승려 자장율사가 세운 평창 월정사 안에 있는 석탑으로, 고려 전기 특유의 다각 다층 양식이 나타난다. 여덟 곳의 귀퉁이마다 풍경(처마 끝에 다는 작은 종)이 달려 있으며, 지붕돌 위의 머리장식이 완전한 형태로 남아 있다.

선택지 분석하기

① 불국사 다보탑
⋯ 경주시 불국사에 있는 통일 신라 시대의 화강석 석탑이며, 다보여래의 사리를 모셨다.

② 신륵사 다층 전탑
⋯ 여주 신륵사 극락보전 앞에 세워진 탑으로, 고려 시대의 석탑 양식을 따르고 있으나 세부적인 조각에서는 고려 양식을 벗어나 있다. 조선 성종 때 신륵사를 새 단장하며 이 탑을 함께 세웠을 것으로 추정된다.

✓ 월정사 팔각 구층 석탑
⋯ 고려 전기의 대표적인 석탑으로, 강원도 평창 오대산 월정사에 세워져 있으며, 다각 다층 양식을 가지고 있다.

④ 화엄사 사사자 삼층 석탑
⋯ 신라 진흥왕 때 세워진 구례 화엄사에 위치한 석탑으로, 통일 신라 전성기인 8세기경 제작된 것으로 추정된다. 기단의 사자 조각이 탑 구성의 한 역할을 하는 우리나라의 대표적인 이형(異形) 석탑이다.

21 기묘사화 정답 ①

빠른 정답 찾기
위훈 삭제 + 조광조가 주장한 개혁에 대한 반발 ➡ **기묘사화**

🔍 선택지 분석하기

✅ 기묘사화
⋯ 조선 중종은 반정으로 왕위에 오른 뒤 훈구파를 견제하고 연산군의 잘못된 정치를 개혁하기 위해 사림파를 중용하였다. 이때 발탁된 조광조는 훈구 정치의 개혁을 추진하며 반정 공신들의 위훈 삭제를 주장하였다. 이에 훈구파가 반발하여 기묘사화가 발생하였다. 조광조는 유배된 후 사약을 받았고, 많은 사림 세력들이 정계에서 쫓겨나게 되었다.

② 신유박해
⋯ 조선 순조 때 노론 벽파가 천주교를 탄압하여 신유박해가 발생하였다. 이때 이승훈, 정약종, 주문모 등 300여 명이 처형되고 정약전, 정약용 등이 유배되는 등 천주교 전파에 앞장섰던 실학자와 많은 천주교 신자가 피해를 입었다.

③ 인조반정
⋯ 조선 광해군 때 북인이 정권을 장악하여 밀려 있던 서인 세력은 광해군의 중립 외교 정책과 폐모살제(인목 대비를 폐하고 영창 대군을 죽인 것) 문제를 빌미로 인조반정을 일으켰다. 이에 광해군이 폐위되고 인조가 왕위에 올랐다.

④ 임오군란
⋯ 조선 고종 때 신식 군대와의 차별 대우로 불만이 쌓인 구식 군대가 선혜청과 일본 공사관을 습격하면서 임오군란이 발생하였다.

한발 더 다가가기

조광조의 개혁 정책
- 현량과: 추천제, 사림 세력 등용 발판
- 향약: 향촌 사회 자치, 사림의 세력 기반 마련
- 소격서 폐지: 불교와 도교 행사 폐지, 유교 질서 강화
- 위훈 삭제 추진: 훈구 공신 세력의 반발, 기묘사화의 결정적 원인

22 정도전 정답 ③

빠른 정답 찾기
조선 개국 공신 + 『조선경국전』 저술 + 『불씨잡변』을 지어 불교 교리 비판 ➡ **정도전**

🔍 자료 분석하기

고려 말 급진 개혁파를 이끌었던 정도전은 신흥 무인 세력인 이성계와 연합하였다. 이들은 위화도 회군 이후 최영 세력을 몰아내고 이색, 정몽주 등의 온건 개혁파를 제거하면서 조선 건국을 주도하였다. 조선 건국 이후 정도전은 『조선경국전』을 편찬하여 조선의 유교적 통치 기반을 확립하였다. 또한, 『불씨잡변』을 통해 성리학적 관점에서 불교의 교리를 비판하고, 유교적 이념에 따라 통치할 것을 강조하였다.

🔍 선택지 분석하기

① 이이
⋯ 조선 중기의 성리학자 율곡 이이는 군주가 수양해야 할 덕목을 정리한 『성학집요』를 저술하여 선조에게 바쳤다. 또한, 왕도 정치의 이상을 문답식으로 저술한 『동호문답』을 통해 다양한 개혁 방안을 제시하였다.

② 송시열
⋯ 조선 후기의 학자 송시열은 명에 대한 의리를 지키고 청에게 당한 수모를 갚자는 북벌론을 주장하였다. 효종에게 이러한 내용을 담은 「기축봉사」를 올려 북벌 계획의 핵심 인물이 되었다.

✅ 정도전
⋯ 정도전은 고려 말 이성계와 함께 유교 사상을 바탕으로 개혁을 단행하여 공양왕을 쫓아내고 1392년 조선을 건국하였다.

④ 정몽주
⋯ 고려 말 대표적 온건 개혁파 정몽주는 이성계를 문병하고 돌아가던 도중 선죽교에서 이방원에게 죽게 되었다.

23 조선 세조 정답 ②

빠른 정답 찾기
계유정난 + 6조 직계제 + 집현전 폐지 + 경연 정지 ➡ **조선 세조**

🔍 자료 분석하기

조선 세조는 수양 대군 시절 계유정난을 일으켜 권력을 장악하고 단종을 몰아내 왕으로 즉위하였다. 이후 성삼문, 박팽년 등 이른바 사육신(死六臣)들이 단종 복위를 계획하다가 발각되자 세조는 관련 신하들을 모두 사형에 처하였으며 집현전을 폐지하고 경연을 정지시켰다. 또한, 왕권을 강화하기 위해 6조 직계제를 부활시켜 6조의 업무를 왕에게 직접 보고하게 하였다.

🔍 선택지 분석하기

① **삼별초를 조직**하였다.
⋯ 고려 무신 정권 시기 최우가 치안 유지를 위해 설치한 야별초가 확대되어 좌별초와 우별초로 나뉘고, 후에 신의군이 추가되어 삼별초가 조직되었다.

② 직전법을 시행하였다.
⋯ 조선 세조는 과전의 세습화로 과전이 부족해지자 이를 바로잡기 위해 현직 관리에게만 수조권을 지급하는 직전법을 실시하였다.

③ 한양으로 천도하였다.
⋯ 조선 태조 이성계는 건국 이후 한양으로 도읍을 옮기고 도성을 쌓아 왕조의 기틀을 마련하였다.

④ 훈민정음을 창제하였다.
⋯ 조선 세종은 백성들의 생활을 편리하게 하기 위해 우리나라의 독창적인 문자인 훈민정음을 창제하였다.

✿ 미니북 09, 25, 30, 31쪽

24 비변사   정답 ①

빠른 정답 찾기   조선의 중앙 정치 기구 + 비국, 주사 + 중종 때 외적의 침입에 대응하기 위해 설치 + 양 난을 거치며 국정 총괄 + 세도 정치 시기 외척 가문의 권력 기반 + 흥선 대원군이 폐지 ➡ **비변사**

🔍 자료 분석하기

조선 중종 때 삼포왜란이 발발하자 이를 계기로 외적의 침입에 대비하기 위한 임시 기구로 비변사를 처음 설치하였다. 이후 임진왜란과 병자호란을 거치며 군사 문제뿐만 아니라 외교·재정·인사 등 거의 모든 정무를 총괄하는 국정 최고 기구가 되었다. 비변사는 비국, 주사 등의 이름으로도 불렸으며 세도 정치기에는 비변사를 중심으로 요직을 독점한 유력 가문들이 권력을 장악하여 의정부와 6조 중심의 행정 체계가 무너졌다. 흥선 대원군은 이를 바로잡기 위해 비변사를 폐지하고 의정부의 권한을 강화하였으며, 삼군부를 부활시켜 군사 및 국방 문제를 전담하게 하였다.

🔍 선택지 분석하기

✔ 비변사
⋯ 비변사는 조선 후기 국정 전반을 실질적으로 총괄했던 기구로서 활동 내용을 『비변사등록』에 기록하였다.

② 어사대
⋯ 고려의 어사대는 정치의 잘잘못을 논의하고 풍속 교정의 역할을 하였다. 또한, 관리의 비리를 감찰하고 탄핵할 수 있었다.

③ 도병마사
⋯ 고려의 도병마사는 재신(중서문하성의 2품 이상)과 추밀(중추원의 2품 이상)이 국방 및 군사 문제를 논의하는 임시적인 회의 기구였다. 그러나 원 간섭기 충렬왕 때 도평의사사로 명칭이 바뀌었고 최고 정무 기구가 되었다.

④ 군국기무처
⋯ 조선 고종 때 갑오개혁을 실시하기 위해 군국기무처를 설치하고, 김홍집이 총재관을 맡아 정치·군사 등의 사무를 주관하였다.

✿ 미니북 25쪽

25 임진왜란   정답 ③

빠른 정답 찾기   1592년 + 이순신이 이끄는 조선 수군 + 한산도 앞바다 + 학익진 ➡ **임진왜란**

🔍 자료 분석하기

임진왜란 당시 수도 한양이 함락되고 선조가 의주로 피난을 가는 상황에서도 전국 각지에서는 의병이 일어났고, 바다에서는 이순신이 활약하였다. 이순신은 한산도에서 학익진 전법을 활용하여 일본 수군을 물리치고 크게 승리하였다.

🔍 선택지 분석하기

① 최윤덕이 4군을 개척하였다.
⋯ 조선 세종은 최윤덕을 시켜 여진을 몰아낸 뒤 압록강 일대에 4군을 개척하였다.

② 서희가 강동 6주를 확보하였다.
⋯ 서희는 거란의 1차 침입 때 소손녕과 외교 담판을 통해 거란과 교류할 것을 약속하는 대신, 고려가 고구려를 계승하였음을 인정받고 압록강 동쪽의 강동 6주를 획득하는 성과를 거두었다.

✔ 권율이 행주산성에서 승리하였다.
⋯ 조명 연합군에게 밀려 평양성에서 후퇴한 왜군은 행주산성을 공격하였다. 권율을 중심으로 한 조선 군대와 백성들은 왜군에 맞서 싸워 승리를 거두었다.

④ 이종무가 쓰시마섬을 토벌하였다.
⋯ 조선 초 왜구가 자주 침입해 오자 세종은 이종무를 시켜 쓰시마섬을 정벌하게 하였다.

✿ 미니북 52쪽

26 『동의보감』   정답 ①

빠른 정답 찾기   광해군 때 허준이 편찬 + 중국과 우리나라 의서 집대성 + 유네스코 세계 기록 유산 ➡ **『동의보감』**

🔍 자료 분석하기

『동의보감』은 허준이 조선 선조의 명을 받아 만들기 시작하여 광해군 때 완성한 책이다. 16세기 말까지 우리나라를 포함하여 동아시아에서 만들어진 의서의 전통 의학 지식과 치료법, 사례 등을 총 25권에 걸쳐 집대성하였다. 2009년에 그 가치와 중요성을 인정받아 유네스코 세계 기록 유산으로 등재되었다.

선택지 분석하기

✓ 동의보감
→ 허준은 각종 의학 지식과 치료법을 집대성한 의서인 『동의보감』을 저술하였다.

② 목민심서
→ 정약용은 『목민심서』를 통해 지방 행정의 개혁 방향을 제시하고 수령이 지켜야 할 지침을 밝혔다.

③ 열하일기
→ 박지원은 청에 다녀온 뒤 『열하일기』를 저술하여 상공업 발달의 중요성과 화폐 유통의 필요성에 대해 주장하였다.

④ 향약집성방
→ 조선 세종 때 우리 풍토에 맞는 약재와 치료 방법을 개발하여 정리한 의서인 『향약집성방』을 편찬하였다.

한발 더 다가가기

조선의 주요 불교 건축물

김제 금산사 미륵전	구례 화엄사 각황전

보은 법주사 팔상전	논산 쌍계사 대웅전

✿ 미니북 47쪽

27 보은 법주사 팔상전 정답 ②

빠른 정답 찾기: 충북 보은군 + 조선 후기 건축물 + 석가모니의 생애를 여덟 장면으로 그린 불화 + 우리나라에 남아 있는 가장 오래된 5층 목탑
➡ 보은 법주사 팔상전

자료 분석하기

보은 법주사 팔상전은 충북 보은군에 위치한 조선 시대 목조 건물이다. 석가모니의 일생을 여덟 폭의 그림으로 나누어 그린 「팔상도」가 있어 팔상전이라고 불린다. 우리나라에 남아 있는 유일한 5층 목조탑으로 임진왜란 때 한 번 불탔으나 다시 지어졌고, 지금의 건물은 1968년에 해체·수리한 것이다.

선택지 분석하기

① 금산사 미륵전
→ 김제 금산사 미륵전은 조선 시대 목조 건물이다. 겉모양이 3층으로 이루어진 유일한 법당이며, 내부는 통층 구조로 되어 있다.

✓ 법주사 팔상전
→ 보은 법주사 팔상전은 현존하는 유일한 조선 시대 목탑이자 우리나라의 목조 탑 중 가장 높은 건축물이다.

③ 봉정사 극락전
→ 안동 봉정사 극락전은 고려 시대 건축물로 우리나라에 현존하는 가장 오래된 목조 건물이다.

④ 부석사 무량수전
→ 영주 부석사 무량수전의 부석사는 신라 문무왕 때 의상 대사가 창건하였으며, 무량수전은 고려 우왕 때 재건되었다.

✿ 미니북 23쪽

28 고려·조선의 대여진 정책 정답 ③

빠른 정답 찾기: 예종 + 경성, 경원 + 무역소 ➡ 여진

자료 뜯어보기

○ (가) 의 변경 침략 때문에 [예종*이] 법왕사에 행차하여 분향하고, 신하들을 나누어 보내 여러 사당에서 기도하게 하였다.

○ 동북면 도순문사가 아뢰었다. "경성, 경원*에 (가) 의 출입을 허락하면 떼 지어 몰려올 우려가 있고, 일절 금하면 소금과 쇠를 얻지 못하여 변경에 불화가 생길까 걱정됩니다. 원하건대, 두 고을에 무역소*를 설치하여 저들로 하여금 와서 교역하게 하소서." [태종이] 그대로 따랐다.

*예종: 고려 예종은 즉위한 뒤 군법을 정리하고 윤관, 오연총 등을 시켜 여진 정벌에 힘썼다.
*경성, 경원: 여진이 자주 침입하던 동북면에 위치한 지역이다.
*무역소: 조선 시대 때 여진이 여러 차례 침입해 오자 이를 막기 위해 회유책으로 설치한 무역 기관이다.

– 이를 통해 (가) 는 여진임을 유추할 수 있다.

자료 분석하기

■ 고려 예종 때 윤관은 숙종 때 편성한 별무반을 이끌고 여진을 토벌하여 동북 9성을 축조하였다.
■ 조선 태종 때 여진에 대한 회유책으로 경성과 경원에 무역소를 두어 국경 무역을 할 수 있도록 하였다.

정답 및 해설 **227**

선택지 분석하기

① 백제 의자왕 때 대야성을 공격하였다.
→ 백제 의자왕은 즉위 초 신라의 대야성을 비롯한 40여 개의 성을 함락시키는 등 세력을 확장하였다.

② 신라 흥덕왕 때 완도에 청해진을 설치하였다.
→ 장보고는 통일 신라 흥덕왕 때 완도에 청해진을 설치하여 해상 무역을 전개하였다.

✓ 고려 숙종 때 윤관의 건의로 별무반을 편성하였다.
→ 윤관은 여진이 고려의 국경을 자주 침입하자 숙종에게 건의하여 별무반을 편성하였다.

④ 조선 고종 때 종로와 전국 각지에 척화비를 건립하였다.
→ 흥선 대원군은 병인양요와 신미양요 등 서양의 침략을 극복한 이후 서양과의 통상 수교 거부를 알리기 위해 전국 각지에 척화비를 세웠다.

29 조선 후기 경제 상황 정답 ④

빠른 정답 찾기: 군포 2필에서 1필로 감면 + 국가 재정 보충 대책 + 군역제 개편 ➡ 조선 후기

자료 분석하기

조선 후기에 백성들의 군역 부담이 심화되자 영조는 이를 덜어주기 위해 기존 1년에 2필씩 납부하던 군포를 1필로 줄이는 균역법을 실시하였다. 균역법의 시행으로 부족한 재정은 지주에게 토지 1결당 쌀 2두를 납부하는 결작을 부과하여 보충하였다(1750).

선택지 분석하기

① 당백전이 유통되었다.
→ 흥선 대원군은 왕실의 권위 회복을 위해 임진왜란 때 소실된 경복궁을 다시 지었으며, 이에 필요한 재정을 확보하고자 당백전을 발행하였다(1866).

② 동시전이 설치되었다.
→ 신라 지증왕은 경주에 시장을 설치하고 이를 관리·감독하는 기구인 동시전을 설치하였다(509).

③ 목화가 처음 전래되었다.
→ 고려 말에 문익점이 원에서 목화씨를 들여와 목화가 한반도에서 재배되기 시작하였다(1364).

✓ 모내기법이 전국으로 확산되었다.
→ 조선 후기에 모내기법이 전국적으로 확산되면서 벼와 보리의 이모작이 가능해져 농업 생산량이 증가하였다.

30 조선 숙종의 정책 정답 ③

빠른 정답 찾기: 희빈 장씨 + 환국 + 대동법 확대 시행 ➡ 숙종

자료 분석하기

조선 숙종 때 허적이 궁중의 천막을 허락 없이 사용한 사건과 허적의 서자인 허견의 역모 사건으로 경신환국이 발생하였다. 이로 인해 남인이 대거 쫓겨나고 서인이 집권하게 되었다. 그 후 희빈 장씨가 왕비로 책봉되면서 남인이 재집권하는 기사환국이 일어났다. 그러나 폐위되었던 인현 왕후가 복위되어 서인이 정권을 잡는 갑술환국이 발생하였다. 숙종은 이러한 환국 정치를 통해 왕권을 강화하였다. 또한, 광해군 때 시행되기 시작한 대동법을 평안도와 함경도를 제외한 전국으로 확대 실시하여 공납의 폐단을 막고자 하였다.

선택지 분석하기

① 장용영을 설치하였다.
→ 조선 정조는 왕권을 뒷받침하는 군사적 기반을 갖추기 위해 친위 부대인 장용영을 설치하였다.

② 탕평비를 건립하였다.
→ 조선 영조는 붕당 정치의 폐해를 막고 능력에 따른 인재를 등용하기 위해 탕평책을 실시하였다. 또한, 이를 알리기 위해 탕평비를 성균관에 건립하였다.

✓ 상평통보를 발행하였다.
→ 조선 인조 때 처음 상평통보가 만들어졌다가 중지된 이후 숙종 때 허적의 건의에 따라 다시 주조되고 전국적으로 유통되었다.

④ 동국여지승람을 편찬하였다.
→ 『동국여지승람』은 조선 성종 때 노사신, 양성지, 강희맹 등이 각 도의 지리, 풍속, 인물 등을 기록하여 만든 지리지이다.

31 오페르트 도굴 사건 정답 ①

빠른 정답 찾기: 덕산 + 남연군 묘 + 변고 ➡ (가) 오페르트 도굴 사건

자료 분석하기

독일 상인 오페르트가 흥선 대원군의 아버지인 남연군의 묘를 도굴하려다 실패하는 사건이 발생하였다(1868). 오페르트는 백성들을 해치는 것보다는 나은 행동이었다며 오히려 자신의 행동을 정당화하였다. 또한, 통상 조약을 맺지 않으면 조선을 침략하겠다고 엄포

를 놓았다. 이에 흥선 대원군은 영종 첨사 신효철의 명의로 오페르트의 제안을 강경하게 거절하는 답신을 보냈다.

리하며 전주성을 점령하고 전라도 일대를 장악하였다. 이에 정부는 농민군과 화약을 맺고, 농민군은 집강소를 설치하여 폐정 개혁을 실시하였다.

 미니북 17쪽

32 『조선책략』 정답 ③

빠른 정답 찾기: 청의 외교관 + 황준헌 + 제2차 수신사 + 김홍집 ➡ 『조선책략』

자료 분석하기

『조선책략』은 청의 외교관 황준헌이 러시아의 남하 정책을 대비하기 위해 조선, 일본, 청 등의 동양 3국이 취해야 할 외교 정책에 대해 저술한 책으로, 2차 수신사로 일본에 파견되었던 김홍집이 국내로 들여왔다(1880). 이로 인해 국내에 미국과 외교를 맺어야 한다는 여론이 형성되었다.

선택지 분석하기

① 병인박해가 일어났다.
⋯ 흥선 대원군은 국내 프랑스인 천주교도를 통해 러시아를 견제하고자 하였다. 그러나 국내외에서 천주교에 대한 반발이 생겨나자 탄압을 단행하여 병인박해가 발생하였다(1866).

② 제너럴 셔먼호 사건이 발생하였다.
⋯ 미국의 제너럴 셔먼호가 교역을 요구하며 평양의 대동강까지 들어왔으나 평양 관민들이 이를 거부하며 배를 불태워버렸다(1866).

✓ 이만손 등이 영남 만인소를 올렸다.
⋯ 이만손을 중심으로 한 영남 유생들은 만인소를 올려 『조선책략』을 비판하고 김홍집의 처벌을 요구하였다(1881).

④ 어재연 부대가 광성보에서 항전하였다.
⋯ 제너럴 셔먼호 사건을 구실로 미국이 강화도를 공격하여 신미양요가 발생하였다(1871). 어재연은 부대를 이끌고 광성보에서 항전하였으나 교전 끝에 전사하였다.

 미니북 33쪽

33 동학 농민 운동 정답 ④

빠른 정답 찾기: 농민군 + 백산 + 4대 강령, 격문 + 황토현 ➡ 동학 농민 운동

자료 분석하기

고부 군수 조병갑의 횡포에 반발한 농민들이 동학 농민 운동을 일으켰다. 이후 농민군은 황룡촌 전투와 황토현 전투에서 관군에 승

선택지 분석하기

① 삼전도비의 건립 배경을 조사한다.
⋯ 조선 인조는 병자호란 때 남한산성으로 피신하여 청군에 항전하였으나 강화도에 보낸 왕족과 신하들이 인질로 잡히자 삼전도에서 굴욕적인 항복을 하였다. 이에 청 태종은 자신의 공적을 기리기 위해 삼전도비를 세우게 하였다.

② 산미 증식 계획의 실상을 파악한다.
⋯ 1920년대 일제는 자국의 부족한 쌀 생산량을 조선에서 수탈하여 채우기 위해 산미 증식 계획을 실시하였다.

③ 나선 정벌군의 이동 경로를 알아본다.
⋯ 조선 효종 때 러시아가 만주 지역까지 침략해 오자 청이 조선에 원병을 요청하였다. 이에 조선은 두 차례에 걸쳐 조총 부대를 출병시켜 나선 정벌을 단행하였다.

✓ 전주 화약이 체결되는 과정을 살펴본다.
⋯ 동학 농민 운동 당시 농민군은 청과 일본이 개입할 것을 우려하여 조선 정부와 전주 화약을 맺었다.

 미니북 11쪽

34 아관 파천 정답 ④

빠른 정답 찾기: 국왕과 세자 + 러시아 공사관 + 궁녀의 가마 ➡ 아관 파천

자료 분석하기

을미사변 이후 신변의 위협을 느낀 고종은 왕세자(순종)와 함께 새벽에 궁녀의 가마를 타고 몰래 경복궁 영추문을 빠져나와 러시아 공사관으로 몸을 피하였다(아관 파천, 1896).

선택지 분석하기

① 훈련도감이 설치되었다.
⋯ 임진왜란 때 새로운 군사 조직의 필요성을 느낀 유성룡의 건의로 포수, 사수, 살수의 삼수병으로 편성된 훈련도감이 설치되었다(1593).

② 청에 영선사가 파견되었다.
⋯ 김윤식을 중심으로 청에 파견된 영선사는 톈진에서 근대 무기 제조 기술과 군사 훈련법을 배우고 돌아와 근대식 무기 제조 공장인 기기창을 설립하였다(1883).

③ 외규장각 도서가 약탈되었다.
→ 병인양요 때 프랑스군은 강화도에 침입하여 의궤 등의 외규장각 도서를 약탈하였다(1866).

✓ 대한 제국 수립이 선포되었다.
→ 아관 파천 이후 경운궁으로 환궁한 고종은 황제로 즉위하여 연호를 광무로 하는 대한 제국의 수립을 선포하였다(1897).

35 근우회 정답 ①

빠른 정답 찾기: 신간회 + 여성 운동 + 민족주의 세력과 사회주의 세력 협동 + 여성의 단결과 지위 향상 목적 ➡ 근우회

Q 자료 분석하기
근우회는 신간회의 자매단체로 민족주의 세력과 사회주의 세력이 연합하여 결성하였다. 강연회를 개최하는 등 여성 계몽 활동과 여성 지위 향상을 목적으로 하였다. 또한, 전국 대회를 열어 교육의 성별 차별 철폐, 여자의 보통 교육 확장, 조혼 폐지 등을 담은 구체적 행동 강령을 채택하였다.

Q 선택지 분석하기
✓ 근우회
→ 근우회는 신간회의 자매단체로 조직되었으며, 여성의 계몽과 여성 지위 향상을 위한 운동을 전개하였다.

② 찬양회
→ 찬양회는 서울에서 조직된 최초의 근대적 여성 단체로 정기 집회와 연설회, 토론회 등을 통해 여성의 교육을 강조하였다.

③ 조선 여자 교육회
→ 조선 여자 교육회는 1920년 설립된 여성 교육 단체로 여성의 인격적 독립을 위한 교육을 강조하였으며, 남녀평등·신문화 사상 등을 높이는 계몽활동을 하였다.

④ 토산 애용 부인회
→ 토산 애용 부인회는 물산 장려 운동이 전개되면서 여성들을 중심으로 조직된 단체로 토산품 애용을 주장하였다.

36 전형필  정답 ③

빠른 정답 찾기: 일제 강점기 + 훈민정음 해례본 + 문화재 수집 + 보화각 ➡ 전형필

Q 자료 분석하기
간송 전형필은 일제 강점기에 『훈민정음 해례본』, 청자 상감 운학문 매병 등 우리 민족의 문화유산을 수집하는 활동을 전개하였다. 이후 서울 성북동에 우리나라 최초의 근대적 사립 미술관인 보화각을 세웠고(1938), 그가 사망한 후에 간송 미술관으로 이름을 바꾸었다(1966).

Q 선택지 분석하기
① 심훈
→ 심훈은 일제 강점기의 저항 시인이자 소설가로, 민족의식을 담은 저항시 「그날이 오면」, 브나로드 운동을 소재로 한 장편 소설 『상록수』 등을 발표하였다.

② 이회영
→ 이회영은 서간도 삼원보 지역에 신민회 회원인 이상룡 등과 함께 독립군 양성 학교인 신흥 강습소(훗날 신흥 무관 학교)를 설립하였다.

✓ 전형필
→ 전형필은 일제 강점기에 우리 민족의 문화유산을 수집하였으며, 그가 사망한 뒤에 간송 미술관에서 이를 일반인에게 공개하였다.

④ 주시경
→ 주시경은 국문 연구소 설립 이후 연구소의 위원으로 활동하면서 한글 정리와 국어의 이해 체계 확립에 힘쓰고 국문법을 정리하였다.

37 대한민국 임시 정부 정답 ①

빠른 정답 찾기: 백산 상회 + 독립운동 자금 지원 + 독립신문 배포 ➡ 대한민국 임시 정부

Q 자료 분석하기
백산 상회는 일제 강점기 독립운동가 안희제가 부산에서 민족 자본으로 설립한 우리나라 최초의 주식회사이다. 무역업을 통해 대한민국 임시 정부 초기 독립운동 자금을 지원하였고, 독립신문을 보급하는 활동을 하였다.

Q 선택지 분석하기
✓ 구미 위원부를 설치하였다.
→ 대한민국 임시 정부는 결성 초기 미국에 구미 위원부를 설치하고 외교 활동을 전개하였다.

② 만민 공동회를 개최하였다.
→ 독립 협회는 만민 공동회를 개최하여 민중에게 근대적 지식과 국권·민권 사상을 강조하였다.

③ 국채 보상 운동을 전개하였다.
⋯ 김광제, 서상돈 등은 일본에서 도입한 차관을 갚아 경제 주권을 회복하고자 대구에서 국채 보상 운동을 전개하였다.

④ 신흥 무관 학교를 설립하였다.
⋯ 신민회는 항일 무장 투쟁을 위해 서간도 삼원보에 독립군 양성 학교인 신흥 강습소를 설립하였고, 이는 후에 신흥 무관 학교로 명칭이 바뀌었다.

미니북 22, 30쪽

38 시대별 민중 봉기   정답 ③

빠른 정답 찾기: 원종·애노 + 김사미·효심 + 만적 + 홍경래 ➡ 민중 봉기

자료 분석하기

(가) **원종과 애노의 난**(889): 통일 신라 말 진성 여왕 때 무분별한 조세 징수에 대한 반발로 사벌주(상주)에서 원종과 애노가 봉기를 일으켰다.

(나) **김사미와 효심의 난**(1193): 고려 명종 무신 정권 시기에 과도한 수탈과 차별에 반발하여 청도와 초전(울산)에서 김사미와 효심이 난을 일으켰다.

(다) **만적의 난**(1198): 고려 최씨 무신 정권 때 최충헌의 노비 만적이 개경 송악산에서 신분 차별에 반발하는 난을 도모하였으나 사전에 발각되어 실패하였다.

(라) **홍경래의 난**(1811): 조선 순조 때 세도 정치로 인한 삼정의 문란과 서북 지역 차별에 대한 불만이 쌓여 평안도 지역 농민들이 몰락 양반 출신 홍경래를 중심으로 봉기를 일으켰다.

선택지 분석하기

① 환곡의 폐단과 탐관오리의 횡포에 항거하다
⋯ 조선 철종 때 삼정의 문란과 경상 우병사 백낙신의 수탈에 견디다 못한 농민들이 진주 지역의 몰락 양반 유계춘을 중심으로 임술 농민 봉기를 일으켰다(1862).

② 정감록 신앙을 바탕으로 왕조 교체를 외치다
⋯ 조선 후기에 『정감록』 같은 비기, 도참 등을 이용한 예언 사상이 유행하여 말세의 도래, 왕조 교체, 변란 예고 등의 낭설로 민심이 혼란스러웠다.

✔ 무신 정변 이래 격변한 세상에서 신분 해방을 도모하다
⋯ 고려 무신 정권 시기 최충헌의 사노비 만적은 신분 차별에 반발하여 개경에서 난을 도모하였다.

④ 특수 행정 구역인 소의 주민에 대한 수탈에 저항하다
⋯ 고려 무신 정권 시기에 공주 명학소에서 망이·망소이가 과도한 부역과 특수 행정 구역인 소의 주민에 대한 차별 대우에 항의하여 반란을 일으켰다(1176).

39 방정환   정답 ②

빠른 정답 찾기: 소파 방정환 + 천도교 + 색동회 ➡ 어린이날

자료 분석하기

방정환은 1920년대에 김기전 등과 함께 천도교 소년회에서 활동하면서 5월 1일을 어린이날로 정하고, 잡지 『어린이』를 간행하였다. 1930년대에 들어서는 일제가 소년 운동을 애국 운동으로 간주하여 탄압하면서 활동이 중단되었다.

선택지 분석하기

① 서유견문
⋯ 유길준은 미국 유학을 다녀온 뒤 서양 각국의 지리, 역사, 정치, 교육 등을 다룬 『서유견문』을 집필하였다.

✔ 어린이날
⋯ 천도교 소년회는 매년 5월 1일을 어린이날로 정하고 전국적으로 기념식을 거행하였으며, 『어린이』라는 잡지를 간행하였다.

③ 진단 학회
⋯ 이병도와 손진태는 한국과 인근 지역 문화를 독자적으로 연구하기 위해 진단 학회를 창립하여 실증주의 사학을 발달시켰다.

④ 통리기무아문
⋯ 고종은 국내외의 군국 기무를 총괄하는 관청인 통리기무아문을 설치하고 그 아래 12사(司)를 두어 행정 업무를 맡게 하였다.

미니북 39, 40, 41쪽

40 항일 민족 운동   정답 ②

빠른 정답 찾기: 항일 민족 운동 + 1920년대 ➡ 6·10 만세 운동

자료 분석하기

■ **3·1 운동**(1919): 3·1 운동은 일제 강점기 최대 규모의 민족 운동으로, 학생과 시민 등 각계각층의 사람들이 일제의 무단 통치에 저항하여 일으킨 만세 운동이다. 이를 계기로 중국 상하이에서 대한민국 임시 정부가 수립되었으며, 일제의 통치 방식이 문화 통치로 바뀌었다.

■ **훙커우 공원 의거**(1932): 김구는 적극적인 항일 투쟁 활동을 전개하기 위해 한인 애국단을 결성하였다. 한인 애국단 단원 윤봉길은 상하이 훙커우 공원에서 열린 일왕 생일 및 일본군 전승 축하 기념식에 폭탄을 던져 일제 주요 인물들에게 큰 타격을 주었다.

정답 및 해설 **231**

선택지 분석하기

① 정미의병
→ 헤이그 특사 사건으로 고종이 폐위되고, 한일 신협약의 체결로 군대가 강제 해산되면서 정미의병이 일어났다(1907).

✔ 6·10 만세 운동
→ 순종의 인산일에 학생 300여 명이 격문을 뿌리고 시위를 일으킨 것이 6·10 만세 운동으로 확산되었으나 일제가 군대를 동원하여 저지하였다(1926).

③ 조선 의용대 창설
→ 김원봉은 중국 국민당의 지원을 받아 중국 관내에서 최초로 한인 무장 조직인 조선 의용대를 결성하였다(1938).

④ 헤이그 특사 파견
→ 고종은 을사늑약 체결의 부당함을 알리기 위해 이준, 이상설, 이위종을 네덜란드 헤이그에서 열린 만국 평화 회의에 비밀 특사로 파견하였다(1907).

✱ 미니북 40쪽

41 한중 연합 작전 정답 ①

빠른 정답 찾기: 한국 독립군 + 중국 항일군 + 한중 연합 작전 + 쌍성보 전투 + 대전자령 전투 ➡ 만주 사변

자료 분석하기

일본은 1931년 만주 사변을 일으켜 만주 전역을 점령한 뒤 만주국을 세워 실질적인 지배권을 행사하였다. 이에 만주 지역에서 항일 투쟁을 펼치던 조선의 독립군들은 중국과 연합 작전을 전개하였다. 지청천을 중심으로 북만주에서 결성된 한국 독립군은 중국 호로군과 연합하여 쌍성보 전투, 사도하자 전투, 대전자령 전투에서 일본군에 승리하였다.

선택지 분석하기

 만주 사변이 일어났다.
→ 일본은 1929년 세계 대공황으로 인해 국내에 사회·경제적으로 불안감이 확산되자 이를 해결하고자 만주 침략 전쟁을 일으켜 만주 전역을 점령하였다(1931).

② 카이로 회담이 개최되었다.
→ 연합국은 제2차 세계 대전 종전을 앞두고 카이로 회담을 열어 한국의 독립을 명기한 카이로 선언을 발표하였다(1943).

③ 태평양 전쟁이 발발하였다.
→ 일본은 1930년대 이후 대륙 침략을 위해 한반도를 병참 기지화하고 중일 전쟁(1937)과 태평양 전쟁(1941)을 일으켰다.

④ 조선 건국 준비 위원회가 결성되었다.
→ 해방 직후 여운형은 일본인의 안전한 귀국을 보장하는 조건으로 조선 총독부로부터 행정권의 일부를 넘겨받아 조선 건국 준비 위원회를 결성하였다(1945).

✱ 미니북 12쪽

42 1930년대 이후 민족 말살 통치 정답 ②

빠른 정답 찾기: 방공호 + 국가 총동원법 + 한국인 강제 동원 ➡ 1930년대 이후 민족 말살 통치

자료 분석하기

1930년대 민족 말살 통치기에 일제는 대륙 침략을 위해 한반도를 병참 기지화하였다. 중일 전쟁을 일으킨 뒤 1938년에는 국가 총동원법을 시행하여 한국의 인적·물적 자원을 수탈하였다.

선택지 분석하기

① 회사령을 공포하였다.
④ 헌병 경찰 제도를 실시하였다.
→ 1910년대에 일제는 강압적 통치를 목적으로 무단 통치를 시행하였다. 헌병 경찰제를 실시하여 교사들까지 제복을 입고 칼을 차고 다니게 하였으며 조선 곳곳에 일본 헌병 경찰을 배치하였다. 또한, 회사령을 공포하여 회사를 설립하거나 해산할 때 총독부의 허가를 받게 하고 민족 기업 설립을 방해하였다.

 미곡 공출제를 시행하였다.
→ 중일 전쟁 이후 일제는 군량미 확보를 위해 조선에 미곡 공출제를 시행하여 국내 사람들의 생활이 더욱 어려워졌다(1939).

③ 치안 유지법을 제정하였다.
→ 1920년대 중반 사회주의가 확산되자 일제는 치안 유지법을 시행하여 식민지 지배에 저항하는 민족 해방 운동과 사회주의 독립운동을 탄압하였다.

43 지역사 – 연해주 정답 ②

빠른 정답 찾기: 고려인 + 카자흐 남부 지역, 우즈베크 소비에트 사회주의 공화국 등으로 이주시킴 + 1937년 + 스탈린 ➡ 연해주

자료 분석하기

일제 강점기 러시아 연해주의 블라디보스토크에 한인들이 많이 이주하기 시작하면서 한인 집단 거주지인 신한촌이 형성되었다. 스탈

린은 만주 지역이 일본의 침략을 받기 시작하자 극동 지방의 안보를 우려하여 국경 지방에 거주하는 한인을 강제로 이주시키는 정책을 실시하였다(1937). 이로 인해 연해주에 살고 있던 한인 약 20만 명이 중앙아시아로 강제 이주되었다.

※ 미니북 42쪽

44 5·10 총선거
정답 ①

빠른 정답 찾기
제헌 국회 의원 선출 + 김구·김규식 반대 + 좌익 세력 불참
➡ (가) 5·10 총선거

자료 분석하기

- **8·15 광복**(1945.8.15.): 일제가 태평양 전쟁에서 패망하면서 우리나라가 식민지 통치에서 벗어나게 되었다. 그러나 북위 38도 이남 한반도 지역에 미군이 진주하게 되었고, 1948년 5·10 총선거를 통해 대한민국 정부가 수립될 때까지 3년간 미군정이 실시되었다.
- **6·25 전쟁 발발**(1950.6.25.): 북한이 불법적으로 남한을 침략하여 전쟁이 일어났다. 낙동강 방어선까지 밀렸던 국군은 유엔군 파병과 인천 상륙 작전 성공으로 서울을 되찾고 압록강까지 진격하였다. 전쟁은 휴전 협정이 이루어진 1953년까지 이어졌다.

한발 더 다가가기

남북 협상

배경	• 유엔 총회: 인구 비례에 따른 남북한 총선거 실시 결정 → 유엔 한국 임시 위원단 파견 → 소련이 유엔 한국 임시 위원단 입국 거부 • 유엔 소총회: 유엔 한국 임시 위원단의 접근 가능 지역인 남한에서만 총선거 실시 결정(1948.2.)
전개	• 김구, 김규식 등이 북측에 통일 정부 수립을 위한 남북한 정치 지도자 회담 제안 • 평양에서 남북 지도자 회의 개최 • 결의문 채택: 단독 정부 수립 반대, 미소 양국 군대의 철수 요구
결과	미소 양국의 합의안 미수용, 남북 각각 단독 정부 수립 진행 → 남북 협상 실패

※ 미니북 12쪽

45 조선어 학회
정답 ④

빠른 정답 찾기
한글 + 이윤재, 최현배 + 조선말 큰사전 + 한글 맞춤법 통일안
➡ 조선어 학회

자료 분석하기

1931년 조선어 연구회가 확대·개편되면서 조선어 학회가 설립되었다. 조선어 학회는 한글의 우수성을 알리는 한편 올바른 한글 사용을 위한 맞춤법 통일안 마련에 힘을 기울였다. 그 결과 1933년에는 우리나라 최초의 '한글 맞춤법 통일안'을, 1941년에는 '외래어 표기법 통일안'을 발표하였다. 이후 일제가 조선어 학회를 독립운동 단체로 간주하고 관련 인사들을 체포하는 조선어 학회 사건이 발생하여 학회는 강제 해산되었다.

선택지 분석하기

① 토월회
··· 토월회는 박승희, 김기진이 중심이 되어 설립된 극단으로 신극 운동을 전개하였다.

② 독립 협회
··· 독립 협회는 만민 공동회와 관민 공동회를 개최하여 민중에게 근대적 지식과 국권·민권 사상을 강조하였다.

③ 대한 자강회
··· 대한 자강회는 교육과 산업 활동을 바탕으로 국권 회복을 목표로 하여 고종의 강제 퇴위 반대 운동을 전개하였으나 일제의 탄압으로 해산되었다.

✓ 조선어 학회
··· 조선어 학회는 한글 맞춤법 통일안과 표준어를 제정하고 『조선말 큰사전』의 편찬을 시작하여 해방 이후 완성하였다.

※ 미니북 44쪽

46 5·18 민주화 운동
정답 ④

빠른 정답 찾기
광주 + 적십자 병원 + 금남로 + YWCA + 전남도청
➡ 5·18 민주화 운동

자료 분석하기

광주 5·18 민주화 운동은 신군부의 비상계엄 확대를 반대하며 일어났다. 신군부가 공수 부대를 동원하여 시위대를 무력으로 진압하자 학생과 시민들이 시민군을 결성하여 대항하면서 격화되었다(1980). 시민군은 마지막까지 전남도청을 사수하다가 신군부 계엄군의 무차별 사격으로 진압되었다. 5·18 민주화 운동은 우리나라 민주화 운동의 밑거름이 되었으며, 2011년에는 관련 기록물이 유네스코 기록 유산으로 등재되었다.

선택지 분석하기

① 6·3 시위
··· 박정희 정부가 한일 회담에서 진행한 한일 국교 정상화 추진 협정 내용이 공개되자 학생과 야당을 주축으로 굴욕적 대일 외교

에 반대하는 6·3 시위가 전개되었다(1964).

② 6월 민주 항쟁
⋯ 박종철 고문치사 사건과 전두환 신군부의 4·13 호헌 조치가 원인이 되어 6월 민주 항쟁이 전국적으로 확산되었다(1987).

③ 2·28 민주 운동
⋯ 이승만 정권과 자유당이 부당한 선거 운동을 벌이자 이에 반발하여 대구 학생들이 2·28 민주 운동을 주도하였다(1960).

✓ 5·18 민주화 운동
⋯ 신군부의 비상계엄 확대와 무력 진압에 반발하여 광주에서 5·18 민주화 운동이 일어났다(1980).

47 전태일 정답 ③

빠른 정답 찾기: 평화시장 + 열악한 노동 환경 + 분신 ➡ 전태일

자료 분석하기

1960년대 급속한 산업화로 인해 노동자들은 저임금과 열악한 노동 환경에서 고통을 겪었다. 이에 1970년 11월 전태일은 '근로 기준법을 지켜라.', '우리는 기계가 아니다.' 등의 구호를 외치며 분신하여 비인간적인 노동 현실을 고발하였다.

선택지 분석하기

① 김주열
⋯ 이승만과 자유당 정권이 벌인 3·15 부정 선거에 반발하여 마산에서 시위가 발생하였다. 이 시위에 참가하였다가 실종된 김주열 학생의 시신이 발견되자 시위가 전국적으로 확산되며 4·19 혁명이 발발하였다.

② 장준하
⋯ 일제 강점기 한국 광복군 출신 장준하는 개헌 청원 백만인 서명 운동을 전개하고 '박정희 대통령에게 보내는 공개 서한'을 발표하며 유신 체제에 반발하였다.

 전태일
⋯ 청계천 평화 시장의 노동자였던 전태일은 저임금과 열악한 노동 환경을 사회에 알리기 위해 근로기준법 준수를 요구하며 분신하였다.

④ 이한열
⋯ 4·13 호헌 조치와 박종철 고문치사 사건으로 민주화 및 대통령 직선제의 헌법 개정을 요구하는 시위가 전개되었다. 이 과정에서 연세대 재학생 이한열이 최루탄에 맞아 사망하자 6월 민주 항쟁이 전국적으로 확대되었다.

48 남북 정상 회담 정답 ①

 미니북 45쪽

빠른 정답 찾기: 분단 이후 처음 + 남과 북의 정상 + 회담 + 평양 ➡ 제1차 남북 정상 회담

자료 분석하기

김대중 정부는 2000년 베를린 자유대학 연설에서 흡수 통일을 추구하지 않고, 남북이 화해와 협력을 통해 냉전을 종식해야 한다는 햇볕 정책의 핵심적 내용을 강조하였다. 이에 따라 북한과 화해·협력을 바탕으로 교류를 확대하였다. 평양에서 분단 이후 최초로 남북 정상 회담을 개최하고, 6·15 남북 공동 선언을 발표하였다.

선택지 분석하기

✓ 개성 공단이 건설되었다.
⋯ 김대중 정부 때 최초로 남북 정상 회담이 이루어져 개성 공단 건설 운영에 관한 합의서를 체결하였다.

② 남북 조절 위원회가 설치되었다.
⋯ 박정희 정부는 남북 간의 교류를 제의하여 서울과 평양에서 7·4 남북 공동 성명을 발표하고 남북 조절 위원회를 설치하였다(1972).

③ 남북한이 유엔에 동시 가입하였다.
⋯ 노태우 정부는 적극적인 북방 외교 정책을 통해 남북의 유엔 동시 가입을 이루어냈다(1991).

④ 남북 이산가족 상봉이 최초로 성사되었다.
⋯ 전두환 정부 때 서울과 평양에서 최초로 남북 이산가족 상봉이 이루어졌다(1985).

한발 더 다가가기

현대 정부의 주요 통일 정책

박정희 정부	• 남북 적십자 회담에서 이산가족 문제 협의(1971) • 7·4 남북 공동 성명(1972), 6·23 평화 통일 선언(1973)
전두환 정부	• 민족 화합 민주 통일 방안(1982) • 남북 적십자 회담 재개로 최초의 이산가족 고향 방문(1985)
노태우 정부	• 한민족 공동체 통일 방안 제안(1989) • 남북한 유엔 동시 가입, 남북 기본 합의서 채택, 한반도 비핵화 공동 선언(1991)
김영삼 정부	한민족 공동체 건설을 위한 3단계 통일 방안 제시(1994)
김대중 정부	• 대북 화해 협력 정책(햇볕 정책) 추진 • 금강산 관광 사업 전개(1998) • 남북 정상 회담, 6·15 남북 공동 선언(2000) • 경의선 복구 사업·금강산 육로 관광 등 추진, 개성 공단과 이산가족 상봉 및 면회소 설치 합의

노무현 정부	• 제2차 남북 정상 회담 개최(2007)로 10·4 남북 공동 선언 채택 • 개성 공단 착공(2003)
이명박 정부	• 금강산 관광 중단(2008) • 천안함 피격 사건, 연평도 포격 사건
박근혜 정부	개성 공단 폐쇄(2016)
문재인 정부	판문점 선언(2018)

🌸 미니북 45쪽

49 박정희 정부   정답 ①

빠른 정답 찾기 서독 파견 광부·간호사 + 베트남 파견 기술자 ➡ **박정희 정부**

🔍 자료 분석하기

박정희 정부는 부족한 외화를 보충하기 위해 서독에 광부와 간호사를 파견하는 정책을 추진하였다. 미국의 요청으로 베트남에 국군을 파병하고 기술자를 파견하면서 그 대가로 미국으로부터 한국군 현대화를 위한 장비와 경제 원조를 제공받았다.

🔍 선택지 분석하기

① ✔ **새마을 운동**을 시작하였다.
┄ 박정희 정부는 당시 공업화로 인해 상대적으로 낙후된 농어촌의 근대화를 목표로 새마을 운동을 추진하였다.

② **금융 실명제**를 전면 실시하였다.
┄ 김영삼 정부는 경제적 부정부패와 탈세를 없애기 위해 금융 실명제를 실시하였다.

③ **G20 정상 회의**를 서울에서 개최하였다.
┄ 이명박 정부 때 아시아 국가 최초로 세계 경제 문제를 다루는 최상위급 회의인 G20 정상 회의를 서울에서 개최하였다.

④ **미국**과 **자유 무역 협정(FTA)**을 체결하였다.
┄ 노무현 정부는 미국과 자유 무역 협정(FTA)을 체결하였다.

🌸 미니북 28쪽

50 시대별 감염병 대책   정답 ②

빠른 정답 찾기 감염병 + 천연두, 홍역, 급성 유행성 열병 + 백성을 구제 ➡ **국가의 감염병 대책**

🔍 자료 분석하기

고려 시대에 구제도감과 구급도감 등을 임시 기관으로 설치하여 재해가 발생하였을 때 백성을 구제하였다. 개경에는 동서 대비원을 두고 환자 진료 및 빈민 구휼을 담당하게 하였다. 예종 때 서민의 질병 치료와 의약 관리를 위해 설치된 혜민국은 조선 태조 때 혜민고국으로 재설치되었다가 세조 때 혜민서로 그 명칭이 바뀌어 백성들의 질병 치료를 담당하였다. 현대 노무현 정부 때는 국민 보건 증진을 위해 국가 전염병 연구 및 관리와 생명과학 연구를 수행하는 보건복지부 소속 기관인 질병 관리 본부를 설립하였다.

🔍 선택지 분석하기

① **고려 시대**에 **구제도감** 등의 임시 기구를 설치하였다.
┄ 고려 시대에 구제도감을 설치하여 질병 환자의 치료와 병사자의 매장을 관장하고, 감염병 확산 등에 대처하는 기능을 담당하도록 하였다.

② ✔ **고려 시대**에 **양현고** 등을 설치하여 기금을 마련하였다.
┄ 고려 예종 때 사학이 융성하자 관학 교육의 진흥을 위해 국자감을 재정비하고 전문 강좌인 7재와 장학 재단인 양현고를 설치하였다.

③ **조선 시대**에 **구질막, 병막 등의 격리 시설**을 운영하였다.
┄ 조선 시대에는 전염병이 발생하면 감염 환자를 격리하여 치료하는 구질막과 감염병 환자를 격리 수용하는 임시 건물인 병막을 설치하였다.

④ **조선 시대**에 **간이벽온방, 신찬벽온방** 등을 편찬하여 보급하였다.
┄ 조선 시대에 전염병 확산을 막기 위해 병의 치료법을 한글로 간행한 『간이벽온방』과 허준이 광해군의 명으로 편찬한 전염병 방지 및 퇴치 방안을 담은 『신찬벽온방』을 보급하였다.

정답 및 해설 **235**

제55회 한국사능력검정시험

01	02	03	04	05	06	07	08	09	10
④	④	③	③	②	④	①	④	④	③
11	12	13	14	15	16	17	18	19	20
②	④	①	③	①	①	④	②	②	①
21	22	23	24	25	26	27	28	29	30
①	①	②	③	③	④	②	③	①	①
31	32	33	34	35	36	37	38	39	40
①	③	②	④	④	④	①	③	②	③
41	42	43	44	45	46	47	48	49	50
③	④	③	②	③	④	②	①	③	②

01 청동기 시대

정답 ④

빠른 정답 찾기: 벼농사 + 처음 금속 도구를 만듦 + 반달 돌칼 ➡ 청동기 시대

자료 분석하기

청동기 시대에 일부 지역에서는 벼농사를 짓기 시작하면서 반달 돌칼을 이용하여 곡식을 수확하였다. 또한, 거푸집으로 비파형 동검을 제작하면서 금속 도구를 처음으로 만들어 사용하였다.

선택지 분석하기

① 우경이 널리 보급되었다.
⋯ 신라 지증왕 때 소를 이용한 우경이 시행되었으며 고려 시대에 일반화되었다.

② 철제 무기를 사용하였다.
⋯ 철기 시대에는 철제 무기·농기구 등을 제작하여 사용하였다.

③ 주로 동굴이나 막집에서 살았다.
⋯ 구석기 시대 사람들은 주로 동굴이나 막집에 살았으며 계절에 따라 이동 생활을 하였다.

 지배자의 무덤으로 고인돌을 만들었다.
⋯ 청동기 시대에는 권력을 가진 군장이 등장하였는데 지배층이 죽으면 무덤으로 고인돌을 만들었다.

한발 더 다가가기

청동기 시대

시기	기원전 2,000∼1,500년 전
유적지	부여 송국리, 울주 검단리, 창원 덕천리 등
유물	반달 돌칼, 비파형 동검, 거친무늬 거울, 미송리식 토기, 민무늬 토기, 고인돌
사회	계급 사회, 족장(군장) 출현, 벼농사 시작, 밭농사 중심

02 고조선

정답 ④

빠른 정답 찾기: 범금 8조 + 사람을 죽인 자는 사형 + 남에게 상해를 입힌 자는 곡식으로 갚음 + 도둑질한 자는 노비 + 50만 전 ➡ 고조선

자료 분석하기

고조선은 사회 질서를 유지하기 위해 8개 조항으로 이루어진 범금 8조를 만들었으며, 현재는 3개 조항만 전해진다. 범금 8조의 내용을 통해 인간의 생명 중시, 사유 재산 보호 등을 확인할 수 있다.

선택지 분석하기

① 낙랑과 왜에 철을 수출하였다.
⋯ 금관가야는 풍부한 철 생산과 해상 교통에 유리한 지역적 특색을 이용하여 낙랑과 왜에 철을 수출하였다.

② 영고라는 제천 행사를 열었다.
⋯ 부여에서는 12월에 풍성한 수확제이자 추수 감사제의 성격을 지닌 영고라는 제천 행사가 열렸다.

③ 서옥제라는 혼인 풍습이 있었다.
⋯ 고구려에는 혼인을 하면 신랑이 신부 집 뒤에 서옥이라는 집을 짓고 생활하다가, 자식을 낳아 그 자식이 어른이 되면 신랑 집으로 돌아가는 서옥제라는 혼인 풍습이 있었다.

 건국 이야기가 삼국유사에 실려 있다.
⋯ 고려 때 승려 일연이 쓴 『삼국유사』는 불교사를 중심으로 저술된 역사서로, 단군을 우리 민족의 시조로 여겨 고조선의 건국 이야기를 수록하였다.

03 신라 진흥왕

정답 ③

빠른 정답 찾기: 한강 유역 차지 + 북한산 순수비 + 화랑도를 국가적인 조직으로 개편 ➡ 신라 진흥왕

🔍 자료 분석하기

신라 진흥왕은 화랑도를 국가적인 조직으로 정비하였으며, 백제 성왕과 함께 고구려를 공격하여 한강 유역까지 진출하였다. 이후 나제 동맹을 깨고 백제를 기습 공격하여 한강 이남 지역을 장악한 뒤 이를 기념하기 위해 북한산 순수비를 세웠다.

🔍 선택지 분석하기

① 국학을 설립하였다.
… 통일 신라 신문왕은 유교 정치를 확립시키기 위해 유학 교육 기관인 국학을 설립하였다.

② 병부를 설치하였다.
… 신라 법흥왕은 군사에 관한 사무를 총괄하는 병부를 설치하였다.

✓ 대가야를 정복하였다.
… 신라 진흥왕은 대가야를 정복하여 영토를 확장하였다.

④ 독서삼품과를 실시하였다.
… 통일 신라 원성왕은 국학의 학생들을 대상으로 독서삼품과를 실시하여 유교 경전의 이해 수준에 따라 관리로 채용하였다.

한발 더 다가가기

신라 주요 국왕의 업적

내물왕	• 김씨에 의한 왕위 계승권 확립 • 고구려 광개토 대왕의 도움을 받아 왜를 물리침 • 마립간 칭호 사용
법흥왕	• '건원' 연호 사용 • 불교 공인, 율령 반포, 병부 설치 • 골품제 정비, 상대등 제도 마련 • 금관가야 복속
진흥왕	• 화랑도를 국가 조직으로 개편 • 불교 정비, 황룡사 건립 • 한강 유역 차지(나제 동맹 결렬, 관산성 전투로 백제 성왕 전사) → 단양 적성비, 북한산 순수비 • 대가야 정복 → 창녕비 • 함경도 지역까지 진출 → 마운령비, 황초령비
무열왕	• 최초의 진골 출신 왕 • 시중의 권한 강화(신라 중대 시작) → 상대등의 세력 약화, 왕권의 전제화 • 백제 멸망(660)
문무왕	• 고구려 멸망(668) • 나당 전쟁 승리 → 삼국 통일 완수(676) • 외사정 파견(지방 감시)

04 고구려의 대외 항쟁

정답 ③

빠른 정답 찾기: (가) 장수왕의 남진 정책 ➡ 살수 대첩 ➡ (나) 안시성 전투

🔍 자료 분석하기

(가) **장수왕의 한성 점령**(475): 고구려 장수왕은 국내성에서 평양으로 수도를 옮기고 남진 정책을 실시하였다. 이에 따라 백제의 수도 한성을 함락하고 개로왕을 죽임으로써 한강 유역을 장악하고 영토를 넓혔다.

(나) **안시성 전투**(645): 당이 연개소문의 정변을 구실로 고구려를 침략하면서 안시성을 공격하였다. 고구려군이 크게 저항하자 당군은 성벽보다 높게 흙산을 쌓아 성을 공격하였지만 갑자기 흙산이 무너졌고, 고구려군은 무너진 성벽 사이로 빠져 나와 흙산을 점령하여 당군을 물리쳤다.

🔍 선택지 분석하기

① 원종과 애노가 봉기하였다.
… 통일 신라 말 진성 여왕 때 무분별한 조세 징수에 대한 반발로 사벌주(상주)에서 원종과 애노가 농민 봉기를 일으켰다(889).

② 김흠돌이 반란을 도모하였다.
… 통일 신라 신문왕의 장인이었던 김흠돌이 반란을 도모하다가 발각되어 처형당하였다(681).

✓ 을지문덕이 수의 군대를 물리쳤다.
… 고구려의 을지문덕은 우중문이 이끄는 수의 30만 대군을 살수에서 공격하여 크게 무찔렀다(612).

④ 장문휴가 당의 산둥반도를 공격하였다.
… 발해 무왕은 장문휴의 수군을 보내 당의 산둥반도를 공격하게 하였다(732).

05 백제

정답 ②

빠른 정답 찾기: 부여 능산리 절터에서 출토된 향로 + 도교와 불교 사상이 함께 표현 ➡ 백제 금동 대향로

🔍 자료 분석하기

백제 금동 대향로는 부여 능산리 고분군 절터에서 발견되었으며, 불교적인 관념과 도교의 이상향을 표현한 유물로 백제의 금속 공예 기술을 보여주는 걸작품이다.

선택지 분석하기

① 노비안검법을 실시하였다.
→ 고려 광종은 노비안검법을 실시하여 억울하게 노비가 된 사람들을 해방하고 호족의 세력을 약화시키고자 하였다.

✓ 지방에 22담로를 설치하였다.
→ 백제 무령왕은 지방에 22담로를 설치하고 왕족을 파견하여 지방에 대한 통제를 강화하였다.

③ 화백 회의에서 국가의 중대사를 결정하였다.
→ 신라는 귀족 합의체인 화백 회의에서 국가의 중대사를 만장일치제로 결정하여 국가를 운영하였다.

④ 여러 가(加)들이 별도로 사출도를 주관하였다.
→ 부여는 왕 아래 마가, 우가, 저가, 구가의 가(加)들이 각자의 행정 구역인 사출도를 다스렸다.

★ 미니북 21쪽

06 백제 부흥 운동   정답 ④

빠른 정답 찾기
백제 부흥군 + 지원 온 왜군 + 백강 + 나당 연합군
➡ (라) 백제 부흥 운동

자료 분석하기

- **사비성 함락**(660): 황산벌 전투에서 계백의 결사대가 김유신이 이끄는 신라군에게 패배하였고 결국 나당 연합군이 수도 사비성을 함락하면서 백제가 멸망하였다.
- **백제 부흥 운동**(660~663): 백제 멸망 이후 흑치상지와 복신, 도침이 왕자 부여풍을 왕으로 추대하고 임존성과 주류성을 중심으로 백제 부흥 운동을 전개하였다. 이후 왜의 수군이 백제 부흥군을 지원하고자 백강까지 진격하였으나 나당 연합군에게 패배하면서 백제 부흥 운동도 실패하게 되었다.

한발 더 다가가기

백제 부흥 운동

중심인물	• 왕족 복신과 승려 도침(주류성) • 흑치상지(임존성)
지원 세력	왜의 지원 → 백강 전투에서 당에 패배(663)
실패 요인	지원 세력인 왜의 패배와 지도층 사이 내분

★ 미니북 48쪽

07 경주 불국사 삼층 석탑   정답 ①

빠른 정답 찾기
통일 신라의 석탑 + 경주 불국사 + 무구정광대다라니경
➡ 경주 불국사 삼층 석탑

자료 분석하기

경주 불국사 삼층 석탑(석가탑)은 경주 불국사 대웅전 앞에 있는 석탑으로 통일 신라 경덕왕 때 조성된 것으로 추측된다. 기단과 탑신이 각각 2층, 3층으로 구성되어 있으며 기단의 높이와 탑신이 서로 조화를 이루면서 안정된 느낌을 준다. 해체·수리 과정에서 사리 장엄구와 현존하는 세계에서 가장 오래된 목판 인쇄물인 『무구정광대다라니경』이 발견되었다.

선택지 분석하기

✓ 경주 불국사 삼층 석탑
→ 경주 불국사에 위치해 있으며, 석가탑으로도 불린다.

② 부여 정림사지 오층 석탑
→ 목탑의 구조와 비슷한 돌탑으로 백제의 대표적인 석탑이다.

③ 경주 분황사 모전 석탑
→ 현존하는 신라 석탑 중 가장 오래된 석탑이다.

④ 익산 미륵사지 석탑
→ 목탑 양식을 반영한 독특한 형태로 당시 백제의 건축 기술을 확인할 수 있다.

한발 더 다가가기

고대의 주요 석탑

익산 미륵사지 석탑 (백제)	경주 분황사 모전 석탑 (신라)	영광탑 (발해)

경주 감은사지 삼층 석탑(통일 신라)	경주 불국사 삼층 석탑(통일 신라)	경주 불국사 다보탑 (통일 신라)

08 최치원   정답 ④

빠른 정답 찾기: 6두품 출신 + 당의 빈공과 합격 + 시무책 10여 조 ➡ **최치원**

자료 분석하기

최치원은 통일 신라를 대표하는 6두품 출신의 학자이자 관리로, 12세 때 당으로 유학을 떠나 7년 만에 빈공과에 합격하였다. 이후 귀국한 뒤 신라의 부패와 반란, 농민 봉기 등을 목격하면서 진성 여왕에게 구체적인 개혁안인 시무책 10여 조를 건의하여 정치를 바로 잡으려고 하였으나 실현되지 않았다.

선택지 분석하기

① 설총
⋯ 설총은 통일 신라 6두품 출신으로 한자의 음(音)과 훈(訓)을 빌려 우리말을 표기하는 이두를 정리하였다.

② 이사부
⋯ 이사부는 신라 지증왕 때 실직주의 군주가 되었고, 이후 우산국(울릉도)을 정복하였다.

③ 이차돈
⋯ 이차돈은 신라에 불교를 전파하기 위해 노력하였으며, 법흥왕은 이차돈의 순교를 계기로 불교를 신라의 국교로 공인하였다.

✔ 최치원
⋯ 최치원은 통일 신라 6두품 출신으로 당의 빈공과에 합격하였으며, 진성 여왕에게 시무 10여 조를 건의하였다.

09 발해   정답 ④

빠른 정답 찾기: 상경 용천부 + 석등 + 해동성국 ➡ **발해**

자료 분석하기

발해는 문왕 때 상경 용천부로 수도를 옮겼으며, 선왕 때는 영토를 크게 확장하고 전성기를 누리면서 주변 국가들로부터 해동성국이라 불렸다. 발해 석등은 상경 용천부의 절터에서 발견되었고 고구려 문화를 계승하면서 통일 신라 석등 양식의 영향을 받아 제작되었다.

선택지 분석하기

① 기인 제도를 실시하였다.
⋯ 고려 태조는 지방 호족의 자제를 일정 기간 수도 개경에 머무르게 하는 기인 제도를 실시하여 호족 세력을 견제하였다.

② 9주 5소경을 설치하였다.
⋯ 통일 신라 신문왕 때 9주 5소경의 지방 행정 구역 체계를 확립하여 수도인 경주에 지역적으로 치우치는 현상을 보완하였다.

③ 한의 침략을 받아 멸망하였다.
⋯ 고조선은 한 무제의 침략을 받아 수도 왕검성이 함락되면서 멸망하였다.

✔ 대조영이 동모산에서 건국하였다.
⋯ 고구려의 장군 출신인 대조영은 유민들을 이끌고 지린성 동모산에서 발해를 건국하였다.

10 후삼국 통일 과정   정답 ③

빠른 정답 찾기: (나) 고려 건국 ➡ (가) 고창 전투 ➡ (다) 일리천 전투

자료 분석하기

(나) **고려 건국**(918): 후고구려의 궁예를 몰아내고 왕위에 오른 왕건은 고구려를 계승한다는 의미로 고려를 세운 뒤, 연호를 천수라 하여 건국하였다.

(가) **고창 전투**(930): 후백제의 견훤은 교통의 요충지였던 고창(안동)을 포위하여 고려를 공격하였으나 8,000여 명의 사상자를 내며 왕건에게 크게 패하였다. 그 결과 왕건은 경상도 일대에서 견훤 세력을 몰아내고 후삼국 통일의 기반을 마련하게 되었다.

(다) **일리천 전투**(936): 왕건은 귀순한 견훤과 함께 군사를 이끌고 경북 선산의 일리천에서 신검이 이끄는 후백제군과 격돌하였고 고려군이 승리하면서 후삼국을 통일하게 되었다.

한발 더 다가가기

후삼국의 통일 과정

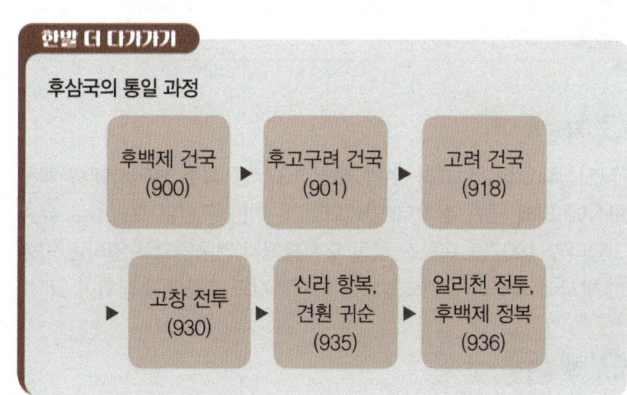

11 고려 성종

정답 ②

빠른 정답 찾기: 최승로 + 시무 28조 + 유교 ➡ 고려 성종

자료 분석하기

고려 시대 유학자인 최승로는 성종에게 시무 28조를 올려 불교 행사 억제와 유교 발전, 민생 문제와 대외 관계 등의 해결책과 방향을 제시하였다(982). 성종은 유교 정치 실현을 위해 최승로의 의견을 받아들여 다양한 제도를 시행하고 통치 체제를 정비하였다.

선택지 분석하기

① 상대등이 설치되었다.
⋯ 신라 법흥왕은 상대등을 설치하여 나랏일 전반을 담당하게 하였다(531).

 12목에 지방관이 파견되었다.
⋯ 고려 성종은 최승로의 시무 28조를 받아들여 12목을 설치하고 지방관을 파견하여 지방 세력을 견제하였다(983).

③ 쌍기의 건의로 과거제가 실시되었다.
⋯ 고려 광종은 후주 출신 쌍기의 건의를 수용하여 과거제를 도입하고 신진 인사를 등용하였다(958).

④ 웅천주 도독 김헌창이 반란을 일으켰다.
⋯ 통일 신라 헌덕왕 때 웅천주 도독 김헌창은 아버지 김주원이 왕위 쟁탈전에서 패배한 것에 불만을 품고 반란을 일으켰으나 관군에게 진압되면서 실패하였다(822).

12 『직지심체요절』

정답 ④

빠른 정답 찾기: 1377년 + 청주 흥덕사 + 박병선 박사 + 프랑스 국립 도서관 소장 ➡ 『직지심체요절』

자료 분석하기

『직지심체요절』은 고려 우왕 때인 1377년 청주 흥덕사에서 백운 화상에 의해 금속 활자로 인쇄되었다. 이는 구한말 프랑스로 유출되었다가 1967년 프랑스 국립 도서관에서 연구원으로 일하던 박병선 박사에 의하여 발견되었으며 현재까지도 그곳에 소장되어 있다.

선택지 분석하기

① 김부식이 왕명을 받아 편찬하였다.
⋯ 고려 인종 때 김부식은 왕명을 받아 삼국 시대의 역사서인 『삼국사기』를 편찬하였다.

② 사초와 시정기를 바탕으로 제작되었다.
⋯ 『조선왕조실록』은 조선 시대에 왕이 죽은 뒤에 다음 왕이 즉위하면 춘추관에 실록청을 설치하여 사초와 시정기 등을 근거로 작성하는 방식으로 편찬되었다.

③ 우리나라 풍토에 맞는 농법을 소개하였다.
⋯ 조선 세종은 정초, 변효문 등을 시켜 우리나라 풍토에 맞는 농법을 기술한 『농사직설』을 간행하였다.

 현존하는 세계에서 가장 오래된 금속 활자본이다.
⋯ 『직지심체요절』은 세계에서 가장 오래된 금속 활자본으로 유네스코 세계 기록 유산으로 등재되었다.

13 서희

정답 ①

빠른 정답 찾기: 소손녕 + 고려 + 거란 + 송 ➡ 서희

자료 분석하기

거란(요)은 송과의 대결에서 유리한 위치를 차지하기 위해 여러 차례 고려를 침략하였다. 고려 성종 때 80만 대군을 이끌고 1차 침입한 거란은 고려가 차지하고 있는 옛 고구려 땅을 내놓고 송과 교류를 끊을 것을 요구하였다. 서희는 소손녕과의 외교 담판을 통해 거란과 교류할 것을 약속하는 대신, 고려가 고구려를 계승하였음을 인정받고 압록강 동쪽의 강동 6주를 획득하는 성과를 거두었다.

선택지 분석하기

 강동 6주를 확보하였다.
⋯ 서희는 거란의 1차 침입 당시 소손녕과의 외교 담판을 통해 강동 6주를 획득하였다.

② 동북 9성을 축조하였다.
⋯ 윤관은 여진이 고려의 국경을 자주 침입하자 숙종에게 건의하여 별무반을 편성하였다. 이후 예종 때 윤관은 별무반을 이끌고 여진을 토벌하여 동북 9성을 축조하였다.

③ 화통도감을 설치하였다.
⋯ 고려 우왕 때 최무선은 화통도감의 설치를 건의하여 화약과 화포를 제작하였고, 이를 활용하여 진포에서 왜구를 격퇴하였다.

④ 4군과 6진을 개척하였다.
⋯ 조선 세종은 최윤덕을 시켜 여진을 몰아내고 압록강 일대에 4군을 설치하였다. 또, 김종서를 시켜 두만강 일대에 6진을 설치하여 영토를 확장하였다.

14 만적의 난 정답 ③

빠른 정답 찾기: 무신 정변 ➡ (가) ➡ 충주성 전투

자료 분석하기
- **무신 정변**(1170): 고려는 문벌 귀족들이 정치권력을 독차지하고 심지어 군대를 지휘하는 권한마저 장악하며 무신을 차별하였다. 그러던 중 보현원에서 수박희를 하다가 대장군 이소응이 문신 한뢰에게 뺨을 맞는 일이 벌어졌다. 이를 계기로 분노가 폭발한 무신들이 정중부와 이의방을 중심으로 무신 정변을 일으켜 의종을 폐위하고 명종을 즉위시키며 정권을 장악하였다.
- **충주성 전투**(1253): 몽골과의 충주성 전투 당시 김윤후는 식량이 떨어지는 등 전세가 어려워지자, 전투에서 승리하면 신분의 고하를 막론하고 모두 관작을 주겠다고 병사들을 독려하였다. 실제로 관노의 노비 문서를 불태우고 노획한 소와 말을 나누어 주어 병사뿐 아니라 백성들까지도 죽음을 무릅쓰고 싸워 몽골군을 물리쳤다.

선택지 분석하기
① **이자겸**이 난을 일으켰다.
 ⋯ 고려 중기 이자겸은 왕의 외척으로서 최고 권력을 누리면서 국왕의 자리까지 넘보았다. 이에 인종이 이자겸을 제거하려다 실패하면서 이자겸의 난이 일어났다(1126).
② **묘청**이 서경 천도를 주장하였다.
 ⋯ 고려 인종 때 묘청, 정지상 등을 중심으로 한 서경 세력은 서경 천도와 칭제 건원, 금 정벌 등을 주장하였으나 받아들여지지 않자 서경(평양)에서 반란을 일으켰다(1135).
✓ **만적**이 개경에서 봉기를 모의하였다.
 ⋯ 고려 최씨 무신 정권 때 최충헌의 노비인 만적이 개경의 송악산에서 신분 차별에 항거하는 반란을 도모하였으나 사전에 발각되어 실패하였다(1198).
④ **강감찬**이 귀주에서 큰 승리를 거두었다.
 ⋯ 강감찬은 거란의 3차 침입 때 강동 6주의 반환 등을 요구한 소배압이 이끄는 10만 대군에 맞서 귀주에서 크게 승리하였다(귀주 대첩, 1019).

15 고려의 경제 상황 정답 ①
 미니북 29쪽

빠른 정답 찾기: 수도 개경 + 청자 ➡ 고려

자료 분석하기
국립 태안 해양 유물 전시관에는 태안 앞바다에서 발견된 고려 시대의 세곡선인 마도 1호선을 복원하여 전시하고 있다. 당시 고려는 아라비아 상인까지 찾아와 교역할 정도로 국제적인 무역항이 발달하였고, 선박을 국가 운영과 경제 활동에 적극적으로 이용하였다.

선택지 분석하기
✓ **전시과 제도**가 실시되었다.
 ⋯ 고려는 직역의 대가로 관료에게 토지를 나눠주는 전시과를 시행하여 곡물을 거둘 수 있는 전지와 땔감을 얻을 수 있는 시지를 주었다.
② **고구마**, **감자**가 널리 재배되었다.
 ⋯ 조선 후기에는 구황 작물로 고구마, 감자 등이 전래되어 재배되기 시작하였다.
③ **모내기법**이 전국적으로 확산되었다.
 ⋯ 조선 후기에 모내기법이 전국적으로 확산되면서 벼와 보리의 이모작이 가능해져 농업 생산량이 증가하였다.
④ 시장을 감독하기 위한 **동시전**이 설치되었다.
 ⋯ 신라 지증왕은 경주에 시장을 설치하고 이를 관리, 감독하기 위한 기구인 동시전을 설치하였다.

16 백제의 문화유산 정답 ①
 미니북 52쪽

빠른 정답 찾기: 산성 + 백제 + 웅진성 + 쌍수정, 연지 + 유네스코 세계 유산 ➡ 공산성

자료 분석하기
공주 공산성은 백제 당시 웅진성이라 불렸으며, 수도를 옮긴 후 이를 방어하기 위해 축조된 것으로 짐작된다. 공산성 안에는 여러 유적이 발견되었는데 이중 쌍수정은 공산성 안쪽 북서쪽에 위치해 있으며 조선 영조 때 처음 세운 정자이다. 연지는 공산성 안에 있는 연못 중 하나로, 백제 때부터 이용된 것으로 추정되며 돌을 쌓아 만들어졌다. 공산성을 비롯한 백제 유적 8곳이 '백제 역사 유적지구'로 2015년 유네스코 세계 유산에 등재되었다.

선택지 분석하기

✓ 공산성
··· 고구려 장수왕의 공격으로 한성을 함락당한 백제는 웅진(공주)으로 도읍을 옮기고 이를 방어하기 위해 공산성을 건축하였다.

② 삼랑성
··· 삼랑성은 강화도에 위치한 산성으로 정족산성이라고도 불린다. 성 안에는 전등사, 양헌수 승전비 등이 남아있다.

③ 삼년산성
··· 삼년산성은 충북 보은에 위치한 산성이다. 『삼국사기』에 따르면 5세기 후반 신라 자비왕 때 건축되었다고 전해진다.

④ 오녀산성
··· 오녀산성은 중국 랴오닝성의 오녀산에 있는 고구려의 산성으로 졸본성을 방어하기 위해 건축된 것으로 추정되며, 고구려의 군사 방어 거점으로 이용되었다.

17 이성계의 업적   정답 ④

빠른정답찾기: 위화도 회군 + 정도전 + 조선 건국 ➡ 이성계

자료 분석하기

고려 우왕 때 요동 정벌을 추진하였다. 이에 이성계는 4불가론을 제시하며 반대하였으나 왕명에 따라 출병하게 되었다. 결국 의주 부근의 위화도에서 군사를 돌려 개경으로 회군하면서 최영 등 반대파를 제거하고 권력을 장악하였다. 이후 정도전, 남은 등 신진 사대부들과 함께 유교 사상을 바탕으로 개혁을 단행하였으며 마침내 1392년 공양왕을 쫓아내고 조선을 건국하였다.

선택지 분석하기

① 별무반을 편성함
··· 고려 숙종 때 부족을 통일한 여진이 고려의 국경을 자주 침입하자 윤관이 왕에게 건의하여 신기군, 신보군, 항마군으로 구성된 별무반을 편성하였다.

② 우산국을 정벌함
··· 신라 지증왕은 이사부를 보내 우산국(울릉도)을 정벌하였다.

③ 전민변정도감을 설치함
··· 고려 공민왕은 전민변정도감을 설치하여 권문세족에 의해 빼앗긴 토지를 원래 주인에게 돌려주고 억울하게 노비가 된 자를 풀어주는 등 개혁을 진행하였다.

✓ 황산에서 왜구를 격퇴함
··· 고려 우왕 때 이성계는 황산에서 적장 아지발도를 죽이고 왜구를 격퇴하였다(황산 대첩).

18 제주도의 문화유산   정답 ③

빠른정답찾기: 제주도 ➡ 항파두리성

선택지 분석하기

① 참성단
··· 참성단은 강화도 마니산에 위치하고 있으며 하늘에 제사를 지내기 위해 지은 제단으로 고려부터 조선까지 이곳에서 국가의 안정과 평화를 기원하는 도교적 제사를 거행하였다.

② 다산 초당
··· 다산 초당은 전남 강진군에 위치한 건물로 정약용이 유배 생활을 하였으며, 이곳에서 『목민심서』도 저술하였다.

✓ 항파두리성
··· 항파두리성은 제주시 애월읍에 위치한 성곽이다. 고려 조정이 몽골과 강화를 맺고 개경으로 환도하자 이에 반대한 삼별초는 김통정의 지휘 아래 이곳으로 들어와 성을 쌓고 대몽 항쟁을 전개하였다.

④ 부석사 무량수전
··· 부석사 무량수전은 고려 시대 때 지어진 목조 건물로 소조 여래 좌상이 모셔진 사찰이다. 배흘림기둥과 주심포 양식으로 만들어졌다.

19 조선 전기 문화   정답 ②

빠른정답찾기: 박연 + 아악 정비 ➡ 조선 전기

자료 분석하기

박연은 조선 세종 때 관습도감 제조로 부임하여 국가 행사에서 연주되는 아악(궁중 음악)을 정비하였다. 또한, 아악의 율조를 조사하고 악기의 그림을 실어 악서를 저술하는 등 조선 전기 음악을 완비하는 데 많은 기여를 하였다.

선택지 분석하기

① 단성사에서 공연하는 배우
→ 단성사는 1907년에 설립된 최초의 상설 극장으로, 이곳에서 수많은 연극이 공연되었고 영화 「아리랑」이 상영되었다.

✓ 집현전에서 연구하는 관리
→ 조선 세종 때 학문 연구 및 국왕의 자문 기관이자, 왕실 연구 기관이었던 집현전을 확대·개편하여 유교 정치의 활성화를 꾀하였다.

③ 청해진에서 교역하는 상인
→ 장보고는 통일 신라 흥덕왕 때 완도에 청해진을 설치하여 해상 무역을 전개하였다.

④ 해동통보를 주조하는 장인
→ 고려 숙종 때 상업이 활발해지면서 삼한통보, 해동통보, 해동중보 등의 동전과 활구(은병)를 만들어 화폐의 통용을 추진하였으나 널리 유통되지는 못하였다.

20 『경국대전』   정답 ①

빠른 정답 찾기: 여섯 권 + 형전과 호전 + 세조 + 성종 반포 ➡ 『경국대전』

자료 분석하기

『경국대전』은 세조 때 편찬을 시작하여 성종 때 완성한 조선 최고의 법전으로, 정부 체제를 따라 6전(호전·형전·이전·예전·병전·공전)으로 구성되었다. 국가 조직, 재정, 의례, 군사 제도 등 통치 전반에 걸친 법령을 담고 있으며 국가 행정을 체계화하고 유교 질서를 확립하기 위해 편찬되었다.

선택지 분석하기

✓ 경국대전
→ 조선 세조 때 편찬되기 시작한 『경국대전』은 조선의 기본 법전으로, 성종 때 완성·반포되었다.

② 동국통감
→ 조선 성종 때 서거정이 고조선부터 고려 말까지의 역사를 편년체로 정리하여 『동국통감』을 편찬하였다.

③ 동의보감
→ 조선 선조의 명을 받아 허준이 집필을 시작한 『동의보감』은 각종 의학 지식과 치료법에 관한 의서로, 광해군 때 완성되었다.

④ 반계수록
→ 조선 후기 유형원은 『반계수록』에서 신분에 따라 토지를 차등 분배하고, 자영농을 육성하자는 균전제 실시를 주장하였다.

21 종묘   정답 ①

미니북 53쪽

빠른 정답 찾기: 조선 역대 왕과 왕비의 신주 ➡ 종묘

자료 분석하기

문화재청은 2021년 6월 종묘 정전 수리를 위해 이곳에 봉안된 조선 역대 왕과 왕비의 신주(죽은 사람의 이름을 적은 나무)를 창덕궁 옛 선원전으로 옮기는 이안제를 진행하였다. 이는 1870년 종묘 정전과 영녕전 건물 수리로 대규모 이안을 한 이후 151년 만의 일이다.

선택지 분석하기

✓ 종묘
→ 종묘는 조선 시대 역대 왕과 왕비의 신주를 봉안한 사당이다. 왕이 국가와 백성의 안위를 기원하기 위해 문무백관과 함께 정기적으로 제사에 참여한 공간이며 왕실의 상징성과 정통성을 보여 준다.

② 사직단
→ 사직단은 조선 시대 토지신인 국사신과 곡물신인 국직신에게 풍년을 기원하며 제사를 드리기 위해 쌓은 제단이다.

③ 성균관
→ 성균관은 조선 시대 최고의 교육 기관으로 초시인 생원시와 진사시에 합격한 유생들이 우선적으로 입학할 수 있었다.

④ 도산 서원
→ 이황의 학덕을 추모하는 문인과 유생들이 상덕사라는 사당과 전교당을 지어 완성한 도산 서원은 이후 사액 서원이 되면서 영남 지방 유학의 중심지가 되었다.

22 북벌론   정답 ①

미니북 25쪽

빠른 정답 찾기: 삼전도 + 용골대 + 청인(淸人) + 세 번 절하고 아홉 번 머리를 조아리는 예 ➡ 병자호란

자료 뜯어보기

왕이 세자와 신하들을 거느리고 삼전도에 이르렀다. …… 용골대* 등이 왕을 인도하여 들어가 단 아래 북쪽을 향해 설치된 자리로 나아가도록 요청하였다. 청인(淸人)이 외치는 의식의 순서에 따라 왕이 세 번 절하고 아홉 번 머리를 조아리는 예를 행하였다.

* **삼전도**: 병자호란 당시 인조는 삼전도에서 청 태종 앞에 삼배구고두(세 번 절하고 아홉 번 머리를 조아리는 예)를 행하고 굴욕적인 항복을 하였다.
* **용골대**: 청의 장수로 병자호란 때 군사를 이끌고 조선을 침략하였다.
– 삼전도의 굴욕을 통해 병자호란을 유추할 수 있다.

자료 분석하기

후금이 국호를 청으로 고치고 조선에 군신 관계를 요구하였으나 조선이 이를 거부하자 청 태종이 10만 대군을 거느리고 조선을 침략하면서 병자호란이 발생하였다(1636). 인조는 남한산성에서 항전하였으나 강화도로 보낸 왕족과 신하들이 인질로 잡히자 삼전도에서 항복하였다. 이후 청에 볼모로 갔던 봉림 대군이 귀국 후 효종으로 즉위하면서 북벌을 준비하였다.

선택지 분석하기

① **송시열**이 **북벌론**을 주장하였다.
⋯ 송시열은 효종에게 「기축봉사」를 올려 북벌론과 존주론을 내세우며, 중화를 계승할 나라는 조선밖에 없고, 청에게 당한 수모를 복수해야 한다고 주장하였다(1649). 이후 효종에게 발탁되어 북벌 계획의 핵심 인물이 되었다.

② **조광조**가 **위훈 삭제**를 주장하였다.
⋯ 조선 중종 때 등용된 조광조는 위훈 삭제, 현량과 실시 등의 개혁을 주장하였다. 그러나 훈구 공신들의 반발로 인해 기묘사화가 발생하여 조광조를 비롯한 사림들이 제거되었다(1519).

③ **광해군**이 **인조반정**으로 폐위되었다.
⋯ 조선 광해군 때 북인이 집권하여 정계에서 밀려 있던 서인 세력이 광해군의 중립 외교 정책과 폐모살제 문제를 빌미로 인조반정을 일으켜 광해군이 폐위되고 인조가 왕위에 올랐다(1623).

④ **곽재우**가 의령에서 **의병**을 일으켰다.
⋯ 곽재우는 임진왜란이 일어나자 의령에서 의병을 모아 왜군과 싸우며 활약한 의병장이다. 이후 진주성 전투, 화왕산성 전투에 참전하였다.

23 세시 풍속 – 추석   정답 ②

빠른 정답 찾기: 명절 + 음력 8월 15일 + 송편 + 차례 + 성묘 ➡ 추석

자료 분석하기

추석은 정월 대보름과 함께 일 년 중 가장 밝고 둥근 달이 뜨는 날이다. 이날 보름달을 보면서 올해의 수확에 감사하고 이듬해의 풍작과 소망을 기원하였던 풍습이 이어져 내려오고 있다. 또한, 햅쌀로 송편을 만들어 먹으면서 한 해의 수확에 감사하고 조상의 차례상에 올려 제사를 지냈다.

선택지 분석하기

① 단오
⋯ 음력 5월 5일인 단오는 삼한에서 수릿날에 풍년을 기원하였던 행사가 세시 풍속으로 이어지면서 발전하였다. 이날에는 창포물에 머리 감기, 씨름, 그네뛰기, 앵두로 화채 만들어 먹기 등을 하였다.

② 추석
⋯ 추석은 음력 8월 15일로 한가위라 불리며 일 년 동안 기른 곡식을 거둬들인다. 이날에는 송편과 각종 음식을 만들어 조상들에게 차례를 지내고 성묘를 하였다.

③ 한식
⋯ 한식은 동지에서 105일째 되는 날로, 양력 4월 5, 6일경이다. 이날에는 일정 기간 동안 불의 사용을 금하여 찬 음식을 먹거나 조상의 묘를 돌보았다.

④ 정월 대보름
⋯ 정월 대보름은 한 해의 첫 보름이자 보름달이 뜨는 날로, 음력 1월 15일에 지내는 우리나라의 명절이다. 이날에는 생솔가지나 나뭇더미를 쌓아 달집을 짓고 달이 떠오르면 불을 놓아 복을 기원하는 달집태우기를 하였다.

24 대동법   정답 ③

빠른 정답 찾기: 공납 + 쌀, 옷감, 동전으로 납부 + 김육 ➡ 대동법

자료 분석하기

조선 광해군 때 경기도에 처음으로 시행한 대동법은 공납을 전세화하여 공물 대신 쌀, 베, 동전 등으로 내도록 하였다. 이후 효종 때 김육이 충청도, 전라도, 경상도에 대동법을 실시하자고 주장하였다. 양반 지주들의 많은 반대에도 불구하고 경상도를 제외한 충청도와 전라도에서도 대동법이 실시되었고, 숙종 때 평안도와 함경도를 제외한 전국으로 확대되었다.

선택지 분석하기

① 과전법
⋯ 고려 공양왕 때 신진 사대부 조준 등의 건의로 경기 지역에 한해 과전법을 시행하여 전·현직 관리에게 과전을 지급하는 토지 제도 개혁을 단행하였다.

② 균역법
→ 조선 영조는 백성들의 군역 부담을 줄이기 위해 기존 1년에 2필씩 납부하던 군포를 1필로 줄이는 균역법을 실시하였다. 균역법의 시행으로 부족한 재정은 지주에게 토지 1결당 쌀 2두를 납부하는 결작을 부과하여 보충하였다.

✓ 대동법
→ 조선 광해군 때 공납의 폐단을 해결하기 위해 공납을 전세화하여 공물 대신 토지 1결당 쌀 12두를 납부하도록 한 대동법을 실시하였다. 이에 따라 국가에 필요한 물품을 조달하는 공인이 등장하였다.

④ 영정법
→ 조선 인조는 농민들의 부담을 줄여주기 위해 영정법을 실시하여 풍흉에 관계없이 전세를 토지 1결당 쌀 4~6두로 고정시켰다.

한발 더 다가가기

조선 전·후기 수취 제도

구분	전기	후기
전세	공법(연분 9등법, 전분 6등법)	영정법(토지 1결당 쌀 4~6두)
군역	양인 개병제(방군 수포제, 군적 수포제 폐단 발생)	균역법(1년에 군포 2필 → 1필)
공납	가호별로 수취	대동법(토지 1결당 쌀 12두)

※ 미니북 10쪽

25 조선 정조의 업적   정답 ③

빠른 정답 찾기: 『원행을묘정리의궤』 + 사도 세자의 아들 + 어머니 혜경궁 홍씨 + 수원 화성 ➡ **조선 정조**

🔍 자료 분석하기

『원행을묘정리의궤』는 1795년 정조의 어머니인 혜경궁 홍씨의 회갑연을 기념하는 수원 화성 행차를 그린 책으로 배다리 건설, 화성에서 실시한 문무과 별시 등 관련 내용이 상세히 기록되어 있다. 정조는 이날 행차 때 아버지 사도 세자의 무덤인 현륭원을 방문한 뒤 화성 봉수당에서 어머니의 회갑연을 열어 주민들에게 잔치를 베풀었다.

🔍 선택지 분석하기

① 경복궁을 중건하였다.
→ 흥선 대원군은 왕실의 권위 회복을 위해 임진왜란 때 불에 탄 경복궁을 중건하였다.

② 대마도를 정벌하였다.
→ 고려 창왕 때 왜구로 인한 피해가 크자 박위가 대마도를 토벌하였다. 이후 조선 세종 때 왜구가 자주 침입해 오자 이종무를 시켜 대마도를 정벌하게 하였다.

✓ 장용영을 창설하였다.
→ 조선 정조는 왕권을 뒷받침하는 군사적 기반을 갖추기 위해 친위 부대인 장용영을 설치하였다.

④ 탕평비를 건립하였다.
→ 조선 영조는 붕당 정치의 폐해를 막고 능력에 따른 인재를 등용하기 위해 탕평책을 실시하였고, 이를 알리기 위한 탕평비를 성균관에 건립하였다.

※ 미니북 16쪽

26 홍대용   정답 ④

빠른 정답 찾기: 조선 후기 + 지전설 + 무한 우주론 + 과학 사상가이자 실학자 + 담헌 ➡ **홍대용**

🔍 자료 분석하기

조선 후기의 실학자 담헌 홍대용은 서양 과학을 적극적으로 수용하였고, 저서 『의산문답』을 통해 지전설과 무한 우주론을 주장하면서 중국 중심의 성리학적 세계관을 비판하였다. 충남 천안시는 2014년 홍대용의 업적을 기리고 천문 과학을 체험하는 홍대용 과학관을 개관하였다.

🔍 선택지 분석하기

① 박제가
→ 조선 후기 서얼 출신의 실학자 박제가는 『북학의』를 저술하여 청의 문물을 수용할 것과 수레·배의 이용, 적극적인 소비를 주장하였다.

② 이순지
→ 조선 세종 때 이순지와 김담은 중국의 수시력과 아라비아의 회회력을 참고로 한 역법서인 『칠정산』을 편찬하였다.

③ 장영실
→ 조선 세종 때 과학자 장영실은 자격루, 앙부일구, 측우기, 혼천의 등을 발명하였다.

✓ 홍대용
→ 조선 후기 실학자 홍대용은 서양 과학을 적극적으로 수용하고 기술 혁신을 주장하였으며, 『담헌서』, 『의산문답』 등의 저서를 남겼다.

한발 더 다가가기

조선 후기 실학의 발달

농업 중심 개혁론	주장	• 농업 경영과 농촌 경제 진흥 • 토지 제도 개혁, 자영농 육성 중시
	대표적 학자	• 유형원: 신분에 따라 토지 차등 분배, 자영농 육성 주장 → 균전론 • 이익: 생활에 필요한 최소한의 토지인 영업전 매매 금지 → 한전론 • 정약용: 토지를 마을 단위로 공동 소유·공동 경작, 노동력에 따른 수확물 분배 주장 → 여전론
상공업 중심 개혁론	주장	• 상공업 진흥 및 기술 혁신 • 청의 선진 문물 수용 주장
	대표적 학자	• 홍대용: 기술 혁신, 문벌·과거 제도 폐지 주장 • 박지원: 수레·선박 이용, 화폐 유통의 필요성 강조 • 박제가: 수레·선박 이용, 소비 촉진을 통한 경제 활성화 강조

🌸 미니북 28쪽

27 조선 후기 사회 모습   정답 ②

빠른 정답 찾기: 「심청전」, 「춘향전」 + 한글 소설을 전문적으로 읽어줌 + 전기수 ➡ **조선 후기**

🔍 자료 분석하기

조선 후기에는 상공업이 발달하여 전국의 장시를 돌아다니며 판매 활동을 하는 보부상이 등장하였다. 또한, 서민 문화가 발전하여 한글 소설 「심청전」, 「춘향전」, 「홍길동전」 등이 대중화됨에 따라 직업적으로 소설을 낭독하고 돈을 받는 이야기꾼인 전기수가 등장하였다.

🔍 선택지 분석하기

① 변발과 호복이 유행하였다.
⋯ 고려 원 간섭기에는 지배층을 중심으로 몽골의 풍습인 변발과 호복, 발립 등이 유행하였다.

 판소리와 탈춤이 성행하였다.
⋯ 조선 후기에는 서민 문화가 발달하여 판소리, 탈춤, 산대놀이 등이 성행하였다. 특히 탈춤은 지방의 정기 시장인 장시에서 자주 공연되었다.

③ 골품에 따라 일상생활을 규제하였다.
⋯ 신라는 골품제라는 특수한 신분 제도를 운영하였다. 골품에 따라 관직 승진에 제한을 두었으며, 가옥의 규모와 장식물, 복색, 수레의 크기 등 일상생활까지 규제하였다.

④ 특수 행정 구역인 향과 부곡이 있었다.
⋯ 신라 시대에는 특수 행정 구역인 향과 부곡이 형성되었다. 이는 촌락 중에서 크기가 일반 군현에 미치지 못하거나 왕조에 저항하던 집단의 거주지를 재편한 곳이었으며, 고려와 조선 전기까지 존재하였다.

 미니북 37쪽

28 한성순보   정답 ②

빠른 정답 찾기: 박문국 + 순 한문 + 열흘에 한 번 + 외국 소식 소개 ➡ **한성순보**

🔍 자료 분석하기

개항 이후 개화 정책의 일환으로 출판 기관인 박문국이 설치되었고 이곳에서 최초의 근대적 신문인 한성순보를 발행하였다. 한성순보는 순 한문을 사용하고 열흘에 한 번씩 발행되었으며, 정부 관보의 성격을 가지고 있어 국내외의 정세를 소개하였다.

🔍 선택지 분석하기

① 만세보
⋯ 동학의 제3대 교주 손병희는 동학을 천도교로 개칭하고 국한문 혼용체 기관지인 『만세보』를 발행하여 민중 계몽 운동을 전개하였다.

 한성순보
⋯ 개항 이후 박문국에서 최초의 근대적 신문인 한성순보를 발행하였다.

③ 황성신문
⋯ 황성신문은 양반과 지식인을 대상으로 남궁억이 창간한 국한문 혼용 신문이다. 장지연의 항일 논설 「시일야방성대곡」을 게재하여 을사늑약의 부당함을 주장하였다.

④ 대한매일신보
⋯ 양기탁과 영국인 베델이 주도하여 창간한 대한매일신보는 항일 민족 운동을 적극적으로 지원하고 국채 보상 운동을 전국적으로 확산시키는 데 기여하였다.

29 신미양요 정답 ①

빠른 정답 찾기: 고종 즉위 ➡ (가) ➡ 강화도 조약

자료 분석하기
- **고종 즉위**(1863): 조선 고종이 어린 나이에 즉위하자 흥선 대원군이 섭정을 실시하였다.
- **강화도 조약**(1876): 일본이 조선에 통상 조약을 강요하여 외국과 맺은 최초의 근대적 조약이자 불평등 조약인 강화도 조약이 체결되었다.

선택지 분석하기
✓ 신미양요
→ 미국이 제너럴 셔먼호를 이끌고 평양 대동강에 들어와 교역을 요구하다가 평양 관민들의 저항으로 배가 불태워진 사건이 발생하였다(제너럴 셔먼호 사건, 1866). 이후 미국이 이를 구실로 강화도에 침입하여 신미양요가 발생하였고, 어재연이 이끄는 조선 군대가 초지진, 광성보를 점령한 미국군에 항전하였다(1871).

② 보빙사 파견
→ 미국과 조미 수호 통상 조약을 체결한 뒤 미국 공사가 파견되자 조선은 이에 대한 답례로 민영익, 홍영식, 서광범 등을 보빙사로 미국에 파견하였다(1883).

③ 황룡촌 전투
→ 고부 군수 조병갑의 횡포에 반발한 농민들이 동학 농민 운동을 일으켰다. 이후 농민군은 황룡촌 전투와 황토현 전투에서 관군에 승리하며 전주성을 점령하고 전라도 일대를 장악하였다(1894).

④ 만민 공동회 개최
→ 독립 협회는 만민 공동회를 개최하여 민중에게 근대적 지식과 국권·민권 사상을 강조하였다(1898).

한발 더 다가가기
서양 열강의 침략

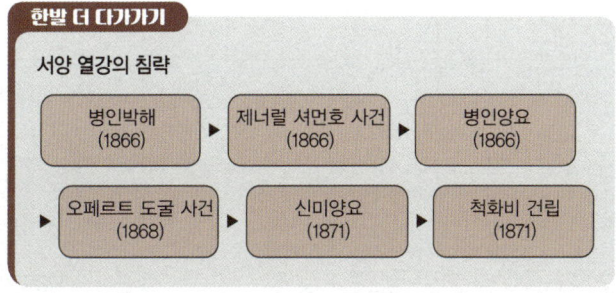

30 임오군란 정답 ①

빠른 정답 찾기: 1882년 + 개화 정책과 구식 군인 차별에 대한 불만 + 고관들의 집 파괴 + 일본 공사관 습격 + 도시 하층민 가세 + 청이 군대 파견 ➡ **임오군란**

자료 분석하기
조선 고종은 개화 정책의 일환으로 기존 5군영을 무위영과 장어영의 2군영으로 개편하고 신식 군대인 별기군을 설치하였다. 그러나 구식 군대인 2군영은 별기군에 비해 차별 대우를 받았고, 수개월간 밀린 봉급을 겨와 모래가 섞인 쌀로 지급받았다. 이에 분노한 구식 군대가 선혜청과 일본 공사관을 습격하면서 임오군란이 발생하였다. 군란은 민씨 세력의 요청으로 개입한 청군에 의해 진압되었고, 흥선 대원군이 청으로 압송되었다.

선택지 분석하기
✓ 임오군란
→ 신식 군대인 별기군과 차별 대우를 받던 구식 군대가 선혜청과 일본 공사관을 습격하면서 임오군란이 발생하였다.

② 삼국 간섭
→ 청일 전쟁에서 승리한 일본은 청과 시모노세키 조약을 체결하여 요동반도와 타이완을 장악하였다. 그러나 러시아, 독일, 프랑스의 삼국 간섭으로 요동반도를 반환하게 되었다.

③ 거문도 사건
→ 갑신정변 이후 조선을 둘러싼 열강들의 국제적 긴장이 높아졌다. 이때 조선에 대한 러시아의 세력 확장에 불안을 느낀 영국은 러시아의 남하 정책을 저지한다는 구실로 거문도를 불법으로 점령하였다.

④ 임술 농민 봉기
→ 조선 철종 때 삼정의 문란과 경상 우병사 백낙신의 수탈에 견디다 못한 농민들의 반발로 진주 지역의 몰락 양반 유계춘을 중심으로 임술 농민 봉기가 발생하였다.

31 갑오개혁 정답 ①

빠른 정답 찾기: 군국기무처 + 1894년 6월 + 김홍집 + 신분제 폐지 + 조혼 금지 ➡ **갑오개혁**

자료 분석하기
일본의 강요로 설치된 군국기무처에서 제1차 갑오개혁을 주도하였으며, 영의정 김홍집이 총재관을 맡아 정치·군사에 관한 일체의

사무를 담당하였다. 청의 연호를 폐지하고 개국 연호를 사용하였으며, 국정과 왕실 사무를 분리하고 행정 기구를 기존 6조에서 8아문으로 개편하였다. 또한, 능력에 따라 인재를 등용하기 위해 과거제를 폐지하고 사회적으로는 공사 노비법을 혁파하여 법적으로 신분제를 폐지하고 연좌제, 조혼 등의 악습을 폐지하였다.

선택지 분석하기

✔ 지계를 발급하였다.
··· 대한 제국은 구본신참을 기본 정신으로 하여 광무개혁을 추진하였다. 이에 따라 양전 사업을 실시하여 지계아문을 통해 토지 소유 문서인 지계를 발급하여 근대적 토지 소유권을 확립하고자 하였다.

② 과거제를 폐지하였다.
③ 도량형을 통일하였다.
④ 연좌제를 금지하였다.
··· 제1차 갑오개혁 때 문벌을 없애고 과거제를 폐지하여 능력에 따라 관리를 등용하고자 하였다. 경제적으로는 은 본위제를 도입하고 도량형을 통일하였으며, 사회적으로는 연좌제와 조혼을 금지하고 과부의 재가를 허용하였다.

32 육영 공원 정답 ③

빠른 정답 찾기: 신학문 + 공립 학교 + 영어, 수학, 자연 과학 + 헐버트 + 길모어 + 벙커 ➡ **육영 공원**

자료 분석하기

조선 고종 때인 1886년 개화 정책의 일환으로 우리나라 최초의 근대식 공립 학교인 육영 공원이 설립되었다. 학생을 7품 이상의 문무 현직 관료 중에서 선발하는 좌원과 양반 자제 중에서 선발하는 우원으로 구성되어 있었으며, 미국인 헐버트와 길모어, 벙커 등을 교사로 초빙하여 영어와 수학, 지리 등 근대 교육을 실시하였다.

선택지 분석하기

① 서전서숙
··· 이상설 등이 만주 용정촌에 서전서숙을 설립하여 민족 교육을 실시하였다.

② 배재 학당
··· 미국인 개신교 선교사 아펜젤러가 세운 배재 학당은 근대적 사립 학교로 신학문 보급에 기여하였다.

육영 공원
··· 최초의 근대식 공립 학교인 육영 공원은 헐버트, 길모어 등의 외국인 교사를 초빙하여 상류층 자제에게 근대 교육을 실시하였다.

④ 이화 학당
··· 미국의 선교사 스크랜턴 부인은 최초의 여성 교육 기관인 이화 학당을 설립하여 근대적 여성 교육에 기여하였다.

33 신민회 정답 ②

빠른 정답 찾기: 105인 사건 + 안창호 + 양기탁 + 비밀리에 결성 ➡ **신민회**

자료 분석하기

안창호와 양기탁 등이 주도하여 결성한 비밀 결사 단체 신민회는 국권 회복과 공화 정체에 바탕을 둔 근대 국가 건설을 목표로 하였다. 신민회는 일제가 조작한 데라우치 총독 암살 미수 사건인 105인 사건으로 인해 많은 독립운동가들이 투옥되면서 조직이 와해되었다.

선택지 분석하기

① 보안회
··· 보안회는 일본의 황무지 개간권 요구에 대한 반대 운동을 전개하여 이를 저지하였다.

신민회
··· 신민회는 국권 회복과 공화 정체에 바탕을 둔 국민 국가 건설을 목표로, 민족 교육과 무장 투쟁을 위한 독립군 양성 등 다양한 활동을 전개하였다.

③ 대한 자강회
··· 대한 자강회는 교육과 산업 활동을 바탕으로 한 국권 회복을 목표로 하면서 고종의 강제 퇴위 반대 운동을 전개하였으나, 일제의 탄압으로 해산되었다.

④ 헌정 연구회
··· 헌정 연구회는 민족의 정치의식 고취와 입헌 군주제 수립을 위해 설립되었다.

한발 더 다가가기

애국 계몽 단체의 활동

보안회 (1904)	• 독립 협회 정신 계승 • 황무지 개간권 요구 반대 운동
헌정 연구회 (1905)	• 입헌 정체 수립 목적 • 일진회 규탄 중 해산
대한 자강회 (1906)	• 교육과 산업의 진흥 • 전국에 25개 지회를 두고 월보 간행 • 고종의 강제 퇴위 반대 운동 중 강제 해산
신민회 (1907)	• 안창호, 양기탁 등이 조직한 항일 비밀 결사 • 최초로 공화 정체 지향 • 실력 양성 운동: 태극 서관, 평양 자기 회사, 대성 학교, 오산 학교, 경학사 • 군사력 양성: 신흥 강습소(신흥 무관 학교) • 105인 사건으로 해산

🌸 미니북 37쪽

34 근대 문화유산 정답 ④

빠른 정답 찾기: 근대 역사의 현장 + 고종의 접견실 + 서양식 건물
➡ 덕수궁 석조전

🔍 자료 분석하기

■ **우정총국**: 조선 고종 때 근대적 우편 제도를 담당하기 위한 관청인 우정총국이 세워졌다. 김옥균 등 급진 개화파 세력이 우정총국 개국 축하연 자리를 이용하여 갑신정변을 일으켜 폐지되었고, 현재는 서울 종로구에 여러 채의 건물 중 한 채만 남아 있다.

■ **구 러시아 공사관**: 을미사변으로 신변의 위협을 느낀 고종은 친러파의 설득에 동의하여 러시아 공사관으로 거처를 옮겼고(아관 파천), 1년여 동안 이곳에 머물렀다. 공사관은 르네상스 양식으로 지어졌으며, 6·25 전쟁 때 대부분 파괴되고 현재는 서울 중구에 지하층과 옥상 부분만 남아 있다.

🔍 선택지 분석하기

① 황궁우
⋯ 하늘에 제사를 지내는 환구단(원구단)은 조선 세조 때 처음 설치되었다가 중단되었고, 아관 파천 이후 환궁한 고종의 황제 즉위식을 위해 1897년에 다시 설치되었다. 그러나 환구단은 일제 강점기 때 철거되었고 현재는 환구단 북쪽에 부속 건물로 지어졌던 삼층 팔각 석조물인 황궁우만 남아 있다.

② 명동 성당
⋯ 서울 중구에 있는 명동 성당은 고종 때 건립된 우리나라 유일의 순수 고딕 양식 건물로, 일제 강점기 때 이재명은 명동 성당 앞에서 을사오적 중 한 명인 이완용을 저격하여 중상을 입혔다.

③ 운현궁 양관
⋯ 서울 종로구의 운현궁은 고종이 임금으로 즉위하기 전에 생활하던 곳이며, 이중 양관은 1910년 르네상스 양식으로 건축되어 덕성 여자 대학교 본관으로 사용하기도 하였다.

 덕수궁 석조전
⋯ 고종이 아관 파천 이후 경운궁(덕수궁)으로 환궁하면서 새로운 건물들이 갖춰지기 시작하였으며, 그해 9월 대한 제국을 선포하며 정궁이 되었다. 광복 이후에는 덕수궁 석조전에서 미소 공동 위원회가 열려 한반도 문제가 논의되기도 하였다.

35 윤희순 정답 ④

빠른 정답 찾기: 여성의 의병 참여 독려 + 만주로 망명 + 항일 투쟁 + 「안사람 의병가」 ➡ 윤희순

🔍 자료 분석하기

조선 고종 때 을미사변이 일어나고 단발령이 시행되자 유홍석이 을미의병을 주도하였다. 이때 며느리 윤희순은 「안사람 의병가」, 「병정의 노래」 등을 지어 여성의 의병 운동 참여를 독려하고 의병의 사기를 진작시켰다. 한일 병합 이후에는 만주로 망명하여 항일 의병 운동을 도모하였다.

🔍 선택지 분석하기

① 권기옥
⋯ 권기옥은 육군 항공대 창설과 비행사 양성을 구상하던 대한민국 임시 정부의 추천으로 운남 항공 학교에 입학하여 조선 여성 최초의 비행사가 되었다. 이후 남경 국민 정부 항공서의 비행사로 활동하였고, 의열단의 연락원으로도 활동하였다.

② 남자현
⋯ 남자현은 서로 군정서 등에서 활약한 여성 독립운동가로, 간도에서 여자 교육회를 조직하여 여성 계몽 운동에 힘썼다.

③ 박차정
⋯ 박차정은 일제 강점기 남경에서 조선 혁명 군사 정치 간부 학교 교관, 조선 의용대 부녀복무단장 등을 역임하면서 독립운동을 전개하였다.

✔ 윤희순
⋯ 윤희순은 조선 최초의 여성 의병 지도자로, 여성들의 항일 투쟁 활동을 장려하며 독립운동을 전개하였다.

36 헤이그 특사 정답 ④

빠른 정답 찾기
1907년 만국 평화 회의 특사 + 이준 + 이상설 + 이위종
➡ 헤이그 특사

자료 분석하기

고종은 1907년 네덜란드 헤이그에서 열린 만국 평화 회의에 이준, 이상설, 이위종을 특사로 파견하여 을사늑약의 무효를 알리고자 하였다. 그러나 을사늑약으로 인해 외교권이 없던 대한 제국은 일본의 방해와 주최국의 거부로 큰 성과를 거두지 못하였다.

선택지 분석하기

① 서양에 파견된 최초의 사절단이었다.
… 조선 정부는 조미 수호 통상 조약 체결 이후 민영익, 홍영식, 서광범을 중심으로 한 사절단인 보빙사를 미국에 파견하였다. 보빙사는 서양 국가에 파견된 최초의 사절단으로, 40여 일간 미국에 머무르며 대통령을 만나고 다양한 기관들을 시찰하였다.

② 조선책략을 국내에 처음 소개하였다.
… 2차 수신사로 파견되었던 김홍집은 청의 황준헌이 저술한 『조선책략』을 국내에 처음 소개하였다. 러시아의 남하 정책에 대비하기 위한 조선, 일본, 청 등 동양 3국의 외교 정책 방향을 제시한 내용으로, 미국과 외교 관계를 맺어야 한다는 여론이 형성되는 계기가 되었다.

③ 기기국에서 무기 제조 기술을 배우고 돌아왔다.
… 개항 이후 김윤식을 중심으로 청에 파견된 영선사는 톈진 기기국에서 서양의 근대식 무기 제조 기술과 군사 훈련법을 시찰하고 돌아와 근대식 무기 제조 공장인 기기창을 설립하였다.

✓ 을사늑약의 부당함을 전 세계에 알리고자 하였다.
… 을사늑약 체결의 부당함을 알리기 위해 고종의 밀명을 받은 이준, 이상설, 이위종이 헤이그에서 열린 만국 평화 회의에 특사로 파견되었다.

37 조선 총독부 정답 ①

빠른 정답 찾기
일제 식민 통치의 최고 기구 + 청사 철거 + '역사 바로 세우기' 사업
➡ 조선 총독부

자료 분석하기

김영삼 정부는 민족정기 회복을 위한 '역사 바로 세우기' 사업의 일환으로 일제 식민 통치의 핵심적 기구였던 조선 총독부 청사 해체를 추진하였다. 광복 50주년을 맞는 1995년 8월 15일에 해체가 진행되었고, 이듬해 11월 철거가 완료된 뒤 해체된 건물의 부재들은 천안 독립기념관으로 이전되어 전시되었다.

선택지 분석하기

✓ 조선 총독부
… 1910년 한일 병합 조약을 통해 대한 제국의 주권이 완전히 상실되었다. 이에 따라 일제는 일체의 정무를 관할하는 조선 총독부를 설치하고 초대 총독으로 데라우치를 임명하였다.

② 종로 경찰서
… 일제 강점기 의열단의 단원 김상옥은 종로 경찰서에 폭탄을 투척하였고 일본 경찰과 총격전을 벌여 여러 명을 사살하고 순국하였다.

③ 서대문 형무소
… 서대문 형무소는 일본이 조선에 대한 침략을 본격화하기 위해 1907년 건립한 근대 감옥으로, 일제 강점기 때 유관순, 강우규, 김구 등 수많은 독립운동가와 민족 지도자가 투옥되어 고문과 박해를 당한 곳이다.

④ 동양 척식 주식회사
… 동양 척식 주식회사는 총독부가 빼앗은 조선의 토지와 자원을 일본인에게 헐값에 팔아넘기는 업무를 담당하는 식민 통치 기관이었다. 의열단원 나석주는 동양 척식 주식회사에 폭탄을 투척하는 의거 활동을 전개하였다.

38 산미 증식 계획 정답 ③

빠른 정답 찾기
일제 강점기 + 군산항 + 자국의 식량 문제 해결 + 1920년 + 쌀 수탈 ➡ 산미 증식 계획

자료 분석하기

1920년대 제1차 세계 대전으로 공업화가 진전된 일본은 증가하는 도시 인구에 비해 농업 생산력이 부족하자 쌀값이 폭등하였다. 이에 조선에서 산미 증식 계획을 실시하여 일본 본토의 식량 부족 문제를 해결하고자 하였다(1920). 이를 위해 품종 개량, 수리 시설 구축, 개간 등을 통해 쌀 생산을 대폭 늘리려 하였으나 증산량은 계획에 미치지 못하였다. 그럼에도 불구하고 증산량보다 많은 양의 쌀을 일본으로 반출하면서 농민들의 경제 상황은 더욱 악화되었다.

선택지 분석하기

① 회사령
… 1910년대 무단 통치기에 일제는 회사령을 공포하여 회사를 설립하거나 해산할 때 총독부의 허가를 받게 하고 민족 기업 설립

을 방해하였다(1910).

② 농지 개혁법
⋯ 이승만 정부는 유상 매수, 유상 분배를 원칙으로 농지 개혁법을 제정하였다(1949). 이에 따라 소작 제도를 폐지하고 농사를 짓는 사람이 토지를 소유하도록 하여 자작농이 증가하는 계기가 되었다.

☑ 산미 증식 계획
⋯ 1920년대 일제는 자국의 부족한 쌀을 조선에서 수탈하기 위해 산미 증식 계획을 실시하였다.

④ 토지 조사 사업
⋯ 조선 총독부는 토지 조사 사업을 위해 토지 조사국을 설치하고 토지 조사령을 발표하였다(1912). 이에 따라 일정 기간 내 토지를 신고하도록 하고 신고하지 않은 토지는 총독부에서 몰수하여 일본인에게 헐값으로 팔아넘겼다.

39 손기정 정답 ②

빠른 정답 찾기: 1936년 베를린 올림픽 + 마라톤 경기 우승 + 조선중앙일보 + 동아일보 + 일장기 삭제 + 일제의 탄압 ➡ 손기정

자료 분석하기
손기정은 1936년 개최된 제11회 독일 베를린 올림픽 대회 마라톤 경기에서 우승하여 부상으로 고대 그리스 청동 투구를 수여받았다. 이때 조선중앙일보, 동아일보 등이 사진에서 선수복 가슴에 있는 일장기를 삭제하여 보도하였고, 이로 인해 해당 신문들은 무기 정간 등 일제의 언론 탄압을 받았다.

선택지 분석하기
① 남승룡
⋯ 남승룡은 손기정이 우승한 1936년 베를린 올림픽 대회 마라톤 경기에서 3위를 차지하였다.

☑ 손기정
⋯ 손기정은 1936년 베를린 올림픽 대회에 참가하여 마라톤 경기에서 공인된 세계 최고 기록으로 우승을 차지하였다.

③ 안창남
⋯ 안창남은 우리나라 최초의 비행사로, 고국 방문 비행에서 1인승 비행기를 타고 서울 상공을 비행하였다.

④ 이중섭
⋯ 이중섭은 우리나라의 대표적인 근대 서양화가로, 「흰 소」, 「황소」, 「닭과 가족」 등의 작품을 그렸다.

40 3·1 운동 정답 ③

빠른 정답 찾기: 1919년 + 일제의 무단 통치 + 전국적 독립운동 ➡ 3·1 운동

자료 분석하기
1919년 학생과 시민 등 각계각층의 사람들이 일제의 무단 통치에 저항하여 일제 강점기 최대 규모의 민족 운동인 3·1 운동을 전개하였다. 이를 계기로 민족의 주체성을 확인한 국내외 독립운동가들은 조직적인 독립운동을 전개하기 위해 중국 상하이에 모여 대한민국 임시 정부를 수립하였다. 3·1 운동 이후 일제는 기존의 무단 통치 방식을 문화 통치로 바꾸게 되었다.

선택지 분석하기
① 개혁 추진을 위해 집강소가 설치되었다.
⋯ 동학 농민 운동 당시 농민군은 청과 일본의 군대 개입을 우려하여 조선 정부와 전주 화약을 맺고 집강소를 설치하여 폐정 개혁을 실시하였다.

② 조선 물산 장려회를 중심으로 전개되었다.
⋯ 일제 강점기 때 평양에서 조만식, 이상재의 주도로 조선 물산 장려회가 결성되어 '내 살림 내 것으로' 등의 구호를 내세운 물산 장려 운동이 전국으로 확산되었다.

☑ 대한민국 임시 정부 수립의 계기가 되었다.
⋯ 3·1 운동은 각계각층의 사람들이 참여한 대규모 독립운동으로, 민족의 주체성을 확인하여 대한민국 임시 정부를 수립하는 계기가 되었다.

④ 신간회의 지원을 받아 민중 대회가 추진되었다.
⋯ 한국인 학생과 일본인 학생의 충돌로 광주 학생 항일 운동이 발생하자 신간회는 진상 조사단을 파견하고 서울에서 대규모 민중 대회를 추진하였다.

41 6·10 만세 운동 정답 ③

빠른 정답 찾기: 순종의 인산일 + 경성 + 만세 시위 + 학생들 + 격문 ➡ (다) 6·10 만세 운동

자료 분석하기
1926년 순종의 인산일을 기하여 장례 행렬이 경성 단성사 앞을 지날 때 중앙 고보 학생 300여 명이 '조선 독립 만세'를 부르고 격문을 뿌리며 시위를 전개하였다. 이를 시작으로 연희 전문학교와 조

선 학생 과학 연구회 학생, 군중들도 합세하면서 대규모 항일 운동인 6·10 만세 운동으로 확산되었으나 일제가 군대를 동원하여 저지하였다.

42 국가 총동원법

정답 ④

빠른 정답 찾기
중일 전쟁 + 전시 체제 구축 + 국가 총동원 + 인적, 물적 자원 통제 운용 ➡ **국가 총동원법**

🔍 자료 분석하기

일제는 1930년대 이후 민족 말살 통치기에 대륙 침략을 위해 한반도를 병참 기지화하고 중일 전쟁과 태평양 전쟁을 일으켰다. 1938년에는 국가 총동원법을 시행하여 전쟁 수행을 위한 한국의 인적, 물적 자원을 통제하고 동원하였다.

🔍 선택지 분석하기

① 헌병 경찰제가 실시되었어요.
⋯ 헌병 경찰제는 무단 통치기인 1910년대에 강압적 통치를 목적으로 실시되었다. 교사들까지 제복을 입고 칼을 차고 다니게 하였으며 조선 곳곳에 일본 헌병 경찰을 배치하였다.

② 경성 제국 대학이 설립되었어요.
⋯ 1920년대 한국인을 위한 고등 교육 기관을 설립하자는 민립 대학 설립 운동이 전개되었으나 일제는 이를 방해하기 위해 경성 제국 대학을 설립하였다(1924).

③ 국채 보상 운동이 전개되었어요.
⋯ 국채 보상 운동은 일본에서 도입한 차관 1,300만 원을 갚아 경제 주권을 회복하고자 김광제, 서상돈 등의 주도로 대구에서 처음 시작되었다(1907). 이후 서울에서 조직된 국채 보상 기성회를 중심으로 전국적으로 확산되었다.

 황국 신민 서사의 암송이 강요되었어요.
⋯ 일제는 민족의 정체성을 말살하기 위해 황국 신민화 정책을 시행하여 내선일체의 구호를 내세워 한글을 사용하지 못하게 하고 황국 신민 서사의 암송을 강요하였다(1937).

43 한인 애국단

정답 ③

빠른 정답 찾기
1931년 + 김구 + 항일 의열 단체 + 이봉창 + 윤봉길
➡ **한인 애국단**

🔍 자료 분석하기

김구는 상하이에서 한인 애국단을 결성하여 적극적인 항일 투쟁 활동을 전개하였다. 단원 이봉창은 1932년 1월 도쿄에서 일본 국왕이 탄 마차의 행렬에 수류탄을 투척하였고, 윤봉길은 1932년 4월 상하이 훙커우 공원에서 열린 일왕 생일 및 일본군 전승 축하 기념식에 폭탄을 던져 일제 요인들에게 큰 타격을 주었다.

🔍 선택지 분석하기

① 중광단
⋯ 북간도로 이주한 한인들이 대종교를 중심으로 중광단을 조직하여 항일 무장 투쟁을 전개하였다.

② 흥사단
⋯ 안창호는 미국 샌프란시스코에서 국권 회복을 위해 민족 운동 단체인 흥사단을 조직하였다.

 한인 애국단
⋯ 김구는 상하이에서 한인 애국단을 결성하여 적극적인 투쟁 활동을 전개하면서 독립운동가를 지원하였으며, 단원으로 이봉창, 윤봉길 등이 활동하였다.

④ 대조선 국민 군단
⋯ 박용만이 미국 하와이에서 결성한 항일 군사 단체로, 독립군 양성을 바탕으로 한 무장 투쟁을 준비하였다.

44 윤동주

정답 ②

빠른 정답 찾기
일본 유학 + 독립운동 + 저항 시인 + 「서시」 + 「별 헤는 밤」 + 「쉽게 쓰여진 시」 ➡ **윤동주**

🔍 자료 분석하기

윤동주는 일제 강점기에 연희 전문학교를 졸업하고 일본 도쿄에서 유학하였다. 문학 활동을 통해 일제의 탄압에 저항한 항일 시인이었으며, 일본 경찰에 체포되어 후쿠오카 형무소에서 수감 중에 생을 마감하였다. 광복 이후 동생 윤일주에 의해 유고집 『하늘과 바람과 별과 시』가 발간되었으며, 대표적 작품으로 「서시」, 「별 헤는 밤」, 「쉽게 쓰여진 시」 등이 있다.

🔍 선택지 분석하기

① 심훈
⋯ 심훈은 일제 강점기의 저항 시인이자 소설가로, 민족의식을 담은 저항시 「그날이 오면」, 브나로드 운동을 소재로 한 장편 소설 『상록수』 등을 발표하였다.

✓ 윤동주
⋯ 윤동주는 문학 활동을 통해 일제의 탄압에 저항한 항일 시인으

로 유고집 『하늘과 바람과 별과 시』를 남겼다.

③ 이육사
→ 이육사는 일제의 식민 통치를 극복하려는 의지를 표현한 「광야」, 「절정」 등의 작품을 통해 일제의 탄압에 저항하였다.

④ 한용운
→ 한용운은 독립운동가 겸 승려이자 시인으로 일제 강점기 때 『님의 침묵』을 출간하여 저항 문학에 앞장섰고, 불교의 현실 참여를 주장하였다.

✿ 미니북 39, 40쪽

45 한국 광복군   정답 ③

빠른 정답 찾기: 1940년 + 대한민국 임시 정부가 창설 + 지청천 ➡ **한국 광복군**

🔍 자료 분석하기

대한민국 임시 정부는 이봉창과 윤봉길 의거 이후 일제의 탄압이 심해지자 충칭으로 근거지를 이동하였다. 이곳에서 지청천을 총사령관으로 하여 임시 정부의 직할 부대인 한국 광복군을 창설하였다(1940). 한국 광복군은 영국군의 요청으로 인도, 미얀마 전선에 파견되었으며 미군의 협조를 받아 국내 진공 작전을 준비하였다.

🔍 선택지 분석하기

① <mark>자유시 참변</mark>으로 큰 타격을 입었다.
→ 연해주의 자유시로 근거지를 옮긴 대한 독립 군단은 군 지휘권을 둘러싼 분쟁에 휘말려 자유시 참변으로 큰 타격을 입었다(1921).

② <mark>봉오동 전투</mark>에서 일본군을 격퇴하였다.
→ 홍범도가 이끄는 대한 독립군은 대한 국민회군, 군무도독부 등의 독립군과 연합하여 봉오동 전투에서 일본군을 상대로 승리를 거두었다(1920).

✓ 미군과 연계하여 <mark>국내 진공 작전</mark>을 계획하였다.
→ 대한민국 임시 정부의 직할 부대인 한국 광복군은 미군과 협조하여 국내 진공 작전을 추진하였다(1945).

④ <mark>흥경성</mark>에서 <mark>중국 의용군</mark>과 연합 작전을 펼쳤다.
→ 양세봉의 조선 혁명군은 중국 의용군과 연합하여 흥경성 전투에서 일본군을 상대로 승리를 거두었다(1933).

✿ 미니북 42쪽

46 대한민국 정부 수립 과정   정답 ④

빠른 정답 찾기: 8·15 광복 ➡ **(가)** ➡ 대한민국 정부 수립

🔍 자료 분석하기

- **8·15 광복**(1945.8.15.): 1945년 8월 15일 일제가 제2차 세계 대전에서 패망하면서 우리나라가 식민지 통치에서 벗어나게 되었다.
- **대한민국 정부 수립**(1948.8.15.): 5·10 총선거를 통해 구성된 제헌 국회에서 간선제 방식으로 대통령, 부통령을 선출하면서 1948년 8월 15일에 대한민국 정부 수립을 국내외에 선포하였다.

🔍 선택지 분석하기

① <mark>5·10 총선거</mark> 실시
② <mark>유엔 한국 임시 위원단</mark> 내한
③ <mark>제1차 미소 공동 위원회</mark> 개최
→ 광복 직후 모스크바 3국 외상 회의의 결과에 따라 제1차 미소 공동 위원회가 개최되었으나 결렬되었다(1946.3.). 이후 제2차 미소 공동 위원회도 결렬되자 미국은 유엔에 한반도 문제를 상정하였고, 유엔 총회는 한반도에서 인구 비례에 따른 총선거 실시를 결정하고 유엔 한국 임시 위원단을 파견하였다(1948.1.). 그러나 소련이 38선 이북 지역의 입북을 거부하자 유엔 소총회에서 가능한 지역에서만 선거를 실시하고 임시 위원단이 선거를 감시하라는 결정을 내리면서 남한에서만 5·10 총선거가 실시되었다(1948.5.10.).

✓ <mark>반민족 행위 특별 조사 위원회</mark> 활동
→ 제헌 국회는 일제의 잔재를 청산하고 민족정기를 바로잡기 위해 반민족 행위 처벌법을 제정하였다. 이에 따라 반민족 행위 특별 조사 위원회가 구성되어 활동하였다(1948.10.).

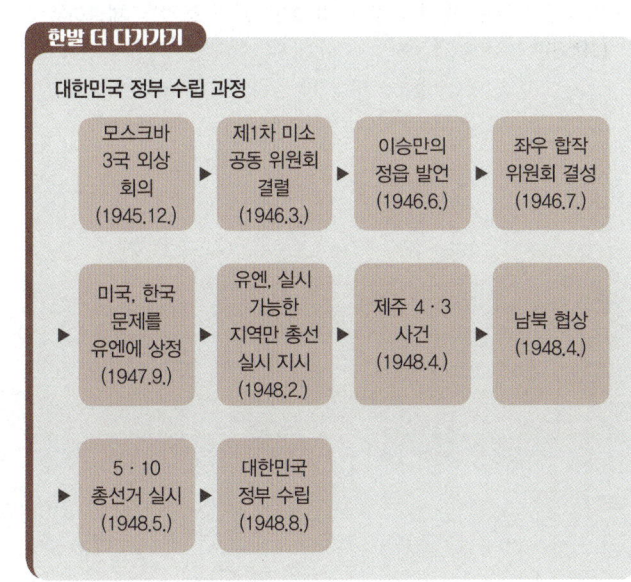

47 6·25 전쟁 정답 ②

빠른 정답 찾기: 1951년 11월 + 판문점 + 휴전 회담 + 중립 지대 ➡ 6·25 전쟁

🔍 자료 분석하기

1950년 북한의 남침으로 6·25 전쟁이 시작되었고, 서울을 점령당한 뒤 낙동강 방어선까지 밀려나게 되었다. 유엔군 파병 이후 국군은 낙동강을 사이에 두고 치열한 공방전을 펼쳤다. 전쟁이 1년여간 지속되자 소련 측의 제의로 미국과 소련이 개성 판문점에서 휴전 회담을 진행하기 시작하였다(1951.7.). 휴전 회담은 전쟁 포로 송환 원칙 문제, 군사 분계선 설정 문제 등으로 인해 2년여간 지속되었다.

🔍 선택지 분석하기

① 애치슨 선언이 발표되었다.
… 미 국무 장관인 애치슨이 한국을 미국의 태평양 방위선에서 제외한다는 내용을 포함한 애치슨 선언을 발표하였다(1950.1.). 이는 6·25 전쟁 발발의 원인이 되었다는 비판을 받는다.

✔ 흥남 철수 작전이 전개되었다.
… 중공군 개입 이후 국군과 유엔군이 퇴각하면서 원산 지역을 뺏겨 전세가 불리해졌다. 이에 국군과 유엔군은 흥남 해상으로 철수 작전을 전개하여 병력 및 물자, 피난민을 철수시켰다(1950.12.).

③ 사사오입 개헌안이 가결되었다.
… 이승만은 자신의 대통령 3선을 위해 초대 대통령에 한해 중임 제한을 철폐한다는 내용의 헌법 개정안을 발표하였으나 부결되었다. 그러자 1인 이하의 소수점 자리는 계산하지 않는다는 사사오입 논리로 개헌안을 통과시켜 장기 집권을 시도하였다(1954).

④ 한미 상호 방위 조약이 체결되었다.
… 이승만 정부는 휴전 이후 한미 상호 방위 조약을 체결하였다(1953).

한발 더 다가가기

6·25 전쟁의 전개 과정

북한의 남침 (1950.6.25.)	북한군이 서울 점령 → 유엔군의 참전 → 낙동강을 사이에 두고 치열한 공방전
국군과 유엔군의 반격	인천 상륙 작전으로 전세 역전(1950.9.15.) → 압록강까지 진격(1950.10.)
중공군의 개입 (1950.10.)	흥남 철수(1950.12.) → 서울 함락(1951.1.4.) → 서울 재탈환 → 38도선 일대 교착 상태
휴전 회담 개최 (1951.7.)	소련이 유엔에 휴전 제의, 이승만 정부의 휴전 반대, 범국민 휴전 반대 운동 → 반공 포로 석방(1953.6.18.)
휴전 협정 체결 (1953.7.27.)	한미 상호 방위 조약 체결(1953.10.)

48 4·19 혁명 정답 ①

빠른 정답 찾기: 대구 학생 시위 + 김주열 군 + 마산 의거 + 비상계엄령 + 이승만 대통령 하야 ➡ 4·19 혁명

🔍 자료 분석하기

이승만 정권과 자유당이 3·15 정·부통령 선거 당선을 위해 부당한 선거 운동을 벌이자, 이에 항거한 대구 학생들이 2·28 민주 운동을 주도하였다. 이후 마산 해변가에 버려진 마산상고 학생 김주열의 시신이 발견되어 마산 의거가 발생하였고 정부는 비상계엄령을 선포하였다. 학생과 대학 교수단이 대통령의 하야를 요구하는 행진을 전개하면서 4·19 혁명은 전국적으로 확산되었고(1960), 결국 이승만이 하야하고 내각 책임제를 기본으로 하는 허정 과도 정부가 구성되었다.

🔍 선택지 분석하기

✔ 3·15 부정 선거에 항의하였다.
… 이승만의 장기 집권과 자유당 정권의 3·15 부정 선거에 저항하여 4·19 혁명이 발발하였다(1960).

② 4·13 호헌 조치 철폐를 요구하였다.
… 박종철 고문치사 사건과 전두환 신군부의 4·13 호헌 조치가 원인이 되어 6월 민주 항쟁이 전국적으로 확산되었다(1987). 시민들은 호헌 철폐와 독재 타도 등의 구호를 내세워 민주적인 헌법 개정을 요구하였다.

③ 유신 체제가 붕괴하는 계기가 되었다.
⋯ YH 무역 노동자들이 폐업에 항의하여 일으킨 농성이 신민당사 앞에서 일어나자 박정희 정부는 신민당 총재였던 김영삼을 국회 의원직에서 제명하였다. 이로 인해 김영삼의 정치적 근거지인 부산, 마산에서 유신 정권에 반대하는 부마 민주 항쟁이 전개되었다(1979).

④ 신군부의 비상계엄 확대에 반대하였다.
⋯ 신군부의 비상계엄 확대와 무력 진압에 항거하여 광주에서 5·18 민주화 운동이 일어났다(1980).

49 박정희 정부의 경제 상황 | 정답 ③

빠른 정답 찾기
경부 간 고속 도로 + 산업 근대화 ➡ 박정희 정부

자료 분석하기
박정희 정부는 국토를 개발하기 위해 서울과 부산 간의 주요 도시를 경유하는 고속 도로 개통을 추진하여 1968년 2월 1일 경부 고속 도로 공사에 착수하였다. 이는 단군 이래 최대의 토목 공사로 불리면서 1970년 7월 7일 준공되었다.

선택지 분석하기
① 서울에서 G20 정상 회의가 개최되었다.
⋯ 이명박 정부 때 아시아 국가 최초로 세계 경제 문제를 다루는 최상위급 정상 회의인 G20 정상 회의를 서울에서 개최하였다 (2010).

② 한미 자유 무역 협정(FTA)이 체결되었다.
⋯ 노무현 정부는 미국과 자유 무역 협정(FTA)을 체결하였다 (2007).

✓ 제2차 경제 개발 5개년 계획이 추진되었다.
⋯ 박정희 정부는 제2차 경제 개발 5개년 계획을 진행하여 경공업과 수출을 중심으로 한 경제 발전을 추진하였다(1967).

④ 경제 협력 개발 기구(OECD)에 가입하였다.
⋯ 김영삼 정부 때 한국 경제의 세계화를 위해 경제 협력 개발 기구(OECD)에 가입하였다(1996).

50 노태우 정부의 통일 노력 | 정답 ②

빠른 정답 찾기
남북한 유엔 동시 가입 + 남북 기본 합의서 + 한반도 비핵화 공동 선언 ➡ 노태우 정부

자료 분석하기
노태우 정부 때 북방 외교를 바탕으로 남북한의 유엔 동시 가입이 이루어졌다. 또한, 남북한 화해 및 불가침, 교류·협력 등에 관한 공동 합의서인 남북 기본 합의서를 채택하고 한반도 비핵화 공동 선언이 이루어졌다.

선택지 분석하기
① 개성 공단이 조성되었다.
⋯ 김대중 정부 때 최초로 남북 정상 회담이 이루어져 개성 공단 건설 운영에 관한 합의서를 체결하였다. 이후 2003년 노무현 정부 때 이르러서야 비로소 개성 공단 착공식이 이루어졌다.

✓ 서울 올림픽 대회가 개최되었다.
⋯ 노태우 정부 시기에 제24회 서울 올림픽 대회를 개최하였다.

③ 베트남 전쟁에 국군이 파병되었다.
⋯ 박정희 정부는 미국의 요청으로 베트남에 국군을 파병하였다. 그 대가로 미국으로부터 한국군 현대화를 위한 장비와 경제 원조를 제공받았다.

④ 국민 기초 생활 보장법이 제정되었다.
⋯ 김대중 정부 시기 극심한 양극화의 해소를 위한 복지 정책으로 생활 유지 능력이 없거나 생활이 어려운 국민의 최저 생활을 국가가 보장하는 국민 기초 생활 보장법을 제정하였다.

한발 더 다가가기

현대 정부의 통일 정책 변화

박정희 정부	• 강력한 반공 정책으로 남북 긴장 고조 • 남북 적십자 회담에서 이산가족 문제 협의(1971), 7·4 남북 공동 성명(1972), 6·23 평화 통일 선언(1973)
전두환 정부	• 민족 화합 민주 통일 방안(1982)에서 민족 통일 협의회 구성 • 남북 적십자 회담 재개로 최초의 이산가족 고향 방문(1985)
노태우 정부	• 한민족 공동체 통일 방안 제안(1989) • 북방 외교: 동유럽의 여러 나라 및 소련(1990)·중국(1992)과 외교 관계 수립, 남북 고위급 회담 개최(1990) • 남북한 유엔 동시 가입, 남북 기본 합의서 채택, 한반도 비핵화 공동 선언(1991)
김영삼 정부	• 한민족 공동체 건설을 위한 3단계 통일 방안 제시(1994) • 북한 경수로 원자력 발전소 건설 사업 지원
김대중 정부	• 대북 화해 협력 정책(햇볕 정책) 추진 • 금강산 관광 사업 전개(1998) • 남북 정상 회담과 6·15 남북 공동 선언 발표(2000) • 경의선 복구 사업, 금강산 육로 관광 등 추진, 개성 공단과 이산가족 상봉 및 면회소 설치 합의
노무현 정부	• 제2차 남북 정상 회담 개최(2007)로 10·4 남북 공동 선언 채택 • 개성 공단 착공(2003)

제54회 한국사능력검정시험

01	02	03	04	05	06	07	08	09	10
③	②	①	③	②	④	①	③	④	②
11	12	13	14	15	16	17	18	19	20
④	①	④	③	②	①	③	②	②	④
21	22	23	24	25	26	27	28	29	30
②	②	③	②	①	②	③	⑤	①	②
31	32	33	34	35	36	37	38	39	40
⑤	①	③	①	④	②	⑤	②	①	②
41	42	43	44	45	46	47	48	49	50
④	③	①	④	①	④	②	③	①	①

한발 더 다가가기

구석기 시대

시기	약 70만 년 전
유적지	평남 상원 검은모루 동굴, 경기 연천 전곡리, 충남 공주 석장리, 충북 청원 두루봉, 충북 단양 수양개 등
유물	주먹도끼, 찍개, 팔매돌, 긁개, 밀개 등
사회	무리 생활, 사냥과 채집, 평등한 공동체 생활, 동굴이나 바위 그늘·강가에 지은 막집, 이동 생활

01 구석기 시대   정답 ③

빠른 정답 찾기: 불을 처음 사용 + 동굴 + 막집 + 연천 전곡리 유적 ➡ **구석기 시대**

자료 분석하기

구석기 시대에는 불을 처음으로 사용하였으며, 사람들은 동굴이나 강가, 바위 그늘에 막집을 짓고 살면서 계절에 따라 이동 생활을 하였다. 연천 전곡리 유적은 대표적인 구석기 시대 유적지로 1978년에 동아시아 최초로 아슐리안 주먹도끼가 발견된 곳이다.

선택지 분석하기

① <mark>가락바퀴</mark>로 실을 뽑는 모습
··· 신석기 시대에는 가락바퀴로 실을 뽑아 뼈바늘로 옷을 지어 입었다.

② <mark>반달 돌칼</mark>로 벼이삭을 따는 모습
··· 청동기 시대에 일부 지역에서 벼농사가 시작되었으며 반달 돌칼을 이용하여 벼를 수확하였다.

 <mark>주먹도끼</mark>로 짐승을 사냥하는 모습
··· 구석기 시대 사람들은 주먹도끼, 찍개 등의 뗀석기를 이용하여 사냥과 채집을 하였다.

④ <mark>거푸집</mark>으로 <mark>세형 동검</mark>을 만드는 모습
··· 후기 청동기 시대와 초기 철기 시대에 거푸집을 이용하여 세형 동검을 제작하면서 독자적인 청동기 문화가 발달하였다.

02 삼한   정답 ②

빠른 정답 찾기: 한반도 남부 + 철기 문화 + 신지 + 읍차 + 5월과 10월 계절제 ➡ **삼한**

자료 분석하기

삼한은 한반도 남부에서 철기 문화를 바탕으로 성장하였으며 신지, 읍차라고 불린 지배자가 각 소국을 지배하였다. 또한, 벼농사가 발달하여 해마다 씨를 뿌리고 난 뒤인 5월과 추수를 마친 10월에 계절제를 열어 하늘에 제사를 지냈다.

선택지 분석하기

① <mark>서옥제</mark>라는 혼인 풍습이 있었다.
··· 고구려에는 혼인을 하면 신랑이 신부 집 뒤에 서옥이라는 집을 짓고 생활하다가 자식을 낳고, 그 자식이 자라서 어른이 되면 신랑 집으로 돌아가는 서옥제라는 혼인 풍습이 있었다.

✓ <mark>소도</mark>라고 불리는 신성 구역이 있었다.
··· 삼한은 소도라는 신성 지역을 따로 두어 제사장인 천군이 이를 관리하는 제정 분리 사회였다.

③ <mark>범금 8조</mark>를 만들어 사회 질서를 유지하였다.
··· 고조선은 사회 질서를 유지하기 위해 8개의 조항으로 이루어진 범금 8조를 만들었으나 현재는 3개의 조항만 전해진다.

④ <mark>단궁</mark>, <mark>과하마</mark>, <mark>반어피</mark> 등의 특산물이 있었다.
··· 동예는 단궁, 과하마, 반어피 등의 특산물이 유명하여 이를 낙랑과 왜에 수출하였다.

03 고구려 소수림왕

정답 ①

빠른 정답 찾기: 고구려 + 고국원왕 아들 + 제17대 왕 + 불교 수용 + 통치 체제 정비 ➡ 고구려 소수림왕

자료 분석하기

고구려 소수림왕은 고국원왕이 백제와의 평양성 전투에서 전사하자 그 뒤를 이어 왕위에 올랐다. 이후 중앙 집권적 국가의 기틀을 세우기 위해 율령을 반포하고 통치 체제를 정비하였다. 또한, 중국 전진의 승려 순도를 통해 불교를 수용하여 왕실의 권위를 높이고자 하였다.

선택지 분석하기

☑ ① 태학을 설립하였다.
··· 고구려 소수림왕은 국가 교육 기관인 태학을 설립하여 인재를 양성하였다.

② 병부를 설치하였다.
··· 신라 법흥왕은 병부를 설치하고 중앙 집권적 국가 체제를 갖추었다.

③ 화랑도를 정비하였다.
··· 신라 진흥왕은 화랑도를 국가 조직으로 개편·정비하였다.

④ 웅진으로 천도하였다.
··· 백제 개로왕이 고구려 장수왕의 공격으로 사망하고 한강 유역을 잃게 되면서 문주왕은 웅진(공주)으로 수도를 옮겼다.

한발 더 다가가기

고구려 주요 국왕의 업적

고국천왕	왕위 부자 세습, 진대법 실시
미천왕	낙랑군 축출
소수림왕	불교 수용, 태학 설립, 율령 반포
광개토 대왕	• 영토 확장, 백제와 금관가야 공격 • 신라에 원군 파병(호우총 청동 그릇)
장수왕	• 남진 정책, 평양 천도, 한강 유역 점령 • 광개토 대왕릉비, 충주 고구려비
영류왕	천리장성 축조
보장왕	연개소문 집권, 고구려 멸망(668)

04 백제의 문화유산

정답 ③

빠른 정답 찾기: 신선 사상 + 백제 문화유산 + 도교적 이상 세계 ➡ 산수무늬 벽돌

자료 분석하기

부여 외리 문양전 일괄(산수무늬 벽돌)은 충남 부여군 규암면 외리에 있는 옛 절터에서 출토되었다. 건축물의 바닥이나 벽면 등을 장식하는 데 사용하였던 것으로 추정되며, 도교의 신선 사상을 바탕으로 한 산수화가 새겨져 있다.

선택지 분석하기

① 천마도
··· 경주 천마총 내부에서 천마를 그린 장니 천마도가 발견되었다.

② 청자 상감 운학문 매병
··· 고려의 상감 기법을 이용한 고려 시대의 대표적인 청자 매병이다.

☑ 산수무늬 벽돌
··· 도교의 신선 사상을 바탕으로 한 산수화가 새겨져 있는 백제의 유물이다.

④ 강서대묘 현무도
··· 굴식 돌방무덤으로 널방의 벽과 천장에는 현무도 등과 같은 벽화가 그려져 있다.

05 기벌포 전투

정답 ②

빠른 정답 찾기: 매소성 전투 + 설인귀 + 당군 + 삼국 통일 ➡ 기벌포 전투

자료 분석하기

신라와 당이 동맹을 맺고 연합군을 결성하여 백제와 고구려를 멸망시켰다. 그러나 당이 고구려와 백제 땅을 분할해 주기로 한 약속을 어기고 신라까지 복속시키려 하자 분노한 신라의 선전포고로 나당 전쟁이 시작되었다. 신라는 675년 설인귀가 이끄는 당군이 침략하자 당의 보급로였던 매소성을 공격하여 크게 승리하였다. 이후 당은 매소성 전투의 패배를 만회하고자 설인귀를 보내 다시 신라를 공격하였다. 그러나 신라 문무왕이 기벌포 전투에서 승리하면서 당의 세력을 한반도에서 몰아내고 삼국을 통일하였다.

선택지 분석하기

① 살수 대첩
→ 수 양제가 우중문에게 30만 별동대를 주어 고구려 평양성을 공격하게 하자 을지문덕은 수의 군대를 살수로 유인하여 크게 무찔렀다.

✔ 기벌포 전투
→ 신라 문무왕은 기벌포 전투에서 승리하면서 당의 세력을 한반도에서 몰아내고 삼국 통일을 완성하였다.

③ 안시성 전투
→ 당은 연개소문의 정변을 구실로 고구려에 침입하여 안시성을 공격하였으나 안시성 성주 양만춘이 당군을 격퇴하였다.

④ 황산벌 전투
→ 신라는 당과 동맹을 맺고 나당 연합군을 결성하여 백제를 공격하였다. 황산벌에서 계백의 결사대가 김유신이 이끄는 신라군에 맞서 싸웠으나 결국 패배하면서 백제가 멸망하였다.

06 금관가야 정답 ④

빠른 정답 찾기: 김수로 + 국립 김해 박물관 + 김해 대성동 고분군 ➡ **금관가야**

자료 분석하기

- **국립 김해 박물관**: 경남 김해에 위치하고 있으며 전기 가야 연맹의 중심지였던 금관가야의 철기 유물과 금동관 등이 전시된 고고학 중심 박물관이다.
- **김해 대성동 고분군**: 3~5세기 금관가야의 덧널무덤, 널무덤, 돌방무덤, 독무덤 등 여러 양식의 무덤이 모여 있다. 또한, 납작도끼, 덩이쇠 등 철제 화폐와 기승용 마구, 갑주 등 수많은 가야 유물이 출토된 곳이다.

선택지 분석하기

① 사비로 천도한 이유를 파악한다.
→ 백제 성왕은 웅진(공주)에서 사비(부여)로 수도를 옮기고 국호를 남부여로 고쳐 새롭게 부흥을 도모하였다.

② 우산국을 복속한 과정을 살펴본다.
→ 신라 지증왕은 이사부를 보내 우산국(울릉도)을 정복하였다.

③ 청해진을 설치한 목적을 조사한다.
→ 장보고는 통일 신라 흥덕왕 때 완도에 청해진을 설치하여 해상 무역을 전개하였다.

✔ 구지가가 나오는 건국 신화를 분석한다.
→ 「구지가」는 금관가야 시조 김수로의 건국 신화에서 전해져 내려오는 고대 가요이다. 『삼국유사』에 따르면 구지봉에서 사람들이 「구지가」를 부르자 하늘에서 6개의 황금알이 내려왔는데 그 중 제일 큰 알에서 나온 사람이 김수로라고 전해진다.

한발 더 다가가기

가야 연맹

정치	• 2~3세기경: 금관가야(김해) 주축 → 5세기경 고구려의 진출로 타격 • 5세기 이후: 대가야(고령) 중심 이동 • 6세기: 신라에 병합(법흥왕−금관가야, 진흥왕−대가야)
경제	낙랑·왜 등에 철을 수출, 중계 무역 장악
문화	• 철기 문화 발달(금동관, 철제 무기, 갑옷 등) • 토기: 수레 토기 → 일본 스에키 토기에 영향을 줌

07 경주 배동 석조여래 삼존 입상 정답 ①

빠른 정답 찾기: 경주 + 신라의 불교 문화유산 ➡ **배동 석조여래 삼존 입상**

자료 분석하기

경주 배동 석조여래 삼존 입상은 신라의 7세기 초 불상으로 추정되며, 경주 남산 기슭에 흩어져 있던 불상들을 모아 1923년 지금의 자리에 세웠다. 중앙의 본존불과 양쪽의 보살상은 짧은 체구와 투박한 형태 등을 보아 중국 수의 영향을 받은 추상 표현주의적 양식이 나타난다.

선택지 분석하기

✔ 배동 석조 여래 삼존 입상
→ 경주에 위치해 있으며, 신라의 7세기 초 불상으로 추정된다.

② 관촉사 석조 미륵보살 입상
→ 논산 관촉사에 위치해 있으며, 우리 나라에서 만들어진 가장 큰 고려의 석조 불상이다.

③ 미륵사지 석탑
→ 목탑 양식을 반영한 독특한 형태로 당시 백제의 건축 기술을 확인할 수 있다.

④ 월정사 팔각 구층 석탑
→ 평창 월정사에 위치해 있으며, 고려 전기의 대표적인 석탑이다.

08 통일 신라 말 사회상
정답 ③

빠른 정답 찾기: 혜공왕 이후 + 신라 ➡ 김헌창의 난

🔍 자료 분석하기
통일 신라 말 어린 나이로 즉위한 혜공왕은 재위 기간 동안 수많은 진골 귀족들의 반란을 겪었고, 이찬 김지정의 반란군에 의해 피살되었다(780). 이후 통일 신라는 귀족들이 서로 왕위를 차지하기 위해 반란을 일으키면서 큰 혼란에 빠지게 되었다.

🔍 선택지 분석하기
① 갑신정변
… 김옥균, 박영효를 중심으로 한 급진 개화파는 일본의 군사적 지원을 약속받고 우정총국 개국 축하연 자리에서 갑신정변을 일으켰다(1884).

② 위화도 회군
… 고려 말의 무신 이성계는 우왕 때 왕명에 따라 요동 정벌을 위해 출병하였다. 그러나 의주 부근의 위화도에서 말을 돌려 개경으로 회군하였다(1388).

✓ 김헌창의 난
… 통일 신라 헌덕왕 때 김주원이 왕위 쟁탈전에서 패배하자 아들인 웅천주(공주) 도독 김헌창이 반란을 일으켰지만, 관군에 의해 진압되면서 실패하였다(822).

④ 연개소문의 집권
… 연개소문은 정변을 통해 영류왕을 몰아내고 보장왕을 왕위에 세운 뒤 스스로 대막리지가 되어 정권을 장악하였다(642).

09 발해
정답 ④

빠른 정답 찾기: 치미 + 용머리상 + 대조영 + 고구려 계승 ➡ 발해

🔍 자료 분석하기
고구려 장군 출신인 대조영은 유민들을 이끌고 지린성 동모산에서 발해를 건국하였다. 대표적인 유물인 발해 치미는 건물 지붕의 양 끝에 올리던 장식 기와인데 궁전지, 관청지 등에서 출토되는 것으로 보아 위용 있는 건물의 장식에 주로 사용되었던 것으로 추정된다. 발해 용머리상은 궁궐 건축에 조각품으로 사용된 것으로 보이며 오랜 기간 수도였던 상경 용천부 이외의 도시에서도 출토되었다.

🔍 선택지 분석하기
① 수의 침략을 물리쳤다.
… 고구려의 을지문덕은 우중문이 이끄는 수의 30만 대군을 살수에서 공격하여 크게 무찔렀다.

② 기인 제도를 실시하였다.
… 고려 태조는 지방 호족의 자제를 일정 기간 수도 개경에 머무르게 하는 기인 제도를 실시하여 호족 세력을 견제하였다.

③ 독서삼품과를 시행하였다.
… 통일 신라 원성왕은 국학의 학생들을 대상으로 독서삼품과를 실시하여 유교 경전의 이해 수준에 따라 관리로 채용하였다.

✓ 해동성국이라고도 불렸다.
… 발해 선왕 때 영토를 크게 확장하여 전성기를 누리면서 주변 국가들로부터 해동성국이라 불렸다.

10 견훤
정답 ②

빠른 정답 찾기: 상주 가은현 + 공산 전투에서 고려에 승리 + 아들 신검 + 금산사 유폐 + 고려에 투항 ➡ 견훤

🔍 자료 분석하기
견훤은 통일 신라 말 상주 가은현의 농민으로 태어나 장군이 되었다. 이후 독자적인 세력을 형성한 견훤은 완산주(전주)를 도읍으로 후백제를 건국하였고, 수도인 금성으로 진격하였다. 이에 고려군이 신라를 지원하기 위해 출병하였으나 공산 전투에서 후백제군에 크게 패하여 김락과 신숭겸 등이 죽고 왕건도 간신히 몸을 피하였다. 이후 견훤이 후계자 문제로 장남 신검에 의해 금산사에 유폐되기도 하였으나 탈출에 성공하면서 고려에 투항하였고 일리천 전투에서 왕건과 함께 아들 신검을 공격하여 후백제를 멸망시켰다.

🔍 선택지 분석하기
① 철원으로 천도함
… 궁예는 후고구려 건국 후 영토를 확장하여 철원으로 도읍을 옮겼다.

✓ 후백제를 건국함
… 신라의 군인 출신인 견훤은 세력을 키워 완산주(전주)에 도읍을 정하고 후백제를 건국하였다.

③ 훈요 10조를 남김
… 고려 태조는 후대의 왕들에게 숭불 정책, 북진 정책, 민생 안정책 등 10가지 지침이 담긴 훈요 10조를 남겼다.

④ 경주의 사심관으로 임명됨
…› 고려에 항복한 신라의 마지막 왕인 경순왕은 고려 태조의 사심관 제도에 따라 경주의 사심관으로 임명되어 그 지방의 자치를 감독하였다.

한발 더 다가가기

후백제와 후고구려

후백제(900)	후고구려(901)
• 견훤이 완산주(전주)에 도읍을 정함 • 충청도와 전라도 지역의 우세한 경제력을 토대로 군사적 우위 확보 • 신라에 적대적, 지나친 조세 수취, 호족 포섭 실패	• 신라 왕족의 후예인 궁예가 송악(개성)을 근거지로 건국 • 철원으로 천도(국호: 마진, 태봉), 관제 개혁 및 새로운 신분 제도 모색 • 지나친 조세 수취, 미륵 신앙을 이용한 전제 정치로 궁예가 축출됨

✓ 삼국유사
…› 고려의 승려 일연은 원 간섭기인 충렬왕 때 불교사를 바탕으로 왕력과 함께 고대 민간 설화나 전래 기록을 수록한 『삼국유사』를 저술하였다.

한발 더 다가가기

『삼국사기』와 『삼국유사』 비교

구분	『삼국사기』	『삼국유사』
시기	고려 중기(1145)	고려 후기(1281)
저자	김부식	일연
사관	유교식 합리주의(기전체)	불교사 중심
성격	사대주의, 신라 계승 의식	자주 의식(단군 신화), 고구려 계승 의식

11 『삼국유사』 정답 ④

빠른 정답 찾기 승려 일연 + 역사서 + 왕력, 기이, 흥법 + 단군의 고조선 건국 이야기 ➡ 『삼국유사』

자료 분석하기

고려 충렬왕 때 승려 일연은 불교사를 중심으로 고조선에서부터 후삼국까지의 역사를 모아 전체 5권 2책으로 『삼국유사』를 편찬하였다. 권과는 별도로 왕력·기이·흥법·탑상·의해·신주·감통·피은·효선의 9편목으로 구성되어 각 편마다 다른 주제로 이야기가 수록되었다. 특히 단군을 우리 민족의 시초로 여겨 단군왕검의 건국 설화를 수록하였다.

선택지 분석하기

① 발해고
…› 조선 정조 때 서얼 출신인 유득공은 『발해고』를 저술하여, 발해를 우리의 역사로 인식하고 신라와 발해가 있던 시기를 남북국 시대라고 부를 것을 제안하였다.

② 동국통감
…› 조선 성종 때 서거정 등이 단군 조선부터 고려 말까지의 역사를 편년체로 정리하여 『동국통감』을 편찬하였다.

③ 동사강목
…› 조선 정조 때 안정복은 『동사강목』을 저술하여 고조선부터 고려 말까지의 역사를 정리하였다.

12 묘청의 서경 천도 운동 정답 ①

빠른 정답 찾기 서경에서 거사 + 수도를 옮김 + 금이 스스로 항복할 것이라고 주장 ➡ 묘청의 서경 천도 운동

자료 분석하기

이자겸의 난 이후 인종은 왕권을 회복시키고자 정치 개혁을 추진하였다. 이 과정에서 묘청, 정지상을 중심으로 한 서경 세력과 김부식을 중심으로 한 개경 세력 간의 대립이 발생하였다. 서경 세력은 서경(평양)으로 천도하고 대화궁을 지으면 천하를 통일할 수 있고 금도 항복할 것이라고 주장하였다. 하지만 대화궁 준공 뒤에도 달라진 것이 없고 인종의 서경 행차에서 폭풍우로 수많은 사람들이 죽자 결국 서경 천도 계획은 무산되었다. 그러자 묘청이 서경에서 반란을 일으켰고, 김부식의 관군에 의해 진압되었다.

선택지 분석하기

✓ 묘청의 난
…› 묘청, 정지상 등을 중심으로 한 서경 세력은 서경 천도와 칭제 건원, 금 정벌 등을 주장하였으나 받아들여지지 않자 서경에서 반란을 일으켰다.

② 김흠돌의 난
…› 통일 신라 신문왕은 장인인 김흠돌이 일으킨 반란을 진압하고 귀족 세력을 숙청하여 왕권을 강화하였다.

③ 홍경래의 난
…› 조선 후기 세도 정치와 삼정의 문란으로 인해 어려움을 겪던 농민들과 서북 지역 차별 대우에 불만을 품은 평안도 지방 사람들이 몰락 양반 출신 홍경래를 중심으로 봉기를 일으켰다.

④ 원종과 애노의 난
⋯ 통일 신라 말 진성 여왕 때 중앙 정권의 무분별한 조세 징수에 대한 반발로 사벌주(상주)에서 원종과 애노가 농민 봉기를 일으켰다.

한발 더 다가가기
서경파와 개경파

구분	서경파	개경파
배경	지방 출신	문벌 귀족 출신
사상	풍수지리, 불교	유교
성격	자주적	사대적, 보수적
외교 정책	북진 정책, 금 정벌	사대 정책
역사의식	고구려 계승	신라 계승
주장	서경 천도, 칭제 건원, 금 정벌	서경 천도 반대, 금에 대한 사대 관계 인정
주요 인물	묘청, 정지상	김부식

13 고려의 지방 제도 정답 ④

빠른 정답 찾기: 공주 명학소 + 망이·망소이 봉기 + 유청신 + 고이부곡 ➡ 고려

자료 뜯어보기
○ 공주 명학소의 망이·망소이* 등이 무리를 모아서 봉기하자, 명학소를 충순현으로 승격하여 그들을 달래고자 하였다.
○ 사신을 따라 원에 간 유청신*이 통역을 잘하였으므로, 그 공을 인정하여 그의 출신지인 고이부곡을 고흥현으로 승격하였다.

*망이·망소이: 고려 무신 정권 시기에 공주 명학소에서 망이·망소이가 과도한 부역과 소·부곡민에 대한 차별 대우에 항거하여 반란을 일으켰다. 이에 고려 정부는 군대를 보냈으나 패배하자 공주 명학소를 충순현으로 승격시키고 현령과 현위를 파견하였다.
*유청신: 고이부곡 출생으로 선조가 대대로 그곳의 관리였다. 몽골어를 잘해 여러 차례 원에 사신으로 갔으며 그 공으로 충렬왕의 총애를 받았다. 고이부곡은 유청신이 외교에서 활약한 공을 인정받아 고흥현으로 승격되었다.
– 공주 명학소의 난과 고이부곡의 승격을 통해 고려의 지방 제도를 유추할 수 있다.

자료 분석하기
고려의 지방 행정 체제에는 특수 행정 구역인 향·부곡·소가 존재하였다. 향과 부곡은 신라 때부터 형성되어 이어진 군현 체제로, 농경지를 개간하여 조성된 촌락 중 크기가 일반 군현에 미치지 못하거나 왕조에 반항하던 집단의 거주지를 재편한 곳이었다. 소는 고려 때 형성된 것으로, 수공업이나 광업, 지방 특산물을 생산하는 지역이었다. 향·부곡·소의 백성들은 신분상 양인이었으나 일반 군현의 백성들에 비해 신분적으로 차별을 받았다.

선택지 분석하기
① 전국을 8도로 나누었다.
⋯ 조선 태종은 전국을 8도로 나누고 모든 군현에 수령을 파견하였다.

② 22담로에 왕족을 파견하였다.
⋯ 백제 무령왕은 지방에 22담로를 설치하고 왕족을 파견하여 지방에 대한 통제를 강화하였다.

③ 주요 지역에 5소경을 설치하였다.
⋯ 통일 신라 신문왕 때 9주 5소경의 지방 행정 구역 체계를 확립하여 수도 경주의 편재성을 보완하였다.

 군사 행정 구역으로 양계를 두었다.
⋯ 고려 현종은 전국을 5도와 양계, 경기로 나누어 지방 행정 제도를 확립하였고, 국경 지역인 양계에 병마사를 파견하였다.

한발 더 다가가기
고려의 지방 행정 제도

경기	수도에 인접한 특수 행정 구역
5도	• 일반 행정 구역 • 5도 – 주·군·현 – 촌, 향·소·부곡 • 양광도, 경상도, 전라도, 교주도, 서해도 • 안찰사 파견
양계	• 군사 행정 구역 • 동계, 북계 • 병마사 파견

✽ 미니북 23쪽

14 몽골의 고려 침입 정답 ③

빠른 정답 찾기: 칸 + 살리타 + 저고여 ➡ 몽골(원)

자료 분석하기
몽골은 고려와 강동의 역을 계기로 외교 관계를 맺은 이후 많은 공물을 요구하며 고려를 압박하였다. 그러던 중 고려에 온 몽골 사신 저고여가 본국으로 돌아가다가 암살당한 사건이 발생하자 몽골은 이 사건을 구실로 고려와 국교를 단절하고 살리타가 이끄는 군대로 고려를 침입하였다.

🔍 선택지 분석하기

① 이자겸이 사대 요구를 수용하였다.
··· 여진은 세력을 확장하여 만주를 장악하고 금을 건국하였다. 이후 거란을 멸망시킨 금이 인종 때 고려에 군신 관계를 요구하였고 당시 집권자인 이자겸은 금과의 무력 충돌을 피하고자 그 요구를 받아들였다.

② 서희가 소손녕과 외교 담판을 벌였다.
··· 거란의 1차 침입 때 서희가 소손녕과의 외교 담판을 통해 강동 6주를 획득하였다.

✅ 김윤후 부대가 처인성에서 적장을 사살하였다.
··· 몽골의 2차 침입 때 승장 김윤후가 이끈 민병과 승군이 처인성에서 몽골군에 대항하여 적장 살리타를 사살하고 승리를 거두었다.

④ 강감찬이 군사를 이끌고 귀주에서 크게 승리하였다.
··· 거란의 3차 침입 때 강감찬이 10만 대군에 맞서 귀주에서 대승을 거두었다.

한발 더 다가가기

고려의 대외 관계

거란(요)	• 1차 침입: 서희의 외교 담판(강동 6주 획득) • 2차 침입: 양규의 활약 • 3차 침입: 강감찬의 귀주 대첩
여진(금)	윤관의 별무반 설치, 동북 9성 축조
몽골(원)	• 대몽 항쟁(김윤후의 처인성 전투, 삼별초의 항쟁) • 고려의 개경 환도 → 원 간섭기
홍건적, 왜구	• 홍건적: 공민왕의 안동 피난 • 왜구: 최영(홍산 대첩), 최무선(진포 대첩), 이성계(황산 대첩), 박위(쓰시마 섬 정벌)

 미니북 08쪽

15 고려 숙종의 업적 정답 ②

빠른 정답 찾기 고려 제15대 왕 + 서적포 설치 + 남경에 궁궐을 세움 + 별무반 조직 ➡ **고려 숙종**

🔍 자료 분석하기

고려 숙종은 비서성에 보관하던 책판이 많아지자 최고 국립 교육 기관인 국자감에 서적포를 설치하여 모든 책판을 옮기고 인쇄와 출판을 담당하게 하였다. 또한, 도읍을 남경(서울)으로 옮길 것을 주장한 김위제의 건의에 따라 임시 관서인 남경개창도감을 두어 궁궐을 세웠으며, 여진이 고려의 국경을 자주 침입하자 윤관의 건의로 신기군, 신보군, 항마군으로 구성된 별무반을 편성하였다.

🔍 선택지 분석하기

① 규장각을 설치하다
··· 조선 정조는 즉위 직후 왕실의 도서관이자 학문 연구 기관인 규장각을 설치하였다.

✅ 해동통보를 제작하다
··· 고려 숙종 때 승려 의천의 건의에 따라 화폐 주조를 전담하는 주전도감을 설치하고 해동통보와 삼한통보, 해동중보 등의 동전과 활구(은병)를 발행·유통하였다.

③ 노비안검법을 실시하다
··· 고려 광종은 노비안검법을 실시하여 억울하게 노비가 된 사람들을 해방하고 호족의 세력을 약화시키고자 하였다.

④ 쌍성총관부를 공격하다
··· 고려 공민왕은 쌍성총관부를 공격하여 원에 빼앗긴 철령 이북 지역의 땅을 되찾았다.

 미니북 19쪽

16 지눌 정답 ①

빠른 정답 찾기 정혜결사 + 정혜쌍수 + 보조국사 ➡ **지눌**

🔍 자료 분석하기

보조국사 지눌은 불교의 타락을 비판하고 혁신을 도모하여 수선사를 조직하고, 승려의 기본인 독경, 수행, 노동에 힘쓰자는 수선사 결사(정혜결사) 운동을 전개하였다. 이때 정혜쌍수를 사상적 바탕으로 철저한 수행을 강조하였다.

🔍 선택지 분석하기

✅ 지눌
··· 고려 승려 지눌은 내가 곧 부처라는 깨달음을 위한 노력과 함께 꾸준한 수행으로 이를 확인하는 돈오점수를 강조하였다.

② 요세
··· 고려 승려 요세는 만덕사(백련사)에서 자신의 행동을 참회하는 법화 신앙에 중점을 두고 백련사 결사를 주도하였다.

③ 혜초
··· 통일 신라 승려 혜초는 인도와 중앙아시아를 순례하고 『왕오천축국전』을 저술하였다.

④ 원효
··· 신라 승려 원효는 불교 종파의 대립과 분열을 끝내고 화합을 이루기 위한 화쟁 사상을 주장하였다.

한발 더 다가가기

신라·고려의 주요 승려

신라	원효	• 불교의 사상적 이해 기준 확립: 『금강삼매경론』, 『대승기신론소』 • 종파 간 사상적 대립 극복·조화: 『십문화쟁론』 • 불교의 대중화: 나무아미타불, 『무애가』 • 정토종, 법성종 창시
	의상	• 화엄 사상 정립: 『화엄일승법계도』 • 관음 신앙: 현세의 고난 구제 • 부석사 건립, 불교 문화의 폭 확대
	혜초	인도, 중앙아시아 기행 『왕오천축국전』 저술
고려	의천	• 교단 통합 운동: 해동 천태종 창시 • 교관겸수·내외겸전 주장: 이론 연마와 실천 강조
	지눌	• 수선사 결사 운동(송광사): 독경과 선 수행, 노동에 힘쓰자는 운동 • 돈오점수·정혜쌍수 제창: 참선(선종)과 지혜(교종)를 함께 수행
	요세	백련 결사 제창: 자신의 행동을 진정으로 참회하는 법화 신앙 강조
	혜심	유불 일치설 주장: 심성의 도야를 강조하여 장차 성리학 수용의 사상적 토대 마련

17 고려의 사회 모습 정답 ③

빠른 정답 찾기: 의창 + 팔관회 + 여성 호주 ➡ 고려의 사회 모습

선택지 분석하기

① 의창이 운영되었습니다.
⋯ 고려 태조 때 실시한 흑창은 춘궁기에 곡식을 빌려주고 추수 후에 회수하던 제도로, 성종 때 쌀을 1만 석 보충하여 시행하면서 의창이라고 불렀다.

② 팔관회가 개최되었습니다.
⋯ 고려 시대에는 매년 개경과 서경에서 국가적 불교 행사인 팔관회가 열렸다. 고려 전역은 물론 송, 여진, 탐라 등 주변국과 서역의 대식국(아라비아) 상인들도 참여하였다.

 ③ 골품제가 실시되었습니다.
⋯ 신라는 중앙 집권 국가로 성장하면서 골품제라는 신분 제도를 통해 각 지역 부족장들의 신분을 규정하였다.

④ 여성이 호주가 될 수 있었습니다.
⋯ 고려 시대 여성은 호주(호적상의 대표)가 될 수 있었고, 호적 기록도 성별에 관계없이 나이순으로 기재되었다.

18 조선 태종 정답 ②

 미니북 09쪽

빠른 정답 찾기: 왕자의 난 + 조선의 제3대 왕 + 6조 직계제 ➡ 조선 태종

자료 분석하기

조선 초 태조 이성계의 왕자들 사이에서 왕위 계승권을 둘러싸고 발생한 왕자의 난을 거쳐 왕이 된 태종은 국왕 중심의 통치 체계를 확립하고자 하였다. 이를 위해 6조 직계제를 실시하여 6조는 의정부를 거치지 않고 국왕에게 직접 보고하고, 국왕이 바로 재가를 내리게 하였다.

선택지 분석하기

① 직전법을 제정하였어요.
⋯ 조선 세조는 과전법하에 세습되는 토지가 증가하면서 새로 지급할 토지가 부족해지자 이를 바로잡기 위해 현직 관리에게만 수조권을 지급하는 직전법을 실시하였다.

 ② 호패법을 시행하였어요.
⋯ 조선 태종은 정확한 인구 파악과 이에 따른 조세, 역 부과를 위해 16세 이상의 남자들에게 일종의 신분증명서인 호패를 발급하는 호패법을 실시하였다.

③ 장용영을 설치하였어요.
⋯ 조선 정조는 왕권을 뒷받침하는 군사적 기반을 갖추기 위해 국왕 친위 부대인 장용영을 설치하였다.

④ 척화비를 건립하였어요.
⋯ 흥선 대원군은 병인양요와 신미양요 등 서양의 침략을 극복한 이후 외세의 침입을 경계하였다. 이에 서양과의 통상 수교 거부를 알리기 위해 전국 각지에 척화비를 세웠다.

19 조선 세종의 업적 정답 ②

미니북 09쪽

빠른 정답 찾기: 한글 + 훈민정음 창제 ➡ 조선 세종

자료 분석하기

조선 세종은 말과 문자가 달라 일반 백성들이 자기의 뜻을 제대로 전달하지 못하는 상황을 안타까워하였다. 이에 집현전 학자들로 하여금 우리나라의 독창적인 문자인 훈민정음을 창제하고 이를 반포하였다.

선택지 분석하기

① 만권당을 세웠다.
··· 고려 충선왕은 왕위를 물려준 뒤 원의 연경에 만권당을 세우고 고려에서 이제현 등의 성리학자들을 데려와 원의 학자들과 교류하게 하였다.

✓ 농사직설을 간행하였다.
··· 조선 세종은 정초, 변효문 등을 시켜 우리 풍토에 맞는 농법을 기술한 『농사직설』을 간행하였다.

③ 대전회통을 편찬하였다.
··· 조선 고종 때 흥선 대원군은 법전인 『대전회통』을 편찬하여 통치 체제를 정비하였다.

④ 초계문신제를 시행하였다.
··· 조선 정조는 새롭게 관직에 오른 자 또는 기존 관리들 중 능력 있는 자들을 규장각에서 재교육시키는 초계문신제를 시행하였다.

한발 더 다가가기

세종의 분야별 업적

정치	의정부 서사제, 집현전 설치, 경연 활성화
군사	4군 6진 개척, 쓰시마 섬 토벌
과학	측우기, 자격루 등 농업 관련 기술 발달
문화	• 훈민정음 창제: 민족 문화의 기반 확립 • 편찬 사업: 『삼강행실도』, 『칠정산』, 『농사직설』, 『향약집성방』, 『의방유취』 등

20 『조선왕조실록』 정답 ④

※ 미니북 52쪽

빠른 정답 찾기: 전주 사고 + 사초와 시정기 등을 바탕으로 편찬 + 역사 ➡ 『조선왕조실록』

자료 분석하기

『조선왕조실록』은 편찬하면 모두 4부를 인쇄하여 4대 사고에 보관하였다. 사고(史庫)는 실록과 중요 서적을 보관하던 서고로, 서울의 춘추관과 충주·성주·전주에 있었다. 임진왜란 때 세 곳이 모두 불에 타고, 전주 사고만 남게 되자 조선 조정에서는 전주 사고본을 4부씩 인쇄하여 춘추관·묘향산·태백산·오대산·마니산 사고에 보관하였다.

선택지 분석하기

① 동의보감
··· 허준이 조선 선조의 명으로 집필한 『동의보감』은 각종 의학 지식과 치료법에 관한 의서로, 광해군 때 완성되었다.

② 경국대전
··· 조선 세조 때 편찬되기 시작한 『경국대전』은 조선의 기본 법전으로, 성종 때 완성되어 반포되었다.

③ 삼강행실도
··· 『삼강행실도』는 조선 세종 때 편찬되었으며, 우리나라와 중국의 서적에서 모범이 될 만한 충신, 효자, 열녀 등의 행적을 모아 글과 그림으로 설명한 윤리서이다.

✓ 조선왕조실록
··· 『조선왕조실록』은 왕이 죽은 뒤에 다음 왕이 즉위하면 춘추관에 실록청을 설치하여 사초와 시정기 등을 바탕으로 편찬되었다. 이러한 가치를 인정받아 『조선왕조실록』은 유네스코 세계 기록 유산으로 등재되었다.

21 이이 정답 ②

※ 미니북 14쪽

빠른 정답 찾기: 화폐 + 강릉 오죽헌 + 조선 시대 유학자 + 수미법 주장 ➡ 이이

자료 분석하기

이이는 강원도 강릉 오죽헌에서 태어났으며, 조선 시대를 대표하는 유학자이다. 그는 공납제의 폐단을 시정하기 위해 선조에게 전국의 모든 공납을 쌀로 대신 납부하게 하는 대공수미법을 건의하였으나 실현되지 못하였다.

선택지 분석하기

① 앙부일구를 제작하였다.
··· 조선 세종 때 장영실이 발명한 앙부일구는 조선 시대를 대표하는 해시계로, 햇빛에 의해 물체에 그림자가 생겼을 때 그림자의 위치로 시간을 측정하였다.

✓ 성학집요를 저술하였다.
··· 이이는 군주가 수양해야 할 덕목과 지식을 다룬 『성학집요』를 저술하여 선조에게 바쳤다.

③ 시무 28조를 건의하였다.
··· 최승로는 고려 성종에게 시무 28조를 올려 불교 행사 억제와 유교의 발전을 건의하였고 고려 초기 국가 체제 정비에 많은 영향을 끼쳤다.

④ 화통도감 설치를 제안하였다.
··· 고려 말 우왕 때 최무선이 화통도감의 설치를 건의하여 화약과 화포를 제작하였고, 화포를 활용하여 진포에서 왜구를 격퇴하였다.

정답 및 해설 **265**

22 임진왜란

정답 ②

빠른 정답 찾기: 『징비록』 + 삼도를 잃음 + 임금 피란 + 명의 군대 ➡ 임진왜란

🔍 자료 분석하기

선조 때 일본이 조선을 침입하면서 임진왜란이 발생하였고 보름 만에 수도 한양(서울)이 함락되었다. 선조는 수도를 버리고 개성과 평양을 거쳐 의주까지 피란하였으며, 왜군은 계속 북진하면서 개성과 평양을 점령하였다. 유성룡은 전쟁이 끝난 뒤에 『징비록』을 저술하여 7년에 걸친 임진왜란의 원인과 전쟁 상황 등을 자세히 기록하였다.

🔍 선택지 분석하기

① 이종무가 쓰시마 섬을 토벌하였다.
⋯ 조선 초기 왜구가 자주 침입해오자 세종은 이종무를 시켜 쓰시마 섬을 정벌하게 하였다.

✔ 정문부가 의병을 모아 왜군을 격퇴하였다.
⋯ 임진왜란 당시 정문부는 함경도 길주에서 의병을 조직하여 왜구를 물리쳤다.

③ 배중손이 삼별초를 이끌고 몽골군과 싸웠다.
⋯ 고려 정부가 강화도에서 개경으로 환도하자 배중손, 김통정을 중심으로 한 삼별초가 이에 반대하여 강화도, 진도, 제주도로 이동하며 대몽 항쟁을 전개하였다.

④ 최영이 군대를 지휘하여 홍건적을 물리쳤다.
⋯ 최영은 홍건적이 서경(평양)을 함락하자 이방실 등과 함께 이를 물리쳤다. 이후 홍건적이 다시 고려를 침입하여 개경(개성)까지 점령하였지만 최영이 군사를 이끌고 적을 격퇴하였다.

한발 더 다가가기

임진왜란의 전개 과정

시기		전투 내용
1592	4.13.	임진왜란 발발(부산포)
	4.14.	부산진성 전투(첫 전투)
	4.28.	충주 전투 패배(신립) → 선조 의주 피난
	5.2.	한양 함락
	5.7.	옥포 해전(이순신) → 첫 승리
	5.29.	사천포 해전(거북선 사용)
	7.	한산도 대첩(학익진 전법)
	10.	진주 대첩 → 김시민 전사
1593	1.	평양성 탈환(조명 연합군)
	2.	행주 대첩(권율)
1597	1.	정유재란
	9.	명량 해전(이순신)
1598	11.	노량 해전 → 이순신 전사

23 조선 광해군

정답 ③

빠른 정답 찾기: 인조반정으로 폐위 + 제주도 유배 ➡ 조선 광해군

🔍 자료 분석하기

조선 광해군 때 북인이 집권하여 정계에서 밀려 있던 서인 세력이 광해군의 중립 외교 정책과 폐모살제 문제를 빌미로 인조반정을 일으켰다(1623). 인조반정으로 인조가 왕위에 올랐으며 폐위된 광해군은 강화도로 유배되었다가 다시 제주도로 옮겨졌고 그곳에서 사망하였다.

🔍 선택지 분석하기

① 집현전이 설치되었다.
⋯ 조선 세종은 집현전을 설치하고 학문 연구와 경연, 서연을 담당하게 하여 유교 정치의 활성화를 꾀하였다(1420).

② 비변사가 폐지되었다.
⋯ 조선 고종 즉위 이후 정치적 실권을 잡은 흥선 대원군은 비변사를 폐지하고 의정부의 권한을 강화하였다(1865).

✔ 대동법이 시행되었다.
⋯ 조선 광해군 때 실시한 대동법은 공납을 전세화하여 공물 대신 쌀이나 베, 동전 등으로 내도록 하였다(1608).

④ 4군 6진이 개척되었다.
⋯ 조선 세종은 최윤덕을 시켜 여진을 몰아내고 압록강 일대에 4군을 설치하고(1443), 김종서를 시켜 두만강 일대에 6진을 설치하여(1449) 영토를 확장하였다.

24 조선 후기 문화 〔정답 ④〕

빠른 정답 찾기: 김홍도의 풍속화 ➡ 조선 후기

자료 분석하기

조선 후기에는 서민들의 일상생활 모습을 생동감 있게 표현한 풍속화가 유행하였다. 대표적 풍속화가인 김홍도는 도화서 화원 출신으로 「서당」, 「자리짜기」, 「씨름도」 등의 작품을 남겼다.

선택지 분석하기

① 한글 소설을 읽는 여인
② 청화 백자를 만드는 도공
③ 판소리 공연을 하는 소리꾼
⋯ 조선 후기에는 서민 문화가 발달하여 『홍길동전』과 『춘향전』 등 한글 소설이 간행되었고, 판소리가 유행하였다. 또한, 흰 바탕에 푸른색으로 그림을 그린 청화 백자도 많이 제작되었다.

✓ 초조대장경을 제작하는 장인
⋯ 고려 현종 때 거란의 침입을 부처님의 힘으로 물리치고자 초조대장경을 제작하였다.

한발 더 다가가기

조선 후기 서민 문화

한글 소설	현실 사회의 모순과 양반의 부조리 비판, 서민의 감정이나 남녀 간의 애정을 솔직하게 표현, 평등 의식 고취, 봉건 사회의 모순과 비리 풍자
판소리	구체적 이야기를 창과 사설로 엮어 냄, 직접적이고 솔직한 감정 표현
탈춤	농촌에서 풍년을 기원하며 드리던 굿에서 발전, 춤과 노래나 사설로 서민들의 감정을 솔직하게 표현
풍속화	• 김홍도: 농민이나 수공업자의 일상생활을 사실적으로 표현 • 신윤복: 한량이나 기녀 중심으로 남녀 간의 애정 등을 주요 소재로 함 • 김득신: 순간적인 상황을 생동감 있게 표현하여 해학적 표현미가 돋보이는 풍속화를 그림

25 정약용 〔정답 ①〕

빠른 정답 찾기: 거중기 + 『기기도설』 참고 + 수원 화성 축조 ➡ 정약용

자료 분석하기

정약용은 조선 후기의 대표적인 실학자로 『기기도설』을 참고하여 거중기를 제작하였다. 이는 수원 화성을 축조할 때 사용되어 공사기간과 비용을 줄이는 데 기여하였다. 화성 축조와 관련된 내용은 김종수가 『화성성역의궤』에 기록하였다.

선택지 분석하기

✓ 여전론을 주장하였다.
⋯ 정약용은 여전론을 통해 마을 단위로 토지의 공동 소유, 공동 경작, 노동력에 따른 수확물의 분배를 주장하였다.

② 추사체를 창안하였다.
⋯ 김정희는 여러 필법을 연구하여 추사체라는 독자적인 글씨체를 완성하였다.

③ 북학의를 저술하였다.
⋯ 박제가는 『북학의』를 저술하여 청 문물 수용과 수레 · 배의 이용을 주장하였다.

④ 몽유도원도를 그렸다.
⋯ 조선 전기 화가인 안견은 안평 대군의 꿈 이야기를 듣고 「몽유도원도」를 그렸다.

26 『대동여지도』 〔정답 ②〕

빠른 정답 찾기: 김정호 + 22첩의 목판본 지도 + 10리마다 눈금 표시 ➡ 「대동여지도」

자료 분석하기

『대동여지도』는 22첩으로 구성된 절첩식(병풍식) 지도첩이다. 우리나라에서 가장 큰 전국 지도이며 보기 편하고 가지고 다니기 쉽게 책자처럼 만든 지도이다.

선택지 분석하기

① 동국지도
⋯ 조선 영조 때 정상기는 최초로 100리 척을 사용한 동국지도를 제작하였다.

② 대동여지도
…→ 『대동여지도』는 조선 후기 김정호가 10리마다 눈금을 표시하여 거리를 알 수 있게 하였다. 각 지역의 지도를 1권의 책으로 접어서 엮었으며, 목판으로 제작되어 대량 인쇄가 가능하였다.

③ 곤여만국전도
…→ 조선 후기에 청에서 마테오 리치가 제작한 세계 지도인 곤여만국전도가 전해졌다.

④ 혼일강리역대국도지도
…→ 조선 태종 때 김사형, 이무, 이회 등이 우리나라 최초의 세계 지도이자 동양에서 현존하는 가장 오래된 지도인 혼일강리역대국도지도를 제작하였다.

27 경신환국 — 정답 ③

미니북 26쪽

빠른 정답 찾기: 기해예송 ➡ (가) ➡ 탕평비 건립

자료 분석하기

- **기해예송**(1659): 조선 현종 때 효종의 왕위 계승에 대한 정통성과 관련하여 자의 대비의 복상 문제를 놓고 서인과 남인 사이에 예송 논쟁이 발생하였다. 기해예송 당시 서인은 효종이 둘째 아들이므로 자의 대비의 복상 기간을 1년으로 주장하였고, 남인은 효종을 장자로 대우하여 3년 복상을 주장하였으나 서인 세력이 승리하였다.
- **탕평비 건립**(1742): 조선 영조는 붕당 정치의 폐해를 막고 능력에 따른 인재를 등용하기 위해 탕평책을 실시하였다. 이를 알리기 위해 성균관에 탕평비를 건립하였다.

선택지 분석하기

① 무오사화
…→ 조선 연산군 때 사관 김일손이 영남 사림파 스승인 김종직의 조의제문을 사초에 기록하였다. 그러자 사림 세력과 대립 관계였던 유자광, 이극돈 등의 훈구 세력이 이를 문제 삼아 연산군에게 알리면서 무오사화가 발생하였다(1498).

② 병자호란
…→ 후금이 국호를 청으로 고치고 조선에 군신 관계를 요구하였으나 조선이 사대 요구를 거부하면서 병자호란이 일어났다(1636).

 경신환국
…→ 남인의 영수인 허적이 궁중에서 쓰는 천막을 허락 없이 사용한 문제로 조선 숙종과 갈등을 빚었다. 이후 허적의 서자인 허견의 역모 사건으로 허적을 비롯한 남인이 몰락하고 서인이 집권하게 되었다(1680).

④ 임술 농민 봉기
…→ 삼정의 문란과 경상 우병사 백낙신의 수탈에 견디다 못한 농민들이 반발하자 진주 지역의 몰락 양반인 유계춘을 중심으로 한 임술 농민 봉기가 발생하였다(1862).

28 군국기무처 — 정답 ③

 미니북 34쪽

빠른 정답 찾기: 제1차 갑오개혁 + 과거제 · 노비제 · 연좌제 등 폐지 ➡ **군국기무처**

자료 분석하기

제1차 갑오개혁을 통해 국정과 왕실 사무를 분리하여 국정은 의정부, 왕실 사무는 궁내부가 담당하게 하였다. 청의 연호를 폐지하고 개국 기원을 사용하였으며, 문벌을 폐지하고 재능에 따라 인재를 등용하기 위해 과거제를 폐지하였다. 또한, 사회적으로는 공사 노비법을 없애 신분제가 법적으로 폐지되었으며, 연좌제와 조혼 등 악습을 폐지하였다.

선택지 분석하기

① 정방
…→ 고려 무신 정권 시기에 최우는 자신의 집에 정방을 설치하여 모든 관직에 대한 인사권을 장악하였다.

② 교정도감
…→ 고려 무신 정권 시기에 최충헌은 교정도감을 설치하고 자신이 이 기구의 우두머리인 교정별감이 되어 중요한 정책을 결정하였다.

✓ 군국기무처
…→ 군국기무처는 갑오개혁을 시행하기 위해 설치한 기구로 김홍집이 총재관을 맡아 정치, 군사에 관한 모든 사무를 담당하였다.

④ 통리기무아문
…→ 조선 고종은 국내외의 군국 기무를 총괄하는 업무를 맡은 관청인 통리기무아문을 설치하고 그 아래 12사(司)를 두어 행정 업무를 맡게 하였다.

29 병인양요 — 정답 ①

미니북 31쪽

빠른 정답 찾기: 문수산성 + 한성근 + 프랑스군 + 양헌수 + 정족산성 ➡ **병인양요**

자료 분석하기

프랑스 로즈 제독이 함대를 이끌고 강화도에 침입하면서 병인양요가 발생하였다(1866.9.). 프랑스군은 문수산성을 정찰하려다 미리 매복한 한성근 부대의 공격으로 큰 피해를 입었다. 이후 정족산성을 공격하였으나 양헌수가 이끄는 조선군에 패배하였다.

선택지 분석하기

✓ **흥선 대원군 집권기**에 일어났다.
… 흥선 대원군이 천주교에 대한 탄압을 단행하면서 병인박해가 발생하였다(1866.1.). 이때 프랑스 선교사 9명이 처형당한 것을 빌미로 프랑스 군대가 강화도를 침략하면서 병인양요가 발생하였다.

② **제너럴 셔먼호 사건**의 배경이 되었다.
… 미국 상선 제너럴 셔먼호가 대동강까지 들어와 조선에 통상을 요구하다가 평양 관민들의 반대에 부딪혀 불에 타게 되었다(1866). 이 제너럴 셔먼호 사건이 원인이 되어 미군이 강화도를 침략한 신미양요가 발생하였다(1871).

③ **삼정이정청**이 설치되는 결과를 가져왔다.
… 임술 농민 봉기를 조사하기 위해 안핵사로 파견된 박규수는 민란의 원인이 삼정의 문란에 있다고 보고 삼정이정청을 설치하여 폐단을 해결하려고 노력하였다(1862).

④ 군함 **운요호**가 강화도에 접근하여 위협하였다.
… 일본은 조선의 해안을 조사한다는 구실로 운요호를 강화도에 보내 초지진을 공격하였다(운요호 사건, 1875). 이에 조선 군대가 방어적 공격을 하자 일본이 이를 빌미로 강화도 조약 체결을 강요하였다.

🌸 미니북 32쪽

30 임오군란   정답 ①

 빠른 정답 찾기 | 개화 정책에 반발 + 구식 군인 + 일본 공사 ➡ **임오군란**

자료 분석하기

신식 군대인 별기군과 차별 대우를 받던 구식 군대가 선혜청을 습격하면서 임오군란이 발생하였다(1882). 구식 군인들은 흥선 대원군을 찾아가 지지를 요청하였고, 정부 고관들의 집과 일본 공사관을 습격하였다. 『전보 조선사건』은 일본 공사 하나부사 요시모토가 당시 상황과 일본 측의 피해 등에 대한 보고서를 정리한 책이다. 임오군란 직후 일본은 군란으로 인한 일본 공사관의 피해와 일본인 교관 피살에 대해 사과 사절단 파견, 주모자 처벌, 배상금 지불, 공사관 경비병의 주둔 등을 요구하며 조선과 제물포 조약을 체결하였다.

선택지 분석하기

✓ **청군의 개입**으로 진압되었다.
… 임오군란 때 민씨 일파의 요청으로 청군이 개입하여 군란을 진압하였고 이때 재집권한 흥선 대원군은 청으로 압송되었다.

② **조선책략**이 유입되는 결과를 가져왔다.
… 2차 수신사로 일본에 파견되었던 김홍집은 당시 청국 주일 공사관 황준헌이 지은 『조선책략』을 국내에 소개하였다.

③ **우금치**에서 일본군과의 전투가 벌어졌다.
… 갑오개혁 등 일본의 내정 간섭이 심화되자 반외세를 내걸고 재봉기한 동학 농민군은 공주 우금치 전투에서 관군 및 일본군에게 패배하였다.

④ **우정총국 개국 축하연**에서 정변이 일어났다.
… 김옥균을 중심으로 한 급진 개화파는 일본의 군사적 지원을 받아 우정총국 개국 축하연 자리에서 갑신정변을 일으켰다.

🌸 미니북 11쪽

31 보빙사   정답 ②

 빠른 정답 찾기 | 민영익 + 미국 대통령 + 조약을 맺음 + 사절단 ➡ **보빙사**

자료 분석하기

조선 정부는 조미 수호 통상 조약 체결 이후 민영익, 홍영식, 서광범을 중심으로 한 사절단인 보빙사를 미국에 파견하였다. 보빙사는 워싱턴에 도착하여 미국 아서 대통령을 접견하고 국서를 전달하였으며, 40여 일간 미국의 다양한 기관들을 시찰하였다.

선택지 분석하기

① 수신사
… 조선은 강화도 조약을 체결한 이후 문호를 개방하여 개화 정책을 추진하였다. 이에 고종은 두 차례에 걸쳐 수신사를 파견하여 일본의 신식 기관과 각종 근대 시설을 시찰하게 하였다.

✓ 보빙사
… 보빙사는 미국에 머무르며 외국 박람회, 공업 제조 회관, 병원, 신문사, 육군 사관 학교 등을 방문·시찰하였다.

③ 영선사
… 김윤식을 중심으로 청에 파견된 영선사는 톈진에서 근대 무기 제조 기술과 군사 훈련법을 배우고 돌아왔다.

④ 조사 시찰단
… 조선 고종은 개화 반대 여론을 의식해 암행어사 형태로 비밀리에 조사 시찰단을 일본에 파견하였다. 이때 파견된 박정양 등은 일본의 근대 문물을 시찰하고 돌아왔다.

정답 및 해설 **269**

한발 더 다가가기

조선 근대 사절단

구분	내용
수신사 (일본)	• 강화도 조약 체결 후 근대 문물 시찰 • 2차 수신사 때 김홍집이 『조선책략』 유입
조사 시찰단 (일본)	• 국내 위정척사파의 반대로 암행어사로 위장해 일본에 파견 • 근대 시설 시찰
영선사 (청)	• 김윤식을 중심으로 청 톈진 일대에서 무기 공장 시찰 및 견습 • 임오군란과 풍토병으로 1년 만에 조기 귀국 • 근대식 무기 제조 공장 기기창 설립
보빙사 (미국)	• 조미 수호 통상 조약 체결의 결과 • 미국 공사 파견에 답하여 민영익, 서광범, 홍영식 등 파견

한발 더 다가가기

개항 이후 근대 신문

신문	특징
한성순보 (1883)	• 순 한문, 10일마다 발간 • 최초의 근대적 신문 • 관보 역할: 개화 정책의 취지 설명, 국내외 정세 소개
한성주보 (1886)	• 한성순보 계승, 국한문 혼용, 주간 신문 • 최초로 상업 광고 게재
독립신문 (1896)	• 한글판과 영문판, 일간지 • 최초의 민간 신문 • 민중 계몽
황성신문 (1898)	• 국한문 혼용 • 일제의 침략 정책과 매국노 규탄, 보안회 지원 • 을사늑약 이후 「시일야방성대곡」 게재
제국신문 (1898)	• 순 한글, 일반 서민층과 부녀자 대상 • 민중 계몽, 자주독립 의식 고취
대한매일신보 (1904)	• 순 한글, 국한문, 영문판 • 발행인: 양기탁, 영국인 베델 • 항일 운동 적극 지원, 국채 보상 운동 주도
만세보 (1906)	• 국한문 혼용 • 천도교 기관지, 민중 계몽, 여성 교육

미니북 35쪽

32 독립신문 정답 ①

빠른 정답 찾기 서재필 + 신문 + 민중 계몽 + 순 한글 + 영문판 ➡ **독립신문**

자료 분석하기

갑신정변 이후 미국에서 돌아온 서재필은 1896년 정부의 지원을 받아 우리나라 최초의 민간 신문인 독립신문을 창간하였다. 이는 최초의 한글 신문이기도 하며 외국인을 위한 영문판도 제작되었다.

선택지 분석하기

 독립신문
→ 독립신문은 서재필이 정부의 지원을 받아 창간하였으며, 한글판과 영문판 두 종류로 발행되었다.

② 제국신문
→ 제국신문은 민중 계몽과 자주독립 의식을 고취하기 위해 이종일이 한글로 간행한 신문이다. 주로 서민층과 부녀자들을 대상으로 하였다.

③ 해조신문
→ 연해주로 이주한 동포들은 순 한글 신문인 해조신문을 발간하여 독립의식을 고취하면서 국권 회복을 위해 힘썼다.

④ 대한매일신보
→ 대한매일신보는 양기탁과 영국인 베델이 창간하였으며, 항일 민족 운동을 적극적으로 지원하였다. 또한, 국채 보상 운동을 전국적으로 확산시키는 데 기여하였다.

미니북 48쪽

33 경천사지 십층 석탑 정답 ④

빠른 정답 찾기 고려 후기 + 대한 제국 시기에 일본인에게 약탈 + 국립 중앙 박물관 전시 ➡ **경천사지 십층 석탑**

자료 분석하기

개성 경천사지 십층 석탑은 원의 석탑 양식에 영향을 받아 만들어진 고려 원 간섭기의 다각 다층 대리석 불탑이다. 일제 강점기에 일본 헌병들이 탑을 무력으로 불법 반출하자 당시 대한매일신보의 발행인 베델과 코리아 리뷰(Korea Review)의 발행인 헐버트가 석탑 반출의 불법성에 대해 지속적으로 기고하였다. 특히 베델이 헤이그 만국 평화 회의에 밀사로 파견되었을 때 현지 신문에 탑의 불법 약탈을 알리며 반환을 위해 노력한 끝에 1919년 국내로 반환되었다. 당시 경복궁 회랑에 보관되었다가 2005년부터 국립 중앙 박물관에 전시되어 있다.

선택지 분석하기

① 불국사 다보탑
→ 경주 불국사 다보탑은 경주시 불국사에 있는 통일 신라 시대의 화강석 석탑으로, 다보여래의 사리를 모신 탑이다.

② 분황사 모전 석탑
⋯ 경주 분황사 모전 석탑은 현존하는 신라 석탑 중 가장 오래된 석탑이며, 석재를 벽돌 모양으로 만들어 쌓아 올린 것이 특징이다.

③ 정림사지 오층 석탑
⋯ 부여 정림사지 오층 석탑은 충남 부여에 위치하며, 목탑의 구조와 비슷하지만 돌의 특성을 잘 살린 탑으로 미륵사지 석탑과 함께 백제 시대의 대표적인 석탑이다.

✓ 경천사지 십층 석탑
⋯ 개성 경천사지 십층 석탑은 고려 후기인 원 간섭기 때 대리석을 재료로 만들어진 석탑이며, 원의 석탑 양식에 영향을 받았다.

미니북 12쪽

34 일제의 식민 통치 법령　정답 ①

빠른 정답 찾기
(가) 조선 태형령 실시 ➡ (나) 치안 유지법 제정 ➡ (다) 국가 총동원법 공포

🔍 자료 분석하기

(가) **조선 태형령**(1912): 1910년대 무단 통치기에 일제는 조선 태형령을 제정하여 곳곳에 배치된 헌병 경찰들이 조선인들에게 태형을 통한 형벌을 가하도록 하였다.
(나) **치안 유지법**(1925): 1920년대 중반 사회주의가 확산되자 일제는 치안 유지법을 시행하여 식민지 지배에 저항하는 민족 해방 운동과 사회주의 독립운동을 탄압하였다.
(다) **국가 총동원법**(1938): 1930년대 이후 일제는 대륙 침략을 위해 한반도를 병참 기지화하였다. 이에 따라 국가 총동원법을 공포하여 전쟁 수행을 위해 한국의 인적·물적 자원을 통제하고 동원할 수 있게 하였다.

미니북 28쪽

35 봉오동 전투　정답 ①

빠른 정답 찾기
홍범도 + 독립군 연합 부대 + 봉오동에서 일본군을 물리침
➡ (가) 봉오동 전투

🔍 자료 분석하기

홍범도는 의병장 출신으로 대한 독립군을 이끌면서 1920년 대한 국민회군, 군무 도독부 등의 독립군과 연합하여 봉오동 전투에서 일본군을 상대로 큰 승리를 거두었다. 대한민국 임시 정부는 독립 신문에 북간도 독립군의 승전보를 발표하였고, 봉오동 전투의 작전 계획과 전투 상황, 결과에 대해 보도하였다.

미니북 38쪽

36 미주 지역의 독립운동　정답 ④

빠른 정답 찾기
대조선 국민 군단 + 박용만 + 한인 비행 학교 + 노백린 + 김종림
➡ 미주 지역

🔍 자료 분석하기

- **대조선 국민 군단**: 박용만이 1914년 미국 하와이에서 결성한 항일 군사 단체로, 독립군 양성을 바탕으로 무장 투쟁을 준비하였다.
- **한인 비행 학교**: 독립운동가 노백린은 미국 캘리포니아에서 공군의 중요성을 강조하며 비행사 양성을 주장하였다. 이후 김종림의 재정적 지원을 받아 1920년 독립군 비행사 양성을 위한 한인 비행 학교를 세웠다.

🔍 선택지 분석하기

① 서전서숙이 세워졌다.
⋯ 이상설이 주도하여 만주 용정촌에 서전서숙을 설립하고 민족 교육을 실시하였다.

② 권업회가 조직되었다.
⋯ 연해주 지역에서 이상설을 중심으로 자치 조직인 권업회가 설립되어 권업신문을 발행하고 학교, 도서관 등을 건립하였다.

③ 신흥 강습소가 설립되었다.
⋯ 신민회 회원인 이상룡, 이회영 등이 중심이 되어 만주 삼원보에 독립군 양성 학교인 신흥 강습소(훗날 신흥 무관 학교)를 설립하였다.

✓ 대한인 국민회가 결성되었다.
⋯ 미국 샌프란시스코의 한인들은 한인 사회를 구성하여 학교와 교회 등을 세웠고, 자치 단체인 대한인 국민회를 조직하여 외교 활동을 펼치며 독립운동을 전개하였다.

미니북 41쪽

37 신간회　정답 ②

빠른 정답 찾기
이상재 + 일제의 기회주의 부인 + 민족 유일당 운동 ➡ 신간회

🔍 자료 분석하기

1920년대 중반 사회주의 세력과 민족주의 세력이 연대하여 민족 유일당을 결성할 수 있다는 공감대가 형성되었다. 이에 따라 국내의 민족 해방 운동 진영은 정우회 선언을 계기로 1927년 좌우 합작 조직인 신간회를 결성하고, 민족 지도자 이상재를 초대 회장으로 추대하였다. 이 해에 이상재가 사망하자 10만여 명의 추모객이 모

정답 및 해설 **271**

인 사회장이 거행되었다. 이후 신간회는 기회주의를 부인하고, 정치적·경제적·사회적 각성을 촉진하며, 단결을 공고히 한다는 3대 강령을 내걸고 활동하였고 일제 강점기 최대 규모의 사회단체로 성장하였다.

선택지 분석하기

① 보안회
→ 보안회는 일본의 황무지 개간권 요구에 대한 반대 운동을 전개하여 이를 저지하였다.

✓ 신간회
→ 신간회는 1920년대 중반 사회주의 세력과 민족주의 세력이 연대하여 민족 유일당 운동의 일환으로 결성된 좌우 합작 단체이다.

③ 진단 학회
→ 이병도와 손진태는 한국과 인근 지역 문화를 독자적으로 연구하기 위해 진단 학회를 창립하여 실증주의 사학을 발달시켰다.

④ 조선 형평사
→ 일제 강점기에 백정들은 사회적 차별을 철폐하기 위해 조선 형평사를 결성하고 형평 운동을 전개하였다.

한발 더 다가가기

신간회의 활동과 의의

결성 (1927)	• 정우회 선언을 계기로 비타협적 민족주의 세력과 사회주의 세력이 연대하여 결성 • 초대 회장 이상재, 부회장 권동진
활동	• 민중 계몽, 노동·농민·여성 및 형평 운동 지원 • 원산 총파업 지원, 광주 학생 항일 운동에 진상 조사단 파견(민중 대회 계획)
해소 (1931)	일제 탄압, 집행부 내부에 타협주의 대두, 사회주의 계열 이탈 등
의의	• 민족 협동 전선 추구 • 대중의 지지 • 국내 최대 규모 항일 운동 단체

38 지역사 – 안동 정답 ④

빠른 정답 찾기: 태사묘 + 고창 전투 + 도산 서원 + 퇴계 이황 + 임청각 + 석주 이상룡 생가 ➡ (라) 안동

자료 분석하기

- **태사묘**: 안동 태사묘는 고창 전투 때 후백제 견훤에 맞서 싸워 고려가 승리하는 데 공을 세운 안동 권씨의 삼태사(시조 권행, 안동 김씨의 시조 김선평, 안동 장씨의 시조 장정필)를 기리기 위해 만들어진 사당이다. 삼공신묘라고도 불리며 경상북도 기념물 제15호로 지정되어 있다.
- **도산 서원**: 퇴계 이황은 주자학을 집대성한 성리학자로 조선 유학의 길을 정립하였고 일본 유학의 부흥에도 크게 기여하였다. 선조 때 이황을 추모하는 문인과 유생들이 안동에 도산 서원을 건립하였으며, 이후 사액 서원이 되면서 영남 지방 사림의 중심지가 되었다.
- **임청각**: 안동 임청각은 조선 중종 때 건립된 건물로, 일제 강점기 때 상하이 임시 정부의 초대 국무령을 지낸 석주 이상룡의 생가이다.

39 조선 의용대 정답 ③

빠른 정답 찾기: 김원봉 + 중국 측의 지원 + 중국 관내에서 결성된 최초의 한인 무장 조직 + 화북 지방으로 이동 + 한국 광복군에 합류 ➡ 조선 의용대

자료 분석하기

1930년대에는 주로 국외에서 한중 연합 군사 작전이 전개되었다. 조선 의용대는 김원봉의 주도로 1938년 중국 국민당의 지원을 받아 중국 관내에서 결성된 최초의 한인 무장 조직으로, 조선 민족 전선 연맹 산하에 있었다. 이후 일부는 화북 지방으로 이동하여 조선 의용대 화북지대를 결성하고, 남은 일부는 충칭으로 이동하여 한국 광복군에 합류하였다.

선택지 분석하기

① 별기군
→ 조선 정부는 기존 5군영을 무위영과 장어영의 2군영으로 개편하고 신식 군대인 별기군을 설치하였다.

② 북로 군정서
→ 북로 군정서는 북간도에서 서일 등의 대종교도를 중심으로 결성된 중광단이 3·1 운동 직후 무장 독립운동을 수행하기 위해 정의단으로 확대 개편되면서 조직한 단체이다. 이후 김좌진이 이끄는 북로 군정서는 일본군과의 청산리 전투에서 큰 승리를 거두었다.

✓ 조선 의용대
→ 김원봉이 주도하여 중국 국민당의 지원을 받아 중국 관내 최초의 한인 무장 부대인 조선 의용대를 창설하였다.

④ 동북 항일 연군
→ 동북 항일 연군은 1936년 중국 공산당의 주도로 만주에서 활동하던 한국인과 중국인의 유격 부대를 통합한 군사 조직이다.

한발 더 다가가기
무장 독립 전선

40 대한민국 임시 정부
정답 ③

빠른 정답 찾기
독립 공채 + 3·1 운동 이후 ➡ **대한민국 임시 정부**

자료 분석하기
1919년 학생과 시민 등 각계각층의 사람들이 참여하여 3·1 운동을 전개하였고, 이를 계기로 민족의 주체성을 확인하여 대한민국 임시 정부가 수립되었다. 대한민국 임시 정부는 국외 거주 동포들에게 독립 공채를 발행하여 독립 자금을 마련하였다. 광복 이후 1983년 대한민국 정부는 독립 공채 상환에 관한 특별조치법을 제정하여 임시 정부 명의로 발행한 독립 공채의 상환이 가능하도록 근거를 마련하였다. 2000년까지 총 57건의 신고가 접수되어 독립 공채 상환이 이루어졌다.

선택지 분석하기
① 집강소를 설치하였다.
… 동학 농민 운동 당시 농민군은 청과 일본의 군대 개입을 우려하여 조선 정부와 전주 화약을 맺고 집강소를 설치하여 폐정 개혁을 실시하였다.

② 만민 공동회를 개최하였다.
… 독립 협회는 만민 공동회를 개최하여 민중에게 근대적 지식과 국권·민권 사상을 고취시켰다. 또한, 가장 천대받던 계층인 백정 출신의 박성춘이 연설을 하는 등 관민이 함께 국정에 대하여 논의하기도 하였다.

✓ 연통제와 교통국을 운영하였다.
… 대한민국 임시 정부는 비밀 행정 조직으로 연통제와 교통국을 운영하여 국내와의 연락망을 확보하고 독립운동 자금을 모았다.

④ 개벽, 신여성 등의 잡지를 발간하였다.
… 동학은 제3대 교주였던 손병희를 중심으로 교명을 천도교로 개칭하고 교단 조직을 새롭게 정비하였다. 천도교는 제2의 3·1 운동을 계획하여 자주 독립 선언문을 발표하였으며, 『개벽』, 『신여성』 등의 잡지를 발간하여 민족의식을 고취하였다.

41 윤봉길
정답 ④

빠른 정답 찾기
1932년 상하이 훙커우 공원 + 일왕 생일 및 상하이 사변 축하 기념식 + 폭탄 투척 + 도시락 폭탄 ➡ **윤봉길**

자료 분석하기
한인 애국단 단원 윤봉길은 1932년 상하이 훙커우 공원에서 열린 일왕 생일 및 일본군 전승 축하 기념식에 폭탄을 던져 일제 요인들에게 큰 타격을 주었다. 윤봉길의 의거는 이후 중국 국민당 정부가 대한민국 임시 정부의 항일 독립운동에 협력하는 계기가 되었다.

선택지 분석하기
① 안창호
… 안창호는 양기탁 등과 함께 신민회를 결성하여 대성 학교와 오산 학교를 세워 민족 교육을 실시하였으며, 태극 서관과 자기 회사를 설립하여 민족 기업을 육성하였다. 또한, 미국 샌프란시스코에서 민족 운동 단체인 흥사단을 조직하여 활동하기도 하였다.

② 이육사
… 이육사는 일제의 식민 통치를 극복하려는 의지를 표현한 「광야」, 「절정」 등의 작품을 통해 일제의 탄압에 저항하였다.

③ 한용운
… 한용운은 독립운동가 겸 승려이자 시인으로 일제 강점기 때 『님의 침묵』을 출간하여 저항 문학에 앞장섰고, 불교의 현실 참여를 주장하였다.

✓ 윤봉길
… 윤봉길은 한인 애국단 단원으로 상하이 훙커우 공원에서 열린 일본 국왕 생일 기념식에 폭탄을 투척하였다.

42 제주 4·3 사건
정답 ③

빠른 정답 찾기
남한만의 단독 정부 수립에 반대 + 진압 과정에서 많은 주민 희생 ➡ **제주 4·3 사건**

자료 분석하기
제주 4·3 사건은 1948년 남한만의 단독 정부 수립에 반대한 남로당 제주도당의 무장 봉기를 미군정과 경찰이 강경 진압하면서 발생하였다. 진압 과정에서 법적 절차를 거치지 않고 총기 등을 사용하여 무고한 민간인까지 사살하면서 제주도민들이 큰 피해를 입었다. 이후 1978년 현기영은 반공 정권하에 왜곡되고 은폐되었던 제주 4·3 사건을 배경으로 한 소설 『순이 삼촌』을 발표하였다.

선택지 분석하기

① 간도 참변
→ 일제는 봉오동 전투와 청산리 전투의 패배에 대한 보복으로 독립군의 근거지를 소탕하기 위해 간도 지역의 수많은 한국인을 학살하는 만행을 저질렀다.

② 6·3 시위
→ 박정희 정부가 한일 회담을 진행하면서 한일 국교 정상화 추진에 대한 협정 내용이 공개되자 학생과 야당을 주축으로 굴욕적 대일 외교에 반대하는 6·3 시위가 전개되었다.

✓ 제주 4·3 사건
→ 남한만의 단독 정부 수립에 반대한 남로당 제주도당이 무장 봉기를 일으키자 미군정과 경찰이 이를 강경 진압하면서 민간인을 학살하는 제주 4·3 사건이 발생하였다.

④ 제암리 학살 사건
→ 제암리 학살 사건은 3·1 운동 때 만세 운동이 일어났던 수원(화성) 제암리에서 일본군이 주민들을 학살하고 교회당과 민가를 방화한 사건이다.

43 박정희 정부 시기 사회 모습 정답 ①

빠른 정답 찾기: 제임스 시노트 + 인민 혁명당 재건 위원회 사건 + 유신 헌법 ➡ 박정희 정부

자료 분석하기

박정희 정권은 종신 집권을 위해 유신 헌법을 제정하였다. 각계각층에서 이에 저항하며 시위를 전개하자 1974년 긴급 조치 4호를 선포하여 유신 반대 투쟁을 벌인 전국 민주 청년 학생 총연맹을 수사하였다. 그리고 전국 민주 청년 학생 총연맹의 배후에 '인민 혁명당 재건 위원회'를 지목하여 사건을 조작하고 이들을 탄압하였다(인혁당 사건). 당시 천주교 사제 제임스 시노트 신부가 인혁당 사건의 불법 재판을 폭로하였고, 대한민국 민주화에 기여한 공로를 인정받아 2020년 국민포장을 수여받았다.

선택지 분석하기

✓ 거리에서 장발을 단속하는 경찰
→ 1960~70년대 자유의 상징으로 여겨졌던 미니스커트와 장발은 박정희 정부 시기 유신 체제하에 퇴폐적인 풍조로 규정되어 단속의 대상이 되었다.

② 조선 건국 준비 위원회에 참여하는 학생
→ 해방 직후 여운형은 일본인의 안전한 귀국을 보장하는 조건으로 조선 총독부로부터 행정권의 일부를 넘겨받아 조선 건국 준비 위원회를 결성하였다(1945).

③ 서울 올림픽 대회 개막식을 관람하는 시민
→ 노태우 대통령 임기 첫해인 1988년 제24회 서울 올림픽이 개최되었다.

④ 반민족 행위 특별 조사 위원회에서 조사받는 기업인
→ 이승만 정부 시기 제헌 국회는 일제의 잔재를 청산하고 민족정기를 바로잡기 위해 반민족 행위 처벌법을 제정하였다(1948). 이에 따라 반민족 행위 특별 조사 위원회가 구성되어 활동하였다.

44 지역사 – 평양 정답 ④

빠른 정답 찾기: 장수왕이 도읍으로 삼음 + 물산 장려 운동 시작 + 남북 정상 회담 최초로 개최 ➡ 평양

자료 분석하기

- 고구려 장수왕은 광개토 대왕의 뒤를 이어 즉위하였으며, 평양으로 수도를 옮기고 남진 정책을 추진하여 영토를 확장하였다.
- 일제 강점기 때 평양에서 조만식, 이상재의 주도로 조선 물산 장려회가 결성되어 '내 살림 내 것으로' 등의 구호를 내세운 물산 장려 운동이 전국으로 확산되었다.
- 김대중 정부는 2000년에 평양에서 분단 이후 최초로 남북 정상 회담을 개최하여 6·15 남북 공동 선언을 발표하였다.

45 전두환 정부 정답 ①

빠른 정답 찾기: 삼청 교육대 + 국풍 81 + 교복 자율화 ➡ 전두환 정부

자료 분석하기

전두환을 중심으로 한 신군부 세력은 쿠데타를 일으켜 권력을 장악하였고, 이에 반대하는 5·18 민주화 운동이 전개되었으나 무력으로 진압하였다(1980). 이후 전국 각지에 삼청 교육대를 설치하여 사회악을 뿌리 뽑겠다는 사회 정화책의 명분하에 가혹 행위를 일삼고 인권을 유린하였다. 전두환 정부는 5·18 민주화 운동 1주기를 앞두고 정권에 대한 저항을 약화시키고 대학생들의 주의를 분산시키기 위해 대규모 문화 축제인 '국풍 81'을 개최하였다. 또한, 국민 유화 정책을 실시하여 중고생 두발 및 교복 자율화를 실시하기도 하였다.

선택지 분석하기

☑ 야간 통행금지가 해제되었다.
⋯ 무력으로 정권을 잡은 전두환 정부는 국민 유화 정책으로 야간 통행금지 해제 조치를 실시하였다(1982).

② 베트남 전쟁에 국군이 파병되었다.
⋯ 박정희 정부는 미국의 요청으로 베트남에 국군을 파병하면서 그 대가로 미국으로부터 한국군 현대화를 위한 장비와 경제 원조를 제공받았다(1964).

③ 한미 상호 방위 조약이 체결되었다.
⋯ 이승만 정부는 휴전 이후 한미 상호 방위 조약을 체결하였다(1953).

④ 제1차 경제 개발 5개년 계획이 실시되었다.
⋯ 박정희 정권의 주도로 제1차 경제 개발 5개년 계획이 추진되었다(1962~1966).

46 종묘제례 정답 ④

빠른 정답 찾기: 국가 무형 문화재 + 조선의 역대 왕과 왕비의 신위를 모신 사당 ➡ **종묘제례**

자료 분석하기

종묘제례는 조선 시대 역대 왕과 왕비의 신위를 모셔 놓은 사당인 종묘에서 지내는 제사를 말한다. 정시제와 임시제로 나뉘어 정시제는 4계절의 첫 번째 달인 1, 4, 7, 10월에, 임시제는 나라에 좋은 일이나 나쁜 일이 있을 때 지냈다. 일제 강점기 때 축소되었고 해방 후에는 전쟁 등으로 중단되었다가 1969년부터 다시 거행되었다. 중요 무형 문화재 제56호로 지정되었으며, 종묘제례악과 함께 유네스코 세계 인류 무형 유산으로도 등재되었다.

선택지 분석하기

① 연등회
⋯ 연등회는 정월 대보름에 부처에게 복을 비는 불교 행사로, 신라 진흥왕 때 팔관회와 함께 시작되어 고려 시대에 국가적 행사로 거행되었다.

② 승전무
⋯ 승전무는 통영 지역의 북춤으로, 충무공 이순신을 추앙하는 내용이 있으며 궁중에서는 무고라는 이름으로 전승되었다.

③ 석전대제
⋯ 석전대제는 성균관 대성전에서 공자를 비롯한 성현들에게 제사를 지내는 의식으로, 모든 유교적 의식 중 가장 규모가 큰 제사이다.

☑ 종묘제례
⋯ 종묘제례는 조선 시대 역대 왕과 왕비의 신주를 봉안한 종묘에서 행해지는 제사 의례이다.

47 세시 풍속 – 설날 정답 ②

미니북 53쪽

빠른 정답 찾기: 새해의 첫날 + 구정(舊正) + 음력으로 명절을 쇠는 전통 ➡ **설날**

자료 분석하기

설날은 우리 민족의 고유 명절로, 음력 1월 1일에 차례를 지내고 어른들께 세배하며 덕담을 나누기도 하였다. 근대에 들어서며 양력이 사용되자 두 개의 설이 생겼고, 일제 강점기 때에는 전통 문화를 말살시키기 위해 전통적 설날인 음력설을 구정(舊正)으로 부르며 억압하였다. 그러나 음력으로 설날을 쇠는 풍속은 사라지지 않았고 1985년 '민속의 날'이라는 국가 공휴일로 지정되었다가 1989년 고유 명칭인 '설날'로 변경되며 3일간 연휴로 지정되었다.

선택지 분석하기

① 화전놀이
⋯ 삼짇날은 음력 3월 3일로 교외나 야산으로 꽃놀이를 나갔는데 이를 화전놀이라고 불렀다. 진달래꽃을 꺾어 찹쌀가루에 반죽하여 참기름을 발라가면서 둥글게 지져 먹었는데 이것을 화전(花煎)이라고 하였다.

☑ 세배하기
⋯ 설날은 음력 1월 1일로, 어른들께 세배를 하고 웃어른들을 찾아뵙고 인사하며 덕담을 나누었다.

③ 창포물에 머리 감기
⋯ 단오는 음력 5월 5일로, 삼한에서 수릿날에 풍년을 기원하였던 행사가 세시 풍속으로 이어지면서 발전하였다. 이날에는 창포물에 머리 감기, 씨름, 그네뛰기, 앵두로 화채 만들어 먹기 등을 하였다.

④ 보름달 보며 소원 빌기
⋯ 정월 대보름은 한 해의 첫 보름이자 보름달이 뜨는 날인 음력 1월 15일에 지내는 우리나라의 명절이다. 이날에는 생솔가지나 나뭇더미를 쌓아 달집을 짓고 보름달이 떠오르면 불을 놓아 복을 기원하였다.

한발 더 다가가기

세시 풍속

설날	• 음력 1월 1일 • 차례, 세배, 윷놀이, 널뛰기, 연날리기 • 떡국, 시루떡, 식혜
정월 대보름	• 음력 1월 15일 • 줄다리기, 지신밟기, 놋다리밟기, 차전놀이, 쥐불놀이, 석전, 부럼 깨기, 달집태우기, 달맞이 • 부럼, 오곡밥, 약밥, 묵은 나물
삼짇날	• 음력 3월 3일 • 화전놀이, 각시놀음 • 화전(花煎), 쑥떡
단오 (수릿날)	• 음력 5월 5일 • 창포물에 머리 감기, 그네뛰기, 씨름, 봉산 탈춤, 송파 산대놀이, 수박희(택견) • 수리취떡, 앵두화채, 쑥떡
칠석	• 음력 7월 7일 • 걸교: 부녀자들이 마당에 음식을 차려놓고 직녀에게 바느질과 길쌈 재주가 좋아지기를 비는 일
추석 (한가위)	• 음력 8월 15일 • 차례, 성묘, 강강술래, 소싸움, 줄다리기, 씨름, 고사리 꺾기 • 송편, 토란국
동지	• 양력 12월 22일경 • 관상감에서 새해 달력을 만들어 벼슬아치에게 나누어 줌, 왕이 신하들에게 부채를 나누어 줌 • 팥죽, 팥시루떡
한식	• 양력 4월 5일경 • 일정 기간 동안 불의 사용을 금함, 성묘를 하고 조상의 묘가 헐었으면 떼를 다시 입힘(개사초), 산신제 • 찬 음식

미니북 44쪽

48 5·18 민주화 운동   정답 ③

빠른 정답 찾기
박기순 + 전남도청 + 계엄군 + 시민군 + 윤상원 + 영혼결혼식
➡ 5·18 민주화 운동

자료 분석하기

전두환 신군부의 12·12 쿠데타에 저항하여 '서울의 봄'이라는 대규모 민주화 운동이 일어나자 비상계엄 조치가 전국으로 확대되었다. 광주에서는 비상계엄 해제와 신군부 퇴진, 김대중 석방 등을 요구하며 5·18 민주화 운동이 전개되었다(1980). 이때 희생된 박기순, 윤상원의 영혼결혼식을 내용으로 하는 음악극에서 이들을 추모하기 위해 「임을 위한 행진곡」이라는 노래가 쓰였는데, 이후 서울과 전국으로 확산되어 한국 민주화 운동을 대표하는 민중가요가 되었다.

선택지 분석하기

① 4·19 혁명
⋯ 이승만의 장기 집권과 자유당 정권의 3·15 부정 선거에 저항하여 4·19 혁명이 발발하였다(1960).

② 6월 민주 항쟁
⋯ 박종철 고문치사 사건과 4·13 호헌 조치가 원인이 되어 발생한 6월 민주 항쟁이 전국적으로 확산되었다(1987). 시민들은 호헌 철폐와 독재 타도 등의 구호를 내세워 민주적인 헌법 개정을 요구하였다. 이 결과 정부는 5년 단임의 대통령 직선제를 골자로 하는 6·29 민주화 선언을 발표하였다.

 5·18 민주화 운동
⋯ 신군부의 비상계엄 확대와 무력 진압에 항거하여 광주에서 5·18 민주화 운동이 일어났다(1980).

④ 3선 개헌 반대 운동
⋯ 1967년 대통령 선거에서 재선된 박정희는 장기 집권을 위해 대통령의 3선 연임을 허용하는 3선 개헌을 강행하였다(1969). 대학생들을 중심으로 가두시위, 성토대회, 단식 투쟁 등 다양한 3선 개헌 반대 운동이 전개되었으나 국회에서 변칙 통과되었다.

미니북 45쪽

49 박정희 정부의 경제 상황   정답 ①

빠른 정답 찾기
(가) 이승만 정부 ➡ **박정희 정부** ➡ (나) 전두환 정부

자료 분석하기

(가) **이승만 정부의 농지 개혁법**(1949): 이승만 정부는 농지 개혁법을 제정하여 유상 매수, 유상 분배를 원칙으로 농지 개혁을 실시하였다. 소작 제도를 폐지하고 농사를 짓는 사람이 토지를 소유하도록 하였다. 이 결과 자작농이 증가하는 계기가 되었다.

(나) **전두환 정부의 3저 호황**(1986~1988): 전두환 정부는 저금리, 저유가, 저달러의 3저 호황으로 물가가 안정되고 수출이 증가하면서 높은 경제 성장률을 기록하였다. 또한, 산업 구조를 재편하여 1979년 제2차 석유 파동으로 인한 경제 위기를 부분적으로 회복하였다.

선택지 분석하기

  수출 100억 달러를 처음 달성하였다.
⋯ 박정희 정부 때 처음으로 수출 100억 달러를 달성하였다(1977).

② G20 정상 회의를 서울에서 개최하였다.
⋯ 이명박 정부 때 아시아 국가 최초로 세계 경제 문제를 다루는 최상위급 정상 회의인 G20 정상 회의를 서울에서 개최하였다(2010).

③ 미국과 자유 무역 협정(FTA)을 체결하였다.
… 노무현 정부 때 미국과 자유 무역 협정(FTA)을 체결하였다 (2007).

④ 경제 협력 개발 기구(OECD)에 가입하였다.
… 김영삼 정부 때 한국 경제의 세계화를 위해 경제 협력 개발 기구 (OECD)에 가입하였다(1996).

한발 더 다가가기

현대 정부별 경제 정책

이승만 정부	• 전후 경제 복구 정책 • 미국의 원조 경제: 면화, 설탕, 밀가루 등 소비재 산업 원료 지원 → 삼백 산업 발달
5·16 군정 시기	제1차 경제 개발 5개년 계획 발표(1962)
박정희 정부	• 제1·2차 경제 개발 5개년 계획: 경공업 중심, 수출 주도형 • 제3·4차 경제 개발 5개년 계획: 중화학 공업 중심 • 수출 100억 달러 달성(1977) • 제2차 석유 파동 → 원유 가격 폭등으로 경제 위기
전두환 정부	3저 호황(저유가, 저달러, 저금리)
노태우 정부	제6·7차 경제 개발 5개년 계획 → 고성장 정책 추진
김영삼 정부	• 경제 협력 개발 기구(OECD) 가입, 금융 실명제 도입 • 무역 적자, 금융 기관 부실 → 외환 위기
김대중 정부	신자유주의 정책을 바탕으로 구조 조정 → 외환 위기 극복
노무현 정부	• 신자유주의 정책 계승 → 친경쟁적 규제 및 시장 개방과 노동 유연화 추구 • 칠레와 FTA 체결(2004), 미국과 FTA 체결(2007), 경부 고속 철도 개통, APEC 정상 회의 개최
이명박 정부	• 4대강 사업, 자유 무역 협정(FTA) 체결 확대 • 기업 활동 규제 완화 • G20 정상 회의 개최(서울)

 미니북 45쪽

50 김대중 정부의 통일 노력   정답 ①

빠른 정답 찾기: 남북 화해·협력 + 햇볕 정책 + 냉전 종식 + 2000년 베를린 자유대학 ➡ **김대중 정부**

자료 분석하기

김대중 정부는 북한과의 화해 협력 기조를 유지하며 교류를 확대하였다. 2000년 3월 베를린 자유대학 연설에서 흡수 통일을 추구하지 않고 남북이 화해와 협력을 통해 냉전을 종식해야 한다는 햇볕 정책의 핵심적 내용을 발표하였다. 이후 남북 분단 이후 최초로 평양에서 남북 정상 회담을 개최하고 6·15 남북 공동 선언을 발표하였다(2000).

선택지 분석하기

① 개성 공단 조성에 합의하였다.
… 김대중 정부 시기 최초로 남북 정상 회담이 이루어져 개성 공단 건설 운영에 관한 합의서를 체결하였다(2000).

② 남북 기본 합의서를 채택하였다.
③ 남북한이 유엔에 동시 가입하였다.
… 노태우 정부 당시 적극적인 북방 외교 정책을 통해 남북의 유엔 동시 가입과 남북 기본 합의서 채택, 한반도 비핵화 공동 선언이 이루어졌다(1991).

④ 7·4 남북 공동 성명을 발표하였다.
… 박정희 정부 시기 서울과 평양에서 7·4 남북 공동 성명이 발표되었다(1972).

제52회 한국사능력검정시험

01	02	03	04	05	06	07	08	09	10
①	①	③	②	③	①	①	④	④	④
11	12	13	14	15	16	17	18	19	20
③	④	②	④	④	①	④	②	①	③
21	22	23	24	25	26	27	28	29	30
①	②	②	①	④	③	①	③	①	②
31	32	33	34	35	36	37	38	39	40
④	②	③	①	④	②	①	②	④	③
41	42	43	44	45	46	47	48	49	50
②	③	④	②	②	④	③	③	②	②

01 신석기 시대 · 정답 ①

빠른 정답 찾기: 암사동 유적 + 빗살무늬 토기 ➡ 신석기 시대

자료 분석하기

서울 암사동 유적은 신석기 시대를 대표하는 유적지이며, 이곳에서는 수렵과 채집 생활을 통해 취락을 형성한 것으로 추정되는 집터와 빗살무늬 토기가 발견되었다. 또한, 돌도끼·돌화살촉 등의 생활 도구와 돌낫·보습과 같은 농기구 등의 석기가 대량 발굴되었다.

선택지 분석하기

 ① 가락바퀴를 이용하여 실을 뽑았다.
…› 신석기 시대에는 가락바퀴로 실을 뽑아 뼈바늘로 옷을 지어 입었다.

② 지배층의 무덤으로 고인돌을 만들었다.
…› 청동기 시대에는 권력을 가진 군장이 등장하였는데 지배층이 죽으면 무덤으로 고인돌을 만들었다.

③ 거푸집으로 비파형 동검을 제작하였다.
…› 청동기 시대에는 거푸집으로 비파형 동검을 제작하면서 한반도의 독자적인 청동기 문화를 형성하였다.

④ 철제 농기구를 사용하여 농사를 지었다.
…› 철기 시대에는 쟁기, 호미, 쇠스랑 등 철제 농기구를 사용하여 농사를 지었다.

02 부여 · 정답 ①

빠른 정답 찾기: 사출도 + 12월 영고 ➡ 부여

자료 분석하기

부여는 왕 아래 마가, 우가, 저가, 구가의 가(加)들이 각자의 행정 구역인 사출도를 다스렸으며, 왕이 통치하는 중앙과 합쳐 5부를 구성하는 연맹 왕국이었다. 또한, 12월에 풍성한 수확제이자 추수 감사제의 성격을 지닌 영고라는 제천 행사를 열었다.

선택지 분석하기

 ① (가)
…› 부여는 만주 쑹화강 유역의 비옥한 평야 지대에서 성장하였으며, 1책 12법이라는 엄격한 법률이 있어 남의 물건을 훔치면 12배로 갚도록 하였다.

② (나)
…› 고구려는 왕 아래 상가, 고추가 등의 대가들이 사자, 조의, 선인 등의 관리를 거느렸다. 또한, 귀족 회의인 제가 회의를 통해 국가의 중대사를 결정하였다.

③ (다)
…› 옥저에는 여자가 어렸을 때 혼인할 남자의 집에서 생활하다가 성인이 된 후에 혼인을 하는 민며느리제가 있었다.

④ (라)
…› 동예는 각 부족의 영역을 중요시하여 그 영역을 침범하는 경우 노비와 소, 말로 갚게 하는 책화라는 제도가 있었다.

03 신라 지증왕 · 정답 ③

빠른 정답 찾기: 국호 신라 + 임금의 칭호 '왕' ➡ 신라 지증왕

자료 분석하기

신라 지증왕은 재위 기간 중에 국호를 신라로 확정하였으며, 임금의 칭호를 마립간에서 왕으로 고쳤다(503).

선택지 분석하기

① 불교가 공인되었다.
…› 신라 법흥왕은 이차돈의 순교를 계기로 불교를 신라의 국교로 공인하였다(527).

② 노비안검법이 시행되었다.
⋯ 고려 광종은 노비안검법을 실시하여 억울하게 노비가 된 사람들을 해방하고 호족의 세력을 약화시키고자 하였다(956).

✓ 이사부가 우산국을 정벌하였다.
⋯ 신라 지증왕은 이사부를 보내 우산국(울릉도)을 정벌하였다(512).

④ 황룡사 구층 목탑이 건립되었다.
⋯ 신라 선덕 여왕 때 승려 자장이 건의하여 황룡사 구층 목탑을 건립하였다(645).

❋ 미니북 06쪽

04 호우총 청동 그릇 정답 ②

빠른 정답 찾기 경주의 고분에서 출토 + 광개토 대왕을 나타내는 글자 + 신라와 고구려의 관계 ➡ **호우총 청동 그릇**

자료 분석하기
경주 호우총 청동 그릇은 신라의 고분에서 발견된 고구려의 그릇이다. 그릇의 밑바닥에 광개토 대왕을 나타내는 '을묘년국강상광개토지호태왕호우십'이라는 글자가 새겨진 것을 통해 당시 고구려와 신라의 관계를 유추할 수 있다.

선택지 분석하기
① 금동 연가 7년명 여래 입상
⋯ 강렬한 느낌을 주는 불상 양식에서 고구려적인 특징이 잘 나타나 있다.

✓ 호우총 청동 그릇
⋯ 고구려와 신라의 관계를 알 수 있는 유물이다.

③ 철제 판갑옷과 투구
⋯ 가야의 발달된 철기 문화를 잘 보여주는 대표적인 유물이다.

④ 산수무늬 벽돌
⋯ 도교의 신선 사상을 바탕으로 한 산수화가 새겨져 있는 백제의 유물이다.

❋ 미니북 06쪽

05 백제 무령왕 정답 ③

빠른 정답 찾기 충청남도 공주 + 무덤 + 중국 남조의 영향 + 벽돌 + 묘지석 ➡ **무령왕릉**

자료 분석하기
충남 공주 송산리 고분군은 웅진 백제 시대 왕들의 무덤이 모여 있는 곳이다. 그중 제7호분인 무령왕릉은 묘지석이 출토되어 유일하게 무덤에 묻혀 있는 사람과 축조 연대를 확인할 수 있는 무덤이다. 또한, 널길과 널방을 벽돌로 쌓은 벽돌무덤이며 중국 남조의 영향을 받았다.

선택지 분석하기
① 성왕
⋯ 백제 성왕은 웅진(공주)에서 사비(부여)로 수도를 옮기고 국호를 남부여로 고쳤다. 또한, 신라 진흥왕과 함께 고구려를 공격하였다.

② 고이왕
⋯ 백제 고이왕은 율령을 반포하고 6좌평제와 16관등제를 정비하여 중앙 집권 국가의 토대를 마련하였다.

✓ 무령왕
⋯ 백제 무령왕은 지방에 22담로를 설치하고 왕족을 파견하여 지방에 대한 통제를 강화하였다.

④ 근초고왕
⋯ 백제 근초고왕은 고구려 평양성을 공격하여 고국원왕을 전사시키고 백제의 전성기를 이끌었다.

06 설총 정답 ①

빠른 정답 찾기 신라의 유학자 + 원효 대사의 아들 + 「화왕계」 + 이두 ➡ **설총**

자료 분석하기
설총은 원효 대사의 아들이자 통일 신라의 6두품 출신 유학자이다. 그는 한자의 음(音)과 훈(訓)을 빌려 우리말을 표기하는 이두를 정리하고 한문을 국어화하여 유학, 한학의 연구를 쉽고 빠르게 발전시켰다.

선택지 분석하기
✓ 설총
⋯ 설총은 통일 신라 신문왕에게 「화왕계」를 올려 유교적 도덕 정치의 중요성을 전하였다.

② 안향
⋯ 안향은 고려 충렬왕 때 원으로부터 성리학을 도입하였다.

③ 김부식
⋯ 김부식은 고려 인종 때 유교적 합리주의 사관에 기초하여 기전

체 형식의 『삼국사기』를 편찬하였다.

④ 최치원
… 최치원은 통일 신라 6두품 출신으로 당의 빈공과에 합격하였으며, 진성 여왕에게 시무 10여 조를 건의하였다.

한발 더 다가가기

통일 신라 유학의 발전

• 유학의 정치 이념화 및 유교 진흥 정책 전개

신문왕	국학 설립
원성왕	독서삼품과 실시

• 통일 신라의 대표적 유학자

강수	대당 외교 문서 작성에 탁월한 능력 발휘
설총	• 「화왕계」 저술 → 유교적 도덕 정치 강조 • 이두 정리 → 유교 경전 보급에 기여
최치원	• 당의 빈공과에 급제, 시무 10여 조 건의 • 골품제 비판 및 개혁 사상 제시

🌸 미니북 21쪽

07 삼국의 통일 과정   정답 ①

빠른 정답 찾기 김춘추의 고구려 원병 요청 ➡ (가) ➡ 황산벌 전투

자료 분석하기

■ **김춘추의 고구려 원병 요청**(642): 신라는 백제 의자왕의 공격으로 대야성을 비롯하여 서쪽 40여 개 성을 빼앗겼다. 이에 김춘추는 고구려에 군사 지원을 요청하였지만 고구려는 신라가 빼앗아 간 죽령 서북 땅을 돌려줄 것을 먼저 요구하였다. 김춘추가 이를 거절하자 연개소문은 그를 감옥에 가두었고 겨우 탈출할 수 있었다.
■ **황산벌 전투**(660): 백제 의자왕은 계백에게 5천 명의 결사대를 주어 김유신이 이끄는 신라군을 막도록 하였다. 이에 계백은 황산벌에서 신라군에 맞서 싸워 4번 모두 승리하였다. 그러나 신라 화랑들의 치열한 저항을 본 신라군은 사기가 크게 올라 백제에 총공격을 가하였다. 결국 황산벌 전투에서 백제군은 크게 패하고 계백이 전사하였다.

선택지 분석하기

 신라와 당이 동맹을 맺었다.
… 신라 김춘추는 나당 동맹을 성사시키고(648), 나당 연합군을 결성하여 백제와 고구려를 공격하였다.
② 백제가 수도를 사비로 옮겼다.
… 백제 성왕은 웅진(공주)에서 사비(부여)로 수도를 옮기고 국호를 남부여로 고쳐 새롭게 부흥을 도모하였다(538).

③ 대가야가 가야 연맹을 주도하였다.
… 고구려 광개토 대왕이 금관가야를 침입하면서(400) 가야 연맹을 이끌던 금관가야는 쇠퇴하게 되었다. 이후 고령 지방의 대가야가 후기 가야 연맹을 주도하였다.

④ 고구려가 살수에서 수의 대군을 격파하였다.
… 고구려의 을지문덕은 우중문이 이끄는 수의 30만 대군을 살수에서 공격하여 크게 무찔렀다(612).

한발 더 다가가기

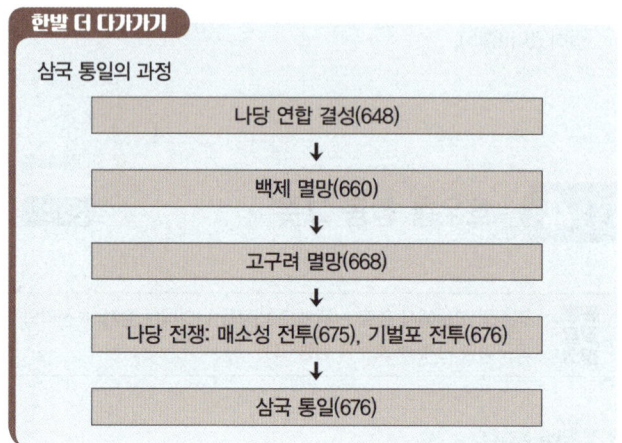

🌸 미니북 22쪽

08 통일 신라 말 사회상   정답 ④

빠른 정답 찾기 김헌창의 난 + 적고적의 난 ➡ 통일 신라 말

자료 분석하기

통일 신라 헌덕왕 때 웅천주 도독 김헌창은 아버지 김주원이 왕위 쟁탈전에서 패배한 것에 불만을 품고 반란을 일으켰으나 관군에 의해 진압되면서 실패하였다. 진성 여왕 때는 적고적이라 불리는 도적들이 일어나 경주의 서쪽까지 와서 노략질을 하였다.

선택지 분석하기

① 만적의 난
… 고려 최씨 무신 정권 때 최충헌의 노비인 만적이 개경(개성)의 송악산에서 신분 차별에 항거하는 반란을 도모하였으나 사전에 발각되어 실패하였다.

② 홍경래의 난
… 조선 순조 때 세도 정치로 인한 삼정의 문란과 서북 지역 차별에 대한 불만으로 평안도 지역 농민들이 몰락 양반 출신의 홍경래를 중심으로 우군칙, 김창시 등과 함께 가산 지역에서 봉기를 일으켰다.

③ 망이·망소이의 난
… 고려 무신 정권 시기 공주 명학소에서 망이·망소이가 과도한

부역과 특수 행정 구역인 소에 대한 차별 대우에 항의하여 농민 봉기를 일으켰다.

✔ 원종과 애노의 난
⋯ 통일 신라 말 진성 여왕 때 무분별한 조세 징수에 대한 반발로 사벌주(상주)에서 원종과 애노가 농민 봉기를 일으켰다.

한발 더 다가가기

통일 신라 말 사회 모습

왕위 쟁탈	경덕왕 사후 나이 어린 혜공왕 즉위 → 진골 귀족들의 왕위 쟁탈전
지방 세력 반란	웅진(웅천주) 도독 김헌창의 난(822), 장보고의 난(846)
농민 봉기	원종과 애노의 난(889)
새로운 세력의 등장	• 6두품 세력: 골품제 비판, 새로운 정치 이념과 사회상 제시 • 호족 세력: 중앙 정부의 통제에서 벗어나 성주·장군 자처, 지방의 행정권과 군사권 장악
새로운 사상 유행	선종, 풍수지리설, 유교

※ 미니북 07쪽

09 발해 정답 ④

빠른 정답 찾기 오소도 + 당 빈공과 + 해동성국 + 상경성 ➡ **발해**

🔍 자료 분석하기

오소도는 발해 경왕 때 당에 건너가 빈공과에 진사로 합격하였으며, 이때 함께 응시했던 신라인 이동보다 등수가 높았다. 상경성은 발해의 수도로 문왕 때 이곳으로 수도를 옮겼으며, 선왕 때는 영토를 크게 확장하고 전성기를 누리면서 주변 국가들로부터 해동성국이라 불렸다.

🔍 선택지 분석하기

① 글과 활쏘기를 가르치는 <mark>경당</mark>을 두었다.
⋯ 경당은 고구려 일반 평민층이 자제들을 교육하기 위하여 설립한 민간 교육 기관으로 경전 독서, 활쏘기 연습 등의 학문과 무예를 교육하였다.

② <mark>정사암</mark>에서 국가의 중대사를 결정하였다.
⋯ 백제의 귀족들은 정사암이라는 바위에서 회의를 통해 재상을 선출하고 국가의 중대사를 결정하였다.

③ <mark>청해진</mark>을 중심으로 해상 무역을 전개하였다.
⋯ 장보고는 통일 신라 흥덕왕 때 완도에 청해진을 설치하여 해상 무역을 전개하였다.

 <mark>5경 15부 62주</mark>로 지방 행정 제도를 정비하였다.
⋯ 발해는 선왕 때 영토를 크게 확장하여 지방 행정 제도를 5경 15부 62주로 정비하였다.

※ 미니북 08, 22쪽

10 태조 왕건 정답 ④

빠른 정답 찾기 고려 + 신라의 항복 + 후백제 격파 + 후삼국 통일 ➡ **왕건**

🔍 자료 분석하기

935년 신라의 마지막 왕인 경순왕 김부가 고려에 항복하면서 왕건은 신라를 차지하게 되었다. 이후 936년 일리천 전투에서 신검의 후백제군과 싸워 크게 승리하면서 후백제가 멸망하고 고려가 후삼국을 통일하였다.

🔍 선택지 분석하기

① <mark>전국을 8도</mark>로 나누었다.
⋯ 조선 태종은 전국을 8도로 나누고 모든 군현에 수령을 파견하였다.

② <mark>천리장성</mark>을 축조하였다.
⋯ 고구려 영류왕 때 당의 공격에 대비하여 동북의 부여성부터 발해만의 비사성까지 천리장성을 축조하였다. 이후 고려 현종 때에는 거란의 침입에 대비하기 위해 압록강 하구부터 동해안까지 천리장성을 쌓아 국경 수비를 강화하였다.

③ <mark>화통도감</mark>을 설치하였다.
⋯ 고려 말 우왕 때 최무선이 화통도감의 설치를 건의하여 화약과 화포를 제작하였고, 화포를 활용하여 진포에서 왜구를 격퇴하였다.

✔ <mark>사심관 제도</mark>를 시행하였다.
⋯ 고려 태조 왕건은 지방 호족을 견제하고 지방 통치를 강화하기 위해 지방 호족 출신자를 그 지역의 사심관으로 임명하였다.

한발 더 다가가기

고려 초기 국왕의 업적

태조 왕건	민생 안정, 호족 통합 정책(결혼, 기인 제도, 사심관 제도), 북진 정책
광종	노비안검법, 과거 제도, 공복 제정, 칭제 건원
경종	전시과 제정(시정 전시과)
성종	최승로의 시무 28조 수용, 지방관 파견, 향리 제도 마련, 중앙 통치 기구, 유학 교육 진흥(국자감), 과거 제도 정비

11 고려 성종 ✱ 미니북 08쪽 정답 ③

빠른 정답 찾기: 고려 제6대 왕 + 최승로의 시무 28조 수용 + 2성 6부 ➡ **고려 성종**

🔍 자료 분석하기

고려 제6대 왕인 성종은 최승로의 시무 28조를 받아들여 다양한 제도를 시행하고 통치 체제를 정비하였다. 당의 제도를 모방하여 2성 6부로 이루어진 중앙 관제를 구성하였다.

🔍 선택지 분석하기

① 녹읍 폐지
… 통일 신라 신문왕은 왕권을 강화하기 위해 귀족의 경제 기반인 녹읍을 폐지하고 관료전을 지급하였다.

② 대마도 정벌
… 고려 창왕 때 왜구로 인한 피해가 크자 박위가 대마도를 토벌하였다. 이후 조선 세종 때 왜구가 자주 침입해 오자 이종무를 시켜 대마도를 정벌하게 하였다.

 지방에 12목 설치
… 고려 성종은 최승로의 시무 28조를 받아들여 12목을 설치하고 지방관을 파견하여 지방 세력을 견제하였다.

④ 북한산 순수비 건립
… 신라 진흥왕은 한강 유역을 장악하고 이를 기념하기 위해 북한산 순수비를 세웠다.

12 고려의 정치 기구 ✱ 미니북 27쪽 정답 ④

빠른 정답 찾기: 중서문하성과 중추원의 고위 관료 + 국방과 군사 문제 논의 + 고려 정치 기구 ➡ **도병마사**

🔍 자료 분석하기

고려의 도병마사는 재신(중서문하성의 2품 이상)과 추밀(중추원의 2품 이상)이 모여 국방 및 군사 문제를 논의하는 임시 회의 기구였다. 그러나 원 간섭기인 충렬왕 때 최고 정무 기구인 도평의사사로 개편되면서 나랏일 전반에 관여하게 되었고 이후 권문세족이 정치 권력을 행사하는 데 이용되었다.

🔍 선택지 분석하기

① 삼사
… 고려의 삼사는 곡식의 출납 및 회계를 담당하였다. 조선의 삼사는 사헌부, 사간원, 홍문관으로 구성되어 서경·간쟁·봉박 등의 권한을 가지고 있었다.

② 어사대
… 어사대는 정치의 잘잘못을 논의하고 풍속을 교정하며 관리의 비리를 감찰하고 탄핵하였다. 어사대의 관원은 중서문하성의 낭사와 함께 대간이라고 불리며, 서경·간쟁·봉박의 권한을 가지고 있었다.

③ 의정부
… 의정부는 영의정, 좌의정, 우의정의 3정승 합의제로 운영되었으며, 정책을 심의·결정하고 국정을 총괄하였다.

 도병마사
… 도병마사는 중서문하성의 재신과 중추원의 추밀로 구성된 국방 회의 기구로, 점차 그 기능이 강화되어 국정 전반에 모두 관여하기도 하였다.

한발 더 다가가기

고려의 중앙 정치 기구

2성 6부	• 당의 제도를 모방하여 2성 6부로 이루어진 중앙 관제 구성 • 중서문하성(국정 총괄)과 상서성(6부 관리) → 수상은 문하시중
중추원	송의 제도 모방, 왕의 비서 기구로 군사 기밀(추밀)과 왕명 출납(승선) 담당
도병마사	국방 및 군사 문제 논의 — 재신(중서문하성)과 추밀(중추원)의 합의제로 운영
식목도감	법률·제도 제정
어사대	감찰 기구, 풍속 교정
삼사	화폐·곡식의 출납, 회계
대간	어사대의 관원은 중서문하성의 낭사와 함께 대간으로 불림 → 간쟁, 봉박, 서경권

13 고려의 대외 관계 ✱ 미니북 23쪽 정답 ②

빠른 정답 찾기: (나) 귀주 대첩 ➡ (다) 별무반 편성 ➡ (가) 삼별초 항쟁

🔍 자료 분석하기

(나) **귀주 대첩**(1019): 강감찬은 거란의 소배압이 강동 6주의 반환 등을 요구하며 10만 대군을 이끌고 침입하자 귀주에서 맞서 싸워 승리하였다.

(다) **별무반 편성**(1104): 고려 숙종 때 부족을 통일한 여진이 고려의 국경을 자주 침입하자 윤관이 왕에게 건의하여 신기군, 신보군, 항마군으로 구성된 별무반을 편성하였다. 이후 예종 때

윤관은 별무반을 이끌고 여진을 몰아내어 동북 9성을 축조하였다.

(가) **삼별초 항쟁**(1270~1273): 무신 정권이 해체되고 강화도에 있던 고려 조정이 개경으로 돌아가면서 몽골과의 강화가 성립되었다. 이에 반발한 삼별초는 배중손, 김통정의 지휘하에 진도와 제주도로 이동하며 대몽 항쟁을 전개하였다.

 미니북 28쪽

14 고려의 경제 상황 정답 ④

빠른 정답 찾기: 국제 무역 + 송 + 벽란도 ➡ 고려

자료 분석하기

고려는 당시 송에서 유행하던 청동 거울의 무늬와 글자를 본 떠 수많은 청동 거울을 제작하여 송과 활발히 교류하였음을 짐작하게 해준다. 고려 시대의 국제 무역항인 벽란도는 예성강 하구에 위치하였고 이곳을 통해 송, 아라비아 상인들과 활발한 교역을 전개하였다.

선택지 분석하기

① **고구마**, **감자** 등이 재배되었다.
…› 조선 후기에는 구황 작물로 고구마, 감자 등이 전래되어 재배되기 시작하였다.

② **모내기법**이 전국적으로 확산되었다.
…› 조선 후기에 모내기법이 전국적으로 확산되면서 벼와 보리의 이모작이 가능해져 농업 생산량이 증가하였다.

③ **만상**, **내상** 등이 활발하게 활동하였다.
…› 조선 후기 상업의 발달로 등장한 사상이 전국 각지에서 활발한 상업 활동을 전개하였다. 그중 의주의 만상은 대청 무역을 통해 부를 축적하였으며, 동래의 내상은 왜관에서 인삼을 판매하며 일본 상인과 무역을 주도하였다.

✓ **활구**라고 불린 은병이 화폐로 사용되었다.
…› 고려 숙종 때 상업이 활발해지면서 삼한통보, 해동통보, 해동중보 등의 동전과 활구(은병)를 만들었으나 일반적인 거래는 곡식이나 삼베를 사용하였기 때문에 크게 유통되지는 못하였다.

 미니북 08쪽

15 공민왕의 업적 정답 ④

빠른 정답 찾기: 원에 볼모 + 고려의 왕 + 신돈 등용 + 전민변정도감 설치 + 노국 대장 공주 + 몽골식 풍습 금지 + 친원 세력 제거 ➡ 고려 공민왕

자료 분석하기

원에 볼모로 있던 공민왕은 1351년 원이 충정왕을 폐위시키자 고려로 돌아가 왕위에 올랐다. 이후 공민왕은 대외적으로 친원 세력을 몰아내는 반원 자주 정책을, 대내적으로는 왕권을 강화하기 위한 개혁 정책을 추진하였다. 이러한 정책의 일환으로 변발과 호복 등 몽골의 풍습을 금지하고 기철 등 친원 세력을 제거하였다. 또한, 신돈을 전민변정도감의 책임자로 임명하여 권문세족이 빼앗은 토지를 돌려주고 노비가 된 자를 풀어주는 등 개혁을 진행하였다. 원 황실의 노국 대장 공주는 공민왕과 결혼하여 공민왕의 반원 자주 개혁을 적극적으로 지지하였으며, 친원 세력들이 이에 불만을 품기도 하였다. 공민왕은 노국 대장 공주가 아이를 낳다가 죽은 후부터 나라를 돌보지 않고 그녀를 그린 그림을 벽에 걸고 밤낮으로 보면서 슬퍼하였다.

선택지 분석하기

① **균역법**을 시행하였다.
…› 조선 영조는 백성들의 군역 부담을 줄이기 위해 기존 1년에 2필씩 납부하던 군포를 1필로 줄이는 균역법을 실시하였다.

② **독서삼품과**를 실시하였다.
…› 통일 신라 원성왕은 국학의 학생들을 대상으로 독서삼품과를 실시하여 유교 경전의 이해 수준에 따라 관리로 채용하였다.

③ **삼강행실도**를 편찬하였다.
…› 『삼강행실도』는 조선 세종 때 편찬되었으며, 우리나라와 중국의 서적에서 모범이 될 만한 충신, 효자, 열녀 등의 행적을 모아 글과 그림으로 설명한 윤리서이다.

✓ **철령 이북의 땅**을 되찾았다.
…› 고려 공민왕은 쌍성총관부를 공격하여 철령 이북 지역의 땅을 되찾았다.

16 무형 문화유산 정답 ①

빠른 정답 찾기: 샅바 + 민속놀이 + 2018년 유네스코 무형 문화유산 ➡ 씨름

자료 분석하기

씨름은 2명의 선수가 샅바(허리에 두른 천으로 된 띠)를 찬 상태에서 서로의 샅바를 잡고 상대를 바닥에 넘어뜨리기 위해 다양한 기술을 쓰는 민속놀이이다. 원래 남한과 북한은 따로 씨름의 문화유산 등재를 신청했지만 유네스코 측에서 남북의 씨름은 사회·문화적 공통점이 있다고 판단하면서 한반도 평화와 화해를 위해 공동 등재가 추진되었다. 이로써 씨름은 2018년 '한국 전통 레슬링(씨름)'이라는 공식 명칭으로 유네스코 무형 문화유산에 남북 공동으로 등재되었다.

선택지 분석하기

✓ 씨름
→ 씨름은 두 사람이 샅바를 잡고 힘과 기술을 겨루어 상대를 넘어뜨리는 것으로, 승부를 겨루는 우리나라 전통의 민속놀이이자 운동 경기이다. 2018년 유네스코 무형 문화유산에 등재되었다.

② 택견
→ 택견은 유연하고 율동적인 춤과 같은 동작으로 상대를 공격하거나 다리를 걸어 넘어뜨리는 한국 전통 무술이다. 2011년 유네스코 무형 문화유산에 등재되었다.

③ 강강술래
→ 강강술래는 주로 추석날 밤이나 정월 대보름날 밤에 대대적으로 행해졌다. 손을 맞잡아 둥그렇게 원을 만들어 돌며 노래를 부르는 민속놀이로, 2009년 유네스코 무형 문화유산에 등재되었다.

④ 남사당놀이
→ 남사당놀이는 주로 농어촌이나 성곽 밖의 서민층 마을을 대상으로 하여 모심는 계절부터 추수가 끝나는 늦가을까지 행해졌다. 노래와 춤, 놀이가 결합된 민속 공연으로 2009년 유네스코 무형 문화유산에 등재되었다.

미니북 08, 23쪽

17 팔만대장경   정답 ④

빠른 정답 찾기: 합천 해인사 장경판전 + 고려 시대 ➡ 팔만대장경

자료 분석하기

팔만대장경은 고려 현종 때 만들어진 초조대장경이 몽골군의 침입으로 불타자 당시의 집권자인 최우 등을 중심으로 대장도감을 설치하여 16년 만에 완성하였다. 합천 해인사 장경판전은 세계 유일의 대장경판 보관용 건물로, 대장경판이 상하지 않도록 각 칸마다 크기가 다른 서로 다른 창을 내어 바람이 지나가게 하였다. 또한, 안쪽 흙바닥 속에 숯과 횟가루, 소금을 모래와 함께 차례로 넣어서 알맞은 습도를 유지하도록 하였다. 이는 1995년 유네스코 세계 유산으로 지정되어 그 가치를 인정받고 있다.

선택지 분석하기

① 승정원에서 편찬하였다.
→ 『승정원일기』는 왕명의 출납을 담당하던 승정원에서 왕의 하루 일과와 지시 내용, 각 부처에서 보고한 내용, 신하들이 올린 상소문 등을 기록하였다.

② 시정기와 사초를 바탕으로 제작되었다.
→ 『조선왕조실록』은 왕이 죽은 뒤에 다음 왕이 즉위하면 춘추관에 실록청을 설치하여 사초와 시정기 등을 근거로 작성하는 방식으

로 편찬되었다.

③ 현존하는 가장 오래된 금속 활자본이다.
→ 『직지심체요절』은 세계에서 가장 오래된 금속 활자본으로 고려 우왕 때 청주 흥덕사에서 백운 화상이 간행하였다.

✓ 부처의 힘으로 몽골의 침입을 물리치고자 만들었다.
→ 팔만대장경은 고려 고종 때 몽골이 침입하자 부처의 힘으로 몽골군을 물리치고자 만들어졌다.

한발 더 다가가기

목판 인쇄물과 금속 활자본

목판 인쇄물	무구정광 대다라니경	• 경주 불국사 삼층 석탑(석가탑)에서 발견 • 현존하는 가장 오래된 목판 인쇄물
	초조대장경	• 11세기 거란 침입기에 제작 • 대구 부인사에서 보관하다가 몽골 침입기에 소실
	팔만대장경	• 몽골 침입기에 강화도, 진주 등에서 제작 • 합천 해인사에 보관
금속 활자본	상정고금 예문	가장 오래된 금속 활자본(현존 ×)
	직지심체 요절	• 현존하는 가장 오래된 금속 활자본 • 프랑스로 유출, 유네스코 세계 기록 유산

미니북 08, 09쪽

18 조선의 건국 과정   정답 ②

빠른 정답 찾기: 과전법 실시 + 조선 건국 + 한양 천도 + 사직단 + 종묘 ➡ 조선의 건국 과정

자료 분석하기

고려 말 이성계는 창왕을 폐위하고 공양왕을 즉위시켰다. 공양왕은 1391년 신진 사대부 조준 등의 건의로 과전법을 시행하여 토지 제도를 개혁하였다. 그 후 이성계 일파를 반대한 정몽주가 이방원에게 피살되었고 정도전, 조준 등이 이성계를 왕으로 추대하였다. 이로써 1392년 고려의 마지막 왕인 공양왕은 폐위되고 이성계가 조선을 건국하였다. 이후 1394년 태조 이성계는 고려의 수도였던 개경에서 한양으로 수도를 옮기고 경복궁을 지으면서 왼쪽에 종묘, 오른쪽에 사직단을 세웠다.

선택지 분석하기

① 비변사 혁파
→ 조선 중후기에 비변사의 기능이 강화되면서 의정부와 6조 중심의 행정 체계가 무너졌다. 또한, 세도 정치 시기에는 비변사를 중심으로 요직을 독점한 유력 가문들이 권력을 장악하였다. 이후 집권한 흥선 대원군은 약해진 왕권을 강화하기 위해 비변사

를 혁파하였다.
- ✓ 위화도 회군
  ⋯ 고려 우왕 때 명이 원에서 관리한 철령 이북의 땅을 반환하라고 요구하자 최영을 중심으로 요동 정벌을 추진하게 되었다. 이성계는 4불가론을 제시하며 이에 반대하였으나 왕명에 따라 출정하게 되자 압록강의 위화도에서 개경으로 돌아가 최영을 제거하고 우왕을 폐위한 뒤 창왕을 즉위시켰다.
- ③ 대전회통 편찬
  ⋯ 조선 고종 때 흥선 대원군은 법전인 『대전회통』을 편찬하여 통치 체제를 정비하였다.
- ④ 훈민정음 창제
  ⋯ 조선 세종은 1443년 우리나라의 독창적인 문자인 훈민정음을 창제하고 3년 후 반포하였다.

✽ 미니북 50쪽

19 지역사 – 인천 정답 ①

 빠른 정답 찾기 비류 + 미추홀 + 강화도 조약으로 개항 + 2014년 제17회 아시아 경기 대회 ➡ (가) 인천

🔍 자료 분석하기

- ■ 비류 설화: 『삼국사기』에 따르면 주몽이 부여에 있을 때 낳은 아들 유리가 고구려에 와서 태자가 되자 비류와 온조는 함께 따르는 신하들을 거느리고 한강 유역으로 내려왔다고 한다. 신하들이 모두 한강 남쪽에 자리 잡자고 권하자 동생인 온조는 하남 위례성에 터를 잡았으나 비류는 이를 듣지 않고 오늘날 인천 지역인 미추홀에 자리를 잡았다. 그러나 미추홀은 땅이 습하고 물이 짜서 백성들이 편히 살지 못하였고 이를 부끄럽게 여긴 비류는 후회하면서 죽었다고 전해진다.
- ■ 강화도 조약: 1876년 강화도 조약이 체결되면서 부산 이외의 두 항구를 20개월 이내에 개항하여 통상을 해야 한다는 제5조의 내용에 따라 인천, 원산이 개항되었다.
- ■ 제17회 아시아 경기 대회: 제17회 아시아 경기 대회는 인천에서 2014년 9월 19일부터 10월 4일까지 개최되었으며, 총 45개국 13,000여 명이 참가하였다.

20 조선의 과학 기술 정답 ③

 빠른 정답 찾기 국립 고궁 박물관 + 미국에서 귀환 + 조선 시대 과학 기구 + 해시계 ➡ 앙부일구

🔍 자료 분석하기

문화재청과 국외 소재 문화재 재단은 미국에서 경매에 나온 앙부일구를 2020년 6월에 국내로 매입해 국립 고궁 박물관에서 전시하고 있다. 앙부일구는 '솥뚜껑을 뒤집어 놓은 듯한 모습을 한 해시계'라는 뜻으로, 우리나라의 대표적인 해시계이다. 또한, 시간 외에도 절기를 알 수 있도록 시각선과 직각으로 13개의 절기선을 새겨 넣어 동지, 하지, 소한, 입춘 등 24절기를 나타내었다.

🔍 선택지 분석하기

① 자격루
⋯ 조선 세종 때 장영실이 만든 물시계인 자격루는 물의 증가량 또는 감소량으로 시간을 측정하는 장치이며 정해진 시간에 종과 징, 북이 저절로 울리도록 제작되었다.

② 측우기
⋯ 조선 세종 때 왕명에 따라 장영실이 제작한 측우기는 전국적으로 강우량을 관측할 수 있도록 설치되었다.

✓ 앙부일구
⋯ 조선 세종 때 장영실이 발명한 앙부일구는 조선 시대를 대표하는 해시계로 햇빛에 의해 물체에 그림자가 생겼을 때 그림자의 위치로 시간을 측정하였다.

④ 혼천의
⋯ 조선 세종 때 장영실이 천체의 위치를 측정하는 천문 관측기구인 간의를 발명한 이후 이를 더욱 발전시켜 천체의 운행과 그 위치를 측정하는 혼천의를 만들어 냈다.

✽ 미니북 53쪽

21 세시 풍속 – 한식 정답 ②

 빠른 정답 찾기 동지 후 105일 + 찬 음식 + 풍년을 기원 + 성묘 ➡ 한식

🔍 자료 분석하기

한식은 동지로부터 105일째 되는 날로, 설날·단오·추석과 함께 4대 명절에 해당한다. 한식에는 글자 그대로 찬 음식을 먹는다고 해서 유래되었다. 이날 나라에서는 종묘와 각 능원에 제사를 하고, 민간에서는 산소에 올라가 술, 과일, 떡 등의 음식으로 제사를 지냈으며, 개사초라고 하여 무덤이 헐었으면 잔디를 새로 입혔다. 또한, 한식은 농사가 시작되는 시기로 농작물의 씨를 뿌리고 풍년을 기원하였다.

🔍 선택지 분석하기

① 설날
⋯ 설날은 음력 1월 1일로, 차례를 지내고 웃어른들을 찾아뵙고 세

배를 하며 덕담을 나누었다.
✔ 한식
⋯ 한식은 동지에서 105일째 되는 날로, 양력 4월 5, 6일경이다. 이 날에는 일정 기간 동안 불의 사용을 금하여 찬 음식을 먹거나 조상의 묘를 돌보았다.

③ 중양절
⋯ 중양절은 음력 9월 9일로, 중국에서 유래한 명절이다. 이날은 국화전을 부쳐 먹기도 하였으며 계절 음식을 준비하여 조상에게 차례를 지내기도 하였다.

④ 정월 대보름
⋯ 정월 대보름은 음력 1월 15일로, 이날에는 한 해의 풍농을 기원하여 쌀, 조, 수수, 팥, 콩 등을 섞은 오곡밥을 먹고, 건강과 안녕을 기원하는 의미로 땅콩이나 호두, 밤 등 부럼을 깨물기도 하였다.

22 유성룡 정답 ①

빠른정답찾기 병산 서원 + 임진왜란 + 훈련도감 설치 건의 ➡ **유성룡**

자료 분석하기

경북 안동시에 있는 병산 서원은 유성룡의 학문과 업적을 추모하기 위해 만들어진 곳으로, 흥선 대원군의 서원 정리에도 남아 있던 47개의 서원 중 하나이다. 유성룡은 임진왜란 때 새로운 군사 조직의 필요성을 느껴 포수, 사수, 살수의 삼수병으로 편성된 훈련도감의 설치를 건의하였다.

선택지 분석하기

✔ 징비록을 저술하였다.
⋯ 유성룡은 7년에 걸친 임진왜란의 원인과 전쟁 상황 등을 기록한 『징비록』을 저술하였다.

② 4군 6진을 개척하였다.
⋯ 조선 세종은 최윤덕을 시켜 여진을 몰아낸 뒤 압록강 일대에 4군을 설치하고, 김종서를 시켜 두만강 일대에 6진을 설치하여 영토를 확장하였다.

③ 서경 천도를 주장하였다.
⋯ 고려 중기 묘청, 정지상을 중심으로 한 서경 세력은 서경 천도와 칭제 건원, 금 정벌 등을 주장하였다.

④ 대동여지도를 제작하였다.
⋯ 김정호는 조선 후기에 10리마다 눈금을 표시하여 거리를 알 수 있게 한 대동여지도를 제작하였다. 이는 목판으로 제작되어 대량 인쇄가 가능하였다.

23 하멜 정답 ②

빠른정답찾기 제주도 표류 + 네덜란드 + 조선 ➡ **하멜**

자료 분석하기

1653년 네덜란드 동인도 회사 소속의 상인 하멜이 일본 나가사키로 향하던 중 일행과 함께 바다를 표류하다가 제주도에 도착하였다. 당시 조선은 병자호란 이후 청에 볼모로 갔던 봉림 대군이 효종으로 즉위하면서 북벌 운동을 추진하고 있었다. 이에 효종은 네덜란드 사람 하멜을 훈련도감에 배치하여 조총과 화포 등의 무기를 개량·보수하는 데 동원하였다. 이후 14년 동안 조선에 억류되었다가 일본으로 달아난 하멜은 네덜란드로 돌아가 조선에서의 억류 과정, 당시 조선의 문물과 생활 풍속 등을 기록한 『하멜표류기』를 저술하여 조선을 유럽에 처음 소개하였다.

선택지 분석하기

① 베델
⋯ 어니스트 베델은 일제의 한국 침략을 전 세계에 고발하고, 일본 제국주의 저항 운동에 앞장선 영국 출신 언론인이다. 양기탁과 함께 대한매일신보를 창간하여 항일 민족 운동을 적극적으로 지원하였다.

✔ 하멜
⋯ 헨드릭 하멜은 네덜란드 상인으로 일본 나가사키로 가던 중 표류하다가 제주도에 도착하였다. 이후 조선에 억류되었다가 본국으로 돌아가 『하멜표류기』를 저술하여 조선을 유럽에 소개하였다.

③ 매켄지
⋯ 프레더릭 매켄지는 영국 언론 데일리 메일의 종군 기자이자 특파원 자격으로 대한 제국에 입국하여 1907년 정미의병의 모습을 담은 사진을 촬영하였다. 그는 체류 기간 동안 일제의 각종 만행과 이에 저항하는 항일 의병의 독립운동 활동을 직접 취재하여 『대한 제국의 비극』을 발간하기도 하였다.

④ 헐버트
⋯ 호머 헐버트는 길모어 등과 함께 최초의 근대식 공립 학교인 육영 공원의 외국인 교사로 초빙되어 양반 자제들에게 영어 교육과 근대 교육을 실시하였다. 또한, 을사늑약 체결 이후 고종의 특별 밀사로 헤이그 특사의 활동을 지원하면서 국제 사회의 도움과 지지를 받기 위해 노력하였다.

24 예송 논쟁 정답 ①

미니북 10, 26쪽

빠른 정답 찾기
(가) 인조반정 ➡ 예송 논쟁 ➡ (나) 탕평비 건립

자료 뜯어보기

(가) 대비의 명으로 인조가 즉위하였다. 광해군을 폐위시켜 강화로 내쫓고 이이첨* 등을 처형한 다음 전국에 대사령을 내렸다.
(나) 영조가 '두루 원만하고 치우치지 않음이 군자의 공정한 마음이요, 치우치고 두루 원만하지 못함이 소인의 사사로운 마음이다.'라는 내용을 담은 탕평비*를 성균관 입구에 세우게 하였다.

* **이이첨**: 조선 광해군 때 집권한 대북파의 영수이다. 영창 대군을 유배 보내 살해하였으며, 인목 대비의 폐모론을 주장하여 대비를 경운궁(덕수궁)에 유폐시키는 등 폐모살제(어머니를 폐하고 동생을 죽임)에 앞장서 권력을 장악하였다.
* **탕평비**: 조선 영조는 『논어』 위정편 14장에 있는 구절을 재구성하여 탕평비에 새긴 뒤 성균관에 세우며 탕평책을 실시하였다.
  – 이를 통해 광해군과 영조 시기 사이에 발생한 예송 논쟁이 정답임을 유추할 수 있다.

자료 분석하기

(가) **인조반정**(1623): 조선 광해군 때 북인이 집권하여 정계에서 밀려 있던 서인 세력은 광해군의 중립 외교 정책과 폐모살제 문제를 빌미로 인조반정을 일으켰다. 능양군(인조)과 서인들은 경운궁에 갇혀있던 인목 대비 김씨에게 옥새를 바쳤다. 이후 인목 대비는 능양군을 즉위시켰으며, 광해군을 강화도로 유배시키고 대북파 이이첨, 정인홍 등 수십 명을 처형하였다.

(나) **탕평비 건립**(1742): 조선 영조는 붕당 정치의 폐해를 막고 능력에 따른 인재를 등용하기 위해 탕평책을 실시하였다. 이를 알리기 위해 성균관에 탕평비를 건립하였다.

선택지 분석하기

✓ **예송**이 발생하였다.
⋯ 조선 현종 때 효종과 효종비의 국상 당시 자의 대비의 복상 문제로 기해예송(1659)과 갑인예송(1674)이 발생하였고, 서인과 남인 사이의 대립이 심화되었다.

② **3포 왜란**이 일어났다.
⋯ 조선 중종 때 3포(부산포, 제포, 염포)에 거주하고 있던 왜인들이 조선 조정의 통제에 불만을 품고 대마도의 지원을 받아 3포 왜란을 일으켰다(1510).

③ **경국대전**이 완성되었다.
⋯ 조선 세조 때 편찬되기 시작한 『경국대전』은 조선의 기본 법전으로, 성종 때 완성되어 반포되었다(1485).

④ **정동행성**이 설치되었다.
⋯ 고려 충렬왕 때 원이 일본 원정을 위해 설치한 정동행성은 이후에 고려의 내정 간섭 기구로 유지되었다(1280).

25 상평통보 정답 ③

미니북 10, 28쪽

빠른 정답 찾기
조선 숙종 + 화폐 + 물품 구입 + 세금 납부 ➡ 상평통보

자료 분석하기

상평통보는 조선 인조 때 처음 주조·유통되다가 중지되었고, 숙종 때 영의정 허적의 건의에 따라 다시 주조하여 한양과 서북 지역 일부에서 유통하게 하였다. 이후 점차 전국적으로 유통하게 하여 공식 화폐로 지정하였다. 또한, 화폐의 사용을 장려하기 위해서 죄를 지은 사람들의 벌금이나 세금을 상평통보로 받았으며, 상업이 발달한 18세기 후반부터는 일상생활에서 널리 쓰이게 되었다.

선택지 분석하기

① 건원중보
⋯ 고려 성종 때 우리나라 최초의 화폐인 건원중보가 발행되었는데, 뒷면에 '동국(東國)'이라는 글자를 새겨 넣은 것이 특징이다.

② 해동통보
⋯ 고려 숙종 때 상업이 활발해지면서 삼한통보, 해동통보, 해동중보 등의 동전과 활구(은병)를 만들어 화폐의 통용을 추진하였으나 널리 유통되지는 못하였다.

✓ 상평통보
⋯ 조선 인조 때 처음 상평통보가 만들어졌다가 중지된 이후 숙종 때 허적의 건의에 따라 다시 주조되어 전국적으로 유통되었다.

④ 백동화
⋯ 백동화는 조선 말 개항 이후의 재정 위기를 해결하기 위하여 1892년 전환국에서 주조하여 유통시킨 화폐이다.

한발 더 다가가기

고려·조선 시대의 화폐

고려	• 성종: 건원중보 • 숙종: 삼한통보, 해동통보, 활구(은병) • 충렬왕: 쇄은 • 충혜왕: 소은병 • 공양왕: 저화
조선	• 세종: 조선통보 • 인조: 상평통보 • 숙종: 상평통보(공식 화폐 지정) • 고종: 당백전(흥선 대원군)

26 조선 통신사   정답 ④

빠른 정답 찾기: 일본 에도 막부 + 조선 + 외교 사절단 ➡ **통신사**

🔍 자료 분석하기

조선은 임진왜란 이후 에도 막부의 요청으로 일본과 기유약조를 체결하고 국교를 재개하여 부산에 왜관을 설치하였다. 또한, 1607년부터 1811년까지 12회에 걸쳐 통신사를 파견하여 조선의 선진 문화를 일본에 전파하였다. 조선 통신사의 왕래로 조선과 일본 사이에 유학과 의학을 비롯한 다양한 분야에서 활발한 교류가 이루어졌다.

🔍 선택지 분석하기

① 보빙사
⋯ 보빙사는 서양 국가에 파견된 최초의 사절단으로, 미국 워싱턴에 도착하여 아서 대통령을 접견하였다. 그 후 40여 일간 외국 박람회, 공업 제조 회관, 병원, 신문사, 육군 사관 학교 등을 방문·시찰하였다.

② 연행사
⋯ 연행사는 조선 후기 청에 보낸 사신으로, 이들을 통해 지도, 천문서, 역법서, 천리경, 자명종, 서양 화포 등 서양의 과학 지식과 기술이 전래되었다.

③ 영선사
⋯ 영선사는 개항 이후 청으로 보내진 사절단으로, 김윤식을 중심으로 톈진 기기국에서 서양의 근대식 무기 제조 기술과 군사 훈련법을 시찰하고 돌아와 근대식 무기 제조 공장인 기기창을 설립하였다.

✓ 통신사
⋯ 임진왜란 이후 일본 에도 막부는 꾸준히 조선에 국교 재개와 사절 파견을 요청하였다. 이에 조선은 통신사를 파견하여 일본과 교류하였다.

✱ 미니북 10쪽

27 조선 정조의 업적   정답 ③

빠른 정답 찾기: 봉수당 + 융릉 + 용주사 + 혜경궁 홍씨 + 사도 세자 ➡ **조선 정조**

🔍 자료 분석하기

- **봉수당**: 화성 행궁의 정전 건물이자 화성 유수부의 동헌 건물로 1795년 조선 정조 때 어머니 혜경궁 홍씨의 회갑연 진찬례가 이 건물에서 열렸다.
- **융릉**: 조선 정조는 왕위에 오른 뒤에 아버지인 사도 세자의 무덤을 수은묘에서 영우원으로 바꾸고 존호도 사도에서 장헌으로 개칭하였으며, 서울 배봉산에 있는 무덤을 현재의 위치인 경기 화성시로 옮기었다. 이후 고종 때 사도 세자를 장조로 추존하고 무덤의 이름도 융릉으로 바꾸었다.
- **용주사**: 조선 정조는 사도 세자의 무덤을 화성으로 옮긴 후 아버지의 명복을 빌기 위해 사찰 건설을 추진하였다. 이에 전국에서 시주 8만 7천 냥을 거두었으며, 승려 혜경으로 하여금 공사를 담당하게 하여 4년 만에 용주사를 건설하였다.

🔍 선택지 분석하기

① 장용영을 설치하였다.
⋯ 조선 정조는 왕권을 뒷받침하는 군사적 기반을 갖추기 위해 친위 부대인 장용영을 설치하였다.

② 금난전권을 폐지하였다.
⋯ 조선 정조 때 채제공의 건의에 따라 신해통공을 시행하여 육의전을 제외한 시전 상인들의 금난전권이 폐지되었다.

✓ 농사직설을 편찬하였다.
⋯ 조선 세종은 정초, 변효문 등을 시켜 우리 풍토에 맞는 농법을 기술한 『농사직설』을 간행하였다.

④ 초계문신제를 실시하였다.
⋯ 조선 정조는 새롭게 관직에 오른 자 또는 기존 관리들 중 능력 있는 자들을 규장각에서 재교육시키는 초계문신제를 시행하였다.

한발 더 다가가기

정조의 개혁 정치

왕권 강화	• 초계문신제 실시: 새로운 관리 및 하급 관리 중에서 유능한 인재들 재교육 • 장용영 설치: 왕의 친위 부대로 왕권의 군사적 기반 강화 • 규장각 설치: 인재를 양성하고 정책을 연구하는 기능과 더불어 왕실 도서관이면서 왕을 보좌하는 업무까지 담당 • 수원 화성 건립: 정치적·군사적 기능을 부여하고 상업 활동 육성
문물제도 정비	• 서얼 차별 완화: 서얼 출신들을 규장각 검서관에 등용 • 신해통공 실시: 육의전을 제외한 시전 상인의 금난전권 폐지 • 편찬 사업: 『대전통편』, 『동문휘고』, 『무예도보통지』

28 서당 정답 ①

빠른 정답 찾기: 현재의 초등학교 + 조선 시대 + 『천자문』 + 『동몽선습』 + 『소학』
➡ 서당

🔍 자료 분석하기

서당은 나라에서 세운 지방의 공립 학교인 향교나 사림들이 세운 서원과 달리 일정한 조건이나 규정이 없었기 때문에 자유롭게 세워졌다. 마을에서 선생님을 모셔와 서당을 차리거나 양반 유학자가 자기 집에 서당을 차려 동네 아이들을 가르치는 경우도 있었다. 조선 후기에는 상민들도 자식들을 공부시키면서 수요가 늘어났고, 몰락한 양반들이 생계를 위해 서당을 차리면서 그 수가 크게 늘어났다. 공부 내용은 주로 『천자문』, 『동몽선습』을 통해 한자의 음과 뜻을 익힌 후에 『명심보감』, 『격몽요결』 등의 짧은 문장을 외우고 교훈적인 내용을 익히는 것이었다. 이후 『소학』을 통해 유학의 기본을 공부하고 본격적으로 유교 경전인 『사서삼경』을 배웠다.

🔍 선택지 분석하기

 서당
⋯ 서당은 조선 시대 초등 교육을 담당한 교육 기관으로 양반과 평민의 자제가 교육을 받을 수 있었다.

② 태학
⋯ 고구려 소수림왕은 국가 교육 기관인 태학을 설립하여 인재를 양성하였다.

③ 성균관
⋯ 성균관은 조선 시대 최고의 교육 기관으로 초시인 생원시와 진사시에 합격한 유생들이 우선적으로 입학할 수 있었다.

④ 주자감
⋯ 주자감은 발해의 교육 기관으로 왕족과 귀족을 대상으로 유교 교육을 실시하였으며 당의 국자감 제도를 받아들여 운영하였다.

 미니북 51쪽

29 창경궁 정답 ④

빠른 정답 찾기: 조선 시대 + 동궐 + 일제에 의해 동물원과 식물원 설치
➡ 창경궁

🔍 자료 분석하기

창경궁은 조선 세종이 즉위한 1418년에 상왕 태종을 위한 수강궁을 세운 것에서 시작되었다. 이후 성종은 3명의 대비를 위한 공간으로 수강궁을 확장 공사하면서 창경궁이라는 이름을 새로 붙였고, 창덕궁과 함께 동궐로 불렸다. 1907년 고종이 강제 퇴위되면서 순종이 즉위하자 거처를 경운궁(덕수궁)에서 창덕궁으로 옮기었다. 이에 일제는 순종을 위로한다는 명목으로 창경궁의 전각을 헐고 그 자리에 동물원과 식물원을 만들었으며, 궁궐의 이름도 창경원으로 바꾸어 궁궐이 갖는 왕권과 왕실의 상징성을 격하시켰다. 광복 후 1983년부터 창경궁 복원이 시작되어 동물원과 식물원을 철거하고 본래의 모습을 되살리는 노력이 계속 되고 있다.

🔍 선택지 분석하기

① 경복궁
⋯ 경복궁은 조선 태조 이성계가 조선 건국 이후 도읍을 개경에서 한양으로 옮기면서 창건되었다. 이후 임진왜란 때 불타 없어졌다가 고종 때 흥선 대원군이 왕실의 권위를 회복하기 위해 중건하였다.

② 경희궁
⋯ 경희궁은 조선 광해군 때 만들어졌다. 임진왜란 때 경복궁이 불탄 후 흥선 대원군이 중건하기 전까지 동궐인 창덕궁과 창경궁이 정궁이 되었고, 서궐인 경희궁이 이궁으로 사용되었다.

③ 덕수궁
⋯ 덕수궁은 월산 대군의 거처였으나 임진왜란 이후 임시 궁궐로 사용하면서 광해군이 경운궁이라는 이름을 붙였다. 이후 1907년에 덕수궁으로 개칭하였다.

 창경궁
⋯ 창경궁은 조선 세종이 즉위하고 상왕인 태종을 모시기 위해 지어진 궁으로 본래 이름은 수강궁이다. 이후 성종 때 3명의 대비를 모시기 위해 새롭게 중건하여 이름을 창경궁으로 바꾸었다.

30 지역사 – 독도 정답 ①

빠른 정답 찾기: 10월 25일 + 대한 제국 칙령 41호 ➡ 독도

🔍 자료 분석하기

1900년 대한 제국은 울릉도, 독도의 행정 관리를 강화하기 위해 대한 제국 칙령 제41호를 발표하였다. 이를 통해 울릉도를 군으로 승격시키고 독도를 관할하게 하여 우리의 영토임을 명시하였다. 2004년 독도 수호대는 독도의 날을 국가 기념일로 제정하기 위한 서명 운동을 진행하고 관련 청원서를 국회에 제출하기도 하였다. 이에 2005년 경상북도 의회가 매년 10월을 독도의 달로 정하는 내용의 조례를 통과시켰고, 매년 관련 행사를 진행하고 있다.

31 임술 농민 봉기 정답 ④

빠른 정답 찾기: 유계춘 + 백낙신 + 환곡의 폐단 ➡ 임술 농민 봉기

자료 분석하기
삼정의 문란과 경상 우병사 백낙신의 수탈에 견디다 못한 농민들의 반발로 진주 지역의 몰락 양반인 유계춘을 중심으로 한 임술 농민 봉기가 발생하였다.

선택지 분석하기
① 소격서를 폐지하였다.
⋯ 조선 중종 때 등용된 조광조와 사림 세력은 도교를 이단으로 배척하였다. 이에 따라 궁중에서 도교적 제사(초제)를 주관하는 소격서의 폐지를 주장하여 이를 폐지하였다.

② 직전법을 실시하였다.
⋯ 조선 세조는 과전의 세습화로 과전 부족 등의 문제가 발생하자 이를 바로잡기 위해 현직 관리에게만 수조권을 지급하는 직전법을 실시하였다.

③ 척화비를 건립하였다.
⋯ 흥선 대원군은 병인양요와 신미양요 등 서양의 침략을 극복한 이후 외세의 침입을 경계하였다. 이에 서양과의 통상 수교 거부 의지를 알리기 위해 전국 각지에 척화비를 세웠다.

 삼정이정청을 설치하였다.
⋯ 임술 농민 봉기를 조사하기 위해 안핵사로 파견된 박규수는 민란의 원인이 삼정의 문란에 있다고 보고 삼정이정청을 설치하여 삼정의 폐단을 해결하려고 노력하였다.

32 위정척사 운동 정답 ③

빠른 정답 찾기: (나) 이항로의 척화 주전론 ➡ (가) 최익현의 왜양일체론 ➡ (다) 영남 만인소

자료 분석하기
(나) **이항로의 척화 주전론**(1866): 이항로는 병인양요가 일어나자 흥선 대원군에게 외적과 화친하지 말고 싸워야 한다는 척화 주전론을 올렸으며, 천주교를 이단으로 규정하였다. 또한, 서양의 경제적 침략성을 간파하여 서양 제품의 사용 금지론과 불매불용론을 제시하기도 하였다.

(가) **최익현의 왜양일체론**(1876): 최익현은 일본이 강화도 조약 체결을 요구하자 일본과 서양은 같다는 왜양일체론을 주장하며 지부복궐척화의소라는 상소를 올려 일본과의 수교를 반대하였다.

(다) **영남 만인소**(1881): 김홍집이 일본에서 청 외교관 황준헌의 『조선책략』을 들여온 이후 러시아를 견제하고 미국과 외교 관계를 맺어야 한다는 여론이 형성되자 이만손을 중심으로 한 영남 유생들은 만인소를 올려 이를 반대하였다.

33 갑신정변 정답 ①

빠른 정답 찾기: 1884년 + 우정총국 개국 축하연 + 청군의 개입 + 3일 만에 실패 ➡ 갑신정변

자료 분석하기
1884년 급진 개화파(개화당)는 우정총국의 개국 축하연을 계기로 갑신정변을 일으켰다. 이에 고종과 명성 황후를 경우궁으로 옮기고 군사 지휘권을 가진 수구파 한규직, 윤태준 등과 민씨 세력인 민태호, 민영목 등을 제거하였다. 갑신정변으로 정권을 잡은 이들은 14개조 정강을 발표하고 청과의 사대 관계 폐지, 입헌 군주제, 능력에 따른 인재 등용을 주장하였으나 청군의 개입으로 3일 만에 실패하였다.

선택지 분석하기
 갑신정변
⋯ 김옥균, 박영효를 중심으로 한 급진 개화파는 일본의 군사적 지원을 약속받고 우정총국의 개국 축하연 자리에서 갑신정변을 일으켰다.

② 을미사변
⋯ 삼국 간섭 이후 일본의 세력이 위축되면서 민씨 세력이 러시아를 통해 일본을 견제하려 하였다. 이에 일본은 자객을 보내 경복궁을 습격하여 명성 황후를 시해하는 을미사변을 일으켰다.

③ 임오군란
⋯ 신식 군대인 별기군과 차별 대우를 받던 구식 군대가 선혜청과 일본 공사관을 습격하면서 임오군란이 발생하였다.

④ 아관 파천
⋯ 을미사변으로 신변의 위협을 느낀 고종은 러시아 공사관으로 피신하였다.

34 동학 농민 운동

> 미니북 33쪽
> 정답 ②

빠른 정답 찾기
백산 집결 + 황룡촌 전투 + 전주성 점령 + 우금치 전투
➡ 동학 농민 운동

🔍 자료 분석하기

고부 군수 조병갑의 횡포에 반발한 농민들이 동학교도인 전봉준을 중심으로 동학 농민 운동을 일으켰다. 이후 농민군은 백산에 집결하여 4대 강령을 발표하고 제폭구민, 보국안민을 기치로 내걸고 봉기하여 황토현 전투와 황룡촌 전투에서 승리하며 전주성을 점령하고 전라도 일대를 장악하였다. 조정에서 이들을 진압하기 위해 청에 원군을 요청하자 톈진 조약에 의해 일본도 군대를 파견하였다. 이에 청과 일본의 군대 개입을 우려한 농민군은 정부와 전주 화약을 맺고 해산하였다. 그러나 청일 전쟁이 발발하고 일본의 내정 간섭이 심해지자 동학 농민군의 남접과 북접이 연합하여 다시 봉기하였다. 이후 우금치 전투에서 일본군에게 패배하고 전봉준이 한양으로 압송되면서 와해되었다.

🔍 선택지 분석하기

① 외규장각 도서가 약탈되었다.
⋯ 병인박해를 구실로 로즈 제독이 이끄는 프랑스 군대가 양화진을 공격하며 병인양요가 발생하였다. 이때 프랑스군은 외규장각 도서를 약탈하였다.

✓ 집강소를 설치하여 폐정 개혁을 추진하였다.
⋯ 동학 농민 운동 당시 농민군은 청과 일본의 군대 개입을 우려하여 조선 정부와 전주 화약을 맺고 집강소를 설치하여 폐정 개혁을 실시하였다.

③ 홍의 장군 곽재우가 의병장으로 활약하였다.
⋯ 홍의 장군 곽재우는 임진왜란이 일어나자 의령에서 의병을 모아 왜군과 싸우며 활약한 의병장이다. 이후 진주성 전투, 화왕산성 전투에 참전하였다.

④ 서북인에 대한 차별이 원인이 되어 일어났다.
⋯ 세도 정치와 삼정의 문란으로 인해 어려움을 겪던 농민들과 서북 지역 차별 대우에 불만을 품은 평안도 지방 사람들이 몰락 양반 출신 홍경래를 중심으로 봉기를 일으켰다.

35 최재형

> 정답 ④

빠른 정답 찾기
연해주 독립운동 + 안중근의 하얼빈 의거를 도움 + 권업회 조직
➡ 최재형

🔍 자료 분석하기

최재형은 일제 강점기 정치적 영향력과 경제력을 바탕으로 연해주 한인 사회를 이끈 대표적인 인물이다. 1907년 한일 신협약으로 군대가 강제 해산되자 이를 계기로 러시아에 모여든 군인들에게 군량과 군자금을 제공하였다. 또한, 1910년 블라디보스토크에서 발간된 대동공보가 재정난으로 인해 폐간되자 이를 인수하여 언론 투쟁을 전개하기도 하였다. 이후 1920년 4월 일제가 러시아 시베리아로 쳐들어오자 재러 한인 의병을 모아 무장 투쟁을 전개하다가 순국하였다.

🔍 선택지 분석하기

① 박은식
⋯ 박은식은 독립운동의 수단으로 민족사 연구에 몰두하여 일본의 침략 과정을 다룬 『한국통사』를 저술하였다.

② 이봉창
⋯ 한인 애국단 소속의 이봉창은 도쿄에서 일본 국왕의 마차에 폭탄을 투척하였다.

③ 주시경
⋯ 국문 연구소가 설립된 이후 주시경은 국문 연구소 위원으로 한글의 정리와 국어의 이해 체계 확립에 힘쓰면서 국문법을 정리하였다.

✓ 최재형
⋯ 최재형은 안중근과 함께 이토 히로부미 처단을 모의하고 총을 마련해 주는 등 하얼빈 의거를 지원하였다. 또한, 연해주에서 권업회를 조직하고 초대 회장으로 활동하였다.

36 독립 협회

> 미니북 35쪽
> 정답 ②

빠른 정답 찾기
만민 공동회 + 러시아 군사 교관 철수 요구 + 러시아의 절영도 조차 요구 반대 ➡ 독립 협회

🔍 자료 분석하기

독립 협회는 만민 공동회를 개최하면서 러시아의 군사 교관과 재정 고문관의 철수를 요구하며 정부에 강력히 건의하였다. 이에 정부는 러시아와 교섭하여 군사 교관과 재정 고문관을 철수시키게 되었다. 이후 러시아가 부산의 절영도 조차를 요구한 사실이 알려지자 독립 협회는 정부에 사실 해명을 요구하였다. 정부로부터 과거 일본에 빌려준 전례에 따라 조차 요구를 허가했다는 답변을 들은 독립 협회는 러시아의 요구를 거부하는 것은 물론 이미 허가해준 일본의 절영도 석탄고 기지도 돌려받아야 한다고 주장하며 민중 집회를 통해 압력을 행사하였다. 결국 러시아는 절영도 조차 요구를 철회하였고, 일본도 절영도 석탄고 기지를 반환하였다.

선택지 분석하기

① 태극 서관을 운영하였다.
→ 신민회는 국내의 산업 활동을 육성하여 민족 산업의 기반을 다지기 위해 대구에 태극 서관을 설립하여 운영하였다.

✓ 독립문 건립을 주도하였다.
→ 독립 협회는 청의 사신을 맞던 영은문을 헐고 그 자리에 독립문을 세워 독립 정신을 높였다.

③ 고종 강제 퇴위를 반대하였다.
→ 대한 자강회는 교육과 산업 활동을 바탕으로 한 국권 회복을 목표로 하면서 고종의 강제 퇴위 반대 운동을 전개하였으나, 일제의 탄압으로 해산되었다.

④ 국채 보상 운동을 지원하였다.
→ 국채 보상 운동은 대한매일신보, 황성신문 등 여러 언론 기관들의 지원을 받아 전국으로 확산되었다.

한발 더 다가가기
독립 협회의 활동

자주 국권 운동	• 독립문 건립, 독립신문 발간 • 고종의 환궁, 칭제 건원 요구 • 러시아의 절영도 조차 요구 저지 • 러시아의 군사 교련단과 재정 고문단 철수 요구 • 한러 은행 폐쇄 요구
자유 민권 운동	• 신체·재산권 보호 운동 • 언론·집회의 자유권 쟁취 운동 전개
자강 개혁 운동	• 헌의 6조 채택(관민 공동회, 국권 수호, 민권 보장, 국정 개혁) • 박정양 진보 내각 설립(의회 설립 운동) → 중추원 관제(관선 25명, 민선 25명) 반포

 미니북 38쪽

37 대한 광복회 정답 ①

빠른 정답 찾기 박상진 + 1915년 + 대구 + 공화 정치 + 독립 전쟁 자금 모금 + 친일파 처단 ➡ 대한 광복회

자료 분석하기
1915년 박상진을 중심으로 대구에서 결성된 대한 광복회는 공화 정체의 국민 국가 건설을 목표로 활동하였다. 이후 독립 자금을 모금하기 위해 전국의 부호들을 대상으로 모금 활동을 하였고, 친일파를 처단하는 등 독립운동을 전개하였다.

선택지 분석하기

✓ 대한 광복회
→ 대한 광복회는 대구에서 조직된 독립운동 단체로 공화 정체의 근대 국민 국가 수립을 지향하였다.

② 조선어 학회
→ 조선어 학회는 한글 맞춤법 통일안과 표준어를 제정하고 『조선말 큰사전』의 편찬을 시작하여 해방 이후 완성하였다.

③ 조선 형평사
→ 일제 강점기에 백정들은 사회적 차별을 철폐하기 위해 조선 형평사를 결성하고 형평 운동을 전개하였다.

④ 한인 애국단
→ 김구는 상하이에서 한인 애국단을 결성하여 적극적인 투쟁 활동을 전개하면서 독립운동가를 지원하였다.

한발 더 다가가기
1910년대 국내외 독립운동

국내	독립 의군부	• 임병찬 등이 고종의 밀지를 받고 조직한 복벽주의 단체 • 조선 총독에게 국권 반환 요구서 제출
	대한 광복회	• 박상진을 중심으로 결성된 항일 독립운동 단체 • 공화 정치 지향 • 군자금 조달, 친일파 처단
국외	간도	• 명동 학교, 서전서숙 • 신흥 무관 학교
	연해주	• 대한 광복군 정부 • 한인 사회당 결성
	미주	• 대한인 국민회 • 대조선 국민 군단

 미니북 39쪽

38 제암리 사건 정답 ③

빠른 정답 찾기 스코필드 + 제암리 + 일본군 + 교회에 마을 사람들을 모이게 하고 사격을 가한 후 불을 지름 ➡ (다) 제암리 사건

자료 분석하기
제암리 사건은 1919년 3·1 운동 때 만세 시위가 일어났던 화성 제암리에서 일본군이 주민들을 학살하고 교회당과 민가를 방화한 사건이다. 이때 프랭크 스코필드는 제암리 학살 사건의 처참한 현장 사진과 기록을 국외로 보내 일본의 비인도적 만행을 세계에 알렸다.

39 안창호 정답 ②

빠른 정답 찾기
도산 + 대성 학교 설립 + 흥사단 조직 ➡ **안창호**

🔍 자료 분석하기

도산 안창호는 양기탁 등과 함께 신민회를 결성하고 대성 학교와 오산 학교를 세워 민족 교육을 실시하였으며, 태극 서관과 자기 회사를 설립하여 민족 기업을 육성하였다. 또한, 박은식, 이동휘 등과 서북 학회를 조직하여 애국 계몽 운동을 전개하였고, 국권 회복을 위해 미국 샌프란시스코에서 민족 운동 단체인 흥사단을 조직하여 활동하기도 하였다.

🔍 선택지 분석하기

① 김규식
⋯ 김규식은 상하이에서 신한 청년당을 조직하고 파리 강화 회의에 참석하여 독립 청원서를 제출하였다.

✔ 안창호
⋯ 안창호는 양기탁 등과 함께 신민회를 결성하고 평양에 대성 학교를 세워 민족 교육을 실시하였으며 미국에서 흥사단을 조직하기도 하였다.

③ 여운형
⋯ 여운형은 일본인의 안전한 귀국을 보장하는 조건으로 조선 총독부로부터 행정권의 일부를 넘겨받아 조선 건국 준비 위원회를 결성하였다.

④ 이동휘
⋯ 이동휘는 이상설 등과 함께 자치 조직인 권업회를 조직하고, 대한 광복군 정부를 창설하여 군사 활동을 준비하였다.

40 신흥 강습소 정답 ③

빠른 정답 찾기
이상룡 + 이회영 + 만주 삼원보 ➡ **신흥 강습소**

자료 분석하기

임청각은 경북 안동시에 있으며, 석주 이상룡의 생가이다. 이곳은 이상룡을 비롯해 독립운동가 9명을 배출하였으며, 원래는 99칸 규모의 집이었다. 그러나 독립운동가를 다수 배출한 집이라는 이유로 일제가 중앙선 철로를 내어 훼손하고 50여 칸의 행랑채와 부속 건물을 철거하였다.

🔍 선택지 분석하기

① 동문학
⋯ 개항 이후 조선 정부는 동문학을 설치하여 통역관 양성을 위한 영어 교육을 실시하였다.

② 배재 학당
⋯ 미국인 선교사 아펜젤러는 근대적 사립 학교인 배재 학당을 세워 신학문 보급에 기여하였다.

✔ 신흥 강습소
⋯ 신민회 회원인 이상룡, 이회영 등이 중심이 되어 만주 삼원보에 독립군 양성 학교인 신흥 강습소(훗날 신흥 무관 학교)를 설립하였다.

④ 한성 사범 학교
⋯ 갑오개혁 이후 고종은 교육 입국 조서를 발표하고 교육의 중요성을 강조하면서 교사 양성을 위해 한성 사범 학교를 세웠다.

41 1910년대 무단 통치 정답 ②

빠른 정답 찾기
헌병 경찰 + 칼을 휴대한 교사 ➡ **1910년대 무단 통치**

🔍 자료 분석하기

헌병 경찰제는 무단 통치기인 1910년대에 강압적 통치를 목적으로 실시되었다. 당시 교사들까지 제복을 입고 칼을 차고 다니게 하였으며 조선 곳곳에 일본 헌병 경찰을 배치하였다.

🔍 선택지 분석하기

① 별기군
⋯ 조선 정부는 기존 5군영을 무위영과 장어영의 2군영으로 개편하고 신식 군대인 별기군을 설치하였다(1881).

✔ 토지 조사 사업
⋯ 조선 총독부는 토지 조사국을 설치하고 토지 조사령을 발표하여 일정 기간 내 토지를 신고하도록 하는 토지 조사 사업을 실시하였다(1912).

③ 산미 증식 계획
⋯ 급격한 공업화로 일본 본토의 쌀이 부족하자 일제는 부족한 쌀을 조선에서 수탈하기 위해 산미 증식 계획을 실시하였다(1920).

④ 강제 공출
⋯ 일제는 1930년대 이후 전쟁 물자가 부족해지자 민가에서 사용하던 놋그릇과 금속제 물건들을 가져갔으며, 군량미 확보를 위해 미곡 공출 제도를 실시하였다.

한발 더 다가가기

일제 강점기 경제 수탈

1910년대	• 토지 조사 사업: 총독부의 토지 약탈 • 회사령, 어업령, 광업령: 회사 설립과 주요 산업의 허가제 전환
1920년대	• 산미 증식 계획: 일본 본토의 식량 부족 문제를 해결하기 위해 쌀 유출 → 국내 식량 사정 악화, 몰락 농민 증가 • 일본 상품에 대한 관세 철폐
1930년대	• 남면북양 정책 • 병참 기지화 정책: 전쟁 수행에 필요한 물자 조달 • 국가 총동원법: 침략 전쟁을 위한 인적·물적 자원 수탈

한발 더 다가가기

의열단의 의거 활동

인물	내용
박재혁	부산 경찰서에 폭탄 투척(1920)
최수봉	밀양 경찰서에 폭탄 투척(1920)
김익상	조선 총독부에 폭탄 투척(1921)
김상옥	종로 경찰서에 폭탄 투척, 일경과 교전 처단(1923)
김지섭	일본 도쿄 왕궁에 폭탄 투척(1924)
나석주	조선 식산 은행과 동양 척식 주식회사에 폭탄 투척(1926)

---

42 의열단 정답 ③

빠른 정답 찾기: 조선 혁명 선언 + 김원봉 + 신채호 + 김익상 + 김상옥 + 박재혁 + 종로 경찰서 + 폭파 + 요인 처단 ➡ **의열단**

🔍 자료 분석하기

김원봉이 1919년 만주에서 조직한 의열단은 신채호가 1923년 작성한 조선 혁명 선언을 활동 강령으로 삼아 식민 통치 기관 파괴, 요인 암살, 테러 등 직접적인 항일 무장 투쟁을 전개하였다. 의열단원인 박재혁은 부산 경찰서, 김익상은 조선 총독부, 김상옥은 종로 경찰서, 나석주는 조선 식산 은행과 동양 척식 주식회사에 폭탄을 투척하였다.

🔍 선택지 분석하기

① 근우회
⋯ 근우회는 신간회의 자매단체로 조직되었으며, 강연회를 개최하는 등 여성 계몽 활동과 여성 지위 향상 운동을 전개하였다.

② 보안회
⋯ 보안회는 일본의 황무지 개간권 요구에 대한 반대 운동을 전개하여 이를 저지하였다.

 의열단
⋯ 김원봉이 결성한 의열단은 신채호가 작성한 조선 혁명 선언을 활동 지침으로 삼아 직접적인 투쟁 방법인 암살, 파괴, 테러 등을 통해 독립운동을 전개하였다.

④ 중광단
⋯ 북간도로 이주한 한인들이 대종교를 중심으로 중광단을 조직하여 항일 투쟁을 전개하였다.

---

43 광주 학생 항일 운동 정답 ④

빠른 정답 찾기: 조선인 학생이 일본인 학생의 희롱에 격분 + 민족 차별 + 광주 학생 + 대규모 시위 ➡ **광주 학생 항일 운동**

🔍 자료 분석하기

광주에서 나주로 가는 통학 열차 안에서 일본인 학생이 한국인 여학생을 희롱하자 한국인과 일본인 학생 간의 충돌이 일어났다. 일본 경찰은 차별적으로 일본인 학생의 편을 들었고 이 소식이 알려지자 광주고보 학생들은 광주 길거리에서 시위를 벌였다. 광주 학생 항일 운동은 한국인 학생에 대한 차별과 식민지 교육에 저항하는 항일 운동으로 발전하였으며, 이는 3·1 운동 이후 가장 큰 규모의 항일 운동이었다.

🔍 선택지 분석하기

① 통감부가 설치되다.
⋯ 1905년 을사늑약이 체결되면서 대한 제국의 외교권이 박탈되었다. 이듬해 서울에 통감부가 설치되었고, 이토 히로부미가 초대 통감으로 부임하였다.

② 2·8 독립 선언서를 작성하다.
⋯ 일본 도쿄 유학생들이 결성한 조선 청년 독립단은 대표 11인을 중심으로 도쿄에서 2·8 독립 선언서를 작성하여 발표하였다.

③ 일제가 치안 유지법을 공포하다.
⋯ 1920년대 중반 사회주의가 확산되자 일제는 치안 유지법을 시행하여 식민지 지배에 저항하는 민족 해방 운동과 사회주의 독립운동을 탄압하였다.

 신간회 등이 지원하여 전국으로 확산되다.
⋯ 한국인 학생과 일본인 학생의 충돌로 광주 학생 항일 운동이 발생하자 신간회가 진상 조사단을 파견하였다.

44 「아리랑」   정답 ②

빠른 정답 찾기: 나운규 + 영화 + 주인공 영진 + 단성사 ➡ 「아리랑」

🔍 자료 분석하기

영화 「아리랑」은 나운규가 직접 각본·각색하고 출연한 첫 번째 작품이다. 일제의 검열을 피하기 위해 감독으로 김창선이라는 한국명을 갖고 있던 일본인 쓰모리 히데카츠를 내세웠다. 이 영화는 3·1 운동 때 잡혀서 일제의 고문으로 정신 이상자가 된 주인공 영진의 삶을 보여준다. 「아리랑」은 단성사에서 개봉하여 전국의 극장에서 큰 성공을 거두었으며, 이 영화의 영향으로 한국 영화가 발전하는 한편 민족 영화 제작이 활발해지는 계기가 되었다.

🔍 선택지 분석하기

① 미몽
⋯ 영화 「미몽」은 양주남 감독의 첫 작품으로 우리나라에서 현존하는 가장 오래된 영화이다. 1930년대 당시 영화 문법과 기술적 진보를 가늠해 볼 수 있는 작품이다.

✔ 아리랑
⋯ 나운규는 일제 강점기 때 영화인으로 다양한 작품을 제작하였다. 특히 제작과 감독, 주연을 맡은 영화 「아리랑」은 단성사에서 개봉하여 한국 영화가 비약적으로 발전하는 데 기여하였다.

③ 자유 만세
⋯ 영화 「자유 만세」는 1946년에 상영된 최인규 감독의 항일 작품이다. 이 영화는 민족 독립 투사의 항일 투쟁과 이들의 우정·사랑을 그린 내용으로 광복 영화의 시작을 알렸다.

④ 시집 가는 날
⋯ 영화 「시집 가는 날」은 이병일 감독이 1954년 동아 영화사를 설립하고 만든 작품으로 오영진의 희곡 「맹 진사댁 경사」를 원작으로 하고 있다. 세도가의 가문과 결혼하려다 벌어지는 상황을 풍자한 희극 영화이다.

🌸 미니북 **12쪽**

45 민족 말살 통치   정답 ②

 빠른 정답 찾기: 황국 신민 서사 + 국민학교 + 제국 신민 ➡ 민족 말살 통치

🔍 자료 분석하기

일제는 1930~40년대에 민족 말살 통치를 시행하였다. 이를 위해 1937년에 황국 신민 서사를 만들어 학교나 직장뿐만 아니라 모임에서도 이를 암송하도록 하였다. 이는 일왕에 대한 충성심을 세뇌시키고자 한 목적이었다. 또한, 일제는 1941년 제3차 조선 교육령을 공포하여 일왕의 칙령에 따라 소학교를 '황국 신민의 학교'라는 의미인 국민학교로 개칭하였다.

🔍 선택지 분석하기

① 대동법 시행에 반대하는 지주
⋯ 조선 광해군 때 공납의 폐단을 해결하기 위해 공납을 전세화하여 공물 대신 쌀을 납부하도록 하는 대동법이 경기도부터 실시되었다(1608).

✔ 신사 참배를 강요당하는 청년
⋯ 1930년대 일제는 관공서를 비롯한 학교 학생들에게 의무적으로 신사 참배를 요구하였으며, 중일 전쟁 이후에는 황국 신민화 정책에 따라 일반인들은 물론 교회까지 신사 참배를 강요하였다.

③ 암태도 소작 쟁의에 참여하는 농민
⋯ 전남 신안군 암태도에서는 한국인 지주 문재철의 횡포와 이를 비호하는 일본 경찰에 맞서 일제 강점기 최대의 소작 쟁의가 발생하였다(1923).

④ 박문국에서 한성순보를 발간하는 관리
⋯ 개항 이후 개화 정책의 일환으로 박문국을 설치하고 최초의 근대 신문인 한성순보를 발행하였다(1883). 한성순보는 순 한문을 사용하고 10일마다 발행되었으며, 정부 관보의 성격을 가지고 있었다.

🌸 미니북 **42쪽**

46 대한민국 정부 수립 과정   정답 ④

빠른 정답 찾기: 신탁 통치 반대 집회 ➡ (가) ➡ 대한민국 정부 수립

🔍 자료 분석하기

■ **신탁 통치 반대 집회**(1945.12.28.): 모스크바 삼국 외상 회의를 통해 미소 공동 위원회의 설치와 최대 5년간의 신탁 통치 협정이 결정되었다. 이러한 소식이 국내에 알려지자 김구, 이승만 등을 중심으로 전국적인 신탁 통치 반대 운동이 전개되었다.

■ **대한민국 정부 수립**(1948.8.15.): 5·10 총선거를 통해 구성된 제헌 국회는 국호를 '대한민국'으로 정하고 대통령 중심제를 근간으로 하는 제헌 헌법을 공포하였다. 대통령 선거는 국회에서 간선제 방식으로 치러져 초대 대통령에 이승만, 부통령에 이시영이 당선되면서 1948년 8월 15일에 대한민국 정부의 수립을 국내외에 선포하였다.

선택지 분석하기

① 경부 고속 도로 개통
→ 박정희 정부 시기인 1968년 2월 1일에 착공된 경부 고속 도로는 단군 이래 최대의 토목 공사로 불리면서 1970년 7월 7일에 개통되었다.

② 4·19 혁명
→ 이승만의 장기 집권과 자유당 정권의 3·15 부정 선거에 저항하여 4·19 혁명이 발발하였다(1960). 그 결과 이승만 대통령이 하야하고 내각 책임제를 기본으로 하는 허정 과도 정부가 구성되었다.

③ 유신 헌법 공포
→ 박정희 정부는 장기 집권을 위해 유신 헌법을 선포하여 대통령에게 국회의원 1/3 추천 임명권, 긴급 조치권 등 강력한 권한을 부여하였다(1972).

✓ 5·10 총선거
→ 우리나라 역사상 최초의 민주주의 선거인 5·10 총선거를 통해 임기 2년의 제헌 국회 의원이 선출되었다(1948.5.10.).

47 6·25 전쟁 정답 ③

빠른 정답 찾기: 이우근 + 학도의용군 + 포항여중 전투 + 북한군 + 동족상잔의 비극 ➡ 6·25 전쟁

자료 분석하기

이우근은 포항여중 전투에서 전사한 학도병으로 시신에서 어머니에게 쓴 편지가 발견되었으며, 편지에는 동족상잔의 비극과 어머니에 대한 그리움이 담겨져 있었다. 포항여중 전투는 8월 11일 새벽 4시부터 11시간 동안 이어졌는데, 이때 71명의 학도병 중 47명이 전사하고 4명이 실종되었으며 13명이 포로가 되었다. 이와 같은 학도병들의 저항으로 북한군의 포항 시내 진출이 지연됨으로써 제 3사단 사령부와 기타 지원 부대 및 경찰, 그리고 행정 기관이 무사히 안전지대로 철수할 수 있었다.

선택지 분석하기

 ① 미국이 애치슨 선언을 발표하였다.
→ 애치슨 선언은 미 국무 장관인 애치슨이 한국을 미국의 태평양 방위선에서 제외한다는 내용을 포함하여 발표한 것으로, 6·25 전쟁 발발의 원인을 제공하였다(1950.1.).

② 조선 건국 준비 위원회가 결성되었다.
→ 여운형은 일본인의 안전한 귀국을 보장하는 조건으로 조선 총독부로부터 행정권의 일부를 넘겨받아 조선 건국 준비 위원회를 결성하였다(1945).

✓ 16개국으로 구성된 유엔군이 참전하였다.
→ 6·25 전쟁이 발발하자 유엔 안전 보장 이사회에서 한국 군사 지원 결의안이 채택되었다(1950.6.28.). 이에 한국을 돕기 위해 16개국으로 구성된 유엔군이 참전하였다.

④ 13도 창의군이 서울 진공 작전을 전개하였다.
→ 한일 신협약으로 해산된 군인들이 이인영을 총대장으로 추대하고 13도 창의군을 조직하여 서울 진공 작전을 전개하였으나 실패하였다(1908).

 미니북 44쪽

48 6월 민주 항쟁 정답 ③

빠른 정답 찾기: 고문 살인 + 호헌 철폐 + 1987년 + 성공회 대성당 + 박종철 + 민주 헌법 쟁취 국민 운동 본부 ➡ 6월 민주 항쟁

자료 분석하기

1987년 1월 14일 서울대 재학생 박종철이 남영동 대공분실에서 조사를 받던 중 경찰의 고문으로 사망하는 사건이 발생하였다. 이에 시민들이 항의하며 민주화 운동으로 이어졌고 각계각층에서는 군사 정권 유지를 위한 호헌 조치 반대 성명 등 민주 시국 선언을 잇따라 내놓았다. 이에 5월 23일 '박종철 고문 살인 은폐 조작 규탄 범국민 대회 준비 위원회'가 결성되고 이들은 6월 10일에 규탄 대회를 갖기로 결정하였다. 이후 '민주 헌법 쟁취 국민 운동 본부'가 주관하여 대한 성공회 서울 주교좌 대성당에서 '박종철군 고문치사 조작, 은폐 규탄 및 호헌 철폐 국민 대회'를 개최하였고, 거리에는 시민들이 호헌 철폐와 독재 타도 등의 구호를 내세우며 민주적인 헌법 개정을 요구하였다.

선택지 분석하기

① 대통령이 하야하는 결과를 가져왔다.
→ 이승만과 자유당 정권의 3·15 부정 선거에 대한 항거로 4·19 혁명이 발발하였고 대통령이 하야하는 결과를 가져왔다.

② 굴욕적인 한일 국교 정상화에 반대하였다.
→ 박정희 정부 당시 한일 국교 정상화 회담이 진행되자 학생과 야당을 주축으로 굴욕적 대일 외교를 반대하는 6·3 시위가 전개되었다.

✓ 5년 단임의 대통령 직선제 개헌을 이끌어냈다.
→ 6월 민주 항쟁이 전국적으로 일어나자 결국 전두환 정부는 국민들의 민주화 요구를 수용하게 되었고, 5년 단임의 대통령 직선제 개헌을 이끌어냈다.

④ 전개 과정에서 시민군이 자발적으로 조직되었다.
⋯ 신군부의 비상계엄 확대에 항거하여 광주에서 일어난 5·18 민주화 운동은 신군부가 공수 부대를 동원하여 무력 진압에 나서자 시민들이 시민군을 조직하여 계엄군에 대항하면서 격화되었다.

한발 더 다가가기

민주화 운동	
4·19 혁명 (1960)	3·15 부정 선거 → 김주열 학생 시신 발견 → 대학 교수단의 시국 선언, 대통령 하야 요구 행진 → 시위 전국 확산 → 이승만 하야
부마 민주 항쟁 (1979)	YH 무역 사건 → 야당 총재 김영삼 국회의원 제명 → 부산, 마산에서 시위 전개 → 10·26 사태(박정희 피살), 유신 체제 붕괴
5·18 민주화 운동 (1980)	12·12 쿠데타로 전두환 등 신군부 집권 → 신군부 반대 민주화 운동 → 비상계엄 전국 확대, 계엄군 투입 무력 진압 → 광주에서 신군부 퇴진, 민주화 요구 시위 → 공수 부대 동원 무력 진압
6월 민주 항쟁 (1987)	박종철 고문치사 사건 및 4·13 호헌 조치 → 직선제 개헌, 민주화 요구 시위 → 연세대 이한열 시위 도중 사망 → 시위 전국 확산('호헌 철폐, 독재 타도' 구호) → 6·29 민주화 선언으로 5년 단임의 대통령 직선제 개헌

 미니북 45쪽

49 김대중 정부   정답 ②

빠른 정답 찾기 2월 25일 + 국민의 정부 + 외환 위기 속에서 출발 + 금 모으기 운동 ➡ **김대중 정부**

자료 분석하기

1998년 2월 25일 김대중 대통령이 취임하면서 국민의 정부가 탄생하였다. 그러나 1997년 외환 위기의 여파가 지속되고 있었으며, 경제 회복이라는 시급한 문제를 안고 있었다. 이에 김대중 정부는 기업 구조조정과 투명성 강화, 금융 개혁 등을 시행하여 2001년 8월에 예상보다 3년을 앞당겨 국제 통화 기금(IMF) 차입금을 전부 갚게 되었다. 국민들도 외환 위기를 극복하기 위해 자신들이 소유한 금을 나라에 기부하는 금 모으기 운동을 전개하였다. 전국에서 약 351만 명이 참가했으며, 총 227톤의 금이 모였다. 국민들이 모은 금은 다른 나라로 수출되었고, 그 대가로 받은 외화는 외환 위기를 극복하는 데 도움이 되었다.

선택지 분석하기

① 소련, 중국과의 국교가 수립되었다.
⋯ 노태우 정부는 적극적인 북방 외교 정책을 통해 동유럽의 여러 국가 및 소련(1990), 중국(1992)과 국교를 수립하였다.

✓ 한일 월드컵 축구 대회를 개최하였다.
⋯ 김대중 정부는 월드컵 역사상 첫 공동 개최였던 한일 월드컵 축구 대회를 개최하였다(2002).

③ 제1차 경제 개발 5개년 계획을 추진하였다.
⋯ 박정희 정부는 제1차 경제 개발 5개년 계획을 진행하여 경공업을 중심으로 한 경제 발전을 추진하였다(1962).

④ 경제 협력 개발 기구(OECD)에 가입하였다.
⋯ 김영삼 정부는 한국 경제의 세계화를 위해 경제 협력 개발 기구(OECD)에 가입하였다(1996).

 미니북 45쪽

50 7·4 남북 공동 성명   정답 ②

빠른 정답 찾기 1972년 + 통일 방안 + 서울과 평양에서 동시 발표 + 남북 조절 위원회 ➡ **7·4 남북 공동 성명**

자료 분석하기

1971년 박정희 정부는 이산가족 상봉을 위한 적십자 회담을 제안하였고, 비밀리에 판문점에서 남북 회담이 열리게 되었다. 이 과정에서 7·4 남북 공동 성명이 채택되었고 정치 문제를 다루기 위한 남북 조절 위원회가 만들어졌다. 이후 1972년 7월 4일에 남한과 북한은 각각 서울과 평양에서 '통일의 3대 원칙'을 비롯한 여러 가지 합의 사항을 담은 7·4 남북 공동 성명을 발표하였다.

선택지 분석하기

① 남북 기본 합의서
⋯ 노태우 정부의 북방 외교를 바탕으로 남북한 화해 및 불가침, 교류·협력 등에 관한 공동 합의서인 남북 기본 합의서를 채택하였다.

✓ 7·4 남북 공동 성명
⋯ 박정희 정부는 북한에 남북 간의 교류를 제의하였고, 남북 회담을 진행한 뒤 각각 서울과 평양에서 7·4 남북 공동 성명을 발표하였다.

③ 6·15 남북 공동 선언
⋯ 김대중 정부 당시 북한과의 교류가 크게 확대되어 평양에서 최초로 남북 정상 회담이 이루어지면서 6·15 남북 공동 선언이 발표되었다.

④ 10·4 남북 정상 선언
⋯ 노무현 정부는 제2차 남북 정상 회담을 진행하여 6·15 남북 공동 선언을 계승한 10·4 남북 정상 선언을 채택하였다.

한발 더 다가가기

통일을 위한 노력

7·4 남북 공동 성명 (1972)	'자주·평화·민족적 대단결'의 통일 원칙에 합의
남북한 유엔 동시 가입 (1991)	남북 화해 가능성과 국제적 지위 향상
남북 기본 합의서 (1991)	• 남북한이 서로 상대방의 실체 인정 • 남북 간 화해와 상호 불가침 및 교류 협력 확대
한반도 비핵화 선언 (1991)	핵전쟁의 위협 제거와 평화 통일에 유리한 조건 조성
6·15 남북 공동 선언 (2000)	• 최초 남북 정상 회담 개최 • 개성 공업 지구 조성 등 남북 교류 협력 사업 확대
10·4 남북 공동(정상) 선언(2007)	• 제2차 남북 정상 회담 개최 • 남북 관계 발전, 평화 번영 노력

제51회 한국사능력검정시험

01	02	03	04	05	06	07	08	09	10
③	④	①	④	②	④	②	②	④	③
11	12	13	14	15	16	17	18	19	20
④	③	③	④	④	②	④	①	①	③
21	22	23	24	25	26	27	28	29	30
②	③	①	③	①	②	④	③	①	②
31	32	33	34	35	36	37	38	39	40
②	②	①	③	④	②	②	②	③	②
41	42	43	44	45	46	47	48	49	50
②	③	④	①	①	②	③	②	①	④

한발 더 다가가기

선사 시대의 생활상

구석기 시대	• 동굴이나 강가의 막집에서 생활 • 계절에 따라 이동 생활 • 주먹도끼, 찍개 등의 뗀석기 사용
신석기 시대	• 강가나 바닷가에 움집을 짓고 정착 생활 • 뼈낚시, 그물, 돌창, 돌화살을 사용하여 채집·수렵 생활 • 조·피 등을 재배하는 농경 시작, 목축 • 빗살무늬 토기를 이용하여 음식을 조리하거나 저장 • 가락바퀴로 실을 뽑아 뼈바늘로 옷을 지어 입기도 함
청동기 및 초기 철기 시대	• 밭농사 중심, 벼농사 시작 • 가축 사육 증가, 농업 생산력 향상 • 움집의 지상 가옥화, 배산임수의 취락 형성 • 사유 재산과 계급의 발생, 선민사상, 족장의 출현 • 청동제 의기, 토우, 바위그림(풍요를 기원하는 주술적 의미)

❈ 미니북 04쪽

01 청동기 시대
정답 ③

빠른 정답 찾기: 고인돌 + 노동력 동원 + 권력을 가진 지배자 ➡ **청동기 시대**

🔍 자료 분석하기
청동기 시대 무덤인 고인돌의 거대한 규모를 통해 당시 많은 사람들이 동원되었다는 것과 무덤의 주인이 권력을 가진 지배자라는 것을 알 수 있다.

🔍 선택지 분석하기
① 우경이 널리 보급되었다.
⋯ 신라 지증왕 때 소를 이용한 우경이 시행되었으며 고려 시대에 일반화되었다.

② 주로 동굴이나 막집에서 거주하였다.
⋯ 구석기 시대 사람들은 주로 동굴이나 막집에 살았으며 계절에 따라 이동 생활을 하였다.

 반달 돌칼을 사용하여 벼를 수확하였다.
⋯ 청동기 시대에 일부 지역에서 벼농사가 시작되었으며 반달 돌칼을 이용하여 벼를 수확하였다.

④ 실을 뽑기 위해 가락바퀴를 처음 사용하였다.
⋯ 신석기 시대 사람들은 가락바퀴로 실을 뽑아 뼈바늘로 옷을 지어 입었다.

❈ 미니북 06쪽

02 고구려
정답 ④

빠른 정답 찾기: 무용총 + 수렵도 ➡ **고구려**

🔍 자료 분석하기
고구려 무용총에서 수렵도와 여러 고분 벽화가 발견되었다. 이를 통해 고구려인들의 생활과 풍속을 짐작할 수 있다.

🔍 선택지 분석하기
① 22담로에 왕족을 파견했어요.
⋯ 백제 무령왕은 지방에 22담로를 설치하고 왕족을 보내 지방에 대한 통제를 강화하였다.

② 한의 침략을 받아 멸망했어요.
⋯ 고조선은 한 무제의 침략에 저항하였으나, 왕검성이 함락되면서 멸망하였다.

③ 신지, 읍차 등의 지배자가 있었어요.
⋯ 삼한은 신지, 읍차라고 불린 지배자가 각 소국을 지배하였다.

✓ 빈민 구제를 위해 진대법을 실시했어요.
⋯ 고구려 고국천왕은 봄에 곡식을 빌려주고 겨울에 갚게 하는 빈민 구제책인 진대법을 실시하였다.

03 금관가야의 경제 상황 정답 ①

빠른 정답 찾기: 김수로왕 + 허황옥 + 김해 대성동 고분군 ➡ 금관가야

자료 분석하기
건국 설화에 따르면 김수로왕이 하늘에서 내려온 알에서 태어나 금관가야를 세우고, 인도 아유타국에서 온 공주 허황옥과 결혼하였다고 전해진다. 김해 대성동 고분군은 3~5세기 금관가야의 덧널무덤, 널무덤, 돌방무덤, 독무덤 등 여러 무덤과 납작도끼, 덩이쇠 등 철재 화폐와 기승용 마구, 갑주 등 수많은 유물이 출토된 곳이다.

선택지 분석하기
 낙랑과 왜에 철을 수출하였다.
⋯ 금관가야는 풍부한 철 생산과 해상 교통에 유리한 지역적 특색을 이용하여 낙랑과 왜에 철을 수출하였다.

② 모내기법이 전국으로 확산하였다.
⋯ 조선 후기에 볍씨를 모판에 길러서 논에 옮겨 심는 모내기법이 전국으로 확산되었다.

③ 물가 조절을 위해 상평창을 두었다.
⋯ 고려 성종 때 개경(개성)과 서경(평양)에 물가를 조절하는 기구인 상평창을 설치하여 민생을 안정시키고자 하였다.

④ 활구라고도 불린 은병을 제작하였다.
⋯ 고려 숙종 때 상업이 활발해지면서 활구(은병)를 만들어 화폐의 사용을 추진하였으나 널리 유통되지는 못하였다.

✱ 미니북 48쪽

04 불국사 삼층 석탑 정답 ④

빠른 정답 찾기: 경주 + 통일 신라 + 『무구정광대다라니경』 발견 ➡ 불국사 삼층 석탑

자료 분석하기
불국사 삼층 석탑(석가탑)은 경북 경주시 불국사에 있는 석탑으로 통일 신라 경덕왕 때 조성된 것으로 추측된다. 2012년부터 2017년까지 5년간 진행한 해체·수리 과정에서 사리 장엄구와 현존하는 세계에서 가장 오래된 목판 인쇄물인 『무구정광대다라니경』이 발견되었다.

선택지 분석하기
① 화엄사 사사자 삼층 석탑
⋯ 통일 신라 전성기인 8세기경에 제작된 것으로 추정된다.

② 정림사지 오층 석탑
⋯ 목탑의 구조와 비슷한 돌탑으로 백제의 대표적인 석탑이다.

③ 감은사지 삼층 석탑
⋯ 경주에 있는 통일 신라 시대의 절인 감은사에 위치해 있다.

 불국사 삼층 석탑
⋯ 경주 불국사에 위치해 있으며, 석가탑으로도 불린다.

한발 더 다가가기
고대의 주요 석탑

미륵사지 석탑 (백제)	분황사 모전 석탑 (신라)	영광탑 (발해)

감은사지 삼층 석탑 (통일 신라)	불국사 삼층 석탑 (통일 신라)	불국사 다보탑 (통일 신라)

✱ 미니북 06쪽

05 신라 법흥왕의 업적 정답 ②

빠른 정답 찾기: 신라의 제23대 왕 + 병부 설치 + 율령 반포 ➡ 신라 법흥왕

자료 분석하기
신라 법흥왕은 병부와 상대등을 설치하고 관등을 정비하였으며 율령 반포로 통치 질서를 확립하였다.

선택지 분석하기
① 녹읍을 폐지하였다.
⋯ 통일 신라 신문왕은 관료전을 지급하고 녹읍을 폐지하여 귀족들의 세력을 약화시키고자 하였다.

✓ 불교를 공인하였다.
…› 신라 법흥왕은 이차돈의 순교를 계기로 불교를 신라의 국교로 공인하였다.

③ 독서삼품과를 시행하였다.
…› 통일 신라 원성왕은 국학의 학생들을 대상으로 독서삼품과를 시행하여 유교 경전의 이해 수준에 따라 관리를 채용하였다.

④ 북한산에 순수비를 세웠다.
…› 신라 진흥왕은 한강 유역을 장악하고 이를 기념하기 위해 북한산 순수비를 세웠다.

06 칠지도 정답 ④

빠른 정답 찾기: 백제가 왜에 보낸 문화유산 + 백제와 왜의 교류 ➡ 칠지도

자료 분석하기
일본에서 발견된 칠지도는 백제 근초고왕이 왜에 하사하였다고 알려져 있다. 이를 통해 백제가 왜와 교류하면서 다양한 선진 문물을 전파하였다는 것을 확인할 수 있다.

선택지 분석하기
① 금동 연가 7년명 여래 입상
…› 강렬한 느낌을 주는 불상 양식에서 고구려적인 특징이 잘 나타나 있다.

② 앙부일구
…› 조선 세종 때 장영실이 발명한 조선을 대표하는 해시계이다.

③ 호우총 청동 그릇
…› 고구려와 신라의 관계를 유추할 수 있는 유물이다.

✓ 칠지도
…› 칠지도를 통해 백제와 왜가 교류하였다는 것을 알 수 있다.

07 골품 제도 정답 ②

빠른 정답 찾기: 신라 + 진골 + 승진·집 크기 제한 ➡ 골품 제도

자료 분석하기
신라의 고유한 신분 제도인 골품 제도는 관료의 관직이나 관복뿐만 아니라 집의 크기, 옷 등 일상생활까지도 제한하였다.

선택지 분석하기
① 화랑도
…› 신라의 화랑도는 화랑을 우두머리로 한 청소년 수련 단체로 교육적·군사적·사교적 기능을 가지고 있었다.

✓ 골품 제도
…› 신라는 중앙 집권 국가로 성장하면서 골품 제도라는 신분 제도를 통해 각 지역 부족장들의 신분을 규정하였다.

③ 화백 회의
…› 신라는 귀족 합의체인 화백 회의에서 국가의 중대사를 만장일치제로 결정하여 국가를 운영하였다.

④ 상수리 제도
…› 통일 신라 때 지방 세력을 견제하기 위해 이들을 일정 기간 수도 금성(경주)에 머무르게 하는 상수리 제도를 실시하였다.

한발 더 다가가기

신라의 골품 제도

등급	관등명	공복	진골	6두품	5두품	4두품
1	이벌찬	자색	■			
2	이찬	자색	■			
3	잡찬	자색	■			
4	파진찬	자색	■			
5	대아찬	자색	■			
6	아찬	비색	■	■		
7	일길찬	비색	■	■		
8	사찬	비색	■	■		
9	급벌찬	비색	■	■		
10	대나마	청색	■	■	■	
11	나마	청색	■	■	■	
12	대사	황색	■	■	■	■
13	사지	황색	■	■	■	■
14	길사	황색	■	■	■	■
15	대오	황색	■	■	■	■
16	소오	황색	■	■	■	■
17	조위	황색	■	■	■	■

미니북 21쪽

08 살수 대첩 정답 ②

빠른 정답 찾기: 을지문덕 + 우중문 + 고구려를 침략한 수 ➡ 살수 대첩

자료 분석하기

『삼국사기』 을지문덕전에 기록되어 있는 한시로서, 고구려 을지문덕이 수의 장수 우중문에게 보내어 상대에 대한 거짓 찬양을 통해 적을 조롱하는 내용이다. 을지문덕은 작전을 통해 수의 군대를 깊숙이 유인하고, 후퇴하는 수의 군대가 살수를 건너고 있을 때 공격하여 크게 승리하였다.

선택지 분석하기

① 명량 대첩
→ 임진왜란 때 이순신이 12척의 배로 울돌목의 좁은 수로를 활용하여 일본 수군 133척의 배에 맞서 싸워 큰 승리를 거두었다.

✓ 살수 대첩
→ 수 양제가 우중문에게 30만 별동대를 주어 평양성을 공격하게 하자 고구려의 을지문덕은 수의 군대를 살수로 유인하여 크게 무찔렀다.

③ 황산 대첩
→ 고려 우왕 때 이성계는 황산에서 왜구를 크게 물리쳤다.

④ 한산도 대첩
→ 임진왜란 때 이순신이 한산도에서 학익진 전법을 활용하여 일본 수군을 물리치고 크게 승리하였다.

09 신라 촌락 문서   정답 ④

빠른 정답 찾기 일본 도다이사 쇼소인 + 서원경 + 4개 촌락의 경제 상황 기록 ➡ 신라 촌락 문서

자료 분석하기

신라 촌락 문서(민정 문서)는 통일 신라 촌락에 대한 기록 문서로, 755년경 서원경 인근 4개 마을에 대한 인구, 토지, 마전, 가축 등을 조사한 내용이 담겨 있다. 촌주는 3년마다 이를 작성하였으며, 통일 신라의 경제 상황에 대해 알 수 있는 중요한 자료이다.

선택지 분석하기

 ① 단군의 건국 이야기가 수록되어 있어요.
→ 고려 때 이승휴가 쓴 『제왕운기』는 서사시로 저술된 역사서이다. 단군의 고조선 건국 이야기를 시작으로 고려 충렬왕까지의 역사를 다루고 있다.

② 병인양요 때 프랑스군에게 약탈당하였어요.
→ 병인양요 때 프랑스군은 강화도에 침입하여 조선 왕실의 중요한 행사 등을 글과 그림으로 상세하게 기록한 외규장각 의궤를 약탈하였다.

③ 유네스코 세계 기록 유산으로 등재되었어요.
→ 『직지심체요절』은 세계에서 가장 오래된 금속 활자본으로 유네스코 세계 기록 유산으로 등재되었다.

✓ 노동력 동원과 세금 징수를 위해 작성되었어요.
→ 신라 촌락 문서는 노동력 징발을 위해 나이, 남녀 인구를 조사하였고 조세와 공납을 징수하기 위해 토지, 가축의 수, 과실나무의 수 등 개인의 재산 정도를 기록하였다.

10 발해   정답 ③

빠른 정답 찾기 해동성국 + 대조영 + 상경 용천부 ➡ 발해

자료 분석하기

고구려의 장군 출신인 대조영은 유민들을 이끌고 지린성 동모산에서 발해를 건국하였다. 이후 문왕 때 확대된 영토를 효과적으로 다스리고자 중경 현덕부에서 상경 용천부로 수도를 옮겼으며, 선왕 때 영토를 크게 확장하여 전성기를 누리면서 주변 국가들로부터 해동성국이라 불렸다.

선택지 분석하기

① 6진을 개척하는 김종서
→ 조선 세종은 김종서를 시켜 여진을 몰아내고 두만강 일대에 6진을 설치하여 영토를 확장하였다.

② 처인성에서 싸우는 김윤후
→ 몽골의 2차 침입 때 승장 김윤후가 이끄는 민병과 승군이 처인성에서 몽골군에 대항하여 적장 살리타를 죽이고 승리를 거두었다.

✓ 당의 등주를 공격하는 장문휴
→ 발해 무왕은 장문휴의 수군으로 당의 등주를 공격하고 요서 지역에서 당의 군대와 격돌하였다.

④ 정족산성에서 교전하는 양헌수
→ 병인박해로 인해 프랑스 군대가 강화도를 공격하면서 병인양요가 발생하였다. 이에 양헌수가 이끄는 부대가 정족산성에서 프랑스 군대를 물리쳤다.

11 신라 멸망   정답 ④

빠른 정답 찾기
신라 경순왕 항복 + 신라의 왕경을 경주로 개편 + 경주 사심관 임명 ➡ (라) 신라 멸망

자료 분석하기

- **고창 전투**(930): 후백제의 견훤은 교통의 요충지였던 고창(안동)을 포위하여 공격하였으나 8,000여 명의 사상자를 내며 왕건에게 크게 패하였다. 그 결과 왕건은 경상도 일대에서 견훤 세력을 몰아내고 후삼국 통일의 기반을 마련하게 되었다.
- **신라 멸망**(935): 견훤은 후계자 문제로 장남 신검에 의해 금산사에 유폐되었으나 탈출하여 왕건에게 귀순하였다. 이러한 사태가 발생하자 더 이상 보호국의 처지에서 나라를 유지하는 것이 의미 없다는 판단을 내린 신라의 마지막 왕인 경순왕 김부는 고려에 항복하였다. 이에 왕건은 사심관 제도에 따라 김부를 경주의 사심관으로 임명하였고 신라는 멸망하게 되었다.
- **후백제 멸망**(936): 왕건의 고려군과 신검의 후백제군이 일리천에서 전투를 벌여 고려군이 크게 승리하였고, 후백제는 멸망하게 되었다.

12 고려 광종의 업적   정답 ③

빠른 정답 찾기
광덕, 준풍 등 독자적인 연호 + 쌍기 + 과거 제도 시행 ➡ 고려 광종

자료 분석하기

고려 광종은 국왕의 권위를 높이기 위해 황제라 칭하고 광덕, 준풍 등의 독자적인 연호를 사용하였다. 또한, 후주 출신 쌍기의 건의를 받아들여 과거 제도를 시행하였다.

선택지 분석하기

① 훈요 10조를 남겼어.
⋯ 고려 태조는 후대의 왕들에게 숭불 정책, 북진 정책, 민생 안정책 등 10가지 지침이 담긴 훈요 10조를 남겼다.

② 교정도감을 설치하였어.
⋯ 고려 무신 정권 시기에 최충헌은 교정도감을 설치하고 자신이 이 기구의 우두머리인 교정별감이 되어 중요한 정책을 결정하였다.

 노비안검법을 실시하였어.
⋯ 고려 광종은 노비안검법을 실시하여 강제로 노비가 된 자를 해방시킴으로써 호족의 세력을 약화시켰다.

④ 12목에 지방관을 파견하였어.
⋯ 고려 성종은 최승로의 시무 28조를 받아들여 12목을 설치하고 지방관을 파견하여 지방 세력을 견제하였다.

13 강감찬   정답 ③

빠른 정답 찾기
거란의 3차 침입 + 귀주에서 격파 ➡ 강감찬

자료 분석하기

강감찬은 강동 6주의 반환 등을 요구하며 침입한 거란 소배압의 10만 대군에 맞서 귀주에서 큰 승리를 거두었다.

선택지 분석하기

① 서희
⋯ 서희는 거란의 1차 침입 때 소손녕과 외교 담판을 통해 거란과 교류할 것을 약속하는 대신, 고려가 고구려를 계승하였음을 인정받고 압록강 동쪽의 강동 6주를 획득하는 성과를 거두었다.

② 윤관
⋯ 윤관은 여진이 고려의 국경을 자주 침입하자 왕에게 건의하여 별무반을 편성하였다. 이후 윤관은 별무반을 이끌고 여진을 토벌하여 동북 9성을 축조하였다.

 강감찬
⋯ 강감찬은 거란의 3차 침입 때 귀주에서 소배압이 이끄는 거란군에 맞서 크게 승리하였다.

④ 최무선
⋯ 최무선은 화통도감의 설치를 건의하여 화약과 화포를 제작하였고, 이를 활용하여 진포에서 왜구를 격퇴하였다.

14 원 간섭기   정답 ④

빠른 정답 찾기
삼별초 항쟁 ➡ (가) ➡ 쌍성총관부 탈환

자료 분석하기

- **삼별초 항쟁**(1270~1273): 고려 조정이 도읍을 강화도에서 개경으로 옮기면서 몽골과의 강화가 성립되었다. 이에 반대한 삼별초는 배중손, 김통정 등을 중심으로 강화도, 진도, 제주도로 이동하며 대몽 항쟁을 전개하였다.

- **쌍성총관부 탈환**(1356): 고려 공민왕은 원의 간섭에서 벗어나 고려의 자주성을 회복하기 위해 개혁을 실시하였다. 이에 쌍성총관부를 공격하여 철령 이북 지역의 영토를 되찾았다.

선택지 분석하기

① 별무반이 편성되었다.
⋯ 고려 숙종 때 여진이 고려의 국경을 자주 침입하자 윤관이 왕에게 건의하여 별무반을 편성하였다(1104).

② 김헌창이 난을 일으켰다.
⋯ 통일 신라 헌덕왕 때 웅천주 도독 김헌창은 아버지 김주원이 왕위 쟁탈전에서 패배한 것에 불만을 품고 반란을 일으켰으나 관군에게 진압되면서 실패하였다(822).

③ 김부식이 삼국사기를 편찬하였다.
⋯ 고려 인종 때 김부식은 왕명을 받아 삼국 시대의 역사서인 『삼국사기』를 편찬하였다(1145).

 지배층을 중심으로 변발과 호복이 유행하였다.
⋯ 고려는 원 간섭기 당시 지배층을 중심으로 원의 변발과 호복 등 몽골 풍습이 유행하였다.

15 고려청자 정답 ④

빠른 정답 찾기 표면에 무늬 새기기 + 무늬에 다른 색의 흙 메우기 + 다른 색 흙을 긁어내기 ➡ **청자 상감 모란문 표주박 모양 주전자**

자료 분석하기

청자 상감 모란문 표주박 모양 주전자는 고려의 독보적인 장식 기법인 상감 기법이 사용되었다. 이는 고려 도공들이 개발한 것으로, 다른 장식 기법보다도 높은 기술이 필요하다. 목의 윗부분에 흑백 상감으로 구름과 학 무늬를 그려 넣었고, 병의 아랫부분 몸통에는 활짝 핀 모란과 피지 않은 봉오리, 잎들이 꽉 짜인 채 전체를 장식하고 있다. 이 부분은 표현 기법상 중심 소재인 모란꽃과 잎들은 제외하고 그 바탕이 되는 부분을 백토로 메워서 나타내고자 하는 문양이 태토(도자기를 만드는 흙입자)의 색깔대로 드러나게 되는 역상감 기법을 사용하였다.

선택지 분석하기

① 기마 인물형 토기
⋯ 경주 금령총에서 출토된 신라의 뛰어난 공예 기술을 보여주는 유물이다.

② 백자 철화 끈무늬 병
⋯ 조선 전기 백자 병 특유의 풍만한 양감과 곡선미를 보여주는 대표적인 유물이다.

③ 청자 참외 모양 병
⋯ 고려청자의 전성기인 12세기 초에 만들어진 대표적 비색 청자이다.

 청자 상감 모란문 표주박 모양 주전자
⋯ 12세기 중반에 만들어진 고려 시대 청자 주전자이다.

16 문익점의 목화씨 정답 ②

빠른 정답 찾기 문익점 + 원 + 씨 + 정천익 ➡ **목화**

자료 분석하기

원에 사신으로 갔던 문익점은 고려로 돌아올 때 목화씨를 몰래 가져와 장인 정천익에게 나누어 주고 함께 시험 재배를 하였다. 처음에는 재배 기술을 몰라 한 그루만을 겨우 살릴 수 있었으나 3년간의 노력 끝에 성공하여 전국에 목화씨가 퍼지게 되었다.

선택지 분석하기

① 인삼
⋯ 인삼은 고려 시대 국제 무역항 벽란도를 통해 송과 일본에 수출하면서 대표적인 교역 상품이 되었다. 조선 후기에는 상공업이 발달하여 농민들이 인삼을 상품 작물로 재배하기도 하였다.

 목화
⋯ 고려 말에 문익점이 원에서 목화를 들여와 목화가 한반도에서 재배되기 시작하였다.

③ 고구마 · ④ 옥수수
⋯ 조선 후기에는 고구마, 옥수수 등이 전래되어 구황 작물로 재배되기 시작하였다.

17 과전법 정답 ④

빠른 정답 찾기 공양왕 3년 + 조준, 정도전 등의 건의 ➡ **과전법**

자료 분석하기

고려 공양왕 때 신진 사대부 조준, 정도전 등의 건의로 과전법이 시행되었다. 이에 따라 개인에게 지급하는 사전의 지역을 경기도로 제한하고, 농민이 수조권자에게 수확량의 절반을 내던 병작반수제를 금지하였다. 또한, 수조권을 행사하여 농민의 농지를 빼앗지 못하도록 규정하여 권문세족의 경제적 기반을 약화시키고 농민에 대한 수탈을 제한하였다.

🔍 선택지 분석하기

① 공인이 등장하는 배경이 되었어요.
→ 조선 광해군 때 공납의 폐단을 해결하기 위해 공납을 전세화하여 공물 대신 쌀을 납부하도록 한 대동법을 실시하였다. 이 결과 국가에 필요한 물품을 조달하는 공인이 등장하였다.

② 토지 소유자에게 지계를 발급하였어요.
→ 대한 제국은 지계아문을 설치하고 지계를 발급하여 근대적 토지 소유권을 확립하고자 하였다.

③ 전지와 시지를 품계에 따라 나누어 주었어요.
→ 고려는 직역의 대가로 관료에게 토지를 나누어 주는 전시과를 시행하여 곡물을 거둘 수 있는 전지와 땔감을 얻을 수 있는 시지를 주었다.

 전·현직 관리에게 토지의 수조권을 지급하였어요.
→ 과전법은 전·현직 관리에게 토지의 수조권을 지급하여 관리들의 경제적 기반을 보장하였다. 원칙적으로 세습이 허용되지는 않았으나 수신전·휼양전 등의 형태로 일부 세습이 가능하였다.

18 지역사 – 개성   정답 ①

빠른 정답 찾기: 만월대 + 선죽교 + 고려 첨성대 ➡ **개성**

🔍 자료 분석하기

- **만월대**: 만월대는 개성에 있는 궁궐터로, 고려 태조가 송악산 남쪽 기슭에 도읍을 정하고 궁궐을 창건한 이래 1361년 공민왕 때 홍건적의 침입으로 소실될 때까지 고려 왕의 주된 거처였다.
- **선죽교**: 선죽교는 개성에 있는 돌다리로, 고려 말 정몽주가 이성계를 문병하고 오다가 이방원에게 죽게된 곳으로 유명하다.
- **고려 첨성대**: 고려(개성) 첨성대는 개성에 위치한 만월대 서쪽에 있으며, 천문 관측소로 사용되었을 것이라 추측되는 석조물이다.

19 조선의 교육 기관   정답 ①

빠른 정답 찾기: 4부 학당 + 성균관 + 서원 ➡ **조선의 교육 기관**

🔍 자료 분석하기

조선은 중앙에 국립 대학인 성균관을 두고, 중등 교육을 위하여 서울에 4부 학당을, 지방에 향교를 설치하였다. 조선 중기 이후에는 서원이 각지에 세워지면서 향촌 사회의 교화와 지방의 양반 자제들을 교육하여 많은 인재를 길러냈다.

🔍 선택지 분석하기

✓ 책을 읽고 활쏘기를 익히는 경당이 있었어요.
→ 경당은 고구려의 평민 자제들을 교육하기 위하여 설립한 민간 교육 기관으로 경전 독서, 활쏘기 등의 학문과 무예를 가르쳤다.

② 서울의 4부 학당에서는 중등 교육을 담당했어요.
→ 4부 학당은 조선 시대 중앙의 관학으로 중등 교육을 담당하였으며, 성균관의 부속 학교 성격을 가지고 있었다.

③ 최고 교육 기관으로 성균관이 있었어요.
→ 성균관은 조선 시대 최고의 교육 기관으로 초시인 생원시와 진사시에 합격한 유생들이 우선적으로 입학할 수 있었다.

④ 사림이 세운 서원이 있었어요.
→ 서원은 선현에 대한 제사와 양반 자제의 교육을 담당하는 지방 사립 교육 기관으로 사림의 세력 기반 역할을 하였다.

한발 더 다가가기

조선의 교육 기관

관학	성균관: 조선 최고 국립 교육 기관, 생원·진사 입학 가능
	• 4부 학당: 중등 교육 기관(중앙에 설립) • 향교: 중등 교육 기관(지방에 설립), 교수와 훈도 파견
사학	서원: 사림 세력의 기반, 향촌 사회 교화
	서당: 초등 교육 담당, 양반·평민 자제 교육

20 승정원   정답 ③

빠른 정답 찾기: 조선의 중앙 정치 기구 + 왕명의 출납 + 6명의 승지 ➡ **승정원**

🔍 자료 분석하기

승정원은 오늘날 대통령 비서실과 비슷한 역할을 담당하는 곳으로, 주로 신하들에게 왕명을 전달하는 역할을 하는 조선의 중앙 정치 기구 중 하나였다. 6명의 승지로 구성되어 총책임자인 도승지가 이조, 좌승지가 호조, 우승지가 예조, 좌부승지가 병조, 우부승지가 형조, 동부승지가 공조를 맡아 6조와 협의하며 왕을 보필하였다.

한국사능력검정시험 기출문제집

선택지 분석하기

① 사간원 · ② 사헌부
⋯ 사간원은 왕과 정치에 대한 언론을 담당하였고, 사헌부는 관리의 비리를 감찰하였다. 또한, 사간원과 사헌부는 함께 양사 또는 대간이라 하여 5품 이하 관리에 대한 서경권을 행사하였다.

✓ 승정원
⋯ 승정원은 조선 시대 왕명의 출납을 관장하던 관청으로 정원, 후원, 은대, 대언사 등으로 불리기도 하였다.

④ 홍문관
⋯ 홍문관은 조선 성종 때 집현전을 계승하여 설치되었으며, 사간원, 사헌부와 함께 삼사를 구성하였다. 또한, 왕의 자문 역할과 경연, 경서, 사적 관리, 언론의 역할을 담당하였다.

🌸 미니북 09쪽

21 『경국대전』

정답 ②

빠른 정답 찾기 조선 + 성종 + 국가 운영 전반에 대한 법률 ➡ 『경국대전』

자료 분석하기

『경국대전』은 세조 때 편찬을 시작하여 성종 때 완성한 조선 최고의 법전으로, 정부 체제를 따라 6전으로 구성되었다. 국가 조직, 재정, 의례, 군사 제도 등 통치 전반에 걸친 법령을 담고 있으며 국가 행정을 체계화하고 유교 질서를 확립하기 위해 편찬되었다.

선택지 분석하기

① 택리지
⋯ 조선 영조 때 이중환은 현지답사를 통해 각 지방의 산천, 인물, 풍속 등에 대해 기록한 인문 지리서인 『택리지』를 저술하였다.

✓ 경국대전
⋯ 조선 세조 때 편찬되기 시작한 『경국대전』은 조선의 기본 법전으로, 성종 때 완성되어 반포되었다.

③ 농사직설
⋯ 조선 세종은 정초, 변효문 등을 시켜 우리 풍토에 맞는 농서인 『농사직설』을 간행하였다.

④ 동의보감
⋯ 조선 선조의 명을 받아 허준이 집필을 시작한 『동의보감』은 각종 의학 지식과 치료법에 관한 의서로, 광해군 때 완성되었다.

🌸 미니북 14쪽

22 조광조

정답 ③

빠른 정답 찾기 현량과 실시 건의 + 위훈 삭제 건의 + 기묘사화 ➡ 조광조

자료 분석하기

조선 중종은 반정으로 왕위에 오른 후 훈구파를 견제하고 연산군의 폐정을 개혁하기 위해 사림파를 중용하였다. 이때 등용된 조광조는 천거제의 일종인 현량과 실시를 건의하여 사림이 대거 등용될 수 있는 발판을 마련하였다. 또한, 훈구 정치의 개혁을 추진하면서 반정 공신들의 위훈 삭제를 주장하였으나 훈구파의 반발로 기묘사화가 발생하면서 조광조는 사약을 받게 되었다.

선택지 분석하기

① 거중기를 설계하였다.
⋯ 정약용이 『기기도설』을 참고하여 제작한 거중기는 수원 화성 축조에 사용되어 공사 기간과 비용을 줄이는 데 큰 역할을 하였다.

② 조선경국전을 저술하였다.
⋯ 정도전은 조선의 개국 공신으로, 『조선경국전』을 편찬하여 조선의 유교적 통치 기반을 확립하였다.

✓ 소격서 폐지를 주장하였다.
⋯ 조광조를 비롯한 사림 세력은 도교를 이단으로 배척하였다. 이에 궁중에서 지내는 도교적 제사(초제)를 주관하였던 소격서의 폐지를 주장하여 결국 폐지되었다.

④ 만권당에서 원의 학자들과 교류하였다.
⋯ 고려 충선왕은 왕위를 물려준 뒤 원의 연경에 만권당을 세우고 고려에서 이제현 등의 성리학자들을 데려와 원의 학자들과 교류하였다.

한발 더 다가가기

조광조의 개혁 정책
- 현량과 실시: 추천제, 사림 세력 등용 발판
- 향약 시행: 향촌 사회 자치, 사림의 세력 기반 마련
- 소격서 폐지: 불교와 도교 행사 폐지, 유교 질서 강화
- 위훈 삭제 추진: 훈구 공신 세력의 반발, 기묘사화의 결정적 원인

23 동학

정답 ①

빠른 정답 찾기 최제우 + 『동경대전』 + 시천주 + 인내천 ➡ 동학

306 기출문제집 기본

자료 분석하기

최제우가 창시한 동학은 유교, 불교, 도교, 민간 신앙의 요소를 결합하였으며, 마음속에 한울님을 모시는 시천주와 사람이 곧 하늘이라는 인내천 사상을 강조하였다. 동학의 2대 교주인 최시형은 교세를 확장하면서 최제우가 저술한 교리책인 『동경대전』과 『용담유사』를 간행하였다.

선택지 분석하기

① 동학
→ 최제우가 유·불·선을 바탕으로 민간 신앙까지 포함하여 창시한 동학은 인내천 사상을 통해 인간 평등을 주장하였다.

② 대종교
→ 나철 등이 창시한 대종교는 단군 숭배를 통해 민족의식을 고취하였다. 또한, 간도에서 중광단, 북로 군정서 등을 조직하여 적극적인 항일 투쟁을 전개하였다.

③ 원불교
→ 박중빈이 창시한 원불교는 새생활 운동을 전개하여 허례허식 폐지, 근검절약, 협동, 단결 등을 추구하고, 개간 사업과 저축 운동을 적극적으로 장려하였다.

④ 천주교
→ 조선 후기에 청에 다녀온 사신들을 통해 서학으로 소개된 천주교는 조상에 대한 제사를 거부하면서 조선 정부로부터 사교로 규정되어 탄압을 받았다.

🌸 미니북 29쪽

24 균역법

빠른 정답 찾기: 조선 후기 수취 체제 + 영조 + 군포 납부액을 2필에서 1필로 줄임 + 결작 ➡ 균역법

자료 분석하기

조선 후기 영조는 군역으로 인한 농민들의 부담을 줄이기 위해 균역법을 시행하였다. 농민은 1년에 2필이던 군포를 1필만 부담하게 되었고, 이로 인해 감소된 재정 수입은 지주에게 결작을 부과하여 토지 1결당 쌀 2두를 거두었다.

선택지 분석하기

① 균역법
→ 조선 영조는 백성들의 군역 부담을 줄여주기 위해 기존 1년에 2필씩 납부하던 군포를 1필로 줄이는 균역법을 실시하였다.

② 대동법
→ 조선 광해군 때 실시한 대동법은 공납을 전세화하여 공물 대신 쌀이나 베, 동전 등으로 내도록 하였다.

③ 영정법
→ 조선 인조는 농민들의 부담을 줄여주기 위해 영정법을 실시하여 풍흉에 관계없이 전세를 토지 1결당 쌀 4~6두로 고정시켰다.

④ 직전법
→ 조선 세조는 과전의 세습화로 과전 부족 등의 문제가 발생하자 이를 바로잡기 위해 현직 관리에게만 수조권을 지급하는 직전법을 실시하였다.

🌸 미니북 16쪽

25 유형원의 균전제

빠른 정답 찾기: 유형원 + 『반계수록』 ➡ 균전제

자료 분석하기

조선 후기 실학자 유형원은 전북 부안에서 『반계수록』을 저술하여 토지 제도에 관한 개혁안인 균전제를 제시하였다. 이를 통해 토지는 국가가 공유하며 신분에 따라 토지를 차등 분배하고, 자영농을 육성하여 민생의 안정과 국가 경제를 바로잡아야 한다고 주장하였다.

선택지 분석하기

① 균전제 실시
→ 유형원은 『반계수록』에서 신분에 따라 토지를 차등 분배하고, 자영농을 육성하자는 균전제 실시를 주장하였다.

② 정혜결사 제창
→ 지눌은 불교 수행의 핵심이 되는 정혜쌍수론을 바탕으로, 불교의 타락을 비판하고 승려의 기본인 독경, 수행, 노동에 힘쓰자고 주장하면서 결사 운동인 정혜결사를 전개하였다.

③ 훈련도감 창설
→ 유성룡은 임진왜란 중 군제 개편의 필요성을 느껴 포수, 사수, 살수의 삼수병으로 편성된 훈련도감 창설을 건의하였다.

④ 전민변정도감 설치
→ 고려 공민왕은 전민변정도감을 설치하여 권문세족에 의해 빼앗긴 토지를 원래 주인에게 돌려주고 억울하게 노비가 된 자를 풀어주는 등 개혁을 진행하였다.

🌸 미니북 10, 25쪽

26 인조반정

빠른 정답 찾기: 임진왜란 곽재우의 활약 ➡ (가) ➡ 효종의 북벌 운동

정답 및 해설 **307**

자료 분석하기

- **임진왜란**(1592~1598) **곽재우의 활약**: 홍의 장군 곽재우는 임진왜란이 발발하자 고향인 경남 의령에서 재산을 내놓고 의병을 모집하여 의병장으로 참여하였다. 또한, 제1차 진주성 전투에 참전하여 진주성 외곽에서 왜군을 교란해 승전에 기여하였으며, 정유재란 때는 화왕산성을 지키는 등 크고 작은 전공을 세우며 활약하였다.
- **효종**(1649~1659)**의 북벌 운동**: 병자호란 이후 청에 볼모로 갔던 봉림 대군이 효종으로 즉위하면서 북벌을 준비하였다. 이에 성을 다시 쌓고 훈련도감의 군액을 증대시켰으며, 어영청과 수어청을 정비·개편하는 등 군사력을 강화하였다. 그러나 서인을 중심으로 한 사대부의 반발과 효종의 죽음으로 북벌은 좌절되고 말았다.

선택지 분석하기

① 서경으로 수도를 옮기고 금나라를 정벌하자!
⋯ 고려 인종 때 묘청, 정지상 등을 중심으로 한 서경 세력은 서경 천도와 칭제 건원, 금 정벌 등을 주장하였으나 받아들여지지 않자 서경(평양)에서 반란을 일으켰다(1135).

② 요동 정벌은 불가하다. 개경으로 회군하라.
⋯ 고려 우왕 때 명이 원에서 관리한 철령 이북의 땅을 반환하라고 요구하자 최영을 중심으로 요동 정벌을 추진하게 되었다. 이성계는 4불가론을 제시하며 이에 반대하였으나 왕명에 따라 출병하게 되었고 압록강 의주 부근의 위화도에서 말을 돌려 개경으로 회군하였다(1388).

✓ 광해군이 유배 가는 모습을 보니 세상 참 덧없군.
⋯ 조선 광해군 때 북인이 집권하여 정계에서 밀려 있던 서인 세력은 광해군의 중립 외교 정책과 폐모살제 문제를 빌미로 인조반정을 일으켜 광해군이 폐위되고 인조가 왕위에 올랐다(1623).

④ 나 이종무가 대마도를 정벌하러 왔다.
⋯ 조선 초기 왜구가 자주 침입하자 세종은 이종무를 시켜 대마도를 정벌하게 하였다(1419).

 미니북 30쪽

27 홍경래의 난 정답 ④

빠른 정답 찾기 평서대원수 + 관서 지역 + 평안도 놈 ➡ **홍경래의 난**

자료 뜯어보기

> 평서대원수*는 급히 격문을 띄우노니 관서 지역*의 모든 사람들은 들으라. …… 조정에서는 관서 지역을 썩은 흙과 같이 버렸다. 심지어 권세가의 노비들도 관서 사람을 보면 반드시 '평안도 놈*'이라고 한다. 어찌 억울하고 원통하지 않겠는가.

* **평서대원수**: 홍경래는 난을 일으키면서 스스로를 평서대원수라고 불렀다.
* **관서 지역**: 평안도 지역의 별칭이다.
* **평안도 놈**: 평안도 사람(서북인)에 대한 지역 차별을 확인할 수 있다.
- 이를 통해 평안도(서북 지역) 차별에 대한 불만으로 일어난 홍경래의 난을 유추할 수 있다.

자료 분석하기

조선 순조 때 세도 정치로 인한 삼정의 문란과 서북 지역 차별에 대한 불만으로 평안도 지역 농민들이 몰락 양반 출신의 홍경래를 중심으로 우군칙, 김창시 등과 함께 가산 지역에서 봉기를 일으켰다(1811).

선택지 분석하기

① 무신들이 정권을 장악하였다.
⋯ 고려 중기 문벌귀족들이 정치권력을 독차지하고 군대를 지휘하는 권한마저 장악하는 등 문신과 무신에 대한 차별 대우에 무신들의 불만은 쌓여가고 있었다. 그러던 중 보현원에서 수박희를 하다가 대장군 이소응이 문신 한뢰에게 뺨을 맞는 일이 벌어졌다. 이를 계기로 분노가 폭발한 무신들이 정중부와 이의방을 중심으로 무신 정변을 일으켜 의종을 폐위하고 명종을 즉위시키며 정권을 장악하였다(1170).

② 신식 군대인 별기군이 창설되었다.
⋯ 조선 고종은 군사력 강화를 위해 5군영을 무위영과 장어영의 2군영 체제로 통합 개편하고, 신식 군대인 별기군을 창설하였다(1881).

③ 최치원이 시무 10여 조를 건의하였다.
⋯ 최치원은 통일 신라 말 6두품 출신 유학자로 당의 빈공과에 합격하였다. 이후 신라로 돌아와 진성 여왕에게 시무 10여 조를 건의하였으나 받아들여지지 않았다(894).

✓ 수령과 향리의 수탈로 삼정이 문란하였다.
⋯ 조선 후기 세도 정치기에는 수취 제도인 삼정(전정·군정·환정)의 운영이 제대로 작동하지 않자 수령과 향리의 수탈로 삼정이 문란하였다. 이에 큰 고통을 겪은 백성들이 홍경래의 난(1811)과 임술 농민 봉기(1862) 등 전국 각지에서 봉기를 일으켰다.

한발 더 다가가기
홍경래의 난과 임술 농민 봉기

구분	홍경래의 난 (순조, 1811)	임술 농민 봉기 (철종, 1862)
배경	세도 정치, 평안도 사람에 대한 지역 차별	• 세도 정치, 백성에 대한 수탈 강화(삼정의 문란) • 경상 우병사 백낙신의 부정부패
전개	• 몰락 양반 홍경래를 중심으로 농민, 중소 상인, 광산 노동자 합세 • 평북 가산에서 봉기 → 청천강 이북 지역 장악 (정주성)	진주 농민 봉기(유계춘을 중심으로 봉기) → 삼정의 문란 시정 요구 → 정부가 안핵사 박규수 파견
결과	정주성에서 정부군에 의해 진압	삼정이정청 설치 → 삼정의 문란 시정 실패

한발 더 다가가기
흥선 대원군의 정책

대내적	국왕 중심 통치 체제 정비	• 세도 정치 타파 • 비변사 철폐 • 경복궁 중건 • 『대전회통』, 『육전조례』 편찬
	민생 안정과 국가 재정 강화	• 호포제 실시 • 서원 정리 • 사창제 실시
대외적	통상 수교 거부 정책	• 병인양요 · 신미양요 극복 • 척화비 건립 • 군비 강화

※ 미니북 31쪽

28 흥선 대원군의 정책 정답 ②

빠른 정답 찾기
양반에게도 군포를 걷음 + 왕의 아버지 ➡ **흥선 대원군**

자료 분석하기
조선 고종이 어린 나이에 왕위에 오르면서 정치적 실권을 잡은 흥선 대원군은 세도 정치로 인해 혼란에 빠진 국가 체제를 복구하고 왕권을 회복하고자 하였다. 또한, 국가의 재정을 확충하기 위해 양반에게도 군포를 부과하는 호포제를 시행하였다(1871).

선택지 분석하기
① 장용영이 창설되었다.
⋯ 조선 정조는 왕권을 뒷받침하는 군사적 기반을 갖추기 위해 친위 부대인 장용영을 창설하였다(1793).

✓ 척화비가 건립되었다.
⋯ 병인양요와 신미양요 등 서양의 침략을 극복한 흥선 대원군은 외세의 침입을 경계하고, 서양과의 통상 수교 반대 의지를 알리기 위해 전국 각지에 척화비를 세웠다(1871).

③ 청해진이 설치되었다.
⋯ 통일 신라 때 장보고는 완도에 청해진을 설치하여 해상 무역을 장악하였다(828).

④ 칠정산이 편찬되었다.
⋯ 조선 세종 때 이순지, 김담은 중국의 수시력과 아라비아의 회회력을 참고로 하여 한양(서울)을 기준으로 천체 운동을 계산한 역법서인 『칠정산』을 완성하였다(1442).

※ 미니북 51쪽

29 경복궁 정답 ①

빠른 정답 찾기
조선의 법궁 + 북궐 + 근정전 + 경회루 + 향원정 ➡ **경복궁**

자료 분석하기
경복궁은 조선의 법궁이면서 도성의 북쪽에 있다고 하여 북궐이라고 불렸다. 경복궁의 정전인 근정전에서는 국왕의 즉위식이나 행사가 진행되었으며, 경회루는 외국 사신을 접견하기 위해 만들어졌지만 임금과 신하들이 함께 연회를 베푸는 공간으로도 자주 활용되었다. 향원정은 고종 때 연못 위에 세워진 정자로 왕의 휴식 공간으로 사용되었다.

선택지 분석하기
✓ 경복궁
⋯ 경복궁은 조선 태조 이성계의 조선 건국 이후 도읍을 개경(개성)에서 한양(서울)으로 옮기면서 창건되었으며, 임진왜란 때 소실된 후 흥선 대원군 때 중건되었다.

② 덕수궁
⋯ 덕수궁은 월산 대군의 집이었으나 임진왜란 이후 임시 궁궐로 사용하면서 광해군이 경운궁이라는 이름을 붙였다. 이후 1907년 고종이 강제 퇴위되고 이곳에 머무르면서 덕수궁으로 이름을 바꾸었다.

③ 창경궁
⋯ 창경궁은 조선 세종이 즉위하고 상왕인 태종을 모시기 위해 지어진 궁으로 본래 이름은 수강궁이다. 이후 성종 때 3명의 대비를 모시기 위해 새롭게 중건하여 이름을 창경궁으로 바꾸었다.

④ 창덕궁
⋯ 창덕궁은 조선 태종 때 경복궁의 이궁으로 동쪽에 지어졌으며, 임진왜란 때 경복궁이 불타면서 법궁 역할을 담당하였다.

30 조사 시찰단 파견 이후 상황　정답 ③

빠른 정답 찾기: 일본 + 조사 시찰단 + 고종 + 홍영식 ➡ **개화 정책 추진**

자료 분석하기

조선 고종은 개화 정책을 추진하는 과정에서 일본을 보고 배울 필요가 있다는 주장에 따라 박정양, 홍영식 등 젊은 관리들로 구성된 조사 시찰단을 일본에 파견하였다(1811). 도쿄에 도착한 시찰단은 일본 정부 부처와 육군, 세관, 산업시설, 도서관, 박물관 등을 살펴보며 약 두 달 반에 걸친 조사 일정을 마치고 귀국하였다. 이 결과 일본의 선진 문물을 자세히 알게 되었으며, 국내에 개화 여론을 확대하는 데 큰 역할을 하였다.

선택지 분석하기

① **삼정이정청**이 설치되었다.
… 임술 농민 봉기를 수습하기 위해 안핵사로 파견된 박규수는 민란의 원인이 삼정의 문란에 있다고 보았다. 이에 삼정이정청을 설치하여 삼정의 폐단을 해결하려고 노력하였다(1862).

② **어재연** 부대가 미군에 맞서 싸웠다.
… 제너럴 셔먼호 사건을 구실로 미국 함대가 강화도에 침입하여 초지진, 광성보를 공격하고 어재연이 이끄는 조선군과 전투를 벌였다(1871).

 구식 군인들이 **임오군란**을 일으켰다.
… 신식 군대와의 차별 대우로 인해 불만이 쌓인 구식 군대가 임오군란을 일으켜 선혜청과 일본 공사관을 습격하였다(1882).

④ 평양 관민이 **제너럴 셔먼호**를 불태웠다.
… 미국 상선 제너럴 셔먼호는 교역을 요구하며 평양 대동강까지 들어왔으나 평양 관민들이 저항하며 배를 불태워 버렸다(1866).

31 집강소　정답 ②

빠른 정답 찾기: 농민군 + 전주에서 정부와 화해 + 탐관오리 처벌 + 전봉준 ➡ **집강소**

자료 분석하기

동학 농민군이 전주성을 점령하면서 전라도 일대를 장악하자 조선 정부에서는 이들을 진압하기 위해 청에 원군을 요청하였고, 톈진 조약에 의해 일본도 군대를 파견하였다. 청과 일본의 군대 개입을 우려한 동학 농민군은 정부와 전주 화약을 맺고 집강소를 설치하여 개혁을 시도하였다. 그러나 일본이 군대를 철수하지 않고 경복궁을 점령하며 내정 간섭을 시도하자 동학 농민군의 남접과 북접이 연합하여 다시 봉기하였다.

선택지 분석하기

① 기기창
… 김윤식을 중심으로 청에 파견된 영선사는 톈진에서 근대 무기 제조 기술과 군사 훈련법을 배워서 돌아왔다. 이를 계기로 근대식 무기 제조 공장인 기기창이 설립되었다.

 집강소
… 동학 농민 운동 당시 농민군은 청과 일본의 군대 개입을 우려하여 정부와 전주 화약을 맺고 집강소를 설치하여 폐정 개혁을 실시하였다.

③ 도평의사사
… 고려의 도병마사는 국방 문제를 논의하던 임시 회의 기구였으나 충렬왕 때 최고 정무 기구인 도평의사사로 개편되어 권문세족이 정치권력을 행사하는 데 이용되었다.

④ 통리기무아문
… 고종은 국내외의 군국 기무를 총괄하는 업무를 맡은 관청인 통리기무아문을 설치하고 그 아래 12사(司)를 두어 행정 업무를 맡게 하였다.

한발 더 다가가기

동학 농민 운동의 전개 과정
삼례 집회(교조 신원 운동) → 전봉준 중심으로 고부 관아 점령 → 관군과의 황토현 전투 승리 → 관군과의 황룡촌 전투 승리 → 전주성 점령 → 청군·일본군 조선 상륙 → 전주 화약 체결 → 집강소 설치 → 청일 전쟁 발생 → 전봉준·김개남 2차 봉기 → 우금치 전투 패배 → 전봉준 체포

32 방곡령　정답 ②

빠른 정답 찾기: 조일 통상 장정 + 함경도 + 배상금 + 조병식 + 곡식을 타지방이나 타국으로 유출하는 것을 금함 ➡ **방곡령**

자료 분석하기

조선이 일본과 체결한 조일 통상 장정의 조항 중에는 천재·변란 등에 의한 식량 부족의 우려가 있을 때 방곡령을 선포하는 조항이 포함되어 있었다. 이후 함경도 관찰사 조병식은 흉년으로 곡식이 부족해지자 일본으로 곡식이 유출되는 것을 막기 위해 방곡령을 선포하였다. 이에 일본이 손해를 입으면서 반발하자 조선은 배상금을 지불하게 되었다.

선택지 분석하기

① 단발령
⋯ 단발령은 김홍집 내각이 성년 남자의 상투를 자르도록 내린 명령으로 을미개혁 때 시행되었다.

✓ 방곡령
⋯ 방곡령은 일본으로의 곡식 유출을 잠정적으로 금지하는 법령으로, 해당 지역의 지방관은 직권으로 방곡령을 선포할 수 있었다.

③ 삼림령
⋯ 삼림령은 일제가 식민지 삼림 정책을 수행하기 위해 시행한 것으로, 기한 내에 신고하지 않은 삼림을 국유로 몰수하면서 조선 사람들의 임야를 박탈하였다.

④ 회사령
⋯ 회사령은 일제가 회사를 설립하거나 해산할 때 총독부의 허가를 받게 한 조치로, 민족 기업 설립을 방해하였다.

33 안중근   정답 ①

✱ 미니북 15쪽

빠른 정답 찾기: 1909년 + 하얼빈 의거 + 이토 히로부미 저격 ➡ 안중근

자료 분석하기

안중근은 이토 히로부미가 러시아 대신 코코프체프와 협상하기 위해 하얼빈에 온다는 소식을 접한 뒤 우덕순, 조도선 등과 함께 이토 히로부미 처단을 준비하였다. 당일 이토 히로부미를 태운 열차는 하얼빈역에 도착하였고, 안중근은 의장대를 사열하던 이토 히로부미에게 권총을 발사하여 가슴과 복부에 명중시키며 '코레아 우라(한국 만세)'를 외친 뒤 러시아 헌병에 붙잡혔다. 피격 당한 이토 히로부미는 사망하고 안중근은 뤼순 감옥에 수감되어 사형을 선고 받았다.

선택지 분석하기

 동양 평화론을 집필하였다.
⋯ 안중근은 감옥 안에서 한국, 일본, 청 동양 3국이 협력하여 서양 세력의 침략을 방어하며 동양 평화 및 세계 평화를 실현해야 한다는 사상을 담은 「동양 평화론」을 집필하였으나 일제가 사형을 집행하면서 미완성으로 남게 되었다.

② 영남 만인소를 주도하였다.
⋯ 김홍집이 「조선책략」을 들여온 이후 미국과 외교 관계를 맺어야 한다는 여론이 형성되었다. 이에 이만손을 중심으로 한 영남 유생들이 만인소를 올려 「조선책략」을 비판하고 김홍집의 처벌을 요구하였다.

③ 조선 의용대를 창설하였다.
⋯ 김원봉이 주도하여 중국 국민당의 지원을 받아 중국 관내 최초의 한인 무장 부대인 조선 의용대를 창설하였다.

④ 헤이그에 특사로 파견되었다.
⋯ 이준, 이상설, 이위종은 을사늑약 체결의 부당함을 알리기 위해 고종의 밀명을 받아 헤이그에서 열린 만국 평화 회의에 특사로 파견되었다.

34 을사늑약   정답 ③

✱ 미니북 11쪽

빠른 정답 찾기: 광무 9년 11월 + 대한 제국의 외교권을 일본에게 넘겨준 새 조약 + 5적 이지용, 이근택, 박제순 등 ➡ 을사늑약

자료 뜯어보기

나인영은 진술하기를 "광무 9년 11월*에 우리 대한 제국의 외교권을 일본에 넘겨준 새 조약은 일본의 강제에 따른 것으로 황제 폐하가 윤허하지 않았고, 참정대신이 동의하지도 않았습니다. 슬프게도 5적* 이지용, 이근택, 박제순 등이 제멋대로 가(可)하다고 쓰고 속여 2천만 민족을 노예로 내몰았습니다."라고 하였다.

* 광무 9년 11월: 1905년 11월
* 5적(을사오적): 을사늑약에 찬성한 5명의 대신인 박제순, 이지용, 이근택, 이완용, 권중현을 말한다.
- 이를 통해 대한 제국의 외교권을 일제에 빼앗긴 을사늑약을 유추할 수 있다.

자료 분석하기

일제는 이토 히로부미를 앞세워 고종과 대신들을 위협하며 을사늑약 체결을 강요하였다. 이에 참정대신 한규설은 끝까지 반대하였지만, 학부대신인 이완용과 군부대신 이근택, 내부대신 이지용, 외부대신 박제순, 농상공부대신 권중현이 조약에 찬성하면서 을사늑약이 체결되었다. 을사늑약에 따라 대한 제국은 외교에 관한 모든 일을 할 때 일본의 허락을 받게 되었고, 외국에 있는 대한 제국의 공사관들은 모두 철수하게 되었다.

선택지 분석하기

① 운요호 사건을 계기로 체결되었다.
④ 외국과 맺은 최초의 근대적 조약이었다.
⋯ 일본은 조선의 해안을 조사한다는 구실로 운요호를 강화도에 보내 초지진을 공격하였다(운요호 사건). 이에 조선 군대가 방어적 공격을 하자 일본이 이를 빌미로 강화도 조약의 체결을 강요하였다. 이 결과 외국과 맺은 최초의 근대적 조약이자 불평등 조약인 강화도 조약이 체결되었다.

② 최혜국 대우를 처음으로 규정하였다.
→ 조미 수호 통상 조약은 조선과 미국 간에 체결된 국교와 통상을 목적으로 한 조약으로, 최혜국 대우를 처음으로 규정하였다.

✓ 통감부가 설치되는 결과를 가져왔다.
→ 일제의 강압으로 을사늑약을 체결하면서 대한 제국의 외교권이 박탈되고 통감부가 설치되었다.

한발 더 다가가기

일제의 국권 침탈 과정

한일 의정서 (1904.2.)	• 러일 전쟁을 빌미로 체결 • 일본이 전쟁 시 한국의 영토를 군사 기지로 사용할 수 있는 권리 획득 • 한국에 대한 내정 간섭
제1차 한일 협약 (1904.8.)	• 재정 고문(메가타)과 외교 고문(스티븐스) 파견 • 메가타의 화폐 정리 사업 추진
을사늑약 (1905)	• 한국의 외교권 박탈 • 통감부 설치: 외교 업무 등 내정 간섭
고종 강제 퇴위 (1907)	• 헤이그 특사 파견 구실로 퇴위 강요 • 고종의 강제 퇴위 후 순종 즉위
한일 신협약 (정미 7조약, 1907)	• 통감의 권한 강화: 한국의 법령 제정, 관리의 임면 등 내정권 장악 • 부속 각서 체결: 행정 각부에 일본인 차관 임명, 대한 제국의 군대 해산
기유각서 (1909)	사법권, 감옥 관리권 강탈
한일 병합 조약 (1910)	• 경찰권 박탈 • 한국의 국권 강탈: 조선 총독이 권력 장악

35 지역사 – 원산

정답 ④

미니북 50쪽

빠른 정답 찾기
강화도 조약에 따라 개항 + 1929년 대규모 총파업 ➡ **(라) 원산**

🔍 자료 분석하기

- 강화도 조약의 체결로 부산, 원산, 인천이 개항되면서 외국인의 출입과 무역을 허용한 개항장이 형성되었다.
- 원산 총파업은 라이징 선 석유 회사의 일본인 감독이 조선인 노동자를 구타한 사건이 발단이 되었다. 파업 후 노동자의 요구를 받아주겠다던 회사가 약속을 이행하지 않자 원산 노동자 연합회를 중심으로 총파업에 돌입하였다.

36 세시 풍속 – 정월 대보름

정답 ②

미니북 53쪽

빠른 정답 찾기
달집 태우기 + 음력 1월 15일 ➡ **정월 대보름**

🔍 자료 분석하기

정월 대보름은 한 해의 첫 보름이자 보름달이 뜨는 날로 음력 1월 15일에 지내는 우리나라의 명절이다. 이날에는 생솔가지나 나뭇더미를 쌓아 달집을 짓고 달이 떠오르면 불을 놓아 복을 기원하는 달집 태우기를 하였다.

🔍 선택지 분석하기

① 부럼 깨기 · ③ 쥐불놀이 · ④ 오곡밥 먹기
→ 정월 대보름에는 한 해의 풍농을 기원하여 쌀, 조, 수수, 팥, 콩 등을 섞은 오곡밥을 먹고, 건강과 안녕을 기원하는 의미로 땅콩이나 호두, 밤 등 부럼을 깨물기도 하였다. 또한, 이날 행해지는 놀이로 쥐불놀이, 줄다리기, 다리밟기 등이 있다.

✓ 창포물에 머리 감기
→ 음력 5월 5일인 단오는 삼한에서 수릿날에 풍년을 기원하였던 행사가 세시 풍속으로 이어지면서 발전하였다. 이날에는 창포물에 머리 감기, 씨름, 그네뛰기, 앵두로 화채 만들어 먹기 등을 하였다.

37 1910년대 무단 통치

정답 ①

미니북 12쪽

빠른 정답 찾기
국권 피탈 이후 실시 + 헌병 경찰 제도 ➡ **1910년대 무단 통치기**

🔍 자료 분석하기

1910년대 통치기에 일제는 강압적 통치를 목적으로 헌병 경찰 제도를 시행하였으며 조선 곳곳에 일본 헌병 경찰을 배치하여 독립운동가의 동태를 감시하였다.

🔍 선택지 분석하기

✓ 제복을 입고 칼을 찬 교사
→ 일제는 1910년대 무단 통치 당시 권위를 보이고 위압감을 주기 위해 군국주의적 복제를 제정 · 공포하였으며, 초대 총독 데라우치는 총독부 훈령 제52호를 통해 교사들도 제복을 입고 칼을 차고 다니게 하였다.

② <mark>브나로드 운동</mark>에 참여하는 학생
⋯ 1930년대 초 언론사를 중심으로 농촌 계몽 운동이 전개되었다. 동아일보는 문맹 퇴치 운동의 일환으로 브나로드 운동을 전개하여 학생들을 대상으로 한글을 가르치고 교재를 나누어 주었다.

③ <mark>조선책략</mark> 유포에 반발하는 유생
⋯ 김홍집이 『조선책략』을 들여온 이후 미국과 외교 관계를 맺어야 한다는 여론이 형성되었다. 이에 이만손을 중심으로 한 영남 유생들이 만인소를 올려 이를 비판하였다(1881).

④ <mark>치안 유지법</mark> 위반으로 구속된 독립운동가
⋯ 일제는 치안 유지법을 시행하여 식민지 지배에 저항하는 민족 해방 운동과 사회주의 및 독립운동을 탄압하였다(1925).

한발 더 다가가기

일제 강점기 식민 통치

구분 시기	통치 내용	경제 침탈
무단 통치 (1910~1919)	· 조선 총독부 설치 · 헌병 경찰제 · 조선 태형령	· 토지 조사 사업 · 회사령 실시
기만적 문화 통치 (1919~1931)	· 3·1 운동 이후 통치 체제의 변화 → 보통 경찰제 · 민족 신문 발행 · 경성 제국 대학 설립	· 산미 증식 계획 시행 → 일본 본토로 식량 반출 · 회사령 폐지 → 일본 자본의 유입
민족 말살 통치 (1931~1945)	· 황국 신민화 정책 · 신사 참배 강요 · 창씨개명 강요 · 황국 신민 서사 암송 · 조선어, 역사 과목 등 폐지	· 국가 총동원령 시행 · 병참 기지화 정책

미니북 39쪽

38 3·1 운동   정답 ②

빠른 정답 찾기 탑골 공원 + 독립 선언서 낭독 + 만세 시위 ➡ 3·1 운동

자료 분석하기

국내외 민족 지도자들은 윌슨의 민족 자결주의와 도쿄 유학생들의 2·8 독립 선언의 영향을 받아 국내외에 독립을 선언하며 3·1 운동을 전개하였다. 학생과 시민 등 각계각층의 사람들이 참여한 시위는 서울에서 시작하여 전국으로 확산되었고, 중국의 5·4 운동과 인도의 독립운동에도 큰 영향을 주었다. 이는 민족의 주체성을 확인하는 계기가 되었으며, 대한민국 임시 정부 수립이라는 결과를 가져왔다.

선택지 분석하기

① <mark>순종의 인산일</mark>에 전개되었다.
⋯ 순종의 인산일에 사회주의자들과 학생들이 대규모 만세 운동을 준비하였으나 사회주의자들이 발각되어 학생들만 6·10 만세 운동을 전개하였다.

 <mark>만주, 연해주, 미주</mark> 등지로 <mark>확산</mark>하였다.
⋯ 3·1 운동은 서울에서 시작하여 전국에서 전개되었고, 그 여파가 만주, 연해주, 미주 등지로 확산되었다.

③ 일제의 <mark>황무지 개간권</mark> 요구를 <mark>철회</mark>시켰다.
⋯ 보안회는 일제의 황무지 개간권 요구에 대한 반대 운동을 벌여 이를 철회시켰다.

④ <mark>러시아</mark>의 내정 간섭과 이권 침탈을 <mark>규탄</mark>하였다.
⋯ 독립 협회는 만민 공동회를 개최하여 러시아의 내정 간섭과 이권 침탈을 규탄하였다. 이 결과 러시아의 군사 교련단과 재정 고문단을 철수시켰으며, 러시아의 절영도 조차 요구도 저지하였다.

미니북 12쪽

39 산미 증식 계획   정답 ③

빠른 정답 찾기 식량 공급 기지 + 1920년부터 추진한 농업 정책 + 조선을 이용하여 식량 부족 문제 해결 ➡ 산미 증식 계획

자료 분석하기

문화 통치가 시행된 1920년대 당시 일본은 제1차 세계 대전 이후 공업화가 진전되면서 인구 급증과 도시화로 인해 쌀값이 폭등하고 식량 부족 문제가 발생하였다. 이에 조선에서 산미 증식 계획을 실시하여 일본 본토의 식량 부족 문제를 해결하고자 하였다. 이를 위해 품종 개량, 수리 시설 구축, 개간 등을 통해 쌀 생산을 대폭 늘리려 하였으나 증산량은 계획에 미치지 못하였다. 그럼에도 불구하고 증산량보다 많은 양의 쌀을 일본으로 보내면서 조선 농민들의 경제 상황은 더욱 악화되었다.

선택지 분석하기

① 미곡 공출제
⋯ 중일 전쟁 이후 일제는 군량미 조달을 위해 미곡 공출제를 시행하여 조선 사람들의 생활이 더욱 어려워졌다.

② 새마을 운동
⋯ 1970년대 박정희 정부 당시 공업화로 인해 상대적으로 낙후된 농어촌 근대화를 목표로 새마을 운동이 추진되었다.

✓ 산미 증식 계획
⋯ 1920년대 급격한 공업화로 일본 본토의 쌀이 부족해지자 일제는 조선에서 산미 증식 계획을 시행하였다.

정답 및 해설 **313**

④ 토지 조사 사업
··· 일제는 1910년대 토지 조사국을 설치하고 토지 조사령을 발표하여 일정 기간 내 토지를 신고하도록 하였다. 이에 신고하지 않은 토지는 총독부에서 몰수하여 일본인에게 헐값으로 팔아넘겼다.

✳ 미니북 41쪽

40 물산 장려 운동

정답 ②

빠른 정답 찾기 물산 장려 + 토산으로 원료 ➡ 물산 장려 운동

🔍 자료 분석하기

1920년대 민족 자본 육성을 통한 경제 자립을 위해 자급자족, 국산품 애용, 소비 절약 등을 강조하는 물산 장려 운동이 전개되었다. 평양에서 조만식, 이상재의 주도로 조선 물산 장려회가 결성되어 '내 살림 내 것으로' 등의 구호를 내세운 물산 장려 운동이 전국으로 확산되었다.

🔍 선택지 분석하기

① 대한매일신보의 후원을 받았다.
··· 국채 보상 운동은 대한매일신보, 황성신문 등 여러 언론 기관들의 지원을 받아 전국으로 확산되었다.

 평양에서 시작하여 전국으로 확산하였다.
··· 민족 기업을 육성하여 경제적 자립을 이루자는 물산 장려 운동은 '조선 사람, 조선 것, 내 살림 내 것으로'라는 구호를 내걸고 평양에서 시작하여 전국으로 확산하였다.

③ 황국 중앙 총상회를 중심으로 전개되었다.
··· 조청 상민 수륙 무역 장정이 체결되면서 외국 상인들로 인해 어려움을 겪게 된 시전 상인들은 황국 중앙 총상회를 설립하여 상권 수호 운동을 전개하였다.

④ 독립문 건립을 위한 모금 활동이 추진되었다.
··· 독립 협회는 자주독립의 상징인 독립문을 건립하기 위해 독립문 건립 모금 운동을 진행하였다. 각계각층의 호응을 바탕으로 전국적인 모금 운동이 추진되어 마련한 성금으로 독립문이 완공되었다.

✳ 미니북 41쪽

41 근우회

정답 ②

빠른 정답 찾기 신간회의 자매단체 + 여성의 단결과 지위 향상 도모 ➡ 근우회

🔍 자료 분석하기

신간회의 자매단체로 조직된 근우회는 강연회를 개최하는 등 여성 계몽 활동과 여성 지위 향상 운동을 전개하였다. 또한, 전국 대회를 열어 교육의 성차별 철폐, 여자의 보통 교육 확장, 조혼 폐지 등을 담은 구체적 행동 강령을 채택하였다.

🔍 선택지 분석하기

① 권업회
··· 권업회는 연해주 지역에서 이상설을 중심으로 설립되었다. 권업신문을 발행하고 학교, 도서관 등을 건립하며 항일 독립운동을 전개하였다.

 근우회
··· 근우회는 신간회의 자매단체로 조직되어 여성 문제 토론회와 강연회 개최, 야학 실시, 문맹 퇴치 등의 활동을 전개하였다.

③ 보안회
··· 보안회는 일본이 황무지 개간권을 요구하자 이에 대한 반대 운동을 전개하여 저지하였다.

④ 송죽회
··· 송죽회는 평양에서 조직된 항일 비밀 여성 단체로 토론회, 역사 강좌, 교육 등의 활동을 하였다.

한발 더 다가가기

1920년대 사회적 민족 운동

민족 유일당 운동	• 민족주의 계열과 사회주의 계열이 이념을 초월하여 민족 운동 추진 • 신간회: 비타협적 민족주의계와 사회주의계의 연합, 노동·농민·청년·여성 운동과 형평 운동 등을 지원
농민 운동	• 농민의 생존권 투쟁 • 항일 민족 운동으로 변화
노동 운동	• 노동자들의 생존권 투쟁(합법 투쟁) • 원산 노동자 총파업
청년 운동	조선 청년 연합회, 서울 청년회, 조선 청년 총동맹 등
소년 운동	• 천도교 소년회, 조선 소년 연합회 • 어린이날 제정
여성 운동	근우회 결성: 신간회의 자매단체, 기관지 발행
형평 운동	• 백정에 대한 사회적 차별에 항거 • 경남 진주에서 조선 형평사 설립 • 여러 사회단체들과 연합하여 각종 파업과 소작 쟁의에 참가

42 청산리 전투

미니북 40쪽
정답 ③

빠른 정답 찾기
만주 지역 + 박영희 + 1920년 + 북로 군정서군 + 대한 독립군 + 일본군과 10여 차례 교전을 벌여 승리 ➡ **청산리 전투**

 자료 분석하기

박영희는 일제 강점기 때 신흥 무관 학교의 교관과 북로 군정서 사관 연성소 학도단장 등으로 활동한 독립운동가이며, 1920년 청산리 전투에도 참여하였다. 이후 러시아에서 자유시 참변을 겪으면서 다시 만주로 돌아와 신민부 결성에 참여하고 보안사령이 되었다.

선택지 분석하기

① 쌍성보 전투 · ④ 대전자령 전투
⋯ 지청천을 중심으로 북만주에서 결성된 한국 독립군은 중국 호로군과 연합하여 쌍성보 전투, 대전자령 전투에서 일본군을 물리치고 승리하였다.

② 영릉가 전투
⋯ 양세봉은 남만주 지역에서 조선 혁명군을 결성하고 중국 의용군과 연합하여 영릉가 전투를 승리로 이끌었다.

✓ 청산리 전투
⋯ 김좌진이 이끄는 북로 군정서군과 홍범도가 이끄는 대한 독립군이 연합한 독립군 부대는 청산리 전투에서 일본군에 대승을 거두었다.

43 한인 애국단

미니북 40쪽
정답 ④

빠른 정답 찾기
윤봉길 + 상하이 훙커우 공원 의거 ➡ **한인 애국단**

 자료 분석하기

한인 애국단에 소속되어 활동하던 윤봉길은 상하이 훙커우 공원에서 열린 일본군의 전승 축하 기념식에서 폭탄을 던져 일제 요인들에게 큰 타격을 주었다. 윤봉길 의거는 이후 중국 국민당 정부가 대한민국 임시 정부의 항일 독립운동에 협력하는 계기가 되었다.

선택지 분석하기

① 의열단
⋯ 의열단은 김원봉을 중심으로 만주에서 결성되었으며, 신채호가 작성한 조선 혁명 선언을 기본 행동 강령으로 하였다. 직접적인 투쟁 방법인 암살, 파괴, 테러 등을 통해 독립운동을 전개하였다.

② 중광단
⋯ 북간도로 이주한 한인들이 대종교를 중심으로 교리를 체계화하고 중광단이라는 항일 독립운동 단체를 조직하였다. 이후 만주 지역에서 적극적인 항일 무장 투쟁을 전개하였다.

③ 대한 광복회
⋯ 대한 광복회는 공화 정체의 근대 국민 국가의 수립을 지향하였다. 박상진을 총사령, 김좌진을 부사령으로 하여 만주에 독립군 기지를 만들고 사관 학교를 설립하여 독립군을 양성하였다.

✓ 한인 애국단
⋯ 김구는 상하이에서 한인 애국단을 결성하여 적극적인 투쟁 활동을 전개하면서 독립운동가를 지원하였다. 단원으로는 이봉창, 윤봉길 등이 활동하였다.

44 민족 말살 통치

미니북 12쪽
정답 ①

빠른 정답 찾기
황국 신민 서사 + 창씨개명 ➡ **민족 말살 통치**

자료 분석하기

일제는 1930~40년대에 민족 말살 통치를 시행하였다. 일왕에 대한 충성심을 세뇌시키고자 황국 신민 서사를 만들어 학교나 직장뿐만 아니라 일반인의 모임에서도 이를 암송하도록 하였다. 또한, 창씨개명을 시행하여 조선인의 성과 이름을 일본식으로 바꾸도록 강요하였다. 창씨개명을 하지 않은 사람은 학교에 들어가지 못하였고 식량 배급에서 차별을 받고 강제로 노동에 동원되었다.

선택지 분석하기

✓ 민족 말살 정책의 내용을 조사한다.
⋯ 1930년대에 일제는 우리 민족의 정체성을 말살하기 위해 황국 신민화 정책을 시행하였다. 이 정책의 일환으로 내선일체의 구호를 내세워 신사 참배 및 황국 신민 서사 암송, 창씨개명 등을 강요하였다.

② 조선 형평사의 설립 취지를 살펴본다.
⋯ 갑오개혁 이후 법적으로 신분제가 폐지되었으나 일제 강점기에 백정에 대한 차별은 더욱 심해졌다. 백정들은 이러한 차별을 없애기 위해 진주에서 조선 형평사를 결성하였다.

③ 교육 입국 조서의 발표 배경을 파악한다.
⋯ 고종은 갑오개혁 이후 교육 입국 조서를 발표하여 교육의 중요성을 강조하면서 소학교, 중학교, 한성 사범 학교 등을 세웠다.

④ 동양 척식 주식회사의 주요 업무를 알아본다.
⋯ 일제는 동양 척식 주식회사를 설립하여 총독부가 빼앗은 조선의 토지와 자원을 일본인에게 헐값에 팔아넘겼다.

45 신채호   정답 ①

빠른 정답 찾기 『독사신론』+『조선상고사』+ 민족주의 사학자 + 동방 무정부주의 연맹 활동 ➡ 신채호

자료 분석하기

신채호는 『독사신론』을 저술하여 민족을 역사 서술의 중심에 두었다. 『조선사연구초』와 『조선상고사』를 통해 우리 고대 문화의 우수성과 독자성을 강조하였으며, 과거의 사대주의적 이념에 근거를 두고 한국사를 서술한 유학자들과 식민주의 역사가들을 비판하였다. 또한, 점차 무정부주의 독립운동에 관심을 갖고 이필현과 함께 동방 무정부주의 연맹에 가입하여 조선 대표로 참석하는 등 적극적으로 활동하였다.

선택지 분석하기

✓ 조선 혁명 선언을 집필하였다.
··· 신채호는 김원봉의 요청을 받아 의열단의 행동 강령인 조선 혁명 선언을 작성하였다.

② 파리 강화 회의에 파견되었다.
··· 상하이에서 조직된 신한 청년당은 파리 강화 회의에 김규식을 파견하여 독립 청원서를 제출하였다.

③ 대조선 국민 군단을 창설하였다.
··· 박용만은 하와이에서 항일 군사 단체 대조선 국민 군단을 결성하고 독립군 양성을 바탕으로 한 무장 투쟁을 준비하였다.

④ 조선말 큰사전 편찬을 주도하였다.
··· 장지영, 최현배 등이 주도하여 설립한 조선어 학회는 『조선말 큰사전』의 편찬을 시도하였으나 일제의 탄압으로 인해 해방 후인 1957년에 완성하였다.

★ 미니북 42쪽

46 남북 협상   정답 ②

빠른 정답 찾기 이승만 + 미소 공동 위원회 결렬 + 남방만이라도 임시 정부 혹은 위원회 조직 ➡ 정읍 발언

자료 분석하기

이승만은 제1차 미소 공동 위원회가 결렬되고 북한에 사실상의 정부가 수립되자 1946년 6월에 정읍에서 남한 단독 정부 수립을 주장하였다.

선택지 분석하기

① 한국 광복군이 창설되었다.
··· 한국 광복군은 충칭에서 대한민국 임시 정부의 직할 부대로 결성되었다(1940). 영국군의 요청으로 인도, 미얀마 전선에 파견되었으며 미군의 협조를 받아 국내 진공 작전을 준비하였다.

✓ 김구가 남북 협상을 추진하였다.
··· 미소 공동 위원회가 결렬되고 유엔 한국 임시 위원단의 입국이 거부되자 유엔은 선거가 가능한 지역에서 총선거를 실시하도록 하였다. 남한만의 단독 선거에 반대한 김구와 김규식은 평양으로 가서 김일성과 남북 협상을 전개하였으나 큰 성과를 거두지는 못하였다(1948).

③ 모스크바 삼국 외상 회의가 개최되었다.
··· 모스크바 삼국 외상 회의는 미국·영국·소련의 3개국 외상이 한반도의 신탁 통치 문제를 포함한 7개 분야의 의제를 다룬 회의이다(1945). 이 회의를 통해 미소 공동 위원회 설치와 최대 5년간의 신탁 통치 협정이 결정되었다.

④ 여운형이 조선 건국 준비 위원회를 결성하였다.
··· 여운형은 일본인의 안전한 귀국을 보장하는 조건으로 조선 총독부로부터 행정권의 일부를 넘겨받아 조선 건국 준비 위원회를 결성하였다(1945).

한발 더 다가가기

남북 협상

배경	• 유엔 총회: 인구 비례에 따른 남북한 총선거 실시 결정 → 유엔 한국 임시 위원단 파견 → 소련이 유엔 한국 임시 위원단 입국 거부 • 유엔 소총회: 유엔 한국 임시 위원단의 접근 가능 지역인 남한에서만 총선거 실시 결정(1948.2.)
전개	• 김구, 김규식 등이 북측에 통일 정부 수립을 위한 남북한 정치 지도자 회담 제안 • 평양에서 남북 지도자 회의 개최 • 결의문 채택: 단독 정부 수립 반대, 미소 양국 군대의 철수 요구
결과	미소 양국의 합의안 미수용, 남북 각각 단독 정부 수립 진행 → 남북 협상 실패

47 농지 개혁법

✽ 미니북 45쪽

정답 ③

빠른 정답 찾기
지가 증권 + 농지 매입 + 농민들에게 유상으로 분배
➡ 농지 개혁법

자료 분석하기

이승만 정부는 1949년에 농지 개혁법을 제정하여 농지 개혁을 실시하고자 하였다. 그러나 당시 재정이 부족했던 정부는 현금이나 현물 대신 지가 증권을 지주에게 주고 농지를 매입하였다. 지가 증권에는 지주가 보상받을 수 있는 수량이 현물로 기록되어 있었고, 피보상자, 보상 기간, 매년 보상액 및 지불기일이 기록되어 있었다.

선택지 분석하기

① 친일파 청산을 목적으로 하였다.
⋯ 제헌 국회는 일제의 잔재를 청산하고 민족정기를 바로잡기 위해 반민족 행위 처벌법을 제정하였다. 이에 반민족 행위 특별 조사 위원회가 구성되어 활동하였다.

② 서재필, 이상재 등이 주도하였다.
⋯ 서재필, 이상재 등의 주도로 독립 협회가 설립되어 자주 국권, 자유 민권, 자강 개혁을 위한 정치 운동을 전개하였다.

 자작농이 증가하는 계기가 되었다.
⋯ 이승만 정부는 유상 매수, 유상 분배를 원칙으로 농지 개혁을 실시하여 소작 제도를 폐지하고 농사를 짓는 사람이 토지를 소유하도록 하였다. 이는 자작농이 증가하는 계기가 되었다.

④ 농광 회사가 설립되는 배경이 되었다.
⋯ 일제가 조선의 토지를 개간한다는 구실로 조선 땅을 침탈하려 하자 이에 맞서 개간 사업을 목적으로 한 농광 회사를 설립하였다.

48 6·25 전쟁

✽ 미니북 43쪽

정답 ②

빠른 정답 찾기
1951년 + 동족상잔의 비극 ➡ 6·25 전쟁

자료 분석하기

1951년에는 전시하 교육 특별 조치를 통해 피란 학교 설치, 임시 교사 양성, 전시 교재 발행과 배부 등이 진행되었다. 특히 전쟁의 어려운 상황 속에서도 발행된 『3500문제 수험생의 전시 입학시험 공부』는 중학교 입학시험 대비 문제집으로, 표지에 그려진 공군과 전투기 이미지가 전시 상황을 반영하고 있다. 이처럼 전쟁 중에도 별도의 수험서가 출간될 정도로 교육을 향한 국민들의 열정이 높았음을 보여준다.

선택지 분석하기

① 제물포 조약의 내용을 살펴본다.
⋯ 신식 군대인 별기군에 비해 차별 대우를 받던 구식 군대가 선혜청과 일본 공사관을 습격하면서 임오군란이 발생하였다. 군란 직후 일본은 조선에 군란으로 입은 피해에 대한 책임을 물었다. 이에 사과 사절단 파견, 주모자 처벌, 배상금 지불, 공사관 경비병 주둔 등의 내용을 담은 제물포 조약을 체결하게 되었다.

 인천 상륙 작전의 과정을 조사한다.
⋯ 북한의 불법 남침으로 인해 시작된 6·25 전쟁 때 낙동강 방어선까지 밀렸던 국군은 유엔군의 파병과 인천 상륙 작전 성공으로 서울을 되찾고 압록강까지 진격하였다.

③ 경의선 철도의 부설 배경을 파악한다.
⋯ 경의선은 서울과 신의주를 잇는 철도로 일본이 중국 대륙 침략을 목적으로 부설하였다. 평시에는 원료 공급, 공업 제품의 수송을 맡았으나, 전시에는 군인과 군수 물자를 수송하였다.

④ 신흥 무관 학교의 설립 목적을 알아본다.
⋯ 신민회는 항일 무장 투쟁의 필요성을 인식하여 서간도 삼원보에 독립군 양성 학교인 신흥 강습소를 세웠다. 이는 1919년 본부를 옮기면서 신흥 무관 학교로 명칭이 바뀌었다.

49 4·19 혁명

✽ 미니북 44쪽

정답 ①

빠른 정답 찾기
1960년 + 3·15 부정 선거 ➡ 4·19 혁명

자료 분석하기

이승만의 독재와 3·15 부정 선거에 저항하여 4·19 혁명이 발발하였고, 학생과 대학 교수단이 대통령의 하야를 요구하는 행진을 전개하는 등 시위는 전국적으로 확산되었다. 결국 이승만이 하야하고 내각 책임제를 기본으로 하는 허정 과도 정부가 구성되었다.

선택지 분석하기

✓ 4·19 혁명
⋯ 이승만과 자유당 정권이 자행한 3·15 부정 선거에 항거하여 마산에서 발생한 규탄 시위에서 마산상고 학생이었던 김주열이 사망하였다. 이를 계기로 시위가 전국적으로 확산되며 4·19 혁명이 발발하였다.

② 6월 민주 항쟁
⋯ 전두환 정부의 박종철 고문치사 사건과 4·13 호헌 조치에 반발하여 직선제 개헌과 민주 헌법 제정을 요구하는 시위가 확대

되었다. 시위 도중 연세대 재학생 이한열이 사망하자 시위는 더욱 격화되어 6월 민주 항쟁이 전국적으로 확대되었다.

③ 부마 민주 항쟁
⋯ YH 무역 노동자들의 농성이 신민당사 앞에서 일어난 것을 빌미로 박정희 정부는 김영삼을 국회의원에서 제명하였다. 이를 계기로 김영삼의 정치적 근거지인 부산, 마산에서 박정희 정권의 유신 체제에 반대하는 시위가 일어나면서 부마 민주 항쟁이 전개되었다.

④ 5·18 민주화 운동
⋯ 신군부의 비상계엄 확대에 항거하여 광주에서 일어난 5·18 민주화 운동은 신군부가 계엄군을 동원하여 무력으로 진압하였다. 이에 학생과 시민들이 시민군을 결성하여 대항하면서 격화되었다.

✱ 미니북 45쪽

50 박정희 정부 — 정답 ④

빠른 정답 찾기: 한일 국교 정상화 + 한일 회담 반대 시위 ➡ 6·3 시위

🔍 자료 분석하기

박정희 정부가 한일 회담을 진행하면서 한일 국교 정상화 추진에 대한 협정 내용이 공개되자 학생과 야당을 주축으로 이에 반대하는 6·3 시위가 전개되었고 정부는 비상계엄령을 선포하였다(1964).

🔍 선택지 분석하기

① 3선 개헌안이 통과되었다.
⋯ 박정희 정부는 장기 집권을 위해 대통령의 3선 연임을 허용하는 3선 개헌안을 추진하여 6차 개헌을 통과시켰다(1969).

② 베트남에 국군이 파병되었다.
⋯ 박정희 정부는 미국의 요청으로 베트남에 국군을 파병하면서 그 대가로 미국으로부터 한국군 현대화를 위한 장비와 경제 원조를 제공받았다(1964~1973).

③ 경제 개발 5개년 계획이 추진되었다.
⋯ 박정희 정부는 경제 개발 5개년 계획을 추진하여 정부 주도의 외자 도입 및 수출 정책 등을 바탕으로 고도의 경제 성장을 이루어냈다.

 한일 월드컵 축구 대회가 개최되었다.
⋯ 김대중 정부는 월드컵 역사상 첫 공동 개최였던 한일 월드컵 축구 대회를 개최하였다(2002).

좋은 책을 만드는 길, 독자님과 함께 하겠습니다.

2026 시대에듀 PASSCODE 한국사능력검정시험 기출문제집 800제
16회분(75~51회) 기본(4·5·6급)

개정11판1쇄 발행	2026년 01월 05일 (인쇄 2025년 11월 06일)
초 판 발 행	2016년 04월 15일 (인쇄 2016년 02월 25일)
발 행 인	박영일
책 임 편 집	이해욱
편 저	한국사수험연구소
편 집 진 행	이미림 · 박누리별 · 백나현
표지디자인	조혜령
편집디자인	홍영란 · 김휘주
발 행 처	(주)시대고시기획
출 판 등 록	제10-1521호
주 소	서울시 마포구 큰우물로 75 [도화동 538 성지 B/D] 9F
전 화	1600-3600
팩 스	02-701-8823
홈 페 이 지	www.sdedu.co.kr
I S B N	979-11-434-0322-3 (13910)
정 가	21,000원

※ 이 책은 저작권법의 보호를 받는 저작물이므로 동영상 제작 및 무단전재와 배포를 금합니다.
※ 잘못된 책은 구입하신 서점에서 바꾸어 드립니다.

나는 한국사 몇 단계?
✓ 체크리스트의 특성으로 나의 한국사 단계를 확인하자!

나는
- 초등학교 저학년이다.
- 한국사를 배운 적이 없다.
- 초등학교 교육과정 상의 한국사를 배우고 싶다.
- 재미있는 활동과 함께 한국사를 익히고 싶다.
- 한국사능력검정시험은 나중에 준비하고 싶다.

Step 1

나는
- 초등학교 고학년이다.
- 한국사능력검정시험 기본 급수를 취득해야 하는 취준생이다.
- 한국사를 배운 적이 있다.
- 정리된 이론과 한국사능력검정시험 기출문제를 통해 한국사를 배우고 싶다.
- 한국사능력검정시험에 도전하고 싶다.

Step 2

옆 페이지에서 나의 단계에 맞는 문제집 확인하기!

PASSCODE ver 7.0

빅데이터로 테마만 50가지 미니쏙

한국사능력검정시험 기본 4·5·6급

시대에듀

FEATURES

기출 빅데이터 분석을 통해 탄생한 미니북

① 시대별 빈출 테마 분석 - 고대

> 고대 최다 출제 파트: 정치, 문화

구분		75회	73회	71회	69회	67회	...	60회	합계
정치		2	4	3	4	3		5	36
경제		1	-	-	-	-		1	4
사회		1	-	2	1	1		2	12
문화		2	4	1	3	4		1	22

구분	테마	출제 횟수	비고
정치	고구려, 백제, 신라 왕의 업적	12	시대편 수록
	발해, 통일 신라 왕의 업적	4	-
	가야	4	-
	삼국의 대외 항쟁과 부흥 운동**	9	주제편 수록
	후삼국	3	
사회	신라 말 사회 변화	5	

→ 고대 최다 빈출 테마: **삼국의 대외 항쟁과 부흥 운동**

- 최신 기출 10회분 분석
- 빈출 테마 기출 50개(시대편 10, 인물편 6, 주제편 34) 선정!
- 인물편은 최다 빈출순 나열, 주제편은 시대순 나열 및 빈출 주제 TOP 5 선정!

② 테마별 빈출 선택지 선출

- 연개소문이 천리장성을 쌓았다. (67회, 66회, 64회, 58회, 57회)
- 을지문덕이 살수에서 수의 군대를 물리쳤다. (73회, 69회, 67회, 66회)
- 고구려가 안시성에서 당의 군대를 물리쳤다. (73회, 71회, 66회, 57회)
- 대야성을 비롯한 신라의 40여 개 성을 빼앗았다. (66회, 58회, 57회)
...

→ 한두 글자 비슷하거나 동일한 선택지가 반복 출제
- Step1에 **최다 빈출순**으로 나열
- 중요 선택지를 뽑아 Step3 빈칸 채우기로 구성

---

02 삼국의 대외 항쟁과 부흥 운동

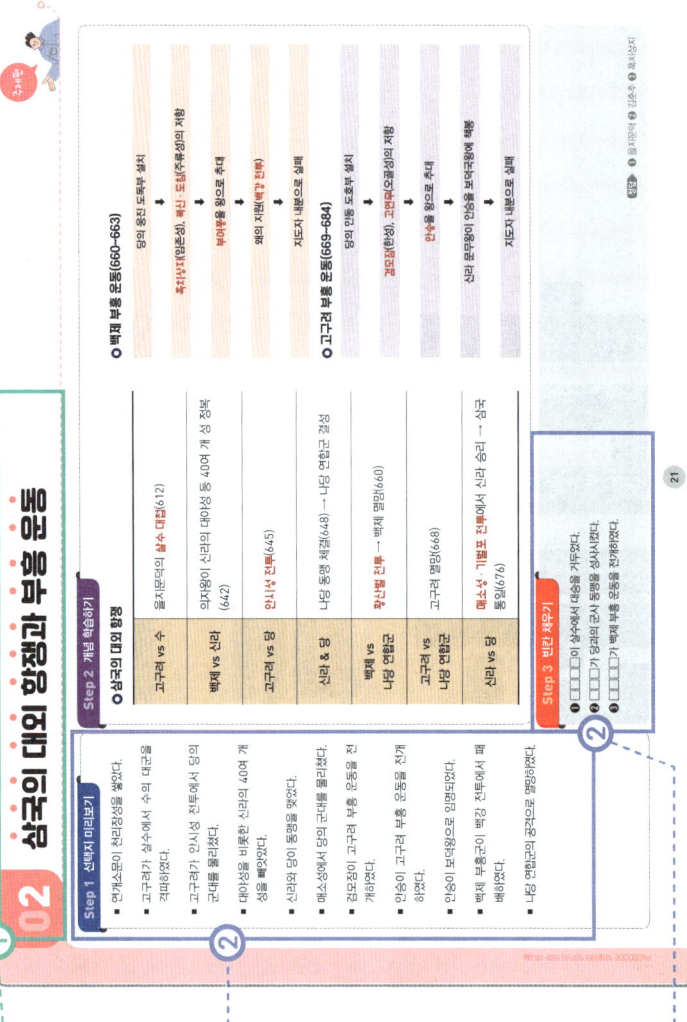

Step 1·2·3 공부법!

Step 1 선택지 미리보기
테마별로 자주 출제되는 선택지를 확인하자!

Step 2 개념 학습하기
핵심 개념을 통해 중요 내용을 학습하자!

Step 3 반칸 채우기
핵심 키워드를 확인하고 정답을 빠르게 찾아내자!

01 책의 차례

시대편

- 01 선사 시대_구석기, 신석기, 청동기 … 4
- 02 선사 시대_철기, 고조선 … 5
- 03 고대_고구려, 백제, 신라 … 6
- 04 고대_통일 신라, 발해 … 7
- 05 고려 시대 … 8
- 06 조선 시대_전기 … 9
- 07 조선 시대_후기 … 10
- 08 근대 … 11
- 09 일제 강점기 … 12
- 10 현대 … 13

주제편

- 01 여러 나라의 성장 … 20
- 02 삼국의 대외 항쟁과 부흥 운동 … 21
- 03 신라 말 사회 변화와 후삼국의 통일 과정 … 22
- 04 고려의 대외 관계 … 23
- 05 사화와 붕당 형성 … 24
- 06 임진왜란과 정묘·병자호란 … 25
- 07 예송 논쟁과 환국 … 26
- 08 고려와 조선의 중앙 정치 기구 … 27
- 09 고려와 조선 후기의 경제, 사회, 문화 … 28
- 10 고려와 조선의 토지·수취 제도의 변화 … 29
- 11 홍경래의 난과 임술 농민 봉기 … 30
- 12 흥선 대원군의 정책 … 31
- 13 임오군란과 갑신정변 … 32
- 14 동학 농민 운동 … 33
- 15 갑오개혁과 을미개혁 … 34
- 16 독립 협회와 대한 제국 … 35
- 17 항일 의병 운동과 애국 계몽 운동 … 36
- 18 근대 언론·문물 … 37
- 19 1910년대 국내외 독립운동 … 38
- 20 3·1 운동과 대한민국 임시 정부 … 39
- 21 일제 강점기 무장 독립운동과 의열 투쟁 … 40
- 22 일제 강점기 민족 운동 … 41
- 23 대한민국 정부 수립 과정 … 42
- 24 6·25 전쟁 … 43
- 25 민주화 운동 … 44
- 26 현대 정부의 정책 … 45
- 27 불상 … 46
- 28 불교 건축 … 47
- 29 탑 … 48
- 30 회화 … 49
- 31 지역사 … 50
- 32 궁궐 … 51
- 33 주요 유네스코 세계 유산·기록 유산 … 52
- 34 세시 풍속 … 53

인물편

- 01 왕, 유학자 … 14
- 02 독립운동가 … 15
- 03 실학자 … 16
- 04 근대의 인물 … 17
- 05 현대의 인물 … 18
- 06 승려 … 19

01 선사 시대 _구석기, 신석기, 청동기

구석기 (약 70만 년 전)

구분	내용
도구	뗀석기(**주먹도끼**, 찍개, 슴베찌르개)
경제	사냥, 고기잡이, 채집 생활
주거	**동굴**이나 바위 그늘, **막집**(강가)
사회	평등 사회, 이동 생활, 무리 생활
유적지	연천 전곡리, 공주 석장리
유물	▲ 주먹도끼 ▲ 슴베찌르개

신석기 (기원전 8,000년 전)

구분	내용
도구	• 간석기 • 갈돌과 갈판 • **가락바퀴**, 뼈바늘 • **빗살무늬 토기**
경제	농경(조·피)과 목축 시작
주거	**움집**(강가나 바닷가): 반지하 형태
사회	평등 사회, 씨족 사회(족외혼)
유적지	서울 암사동, 양양 오산리, 제주 고산리
유물	▲ 가락바퀴 ▲ 빗살무늬 토기

청동기 (기원전 2,000~1,500년 전)

구분	내용
도구	• **반달 돌칼** • 비파형 동검, 거친무늬 거울 • 미송리식 토기, 민무늬 토기
경제	벼농사 시작, 밭농사 중심
주거	**움집**: 지상 가옥화
사회	• 생산력 증대로 사유 재산 발생 • 계급 사회: 족장(군장) 출현
무덤	**고인돌**: 지배층의 무덤
유적지	부여 송국리, 울주 검단리, 창원 덕천리
유물	▲ 반달 돌칼 ▲ 미송리식 토기

02 선사 시대 - 철기, 고조선

철기 (기원전 300년 전)

도구	• 세형 동검, 잔무늬 거울 • 검은 간토기
경제	• 벼농사 확대 → 농업 생산량 증가, 철제 농기구 사용 • 중국과 교류(명도전, 오수전, 반량전)
주거	지상 가옥, 여(呂)자형 · 철(凸)자형 주거 형태
사회	계급 사회
무덤	널무덤, 독무덤
유적지	창원 다호리, 제주 삼양동, 동해 송정동
유물	▲ 독무덤 ▲ 세형 동검

고조선 (기원전 2,333~108년 전)

성립	• 청동기 문화를 바탕으로 건국 • 제정일치 사회: 단군(제사장) + 왕검(정치적 지도자인 군장)
성장	• 부왕, 준왕 등장 때 왕권 강화(왕위 세습) • 연(진개)과 대립할 만큼 강성 • 정치 체제: 왕 밑에 상 · 대부 · 장군 등의 관직 존재
위만 조선	• 준왕을 몰아내고 위만이 고조선 계승 • 철기 문화 본격적 수용
발전	• 중계 무역 • 범금 8조를 통해 사회 질서 유지
멸망	한 무제의 공격으로 왕검성 함락 → 멸망(기원전 108년)
유물	▲ 고인돌 ▲ 비파형 동검

03 고대 – 고구려, 백제, 신라

시대표

타임라인: ~4C — 5C — 6C — 7C

고구려

고국천왕
- 진대법 실시(국상 을파소)
- 왕위 부자 상속

소수림왕
- 불교 공인
- 태학 설립
- 율령 반포

광개토대왕
- '영락' 연호 사용
- 신라에 침입한 왜 격퇴 → 금관가야 공격
- 후연 공격, 요동 진출

장수왕
- 평양 천도(남진 정책)
- 백제 한성 함락
- 광개토대왕릉비, 충주 고구려비(한강 유역 진출) 건립

영양왕
- 수 양제의 침입 → 살수 대첩

영류왕
- 천리장성 축조 시작(부여성~비사성)

보장왕
- 연개소문 집권
- 고구려 멸망(668) ↔ 신라 문무왕

백제

근초고왕
- 마한 정복, 해외 진출(요서, 산둥, 규슈)
- 고구려 평양성 공격 → 고국원왕 전사
- 「서기」 편찬(고흥)

침류왕
- 불교 수용 및 공인

비유왕
- 눌지왕과 나제 동맹 체결

문주왕
- 웅진(공주) 천도

동성왕
- 신라와 결혼 동맹(나제 동맹 강화)

무령왕
- 22담로 설치 → 왕족 파견

성왕
- 사비(부여) 천도, 국호 남부여
- 한강 유역 일시 회복(신라·백제 진흥왕과 연합)
- 나제 동맹 결렬 → 관산성 전투에서 전사

무왕
- 익산 미륵사 건립

의자왕
- 대야성 등 신라 40여 개 성 점령
- 백제 멸망(660) ↔ 신라 무열왕

신라

내물왕
- 마립간 칭호 사용
- 광개토대왕에게 원군 요청 → 왜의 침입 격퇴(호우명 그릇)

눌지왕
- 비유왕과 나제 동맹 체결

지증왕
- 우경 실시
- 국호 신라
- 동시전 설치

법흥왕
- '건원' 연호 사용
- 병부 설치
- 불교 공인(이차돈 순교)

진흥왕
- 한강 유역 진출 · 북한산 순수비 건립
- 대가야 정복 · 화랑도 국가 조직으로 정비
- 황룡사 건립 ·「국사」 편찬(거칠부)

지증왕
- 순장 금지
- 왕 칭호 사용
- 우산국 정벌(이사부)

법흥왕
- 금관가야 정복
- 율령 반포

선덕 여왕
- 황룡사 구층 목탑 건립

문무왕
- 삼국 통일(676)

의자왕 (신라)
- 나당 전쟁 승리 → 삼국 통일(676)

04 고대-통일 신라, 발해

통일 신라

7C

신문왕
- **김흠돌의 난** 진압 → 진골 귀족 숙청
- 국학 설립
- 지방 행정 조직: 9주 5소경
- **관료전** 지급, **녹읍 폐지**
- 중앙군 9서당, 지방군 10정 편성

8C

성덕왕
- 백성에게 정전 지급

경덕왕
- **독서삼품과** 설치

9C

헌덕왕
- 김헌창의 난

진성 여왕
- **원종·애노의 난**
- 최치원 **시무 10여 조** 건의
- 적고적의 난
- 『삼대목』 편찬

10C

경순왕(김부)
- 고려에 항복, 신라 멸망(935)

발해

7C

고왕(대조영)
- 발해 건국(698)
- '천통' 연호 사용

8C

무왕
- '인안' 연호 사용
- **당의 등주 공격**(장문휴)
- 일본과 교류

문왕
- '대흥' 연호 사용
- 당과 친선 관계 유지
- 3성 6부제 실시
- **주자감** 설치
- 신라도 개설
- 일본과 외교 문서 교류(고려국왕 자칭)
- 천도: 중경 → 상경 → 동경

9C

선왕
- '건흥' 연호 사용
- 5경 15부 62주 설치
- **'해동성국'**으로 불림

10C

대인선
- 발해 멸망(926)

고려 시대

고려 초기

918~943 — 1대 태조(왕건)
- 고려 건국(918), **북진** 정책
- 기인 제도, 사심관 제도, 사성 정책 → 지방 호족 통제, 회유
- 역분전 지급
- 훈요 10조
- 『정계』, 『계백료서』 편찬

949~975 — 4대 광종
- '광덕, 준풍' 연호 사용
- **노비안검법** 시행
- **과거제** 시행(쌍기 건의)
- 관리의 공복 제정

981~997 — 6대 성종
- 최승로 **시무 28조** 건의
- **12목** 설치 → 지방관 파견
- 향리 제도 실시
- 지방에 경학박사 · 의학박사 파견
- 국자감 설치
- 상평창 설치
- 건원중보 주조
- 거란의 침입(1차)

1009~1031 — 8대 현종
- 강조의 정변
- 5도 양계 확립
- 안찰사 파견
- 거란의 침입(2 · 3차)
- 초조대장경 제작

1095~1105 — 15대 숙종
- 주전도감 설치 → **은병**(활구) · 삼한통보 · 해동통보 · 해동중보 주조
- **별무반** 편성(윤관)

1105~1122 — 16대 예종
- 관학 진흥 정책: 7재, **양현고** 설치
- 동북 9성 설치

1122~1146 — 17대 인종
- 이자겸의 난
- **묘청의 서경 천도 운동**
- 『삼국사기』 편찬(김부식)

무신 집권기

1170~1197 — 19대 명종
- 망이 · 망소이의 난
- 최씨 **무신 정권** 수립(최충헌)
- 최충헌 봉사 10조 건의
- 교정도감 설치(교정별감 최충헌)

1213~1259 — 23대 고종
- 최우 집권
- 정방 설치, 삼별초 조직(최우)
- 몽골의 침입 → 강화도 천도
- 팔만대장경 제작

1259~1274 — 24대 원종
- 개경 환도
- 삼별초의 대몽 항쟁

원 간섭기

1308~1313 — 26대 충선왕
- 원의 연경에 **만권당** 설치

1351~1374 — 31대 공민왕
- 정방 폐지
- 기철 등 친원 세력 제거
- 관제 복구(중서문하성과 상서성, 6부제 환원)
- 정동행성 이문소 폐지
- **쌍성총관부 탈환**
- 신돈 등용
- **전민변정도감** 설치

1374~1388 — 32대 우왕
- 『**직지심체요절**』 간행
- 권문세족 이인임 일파 축출
- 이성계의 **위화도 회군** → 우왕 폐위, 창왕 즉위, 최영 제거

고려 말기

1389~1392 — 34대 공양왕
- **과전법** 실시
- 공양왕 폐위 → 조선 건국(이성계, 1392)

● 고려 초기 ● 문벌 귀족 집권기 ● 무신 집권기 ● 원 간섭기 ● 고려 말기

조선 시대_전기

1392~1398 1대 태조(이성계)
- 조선 건국(1392)
- 한양 천도
- **경복궁 창건**
- 제1차 왕자의 난(이방원)

1400~1418 3대 태종(이방원)
- **한양 천도** 설치
- 사병 혁파
- 신문고 설치
- 호패법 시행
- **6조 직계제** 시행
- 사간원 독립
- 주자소 설치 → 계미자 주조
- 혼일강리역대국도지도 제작

1418~1450 4대 세종
- **의정부 서사제** 시행
- **집현전 설치**
- 대마도 정벌(이종무), 계해약조
- 3포 개항, 계해약조
- 4군 6진 개척(최윤덕, 김종서)
- 갑인자 주조
- 측우기, 자격루 등 개발(장영실)
- 훈민정음 창제
- 편찬 사업
  - 의례서 『삼강행실도』
  - 역법서 『칠정산』
  - 농서 『농사직설』
  - 의서 『향약집성방』, 『의방유취』

1450~1452 5대 문종
- 『고려사』, 『고려사절요』 완성

1455~1468 7대 세조
- **직전법** 시행
- 6조 직계제 부활
- 이시애의 난 → 유향소 폐지

1469~1494 9대 성종
- 관수 관급제 시행
- 홍문관 설치
- 『경국대전』 완성·반포
- 편찬 사업
  - 악서 『악학궤범』
  - 관찬 지리지 『동국여지승람』
  - 역사서 『동국통감』

1494~1506 10대 연산군
- **무오사화**
- **갑자사화**
- 중종반정

1506~1544 11대 중종
- 삼포 왜란 → 비변사 설치
- 사림 등용(조광조 등)
- **기묘사화**

1545~1567 13대 명종
- **을사사화** → 양재역 벽서 사건
- 을묘왜변 → 비변사 상설 기구화
- 임꺽정의 난

1567~1608 14대 선조
- 붕당 정치 시작 → 사림의 동서분당
- 정여립 모반 사건(기축옥사)
- **임진왜란**
- 훈련도감 설치(유성룡)

07 조선 시대_후기

1608~1623 / 15대 광해군
- 명과 후금 사이에 중립 외교 실시
- **대동법** 시행 → 선혜청 설치
- 기유약조 체결
- 인조반정

1623~1649 / 16대 인조
- 어영청 설치(후금 침입에 대비)
- 이괄의 난
- 정묘호란, 병자호란
- **영정법** 실시

1649~1659 / 17대 효종
- **북벌** 추진
- 시헌력 시행
- 제1·2차 **나선 정벌**

1659~1674 / 18대 현종
- 기해예송(1차 예송 논쟁)
- 갑인예송(2차 예송 논쟁)

1674~1720 / 19대 숙종
- 경신·기사·갑술환국
- 대동법 확대 실시
- 금위영 설치
- 5군영 체제 확립
- 상평통보 유통
- **백두산정계비** 건립

1724~1776 / 21대 영조
- **탕평책** 실시 → 성균관에 탕평비 건립
- **균역법** 실시
- 신문고 부활
- 청계천 정비 → 준천사 설치
- 편찬 사업
  - 법전 『속대전』
  - 의례서 『속오례의』
  - 백과사전 『동국문헌비고』

1776~1800 / 22대 정조
- 적극적인 탕평책 실시
- 규장각 설치 → 서얼 출신 검서관 등용
- **초계문신제** 시행
- **신해통공** 실시(재제공)
- 윤지충 진산 사건 → 신해박해
- **장용영** 설치
- 수원 화성 축조
- 법전 『대전통편』 편찬

1800~1834 / 23대 순조
- 세도 정치(안동 김씨)
- 신유박해 → 황사영 백서 사건
- **공노비 해방**
- **홍경래의 난**

1834~1849 / 24대 헌종
- 세도 정치(풍양 조씨)
- 기해박해
- 병오박해 → 김대건 신부 순교

1849~1863 / 25대 철종
- 세도 정치
- **임술 농민 봉기**

08 근대

1863~1880

26대 고종

- **흥선 대원군 집권 시작**(1863)
- 병인박해(1866)
- 제너럴 셔먼호 사건(1866)
- 병인양요(1866)
- 오페르트 도굴 사건(1868)
- 신미양요(1871)
- 척화비 건립(1871)
- 고종 친정 시작(1873)
- 운요호 사건(1875)
- **강화도 조약**(조일 수호 조규, 1876)
  → 외국과 맺은 최초의 근대적 조약
  - 부산, 원산, 인천 개항
  - 해안 측량권 허용
  - 치외 법권
- 1차 수신사 파견(1876) → 김기수
- 조일 수호 조규 부록(1876)
  - 거류지 설정(10리 이내)
  - 일본 화폐 유통 허용
- 조일 무역 규칙(1876)
  - 선박 무항세, 상품 무관세
  - 양곡 무제한 유출
- 2차 수신사 파견(1880) → 김홍집, 『조선책략』 국내에 소개
- 통리기무아문 설치(1880) → 아래 12사

1881~1890

- **영남 만인소**(1881)
- 조사 시찰단 파견(1881)
- 별기군 창설(1881)
- 영선사 파견(1881) → 기기창 설치(1883)
- **조미 수호 통상 조약**(1882)
  - 서양과 맺은 최초의 근대적 조약
  - 최혜국 대우 인정, 거중조정, 치외 법권
  - 보빙사 파견(1883)
- **임오군란**(1882)
  → 조청 상민 수륙 무역 장정(1882)
  - 청 상인의 특권 허용(내지 통상)
  - 치외 법권
  → 제물포 조약(1882)
  - 일본 경비병이 주둔 허용
  - 배상금 지불
- 조일 통상 장정(1883)
  - 방곡령 선포 규정
  - 일본 상품에 관세 규정
  - 최혜국 대우 인정
- **갑신정변**(1884)
  → 한성 조약(조선-일본)
  - 사망 일본인에 대한 배상, 일본 공사관 신축 부지 제공 및 신축비 지불
  → 톈진 조약(청-일본)
  - 청일 양군의 동일한 파병권
- 거문도 사건(1885)
- 조불 수호 조약(1886)
  - 천주교 선교 허용

1891~1900

- **동학 농민 운동**(1894)
- 청일 전쟁(1894)
- 제1차 갑오개혁(1894)
- 제2차 갑오개혁(1894~1895)
  - 교육 입국 조서 반포(1895): 소학교, 중학교, 한성 사범 학교 설립
- 삼국 간섭(1895)
- 을미사변(1895)
- 을미개혁(1895)
- **아관 파천**(1896)
- **대한 제국 선포**(1897)
- 광무개혁(1897)
- 대한국 국제 선포(1899)

1901~1910

- 러일 전쟁(1904)
- 한일 의정서(1904)
  - 군사 기지 사용권 규정
  - 국외 중립 선언 무효
- 제1차 한일 협약(1904)
  - 재정 고문 메가타, 외교 고문 스티븐스 임명
- 화폐 정리 사업(1905)
- **을사늑약**(제2차 한일 협약, 1905)
  - 대한 제국 외교권 박탈
  - 통감부 설치 → 초대 통감 이토 히로부미
- **국채 보상 운동**(1907)
- **헤이그 특사 파견**(1907)
  - 한일 신협약(정미 7조약, 1907)
  - 일본인 차관 파견
  - 고종 강제 퇴위
  - 군대 해산

27대 순종

- 순종 즉위, '융희' 연호 사용
- 기유각서(1909)
  - 사법권 박탈
- 한일 병합 조약(1910)
  - 조선 총독부 설치

09 일제 강점기

	무단 통치기(1910년대)	문화 통치기(1920년대)	민족 말살 통치기(1930~1940년대)
통치 내용	• 조선 총독부 설치(1910) – 초대 총독 데라우치 마사타케 • **헌병 경찰제** • 제1차 조선 교육령(1911) • 조선 태형령·즉결 심판권(1912)	• 보통 경찰제 • 경성 제국 대학 설립(1924) • **치안 유지법** 제정(1925)	• 조선 사상범 보호 관찰령(1936) • **황국 신민 서사 암송**(1937) • 신사 참배 강요 • 국가 총동원령(1938) • **창씨 개명**(1939) • 국민 학교령(1941) • 조선 사상범 예방 구금령(1941) • 징병 제도(1944) • 여자 정신대 근무령(1944)
경제 침탈	• **회사령** 시행(1910) – 허가제 • 조선 어업령·삼림령(1911) • 토지 조사 사업(1912) • 광업령(1915) • 임야 조사령(1918)	• **산미 증식 계획**(1920) • 회사령 폐지(1920) → 신고제 전환 • 관세 철폐(1923) • 신은행령(1928)	• 대륙 침략을 위한 병참 기지화 정책 • 남면북양 정책 • 농촌 진흥 운동(1932) • 조선 농지령(1934) • 식량 배급제, **미곡 공출제**(1939) • 금속류 회수령 공포(1941)
주요 사건	• 105인 사건, 신민회 해체(1911) • 조선 물산 공진회 개최(1915) • 2·8 독립 선언서, **3·1 운동**(1919) • 대한민국 임시 정부 수립(1919)	• 물산 장려 운동(1920) • **6·10 만세 운동**(1926) • 원산 노동자 총파업(1929) • **광주 학생 항일 운동**(1929)	• 이봉창, 윤봉길 의거(1932) • 일장기 말소 사건(1936) • 중일 전쟁(1937) • 태평양 전쟁(1941) • **조선어 학회 사건**(1942)

현대

제헌 헌법(1948)
- 우리나라 최초의 헌법
- 배경: 5·10 총선거, 정부 수립 준비
- 내용
  - 대통령 간선제(국회)
  - 단원제 국회
- 결과: 대한민국 정부 수립, 이승만 정부 출범

제1차 개헌(1952)
- **발췌 개헌**
- 배경: 6·25 전쟁 중 이승만 집권 연장
- 내용
  - 대통령 직선제
  - 양원제 국회(민의원·참의원)
  - 국회의 국무위원 불신임제
- 결과: 이승만 재선

제2차 개헌(1954)
- **사사오입 개헌**
- 배경: 이승만 중심의 집권
- 내용
  - 의원 내각제
  - 초대 대통령에 한해 중임 제한 철폐
- 결과: 이승만 3선

제3차 개헌(1960.6.)
- 내각 책임제 개헌
- 배경: 4·19 혁명
- 내용
  - 대통령 간선제(국회)
  - 의원 내각제
  - 양원제 국회(민의원·참의원)
- 결과: 민주당 정권 내각 출범, 대통령 윤보선

제4차 개헌(1960.11.)
- 소급 입법 개헌
- 배경: 3·15 부정 선거 관련자 및 부정 축재자 처벌
- 내용
  - 특별 재판소 및 특별 검찰부 설치
- 결과: 5·16 군사 정변

제5차 개헌(1962)
- 3공 개헌
- 배경: 5·16 군사 정변
- 내용
  - 대통령 중심제(1차 중임 가능)
  - 대통령 직선제
  - 단원제 국회
- 결과: 공화당 박정희 정부 출범

제6차 개헌(1969)
- **3선 개헌**
- 배경: 박정희 집권 연장
- 내용
  - 대통령 3선 연임 제한 철폐
  - 대통령에 대한 탄핵 소추 강화 등 대통령 권한 강화
- 결과: 박정희 3선

제7차 개헌(1972)
- **유신 헌법**
- 배경: 박정희 중심의 집권
- 내용
  - 임기 6년의 대통령 간선제(통일 주체 국민 회의)
  - 중임 및 연임 제한 규정 철폐
  - 대통령에 국회의원 1/3 추천권, 긴급 조치권 부여
- 결과: 박정희 장기 집권

제8차 개헌(1980)
- 5공 개헌
- 배경: 12·12 사태, 5·17 비상 조치
- 내용
  - **7년 단임**의 대통령 간선제(선거인단)
- 결과: 전두환 정부 출범

제9차 개헌(1987)
- 6공 개헌
- 배경: 6월 민주 항쟁
- 내용
  - **5년 단임**의 대통령 직선제
  - 여야의 합의 개헌
- 결과: 노태우 정부 출범

● 제헌 헌법 ● 제1공화국 ● 제2공화국 ● 제3공화국 ● 제4공화국 ● 제5공화국 ● 제6공화국

01 관리, 유학자

Step 1 선택지 미리보기

- 현량과 실시를 건의하였다. (조광조)
- 소격서 폐지를 주장하였다. (조광조)
- 성학십도를 저술하였다. (이황)
- 백운동 서원을 건립하였다. (주세붕)
- 시헌력 도입을 주장하였다. (김육)
- 불국사를 창건하였다. (김대성)
- 성학집요를 저술하였다. (이이)
- 고려에 성리학을 처음 소개하였다. (안향)
- 최승로가 시무 28조를 건의하였다.
- 동의보감이 편찬되었다. (허준)
- 송시열이 북벌론을 내세웠다.
- 백운동 서원의 사액을 청원하였다. (이황)
- 불씨잡변을 저술하였다. (정도전)

Step 2 개념 학습하기

김부식(1075~1151)
- 고려 전기 문신
- 활동: 묘청의 서경 천도 운동 진압
- 저서: 『삼국사기』, 『예종실록』

정도전(1342~1398)
- 조선 건국 공신, 신진 사대부
- 활동: 요동 정벌 계획
- 저서: 『조선경국전』, 『불씨잡변』, 『삼봉집』, 『경제문감』, 『고려국사』

조광조(1482~1519)
- 조선의 문신, 사림
- 활동: 현량과 실시 건의, **소격서 폐지** 주장, 위훈 삭제, 『소학』 보급, 향약 시행

이황(1501~1570)
- 조선의 성리학자
- 활동: 예안 향약, 백운동 서원의 사액 청원하였다. (이황)
- 저서: 『성학십도』

이이(1536~1584)
- 조선의 성리학자
- 활동: 해주 향약
- 저서: 『성학집요』, 『동호문답』

유성룡(1542~1607)
- 조선의 문신
- 활동: 권율·이순신 천거, **훈련도감 설치**, 수미법 건의
- 저서: 『징비록』

Step 3 빈칸 채우기

1. ☐☐☐이 삼국사기를 편찬하였다.
2. (정도전) ☐☐☐☐을 저술하였다.
3. (유성룡) ☐☐☐을 저술하였다.

정답 ① 김부식 ② 조선경국전 ③ 징비록

02 독립운동가

Step 1 선택지 미리보기

- 이토 히로부미를 사살하였다. (안중근)
- 대종교를 창시하였다. (나철)
- 친일 인사인 스티븐스를 사살하였다. (장인환, 전명운)
- 서전서숙을 설립하였다. (이상설)
- 한국독립운동지혈사를 저술하였다. (박은식)
- 조선불교유신론을 저술하였습니다. (한용운)
- 박은식이 유교 구신론을 주장하였다.
- 을사늑약 체결의 불법성을 폭로하였다. (이준)
- 헤이그에 특사로 파견되었다. (이준, 이상설, 이위종)
- 나철 등이 5적 처단을 위해 자신호를 결성하였다.
- 사이토 총독에게 폭탄을 던졌다. (강우규)
- 여유당전서 간행과 조선학 운동 주도 (정인보)

Step 2 개념 학습하기

박은식(1859~1925)
- 활동: 유교 구신론 주장, 혼(魂) 강조
- 저서: 『**한국통사**』, 『한국독립운동지혈사』

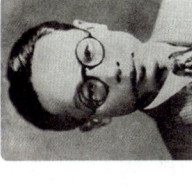

안창호(1878~1938)
- 활동: 신민회 조직 참여, **대성 학교** · 오산 학교 설립, 미국에서 대한인 국민회, **흥사단** 조직

이상설(1870~1917)
- 활동: 을사늑약 반대 상소, **서전서숙** 설립, 헤이그 특사로 파견, 권업회 조직, 대한 광복군 정부 수립

한용운(1879~1944)
- 활동: 3·1 운동 민족 대표 33인, 독립 선언문 공약 3장 작성
- 저서: 『**조선불교유신론**』, 『님의 침묵』

안중근(1879~1910)
- 활동: 만주 하얼빈역에서 **이토 히로부미** 사살
- 저서: 『**동양 평화론**』

이육사(1904~1944)
- 활동: 조선 혁명 군사 정치 간부 학교 입학, 의열단 단원, 조선은행 대구 지점 폭탄 투척 사건에 연루되어 구속
- 저서: 「광야」, 「청포도」, 「절정」

Step 3 빈칸 채우기

① (박은식) 일제의 침략 과정을 다룬 □□□□를 저술하였다.
② (안중근) □□ □□□을 집필하였다.
③ (이재명) □□□□을 습격하여 중상을 입혔다.

정답 ① 한국통사 ② 동양 평화론 ③ 이완용

03 실학자

Step 1 선택지 미리보기

- 거중기와 배다리를 설계하였다. (정약용)
- 목민심서에서 수령의 덕목을 제시하였다. (정약용)
- 주사체를 창안하였다. (김정희)
- 발해고에서 신라와 발해를 남북국이라 칭하였다. (유득공)
- 북학의에서 소비의 중요성을 주장하였다. (박제가)
- 서얼 출신으로 규장각 검서관에 등용되어 활동하였다. (박제가, 유득공)
- 동국지도를 제작하였다. (정상기)
- 영업전 매매를 금지하는 한전론을 제시하였다. (이익)
- 반계수록에서 균전론을 제시하였다. (유형원)
- 양반전을 저술하였다. (박지원)
- 신분에 따른 토지 차등 분배 방안을 제시하였다. (유형원)

Step 2 개념 학습하기

○ 중농학파

유형원	• 토지 제도: **균전론** → 신분에 따라 토지 차등 분배, 자영농 육성 • 주장: 병농 일치의 군사 조직과 사농 일치의 교육 제도 확립 • 저서: 『반계수록』
이익	• 토지 제도: **한전론** → 영업전을 제외한 나머지 토지만 매매 가능 • 주장: 6좀론 제시(노비, 과거제, 문벌, 기교, 승려, 게으름 등 시정), 폐전론, 사창제 실시 주장 • 저서: 『성호사설』, 『곽우록』
정약용	• 토지 제도: 여전론 → 마을 단위의 토지 공동 소유·경작, 노동력에 따른 수확물 분배 • 활동: **수원 화성** 설계와 **거중기** 사용, 한강 주교 설계 • 저서: 『목민심서』, 『경세유표』, 『흠흠신서』, 『마과회통』

○ 중상학파

유수원	• 주장: 합자를 통한 경영 규모 확대, 사·농·공·상의 직업적 평등과 전문화 강조 • 저서: 『우서』
홍대용	• 주장: 기술 문화 혁신과 신분 제도 철폐, 성리학 극복 주장, 지전설과 무한 우주론 주장 • 저서: 『의산문답』, 『임하경륜』
박지원	• 주장: **수레·선박 이용**, 화폐 유통의 필요성 강조, 양반 문벌의 비생산성 비판 • 저서: 『열하일기』, 『과농소초』, 『한민명전의』, 『호질』, 『양반전』, 『허생전』
박제가	• 주장: 수레·선박 이용, 청과보다 소비 강조 • 활동: 규장각 검서관 • 저서: 『북학의』

Step 3 빈칸 채우기

1. (박지원) ☐☐☐에서 수레 이용을 강조하였다.
2. (정약용) 기기도설을 참고하여 ☐☐☐를 제작하였다.
3. (김정희) ☐☐☐☐에서 북한산비가 진흥왕 순수비임을 밝혔다.

정답 1 열하일기 2 거중기 3 금석과안록

04 근대의 인물

Step 1 선택지 미리보기

- 사람의 체질을 연구하여 사상 의학을 정립하였다.(이제마)
- 이만손이 주도하여 영남 만인소를 올렸다.
- 박중빈을 중심으로 새생활 운동을 전개하였다.
- 김옥균 등이 갑신정변을 주도하였다.
- 최제우가 동학을 창시하였다.
- 대한매일신보의 사장을 지냈다.(양기탁)
- 김윤식을 청에 영선사로 파견하는 계기가 되었다.
- 김홍집 등이 중심이 되어 활동했어요.
- 최익현이 의병장으로 활약하였다.
- 동경대전과 용담유사의 내용을 조사한다.(최시형)
- 박영효, 홍영식 등과 함께 급진 개화파를 형성하였다.

Step 2 개념 학습하기

최시형(1827~1898)

- 동학 2대 교주
- 활동: 동학 교단 정비, 보은 집회 주도
- 저서: 『동경대전』, 『용담유사』

최익현(1833~1906)

- 위정척사파
- 활동: 강화도 조약 반대, 왜양일체론 주장, 을사의병
- 저서: 『면암집』

박정양(1841~1905)

- 조선 말 외교가, 정치인
- 활동: 조사 시찰단 파견, 초대 주미 공사 부임, 갑오개혁·을미개혁 추진, 박정양 내각(중추원 관제 개편 추진)

김홍집(1842~1896)

- 조선 말 외교가, 정치인
- 활동: 2차 수신사 파견, 『조선책략』 소개, 갑오개혁·을미개혁 추진

유길준(1856~1914)

- 개화 사상가, 정치인
- 활동: 조사 시찰단·보빙사 파견, 조선 중립화론 주장, 갑오개혁 추진
- 저서: 『서유견문』, 『대한문전』

양기탁(1871~1938)

- 언론인, 독립운동가
- 활동: 대한매일신보 창간, 독립 협회 만민 공동회 간부, 국채 보상 운동 주도, 신민회 조직 참여

Step 3 빈칸 채우기

1. ☐☐☐이 왜양일체론을 주장하며 개항에 반대하였다.
2. (김홍집) 출간한이 지은 ☐☐☐☐을 조선에 소개하였다.
3. ☐☐☐이 조선 중립화론을 주장하였다.

정답 ① 최익현 ② 조선책략 ③ 유길준

05 현대의 인물

Step 1 선택지 미리보기

- 남북 협상 참석(김구, 김규식, 조소앙)
- 파리 강화 회의에 파견되었다. (김규식)
- 삼균주의를 바탕으로 한 대한민국 건국 강령 기초(조소앙)
- 식민 사학의 정체성론을 반박하는 조선사회경제사 집필(백남운)
- 좌우 합작 운동을 전개하였다. (김규식, 여운형)
- 여운형이 위원장을 맡았다.
- 조선 건국 동맹을 결성하였다. (여운형)
- 좌우 합작 위원회 활동 (김규식, 여운형)

Step 2 개념 학습하기

김구(1876~1949)
- **활동**: 대한민국 임시 정부 주도, **한인 애국단** 조직, 김규식과 함께 **남북 협상** 참여

김규식(1881~1950)
- **활동**: 신한 청년단 대표로 **파리 강화 회의**에 파견, 좌우 합작 위원회 조직, 남북 협상 참여

조소앙(1887~1958)
- **활동**: 한국 독립당 창당, **삼균주의** 채택한 건국 강령 기초, 남북 협상 참여

백남운(1895~1979)
- **활동**: 유물론을 바탕으로 식민 사관의 정체성론 비판
- **저서**: 「**조선사회경제사**」, 「조선봉건사회경제사」

여운형(1886~1947)
- **활동**: 신한 청년당 조직, 조선 건국 동맹 결성, **조선 건국 준비 위원회 결성**, 좌우 합작 위원회 조직

Step 3 빈칸 채우기

① ☐☐가 남북 협상을 추진하였다.
② 파리 강화 회의에 파견된 ☐☐☐의 활동을 알아본다.
③ ☐☐☐이 조선 건국 준비 위원회를 결성하였다.

정답 ① 김구 ② 김규식 ③ 여운형

06 승려

Step 1 선택지 미리보기

- 화엄일승법계도를 남겼다.(의상)
- 십문화쟁론을 저술하였다.(원효)
- 해동 천태종을 개창하였습니다.(의천)
- 정혜쌍수와 돈오점수를 강조하였다.(지눌)
- 교관겸수를 주장하였다.(의천)
- 유불 일치설을 주장하였다.(혜심)
- 무애가를 지었다.(원효)
- 세속 5계를 지었다.(원광)
- 정혜결사 제창했다.(지눌)
- 대각국사라는 시호를 받았다.(의천)
- 삼국유사를 편찬하다.(일연)

Step 2 개념 학습하기

○ 신라

원광	• 활동: 화랑도 행동 규범인 **세속 5계** 제시, 걸사표 작성 • 저서: 『여래장경사기』	
자장	• 활동: 선덕 여왕에게 **황룡사 구층 목탑** 건립 건의	
원효	• 활동: **일심 사상** 주장, 종파 간의 사상적 대립 극복, 불교의 대중화(나무아미타불), 『대승기신론소』 • 저서: 『십문화쟁론』, 『금강삼매경론』	
의상	• 활동: 화엄 사상 정립, 관음 신앙, **부석사** 건립 • 저서: 『화엄일승법계도』	
혜초	• 활동: 인도와 중앙아시아 순례 • 저서: 『**왕오천축국전**』	

○ 고려

의천	• 활동: 화엄종 중심의 교종 통합 운동, **교관겸수** 주장, 국청사 건립, 해동 **천태종** 창시, 시호 대각국사 • 저서: 『신편제종교장총록』	
지눌	• 활동: **수선사 결사**(조계종), **정혜쌍수 · 돈오점수** 주장 • 저서: 『권수정혜결사문』, 『간화결의론』	
요세	• 활동: **백련사 결사**(천태종), 법화 신앙 강조 • 저서: 『삼대부절요』	
혜심	• 활동: 결사 운동(조계종), **유불 일치설** 주장 • 저서: 『선문염송집』, 『심요』, 『금강경찬』	

Step 3 빈칸 채우기

1. ☐☐, 부석사를 창건하다.
2. (혜초) ☐☐☐☐☐을 저술하였다.
3. (지눌) ☐☐☐ 결사를 제창하였다.

정답 ① 의상 ② 왕오천축국전 ③ 수선사

01 여러 나라의 성장

Step 1 선택지 미리보기

- 신지, 읍차 등의 지배자가 다스렸다.
- 12월에 영고라는 제천 행사를 열었다.
- 서옥제라는 혼인 풍습이 있었다.
- 무천이라는 제천 행사를 열었다.
- 제사장인 천군이 존재하였다.
- 동맹이라는 제천 행사를 열었다.
- 가족의 유골을 한 목곽에 모아 두는 풍습이 있었다.
- 특산물로 단궁, 과하마, 반어피 등이 있었다.
- 혼인 풍습으로 민며느리제가 있었다.
- 남의 물건을 훔쳤을 때는 12배로 갚는 법이 있었다.
- 읍로, 삼로라는 지배자가 다스렸다.
- 5월과 10월에 농경과 관련된 계절제를 지냈다.

Step 2 개념 학습하기

부여

정치	• 5부족 연맹체 • **사출도**(마가, 우가, 저가, 구가)
경제	• 반농반목 • 말, 주옥, 모피
풍속	• 우제점법 • 형사취수제 • 순장, 1책 12법
제천 행사	12월 영고

고구려

정치	• 5부족 연맹체 • **대가**(사자, 조의, 선인)
경제	약탈 경제(부경)
풍속	• **서옥제** • 형사취수제
제천 행사	10월 동맹

옥저

정치	**읍군, 삼로**(군장)
경제	• 소금, 해산물 풍부 • 고구려에 공물 바침
풍속	• **민며느리제** • 가족 공동묘
제천 행사	—

동예

정치	**읍군, 삼로**(군장)
경제	명주, 삼베, 단궁, 과하마, 반어피 등
풍속	• 족외혼 • **책화**
제천 행사	10월 무천

삼한

정치	• 정치적 지배자(**신지, 읍차**) • 제사장(천군) → **소도** 주관
경제	• 벼농사(저수지 축조) • 철 생산, 낙랑·왜에 수출
풍속	두레
제천 행사	• 5월 수릿날 • 10월 계절제

Step 3 빈칸 채우기

① (부여) 여러 가(加)들이 별도로 ☐☐☐를 주관하였다.
② (동예) 읍락 간의 경계를 중시하는 ☐☐가 있었다.
③ (삼한) ☐☐라고 불린 신성 지역이 있었다.

정답 ① 사출도 ② 책화 ③ 소도

02 삼국의 대외 항쟁과 부흥 운동

Step 1 선택지 미리보기

- 연개소문이 천리장성을 쌓았다.
- 고구려가 살수에서 수의 대군을 격파하였다.
- 고구려가 안시성 전투에서 당의 군대를 물리쳤다.
- 대야성을 비롯한 신라의 40여 개 성을 빼앗았다.
- 신라와 당이 동맹을 맺었다.
- 매소성에서 당의 군대를 물리쳤다.
- 검모잠이 고구려 부흥 운동을 전개하였다.
- 안승이 고구려 부흥 운동을 전개하였다.
- 안승이 보덕왕으로 임명되었다.
- 백제 부흥군이 백강 전투에서 패배하였다.
- 나당 연합군의 공격으로 멸망하였다.

Step 2 개념 학습하기

● 삼국의 대외 항쟁

삼국의 대외 항쟁	
고구려 vs 수	을지문덕의 **살수 대첩**(612)
백제 vs 신라	의자왕이 신라의 대야성 등 40여 개 성 정복(642)
고구려 vs 당	**안시성 전투**(645)
신라 & 당	나당 동맹 체결(648) → 나당 연합군 결성
백제 vs 나당 연합군	**황산벌 전투** → 백제 멸망(660)
고구려 vs 나당 연합군	고구려 멸망(668)
신라 vs 당	**매소성·기벌포 전투**에서 신라 승리 → 삼국 통일(676)

● 백제 부흥 운동(660~663)

당의 웅진 도독부 설치
↓
복신상지(임존성), **복신·도침**(주류성)의 저항
↓
부여풍을 왕으로 추대
↓
왜의 지원(**백강 전투**)
↓
지도자 내분으로 실패

● 고구려 부흥 운동(669~684)

당의 안동 도호부 설치
↓
검모잠(한성), **고연무**(오골성)의 저항
↓
안승을 왕으로 추대
↓
신라 문무왕이 안승을 보덕국왕에 책봉
↓
지도자 내분으로 실패

Step 3 빈칸 채우기

① ☐☐☐☐이 살수에서 대승을 거두었다.
② ☐☐☐가 당군과 군사 동맹을 성사시켰다.
③ ☐☐☐가 백제 부흥 운동을 전개하였다.

정답 ❶ 을지문덕 ❷ 김춘추 ❸ 흑치상지

21

03 신라 말 사회 변화와 후삼국의 통일 과정

Step 1 선택지 미리보기

- 김헌창이 반란을 일으켰다.
- 원종과 애노가 봉기하였다.
- 궁예가 철원으로 천도하였다.
- 국호를 태봉으로 바꾸었다.
- 백제 계승을 내세웠다.
- 왕위에서 쫓겨나는 궁예
- 고려에 항복하는 경순왕
- 정치 기구로 광평성을 두었다.
- 왕건이 고창 전투에서 승리하였다.
- 신숭겸이 공산 전투에서 전사하였다.
- 당에서 돌아온 6두품 유학생
- 선종 사찰을 후원하는 호족

Step 2 개념 학습하기

○ 신라 말 사회 변화

왕권 약화	· 경덕왕 사후 나이 어린 해공왕 죽어 → 진골 귀족들의 왕위 쟁탈전 · **김헌창의 난**: 아버지 김주원이 왕위 쟁탈전에서 패하자 불만을 품고 반란
농민 봉기	· **원종 · 애노의 난** · 적고적의 난
새로운 세력 등장	· 6두품 성장(반신라적 성격) 　- **최치원**: 당의 빈공과 합격, 진성 여왕에게 시무 10여 조 건의 · 호족 세력 성장 　- **장보고**: 청해진 설치, 해상 무역 주도
새로운 사상 유행	선종(승려 도의 → 참선 수행), 풍수지리설, 유교

○ 후삼국의 통일 과정

후백제 건국(900)	· **견훤** 　- 완산주 도읍 　- 오월, 후당과 교류 · **궁예** 　- 국호(후고구려 → 마진 → 태봉) 　- 도읍(송악 → 철원) 　- **광평성** 설치
후고구려 건국(901)	
고려 건국 (918)	· 왕건 · 궁예 축출
공산 전투 (927)	· 후백제가 고려 격파 · 고려의 김락, 신숭겸 등 전사
고창 전투 (930)	· 고려가 후백제 격파 · 후삼국 통일의 기반 마련
신라 항복 (935)	경순왕(김부)이 고려에 항복, 신라 멸망
후삼국 통일(936)	· 고려의 **일리천 전투** 승리 · 후백제 신검 항복 → 후백제 멸망

Step 3 빈칸 채우기

① ☐☐☐이 시무 10여 조를 건의하였다.
② 장보고가 ☐☐☐을 설치하여 해상 무역을 주도하였다.
③ ☐☐☐ 전투에서 패배하는 신검

정답 ① 최치원 ② 청해진 ③ 일리천

04 고려의 대외 관계

Step 1 선택지 미리보기

- 국경 지역에 천리장성을 쌓았다.
- 윤관이 별무반을 편성하였다.
- 독북 9성을 축조하였다.
- 강동도감을 통해 여진족들이 공녀로 보내졌다.
- 지배층을 중심으로 변발과 호복이 유행하였다.
- 진포에서 왜구를 물리치는 최무선
- 삼별초의 이동 경로를 찾아본다.
- 화통도감을 설치하였다.
- 정동행성이 설치되었다.
- 황룡사 9층 목탑이 불타 없어졌다.
- 최악 무기를 개발하였다.
- 부처의 힘으로 몽골의 침입을 물리치고자 만들었다.

Step 2 개념 학습하기

거란(요)의 침입 (10C 말~11C)

원인	• 고구려 계승의식에 의한 친송·북진 정책
	• 만부교 사건, 강조의 정변
전개	• 1차 침입(993): **서희**의 외교 담판(vs 소손녕), **강동 6주** 획득
	• 2차 침입(1010): 양규의 활약
	• 3차 침입(1018): **강감찬**의 귀주 대첩(1019)
결과	• 고려·송·거란의 세력 균형 유지
	• 개경에 나성 축조, 강감찬의 건의로 **천리장성** 축조(압록강~동해안 도련포)

여진(금)의 침입 (12C)

원인	여진족의 부족 통일
전개	윤관의 **별무반** 편성(신기군, 신보군, 항마군) → **동북 9성** 축조 → 여진의 금 건국 → 고려에 사대(군신) 관계 요구
결과	인종 때 이자겸이 금의 사대 요구 수용

몽골(원)의 침입 (13C)

원인	몽골 사신 저고여 피살 사건
전개	• 1차 침입: 박서의 항전(vs 살리타) → 강화 수락, 강동도 천도(최우)
	• 2차 침입: 김윤후의 **처인성 전투** 승리(살리타 전사)
	• 3차 침입: **대장도감** 설치 → 팔만대장경 제작
	• 5차 침입: 김윤후의 **충주성 전투** 승리
결과	• 문화재 소실: 초조대장경·황룡사 구층 목탑
	• 개경 환도, 무신 정권 몰락 → **삼별초 항쟁**(강화도, 진도, 제주도) → 원 간섭기(변발과 호복 유행, 정동행성 설치)

홍건적·왜구의 침입 (14C 후반)

원인	• 원 쇠퇴(원·명 교체기)
	• 원 간섭기에 약화된 고려의 군사력
전개	• 홍건적: 1차 침입(서경 함락) → 2차 침입(공민왕이 안동 피난, 개경 함락)
	• 왜구: 홍산 대첩(최영) → **화통도감** 설치, 진포 대첩(최무선) → 황산 대첩(이성계) → 대마도 정벌(박위)
결과	이성계 등 신진 세력 성장

Step 3 빈칸 채우기

1. ◯◯◯가 강동 6주를 획득하였다.
2. 여진 정벌을 위해 ◯◯◯이 편성되었다.
3. ◯◯◯가 처인성에서 적을 막아내었다.

정답 ① 서희 ② 별무반 ③ 김윤후

05 사화와 붕당 형성

Step 1 선택지 미리보기

- 조광조 일파가 축출되는 결과를 가져왔어요.
- 사림이 동인과 서인으로 나뉘었다.
- 을사사화가 발생하였다.
- 정여립 모반 사건이 일어났다.
- 무오사화가 일어났다.
- 기묘사화가 일어났다.

+ 심화 선택지

- 조의제문이 발단이 되어 김일손 등이 화를 입었다.
- 정여립 모반 사건으로 인해 기축옥사가 발생하였다.
- 위훈 삭제에 대한 훈구 세력의 반발이 원인이 되었다.
- 외척 세력인 대윤과 소윤의 대립으로 일어났다.
- 윤임 일파가 제거되는 결과를 가져왔다.
- 양재역 벽서 사건으로 이언적 등이 화를 입었다.

Step 2 개념 학습하기

○ 사화(훈구 vs 사림)

무오사화 (연산군)
- 원인: 김일손이 **김종직**의 조의제문을 사초에 기록 → 이극돈이 이를 고함
- 결과: 훈구파에 사림파 탄압

↓

갑자사화 (연산군)
- 원인: 연산군 생모 **폐비 윤씨 사건**
- 결과: 연산군에 의해 사림파 및 훈구파 일부까지 피해

↓

기묘사화 (중종)
- 원인: **조광조**의 급진적 개혁 정책(현량과 실시, **위훈 삭제** 등)
- 결과: 훈구파의 반발로 조광조를 비롯한 사림파 제거

↓

을사사화 (명종)
- 원인: 왕실 외척 간의 권력 다툼
- 결과: **소윤(윤원형)**이 **대윤(윤임)**을 몰아내고 정권 장악 → 양재역 벽서 사건

○ 붕당 형성(사림 vs 사림)

동서 분당 (선조)
- 원인: **이조 전랑직** 문제
- 결과: 사인과 **심의겸**과 동인(**김효원**)으로 분당

↓

남북 분당 (선조)
- 원인: **정여립 모반 사건**(기축옥사)
- 결과: 동인이 북인과 남인으로 분열

↓

노소 분당 (숙종)
- 원인: 경신환국 때 남인에 대한 처벌을 놓고 서인 내 대립
- 결과: 서인이 노론과 소론으로 분열

Step 3 빈칸 채우기

❶ (무오사화) □□□□의 내용이 빌미가 되었어요.
❷ 위훈 삭제를 주장한 □□□이 임파를 축출하였어.
❸ 외척 간의 다툼으로 □□□□가 발생하였다.

정답 ❶ 조의제문 ❷ 조광조 ❸ 을사사화

06 임진왜란과 정묘·병자호란

Step 1 선택지 미리보기

- 곽재우, 고경명 등이 의병장으로 활약하였어요.
- 삼전도비 건립 당시의 상황을 찾아보아요.
- 나선 정벌을 단행하였다.
- 권율이 행주산성에서 크게 승리하였다.
- 이순신이 명량 해전에서 승리하였다.
- 지방군을 속오군 체제로 개편하였다.
- 중립 외교를 펼쳤어.
- 인조반정이 일어났다.
- 서인 정권이 친명배금 정책을 추진하였다.
- 북벌을 추진했어.
- 병자호란이 발발하였다.
- 정묘호란이 일어났다.

Step 2 개념 학습하기

○ 임진왜란

초기	왜군의 조선 침략(1592) → 부산진성 → 동래성(송상현) 함락 → **충주 탄금대 전투** 패배(신립) → 선조의 의주 피란 → 명에 원군 요청
전개	・수군의 활약: 옥포·사천포 해전 승리(이순신) ・의병의 활약: 곽재우, 고경명, 조헌 등이 의병장 주도 ・3대 대첩: **한산도 대첩**(이순신), **진주 대첩**(김시민), **행주 대첩**(권율) ・조명 연합군: 평양성 탈환 ・군제 개편: **훈련도감** 설치, 속오군 편성 ・정유재란(1597): 명량 해전 승리 → 노량 해전 승리(이순신 전사) → 왜군 철수
결과	・국내: 신분제 동요(공명첩 발급), 비변사 강화 ・국외: 일본(에도 막부 성립), 명(국력 쇠퇴), 여진(후금 건국)

○ 정묘·병자호란

배경	・**광해군의 중립 외교**
	  - 명과 후금 사이에서 실리를 추구하는 중립 외교 정책 추진
	  - 강홍립 부대 후금에 항복
	・인조반정: 서인 집권, 친명배금 정책 추진

정묘호란(1627)	・배경: 조선의 친명배금 정책, 이괄의 난 ・전개: 후금의 침입 → 인조의 강화도 피란 → 정봉수·이립의 활약 → 후금과 형제 관계(군신 관계)
병자호란(1636)	・배경: 후금이 국호를 청으로 고친 뒤 조선에 사대 요구(군신 관계) ・전개: 청 태종의 침입 → 인조의 남한산성 피란 → 주화파와 척화파의 대립 → 조선 항복(**삼전도의 굴욕**) → 청과 군신 관계
결과	・**북벌 운동**: 효종 주도 → 북벌 준비 → **나선 정벌** → 효종의 죽음으로 좌절 ・북학 운동: 18세기 이후 청 중상학파 실학자들을 중심으로 전개

Step 3 빈칸 채우기

1. ☐☐☐이 탄금대에서 항전하였다.
2. 홍이 장군 ☐☐☐가 의병장으로 활약하였다.
3. 삼수병으로 구성된 ☐☐☐☐을 운영하였다.

정답 ① 신립 ② 곽재우 ③ 훈련도감

25

07 예송 논쟁과 환국

Step 1 선택지 미리보기

- 서인과 남인이 예법을 둘러싸고 대립한 것이에요.
- 예송이 발생하였다.
- 예를 둘러싼 논쟁이라는 뜻이에요.

+ 심화 선택지
- 남인이 권력을 장악하고 희빈 장씨가 왕비로 책봉되었다.
- 기해예송에서 자의 대비의 기년복을 주장하였다.
- 경신환국으로 정권을 장악하였다.
- 갑술환국으로 정계에서 축출되었다.
- 서인이 정권을 장악하는 계기가 되었다.

Step 2 개념 학습하기

○ 예송 논쟁

구분	기해예송(1659)	갑인예송(1674)
시기	효종 사후	효종비 사후
내용	자의 대비의 복상 기간	9개월설
서인	**1년설**	**1년설**
	• 효종은 적장자가 아니다	• 효종은 적장자가 될 수 있다
	• 왕과 사대부에게 적용되는 예가 같다 → 신권 강조	• 왕과 사대부에게 적용되는 예가 다르다 → 왕권 강조
남인	3년설	1년설
결과	서인 승리	남인 승리

○ 환국

경신환국 (1680)	남인의 영수인 **허적**이 궁중에서 쓰는 천막을 허락 없이 사용한 문제로 숙종과 갈등 ↓ 허적의 서자 허견의 역모 사건 ↓ 허적을 비롯한 남인 축출, **서인 집권**
기사환국 (1689)	**희빈 장씨**의 소생에 대한 원자 책봉 문제 ↓ 서인 세력의 반대 ↓ 인현 왕후 폐위, 서인(노론, 소론) 축출, **남인 집권** 희빈 장씨가 중전이 됨
갑술환국 (1694)	남인이 민암 등이 장영었으나 숙종이 불신임을 받아 몰락, **소론 집권** ↓ 노론이 인현 왕후 복위 운동 전개 ↓ 인현 왕후 복위, 장씨는 다시 희빈으로 강등

Step 3 빈칸 채우기

❶ (예송 논쟁) ☐☐☐☐가 상복을 입는 기간이 문제가 되었어요.
❷ (예송 논쟁) ☐☐☐과 ☐☐☐☐ 비가 죽은 뒤 각각 일어났어요.
❸ 경신환국으로 ☐☐☐이 집권하였다.

정답 ❶ 자의 대비 ❷ 효종 ❸ 서인

08 고려와 조선의 중앙 정치 기구

Step 1 선택지 미리보기

- 2성 6부를 비롯한 중앙 통치 조직을 정비하였다.
- 국방과 군사 문제를 처리하였다.
- 관리의 부정과 비리를 감찰하였다.
- 국정을 총괄하고 정책을 결정하였다.
- 군사 기밀과 왕명의 출납을 관장하였다.
- 재정의 출납과 회계 업무를 담당하였다.
- 실록 편찬을 담당하였다.
- 승정원에서 편찬하였다.

+ 심화 선택지
- 수도의 치안과 행정을 담당하였다.
- 원 간섭기에 도평의사사로 개편되었다.
- 왕에게 경서와 사서를 강론하는 경연을 주관하였다.

Step 2 개념 학습하기

○ 고려

2성 6부	• 당의 제도 모방 • 2성: 중서문하성(국정 총괄, 수상은 문하시중)과 상서성(6부 관리)
중추원	• 송의 제도 모방 • 왕의 비서 기구: 군사 기밀(추밀)과 왕명 출납(승선) 담당
도병마사	• 국방 및 군사 문제 논의 • 원 간섭기에 도평의사사로 개편
식목도감	법률·제도 제정
어사대	감찰 기구, 풍속 교정
삼사	화폐·곡식의 출납, 회계
대간	• 어사대의 관원(대관) + 중서문하성의 낭사 • 간쟁, 봉박, 서경권

재신(중서문하성)과 추밀(중추원)이 합의로 운영 → 귀족적 합의제

○ 조선

의정부		최고 국정 총괄 기관, 재상 합의제
6조		• 정책 집행 기관 • 직능에 따라 행정 분담(이, 호, 예, 병, 형, 공)
승정원		왕명 출납
삼사	사헌부	관리의 비리 감찰
	사간원	간쟁(정사 비판), 서경권
	홍문관	왕의 자문 역할, 경연 주관
의금부		• 왕명에 의한 특별 사법 기구(국왕 직속) • 중대 범죄 담당
한성부		수도의 행정·치안 담당
춘추관		역사서 편찬 및 보관

권력 독점과 부정 방지

Step 3 빈칸 채우기

1. (조선) 5품 이하 관리 임명에 대한 □□□을 가졌다.
2. (조선) 국왕의 비서 기관으로 □□□을 두었다.
3. (조선) □□□에서 중요 정책을 심의하였다.

정답 ❶ 서경권 ❷ 승정원 ❸ 의정부

09 고려와 조선 후기의 경제, 사회·문화

Step 1 선택지 미리보기

- 모내기법이 전국적으로 확산되었어.
- 벽란도에서 송과의 무역이 이루어졌어.
- 담배, 인삼 등의 상품 작물이 재배되었다.
- 만상, 내상 등이 활발하게 활동하였다.
- 중인층의 시사 활동이 활발하였다.
- 건원중보를 발행하였다.
- 춘향가 등이 판소리가 성행하였다.
- 기존 형식에서 벗어난 사설시조가 유행하였다.
- 개시와 후시를 통한 국경 무역이 활발했어요.
- 정기 시장인 장시가 전국 각지에서 열렸어.

Step 2 개념 학습하기

○ 고려

	경제
농업	· 소를 이용한 깊이갈이 일반화 · 시비법 발달 · 문익점이 목화씨 전래 · 농서: 원의 농법을 소개한 『농상집요』(이암)
상업	· 개경에 시전, 경시서 설치, 대도시에 관영 상점 운영 · 국제 무역 번성 → **벽란도** · 화폐: 건원중보, 삼한통보, 해동통보, **은병(활구)** → 유통 부진

	사회·문화
신분 제도	· 귀족: 왕족, 공신 5품 이상 고위 관료 → 음서, **공음전** 혜택 · 중류층: 서리, 향리, 역리 등으로 구성
사회 제도	· 의창, 상평창(물가 조절 기관) · 의료 기관: 동서 대비원, 혜민국 · 빈민 구휼: **구제도감, 구급도감**, 제위보
유학 발달	· 관학: 국자감(중앙), 향교 · 사학: 사학 12도 → 최충의 문헌공도(9재 학당) · 관학 진흥책: 7재, 양현고
기술·공예	· 인쇄술: 초조대장경, **팔만대장경**, 상정고금예문, **직지심체요절** · 고려청자: 순수 청자(11C) → **상감 청자**(12C)

○ 조선 후기

	경제
농업	· **모내기법 전국으로 확대** → 이모작 일반화 · 구황 작물(감자, 고구마 등), **상품 작물**(인삼, 연초, 담배 등) 재배 · 농서: 조선 전기 농서 『농사직설』, 『구황촬요』, 등을 요약·정리한 『농가집성』(신속)
상업	· 개시 무역(공무역)과 후시 무역(사무역) 발달 · 사전 상인: 금난전권(정조 때 **신해통공**으로 폐지) · 사상: 경강상인(서울, 경기), **송상**(개성), **만상**(의주), **내상**(동래), 유상(평양), 도고(도매 상인) · 상품 화폐 경제 발달, **상평통보** 발행 유통 → 전황 발생
광업	· 설점수세제: 민간 광산 개발 허용, 세금 징수 · **덕대**: 전문 광산 경영자

	사회·문화
신분제 동요	· 부농층이 양반화 · 서얼들의 통청 운동(청요직 진출 요구) · 공노비 해방(순조, 1801)
서민 문화 발달	· **판소리**와 탈춤이, 산대놀이 성행, 한글 소설·사설시조 유행, **전기수** 활동 · 중인층의 **시사** 조직
회화·공예	· 진경산수화·풍속화·민화 발달 · 청화백자 유행

Step 3 빈칸 채우기

❶ ☐☐☐가 국제 무역항으로 번성하였다.
❷ ☐☐라고도 불린 은병이 화폐로 사용되었다.
❸ ☐☐이 일본과의 무역을 주도했어.

10 고려와 조선의 토지·수취 제도의 변화

Step 1 선택지 미리보기

- 직전법을 실시하였다.
- 백성들의 군역 부담을 줄이기 위해 균역법이 실시되었다.
- 대동법 시행에 반대하는 지주
- 관수 관급제가 실시되었다.
- 전세를 토지 1결당 4~6두로 고정하였다.
- 토지를 비옥도에 따라 6등급으로 나누었다.
- 전지와 시지를 품계에 따라 차등을 두어 주었어요.
- 전·현직 관리에게 토지의 수조권을 지급하였어요.
- 현직 관리에게만 토지의 수조권을 지급하였다.
- 군포 납부액을 1필로 정하였다.
- 방납의 폐단을 해결하고자 실시하였다.

Step 2 개념 학습하기

토지 제도의 변화

● 고려

전시과	역분전 (태조 왕건)	고려 태조 때 후삼국 통일 공신에게 지급
	시정 전시과 (경종)	• 전시과 처음 시행(**전지**, **시지** 지급) • 관등과 인품에 따라 지급
	개정 전시과 (목종)	18과로 구분한 관등에 따라 지급
	경정 전시과 (문종)	• 현직 관리에게만 지급 • 토지 지급액 감소, 무신 차별 완화

● 조선

과전법 (공양왕)	• 고려 말 신진 사대부의 토지 개혁 → 조선 시대 관리의 경제적 기반 • **경기 지역** 토지에 한정 • 전·현직 관리에게 수조권 지급 • 수신전과 휼양전 지급
직전법 (세조)	• 현직 관리에게만 수조권 지급 • 세습 가능한 수신전과 휼양전 폐지
관수 관급제 (성종)	국가가 수조권 행사
직전법 폐지 (명종)	수조권 폐지, 녹봉만 지급

수취 제도의 변화

● 조선 전기

전세	• **연분 9등법**(세종): 풍흉에 따라 토지 1결당 쌀 4~20두 • 전분 6등법(세종): 토지의 비옥도에 따라 6등급으로 구분
군역	• 양인 개병제 • 방군 수포제, 군적 수포제 폐단 발생
공납	가호별 수취, 현물 부과 → 방납의 폐단 발생

● 조선 후기

전세	**영정법**(인조): 풍흉에 관계없이 토지 1결당 쌀 4~6두
군역	**균역법**(영조): 1년에 군포 2필 → 1필, 상류층에 선무군관포, 결작 징수
공납	**대동법**(광해군): 토지 1결당 쌀 12두, 공납의 전세화(공물 대신 쌀로 납부), **공인** 등장

Step 3 빈칸 채우기

① (전시과) 관리들에게 □□와 □□가 지급되었다.
② (대동법) 관청에서 물품을 조달하는 □□이 활동하였다.
③ (균역법) 부족한 재정을 보충하기 위해 □□을 부과하였다.

정답 ① 전지, 시지 ② 공인 ③ 결작

11 홍경래의 난과 임술 농민 봉기

Step 1 선택지 미리보기

- 삼정이정청이 설치되었다.
- 서북 지역민에 대한 차별에 반발하여 일어났다.
- 임술 농민 봉기가 발생하였다.
- 농민 봉기의 진상을 조사하는 안핵사
- 정주성을 점령하는 홍경래
- 세도 정치 시기에 수탈과 지역 차별에 반발하여 일어났다.
- 수령과 향리의 수탈로 삼정이 문란해졌다.

+ 심화 선택지
- 선천, 정주 등 청천강 이북의 여러 고을을 점령하였다.
- 몰락 양반 유계춘이 주도하였다.
- 백낙신의 탐학이 발단이 되어 일어났다.

Step 2 개념 학습하기

○ 세도 정치

전개	정조 사후 순조~철종 재위 기간인 60여 년 동안 왕실 외척 가문(안동 김씨, 풍양 조씨)의 권력 독점
특징	• 의정부와 6조의 기능 축소 • **비변사 권한 강화**: 유력 가문 출신들이 실질적 권력 행사 • 향촌의 수령권 강화, 매관매직, **삼정의 문란** • 비기·도참 등 예언사상 유행 → 예언서 『정감록』

○ 홍경래의 난(순조, 1811)

배경	• **평안도(서북 지역)에 대한 차별** 대우 • 세도 정치로 인한 삼정의 문란
전개	몰락 양반 **홍경래**를 중심으로 우군칙, 김창시 등과 평안도 농민들이 함께 봉기(가산) → 청천강 이북 8군 점령(정주성)
결과	정주성에서 관군에 의해 진압

○ 임술 농민 봉기(철종, 1862)

배경	• 경상 우병사 **백낙신**의 수탈 • 세도 정치로 인한 삼정의 문란
전개	몰락 양반 출신 **유계춘**을 중심으로 **진주** 농민들이 봉기 → 진주성 점령 → 농민 봉기 전국으로 확산
결과	• 안핵사 **박규수** 및 암행어사 파견 • **삼정이정청** 설치 → 삼정의 문란 시정 실패

Step 3 빈칸 채우기

① ☐☐☐가 평안도에서 봉기하였다.
② 사건의 수습을 위해 ☐☐☐가 안핵사로 파견되었다.
③ 삼정의 문란을 해결하기 위해 ☐☐☐☐☐이 설치되었다.

정답 ① 홍경래 ② 박규수 ③ 삼정이정청

12 흥선 대원군의 정책

Step 1 선택지 미리보기

- 전국 각지에 척화비를 건립하였다.
- 경복궁 중건을 추진하였다.
- 당백전을 발행하였다.
- 호포제를 실시하였다.
- 외규장각 도서가 약탈당하였다.
- 미 함대가 광성보를 함락하였다.
- 프랑스가 병인박해를 구실로 침략하였다.
- 양헌수 부대가 프랑스군을 물리쳤다.
- 대전회통을 편찬하였다.
- 만동묘가 철폐되었다.
- 서원 철폐에 반대하는 양반
- 비변사를 혁파하였다.

Step 2 개념 학습하기

○ 대내적 개혁 정책

왕권 강화	• 세도 가문 축출, 능력에 따른 인재 등용 • 비변사 폐지, 의정부·삼군부 부활 • 경복궁 중건: 원납전 징수, **당백전** 남발 • 법전 정비: 『**대전회통**』, 『육전조례』

민생 안정	• 삼정의 문란 시정
	  - 전정: 양전 사업
	  - 군정: **호포제** → 양반에게도 군포 징수
	  - 환정: 사창제
	• **서원 정리**
	  - 배경: 면세 혜택으로 국가 재정 약화, 백성 수탈 심화
	  - 전개: 47개의 서원을 제외하고 모두 철폐(만동묘 철폐)
	  - 결과: 붕당의 근거지를 없애 왕권 강화, 민생 안정, 국가 재정 확보

○ 통상 수교 거부 정책

병인박해 (1866.1.)	프랑스인 천주교 선교사 9명과 신도 8천여 명 처형
제너럴 셔먼호 사건(1866.7.)	미국 상선 **제너럴 셔먼호**의 통상 요구 → 평양 관민들의 저항(평안도 감사 박규수)
병인양요 (1866.9.)	병인박해를 구실로 프랑스군이 강화도 양화진 침략 → **적족산성에서 양헌수** 부대 활약 → 외규장각 의궤 등 약탈
오페르트 도굴 사건(1868)	독일 상인 오페르트가 충남 예산의 남연군 묘 도굴 시도
신미양요 (1871)	• 전개: 미군의 강화도 초지진, 덕진진 침략 → **광성보의 어재연** 부대 활약 → 수(帥)자기 약탈 • 결과: 전국에 **척화비** 건립

Step 3 빈칸 채우기

1. ☐☐☐가 남연군 묘를 도굴하려 하였다.
2. 미국이 ☐☐☐☐ 사건을 구실로 침략하였다.
3. ☐☐☐이 광성보에서 미군에게 맞서 싸웠다.

정답 ① 오페르트 ② 제너럴 셔먼호 ③ 어재연

13 임오군란과 갑신정변

Step 1 선택지 미리보기

- 구식 군인들이 일본 공사관을 습격하였다.
- 선혜청을 습격하는 무위영의 군인들
- 한성 조약이 체결되는 계기가 되었다.
- 임오군란을 계기로 체결되었다.
- 청군의 개입으로 3일 만에 실패하였다.
- 청의 내정 간섭이 심화되었다.
- 박영효, 홍영식 등과 함께 급진 개화파를 형성하였다.
- 김옥균 등이 갑신정변을 주도하였다.
- 급진 개화파의 정권 장악

Step 2 개념 학습하기

○ 임오군란(1882)

배경	신식 군대에 볼기군과 **구식 군대에 대한 차별 대우**
전개	선혜청 습격 → 일본 공사관 습격, 일본인 교관 살해 → 민씨 세력 축출 → 흥선 대원군 재집권(군제 수습 목적) → 청군 개입(민씨의 요청) 후 군란 진압 → 흥선 대원군 청으로 납치
결과	• 민씨 세력 재집권 → 청에 대한 의존 심화 • 청의 내정 간섭 – 마젠창(정치) 고문, 묄렌도르프(외교 고문) 파견 – **조청 상민 수륙 무역 장정** 체결(1882) – 청 상인의 내지 통상권 허용 • **제물포 조약** 체결(1882) – 일본 공사관에 경비병 주둔, 배상금 지불

○ 갑신정변(1884)

배경	• 임오군란 이후 청의 내정 간섭 심화, 친청 세력의 개화당 탄압 • 청불 전쟁으로 조선 내 청군 철수 • 일본 공사의 군사적·재정적 지원 약속
전개	• **우정총국 개국 축하연**에서 급진 개화파의 정변 → 고종과 명성 황후를 경우궁으로 이동시킴 → **14개조 개혁 정강** 발표(청과 사대 관계 폐지, 입헌 군주제, 능력에 따른 인재 등용 등) → 청군 개입 → 김옥균, 박영효, 서재필 등 일본으로 망명
결과	• **한성 조약** 체결(1884) – 일본 공사관 신축 부지 제공 및 비용 지불 • 톈진 조약 체결(1885) – 청·일 양국 군대 동시 철수, 추후 조선에 군대 파병 시 상대국에 사전 통보 • 청과 일본의 대립 → 견제 구도 강화 • 조선 중립화론 대두: 부들러, 유길준

Step 3 빈칸 채우기

❶ 구식 군인들이 □□□□을 일으켰다.
❷ (임오군란) □□□ 조약이 체결되는 결과를 가져왔다.
❸ (갑신정변) □□□□에서 정변을 일으키는 개화파

정답 ❶ 임오군란 ❷ 제물포 ❸ 우정총국

32

14 동학 농민 운동

Step 1 선택지 미리보기

- 집강소를 운영하였습니다.
- 우금치 전투에서 패배한 후 외해되었다.
- 보국안민, 제폭구민을 기치로 내세웠다.
- 보국안민과 척왜양창의 구호를 내세웠다.
- 농민군과 전주 화약을 체결하는 정부 관리
- 전주성을 점령하는 동학 농민군
- 인내천 사상을 내세워 인간의 존엄성과 평등을 강조하였다.

+ 심화 선택지
- 동학군이 황토현 전투에서 관군에 계 승리하였다.
- 조병갑의 탐학에 저항해 고부에서 농민 봉기가 일어났다.
- 남접과 북접이 연합하여 조직적으로 전개되었다.
- 일본이 경복궁을 점령하고 내정 개혁을 요구하였다.

Step 2 개념 학습하기

고부 봉기(1894.1.)
- 배경: 고부 군수 **조병갑**의 횡포
- 전개: 전봉준의 고부 관아 점령
- 결과: 정부의 폐정 시정 약속, 전봉준 자진 해산, 안핵사 파견

→

1차 봉기(1894.3.)
- 배경: 안핵사 이용태의 농민 봉기 주모자 및 동학교도 탄압
- 전개: 백산 봉기(보국안민, 제폭구민) → **4대 강령** 발표 → **황토현·황룡촌 전투** 승리
- 결과: **전주성 점령**(1894.4.)

→

전주 화약 체결(1894.5.)
- 배경: 정부의 요청에 따라 청군 파견 → 톈진 조약에 의해 일본군도 파견
- 전개: 농민군의 외국 군대 철수 요청, **폐정 개혁안 12개조** 제시
- 결과: 농민군의 **집강소** 설치, 정부의 교정청 설치

→

2차 봉기(1894.9.)
- 배경: 일본군의 경복궁 점령 → 청일 전쟁 발발
- 전개: 남접과 북접의 연합 부대 논산 집결 → **공주 우금치 전투** 패배(1894.11.)
- 결과: 전봉준 등 주모자 체포·처형

Step 3 빈칸 채우기

1. 백산에 집결하여 □□□□을 발표하였어요.
2. □□□를 중심으로 폐정 개혁안을 실천하였다.
3. □□ 전투에서 일본군 및 관군에 맞서 싸웠다.

정답 ① 4대 강령 ② 집강소 ③ 우금치

15 갑오개혁과 을미개혁

Step 1 선택지 미리보기

- 신분제를 폐지하였다.
- 단발령을 시행하였다.
- 한성 사범 학교를 설립하였다.
- 교종이 홍범 14조를 반포하였다.
- 김홍집 등이 중심이 되어 활동했어요.
- 갑오개혁이 추진되었다.
- 탁지아문을 두었습니다.
- 은 본위제가 처음으로 실시되었다.

+ 심화 선택지
- 지방 행정 구역을 8도에서 23부로 개편하였다.
- 과부의 재가를 허용하였다.
- 행정 기구를 6조에서 80문으로 개편하였다.
- 청의 연호를 쓰지 않고 개국 기년을 사용하였다.
- 연좌제를 금지하였다.

Step 2 개념 학습하기

● 제1차 갑오개혁(군국기무처 주도)

정치	개국 기원 사용, 왕실 사무와 국정 사무 분리, **6조를 80문으로 개편**, **과거제 폐지**, 경무청 설치
경제	재정의 일원화(**탁지아문**), 은 본위 화폐제 채택, 조세의 금납화
사회	공사 노비법 혁파(**신분제 폐지**), 조혼 금지, 과부 재가 허용, 고문 및 연좌제 폐지

● 제2차 갑오개혁(김홍집 · 박영효 연립 내각)

홍범 14조	제1차 갑오개혁의 내용을 재확인하고 제2차 갑오개혁의 방향 제시
정치	**80문을 7부로 개편**, 지방 행정 구역을 **8도에서 23부로 개편**, 사법권을 행정권에서 분리(근대적 재판소 설치)
군사	훈련대와 시위대 설치
사회	**교육 입국 조서 반포** → 근대적 교육 제도 마련(한성 사범 학교 설립)

● 을미개혁

정치	'**건양**' 연호 사용
군사	친위대(중앙), 진위대(지방), 시위대(을미 후) 설치
사회	**태양력 사용**, **단발령**, 소학교 설치, 우체사 설치(우편 사무 재개), 종두법 실시

Step 3 빈칸 채우기

① (갑오개혁) ☐☐☐☐☐가 설립되었다.
② (갑오개혁) ☐☐ ☐☐ 조서를 반포하였다.
③ (을미개혁) ☐☐☐력이 채택되었다.

정답 ❶ 군국기무처 ❷ 교육 입국 ❸ 태양

16 독립 협회와 대한 제국

Step 1 선택지 미리보기

- 정부에 헌의 6조를 건의하였어요.
- 독립문 건립을 주도하였다.
- 러시아의 내정 간섭과 이권 침탈을 규탄하였다.
- 만민 공동회를 개최하였다.
- 지계아문이 설치되어 지계가 발급되었다.
- 관민 공동회에서 연설을 듣는 상인
- 독립신문을 창간하였다.
- 서재필, 이상재 등이 주도하였다.
- 원수부를 설치하였다.
- 대한국 국제가 제정되었다.
- 의회식 중추원 관제를 마련하였습니다.

Step 2 개념 학습하기

◯ 독립 협회(1896)

자주 국권 운동	· 고종 환궁 및 칭제 건원 요구 · **독립문 건립**, 독립신문 창간 · **만민 공동회** 개최: 민중 참여 · **러시아 절영도 조차 요구 저지**, 러시아의 군сi 교련단과 재정 고문단 철수, 한러 은행 폐쇄
민권 신장 운동	· 신체 · 재산권 보호 운동 · 언론 · 집회의 자유권 쟁취 운동 · 국민 참정권 운동
자강 개혁 운동	· **관민 공동회** 개최: 박정양 진보 내각 참여 → **헌의 6조** 채택 · 의회 설립 운동: **중추원 관제** 반포(근대적 입법 기관 형태)

◯ 대한 제국(1897)

수립	· 배경: 고종 환궁(경운궁) · '대한 제국' 국호, **'광무'** 연호 · 환구단에서 황제 즉위식 거행
광무개혁	· 성격: **구본신참**(복고주의적) · **대한국 국제** 반포(1899) · **원수부** 설치: 황제가 모든 군대 통솔 · 간도 관리사 이범윤 파견 · 지방 제도 개편(23부 → 13도) · 양전 사업: 토지 조사 · **지계아문**에서 **지계** 발급 · 백동화 발행 · 교정소 설치

Step 3 빈칸 채우기

① ☐☐☐ 건립을 위한 모금 활동을 전개하였다.
② 러시아의 ☐☐☐ 조차 요구를 저지하였다.
③ (광무개혁) ☐☐☐☐을 개혁 원칙으로 내세웠다.

정답 ❶ 독립문 ❷ 절영도 ❸ 구본신참

17 항일 의병 운동과 애국 계몽 운동

Step 1 선택지 미리보기

- 신흥 강습소를 설립하였다.
- 태극 서관, 자기 회사를 설립하였다.
- 고종 강제 퇴위 반대 운동을 주도하였다.
- 105인 사건으로 해체되었다.
- 을미사변에 반발하여 일어났다.
- 단발령에 대한 반발로 일어났다.
- 대성 학교를 목표로 하였습니다.
- 공화정 수립을 목표로 하였다.
- 최익현, 신돌석 등이 의병을 일으켰다.
- 유인석이 단발령에 반발하여 의병을 일으켰다.
- 대한 자강회를 중심으로 전개되었다.

Step 2 개념 학습하기

○ 항일 의병 운동

을미의병 (1895)	• 배경: 을미사변, 단발령 • 위정척사파 유생들이 주도 • 고종의 의병 해산 권고 조칙으로 자진 해산
을사의병 (1905)	• 배경: 을사늑약 • 유생 의병장 민종식, 최익현(쓰시마 섬에 유배) • 평민 의병장 신돌석
정미의병 (1907)	• 배경: 고종 강제 퇴위, 한일 신협약 이후 대한 제국 군대 강제 해산 • 전개: 해산군인 합세하여 13도 창의군 결성(총대장 이인영, 군사장 허위) → 서울 진공 작전 추진 (1908), 각국 공사관에 국제법상 교전 단체 승인 요구 → 일제의 남한 대토벌 작전으로 해산

○ 애국 계몽 운동

보안회 (1904)	일본의 황무지 개간권 요구 반대 운동 전개
헌정 연구회 (1905)	• 독립 협회의 정신 계승 → 입헌 정체 수립 목표 • 일진회 규탄 중 해산
대한 자강회 (1906)	고종 강제 퇴위 반대 운동 강제 해산
신민회 (1907)	• 안창호, 양기탁, 이회영 등이 조직한 항일 비밀 결사 • 공화정 체제의 근대 국민 국가 건설 목표 • 대성 학교·오산 학교 설립, 자기 회사·태극 서관 운영 • 무장 투쟁 준비: 경학사 → 신흥 강습소(신흥 무관 학교) 설립 • 일제가 조작한 105인 사건으로 해체(1911)

Step 3 빈칸 채우기

1. (을미의병) 사상을 지닌 유생들이 주도하였다.
2. 일본에 황무지 개간권 요구에 반대하는 ☐☐☐ 회원
3. 13도 창의군이 ☐☐☐ 작전을 추진하였다.

정답 ① 위정척사 ② 보안회 ③ 서울 진공

18 근대 언론·문물

근대 언론

한성순보 (1883)	• 순 한문, 박문국에서 10일마다 발간 • **최초의 근대적 신문** • 관보 역할: 개화 정책의 취지 설명, 국내외 정세 소개
독립신문 (1896)	• 한글판과 영문판, 일간지 • **서재필** 창간 • 최초의 민간 신문
황성신문 (1898)	• 국한문 혼용 • 을사늑약에 대한 항일 논설 「**시일야방성대곡**」(장지연) 게재
제국신문 (1898)	• 순 한글 • 일반 서민층과 부녀자 대상
대한매일신보 (1904)	• 순 한글, 국한문, 영문판 • **양기탁**과 베델 창간 • **국채 보상 운동 지원** • 을사조약 무효화 선언 게재
만세보 (1906)	• 국한문 혼용 • **천도교 기관지**

▲ 독립신문　　▲ 대한매일신보

근대 문물

통신	• 우편: **우정총국**(1884) → 우체사(1895) • 전화: 경운궁에 가설(1898)
교통	• 전차: 한성 전기 회사가 서대문~청량리에 가설(1899) → 일본 • 철도 　- **경인선**(1899): 부설권 미국 → 일본 　- 경부선(1905): 부설권 일본 　- 경의선(1906): 부설권 프랑스 → 일본
의료	• **광혜원**(제중원, 1885): 알렌, 최초의 근대식 병원 　광제원(1900) → 대한의원(1907) • 세브란스 병원(제중원 인수, 1904)
기관 및 건축	• **박문국**(1883), 전환국(1883), **기기창**(1883) • 명동 성당(1898) • 원각사(1908) • 덕수궁 석조전(1910)

▲ 광혜원(제중원)　　▲ 덕수궁 석조전

19 1910년대 국내외 독립운동

Step 1 선택지 미리보기

- 대조선 국민 군단이 창설되어 군사 훈련을 실시하였다.
- 항일 단체인 중광단을 결성하였다.
- 중광단을 북로 군정서로 발전시켰다.
- 대한 광복군 정부가 수립되어 독립 전쟁을 준비하였다.
- 고종의 밀지를 받아 결성되었다.
- 서원보에 신흥 무관 학교를 설립하였다.
- 비밀 결사인 대한 광복회를 조직하였다.
- 총사령 박상진의 지휘 아래 활동하였다.
- 자치 기관인 경학사가 운영되었다.
- 박상진 등이 대한 광복회 조직

Step 2 개념 학습하기

○ 국내: 항일 비밀 결사 조직

독립 의군부 (1912)	• **임병찬**이 **고종의 밀명**을 받아 조직한 비밀 결사 • **복벽주의**, 의병 전쟁 준비 • 일본에 국권 반환 요구서 발송
대한 광복회 (1915)	• **박상진**이 대구에서 조직한 비밀 결사 • 공화주의 • 군자금 모집, 독립군 양성

○ 국외: 독립운동 기지 건설, 민족 교육

만주	중광단 (1911)	• **대종교** 계열 • 무오 독립 선언서 발표 • **북로 군정서**로 개편
	경학사 (1911)	• 신민회의 이상룡, 이회영 등 • **신흥 강습소**(신흥 무관 학교) 설립
	권업회 (1911)	• 기관지 **권업신문** 발행 • 대한 광복군 정부 조직
연해주	대한 광복군 정부(1914)	• 권업회에서 조직한 정부 형태의 독립군 단체: **이상설**(정통령), 이동휘(부통령) • 무장 항일 운동 • 공화정 목표
미주	대한인 국민회 (1909)	• 샌프란시스코 한인 조직(이승만 주도) • 외교 활동, 의연금, 신한민보
	대조선 국민 군단(1914)	• **박용만**이 **하와이**에서 조직 • 무장 투쟁 주장 → 독립군 사관 양성

Step 3 빈칸 채우기

1. □□□가 조직되어 권업신문을 발행하였다.
2. 고종의 밀지를 받아 □□ □□□가 조직되었다.
3. 박용만이 □□□□을 결성하였어요.

정답 ❶ 권업회 ❷ 독립 의군부 ❸ 대조선 국민 군단

20 3·1 운동과 대한민국 임시 정부

Step 1 선택지 미리보기

- 독립 공채를 발행하였다.
- 대한민국 임시 정부 수립의 계기가 되었다.
- 비밀 행정 조직으로 연통제를 두었다.
- 유학생들이 2·8 독립 선언서를 발표하였다.
- 만주, 연해주, 미주 등지로 확산되었다.
- 유관순 광복군을 창설하였다.
- 국민 대표 회의를 소집하였습니다.
- 일제가 이른바 문화 통치를 실시하는 계기가 되었다.
- 윌슨이 제창한 민족 자결주의의 영향을 받았다.
- 중국의 5·4 운동에 영향을 주었다.

Step 2 개념 학습하기

● 3·1 운동(1919)

배경	· 미국 대통령 윌슨의 민족 자결주의 · 고종 승하 · 도쿄에서 2·8 독립 선언(조선 청년 독립단)
전개	기미 독립 선언서 준비 → 고종 인산일에 맞세 운동 계획 → 태화관에서 민족 대표 33인의 독립 선언서 낭독 → 전국으로 확산
탄압	· 유관순 순국 · 화성 제암리 학살 사건
영향	· 만주, 연해주, 미주 등지로 확산 · **대한민국 임시 정부 수립** · 일제의 식민 통치 방식 변화: 무단 통치 → 문화 통치

● 대한민국 임시 정부(1919)

수립	· 최초의 민주 공화정 · 대통령 이승만, 국무총리 이동휘 · 3·1 운동 이후 독립을 체계적으로 준비
초기 활동	· 군자금 모집: **연통제와 교통국**(비밀 행정 조직), **독립 공채**, 이륭양행, 백산 상회 · 외교 활동: 파리 강화 회의에 대표(김규식) 파견, **구미 위원부** 설치 · 문화 활동: 독립신문, 임시 사료 편찬 위원회 설치 → 「한일 관계 사료집」 간행
분열 및 변화	· **국민 대표 회의** 개최(1923): 창조파와 개조파 대립 · 개헌(2차, 1925): 이승만 탄핵, 제2대 대통령 박은식 선출, 의원 내각제 채택
1930년대 이후 활동	· **한인 애국단** 조직(1931) · 충칭으로 근거지 이동(1940) · **한국 광복군** 창설(1940) · 건국 강령 발표(1941): 조소앙의 삼균주의

Step 3 빈칸 채우기

① □□의 인산일을 계기로 3·1 운동을 계획하였다.
② (대한민국 임시 정부) □□□ □□ 사료집을 발간하였다.
③ 외교 활동을 위한 □□ 위원부가 설치되었다.

정답 ① 고종 ② 한일 관계 ③ 구미

21 일제 강점기 무장 독립운동과 의열 투쟁

Step 1 선택지 미리보기

- 간도 참변 이후 자유시로 이동하였다.
- 청산리에서 일본군을 크게 격파하였다.
- 쌍성보, 대전자령 전투에서 승리하였다.
- 한중 연합 작전으로 승리를 거두었다.
- 봉오동 전투와 청산리 전투에서 승리하였다.
- 조선 의용대가 조직되어 대일 항전에 참여하였다.
- 조선 총독부에 폭탄을 투척하였다.
- 동양 척식 주식회사에 폭탄을 투척하였다.
- 국내 진공 작전을 준비하였다.
- 인도·미얀마 전선에 대원을 투입하였다.
- 김원봉이 의열단을 조직하였다.
- 동양 척식 주식회사에 폭탄을 투척하였다.
- 미쓰야 협정이 체결되었다.

Step 2 개념 학습하기

○ 1920년대 무장 투쟁

봉오동 전투 (1920)	**홍범도의 대한 독립군**, 안무의 대한 국민회군, 최진동의 군무도독부 연합
청산리 전투 (1920)	**김좌진의 북로 군정서군과 홍범도의 대한 독립군 연합**
간도 참변 (1920)	봉오동·청산리 전투 패배에 대한 보복으로 일제가 간도 지역의 한국인 대량 학살
자유시 참변 (1921)	간도 참변 이후 자유시(러시아)로 근거지를 옮긴 대한 독립 군단은 공산당 간의 갈등으로 큰 타격
3부 설립 (1924~1925)	자유시 참변 이후 독립군은 만주 지역에서 **3부(참의부, 정의부, 신민부)** 설립
미쓰야 협정 (1925)	조선 총독부 경무 국장 미쓰야와 만주 군벌 장쭤린 간의 협정으로 만주 독립운동 제약

○ 1930년대 이후 무장 투쟁

조선 혁명군 (1929)	**양세봉** 주도로 창설, 중국 의용군과 연합 **영릉가 전투(1932), 흥경성 전투(1933)**
한국 독립군 (1931)	**지청천** 주도로 창설, 중국 호로군과 연합 **쌍성보 전투(1932), 사도하자·대전자령 전투(1933)**
조선 의용대 (1938)	김원봉 주도로 창설, 중국 관내 최초의 한인 무장 부대
한국 광복군 (1940)	대한민국 임시 정부 직할 부대, 인도·미얀마 전선에 파견, **국내 진공 작전 준비**
조선 의용군 (1942)	조선 독립 동맹 소속 군대, 중국 공산당 팔로군에 편제되어 항일 전선 참여

○ 의열 투쟁

의열단 (1919)	• 만주에서 **김원봉**이 조직 • 활동 지침: 신채호의 **조선 혁명 선언** • 의거: 박재혁(부산 경찰서), 김익상(조선 총독부), 김상옥(종로 경찰서), 나석주(식산은행 동양 척식 주식회사), **운봉**
한인 애국단 (1931)	• 상하이에서 김구가 조직 • 의거: **이봉창**(도쿄에서 일왕 마차에 폭탄 투척), **윤봉길**(상하이 훙커우 공원에서 폭탄 투척)

Step 3 빈칸 채우기

① 대한 독립군 등이 □□□에서 작전을 전개하였다.
② □□□□□이 대전자령에서 작전을 물리쳤다.
③ (신채호) 민중의 직접 혁명을 주장하는 □□□□ 선언 작성

정답 ❶ 봉오동 ❷ 한국 독립군 ❸ 조선 혁명

22 일제 강점기 민족 운동

Step 1 선택지 미리보기

- 광주 학생 항일 운동 당시 진상 조사단을 파견하였다.
- 조선 형평사에서 주도로 전개되었다.
- 조선 물산 장려회를 중심으로 전개되었다.
- 원산 총파업이 전개되었다.
- 암태도에서 소작 쟁의를 전개하였다.
- 정우회 선언을 발표하였다.
- 민립 대학 설립을 목표로 하였다.
- 경성 제국 대학이 설립되었다.
- 어린이날 제정에 기여했어요.
- 잡지 『어린이』를 발간하였습니다.
- 동아일보의 적극적인 지원을 받아 진행되었다.
- 신간회의 창립 계기가 되었다.
- 형평 운동을 전개하였다.
- 개벽, 신여성 등의 잡지를 발간하였다.

Step 2 개념 학습하기

◯ 각계각층의 민족 운동

민족 유일당 운동	• 민족주의 계열과 사회주의 계열이 연합하여 민족 유일당을 결성할 수 있다는 공감대 형성 • **정우회 선언**(1926) • 신간회(1927): 좌우 합작 조직, 광주 학생 항일 운동에 **진상 조사단** 파견
농민 운동	• **암태도 소작 쟁의**(1923) • 재령의 동양 척식 주식회사 농장 소작 쟁의(1924)
노동 운동	• **원산 노동자 총파업**(1929) • 평원 고무 공장 쟁의(1931)
학생 운동	• **6·10 만세 운동**(1926) • **광주 학생 항일 운동**(1929)
소년 운동	• 천도교 소년회 조직 • 어린이날 제정, 잡지 『어린이』 간행
여성 운동	• 여성 단체 조직: 조선 여자 교육회, 조선 여성 동우회, 근우회(신간회 자매단체)
형평 운동	• **조선 형평사**(1923) • 백정에 대한 사회적 차별 철폐 주장

◯ 민족 실력 양성 운동

물산 장려 운동	• 배경: 일본 자본의 한국 진출 확대, 1920년대 회사령 폐지 이후 민족 자립 경제 추구 • 전개: **평양**에서 **조만식**의 주도로 **조선 물산 장려회** 발족(1920) → 전국으로 확산 • 활동: '조선 사람 조선 것, 내 살림 내 것으로', 국산품 애용
민립 대학 설립 운동	• 배경: 한국 내 고등 교육 기관 부재, 총독부의 한국인 사립 학교 설립 불허 • 전개: 이상재 등이 **조선 민립 대학 기성회** 조직(1923) → 국내외 모금 운동 전개 • 일제의 방해: 경성 제국 대학 설립(1924)
문맹 퇴치 운동	• 배경: 일제의 식민지 차별화 교육, 문맹 퇴치 운동 전개 – 문자 보급 운동(1929): 조선일보 – **브나로드 운동**(1931): 동아일보

Step 3 빈칸 채우기

① (물산 장려 운동) □□에서 시작하여 전국으로 확산하였다.
② (형평 운동) □□에서 시작되어 전국적으로 확산되었다.
③ (6·10 만세 운동) □□의 인산일을 기회로 삼아 일어났다.

정답 ① 평양 ② 진주 ③ 순종

23 대한민국 정부 수립 과정

Step 1 선택지 미리보기

- 조선 건국 준비 위원회가 조직되었다.
- 좌우 합작 운동을 전개하였다.
- 모스크바 삼국 외상 회의가 개최되었다.
- 신탁 통치 반대 운동이 전개되었다.
- 미소 공동 위원회를 개최하였다.
- 여수·순천 10·19 사건이 일어났다.
- 미군정 시기에 조직되었다.
- 남한만의 단독 선거가 결정되었다.
- 5·10 총선거가 실시되었다.

Step 2 개념 학습하기

모스크바 삼국 외상 회의 (1945.12.)
- **미소 공동 위원회** 설치
- 최대 5년간의 **신탁 통치**
- 영향: 국내에서 찬탁·반탁 운동 전개 → 좌우 대립 격화

↓

제1차 미소 공동 위원회 결렬 (1946.3.)
- 임시 정부 수립에 참여할 단체의 범위를 놓고 의견 차이
- 미국(자유원칙에 입각) vs 소련(모스크바 삼국 외상 회의에 찬성하는 단체만 참여)

↓

정읍 발언 (1946.6.)
이승만이 전북 정읍에서 남한만의 **단독 정부 수립** 주장

↓

좌우 합작 위원회 결성 (1946.7.)
- 중도 세력을 중심으로 결성 (**여운형**, 김규식)
- **좌우 합작 7원칙** 제정(1946.10.) → 좌우 합작 운동

↓

미국, 한반도 문제를 유엔에 상정(1947.9.)
- 배경: 제2차 미소 공동 위원회 결렬(1947.5.)
- 유엔 총회: 인구 비례에 따른 남북 총선 지시
- 유엔 한국 임시 위원단 파견(1948.1.) → 소련, 입북 거절
- **실시 가능한 남한 단독 선거를 지시**

↓

제주 4·3 사건 (1948.4.3.)
- 남한만의 단독 정부 수립에 반대한 남로당 제주도당의 무장 봉기
- 미군정과 경찰이 봉기를 강경 진압하면서 양민 학살 발생
- 여수·순천 10·19 사건: 여수에 주둔한 군인들이 제주 4·3 사건 진압을 거부하고 여수와 순천을 장악

↓

남북 협상 (1948.4.)
- 김구, 김규식이 평양에서 김일성을 만나 **남북 협상** 개최
- 미소 양군 철수, 단독 정부 수립 반대 결의 → 성과를 거두지 못함

↓

5·10 총선거 실시 (1948.5.10.)
- 최초의 민주적 보통선거 (남한 단독 선거)
- **제헌 국회** 성립
  - 국회의원 임기 2년
  - 대통령 중심제, 대통령 국회 간선, 연임 제한
  - **대한민국 정부 수립**(1948.8.15.)
  - 대통령 이승만, 부통령 이시영

Step 3 빈칸 채우기

① ☐☐ 합작 위원회가 결성되었다.
② 평양에서 ☐☐ ☐☐이 열렸다.
③ 유엔의 감시 아래 ☐☐☐☐가 실시되었다.

정답 ① 좌우 ② 남북 협상 ③ 총선거

24 6·25 전쟁

Step 1 선택지 미리보기

- 6·25 전쟁이 발발하였다.
- 압록강을 건너 참전하는 중국군
- 국도병이 낙동강 전선에서 혈전을 치렀다.
- 한미 상호 방위 조약이 조인되었다.
- 16개국으로 구성된 유엔군이 참전하였다.
- 판문점에서 휴전 회담이 진행되었다.

+ 심화 선택지
- 미국의 극동 방위선을 조정한 애치슨 선언에 영향을 주었다.
- 흥남 철수 작전이 전개되었다.
- 포로 송환 문제로 체결이 지연되었다.
- 군사 분계선을 확정하고 비무장 지대를 설정하였다.

Step 2 개념 학습하기

배경	• 북한의 무력 통일 정책, 소련과 중국의 지원, 미군 철수(1949.6.) • 애치슨 선언(1950.1.): 한반도를 미국 극동 방위선에서 제외
1950.6.25.	• 북한의 무력 남침
1950.6.28.	• 유엔 안전 보장 이사회 한국 군사 지원 결의안 채택 • 서울 함락 • 한강 철교 · 인도교 폭파
1950.7.	• 유엔군 부산 상륙(7.1.) • 국군 작전 지휘권 이양(7.14.)
1950.9.15.	• **인천 상륙 작전** → 서울 수복, 평양 탈환
1950.10.25.	• 중공군 개입
1950.12.15.	• 원산 · 흥남 철수 작전
1951.1.4.	• **1·4 후퇴** → 서울 재함락(유엔군 서울 철수)
1951.6.	• 소련이 유엔에 휴전 제의
1953.6.18.	• 이승만 정부의 반공 포로 석방
1953.7.27.	• 유엔 · 공산군 휴전 협정 체결
결과	• 사회 시설 파괴, 이산가족과 전쟁고아 발생 • **한미 상호 방위 조약 체결**(1953.10.)

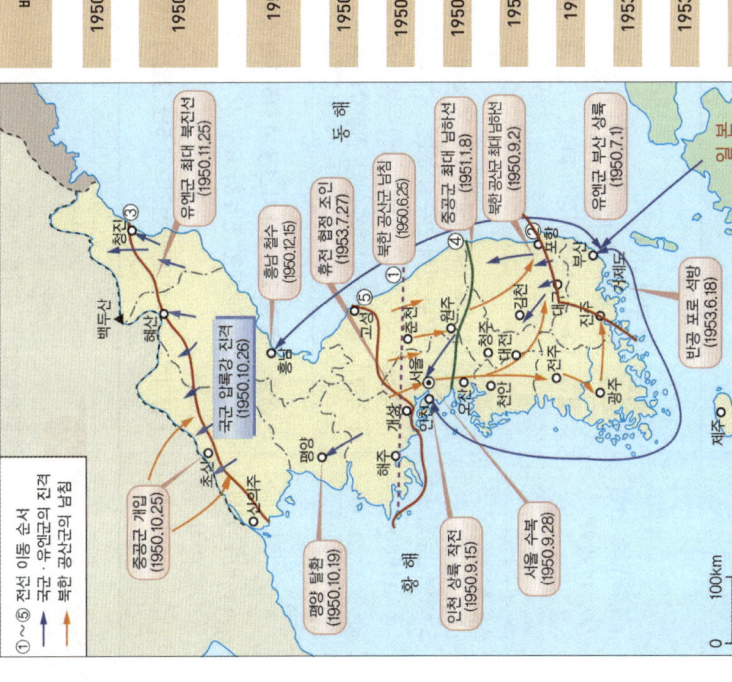

▲ 6·25 전쟁의 전개

Step 3 빈칸 채우기

1. 미국이 ☐☐☐ 선언을 발표하였다.
2. 국군과 유엔군이 ☐☐ 상륙 작전에 성공하였다.
3. ☐☐☐이 개입으로 서울을 다시 빼앗겼다.

정답 ① 애치슨 ② 인천 ③ 중국군

25 민주화 운동

Step 1 선택지 미리보기

- 5년 단임의 대통령 직선제 개헌을 이끌어냈다.
- 신군부의 비상계엄 확대에 반대하여 일어났다.
- 유신 체제와 독재 타도 등의 구호를 내세웠다.
- 전개 과정에서 시민군이 자발적으로 조직되었다.
- 유신 체제가 붕괴되는 계기가 되었다.
- 3선 개헌에 저항하여 일어났다.
- 3·15 부정 선거로 불리게 되었다.
- 진상 규명 등을 위한 특별법이 제정되었다.
- 4·13 호헌 조치 철폐를 요구하였다.
- 6·29 민주화 선언이 발표되었다.

Step 2 개념 학습하기

4·19 혁명 (1960)	• 배경: 3·15 부정 선거, 이승만 독재 • 전개: 김주열 학생 시신 발견 → 대학 교수단의 시국 선언, 대통령 하야 요구 행진 → 시위 전국 확산 • 결과: **이승만 하야**, 허정 과도 정부 수립, 장면 내각 출범
부마 민주 항쟁 (1979)	• 배경: YH 무역 사건 • 전개: 야당 총재 김영삼 국회의원 제명 → 부산, 마산에서 시위 전개 • 결과: 10·26 사태(박정희 피살), 유신 체제 붕괴
5·18 민주화 운동 (1980)	• 배경: 12·12 쿠데타로 전두환 등 신군부 집권 • 전개: 신군부 반대 민주화 운동 → 비상계엄 전국 확대, 계엄군 투입 무력 진압 → 광주에서 시민군 조직, 계엄군 투입 무력 진압 • 영향: 6월 민주 항쟁에 영향, 관련 기록물이 유네스코 세계 기록 유산 등재
6월 민주 항쟁 (1987)	• 배경: **박종철 고문치사 사건** 및 4·13 호헌 조치 • 전개: 직선제 개헌, 민주화 요구 시위 → 연세대 이한열 시위 도중 사망 → 시위 전국 확산(호헌 철폐, 독재 타도' 구호) • 결과: 6·29 민주화 선언으로 **5년 단임의 대통령 직선제** 개헌

Step 3 빈칸 채우기

❶ (4·19 혁명) ☐☐☐ 대통령이 하야하는 결과를 가져왔다.
❷ (4·19 혁명) ☐☐☐ 내각이 출범하는 배경이 되었다.
❸ (6월 민주 항쟁) ☐☐☐ 고문치사 사건을 계기로 일어났다.

정답 ❶ 이승만 ❷ 장면 ❸ 박종철

26 역대 정부의 정책

Step 1 선택지 미리보기

- 경제 협력 개발 기구(OECD)에 가입하였다.
- 베트남에 국군을 파병하였다.
- 금융 실명제를 실시하였다.
- 6·15 남북 공동 선언을 발표하였다.
- 제1차 경제 개발 5개년 계획을 추진하였다.
- 농지 개혁법을 제정하였다.
- 수출 100억 달러를 달성하였다.
- 남북 조절 위원회가 설치되었다.
- 아시아·태평양 경제 협력체(APEC) 정상 회의 개최
- 개성 공단 조성에 합의하였다.
- 경부 고속 도로 준공
- 남북한이 유엔에 동시 가입되었다.
- 굴욕적인 한일 국교 정상화에 반대하였다.
- 6·3 시위를 촉발하였다.

Step 2 개념 학습하기

○ 경제 정책

이승만 정부	• **농지 개혁 시행**(유상 매수, 유상 분배) • 미국의 연초: **삼백 산업** 발달(면화, 설탕, 밀가루)
박정희 정부	• 제1·2차 경제 개발 5개년 계획: 경공업 중심, 수출 주도형 • 제3·4차 경제 개발 5개년 계획: 중화학 공업 중심 • 자본 확보를 위한 **한일 협정**, 한일 국교 정상화 → 6·3 시위 • 브라운 각서: 베트남 파병, 미국의 차관 제공 • **경부 고속 도로 건설** • **수출 100억 달러** 달성 • 3저 호황(저유가, 저달러, 저금리)
전두환 정부	
김영삼 정부	• **금융 실명제** 도입 • **경제 협력 개발 기구(OECD) 가입** • 외환 위기: 국제 통화 기금(IMF)의 구제 금융
김대중 정부	• 노사정 위원회 설치, 외환 위기 극복
노무현 정부	• 아시아·태평양 경제 협력체(APEC) 정상 회의 개최 • 칠레, **한미 자유 무역 협정(FTA)** 체결

○ 통일 정책

이승만 정부	북진 통일론, 반공 정책
박정희 정부	• 남북 적십자 회담 • **7·4 남북 공동 성명**: 자주·평화·민족 대단결의 3대 통일 원칙 합의, 남북 조절 위원회 설치
전두환 정부	이산가족 최초로 상봉, 예술 공연단 교환 방문
노태우 정부	• 북방 외교 추진 • 남북 유엔 동시 가입 • **남북 기본 합의서** • 한반도 비핵화 공동 선언

김대중 정부	• 대북 화해 협력 정책(햇볕 정책): 금강산 관광 사업 전개
	• 제1차 남북 정상 회담 개최
	  - **6·15 남북 공동 선언**
	  - 개성 공단 조성 합의, 금강산 육로 관광 추진

노무현 정부	• 제2차 남북 정상 회담 개최
	  - **10·4 남북 공동 선언**
	  - 개성 공단 착공식

Step 3 빈칸 채우기

1. (전두환 정부) 최초로 남북 간 ☐☐☐☐ 상봉을 실시하였다.
2. (노태우 정부) 남북 ☐☐☐☐☐가 채택되었다.
3. (노무현 정부) ☐☐ 자유 무역 협정(FTA)을 체결하였다.

정답 ① 이산가족 ② 기본 합의서 ③ 한미

45

27 주제판 불상

고구려

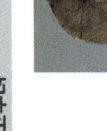
▲ 금동 연가 칠년명 여래 입상
#경남 의령에서 출토

백제

▲ 서산 용현리 마애여래 삼존상
#백제의 미소 #화강암 #암벽에 조각

신라

▲ 경주 배동 석조 여래 삼존 입상
#신라 불상의 새로운 양식 #북조 또는 수의 불상과 유사한 양식

통일 신라

▲ 경주 구황동 금제여래 좌상
#경주 황복사지 삼층 석탑에서 발견

▲ 경주 석굴암 본존불
#화강암 #인도 식 #경주 대성 #김대성

▲ 태안 동문리 마애삼존불 입상
#1보살 #2여래 #중국 북제 양식

▲ 철원 도피안사 철조 비로자나불 좌상
#철 #경문왕

발해

▲ 이불 병좌상
#동경 용원부에서 발견 #고구려 양식 계승

고려

▲ 하남 하사창동 철조 석가여래 좌상
#철 #통일 신라 양식 계승

▲ 영주 부석사 소조여래 좌상
#통일 신라 양식 계승 #우리나라에서 가장 오래된 소조 불상

▲ 논산 관촉사 석조 미륵보살 입상
#은진 미륵 #토 숭지 #향토적 #지방화 #우리나라에서 가장 큰 석불 #광종 #승려 혜명

▲ 파주 용미리 마애이불 입상
#자연암벽 #토 숭지 #향토적 #지방화

▲ 안동 이천동 마애여래 입상
#자연암벽 #토 숭지 #향토적 #지방화

▲ 금동 미륵보살 반가 사유상
#우리나라에서 가장 큰 금동 반가 사유상 #삼산관 반가 사유상

28 불교 건축

고려

▲ 안동 봉정사 극락전
#우리나라 목조 건물 중 가장 오래된 건물 #앞면 3칸 #배흘림기둥 #주심포 양식 #통일 신라 건축 양식

▲ 영주 부석사 무량수전
#아미타 여래 불상 봉안 #팔작지붕 #배흘림기둥 #주심포 양식 #공민왕

▲ 예산 수덕사 대웅전
#석가모니 불상 봉안 #맞배지붕 #배흘림기둥 #주심포 양식 #백제 건축 양식 #충청남도

▲ 봉산 성불사 응진전
#황해도 봉산 #맞배지붕 #배흘림기둥 #다포 양식 #충숙왕

조선

▲ 보은 법주사 팔상전
#우리나라에서 가장 높은 목조탑 #사모지붕 #주심포 양식 (1~4층) #다포 양식 (5층) #팔상도

▲ 구례 화엄사 각황전
#3여래 불상 #4보살상 불상 #팔작지붕 #다포 양식 #숙종

▲ 김제 금산사 미륵전
#팔작지붕 #다포 양식 #3층 전체가 하나로 트인 통층 구조 #정유재란 때 불탔다가 인조 때 다시 지음

▲ 논산 쌍계사 대웅전
#석가 여래 삼존불 봉안 #팔작지붕 #다포 양식

29 탑

백제

▲ 익산 미륵사지 석탑
#우리나라에서 가장 크고 오래된 석탑 #사리 장 엄구 금제 봉안기 발견 #3층 중 석탑

▲ 부여 정림사지 오층 석탑
#무왕 양시 #백제의 대표적인 석탑

신라

▲ 경주 분황사 모전 석탑
#신라에서 가장 오래된 석탑 #전탑 형식(벽돌 모양) #선덕 여왕

통일 신라

▲ 경주 불국사 삼층 석탑(석가탑)
#무구정광대다라니경 #불국사 내 서쪽 위치 #무영탑 #경덕왕

▲ 경주 감은사지 (동서) 삼층 석탑
#동서로 나란히 세워진 같은 규모와 양식을 갖춘 쌍탑 #신문왕

▲ 경주 불국사 다보탑
#불국사 내 동쪽 위치 #경덕왕

▲ 양양 진전사지 삼층 석탑
#기단과 탑신에 부조상을 새김

▲ 구례 화엄사 사사자 삼층 석탑
#신라의 유일한 사자 석탑

발해

▲ 영광탑(발해 오층 전탑)
#중국 지린성 위치 #당의 영향을 받음

고려

▲ 평창 월정사 팔각 구층 석탑
#고려 초기의 대표적인 석탑 #다각 다층 석탑

▲ 개성 경천사지 십층 석탑
#아(亞)자형 기단 #대리석 #원의 영향을 받음 #탑신 중앙 받음간 #충목왕

조선

▲ 서울 원각사지 십층 석탑
#아(亞)자형 기단 #대리석 #탑골공원 #세조

30 회화

조선 전기

▶ 몽유도원도(안견)

▶ 초충도(신사임당)

▶ 송하보월도(이상좌)

▶ 고사관수도(강희안)

▶ 묵죽도(이정)

▶ 월매도(어몽룡)

조선 후기

▶ 인왕제색도(정선)

▶ 씨름도(김홍도)

▶ 단오풍정(신윤복)

▶ 금강전도(정선)

▶ 월하정인(신윤복)

▶ 파적도(김득신)

31 지역사

독도
- 조선 | 조선 숙종 때 안용복이 일본에 가서 울릉도와 독도가 우리 영토임을 인정받고 돌아옴
- 근대 | 대한 제국 칙령 제41호

개성
- 고려 | • 만적의 난
  • 만월대: 고려의 궁궐터
  • 선죽교: 고려 말 정몽주가 이방원에게 피살된 곳

원산
- 근대 | 강화도 조약에 따라 개항(부산, 원산, 인천)
- 일제강점기 | 원산 노동자 총파업

강화도
- 고려 | • 최우의 강화도 천도
  • 정제두의 강화 학파
  • 외규장각: 왕실 서적을 보관하기 위해 정조가 설치한 서고
- 조선 | • 비류 설화, 고구려 때 미추홀
  • 강화도 조약에 따라 개항(부산, 원산, 인천)
  • 인천 상륙 작전, 2014년 아시아 경기 대회

전주
- 고려 | 견훤이 세운 후백제의 도읍(완산주)
- 근대 | 경기전: 이성계의 어진을 모신 건물
- 조선 | 동학 농민 운동 당시 화약 체결

익산
- 고대 | • 백제의 익산 미륵사지 석탑
  • 쌍릉: 백제의 공주 등방무덤

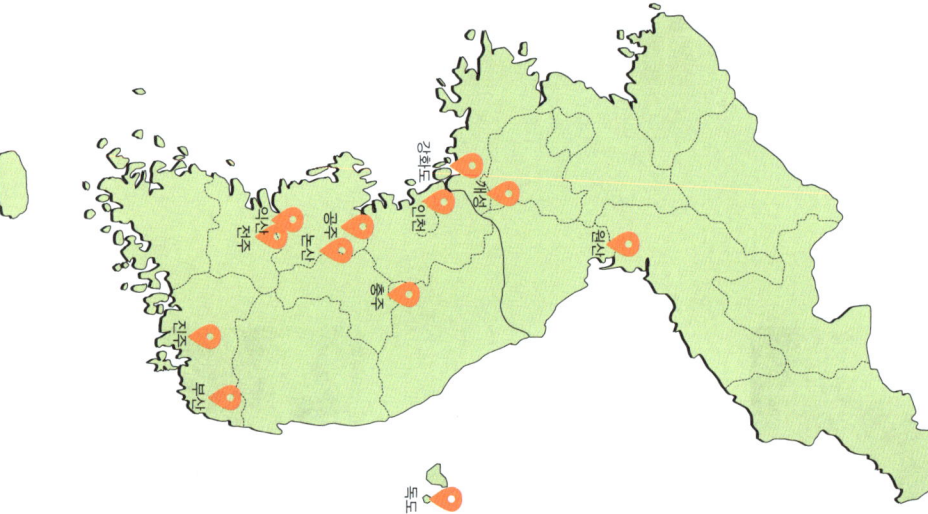

공주
- 선사 | 구석기 시대 석장리 유적
- 고대 | 송산리 고분군: 백제의 벽돌무덤, 공식 돌방무덤
- 근대 | 동학 농민 운동 공주 우금치 전투

논산
- 고대 | 황산벌 전투
- 고려 | • 개태사: 고려 태조 왕건이 창건한 절
  • 관촉사: 우리나라 최대의 석조 미륵보살 입상이 있는 절
- 조선 | 돈암 서원: 조선 시대 예학의 대가 김장생을 기리는 서원

충주
- 고대 | 충주 고구려비: 고구려의 한강 유역 진출을 알려주는 비석
- 고려 | 충주성 전투(김윤후), 다인철소 전투
- 조선 | 임진왜란 탄금대 전투(신립)

진주
- 조선 | • 임진왜란 때 진주 대첩(김시민)
  • 임술 농민 봉기(유계춘)
- 일제강점기 | 형평 운동

부산
- 조선 | • 임진왜란 때 송상현이 동래성에서 순절
  • 초량 왜관
  • 내상: 일본과 무역 주도
- 근대 | 강화도 조약에 따라 개항(부산, 원산, 인천)
- 현대 | • 6·25 전쟁 중 임시 수도
  • 2002년 아시아 경기 대회

32 궁궐

경복궁

- 태조 이성계 창건, 북궐이자 법궁, 정도전이 이름을 지음
- 임진왜란 때 소실 → 흥선 대원군 때 중건
- 을미사변 발생(을호모), 조선 물산 공진회 개최, 총독부 청사 건립
- 주요 건물: 근정전, 경회루, 향원정

창덕궁

- 태종 창건, 임의 피서·요양 목적의 동궐이자 이궁
- 임진왜란 이후 광해군 때 중건 → 경복궁 중건 전까지 법궁 역할
- 인정전에서 한일 병합 조약 체결
- 유네스코 세계 문화유산 등재
- 주요 건물: 돈화문, 인정전, 낙선재, 연경당, 주합루, 후원

창경궁

- 청덕궁과 함께 동궐로 불림
- 성종 때 3명의 대비를 위해 수강궁 확장 공사(창경궁 개창)
- 일제가 동물원과 식물원 설치 → 창경원으로 격하
- 주요 건물: 홍화문, 명정전, 함인정

덕수궁

- 월산 대군의 집 → 임진왜란 이후 선조의 임시 거처(경운궁)
- 고종이 아관 파천 이후 환궁하면서 대한 제국의 정궁 역할(순종 때 덕수궁 개칭)
- 중명전에서 을사늑약 체결
- 석조전에서 미소 공동 위원회 개최
- 주요 건물: 중화전, 석조전, 정관헌

33 주요 유네스코 세계 유산·기록 유산

유네스코 세계 유산

석굴암 및 불국사	통일 신라 때 경주에 만들어진 불상을 모신 석굴과 사찰 건축물
해인사 장경판전	고려 때 팔만대장경을 보관하기 위해 지어진 목판 보관용 건축물
종묘	조선시대 역대 왕과 왕비의 신위를 모신 사당
창덕궁	경복궁과 조경이 잘 조화된 조선의 궁궐
수원 화성	조선 정조 때 수원에 만들어진 성곽
경주 역사지구	신라의 수도였던 경주의 52개의 지정 문화재
고창·화순·강화 고인돌 유적	청동기 시대의 대표적인 무덤
제주 화산섬과 용암동굴	한라산, 성산일출봉, 거문오름 용암동굴계
조선왕릉	안동과 경주에 위치한 조선의 대표적인 씨족마을
하회·양동마을	안동과 경주에 위치한 조선의 대표적인 씨족마을
백제 역사 유적지구	공주성, 송산리 고분군, 관북리 유적, 부소산성, 능산리 고분군, 정림사지, 부여 나성, 왕궁리 유적, 미륵사지
한국의 서원	소수서원, 도산서원, 병산서원, 옥산서원, 도동서원, 필암서원, 무성서원, 돈암서원
가야 고분군	전북 남원 유곡리와 두락리 고분군, 경북 고령 지산동 고분군, 경남 김해 대성동 고분군, 경남 함안 말이산 고분군, 경남 창녕 교동과 송현동 고분군, 경남 고성 송학동 고분군, 경남 합천 옥전 고분군

유네스코 세계 기록 유산

훈민정음	조선 세종 때인 1446년에 간행된 『훈민정음(해례본)』
조선왕조실록	조선 태조부터 철종까지 25대 472년(1392~1863)의 역사를 편년체로 기록한 책
직지심체요절	고려 말인 1377년 백운화상이 청주 흥덕사에서 금속 활자로 인쇄한 책
조선왕조의궤	조선 시대 유교적 원리에 입각한 국가 의례를 중심으로 행사 내용을 정책과 격식에 의해 정리·작성한 책
해인사 대장경판 및 제경판	고려 몽골 침입기에 대장도감에서 제작한 대장경판
동의보감	허준이 조선 선조 때 우리나라와 중국의 의서 서적을 하나로 모아 편집하여 광해군 때 완성한 책
일성록	조선 영조부터 순종까지 151년(1760~1910) 동안 국왕의 역대 편찬되도록 정리한 국왕의 일기
5·18 민주화 운동 기록물	1980년 5월 18일부터 27일까지 광주에서 전개된 민주화 운동에 관한 문건, 사진, 영상 등의 자료
난중일기	이순신이 1592년 1월부터 1598년 11월 17일까지 7년간의 군중 생활을 직접 기록한 일기
국채 보상 운동 기록물	국가가 진 빚을 국민이 갚기 위해 1907년부터 1910년까지 일어난 국채 보상 운동의 과정을 보여주는 기록물
동학 농민 혁명 기록물	1894~1895년까지 조선에서 일어난 동학 농민 혁명과 관련한 공문서, 재판기록, 일기 등의 기록물
4·19 혁명 기록물	1960년대에 일어난 4·19 혁명을 비롯한 학생 주도의 민주화 운동에 대한 영상, 사진, 공문서 등의 기록물

34 세시 풍속

구분		시기	풍속	음식
설날(구정)		음력 1월 1일	차례, 세배, 설빔, 덕담, 복조리 걸기, 윷놀이, 널뛰기, 연날리기, 머리카락 태우기	떡국, 식혜, 시루떡
정월 대보름		음력 1월 15일	줄다리기, 지신밟기, 놋다리밟기, 쥐불놀이, 차전놀이, 석전, 부럼 깨기, 달집 태우기, 달맞이	부럼, 나물, 약밥, 오곡밥
삼짇날		음력 3월 3일	화전놀이, 각시놀음, 활쏘기	쑥떡, 진달래 화채, 화전
단오(수릿날)		음력 5월 5일	창포물에 머리 감기, 그네뛰기, 씨름, 봉산 탈춤, 송파 산대놀이, 수박희	수리취떡, 앵두화채, 쑥떡, 대추, 창포주
유두		음력 6월 15일	동쪽으로 흐르는 물에 머리 감기, 탁족놀이	밀전병, 밀국수, 훈박떡
칠석		음력 7월 7일	견괴(견우와 직녀 두 별에게 비느 집과 김쌈을 잡히게 하여 잘라고 비는 일), 칠석놀이, 햇볕에 옷과 책을 말림	밀전병, 밀국수, 호박전
추석(한가위)		음력 8월 15일	차례, 성묘, 강강술래, 소싸움, 줄다리기, 씨름, 고사리 꺾기	송편, 토란국, 화양적, 닭찜, 누름적
동지		음력 12월 22일경	관상감에서 새해 달력을 만들어 백성에게 나누어 줌, 일이 신하들에게 부채를 나누어 줌	팥죽, 팥시루떡, 전약
섣달그믐		음력 12월 30일경	수세(집안 곳곳에 불을 밝히고 잠을 자지 않는 풍속), 묵은세배, 만두차례, 약태우기	만둣국, 동치미, 골동반(비빔밥)
한식		양력 4월 5일경	일정 기간 동안 불의 사용을 금함, 성묘, 개사초, 제기차기, 그네 타기	찬 음식

MEMO